石家莊年鉴

SHIJIAZHUANG YEARBOOK

2013 石家庄市人民政府 编

河北人民出版社

图书在版编目（CIP）数据

石家庄年鉴．2013/石家庄市人民政府编．—石家庄：河北人民出版社，2013.12
ISBN 978-7-202-08451-9

Ⅰ．①石… Ⅱ．①石… Ⅲ．①石家庄市—2013—年鉴
Ⅳ．①Z522.21

中国版本图书馆CIP数据核字（2013）第278419号

书　　名　石家庄年鉴2013
编　　者　石家庄市人民政府

责任编辑　杨永林
美术编辑　于艳红
责任校对　付敬华
版式设计　速诺传媒
封面设计　王　鹏
翻　　译　李书清

出版发行　河北人民出版社（石家庄市友谊北大街330号）
印　　刷　济南黄氏印务有限公司
开　　本　889毫米×1194毫米　1/16
印　　张　43
字　　数　1 148 000
版　　次　2013年12月第1版　2013年12月第1次印刷
印　　数　1-3 000
书　　号　ISBN 978-7-202-08451-9/Z·174
定　　价　330.00元

石家庄市地方志编纂委员会

名誉主任：孙瑞彬　省委常委、市委书记

主　　任：王　亮　市委副书记、市长

常务副主任：刘晓军　市委常委、常务副市长

郝建国　市政府党组成员

李　清　原市委副书记

副 主 任：胡儒钗　市委常委、市委秘书长

王中联　市人大常委会副主任

赵拴文　市政协副主席

丁建民　石家庄警备区参谋长

郭广生　市政府原副市长

孟胜林　市政府秘书长

委　　员：赵新朝　市政府党组成员、市建设局局长

刘月照　市委常务副秘书长

蒲国良　市政府常务副秘书长

王云辉　市委组织部副部长

赵志敏　市政府办公厅副主任

王武德　市委农工委常务副书记

赵文锋　市发展和改革委员会主任

闫纯锴　市教育局局长

王雁南　市科学技术局局长

吴　飞　市工业和信息化局局长

李文昌　市民政局局长

周立新　市财政局局长

宋学恭　市人力资源和社会保障局局长

张　炬　市环境保护局局长

田嘉一　市商务局局长

李耀峰　市文化广电新闻出版局局长

唐　青　市体育局局长

李志宏　市卫生局局长

徐拥政　市统计局局长

张新峰　市金融办主任

孙玉山　市国家税务局局长

马提福　市地方税务局局长

曹新华　市工商行政管理局局长

曹立波　市地方志办公室主任

《石家庄年鉴》特邀编委

齐海群（鹿泉市）	米志科（藁城市）	安锁然（晋州市）
韩永生（正定县）	张振山（栾城县）	马军山（井陉县）
李蕙萍（行唐县）	王法军（赞皇县）	屈海平（赵　县）
景胜跃（元氏县）	翟红卫（桥西区）	马庆民（赵　县）

《石家庄年鉴》终审

郝建国　李　清　郭广生　孟胜林　蒲国良　赵志敏

《石家庄年鉴》

主　　　编：曹立波

副　主　编：刘建洲　武光宇　薛鹏飞

编辑部主任：薛鹏飞

责任编辑：（按承编顺序为序）

徐陈卫：特载、文献法规

荀志俊：图照、大事记、人物

肖海军：市情概览、特色园区、工业、
城乡建设与环境保护、信息产业、
国内外贸易·旅游、县（市）区概况

王建峰：公共管理和社会组织

石玉杰：社会团体、政法、军事

彭连忠：农业、交通运输、金融、综合经济管理

赵振献：科学技术、教育、文化、卫生•体育、
社会生活

韩　芳：统计资料

编辑说明

一、《石家庄年鉴》是石家庄市人民政府主办的一部全面记述石家庄市市情的权威性大型综合性地方年鉴。本年鉴自1993年始，逐年编纂出版，向国内外发行。

二、本年鉴以邓小平理论、“三个代表”重要思想和科学发展观为指导，如实记录上一年度石家庄市政治、经济、军事、文化、科技、教育等方面的情况，充分反映各行各业取得的成就，客观记述改革和建设中的经验与教训，是各级领导和机构实施决策的重要依据，是国内外了解石家庄最准确、最权威的资料性文献。

三、本卷为2013年卷，总第18卷，着重记述2012年度经济社会发展情况。本年鉴采用分类编纂法，由类目、分目、条目三部分组成。共设特载、大事记、市情概览、特色园区、公共管理和社会组织、政法、军事、农业、工业、城乡建设与环境保护、交通运输、信息产业、国内外贸易·旅游、金融、综合经济管理、科学技术、教育、文化、卫生·体育、社会生活、县（市）区概况、人物、文献法规、统计资料等24个类目。条目统一用黑体字加【】表示。记述时间“月”“日”未标注年份均为2012年。为反映工作实际，记述用地、占地、耕地面积有的使用“亩”，其余均采用国家规定的法定计量单位。

四、年鉴组稿采取部门供稿与责任编辑采编相结合的方式。市直各部门，各县（市）区政府及有关单位均指定专人撰写，并经主管领导审核。

五、本年鉴数据一般截至2012年底，个别事情记述上限适当追溯，下限稍有延长，以供读者了解发展脉络。全局性数据以石家庄市统计局提供的数据为准。统计资料由市统计局提供。因统计口径等原因，有关部门提供的个别数据与统计资料中的数据不尽一致，采用时请予注意。

◆ 2012年7月17日，中共中央政治局委员、全国政协主席贾庆林（前排左一）到西柏坡学习考察。

◆ 2012年9月7日，中共中央政治局委员、全国人大常委会副委员长、中华全国总工会主席王兆国（左三）到西柏坡学习考察。

◆ 2012年10月11日，国务委员、公安部部长孟建柱（前排右二）到西柏坡学习考察。

◆ 2012年10月10日，国家食品药品监督管理局局长尹力（前排右一）、副省长杨汭（前排中）、省卫生厅厅长杨新建（前排左一）到石家庄乐仁堂医药集团现代物流中心视察指导。

◆ 2012年11月22日，国家故宫博物院院长单霁翔（左四）到市博物馆视察指导。

◆ 2012年4月25日，河北省委书记张庆黎（中）与各民主党派负责人在西柏坡政协大礼堂旧址召开“同心”教育座谈会。

◆ 2012年11月30日，河北省长张庆伟（前排左一）到石家庄海关视察指导。

◆ 2012年5月30日，省委常委、市委书记孙瑞彬到帮扶点——高邑县王同庄乡西南岩村调研基层建设年活动。

◆ 2012年9月5日，市委副书记、市长姜德果在纪念石家庄市政协成立60周年大会上宣读中共中央政治局常委、全国政协副主席王刚的亲笔贺信。

石家庄市公安局

◆ 石家庄市副市长、局党委书记、局长 郭运兴

2012年，市公安局在市委、市政府和上级公安机关的坚强领导下，紧紧围绕为党的十八大胜利召开创造和谐稳定社会环境的主线，突出重点、统筹兼顾，扎实推进各项安保工作，以“建设幸福石家庄”、打造“全国最平安省会城市”为目标，坚持大事牵动、目标引领，注重从政治、全局高度审视谋划公安工作，从根本、长远角度研究制定发展之策，党的十八大安保工作大获全胜。紧紧瞄准影响群众安全感和满意度的各类突出犯罪，特别是“两入”、“两抢”、盗窃机动车等多发性侵财犯罪，严重暴力犯罪，涉黑、涉恶犯罪和“黄赌毒”犯罪，区分重点区域和类型，开展一系列集中打击、专项整治行动，始终保持了高压严打态势。深入开展严厉打击经济犯罪“破案会战”行动，多次受到公安部通报表彰和副部长刘金国的批示奖励。深挖犯罪再获突破，省厅在我市召开全省看守所管理机制创新工作现场会。深化综合警务服务站建设，中共中央政治局委员、国务委员、中央政法委书记孟建柱称赞综合警务服务站把社会管理职能与服务群众紧密结合起来，近距离打击犯罪，零距离服务群众，有效降低了街面发案率，增强了群众的安全感和满意度。始终把加强队伍建设作为

◆ 2013年8月，市公安局党委班子全体成员

◆ 2012年10月，国务委员、公安部长孟建柱视察市局情报中心功能区并与民警亲切握手

◆ 2012年10月，国务委员、公安部长孟建柱等领导与市公安局领导班子合影留念

根本保障，按照“贴近实战、贴近基层、贴近民警”的要求，开展全警大轮训和实战培训。在省厅“实战训练年”巡考中，市局考核成绩名列全省第一。市公安局在全省公安机关“三级两类一网考”中取得全年第一名的好成绩。市公安局党委被评为“全省创先争优先进基层党组织”，市公安局被公安部命名为“全国公安机关执法示范单位”，被公安部和科技部评为全国警用地理信息基础平台建设示范单位，被省委、省政府命名为省级文明单位。市公安局指挥部情报中心被公安部评为首批“全国市级十佳情报中心”、全国“大情报”工作成绩突出集体。长安公安分局被评为全国优秀公安局，新华公安分局赵陵铺派出所被评为全国公安机关爱民模范集体，市交管局桥西大队被评为全国优秀公安基层单位。长安公安分局新浩城警务站主任冯志宏被评为全国“最美警察”，市局情报中心副主任王劲超被评为全国特级优秀人民警察，高新区公安分局宋营派出所民警王博文被评为全国公安机关爱民模范。全年全市公安机关共有226个集体和2344名个人立功受奖。

◆ 2013年6月9日，省委常委、政法委书记、公安厅厅长张越检查指导酒店消防安全工作

◆ 2012年9月29日，省委常委、市委书记孙瑞彬慰问综合警务服务站公安民警

◆ 2013年4月18日，全国公安文联主席祝春林在我市调研指导警民关系建设工作

◆ 2012年10月19日，副省长宋恩华督导检查我市十八大消防安全保卫工作

◆ 2013年2月9日，市委副书记、市长王亮除夕深夜到市公安局看望慰问公安民警

◆ 2012年10月29日，市局党委一班人接见从北京归来、荣获全国公安机关“最美警察”荣誉之称的长安分局建北派出所新浩城警务站主任冯志宏

◆ 2012年9月5日，副市长郭运兴通过市局公安视频接访系统接待信访群众

◆ 2012年11月11日，郭运兴在石家庄火车站督导检查十八大安保工作

◆ 2012年10月30日，新招录特警队员英姿

石家庄市畜牧水产局

◆ 石家庄市畜牧水产局党组书记、局长　吕军英

◆ 省长张庆伟（前排中）视察君乐宝乳业

2012年，全市畜牧水产系统在市委、市政府的坚强领导下，以建设现代牧渔业为核心，围绕“一种五化”和“四大体系”，着力实施“十大重点项目”建设，开创了全市畜牧水产工作的新局面。我市以四个第一名、一个第二名成绩荣获2012年全省畜牧业发展、动物防疫、兽医医政、畜产品质量安全监管、饲料管理5个冠军杯。省局召开的畜禽养殖标准化示范创建、动物卫生监督规范化、生猪良繁体系建设3个现场会均在石家庄市召开。在全省兽医实验室检测技能、畜产品检测两个大比武活动中，石家庄市荣获团体一等奖和个人一等奖。一是牧渔业科学发展实现新突破。2012年，全市肉、蛋、奶、水产品产量分别达到77.3万吨、106.4万吨、120.8万吨和3.5万吨，完成牧业产值315亿元，占大农业的比重达到40%。建成了畜禽市良种精液配送中心和种畜禽质量检测中心，开展了县级配送站标准化建设，全市良繁体系得到进一步完善。二是重大动物疫病防控扎实有效。市疫控中心实验楼建成投入使用，并通过国家生物安全二级实验室验收；全市18个农村县（市）区也全部通过省级验收。实施了基层所站规范化建设，建成50个示范所和22个标准所，提升了基层工作能力。圆满完成春秋两季重大动物疫病防控工作，重大动物疫情保持了清净状态。三是牧渔产品质量安全监管能力全面提升。市畜产品质量监测中心检测认证项目由

◆ 省农业厅厅长赵国岭（前左二）、副市长张树志（前右一）、局长吕军英（前左一）陪同副省长沈小平（前左三）视察石家庄市肉牛养殖基地

◆ 省农业厅副厅长张钰（左二）视察市种畜禽检测中心

◆ 副市长张树志在市动物疫病预防控制中心揭牌仪式上致辞

◆ 市畜牧水产局局长吕军英(前左一)陪同农业部产业政策与法规司巡视员李生(前右三)及畜牧司兽医局领导视察我市牧渔执法工作

122项增加到164项，建成藁城、鹿泉、行唐三个区域中心站。升级改造了全市65家奶站及栾城县全部奶站的视频监控前端设备。建成60家兽药生产经营示范企业和75家饲料生产经营示范企业，饲料兽药保障体系得到加强。四是执法规范化建设成效显著。全面推行“六大规范、二十八项统一”制度，建成8个动物卫生监督执法示范单位。探索建立八项执法制度，完善三种执法机制，创新三种执法模式，国家农业部3个司局联合调研视察，一致给予充分肯定。2012年，市畜牧水产局被市委、市政府评为依法行政工作先进单位，被“两法”衔接领导小组办公室评为“两法”衔接工作先进单位；市执法支队和鹿泉市执法大队的两个案卷被河北省评为优秀案卷。

◆ 石家庄市兽医实验室检测技能大比武

石家庄市国土资源局

◆ 市国土局党组书记、局长张兰格（前右二）陪同国土资源部规划司司长董祚继（前左二）在石家庄四药集团智能仓储考察

◆ 省国土厅副厅长张维亮（前右二），市委常委、副市长刘晓军（前左二），市国土局党组书记、局长张兰格（前右一）陪同国土资源部执法监察局局长李建勤（前右三）考察栾城基本农田建设

石家庄市国土资源局为正县级行政机关，是代表市政府对全市土地、矿产等自然资源进行规划、管理、保护与合理开发利用，对测绘进行行业管理的职能部门。

国土资源局由2002年机构改革中原市土地局和地矿局合并而成。内设15个处室，下设6个直属事业单位和7个直属分局，对17个县（市）国土资源局的领导班子及副科级以上干部实行垂直管理。市局机关、分局、事业单位现有人员400余人，其中，局机关52人（局领导班子10人，科级领导干部22人、科级非领导干部7人、其他干部13人）、分局206人、事业单位139人。

在市委、市政府和省国土资源厅的正确领导下，市国土资源局紧紧围绕“加快转型升级、跨越赶超，建设幸福石家庄”的目标，以切实改善民生为出发点，以保障合理用地需求和保护耕地红线为主线，坚持“三个最严格”的土地管理制度，积极主动服务，严格规范管理，持续提高国土资源管理工作水平，为全市经济社会的健康快速发展做出了应有的贡献。2012年，先后被国土资源部评为“全国国土资源行政复议工作先进单位”；被国家地理信息局评为“全国数字试点城市”单位，并获国家银奖；被石家庄市评为“2011年度至2012年度全市农田水利基本建设工作先进单位”和“公共节能减排工作模范先进单位”。

◆ 市委副书记、代市长王亮（前左三），市国土局党组书记、局长张兰格（前左四）陪同省国土厅厅长张绍廉（前左二）考察太行山山前农村土地整治示范项目建设

◆ 市委常委、常务副市长王大虎（前右二）、市国土局党组书记、局长张兰格（前左一）陪同国土资源部规划司司长董祚继（前左二）考察大西柏坡项目

◆ 市国土局党组书记、局长张兰格赴无极县北苏镇驿头村调研

◆ 市国土局向帮扶村无极县北苏镇驿头村小学捐赠学习用品

① 全市国土资源系统召开深入推进两个环境建设会议
② 全市国土资源工作暨党风廉政建设工作会议召开
③ 市国土局党组书记、局长张兰格亲自接访，解答群众难题
④ 2012年6月25日，省市国土资源系统在纪念第22个"全国土地日"之际，石家庄市国土资源局党组书记、局长张兰格（左一）就"建设高标准基本农田、保障国家粮食安全"问题接受记者采访
⑤ 深化改革创新 加快制度供给调研石家庄座谈会

◆ 全市国土资源系统"国土资源之歌暨廉洁勤政"文艺汇演

石家庄市疾病预防控制中心

◆ 市疾控中心工作目标

◆ 2012年2月第一个健康自测小屋正式启用，年末全市已建立50个。

石家庄市疾病预防控制中心，成立于2006年10月13日，其前身为原石家庄市卫生防疫站，是政府批准成立的实施疾病预防控制与公共卫生技术管理和服务的公益事业单位，直属于石家庄市卫生局，是全市疾病预防控制工作的技术指导中心，是河北大学、河北医科大学、河北师范大学的教学基地和博硕导课题实验基地。

中心办公面积15955平方米，固定资产总值1.21亿元，拥有国际先进水平的仪器设备，具备中国实验室国家认可、计量认证资质认定、全国三绿工作办公室食品安全定点检测机构等资质。中心设有25个科所，包括办公室等10个职能科室、流行病防治所等15个业务科（所）。现有职工240名，其中专业技术人员184名，高中级职称占专业技术人员81%，博士后1人，博士研究生3人，硕士研究生43人。享受国务院政府津贴专家1名，市专业技术拔尖人才2名，市突出贡献专家1名，“333”人才6名。中心卫生检验学科是省重点学科，流行病防治学科是市重点学科，病媒生物防治学科是市重点发展学科，近两年发表SCI收录论文8篇，多项成果获省市级科技奖励，科研工作呈现出蓬勃的发展势头。

中心主要承担传染病防控、突发公共卫生事件处置、免疫规划、卫生检验、病媒生物防制、结核病防治、慢性病防治、地方病防治、公共卫生监测与评价等职能。卫生应急示范县创建、慢病综合防控示范区建设、儿童安全教育干预、艾滋病高危人群规模估计等多项工作处于全省乃至全国领先水平。隶属于市卫生局、委托中心管理的石家庄12320卫生热线管理中心架起了卫生系统与全市百姓沟通的桥梁。

自成立以来，中心始终秉承“建设在全国有影响力的研究型、现代化疾控中心”的发展目标和“开放、合作、奉献、争先”的中心精神，坚持快速发展、内涵发展、创新发展、和谐发展、合作发展、安全发展的发展思路，牢记健康而富有创造力、和谐而富有凝聚力、敬业而富有执行力核心价值观，为省会市民的健康保驾护航。先后被中国教科文卫体工会授予“抗震救灾重建家园工人先锋号”称号，被省委、省政府授予“抗震救灾模范集体”称号、“2010～2011年度文明单位”称号，被市委、市政府授予“2006～2007年度文明单位”、“2008～2009年度文明单位”、“2010～2011年度文明单位”等荣誉称号。

◆ 3月28日，市疾控中心在滹沱河开展全市疾控系统霍乱等肠道传染病防控综合演练。

◆ 4月20日，市疾控中心隆重举办“石家庄市首届抗癌明星颁奖典礼”。

◆ 5月3～9日，日本著名生活习惯病专家津下一代教授一行6人到我市进行友好访问和学术交流。

◆ 6月26日，市疾控中心举办全市疾控系统食品安全事故流行病学调查处置演练。

◆ 市疾控中心理化实验室水质检测能力达到国家106项标准。

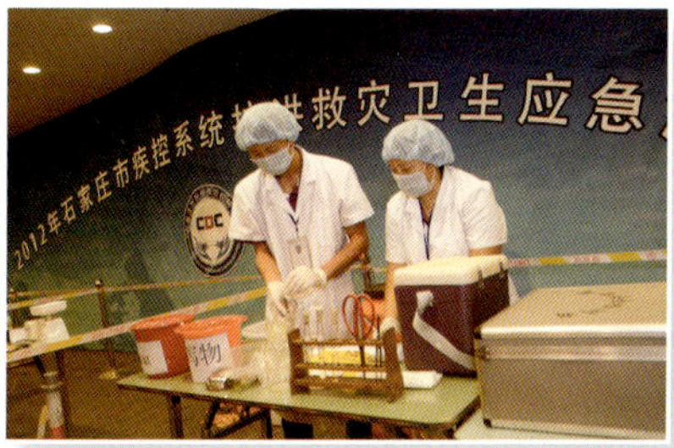

◆ 7月4日至8月3日，市疾控中心在全市范围内开展为期一个月的抗洪救灾卫生应急演练活动。

◆ 9月6日，市疾控中心成功举办生活饮用水水质监测暨健康风险评估国际研讨会。

◆ 10月10日，第23次全国流行病协作组会议在我市召开。

◆ 10月21～27日，市疾控中心组织中层正职以上干部和45岁以下青年干部职工赴民兵训练基地进行为期一周的封闭军训。

◆ 12月1日，市疾控中心开展第25个“世界艾滋病日”宣传活动。

◆ 石家庄市突发公共卫生事件预警与调度指挥中心

◆ 12320工作人员接听市民健康知识咨询电话

石家庄市国有资产监督管理委员会

◆ 主任、党委书记 毕拉祥

石家庄市国资委于2004年1月挂牌成立，主要整合了原市经贸委、企业工委、体改办、各行业协会筹备组、财政局、劳动局等部门相关职能，为市政府直属正县级特设机构。2009年，根据《石家庄市人民政府关于市政府机构设置的通知》（石政发[2009]40号）文件精神，市国资委列为市政府工作部门。机构共设置34个处（室、所、办），人员编制141人，实际在职人员155人。截至2012年底，全市国资委系统共监管国有企业254户。其中，市国资委监管企业24户；市直有关部门管理企业14户；县（市）区监管企业216户。24户市国资委监管企业按性质分：国有独资企业16户，国有控股企业2户，参股企业6户；按行业类型分：工业企业13家，商贸流通企业5家，餐饮服务1家，金融投资类企业4家，公用事业单位1家。24户监管企业拥有二级独立法人资格下属企业60户，监管企业资产总额341.19亿元，所有者权益总额124.83亿元，拥有在册职工60894人，离退休职工46261人，土地8478亩。同时，列入市国资委监管事业单位7户（其中财政全额拨款学校2家，经营性事业单位5家），集体企业3户。市国资委党委管理的全市国有企业一级党组织121个，党员45764名。2012年，市国资委党委首次被河北省委授予“先进基层党组织”称号，并连续被石家庄市委授予“先进基层党组织”。

石家庄北国人百集团有限责任公司

石家庄北国人百集团有限责任公司（北人集团）是经石家庄市政府批准，于2000年3月21日由石家庄北国商城和石家庄人百集团有限责任公司合并注册成立的国有独资商贸企业。2008年3月和2009年12月，北人集团先后进行了国企改制和增加股本两项工作后，公司注册资金为61967.69万元，其中国有股占51%，另外两家战略投资者共持有北人集团股份49%。2012年，北人集团旗下拥有北国商城股份有限公司、石家庄饮食公司、石家庄农产品物流中心有限公司、石家庄北国惠民食品销售公司、石家庄国际博览中心、华都大厦、针纺织品分公司、华远商贸分公司等8家下属企业，主要涉及百货连锁、超市连锁、家电连锁、珠宝连锁、餐饮娱乐、租赁会展、仓储运输、批发配送等行业，198家经营网点遍布河北、山东、山西、河南、北京、天津和内蒙古等7省（市）25座城市，从业人员近4万人，是河北省大型商贸流通企业，位列2012年中国企业综合实力500强第410位，并先后被国家各级部门授予“全国商业服务业年度十佳企业”、“全国和谐商业企业”、“全国先进基层工会组织”、“全国商业服务业顾客满意企业”和“全国五一劳动奖章”等荣誉称号。

◆ 2012年4月28日，经中国财贸轻纺烟草工会推荐，北人集团被中华全国总工会授予2012年度“全国五一劳动奖状”荣誉，成为我市商贸流通企业第一家获此殊荣的大型商业集团。

◆ 2012年9月20日，国际奢侈品LOUIS VUITTON（路易威登）石家庄先天下购物广场旗舰店盛大开业。路易威登公司中国区总裁霍礼先生、国际影帝夏雨及当红明星袁泉莅临，石家庄市副市长张殿奎，集团董事长王印行、总裁白珊为新店剪彩。

◆ 2012年4月12日，集团旗下卖场邢台北国商城举行奠基仪式。

◆ 2012年7月24日，作为石家庄市政府主导的惠民工程，由北人集团承办的北国惠民果蔬店4家门店同时开业。

石家庄常山纺织股份有限公司

◆ 石家庄常山纺织股份有限公司是一家集生产、科研、贸易为一体的大型纺织上市公司。2000年7月，公司1亿A股在深交所发行上市。近13年来，通过上市、配股、非公开发行和资本公积金转增股本，公司已募集资金近14亿元，与上市初相比，总股本由3亿股增至7.19亿股，总资产由13亿元增加到57亿元，净资产由4.3亿元增加到24亿元。2012年，公司共有9家大型棉纺织分（子）公司，旗下还有原料公司、进出口贸易公司、房地产开发公司等，在职员工2万人。

◆ 员工为本，公司至上。常山股份是人才的沃土，成功的舞台，著名院校高材生不断加盟，技术比武年年举行，合理化建议持续开展，人人争当最佳员工成为时尚，全国和省市劳动模范不断涌现，丰富多彩的文化活动备受青睐。

◆ 公司整体装备水平达到国际一流和国内领先水平。现有纱锭80万枚，织机1.2万台，其中无梭织机2400台；年产棉纱10万吨，坯布3亿米。公司可生产各种支数的卡摩纺、高档针织纱、色织纱、OE纱等纱线以及各种幅宽的纯棉、涤棉坯布面料，可生产竹浆纤维、天然彩棉、珍珠纤维、牛奶纤维、汉麻纤维、天丝、莫代尔、羊绒、甲壳素、COOLMAX等多种新型纤维面料和导湿排汗、防紫外线、抗静电等多种功能型面料，产品涉及环保型、功能型、休闲弹力、高支高密和大小提花等十大系列2000多个面料品种，公司新产品连年入围中国流行面料。

公司技术中心是全国棉纺织行业首家国家认定企业技术中心，是中国合格评定国家认可委员会认可的国家级实验室。公司是中国质量认证中心注册企业，持有世界发达国家和地区通认的IQNET质量证书。公司纱线、坯布产品获得了国际环保纺织协会Oeko—Tex Standard 100 I级认证。有机棉产品、再回收产品获得了荷兰CUC（ Control Union Certifications)公司颁发的GOTS，OE100，OE BLENDED和 GRS 证书。公司先后参加了全国棉纺织印染标准化技术归口单位组织的9项国家标准和18项行业标准的制定、8项标准的试套。公司生产的“翠竹”牌精梳纱是“中国名牌”产品。公司拥有“金常山”、“c&s”、“izi”等品牌商标，自主品牌产品越来越受到中外客户的青睐。公司已有近百项专利获得国家知识产权局专利局颁发的证书。

公司素以管理严、品种多、质量优、信誉高享誉国内外市场，产品出口欧美、日韩、中东、香港等世界60多个国家和地区。公司享有全国纺织服装行业首批企业信用评价AAA级信用企业殊荣，还获得了中国工业行业排头兵企业、全国纺织行业先进集体、全国纺织科学技术贡献奖、全国纺织和谐企业建设先进单位、中国纺织品牌文化50强等多种荣誉称号。

石家庄市交通运输局

◆ 市政府党组成员、交通运输局局长 罗二虎

◆ 2012年7月1日，省委常委、市委书记孙瑞彬，省交通运输厅厅长高金浩，省政府副秘书长曹汝涛，石家庄市市长姜德果等省市领导出席西柏坡高速公路建设总结大会。

2012年，石家庄市交通运输局在市委、市政府和省交通运输厅的正确领导下，全系统干部职工紧紧围绕“增强五种意识，做好三篇文章，实现一个目标”的总体部署，以党的十八大和市委九届四次全会精神为统揽，务实拼搏，开拓进取，攻坚克难，圆满完成全年各项工作任务，为省会转型升级、跨越赶超，建设幸福石家庄作出了积极贡献。石家庄市交通运输局被市委表彰为先进基层党组织，全系统继续保持1个国家级、9个省级、65个市级文明单位称号，1个国家级“文明示范窗口”荣誉，建成4个省级青年文明号，文明单位数量继续位居全省同行业、全市各部门前列。

一年来，全市公路建设完成投资52.33亿元，其中高速和普通干线公路完成投资27.56亿元，建设里程163.9千米，农村公路完成投资11.69亿元，建设里程1338千米，通车里程比上年增加513千米，全市公路通车总里程达到1.63万千米，公路密度达到105.75千米/百平方千米。其中，高速公路7条482.48千米，国道4条418千米，省道33条1493千米，县道43条1579千米，乡道4965千米，专用公路210千米，村道7217千米。桥梁3887座225852延米，永久性桥梁3880座225758延米，桥梁永久率达到99.9%。西柏坡高速公路提前实现全线通车运营，从石家庄市区到西柏坡红色革命旅游圣地用时从两个小时缩短至40分钟。投资2.02亿元，对市管高速公路、国省干线及主要出市口道路进行了路域环境整治绿化提升，共栽植补植树木465.6万株，绿化面积

3824.6亩，清理垃圾7.7万立方米，进一步改善和提升了道路通行环境。

积极开展道路运输市场整治活动，全年查处各类违章经营车辆3537辆次；加强道路运输安全管理，开展“道路运输安全生产年”活动，制定《石家庄市客运行业安全管理工作意见》，完善“两客一危”GPS联网监控系统，全年全系统安全无事故；及时对货运及客运行业稳定情况全面排查，建立油价票价联动机制，有效维护了货运及客运行业的稳定；积极推进场站建设，完成投资6.67亿元，建成客运站2个、物流项目1个，完成鹿泉、行唐固定治超站点建设，完成藁城、栾城、鹿泉、正定四县农村客运公交化和井陉县农村客运公司化改造，购置燃气空调大公交车450辆，极大地改善了交通出行条件。

◆ 2013年1月29日，全市交通运输系统举办迎新春文艺汇演，节目全部由交通职工演绎，通过舞蹈、小品等多种形式，再现了交通人爱岗敬业、无私奉献、顽强拼搏的真实故事，演绎出交通的精彩、交通的精神、交通的美好明天

◆ 2012年6月12日，交通运输部科学研究院与我市签订合作协议

◆ 新购450辆环保天然气空调公交车投入运营启动仪式

◆ 西柏坡高速公路三期全程高架桥

石家庄市公安消防支队

◆ 石家庄市公安消防支队党委扩大会议

◆ 弘扬西柏坡精神

2012年，全市消防工作紧紧围绕“服务第一要务，创建平安省会”的总体要求，坚持消防工作法治化、社会化双轮驱动的总体思路，**着力在组织领导上强化责任**。明确了市包县、县包乡、乡包村和街道包社区“四级”责任机制，本着“领导定点、监管定责、任务定量”的原则，将责任和任务层层细化至每一个乡镇、街道，触角延伸至每一个社区、农村。成立了消防安全委员会牵头的专项督导组，建立了政府领导问责约谈制度，实行了“每月一督查、每季一考评”工作机制，形成了政府主导的强大推动力。**在管理创新上破解难题**。抓住消防法规执行难，监管责任落实难，火灾隐患整治难等瓶颈性问题，一次性研究制订了《石家庄市消防安全责任制实施办法》、《石家庄市人员密集场所消防安全管理办法》、《石家庄市消防车道管理办法》、《石家庄市高层建筑消防安全管理规定》等5个政府规章和规范性文件，创建了“10+1”多部门联动机制，集中招聘了150名消防文员配置到派出所，专门招募了140名消防公益岗位人员，成立了282

◆ 石家庄市消防安全网格精细化管理工作现场会

◆ 石家庄市公安消防支队消防文员面试现场

◆ 按作战方式训练 按训练方式作战

◆ 苦练精兵 巧练强将

个乡镇街道政府消防办公室，建强了基层管理组织。**在经费保障上加大投入。**共计落实各项消防经费1.8亿元，比2011年增长10%以上。新建改建8座消防站，新建市政消火栓163座、消防水鹤25座，市政水源建设力度再创新高。新增大功率远程供水系统、强臂破拆车等高精尖消防车辆47部、装备器材16572件套，有效地增强了全市抵御火灾的能力。**在隐患清剿上强化措施。**按照整体防控、精确监督、标本兼治的总体思路和行业分类、相近并类、顺线排查、一查到底的原则，实行了十排查、十整治、十到位的“体系化”隐患大治理。集中开展了“清剿火患”战役和“护城河”系列专项行动，组织了万名民警消防“亮剑”行动和“知、报、查、剿、改”群众参与活动，共检查单位8.7万余家，整改火患 64.5万余处，有效确保了全市火灾形势的稳定，圆满完成党的十八大安保任务，为全市经济社会的快速发展提供了有力保障。

◆ 灭火机器人

◆ 消防宣传进社区

辛集市人民法院

◆ 党组书记院长　陈浩

◆ 辛集市人民法院党组成员参加全院干警大会

2012年，辛集市人民法院在新一届院党组的带领下，深入贯彻落实科学发展观，紧紧围绕“为大局服务、为人民司法”工作主题，真抓实干，锐意创新，全面加强审判执行工作和自身建设，为推进辛集市的法治建设、维护人民群众合法权益、促进经济社会发展做出了积极贡献。该院审判质效稳步提升，司法公信力增强，制度建设长足进展，队伍建设进一步加强，人民群众满意度不断提升。该院先后被石家庄市委、市政府授予“党的十八大维护稳定工作先进集体”荣誉称号，被河北省高级人民法院评为“全省法院两评查活动先进单位”。该院执行工作在石家庄市中级法院考核中名列第一名。辛集市委通报表扬了该院整体工作，要求全市各单位借鉴学习，河北电视台、《河北法制报》、《石家庄日报》等媒体对该院进行了全面报道。

辛集市人民法院综合审判大楼外景

◆ 宽敞明亮的大审判庭

◆ 邀请北京大学教授博士生导师尹田授课

◆ 在法院开放日活动中，我院领导与社会各界代表座谈，征求建议和意见

◆ 召开回访帮教座谈会

◆ 开展法制进校园活动

◆ 省法院办公室领导到我院调研

石家庄日报社（传媒集团）

◆石家庄日报社党委书记、社长、总编辑、传媒集团董事长 王勋涛

始创于1947年11月的石家庄日报社现已发展为拥有四报一刊两网四家分公司五家控（参）股公司，固定资产3.48亿元，员工1700人的现代传媒集团。

2012年，报社党委在市委和市委宣传部的领导下，团结带领全社干部职工认真贯彻落实市委特别是孙瑞彬书记关于办好党报、加快事业产业发展的一系列指示精神，锐意进取、改革创新，圆满完成了年初制定的各项目标任务，全社形成了发展思路明确、舆论引导有力、团结奋发有为、事业产业壮大的良好局面，在发展思路、新闻宣传、机制改革、经营创收、产业发展、内部管理、队伍建设和企业文化建设等工作中涌现出30个亮点，多项工作实现了历史性突破，受到了市委、市政府和社会各界广泛好评。全社51件新闻作品获省级以上奖项，在《人民日报》等中央媒体发稿380多篇，连续多年稳居全省地市报之首。经营收入和广告收入再创历史新高，获第二届“中国地市报报业经营十强”等市级以上奖励15项；首获“省级文明单位”，在全市宣传文化系统是唯一一家；市委市政府授予我社领导班子“好班子”称号；报社还荣获“全省文化体制改革先进单位”；《石家庄日报》、《燕赵晚报》分获城市党报/晚报品牌十强，日报还获得中国十大城市党报称号；《精品导报》连续三次获全国城市周报十强，石家庄新闻网获“河北省文明网站”称号；党委书记、社长、总编辑王勋涛荣获“中国地市报十佳社长、总编辑”称号。

◆团结奋进的石家庄日报社（传媒集团）领导班子

◆省委常委、市委书记孙瑞彬到报社调研

◆中央外宣办常务副主任王国庆一行到我社调研

◆报社系列新媒体取得了社会效益和经济效益的双提升

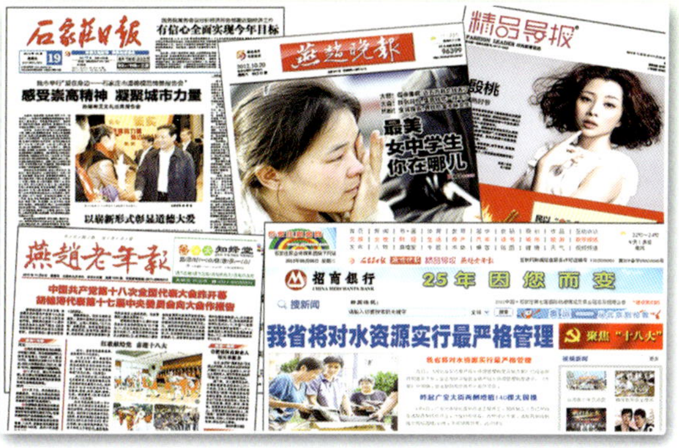

◆报社系列子报、子刊综合竞争力不断攀升，社会影响力不断扩大

石家庄日报社（传媒集团）将继续按照市委要求，在党的十八大精神指引下，深入贯彻落实省委八届三次全会、市九次党代会精神，紧紧围绕全市中心工作，确保舆论导向准确鲜明有力，努力提高综合实力，力争到“十二五”末建成经济实力强大、社会影响广泛、产业结构合理、发展后劲强劲、牢固占据全国省会城市第一方阵的传媒集团，为加快转型升级、跨越赶超、建设幸福石家庄营造舆论强势，为推进全市经济社会健康快速发展提供强大精神力量和文化支撑！

◆报社转型升级、跨越赶超龙头项目——石家庄传媒大厦概念设计效果图

◆市委常委、宣传部长孙万勇为我社M45型印刷机开机剪彩

◆生机勃勃的投递员队伍

河　北　敬　业　集　团

企业现状：河北敬业集团是一家以钢铁为主业，兼营化工、酒店、房地产、贸易等的大型集团公司。主要产品为螺纹钢、中厚板、热卷板、水杨酸、阿斯匹林。现有员工近20000名，总资产185亿元，已形成铁钢材各1000万吨的规模，是全世界最大的水杨酸生产基地。2011年集团实现销售收入426亿元，上缴税金6.3亿元，2012年实现销售收入452亿元，上交税金4.4亿元。

产品研发：集团已成功开发了船板、桥梁板、锅炉板、压力容器板、抗震螺纹钢等高附加值品种。目前已获得中国船级社认证、欧盟CE认证、九国船级社认证，锅炉板系列、压力容器板系列认证，螺纹钢产品（HRB400）、低合金高强度中厚钢板（Q345B—E）获得中国钢铁工业协会冶金产品实物质量认定（金杯奖），产品畅销国内并出口到30多个国家和地区，参与到三峡工程、世博会中国馆、南水北调、秦皇岛香格里拉大酒店等重点工程建设中。

节能减排：敬业集团始终将环境保护、节能减排放在首位，在节能减排、循环经济方面的投入超过20亿元，煤气、蒸汽、炉渣、工业用水等全部回收利用，实现了经济效益和环境效益的同步发展。

企业文化：集团注重企业文化建设，营造了“请人、留人、用人、育人”以人为本的企业文化，注重提高员工素质，整合人力资源，打造学习型团队，为企业又好又快发展提供了强大动力。

社会责任：敬业集团认真执行党和国家的各项方针政策，致力于企业的发展壮大，带动了周边地区餐饮业、运输业的发展，间接安排就业2.5万余人，致富了一方百姓。同时还积极参与修路、建学校、救灾、捐资贫困山区等公益事业，累计投入超3亿元。

发展愿景：在“十二五”期间，敬业集团将做好三篇文章：搞好节能减排循环经济、对现有装备进行挖潜改造、变单纯的制作业为个性化加工配送服务，并逐步扩大非钢经济，培育新的效益增长点，年销售收入递增25%，在2015年底达到1050亿元，上缴税金达到16亿元。

◆ 集团办公楼

◆ 厂区概貌

① 螺纹钢生产线
② 热轧卷板生产线
③ 线材生产线
④ 中板生产线

⑤ 热轧卷板产品
⑥ 中板产品
⑦ 螺纹钢产品

中国工商银行河北省分行营业部

◆ 2012年10月15日，与石家庄住房公积金管理中心联合举办联名卡启动仪式

◆ 总行和省行领导到华北制药集团调研

◆ 2012年12月21日，营业部召开年终决算会议

2012年，中国工商银行河北省分行营业部认真贯彻落实市委、市政府和总行、省行的各项决策部署，以服务“转型升级、跨越赶超，建设幸福石家庄”为第一要务，紧紧围绕科学发展主题和转型发展主线，支持实体经济，改进金融服务，落实监管要求，履行社会责任，各项工作保持了持续健康发展的良好态势。中国工商银行河北省分行营业部现有一级支行32个，网点149个；内设机构26个；各类人员5437人，其中从业人员3591人、内退人员565人、离退休人员1281人。

着力支持重点项目和实体经济，积极落实市委、市政府金融支持实体经济政策的导向，主动增加有效信贷投放，持续优化信贷投放结构，推动重点项目建设和实体经济快速发展。

着力加大民生领域信贷支持。重点加大与民生息息相关的住房、医疗、涉农、环保等领域支持力度。积极推动信用消费拉动内需增长，有效推动金融资源向县域和涉农领域流动。切实为公共民生领域提供综合服务。以社保、医疗等民生领域为重点，以社保卡、公务卡、公积金卡等为载体，积极为相关职能部门提供综合金融服务。2012年10月15日，成功与市住房公积金中心联合发行牡丹住房公积金联名卡，截至12月末，签约单位可办卡人数达到5.7万人。

着力加强中小企业金融服务。贯彻落实国家和我市关于金融支持中小企业发展要求，与市金融办联合举办银企对接活动。针对小企业客户资金需求特点，在“网贷通”产品基础上，创新担保增信方式，推出联保贷款、小企业标准厂房按揭贷款等新产品，扩大小企业融资支持范围。严格落实扶持小微企业发展有关金融政策，免收贷款承诺、资金管理等费用，并在贷款利率上给予适度优惠，减轻了小微企业的财务负担。

着力加快金融服务创新用新。将发展金融资产服务业务作为加快创新用新的重要领域，不断提升服务水平，努力满足多元需求。采取工银租赁、售后回租方式，支持我市公交建设，向市公交公司投入资金8.2亿元。完成东旭集团1.5亿元PE基金募集和投资划款工作。开展“满意在工

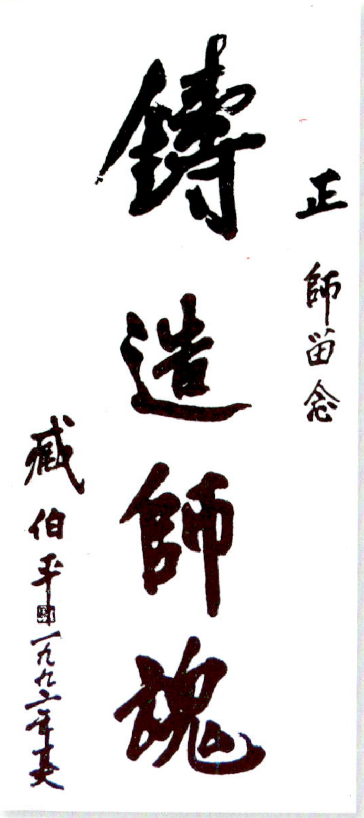

◆ 1992年，教育部原副部长臧伯平为我校题词

◆ 1993年6月6日，全国中师校长培训班在我校召开

◆ 学院与美国阿肯色州立大学合作签约

◆ 2008年6月2日，“石家庄科技工程职业学院”举行揭牌仪式

◆ 直隶第八师范学校校碑

◆ 多功能图书馆

◆ 电子阅览室

◆ 普通机床实训室

◆ 校史馆

◆ “花园式单位”奖牌

◆ 2012年7月1日，西柏坡高速公路三期工程正式通车运营。

◆ 2012年9月1日，天下第一桥——赵州桥历经两个多月改造工程后，桥下流来“净水”、“活水”，景区环境焕然一新。

以卓越的金融服务 助企业发展 增居民福祉 促社会繁荣

突破性增长，增速达到172.3%。三是零售客户服务能力有效提升。针对居民日益增长的多样化、个性化服务需求，推出了深受欢迎的工资保证贷款、循环贷款、信用卡分期、手机银行等服务品种，安全稳健、收益合理的理财品牌也已初步打响。实施客户分层管理，加大投入电子银行和自助设备，并与连锁便利店、第三方支付渠道等加强合作，有效解决了排队难问题。2012年，石家庄市共有80万城镇居民和灵活就业人员医疗保险费缴纳、10万城镇居民个体养老保险费缴纳和6万职工退休工资发放在河北银行办理。

河北银行秉持“合心合力 共生共荣”的经营理念，推出“朋友金融 知心致行”的母品牌，并针对小企业金融服务和个人理财服务，重点推出“惠友亨通”与“益友融通”两个核心子品牌，体现出河北银行对客户的郑重承诺。2013年，河北银行将始终与客户并肩同行。

◆ 行路人被河北银行环保宣传吸引，共同签约环保倡议书

◆ 河北银行走进社区，到百姓中间宣传，解读社区文化

◆ 河北银行2012年春节晚会开场

◆ 中债银行资金管理系统在河北银行正式上线

◆ 河北银行2012年春节晚会闭幕合影

◆ 河北银行员工在河北省中小企业协会和石家庄市工信局联合组织的银企对接洽谈会上为客户答疑解惑

◆ 在小微企业金融服务宣传月展会上，河北银行员工向客户介绍我行特色产品

◆ 河北银行在西柏坡展开超能训练

◆ 党委书记杨

石家庄学院
科院校。学校地
南北两个校区组
学校建有1
验中心、文学与
示范中心，教学
103万余册，电
12个数据库资源
场，篮排网球场
齐备，构成了完
学校设有
47个），涵盖
主义中国化研
重点发展学科
级本科教育创
社会工作等四
工程两个专业
步形成面向石
链”专业格局

◆ 中国共产党石家

河北银行

◆ 董事长乔志强（左二）在支行视察工作

◆ 行长姚浩俊（右二）在贷款客户销售一线了解情况，倾听客户意见

河北银行成立于1996年5月28日，是全省成立最早、规模最大的城市商业银行，也是全省唯一一家省级法人银行。成立以来，在各级党委、政府的正确领导和监管部门的有效监管下，锐意进取，开拓创新，一步步成长壮大为河北省乃至环渤海地区资本充足、内控严密、资产优良、效益良好、具有重要市场影响力的现代股份制商业银行。

经营规模不断扩大，经济效益大幅提升。截至2012年末，资产总额1218.41亿元；存款余额899.56亿元，贷款余额495.86亿元。2012年全行实现净利润12.09亿元，上缴税金4.58亿元。主要监管指标再创佳绩，其中，资本充足率达到12.90%，拨备覆盖率423.24%，不良贷款率0.62%，贷款拨备率2.64%。河北银行在石家庄、唐山、邯郸、天津、廊坊、沧州、保定、青岛、邢台设有分行级机构，营业网点共计97家，在岗员工3000余人。据2012年英国《银行家》杂志公布的数据，河北银行在全球1000家大银行中排名第701位，综合实力已迈上一个新的台阶。

◆ 副省长杨崇勇在河北银行中层以上干部大会上宣布河北银行正式纳入省级管理

特色化经营，差异化发展。河北银行从自身实际出发，不断完善经营机制，创新金融产品，丰富服务渠道，形成了鲜明的市场定位和业务特色。一是与全省经济发展战略深度融合。围绕地方传统优势行业、战略性新兴产业、现代服务业等领域，充分利用同省、市、县各级政府搭建的“政银企”合作平台，搞好对接和服务。二是中小企业市场定位进一步细化和落地。将基本客户定位为大型中心企业供应链两端的中小企业及商圈、产业聚集区中的优质中小企业，坚持批量开发，整体授信，在促进中小企业发展、活跃地方经济的同时，也为自身发展探索出一条“业务增长快、信用风险可控”的新路子。截至2012年末，全行中小微企业贷款余额286.07亿元，在全部贷款增量占比达到78.3%。其中，单户授信500万元以下的小微贷款实现

◆ 河北银行与河北省工业和信息化厅签署战略合作协议，支持地方经济发展

◆ 河北银行邢台分行开业剪彩仪式

◆ 河北银行支行进行黄金产品专展

围绕客户 加快创新 全力支持省会发展

① 省行领导到开发贷款项目实地调研

② 2012年7月4日，省行营业部获得中华全国总工会“模范之家”称号

③ 营业部监控报警中心建设汇报

行”主题活动，深入实施服务效率、渠道、规范化、基础管理、美誉度和二线为一线服务“六个再提升工程”，建成星级网点服务管理体系，推广了网点服务质量检测与排队管理系统，客户满意度进一步提升。

着力做好金融安全稳定工作。以开展“促合规、夯基础、创三无”、“强内控、上等级”、“无瑕疵信贷活动年”、“建设最安全银行”、“员工行为规范教育”等活动为载体，实现了无事故、无案件目标。

着力履行国有银行社会责任。积极落实市委“基层建设年”活动要求，机关本部派驻工作组到深泽县中央村开展帮扶工作，捐助10万元修筑公路，并向该村小学捐赠了价值近万元的电脑、乒乓球台、篮球、书包、文具等，帮助该村改善了办学条件。开展“普及金融知识万里行”活动，先后组织了“金融知识在您身边服务月”和“助推小微、三农金融服务月”专题活动，深入企事业单位、专业市场、校园社区，向社会公众普及宣传征信、反洗钱、反假币、安全用卡、预防电信诈骗等金融知识。积极投身社会公益事业，组织开展义务植树、“献爱心、圆梦想”关爱农民工子女、“同心2012——爱铸家园情满工行”爱心捐赠等活动，成立学雷锋志愿服务队，展示了“大行大爱”精神，展现了良好的社会责任和爱心形象，赢得了社会各界的广泛好评。

2012年，工商银行河北省分行营业部在积极支持地方经济发展的过程中，自身各方面工作也取得了积极成效和重要进展。我们深感成绩的取得主要是得益于市委、市政府的坚强领导，得益于各有关部门的大力支持，对此表示衷心的感谢！

◆ 健身日活动组织开展运动会

中国建设银行河北省分行营业部

◆ 省分行副行长郭英辉在营业部视察工作

建设银行河北省分行营业部是建行在河北省会石家庄设立的二级分行，是一家集多项金融服务于一身的大型金融企业。现有员工2940人，下辖机构110家。营业部本部内设部门17个，经营性中心10个。

多年来，营业部在市委、市政府及河北省分行的正确领导下，认真贯彻落实党的路线方针政策和上级行的战略部署，按照“一行一策”发展方略和“中心城市行抓提升、县域经济抓特色”要求，坚持在改革中求发展、在竞争中求突破，积极推动业务转型，致力改善和提升服务质量，为省会居民提供了多样化、优质、快捷、安全的金融服务网络。积极探索建立了对公信贷业务集中经营、小企业“信贷工厂”及个贷中心三大专业化运作平台，加大对大中型企业、城市基础设施和中小企业的投入力度，为促进石家庄市经济发展做出了积极的贡献。

近年，营业部坚持以人为本，认真履行社会责任，努力创建和谐企业，综合实力、社会形象、服务水平、创新能力得到了社会各界和客户的广泛认可和好评，连续20年成为当地金融企业中唯一一家省级“文明单位”，连年获得市行风评议金融系统第一名，2010年荣获AAA级河北省劳动关系和谐企业称号。

◆ 营业部总经理尹全振在所属网点调研指导

◆ 新闻媒体在营业部所属网点体验服务

◆ 建设银行总行在营业部开展企业文化评估试点

目　录

特　载

大事记

市情概览

特色园区

公共管理和社会组织

政 法

军 事

城乡建设与环境保护

交通运输

信息产业

国内外贸易・旅游

综合经济管理

科学技术

教　育

卫生·体育

社会生活

县（市）区概况

人 物

文献法规

统计资料

CONTENTS

Featured Articles

Events

City Survey

Featured Park

Public Administration and Social Organizations

Politics and Laws

Military Affairs

Agriculture

Industry

Urban-Rural Construction and Environmental Protection

Traffic Transportation

Information Industry

Domestic and Foreign Trade & Tourism

Banking

General Economic Management

Science & Technology

Education

Culture

Public Health & Sport

Social Life

An Introduction of Cities and Counties

Figures

Literatures & Regulations

Statistical Data

石家庄年鉴 Featured Articles

特　载

特　　载

政府工作报告

——2013年4月9日在石家庄市第十三届人民代表大会第一次会议上

石家庄市人民政府市长　王亮

各位代表：

现在，我代表市人民政府向大会作工作报告，请予审议，并请各位政协委员和列席会议的同志提出意见。

一、过去五年的工作回顾

市十二届人大一次会议以来，市政府紧紧依靠全市人民，在省委、省政府和市委的正确领导下，坚持以邓小平理论、"三个代表"重要思想、科学发展观为指导，以建设幸福石家庄为目标，围绕转型升级、跨越赶超两大任务，解放思想，开拓进取，真抓实干，圆满完成了市十二届人大一次会议确定的各项目标任务，为全面建成小康社会奠定了坚实基础。

综合经济实力显著增强。2012年，全市地区生产总值达到4500.2亿元，五年平均增长11.3%。全部财政收入完成573.2亿元，其中公共财政预算收入完成272.3亿元，分别是2007年的2.49倍和2.84倍。规模以上工业增加值完成1800.2亿元，实现利润558.6亿元，单位工业增加值利润率全国先进、全省第一。服务业增加值完成1807.3亿元，是2007年的2.06倍。自主创新能力持续增强，获省级以上科学技术奖122项。县域经济发展加快，全部财政收入超10亿元的县（市）由3个增加到7个，其中超20亿元的达到2个，突破百亿元的1个。淘汰落后产能任务超额完成，节能减排目标如期实现。

重点项目投资快速增长。2012年，固定资产投资完成3673.3亿元，五年平均增长26.7%。五年累计竣工省市重点项目287个，新开工项目533个，格力电器、欣意电缆等一批省市重点项目竣工投产。石家庄经济技术开发区被批准为国家级开发区，全市所有的县（市）都建成了省级以上工业聚集区或经济技术开发区。石太客专、京石武高铁建成通车；京昆高速（石保段）、西柏坡高速、三环公路等重大交通工程建成投用。石家庄国际机场改扩建主体完工。南水北调京石段建成通水。

省会面貌发生明显变化。围绕城镇建设"三年大变样、三年上水平"，高起点完成城市总体规划和各类专项规划，实现控制性详规全覆盖，形成了"一河两岸三组团"省会发展新格局。旧城改造全面展开，城市建设管理水平明显提升，市容环境大为改观，累计新增公园广场20座、街心游园112座，建成区绿地率达到41%。铁路穿城入地工程基本完工，新客站顺利投入使用；城市轨道交通开工建设；"公交都市"建设步伐加快，新开辟公交线路122条，公交分担率达到31.1%。正定新区路网建设全面铺开。强力实施蓝天碧水、洨河治理和市容市貌综合整治十大工程，环城水系全线通水，滹沱河综合整治一期工程基本完工。拆改市区分散燃煤锅炉974台，关停治理建材企业546家，累计淘汰黄标车6.6万辆。县城和小城镇建设步伐加快，全市城镇化率由45.1%提高到53.5%。

"三农"工作取得可喜成绩。各

级财政用于“三农”的支出五年累计达到350亿元，年均增长34.5%。农业综合生产能力稳步提高，粮食生产实现“九连丰”。农业产业化步伐加快，市级以上重点龙头企业达到255家，农业产业化经营总量达到874亿元。畜牧、蔬菜、林果等优势产业规模不断壮大。农业科技推广效果显著，小麦玉米良种覆盖率达到98%以上。农村基础设施建设持续加强，五年累计新建改造农村公路5567千米，完成37座水库除险加固，新建改造变电站100余座，改造中低产田47万亩，发展节水灌溉168万亩，解决了207.6万人的饮水安全问题。启动建设省级新民居示范村740个，省级幸福乡村示范点达到176个。太行山绿化、环省会生态建设取得实效，森林覆盖率达到32.2%。

改革开放迈出坚实步伐。105家国有和集体企业、6家经营性事业单位、80个城中村集体经济组织完成改制，北人集团、宝石集团等一批大中型企业成功重组。投融资体制改革取得新进展，市场化融资平台不断完善，五年新增上市公司17家，小额贷款公司54家。对外开放成效明显，成功举办了石洽会、正博会、动博会、药博会等一系列投资促进和商贸会展活动，沃尔玛、家乐福、爱立信等世界500强企业前来我市投资置业。与31家央企展开合作，引领带动作用明显提升。五年累计实际利用外资34亿美元，引进市外资金1710.8亿元；外贸进出口总额累计完成512亿美元，年均增长21.4%。

城乡居民生活持续改善。全市财政用于民生的支出五年累计达到1188亿元，占财政总支出的比重达到73.9%。2012年，城市居民人均可支配收入达到23038元，五年平均增长11.8%；农民人均纯收入达到8993元，五年平均增长12.7%。五年城镇新增就业48万人，转移农村劳动力73.9万人，15.3万农村贫困人口实现稳定脱贫。城镇登记失业率控制在4%以内。山区教育扶贫工程成效显著，建设寄宿制学校56所，3.1万名山区学生实现集中就读；义务教育均衡发展水平进一步提升。市图书馆、美术馆、广电中心等标志性文化设施相继建成，四级公共文化服务网络基本形成。精神文明创建活动不断深入，“善行河北”主题道德实践活动广泛开展，文化惠民活动丰富多彩，一批原创精品力作获国家级大奖。城乡居民社会养老保险全面推开，城乡居民医疗保险向全覆盖迈进。重度残疾人特殊保障政策在全省率先实施。政府办社区卫生服务机构、乡镇卫生院、村卫生室实行了基本药物零差价销售，全面完成村卫生室标准化建设。全市保障性安居住房累计开工建设11.7万套，发放廉租住房补贴2.13亿元。全民健身运动广泛开展，竞技体育取得好成绩。认真落实计划生育基本国策，保持了稳定的低生育水平。社会救助和养老服务体系进一步完善。援藏、援疆、援建四川平武任务圆满完成。国防动员和双拥共建深入开展，连续七次被评为“全国双拥模范城”。妇女、儿童、老龄、残疾人、慈善等各项事业不断发展，民族宗教、外事侨务、防震减灾、气象、人防、档案等各项工作都取得新成绩。

政府自身建设不断加强。不断深化行政管理体制和政府机构改革，政府职能进一步转变。坚持依法行政，自觉接受人大法律监督和工作监督、政协民主监督和社会监督，累计办理人大代表建议1675件、政协委员提案2602件，办结率均达100%。大力深化行政审批制度改革，五年累计削减行政许可项目136项，削减率达53.5%。社会管理创新综合试点工作扎实推进，110座综合警务服务站建成投用，社会治安综合治理不断加强。圆满完成北京奥运会、建国60周年大庆、党的十八大等重大活动安保工作。全市政治稳定，社会安定，人民群众安居乐业。

各位代表，五年成绩的取得，是省委、省政府和市委正确领导的结果，是全市人民团结奋斗、共同努力的结果。在此，我代表市人民政府，向全市人民，向人大代表、政协委员，向各民主党派、工商联、无党派人士、人民团体和社会各界人士，向驻石人民解放军、武警官兵，向中直、省直机关驻石各单位，向所有关心石家庄发展的国内外朋友，致以崇高的敬意和衷心的感谢！

在肯定成绩的同时，我们也必须看到，我市经济和社会发展中还面临着一些困难和问题，主要是：统筹城乡发展任务艰巨，城镇化进程不够快，县域经济实力还比较弱；产业结构不尽合理，新兴产业、高新技术产业比重偏低，服务业发展相对滞后；科技创新能力不强，节能减排任务繁重，群众关注的大气污染、交通拥堵等问题还比较突出；经济增长下行压力和产能相对过剩的矛盾依然存在；政府职能转变还不到位，发展环境需要进一步改善。

对此，我们必须保持清醒认识，进一步增强忧患意识，强化危机意识，以对全市人民高度负责的精神，采取有力措施，切实加以解决。

各位代表，回顾五年来不平凡的历程，我们深切感到，做好新形势下的政府工作，必须坚持以科学发展观为指导，围绕转型升级、跨越赶超、建设幸福石家庄的总目标，大力推动中东西三大区域协调发展，大力实施工业强市战略，大力改善生态环境，努力走出一条具有石家庄特色的发展新路子；必须坚持抓项目就是抓发展、抓大项目就是抓大发展、抓一批大项目就是抓跨越发展的理念，努力扩大经济总量，提高发展质量；必须坚持深化改革，扩大开放，加快形成有利于转变发展方式的体制机制，努力增强发展的活力和动力；必须坚持以人为本，高度关注民生，努力激发广大人民群众投身建设和发展的积极性；必须坚持优化发展环境，大力推进效能革命，努力营造风清气正、干事创业的浓厚氛围。这些经验来之不易，十分宝贵，我们必须倍加珍惜，在继承中发展，在实践中创新，引领我们不断取得新的胜利！

二、今后五年的目标任务

站在新的起点，我市面临前所未有的发展机遇：党的十八大明确提出了全面建成小康社会的宏伟目标；国家实施首都经济圈发展规划和京津冀一体化发展战略；市第九次党代会描绘了我市未来发展宏伟蓝图；我市经济和社会事业进入快速健康发展新阶段。这些难得机遇和有利条件，必将凝聚起全市人民强大的思想共识，激发出强大的精神力量。只要我们解放思想，真抓实干，开拓进取，就一定能够赢得主动，乘势而上，开创全市率先发展、创新发展、跨越发展的崭新局面！

今后五年政府工作的总体要求是，坚持以邓小平理论、“三个代表”重要思想、科学发展观为指导，全面贯彻落实党的十八大、省第八次党代会、市第九次党代会精神，牢牢抓住新一轮发展机遇，积极融入首都经济圈，深入实施中东西三大区域协调发展战略，紧紧围绕主题主线，深化改革开放，强化创新驱动，优化发展环境，改善生态环境，保障改善民生，维护社会稳定，促进新型工业化、新型城镇化、信息化和农业现代化同步发展，全力打造现代一流省会城市，加快转型升级、跨越赶超、建设幸福石家庄步伐，确保在全省率先全面建成小康社会。

今后五年，全市经济社会发展的总体目标是：全面完成“十二五”规划和市第九次党代会提出的目标任务。地区生产总值年均增长10%以上，比全省提前一年实现翻番。全部财政收入年均增长13%以上，其中公共财政预算收入年均增长14%以上。城乡居民收入年均分别增长11%以上。全市经济增长的质量和效益大幅提升，综合经济实力在全省领先，主要发展指标在全国省会城市中位次前移。

围绕实现上述奋斗目标，必须在以下方面迈出更大步伐、取得更大成效。

第一，提升综合经济实力，打造京津冀第三极。抓住国家实施京津冀一体化发展战略的机遇，主动承接京津地区产业转移和要素辐射，加强与京津地区的交通互联、产业互补、园区共建、资源共享，不断拓展融合发展的深度和广度。推进经济结构战略性调整，大力发展生物医药、高端装备制造、电子信息等新兴产业；加快发展现代物流、服务外包、总部经济、金融保险、旅游会展等现代服务业，促进服务业超常发展、高端发展，占生产总值的比重达到50%。大力发展现代农业，持续增强农业综合生产能力，加快构建新型农业经营体系，推动农业大市向农业强市转变。实施创新驱动发展战略，建设国家创新型城市。

第二，加速城镇化步伐，建设现代一流省会城市。按照“一河两岸三组团”省会发展新格局，全面提升城市规划、建设、管理水平。强化规划的刚性约束，以高水平的规划设计，引领城市建设出品位。全面加强主城区基础设施建设，加快城市地铁建设进程，推进高铁、航空和高速公路、干线公路、快速公交等交通设施建设，不断提升省会的交通枢纽功能；加快改造主城区水、电、气、热等市政公共设施，全面提高保障能力。高标准规划建设环城水系两岸区域，推动主城区外延发展，拓展城市空间。按照“低碳、生态、智慧”的理念，大力推进正定新区建设，加快完善道路和生产生活配套设施，提升新区聚集产业和吸纳人口的能力，尽快使30平方千米核心起步区形成规模。提升城市精细化管理水平，创新城市管理体制，实施智慧城市建设工程，努力形成高效快捷的城市管理系统。提速县城和特色镇建设，促进县城扩容升级，支持辛集、平山、晋州、新乐等县（市）向中等城市迈进。大力推进农村城镇化建设，深入实施幸福乡村计划，力争农村新民居建设示范村达到1000个以上，幸福乡村示范点达到500个以上；加快户籍制度改革，有序推进农业转移人口市民化，积极探索具有石家庄特色的新型城镇化之路，全市城镇化率达到60%以上。

第三，发挥园区优势，建成具有重大支撑作用的产业基地。集中力量做大做强现代产业基地，确保主要经济指标增速高于全省平均水平。推动高新技术开发区率先发展，力争主营业务收入突破4000亿元，在国家级高新区综合排名中位次前移。促进经济技术开发区、循环化工园区快速发展，实现主营业务收入2000亿元和1500亿元以上。力促装备制造基地、生物医药基地、信息产业和半导体光谷基地主营业务收入跃上新台阶。

第四，改善生态环境，建设绿色宜居家园。坚持生态立市，推进绿色发展。继续大力实施"蓝天碧水"工程，完成主城区全部重点污染企业的搬迁改造；加强大气污染治理，重点开展燃煤污染、扬尘污染、水泥建材行业污染综合整治。加强水环境治理，严格水源地保护，实现辖区主要河流和企业的自动化监控，确保污水处理达标排放。探索建立生态补偿机制，加大西部山区生态屏障建设力度。大力度推进环省会绿化工程建设，大规模开展植树造林活动，力争全市森林覆盖率每年净增1个百分点以上。

各位代表，年初的雾霾天气警示我们：生态环境已经到了非抓不可的时候了，我们必须站在抓生态环境就是抓发展、就是抓民生的高度，以壮士断腕的勇气，切实加大环境污染治理力度，经过五年坚持不懈的努力，实现全市大气和水环境明显改善，让全市人民都能呼吸洁净的空气、喝上放心的水！

第五，实施"腾飞计划"，推动县域经济跨越发展。按照中东西三大区域发展的战略定位，强力推进中部率先隆起、东部整体突破、西部加快发展。重点提升县域工业整体水平，培育和扶持一批主业突出、特色鲜明、体系完整、环境友好的龙头企业。有序推动省会主城区产业向县域扩张，基础设施建设、重大项目布局向县域倾斜，资金、技术、人才向县域聚集，大力推进47个县域产业集群提档升级，力争营业收入50亿元以上的产业集群达到30个、100亿元以上的达到15个以上，实现县域经济转型发展、总量倍增。

第六，建设文化强市，提升文化软实力。坚持社会主义先进文化前进方向，推进文化事业大繁荣、文化产业大发展。深化公民道德建设，广泛开展"善行河北"主题道德实践活动，提升全社会文明程度，努力争创全国文明城市。深入开展文化惠民活动，健全公共文化服务体系，保障人民群众的基本文化需求。关心和培养文化名家和领军人才，持续推出具有石家庄特色、体现时代精神的精品力作。围绕做大做强现代传媒、动漫创意、民俗文化等六大文化产业，培育一批文化强企，引进一批战略投资者，建设一批重大文化项目。加强文物保护，加大对文化资源的挖掘整理和传承创新，努力打造正定古城文化品牌、"大西柏坡"红色文化品牌、反映时代风貌的现代文化品牌，不断增强省会文化底蕴。

第七，保障改善民生，全面建设幸福石家庄。坚持以人为本、民生为重，努力在学有所教、劳有所得、病有所医、老有所养、住有所居上取得重要进展。优先发展教育事业，全面推进教育综合改革，努力办好人民满意的教育。加快发展医疗卫生事业，加大医疗投入，改善医疗环境，提高医疗质量。实施更加积极的就业政策，不断提高就业的质量和稳定性。建立市场配置和政府保障相结合的住房制度，逐步缓解低收入群体的住房困难。制定实施城乡居民收入倍增计划，努力提高城乡居民收入。健全城乡社会保障体系，不断提高统筹层次和保障水平，切实做到应保尽保。建立政府主导和社会参与、居家养老和机构养老相结合的养老服务体系。继续抓好社会管理创新综合试点市建设，加快形成源头治理、动态管理、应急处置相结合的社会管理机制。强化市场价格监督，保持物价基本稳定。

各位代表，新蓝图令人鼓舞，新目标催人奋进。让我们团结一心，埋头苦干，奋力争先，努力创造无愧于时代、无愧于人民、无愧于省会称号的辉煌业绩！

三、2013年的重点工作

今年是全面贯彻落实党的十八

大和全国“两会”精神的第一年，是实施“十二五”规划承前启后的关键一年。做好今年工作，意义十分重大，必须牢牢把握稳中求进的工作总基调，紧紧围绕提高经济增长质量和效益这个中心，把稳增长、调结构、惠民生、优环境作为基本着力点，努力实现各项工作新突破。综合考虑各方面因素，今年全市经济社会发展的主要预期目标是：地区生产总值增长10%以上，全部财政收入增长15%，其中公共财政预算收入增长18%；规模以上工业增加值增长13%；固定资产投资增长20%，社会消费品零售总额增长15%以上；单位生产总值能耗下降3.89%；城市居民人均可支配收入增长11%，农民人均纯收入增长11%；城镇登记失业率控制在4.5%以内。围绕实现上述目标，重点抓好八个方面工作：

（一）全力以赴，加快重点项目建设。把上项目、增投入、扩总量，作为推动经济社会持续快速健康发展的第一选择，突出重点，强化责任，全力推进。

加快重大产业项目建设。对今年安排的125个省市重点项目，优先保障土地、资金等要素供应，确保南车装备制造、通用航空二期、纵横光缆产业基地等71个项目开工建设；加快辛化搬迁升级、智能化电力设备产业园等46个续建项目建设进度；加大浙商机电产业园等8个前期项目跑办力度。年内确保石炼化800万吨油品质量升级改造、中友机电等83个项目竣工投用，石炼化百万吨轻烃综合利用完成立项。对已签约的27个外资项目和35个央企合作项目，逐一制定专项推进计划，确保早开工、快建设。

全力推进产业园区提档升级。制定专项扶持和激励办法，力促省级以上产业园区基础设施大提升、发展环境大改善、优势产业大发展。不断提高高新技术开发区、经济技术开发区、循环化工园区、装备制造基地、信息产业基地、南部工业区等重点园区的配套能力，率先完成路、水、电、讯、气、热等基础设施建设。强化省级经济技术开发区、产业聚集区的载体功能，发挥比较优势，打造园区特色，拉长产业链条，提高园区的整体实力和竞争力。加快华药总部基地及研发中心、中国服装创意产业园等现代产业园区的推进力度，力争年内开工建设。

加大重大项目谋划和招商力度。围绕我市主导产业、优势产业和战略性新兴产业，加强项目谋划包装，广泛开展招商引资，确保做到谋划一批、签约一批、建设一批、储备一批，保持项目建设强大后劲。年内，藁城、鹿泉、正定、栾城四个县（市）分别新建2个10亿元以上项目，其他县（市）区分别新建2个5亿元以上项目。市级重点项目储备稳定在1000项以上。

（二）抓住关键，推进工业转型升级。按照做实对标、做强龙头、做活民营的要求，强力实施工业突破，大力提高工业的整体水平。

继续深化拓展对标行动。引导各个行业和企业，对标国际、国内一流水平，在研发、生产、销售、管理等环节实施全过程对标，制订追赶、超越、创标路线图，通过技术创新和技术改造，全面提升企业的质量和效益，降低单位增加值能耗和排放。年内争创国内标杆指标200项，培育对标示范企业80家。进一步加大钢铁、热电、纺织服装、医药化工等传统产业改造提升力度，重点抓好石煤机矿山机械研发制造中心、威远生化石家庄基地等15个传统产业升级改造项目建设，滚动实施市重点技改项目200项以上，全年技改投资力争超过1000亿元。

大力发展战略性新兴产业。优化政策环境，激发市场主体活力，促进生物医药、高端装备制造、信息技术等新兴产业突破瓶颈制约，总量快速扩张，实力大幅提升。年内重点抓好光谷二期、旭新光电、通用航空等57个重大新兴产业项目建设，全市规模以上战略性新兴产业增加值增长22%以上。

做大做强龙头企业。以50家骨干企业和高成长型企业为龙头，大力实施“跨五超百冲千”工程，鼓励企业兼并重组，推动生产要素向优势企业和产品集聚，加快培育一批国际国内知名品牌，打造一批主营业务收入跨50亿、超百亿、冲千亿的“企业航母”。年内，力争阳煤正元等5家企业主营业务收入超50亿元，华药、石药等7家企业超百亿元。

提高科技创新水平。进一步强化企业创新的主体地位，年内新认定高新技术企业25家。积极推进与北京大学、清华大学等高等院所的合作，充分发挥省会高校、科研院所的科技资源优势，加快建立产、学、研相结合的创新合作机制。拓展以石药、华药等优势企业为主体的产学研联盟，支持有条件的企业建立研发平台，力争健海生物芯片工程实验室等7个高技术研发平台投入使用。加快创新研发体系建设，建立科技创新公共服务平台，新培育市级以上企业技术中心、工程（技术）研究中心和实验室15家。围绕我市重点产业，抓好重大科技专项实施，力争取得国内先进水平以上科技成果170项。认真落实国家知识产权战略，进一步加大知识产权保护力度。加强创新人才队伍建设，大力营造尊重知识、尊重人才、尊重创造的浓厚氛围，以高素质人才引领高水平发展。

切实抓好节能减排。积极推进低碳城市试点建设，加快发展循环经济和节能环保产业。突出抓好新老“双三十”、“双千”企业治理，组织实施节能技改项目100项，完成节能50万吨标准煤。降低重点行业和企业的能耗和排放总量，坚决改造淘汰落后产能，确保完成年度节能减排目标任务。大力度推广绿色节能建筑，鼓励开展建筑垃圾、生活垃圾再利用，促进经济社会可持续发展。

（三）创新方式，力促服务业发展提速。把加快发展服务业作为优化产业结构、促进经济发展的最大潜力和增长点，培育服务业支撑项目，发展新的消费业态，力促现代服务业超常发展。

做大做强生产性服务业。加快发展现代物流业，提升南部综合、正定商贸两大省级物流聚集区，确保润丰物流、洛杉奇冷链物流园等8个项目建成投用，润德物流园等9个项目开工建设；大力度推进空港工业园建设，年内力争综合保税区获得国家审批。加快石家庄国际服务外包开发区建设，努力培育新的经济增长点。立足省会资源优势，大力发展楼宇经济、电子商务、研发设计、文化创意等新兴服务业。积极发展金融保险业，重点抓好省会金融核心区、金融后台服务中心建设，争取更多的国内外各类金融机构落户我市。积极推进三网融合试点工作，实施新一代互联网、物联网应用示范工程。

活跃提升生活性服务业。按照做强核心商业区、优化二级商业区、延伸社区商业网点的思路，合理规划省会商业布局，促进商业持续健康发展。抓好市区40个重点商贸项目和城市综合体建设，力争中储红星美凯龙等10个项目开工建设，确保华强广场等11个项目竣工开业。大力支持北国、万达、东购、勒泰、万象天成等一批重量级商贸企业做大做强。加快推进新华集贸、南三条市场改造升级。建立中小商贸企业公共服务平台，支持中小商贸企业加快发展。年内每个县（市）启动建设1个大型物流中心和1个商贸中心。加快发展以家政服务、社区服务、养老服务、疾残护理为重点的家庭服务业。

倾力打造服务业品牌。进一步提升药博会、正博会等商贸会展活动水平，推动会展经济加快发展。发挥高铁和航空的交通优势，加大旅游资源规划开发和市场开拓力度，叫响大西柏坡红色旅游名片，提升赵州桥、苍岩山、嶂石岩等十大景区形象，推进驼梁——五岳寨——天桂山景区整体升级，加大段家楼景区的保护和开发力度，力争更多景区进入5A行列。旅游业总收入增长20%以上。

努力扩大居民消费。改善消费环境，丰富经营形式，提高消费能力。大力发展信用消费、网络购物等新型消费业态，加快发展电子商务、连锁经营、物流配送等现代流通方式。建设国家电子商务示范基地，力争引进国内外知名电子商务企业20家以上。集中力量推进夜经济工程建设，继续鼓励和支持各商家延长营业时间，活跃经营方式，不断提升夜经济的档次、品位和规模。深入推进“万村千乡”市场工程、新网工程和“双进工程”，加强农村商贸中心和配送中心建设，认真落实新“国五条”房地产调控政策，促进房地产业平稳健康发展。

（四）多措并举，统筹抓好“三农”工作。坚持把“三农”工作放在重中之重位置，构建集约化、专业化、组织化、社会化相结合的新型农业经营体系，加快农业现代化和农村小康建设步伐。

提升农业综合生产能力。在稳定880万亩耕地保有量基础上，重点抓好500万亩粮食生产核心区建设，总产稳定在510万吨以上。大力发展设施农业、都市农业，提高农业生产综合效益。发展壮大畜牧、蔬菜、林果等优势产业，年内创建标准化规模养殖示范场150个、标准化蔬菜示范园20个。加大农业科技创新和技术推广力度，建立健全农业社会化、信息化服务保障体系。

提高农业产业化水平。坚持以工业化理念发展农业，支持农业公司、农业合作社加快发展，鼓励广大农民以多种形式入社、入公司经营，提高农民的组织化程度。按照依法、自愿、有偿的原则，积极吸引社会资本注入农业，引导农村土地承包经营权有序流转，鼓励和支持承包土地向专业大户、农业合作社集中，发展多种形式的适度规模经营。抓好市级以上龙头企业、省级农产品加工示范基地县建设，加快推进190个农业产业化项目，力争农产品加工转化率达到76%以上。

改善农村生产生活条件。按照“水电路讯房、山水林田村、科教文卫保”十五字方针，加强农村基础设施建设，新增农村公路445千米，治理中小河流3条，除险加固水库20座，治理水土流失160平方千米，发展节水灌溉53万亩。深入开展农村环境综合整治，加强农村“空心村”治理，完成1293个重点村庄“四清四化”和“六改两建”。每个县（市）区创建2个市级以上生态镇、10个卫生村。新民居建成区全部实现道路硬化、集中供水供暖、生活垃圾和污水无害化处理。

促进农民增加收入。继续实施农民增收帮扶工程，扎实开展基层建设年活动，努力在政策、技术、培训、信息、劳务输出等方面提供支持和服务，促进农村劳动力有序转移，大力增加农民工资性收入，确保农民收入增长高于城镇居民收入增长。集中力量打好扶贫攻坚战，切实抓好264个扶贫开发重点村整村推进计划，加大对国家扶贫工作重点县的支持力度，确保4万人实现稳定脱贫。

（五）对标先进，推进城镇建设上水平。以天津、成都市为标杆，围绕打造“河北第一窗口”，完善配套设施、提升城市功能、聚集优势产业、强化精细管理，大力实施“四大工程”。

新区建设提速工程。完成新城大道、太行大街建设，形成主城区与正定新区快速通道。加快市民服务中心建设，力争年底前具备入驻条件；加快会展中心、河北奥林匹克体育中心、职教园区、市一中新区分校、市特殊教育职业中专学校、河北医科大学第二医院新区医院、市第一医院新区分院、河北出版集团等项目建设进度；加快实施正定古城保护，启动古城墙修复工程，恢复一批古街巷历史风貌；加快完善新区路网、公建配套项目，全面推进新区各项建设，充分展示新区的美好形象。

基础设施完善工程。启动石济客专建设，推进京昆高速（石太段）、京港澳高速（京石段、石安段）、107国道、定魏公路、平涉线等改扩建工程，完成晋深公路等5条干线公路建设。启动南二环东延、西延工程，确保红旗大街南延工程、三环辅路、机场路建成投用。进一步完善市区路网，开工建设新胜利大街、南二环与新胜利大街立交桥等5项配套工程。高标准完成新客站东广场建设。稳步推进旧城和城中村改造。全力推进城市轨道交通项目建设，确保年内完成1号和3号线一期工程各站点主体工程量的20%。加快“公交都市”建设，启动白佛、汇通路、中仰陵等5个公交枢纽站建设，完成平安大街、建设大街、体育大街3条公交专用道建设和延伸工程，公交分担率达到32.6%。加快热源和管网建设步伐，保障城区供热质量。加大市区排水管网改造力度，推进民心河二期、五支渠、东二环地下管网南延等雨污管网工程建设，提升城市防汛能力。

城市精细化管理工程。创新城市管理体制，坚持建管并重、综合治理，构建管理与执法高效统一的大城管格局。加快智慧城市建设，整合规划、城管、交通等信息资源，构建信息互通、资源共享平台。深入实施城市容貌综合整治工程，以新旧火车站片区、二环路、平安大街等“三片、一环、八线”为重点，加大对违法违规建筑的监督和查处力度，实施净化、美化、亮化、绿化、硬化。管住管好建筑渣土、工地扬尘和噪音污染，进一步提升道路保洁水平，二环内主干道机械化清扫率达到80%以上。

县城扩容升级工程。按照突出特色、彰显个性、完善功能、打造精品的要求，加快推进路网、水网、气网、热网、电网等配套设施建设，大力提高县城综合承载能力。年内每个县（市）至少建成1条以上标志性街道，1个面积不低于3万平方米的公园，2块面积不低于5000平方米的绿地。大力推进县城周边一千米范围内的村庄向县城集聚。

（六）深化改革开放，增强科学发展新动力。坚持把深化改革扩大开放，作为加快发展的最大“红利”，充分激发各类市场主体的活力和动力。

继续深化重点领域改革。积极推进行政管理体制和事业单位分类改革，稳妥推进经营性事业单位产权制度改革。深化财政体制改革，加快建立基本公共服务均等化的公共财政体系。全面开展农村土地确权登记，稳步推进农村集体产权制度改革。深化收入分配制度改革，不断优化收入分配结构。加大国有企业优化重组力度，支持北人集团、物产集团等4家企业实施兼并扩张，完成东方热电等15家国有企业改制重组。扶持企业上市直接融资，年内力争汇金机电、科林电器等企业成功上市。

全方位扩大对外开放。坚持内资外资并重，引资引智并举，不断拓展对外开放的深度和广度。精心办好石洽会等重大经贸活动，有针对性地办好新一代电子信息、高端装备制造、创新创意创业等产业招商会。主动对接世界500强和行业领军企业，积极参与百家央企、百家院所高校和百家知名民企进河北活动，力争中化集团、美国普洛斯集团等战略投资者到我市投资置业。创新招商方式，面向国内外广泛开展招商活动，扩大与京津、长三角、珠三角等重点地区的协作。充分发挥海外华侨华人作用，大力引进高新技术合作项目，促进“引资、引智、引技”有机融合。坚持出口和进口并重，力争全年外贸进出口总值增长3%。全年实际利用外资达到9亿美元，引进市外资金800亿元。

发展壮大民营经济。全面落实鼓励民营企业发展“新36条”和省、市支持非公有制经济发展若干政策，毫不动摇支持非公有制经济发展。加强融资担保、创业辅导、政策培训等服务平台建设，激发全民创业活力。加大金融创新力度，支持各县（市）建设和提升投融资平台，努力拓宽融资渠道。加大对中小企业的支持力度，年内确保新增规模以上工业企业200家以上。扶持民营科技企业和小微企业健康成长，努力扩大市场主体数量，加速形成一支数量庞大的企业群体。年内全市民营经济增加值、上缴税金分别增长15%和17%以上。

（七）攻坚克难，持续改善生态环境。围绕打造舒适宜居的生态环境，坚持铁腕治污，刚性降耗，强力推进三大攻坚行动。

实施大气环境改善攻坚行动。深入开展重点行业和企业、机动车尾气、扬尘烟尘、分散燃煤、油气挥发等十大污染综合治理工程，突出抓好钢铁、热电、水泥建材等重点行业集中治理，完成7家电厂除尘设施升级改造，实施火电行业、重点钢铁和水泥企业脱硫脱硝工程；关、停、并、转、改多措并举，完成125家企业粉尘污染治理；搬迁改造2家市区高排放企业。对重点污染企业，实施强制性清洁生产审核制度。对新建、改建、扩建项目，严格进行环境影响评价。加快市区分散燃煤锅炉、燃煤大灶拆改治理，集中整治建筑工地和道路扬尘、机动车尾气超标、农作物秸秆焚烧污染。加快建设8个大气污染控制示范区，实现粉尘治理、绿化硬化、排放治理“三个全覆盖”和环境卫生无死角。加强PM2.5、PM10、二氧化硫、氮氧化物等污染物的监测治理，最大程度改善空气质量。

实施水环境综合整治攻坚行动。以主要河流水污染防治和饮用水水源地保护为重点，集中实施“八大工程”。清理岗南、黄壁庄水库饮用水源保护区内的污染物，整治水库上游企业，封堵保护区内所有排污口，确保集中式饮用水源地水质全部达标。开展“三河两渠一沟”（滹沱河、洨河、磁河，石津灌渠、邵村排干渠，汪洋沟）等重点河流的综合治理，建立全天候电子监控系统和水质自动监测站，确保监测断面水质达到省考核标准。继续大力度推进洨河综合整治，全面完成桥东污水处理厂扩建升级等20项工程，确保6月底实现洨河碧水清流。

实施绿色生态建设攻坚行动。全市新增造林绿地57万亩以上。全面推进环省会绿化工程建设，抓好高速公路、国省干道两侧等重点区域植树绿化，建设绿色走廊；抓好西山森林公园、三环路绿化提升、滹沱河百里绿色长廊、环城水系沿线绿化、太行山绿化工程建设。全面提升主城区园林绿化水平，建成二环路景观“绿环”，启动新胜利大街9千米“中央绿轴”工程，实施学府路、友谊大街等5条道路绿化工程，对建设大街、谈固大街等“6纵”主干道进行绿化提升改造，建成20块街旁游园绿地。主城区新增乔木300万株，新增绿地600万平方米。在全市农村广泛开展“四旁”植树活动，全市森林覆盖率达到33%以上。

（八）保障民生，全面加强社会建设。加大公共资源优化配置力度，大力促进公共服务均等化，努力让更多发展成果惠及全市人民。

加快发展文化教育事业。继续推进义务教育均衡发展，确保7个县（市）区通过义务教育基本均衡评估验收；改造提升山区6县职教中心；完成学前教育三年行动计划，抓好50所公办示范性幼儿园新改扩建工程；加快推进15中整体迁建、24中整体改造、2中二期工程、中小学实践基地等教育设施建设；扩充优质教育资源，提升高中教育质量；加快发展职业教育、特殊教育、高等教育。深化群众性精神文明创建活动，大力提高市民素质和社会文明程度。提高公共文化设施服务水平，加快霞光大剧院（演艺中心）、奚啸伯大剧院等文化项目建设。完善公共文化服务网络，重点抓好市、县、乡、村四级文化阵地建设。广泛开展“文化三下乡”活动，继续办好“彩色周末”、“燕赵讲坛”等群众喜闻乐见的文化活动。抓好长城梦世界动漫城等一批重大文化产业项目。繁荣文化精品创作，提高我市品牌文化的知名度和美誉度。

提高就业和城乡居民收入水平。制定城乡统一的就业扶持政策，完善以就业为导向的职业培训体系；提升中低收入群体的收入水平，重点帮扶城镇就业困难人员、农村剩余劳动力和进城务工人员、退伍军人、高校毕业生等实现稳定就业。年内新增城镇就业9.9万人，农村劳动力转移就业5.7万人。

提高社会保障能力和人民群众健康水平。认真落实城镇企业职工基本养老保险政策，切实做好城中村居民参保工作。努力扩大医疗保险覆盖面，城镇职工、居民医保参保人数达到271万人，新农合参合率稳定在97%以上。积极开展城乡居民大病保险市级统筹试点。加快实施市级优质卫生资源倍增工程，扎实推进乡村卫生服务一体化管理，提高社区和乡村两级卫生机构的服务能力和服务质量。深化县级公立医院综合改革。抓好“国家中医药发展综合改革试验市”建设，提升基层中医药服务能力。引导和鼓励民间资本兴办养老机构，重点推进敬老院、光荣院、福利院“三院合一”建设。启动实施重度残疾人护理补贴制度，完成市残疾人康复中心改扩建项目建设。坚持计划生育基本国策，完善计生利益导向政策，切实做好计生特殊家庭的关怀扶助工作，提高计生家庭的社会保障水平。继续实施新生儿出生缺陷干预工程，提高出生人口素质。加快全民健身中心建设，打造城区“10分钟体育健身圈”。

切实加强食品药品管理。全面加强食品药品安全监管体系建设，完善市场监管信息化网络，提高监管技术支撑能力。及时公布食品药品安全信息。严格落实食品药品生产经营企业的主体责任和政府部门的监管责任。加大执法监督和查处力度，始终保持高压态势，严厉打击非法生产、销售行为，保障人民饮食用药安全。

加强和创新社会管理。扎实推进社会管理创新综合试点市建设，促进全市社会管理水平整体提升。加强基层组织和服务能力建设。进一步完善社会治安防控体系，严厉打击各类刑事犯罪。搞好流动人口、特殊人群的管理。健全公共安全应急机制，做好突发公共事件应急处置工作。严格落实安全生产责任制，坚决遏制重特大安全事故发生，进一步增强群众的安全感和满意度。推进网络依法规范有序运行。着力解决信访突出问题，依法维护信访秩序，保护妇女儿童合法权益，关心残疾人事业。积极支持驻石人民解放军和武警部队建设，大力加强国防教育和后备力量建设，认真落实优抚安置政策，持续巩固军政军民团结。支持工青妇等人民团体发挥桥梁纽带作用，切实做好防震减灾、民族宗教、外事侨务、气象、人防、社科、档案等各项工作，促进社会事业全面进步。

今年，我们要集中力量，继续办好利民惠民十件实事。提升供热质量。完成120个老旧小区供热二次管网改造，有效解决老旧小区供热不达标问题。缓解交通拥堵。实施11项道路改造和优化管理项目，完善智能化交通管理体系，重点对市区10个路口进行渠化改造，改造60处港湾式公交站台，建设3座人行过街天桥，打通4条断头路。改善空气质量。完成市区剩余的155台分散燃煤锅炉拆改工作，购置新型燃气公交车600辆，淘汰黄标车1万辆以上。加快保障性住房建设。新开工建设保障性住房及棚户区改造3.8万套，竣工2.6万套，分配入住2.2万套。整治老旧小区环境。对100个老旧小区道路、排水管网、路灯设施进行整修。认真解决老旧小区无人管理和脏乱差问题。增加食品便民网点。在市内社区建设50个惠民店。加快建设“放心馒头”二期工程，逐步满足市民需求。提高社区养老助残水平。在市内五区新建10个示范性社区居家养老服务中心、10个成年智力、精神、重度残疾人日间照料中心，对200户残疾家庭实施居家无障碍改造。解决农村饮水安全。新建联村集中供水工程20处，单村集中供水工程230处，解决390个村、60万人的饮水安全问题。加大医疗惠民力度。县级公立医院、政府办社区卫生服务机构，乡镇卫生院和村卫生室，全部实行基本药物零差率销售；启动新农合大病保险工作，基本解决因病返贫问题；扩大新农合重大疾病保障病种范围，保障病种由6类增加到20类。扩大再生资源回收。在全市农村建设350个再生资源固定回收站，建立9个县域再生资源集散中心，提高农村废旧物品利用率。

各位代表！人民对美好生活的向往，就是政府的奋斗目标。我们将始终把解决好人民群众最关心、最直接、最现实的利益问题，放在心上、抓在手上、落到实处，努力让全市人民过上美好生活！

四、努力建设人民满意的服务型政府

围绕建设创新政府、廉洁政府、法治政府的目标，进一步转变职能、改进作风、优化服务，全面提升政府工作效率和水平。

加快转变政府职能。把改革创新精神贯穿政府工作全过程，继续深化行政管理体制改革，推进政企分开、政资分开、政事分开、政社分开，加大向市场放权的力度，推进生产要素市场化，营造公平公正的市场环境。继续推进效能革命，真正把工作重心和主要精力转向创造良好发展环境、提供优质公共服务上来。按照权责一致的原则，调整部门职责权限，明确职责分工，进一步精简和规范行政审批事项，优化审批流程，力争在现有基础上再压缩30%。推进公共资源交易市场化改革，加快公共资源交易中心建设。加大绩效考核力度，全面提高办事效率和办事质量。提高行政服务中心规范化建设水平，加快推进网上行政服务中心建设，年内市本级所有适宜在网上运行的行政许可、非行政许可项目，实现网上办理和联合审批。创新行政管理方式，大力推进政府系统标准化建设。

全面推进依法行政。把遵守宪法和法律作为施政的根本原则，模范遵守和执行各项法律法规，严格按照法定权限行使权力，自觉接受人大及其常委会的法律监督和工作监督，自觉接受人民政协的民主监督，认真听取各民主党派、工商联、无党派人士和人民团体的意见。认真办理人大代表建议和政协提案。重视发挥新闻媒体和社会公众的监督作用，保障人民群众的知情权、参与权、表达权、监督权。加强重点领域政府立法，强化行政监察和审计监督。加强法制宣传教育，规范行政执法活动，严格落实行政执法责任制，真正做到有法必依、执法必严、违法必究。

切实改进工作作风。认真落实中央改进工作作风、密切联系群众八项规定和省委、市委的实施意见，大力弘扬西柏坡精神，牢记“空谈误国、实干兴邦”，坚决克服形式主义、官僚主义，坚持从市政府领导班子做起，要求别人做到的自己先做到，要求别人不做的自己坚决不做。大兴求真务实之风，带头深入基层，察实情、办实事、解难题，求实效，解决实际问题。大力改进文风会风，精简会议，减少文件，真正把精力用在抓落实上、把功夫下在见实效上。积极开展以“为民、务实、清廉”为主要内容的群众路线教育实践活动，时刻把群众的安危冷暖放在心上，多谋民生之利，多解民生之忧，多办民生之事，以实际行动践行全心全意为人民服务的根本宗旨。

大力加强廉政建设。全面贯彻“标本兼治、综合治理、惩防并举、注重预防”的方针，加强反腐倡廉教育和廉政文化建设，提高公务员队伍廉洁从政自觉性。厉行勤俭节约，力戒奢靡之风，严守公务接待要求，严格公务用车标准，严把文件会议质量，公务接待、公务出国、公务购车经费只减不增。深入开展民主评议活动，坚决纠正行业不正之风，认真解决群众反映强烈的热点、难点问题，切实维护人民群众的合法权益。加大案件查处力度，以反腐倡廉的实际成效取信于民。深化政务公开，让人民监督权力，让权力在阳光下运行，做到干部清正、政府清廉、政治清明，大力提高政府公信力。

各位代表！我们已经踏上转型升级、跨越赶超、建设幸福石家庄的新征程，我们肩负的责任重大而光荣。让我们紧密团结在以习近平同志为总书记的党中央周围，在省委、省政府和中共石家庄市委的正确领导下，紧紧依靠全市人民，以奋发有为的精神状态，务实高效的工作作风，扎实有力的工作举措，为率先全面建成小康社会而努力奋斗！

关于石家庄市2012年国民经济和社会发展计划执行情况与2013年国民经济和社会发展计划（草案）的报告

——2013年4月9日在石家庄市第十三届人民代表大会第一次会议上

石家庄市发展和改革委员会主任　赵文锋

各位代表：

我受市政府委托，向大会作石家庄市2012年国民经济和社会发展计划执行情况与2013年国民经济和社会发展计划（草案）的报告，请予审议，并请市政协委员和其他列席人员提出意见。

一、2012年计划执行情况

2012年，面对复杂的国内外经济形势，全市各级各部门紧紧围绕“转型升级、跨越赶超、建设幸福石家庄”总目标，深入实施中东西三大区域协调发展和工业强市战略，着力稳增长、控物价、调结构、抓创新、惠民生、促和谐，全市经济社会保持了平稳健康发展。

——经济总量稳步提升，三次产业全面发展。全年地区生产总值完成4500.2亿元，同比增长10.4%，高于计划0.9个百分点。其中，第一产业增加值完成452.2亿元，同比增长3.6%；第二产业增加值完成2240.7亿元，同比增长12%；第三产业增加值完成1807.3亿元，同比增长10%，高于计划1个百分点。农业生产再获丰收，粮食总产达到532.1万吨，实现了“九连丰”；肉、蛋、奶、蔬菜产量分别达77.3万吨、106.4万吨、120.6万吨、1255.4万吨，同比分别增长1.4%、0.1%、1.5%、2.7%。工业经济稳定发展，规模以上工业增加值完成1800.2亿元，同比增长13.5%，高于计划0.5个百分点；利润完成558.6亿元，同比增长15.6%，高于计划2.6个百分点；高新技术产业增加值完成339.4亿元，同比增长25.1%，与计划持平。服务业保持健康发展，重点推进的商贸、物流项目已有20个竣工投用，南部综合物流和正定商贸物流产业聚集区列入省级序列，总部经济、服务外包、动漫设计等新兴服务业稳步发展，服务业整体水平得到提升。

——项目建设加快推进，投资保持较快增长。重点项目加快推进，171项省市重点项目完成投资1214亿元，占年度计划投资的130.9%，可口可乐、科林智能电网设备等100个项目开工建设，格力家用空调、欣意电缆等30个项目竣工投产。央企项目加快推进，与中石化等31家央企合作项目64项，已有18项竣工投产，2012年新对接的19个项目，已有4个项目开工建设。基础设施建设加快推进，西柏坡高速全线通车，京石武高铁、新客站投入运营，城市轨道交通开工建设；洨河治理工程全面铺开，滹沱河综合一期基本完工；新建天然气“县县通”管道150千米，入市干线建成投用。项目建设提质增速，确保了投资保持较快增长，全市固定资产投资完成3673.3亿元，同比增长21.4%，高于计划2.4个百分点。

——财政收入稳定增长，金融市场运行平稳。全部财政收入完成573.2亿元，同比增长17.2%，高于计划3.2个百分点，其中公共财政预算收入完成272.3亿元，同比增长23.1%，高于计划8.1个百分点，全部财政收入占GDP比重达到12.7%，高于计划0.1个百分点，收入质量进一步提高。金融实现平稳运行，全市金融机构贷款余额3995.1亿元，比年初增加360.6亿元；存款余额7640.7亿元，比年初增加925.5亿元。

——市场消费态势平稳，物价涨幅得到控制。全市社会消费品零售总额完成1894.8亿元，同比增长15.6%，高于计划0.6个百分点，其中城镇完成1481.9亿元，同比增长15.9%；乡村完成412.9亿元，同比增长14.3%。“夜经济”繁荣活跃，97家重点延时企业夜间销售22.3亿元，同比增长28.1%。物价涨幅回落明显，全年居民消费价格总指数为102.8，涨幅较上年同期回落2.9个百分点，低于控制目标1.2个百分点。

——重点改革不断深化，对外开放继续扩大。医药卫生体制改革取得突破，“县级公立医院综合改革试点”顺利推进，农村基层卫生机构新机制运行平稳，新设60所城市社区卫生服务机构，城镇职工和城镇居民基本医疗保险参保率、新型农村合作医疗参保率分别达到97.1%、96.1%、97.4%，均超额完成计划目标。企事业单位改革稳步推进，饮食公司等4家国有企业完成改制，市铁丝厂、五金公司2家集体企业完成改制，72家事业单位列入改制计划，“城中村”已有80个完成改制。对外合作进一步增强，通过参加香港投洽会、廊坊经洽会、厦门投洽会等一系列经贸活动，签订外资合作协议27项，协议外资13.8亿美元；签订内资合作协议317项，合同引资895.8亿元。全年实际利用外资8.8亿美元，同比增长8.9%，低于计划1.1个百分点；引进市外资金695.2亿元，同比增长39%，高于计划24个百分点。

——人民生活持续改善，经济社会和谐发展。城市居民人均可支配收入完成23038元，同比增长12.2%，高于计划1.2个百分点；农村居民人均纯收入完成8993元，同比增长15%，高于计划4个百分点。高中阶段毛入学率达到90%，城镇新增就业10.7万人，城镇登记失业率控制在3.76%，城镇参加基本养老保险人数174.5万人，3.69万套保障房全部开工建设，城镇住房保障覆盖率达到15.8%，新增农村饮水安全人口60万人，每万元工业增加值用水量20.09立方米，均完成或超额完成计划目标。每万元生产总值能耗、化学需氧量排放量、二氧化硫排放量、氨氮排放量、氮氧化物排放量分别降低6.2%、2.2%、3.5%、3.1%、1.5%，均达到省控目标。科教文卫体等各项社会事业全面进步，民生幸福十大工程、20件实事全面完成，食品药品安全、生产安全状况持续好转。

2012年，受国际经济持续低迷以及国内市场需求减弱影响，全国、全省经济普遍回调，其影响程度是近几年少有的。在此背景下，我市主要经济指标增速虽然高于全国、全省平均水平，但也出现一定程度的回落，经济下行压力较大。

从三次产业看，第一产业保持稳定增长，粮食生产再获丰收。第二产业虽然缓中趋稳，但工业企业经营依然困难，企业生产节奏放缓、效益下滑，全市规模以上工业增加值增速从年初的15.4%降至13.5%，较上年同期回落2.7个百分点，利润从年初的18.6%降至15.6%，较上年同期回落8.8个百分点。主要原因是：医药、装备制造、建材等主导行业下游需求持续减弱，导致产能过剩，企业限产、减产、亏损，化学药品原药、交流电动机、水泥产量同比分别下降24.2%、21.9%、18.6%，规模以上企业中亏损企业较上年增加11家，亏损额达到27.6亿元，同比增长9.8%。第三产业增长乏力，服务业增加值增速低于地区生产总值增速0.4个百分点。主要原因是：为促进小微企业和个体经营发展，营业税、增值税起征点大幅提高，核算服务业增加值时，6大主要行业除金融业、批发零售业、住宿餐饮业略有提高，其他3大行业出现不同程度回落，特别是房地产业、交通仓储邮政业回落明显，较上年同期分别降低了6和4.3个百分点，影响服务业增加值增长1.4个百分点。

从三大拉动看，除固定资产投资保持了21.4%的较快增长外，外贸进出口大幅萎缩，全市外贸进出口总值同比下降8.7%，低于计划18.7个百分点,出口总值增长3.6%，低于计划5.4个百分点，仅拉动经济增长1.1个百分点。主要原因：一方面是占全市进口总值3/4的铁矿石进口额同比下降27.3%，导致全市进口大幅回落；另一方面是外需市场持续低迷，占我市出口市场近1/3的欧盟市场需求同比降低13.8%，我市出口产品成本优势正在降低，订单流向了劳动力成本较低的东南亚国家，出口形势不容乐观。市场消费不振，扩大内需需要一个过程，政策措施在短时间内难以收到明显成效，全市社会消费品零售总额增速稳定在15.6%，拉动经济增长2.5个百分点。另外，我市产业结构调整进入攻坚期，环境容量制约开始显现，节能减排形势日趋严峻。上述问题，直接影响了我市经济加快发展，必须引起高度重视，在今后的工作中切实加以解决。

二、2013年经济和社会发展总体思路和主要目标

（一）总体思路。坚持以邓小平理论、“三个代表”重要思想、科学发展观为指导，全面贯彻落实党的十八大、省第八次党代会、市第九次党代会精神，牢牢抓住新一轮发展机遇，积极融入首都经济圈，深入实施中东西三大区域协调发展战略，紧紧围绕主题主线，深化改革开放，强化创新驱动，优化发展环境，改善生态环境，保障改善民生，维护社会稳定，促进新型工业化、新型城镇化、信息化和农业现代化同步发展，全力打造现代一流省会城市，加快转型升级、跨越赶超、建设幸福石家庄步伐，确保在全省率先全面建成小康社会。

（二）主要经济社会发展目标

——预期性指标

1. 地区生产总值增长10%以上。

2. 全部财政收入增长15%，其中公共财政预算收入增长18%。

3. 固定资产投资增长20%。

4. 规模以上工业增加值增长13%。

5. 规模以上工业利润增长13.5%。

6. 社会消费品零售总额增长15%以上。

7. 实际利用外资9亿美元。

8. 外贸进出口总值增长3%，其中出口总值增长5%。

9. 居民消费价格指数控制在104以内。

10. 城市居民人均可支配收入增长11%。

11. 农村居民人均纯收入增长11%。

12. 城镇登记失业率控制在4.5%以内。

——约束性指标

1. 城镇参加基本养老保险人数178.3万人。

2. 城镇职工基本医疗保险参保人数137万人。

3. 城镇居民基本医疗保险参保人数134万人。

4. 新型农村合作医疗参保率97%。

5. 城镇保障性安居工程住房开工量3.8万套。

6. 每万元生产总值能耗降低3.89%。

7. 每万元工业增加值用水量19.7立方米。

三、2013年重点工作和主要措施

2013年是全面贯彻落实党的十八大精神的开局之年，是实施“十二五”规划承前启后的关键一年，是为全面建成小康社会奠定坚实基础的重要一年。为圆满完成全年各项目标任务，重点做好以下七个方面工作。

（一）加大项目建设力度，努力扩大经济总量。一是强力推进项目建设。突出抓好125项省市重点项目，确保华药生物技术产业基地等71个项目开工建设，加快辛化搬迁升级等46个续建项目建设进度，力争石炼化百万吨轻烃综合利用等8个重大项目取得实质性进展。年内，确保中友机电等83个项目竣工投产。藁城、鹿泉、正定、栾城分别新建2个10亿元以上项目，其他县（市）区分别新建2个5亿元以上项目，切实推动县域经济加快发展。二是强化项目谋划储备。依托优势产业和龙头企业，谋划一批高新技术、高端服务业、农业产业化、央企合作项目，确保重点项目储备库入库项目稳定在1000个以上。三是破解项目建设瓶颈制约。土地方面，优化项目结构和设计规范，加大跑办力度，积极争取更多的用地指标；鼓励开发荒地、废弃地，确保项目用地占补平衡；加快老旧企业改造，努力盘活土地资源；严控投资强度，鼓励企业建设复式厂房，提高土地利用率和单位面积产出率。资金方面，引导银行、担保机构和企业加强合作，推动金融部门扩大信贷规模，扶助企业上市融资、发行企业债券。四是做大做强园区经济。努力破解园区基础设施制约，将园区基础设施建设纳入全市“大基础设施建设”统筹考虑，加大园区基础设施投入力度，高标准实现“七通一平”；创新招商引资方式，招引国内外500强、央企等知名企业入驻园区，重点培育高新区、经济技术开发区等千亿元级园区；加快产业项目建设，重点抓好再生资源科技示范基地等64个续建项目建设，力促安瑞科气体二期等26个项目尽快开工，确保石炼化800万吨油品质

量升级改造等26个项目早日竣工。

（二）加快产业结构调整，力促产业转型升级。一是着力增强创新驱动发展能力。促进以企业为主体的创新体系建设，全年新培育市级以上企业技术中心、工程（技术）研究中心和实验室15家。完善人才引进政策，大力引进高端人才。加快高新技术成果转化，力促科瀛高技术孵化园等项目开工建设，力争健海生物芯片工程实验室等7个高技术研发平台投入使用。二是着力促进工业结构转型升级。培育壮大战略性新兴产业，力推通合电子智能电源系统等16个项目开工建设，力争诚志永华液晶材料等17个项目竣工。改造提升传统产业，重点抓好石煤机矿山机械研发制造中心等15个重大传统产业升级项目，滚动实施200项重点技改项目，以项目建设推动转型升级。三是着力提升服务业发展水平。加快推进商贸物流重点项目建设，力争中储红星美凯龙、润德物流园等19个项目尽早开工，确保华强广场、洛杉奇冷链物流园等14个项目竣工投用。大力提升南部综合物流、服务外包开发区等省级园区产业聚集能力，推动内陆港国际保税物流园、文化创意园等重点园区加快发展，鼓励支持制造业和物流业“两业联动”发展。培育内需市场，扩大居民消费，加快构建便利、实惠、热点、循环、安全的消费流通体系，深入推进“万村千乡”市场工程，建设国家电子商务示范基地，力争引进国内外知名电子商务企业20家以上。四是着力推进现代农业加快发展。巩固提高粮食综合生产能力，确保粮食总产量达到510万吨。做优做精畜牧、蔬菜、果品等特色产业，搞好生猪和奶牛标准化规模养殖场建设工程，抓好铁路沿线和城郊万亩蔬菜、设施蔬菜示范区建设，建好优势果品标准化规模化生产基地。抓好市级以上农业产业化龙头企业、省级农产品加工示范基地建设，培育发展6个省级标准农产品加工园区，努力实现农业增效、农民增收。

（三）大力推进城镇化建设，力促省会建设上水平。一是加快城镇化进程。编制《石家庄市城镇化规划》，研究制定推进城镇化的各项政策和措施。大力推进城乡规划、基础设施、公共服务等方面的一体化建设。加大正定新区建设力度，基础设施和重点工程同步推进，力争年内新区形象出现大变化。以组团县（市）为重点，先行、先试、先突破，同时推进县城、重点镇建设。二是完善城市功能。抓好石济客专、东南环线、石太北线、石港（津）、平涉线等铁路、高速和干线公路建设，推进轨道交通、新城大道、南二环西延等城市路网建设。力促正定新区省奥体中心、市会展中心等重点工程加快建设。抓好电源电网、热源热网项目建设，深入推进气化省会工程，年内基本实现县县通管道天然气。推进县城提档升级，每个县（市）打造一条标志性街道、一座大型商务中心、一个3万平米以上公园。三是加强城市管理。推进城市管理重心下移和城市执法关口前移，实现城市管理规范化、精细化。深入开展违法违规整治专项行动，不断提高城市管理水平。加快数字化城市管理平台建设，促进城市管理向网络化、智能化、个性化发展。

（四）着力深化改革开放，增强经济发展活力。一是积极推进重点领域改革。抓好县级医院综合改革，开展城乡居民大病保险市级统筹，城镇居民医保和新农合政府补助标准提高到每人每年280元。规范国有资产运营机制，年内完成具备条件的集体企业改制工作，做好事业单位分类各项准备工作。二是搞活民营经济。认真落实鼓励民营企业发展“新36条”实施细则，开展成长型小企业帮扶，为民营企业发展营造更加良好的环境。加强创业扶持，放宽经营条件，激发全民创业。力争民营经济增加值、上缴税金分别增长15%和17%以上。三是扩大对内对外开放。落实“百家央企进河北”、“百家院所校进河北”发展战略，加强与发达省市、名企合作，积极推动与清华大学等科研院所产学研合作。对已签约的27个外资项目和35个央企合作项目，逐一制定推进计划，加大推进力度，确保引进市外资金增长15%，实际利用外资达到9亿美元。巩固美国、欧盟等传统市场，大力开拓东盟、非洲等新兴市场。加快晋州、赵县水果和石家庄金刚石制品等一批新的出口基地建设，努力培育新的外贸增长点。

（五）狠抓节能减排工作，努力优化生态环境。一是严格控制节能减排总量。严把项目准入门槛，严控新建“两高”项目，建立节能减排工作季通报调度制度，加强对各县（市）区、重点企业节能减排监测、监督，严格考核奖惩，有计划的控制能耗增长，大幅降低排放总量。二是强力推进节能减排工程。深入推进“蓝天碧水”工程，积极实施锅炉改造、余热余压利用、电机系统节能、能量系统优化等节能减排技改专项，加快污水处理厂和河流综合治理，加大黄标车淘汰力度，确保圆满完成节能减排目标任务。三是推进结构节能减排。发展高新技术、现代服务业等产业，从产业结构上实现节能减排。加快重点企业、产业园区循环化改造，加快餐厨废弃物资源化利用和无害化处理试点项目建设。抓好新能源和可再生能源项目建设。积极推进低碳试点城市建设，争列国家节能减排财政政策综合示范城市，推动节能减排工作再上新台阶。四是坚决淘汰落后产能。密切跟踪国家和省化解过剩产能整体方案，研究制定我市的实施方案，运用市场机制和手段，引导高耗能、高排放企业加快淘汰落后产能进度。制定有序淘汰计划，多措并举，坚决淘汰一批高耗能、高污染企业和落后产能，努力提高经济社会可持续发展能力。

（六）加强经济运行调节，确保经济健康发展。一是加强经济运行监控。实时监测经济指标完成情况，强化分析、研究对策、抓好落实，确保经济平稳运行。二是加强工业运行监管。全力保障重点企业煤、电、油、运、气等要素供应，及时协调解决企业生产经营中的问题。加强生产安全、消防安全、食品药品安全管理，杜绝各类事故发生。三是继续深化对标行动。引导企业从产品研发、生产、营销、服务等各个环节，对照国际、国内一流企业，提高对标深度，扩大对标广度，细化对标行动，年内争创国内标杆指标200项，培育对标示范企业80家。四是保持物价基本稳定。加强重要商品市场调控和产运销衔接，组织好收购储备，适时增加市场投放。加大市场价格监测预警和价格执法力度，保障正常市场供给和秩序。

（七）大力发展社会事业，切实保障改善民生。一是努力提高城乡居民收入水平。实施积极的就业政策，加强职业技能培训和公共就业服务，多渠道开发就业岗位，有序推进分配制度改革，努力促进城乡居民收入与经济发展水平相适应。二是完善社会保障体系。抓好企业退休人员、城镇居民和新型农村养老、医疗保险扩面工作，确保应保尽保；深入推进“大救助、大服务、社会管理创新”三大工程，完善社会救助制度，全面提升城乡低保水平，加快养老服务体系建设；加大廉租房、公租房等保障性安居工程建设力度，确保3.8万套保障房全部开工建设。三是全面发展社会事业。大力推进霞光大剧院、全民健身中心、50所公办示范性幼儿园、11所山区初中校舍改造、山区6县职教中心、1家县级医院、38家乡镇卫生院等文化、体育、教育、卫生社会事业类项目建设。抓好提升供热质量、缓解交通拥堵等10件惠民利民实事。做好社会管理创新工作，推进城乡一体化治安防控体系建设。

关于2012年市本级预算及市总预算执行情况和2013年市本级预算及市总预算（草案）的报告

——2013年4月9日在石家庄市第十三届人民代表大会第一次会议上

石家庄市财政局局长 李晋宇

各位代表：

受市政府委托，现将2012年市本级预算及市总预算执行情况和2013年市本级预算及市总预算草案提请大会审议，并请市政协各位委员和其他列席人员提出意见。

一、2012年预算执行情况

2012年，在市委的正确领导下，全市各级各部门认真贯彻落实党的十八大、省第八次党代会和市第九次党代会精神，紧紧围绕转型升级、跨越赶超和建设幸福石家庄奋斗目标，解放思想，深化改革，攻坚克难，较好地完成了市十二届人大五次会议确定的预算任务。

（一）市总预算执行情况

1. 公共预算执行情况

全市全部财政收入完成573.2亿元，占预算的102.8%，增长17.2%。其中，公共财政预算收入272.3亿元，占预算的107%，增长23.1%。

市十二届人大五次会议审议批准的2012年全市支出预算为276.2亿元，执行过程中，加上级专款补助、上年结余结转和地方政府债券资金等，减上解上级支出、偿还到期地方政府债券和转列预算稳定调节基金等，全年支出预算调整为490.5亿元。

全市公共财政预算支出实际完成464.1亿元，占调整预算（下同）的94.6%，增长15%。其中，教育支出109.3亿元，占预算的98.7%，增长24.9%；社会保障和就业支出37.4亿元，占预算的97.2%，增长27.6%；农林水事务支出39.9亿元，占预算的94.4%，增长20.4%；城乡社区事务支出46.7亿元，占预算的94.7%，增长21.7%；医疗卫生支出41.8亿元，占预算的92.5%，增长5.6%；文化体育与传媒支出6.7亿元，占预算的90.1%，增长13.5%；科学技术支出7.5亿元，占预算的97.1%，增长18.8%；节能环保支出14.5亿元，占预算的91.7%，增长33.2%；一般公共服务支出48.1亿元，占预算的98%，增长15.8%；公共安全支出27.8亿元，占预算的97%，增长10.2%。

2. 基金预算执行情况

全市政府性基金收入完成174.5亿元，占预算的95.8%，增长24.7%。其中，国有土地使用权出让收入完成164.8亿元，占预算的94.2%，增长25.2%。

当年基金收入加上年结转、上级补助，全市政府性基金支出182.4亿元，增长34.3%，其中，国有土地使用权出让收入安排支出166.6亿元，增长22%。

（二）市本级预算执行情况

1. 市本级公共预算执行情况

2012年，市本级公共财政预算收入（含城区市级分享收入，下同）完成129.5亿元，占预算的135.1%，增长24.9%。市十二届人大五次会议批准的市本级支出预算为89.3亿元，加上级专款补助、上年结余结转和地方政府债券资金等，减上解支出、补助县（市）区支出、偿还到期地方债券、转列预算稳定调节基金等，全年支出预算调整为169.9亿元。当年实际支出160.7

亿元，占调整预算的94.6%，增长13.9%。

2. 市本级基金预算执行情况

市级政府性基金收入完成111.9亿元，占预算的107%，增长54.7%。其中，国有土地使用权出让收入完成104.9亿元，增长57.6%。当年市级政府性基金支出113.7亿元，占预算的98.4%，增长49.1%。其中，国有土地使用权出让收入安排支出106.2亿元，增长51.5%。

上述预算执行情况待省批复结算事项后还会有些变化，届时向市人大常委会报告。

（三）预算执行的主要成效

——财政实力进一步增强。坚持“实事求是、应收尽收、不搞虚收”，努力克服经济下行、结构性减税等减收因素，完善措施，强化征管，全市全部财政收入和公共财政预算收入分别比上年增收84.2亿元和51亿元，增量在省内各市中均居首位。全部财政收入占GDP的12.7%，公共财政预算收入占全部财政收入的47.5%，分别比上年提高0.8和2.3个百分点，实现了收入规模和收入质量的双提升。把争取上级支持作为做大做强财政“蛋糕”的重要途径，当年全市共争取上级转移支付资金220.3亿元，有效缓解了财政收支矛盾。

——保障和改善民生成效显著。2012年，全市公共预算民生支出357.9亿元，占总支出的77.1%。各级财政投入6.1亿元，支持了山区教育扶贫工程，6个山区县56所规划学校全部开工，其中48所建成使用，转移安置学生2.9万人。落实校舍安全工程资金9.2亿元，改造学校221所，新增开工面积125万平方米。全面落实社会保障扩面提标政策，各级财政安排资金6.8亿元，支持养老服务体系建设，全市17个县（市）城乡居民养老保险实现全覆盖。各级投入3.5亿元，首批对藁城、鹿泉、正定、栾城和矿区城镇居民基本医疗保险实行市级统筹，医保和大额医疗费支付限额分别提高到12万元和15万元。市级财政统筹资金加大民生投入力度，安排资金9400万元，职工医疗保险实现门诊统筹。落实资金3300万元在全省率先免费实施了出生缺陷干预工程。补助680万元，免除城区基本殡葬服务费。多渠道筹资23亿元，保证36900套保障房按时开工。补助资金5000万元，用于农村公路“村村通”工程，改善农村生产生活条件。落实公交运营补贴和购车资金6.8亿元，新购新能源公交车450辆，方便城乡居民出行。投入1.8亿元，专项用于肉类蔬菜流通追溯体系、农产品质量检测、放心馒头工程、菜篮子工程、便民菜市场建设和发展夜经济。

——政府债务管理实现新突破。本着按时偿债与支持发展并重的思路，大胆探索债务管理的新机制、新方式。进一步完善了政府债务管理、决策机制和工作协调机制，建立了市本级偿债准备金。落实支持平台公司市场化改革的财政政策，统筹协调，初步构建了以城投集团、地产集团、水务集团、保障房公司、裕峰公司、发投公司、国控集团为主体的融资平台框架，为实现市场化融资创造了条件。全年新增融资128.8亿元，同时，优化了债务结构，企业债券等直接融资占30%。强化资金统筹，全年共偿还到期债务本息151.9亿元，既维护了政府信誉，又支持了经济社会发展。

——推动省会城市建设上水平。市级财政投入19亿元，确保了新客站广场按时投入使用。注入资金10亿元，支持轨道交通开工建设。调度资金9.3亿元，用于太行大街建设和新城大道启动。落实资金1.9亿元，支持了新胜利大街建设。投入36.6亿元，保证了社会各界关注的洨河综合整治工程的顺利实施。安排燃煤锅炉拆改资金3.8亿元，拆除锅炉468台。落实专项资金2600万元，用于跨界流域水质自动监测和环境空气质量监测网建设。安排资金2亿元，支持了西部山前、公路干道和铁路两侧、滹沱河沿岸绿化，林业四大提升工程累计植树造林42万亩，全市森林覆盖率达到32.2%，生态环境逐步好转。拨付专项资金2.7亿元，改善城市排水、夜景照明等市政设施。投入3792万元购置了清扫设备，城区机械化清扫率达到80%。落实资金4.4亿元，整修和平路等22条主街主路，整治了市容市貌，进一步提升了城市形象。

——促进了经济平稳较快发展。全面落实结构性减税等支持企业发展的财税优惠政策，全年为企业减负18亿元以上。争取中央专项资金20亿元，支持产业振兴和经济结构战略性调整。市级财政投入资金3.9亿元，用于装备制造、循环化工、空港工业园等重点园区基础设施建设。统筹调度资金3.5亿元，用于格力电器、欣意电缆、卫星导航等重点项目建设。落实节能减排专项资金3亿元，安排企业技术创新引导资金4635万元，大力促进发展方式转变。安排战略性新兴产业、航空业和文化旅游产业等发展资金2亿元，支持现代产业加快发展。完善市对非直管县（市）和矿区的财政体制，每年下放财力2亿元以上，提高县（市）区基本公共服务保障能力，推动区域间协调发展。

——财政管理改革取得新成效。完善绩效评价管理机制，开展了第三方评价试点，对保障房、园林绿化等13类28亿元的资金项目进行绩效评价。市县两级全部完成国库集中收付制度改革，公务卡覆盖所有市直预算单位。积极探索国库资金资本化运营途径和模式，全年实现增值收益5.8亿元。进一步推进电子化采购，市级政府采购完成43.9亿元,比申报价节约资金3.9亿元。大力推进廉洁评审、高效评审、科学评审，评审资金309.9亿元，审减50亿元。积极开展行政事业单位国有资产标准配置试点工作，出台了党政机关公务用车配备使用管理办法，推进资产管理的科学化、规范化。

总的看，全市和市本级2012年预算执行情况较好，但财政运行也面临着前所未有的突出问题和矛盾。主要是：受经济下行压力、国家税收政策变化影响，财政增收难度大；国家对政府平台的融资政策进一步收紧，化解债务形势严峻；落实民生政策、改善生态环境、城市基础设施建设资金需求巨大，收支矛盾进一步加剧；财政管理存在薄弱环节，资金使用绩效有待进一步提高。对此，需认真加以解决。同时，恳请各位代表、委员对财政工作加强监督并提出宝贵意见和建议。

二、2013年财政预算草案

2013年，财政预算安排的指导思想是：深入学习贯彻党的十八大精神，认真落实中央、省经济工作会议、全国“两会”精神和市委九届四次全会决策部署，以科学发展为主题，积极发挥财政调控职能，着力加强收入组织工作，着力推进发展方式转变，着力保障和改善民生，着力深化财政管理改革，为促进经济持续健康发展和社会和谐稳定提供财力保障。

（一）全市预算总体安排情况

综合考虑经济运行、宏观政策等各种因素，本着量力而行、积极而为的原则，2013年，全市全部财政收入安排647.7亿元，可比增长15%。其中，公共财政预算收入307.7亿元，可比增长18%。汇总的全市公共财政支出预算为321亿元，比上年预算增长16.2%。

全市政府性基金收入安排188.4亿元，增长8%。其中，国有土地有偿使用权出让收入安排175亿元，增长6.2%。按照收支平衡和专款专用的原则，相应安排基金支出188.4亿元。

（二）市本级预算草案

市本级公共财政预算收入安排126.7亿元（含城区市级分享收入），可比增长11%。按照现行体制测算，市本级公共财政预算收入加上级补助收入5.2亿元、县（市）区上解收入1.8亿元，减上解上级支出7.6亿元及补助县（市）区支出10.8亿元后，可用财力为115.3亿元。

本着量财办事、有保有压、收支平衡的原则，相应安排市本级公共财政预算支出115.3亿元，比2012年预算安排（考虑执行中教育收费纳入预算管理等因素，2012年支出预算由89.3亿元调整为99.5亿元）增长15.9%。其中，机关事业单位人员经费、公用经费等基本支出51.7亿元，下降2.9%，占总支出的44.8%；经济建设和事业发展等专项支出安排61.1亿元，增长39.1%，占总支出的53%；总预备费安排2.5亿元，增长8.7%，占总支出的2.2%。

具体项目的安排情况是：一般公共服务支出8.4亿元，增长2.8%；公共安全支出14.4亿元，增长16.3%；教育支出23亿元，可比增长16.1%；科技支出3.5亿元，增长16%；文化体育与传媒支出3.1亿元，增长50.4%；社会保障和就业支出4.5亿元，可比增长18.7%；医疗卫生支出10.2亿元，可比增长17.6%；节能环保支出2.6亿元，增长64%；城乡社区事务支出13.4亿元，增长28.5%；农林水事务支出5.3亿元，增长16%；资源勘探电力信息事务支出6.6亿元，增长1.4%；商业服务业等事务支出1.3亿元，下降18.3%。其中，教育、农业、科技三项支出增幅均高于市本级经常性财政收入增幅，达到法定增长要求。

市本级政府性基金收入预算安排110.3亿元，比2012年实际完成下降1.4%。其中，考虑土地市场交易情况，国有土地有偿使用权出让收入安排100亿元，下降4.7%。按照收支平衡和专款专用的原则，市本级政府性基金支出相应安排110.3亿元。

需要说明的是，以上预算安排体现了勤俭节约、民生优先、集中统筹和注重绩效原则。一是大力压缩了一般性支出。公用经费支出占总支出的比重由上年的15.4%降到12.4%，下降了3个百分点。二是优先保证重点社会事业和民生支出。市级公共预算安排民生支出84.4亿元，占总支出的73.1%，比上年预算提高1.1个百分点。三是加大了资金整合、统筹力度。通过整合，公共预算安排各类产业发展专项资金10亿元；统筹公共预算和政府性基金55亿元，重点用于城市基础设施和生态环境建设。四是专项资金都编制了绩效目标和保障措施。具体情况详见政府预算文本。

三、确保完成2013年预算任务的主要措施

（一）迎难而上，确保完成收入预算。坚定信心，克服畏难情绪，进一步完善综合治税机制，深入推进生产性企业主辅分离，规范非税收入征管，挖掘增收潜力，努力做到应收尽收。着力优化收入结构、提高收入质量，坚决防止和制止虚收空转。强化对组织收入工作的领导协调，密切关注、深入分析收入动态，及时研究解决出现的问题，确保圆满完成全年收入预算任务。

（二）强化支出管理，厉行勤俭节约。严格落实中央“八项规定”，从源头上遏制浪费。市级一般性公用经费严格按统一定额安排，大力压缩专项公用经费特别是会议费、培训费、接待费。进一步硬化预算约束，强化部门支出责任，严控一般性支出、“三公”经费和临时预算追加。加强和规范公务用车编制管理，从严从紧控制公务用车购置。全面推进绩效预算、政府采购、投资评审、资产管理和财政监督改革，提高资金的使用效益，努力把有限的资金用在刀刃上。

（三）完善体制机制，破解融资难题。进一步加大平台公司整合、建设力度，完善、落实扶持政策，支持平台公司做大做强，使之真正成为市场化投融资主体。完善市与区土地收益分配体制，调动市内各区土地征收积极性，夯实融资和经营城市的基础。统筹融资使用和监管，维护政府信誉，保障重点项目建设急需。

（四）加强作风建设，提高管理水平。深入学习贯彻党的十八大精神，进一步解放思想，着力解决影响发展环境的制度和体制障碍。强化基础工作，进一步转变作风，提升服务领导决策、服务部门发展、服务基层建设、服务群众利益的能力和水平。积极推进预算公开，主动接受人大监督，虚心听取各方面的意见和建议，推动财政工作再上新台阶。

各位代表，做好2013年财政经济工作，任务艰巨，责任重大。我们将在市委的正确领导和市人大的监督支持下，以科学发展观为指导，开拓进取，扎实工作，圆满完成全年预算任务，为转型升级、跨越赶超，建设幸福石家庄和在全省率先全面建成小康社会做出新的更大贡献！

石家庄年鉴 Events

大事记

大 事 记

2012 年

1 月

8 日，石家庄新客站下城市轨道交通预留工程地铁 2 号线车站项目开工。

10 日，市短信报警服务台“121100311”开通。

15 日，市第十二届人民代表大会第五次会议选举姜德果为市人民政府市长。

17 日，市旅游协会揭牌成立。

22 日，农历除夕，省委书记张庆黎在省委常委、市委书记孙瑞彬陪同下，到市第八水厂、东方热电股份有限公司热电二厂看望春节期间坚守岗位工作人员。

28 日，省委书记张庆黎陪同农业部部长韩长赋到石家庄市调研小麦田间管理及春耕备耕工作。

29 日，全市召开优化发展环境广播电视大会，总结部署优化发展环境工作。省委常委、市委书记孙瑞彬，市长姜德果参加会议。赞皇县和市城管委分别作典型发言；市纪委书记司存喜通报了全市损害发展环境的典型案例。

☆市卫生系统在市人民会堂召开“修医德、强医能、铸医魂，做刘琼芳式好医生”报告会。会上，对王生池等 10 名“刘琼芳式好医生”和梁芳等 29 名“刘琼芳式优秀医务工作者”进行了命名表彰。

31 日，中共石家庄市委举行九届三次全会。全会表决通过石家庄市出席党的十八大代表候选人初步人选名单。

2 月

8 日，全市召开省会生态环境治理工作动员大会，动员打好省会生态环境治理攻坚战。省委常委、常务副省长杨崇勇，省委常委、市委书记孙瑞彬，市长姜德果及省环保厅厅长姬振海、省政府机关事务管理局局长李冠等省市领导参加动员大会。

15 日，全市以“强班子、促发展、惠民生、保稳定”为主题，开展加强基层建设年活动正式启动。

17 日，市蔬菜产业协会正式成立。

17 ~ 18 日，在山西省太原市召开的全国文化体制改革工作会议上，中共中央宣传部、文化部、国家广播电影电视总局、新闻出版总署对已基本完成中央确定的文化体制改革任务、文化事业和文化产业发展成效明显的 17 个省（区、市）和 148 个市（州、盟）予以通报表彰，石家庄市获得全国“文化体制改革工作先进地区”称号。

23 日，在市文化广场举行“省会第四届千人大比舞”表演赛。

☆市医药行业协会成立。

27 日，石家庄市再次被命名为全国双拥模范城。至此，石家庄市成功实现创建全国双拥模范城“七连冠”目标。

3 月

3 日，第十届雷锋植树组 500 多人冒着雪花到小壁林区种下树苗 2000 棵。

7 日，市第三中学（市旅游学校）被命名“石家庄市雷锋中学”，这是全国普通中学第五所、全国中等职业学校第一所，也是河北省第一所雷锋中学。

16 日，国家人力资源和社会保障部副部长信长星带领全国高校毕业生就业工作联合督导组到石家庄市督导检查高校毕业生就业工作。督导组到裕华区劳动力市场服务大厅、石家庄信息工程学院举办的“百家企业校园招聘会”及石家庄信息工程学院动漫孵化园进行了视察指导。

☆江西省妇联主席潘玉兰带领

非治违”专项行动督导检查。

☆市公证协会成立。

☆5月份，国家中医药管理局确定石家庄市为“国家中医药发展综合改革试验市”。这是首个省会城市被确定为“试验市”。

☆5月份，石家庄神威药业有限公司、石家庄科林电气股份有限公司、河北小蜜蜂工具集团有限公司获批第三批省级标准化良好行为企业试点单位。至此，全市共有9家企业获批省级标准化良好行为企业试点单位。

6月

1日，首次公布市环境监测中心和平安电站两个空气质量监测点位PM2.5数值。

☆石家庄动漫大厦正式开业。

2日，省委常委、副省长聂辰席就经济运行情况到石家庄市调研。考察了石家庄高新区、藁城经济开发区、博深工具公司、石家庄四药公司、青岛啤酒集团石家庄分公司和石炼化800万吨炼油等单位，了解企业生产经营、外贸出口和项目建设进展等情况。市委副书记、市长姜德果陪同调研。

4日，省人大常委会副主任宋太平带领省人大常委会文物保护执法检查组到石家庄市，就贯彻落实《中华人民共和国文物保护法》及《河北省实施〈中华人民共和国文物保护法〉办法》情况执法检查。

5日，河北省加强农村基层党风廉政建设、化解基层矛盾、促进社会和谐工作会议在石家庄市举行。中央纪委副书记张惠新在会上提出，各级纪检监察机关要认真解决农村信访举报问题，切实加强农村基层党风廉政建设，为推动农村科学发展、促进社会和谐稳定提供保证。省委常委、省纪委书记臧胜业，省委常委、市委书记孙瑞彬出席会议。

6日，市环境综合执法支队揭牌成立。

7日，2012年全国高校毕业生就业工作经验交流现场会在石家庄举行。此次会议总结推广了石家庄及各地促进高校毕业生就业的经验，并对做好高校毕业生特别是离校未就业高校毕业生就业工作进行部署。

☆省委副书记赵勇在省委常委、市委书记孙瑞彬陪同下，就农村青年人才培养使用到正定县调研。

10日，石家庄市在人民广场举行节能宣传周启动仪式。本届节能宣传周活动由市发改委、市教育局等14个市直部门共同举办，主题是“节能低碳，绿色发展”。

11日，河北省暨石家庄市2012年食品安全宣传周活动在省博物馆广场开幕，活动主题为“共建诚信家园，同铸食品安全”。

☆市食品药品检验所、市药品不良反应监测中心揭牌成立。

12日，石家庄中华文化促进会成立。

15日，全市召开分类推进事业单位改革工作会议。会议主要任务是贯彻落实中央和省关于分类推进事业单位改革的文件精神和全省分类推进事业单位改革工作电视电话会议精神，全面启动石家庄市分类推进事业单位改革，重点部署全市事业单位清理规范和科学分类工作。

19日，“弘扬西柏坡精神，加强新时期党的建设”学术研讨会在石家庄举行。中央文献研究室主任冷溶，中央组织部原部长张全景，中央文献研究室原主任逄先知，中国军事科学院战争理论和战略研究部原副部长李德义到会参加研讨。

☆全省工业企业技术改造现场会在石家庄召开。会议提出，2012年力争全省工业投资增长21%左右，技术改造投资增长25%左右，达到5500亿元，占全省工业投资的60%；确保新开工500项、续建500项，竣工投产500项。副省长张杰辉、市长姜德果出席会议。

☆中国中小企业协会企管中心石家庄分中心揭牌成立。

20日，省委常委、常务副省长杨崇勇到石家庄市调研洨河综合整治和市区分散燃煤锅炉拆改工作。市长姜德果陪同调研。

26日，全市召开庆祝中国共产党成立91周年暨创先争优活动表彰大会，庆祝中国共产党成立91周年，表彰在2010～2012年创先争优活动中涌现出来的先进集体和先进个人。省委常委、市委书记孙瑞彬出席会议并讲话。

☆河北泰凯机械设备贸易股份有限公司在天津股权交易所成功挂牌上市，这是石家庄市第二家在天津股权交易所挂牌上市的企业。

☆市教育国际交流协会成立。

7月

1日，全国城乡居民社会养老保险制度全覆盖宣传活动启动暨纪念邮票发行仪式在西柏坡举行。该活动由人力资源和社会保障部、财政部、河北省人民政府和中国邮政集团公司共同主办。人力资源和社会保障部部长尹蔚民，省长张庆伟，财政部副部长王保安、中国邮政集团公司总经理李国华，省委常委、市委书记孙瑞彬，副省长宋恩华，市长姜德果出席启动仪式。

2～13日，以省建设厅副厅长梁军为组长的省政府督导组到石家庄市督导检查安全生产“打非治违”专项行动。

5日，以“关爱残疾人民生·照亮残疾人心灵”为主题，由省会文明办、团市委和市残联共同举办的“关爱残疾人志愿服务——志愿助残阳光行动”正式启动。

10日，省委常委、省军区司令员史鲁泽到石家庄平山县、鹿泉市视察指导民兵应急力量建设。

11日，市住房保障研究会住宅室内装饰装修研究委员会成立。这是石家庄市成立的首家住宅室内装饰装修研究机构。

11～13日，石家庄市举行上半年项目观摩暨经济形势分析会，学习贯彻省委理论中心组学习会议精神，观摩项目，分析形势，总结上半年、部署下半年经济工作。

12日，沃尔玛在石家庄市开设的第一家购物广场——沃尔玛石家庄乐汇城店开门营业。沃尔玛乐汇城店位于桥东区新源乐汇城地下一层，商场营业面积10000平方米，主营日用品、生鲜食品、服装、家电等，经营商品品种数量25000种。

17日，省人大常委会副主任马兰翠带领调研组到石家庄市调研第九届村民委员会换届选举，听取了石家庄市、裕华区、桥西区、藁城市、栾城县、赵县、元氏县和高邑县关于换届选举工作情况的汇报，并与市民政局、公安局、司法局、财政局、农业局、信访局、妇联和团市委等部门和单位负责人进行座谈。

☆石家庄市召开国家中医药发展综合改革试验市建设启动大会，标志石家庄市作为全国首个以设区市为单位的试验区中医药发展综合改革全面展开。

19日，《石家庄市政府质量奖管理办法》开始实施。

20日，国家粮食局局长任正晓到石家庄鹿泉市绿岛火炬开发区考察主食产业化及军民融合式保障基地建设。

21日，中央组织部组织一局局长、中央创先争优活动领导小组办公室综合组组长张国隆率调研组到石家庄栾城县小周村、南浪头村调研创先争优活动。

☆河北出版传媒集团、上海元创投资管理公司等共同投资建设的Park118新传媒产业园暨广电网络产业中心在高新区奠基开工。

24日，由省政法、教育、共青团、综合治理等部门组成的调研组到石家庄市调研青少年法制教育，并到鹿泉市青少年法制教育基地观摩和了解基地硬件设施、教育内容、日常运行等。

☆省会文明委召开全市道德领域突出问题专项教育和治理活动工作会议，决定从7月24日起，在全市食品行业、窗口行业、公共场所开展文明道德专项教育和治理，提升城市公共文明水平。

☆石家庄市举行2012年首批公共保障房公开摇号分配仪式，共摇号分配竣工公共保障房3615套。

27日，市人大常委会主任王增明带领市人大常委会领导集体到高新区调研欣意电缆、旭新光电、以岭药业、石药集团研发中心等项目建设。

28～31日，由台湾“中华亚太中小企业经济合作促进会”、“中华经贸文教交流协会”、“台北市经贸科技交流协会”共同组成的一支27人经贸科技考察团，在台北市经贸科技交流协会理事长洪允一带领下，到石家庄考察交流。

☆7月份，商务部正式启动“中小商贸流通企业公共服务平台建设试点”，石家庄市被列入首批试点城市。

☆7月份，《石家庄市城市轨道交通建设规划（2012－2020）》获得国务院批准。

8月

2日，省政协主席付志方到石家庄市视察督办省政协2012年1号提案《关于改善和提高省会大气环境质量的建议》。

☆全市召开宣传部长座谈会，传达中共中央总书记胡锦涛在省部级主要领导干部专题研讨班上的重要讲话和全国、全省宣传部长座谈会精神。

3日，省委常委、常务副省长杨崇勇就贯彻全省经济形势分析会议精神、抓好稳增长工作，带领省有关部门负责人到石家庄市调研，考察了格力空调有限公司、欣意电缆有限公司、八维化工有限公司、东华化工集团有限公司、石炼化分公司等企业及项目建设。

☆桥西污水处理厂一期升级改造工程开工建设。完成改造后，出水水质可达到国家一级A排放标准（COD浓度每升小于等于50毫克）。

4日，石家庄红土冀深创业投资有限公司揭牌成立。这是一支以支持创业企业和中小企业为主的创业投资基金，也是石家庄市规模最大的一支创投基金，资金规模达到3亿元。

5日，市工商联甘肃商会成立。

7日，省委常委、市委书记孙瑞彬到石家庄通用航空产业基地调研，考察了基地生产车间和工程进展，并主持召开座谈会，详细了解公司发展目标及规划。

☆塔北路（谈固大街－东二环，长1300米，宽15米）、中山西路慢车道（西二环－西三环，长3394米，宽8米）竣工通车。

9日，省委常委、市委书记孙瑞彬到市轨道交通建设办公室、市轨道交通有限责任公司调研轨道交通建设，要求将轨道交通作为省会城市建设一号工程。

☆市政协主席王华清到行唐县留营社区东留营村和西留营村调研指导加强基层建设年活动。

10日，市委召开人大工作会议，回顾总结市人大常委会工作30年来的光辉历程，研究部署新形势下人大工作。

☆全市召开民兵应急力量规范化建设现场观摩会，与会人员参观了长安区和平山县民兵应急连规范化建设、装备器材配备成果，观摩了水上救援演练和森林扑火专业器材使用表演。

☆石家庄市高新区通过国家知识产权试点园区验收评定。

11日，市志愿服务总队成立。

14日，省委常委、市委书记孙瑞彬到无极县城市综合污水处理厂、七汲镇大汉村、迪泰汽车内饰件公司、福瑞得皮革产业园调研工业企业运营、项目进展、园区建设和新农村建设。

☆省委农工部理论中心组学习暨全省农工部长（书记）座谈会在石家庄市召开，重点探讨和交流了农村改革发展的关键问题。与会人员到栾城县南浪头村、南屯村、小周村、乏马村察看了文化墙建设、幸福乡村影像展、幸福院建设、街道美化硬化和环境整治长效机制建设。

☆全省流动人口计划生育工作会议在石家庄市召开，会上介绍了石家庄市推进流动人口基本公共卫生服务均等化工作经验，与会代表到长安区、裕华区现场观摩了流动人口服务点。

15日，市委副书记、市长姜德果到石家庄科技中心调研创新型城市工作，考察了石家庄藏诺生物科技有限公司、河北人天通信技术有限公司等企业。

☆全市召开企业负担和依法行政监督员颁证仪式暨依法行政监督员培训大会，会上聘任全市第一批企业负担和依法行政监督员132人。

16日，国务院机关事务管理局、商务部在石家庄市举行河北省、辽宁省、吉林省、安徽省、江西省、山东省、湖北省、重庆市8省市公共机构节能管理部门与当地废旧商品回收企业签约仪式，并号召全国各级公共机构开展废旧商品回收体系建设。

☆中国网络电视台、中国联通河北省分公司、河北广电无线传媒有限公司在石家庄市签署三网融合（IPTV业务）合作协议。

19～20日，国务院南水北调办公室总工程师沈凤生率队考察北渎桥、大谈村桥、石太铁路暗渠施工等南水北调中线石家庄段工程。

21日，中国电视艺术家协会在北京发布第26届中国电视金鹰奖评选结果，由石家庄市制作的纪录片《璀璨时空——石家庄历史文化影像志》获得优秀纪录片奖。

23日，省委常委、市委书记孙瑞彬会见蒙牛集团总裁兼君乐宝乳业董事长孙伊萍。

24日，市爱国主义教育基地专家咨询委员会成立。

25日，“华佗论箭个性奖学金”颁奖典礼在市外国语学校举行。市委副书记、市长姜德果，太平洋建设集团创始人、华佗论箭首席专家、新华社《新论语》撰稿人严介和作了题为《尊重个性、关注个性、保护个性》的演讲。

25～26日，中央国家机关青联资深委员考察团25人到石家庄市正定南城门、正定新区规划馆、正定国家乒乓球训练基地、滹沱河综合治理一期工程考察交流。

26日，首家省级公益性中医药社团组织——河北省中医药文化交流协会在石家庄市成立。

27日，省委常委、市委书记孙瑞彬主持召开省会生态环境专项治理工作会议，听取主城区分散燃煤锅炉拆改以及全市绿化工作进展汇报。

☆省人大常委会副主任宋长瑞带领专题视察组到石家庄市专题视察新一轮扶贫开发攻坚工作。

27～28日，中国残联副主席吕世明等4人到石家庄市，调研贯彻落实国务院《无障碍环境建设条例》和农村（社区）残疾人基层组织建设。

29日，省委常委、市委书记孙瑞彬调研洨河综合整治工程，察看了民心河二期管网建设工程、桥西污水处理厂升级改造工程、洨河导流渠、栾城县污水处理厂污水脱色项目和洨河赵州桥段暗涵改造工程。

30日，中国贸易促进会会长、中国国际商会会长万季飞带领中国国际商会代表团到石家庄市投资考察。

31日，市政协主席王华清督导调度体育大街景观提升和绿化提升工程。

☆中国煤炭机电装备制造领域首个国家863重点项目“掘进机远程控制技术及监测系统”在石煤机公司完成，并顺利通过国家科技部专家验收。

☆市工商联建筑装饰材料商会成立。

☆8月份，国家生鲜乳收购站监管平台项目落户赵县，生鲜乳收购站POS终端平台在该县9个奶站开始投入使用。这也是河北省首个试点县。

9月

1日，全市召开空间信息产业合作对接会，邀请国内知名专家、企业共聚一起，探讨推动空间信息产业发展的路径和措施。

☆在石家庄市电煤冬储及低硫煤推广洽谈会上，市煤炭经营行业协会和山西朔州平鲁有限公司签署协议，整体采购600万吨优质煤炭。

5日，市政协举行成立60周年纪念大会，省会各界人士聚集一起，共同回顾市政协60年的光辉历程。省委常委、市委书记孙瑞彬，省政协副主席刘永瑞，市委副书记、市长姜德果，市人大常委会主任王增明，市政协主席王华清等出席会议。

6日，团市委、市创建青年文明号活动组委会共同举行“青年文明号联席会成立暨创建文明城市·青年文明号在行动”启动仪式。

☆举办石家庄首届国际采购对接会，5家国际优质采购商与石家庄市30多家企业实现项目对接。

☆石家庄市第一支县级红十字无偿献血志愿服务队在晋州市成立。

☆正定县获得“中国书法之乡”命名授牌。

7日，2012中国·晋州金秋旅游采摘节暨农产品交易会在晋州市周家庄农业观光采摘园开幕。此次旅游采摘节为期一个月，主题为“相约魏征故里，收获龙年金秋”。

8日，第十四届中国科协年会暨大会特邀报告会在石家庄市河北会堂举行。本届年会由中国科学技术协会、河北省人民政府共同主办，主题为“科技创新与经济结构调整”。中共中央政治局委员、全国人大常委会副委员长王兆国，中国科学院院士、中国工程院院士等著名专家、学者以及来自科研、生产、教学第一线的科技工作者共2000余人出席开幕式。

☆在第十四届中国科协年会政产学研用研讨会上，高新区获得中国产学研合作促进会授牌，成为园区类全国产学研合作创新示范基地。

9日，河北省党政领导与院士专家座谈会在石家庄举行。全国人大常委会副委员长、中国科协主席韩启德，省委书记、省人大常委会主任张庆黎，省委副书记、省长张庆伟和近30位院士专家出席座谈会。

☆第十四届中国科协年会科普活动暨省会科普嘉年华在省科技馆广场启动。

10日，省委书记、省人大常委会主任张庆黎在省委常委、市委书记孙瑞彬陪同下，到位于栾城县的市第二中学新校区看望慰问师生员工，与老师共庆第28个教师节。

☆省长张庆伟在市长姜德果陪同下，到市水源街小学、市第28中学看望慰问教师和教育工作者。

☆全市正式命名100所村卫生室为“石家庄市百佳标准化村卫生室”。17个农村县（市）和井陉矿区按照入选数量排名，灵寿县、鹿泉市、元氏县位居前三。

11日，第十四届中国科协年会暨2012年全国科普日石家庄系列活动在西清公园启动。2012年全国科普日石家庄系列活动的主题是“节约能源资源、保护生态环境、保障安全健康、促进创新创造”，重点突出“食品安全和公众健康”。

☆滹沱河市区段全线通水。

12日，市第十次归侨侨眷代表大会举行。会上，选举产生了市侨联第十届委员会委员和新一届领导班子，明确了未来五年侨联工作思路和主要任务；胡翎当选为市侨联第十届委员会主席。

13日，市长姜德果专题调研文化工作，考察了霞光大剧院（演艺中心）项目用地、市河北梆子剧团和市博物馆。

14～16日、20日，省长张庆伟到石家庄市深泽县、辛集市、晋州市、无极县、井陉矿区、井陉县、灵寿县、行唐县、新乐市、赞皇县、高邑县、元氏县调研县域特色产业发展、结构调整、科技创新、品牌建设、食品药品安全，考察了制药、汽车零部件、皮革、新能源、陶瓷、玻璃、化肥、水泥、化工、食品加工等20多家企业。

15～16日，住房和城乡建设部副部长郭允冲率领国务院安全生产监督管理委员会第五督查组到石家庄市督导检查安全生产。督查组分成两组深入全市重点行业领域现场督查，第一组到井陉矿区井矿集团瑞丰煤业有限公司、贾庄煤矿山口矿井、鹿泉金隅鼎鑫水泥有限公司检查煤矿和非煤矿山；第二组到南水北调大安舍桥、石家庄新客站西广场检查施工建设项目。

16日，确定为石家庄市首个生态日。

16～17日，在北京国家会议中心召开的2012（第二届）中国市场大会上，石家庄市与中国商业联合会商品交易市场专业委员会签订“石家庄市市场千亿增长计划”合作备忘录。计划未来5年，将全市规模以上市场交易额在1168亿元基础上增长1100亿元，达到2268亿元。

17日，教育部副部长、国家语言文字工作委员会主任李卫红到市东风西路小学、市第一中学检查第15个全国推广普通话宣传周活动。

19日，河北省党务公开和基层重要事务规范化管理工作会议在石家庄市召开。与会代表到石家庄市桥东区委、第二十三中学、市第三医院、长安区委、槐底社区、君晓社区观摩了党务公开和基层重要事务规范化管理。

21日，省委常委、市委书记孙瑞彬在石家庄市会见百威英博集团亚太区总裁傅玫凯，双方就投资项目开展洽谈（百威英博集团是全球500强企业，啤酒销量位居世界第一。该集团拟在河北省投资27亿元建设年产100万吨啤酒生产线）。

23日，省委常委、省纪委书记臧胜业和哈尔滨市纪委学习考察团到石家庄藁城市考察党务公开和基层重要事务规范化管理，查看了系井村党务、村务公开栏，观看了石家庄市党务公开和基层重要事务规范化管理工作纪实电视片。

24日，省委常委、市委书记孙瑞彬到加强基层建设年活动联系点栾城县小周村调研，察看了小周村甜瓜种植基地，并到村民张瑞芝和房瑞强家了解生产生活情况。

28日，文化部副部长、国家文物局局长励小捷在省政府特邀咨询孙士彬，副省长杨汭陪同下，到国家级历史文化名城正定检查指导文物保护工作。

☆市人大常委会主任王增明带领市人大领导班子到西柏坡视察中央部委旧址群恢复和使用情况，察看了国家安全教育馆、中共中央宣传部旧址、社会部和政协大礼堂。

☆省会轨道交通开工典礼在市第二中学操场举行。首次开工建设是3号线一期工程“新火车站至二中段”，主体沿中华大街布设，全长6.38千米。

29日至10月3日，举办2012中国·石家庄第七届国际动漫博览交易会（简称动博会）。本届动博会的主题是“文化融入生活，动漫传递快乐”。

30日，省委书记、省人大常委会主任张庆黎，省委副书记、省长张庆伟到京石武铁路客运专线河北段正定国际机场站和石家庄新火车站看望慰问铁路建设者，并进行现场办公，研究解决工程建设中存在的突出问题。

10月

3日，全国第二届动漫真人秀大赛颁奖仪式在市人民会堂举行，石家庄市霹雳同盟社团的《魔界歪传》摘得金奖。

8日，副省长沈小平到赵县农科所试验场、石家庄君乐宝乳业有限公司及天和肉牛养殖基地调研秋收种麦和畜牧业发展。

9日，副省长杨汭到石家庄以岭药业股份有限公司调研，参观了以岭药业固体制剂车间、络病重点实验室和在建的高端生物医药产业园。

11日，“全国公安民警革命传统教育基地”揭牌仪式在平山县王子村华北人民政府公安部旧址举行。国务委员、公安部部长孟建柱，省委书记、省人大常委会主任张庆黎为教育基地揭牌。

12日，全市召开危爆物品清查整治行动动员电视电话会议。会议决定，从即日起在全市范围内开展为期两个月的危爆物品集中清查整治行动。

☆河北平安国际健康中心一期工程——平安医院门诊病房综合楼落成启用。该工程占地110亩，建筑面积6.5万平方米。

16～17日，中共中央委员、全国“扫黄打非”工作领导小组专职副组长李长江到石家庄市督导检查“扫黄打非”专项工作，视察了石家庄纪元光电有限责任公司、河北移动通讯网管中心、石家庄图书批发市场和太和电子城。

18日，省委常委、市委书记孙瑞彬，省委常委、宣传部长艾文礼与各界观众400多人在石家庄广播电视台一号演播厅一起观看“爱在身边——石家庄市道德模范情景报告会”。

☆省委常委、省军区司令员史鲁泽，政委李光聚，政治部主任李芳才到石家庄市调研指导国防后备力量建设。

21日，市长姜德果检查新客站广场及配套工程，考察了在建中的石家庄新客站西广场，东广场B匝道、C匝道，西三教基坑及新石南路树木移植，现场解决工程建设中存在问题。

23日，省委常委、市委书记孙瑞彬到高新区调研，考察了格力工业园和河北欣意稀土高铁铝合金电力电缆项目。

25日，市委宣传部、省会文明办、市教育局共同为石家庄动漫大厦“石家庄市中小学生素质教育实践基地”揭牌。

☆世界上规模最大的大容积无缝气瓶储运设备生产基地——中国国际海运集装箱（集团）公司石家庄安瑞科气体机械有限公司新厂区一期工程竣工投产，总投资15亿元。

26日，省委常委、纪委书记臧胜业到灵寿县、行唐县部分农村、机关、企业和项目现场调研，听取了两县经济社会发展和党的建设特别是着力改善“两个环境”情况汇报。

☆全市召开第二届环卫工人节庆祝表彰大会，隆重表彰“二十佳城市美容师”。

29日，省政协主席付志方和各民主党派省委负责人、部分省政协常委、省直有关部门负责人在省委常委、市委书记孙瑞彬陪同下，一起视察和查看了民心河二期管网建设施工现场、桥西污水处理厂一期升级改造工程、桥东新建10万吨污水处理项目及60万吨污水脱色项目、洨河生态恢复工程施工现场及赵州桥段改造工程。

31日，省委常委、市委书记孙瑞彬到循环化工园区调研，考察了石家庄东华金龙化工有限公司氨基乙酸生产线及尼龙6项目、河北八维化工有限公司和晋煤金石化肥项目。

11月

1日，省委常委、市委书记孙瑞彬，市长姜德果专题听取和调度省会轨道交通项目建设。

☆石家庄北方农业机械物流配送中心项目在元氏县殷村镇开工。

☆石家庄石油化工和化学工业专家咨询委员会成立。

2日，省委常委、市委书记孙瑞彬调研社区工作，察看了桥东区彭后街道平北社区、长安区长丰街道沿东社区和长丰街道办事处。

3日，《人民日报》在头版显要位置刊发报道《石家庄改善环境提升百姓幸福感》。

5日，由石药集团投资3亿元建成的石药集团中诚医药暨河北省医药物流中心在高新区揭牌，仓库总面积3万平方米。

6日，市残疾人综合服务中心投入使用。该中心位于裕华区谈固东街与金马路交汇处，大楼规划设计8层，建筑面积6500平方米，总投资5000万元。

16日，省工商联人才交流服务中心石家庄分中心在市工商联揭牌成立。

19日，省委常委、市委书记孙瑞彬到供热企业调研，察看了热电一厂总控室、鹿华热电公司和西郊供热公司，要求供热企业把供暖作为头等民生大事抓紧抓好。

19～20日，国家工商总局商标评审委员会副主任黄家华带领检查组到石家庄市，采取听汇报、会谈及实际调查等方式，检查指导全市商标战略工作。

21日，北京万方数据股份有限公司在高新区投资建设的“石家庄智库科技有限公司”能容纳近350人的文献数字化处理生产线正式投产。这是中国自动化程度最高，科技文献数字化处理能力最强，集自动识别、自动标引、自动分类和自动入库技术为一体的科技文献数据处理生产线。

22日，市委召开常委扩大会暨中心组学习会议，传达学习省委八届三次全会精神，研究部署贯彻落

市情概览

市情概览

行政区划

【地理位置】 石家庄市是河北省省会，全省政治、经济、科技、金融、文化和信息中心，是国务院批准实行沿海开放政策和金融对外开放的城市。石家庄地处河北省中南部，环渤海湾经济区。位于北纬37º27′～38º47′(误差±1′)，东经113º30′～115º20′(误差±1′)之间，东与衡水市接壤，南与邢台市毗连，西与山西省为邻，北与保定市交界。南北最长处148.018千米，东西最宽处175.383千米，周边界长760千米。辖区总面积15848平方千米，其中市区面积456平方千米。在首都北京的西南方向，距北京283千米。

【区划设置】 石家庄市辖6区17县(市)，即长安区、桥东区、桥西区、新华区、裕华区、井陉矿区、井陉县、正定县、栾城县、行唐县、灵寿县、高邑县、深泽县、赞皇县、无极县、平山县、元氏县、赵县、辛集市、藁城市、晋州市、新乐市、鹿泉市。另有5个派出机构（国家级高新技术产业开发区、西柏坡管理局、循环化工园区、正定新区、空港工业园）行使所在地域行政管辖权。年末全市共有镇124个，乡96个，街道办事处54个，居委会589个，行政村4348个。

（周连颖）

建制沿革

石家庄市域有着悠久的历史。据《禹贡》记载，夏禹时期为冀州地。春秋时期域内先后建有鲜虞国(都城在今正定新城铺一带)、鼓国(都城在今晋州城西)、肥国(都城在今藁城市城西南城子村一带)。战国时期鲜虞人又建立中山国(都城在今平山县城北下三汲一带)。秦始皇统一中国后，全面推行郡县制，属巨鹿郡（郡治今巨鹿县)。西汉高祖三年(公元前204年)，始置恒山郡。汉文帝初，因文帝名恒，讳改恒山郡为常山郡。汉高祖十一年(公元前196年)，改秦时的东垣县(县治今石家庄市东古城)为真定县，并于汉武帝元鼎四年(公元前113年)置真定国(都城在今东古城)。三国时期，为魏地，分别属常山郡、安平郡、赵国、巨鹿郡、中山国。西晋统一后，分别属冀州常山郡、中山国、巨鹿郡、赵国、博陵国。隋代，分别属恒山郡(后改恒州,郡治真定,今正定镇)、赵郡(郡治平棘，今赵州镇)、信都郡(郡治今冀州市)、高阳郡(郡治今定州市)。五代时期，属河北成德军节度使，域内有镇州(州治今正定镇)、赵州(州治今赵州镇)、定州(州治今定州市)、祁州(州治今无极镇)。宋代，属河北西路(路治今正定镇)。元代，属中书省真定路(路治今正定镇)、保定路(路治今保定市)、广平路(路治今永年县)等。明代，属京师正定府(府治今正定镇)、保定府(府治今清苑县)。清代，属直隶省真定府(府治今正定镇，清雍正元年改正定府)、保定府(府治今清苑县)、赵州(州治今赵州镇)、定州(州治初属祁州，雍正十二年改今定州市)。民国元年(1912年)，中华民国成立,仍沿清制。民国3年(1914年),裁府设道。民国14年(1925年)6月24日，中华民国临时执政命令直隶省建立“石家市”，实行市自治制；8月29日中华民国临时执政又以1273号指令批准将石(家)庄、休门合并，取首尾各一字，更名为石门市，组建石门市政公所，筹建市制。民国17年(1928年)，南京国民政府通令全国，取消所有市政公所，废除原来的“市自制”。至此，建市工作遂告搁浅。民国27年(1938年)1月15日，组建伪石门市政公署筹备处。民国28年(1939年)10月7日，伪中华民国临时政府行政委员会以秘字第1027号指令，正式批准设立石门市。民国36年(1947年)11月12日石门市解放，12月26日石门市更名为石家庄市。民国37年(1948年)9月26日，石家庄市改属华北人民政府领导。民国38年(1949年)1月24日阳泉市划归石家庄市(当年8月又划归山西省)；8月1日石家庄市归河北省人民政府领导，为省辖市。1949年石家庄专区初设，辖14县1镇。1958年4月28日，石家庄市由省辖市改为专辖市。1960年5月3日，国务院批准撤销石家庄专区，改为石家庄市。1961年5月，国务院批准恢复石家庄专区建制。石家庄专区辖石家庄市和25个县。1962年6月，国务院批准设立衡水专区，石家庄专区所辖衡水等8县划归衡水专区，此后石家庄专区辖石家庄市和17个县。1967年11月21日，石家庄地区革命委员会成立，专区改称地区。1967年12月20日，石家庄市革命委员会成立。1968年1月29日，河北省会迁至石家庄市。1978年3月11日，石家庄市划为河北省直辖市。1978年7月，石家庄地区革命委员会撤销，成立河北省石家庄地区行政公署。1982年8月12日，撤销石家庄市革命委员会，恢复石家庄市人民政府。1993年6月30日，石家庄地区行政公署与石家庄市人民政府合并，成立新的石家庄市人民政府。

市　标

【概况】 1997年7月根据市人大代表提出的议案以及市政府领导的批示，由市园林局开始着手准备市花市树的评选工作，8月正式启动评选工作。通过民意测验和专家评审，于9月16日初步确定月季和槐树为市花市树，11月，市政府研究同意，12月，提请市第九届人大常委会第30次会议审议批准，正式确定月季为石家庄市市花，槐树为石家庄市市树。

【市花】 月季　属蔷薇科、蔷薇属，系木本落叶灌木，原产中国，已有2000多年的栽培历史，被誉为“花中皇后”，花色艳丽，千姿百态，香味馥郁，品种繁多，露地栽培从春到秋处处可见其绰约丰姿，是美好、友谊、和平的象征。月季适应性强，抗寒抗旱，对土壤要求不高，栽培繁殖容易，管理技术易掌握，易于推广普及。石家庄市的月季栽培有着悠久历史，通过引种、繁殖、培育，已经广泛用于街道、公园、庭院、广场的绿化、美化。同时也是插花、切花、盆景制作的理想植物材料，深受广大市民的喜爱。月季不仅具有极高的观赏价值，且具有极高的经济价值。月季的花、花蕾、叶、根皆可入药，并能制作高级香精、香料。月季还能代表石家庄人顽强不屈、坚韧不拔的品格，展示出石家庄人奋发图强、不断进取的精神风貌。

【市树】 国槐　属豆科槐属，系落叶乔木。国槐原产于中国，栽培历史悠久，抗逆性强，寿命长。石家庄市有百年以上的古槐多达71株，其中500年以上的古槐就达58株，且仍然枝繁叶茂，生机勃勃。国槐树干端直，树冠宽广，展叶早落叶晚，是优良的庭荫树和街道树，其花芳香，又是优良的蜜源植物。国槐性强健，具有很强的萌芽力，耐强修剪，更新能力强，耐寒、耐旱、耐瘠薄，并对二氧化硫、氯气、氯化氢等有毒气体抗性较强，是良好的抗污、滞尘、耐烟毒树种。石家庄市以国槐用作行道树的街道达120多条，占全市街道的41.87%，是街道的主要骨干树种之一。国槐的经济价值高，木材坚硬，耐水湿，材质优良，可供建筑、家具、造船、雕刻等用，全株可入药，花蕾可作黄色染料，种子可榨油、制皂。国槐在民间是吉祥、幸福、美好的象征，中国人民自古以来把它作为吉祥树、幸福树，它能代表石家庄人顽强不屈、坚韧不拔的品格，展示出石家庄人奋发图强、不断进取的精神风貌。

自然资源

【矿产资源】 石家庄市东部为华北平原，西部为太行山区。西部山区地质构造复杂，成矿条件良好，拥有比较丰富的矿产资源。至2012年底，全市发现矿种有59种（包含亚种为61种），矿产地423处，其中大型矿产地28处，中型矿产地62处，小型189处。已经开发利用矿产资源28种，主要有煤、铁、金、云母、建筑石料用灰岩、建筑用砂等。金属矿产可分为黑色金属、有色金属、贵金属、放射性、稀有稀土金属等几大类。黑色金属矿产：铁矿分为磁铁矿、赤铁矿、褐铁矿，以磁铁矿为主。磁铁矿保有储量为2870万吨，主要分布在平山县、赞皇县；钒钛磁铁矿储量35651吨，主要分布在赞皇县和元氏县；锰矿储量2.2万吨，主要分布在灵寿县。有色金属矿产：铜矿已发现矿点10余处，储量1109.9万吨，主要分布在平山县、灵寿县。铝土矿探明储量3190.2万吨,保有储量3000万吨，主要分布于赞皇县、井陉县；铅矿探明储量1369.3万吨，铅锌矿储量50吨，分布在平山县。贵重金属矿产:金矿主要分布于灵寿县、平山县，行唐县亦有发现，矿体为石英脉型，探明储量13.24吨，品位一般在2～8克，矿石可选性好。非金属矿产除少数非金属矿产是用来提取某种非金属元素，大多数非金属矿产是利用其矿物或矿物集合体（包括岩石）的某些物理、化学性质和工艺特性等。冶金辅助原料非金属矿产：主要有矽线石、萤石、熔剂灰岩、冶金白云岩、冶金石英岩、冶金脉石英、耐火黏土。耐火黏土主要分布在井陉县境内，为中石炭统沉积矿床，共生铝土矿，伴生硫铁矿，保有储量6881.0万吨。建材及其他非金属矿产：主要有石墨、压电水晶、熔炼水晶、滑石、石棉、白云母、长石、石榴子石、刚玉、蛭石、方解石、石膏、水泥灰岩、玻璃石英岩、玻璃砂岩、陶土、高岭土、白垩、芙蓉石、水泥配料页岩、水泥配料黄土、水泥配料黏土、砖瓦黏土、饰面板岩、大理石、珍珠岩、片麻岩、透辉石、辉闪长岩、辉岩等。其中装饰石材、云母、蛭石预测储量巨大，大理石、花岗岩储量近1万亿立方米。石灰岩矿为寒武子及奥陶子沉积矿床，规模大，质量好，开采条件简单，总储量339.7亿吨。井陉县石灰岩分布较广，储量大，其品位为全国之首。刚玉储量180.2万吨，分布于灵寿县、平山县。金红石储量约6.7万吨，分布于平山县。页岩石料（俗称坩子土）储量50.04亿立方米，主要分布在鹿泉市。此外，平原河沙丰富，新乐市、元氏县、鹿泉市、正定县等县市古河道、滹沱河等河滩广为分布，预测储量317.6亿吨。石家庄市的矿产资源在全省占用重要地位，居全国首位的有碎云母；居全省首位的有8种：矽线石、电石灰岩、长石、砖瓦用页岩、饰面用角闪岩、铝土矿、玻璃用砂岩、水泥用灰岩。石家庄市的优势矿种有20余种：金、铁、煤、水泥灰岩、电石灰岩、制碱灰岩、冶金用白云岩、玻璃用石英砂岩、耐火黏土、白云母、石英、长石、蛭石、滑石、矽线石、石棉、石油、天然气、建材及饰面石材等。

（张凤兰）

【能源资源】 石家庄市煤炭资源主要集中在井陉县，其次是赞皇、元氏两县。煤种有肥煤、焦煤、无烟煤、气煤等。石油、天然气资源主要分布在辛集市、晋州市凹陷中。已探明油田或构造有：河庄油田、河庄西油田、台家庄油气田、南小陈油田、晋40断块、赵兰庄构造。石家庄市煤炭保有储量为9107.8万吨，主要分布在元氏县和井陉矿区。石油和天然气资源主要分布在辛集市、晋州市，油气田地质储量5.1亿吨，含油面积3.04万平方米，天然气储量19.2亿立方米。至2012年底，全市拥有户用沼气41.66万户，养殖场大、中、小型沼气池工程176处，大型秸秆沼气联户供气工程6处，年可产沼气15700多万立方米，折合标煤11.2万吨左右，年减排二氧化碳29.2万吨左右。太阳能热水器累计达85.93万平方米。年内，全市完善沼气物业管理服务中心18个，建成村级物业服务网点1079个，形成了一个比较完整的建、管、用、服务工作体系。石家庄市太阳能资源处于较为丰富的地带，年辐射量为1259～1350千卡／平方厘米，年日照时数为2563～2852小时，占可照时数的58%～65%，太阳能利用方面主要有太阳能热水器、太阳能灶等。

（张凤兰 刘栋）

【生物资源】 石家庄市生物资源比较丰富。动物现知陆栖（包括两栖）脊椎动物223种。其中，以鸟类最多，其次是兽类，两栖类及爬行类较少。野生动物种类有金钱豹、野猪、狍子、狐狸、狼、松鼠、獾、黑眉锦蛇、豺、黄羊、刺猬、雀鹰、天鹅、灰鹤、啄木鸟、麻雀、猫头鹰、石鸡、家燕、草兔、黑斑蛙、环颈雉、灰喜雀、斑鸠。其中国家珍贵稀有动物有金钱豹、斑羚、褐马鸡、天鹅等。褐马鸡为中国特有珍稀动物，仅见于山西、河北。现有畜禽几十个品种，地方畜禽品种有深县猪、大马身猪、大尾寒羊、小尾寒羊、河北奶山羊、太行山羊、冀南黄牛、太行牛、太行驴、柴鸡、河北鹅、虎皮黄兔。引进的畜禽品种有牛类：河北西门塔尔牛、南阳牛、荷兰黑白花奶牛、蒙古牛、短角牛、西门塔尔牛、夏洛来牛、海福特牛、利木赞牛、安格斯牛、爱沙尼亚牛、蒙贝利亚牛。马类：蒙古马、伊犁马、苏高血马。驴类：关中驴、渤海驴、泌阳驴。猪类：迪卡猪、冀合白猪、大约克夏猪、长白猪、杜洛克猪、汉普夏猪、北京黑猪、施格猪、PIC猪、皮特兰猪。羊类：美利奴羊、波尔华斯羊、考力代羊、茨盖羊、新疆细毛羊、萨能奶山羊、边区莱斯特羊、罗莫尼玛须羊、波尔山羊。鸡类：尼克鸡、白洛克鸡、宝万斯鸡、京红鸡、海赛克斯鸡、伊莎鸡、艾维茵鸡、罗曼鸡、爱拔益加鸡、雅康鸡、雅发鸡、海兰系列、京白系列。兔类：青紫兰兔、比利时兔、加利福尼亚兔、黑优兔、安哥拉兔、法国巨型兔、獭兔、丹麦兔、新西兰兔、日本大耳白兔、塞北兔。鸭类：康贝尔鸭、麻鸭、北京鸭。鹅类：石头鹅、郎德鹅。特养品种：梅花鹿、马鹿、兰狐、银狐、苏乌里貉、白玉蜗牛、散大蜗牛、落地王鸽、白羽鸽、美国牛蛙、七彩山鸡、乌骨鸡、鹌鹑、貂、小香猪、海狸鼠、蝎子、鹧鸪、麝鼠。鱼类资源主要有50多个品种。主要经济鱼类有：鲤、鲢、鳙、草、鲫、鲂、鳊、鲶、泥鳅、黄颡、乌鳢、黄鳝、鲴等，小杂鱼类主要有：白条、棒花、马口、麦穗、鳑鲏、鰕虎鱼、翘嘴鲌等，另外还有中华鳖、青虾、蚌、螺、莲藕等，引进发展的品种主要有：罗非、牛蛙、中华绒螯蟹、淡水白鲳、池沼公鱼、大银鱼、太湖新银鱼、日本白鲫、高背鲫、彭泽鲫、鳜鱼、革胡子鲶、大口鲶、罗氏沼虾、彩虹鲷、虹鳟鱼、金鳟鱼、香鱼、欧洲丁鱼岁、大口胭脂鱼、中国胭脂鱼、加州鲈、鲟鱼、白斑狗鱼、银大麻哈鱼、斑点叉尾鮰、雅鱼等。

石家庄植被属暖温带针阔混交林，植被类型由自然植被和人工植被组成。植被结构复杂，种类繁多，植物资源合计2500余种。其中草本植物占80%以上。木本植物有44科74属144种，乔木有26科35属75种，灌木有23科34属43种。主要树木分类，阔叶树：杨树、柳树、国槐、刺槐、臭椿、香椿、红椿、合欢、苦楝（井陉）、漆树、黄连木、白榆、青檀（井陉）、梧桐、泡桐、杜仲、银杏、椋子木（井陉）、五角枫、栾树、黄金树、楸树、枫杨、悬铃木。灌木：柽柳、胡枝子、葛藤、紫穗槐、黄栌、锦鸡儿、枸杞、珍珠梅、绣线梅、鼠李、酸枣、沙枣、沙棘、女贞、六道木、丁香、夹竹桃、照山白、荆条、野杜鹃。针叶树：油松、华山松、雪松、云杉、桧柏、园柏、测柏、柞树、落叶松、水杉。经济木：苹果、梨、桃、杏、山楂、板栗、李、葡萄、石榴、柿子、核桃、大枣、花椒、桑、猕猴桃。草场分四类：山地草甸类草场，地处深山，处于原始状态，资源很少被利用；山地灌木类草场，草高40～70厘米，盖度60～80%；丘陵草丛类草场和低温草甸草场。药用植物资源丰富，有1039种，野生药材上百种，人工种植药材230多种。另外还有水生芦苇、莲藕等。人工种植牧草：紫花苜蓿、粒粒苋、串叶松香草、冬牧－70黑麦草、聚合草、沙打旺、苦卖菜、草木栖、鲁梅克斯、克孜连科。天然野生牧草共有121个科1116种，其中菊科牧草占135种，禾本科占109种，豆科占98种，蔷薇科占58种，百合科占46种。有代表性的野生牧草主要有：野豌豆、直立黄芪、达乌里黄芪、野苜蓿、无芒雀麦、隐子草、冰草、披碱草、老芒麦、鹅冠草、早熟禾、胡枝子、山葱、白羊草、青木栖状黄芪、野古草、大油芒、白茅、铁杆蒿、野青茅、狗哇花、棘豆等。

【水资源】 2012年，全市地表水资源量为7.81亿立方米，地下水资源量为17.18亿立方米，扣除地表水和地下水资源的重复计算量，全市水资源总量为21.51亿立方米，比

2011年增加1.91亿立方米，比多年均值21.16亿立方米增加0.35亿立方米。

供水量　全市供水量31.89亿立方米，其中地表水供水量5.95亿立方米，占18.7%；地下水供水量25.94亿立方米，占81.3%。

用水量　全市用水量31.89亿立方米，其中农田灌溉用水量20.69亿立方米，占64.9%；工业用水量3.34亿立方米，占10.5%；居民生活用水量2.98亿立方米，占9.3%；林牧渔畜用水量2.62亿立方米，占8.2%；城镇公共用水量0.991亿立方米，占3.1%；生态与环境用水量1.27亿立方米，占4.0%。

地下水动态　2012年底，全市平原区地下水平均埋深37.15米，较2011年同期地下水位下降0.72米。监测点最大埋深高邑县城关58.76米，最小埋深鹿泉市山尹村2.35米。

（刘鹏）

【土地资源】　石家庄市土地资源类型多样，适宜性广，光、热、水土条件适宜，土地利用率和生产率高，但地域差异明显，土地后备资源不足。石家庄市土地资源类型按土地利用现状划分，根据全国统一规定，结合全市实际情况，采用二级分类系统。共分8个一级地类，36个二级地类。石家庄市东、西部自然和社会经济条件明显差异，按地貌类型和土地利用主导方向，分为西部山区林木地，中部山麓、平原建设用地区和东部平原农业地区三个地区分区。石家庄市土壤类型主要有山地草甸土、棕壤、褐土、潮土、盐土、风沙土、新积土、粗骨土、石质土、沼泽土、水稻土等11个土类，22个亚类，81个土属，270个土种。至2012年底，石家庄市行政区总面积140.5万公顷（2107.58万亩）。其中，农用地89.46万公顷（1341.9万亩），占土地总面积的63.67%；建设用地19.03万公顷（285.5万亩），占土地总面积的13.53%；未利用地32.04万公顷(480.59万亩)，占土地总面积的22.80%。年末全市拥有耕地面积58.14万公顷（872.1万亩），占农用地的64.99%，占全市土地总面积的41.37%，人均耕地面积0.88亩(全省人均耕地1.40亩，低于全省人均耕地面积37.14%)。年内，全市严格落实耕地保有量和基本农田保护面积，确保了基本农田保护面积稳定在52万公顷。加大耕地保护和基本农田保护管理力度，市、县、乡（镇）、村层层签订耕地保护责任书；基本农田保护图、表、卡、册及标识大幅完善；耕地占补平衡制度落实，实现占补平衡。2012年，全市完成土地收储23916亩，超额完成市政府下达的23678亩任务。其中，地产集团（储备中心）直接收储7844亩；市国土资源局新征土地6484亩；石家庄市高新区、正定新区、环城水系土地收储9588亩。(土地资源数据为市国土局提供)

（张凤兰）

人　口

【概况】　截至2012年底，全市共有人口2858759户，10053286人。其中城镇人口4149720人，占41.28%；农村人口5903566人，占58.72%。市属6区人口为674800户，2470919人。全部为城镇人口。市辖17县（市）人口为2183939户，7582367人。其中城镇人口1678801人，占22.14%；农村人口5903566人，占77.86%。全市总人口较2011年增长80359人，增长0.8%，其中城镇人口增长13782人，农村人口增加66577人。自然增长99000人，增长率为9.89‰；机械增长8526人，增长率为－0.85‰。市属6区人口较2011年增长3558人，增长率为0.14%，其中自然增长21677人，机械减少14846人。市辖17县（市）人口较2011年增长66577人，其中自然增长77323人，机械增长6320人。2012年全市共报出生157272人，出生率为15.71‰。年内死亡人口58272人，死亡率为5.82‰。

【性别】　全市总人口中，男性5064665人，占50.38%；女性4988621人，占49.62%。市属6区人口中，男性1218533人，占49.31%；女性1252386人，占50.69%。

【人口分布】　全市人口平原地区人口稠密，城镇及市区人口密度更大，山区相对稀少。按县（市）、区统计，长安区125880户，437663人，全部为城镇人口；桥东区96104户，376358人，全部为城镇人口；桥西区139253户，511897人，全部为城镇人口；新华区139652户，490187人，全部为城镇人口；裕华区145312户，558719人，全部为城镇人口；井陉矿区28599户，96095人，全部为城镇人口；井陉县108575户，330413人，其中城镇人口72546人；栾城县88997户，331534人，其中城镇人口75675人；正定县126414户，481991人，其中城镇人口113778人。行唐县143116户，455840人，其中城镇人口64164人；灵寿县102290户，338617人，其中城镇人口74643人；高邑县52958户，193431人，其中城镇人口55056人；深泽县85967户，258832人，其中城镇人口37489人；赞皇县87398户，266049人，其中城镇人口35009人；无极县143655户，520944人，其中城镇人口78063人；平山县159552户，490835人，其中城镇人口70497人；元氏县99055户，431344人，其中城镇人口81792人；赵县152414户，595698人，其中城镇人口99405人；辛集市209726户，630547人，其中城镇人口256061人；藁城市217538户，806653人，其中城镇人口243680人；晋州市154608户，547877人，其中城镇人口94307人；新乐市134677户，504377人，其中城镇人口128192人；鹿泉市117019户，397385人，其中城镇人口98444人。

【民族构成】 在全国56个民族中，2012年末石家庄市拥有51个民族。总人口中汉族9947332人，占98.95%；回族57060人，占0.57%；满族29265人，占0.29%；剩余48个少数民族共计19629人，约占总人口的0.20%。另有其他未识别民族59人（包括穿青人），外国人加入中国籍2人。

【年龄构成】 2012年全市总人口中，6周岁以下922050人，占9.2%；18岁以下1955630人，占19.45%；18岁至35岁的3019230人，占30.03%；35岁至60岁的3528601人，占35.10%；60岁以上1549825人，占15.42%。（人口数据为市公安局户政部门提供）

（王少伟）

民族·宗教

【民族】 石家庄市是一个少数民族散居城市。2012年，全市有民族51个，除汉族外，少数民族有50个。少数民族人口103670人，占全市总人口的0.99%。其中，少数民族农业人口41536人，占总人口的0.40%；非农业人口62134人，占总人口的0.60%。市区（含井陉矿区）内有少数民族54938人，占少数民族总人口的0.53%。全市各县（市）区中，少数民族人口超过万人的县（市）区有5个：无极县15633人，桥西区13247人，新华区12797人，藁城市10498人，桥东区10209人；超过千人的县（市）区有长安区9265人，裕华区9229人，新乐市8921人，正定县4389人，辛集市1963人，鹿泉市1836人，栾城县1803人。全市有3个民族乡，即无极县高头回族乡、藁城市九门回族乡、新乐市彭家庄回族乡，总人口104482人，其中少数民族27334人，占民族乡总人口的26.16%，占全市少数民族人口的26.37%。全市少数民族中以回族人口居多，共计57060人，占少数民族人口的55.1%；其次为满族29265人，占28.33%；第三为蒙古族5561人，占5.37%。此外，人口在千人以上的少数民族有：壮族2055人，占1.98%；土家族1893人，占1.83%；苗族1725人，占1.66%。其他少数民族共计6111人，占5.89%。

【宗教】 石家庄市有道教、佛教、伊斯兰教、天主教、基督教五种宗教。至2012年底，全市共有宗教活动场所521处，信仰宗教教职人员及群众近30万人，占全市总人口的3%。

道教 全市信仰道教公民1.3万余人，主要分布在鹿泉市、平山县、藁城市、元氏县、赞皇县、新乐市、栾城县等7个县市。有宗教活动场所19处，教职人员76人。较著名的道观有位于鹿泉市的十方院和抱犊寨金阙宫，平山县天桂山的青龙观等。市级宗教团体1个(石家庄市道教协会)。

佛教 全市信仰佛教公民8.8万人，主要分布在赵县、正定县、辛集市、藁城市、井陉县、赞皇县、鹿泉市等县市。有佛教活动场所84处，教职人员311人。较著名的寺院有赵县柏林禅寺、正定县临济寺、鹿泉市龙泉寺、藁城市天台寺和市内谛音寺。市级宗教团体1个（石家庄市佛教协会）。

伊斯兰教 全市信仰伊斯兰教公民5.8万人。主要分布在市内五区和无极县、藁城市、新乐市、正定县、辛集市等县（市）。有清真寺15座，教职人员40人。市级宗教团体1个（石家庄市伊斯兰教协会）。

天主教 全市信仰天主教公民10.6万余人，分布在全市的211个乡（镇）、街道办事处的937个村、居委会。有宗教活动场所195处，神修人员72人。市级宗教团体1个（石家庄市天主教爱国会）。

基督教 全市信仰基督教公民6.5万人，分布在23个县（市）区和高新区的249个乡（镇）、街道办事处的1318个村、居委会。有宗教活动场所208处，牧师、长老45名。市级宗教团体2个（石家庄市基督教三自爱国运动委员会、石家庄市基督教协会）。

（张建营）

风景名胜

【概况】 石家庄旅游资源丰富，名胜古迹众多。有文化名城、故国遗址、古寺名桥、革命圣地等大量珍贵历史遗存；有丰富多彩的社会旅游资源，包括商贸会展、民俗民艺、都市风情等旅游景观。拥有全国重点文物保护单位25处，省文物保护单位141处，市、县文物保护单位240处；国家级历史文化名城1座，国家级森林公园3处（仙台山、五岳寨、驼梁山），省级森林公园9处（南寺掌、西柏坡、棋盘山、藏龙山、沕沕水、海山岭、封龙山、洞阳坡、高山寨），野生动植物自然保护区4处（平山县驼梁自然保护区、灵寿县漫山自然保护区、赞皇县嶂石岩自然保护区、井陉县南寺掌自然保护区）。2012年，平山佛光山、紫云山，正定荣国府，市区空中花园4个景区获评国家4A级旅游景区。至2012年末，石家庄市共有A级景区29处，其中5A级景区1处，4A级景区25处，3A级景区1处，2A级景区2处。

【纪念馆、陵园】 革命圣地西柏坡国家爱国主义教育基地，国家5A级景区。距省会石家庄80千米。1948年5月至1949年3月中共中央在西柏坡居住10个月，召开了全国土地会议、党的七届二中全会，指挥了三大战役，赢得了解放战争决定性的胜利。西柏坡依托红色旅游资源优势，大力开发和培育红色旅游市场，形成了中共中央旧址，陈列馆、纪念碑、石刻园、五大书记铜像等10多个旅游景点，使西柏坡成为资源丰厚，感染力和震撼力强的独特景区。

华北军区烈士陵园 位于石家庄市区内，是中国兴建较早，规模较大，造型艺术水平较高的烈士陵园之一。这里长眠着抗日战争时期，解放战争时期的无数革命先烈，伟大的国际主义战士白求恩、柯棣华也在其中。陵园自建成以来，受到老一辈无产阶级革命家的关怀和重视，毛泽东、刘少奇、朱德等中央领导曾亲临陵园，凭吊先烈。

【风景区】 **驼梁山** 位于平山县境内西北部，国家4A级景区，距离石家庄市150千米，距离山西省五台山45千米，景区面积22平方千米，主峰海拔2281米，是河北省五大高峰之一。驼梁山集森林风光、草原风光、山岳风光为一体，自然生态呈现原始状态，以凉、静、野而闻名，是太行山中段生物多样性最丰富、最具代表性的典型区域。森林生态系统发育良好，从山谷到峰顶分布着白桦、松柏、枫树等树种及灌木草本植物，涉及102科、686个高等树种，植被覆盖率达98%。驼梁山是国家大型水库——岗南水库、黄壁庄水库和滹沱河的主要水源涵养地，也是阻挡来自西部高原风沙、寒流侵袭石家庄的重要生态屏障。2009年11月驼梁自然保护区晋升为国家级自然保护区。

天桂山 位于平山县境内，国家4A级景区。天桂山既有雄秀交融的天然风光，又具有皇家园林的高贵气质和道家仙山的神秘色彩，是一个寻古探幽的绝佳去处。天桂山是北方珍贵的岩溶地貌区，形成了众多的天然溶洞等奇特景观，不仅风光绝佳，景色迷人，而且还是一

战国文化，是石家庄历史文化的重要组成部分，越来越受到世人的关注。

另外古迹还有井陉县境内的秦皇古驿道，是古代通往山西入长安的“国道”，历史上秦始皇东巡病故于沙丘，其遗体曾经从这条驿道送往咸阳。于家石头村是明朝大将于谦的故乡，已建成中国民族文化村，村内建筑全部采用太行山的石头为原材料，颇有地方特色。

（刘伟东）

气　候

【概况】 2012年，全市年平均气温13.3℃，接近常年，冬季平均气温比常年偏低，春、秋季平均气温比常年偏高，夏季平均气温接近常年，夏季高温日数多，37℃以上的高温日数出现104站次。全市年平均降水量543.7毫米，与常年持平，属正常年份，但降水多局地性，时空分布不均，各县（市）降水量差别极大，其中市区最多为649.4毫米，新乐市最少为423.5毫米；冬季降水显著偏少，秋季降水偏多，春、夏两季降水接近常年。全市年平均日照时数2205.6小时，比常年偏少；冬、夏季日照偏少，春、秋季日照接近常年。全年气象主要特点有：阶段性干旱明显；高温日数较常年略多；大雾、大风、冰雹、暴雨日数少于常年，局部降水强度大；雷暴日数、寒冷日数比常年偏多；灾情属于“中等偏轻”年份。2012年，市突发公共事件预警信息发布中心在市气象局成立，主要依托气象预报预警信息发布系统和气象业务系统，整合社会预报预警信息发布资源，形成权威、畅通、有效的预报预警信息发布渠道。

【气温】 全市年平均气温介于12.6～14.0℃之间，平均值为13.3℃，接近常年。其中，石家庄市区年平均气温最高为14.0℃，井陉县最低为12.6℃。与常年相比，无极县、晋州市、辛集市、栾城县、赞皇县比常年偏高，其中晋州市偏高1.2℃，为显著偏高；井陉县和赵县较常年偏低，其他县（市）接近常年。

冬季 全市平均气温在−2.1～−0.4℃之间，其中市区最高，深泽县最低；大部分县（市）冬季平均气温较常年显著偏低，其中深泽县偏低3℃，最为显著。

春季 全市平均气温在14.5～16.4℃之间，其中市区最高，赵县最低；除赵县接近常年外，其他县（市）气温均偏高，其中正定县、晋州市、辛集市、栾城县、赞皇县为显著偏高，市区偏高最多为2.2℃，属于异常偏高。

夏季 全市平均气温在25.2～26.8℃之间，其中市区、正定县、晋州市最高，井陉县最低；除市区及东部、南部县（市）较常年偏高外，其他县（市）气温均接近常年。

秋季 全市平均气温在13.0～14.3℃之间，其中正定县最高，井陉县最低；与常年相比，西部、北部县（市）接近常年，市区及东部、南部县（市）比常年偏高，其中正定县、栾城县偏高最多，为1.1℃。

【降水】 全市年平均降水量为543.7毫米，与常年（485.7毫米）持平。全市年降水量空间不均匀，南多北少，其中市区降水最多为649.4毫米，北部县（市）降水量较少，其中新乐市最少为423.5毫米。与常年相比，市区及南部县（市）较常年偏多2～3成，其中市区偏多最多，其他县（市）接近常年。

冬季 全市降水量在0.2～5.9毫米，其中井陉县最多，赵县最少；与常年相比，除市区、井陉县、赞皇县显著偏少外，其他县（市）降水量均无有效降水，比常年异常偏少。

春季 全市降水量在32.3～103.0毫米，行唐县最多，晋州市最少；与常年相比，市区、行唐县春季降水量偏多，其中行唐县偏多近5成，为显著偏多，无极县、灵寿县、晋州市、深泽县、赵县、栾城县、辛集市、藁城市偏少，其中无极县、晋州市、深泽县、辛集市显著偏少，其他县（市）接近常年。

夏季 全市降水量在251.4～464.2毫米，元氏县最多，行唐县最少；与常年相比，市区、西部山区和南部县（市）夏季降水量偏多，其中元氏县显著偏多，行唐县夏季降水量较常年偏少，其他县（市）接近常年。

秋季 全市降水量在77.0～160.8毫米，辛集市最多，平山县最少；与常年相比，灵寿县、新乐市、井陉县、平山县接近常年，其他县（市）降水量均偏多，其中无极县、深泽县、辛集市偏多近9成，为异常偏多，市区偏多5成为显著偏多。

【日照】 全市年平均日照时数为2205.6小时，比常年偏少149.6小时。全市各地日照时数分布不均，其中辛集市日照时数最多为2549小时，无极县最少为1673.5小时。与常年相比，除辛集市、正定县偏多外，全市日照普遍偏少，其中井陉县、无极县偏少最多，分别偏少431.6小时和681.7小时，为异常偏少。

冬季 全市日照时数在300.4～503.5小时，辛集市最多，井陉县最少；与常年相比，除灵寿县、辛集市接近常年外，其他县（市）冬季日照时数普遍偏少，其中井陉县偏少最多，为异常偏少。

春季 全市日照时数在540.1～780.5小时，辛集市最多，无极县最少；与常年相比，大部分县（市）春季日照时数接近常年，辛集市、正定县较常年偏多，无极县、井陉县、赵县较常年偏少，其中无极县偏少150.6小时，为异常偏少。

夏季 全市日照时数在354.7～647.2小时，辛集市最多，无极县最少；与常年相比，除市区、正定县、平山县、赵县、栾城县、辛集市接近常年外，其他县（市）夏季日照时数普遍偏少，其中无极县偏少最多，为异常偏少。

秋季 全市日照时数在400.9～667.8小时，正定县最多，无极县最少；与常年相比，除无极县显著偏少外，全市秋季日照时数普遍偏多，其中市区、正定县、平山县显著偏多，正定县偏多最多。

【异常天气】 全年石家庄市未出现明显的气象灾害，但是干旱、强对流、暴雨、高温、大雾、持续低温等灾害性和极端天气还是给社会生活和经济带来一定影响和损失。

干旱 2012年入春后，全市一直维持高温、干燥、少雨天气。2月全市没有出现有效降水，依据干旱监测数据显示，1月29日干旱范围开始扩大。到2月20日，全市出现大范围的中旱，到29日，东部县（市）大部分出现不同程度的重旱。3月大部分县（市）降水较常年偏少，其中行唐县、无极县、新乐市、灵寿县、晋州市、正定县、深泽县、辛集市、藁城市异常偏少，出现明显的旱情。4月17日全市出现轻度干旱，部分县站达到中度干旱；24日强降雨过后，干旱得到迅速缓解，4月底旱情解除。

夏季高温 全市夏季37℃以上高温日数共出现104站次，比常年多22站次；6月9日、16～19日、21日和7月1日、3日、11日、29日均出现高温天气，其中6月17日和7月1日影响范围最大，全市均出现37℃以上高温，6月17日行唐县和7月1日藁城市最高气温达到39.6℃，为全年石家庄市最高值。

强对流天气频繁 受冷空气影响，4月18～19日，石家庄市有9个县（市）出现雷暴天气，其中平山县在18日16时30分左右出现冰雹，冰雹的最大直径为6毫米。5月全市共有35站次出现雷暴，其中25日为全市性雷暴，新乐市还出现冰雹，其余为局地性雷暴。6月是石家庄市雷雨、大风、冰雹等强对流天气最频繁的月份。6月全市共有162站次出现雷暴，其中6月1日平山县出现冰雹，21日栾城县出现冰雹。7月全市共有112站次出现雷暴，其中4日赞皇县出现冰雹，12日新乐市、元氏县、赵县出现大风。8月全市共有48站次出现雷暴，25日傍晚市区东部、藁城市、无极县出现短时暴雨，市区仓安路泵站降雨量最大，为76.6毫米，对市区交通造成一定的影响。

夏季暴雨 6月28～29日受冷空气和西南暖湿气流共同影响，石家庄市出现入夏以来第一次强降水天气过程，全市平均过程降水量为48.0毫米，最大过程降水量出现在平山县，为74.7毫米。受冷空气和西南暖湿气流共同影响，7月4日最大过程降水量出现在赞皇县，为88.0毫米。7月25～27日全市出现分布不均的强降水天气过程，东部、南部普降大到暴雨，平均过程降水量为32.6毫米，最大过程降水量出现在高邑县，为92.4毫米。8月11～12日石家庄市出现汛期最强一次降水天气过程，全市平均过程降水量为暴雨量级（51.7毫米），局地出现大暴雨，最大过程降水量出现在栾城县，为109.7毫米。

秋季强降水 受冷空气和偏南气流的共同影响，9月5日夜间开始到6日夜间石家庄市出现明显降水，市区及东部、南部县（市）普降大到暴雨，赞皇县、高邑县降雨量超过50毫米，其中赞皇县最大为58.0毫米。

大雾 全年出现大雾天气129

站次，因冷空气活动频繁，较常年明显偏少。大雾集中出现在 1 月、11 月和 12 月，其中 1 月 1 ～ 2 日、8 ～ 11 日影响范围最大，期间全市大雾出现 50 站日，部分地段能见度不足 100 米。大雾天气对交通运输影响很大，高速公路多次限行、机场航班延误或取消。

表 1　　2012 年石家庄市主要气象要素

要素	月份	1	2	3	4	5	6	7	8	9	10	11	12	年
降水量（毫米）	累积值	1.1	0	7.8	64.4	19.4	103.1	207.4	107	98.4	6.5	25.7	8.6	649.4
	距平	−1.6	−5.4	−3.5	43.3	−19.3	44.8	82.6	−26.4	47.4	−16.7	13.1	5.5	163.7
气温（℃）	平均值	−2	0.7	7.7	17.7	23.7	26.4	28	25.8	21	15.7	5.5	−2.2	14.0
	距平	0.8	−0.1	0.5	2.8	3.1	0.9	1.1	0.6	0.4	1.5	0.0	−1.5	0.8
雨（雪）日	累积值	3	0	11	8	6	15	16	14	10	7	7	8	105
相对湿度	平均值	54	31	41	45	52	56	71	74	65	53	55	54	54.25
日照（小时）	累积值	105.8	169.6	190.7	244.3	233.8	200.9	178.7	195.3	228.7	246.9	180	113.5	2288.2
气压（百帕）	平均值	1030.4	1026.9	1022.5	1010.8	1009.0	1003.1	1002.3	1008.7	1015.4	1019.0	1021.7	1028.8	1016.55
极大风速（米/秒）	风向	W	W	WNW	SE	NW	WNW	ESE	WNW	W	W	WNW	WNW	WNW
	风速	8.5	8.7	15.0	11.9	10.5	16.0	11.1	10.0	8.4	11.3	13.4	14.7	16.0

备注：距平值为 2012 年的值与 1981 ～ 2010 年 30 年的平均值之差。“/” 表示无降水。

石家庄市气象局

局　长：张秉祥

副局长：连志鸾　智利辉

（连志鸾）

国民经济与社会发展

【概况】 2012 年，全市围绕“转型升级、跨越赶超，建设幸福石家庄”奋斗目标，坚持“稳中求进”工作总基调，大力实施中东西区域协调发展战略，全力以赴稳增长、调结构、控物价、惠民生，国民经济保持了缓中趋稳、稳中向好的运行态势。全年石家庄市生产总值完成 4500.2 亿元，同比增长 10.4%。其中，第一产业增加值完成 452.2 亿元，增长 3.6%；第二产业增加值完

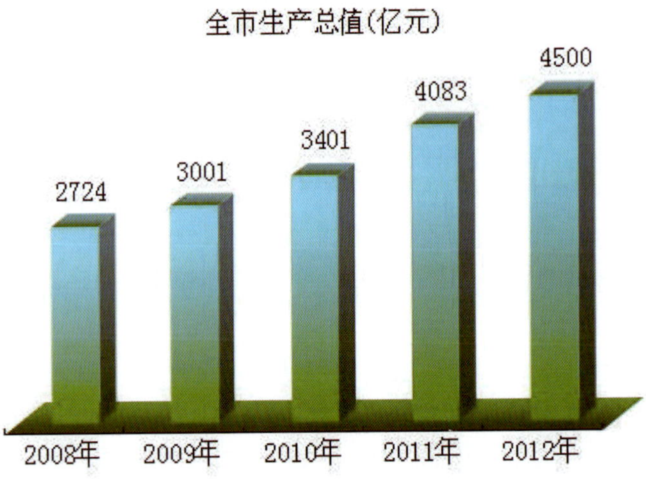

成2240.7亿元，增长12.0%；第三产业增加值完成1807.4亿元，增长10.0%。三次产业结构比例为10.0:49.8:40.2。全年市区居民消费价格总指数比上年上涨2.8%，其中食品价格上涨3.4%。工业生产者出厂价格指数比上年下降1.2%，购进价格指数比上年下降0.6%。年末城镇登记失业率为3.76%，比上年回落0.05个百分点。全年民营经济实现增加值3007.9亿元，比上年增长12.5%；占全市生产总值的比重为66.8%,比上年提高0.7个百分点。实缴税金363.6亿元，比上年增长19.9%；占全部财政收入的比重为63.4%，比上年提高1.4个百分点。

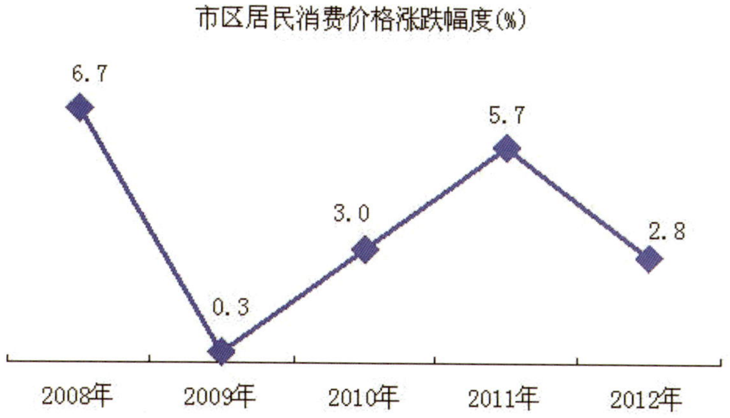

表2　2012年石家庄市区居民消费价格指数（以上年同期为100）表

指　标	指　数
市区居民消费价格总指数	102.8
食品	103.4
烟酒	104.0
衣着	103.6
家庭设备用品及维修服务	103.2
医疗保健和个人用品	102.4
交通和通信	100.3
娱乐教育文化用品及服务	102.1
居住	103.1

【农业】　全年粮食播种面积76.5万公顷，比上年减少0.5万公顷，同比下降0.65%。粮食总产量532.1万吨，同比增长0.07%。畜牧业、蔬菜、果品三大优势产业产值达到581.6亿元，占农林牧渔业总产值的比重为73.9%，比上年提高0.6个百分点。农业产业化经营率达到64.2%，比上年提高1.2个百分点。

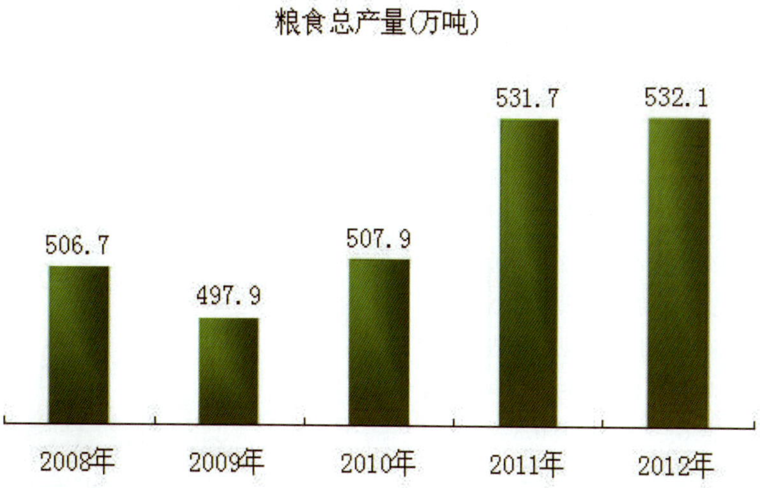

表 3　　2012 年石家庄市主要农产品产量及其增长速度表

产品名称	产量（万吨）	比上年增长 ±%
粮食	532.1	0.07
油料	21.5	0.08
棉花	1.1	−9.26
蔬菜	1255.4	2.7
园林水果	235.3	7.5
肉类总产量	77.3	1.4
猪肉	44.5	1.3
蛋类	106.6	0.1
奶类	120.8	1.5
水产品	3.5	0.7

【工业和建筑业】 全市拥有规模以上工业企业 2388 个，实现增加值 1800.2 亿元，比上年增长 13.5%。其中，轻工业实现增加值 886.2 亿元，比上年增长 18.2%；重工业实现增加值 913.9 亿元，比上年增长 9.4%。国有及国有控股企业实现增加值 247.6 亿元，比上年增长 5.3%；集体企业实现增加值 43.1 亿元，比上年增长 17.6%；股份制企业实现增加值 1103.7 亿元，比上年增长 14.5%；外商及港澳台企业实现增加值 127.7 亿元，比上年增长 5.5%。分行业看，装备制造业实现增加值 265.0 亿元，比上年增长 17.1%；医药工业实现增加值 103.3 亿元，增长 19.3%；食品工业实现增加值 197.1 亿元，增长 17.2%；纺织服装业实现增加值 388.9 亿元，增长 17.0%；石化工业实现增加值 279.3 亿元，增长 14.9%；钢铁工业实现增加值 193.8 亿元，增长 5.6%；建材工业实现增加值 136.6 亿元，增长 0.8%。六大高耗能行业实现增加值 624.5 亿元，增长 8.7%，低于全市规模以上工业增速 4.8 个百分点。全年规模以上工业实现利润 562.7 亿元，比上年增长 11.9%。至 2012 年末，全市拥有资质等级以上建筑企业 271 个，完成建筑业总产值 920.0 亿元，比上年增长 26.1%。其中，建筑工程产值 736.4 亿元，比上年增长 23.8%。

规模以上工业增加值(亿元)

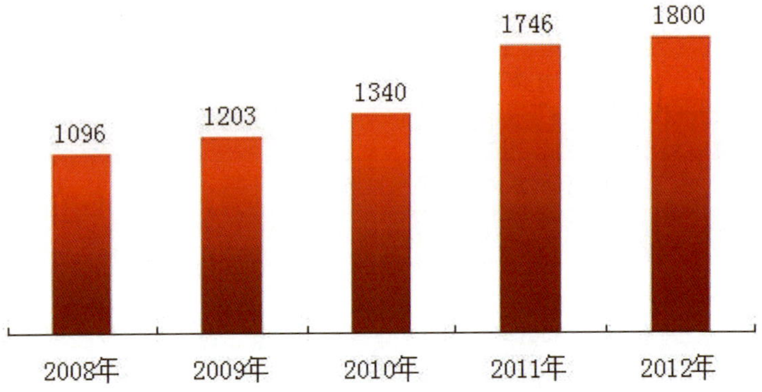

规模以上工业利润(亿元)

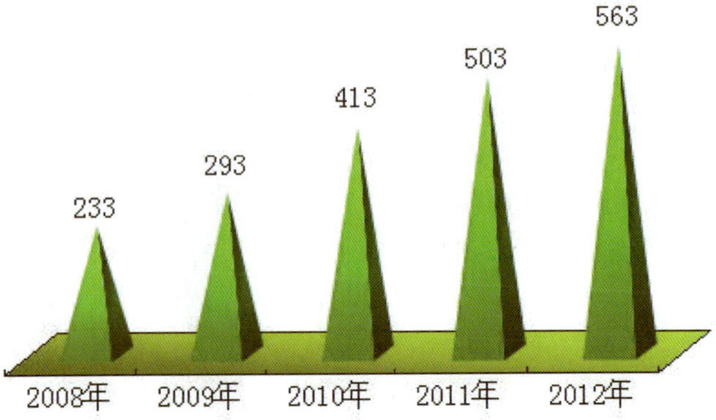

表 4　　2012 年石家庄市主要工业产品产量及其增长速度表

产品名称	2012 年	比上年 ±%
原油加工量	417.7 万吨	1.3
焦炭	364.5 万吨	−0.5
发电量	427.9 亿千瓦时	6.6
合成氨	124.8 万吨	5.3
水泥	3948.5 万吨	−18.6
生铁	1204.3 万吨	21.7
钢材	1113.8 万吨	13.8
机制纸及纸版	82.1 万吨	−9.1
化学药品原药	30.6 万吨	−24.2
服装	30942 万件	171.1
纱	59.3 万吨	20.3
棉布	34.8 万米	17.8
乳制品	66.1 万吨	−5.7
软饮料	40.2 万吨	168.2
卷烟	246.2 亿支	1.1
交流电动机	320.0 万千瓦	−21.9
泵	0.7 万台	−17.9
人造板	115.2 万立方米	−18.5

【固定资产投资】 全社会固定资产投资完成 3728.6 亿元，比上年增长 20.0%。其中，固定资产投资（不含农户）3673.3 亿元，比上年增长 21.4%。在固定资产投资（不含农户）中，第一产业投资 78.8 亿元，比上年增长 36.5%；第二产业投资 1392.3 亿元，增长 28.8%；第三产业投资 2202.3 亿元，增长 16.7%。全年建设项目 4608 个，完成投资 2840.1 亿元，比上年增长 26.9%。其中，亿元以上项目 708 个，比上年增长 24.4%；亿元以上项目完成投资 1520.8 亿元，比上年增长 34.0%。房地产开发完成投资 833.2 亿元，比上年增长 5.6%。

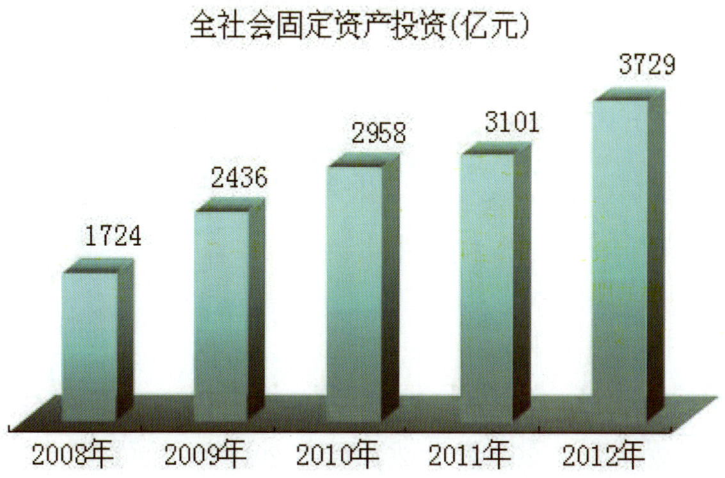

【国内贸易】 全年社会消费品零售

总额完成1915.8亿元，比上年增长15.2%。分区域看，城镇消费品零售额完成1481.9亿元，比上年增长15.9%；乡村消费品零售额完成412.9亿元，增长14.3%。在限额以上批发和零售企业（单位）商品零售额中，粮油食品饮料烟酒类比上年增长19.2%；服装鞋帽针纺织品类增长23.0%；日用品类增长20.0%；家用电器及音像器材类增长0.9%；中西药品类增长61.0%；石油及制品类增长4.9%；汽车类增长7.3%。

【对外开放和旅游】 全年进出口总值完成129.5亿美元，比上年下降8.7%。其中，进口总值完成56.1亿美元，下降21.0%；出口总值完成73.4亿美元，增长3.6%。在出口中，私营企业出口47.0亿美元，比上年增长11.3%；占出口总值的比重为64.0%，比上年提高4.4个百分点。外商投资企业出口12.7亿美元，下降1.8%。国有企业出口11.7亿美元，下降10.3%。全年实际利用外资完成8.8亿美元，比上年增长8.9%。其中，外商直接投资8.5亿美元，增长1.3倍。年内新批准设立外商投资企业22个，新增合同总金额12.7亿美元，增长45.9%；合同外资额5.0亿美元，增长6.2%。全年接待国际游客15.8万人次，旅游创汇收入6163.8万美元，分别比上年增长16.1%和24.7%。接待国内游客4185.2万人次，旅游收入264.7亿元，分别比上年增长28.9%和34.1%。全年旅游总收入268.6亿元，比上年增长33.9%。

【财政和金融】 全年全部财政收

社会消费品零售总额(亿元)

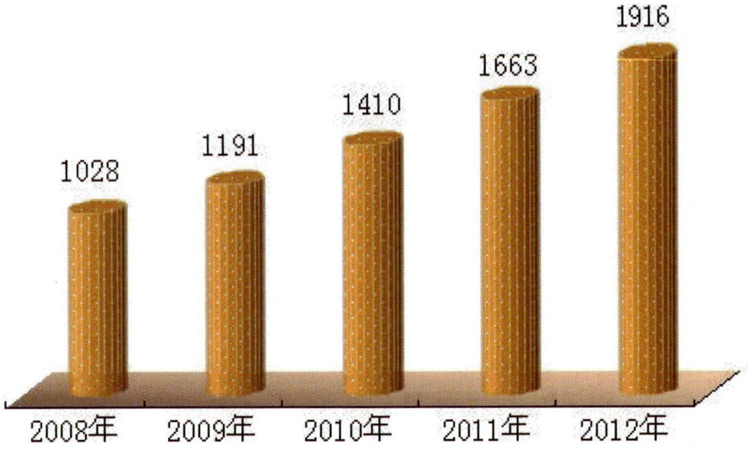

进出口总值和出口总值(亿美元)

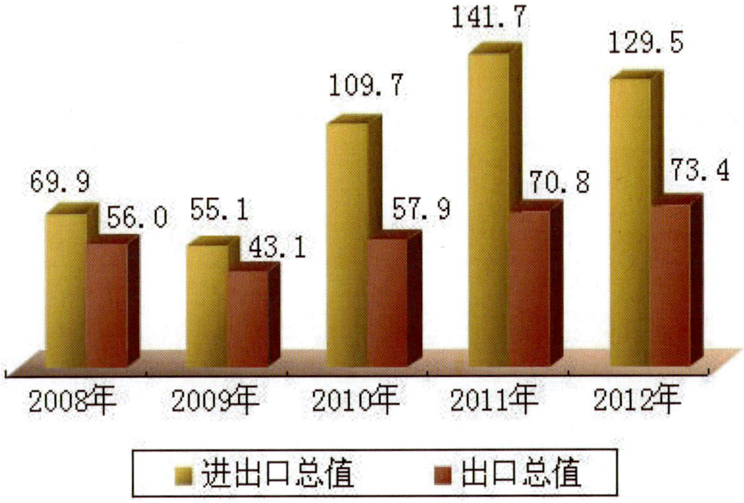

实际利用外资(亿美元)

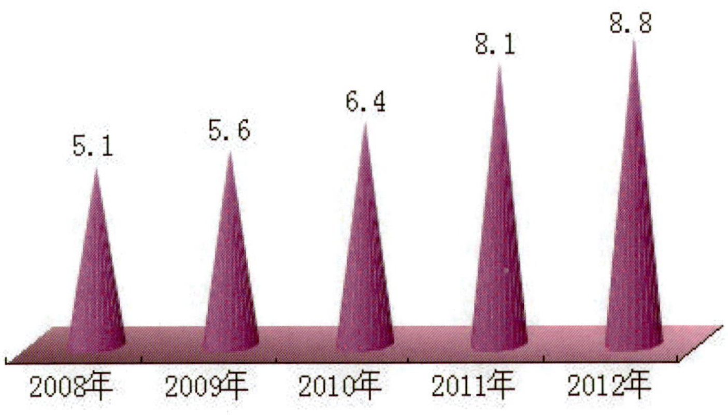

入完成573.39亿元，比上年增长17.26%。其中，公共财政预算收入272.28亿元，比上年增长23.07%。全市财政支出464.09亿元，比上年增长15.01%。其中，一般公共服务支出48.1亿元，增长15.8%；公共安全支出28.1亿元，增长10.1%；教育支出109.3亿元，增长24.9%；科学技术支出7.5亿元，增长18.8%；文化体育与传媒支出6.7亿元，增长13.5%；社会保障和就业支出37.4亿元，增长27.6%；医疗卫生支出41.8亿元，增长5.6%；城乡社区事务支出46.7亿元，增长21.7%；农林水事务支出39.9亿元，增长20.4%；环境保护支出14.5亿元，增长33.2%。年末全市金融机构人民币各项存款余额7640.7亿元，比年初增加925.5亿元。其中，储蓄存款余额3735.5亿元，比年初增加492.0亿元。金融机构人民币各项贷款余额3995.1亿元，比年初增加360.6亿元。

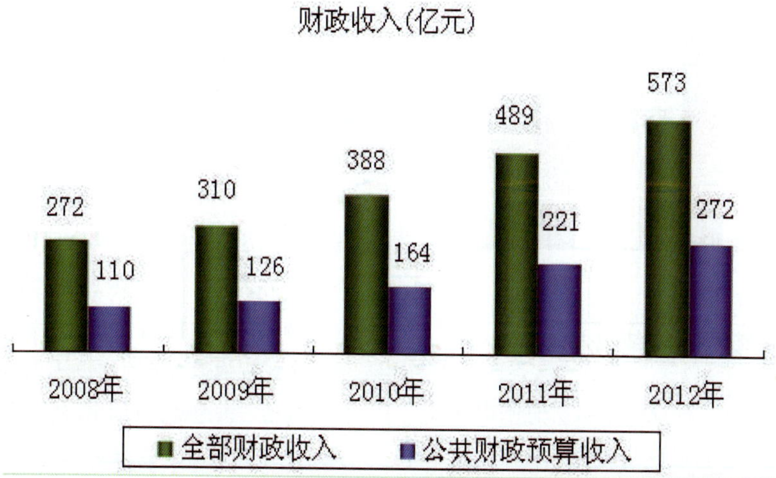

【科学技术和教育】 全年取得科技成果312项。其中，达到国际领先水平1项，达到国际先进水平45项。全年申请专利4962项，授权3450项，分别比上年增长23.0%和38.7%。全市拥有普通中学413所，招生16.1万人，在校生47.8万人，毕业生16.9万人；中等职业学校141所，招生6.3万人，在校生19.3万人，毕业生10.3万人；小学1546所，招生12.6万人，在校生71.4万人，毕业生10.5万人。全市拥有幼儿园875所，在园人数23.0万人。

【文化、卫生和体育】 年末全市共有艺术表演团体19个，艺术表演场馆16个，群众艺术馆、文化馆25个，公共图书馆25个，文化站276个。有线广播电视用户116.14万户，有线数字电视用户100.05万户；广播综合覆盖率达到99.43%，电视综合覆盖率达到99.42%。年末全市共有医疗卫生机构（含诊所）6451个。其中，医院174个，疾病预防控制中心(防疫站)25个，妇幼保健院(所、站)25个，社区卫生服务中心(站)205个，村卫生室4087个。卫生机构实有床位44896张，其中医院拥有床位34525张。全市拥有卫生技术人员54191人，其中执业医师20528人，注册护士18551人。全年石家庄市选手在省级以上比赛中获得金牌243枚，银牌179枚，铜牌137枚。

【城市交通和环境保护】 年末城市公共汽车营运线路达到209条，比上年增加25条；营运车辆3877辆，比上年增加388辆；年客运量6.4亿人次，比上年增长9.25%。全年市区二级以上优良天气为322天，比上年增加2天。年内，全市拥有环境监测站19个，城市水环境功能水质达标率为100%。

【人口、人民生活和社会保障】 年末全市常住人口1038.6万人，比上年末增加10.62万人。出生人口13.02万人，出生率为12.54‰；死亡人口6.61万人，死亡率为6.36‰；自然增长率为6.18‰，比上年下降0.49个千分点。全年城市居民人均可支配收入23038元，比上年增长12.2%；农民人均纯收入8993元，比上年增长15.0%。市区居民家庭每百户拥有家用汽车19辆，彩电114台，洗衣机97台，空调132台，电冰箱99台，计算机74台，移动电话177部；农村居民百户拥有彩电124台，洗衣机92台，空调60台，电冰箱80台，家用计算机41台，移动电话204部，电动自行车81辆。城市居民人均建筑面积为29.9平方米，农民人均住房居住面积40.3平方米。年末全市城镇职工参加基本养老保险人数为174.5万人，比上年增加12.2万人。其中，参保在职职工人数132.4万人，比上年增加

8.5万人；参保离退休人数42.1万人，比上年增加3.7万人。全市城乡居民养老保险参保人数为380.3万人。年末全市城镇参加基本医疗保险人数为269.2万人，比上年增加21.6万人。其中，城镇职工参保人数为134.6万人，城镇居民参保人数为134.6万人。17个县（市）中，参加新型农村合作医疗人数达602.36万人，参合率达97.38%。年末全市参加失业保险人数为89.9万人，比上年增加0.1万人；工伤保险人数为114.9万人，增加11.1万人；生育保险人数为130.2万人，增加9.9万人。年末全市享受居民最低生活保障共有19.4万人。其中，城镇4.6万人，农村14.8万人。

（市统计局）

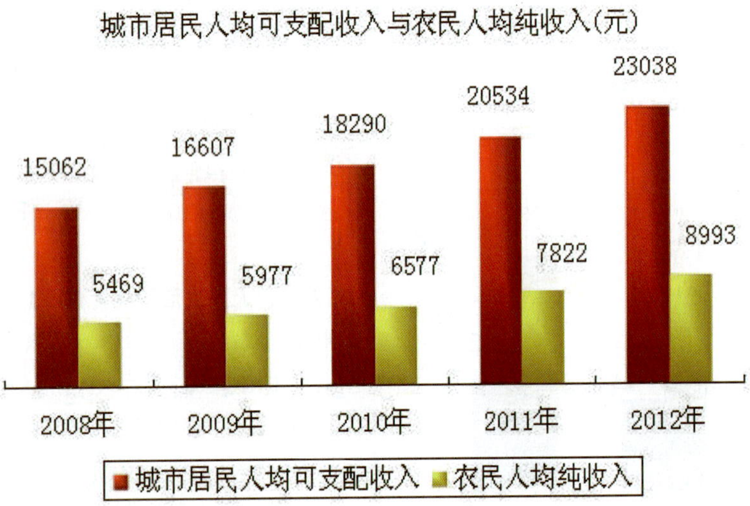

【5家企业入选中国企业500强】 9月1日，在2012中国企业500强发布暨中国大企业高峰会上，中国企业联合会、中国企业家协会连续第11次向社会发布“中国企业500强”名单。由市企业联合会、企业家协会推荐的河北敬业企业集团有限责任公司、河北省物流产业集团有限公司、石家庄北国人百集团有限责任公司、河北建工集团有限责任公司、河北建设集团有限公司5家企业入选，较2011年增加1家。此次评选以2011年企业营业收入为入选标准。其中，河北敬业企业集团有限责任公司以4257824万元的营业收入，名列中国企业500强第230位，较2011年提升4位次；河北省物流产业集团有限公司以2605480万元的营业收入，名列中国企业500强第353位，较2011年提升78位次；石家庄北国人百集团有限责任公司以2187276万元的营业收入，名列中国企业500强第410位，较2011年提升37位次；河北建工集团有限责任公司以2112999万元的营业收入名列中国企业500强第421位，较2011年提升25位次。首次入选的河北建设集团有限公司以2074164万元的营业收入名列中国企业500强第433位。

（范玉蕾）

【70家“讲道德守信用企业”获得表彰】 12月26日，石家庄市召开“讲道德守信用十佳企业”表彰大会，全市七个类别的70家企业受到表彰。此次评选活动由省会精神文明建设委员会办公室、市财贸工会、市商业联合会主办，是近年来省会商贸流通企业规模最大的一次评选活动，旨在推动“讲道德、守信用、树形象，全面提升商贸流通的服务水平”活动深入开展，充分发挥先进典型的示范作用，鼓励引导省会商贸企业加强职业道德建设，树立行业诚信标兵，动员全市商业企业强化措施，明确目标，全力构筑企业商业道德和信用体系。

表5　　2012年石家庄市十佳零售商业企业名单

序号	零售商业企业名称
1	北国商城
2	北国先天下广场有限责任公司
3	新百广场
4	石家庄建华百货大楼有限公司
5	东方城市广场

（续表）

序号	零售商业企业名称
6	天元名品
7	品汇广场
8	万象天成购物中心
9	石家庄万达广场商业管理有限公司
10	新源商业管理有限公司（乐汇城）

表 6　2012 年石家庄市十佳超市、专卖店名单

序号	超市、专卖店名称
1	北国商城股份有限公司北国超市
2	河北保龙仓家乐福商业有限公司
3	河北新世隆商贸有限公司
4	石家庄天元发展有限责任公司
5	河北国大连锁商业有限公司
6	河北永辉超市有限公司
7	石家庄苏宁电器有限公司
8	沃尔玛乐汇城店
9	河北国美电器有限公司
10	河北秦川文体乐器有限公司

表 7　2012 年石家庄市十佳市场名单

序号	市场名称
1	南三条市场
2	河北顺邦百营物流有限公司
3	石家庄市北二环铝型材市场
4	正定县恒山市场管理处
5	石家庄润德金帝市场服务有限公司
6	石家庄正定国际小商品城集团有限公司
7	新华集贸中心市场
8	石家庄市高柱综合市场
9	石家庄桥西蔬菜中心批发市场有限公司
10	河北中储物流中心副食品市场

表 8　　2012 年石家庄市十佳家具家居卖场名单

序号	家具家居卖场名称
1	河北东明国际家具博览有限公司东二环店
2	石家庄米氏家具有限公司中华店
3	上海红星美凯龙品牌管理有限公司石家庄分公司
4	怀特家居城
5	河北东明国际家具博览有限公司槐安金利来店
6	和平路装饰材料市场
7	石家庄君乐美家居广场
8	河北求实欧林家居销售有限公司
9	石家庄蓝天圣木家居广场
10	红房子家居广场

表 9　　2012 年石家庄市十佳酒店名单

序号	酒店名称
1	燕风楼烤鸭店
2	国际大厦酒店
3	国宾大酒店
4	川越食空渝乡辣婆婆
5	湘君府燕春店
6	海参皇酒店
7	全聚德建设大街店
8	凯旋门大酒店
9	闵微食府
10	捷虹大酒店

表 10　　2012 年石家庄市十佳洗染企业名单

序号	洗染企业名称
1	桥西区师范街欧依派洗衣中心
2	石家庄市裕华区缔洁王洗衣店
3	河北蓓特丽洗涤用品开发有限公司
4	石家庄萨依森洗衣服务有限公司
5	新华区邦洁干洗店
6	石家庄丹尼洗衣有限公司

（续表）

序号	洗染企业名称
7	石家庄市桥西区珏轩干洗店
8	国际大厦客邻洗衣店
9	石家庄新航星洗涤设备有限公司
10	石家庄市洁神欧瑞斯洗涤科技有限公司

表 11　　2012 年石家庄市十佳美容美发单位名单

序号	美容美发单位名称
1	石家庄小春造型美发工作室
2	蓝卡美发设计工作室
3	石家庄市绿色口红美容院
4	石家庄市长安区南方发艺
5	克丽缇娜美容中心
6	欧莱娅新派美容美发城
7	博士园毛发研究中心
8	N3 造型美发机构
9	五蕴养生会所
10	巍名仕医疗美容医院

【最佳商业城市排名上升 6 位】 2012 年 12 月，全球知名财经媒体《福布斯》中文版发布“2012 中国大陆最佳商业城市排行榜”，石家庄市位列全国第 37 名，排名比 2011 年上升 6 位。河北省的唐山、保定、邯郸 3 个城市进入全国前 100 位，分列第 54 名、73 名、78 名，排名均有上升。《福布斯》中文版自 2004 年开始，连续 9 年发布中国大陆最佳商业城市排行榜。考量“最佳商业城市”指标主要有人才指数、城市规模指数、消费力指数、客运指数、货运指数、经营成本指数、私营经济活力指数、创新指数等 8 大项。

（吴温）

精神文明建设

【概况】 2012 年，全市以建设社会主义核心价值体系，提升市民文明素质为根本，以助力省会转型升级、跨越赶超，建设幸福石家庄为目标，围绕中心、服务大局，创新工作载体，狠抓工作落实，扎实开展精神文明创建工作。广泛开展“学雷锋 倡善行 树新风 建设幸福石家庄”主题道德实践活动，大兴互助、敬业、诚信、孝敬四种新风，举行了“春风送暖·万名志愿者学雷锋”、“燃情夏日·文明看我行”、“感恩秋阳·敬老孝老”、“冬季爱歌·亲情援助”四项分季度活动和“日行一善”、“与诚信同行”两项全年活动。年内，全市有 9 人获“中国好人”称号，17 名个人、团体获“河北雷锋”称号，8 人当选“善行河北十佳个人”；302 人在助人为乐、见义勇为、爱岗敬业、诚实守信、孝老爱亲等方面事迹突出获授石家庄市“文明公民标兵”称号。其中，高考结束帮助妈妈扫马路的“扫街男孩”唐建哲的感人事迹得到中央政治局委员、中央书记处书记、中央宣传部部长刘云山和河北省委副书记赵勇等的批示；井陉县王永华等3人“勇救落水女童”事迹、“最美女中学生”张莹、最美“红衣大姐”苏宣敏、“最美军嫂”张秀桃等得到省委常委、市委书记孙瑞彬和河北省委宣传部部长艾文礼的肯定。12月18日，中央宣传部（简称中宣部）在河北省召开“善行河北”工作经验座谈会，与会代表参观了石家庄藁城市岗上村、裕华区建南社区，中央电视台于12月29日在《焦点访谈》栏目播出。

【文明城市创建活动】 6月13日和8月22日，石家庄市分别召开全市文明城市迎测工作调度会、推进会，由市委领导带队到实地考察点检查督导，推进落实创建工作。依据《全国城市文明程度指数测评体系》要求，全市按照任务和部门职能，将测评标准逐条分解到市内五区和市城管委等94个部门；6月28日和7月13日，专门培训了各区、各责任单位主管领导、主管处（室）负责人、基层单位具体负责人3000余人。省会文明办、市文明城市创建活动办公室组织5个督导组，拉网式督导检查了全市100多个社区、60多条大街小巷、30多个公园广场、30多个商场和市场、近百家“五小”门店以及长途客运站、医院等窗口单位，全力推动了《全国城市文明程度指数测评体系》标准落实工作。

（省会文明办）

【181个单位、社区、县城、村镇获得省级文明称号】 2012年下半年，河北省文明委公布2010—2011年度省级文明单位、文明社区、文明县城、文明乡镇和文明村名单，石家庄市140个单位、5个社区、3个县城、5个乡镇和28个村获得省级文明称号。文明单位（140个）：中国印钞石家庄有限责任公司、市公安局、石药集团有限责任公司、中国移动通信集团河北有限公司石家庄分公司、际华三五零二职业装有限公司、石家庄供电公司、市卫生局、河北西柏坡发电有限责任公司、市第一医院、市地方税务局、市第一中学、市财政局、中国联合网络通信有限公司石家庄市分公司、市城市管理委员会、市国家税务局、市公路管理处、市供销合作总社、市安全生产监督管理局、市第二中学、市审计局、市社会福利院、市城乡规划局、国药乐仁堂医药有限公司、庄市邮政局、市第二十四中学、市环境监测中心、市排水管理处、市交通运输局、市第十五中学、市水务局、市职业财会学校、石家庄公共交通总公司、市人民检察院、市卫生监督局、石家庄信息工程职业学院、石家庄学院、北京铁路局石家庄站、市农林科学研究院、中国建设银行河北省分行营业部、市气象局、南车石家庄车辆有限公司、河北银行股份有限公司、石家庄日报社、河北正定中学、辛集市地方税务局、河北辛集中学、辛集市供电公司、中国移动通信集团河北有限公司辛集分公司、中央储备粮辛集直属库、藁城市交通运输局、藁城市供电公司、藁城市职业技术教育中心、中国移动通信集团河北有限公司藁城分公司、晋州市财政局、晋州市人民医院、晋州市供电公司、晋州市长城经贸有限责任公司、新乐市供电公司、新乐市地方税务局、中央储备粮新乐直属库、新乐市公路管理站、新乐市人口和计划生育局、鹿泉市卫生局、鹿泉市供电公司、中铁十七局第三工程公司、鹿泉市第一中学、鹿泉市公路管理站、中国移动通信集团河北有限公司鹿泉分公司、正定县财政局、正定县供电公司、中国联合网络通信有限公司栾城县分公司、栾城县神威药业有限责任公司、栾城县地方税务局、栾城县供电公司、井陉县地方税务局、井陉县供电公司、无极县财政局、无极县供电公司、中国移动通信集团河北有限公司无极分公司、深泽县供电公司、深泽县国家税务局、行唐县供电公司、行唐县财政局、灵寿县公路管理站、灵寿县供电公司、灵寿县地方税务局、平山县供电公司、中国农业银行平山支行、平山县地方税务局、天桂山景区管理处、赵县国家税务局、中国移动通信集团河北有限公司赵县分公司、赵县殡葬管理所、赵县供电公司、元氏县财政局、元氏县供电公司、高邑县交通运输局、高邑县供电公司、高邑县医院、赞皇县供电公司、井陉矿区地方税务局、井陉矿区电力公司、长安区人民检察院、长安区青园街道办事处、市第四十五中学、石家庄蓝天商贸有限责任公司、桥东区教育局、市东风西路小学、市第二十三中学、市华夏企业集团、桥东区建安街道办事处、市第十七中学、桥西区地方税务局、市草场街小学、市第十九中学、市维明街小学、市第二十八中学、新华区地方税务局、市第四十二中学、新华区卫生队、

新华区教育局、市第四十中学、市第二十七中学、裕华区地方税务局、裕华区裕华路街道办事处、石家庄外国语学校、河北怀特集团股份有限责任公司、高新技术开发区国家税务局、石家庄邮电职业技术学院、市疾病预防控制中心、市殡葬管理处、市第十八中学、桥西区振头街道办事处、鹿泉市金隅鼎鑫水泥有限责任公司、中国移动通信集团河北有限公司行唐分公司、市司法局、高新技术开发区地方税务局、行唐县交通运输局、桥西区公安分局、桥东区人民检察院。文明社区(5个)：裕华区尖岭社区、桥东区桃园镇桃园社区、长安区跃进路街道和平路社区、长安区谈固社区、桥西区留营乡留营社区。文明县城（3个）：正定县县城、栾城县县城、井陉县县城。文明乡镇（5个）：新华区大郭镇、长安区高营镇、晋州市营里镇、晋州市周家庄乡、井陉矿区横涧乡。文明村（28个）：藁城市岗上镇岗上村、藁城市廉州镇系井村、藁城市九门乡只照村、晋州市马于镇西队村、辛集市辛集镇一街、辛集市马庄乡马庄村、新乐市协神乡陆桥村、新乐市长寿街道杨家庄村、鹿泉市大河镇曲寨村、鹿泉市李村镇向阳村、正定县西平乐乡大寨村、正定县正定镇塔元庄村、栾城县楼底镇王家屯村、栾城县冶河镇乏马村、井陉县微水镇岩峰村、井陉县微水镇微水村、井陉县微水镇长岗村、无极县无极镇西中铺村、平山县东回舍镇东回舍村、元氏县槐阳镇铁屯村、元氏县姬村镇王家庄村、元氏县北褚乡东阳村、赞皇县土门乡秦家庄村、赞皇县阳泽乡柳子沟村、新华区赵陵铺镇党家庄村、高邑县高邑镇西南关村、深泽县铁杆镇杜社村、行唐县南桥镇市西庄村。

（王更）

【农村精神文明建设】 下发《关于在全市农村建设红白理事会的通知》，加强以红白理事会、道德评议会、公民道德新风录为主要内容的“两会一录”建设，其中藁城市岗上村、鹿泉市曲寨村乡风文明建设得到中央和河北省等的肯定和表扬。深入开展创建文明村镇工作，为180个村争取河北省“一事一议”财政奖补政策资金1080万元，推动了文明户、文明村、文明集市和文化广场建设。年内，全市创建省级文明县城3个、文明村镇103个，文明村28个、文明乡镇5个。

【公民道德建设】 以学雷锋活动日为节点，开展“万名志愿者学雷锋”活动，倡导互助新风。石家庄市举办了启动仪式，各县（市）区、各行业部门、各基层单位充分发动群众，广泛参与。省领导赵勇、艾文礼参加了裕华区建南社区学雷锋活动。石家庄市与新华社解放军分社共同举办了“与雷锋同行——历任雷锋班长做客新华网大型访谈活动，并邀请5位雷锋班长参加多项学雷锋活动。市区10个交通示范路口、40家商场超市、100家饭店餐厅和所有公园广场分别启动文明出行、不闯红灯和文明乘梯、文明用餐、文明游园等公共文明引导活动，倡导市民“做文明有礼的石家庄人”。同时，在130多个省级以上文明单位设立“道德讲堂”，通过观看道德模范专题片或身边人讲感动事等传播社会主义核心价值观，推动全市社会公德、职业道德、家庭美德和个人品德建设。利用传统节日中秋节、重阳节，启动“敬老助老志愿服务活动月”，慰问了30余名70岁以上的道德模范，表彰300多名敬老助老先进个人。全年石家庄市9人获“中国好人”称号，17名个人、团体获“河北雷锋”称号，8人当选“善行河北十佳个人”，302人在助人为乐、见义勇为、爱岗敬业、诚实守信、孝老爱亲等方面事迹突出获授石家庄市“文明公民标兵”称号。10月18日，市委宣传部、省会文明办、市广电台共同举办“爱在身边——石家庄市道德模范情景报告会”，加大了道德模范的宣传力度。

（省会文明办）

【开展“万人学雷锋”活动】 3月3日，市“万人学雷锋”活动启动仪式在市北国商城门前广场举行。“万人学雷锋”活动由市委宣传部、省会文明办、团市委、市教育局、市志愿服务者基金会主办，燕赵晚报、石家庄广播电视台新闻频道承办，活动主题为“弘扬雷锋精神，建设幸福石家庄”。此次活动确定3月3～10日在全市开展8项志愿服务活动践行雷锋精神，主要为：公交志愿服务；交通志愿服务；社区志愿服务；环保志愿服务；敬老志愿服务；助残志愿服务；关爱农民工子女志愿服务；校园志愿服务。

【举办“百场儿童剧走基层进校园活动”】 3月29日，由省委宣传部、省文明办等单位举办的“百场儿童剧走基层进校园活动”石家庄市启动仪式在鹿泉市山尹村镇龙凤湖学校举行。此项活动共在全市12所乡村学校演出，主要有《海的女儿》、《白雪公主和七个小矮人》、《灰姑娘》、《丑小鸭》等生动有趣的优秀儿童剧。

（王更）

【河北省见义勇为英雄事迹报告会在石家庄举行】 3月29日，由省见义勇为基金会主办、省见义勇为工作协会协办的河北省见义勇为英雄事迹报告会在市职教中心举行。“全国见义勇为英雄”谷岳潘、衡水市见义勇为模范郝占辰、省见义勇为英雄李桂杰、第十一届全国见义勇为英模候选人吴文德烈士的同乡等为现场3000多名师生作了精彩报告。

【参与启动“善行河北——万场道德主题电影展映工程”】 5月30日，由省委宣传部、省文明办、省教育厅和省广播电影电视局主办，市委宣传部、省会文明办等承办的“善行河北——万场道德主题电影展映工程”在省艺术中心启动。此次活动在全省集中展映9部由河北省创作拍摄，以河北省道德模范、身边好人为原型的优秀影片。5月底至8月底，全省5010个加强基层建设年活动帮扶村、1108所学校和1500个社区，集中展映了《苏醒》、《人心底色》、《一诺千金》、《大孝儿媳》、《亲爱的课堂》、《嫁给大山的女人》、《飞翔的花朵》、《亲兄弟》、《天伦》等9部影片。其中，每个帮扶村放映1场1部；每所学校、每个社区放映2场2部电影，共计10226场。

（戴丽丽）

【举行赵渭忠从事社会公益活动二十年纪念会】 2012年是“希望将军”赵渭忠从事社会公益活动20年，7月10日是老人80岁寿辰。当日，由省文明办、团省委、省青基会联合举办的“善之大行 冀之大爱——‘希望将军’赵渭忠从事社会公益活动二十年纪念会”在石家庄市举行。赵渭忠是浙江东阳人，河北省军区原副政委，少将军衔。1992年退休后，他积极投身希望工程，把自己的退休金及家庭存款全部捐给希望工程，其家庭成员组成了“家庭希望爱心社”，20年全家共计捐款100多万元，资助贫困学生850名。社会各界通过赵渭忠向希望工程捐款1200多万元，资助贫困学生5000多名，援建希望小学35所。赵渭忠因此被誉为“希望将军”。

（程丽娜 苏卉卉）

【未成年人思想道德建设】 开展“童心向党”歌咏、“向国旗敬礼”网上签名寄语等道德教育主题实践活动，120余万中小学生踊跃参与，网上点击量和留言数量在省会城市中名列第三位。结合春节、清明、端午、中秋、重阳等传统节日，组织未成年人开展“感恩行动”、“网上祭英烈”等活动，增强未成年人热爱和弘扬民族传统文化的认同，市第27中学获得全国未成年人思想道德建设先进单位。关爱未成年人精神生活，举办“5·10心理健康活动月”活动，市区与农村139所学校结成手拉手互助学校，促进了城乡心理健康教育交流协作，巩固拓展了未成年人思想道德教育阵地。建立全国、省、市“做一个有道德的人”活动联系点学校170所。争取中央专项彩票公益金240万元，建成首批12所乡村学校少年宫，并启动第二批13所乡村学校少年宫项目建设；年末城市学校少年宫试点学校扩大到20所，经常参与活动学生达到2万余人，已成为未成年人的课外乐园。净化社会文化环境，会同文化、工商、公安等部门开展“网吧护绿”专项行动，严厉查处网吧接纳未成年人上网等违规行为，清理取缔“黑网吧”56家，查处违规网吧122家，清理关闭互联网手机违规网站12个，关闭违规栏目82个，删除淫秽色情低俗信息1500余条，抓获涉案违法嫌疑人27名。

（省会文明办）

【召开主题道德实践活动动员大会】 2月26日，全市“学雷锋、倡善行、树新风、建设幸福石家庄”主题道德实践活动动员大会在石家庄雷锋小学举行。“雷锋班”第22任、第23任班长，石家庄市道德模范和志愿者代表及中小学生1300余人参加动员大会。此次主题道德实践活动主要开展“春风送暖·万名志愿者学雷锋”、“燃情夏日·文明看我行”、“感恩秋阳·敬老孝老”、“冬季爱歌·亲情援助”四项季度活动和“日行一善”、“与诚信同行”两项全年活动。

【第27中学和雷立存获得全国青少年思想道德建设先进】 2012年2月份，中央文明委公开表彰一批全国青少年思想道德建设先进，市第27中学和省会文明办教育处科员雷立存分别获得第二届全国未成年人思想道德建设工作先进单位和个人称号。

（王更）

【志愿服务基金会注册志愿者22万人】 规范志愿服务基金会管理，制定《石家庄市志愿服务基金会基金管理暂行办法》、《石家庄市志愿服务基金会项目基金管理暂行办法》、《石家庄市志愿服务基金会接受捐赠管理办法》等制度，并在年内通过省民政厅年检。成立志愿服务总队，县（市）区、市直部门成立志愿服务支队30个，市内社区建立学雷锋志愿服务站200个，初步形成志愿服务网络。落实“善行河北”和石家庄市“学雷锋、倡善行、树新风、建设幸福石家庄”主题道德实践活动工作部署，组织开展“万名志愿者学雷锋”、“文明看我行”公共文明引导志愿服务、“三关爱”志愿服务、敬老孝老、关爱慰问道德模范等志愿服务活动，会同市卫生局、河北农村网开展“学雷锋、献爱心——关爱乡镇企业农民工健康医疗援助大型公益活动”，免费为3000多名农民工进行健康体检。至2012年末，全市注册志愿服务队2100余支，注册志愿者22万余人。

（省会文明办）

【关爱他人关爱社会关爱自然志愿服务活动启动】 6月19日，石家庄市启动“关爱他人、关爱社会、关爱自然”志愿服务活动。此项活动由中央文明办主办，中国志愿服务基金会、河北省文明办承办，河北省省会文明委、石家庄市志愿服务基金会协办，旨在号召全市志愿者积极行动起来，弘扬雷锋精神，践行“奉献他人、提升自己”的志愿服务理念，以扎实有效的志愿行动建设文明幸福石家庄。活动以学习雷锋、奉献他人、提升自己为主题，内容突出人文关怀和关爱他人志愿服务。开展敬老爱幼志愿服务活动，组织志愿者与空巢老人和留守儿童结对帮扶，采取“一对一”或“多对一”方式提供志愿服务；开展帮扶农民工志愿服务活动，为外来务工人员提供政策咨询、信息引导和职业技术教育及法律知识培训和法律援助；开展助残扶残志愿服务活动，为残疾人提供生活救助、医疗康复、潜能开发等。

（王更）

【表彰志愿服务先进】 12月5日是国际志愿者日。当日，石家庄市表彰了全市志愿服务工作先进个人、组织、品牌和单位。2012年9月起，省会文明办、市志愿服务指导委员会、市志愿服务总队开展全市优秀志愿者等奖项推荐评选活动。经过单位推荐、社会自荐，并经主办单位评审，授予103名个人为“石家庄市优秀志愿者”称号，53个集体为“石家庄市优秀志愿服务组织”称号，13个志愿服务项目为“石家庄市优秀志愿服务品牌”称号，授予32个单位为“石家庄市志愿服务工作先进单位”称号，43名个人为“石家庄市志愿服务工作先进工作者”称号。103名“石家庄市优秀志愿者”为：王青、张燕、齐秀兰、马金平、苏进云、王凤琴、张莹、狄兰华、刘满闪、刘艳霞、杜爱友、王菱、杜秀英、姚秋福、马志佳、秘莹、马凤文、张晓勇、郝玉彦、吕荣科、刘灵革、肖琴、肖文波、丁伟、冯立、李莲英、李鹏、刘慧静、李晴、肖秀珍、魏敬岭、崔乔、张军霞、温占梅、史建波、尹志国、贾跃志、祁闪闪、王苗、刘小龙、张文涛、张艳萍、张宝云、赵茹斌、陈飞、李昊、李俊强、孙伟青、李立伟、赵文卿、陈海峰、梁晓静、张玲、王延节、滕金锋、宋雪艳、张晓旦、李聚科、李晶然、田美艳、李硕、陈龙、田小平、吴春英、安亚、尹航、刘淑文、许英廷、韩国友、黄世勇、甄永超、张娟、徐国欣、王玥、黄文、苏俐、米鑫、丁紫薇、赵青博、张偲偲、刘志江、宋亚楠、田园、岳艳霞、王建存、曹春莉、翟秋雨、郭瑞红、杨晓鹏、黄霞、刘宏伟、李虹颖、马坤、何立妙、孙红、崔文通、薛渊、杜春峰、牛蕴泉、李丽伟、冯宁、卓伟、安春华。53个“石家庄市优秀志愿服务组织”为：裕华区东苑街道裕东二社区帮帮团、长安区沿东社区党员志愿服务人才工作站、长安区书画大讲堂、长安区医大社区志愿服务队、河北化工医药职业技术学院青年志愿者协会、新华区联盟街道万信社区居委会、新华区宁安街道北新街社区居委会、市第41中学慧心志愿服务队、市第10中学青年志愿者服务队、市雷锋中学志愿服务队、桥东区建安路社区平安志愿者、桥东区栗新社区志愿者服务站、桥东区长征小飞龙、桥西区人民检察院青年阳光团队、桥西区友谊街道志愿服务分队、桥西区卓达玫瑰园社区志愿服务站、新乐市医院志愿者服务队、新乐市坚固小学青年志愿服务队、藁城市杜村巾帼志愿服务队、鹿泉市获鹿镇青年志愿者服务队、辛集市交通运输局巾帼志愿服务队、晋州市爱心志愿者协会、平山县老年志愿服务队、灵寿县初级中学志愿服务小分队、正定城区街道平安志愿者协会、无极县地方税务局志愿者服务队、深泽县运输管理站服务队、栾城县第六中学志愿服务队、元氏县交通运输局志愿服务队、赵县石塔中学“阳光”志愿服务社、高邑县华锋公司爱心车队、赞皇县交通局运输管理站、赞皇县交警大队文明交通志愿服务队、井陉矿区贾庄镇计生协、河北冀港律师事务所、市环保局志愿服务支队、河北科技大学光华志愿者协会、石家庄铁道大学微阳社区志愿团、新乐市妇女联合会、市红十字无偿献血志愿服务大队、市第三医院团委、安利河北志愿服务队、石家庄理工职业学院青年志愿者协会、石家庄学雷锋私家车志愿服务队、桥西区总工会文艺下基层志愿服务队、市第18中学“八种人”志愿服务队、河北师范大学青年志愿者协会、新华区西三庄乡钟家庄社区文化艺术团、桥西区华柴社区“老党员志愿服务队”、新乐市长寿中学志愿服务队、平山县巾帼志愿队、灵寿县老年大学艺术团、正定社会管理综合治理委员会。13个“石家庄市优秀志愿服务品牌”为：晋州市姬建辉爱心团队、裕华区“马大姐”志愿服务队、裕华区“夕阳红”老年服务队、裕华区汇通路社区敬老爱老志愿服务队、裕华区“烛光海洋”志愿团、裕华区东环公园“文明城市”小分队、新华区西苑街道广园路社区团购蔬菜服务队、桥西区“12349”社区服务热线平台、深泽县爱心深泽、石家庄铁道大学雷锋岗、石家庄铁道大学我们在一起、石家庄科技工程职业学院情暖夕阳尊老服务、市红十字会成分血爱心市民团。32个“石家庄市志愿服务工作先进单位”为：桥东区文明办、长安区南翟营志愿服务站、裕华区裕强街道神兴社区居委会、新华区西苑街道办事处、桥西区红旗街道新石南一社区学雷锋志愿服务站、新乐市教育局、共青团藁城市委、共青团鹿泉市委、辛集移动志愿服务队、晋州市供电公司、平山县供电公司、灵寿县文化馆、无极县实验学校、深泽县地方税务局、共青团栾城县委、元氏县医院志愿服务队、赵县中医院、高邑县教育局、共青团赞皇县委、井陉矿区横涧乡团委、市环境保护宣传教育中心、石家庄铁道大学团委、鹿泉市妇女联合会、市第三医院团委、市第一医院、裕华区文明办、深泽县文明办、市司法局、石煤机公司工会、新华区团委、市第二中学、市职教中心。43名“石家庄市志愿服务先进工作者”为：江苗苗、王媛媛、高燕玲、叶继仁、郝会峰、张东爽、王建国、马林、黄艳、袁改芬、张广红、马然、耿彪、翟召波、崔晓龙、杨会英、吴恒振、孟苏敏、崔磊、杜秀果、李欣、牛素斌、李琳、李晓旭、张国飞、张丽萍、张雪梅、李冉、乔恒利、孙杰、孟英芬、辛延英、周丽琼、李小洁、齐荣欣、莫丽、刘倩、曹霞、石志增、张海燕、刘丽燕、孙志强、辛天明。

河北省省会精神文明建设委员会办公室

主　任：薛建廷

副主任：沈学启

（省会文明办）

六大产业基地

【概况】 2012年，市委、市政府将六大工业聚集区作为实现“转型升级，跨越赶超”龙头加以推进，聚集效应逐步显现，产业基地项目建设稳步发展。至2012年末，六大产业基地完成固定资产投资178.11亿元，同比增长32.1%。其中，产业项目完成投资160.1亿元，同比增长41.74%；基础设施项目完成投资18.01亿元，同比减少17.7%。新开工项目77项，其中产业项目51项，基础设施项目26项；竣工项目35项，其中产业项目25项，基础设施项目10项。完成主营业务收入1059.28亿元，同比增长24.45%。

【循环化工园区】 2012年完成固定资产投资40.76亿元，同比增长46.09%。完成主营业务收入320亿元，同比增长3.9%。产业项目完成投资39.74亿元，同比增长48.28%。盈德气体岛、石炼化20万吨己内酰胺扩建等4个项目开工建设，石炼化油品质量升级及原油劣质化改造、白龙化工搬迁改造优化升级等11个项目续建。基础设施项目完成投资1.02亿元。污水管道工程、化工中路东延工程等3个项目开工建设，公用火炬项目竣工。

【国家生物产业基地】 2012年完成固定资产投资60亿元，同比增长31.46%。完成主营业务收入575亿元，同比增长42.15%。产业项目完成投资51.39亿元，同比增长44.31%。鼎宏生物酶、兴柏生物工程万吨抗生素生产线等13个项目开工建设，石药集团欧意药业特色原料药、华药新制剂二期等14个项目续建，以岭药业枣椹安神口服液产业化、河北凯恩利生物技术有限公司头孢菌素C双酶固化生产等8个项目竣工。基础设施项目完成投资8.61亿元。深泽生物产业园二期道路及配套管网建设工程、赵县产业园高压线等5个项目开工建设，丰泽大街改造工程、深泽县城南污水处理厂等3个项目续建，石家庄经济技术开发区污水处理厂技改、中电投热力管网2个项目竣工。

【装备制造基地】 2012年完成投资33.7亿元，同比增长33.89%。完成主营业务收入81.5亿元，同比增长21.06%。产业项目完成投资30.39亿元，同比增长51.7%。南车轨道交通装备检修基地、河北新宇宙四轮电动汽车等15个项目开工建设，石煤机矿山机械研发中心、顺邦百营物流中心等8个项目续建，鱼鹰电动门、三农物流中心等7个项目竣工。基础设施项目完成投资3.31亿元。富城路改造工程、装备基地雨污水管网工程等8个项目开工建设，三苏庄园1个项目续建，安瑞科10千伏高压线路改造工程、T4线改工程等3个项目竣工。

【信息产业基地】 2012年完成投资24.35亿元，同比增长37.42%。完成主营业务收入33.14亿元，同比增长33.09%。产业项目完成投资20.31亿元，同比增长44.86%。石家庄科一重工高精减速机项目、石家庄京华电子LED应用产品产业化等10个项目开工建设，河北鑫兴仓储格力空调装配物流基地、同辉电子半导体照明产业化等2个项目续建，13所星用固态放大器、54所天线产业化复合材料加工中心和物流中心等6个项目竣工。基础设施项目完成投资4.04亿元，同比增长9.11%。中电集团五十四所信息产业基地生活区公租房、石家庄信息产业基地公租房2个项目开工建设，新泰大街雨水管道工程、鹿华热电管网项目等3个项目续建，污水处理厂1个项目竣工。

【纺织服装基地】 2012年完成投资4.8亿元，同比增长49.07%。完成主营业务收入8.2亿元，同比增长22.39%。产业项目完成投资4.8亿元，同比增长49.07%。常山股份二期高档绿色环保服装面料、润泰纺织服饰整体改造及产业升级等3个项目续建。

【南部工业区】 2012年完成投资14.5亿元。完成主营业务收41.44亿元，同比增长4.2%。产业项目完成投资13.46亿元。河北万特生物农药、元隆化工搬迁等9个项目开工建设，河北聚祥泰陶瓷高档龟贝石抛光砖、河北宏升管业等10个项目续建，河北利土生物科技有限公司年产10万吨酵素菌肥、河北玻尔陶瓷高档墙地砖生产线等4个项目竣工。基础设施项目完成投资1.04亿元。辛庄110kv电站房、槐西区排污管网工程等8个项目开工建设，高邑高铁站房、元氏县槐东污水处理厂等2个项目续建，槐西区电力走廊工程、工业南路下穿铁路桥等3个项目竣工。

（李克清）

特色园区

石家庄国家高新技术产业开发区

【概况】 石家庄国家高新技术产业开发区（简称高新区）是1991年3月经国务院批准设立的首批国家级高新区。1995年经国务院批准，将位于市区东部原石家庄经济技术开发区并入石家庄高新区，实行“一区两园”管理模式。2005年6月，国家发展和改革委员会（简称发改委）审核确定石家庄高新区政策区面积15.53平方千米，其中东区7.33平方千米，西区8.2平方千米。2009年10月15日，石家庄市委、市政府决定石家庄高新区对原裕华区宋营镇、原栾城县郄马镇实行托管。至2012年末，高新区东区辖1乡2镇（留村乡、宋营镇、郄马镇），行政辖区面积扩大到75平方千米。全区总人口70万人。2012年，石家庄高新区按照“新区大上、老区提升，为进区企业完善配套”的思路，加大基础设施建设力度，全年完成城建投资18亿元。年末全区注册企业2992家，其中外资企业110家、上市企业13家；拥有各类中小学校26所，民办中小学校3所，各类幼儿园15所。全年实现营业收入1311亿元，同比增长31.6%；工业总产值825亿元，同比增长37%，其中拥有规模以工业企业101个，总产值315.45亿元，完成增加值72.38亿元，实现利润29.58亿元、利税42.09亿元；完成固定资产投资144.8亿元，同比增长23.2%；全部财政收入29.53亿元，同比增长17.57%，其中公共财政预算收入12.04亿元，同比34.02%。2012年，高新区投入使用孵化器3家，在建孵化器5家，全部建成后新增孵化场地面积100万平方米；科技部认定市科技服务中心和方大科技园为国家级科技企业孵化器，分别获得市政府500万元奖励资金。7月3日，石家庄中煤装备制造公司在深圳证券交易所挂牌上市，募集资金3.4亿元。8月份，高新区通过“国家知识产权试点园区”工作验收评定，正式成为国家知识产权示范园区。12月13日，高新区中小企业集合债券发行，总额1.78亿元。

【招商引资】 以高端医药产业园、格力电器及配套产业园、战略新兴产业和总部经济项目建设为重点，创新招商模式，实施高端招商、产业链招商、海外招商、主要领导带头招商、政企联合招商等措施，在引进、带动经济结构调整和经济发展方式转变重大项目上实现突破。全年引进投资亿元以上项目21个，总投资258亿元，完成任务指标100%；利用省外市外资金67.8亿元，完成全年任务160%，位列全市第二位；实际利用外资9603万美元，完成任务指标120%，是2011年的1.4倍。引进投资50亿元以上北京联东投资（集团）有限公司“联东U谷·石家庄高新区产业园”项目和深圳科聚新材料有限公司新材料生产基地项目2个；投资30亿～50亿元欣意电缆项目和北京易华录信息技术股份有限公司河北研发运营总部及智能交通产业园等项目2个；华药总部、冀星高速等总部类项目5个；华药研发中心等高端研发类项目10个。

（郝会卿）

【25亿元欣意公司电缆项目落户】 2月29日，安徽欣意公司总投资25亿元的河北欣意稀土高铁铝合金电力电缆项目在高新区奠基。省委常委、市委书记孙瑞彬出席奠基仪式。安徽欣意电缆公司是全球四家铝合金电力电缆专业制造商中唯一的中资企业。该公司自主研发的稀土高铁铝合金电力电缆，具备可靠的安全性能、良好的导电性能和优越的机械性能，采购价格经济实惠，是具有高科技含量和广阔市场前景的新型电力电缆。河北欣意稀土高铁铝合金电缆项目规划占地约2000亩，

一期项目占地600亩，总投资25亿元。该项目全部达产后，石家庄市将成为中国北方最大的新型电力电缆生产基地。

（张明星）

【园区建设】 按照“新区大上、老区提升，为进区企业完善配套”的思路，下大力加强基础设施建设。完善基础配套项目，实施了路网建设、管网配套和道路绿化等工程。全年新建、续建道路12条，总长13千米，其中华远路、祁连街、海河道等7条道路竣工通车；新修供水管网22千米、雨污水管网15千米，新建提升泵站1座；昆仑变电站交付使用，迁改修建供电线路11千米，电力排管13千米；新建热力管网32千米及迁改铺设天然气管道12千米；实施燕山大街、金沙江道、学苑路等3条道路绿化工程，升级改造307国道，新增绿化面积10万平方米。2012年，格力配套产业园1～6号单层钢结构厂房、食堂和公寓楼项目竣工投入使用；欣意电缆项目建设一期工程竣工投产；赵村旧村改造10栋回迁楼交付使用；新建高标准公交候车亭50个，建设环卫工人作息用房和环保公厕10座；清理、整改露天炭火烧烤67家，清理占道市场3个，清理废品站35处。至2012年底，高新区完成城建投资18亿元。

【培育高新技术企业】 注重高新技术企业培育、储备和认定，形成培育一批、储备一批、认定一批、复审一批新型梯次结构。至2012年末，全区共注册企业2992家，其中外资企业110家，实际利用外资9603万美元；新认定高新技术企业18家，通过复审28家。年末全区高新技术企业总数达到123家，占到全省的14%，占到全市的57.7%，位居全省各地市和各国家级高新区首位，形成以生物医药、电子信息、装备制造、现代服务业为支柱的高技术产业集群。

（郝会卿）

【争得科技专项资金2.47亿元】 全年组织筛选申报各类科技项目181项，累计有130个项目列入各级各类科技计划,争取专项资金支持2.47亿元，立项总数及争取资金为历年之最。至2012年底，高新区争取国家级项目38项，争取国家资金支持2.26亿元。其中包括国家科技重大专项5项、科技部863项目6项、973计划1项、国家重点产业振兴及技术改造专项（国家发改委）4项、国家重大科技成果转化项目（国家工信部）1项、国家科技型中小企业创新基金立项16项，以及国家科技支撑计划、国际科技合作项目等5项。争取省科技项目34项，包括省科学技术研究与发展计划课题立项21项，资金909万元；省科技型中小企业创新资金立项13项，资金220万元。争取市级科学技术研究与发展计划课题立项48项，资金1020万元。

（李云萍）

【社会事业】 高新区图书馆完成主体工程。长江社区卫生服务中心、海河社区卫生服务站、珠峰社区卫生服务站、“国医堂”建设和宋营卫生院升级改造工程完成并投入使用；筛查、补种适龄儿童25740人。总建筑面积近5万平方米的市第54中学二期续建工程进展顺利，年末全区建成各类中小学校26所，民办中小学校3所，各类幼儿园15所，基本形成公办与民办共同发展的教育格局。第一小学和石炼小学过渡搬迁工程完成，共向277名家庭困难优秀师生发放帮扶慰问资金44.8万元。完成82家餐饮业燃煤治理任务，并顺利通过验收。全年发放居民最低生活保障费、高龄津贴、政府购买养老服务等救助资金300万元。

石家庄国家高新技术产业开发区

副市长、中共高新区党工委书记：
　张业　（5月任）
党工委副书记、管委会主任：
　赵拴文
党工委副书记、管委会副主任：
　关保松
党工委副书记、纪工委书记：
　潘宗营
党工委委员、管委会副主任：
　姚玉和
　高金光
　付庆文（9月免）
　高华树
　戴宝进（9月任）

（郝会卿）

西柏坡管理局

【概况】 2012年，西柏坡管理局以建设“圣地西柏坡、魅力西柏坡、富裕西柏坡”为目标，转变思路，强化协调，围绕年初工作计划，稳步推进大西柏坡开发建设任务。利用“大西柏坡建设”契机，突出重点，打造亮点，鼓励引导10家4A级景区实施提升改造，投入资金8000多万元；积极推进天桂山、驼梁创建5A景区，全力实现与西柏坡景区达到有机融合。全年在建项目35个，总投资152.74亿元，重点实施了西柏坡污水处理厂等项目，并在项目建设上突出“两个转变”（从粗放式发展向精细化发展转变，从注重数量规模向提升质量品质转变）。开展综合整治行动，利用清明节、国庆节等重要时段，以安全、卫生、市场秩序为内容，对景区、饭店、旅行社进行综合执法，严打不法行为。全年查处违法案件20多起，拆除违章建筑17处，建筑面积1500平方米。年内，西柏坡管理局接待党和国家领导人贾庆林、王兆国、孟建柱等宾客3103批，组织、协助重大接待活动75次；接待游客突破900万人次，实现门票收入2.3亿元，旅游收入60亿元，同比分别增长25%、22%和38%。

【项目建设】 全年在建项目35个，总投资152.74亿元。项目建设突出“两个转变”，即从粗放式发展向精细化发展转变，从注重数量规模向提升质量品质转变。严格控制新上项目。将《大西柏坡总体规划》作为项目建设前提和依据，突出规划意识、环保意识、精品意识，力争少而精，并根据功能区域划分合理摆布项目，明确核心区新上项目必须是非污染类的“绿色旅游项目”，不符合环保要求的项目一律禁止进入。妥善处理项目遗留问题。完成西柏坡规划馆项目遗留问题处理，包括前期咨询、地质勘探、前期施工、设计等费用的结算评审，支付结清相关费用。项目单位服务。落实西柏坡干部学院、康辉集团接待中心等项目跟踪服务，及时协调解决出现问题，特别是部分项目单位反映西柏坡总体规划与实际情况不符问题，积极提请市政府协调规划编制单位北京清华规划院，协商调整规划。至2012年末，需要调整规划的19个项目单位全部落实了详细调查对接，并督促协调北京清华规划院尽快拿出调整意见。同时，协助项目单位河北高远集团、康辉集团办理旅游专项资金申报。推进重点项目建设。确定西柏坡污水处理厂及配套管网项目为“一号项目”，全力做好前期准备；年末完成可行性研究报告、水土保持方案编制、厂区及管网线路地形测量等前期工作。

【景区提档升级】 平山县旅游资源丰富，域内山地面积占全县总面积的73%，海拔1000米以上山峰有39座；拥有国家、省、县三级重点文物保护单位160多处。2012年，西柏坡管理局按照“把旅游业培育成为国民经济战略性支柱产业和人民群众更加满意的现代服务业”目标，以旅游重点项目建设为中心，加速旅游产业资源整合，充分利用“大西柏坡建设”等契机，突出重点，打造亮点，鼓励引导10家4A景区实施提升改造，投入资金8000多万元；积极推进天桂山、驼梁创建5A景区项目，实现与西柏坡景区达到有机融合，相互补充，向打造国内一流旅游目的地目标奋斗。至2012年末，北京江山多娇规划院正在编制总体规划，天桂山、驼梁景区正在按照5A景区标准，改造停车场、游步路、标志标牌、游客中心等基础设施。

【提升服务水平】 西柏坡管理局确立2012年为“旅游综合环境质量提升年”，并以西柏坡核心景区环境整治为重中之重，牵头组织协调平山县相关部门狠抓旅游环境综合整治。加强核心景区配套服务设施建设。向市政府申请，由市财政投入197万元，组建警务站、环卫处等服务机构，改造核心区交通环境。加强综合执法力量。筹备成立综合执法队，采购配备执法车辆和通讯工具，开展相关人员业务培训。推进文明景区建设。核心景区推行文明诚信星级评定制度，经营单位和人员开展依法、规范、文明经营教育活动，树立“文明西柏坡”窗口形象。开展综合整治行动。清明节、五一、

七一、国庆等重要节日对景区、饭店、旅行社进行安全、卫生、市场秩序综合执法，打击不法行为。至2012年底，西柏坡管理局共查处违法案件20多起，拆除违章建筑17处，建筑面积1500平方米；清运垃圾2万多方；粉刷墙体5000平方米；取缔无证无照经营摊点12个，清理门市外摆摊及占道经营13处。

【品牌宣传推广】 挖掘西柏坡品牌价值，利用多种形式树立、宣传、推广西柏坡品牌，叫响“新中国从这里走来”主题口号。主动邀请、配合近百家新闻媒体在西柏坡采风、采访创作，发表各类新闻、专题、纪录片等200多篇次，网络新闻宣传1万多次，在中央电视台“新闻联播”等精品栏目实现多次专题报道。年内，西柏坡举办了全国文化科技卫生“三下乡”慰问演出、河北省西柏坡精神教育实践活动启动仪式、河北省各民主党派、无党派人士“同心”活动等重大活动40多次。西柏坡纪念馆借鉴百家讲坛品牌栏目，举办西柏坡大讲堂系统讲座，向社会各界解读西柏坡历史，传播西柏坡精神。西柏坡纪念馆与中央文献研究室、党史研究室、档案馆以及河北师范大学等单位密切合作，挖掘西柏坡精神和红色文化内涵，完成《西柏坡档案》上下两卷，成功立项国家级课题1个，省级课题25个；与河北电视台、北京电视台联合拍摄《西柏坡来电》、《西柏坡密电》两部大型文献纪录片。2012年西柏坡管理局持续在河北卫视等媒体投放整体宣传广告，在省政府广场LED移动显示屏滚动播放平山旅游形象宣传片，组织县内重点旅游经营单位参加“2012中国国内旅游交易会”等活动，极大地提升了西柏坡知名度和美誉度。

西柏坡管理局

中共西柏坡管理局党工委书记、平山县委书记：王俊英

党工委副书记、局长、平山县委副书记、县长：赵宏魁（12月免）

李旭阳（12月任）

党工委副书记、常务副局长：于俊岗

党工委委员、副局长：

王荣丽

丰春雷

曹新杰

尹贵权（9月任）

党工委委员、纪工委书记：薛海青

（成丽斌）

石家庄循环化工园区

【概况】 石家庄循环化工园区（简称化工园区）位于石家庄市区东南方向20千米处，是河北省政府确认的首批省级工业聚集区和循环经济示范园区。2005年12月启动建设，起步区规划面积5.44平方千米，2011年规划面积扩至10.26平方千米。为促进石家庄市产业结构调整，打造石家庄市新的工业经济增长极，2012年7月中共石家庄循环化工园区工作委员会（简称工委）和石家庄循环化工园区管理委员会（简称管委会）正式组建，级别为副厅级，托管藁城市丘头镇，管辖面积77.7平方千米，其中核心产业区规划面积10.26平方千米，托管丘头镇面积67.44平方千米；辖区总人口6.34万，其中丘头镇农业人口4.9万人，核心产业区企业职工1.44万人。2012年，化工园区以建设千亿元产值石化新区为目标，加快推动总投资80亿元的石炼化800万

2012年5月25日，原河北省委书记张庆黎（右一）视察石炼化800万吨炼油项目

吨炼油扩能、总投资105亿元的盈德公用气体岛和总投资39.6亿元的60万吨合成氨多联产等9个重点工业项目建设，协调了产业链上500万吨炼油、16万吨己内酰胺、10万吨环己酮等8个投产项目生产运营，启动了托管丘头镇交接和总体规划编制等工作。全年完成投资40亿元，实现主营业务收入320亿元，实现税收42亿元。

【机构设置】 7月18日，河北省机构编制委员会印发《关于组建石家庄循环化工管理机构的通知》（冀机编〔2012〕53号）；9月28日，市机构编制委员会印发《关于组建石家庄循环化工园区管理机构的通知》（石编〔2012〕69号），正式组建中共石家庄循环化工园区工作委员会和石家庄循环化工园区管理委员会，分别为中共石家庄市委、市人民政府的派出机构，规格为副厅级，按照石家庄市委、市政府授权，行使辖区市级经济和社会事物管理权限。明确化工园区托管原藁城市丘头镇。化工园区党工委、管委会内设党政综合办公室、规划建设管理局、科技发展局（招商局）、经济社会发展局（人力资源和社会保障局）、安全生产监督管理和环境保护局、财政局6个职能机构，承担辖区规划、建设、监督、管理、协调、服务等各项经济和社会事物管理职能。化工园区设立2个区属事业单位，分别是石家庄循环化工研究院和石家庄循环化工园区行政服务中心。设立公安、交管、国土（土地收储中心）、规划、国税、地税、工商、质监8个垂直管理部门派出机构，分别履行辖区相关管理职能。年末化工园区搭建起党工委和管委会、区属事业单位、垂直管理机构、丘头镇和建设投资公司5个层面管理服务平台，为全面履行各项职能提供了保证。

【规划编制】 化工园区组建后，迅速启动辖区各项规划编制完善工作。按照“以核心产业区工业发展带动辖区农业、服务业整体发展，实现产城一体化新格局”思路，提出科学划分核心产业区、乡镇工业区、高效农业区、配套服务区等功能分区初步设想，高标准启动辖区77.7平方千米《总体规划》编制工作。结合核心产业区以石油化工为主的产业方向，委托中国石油和化学工业规划院启动核心产业区《产业发展规划》编制工作。按照统筹规划、分步实施思路，启动辖区内基础设施专项规划编制工作。

【核心产业区】 年内，按照省委、省政府和石家庄市委、市政府抓紧启动核心产业区扩区工作要求，积极拓展核心产业区发展空间，启动扩区至28平方千米扩区工作。核心产业区以石炼化千万吨炼油和40万吨己内酰胺项目为龙头，按照产品项目、物流传输、公用辅助、环境保护和管理服务“五个一体化”理念，建设以石油化工为主、石油化工与煤化工有机结合、氯碱化工作为有益补充，具有“三化合一”产业特色的循环化工园区。年末核心产业区入驻规模以上工业企业19家，累计完成投资106亿元。石炼化500万吨炼油扩能、16万吨己内酰胺、10万吨双氧水和1万吨制氢、石焦化工10万吨环己酮、东华化工5万吨氨基乙酸、旭隆化工50万吨硫酸、八维化工10万吨离子膜烧碱等8个项目投产见效，2012年实现销售收入320亿元，利税42亿元。石炼化800万吨炼油扩能、晋煤金石60万吨合成氨多联产、陕鼓气体2×4万吨空分、盈德公用气体岛、白龙化工搬迁改造、威远生化整体搬迁升

石家庄循环化工园区10万吨环己酮项目装置

重庆南大街等4条主干道、总计15千米的综合管廊全部完成，成为国内最大的综合管廊系统。启动第二轮道路工程建设，隆兴大道、上海南大街辅西路、香港南大街、湖南西大道于2012年底完成路槽开挖。功能性重点项目全面展开，4月28日园博园开园。周汉河整治工程截污管道铺设完毕，开始实施沿岸地形整理。市民服务中心项目升至地上十二层，2012年底具备入驻条件。奥体中心正在进行桩基检测和场内箱变基础施工。会展中心土方开挖完成总土方量的20%，因发现大型古墓群，省文物部门正在开展抢救性发掘。

【基础设施建设】 完成西藏西大道、昆明街、四川路、荣宁路、贵阳街等5条道路绿化工程；园博园南、北防护林带植树5万棵，铺设草坪8万平方米，种植草花3万平方米。公用设施配套工程有序实施，消防站、雨水泵站、垃圾转运站、天然气调压站、2座公交首末站和建筑垃圾处理场一期竣工投用。污水处理厂项目正在与北控水务、中核集团等单位洽谈。新区中学完成方案设计调整和招标准备。居民回迁区建设加快推进，三里屯社区一期工程11栋高层回迁住宅封顶；三里屯社区二期、常山社区、诸福屯社区开工回迁楼36栋，总开工面积140万平方米。

【招商引资】 全年接待中国建筑工程总公司、大连万达、广东碧桂园公司等战略投资者和知名企业120余家，签订基础设施和功能性项目合作协议900亿元，其中中国建筑工程总公司、中铁八局等战略投资者开始参与新区建设。国家农业发展银行批准给予新区贷款66亿元，年末到位43.3亿元，有效缓解了新区建设资金压力。进区项目中，省出版集团、省国税局、华侨大厦完成土地出让手续；省电力公司、省进出口检验检疫局土地指标落实，正在办理手续；河北钢铁集团、省信息产业投资公司、中国银行石家庄管理部、华北有色工程勘察院有限公司等一批项目签约，正在解决落户土地指标。

【公共设施建设广泛应用新技术新材料】 正定新区公共设施建设普遍采用太阳能热水系统、屋顶绿化、节能灯具、楼宇设备自控系统等14项新技术成果。道路工程建设广泛使用排水沥青面层、彩色沥青等新技术、新工艺。北京南大街采用世界最先进的太阳光谱灯照明，比LED照明节能20%以上。西藏西大道采用露骨料透水砼慢车道结构。井盖采用外方内圆、防盗彩磨石井盖，便道砖选用环保透水砖，地下利用混凝土预制雨水收集系统。水资源再利用采用透水性路面和渗水性道路，利用大型绿地和景观水体作为“蓄水池”，大型停车场采用植草砖铺砌和下凹式绿地，减少地表雨水径流，涵养地下水源。推广建筑屋面雨水收集系统，将雨水收集进雨水储存池，经过处理后用于水景水体置换、绿化浇洒、道路压尘，达到节约用水目的。污水处理厂建设经多方考察论证，确定采用全地下立体化污水处理厂建设模式，可以集中处理异味，能在地上建设园林景观；节约集约用地，又解决了对周边地块的影响，提高了土地利用效益。在抓好新技术、新材料、新工艺应用的同时，强化工程质量管理，出台了市政道路、建筑工程、园林绿化质量监督、监理和验收实施细则，开展主要工序、重要节点落实阶段性质量验收，验收合格后方可实施下一道工序施工，如发现质量问题，责成施工单位立即返工并在工程款结算时依照规定予以扣减，确保了施工质量优质、现场管理规范、工程进度有序、安全保障到位。

【社会事业】 社会保障体系基本建立，养老保险覆盖范围扩大，2万名符合条件居民办理了参保和养老保险费补缴，1007名达到退休年龄居民办理了退休手续。提高城镇居民医疗保障水平，为5300名群众报销医药费1320万元，有效减轻群众的经济负担。积极探索就业培训新机制，成立劳动就业服务中心，联系驻区建设单位吸纳辖区居民就近就业400余名。社区股份制改革上半年全部完成，其中20个社区制定集体经济组织改制方案，正在进行集体资产评估审计。因社会保障逐步到位和征收政策较为完善，有力推动了土地征收。到2012年末，正定新区完成起步区20个村6.9万亩土地收储和三里屯村整村征收安置，拆迁安置企业438家、腾出土地4000亩。

石家庄正定新区

中共正定新区党工委书记：

凌青利（7月免）
毛全球（7月任）
党工委常务副书记、管委会主任：
凌青利（7月任）
党工委委员、管委会副主任：
孙风毅
李春华
党工委委员、纪工委书记：陶国田

（辛维铎）

空港工业园

【概况】 空港工业园于2010年10月批准组建，位于河北省会石家庄北部，规划面积124平方千米，规划人口60万，是河北省按照“科学发展的实验区、对外开放的先行区、经济增长的带动区”发展目标重点打造的省级开发区。空港工业园与石家庄正定国际机场毗邻，距河北省会石家庄30千米，首都北京200千米，天津新港350千米，黄骅港300千米。107国道、京港澳、京昆高速公路纵横南北，石太、石张、青银高速公路横贯东西；京石高速铁路在园区设有专门停靠站，到首都北京仅需45分钟。机场快速路、太行大街、东三环从园区直达石家庄市区。2012年，石家庄空港工业园起步区30平方千米总体城市设计和道路、给水、排水、热力、燃气、电力6个专项规划，以及起步区西南片区控制性详细规划通过市规划委员会审批正式实施。至2012年末，全区审批办理项目9个，总投资30亿元；列入省重点建设项目2个，总投资59亿元；列入市重点项目6个，总投资29.79亿元。年内，空港工业园获得市固定资产投资工作先进单位，市级文明单位，机关党支部被市委授予2010—2012年“创先争优先进基层党组织”称号。

【机构设置】 2010年9月29日，空港工业园党工委、管委会根据《关于组建石家庄空港工业园管理机构的通知》（冀机编〔2010〕9号）和《关于组建石家庄空港工业园管理机构的通知》（石编〔2010〕22号）文件开始组建，为市委、市政府正县级派出机构，按照市委、市政府授权，行使辖区管理、监督、协调、服务职能。空港工业园核定机关行政干部编制30名，设党工委书记兼管委会主任1名（正县级），副书记兼副主任1名（正县级），副主任2名（副县级）；设立纪工委，为市纪委派出机构，设纪工委书记1名（副县级）；党工委、管委会下设综合办公室、规划建设局、经济发展局、社会事务局和财政局5个正科级机构，机构科级职数均为1正1副。为搭建园区投融资平台，经市政府批准，石家庄空港建设投资有限公司按照《公司法》规定成立，注册资金5亿元。

【招商引资】 出台《关于促进石家庄空港工业园产业发展的暂行办法》，明确入区进园项目各项优惠扶持政策。自主策划制作招商PPT，推行“电子＋纸介”宣传方式。年内参加了3·26香港、5·18廊坊、9·8厦门、2012珠三角（深圳）、石家庄－北京等大型经贸洽谈活动，成功举办专题推介会20余场（次），发放各类宣传折页近万套，接触企业236家，接触省内外投资服务性机构52家，投资领域涉及高新技术、装备制造、现代物流、通用航空、电子电器等行业。完成空港政务网站改版升级，全年访问量达到34.5万人次。至2012年末，空港工业园审批办理项目9个，总投资30亿元；争列省重点建设项目2个，总投资59亿元；列入市重点项目6个，总投资29.79亿元。

【园区建设】 石家庄综合保税区和空港工业园起步区西南片区“三横四纵”主干路网首批启动10条道路建设（含3条对外联系路），全长约15千米，占地667亩。其中，梦龄大道（机场北大街－S204）全长1953米，占地133亩；中央大街（海关巡逻北道－海关巡逻南道）全长2746米，占地125亩；海关巡逻道全长396米，占地11亩；机场北大街（西环港北路－梦龄大道）全长5366米，占地161亩；西环港北路（机场北大街－货运区路）全长378米，占地12亩；货运区路（西环港北路－机场货运区）全长864米，占地28亩；空港北大街（梦龄大道－S303）全长1324米，占地60亩；兴港路（平乐北大街－腾翼北大街）全长765米，占地37亩；云港路（平乐北大街－凤翼街）全长475米，占地23亩；凤翼街（石港路－云港路）全长 1477 米，占地 73 亩。工程征用占地等前期工作全面展开，到 2012 年末完成道路放线、地上附着物评估、分户面积确认等工作，施工图设计、预算评审、工程招投标等正在进行。

【综合保税区申办】 综合保税区可研报告、总体规划、初步设计全部编制完成并通过市规划委员会审批。8 月 5 ~ 17 日，与海关总署等联合审批综合保税区的国家 10 部委逐一沟通对接。至 2012 年末，有 5 个项目入驻综合保税区。其中，百博软木、嘉一科技、天略电池隔膜、鑫利粮油 4 个项目完成立项等手续；空港国际物流园项目列入省政府和香港招商局集团签订的战略合作框架协议，共同打造冷链物流示范基地。百博软木深加工项目，总投资 1.1 亿元，占地 42 亩，建设生产车间、研发中心、仓库、办公楼及配套设施，年产天然软木塞 8000 万支，合成棒 1000 万根；嘉一科技激光打印机墨粉产业化项目，总投资 1.1 亿元，占地 40 亩，建设生产车间、研发中心、仓库、办公楼及配套设施，年产黑白粉 3000 吨、彩色碳粉 2000 吨，用于打印机和复印机等显影材料；天略电池隔膜及工业用布项目，总投资 1.05 亿元，占地 30 亩，建设生产车间、研发中心、仓库、办公楼及配套设施，年产电池隔膜 1000 万米；鑫利粮油芝麻素提取及芝麻系列产品深加工项目，总投资 5.08 亿元，占地 72 亩，建设生产车间、研发中心、仓库、办公楼及配套设施，年产芝麻素 100 吨，芝麻系列产品 10 万吨；香港招商局集团项目，总投资 5 亿美元，占地 570 亩，建设保税冷藏库、恒温库、周转库等冷链设施，开展进出口畜产品、农副产品进行冷冻、速冻、分拣、加工和配送。

石家庄空港工业园

中共石家庄空港工业园党工委书记、管委会主任：杨志乾

党工委副书记、管委会副主任：
赵同法

党工委委员、管委会副主任：
李卫山
申春良
梁建坤
穆增科

党工委委员、纪工委书记：刘军

党工委委员、综合办公室主任：
董卫良（1 月任）

党工委委员、经济发展局局长：
李荟萍（1 月任）

（蔡晓敏）

公共管理和社会组织

公共管理和社会组织

中国共产党石家庄市委员会

【概况】 2012年，中共石家庄市委坚持以科学发展观为指导，坚决贯彻落实中央和省委一系列重大决策部署，团结和带领全市人民，以迎接、宣传和贯彻党的十八大为动力，紧紧围绕全市九次党代会确定的“转型升级、跨越赶超、建设幸福石家庄”的奋斗目标，攻坚克难，奋力拼搏，扎实推动省会各项事业上水平创一流，努力在建设经济强省、和谐河北征程中当好“领头羊”，全市呈现出经济发展、社会进步、民生改善、社会和谐和党的建设全面加强的良好局面。

深入学习宣传贯彻党的十八大精神，认真研究率先全面建成小康社会重大战略问题。党的十八大描绘了在新的历史条件下全面建成小康社会、加快推进社会主义现代化、夺取中国特色社会主义新胜利的宏伟蓝图，为党和国家事业进一步发展指明了方向。省委八届三次全会以十八大精神为指导，进一步明确了今后五年的奋斗目标、战略重点和全面建成小康社会的总体进程，是十八大精神在河北的具体化。市委常委会把学习宣传贯彻党的十八大和省委八届三次全会精神，作为当前和今后一个时期的首要政治任务，以及在新的历史起点上开创省会各项事业新局面的根本举措。市委常委会率先垂范，先后召开常委扩大会和中心组学习会议，传达学习十八大和省委全会精神，并就全市的学习宣传贯彻作出安排部署，予以强力推进。坚持以领导干部为重点，着力抓了各级理论中心组的集中学习。举办了8期轮训班，对全市县处级以上领导干部进行专题培训。组织基层宣讲，加强舆论宣传，帮助基层干部群众深化对十八大精神的理解和认识，在全市掀起学习贯彻十八大和省委全会精神的热潮，进一步统一了广大党员干部的思想认识，为全市各项事业发展增添了强劲动力。坚持理论联系实际，把学习贯彻十八大和省委八届三次全会精神与落实省八次、市九次党代会精神结合起来，与胜利完成“十二五”规划目标、率先在全省全面建成小康社会结合起来，与破解全市经济社会发展中面临的突出问题结合起来。着眼谋划好2013年工作、解决好全面建成小康社会的“短板”问题，开展一系列专题调研活动，深入研究分析工业强市、结构调整、节能减排、发展现代农业、提升现代服务业、城乡发展一体化、省会建设、加快城镇化、优化两个环境、破解要素制约、改善保障民生等一系列重大问题，寻找破解办法，研究管用措施，思路逐步清晰，重点更加明确，为全面抓好各项工作奠定了扎实基础。

突出发展第一要务，强力推进转型升级、跨越赶超。石家庄面临的最大问题是发展，发展面临的突出任务是转型升级、跨越赶超。市委常委会始终把发展作为第一要务，坚持稳中求进，突出主题主线，着力激发中东西三大区域内在发展活力，推动全市经济在复杂环境下加速转型升级、跨越赶超。坚持把工业作为全市经济发展的强大“引擎”，坚定不移地实施工业强市战略，继续加大对工业发展的政策扶持力度，强力推进工业突破，全市大上工业的氛围更加浓厚。积极引导企业深化拓展对标行动，鼓励企业加大技改投资，推动了全市工业上档升级、提质增效。实行扶优扶强战略，支持工业50强和部分重点企业加快发展，2012年超百亿元企业达到5家，大型骨干企业的龙头带动作用增强。积极推进国企改革，一批企业改制重组、资产盘活、效益提升。认真落实支持民营经济、鼓励全民创业的一系列政策措施，中小企业发展势头强劲，被省授予“民营经济先进市”。高度重视园区建设对工业的支撑作用，大力支持和推进循环化工基地、空港工业园等重点园区建设，2012年新增国家级经济覆盖面不断扩大，城乡居民社会养老保险制度实现全覆盖，在全省率先启动重度残疾人生活补助和护理补贴制度。山区教育扶贫工程成效显著，又有20所学校建成投用，新转移安置学生1.1万余人，山区职教中心得到全面优化提升。大力实施医疗惠民，稳步推进市级优质卫生资源倍增工程，城乡基层医疗卫生服务网络进一步健全，看病难、看病贵问题逐步缓解。完善食品安全工作机制和监管制度，重拳打击食品安全违法犯罪行为，广大市民关注的“放心馒头”如期面市，食品安全水平有了新提升。保障性住房建设完成年度任务，石家庄市公平分配管理办法在全省推广。高度重视宣传思想文化战线工作，坚持正确舆论导向，围绕全市中心工作组织开展了一系列主题宣传活动，营造了齐心协力抓发展、促和谐的浓厚氛围，进一步巩固了全市人民团结奋斗的共同思想基础；公共文化服务体系不断完善，公益文化场馆建设成效显著，一批重点文化产业项目开工建设，文化精品创作硕果累累，群众文化生活不断丰富。人口计生工作加快转型提升，在全国率先建立计生特殊家庭关怀扶助长效机制，启动新生儿出生缺陷干预工程并成为全国三个试点市之一。根据中央电视台调查发布数据显示，石家庄再次入选“全国十大幸福城市”。市委常委会坚持把维护稳定作为压倒一切的政治任务，以高度的政治敏感性和强烈的忧患意识，毫不放松地抓好维稳工作，圆满完成十八大安保维稳任务，实现省委提出“六个确保”目标。坚持从源头抓起，发挥“大排查、大调处、大帮扶”一体化解决矛盾新机制的作用，夯实维稳基层基础工作，把大量矛盾化解在基层和萌芽状态。高度重视群众信访工作，认真落实信访联席会议制度以及三级干部大接访、领导干部包案等制度，在全市集中开展4次解决信访积案大会战，化解了一大批信访问题。坚持从解决群众关心的突出问题入手，积极推进社会管理创新重点项目建设，完善了110综合警务服务站功能，健全了网络维稳舆情应对机制，启动了县域视频联网系统建设。在全市县域农村深入推广学习肃宁“四个覆盖”经验，农村社会管理水平有了新的提高。进一步加强社会治安防控体系建设，连续开展严打整治专项行动，保持对犯罪分子的高压态势，群众安全感不断增强。积极开展安全生产“打非治违”专项行动，安全生产形势基本平稳。重视做好涉日维稳工作，维护了社会稳定大局。全面加强党的建设，努力为推动省会科学发展提供坚强保证。实现转型升级、跨越赶超、建设幸福石家庄的奋斗目标，关键在党、关键在干部。市委常委会始终坚持党要管党、从严治党，以改革创新精神推进党的建设各项工作，着力夯实基层基础，大力加强领导班子和干部队伍建设，各级党组织的凝聚力、战斗力明显提升，为推动省会科学发展、率先发展提供了坚强组织保证。加强领导班子建设。扎实推进学习型党组织建设，高度重视并加强了大规模培训干部工作，重点抓了党委换届后领导班子的思想政治教育，组织各级领导班子召开专题民主生活会，开展党组织书记讲党课活动，广大干部的思想政治素质有了新的提高。坚持正确选人用人导向，围绕实施中东西区域协调发展战略、推动重大工作部署落实，科学调配干部资源，进一步优化了各级领导班子结构。积极推进干部竞争上岗和交流轮岗，大力倡导和推行年轻干部到基层和急难险重岗位培养锻炼，注意把那些有激情、状态好、作风硬、肯干事、会干事的干部提拔调整到重要领导岗位，增强了干部队伍的活力和战斗力。按照省委书记张庆黎“三个一”要求，狠抓干部作风建设，广大干部保持了干事创业的激情和良好的精神状态。加强党的基层组织建设。深化创先争优活动，努力在“见成效”上下功夫，实现了创先争优与经济社会发展“双促、双赢”。按照省委统一部署，深入开展了加强基层建设年活动，并从全市实际出发，将基层建设年活动与全市万名干部下基层、“建制度、强规范、提素质、促和谐”主题实践活动有机结合起来，按照“一年见成效、二年抓提高、三年上水平”的要求，将下基层范围拓展到全市所有行政村，时间延长到三年，着力在“五个一”（即建设一个好班子、完善一套好机制、找准一条致富好路子、办成一批实事好事、解决一批突出问题）上下功夫，夯实了农村发展稳定的基础。完成农村“两委”换届任务。创新基层党建工作，总结推广了评选“农村好青年”、大学生村官“四有一保”管理机制等做法，完善推广了社区党建网格化、村转社区“双轨制”党建工作新模式，基层组织建设不断强化，受到中央领导的肯定。坚持不懈地推进党风廉政建设。始终把反腐倡廉建设摆在重要位置，旗帜鲜明地反对腐败。加强对中央和省、市委重大决策部署贯彻落实情况监督检查，确保政令畅通。深入开展保持党的纯洁性教育，党员领导干部廉洁从政意识不断增强。突出抓了重点系统权力运行监控机制建设，具有石家庄特色的惩治和预防腐败体系进一步完善。加大查办案件力度。认真开展重点领域突出问题专项治理，查处一批发生在群众身边的腐败问题。切实推进农村基层组织党风廉政建设，农村基层组织“建制度、强规范、提素质、促和谐”主题实践活动取得明显成效。严格执行党风廉政建设责任制，督促各级领导干部认真履行“一岗双责”，推动了党风廉政建设和反腐败工作深入开展。按照中央和省委要求，根据事业发展需要，坚持德才兼备、以德为先的用人标准，认真负责地开展干部选拔任用工作。全年提拔 140 人，平职调整 109 人，非领导职务转任领导职务 16 人，提拔担任非领导职务 68 人。积极发挥市委常委会和全委会作用，实施正县级领导干部任职进行票决，县（市）区党政正职和市直部门正职任职以书面形式征求市委委员意见，听取候补委员评价意见。推进干部交流，对符合交流条件和新提拔的干部，通过调任、转任等方式加大干部交流和轮岗力度。严肃换届纪律，全方位、多环节监督换届工作，确保了整个换届工作健康顺利进行。认真整治用人上不正之风，在全市营造了风清气正的选人用人环境。在推进全市各项事业发展中，市委常委会注重发挥总揽全局、协调各方的领导核心作用，统筹协调市级领导班子，支持人大、政府、政协各班子依照法律和章程积极主动、独立负责地开展工作。发挥四大班子整体作用，对涉及经济发展、城镇建设、维护稳定等重大工作，实行市级领导分工负责制，形成了抓工作的强大合力。重视做好新形势下统一战线工作，加强同民主党派、工商联和无党派人士的协商合作与共事，积极开展“同心实践”系列活动，充分调动各方面的积极性，形成了同心同德前行、凝心聚力发展的良好局面。认真落实民族宗教政策，民族团结、宗教和谐稳定的局面进一步巩固。注重发挥工会、共青团、妇联等人民团体联系群众的桥梁纽带作用，组织动员各界群众在推动省会转型升级、跨越赶超中建功立业。加强党管武装工作，国防后备力量建设进一步强化，驻石部队、武警官兵和民兵预备役支持省会建设取得新成效，获得全国双拥模范城“七连冠”。市委常委会高度重视自身建设，认真贯彻民主集中制，坚持集体领导、分工负责，充分发挥了领导核心作用。注重思想建设，围绕“重温进京赶考，交出满意答卷”、“学习贯彻十八大精神，坚持讲政治、顾大局、守纪律，着力改善发展环境和生态环境，进一步保持党的先进性和纯洁性”主题，召开专题民主生活会，联系思想和工作实际谈体会、谈感想，进一步净化了心灵、提高了境界、增强了党性。认真贯彻中央政治局关于改进工作作风、密切联系群众八项规定和省委“约法八章”，严格遵守各项制度规定，市委班子的凝聚力、战斗力进一步增强。在急难险重任务面前，常委一班人坚持以身作则、率先垂范，带头转变作风，狠抓工作落实，保持廉政勤政，为各级干部作出了表率。

【中共石家庄市委及有关工作部门组成人员】

书　　记：孙瑞彬
副 书 记：姜德果　刘云峰
市委常委：孙瑞彬　姜德果
　　　　　刘云峰　李国伦
　　　　　孙万勇　王大虎
　　　　　司存喜　张小国
　　　　　刘晓军　刘志鹏
　　　　　张树志（9 月任）
　　　　　王俊钟　胡儒钗
　　　　　高天　　李震国
　　　　　程凯
市委秘书长：胡儒钗
常务副秘书长：宋学恭
副秘书长：高尘
　　　　　唐克　（1 月任）
　　　　　谷维真
　　　　　李建民（4 月任）
　　　　　李兵英（4 月任）
　　　　　王勇军　崔大平
市信访局局长、党组书记兼
市委副秘书长：任建忠

市纪律检查委员会

书　　记：司存喜
常务副书记：王增飞
副 书 记：刘吉广
　　　　　（兼市监察局长）
　　　　　刘书平　梁建林
纪委常委：韩秀华　左素娥
　　　　　李惠英　刘军志

郝建哲

市委办公厅

副　主　任：唐克　（1 月免）
李海峰（1 月免）

纪检监察员：杨福华（6 月免）
李惠英（6 月任）

市委组织部

部　　长：王俊钟

常务副部长：张云雁（9 月免）
韩保来（9 月任）

副　部　长：高新城　解晓东
张忠良　王云辉
刘力

市委宣传部

部　　长：孙万勇

常务副部长：王惠周

副　部　长：薛建廷
兰国良（3 月任）
郭纯阳　王中月

市委统战部

部　　长：高天

常务副部长：刘国栋（5 月免）
李风江（5 月任）

副　部　长：冯喜英（3 月免）
李爱民（5 月任）
郝菊亭（6 月免）
张志敏
刘兰敏（6 月任）
王溪波（5 月免）

市委政法委

书　　记：刘志鹏

常务副书记：黄朝庆

副　书　记：梁建斌（兼）
祁改　刘志魁

市直机关工委

书　记：王玉国

副书记：范志斌
聂忠海（兼纪工委书记）
胡国龙　杨宗波

市委农工委

书　　记：张树志

常务副书记：王武德

副　书　记：谢顺　（8 月免）
王荣军　邸占欣
高地动（8 月任）

机构编制委员会

主　任：左建平

副主任：邓京生　董胜国
霍永平

台湾工作办公室

主　任：李风江（5 月免）
王溪波（5 月任）

副主任：彭彩欣　王春立
杨文江

信访局

局　长：任建忠

副局长：平国强（4 月免）
苏清才　张建平
李增辰

研究室

主　任：李海峰（1 月任）

副主任：王运章（4 月免）
郭宗海（3 月任）
谭运江

老干部局

局　长：王冬梅（1 月免）
解晓东（1 月任）

副局长：兰永谦（3 月免）
宋成武　李爱虎
许磊　（5 月任）

机关事务管理局

局　长：古临江

副局长：殷玉良（7 月免）
张连发（9 月免）
李长亭
李素英（7 月免）
卢首往

【中共石家庄市委常委会议】　1 月 8 日，孙瑞彬主持召开九届市委常委会第 8 次会议。讨论并原则同意《政府工作报告（讨论稿）》；讨论并原则同意《石家庄市 2012 年国民经济和社会发展计划（草案）》；听取了市财政局关于 2011 年预算执行和 2012 年预算安排情况的汇报，原则同意关于 2012 年财政预算（草案）安排；听取了市政府办公厅关于 2011 年为群众办实事完成情况和 2012 年为民办实事谋划情况汇报，原则同意《2012 年民生幸福十大工程 20 件实事（讨论稿）》（市委常委会议纪要九届第 8 号）。

1 月 20 日，孙瑞彬主持召开九届市委常委会第 9 次会议。讨论并同意《关于召开市委九届三次全会的安排意见》和《关于推荐提名党的十八大代表候选人初步人选情况及建议名单的意见》；研究了干部人事问题（市委常委会议纪要九届第 9 号）。

2 月 3 日，孙瑞彬主持召开九届市委常委会第 10 次会议。听取了市纪委关于第八届省纪委第二次全会主要精神及石家庄市贯彻落实意见的汇报，原则同意贯彻省纪委八届二次全会精神的安排意见；讨论并原则同意《关于迎接省委检查组对我市 2011 年度推进惩治和预防腐败体系建设情况检查的安排意见》；听取了市委组织部关于全省组织工作会议、人才工作座谈会和老干部工作暨“双先”表彰会主要精神及石家庄市贯彻意见的汇报，同意贯彻省里三个会议精神的意见；听取了市委宣传部关于全省宣传部长会议精神及石家庄市贯彻落实意见的汇报，同意关于贯彻全省宣传部长会议精神的意见；听取了市委统战部关于全省统战部长会议精神及石家庄市贯彻落实意见的汇报，同意关于贯彻全省统战部长会议精神的意见；听取了市委政法委关于全国、全省政法工作会议精神及石家庄市贯彻落实意见的汇报，原则同意关于落实全国、全省政法工作会议精神的意见；讨论并原则同意《石家庄市领导干部会议的安排意见（讨论稿）》（市委常委会议纪要九届第10号）。

2月9日，孙瑞彬主持召开九届市委常委会第11次会议。听取了市委组织部关于全省开展加强基层建设年活动动员会精神及石家庄市贯彻落实意见的汇报，原则同意贯彻落实全省加强基层建设活动动员会精神的意见（市委常委会议纪要九届第11号）。

3月2日，孙瑞彬主持召开九届市委常委会第12次会议。听取了关于落实省委书记张庆黎、省长张庆伟对“赵县2.28爆炸事故”重要批示做好事故处置和全市安全生产工作的意见及事故处置情况的汇报；研究了干部人事问题；听取了市委农工委关于全省农村工作会议精神及石家庄市贯彻落实意见的汇报，原则同意贯彻落实全省农村工作会议精神的意见；听取了市计生委关于全省人口和计划生育工作会议精神及石家庄市贯彻落实意见的汇报，同意关于贯彻全省人口和计划生育工作会议精神的意见；听取了市综治办关于全省加强和创新社会管理工作电视电话会议暨省综治委第一次全体会议精神及石家庄市贯彻落实意见的汇报，原则同意关于贯彻落实省会议精神的意见；听取了市委政法委关于石家庄市非法集资问题有关情况汇报，同意《石家庄市非法集资专项整治行动工作方案》（市委常委会议纪要九届第12号）。

3月16日，孙瑞彬主持召开九届市委常委会第13次会议。传达学习全国“两会”精神和省委常委扩大会精神（市委常委会议纪要九届第13号）。

3月30日，孙瑞彬主持召开九届市委常委会第14次会议。研究了干部人事问题（市委常委会议纪要九届第14号）。

4月12日，孙瑞彬主持召开九届市委常委会第15次会议。传达省委办公厅《关于坚决贯彻中办发电〔2012〕5号文件精神切实维护社会稳定的通知》（市委常委会议纪要九届第15号）。

4月13日，孙瑞彬主持召开九届市委常委会第16次会议。听取了市纪委关于全省纪检监察机关查办案件工作会议主要精神及石家庄市贯彻落实意见的汇报，同意关于贯彻落实全省纪检监察机关查办案件工作会议精神的意见；研究了《中共石家庄市委关于贯彻落实〈中共中央关于深化文化体制改革推动社会主义文化大发展大繁荣若干重大问题的决定〉的实施意见（讨论稿）》，原则同意《中共石家庄市委关于贯彻落实〈中共中央关于深化文化体制改革推动社会主义文化大发展大繁荣若干重大问题的决定〉的实施意见（讨论稿）》；听取了市优化办关于四项重点工作实施方案的汇报，同意深化行政审批制度改革、在执法部门深入开展执法标准化建设活动、改进和完善优化发展环境建设民主评议、加强和规范行政效能和优化发展环境投诉四项重点工作的实施方案；听取了市编办关于将石家庄市公安特警支队机构规格由副县级调整为正县级，市卫生局干部保健处机构规格由正科级调整为副县级的汇报；研究了干部人事问题（市委常委会议纪要九届第16号）。

5月4日，孙瑞彬主持召开九届市委常委会第17次会议。讨论并同意《石家庄市农村基层管理监督若干制度（讨论稿）》；听取了市委政法委关于全省加强和创新社会管理工作现场会精神及石家庄市贯彻落实意见的汇报，原则同意市委政法委关于贯彻落实全省加强和创新农村社会管理工作现场会精神的意见；讨论并同意《石家庄市党政主要领导干部和国有企业领导人员经济责任审计实施办法（讨论稿）》；听取了关于全市公务用车专项治理工作情况的汇报，研究了《石家庄市党政机关公务用车配备使用管理实施办法（讨论稿）》，同意《石家庄市党政机关公务用车配备使用管理实施办法（讨论稿）》；研究了《关于贯彻落实中央和省分类推进事业单位改革有关文件和会议精神的意见（讨论稿）》，同意关于贯彻落实中央和省分类推进事业单位改革有关文件和会议精神的意见；听取了市委组织部关于推荐拟中组部表彰的全国创先争优先进基层党组织和优秀共产党员的意见的汇报，同意将新乐市公安交通警察大队党支部、正定县正定镇塔元庄村党支部、裕华区槐底街道石门社区党委和市农林科学研究院名誉院长郭进考确定为推荐中组部表彰的考察对象；研究了干部人事问题（市委常委会议纪要九届第17号）。

5月25日，孙瑞彬主持召开九届市委常委会第18次会议。研究了干部人事问题（市委常委会议纪要九届第18号）。

6月8日，孙瑞彬主持召开九届市委常委会第19次会议。传达学习省委书记张庆黎、省长张庆伟近期到石家庄市调研工作时的讲话精神；研究了《关于进一步加强安全生产工作意见（讨论稿）》和《石家庄市安全生产事故隐患排查治理及责任追究实施办法（讨论稿）》，原则同意《关于进一步加强安全生产工作意见（讨论稿）》和《石家庄市安全生产事故隐患排查治理及责任追究实施办法（讨论稿）》；听取了市公安局关于张庆黎、张庆伟等省领导与各设区市公安局长集体谈话精神及石家庄市贯彻落实意见的汇报，同意关于贯彻落实张庆黎、张庆伟等省领导与各设区市公安局长集体谈话精神的意见；听取了市纪委关于全省加强农村基层党风廉政建设化解农村矛盾促进社会和谐工作会议主要精神及石家庄市贯彻落实意见的汇报，同意关于贯彻落实全省加强农村基层党风廉政建设化解农村矛盾促进社会和谐工作会议精神的意见。听取了市扶贫办关于全省扶贫开发暨环首都扶贫攻坚示范区建设工作会议精神及石家庄市贯彻落实意见的汇报，同意关于贯彻落实全省扶贫开发暨环首都扶贫攻坚示范区建设工作会议精神的意见；讨论并同意《关于建立计划生育特殊家庭关怀扶助长效机制的意见（讨论稿）》；讨论并同意市编办关于设立市委巡视工作组联络办公室等机构编制事宜的意见；讨论并同意市工商联换届有关领导班子人选；讨论并同意市委组织部关于拟市委表彰和推荐省委表彰的创先争优先进基层党组织等建议名单；听取了市考核办关于2011年度省管干部考核评价等次和2011年度县（市）区、市直部门领导班子和领导干部考核情况的汇报，同意2011年度省管干部考核评价等次建议名单、市直部门领导班子考核得分排位、县（市）区领导干部考核等次建议名单、市直部门领导干部考核等次建议名单；研究了干部人事问题；书面印发了《河北省“巨人计划”首批创新创业团队和领军人才命名大会情况汇报及我市贯彻落实意见》（市委常委会议纪要九届第19号）。

6月21日，孙瑞彬主持召开九届市委常委会第20次会议。听取了关于省委书记张庆黎、省长张庆伟在暑期准备工作会议上讲话的主要精神及石家庄市贯彻落实意见的汇报，同意关于贯彻落实张庆黎、张庆伟在暑期准备工作汇报会上讲话精神的意见；讨论并同意《石家庄市庆祝中国共产党成立91周年暨创先争优活动表彰大会方案（讨论稿）》（市委常委会议纪要九届第20号）。

7月4日，孙瑞彬主持召开九届市委常委会第21次会议。听取了市委政法委关于全省维护稳定工作电视会议精神及石家庄市贯彻落实意见的汇报，原则同意关于贯彻落实全省维护稳定工作电视电话会议精神的意见；讨论并原则同意《关于加强大学生村官管理培养和选拔使用工作的若干规定（试行）》（讨论稿）；讨论并同意市编办关于调整市公安局、检察院、法院等单位领导职数的意见；研究了干部人事问题(市委常委会议纪要九届第21号)。

7月20日，孙瑞彬主持召开九届市委常委会第22次会议。传达学习了省委理论学习中心组学习会议精神；讨论并原则同意《中共石家庄市委关于进一步加强人大工作的决定（讨论稿）》；听取了市委组织部关于全省基层建设年活动现场观摩会议精神及石家庄市贯彻落实意见的汇报，原则同意关于贯彻落实全省基层建设年活动现场观摩会议精神的意见（市委常委会议纪要九届第22号）。

8月9日，孙瑞彬主持召开九届市委常委会第23次会议。讨论并原则同意《关于扎实做好党的十八大安全保卫工作集中开展八个专项行动的方案（讨论稿）》；讨论并原则同意《关于进一步强化领导干部信访工作责任的意见（讨论稿）》；讨论并原则同意《关于特殊群体和重点群体性信访问题及隐患专项治理工作方案（讨论稿）》；讨论并同意市编办关于组建石家庄循环化工园区管理机构等机构编制事宜的意见；研究了干部人事问题；书面印发了全省纪检监察工作座谈会主要精神及石家庄市贯彻落实意见的汇报；书面印发了全省领导干部思想政治素质提升工程推进会主要精神及石家庄市贯彻落实意见的汇报（市委常委会议纪要九届第23号）。

9月1日，孙瑞彬主持召开九届市委常委会第24次会议。 研究了干部人事问题（市委常委会议纪要九届第24号）。

9月17日，孙瑞彬主持召开九届市委常委会第25次会议。研究了干部人事问题；听取了全省维护稳定工作会议主要精神及石家庄市贯彻落实意见的汇报，原则同意贯彻落实全省维护稳定工作会议精神的意见；听取了市考核办关于领导班子和领导干部年度考核办法的汇报，同意《县（市）区领导班子和领导干部年度考核办法》、《市直部门领导班子和领导干部年度考核办法》；书面印发了市联席办《关于中央信访工作督导组检查我市信访工作情况的汇报》（市委常委会议纪要九届第25号）。

9月28日，孙瑞彬主持召开九届市委常委会第26次会议。传达了省委关于换届工作的有关精神，对做好全市换届工作以及当前重点工作进行了安排部署（市委常委会议纪要九届第26号）。

9月28日，孙瑞彬主持召开九届市委常委会第27次会议。讨论并原则同意《关于加强新形势下党外代表人士队伍建设的意见（讨论稿）》；讨论并原则同意《关于推广肃宁县“四个覆盖”经验加强和创新农村社会管理的实施意见（讨论稿）》；听取了市委组织部关于全省2013年市人大政府政协领导班子换届座谈会暨换届考察培训会主要精神及贯彻落实意见的汇报，同意市委组织部关于贯彻落实全省2013年市人大政府政协领导班子换届座谈会暨换届考察培训会精神的意见（市委常委会议纪要九届第27号）。

10月12日，孙瑞彬主持召开九届市委常委会第28次会议。听取了省会市容市貌综合整治十大工程完成情况汇报；听取了市委农工委关于全省幸福乡村建设暨农村环境综合整治现场观摩会主要精神及石家庄市贯彻落实意见的汇报，同意关于贯彻落实全省幸福乡村建设暨农村环境综合整治现场观摩会精神的意见（市委常委会议纪要九届第28号）。

10月24日，孙瑞彬主持召开九届市委常委会第29次会议。听取了关于全省着力改善“两个环境”动员大会精神及石家庄市贯彻落实意见的汇报，原则同意关于贯彻落实全省着力改善“两个环境”动员大会精神的意见；讨论并原则同意《关于着力改善发展环境的实施意见（讨论稿）》及《责任分解意见（讨论稿）》；讨论并原则同意《关于着力改善生态环境的实施意见（讨论稿）》及《责任分解意见（讨论稿）》；听取了关于省联席会议信访稳定工作调度会主要精神及石家庄市贯彻落实意见的汇报，同意关于贯彻落实省联席会议信访稳定工作调度会精神的意见；听取了关于全国、全省创先争优活动总结交流会议和全省基层建设年推进会主要精神及石家庄市贯彻落实意见的汇报，同意关于贯彻落实全国、全省创先争优活动总结交流会议和全省基层建设年推进会精神的意见；书面印发了市委组织部《关于学习张庆黎同志在全省市委书记、市长和省直部门主要负责同志会议上严肃换届纪律重要指示精神及贯彻落实意见的汇报》；书面印发了市委督查室《关于全市“两个环境”建设督查情况的报告》（市委常委会议纪要九届第29号）。

11月16日，孙瑞彬主持召开九届市委常委会第30次会议。传达了党的十八大和十八届一中全会精神，对在全市迅速兴起学习宣传贯彻党的十八大精神热潮，以十八大精神为动力做好当前各项工作进行了安排部署；研究了干部人事问题（市委常委会议纪要九届第30号）。

11月22日，孙瑞彬主持召开九届市委常委会第31次会议。传达省委八届三次会议精神，研究石家庄市贯彻落实意见；听取了市联席办关于石家庄市十八大维护稳定评比表彰工作的汇报，同意《关于表彰全市党的十八大维护稳定工作先进集体和先进个人的决定》和《关于十八大维护稳定工作评比表彰的方案》；讨论并原则同意《关于正团职军转干部安置工作的若干意见（讨论稿）》；研究了干部人事问题（市委常委会议纪要九届第31号）。

11月25日，孙瑞彬主持召开九届市委常委会第32次会议。研究了干部人事问题（市委常委会议纪要九届第32号）。

12月11日，孙瑞彬主持召开九届市委常委会第33次会议。研究了干部人事问题（市委常委会议纪要九届第33号）。

12月14日，孙瑞彬主持召开九届市委常委会第34次会议。听取了关于全省组织部长、统战部长会议精神及石家庄市贯彻落实意见的汇报，同意关于贯彻落实全省组织部长、统战部长会议精神的意见；听取了市人大党组关于召开石家庄市第十二届人民代表大会第六次会议有关事项的汇报；讨论并同意市人大党组《关于选举我市出席河北省第十二届人民代表大会代表和市十三届人大换届选举工作有关问题的意见（讨论稿）》；讨论并同意市委统战部《关于市政协换届工作有关问题的意见（讨论稿）》（市委常委会议纪要九届第34号）。

12月28日，孙瑞彬主持召开九届市委常委会第35次会议。听取了关于全省开展加强基层建设年活动总结大会精神及石家庄市贯彻落实意见的汇报，同意关于贯彻落实全省开展加强基层建设年活动总结大会精神的意见；讨论并原则同意《关于召开市委九届四次全会的安排意见（讨论稿）》；讨论并原则同意《关于石家庄市2013年国民经济和社会发展计划（草案）》；听取市政府办公厅关于2013年20件实事完成情况和2013年为民办实事谋划情况的汇报；讨论并通过《关于石家庄市推荐提名十二届全国人大代表、省人大代表候选人初步人选建议名单》；讨论并通过《关于石家庄市推荐提名十一届省政协委员、常委人选建议名单》；研究了干部人事问题；听取了市纪委有关案件汇报，同意市纪委《关于给予市联运总公司原经理杜晓立留党察看处分的意见》；讨论并原则同意《关于推进工业转型升级加快建设工业强市实施意见（讨论稿）》；讨论并原则同意《关于加快科技创新体系建设的实施意见（讨论稿）》；讨论并原则同意《关于石家庄循环化工园区托管区域交接问题的意见（讨论稿）》（市委常委会议纪要九届第35号）。

【召开着力推进“两个环境”建设暨经济形势分析会】 10月25日，市委、市政府召开全市着力推进“两个环境”建设暨经济形势分析会，贯彻落实全省市委书记、市长和省直部门主要负责人会议，以及全省着力改善发展环境、着力改善生态环境动员大会精神。省委常委、市委书记孙瑞彬，市委副书记、市长姜德果、市委副书记刘云峰等市领导及市直有关部门和各县（区）负责人参加会议。市长姜德果在会上分析全市经济形势，安排部署经济工作；市委常委、常务副市长王大虎通报1～9月全市经济运行、节能减排和省考核指标完成情况；市委常委、纪委书记司存喜就市委、市政府关于着力改善发展环境、着力改善生态环境两个《实施意见》以及《责任分解方案》作了说明。会议提出，全市要强化省会意识，借势造势、再接再厉，攻坚克难、奋力拼搏，以更大的决心、更大的力度、更有效的举措，带头贯彻落实好省委、省政府的决策部署，强力推进“两个环境”建设，努力走在全省前列，充分发挥省会的表率作用；改善发展环境任重道远，必须再接再厉、深化拓展，以钢铁般的意志强力推进；改善生态环境任务艰巨，必须标本兼顾、奋力攻坚，以壮士断腕的决心加强治理；牢记发展是第一要务，稳定是第一责任，按照省委、省政府和市委、市政府的决策部署，坚持发展稳定两手抓，顽强拼搏、攻坚克难，强化责任、狠抓落实，以一个好的精神状态、一个好的工作作风、一个好的工作业绩，着力改善“两个环境”，确保经济运行好中求快，确保全市社会大局稳定，圆满完成全年各项目标任务。

（夏清元）

组织工作

【概况】 2012年，全市组织工作以领导班子思想政治建设、深化干部人事制度改革、推进创先争优活动、开展加强基层建设年活动、实施十项重点人才工程为重点，改革创新、狠抓落实，组织工作水平全面提高。年内，全市抽调20178名干部进驻4393个行政村，共在451个重点村开展帮扶工作。60个窗口单位推行“四亮四创三评”为民服务机制，63个市直部门向社会作出公开承诺，16个先进单位经验做法得到

2012年3月7日，省委常委、市委书记孙瑞彬（左排左二）到市基层建设年活动办公室听取活动开展情况汇报

推广。至2012年末，全市发展党员12451名，其中35岁以下9305名，占74.73%；大专及以上学历4291名，占34.46%。2012年，石家庄市开展加强基层建设年活动、完善落实大学生村官“四有一保”管理机制、关爱老党员等3项工作受到中央组织部（简称中组部）主要领导的批示肯定；领导班子思想政治建设、社区党建、新闻和网络宣传等6项工作在全国、全省会议上作经验介绍；16项工作在中央新闻媒体或中组部刊物刊发。

【基层建设年活动】 2012年初，市委组织部抽调20178名干部进驻全市4393个行政村，其中在451个重点村开展帮扶工作。及时部署基层建设年活动，开展问题研究和工作推动，72次召开推进会、调度会，下发文件164个。2月27日，全市召开基层建设年活动领导小组第一次全体会议，决定在全市开展“八个一”活动，推进加强基层建设。“八个一”活动为：集中开展一次县（市、区）委常委督导看望活动；建立一套完整的工作台账；组织开展一次民情调查；建立一套帮扶方案；组织驻村干部开展一次认责承诺活动；集中申报、开工一批项目；组织新闻媒体进行一次集中采访；培育、宣传一批先进典型。各级党委将基层建设年活动作为“一号工程”，建立市县党委常委活动联系点制度，明确县（市、区）委书记责任，实行派出单位捆绑责任制和“一把手”负责制。全年市领导到联系点调研指导均达2次以上，各县（市、区）委书记召开活动调度会500余次，市直单位“一把手”带头深入农村开展调研，从人力、物力、财力上给予支持，形成了“书记抓、抓书记，齐心协力、一抓到底”的工作格局。为增强基层建设年活动针对性和实效性，全市组织驻村工作组开展民情大调查，共召开各类座谈会3833次，入户走访16万户，发放《民意调查表》41万份，征求意见6000余条，走访慰问困难群众3.5万人次，摸清了民意，找准了问题，为开展活动奠定了坚实基础。调动驻村干部工作积极性，制定出台了《关于在开展加强基层建设年活动中强化各级驻村工作组管理的意见》、《加强驻村干部监督管理、实行“召回”制度的若干规定》、《关于做好对驻村干部工作期间考察考核、建立考察档案的指导意见》等文件，建立了驻村工作组组长负责制、考勤和请销假、定期督导检查通报、跟踪考察、召回问责等制度，强化了驻村干部日常管理。按照“每周有明查、有夜访、有通报”的要求，组织集中专项督导检查35次、临时抽查191次、综合考核2次，走访调查群众3500多人次，对无故不在岗、在岗不办事、办事不主动等具体问题向全市通报并责令限期整改。全年188个省市驻村工作组年终综合考核考察中，群众满意率为100%的达到91%。开展项目建设集中攻坚活动，实行一个项目“一个领导分包、一套班子负责、一套方案推进”机制，高质量完成项目建设任务。全年451个重点村确定帮扶项目6202项，完成投资7.6亿元，复查1169个帮扶项目合格率达到100%，优良率达到95%以上。

2012年8月16日，市委常委、组织部长王俊钟（前排右二）到深泽县北卓头村调研农村基层建设，提出在全市农村开展无害化卫生厕所改造等三项工作

【创先争优活动】 组织141个临时党组织、1.4万名党员开展“三比一创”劳动竞赛，促进了正定新区、

石家庄新客站等重点工程建设提速提效。为推进基层建设年活动创先争优，以县（市）区为单位成立24个临时党委，设置五面流动锦旗和“八颗星”，组织4393个驻村工作组和20178名驻村干部开展“夺旗争星”竞赛，评出红旗驻村工作组360个、先进驻村干部1082名，极大激发了驻村干部工作热情。60个窗口单位推行“四亮四创三评”为民服务机制，63个市直部门向社会作出公开承诺；召开创先争优现场观摩暨经验交流会，推广16个先进单位的经验做法，打造出群众满意的服务品牌。开展创先争优群众评议活动，2.1万个基层党组织和62万余名党员参加评议，各项评议内容群众满意率均达到95%以上。扎实做好创先争优活动总结表彰工作，召开了全市创先争优活动表彰大会，以市委名义表彰了100个先进基层党组织、100名优秀共产党员、100名优秀党务工作者和14个先进县（市）区委。制定出台《关于建立健全创先争优长效机制的指导意见》，指导督促各级党组织总结、提炼、升华、固化创先争优活动中行之有效的做法，形成可供传承、发扬的标志性成果。年内，全市建立创先争优长效机制9053个，其中市级建立“四项机制”建设、群众评议基层党组织和党员等长效机制6个。征集818个长效机制范例，辑印成《创先争优长效机制范例汇编》。

（张宇捷）

【构建街道社区“1+3“大工委制和党建网格化】 8月2日，全市召开工作会议，贯彻中共中央、河北省委关于加强和创新社会管理工作的总体要求，安排部署完善“1+3”大工委制和党建网格化工作。完善街道“1+3”大工委制，是指在全市各街道党工委下成立驻区单位联合党委、综合党委和居民区党委3个党委。驻区单位联合党委负责街道辖区内各类机关、企事业单位党组织的协调和指导，不改变辖区内党组织原有隶属关系，不干涉各单位内部事务；综合党委负责辖区内非公有制经济组织和新社会组织党组织的协调管理；居民区党委负责辖区内社区党组织的协调管理。

（王更）

【4名党员代表参加中共十八大会议】 11月8～14日，石家庄市4名党员代表到北京参加了中国共产党第十八次全国代表大会，分别是孙瑞彬（1959年9月出生，省委常委、市委书记）、毛全球（1960年2月出生，市委常委、统战部部长）、刘荣秀（女，1954年11月出生，石家庄天元集团天荟店店长、党支部书记）和陈丽（女，1980年9月出生，市教育局思政体卫处副处长）。

（市委组织部）

【干部队伍管理】 扎实做好党的十八大精神学习培训。以“学报告、学党章、践宗旨、推进‘两个环境’建设”为主题，举办县处级领导干部学习贯彻十八大精神培训班8期，并对县处级干部进行了轮训。在《石家庄日报》开辟专栏，刊发县（市）区、市直部门主要领导干部28篇学习体会文章。指导各单位制定培训计划，建立督促检查和情况通报制度，举办乡科级干部轮训示范班1期。围绕全市工作大局，整合培训资源，推进大规模干部培训工作，举办了优化生态环境、培训管理者案例教学、舆情处置和媒体应对等主体班次27期，培训干部2429人次；选派学员446人次参加国家、省举办的68期培训班；年末全市举办各级各类培训班725期，培训干部9.2万人次。圆满完成县乡人大、政府和县政协换届。指导县（市）区认真组织筹备人大、政协“两会”，确保了市委预批人选全票或高票当选。严肃换届纪律，印发《关于严肃换届纪律确保风清气正的通知》、《关于春节期间加强教育监督严防用人上不正之风的通知》等文件，3次召开严肃换届纪律工作视频会，对换届纪律学习宣传、关键环节督查、违纪行为查处等作出部署。采取辑印《用人上的违纪违法案例选编》、制作严肃换届纪律宣传展架和宣传海报、在公务内网开辟专栏、向参加民主推荐大会人员发放“提醒卡”、组织参加民主推荐和符合提名条件的领导干部签订遵守换届纪律承诺书、寄送节日贺卡等措施，加强严肃换届纪律的宣传教育。开展换届风气专项督导，组成8个组全程督导检查县（市）区换届工作，营造了风清气正的换届环境。年内，在各县（市）区换届风气测评中，人大换届测评“很好”和“好”的比例均达到100%，政协均达到99%以上；在市人大、政府、政协换届纪律问卷调查中，换届纪律知晓率达到100%。加强领导班子思想政治建设。制定出台《关于进一步提升领导干部思想政治素质的实施意见》，以弘扬新时期赶考精神为主线，组织开展了系列教育活动。围绕“重温进京赶考、交出满意答卷”等主题，2次组织各级领导班子召开专题民主生活会，开展党组织书记讲党课活动，并谋划开展了“重走赶考路”党性教育活动，举办“赶考”培训班137期，培训党员干部1.34万人次。中组部和省委组织部对石家庄市开展“重走赶考路”的做法给予充分肯定，《全国干部教育通讯》进行了刊发。向市管干部赠送《关键在于落实》等4本书，组织开展3轮谈心谈话，教育引导广大干部保持好的精神状态。印发《关于贯彻落实省委〈关于加强换届后市县党委领导班子内部制度建设的意见〉的通知》等文件，指导各级领导班子建立完善了班子内部工作分工、议事、决策规则和程序，抓好了领导班子内部制度建设。改进和完善干部考核。以改善“两个环境”为重点，制定出台《县（市）区领导班子和领导干部年度考核办法（试行）》和《市直部门领导班子和领导干部年度考核办法（试行）》，在实行分类考核、加强干部德的考核、建立“千分+2x”综合评价模式等6个方面进行了改进和创新。印发《2011年度县（市）区、市直部门领导班子和市管干部考核结果的通报》，较好地发挥了考核“指挥棒”、“风向标”作用。加强省考核目标督导，配合省委组织部做好石家庄市省管干部2011年度考核工作。规范干部宏观管理，着眼优化领导班子结构，加大年轻干部和党外干部的培养选拔力度，制定出台《关于加强科级年轻干部培养选拔使用工作的指导意见》和《关于加强科级党外干部培养选拔使用工作的指导意见》，分年度提出今后三年培养选拔的具体数量和要求，并就县（市）区工作落实情况开展督导检查，《河北组工信息》刊发了石家庄市这一做法。本着“公开公正竞争择优”原则，采用“积分选岗”办法，妥善安置30名正团职军转干部，89名选调生到岗工作，取得良好的社会效果。追加选派1名库尔勒市公安局副局长人选赴疆工作。圆满完成2012年度公务员录用省市县乡四级联考和全市事业单位工作人员招聘，录用公务员362名，招聘事业单位工作人员815名，实现了“零纰漏、零差错、零失误”要求。至2012年末，县（市）区、市直党群部门、参照公务员法管理单位、事业单位共有26548名科级以下人员参加2011年度考核和奖惩，产生优秀等次3743名，上报14名二等功人选给予表彰；公务员登记765人，调任审批74人。

【人事制度改革】 规范干部任用提名制度，制定《石家庄市县级领导干部初始提名办法（试行）》，落实和完善“两推一议”提名办法。全面推行任用重要干部票决制，市委常委会通过票决方式任用正职69名。加大竞争性选拔干部工作力度，市直机关科级岗位出现空缺时，普遍采用竞争性方式选拔产生；指导元氏县、井陉县等6个县（市）区开展公开选拔干部。推行对拟提拔干部增加个人住房、投资、配偶子女从业“三项公示”内容制度，扩大了群众知情权、参与权和监督权。完善综合量化提名、反向测评、延伸考察等改革措施，提高选人用人公信度。推进干部交流轮岗，共交流县级干部306人。加强干部选拔任用工作监督检查，按照“半年一自查、一年一抽查、三年查一遍”工作机制，在组织各单位开展自查自纠基础上，集中检查了17个县（市）区、15个市直单位贯彻执行《干部任用条例》和四项监督制度情况。针对发现问题，采取下发《整改通知书》、挂账督办等措施及时整改解决。全面推行干部选拔任用全程记实制度，健全信访、12380电话、互联网、手机短信等举报平台，加大违规用人问题查核力度，全年受理举报案件73件，其中涉及违规用人问题30件，全部得到妥善处理。加强干部日常监督管理，对16名市管班子党政正职开展了经济责任审计，对18家单位落实审计建议情况进行了回访。完成市管干部集中报告个人有关事项，进一步规范了国家工作人员因私事出国（境）及证照管理。

【基层组织建设】 做好农村“两委”换届。周密制定农村“两委”换届工作方案，19次召开调度会安排部署。辑印《农村“两委”换届资料汇编》、《百篇典型案例》及换届流程图等培训教材，举办专题培训400余期，培训基层干部3.3万人次。提出候选人“五选七不选”标准，深入开展“八个必谈、五个必访”活动，组织县、乡两级干部与村“两委”班子成员、党员和村民代表谈心谈话8000余次，入户走访老干部、老党员、离任村干部、候选人等20余万人次，大力宣传换届政策，强化换届纪律，确保了换届工作有序推进、圆满完成。换届后农村“两委”成员平均年龄47.6岁，比上届降低1.5岁；妇女干部3707人，占村“两委”成员总数的15%，比上届增加1792人。中组部、省委组织部领导11次到石家庄市调研督导村“两委”换届，对石家庄市给予充分肯定，《人民日报》等媒体刊发了石家庄市做法。加强农村基层组织建设。采取加大财政投入、加强培养管理、支持创业发展等措施，促进农村好青年成长成才，年内全市评选产生农村好青年3275名。在农村“两委”换届中，830名“农村好青年”进入村“两委”班子，其中26人当选党支部书记或村委会主任；114人当选县乡人大代表、党代表和县政协委员。完善大学生村官县乡村三级共管体系和“3+1”帮带制度、考核制度，深化大学生村官“四有一保”管理机制，通过强化培训、结对帮扶、交任务、压担子等措施，确保大学生村官下得去、待得住、干得好、流得动。2012年，全市选聘大学生村官529名，续聘116名；有263名大学生村官进入村“两委”班子，有104名大学生村官当选乡镇党代表。加强农村干部培训，举办示范培训班2期，培训农村党支部书记等300多名。组织和指导各县（市）区对村“两委”干部、大学生村官、农村好青年进行轮训。落实“四议两公开一监督”、“一定三有”等工作机制，开展“建制度、强规范、提素质、促发展”活动，推出45项涉农规章制度，提升了农村工作规范化水平。推广“四个覆盖”模式，全市农村新建党总支21个，新建党支部131个，新建党小组1465个。深化城市社区等领域党建工作，推广以基层党建网格化为基础的社区服务管理模式，全市49个街道全部推行“1+3”大工委制，吸收816家驻区机关、企事业单位和“两新”组织为街道党工委委员；375个社区全部实现网格化，设立楼院网格党支部1560个，组建各类群众服务组织8000余家；落实驻区单位党组织联系街道党工委和在职党员向社区报到制度，846个党组织和近10万名在职党员到街道社区联系报到，形成以街道党工委为核心、社区党组织为基础、驻区单位党组织和辖区内全体党员共同参与的区域化党建工作新格局。推进党员教育管理，深入实施“关爱老党员工程”，全市投入资金520多万元，结成帮扶对子5900余个，建立志愿者服务队1700余支、巡诊医疗队1000余支，为老党员提供志愿服务和医疗服务2万余次，修缮房屋640余间，硬化地（路）面1.47万平方米，走访慰问12000多次，捐款90余万元，捐赠生活用品7500余件，实现了5600余名老党员关爱帮扶全覆盖，提升了老党员居住、健康、精神三方面幸福指数。研发推广《中国共产党党员发展对象考试系统》，受到中组部和省委组织部领导的肯定。2012年，全市发展党员12451名，其中35岁以下9305名，占74.73%；大专及以上学历4291名，占34.46%。实施党员“双育工程”，市县两级建立培训基地148个，培训党员33万多人次，全市10万多名党员掌握了一门以上实用技能。以明确权责为抓手，以制度建设为保障，在全市范围内推行党员“七权七责”工作，做到党员基本权利全面落实，党员主体和责任意识更加强化。做好党员电化教育和远程教育。围绕重点工作，充分发挥“宣传组织工作、服务党员教育”的职能作用，全年累计制作新闻报道、电视专题片及教学课件283部、时长2400分钟，中组部和省委组织部采用率达98%，摄制的《中组部在南庄村》、《医生楷模刘琼芳》等8部电视专题片分获全国全省“特等奖”、“最佳作品奖”等11个最高奖项。出台《石家庄市党员干部现代远程教育工作目标管理办法》，规范站点教学管理。开展“双创双争”和“星级站点”创建活动，评选市级先进教学平台2个，市级教学示范站点112个，市级优秀站点管理员104个，学用标兵106个。年内，组织部远教中心被中组部列为全国远程教育学习观摩示范基地，被省委组织部授予全省先进教学服务平台。加强党建研究。印发市委党的建设工作领导小组2012年工作要点，明确全市党建工作思路和重点。做好2012年度全市党建研究课题工作，完成中组部下达的重点课题调研任务，撰写的《非公有制企业党组织在推进企业科学发展、促进和谐劳动关系中的作用研究》获得全国党建研究会调研课题三等奖、河北省党建研究调研课题一等奖。

【人才工程】 推进和落实十项重点人才工程，协调有关职能部门出台《石家庄市科技领军人物、科技创新团队认定与管理意见》、《实施优质医疗资源倍增工程人才引进办法》等4项实施方案，4次召开推进会安排部署工作和研究解决问题。加强高层次、高技能人才队伍建设，组织评选产生117名市管拔尖人才、30名优秀高技能人才、100名青年拔尖人才、15名科技领军人物和15个科技创新团队。引进发展紧缺人才，实施重大人才引进项目，引进人才2.4万人，其中高层次人才915人；依托全市产业和项目，引进“两院”院士40名，涉及项目47个，开展活动40余次，其中2名院士获得河北省院士特殊贡献奖；聘请国外专家19名，完成项目17个。年内，石家庄市被评为“河北省院士智力引进工作先进单位”。实施“名师带动工程”、“百名英才培养工程”、“千名农民素质提升工程”，开展百名专家扶百村、专业人才对接服务企业等系列活动，培训各类人才10.4万余名。完善市县乡村四级人才工作网络体系，将1.6万名不同层次的农村实用人才纳入信息库。

（张宇捷）

2012年10月8日，中共中央政治局常委、全国政协主席贾庆林（前排中）到中国国家博物馆，参观正在举办的“迎着曙光·弘扬西柏坡精神——陈承齐油画作品展”

宣传工作

【概况】 2012年，全市宣传思想文化工作按照高举旗帜、围绕大局、服务人民、改革创新总要求，认真贯彻中央和省、市委一系列决策部署，扎实推进文化改革发展各项工作。以“迎接党的十八大，建设幸福石家庄”为主题，有针对性地在社区、农村、大中专学生、企业职工等群体中，开展党十八大精神宣传教育。结合基层建设年和创先争优活动，落实“走转改”要求，深入基层，服务基层，转变作风。全年市宣传文化系统单位结合实际开展了送理论、送文化、送欢乐下基层活动。主要新闻媒体组建记者小分队560余支，采访基层2800人次，在重要版面和时段推出一批贴近群众、生动鲜活的精品力作，播发走基层稿件2000余篇（条）。年内，市委宣传部机关驻村帮扶藁城市兴安镇张村北街村，筹措资金600多万元，为村民办好事25件，受到好评。

2012年10月，“迎着曙光·弘扬西柏坡精神——陈承齐油画作品展”在国家博物馆举行

【新闻宣传】 牢牢把握正确的舆论导向，为党的十八大胜利召开和建设幸福石家庄营造浓厚氛围。市属各媒体统一开设“科学发展，成就辉煌”、“建设幸福石家庄，迎接党的十八大”、“学习贯彻十八大精神，加快建设幸福石家庄”、“改善两个环境，建设幸福石家庄”等专题专栏。党十八大召开后，全市广泛开展了“学习贯彻党的十八大精神大型主题采访活动”，大力宣传石家庄市经济社会发展的新成就、城乡新面貌和百姓生活的新变化、各行各业先进典型和优秀共产党员先进事迹以及全市各地、各部门和社会各界学习宣传贯彻十八大精神的生动实践。全年在省以上媒体发稿3600余

篇（条），其中《人民日报》、新华社、中央电视台等中央主要媒体刊播600余篇（条），发稿与头条数量位列全省首位。《人民日报》头版头条刊发《石家庄治理污染洁城净天》报道、中央电视台《新闻联播》连续专题报道了西柏坡纪念馆80后讲解员爱岗敬业、赢得广大游客赞誉的事迹，《光明日报》头版头条报道石家庄市文化改革创新发展，提升了石家庄市的知名度和美誉度。举办“喜迎十八大，展示新成就，建设幸福石家庄”系列新闻发布活动，邀请市委组织部、市委宣传部、市纪委监察局、市政府办公厅、市发改委等部门主要负责人进行新闻发布，向社会公众展示近十年来石家庄在城市建设、改革发展、文化、民生等各个领域取得的巨大成就。全年举办新闻发布会21场，有效发挥了政府和群众间的沟通桥梁作用。举办“港澳媒体河北沿海行”、“渤海明珠巡礼”网上行石家庄站等系列对外宣传活动。加大网络宣传，举办“与幸福同行”等网络文化活动。

【理论武装】 用中国特色社会主义理论体系武装党员干部、教育全市人民。认真抓好党十八大精神宣讲，邀请中央政策研究室专家为市委中心组授课，全市各级党政机关干部、企业、学校1000多人参加省委宣讲团在石家庄市举行的宣讲报告会。组织精干力量，开展全覆盖逐级宣讲活动，市级抽调18名领导干部和一批理论骨干组成市委宣讲团深入基层开展宣讲，举办报告会30多场，听众超过万人。年内，市委讲师团获得中宣部全国“理论宣讲先进集体”称号。加强学习型党组织建设，印发《2012年度干部理论学习重点和必读篇目的通知》；围绕加强西柏坡精神教育，辑印《“西柏坡精神”学习文选》，组织全市党委中心组开展学习活动。加强理论宣传阵地建设，召开《理论之窗》十周年座谈会，邀请主办单位负责人、省会理论工作者及媒体代表就办好“理论之窗”栏目，普及社科理论进行研讨。“燕赵讲坛”创新宣传模式，坚持品牌化运作，精心选题选人，全年举办讲座200场，直接受众10万人次，影响力不断扩大。完成三卷本《石家庄通史》当代卷初稿。编辑电子图书《石家庄文化建设精品工程荟萃》，收录市委宣传部近年编辑600多万字书籍和3000多分钟影视动画作品。市委宣传部组织创作的《璀璨时空——石家庄历史文化影像志》获得第26届中国电视金鹰奖优秀纪录片奖。面向社会公布社科规划课题指南，按照“服务大局、贴近实际、照顾基层、同题选优”原则，围绕经济社会发展大局，确定文化建设、经济建设、党建和思想道德建设三大类55项课题，推出一批有价值、有份量的研究成果，为市委、市政府决策提供了有益参考。

【思想道德建设】 弘扬西柏坡精神，加强西柏坡精神理论研究。推出《西柏坡精神当代价值》、《西柏坡记忆》、《西柏坡纪事》、《西柏坡档案》、《西柏坡画册》等一批理论文章专著和影像作品。利用具有重要历史意义的“3·23赶考日”、“5·26移驻日”等重要时间节点，召开“重温进京赶考”——西柏坡精神研讨会、纪念中共中央移驻西柏坡64周年暨西柏坡精神研讨会，并邀请中央党史研究室、中央党校等知名专家学者推出一批理论成果。举办“新中国从这里走来——西柏坡时期历史档案文献展”，在北京国家博物馆举办“迎着曙光——弘扬西柏坡精神陈承齐大型油画展”。在全市各级党政机关、学生、企事业职工中开展“做西柏坡精神传人”实践活动，将西柏坡精神深入人心、化为行动。组织举行石家庄市清明公祭革命烈士大会，市四大班子全体领导及社会各界代表2000余人参加。国庆节期间，开展“五星红旗飘起来”活动，打造了50多个国旗社区和200多个国旗村，10余万面五星红旗飘扬在全市大街小巷、社区农村，形成五星红旗处处迎风飘扬的盛世景象。加强爱国主义基地建设和管理，成立市爱国主义教育基地专家咨询委员会，完成梅花惨案纪念馆改造提升工程并重新开馆，完成陈庄歼灭战陈列馆主体建设和陈展大纲。年末全市爱国主义教育基地管理进一步规范，服务水平有效提升，社会影响力显著增强。加强形势政策教育，开展“惠在何处，惠从何来”宣传教育活动，举办各种宣讲2000多场次，听众超过50万人。组织建设第九批47个市级宣传文化示范村。赞皇县举办了“走进太行·温暖万家”文化科技卫生“三下乡”集中示范活动，帮扶现金、物品、项目资金1.4亿元。完成18项省级政研课题立项，出版四期《石家庄政工论坛》。以纪念建军85周年和《国防教育法》实施11周年为契机，开展了一系列国防教育特色活动。创新形式，拓宽社会宣传阵地。利用现代技术和电子媒介优势，将全市繁华街区和广场的16块户外大屏幕、6710辆出租车和800辆公交车车尾显示屏、1785辆公交车移动电视纳入社会宣传平台，全年累计播放“做西柏坡精神传人”、文明城市创建、“学雷锋，倡善行”、“双惠”教育、学习宣传贯彻党十八大精神等系列主题活动宣传标语超过25亿次，增强了社会宣传的影响力和辐射力，营造了浓厚氛围。

【文化事业】 加强市内各区和乡村级公共文化设施建设，稳步推进霞光大剧院、丝弦大戏院等市级文化设施项目，公共图书馆、文化馆（群艺馆）实现免费开放。开展形式多样的群众文化活动，举办“迎盛会、颂盛世——欢乐大舞台”活动，吸引近万名群众直接参与，数百万人次观看演出；“彩色周末”文艺演出1186场、系列活动310多场；送文艺到基层活动，在市内演出50场，农村演出380场；“千场电影进社区，万场电影进农村”公益文化活动，在社区免费放映电影1100场，在农村免费放映电影5万多场；“高雅艺术演出”活动，引进《桃花红》、《孔雀》等一批经典剧目。以精神文明建设“五个一工程”为抓手，指导和推动全市文学、戏剧、美术、广播影视剧、动画片、歌曲等领域创作生产取得新突破。33集都市情感电视连续剧《家在南三条》在河北卫视黄金档播出；拍摄完成30集电视连续剧《当家的男人》；动画片《神秘世界历险记》、电影《妈妈片警》在电影院线上映；打磨、推出戏剧《黎明前的星光》等精品力作。

【文化产业】 制定出台市委推动文化大发展大繁荣的《实施意见》，明确文化建设奋斗目标、主要任务和政策措施。率先在全省完成非时政类报刊改革任务，石家庄市被中宣部等四部委评为“全国文化体制改革工作先进地区”。加大文化产业发展扶持力度，开创文化产业发展新局面，动漫产业发展专项资金和文化产业发展引导资金全部拨付到位，并健全财政资金追踪问效和绩效考评制度，确保了财政资金发挥扶持、引导作用。一批文化产业项目建成投用，总投资8000万元的石家庄动漫大厦暨中国动漫衍生产品集散交易中心取得经济社会综合效益，中国动漫实训与考级中心获得文化部漫画考级授权。成功举办中国石家庄第七届国际动漫博览交易会。招商引资成果丰硕，在第八届中国（深圳）国际文化产业博览交易会上，石家庄市项目签约总额145.18亿元，位居全省首位、全国前列。

（谢礼）

2012年10月，市群艺馆成功举办全市票友大赛

统战工作

【概况】 2012年，全市统战工作坚持围绕中心找准定位，服务大局彰显优势，着力强化统战成员思想政治基础，牢牢把握转变经济发展方式主线，抓住关注民生促进和谐这一关键，创新思路举措、活动载体和机制方法，各项工作取得新的成绩。围绕“民族和睦、宗教和顺、社会和谐”主题，完善宗教工作机制，推动热点难点问题解决，推进宗教事务依法管理，确保了全年未发生一起因民族宗教问题引发重大群体性事件。坚持“保护合法、制止非法、抵御渗透、打击犯罪”原则，依法开展“四项专项行动”，维护了宗教领域稳定。2012年，市委统战部获得全国统战系统宣传工作先进单位、

展“大排查、大调处、大帮扶”一体化社会矛盾化解活动（简称“三大活动”）。经市委常委会专题研究，省委常委、市委书记孙瑞彬与各县（市）区一把手签订“三大活动”目标责任状，市委、市政府成立专门组织机构，印发《关于进一步深化“三位一体”大调解体系大力开展“大排查、大调处、大帮扶”一体化社会矛盾化解活动的实施意见》，市财政拨付100万元专项经费，市综治办研究制定活动具体推进意见，设计出工作流程和工作台帐，年末“三大活动”实现市、县、乡、村四级规范管理。通过建立一体化机制，全年排查各类矛盾纠纷9773件，调处9288件，调解成功率达95%，消除不稳定隐患1100余起，为党的“十八大”召开营造了良好社会环境。2012年，各级各部门结合工作实际，探索实施一大批创新特色项目，较为突出的有裕华区“心理减压计划”、鹿泉市青少年法育基地、长安区新居民服务中心等。

【省会平安建设】 各级政法机关围绕影响群众安全感和满意度的突出违法犯罪，深入开展了一系列平安创建活动。开展“净土”、“雷霆”等严打行动，破获刑事案件40863起，打处犯罪嫌疑人15395名，打掉涉黑犯罪团伙47个，侦破了跨晋冀豫特大网络贩枪等一批大要案。开展“打四黑除四害”、“扫黄打非”、打击赌博、“街衢亮剑”等治安整治行动，整治治安重点地区和乱点80个，清查各类行业场所8000余家，关停证照不全、涉赌涉黄场所243家。开展治爆缉枪专项行动和危爆物品集中清查整治专项行动，收缴炸药6605千克、雷管4.4万余枚、枪支997支、烟花爆竹1221.5万余响。集中开展消防安全排查整治，检查单位9.1万余家，督促整改火灾隐患65.2万余处。开展交通整治行动，查处交通违法行为167.8万余起，有效防止了群死群伤事故发生。各级检察和审判机关坚持快捕快诉快判，提升了打击效能。

【公正廉洁执法】 市委政法委抽调精兵强将，成立3个专项检查组，深入各县（市）区政法部门组织开展了贯穿全年的执法大检查活动，检查各类案件3245件，发现问题案件660件，纠正一般性问题461个，解决程序性问题495个，整改实质性问题473个，对33起案件进行了责任倒查。着眼维护群众合法权益，开展“双案双访”（防新案、化积案、降重访、治非访）专项治理活动，全年承办案件954件，办结904件，结案率同比上升35.9%。加大治理非访力度，出台规范信访秩序七项措施，年末全市新访同比下降25.6%、进京非访同比下降79.5%。开展“两评查一监督”活动，采取庭审评查、裁判文书评查方式，全年评查各类案件2780件；严格落实中央八部委《关于党委政法委员会对政法部门执法活动进行监督的规定》，加强重点案件督办、协调和处置。至2012年底，全市共落实省市督办案件32件，协调案件90余件，确保了重点案件公正、高效办理。

【政法队伍建设】 开展“忠诚、为民、公正、廉洁”政法干警核心价值观教育实践活动和“认真学习十八大精神，集中开展教育整顿”等活动，提升政法队伍职业素养，推进政法队伍职业化建设。创新育警措施，提高整体素质。全年举办各类政法队伍教育培训班175次，培训政法干警17490人次。加强队伍管理，积极做好政法系统干部协管工作，并对县（市）区政法领导班子和领导干部进行了年度民主测评。推进政法系统惩防体系建设和党风廉政建设，修订完善四个方面37项责任追究制度，查处干警违法违纪案件41起，有48名违纪干警得到纪律处分。落实从优待警措施，积极为干警解决实际困难。全年4名因公牺牲干警和986名特困干警得到资助，极大增强了政法队伍凝聚力。

【十佳政法基层单位】 2012年，全市政法系统评选“十佳政法基层单位”10个。

表12　2012年度石家庄市政法系统“十佳政法基层单位”

序号	十佳政法基层单位名单
1	栾城县公安局巡特警大队
2	裕华区公安分局东环派出所

（续表）

序号	十佳政法基层单位名单
3	长安区公安分局刑警大队
4	市公安局刑警支队第二大队
5	新华区人民检察院公诉科
6	市人民检察院控告申诉处
7	井陉县人民法院秀林法庭
8	市中级人民法院立案第二庭
9	正定县司法局基层管理科
10	市劳教所第五大队

【十佳政法干警】 2012年，全市政法系统评选“十佳政法干警”10名。

表13　2012年度石家庄市政法系统“十佳政法干警”

序号	姓　名	十佳政法干警所属单位及职务
1	闫振洲	长安区人民法院民二庭副庭长
2	何亚辉	裕华区人民法院槐底法庭庭长
3	王　健	正定县公安局城区中心派出所所长
4	王利国	藁城市公安局巡警防暴大队大队长
5	吕建江	桥东区公安分局安建桥警务站主任
6	张　勇	市公安交管局桥西大队车站广场中队中队长
7	蔡秋勉	晋州市人民检察院公诉科科长
8	胡宪政	市检察院政治部宣传处副处长
9	苏丽平	新乐市司法局政治处主任
10	温建中	鹿泉市司法局法律援助中心主任

（刘志强　王尧）

机关工委工作

【概况】 2012年，市直机关工委按照“围绕中心，服务大局，建设队伍，提供保障”的总体思路，以迎接十八大，学习贯彻十八大精神为主线，以深化创先争优活动、夯实机关党的基层组织基础为重点，以争创“三个一流”（一流的精神状态、一流的工作作风、一流的工作业绩）活动为载体，扎实推进市直机关党的思想、组织、作风、反腐倡廉和制度建设。创先争优活动以“十佳窗口”为典型，在一线岗位设立“先锋旗”、“模范星”、“业务能手”、“行业标兵”等。全年市第一医院“老百姓的好医生——刘琼芳”先进事迹得到中央领导李长春、李克强的批示；市直机关系统11个先进基层党组织、7名优秀共产党员、11名优秀党务工作者受到市委表彰。9月11～13日，第21次全国部分城市机关工会工作理论研讨会在市亚太大酒店举行。来自北京、天津、重庆3个直辖市在内的33个城市的130名市直工委、市直工会人员参加会议，中直工委、中央国家机关工委、省直工委、省直工会等领导出席会议。贯彻落实省委常委、市委书记孙瑞彬在优化发展环境建设电视大会上的讲话，在市直机关党组织和党员中广泛开展“作风建设整饬”活动，组织巡回检查和暗访，及时发现和纠正了机关党员干部工作作风、生活作风方面存在的突出问题。全年组织8名违纪人员参加党政纪知识考试，促进、转变了机关作风向好发展。至2012年末，市直机关工委管理基层党组织87个，管理党员47813名。

【基层建设年活动】 按照全市基层建设年活动统一安排，市直机关工委派出精兵强将组成工作队，进驻栾城县小周村开展帮扶工作。工委书记3次带队到小周村调研，与村民、支部党员代表座谈，资助村图书室4万元，图书2900余册。至2012年底，驻村工作队“十件实事”任务高标准完成，清理垃圾8100立方米，美化墙体1.8万平方米，硬化街道5条、3600米，铺设便道砖1万平方米，打深水井1眼，铺设供水管道7700米，植树2.1万株，种植草坪2300余平方米、串红6000余棵。小周村发生了翻天覆地的变化，兄弟县（市）先后2000余人次到村参观学习。9月24日，省委常委、市委书记孙瑞彬到小周村调研，对市直机关工委驻村帮扶工作给予充分肯定。2012年12月，市直机关工委驻栾城县小周村工作组被省委评为先进驻村工作组，并在2012年度“感动省城”十大人物评选活动中，从10400多份名单中获得候选人提名。

【“三个一流”活动】 6月份开始，市直机关工委在全市启动争创“三个一流”主题实践活动。成立领导小组和办公室，制定印发活动方案，及时抽查督导19个市直系统和单位开展活动情况。市直机关各级党组织按照“带着激情干事业，人人争先、事事一流”的要求，以“素质提升、争先进位、强化落实、激励关怀”四项工程建设为抓手，从各自单位实际出发，精心设计出特色鲜明、务实管用的活动载体及活动方式，重点开展了宣讲、纪律整饬、读书、征文、知识测试等“五个一”活动。此次活动得到媒体广泛宣传，报刊报道31篇，电视台报道6次，电台专访15次。争创“三个一流”主题实践活动刊发简报28期，有50多个单位交流了好经验、好做法。

【思想建设】 加强党员干部理论武装。坚持把抓好各单位党委（党组）理论中心组学习作为重点，把抓好党员科级干部和理论骨干理论培训作为关键环节，把指导基层党组织抓好机关党员学习作为重要任务，制定学习计划，完善学习制度，建立督促检查机制，把理论武装向广度拓展，向深度推进。全年组织市直机关专家辅导培训班、形势报告会等15场次，有2000余名机关党员干部聆听辅导和报告，普遍对学习贯彻党的十八大精神专题报告会和针对中国南海局势形势报告会反响强烈。举办党员科级干部、专职党务干部和入党积极分子培训班4期，培训1000余人。加强机关精神文明建设。紧紧围绕服务科学发展、服务中心工作大局开展机关精神文明建设，创新活动内容形式、方法手段和体制机制。加强和改进思想政治工作，深化“讲文明、树新风”活动，严抓窗口单位、服务单位服务标准承诺制度的建立和落实，树立典型并在全市推广。开展文明单位审核、评比、经验交流、推广工作。开展“法律进机关”、“依法行政示范机关”等普法教育活动，提高了党员干部的法制观念和依法行政水平。

【组织建设】 夯实基层、抓好规范，加强基层党组织建设。贯彻落实《中国共产党党和国家机关基层组织工作条例》和省委《实施办法》，督促检查和推动各部门各单位按照规定逐条逐项抓好落实。以抓换届强素质为重点，不断加强基层党组织领导班子建设。调整基层党组织班子14个，书记、副书记18人，委员47人。加强基层党组织和党员规范化管理。坚持在基层党组织中实行《党组织活动手册》制度，确保党组织“三会一课”等制度全面落实，促进了基层党组织活动经常化、规范化、制度化。广泛开展民主评议党员，选树一批先进典型。7月1日，隆重表彰2010—2012年市直机关创先争优先进基层党组织、优秀共产党员和优秀党务工作者。加强党费收缴、管理和使用，年中和年底分两次对市直各单位党费收缴、管理、使用情况进行检查和通报。组织机关党建研究会换届选举，开展机关党建研讨和机关党建信息员选聘活动，举行了机关党建工作研讨论文评选。做好深化基层党建网格化管理。指导市直机关基层党组织做好“1+3”大工委制工作，促进市直各单位构建条块结合、资源共享、优势互补、共驻共建的城市基层党建工作新机制，及时对机关各级基层党组织参与街道社区大党建工作情况督导调度。年末市直机关基层党组织、党员进社区报到率达到100%。

【党风廉政建设】 惩防并举、标本兼治，推动党风廉政工作有效开展。开展反腐倡廉教育，组织市直机关70余名纪检干部到市第四监狱参观，通过警示教育使党员干部进一步增强了预防职务犯罪的意识。抓好案件查办，市直机关工委与市纪委联合下发《石家庄市直机关违纪党员处分权限暂行规定》，对规范违纪党员党纪处分奠定了基础。2012年，市直机关工委接到信访件173件，均按规定进行分类处理，初核案件线索49件，立案6件，结案5件，未结案1件，给予警告处分3人，留党察看1人，通报批评1人，涉及违纪违规资金63035.69元，全部收缴上交国库。

（贾丽娟 耿荣杰）

农业农村工作

【概况】 2012年，全市农业农村工作围绕调结构、转方式、促民生，大力推进城乡一体化建设，加快发展现代农业，强力促进农民增收和构建和谐农村，集中全力抓重点、求突破，开创了农村经济社会持续、稳定、健康发展的新局面。至2012年底，全市农林牧渔业总产值787.5亿元，同比增长3.3%。其中，农业产值429.9亿元，增长11.1%；林业产值10.0亿元，增长50.1%；畜牧业产值315.3亿元，增长4.0%；渔业产值4.3亿元，与2011年持平。粮食生产实现“九连丰”，单产、总产双超历史水平。其中，夏粮总产258.37万吨，亩产455千克，秋粮总产273.73万吨，亩产472.7千克。发展现代农业，制定并启动粮食核心区保护规划建设，建成15个蔬菜万亩示范区、39个千亩示范方。肉、蛋、奶、菜、果产量稳步增长，规模养殖小区达409个，标准化果树种植面积220万亩，有效保障了农产品市场供应。完善农业支撑保障体系建设，除险加固小型水库15座，整治河道堤防23千米，治理水土流失220平方千米，改造中低产田6.48万亩，基本完成滹沱河市区段和洨河整治工程。开展“一山一河五路”工程（西山森林公园，滹沱河百里绿色长廊，307、308、三环路、中华大街、西柏坡高速绿化）造林绿化，有效造林35万亩，森林覆盖率达到32.2%。实施帮扶农民增收工程，帮建特色产业基地28个，实现3.5万人稳定脱贫，农民人均纯收入达到8993元，同比增长15%，高于城镇居民收入增幅2.8个百分点。2012年，全市谋划建设农业重点项目189个，完成投资60亿元，圆满完成省确定的3年试点任务。新建改造农村公路168千米，开通城乡公交线路17条，年末农村公路和城乡公交线路分别达到1.5万千米和71条。新建联村供水92处，解决了60万人的饮水安全问题。农村标准化卫生室实现全覆盖，义务教育阶段学生巩固率达98%，新农合参合率达到96%以上，农村居民社会养老保险覆盖率达到100%。启动农村经合组织试点，按照省、市“推广‘四个覆盖’经验，创新社会管理”要求，从搭建县级农村经合组织服务平台入手，在栾城县建成全市第一个、全省第二个农村经济合作组织服务中心。年末全市共有农民专业合作组织3800家，入社农户26万户，带动农户117万户。开展民主管理示范乡村创建活动，创建示范乡镇51个、示范村793个，有效促进了农村和谐稳定。年内，石家庄市获评全国粮食生产先进市和全省新农村建设先进市。

【农村新民居和幸福乡村建设】 至2012年末，全市建成省级新民居示范村740个，占全市行政村总数的16.6%，提前两年完成省下达15%任务目标。全年全市80%示范村开工建设，4万户农民完成新居入住，建成藁城市只照、辛集市试炮营、正定县塔元庄、鹿泉市小河、新乐市东杨家庄、深泽县王场、井陉矿区西岗头、高邑县千秋小镇、平山县希望小镇等一批高标准新民居建设示范村，实现了每县都有3个以上典型样板。2012年6月份，《石家庄市幸福乡村计划实施意见》正式出台。6月27日，全市在栾城县召开幸福乡村建设现场会。市委副书记刘云峰、市委常委、组织部长王俊钟，副市长张树志出席会议。与会人员现场观摩栾城县南浪头村、南屯村、范台村等幸福乡村的建设情况，并观看栾城县幸福乡村建设专题片，听取栾城县经验汇报。《石家庄市幸福乡村计划实施意见》要求2012～2013年，全市建成136个省级示范点，451个基层建设年帮扶重点村完善配套项目建设，省级新民居示范村“十二五”末占到全市行政村的20%，并全部建成幸福乡村。《石家庄市幸福乡村计划实施意见》要求紧密结合农村新民居建设、统筹城乡发展和基层建设年活动，坚持政府引导、群众主体、因地制宜、注重实效的原则，实施“山、水、林、田、村”综合整治，以加强“水、电、路、讯（邮）、房”基础设施建设和提升“科、教、文、卫、保”公共服务水平为重点，打造“布局合理、设施完善、环境优美、生活便利，安居乐业、文明和谐”的幸福乡村。至2012年底，全市建成幸福乡村示范点176个，其中132个村基本达到“十有”建设标准，数量位居全省前列，涌现出栾城县北浪头、柳林屯，藁城市岗上，晋州市西队等一批幸福乡村建设典型。

（米振合　岳金宏）

【科技信息服务村村通工程开通】 11月7日，全市农村科技信息服务村村通暨新农村大喇叭开播仪式在正定县塔元庄村举行。农业科技信息服务村村通工程是将计算机技术、网络技术、电子技术与农村传统大喇叭有机结合，面向广大农民传播农业科技、惠农政策、生活常识以及气象信息的公益性服务平台。2002年，石家庄市在全国率先实施农业“快易通”工程，利用电脑、电视、电话开展了“三电合一”农业科技信息服务。2012年，全市投入1000万元实施农村信息服务村村通工程，在每个村安装1套自动广播系统，利用早、中、晚时间，向农民群众传播农业科技、惠农政策、生活常识。同时投入300万元，在每个村聘任1名农业技术员，负责农业技术推广、农业信息传播和农产品质量安全监管。至2012年末，全市17个农业县（市）区及高新区4348个行政村实现全部覆盖，村村通设备到位率达到100%。

（温婕）

【农业产业化】 年内，全市农业产业化经营总量突破870亿元，农业产业化经营率达到64.2%，比2011年提高1.2个百分点，位居全省前列。君乐宝乳业跻身农业产业化国家级重点龙头企业行列，全市国家级重点龙头企业达到4家；新调整和认定省级重点龙头企业11家，总量达到48家；新认定市级重点龙头企业255家，增加75家。“双鸽”牌肉食品、“创鑫”牌芝麻产品被认定为“中国驰名商标”，年末全市拥有国家级名牌产品或驰名商标称号企业达到10家。至2012年底，一批投资10亿元以上的农业产业化大项目落户石家庄市，占全省亿元以上项目50%；全市建成农业部标准要求和“一村一品”专业村561个，占到行政村总数的12.9%。

（米振合）

【潘峻岳当选中国农村新闻人物】 2013年2月，石家庄市河北农合信息服务有限公司总经理潘峻岳当选为2012年度“中国农村新闻人物”。“中国农村新闻人物”宣传活动由《农民日报》发起，《人民日报》、新华社等主流媒体共同参与。共设年度杰出人物奖和创业富民人物、心系“三农”人物、产业领军人物、开拓创新人物、公益慈善人物5个单项奖。此次评选共21人当选，其中潘峻岳为“心系‘三农’人物”。河北农合信息服务有限公司长期致力于研究和探索“以农民合作社为载体，以信用合作（资金互助）为基础，以土地制度改革（土地流转）为核心，以创建经营乡村的市场化机制为目标”的农村改革之路，是国内成立较早的专业机构之一，打造出了独具自身特色的“河北农合社模式”，即“信用合作、供销合作、生产合作”三位一体发展模式。到2012年末，该公司在河北省范围内指导建起农民合作社3000多家，以“三位一体”为主要经营模式进入公司联网平台的农民合作社100多家，供销合作规模达到8000万元，流转土地2000余亩。

（戴丽丽）

【现代都市农业】 全市以规划引领、市场运作、项目支撑为原则，突出抓好15个市级重点都市农业园区建设，稳步推进现代都市农业有序、快速发展。至2012年底，全市建成各类都市农业园区43个。其中，集高效、生态、安全、观光、休闲、旅游等为一体的多功能综合性都市农业园区29个；集设施生产、体验参与、特色精品于一体的都市农业园区14个。全年接待游客105万人（次）。

（王风楼　许瑞忠）

【村级财富积累】 坚持巩固、提升、规范、发展原则，推进村级财富积累项目建设。全市实施财富积累项目434个，累计完成投资10.8亿元。17个农村县（市）区及高新区99.8%的行政村建立健全了村集体经济组织，78个村完成集体资产股份制改造，注册公司化经济实体965个，农村集体经营性收入由2005年的2.35亿元增至9亿元。2012年，正定县被农业部命名为全国农村集体资产管理示范县。

（米振合）

【出台畜禽养殖污染整治方案】 2012年11月，《石家庄市畜禽养殖污染综合整治工作实施方案》（简称《方案》）出台。该《方案》要求，全市2012年养殖污染源化学需氧量排放量、氨氮排放量分别控制在18万吨和0.7万吨以内，到“十二五”规划末，全市养殖业污染源化学需氧量比2010年减少9.48%，氨氮排放量减少13.04%。重点整治范围：生猪出栏50头以上500头以下，奶牛存栏5头以上100头以下，肉牛出栏10头以上100头以下，蛋鸡存栏500只以上1万只以下，肉鸡出栏2000只以上5万只以下的养殖专业户；生猪出栏500头以上、奶牛存栏100头以上、肉牛出栏100头以上、蛋鸡存栏1万只以上、肉鸡出栏5万只以上的规模化养殖场（小区）；以及生猪出栏3000头以上，奶牛存栏300头以上，肉牛出栏500头以上、蛋鸡存栏2万只以上，肉鸡出栏5万只以上的市级以上标准化规模养殖示范场。该《方案》还要求，2013年，部级示范场要全部达到粪污无害化要求；2014年，省级示范场达到粪污无害化要求；2015年底，全市80%以上的市级示范场实现无害化处理和资源化利用。

（康乾）

【直补种粮农户7.56亿元】 2012年2月初，全市对种粮农户粮食直补和农资综合直补工作全面启动，3月10日基本完成。全市共安排补贴资金7.56亿元，其中粮食直补1.02亿元、农资综合直补6.54亿元，两项资金均与2011年持平。

（程进升 魏光绚）

【村务公开】 村务公开由单纯注重内容，向内容、程序并重拓展，从注重形式向突出实效转变，满意率逐年提升，达到了省规范满意率90%以上的要求。1月份和7月份，组织各县（市）区开展了2次民主议政日活动，参加人数达80万人次，提出意见建议4万余条，消除上访隐患6000余起。开展“两会”（村民会议、村民代表会议）程序规范完善月活动，健全了村民会议和村民代表会议制度，普遍推行了违规决策责任追究制和“一盒两本”制度。年内，全市村务公开和民主管理工作走在全省前列，村务公开规范满意率达到90%以上，栾城县和鹿泉市村务公开获评国家级示范县。

（米振合）

机构编制

【概况】 2012年，市机构编制委员会办公室（简称市编办）围绕市委、市政府中心工作，深化行政体制改革，创新完善机构编制管理，注重加强自身建设，积极完善职能，大力提高人员素质，深入推进学习型机关建设。围绕政府职能转变，认真梳理部门职责，根据取消、转移、下放事项，合理划分权责，调整和优化政府机构设置，规范政府管理事项。配合有关部门做好政法、环保、文化、卫生等领域管理体制改革涉及到的机构编制调整事项。积极探索政府相关职能向社会组织转移，推进创新政府、效能政府建设。深化乡镇机构改革，提高乡镇为“三农”服务水平。根据省委常委、市委书记孙瑞彬对机构编制工作指示精神和中央编办“开展部门履职情况评估工作”有关要求，跟踪评估了市文广新局、粮食局、商务局、房管局、建设局、农业局等6个部门的“三定”规定执行情况，采取听取汇报、召开座谈会形式，重点了解部门职责分工、机构设置、人员编制核定是否科学、合理，查找分析职责运行中体制机制等方面存在的突出问题，研究提出了解决问题的办法和建议。2012年1月，中央编委授予市编办“全国机构编制工作先进集体”称号。

【分类推进事业单位改革】 深入学习贯彻《中共河北省委办公厅、省政府办公厅关于全省分类推进事业单位改革的实施意见》（冀办发〔2011〕44号）精神和要求，加强组织领导，统筹安排部署，积极稳妥推进。6月15日，召开全市分类推进事业单位改革工作动员大会。市委常委、组织部长王俊钟主持会议，市委常委、常务副市长王大虎出席会议并讲话，市政府副秘书长蒲国良宣读市委、市政府《关于全市分类推进事业单位改革的实施意见》。市分类推进事业单位改革工作领导小组成员，各县（市）区常务副县（市）区长、组织部长、编委办主任，市直机关各部门、市直各单位、

日报等多家媒体进行现场采访、报道，大力宣传石家庄市的历史文化、区位优势和建设成就，使台商尤其是台湾南部台商对石家庄市有了充分了解。利用《石家庄与台湾》网站优势，加强网络宣传，及时发布石家庄市经济社会发展成就、投资环境和涉台活动。

（陈力强）

信访工作

【概况】 2012年，全市信访系统以“信访基础工作提升年”为载体，强化责任，完善措施，加强督导，狠抓落实，圆满完成党的十八大、中国科协年会、河北省“两会”等重要活动期间信访保障任务，取得群众信访量同比大幅度下降的良好态势，维护了全市社会和谐稳定，受到中央督导组、省、市领导的充分肯定和高度评价。2012年，新的石家庄市信访接待服务中心投入运行，促进了信访工作规范化管理。至2012年末，市信访部门受理群众信访总量5038件次，与上年基本持平；省信访局受理石家庄市信访总量3957件次，同比下降11%；国家信访局受理石家庄市信访总量1365件次，同比下降15.5%。2012年，全市信访系统重视加强信访干部队伍教育和培训，实现了队伍综合素质提升，“三家”（把来访群众当家人、把群众来信当家书、把群众诉求当家事）意识增强，服务群众水平提高。年内，市信访局被省委办公厅、省政府办公厅命名为“河北省人民建议征集工作先进单位”，被省联席会议授予“全省十八大信访维稳工作先进集体”，被省信访局评为“全省信访工作先进单位”。

【开展矛盾隐患排查化解活动】 召开强化信访基层基础工作高邑现场会，在全市推行“六六六”工作机制，建立市、县、乡、村、信访调解员片长、信访调解员六级工作网络，健全六大工作平台和六项工作制度，形成“横向到边、纵向到底、全覆盖、无疏漏”的排查化解工作格局。坚持日常排查制度，重要会议和敏感节点期间，实行“日排查、日报告”制度。全年全市排查出各类矛盾纠纷和信访苗头隐患11606件，化解11385件，化解率达到98.1%。

【信访积案和突出问题】 从3月中旬到2012年底，全市组织开展了解决信访问题春季、夏季、秋季、冬季“四大会战”活动。市信访局分9批梳理交办信访案件2711件，全部建立台账，实行挂账督办，督促各县（市）区和市直部门按照“一个案件、一位领导、一个班子、一套方案、一抓到底”的要求，多措并举、因人制宜加以解决，除极个别不具备解决条件以外，全部按期办结。

【领导干部接访】 坚持每周三市级党政领导到市信访接待服务中心接访约访和各县（市）区、市直部门每天安排1名县级党政领导干部接访制度。全年开展市县乡三级干部大接访活动14次，接待群众2077批次、6481人次，当场解决信访事项441件，落实领导包案1503件。7月21日至党十八大结束，16次组织开展县（市）区委书记周六大接访活动，接待上访群众2021批次、5991人次，现场解决信访问题713件。

【群众工作】 制定群众工作站室“十规范十统一”制度，群众工作站（室）建设走向规范化、制度化。建立干部直接联系群众和领导干部联系点制度，发挥了服务群众、化解矛盾、办理群众事项的作用。结合基层建设年活动部署，从市、县、乡三级选派20178名机关和企事业单位干部，开展“下基层、访百姓、解难题、促和谐、保稳定”活动，深入基层化解矛盾纠纷和隐患，帮助群众排忧解难，办实事办好事，赢得了人民群众的广泛赞誉。

【信访保障】 全国“两会”和党十八大期间，全面启动一级安保工作机制，建立六道安保防线，24小时开展安保检查。全力做好党的十八大，中国科协年会，全国、省、市“两会”等重要会议期间信访保障工作。强化省市党委政府门口、民心广场等重要敏感部位信访值班劝返和现场处置工作，及时有效劝返处置，没有形成大规模围堵冲击省、市党政机关事件。

【依法终结和依法处置】 按照省联席办部署，组织开展依法终结信访事项攻坚活动，市信访局组成专门机构，集中时间、集中力量，抓好信访事项依法终结工作。2012年，全市办理复查复核信访事项1482件，其中向省联席办上报依法终结信访事项1181件，省联席办审查上报中央联席办362件，数量居全省第一位。各级公安机关严格依法处置违法违规上访，规范了正常信访秩序。

【督导问责】 组织做好中央、省信访督导组督导检查工作。党的十八大、全国和省“两会”期间，成立市信访稳定督导组，并由市级领导带队，不间断、高密度的督导检查各县（市）区和市直部门维护稳定工作。市信访局在抓好日常督导检查的同时，实行“日报告、周通报、月倒排”制度，严格落实问责机制。2012年，19名领导干部和相关责任人受到通报批评、诫勉谈话、黄牌警告，起到较好的警示教育作用，有力推动了信访工作的落实。

（刘旗）

政策研究

【概况】 2012年，市委研究室围绕全市工作大局，找准自身定位，强化职能作用，认真履行职责，在人员少、任务重的情况下，调查研究实现新突破，参谋服务实现新提升，重点工作迈上新台阶，精神状态展现新面貌。全年完成重大调研课题16项，主编市委机关刊物《石家庄决策》12期，编发《重要动态》24期。年内，市委研究室工作在全省评为“优秀”等次，决策咨询工作获得“河北省先进单位”称号；《石家庄决策》获得“全国城市十佳党刊”，被评为“省会双十佳内资出版物”，并获得市级以上领导批示116人次，其中肯定性批示83人次。

【调查研究】 以当好大参谋、出好大主意为目标，围绕贯彻落实市九次党代会精神，加快“转型升级、跨越赶超、建设幸福石家庄”步伐，全面建成小康社会进程中的重大问题，特别是市委领导关心关注、亟待解决的焦点问题，深入开展调查研究。全年完成重大调研课题16项，超额60%。调研内容涉及工业强市、自主创新、转型升级、现代农业、现代服务业、文化产业、两个环境、基层建设、全面小康、城市建设、改善民生以及可持续发展等省会经济社会发展所有重要领域，调研成果质量取得重大突破，提出一批有价值的意见建议，进入了市委领导决策视野，实现了领导批示率、转化率和省以上报刊采用率“三个大幅提升”。批示率大幅提升。《调查研究报告》获市以上领导批示率达100%，全年累计获得省、市领导批示达84人次。其中，获得省委副书记赵勇批示1篇次，获得省委常委、市委书记孙瑞彬批示8篇次，市长姜德果7篇次，获得省委研究室主任王书利批示5篇次，是近年来获得批示总数和层次最多最好年份。转化率大幅提升。全年有13项调研成果被市委、市政府领导批转给有关部门研究落实，促成多项政策措施制定出台，直接推动了相关工作，调研成果直接转化率达80%以上；其他调研成果也在不同场合被市委领导引用，有的写入领导讲话、市委文件，较好地发挥了研究室“参谋部”、“智囊团”作用。采用率大幅提升。调研报告和有关文章被中央和省级以上杂志、内刊采用6篇，实现了近年来中央级杂志和内刊采用“零”的突破。其中，中央办公厅《秘书工作》1篇，《河北扶贫大攻坚》1篇，省委办公厅《综合与调研》1篇、省委政研室《送阅件》1篇、省决咨委《决策咨询》2篇，有关意见建议和经验性做法进入高层视野，为提升石家庄市知名度、美誉度发挥了积极作用。在加强调研工作的同时，注意将调研成果直接融入领导讲话、市委文件之中，全年起草市委工作要点等各类综合文稿17篇，发挥了以文辅政作用。

【决策咨询】 2012年，市委市政府决策咨询委员会（简称市决咨委）划归市委研究室管理。市委研究室认真履行组织协调和服务保障职能，坚持从基础工作抓起，加强市决咨委组织机构、制度机制、工作平台建设，积极谋划组织专题考察和研讨活动，全力为决咨委开展工作提供优质服务，决策咨询工作逐步走向经常化、规范化轨道，市决咨委的活力得到新增强、工作取得新成效。年内，石家庄市被评为“全省决策咨询工作先进单位”。制度机制逐步完善。建立健全了市委研究室和市决咨委主任联席会、主任定期例会、重大事项通报等制度。市委研究室与市决咨委每季度召开一次联席会，通报交流情况，研究部署工作，确保决咨委工作紧扣全市大局、扎实有效展开。服务保障不断强化。加强决咨委秘书处建设，配备专门工作人员，积极做好组织协调和服务保障工作，及时提供信息资料服务，努力为决咨委开展工作创造良好条件，受到决咨委员的广泛好评。工作平台得到健全。创刊《专家建言》，为市决咨委员建言献策提供重要平台。建立市决咨委电子信箱和短信发送平台，方便与决咨委员信息交流，实现了决策信息资源共享。视察研讨更加活跃。积极开展各种专题视察活动，帮助决咨委员及时了解省会最新发展动态。先后组织到高新区和良村开发区、信产基地和鹿泉市2次视察活动，并为视察对象提供了有价值的决策咨询意见。围绕着力改善“两个环境”，组织开展暑期研讨活动，为改善石家庄市“两个环境”提出建设性的意见和建议。建言质量大幅提升。围绕全市中心工作，及时组织决咨委员建言献策。全年征集各类决策咨询意见建议13篇，组织编发《专家建言》4期，直接上报领导参阅1篇，获得市领导批示22人次，批示率达100%，其中省委常委、市委书记孙瑞彬，市长姜德果分别批示2篇次，有力发挥了决咨委“思想库”和“智囊团”作用。

【《石家庄决策》刊物】 坚持把讲政治作为《石家庄决策》“立刊之魂”，把办好党刊作为一项重大的政治任务，坚定正确的政治方向，严把刊物的政治关，旗帜鲜明地宣传党的路线、方针、政策，确保刊物在思想上、政治上、导向上与党中央和省委、市委保持高度一致。坚持把提质量作为“办刊之要”。栏目设置紧紧围绕市委中心工作和阶段性重点工作，适时增加了学习贯彻党十八大、中东西战略、改善“两个环境”、基层建设年、专家建言等专栏，加强了对各级各部门工作“新思路、新举措、新成效”宣传，发挥了党刊对全市各项工作的导向和推动作用；组稿选稿坚持严把文稿质量关，力求好中选优，突出文章的思想性、指导性和可读性，刊物内在质量不断提高；版面设计坚持突出党刊特色，做到图文并茂、印刷精美，特别是强化了封面图片导向作用，增强了刊物的影响力、吸引力。全年编发《石家庄决策》12期，发行5万余册。其中，向全市各级党组织发送4万余册，上报、交流6千余册。《石家庄决策》连续7年蝉联“全国城市十佳党刊”，并被评为“省会双十佳内资出版物”。在办好党刊的同时，还创刊了《重要动态》，为市委领导及时提供全国各地的重要决策信息。全年编发24期，获市领导批示5人次，其中省委常委、市委书记孙瑞彬批示2篇次。

【课题调研】 认真履行全市调研工作组织、协调和指导职能。研究制定全市调研工作要点，发布年度重点调研课题，引导各县（市）区和市直各部门围绕加快“转型升级、跨越赶超、建设幸福石家庄”进程中面临重大问题开展调研。组织召开全市县（市）区委研究室主任座谈会，总结工作、表彰先进，交流经验、部署任务、提出要求。发挥重大调研课题牵总作用，建立与市直部门、县（市）区联合调研工作机制，组织市统计局、栾城县、正定县、桥东区、鹿泉市等单位，围绕全面建成小康、农村人才队伍建设、产业转型升级、加快城镇建设、加强社区工作等重大问题，开展联合调研，推出一批重大成果，引起市委、市政府主要领导的重视。开展业务培训。举办党的十八大精神、着力改善“两个环境”等培训班，专题培训全市党委研究室系统干部。还通过以会代训等形式，适时邀请决咨委专家举办专题讲座，进一步提升全系统干部的政策理论水平和综合素质。健全激励机制。重视开展调研工作先进单位、先进调研工作者和优秀调研成果评选活动，将优秀调研成果辑印成册，调动了各级干部开展调研工作的积极性、主动性和创造性，促进了全市调研工作和服务科学决策水平的提高。至2012年末，石家庄各县（市）区委研究室共完成调研成果527项，获得市级以上领导批示65人次，在市级以上期刊发表文章379篇。

（闫晓斌）

老干部工作

【概况】 2012年，全市老干部工作以迎接和学习贯彻党的十八大为主线，以纪念干部离退休制度建立30周年为契机，按照“抓班子带队伍、抓学习提素质、抓制度促效能、抓服务上水平”的工作思路，全面落实离退休干部政治生活待遇，大力提升老干部服务管理水平。3月15日，全市老干部工作会议在市老干部活动中心召开。会议以市委组织部、市委老干部局、市人力资源和社会保障局名义联合表彰了57个离退休干部党组织、88名离退休干部党员、61个老干部工作先进集体、73名先进老干部工作者。至2012年底，全市共有离退休干部88548人。其中，离休干部5263人，退休干部83285人。离休干部中，红军时期5人，抗日战争时期1312人，解放战争时期3946人；省（部）级11人，地（市）级177人，县（处）级

3169人，县（处）级以下1906人。离休干部平均年龄84.7岁。拥有离退休干部党员46819人，单建离退休干部党组织940个。2012年，市委老干部局被中组部确定为老干部工作联系点，被石家庄市评为市级文明单位、保密工作先进单位、普法工作先进集体和模范职工之家，获得全市十八大维护稳定工作先进集体、市直机关创先争优活动先进基层党组织、全市公共机构节能模范单位等荣誉称号；市老年大学被评为全国老年大学校园文化建设先进单位、全省老年教育工作先进集体；局属3个干休所连续多年保持市级文明楼院称号。

【开展党的十七大以来老干部政策落实情况督查活动】 2012年4月，中组部督查组对石家庄市党的十七大以来老干部政策落实情况进行全面督查。以此为契机，市委老干部局组织各级各单位开展自查自纠，派出9个督查组进行全面督查。督查期间，发放《调查问卷》260份，老干部满意率达97%。以中组部老干部局局长陶治国为组长的中组部督查组对石家庄市老干部工作给予高度评价，并将石家庄市委老干部局确定为中组部老干部工作联系点。

【落实离退休干部政治生活待遇】 1月18日，召开石家庄市形势暨组织工作情况通报会，市委常委、常务副市长王大虎向老干部通报了全市社会经济情况，市委常委、组织部长王俊钟通报了组织工作情况。组织市级老干部参观大西柏坡建设、正定新区建设，并到元氏县、栾城县参观考察基层建设年活动和县域经济建设。坚持走访慰问离退休干部制度，春节、中秋等节日全市普遍走访慰问了离退休干部。研究制定《地厅级干部和市委管理干部因病住院后慰问及逝世后治丧办法暂行规定》，率先在全省建立老红军老干部住院及病故慰问周转金制度。2012年4月和7月，市委老干部局2次对全市离休干部“三个机制”运行和老干部生活待遇落实情况进行检查。做好军队移交地方和易地安置离休干部服务管理工作。完善特困老干部帮扶机制，为317名特困离退休干部实施了帮扶，落实帮扶资金30万元。

【思想政治建设】 围绕迎接党的十八大和纪念干部离退休制度建立30周年两大主题，组织举办全市老干部书画展览、主题党日等10项大型活动，吸引2万余名老干部积极参与。12月下旬，全市老干部文艺汇演在市电视台举办和播出。举行市直机关离退休干部第十八届运动会，3500余名老干部参加比赛和游艺活动。党十八大召开后，各级老干部部门采取举办报告会、辅导班、座谈会和送学上门等形式，组织老干部学习党十八大精神，共开展学习宣讲活动80余场（次），受教育面达到1.2万余人(次)。开展争创“五好”党支部、争当“四好”党员活动，通过选好配强支部书记、逐级举办培训班等措施，加强了离退休干部党支部班子建设，并为每个离退休干部党支部订阅了中组部《离退休干部党支部学习参考》。总结推广老干部开展创先争优活动形成的经验做法，建立健全党组织教育、学习、活动、管理等制度规定，形成适合老干部工作特点的长效机制。

【学习活动阵地】 市老年大学加大投入，实施了“市级抓精品、县级抓规范、乡级抓普及、村级抓布点”四级老年教育网络建设；健全制度，细化管理，推行“教学管理制度化、课程设置科学化 、教学方法灵活化、教师管理正规化、教材建设多元化、教学活动多样化”等“六化”教学新模式；开设41个专业，120个教学班，在校学员4102人，已步入全国先进老年大学行列。市老年大学规范化办学经验得到《中国老年报》宣传报道。开办《重阳讲坛》，聘请专家学者为老干部讲授养生保健、法律和食品药品安全等知识。市老年艺术团开展老年文艺进军营、进社区、进农村“三进”活动，赴武警石家庄市支队等单位进行了多场慰问演出。市老干部活动中心新建2个羽毛球活动场地和飞镖活动室，改扩建了乒乓球场馆和台球室；聘请资深律师开设“老干部法律咨询室”，为老干部常年提供法律援助。年内，市老干部活动中心接待老干部19万人次，各种保障服务活动实现“零失误”，连续六年被评为省会公共场所卫生安全等级A级达标单位。2012年6月，市老干部活动中心老年服饰艺术团参加全国老龄委主办的“第三届中国老年文化艺术节”，获得服饰大赛金奖。

【举办全国老年大学第13次工作研讨会】 2012年9月，全国老年大学第13次工作研讨会在石家庄市召开。中国老年大学协会和全国80所老年大学的150多名代表交流研讨了老年教育经验。市老年大学在大会上以《锐意进取，实践创新，努力开创老年大学科学发展的新局面》为题介绍了经验，与会代表参观了市老年大学的教学设施和教学情况，观看了老年大学学员的文艺汇报演出。中国老年大学协会常务副会长袁新立对石家庄市老年教育工作给予高度评价。

【开展纪念干部离退休制度建立30周年活动】 以纪念干部离退休制度建立30周年为契机，通过举办座谈会、研讨会、报告会等形式，全面总结了30年来老干部工作的成绩和经验。完成老干部工作调研文章50篇，其中在《河北老干部工作》、《老人世界》等刊发20余篇。制作《情暖重阳——石家庄市老干部工作30年巡礼》电视宣传片。借助《中国老年报》、《中华儿女》、河北电台等媒体宣传老干部工作亮点和典型经验，营造了尊重老干部、重视老干部工作的良好社会氛围。

【敬老服务】 各级老干部部门结合推进社区"四就近"工作，充分发挥街道社区党组织、社区服务机构、社会志愿者等各方面的有益作用，积极开展"敬老爱老、共建共享"五项活动，为离退休干部提供了更多个性化、人性化服务。推广桥西区、新华区等在社区建立"爱心餐桌"、"家庭护理"、"电子保姆"等做法。局属3个干休所为每位老干部及遗属发放了温馨服务卡，工作人员坚持深入老干部家庭和医院病房，开展走访慰问、帮困解难活动，让老干部切实感受到党和政府的关怀。

【组织老干部发挥余热】 建立完善市县乡三级"五老"队伍体系，在老干部中开展"葆本色、献余热、展风采"和"为维护稳定献力量，为改善环境献余热，心齐气顺喜迎十八大"等主题活动。市关工委积极推动民营企业关工委组织建设，分别在正定、赞皇2县召开现场经验交流会，年末全市新增民营企业关工委组织60余家。组织600多名"五老"人员组成网吧义务监督员队伍，不定期开展拉网排查整治活动，有效杜绝了未成年人上网，受到社会各界好评。开展"关爱明天、普法先行"青少年普法教育活动，全市各级关工委建立青少年法制教育报告团187个，进行青少年法制教育1832场，送发《全国青少年普法教育读本》3000余册。总结、推广正定县离退休干部与农村好青年"携手互促"活动的经验作法，10月30日《中国老年报》头版头条作重点报道，12月3日中组部《老干部工作情况交流》第68期刊发。

（孙军波）

党史工作

【概况】 2012年，市委党史研究室以编写《中国共产党石家庄历史》（第二卷）为工作重中之重和主线，全面推进党史资料拾遗补缺，注重抓好党史学习资料编撰、《党史工作通讯》编发，积极利用党报党刊传播党史文化知识，在宣传教育和党史研究上取得明显成效。积极参加全市基层建设年活动，市委党史研究室工作组根据所驻深泽县铁杆镇故城村实际情况制定帮扶计划和帮扶项目，投资23万元为故城村铺设水泥路面970米，投资3万元改建村卫生室，打300米深水井1眼，为村广播站新购器材1套，粉刷墙面12000米，新增变压器5台，新建垃圾池9座，申请村小学房屋维修费用10万元。全年参加省委党史研究室和市委组织的政治业务培训12人次，5名县级干部和1名科级干部到党校参加集中培训。完成专题、理论文章8篇，其中《石破天惊》在《河北老区》刊物上连载。

【党史研究】 集中力量、重点投入《中国共产党石家庄历史》（第二卷）编撰。多次召开主任办公会议，调度编写中发现的问题。多次调整和修改编写大纲的篇章结构，力促更加完善，特别是重大事件表述，形成统一的编写意见、思想和认识，完成70万字编写文稿。参加《河北年鉴（2012）》（石家庄）资料、图片征集、编写工作，收集图片19张、整理编写资料3.4万字。参与《中共石家庄组织史资料（第五卷）》征集和编写工作。按照省委党史研究室《关于征集河北"大跃进"运动有关资料的通知》和《关于征集河北"四清"运动有关资料的通知》，组织各县（市）区认真开展有关专题、口述、图像等资料的征集工作，共征集资料38篇，20万字，图片8张，其中"四清"运动资料31篇，9万字。完成省委党史研究室关于《新中国成立后县、市委组织机构沿革及职能》编纂、《科学发展·和谐河北》——从党的“十七大”到“十八大”资料征集、全省党史教育基地申报和考察工作。

【宣传教育】 抓住省委开展革命遗址普查和征集、命名河北省级革命遗址的有利时机，抽调专人、动员各县（市）区党史部门在全市范围开展相关工作。至2012年10月，全市上报革命遗址485个，照片1300张，完成《河北省革命遗址通览》（石家庄）的校对、修改，其中收录石家庄革命遗址301个。发挥《党史工作通讯》阵地，传播市委声音，传递党史工作信息，开展党史学习教育和经验交流。全年编辑印刷发行《党史工作通讯》10期。加强部门协作，充分利用党报党刊传播党史文化。在《燕赵晚报》开辟“井陉乏驴岭抗战”专栏，为社会和党史宣传教育提供素材。为中央党史研究室编纂《中国红色旅游系列丛书》（国家卷）提供华北军区烈士陵园、平山县西柏坡红色旅游系列景区资料等。超额完成2013年《党史博采》征订任务。

中共石家庄市委党史研究室
主　任：张建国
副主任：王利利
　　　　柳泽启（5月免）
　　　　张亚强（8月任）

（张献瑞）

党校工作

【概况】 2012年，市委党校以迎接和学习贯彻党的十八大精神为主线，贯彻落实《党校工作条例》、《行政学院工作条例》、《社会主义学院工作暂行条例》和中央《2010—2020年干部教育培训改革纲要》要求，坚持“质量立校、特色建校、人才强校、从严治校”办学方针，围绕中心、服务大局，努力发挥主渠道、主阵地、主智囊团作用，圆满完成市委、市政府交给的各项工作任务，校院各项事业取得新进展、新进步。年内，市委党校被市委、市政府评为市级“文明单位”和“普法工作先进集体”，被省委党校评为全省市级党校实绩突出单位；函授教育和在职研究生教育被评为全省党校系统先进单位；科研工作连续第六次获得市委“调研工作优胜单位”，被省委党校评为“科研工作组织奖”；新闻宣传和保密工作分别被省委党校和市委评为先进单位；人事综合统计工作连续4年被评为全市先进单位；机关党建被授予“市直机关创先争优先进基层党组织”和“机关党建研究先进单位”；加强基层组织建设年活动被市委、市政府评为“党的十八大维护稳定工作先进单位”，驻村工作组被评为“优秀驻村工作组”。

【机关党建】 推进学习型党校建设，完善校委理论中心组、党支部上党课和职工素质大讲堂分层学习机制和学习激励约束机制。组织校委理论中心组学习贯彻党的十八大精神、市委九届四次全会精神、全市经济工作会议精神，党员干部开展“提效能、强服务、创一流、促发展”主题教育和“着力改善发展环境大讨论”等活动。通过素质大讲堂进行社会主义核心价值体系教育，增强了教职工党性修养。扎实开展基层建设年活动。根据市委统一部署，市委党校向无极县里城道乡南东丈村派驻工作组，围绕“强班子、惠民生、保稳定、促发展”这一工作中心，为两委班子和党员群众上党课、宣传党的惠民政策，让群众明白惠在何处、惠从何来。捐助图书设备建成农家书屋，组织教职工到村义务植树，捐赠200吨水泥帮助硬化街道，完成省市确定的农村饮水安全、村街道路硬化、农村垃圾处理等“十项工程”任务目标。开展“全面对标，夺旗争星”活动。对标学习杭州市、长沙市等先进地区办学经验，结合校院教学改革、科研提升和学员管理等重点工作，定期举行“先锋旗”和“模范星”评选活动，选树一批先进典型，激发出全校教职工的创新活力。落实党风廉政责任制。在党风廉政建设中，坚持民主集中制原则，坚持集体决策和校务党务公开，凡属重大问题决策、干部任免、重大项目安排和大额资金使用等，集体讨论决定，公开公平公正，保障教职工知情权和参与民主管理权利。推进惩防体系建设。组织全校党员干部学习《廉政准则》、《关于对损害发展环境和生态环境行为实行问责的暂行规定》等，提高思想认识，达到了警示教育目的。落实省市“十个严禁”和优化发展环境有关规定，治庸、治懒、治散。发挥廉政教育基地作用，保证法制教育、党政纪条规教育、警示教育教学课时高于总课时的10%，将反腐倡廉教育纳入常规班次教学和校园文化建设。

【教学改革】 深入研发“西柏坡精神”专题教育，完善《追寻伟人足迹，重走赶考之路》党性锻炼实践活动教学内容，在服务全市干部教育同时，被省委党校、省行政学院厅级和县处级干部培训班采用，吸引了上海市、浙江省、江西省、广东省、福建省等省外机构前来异地教学，共培训各类人员2992人次。此项活动经验在中组部《全国干部教育通讯》第7期和《河北干部教育》第6期刊发，《人民日报内参》以《石家庄“重走赶考路”党性锻炼活动反响强烈》为题专版刊发。研发的“应急管理”案例教学和“媒体应对”系列情景模拟式教学专题，成为全省叫响的品牌课程。研发推出的“追忆光荣历史，建设幸福城市”主题教育活动，提升了党员干部对石家庄这座城市的归属感和自豪感。开展教学质量评估，将评估结果与绩效工资挂钩，提高了教师教学研究的积极性。全年校内教师授课317人次，1996课时。创新教学方式方法，提高教学实效性。全市党校师资培训中，邀请国家行政学院著名专家现场示范教学，引入结构化研讨和行动学习法等，改进了教学方式。高端授课，提高办学品位。至2012年末，市委党校邀请中央党校、国家行政学院王长江、严书翰、王怀超、陆林祥等著名专家40余人到校授课47人次。

【科研成果】 成功举办“省会党校纪念3·23党中央进京，弘扬赶考精神”理论研讨会、纪念党中央“进京赶考”学术报告会和着力推进“两个环境”建设会议精神座谈会，提高了学术交流层次，扩大了学术影响力。《领导决策参阅》全年编发12期，其中9期得到市委、市政府领导批示，或被政府部门采用。其中，第9期《领导决策参阅》上报的《加快推进我市社会稳定风险评估机制建设》得到省委常委、市委书记孙瑞彬，市委副书记刘云峰的肯定和重要批示；第5期《领导决策参阅》上报的《准确把握稳定形势进一步提高应急管理水平》得到3名市委常委批示，市政府应急管理办公室以“石应急办〔2012〕10号”文件全文转发。编写完成《西柏坡时期党的建设》、《石家庄报告》、《贯彻十八大精神 推进石家庄建设》干部教材，并在全市领导干部学习贯彻党的十八大精神轮训中采用。至2012年末，市委党校参加课题申报7大类，申报课题90项，立项课题30项。其中，省级课题8项，市级课题22项。科研成果获得省级奖励16项，市级19项。在省级以上刊物发表理论文135篇，其中核心期刊8篇。

【干部培训】 围绕全市中心工作开展培训，用中央和省市委精神武装干部头脑，着力提高各级干部科学发展、构建和谐社会的能力。全年举办各类班次71期，培训各类人员7557人次，培训规模创下历史新高，从2009年的3000余人次到2012年的7557人次，实现了培训人数四连增。第一次承接国家行政学院国际班次，培训肯尼亚28名公务员，开放办学迈上新台阶；第一次承办新疆库尔勒市基层干部赴石轮训班，培训两期400余名，做到教学严密、管理高效，扩大了影响。

【人才队伍建设】 建立完善各类干部考核和管理制度，制定《科级干部初始提名及选拔任用工作实施办法》、《专业技术人员岗位聘用管理办法》等，干部选拔任用和职称聘用更加规范化、科学化。制定《人才队伍建设五年发展规划》，完善人才工作机制，拓展了人才培养和发展途径。年内，市委从党校提拔任用县级干部2名，调研员1名、副校长1名；4名中层干部和10名一般干部进行了岗位交流和工作调整。组织18名干部教师分别到国家行政学院、清华大学等上级干部学院和重点高校进修培训，提高了管理和教研人员素质；选派10余名教师下基层进乡村挂职调研，开展基层建设年等活动，增强了理论联系实际能力。从党政机关、企事业单位和重点高校聘请29名兼职教授，补充学科建设的不足。全年在已有1名市管拔尖人才、1名市有突出贡献中青年专家和2名市哲学社科青年专家基础上，新增1名市有突出贡献中青年专家和1名市哲学社科青年专家。

【学风校风建设】 加强教研学术梯队建设，建立集体备课和竞争上讲台制度，实施教师教学工作量考核，开展校内评课和教学质量评估，形成考核与竞争相结合的工作机制，提高了教师教学积极性。全年校内教师授课317人次、1996课时。坚持规范办学，推动学员管理制度化。制定实施学员入学教育提纲和培训管理操作流程，完善考核评估办法及管理制度。实行校领导带班和教学管理双班主任负责制。加强班委建设，发挥学员自我管理的能动性。在职研究生教学管理规范有序，第二课堂开展有声有色。突出党性教育，强化学员党性锻炼。与市纪委联合出台《关于党员干部在党校学习期间加强党风廉政建设的规定》，加强在校学习党员干部的党风党纪约束和廉洁自律制度管理。

中共石家庄市委党校

校　　长：刘云峰

常务副校长：孙晋康

副　校　长：周建立（5月免）

陈向勤（6月免）

高建庄　尹浩

董杰　（5月任）

（王雷）

石家庄市人民代表大会

【概况】 2012年，石家庄市人大常委会贯彻落实党的十八大和省第八次、市第九次党代会精神，围绕全市工作大局，认真履行宪法和法律赋予的职责，扎实推进全市民主法制建设，保障和促进科学发展，为加快转型升级、跨越赶超，建设幸福石家庄做出了积极贡献。成功举行市第十二届人民代表大会第五次会议，审议批准市政府工作报告和其他各项报告，确定了2012年全市经济社会发展的指导思想、目标任务和主要举措，圆满完成各项选举任务。依法履行监督职能，围绕推动经济发展、着力促进改善民生、全力助推“两个环境”建设等重点工作，开展多次视察、调研活动，保障了市委决策部署贯彻落实。开展地方立法和执法检查，为经济社会发展提供了法治保障。丰富人大代表活动，充分发挥代表作用，依法做好选举任免工作，推进了基层民主政治建设。至2012年底，市人大常委会共举行会议8次，审议议题39项，依法任免地方国家机关工作人员159人（次），审议通过地方性法规2部，专项清理地方性法规40件；召开主任会议19次，研究和讨论议题77项。

【石家庄市第十二届人大常委会组成人员及各部门负责人】

主　任：王增明

副主任：杨志辉（1月任）

许昆峥　王中联

傅世武（1月免）

李屏东　郭领域

张石峰　董文志

秘书长：张院生

委　员：于奕峰

马恩来（回族）

王云　（女）

王仕平　王印行

王立国　王志勇

王彦英　王惠周

王增飞　卢素强

白凤楼（女）

吕国朝　刘贵

刘东才　刘国栋

刘国清

刘春艳（女）

安波　许凤琴

杨凤虎　杨印胜

李乃毅　李兵为

步淑段（女）

肖荣智　吴秀超

何金录　张云雁

张美林

陈潮　（女）

宗立荣（女）

胡翎　（女）

赵炳志　姜博卿

高书凯　康瑞斌

康德忠　韩国岐

彭少舫（女）

葛瑞芳（女）

副秘书长：王生力　周全宁

徐习军（4月免）

严晋峰（女，4月免）

陈彦良

潘明文（8月任）

倪华　（8月任）

研究室

主　任：马军

副主任：崔书冠（3月任）

王建丰（8月任）

选举任免代表工作委员会

主　任：赵炳志（4月免）

副主任：时洪斌

李勤　（3月任）

法制委员会

主　任：许凤勤（4月免）

徐习军（4月任）

副主任：宋健　（3月任）

内务司法委员会

主　任：卢素强

副主任：杨传英

财政经济委员会

主　任：刘国清

副主任：张杰

农村和农村委员会

主　任：何金录

副主任：马兆芹（3月任）

城乡建设和环境资源委员会

主　任：康德忠（10月免）

副主任：潘明文（8月免）

教育科学文化卫生委员会

主　任：高书凯（4月免）

严晋峰（女，4月任）

副主任：倪华　（8月免）

民族侨务外事委员会

主　任：吴秀超

副主任：王庄丽（8月任）

信访办公室

主　任：赵海奎

副主任：张万明（8月任）

【市第十二届人民代表大会第五次会议】 1月12～15日，石家庄市第十二届人民代表大会第五次会议在市人民会堂举行。会议推选孙瑞彬、刘云峰、王增明、杨志辉、许昆峥、王中联、傅世武、李屏东、郭领域、张石峰、董文志、张院生为大会主席团常务主席。545名市人大代表出席会议。会议听取和审议了市政府代市长姜德果所作的石家庄市人民政府工作报告，审议了市发展和改革委员会关于石家庄市2011年国民经济和社会发展计划执行情况与2012年国民经济和社会发展计划(草案）的报告、市财政局关于石家庄市2011年市级预算及市总预算执行情况和2012年市级预算及市总预算（草案）的报告；听取和审议了市人大常委会主任王增明所作的石家庄市人民代表大会常务委员会工作报告、市中级人民法院院长许广为所作的石家庄市中级人民法院工作报告、市人民检察院检察长蔡春和所作的石家庄市人民检察院工作报告，并审议通过相应决议。会议选举姜德果为石家庄市人民政府市长，杨志辉为石家庄市第十二届人民代表大会常务委员会副主任。

【市十二届人大常委会会议】 1月9日，市十二届人民代表大会常务委员第三十三次会议在市人大常委会会议厅召开。市人大常委会主任王增明主持会议，副主任许昆峥、王中联、傅世武、李屏东、郭领域、张石峰、董文志，秘书长张院生和委员共41人出席会议。会议审议了石家庄市人民政府副市长张树志受代市长姜德果委托所作的关于提请决定任命程凯职务的说明，决定任命程凯为石家庄市人民政府副市长；表决通过关于接受张小国辞去石家庄市人民政府副市长职务请求的决定、傅世武辞去石家庄市第十二届人大常委会副主任职务请求的决定并报石家庄市第十二届人大常委会第五次会议备案。

2月28日，市十二届人民代表大会常务委员第三十四次会议在市人大常委会会议厅召开。市人大常委会主任王增明、副主任杨志辉分别主持会议，副主任许昆峥、王中联、李屏东、张石峰、董文志，秘书长张院生和委员共47人出席会议。会议听取并审议了市人防办主任魏晓流所作的关于贯彻落实《人民防空法》情况的报告并进行了满意度测评，听取并审议了市粮食局局长朱献军所作的关于石家庄市粮食工作情况的报告并进行了满意度测评。会议要求市政府及有关部门要坚持将人防建设放在全市经济社会发展和国防建设全局进行谋划，始终遵循战时防空与平时防灾相结合、长远建设与应急建设相结合、政府投资与社会筹资相结合的原则，深入贯彻落实《人民防空法》，推动全市人防事业取得较大发展。市政府及有关部门要以科学发展观统揽粮食工作全局，以贯彻落实《粮食流通管理条例》为重点，认真落实国家粮食政策，加强粮食宏观调控，不断改革创新。要围绕“转型升级，跨越赶超，建设幸福石家庄”的总体目标，自觉服从和服务于全市经济社会发展大局，着力抓好全市粮食安全保障能力建设，重点完善粮食储备管理体系、粮食市场流通体系、粮食应急保障体系、粮食行政执法体系建设，在保障粮食安全上做文章，在壮大行业上下功夫，在关注民生上显身手，要注意保持全市粮食供求的总体平衡和市场价格的基本稳定。

4月25日，市十二届人民代表大会常务委员第三十五次会议在市人大常委会会议厅召开。市人大常委会主任王增明、副主任李屏东分别主持会议，副主任杨志辉、许昆峥、王中联、郭领域、张石峰、董文志，秘书长张院生和委员共45人出席会议。会议听取和审议了市政府关于石家庄市商务工作情况的报告、市林业工作情况的报告，并对以上两个报告进行了满意度测评。会议还听取和审议了市政府关于石家庄市土地管理工作情况的报告，审议通过了市政府、市人大常委会、市检察院有关人事任免事项。

6月27～28日，市十二届人民代表大会常务委员第三十六次会议在市人大常委会会议厅召开。市人大常委会主任王增明、副主任郭领域分别主持会议，副主任杨志辉、许昆峥、王中联、李屏东、张石峰、董文志，秘书长张院生和委员共46人出席会议。会议听取和审议了市政府关于大气污染防治工作情况的报告、关于市工商行政管理工作情况的报告，并对以上两个报告进行了满意度测评。听取和审议了市政府关于市旅游业发展情况的报告、市检察院关于职务犯罪预防工作开展情况的报告。审议通过《石家庄市供热用热条例（草案）》并报河北省人大常委会审议批准。审议了人事任命事项，决定任命张业为石家庄市人民政府副市长；审议通过关于接受张妹芝辞去石家庄市人民政府副市长职务请求的决定并报石家庄市人民代表大会备案。

8月28～29日，市十二届人民代表大会常务委员第三十七次会议在市人大常委会会议厅召开。市人大常委会主任王增明、副主任张石峰分别主持会议，副主任杨志辉、许昆峥、王中联、李屏东、郭领域、董文志，秘书长张院生和委员共41人出席会议。会议听取和审议了市人大常委会执法检查组关于检查《中华人民共和国畜牧法》实施情况的报告，听取和审议了市政府关于石家庄市2012国民经济和社会发展计划1–6月执行情况的报告。审议通过了市政府关于2012年1–6月份全市及本级预算执行情况的报告和市政府关于2011年市本级财政决算和市总决算情况的报告，石家庄市人民政府关于2011年度市本级预算执行和其他财政收支的审计工作报告。听取和审议了石家庄市人民政府关于第九届村民委员会换届选举工作情况的报告，听取和审议了关于全市人口计生综合改革工作情况的报告并进行了满意度测评，听取和审议了关于《石家庄市医疗卫生设施规划建设管理条例（草案）》的说明。会议还审议通过了市人大常委会、市法院、市检察院有关人事任命事项。

10月29日，市十二届人民代表大会常务委员第三十八次会议在市人大常委会会议厅召开。市人大常委会主任王增明，副主任董文志分别主持会议，副主任杨志辉、许昆峥、李屏东、郭领域、张石峰，秘书长张院生和委员共46人出席会议。会议听取和审议了市政府关于城镇建设“三年上水平”工作情况的报告、关于石家庄市农业综合开发工作情况的报告、关于办理十二届人大五次会议代表建议情况的报告、石家庄市中级人民法院和石家庄市人民检察院关于办理十二届人大五次会议代表建议情况的报告、市政府关于全市文化建设规划实施情况的报告。听取和审议了市政府关于城镇建设“三年上水平”城乡规划、基础设施及建筑行业管理、城市管理、保障性安居工程建设及物业管理标准化等四项专项工作报告，并对以上四项报告进行了满意度测评。审议通过了市人大常委会、市政府有关人事任免事项。会议还审议了对两名市人大代表采取强制措施的报告，并表决确认对两名市人大代表采取强制措施的许可。

12月18日，市十二届人民代表大会常务委员第三十九次会议在市人大常委会会议厅召开。市人大常委会主任王增明、副主任杨志辉分别主持会议，副主任许昆峥、王中联、李屏东、郭领域、张石峰、董文志，秘书长张院生和委员共42人出席会议。会议听取和审议了市人大常委会秘书长张院生受主任会议委托所作的关于召开市十二届人大六次会议有关事项的报告；审议通过了市十二届人大六次会议建议议程；审议通过了市十二届人大六次会议主席团和秘书长建议名单，决定了列席市十二届人大六次会议人员名单；审议通过了关于召开石家庄市第十二届人民代表大会第六次会议的决定，决定2012年12月26日召开石家庄市第十二届人民代表大会第六次会议，审议通过了关于补选代表的代表资格的审查报告。表决通过了石家庄市人大常委会关于石家庄市第十三届人民代表大会代表选举的决定，决定石家庄市第十三届人民代表大会代表由各选举单位于2013年2月28日前选举产生，通过了石家庄市人大常委会关于石家庄市第十三届人民代表大会代表名额分配方案。听取和审议了石家庄市人大财政经济委员会关于《石家庄市人民政府关于调整2012年国民经济和社会发展计划部分指标的报告》的审查情况报告、市政府关于《关于2011年度市本级预算执行和其他财政收支的审计工作报告》中有关问题整改情况的报告。表决通过了关于批准《调整2012年国民经济和社会发展计划部分指标的报告》的决定。审议通过了《石家庄市医疗卫生设施规划建设管理条例》，报经河北省人大常委会批准后实施。

12月24日，市十二届人民代表大会常务委员第四十次会议在市人大常委会会议厅召开。市人大常委会主任王增明主持会议，副主任杨志辉、许昆峥、王中联、李屏东、郭领域、张石峰、董文志，秘书长张院生和委员于共42人出席会议。会议审议通过了关于推迟召开石家庄市第十二届人民代表大会第六次会议的决定，石家庄市第十二届人民代表大会第六次会议推迟到2013年1月8日召开。

【市人大常委会主任会议】 全年召开主任会议19次，研究和讨论议题77项，议定了市人大常委会及其机关一系列重要日常工作，为市人民代表大会及其常委会认真履行宪法和法律赋予的各项职责发挥了重要作用。会议听取了关于十二届人大五次会议代表建议和意见情况的汇报、关于石家庄市名优品牌培育和发展工作情况的汇报、关于石家庄市外事工作情况的汇报、关于全市基层医疗卫生机构建设情况的汇报、关于全市农田水利建设工作情况的汇报、关于全市中小学校舍安全工程实施情况的汇报、关于全市安全生产工作情况的汇报、关于全市法律援助工作情况的汇报、关于全市国企改革发展暨国资监管工作情况的汇报、关于全市气象事业发展情况的汇报、关于2012年信访稳定工作情况的汇报。会议还研究确定了市人民代表大会、市人大常委会会议及其他会议的会务筹备和视察安排、地方立法、培训计划、工作部署、审查报告、公开选调和人事任免事项等重要日常工作。

【市十二届人大常委会主任与“三长”联席会议】 2月21日，在市人大常委会机关第三会议室，举行了石家庄市人大常委会主任和市政府市长、市法院院长、市检察院检察长联席会议。会议由市人大常委会主任王增明主持。市政府市长姜德果，市人大常委会副主任杨志辉、许昆峥、王中联、郭领域、张石峰、董文志，市检察院检察长蔡春和，市法院副院长尹新民出席会议。会议研究并原则同意2012年市人大常委会会议听取和审议专项工作报告并进行满意度测评与计划预算和审计工作报告计划、主任会议议题计划、执法检查工作计划、立法计划、调研视察工作计划和监督政府性重点项目资金使用情况工作计划等6项工作计划。

（郝杰）

【14名石家庄市全国人大代表参加第十一届全国人民代表大会第五次会议】 3月5～14日，14名石家庄市全国人大代表到北京参加了第十一届全国人民代表大会第五次会议。分别是姜德果(1957年1月出生，中共党员，石家庄市委副书记、市长)、王宝山（1963年7月出生，农工党，河北省十一届人大常委，农工党河北省委副主委、石家庄市委主委，市政协副主席，河北医科大学副校长）、王德进（1953年5月出生，中共党员，北京铁路局石家庄铁路办事处主任、党工委书记）、毕建国（1961年11月出生,中共党员，中国石油化工股份有限公司石家庄炼化分公司总经理）、李振江（1956年7月出生，中共党员，神威药业有限公司董事局主席兼总裁）、李赶坡（1949年7月出生，中共党员，河北敬业集团董事长、总经理）、邹晓珊（女，1955年8月出生，中共党员，石家庄常山纺织集团有限责任公司副董事长、党委副书记、纪委书记兼石家庄常山纺织股份有限公司副董事长、党委书记）、陈百成（1947年10月出生，民盟，民盟河北省委副主委、石家庄市委主委，省政协常委、石家庄市政协副主席，河北医科大学第三医院大骨科、关节外科主任）、张学庆（1968年7月出生，群众，中国电子科技集团公司第五十四研究所副总工程师）、邵喜珍（女，1958年6月出生，中共党员，石家庄市第二中学校长、党委副书记）、袁淑梅（女，1966年4月出生，民盟、中共党员，西柏坡精神研究和文化发展促进会主席，河北省剧协副主席，石家庄市评剧院一团常务副团长）、阎胜科（1945年11月出生，中共党员，原石家庄钢铁有限责任公司党委书记），靳灵展（女，1965年3月出生，无党派，石家庄市青年评剧团外联部部长、国家一级演员）、蔡东晨（1953年2月出生，中共党员，石药集团有限公司董事长）。

（赵秋星）

【纪念市人大常委会成立30周年系列活动】 8月2日，“纪念石家庄市人大常委会成立30周年座谈会”在亚太大酒店国际会议中心召开。会议全面回顾了市人大常委会30年的发展历程，认真总结了取得的显著成就和宝贵经验，明确了今后的工作方向。市人大常委会主任王增明出席会议并作重要讲话，党组书记、副主任杨志辉主持会议，副主任许昆峥、王中联、李屏东、郭领域、董文志，秘书长张院生出席会议。会议特别邀请省人大常委会副秘书长冯志广出席会议并代表省人大常委会机关向市人大常委会成立30周年表示热烈祝贺。8月10日，市委人大工作会议在亚太大酒店国际会议中心召开。会议回顾总结了石家庄市人大常委会工作30年来的光辉历程，明确了新形势下人大工作的指导思想、工作重点和主要举措，为人大工作指明了方向、奠定了基础。省委常委、市委书记孙瑞彬作重要讲话。市委副书记刘云峰主持会议。市人大常委会主任王增明就贯彻落实《中共石家庄市委关于进一步加强人大工作的决定》精神、做好新形势下的人大工作讲了意见。市人大常委会党组书记、副主任杨志辉宣读《石家庄市人大常委会关于表彰市十二届人大优秀代表的决定》。市委常委、秘书长胡儒钗就《中共石家庄市委关于进一步加强人大工作的决定》作了说明。会议表彰了市十二届人大优秀代表。

【县（市）区人大常委会主任座谈会】 8月16日，市人大常委会组织召开全市各县（市）区人大常委会主任座谈会。省人大常委会研究室主任王振平作了关于人民代表大会制度的辅导报告，市人大常委会副主任许昆峥主持报告会。市人大常委会主任王增明在座谈会上作重要讲话，副主任杨志辉主持座谈会。副主任王中联、李屏东、郭领域、张石峰、董文志，秘书长张院生和各位副秘书长，各委办室主任以及各县（市）区人大常委会主任以及新当选的副主任和办公室主任参加座谈会。会议要求全市各级人大及其常委会要认真贯彻落实市委《关于进一步加强人大工作的决定》和市委人大工作会议精神，切实把思想和行动统一到市委的要求上来。要坚持从实际出发，注重研究新情况，谋划新思路，制定新举措，切实解决好工作中存在的困难和问题，推动人大工作与时俱进、创新发展。会上，各县（市）区人大常委会主任围绕贯彻落实市委《决定》和人大工作会议精神，谈认识、谋思路、定措施、提建议，作了发言交流。

【部分著名革命老区和在建党建军史上具有重大影响的地方人大常委会主任第六次联系会议】 6月6～7日，“部分著名革命老区和在建党建军史上具有重大影响的地方人大常委会主任第六次联系会议”在石家庄市召开。省人大常委会副主任谢计来出席会议并讲话，市委副书记、市长姜德果看望了与会人员，市委副书记刘云峰代表市委、市人大、市政府、市政协对会议的召开表示祝贺。会议期间，各与会单位从地方人大法定职权出发，围绕如何充分发挥地方人大的职能作用，推动老区经济社会科学发展、和谐发展，进行了深入研讨和交流，取得了广泛共识。各成员市人大常委会结合老区人大工作面临的新形势和新任务，开拓思路，各抒己见，提出许多新观点、新思路、新方法。市人大常委会主任王增明，党组书记、副主任杨志辉，副主任许昆峥、王中联、李屏东、郭领域、张石峰、董文志，秘书长张院生出席会议。福建三明市、江西井冈山市、福建龙岩市、广西百色市、陕西延安市、江西南昌市、上海黄浦区、湖北黄冈市、浙江嘉兴市、贵州遵义市和江西赣州市人大常委会领导参加此次会议。

【办理代表建议、批评和意见】 全年市人大代表在召开市人民代表大会和闭会期间共提出建议、批评和意见290件，其中12件重点建议由专门委员会重点督办。为提高办理质量，市人大代表采取听取汇报和现场查看相结合的方法，视察了20个承办单位，涉及代表建议232件。市政府、市法院、市检察院积极采取措施，承办质量、办理时效和代表满意率提高，市人大代表和群众关注的热点、难点问题得到较好解决。其中关于搭建全市统一食品安全追溯平台；关于推动商贸流通业结构调整，发展多元化商业业态；关于进一步扶持发展和规范农业经济合作组织等建议得到较好落实，社会反映良好。2012年，市政府承办市十二届人大五次会议代表建议276件，全部办复完毕。在已办复的276件建议中，代表所提问题得到解决或基本解决的141件，占51.1%；

所提问题正在解决或列入规划逐步解决的 94 件，占 34.1%；受各种条件限制难以解决、向代表作出说明解释的 41 件，占 14.8%。市政府各部门共走访代表 276 人次，走访率 100%；从代表对办理工作反馈意见看，满意和基本满意的 268 件，占 97.1%；理解的 8 件，占 2.9%。

【组织视察、检查和调研】 市人大常委会围绕石家庄市经济发展、城市建设、生态建设、民生稳定、法律法规的贯彻落实情况以及广大人民群众关心的热点问题，组织市人大常委会组成人员、专门委员会委员和人大代表进行了多次视察、检查和调研。围绕推动全市经济跨越发展，专题视察工业经济运行、国企改革、商业保险、名优品牌培育、安全生产、工商行政管理、旅游业发展、西柏坡中央部委旧址群恢复和使用情况等工作。围绕推进社会主义新农村建设，专题视察现代农业建设、发展生态高效农业以及农村经营管理体制改革、森林防火、农田水利建设、农村饮水安全工程、畜牧水产等工作。围绕城镇建设上水平，专题视察保障性住房安居工程、滹沱河两岸旅游产业发展和生态环境治理等工作。围绕推动改善全市生态环境，组织开展对石家庄市大气污染防治工作、扬尘污染治理情况的视察，实地察看了热电企业、建筑工地、高速公路绿化等项目,结合“燕赵环保世纪行在石家庄”活动，对饮用水源地污染防治及水源保护情况进行了视察督导。围绕加强执法监督，专题视察《人民防空法》、《关于加强人民检察院法律监督工作的决议》、《涉侨公益事业捐赠法》和《畜牧法》等法律的贯彻落实情况。围绕群众切身利益问题，专题视察保障性住房安居工程、中小学校舍安全工程、基层医疗卫生、人口计划生育综合改革、文化建设、市综合警务服务站建设、公共安全视频监控网建设、市基层医疗卫生基础设施建设等工作。

【调研成果】 按照市人大常委会统一安排，市人大常委会各部门和各县（市）区人大常委会，围绕党委中心工作，认真履行法定职责，优化发展环境，为实现转型升级、跨越赶超、建设幸福石家庄的目标任务，充分发挥人大及其常委会的职能作用，深入开展调查研究，取得了丰硕成果。全年形成调研文章 33 篇，评出优秀调研成果一等奖 2 个，二等奖 5 个，三等奖 8 个。市人大常委会通报表彰了获奖调研成果。

（郝杰）

石家庄市人民政府

【概况】 2012 年，石家庄市政府在省委、省政府和中共石家庄市委坚强领导下，紧紧围绕“转型升级、跨越赶超，建设幸福石家庄”的奋斗目标，坚持“稳中求进”的工作总基调，大力实施中东西区域协调发展战略，全力以赴稳增长、调结构、控物价、惠民生，国民经济保持了缓中趋稳、稳中向好的运行态势，较好地完成了市十二届人大五次会议确定的目标任务。2012 年，全市实现地区生产总值 4500.2 亿元，同比增长 10.4%。其中，第一产业完成增加值 452.2 亿元，增长 3.6%，增速比上年下降 0.7 个百分点；第二产业完成增加值 2240.7 亿元，增长 12.0%，增速比上年下降 1.6 个百分点；第三产业完成增加值 1807.3 亿元，增长 10.0%，增速比上年下降 2.1 个百分点。三次产业结构比例为 10.0:49.8:40.2。城乡居民收入增长，年末全市在岗职工年平均工资 39669 元，同比增长 13.35%；城市居民人均可支配收入 23038 元，同比增长 12.2%，城市居民人均消费支出 13378 元，同比增长 6.9%；农民人均纯收入 8993 元，同比增长 15.0%，农民人均消费支出 5439 元，同比下降 0.3%。

农林牧渔业均衡发展。全年粮食播种面积 76.5 万公顷，比上年减少 0.5 万公顷，下降 0.69%；粮食总产量 532.1 万吨,同比增长 0.07%。其中，小麦亩产 456 千克、总产 258 万吨，分别比 2011 年增产 13 千克和 5.4 万吨；玉米亩产 511 千克，总产 263 万吨。编制完成《石家庄市粮食生产核心区规划》，确定粮食生产核心区面积 500 万亩。石家庄所辖藁城市、赵县、栾城县、正定县、无极县、深泽县、晋州市、辛集市、新乐市、高邑县、行唐县 11

县（市）建成“吨粮县”。藁城市丰上村50亩水肥一体化夏玉米示范田实打实收平均亩产达到874.78千克，创下全省玉米亩产新纪录。全年瓜菜播种面积252万亩，平均亩产5189.4 千克，总产量1309.5万吨，单产位列全省第一位、总产位列全省第二位。其中，设施瓜菜播种面积124万亩，占总播种面积的49.2%。2012年末，全市万亩蔬菜示范区和千亩示范方分别达到15个和39个，种植面积19.9万多亩。2012年，全市完成造林42万亩，植树3500万株，森林覆盖率由2011年的30.56%提升到32.21%，创下历年增幅最高纪录。果树种植面积243.3万亩，果品总产量235.6万吨。2012年，全市肉、蛋、奶产量分别达到77.3万吨、106.4万吨和120.8万吨，其中肉、蛋产量位居全省第一，奶产量位居全省第三。奶牛、生猪、蛋鸡存栏分别达到42万头、349万头和1.2亿只，牧业产值315亿元，占大农业产值的比重达到40%。水产品养殖1.5万公顷，总产量3.5吨，产值4.3亿元。2012年，全市农业机械总动力1983.8万千瓦，同比增加0.34%，主要农作物耕、种、收机械化水平达到80%。小麦生产基本实现全程机械化；玉米联合收获面积271万亩，占玉米种植面积的52.6%，比2011年提高11.7个百分点；玉米铁茬播种面积415万亩，占玉米播种面积的82%，为历史最高水平。农机跨区作业共为农民增收1.45亿元。至2012年末，全市农田水利建设完成投资3.54亿元，较2011年增加1.33亿元，同比增长60.2%，解决了60万农村人口饮水安全问题，治理水土流失面积220平方千米，新增节水灌溉面积51万亩。2012年，全市有6个玉米、2个棉花、1个旱稻、1个小麦、9个果品等19个农作物新品种通过省级审定，3个蔬菜品种通过省级以上鉴定。2012年下半年，灵寿县通过国家财政部、农业综合开发办公室审定，成为“2012年新进国家农业综合开发县”。至2012年底，全市畜牧业、蔬菜、果品三大优势产业产值达到581.6亿元，占农林牧渔业总产值的比重为73.9%，比2011年提高0.6个百分点。农业产业化经营率达到64.2%,比2011年提高1.2个百分点。

工业增长速度保持较好。2012年，全市拥有规模以上工业企业2388个，总产值7643.1亿元，同比增长5.3%;完成增加值1800.2亿元，同比增长13.5%；销售产值7454.8亿元，同比增长4.9%；主营业务收入7663.4亿元，同比增长6.5%；实现利润562.7亿元，同比增长11.9%；实现利税827.4亿元，同比增长6.9%。全市规模以上工业主营业务收入利润率为7.09%，分别高于全国、全省1.02、1.81个百分点，居全省第一位。全市工业单位电量创增加值5.79元/千瓦时，高于全省平均水平23.72%，居全省第三位。2012年，全市国有及国有控股企业实现增加值247.6亿元，比上年增长5.3%；集体企业实现增加值43.1亿元，比上年增长17.6%；股份制企业实现增加值1103.7亿元，比上年增长14.5%；外商及港澳台企业实现增加值127.7亿元，比上年增长5.5%。从轻重工业看，2012年全市规模以上重工业企业累计完成增加值913.9亿元，同比增长9.4%；轻工业企业完成增加值886.2亿元，同比增长18.2%。分行业看，2012年全市七大主导行业中装备制造业完成增加值265.0亿元，同比增长17.1%；医药工业完成增加值103.3亿元，同比增长19.3%；食品工业完成增加值197.1亿元，同比增长17.2%；纺织服装业完成增加值388.9亿元，同比增长17.0%；石化工业完成增加值279.3亿元，同比增长14.9%；钢铁工业完成增加值193.8亿元，同比增长5.6%；建材工业完成增加值136.6亿元，同比增长0.8%。六大高耗能行业完成增加值624.5亿元，同比增长8.7%，低于全市规模以上工业增速4.8个百分点。

商贸流通业快速发展。全年社会消费品零售总额完成1915.8亿元，比上年增长15.2%。其中，城镇消费品零售额完成1502.9亿元，增长15.5%；乡村消费品零售额完成412.9亿元，增长14.3%。在限额以上批发和零售企业（单位）商品零售额中，粮油食品饮料烟酒类比上年增长19.2%；服装鞋帽针纺织品类增长23.0%；日用品类增长20.0%；家用电器及音像器材类增长0.9%；中西药品类增长61.0%；石油及制品类增长4.9%；汽车类增长7.3%。2012年，全市争取国家“万村千乡”市场工程扶持资金560.8万元，新建改建配送中心3个、农家店85个。至2012年末，全市配送中心达到11个，农家店达到3776个，覆盖100%的乡镇和87%的行政村。2012年，全市拥有早餐网点

300多个，早餐车400多辆，其中全封闭可开启式早快餐车（金蛋车）达到300辆。至2012年底，全市家电下乡销售产品331.22万台，销售85.73亿元，补贴额9.53亿元。4月1日至10月31日，市区商贸服务企业延时营业实现夜间销售收入32亿元，同比增长28%，增加企业利润6594万元，新增上缴国家税金5624万元。2012年，全市建设重点商贸大项目42个，总投资1300亿元，其中2012年完成投资173亿元，平山温塘度假村、新源国际财富中心（乐汇城）、开元环球希尔顿酒店、勒泰广场（商业零售部分）等15个项目竣工；建设县域重点商贸项目50个，总投资280亿元，其中2012年完成投资44.7亿元，项目新开工14个，竣工14个。23个县（市）区全部建成应急商品投放网络，网络企业达到1382家。2012年，全市完成市级冻猪肉储备1000吨，冬春蔬菜储备招标7500吨。市区35家大中型超市与200余家农村合作组织签订协议，带动农户10万余户，对接生鲜农产品经营面积6000多平方米，年销售量8400万千克，同比增长48%，销售额达2.8亿元，同比增长27%。2012年，石家庄市被商务部列为全国13个农超对接试点城市之一，获得国家财政部2000万元专项资金支持。至2012年底，全市共举办各类展会76个，合同成交额230亿元，同比增长51.8%。

民营经济保持良好发展态势。至2012年底，全市共有民营经济单位（私营企业和个体工商户）31.35万个，比2011年减少2.15万个；从业人员93万人，比2011年减少8.4%；注册资本金2631.57亿元，比2011年增长2.34%。实有私营企业集团54户；实有注册资本100万元～500万元私营企业17916户，500万元～1000万元4725户，1000万元～1亿元3031户，1亿元以上私营企业133户。其中，私营企业新增13656个，注销1638个，累计达到81541个，注册资本金2508.13亿元，从业人员36.65万人；个体工商户新增55296个，注销8803个，累计达到231960个，注册资本金123.44亿元，从业人员56.35万人。2012年，全市民营经济实现增加值3007.9亿元，比2011年增长12.5%，高于全市GDP增速2.1个百分点；占全市生产总值的比重为66.8%，比2011年提高0.7个百分点。在民营经济增加值中，第一产业完成41.5亿元，比2011年增长2.8%；第二产业完成1909.2亿元，比2011年增长13.6%；第三产业完成1057.2亿元，比2011年增长11.2%。全年民营经济实缴税金363.6亿元，比2011年增长19.9%；占全部财政收入的比重为63.4%，比2011年提高1.4个百分点。民营经济实现出口61.6亿美元，比2011年增长6.8%，增速同比回落11.6个百分点，仍比全部出口增速高3.2个百分点；民营经济出口占全部出口的比重为84.0%，比2011年提高2.5个百分点。

城乡建设稳步推进。全年公路通车总里程达到1.63万千米，路网密度达到105.75千米/百平方千米。其中，高速公路5条（石黄高速公路、青银高速公路、京昆高速公路、京港澳高速公路、西柏坡高速公路）、482.48千米，国道4条（107国道、207国道、307国道、308国道）、418千米，省道33条、1493千米，县道43条、1579千米，乡道4965千米，专用公路210千米，村道7217千米。桥梁3887座、225852延米。全年公路建设里程1501.9千米，通车里程比2011年增加333.54千米；完成投资52.33亿元，其中，高速公路19.3亿元，普通干线公路8.26亿元，农村公路11.69亿元，公路养护6.41亿元，场站建设6.67亿元。全年城市公共汽车营运线路达到209条，比上年增加25条；营运车辆3877辆，比上年增加388辆；年客运量6.4亿人次，比上年增长9.25%。5月17日，全市召开省会市容市貌综合整治工作动员大会。5月18日，槐安西路、和平西路进点施工，省会主路主街整修工程全面开工。6月底，首批市区12条道路完成整修，分别是：和平西路（西二环－红军大街）、槐安西路（西二环－西三环）、育才街（中山路－槐中路）、泰华街（和平路－新华路）、中山东路（谈固西街－东二环）、谈固南大街（东岗路－南二环）、翟营大街（和平路－光华路、东岗路－南二环）、体育大街（和平路－丰收路）、东风路（建设大街－平安大街）、维明大街（裕华路－槐安路）、红旗大街（裕华路－槐安路）和槐北路（建设大街－体育大街）。根据群众要求增加整修路段呼声，结合城区道路状况，经市委、市政府同意，又新增9条路段列入整修名单，分别是：水源街（和平路－新华路）、维明大街南延打通至二环路工程、维明大街（中山路－裕华路）、和平东路（谈固大街－高速桥）、红旗大街（槐安路－南二环）、红旗大街地道桥路段、塔北路（谈固东街－东二环）、塔南路（裕翔街－翟营大街）和中山西路（西二环－西三环）。8月21日，省会主路主街整修工程全面完成，共整修道路21条，总长40余千米，整修面积80余万平方米。至2012年末，全市铁路营业里程达到328.72千米（不含京广高铁），共有车站29个，其中高铁客运站3个。全年铁路发送旅客2059.95万人，发送货物456万吨（旅客数据来源石家庄站，货运数据来源石家庄南站）。12月21日，石家庄新客站正式启用，共设13台30线，其中正线6条。12月26日，京广高铁京郑段开通运营。2012年，石家庄机场开通中转国际航线40多条，新增、加密广州、深圳、成都、南京、昆明、杭州等10多条航线，航线数量达到81条，同比增长22.7%，运营航空公司达到24家，通航城市52个，周往返航班最高达到1000架次，同比增长20.9%，基本构建成“沟通南北、通达东西、延伸海外”的航线网络。2012年，河北机场集团完成旅客吞吐量500.75万人次，同比增长18.9%，其中，石家庄机场485.21万人次，同比增长20.7%；完成货邮吞吐量4.03万吨，同比增长19.9%，其中，石家庄机场3.97万吨，同比增长19.4%；保障飞机起降5.69万架次，同比减少1.8%，其中，石家庄机场5.46万架次，同比减少0.5%。2012年，全市共发放商品房预售许可证99个，预售项目50个，批准预售面积442万平方米。2012年市区商品住房当期上市面积382万平方米，同比下降13.46%；商品住房成交面积317万平方米，同比下降3.09%；商品住房销售均价为6225元／平方米。2012年市区二手住房成交124.67万平方米，同比增长39.39%；二手住房成交均价为5087元／平方米，同比增长9%。总体看，市区商品房上市量和成交量较2011年同期相比仍处于低位运行，同比逐步回升；商品房价格增幅回落，市场逐步趋暖；二手住房市场表现活跃，成交量大幅增长，呈现量价齐升态势。2012年，全市城中村改造工作稳步实施，完成拆迁48.9万平方米、2531户，腾地92.4万平方米，6个城中村基本拆平。至2012年末，全市开工建设各类保障房3.69万套、竣工1.3万套、分配入住1.4万套，圆满完成省下达的年度任务，实现了市委、市政府确定的工作目标。2012年，市区总用热面积1.28亿平方米，新增用热面积2100万平方米。其中，新竣工项目用热600万平方米，燃煤采暖锅炉置换用热1500万平方米。2012年，全市新增供热能力2850万平方米。其中，鹿华热电厂1台330MW供热机组项目新增供热能力700万平方米，满足了桥西区和新华区用热需求；热电二厂1台168MW高温锅炉项目新增供热能力350万平方米，满足了桥东区和新华区用热需求；石家庄炼油厂和钢厂余热利用项目新增供热能力700万平方米，满足了长安区、裕华区和高新区用热需求；桥东污水源热泵项目新增供热能力100万平方米，满足了裕华区用热需求；同时，新增分布式能源供热能力1000万平方米。2012年，全市销售丙烷气1072吨，较2011年增加597吨。液化气总公司销售液化气3.6万吨，较2011年增加3613吨，增长11%；销售天然气438万立方米，较2011年增加177万立方米，增长67.8%。

环境保护力度加强。2012年，石家庄城市环境空气质量处于二级及优于二级天数达到322天，占总天数的88.0%，其中Ⅰ级天数64天，Ⅱ级天数258天，Ⅲ级天数43天，Ⅳ级天数1天。2012年石家庄城市环境空气质量优良天数在全国47个重点城市中，排名在第35位，高于北京、郑州、天津等周边城市；在河北省11个设区市中，石家庄城市环境空气质量优良天数排在最后一位。全年城市环境空气以“煤烟型”污染为特征，城区环境空气综合污染指数为0.59，污染等级为清洁；主要污染物中，可吸入颗粒物、二氧化硫和二氧化氮的年日均值分别为0.098毫克／标立方米、0.058毫克／标立方米、0.040毫克／标立方米，均达到国家二级标准，分别比2011年可吸入颗粒物下降1.01%，二氧化硫上升13.73%，二氧化氮下降2.44%。2012年，市域内地表水体总体呈“有机污染型”，各地表河流受沿途工业污染源污染较重，城市（镇）下游河段水质多超过地表水功能区划标准。Ⅴ类和劣Ⅴ类水质河段占常年有水河段的47.1%，主要污染物为氨氮、生化需氧量、总磷、化学需氧量等。2012年，全市共监测17眼地下水井、25项指标，结果表明，总硬度、总大肠菌群、硝酸盐、溶解性总固体、氯化物、硫酸盐6项指标出现超标。超标较重的指标为总硬度占63.7%，总大肠菌群占31.9%，硝酸盐占26.4%，溶解性总固体占15.4%，其余指标超标率低于5%。超标区域主要分布在市区西南部和中南部，超标井位分布呈“片状”和“点状”特征。2012年，石家庄城市声环境以交通噪声和生活噪声为主要噪声源，城市功能区噪声昼间基本达到国家标准要求，夜间存在超标现象。全市年平均昼间等效声级值的最大值为68.0分贝，夜间平均等效声级值的最小值为42.2分贝。市区平均等效声级值比2011年略有下降，其中昼间等效声级值下降1.3分贝，夜间等效声级值下降0.8分贝，昼夜等效声级值下降0.9分贝。2012年，全市工业固体废物产生总量为759.49万吨，处置利用率为97.9%。全年检测在用机动车421309辆，合格380113辆，初检合格率90.2%；检测外籍转入石家庄市机动车7006辆，合格6439辆，合格率91.9%。2012年，全市共有放射源单位96家，放射源977枚（含销售）；审查和审批颁发辐射安全许可证41家。2012年，石家庄市区共拆除分散燃煤锅炉438台，超额完成年度拆改任务。其中，拆改采暖锅炉326台、生产锅炉91台、茶浴锅炉21台。新华区拆改133台，占总任务量的62.1%；桥西区拆改122台，完成总任务的70.5%；长安区拆改69台，完成总任务的77.5%；裕华区拆改47台，完成总任务的81%；桥东区拆改44台，完成总任务的75.9%；高新区拆改23台，完成总任务的74.2%。2012年，全市环境影响评价完成审批项目4078个，总投资1920.74亿元，比2011年分别增加3.5%和21.2%；完成建设项目验收953个，完成投资134.43亿元，比2011年分别增加24.7%和72.9%。2012年，全市环境保护监督检查单位3485家次，出动执法人员9069人次，检查污染处理设施2256台套，采集煤样43份，采集水样1305份，速测水样185份。至2012年底，全市4项主要污染物排放总量均比2011年下降。其中，化学需氧量减少2.2%，氨氮减少3.1%，二氧化硫减少3.5%，氮氧化物减少1.5%。

城市绿地增加，水面扩大，生态环境全面改善。全年人工造林完成26万亩，新增封山育林16万亩，“四旁”植树1598万株，花卉种植2.4万亩。太行山绿化工程完成人工造林7.8万亩，封山育林新封1.9万亩，年末封山育林达到26万亩。退耕还林工程完成荒山荒地造林1.4万亩，新封山育林2.2万亩，年末封山育林达到31万亩。三北防护林工程完成人工造林0.4万亩。开展“一山、一河、五路”环城绿化（西山生态观光园建设、滹沱河百里绿色长廊建设、三环路绿化提档升级、中华大街北延绿化带建设、307及308国道绿色通道提升改造、西柏坡高速公路两侧山场绿化），其中西山生态观光园植树100万株，造林绿化8000亩；滹沱河百里绿色长廊，西起鹿泉市，东至深泽县，长约100千米，每侧植树100～500米。“五路”绿化工程，以西柏坡高速、三环公路为重点，栽植补植树木465.6万株，绿化面积3824.6亩，绿化里程511.7千米。至2012年末，石家庄市拥有城市公园广场62座，总面积1720公顷；建成区绿地面积7883.68公顷，建成区绿化覆盖面积8697.53公顷，较2011年分别增加607.68公顷和622公顷；人均公园绿地面积13.79平方米，较2011年增加1.23平方米。全年创建省级园林式单位18个、居住小区9个、街道4条；命名市级园林式单位42个、居住小区29个。2012年，滹沱河综合整治工程一期基本完工，全线长16千米，累计投资35.3亿元，形成水面面积900万平方米、湿地面积1500万平方米、绿地面积600多万平方米。全年绿化市区槐安路东段、维明大街南段等27条新建改建道路，新增绿地13公顷；绿化整治107国道南段、槐安路西延等6条出市口道路，新增绿地45公顷；实施京港奥高速公路、京广铁路北入市口和石太高速公路夹缝地绿化工程，新增绿地 115公顷。2012年，全市义务植树1300万株。4月28日至5月31日，河北省首届园林博览会在石家庄市正定新区成功举办，共接待各地游客50余万人次。

固定资产投资增长较快。全年全社会固定资产投资完成3728.6亿元，比上年增长20.0%。其中，固定资产投资(不含农户)3673.3亿元，比上年增长21.4%。固定资产投资（不含农户）中，第一产业完成投资78.8亿元，比上年增长36.5%；第二产业完成投资1392.3亿元，增长28.8%；第三产业投资2202.3亿元，增长16.7%。2012年，全市共有建设项目4608个，完成投资2840.1亿元，比上年增长26.9%。其中，亿元以上项目708个，比上年增长24.4%；亿元以上项目完成投资

1520.8 亿元，比上年增长 34.0%。全年房地产开发完成投资 833.2 亿元，比上年增长 5.6%。

招商引资成效突出，水平提高。全年实际利用外资完成 8.8 亿美元，比上年增长 8.9%。其中，外商直接投资 8.5 亿美元，增长 1.3 倍。年内新批准设立外商投资企业 22 个，新增合同总金额 12.7 亿美元，增长 45.9%；合同外资额 5.0 亿美元，增长 6.2%。全年签约引进利用外资 2000 万美元以上项目 10 项，引进国内资金 2 亿元以上项目 38 项。全面开展“与央企、领军企业合作对接工程”、“世界 500 强项目引进工程”、“对接百强县特色产业项目合作工程”、“开发区提档升级、产业聚集工程”四大投资促进工程，积极谋划重点产业对外合作项目，编制完成《石家庄投资环境报告》和《石家庄市投资促进工作意见》。2012 年，全市谋划重点招商项目 186 个，总投资 1548 亿元。至 2012 年末，全市引进市外资金 695.2 亿元，同比增长 39.04%，占全年任务 575 亿的 120.9%。2012 年，全市以“工作对标、产业对接、项目引入”为内容，大力开展“与百强县对接活动”。各县（市）根据自身优势和特色产业到珠三角、长三角、京津冀地区的百强县走访、考察、洽谈合作项目。藁城市与江苏省太仓市对接生物医药产业，晋州市与山东省龙口市、浙江省桐乡市对接化工、纺织产业，高邑县与福建省晋江市对接陶瓷、纺织产业，栾城县与浙江省德清县对接生物医药、装备制造产业，行唐县与杭州市萧山区对接玻璃深加工产业，元氏县与浙江省东阳市、福建省安溪县对接历史文化资源开发和机电产业，井陉县与山东省邹平县、江苏省宜兴市对接钙镁、煤炭产业，井陉矿区与山东省邹城市、江苏省常熟市对接煤化工、电子机械、装备制造产业。卡森集团投资 15 亿元的皮革项目和上海汉唐集团投资 30 亿元的皮革商贸城项目落户无极县。2012 年，可口可乐、爱立信、乐购特易购、家乐福、沃尔玛、丰益国际等世界 500 强公司到石家庄市建立布局型投资项目。至 2012 年底，共有近 30 家世界 500 强公司在石家庄投资发展。2 月 29 日，安徽欣意公司总投资 25 亿元的河北欣意稀土高铁铝合金电力电缆项目在高新区奠基。3 月，世界 500 强企业海尔集团投资建设的海尔（石家庄）创新产业园项目与赵县签约，总投资 15 亿元。4 月 15 ~ 19 日，市经贸代表团到香港参加“2012 年河北省（香港）投资贸易洽谈会”，签署合作协议 15 项，总投资 23 亿美元，协议利用外资 13.3 亿美元。5 月 17 ~ 18 日，市经贸代表团参加在河北省廊坊市举行的 2012 中国 • 廊坊国际经济贸易洽谈会，签订合作项目 8 项，总投资 39.3 亿元。9 月 8 ~ 11 日，市经贸代表团参加在福建省厦门市举行的第十六届中国国际投资贸易洽谈会，签约利用外资项目 11 项，总投资 1.9 亿美元。11 月 7 日，河北石家庄生物医药及服务外包合作发展推介会在深圳市举行，推出合作招商项目 186 个，总投资 1548 亿元。11 月 29 日，河北省政府正式批准石家庄市河北元氏经济开发区、河北灵寿经济开发区、河北高邑经济开发区和河北井陉经济开发区纳入省级开发区（园区）管理序列。至 2012 年末，石家庄市省级以上开发区达到 17 个。其中，国家级开发区 2 个，分别是石家庄高新技术产业开发区和石家庄经济技术开发区；省级开发区 15 个。

对外贸易实现盈余。全年进出口总值完成 129.5 亿美元，比上年下降 8.7%。其中，进口总值完成 56.1 亿美元，下降 21.0%；出口总值完成 73.4 亿美元，增长 3.6%。全年商品进口下滑严重，其中铁矿石进口 41.3 亿美元，同比下降 27%，占全市进口总额的七成以上，比 2011 年减少 15.3 亿美元。私营企业成为出口主力。2012 年，私营企业出口占全市出口比重超过六成，累计出口 471089 万美元，同比增长 11.3%，占比 64.0%；私营企业进口 70984 万美元，同比下降 6.8%。国营企业出口 117339 万美元，同比下降 10.3%，占比 16%；进口 392495 万美元，同比下降 28.8%。外商投资企业累计出口 126854 万美元，同比下降 1.8%，占比 17.3%；进口 25908 万美元，同比下降 24.6%。集体企业累计出口 15867 万美元，同比下降 31.6%，占比 2.5%；进口 71763 万美元，同比增长 52.4%。2012 年，全市拥有出口超千万美元企业 137 家，比 2011 年增加 12 家；有出口实绩企业 2473 家，其中国营企业 69 家，集体企业 29 家，外商投资企业 142 家，私营企业 2233 家；有对外贸易经营资格企业 6107 家，新增 633 家。2012 年，全市 8 家企业出口超过 1 亿美元，分别是石家庄鸿锐集团、石家庄制药集团、华北制药集团、河北诚信有限责任公司、石家庄钢铁有限公司、河北明迈特贸易有限公司 、河北省机械进出口公司、辛集市宝得福皮业有限公司。2012年，全市传统出口优势商品中，机电产品占比20.8%；服装及衣着附件占比20.6%；医药品占比12.2%。其中，机电产品同比增长9%；服装及衣着附件同比下降1.5%，皮革服装增长82.7%；医药品同比下降11.9%；高新技术产品同比增长15.6%；农产品同比下降29.2%。2012年，石家庄市出口国际市场前5位分别是欧盟、美国、东盟、俄罗斯、印度，出口额分别为138222、107586、82650、59588、35982万美元，出口增幅分别为-13.8%、4.8%、21.9%、18.5%、-0.6%。前5位出口市场出口总额占到全市出口总额的近六成。对日本出口31737万美元，同比增长8%。大力开拓新兴市场出口，其中，对乌克兰出口12821万美元，同比增长2倍，位列出口市场第十位；对秘鲁出口4550万美元，同比增长76.2%；对阿尔及利亚出口2892万美元，同比增长71.4%。2012年，石家庄市从澳大利亚进口258807万美元，同比下降16.4%；从巴西进口131934万美元，同比下降40.7%；从欧盟进口33362万美元，同比下降5.8%；从南非进口32846万美元，同比下降7.1%；从美国进口28829万美元，同比增长33.7%；从东盟进口12461万美元，同比增长14.7%。2012年，全市拥有境外投资企业达到105家，其中新设立13家；中方投资总额1.19亿美元，同比增长95%。

旅游收入大幅增长。全年接待国际游客15.8万人次，创汇收入6163.8万美元，分别比上年增长16.1%和24.7%；接待国内游客4185.2万人次，旅游收入264.7亿元，分别比上年增长28.9%和34.1%。全年旅游总收入268.6亿元，比上年增长33.9%。2012年，石家庄市区居民人均外出旅游人次同比增长36.0%，人均旅游花费总额496.66元，同比增长29.8%，其中人均团体旅游支出331.06元，同比增长37.5%。2012年，全市新建、在建旅游项目101个，完成投资42.8亿元。新谋划项目6个，总投资79.7亿元。至2012年末，全市共有星级酒店65家，旅行社223家，旅游服务网店390家，A级景区29家，工农业旅游示范点26个，旅游汽车公司13家，旅游服务公司6家，持证导游8200余人，旅游从业人员5万多人。推行旅游行业标准化管理。全年完成旅行社年检217家，新审批旅行社25家，新增服务网点70家，注销旅行社7家，办理旅行社变更30家。西部山区旅游发展规划通过评审。2012年初，《石家庄市西部山区（五县区）旅游发展战略规划（2012—2020年）》通过评审。该规划范围为平山县、灵寿县、井陉县、赞皇县、井陉矿区5县区。发展战略框架概括为“115678”战略，即打造“一条风景廊道、一个龙头品牌、五条休闲河谷、六大特色产品、七大旅游产业聚集区、八条精品线路”。一条风景廊道即由沿山高速、G207、S201、S202公路组成，北起驼梁－五岳寨，南到嶂石岩景区，沿途连接重要景区，打造西部黄金旅游廊道；一个龙头品牌即大西柏坡旅游区；五条休闲河谷即滹沱河、卸甲河、磁河、甘陶河、槐河休闲河谷；六大特色产品即文化旅游、农业旅游、体育旅游、温泉度假等旅游产品；七大旅游产业聚集区即驼梁－五岳寨、横山湖、中山国、天桂山－沕沕水、秦皇古驿道、苍岩山、嶂石岩旅游产业聚集区；八条精品线路即千里太行国家旅游线、中国红色经典之旅、“西柏坡－五台山”圣地之旅、品味石家庄之旅四条区际线路，以及西部休闲之旅、灵寿之旅、井陉之旅、赞皇之旅四条区内线路。红色旅游联盟和京港澳高铁沿线旅游市场推广联盟成立。5月份，“红色曙光·雄秀太行”晋冀豫3省11市红色旅游联盟在河南省安阳市成立。该联盟单位由分属河北、河南、山西3省的石家庄、保定、邯郸、邢台、安阳、济源、焦作、新乡、鹤壁、长治、晋城11市组成。联盟11市共同签署了《“红色曙光·雄秀太行”晋冀豫三省十一市红色旅游联盟安阳宣言》。12月23日，京港澳高铁沿线(7+31)旅游市场推广联盟正式成立，并在石家庄市召开第一次会议。京港澳高铁沿线(7+31)旅游市场推广联盟由北京市、天津市、河北省、河南省、湖北省、湖南省、广东省7个省（直辖市）及承德、张家口、秦皇岛、唐山、廊坊、保定、石家庄、邢台、邯郸、安阳、鹤壁、新乡、郑州、许昌、漯河、驻马店、信阳、孝感、武汉、咸宁、岳阳、长沙、株洲、衡阳、郴州、韶关、清远、广州、东莞、深圳、珠海31个城市组成。2012年11月，在北京举行的第十八届亚洲旅游业金旅奖盛典暨

2012大中华区旅游文化榜颁奖仪式上，赞皇县获得“2012亚洲金旅奖•十大自然生态旅游休闲名县”称号。

财政收入增加。2012年，全市全部财政收入完成573.39亿元，比上年增长17.26%。其中，公共财政预算收入272.28亿元，比上年增长23.07%。全市财政支出464.09亿元，比上年增长15.01%。其中，一般公共服务支出48.1亿元，增长15.8%；公共安全支出28.1亿元，增长10.1%；教育支出109.3亿元，增长24.9%;科学技术支出7.5亿元，增长18.8%；文化体育与传媒支出6.7亿元，增长13.5%；社会保障和就业支出37.4亿元，增长27.6%；医疗卫生支出41.8亿元,增长5.6%;城乡社区事务支出46.7亿元，增长21.7%；农林水事务支出39.9亿元，增长20.4%；环境保护支出14.5亿元，增长33.2%。2012年，藁城市全部财政收入首次突破100亿元大关，13个县（市）区全部财政收入增幅达到17%以上，其中无极县、正定县、赞皇县、元氏县、桥东区、栾城县、鹿泉市、赵县、深泽县9个县（市）区全部财政收入增幅超过20%。2012年，市本级和23个县（市）区全部完成国库集中收付制度改革，市本级374个预算单位全部实行公务卡结算。至2012年底，全市国库资金资本化运营实现增值收益5.8亿元；国有资产收益1.2亿元；市级土地出让收入104.9亿元，比上年增长57.6%；电子化政府采购80.2亿元，节约资金7.2亿元；财政监督评审项目资金309.9亿元，审减50亿元;新增融资128.8亿元;偿还到期债务本息151.9亿元。

金融业发展稳定，融资融券活跃。至2012年末，全市金融机构人民币各项存款余额7640.7亿元，比年初增加925.5亿元，同比增长13.8%，其中储蓄存款余额3735.5亿元，比年初增加492.0亿元，同比增长15.2%；金融机构人民币各项贷款余额3995.1亿元，比年初增加360.6亿元，同比增长9.2%；金融机构人民币不良贷款余额83.9亿元，比年初减少31.73亿元，不良贷款率为2.04%，比年初下降1.02个百分点。至2012年末，全市共有银行业金融机构25家，其中，法人银行业机构5家，一级分行16家，城市商业银行分行4家；保险公司省级分公司57家，其中，财险公司25家，寿险公司32家；小额贷款公司54家，实现县域全覆盖，注册资本合计37.97亿元，全年累计投放贷款59.27亿元。围绕实体经济资金需求，以中小微企业和“三农”融资为切入点，有效缓解了企业融资难问题。至2012年底，全市企业贷款余额达到2418.50亿元，其中中小微企业贷款余额1532.05亿元，占比63.35%；全市新增企业贷款239.71亿元，其中新增中小企业贷款243.12亿元，占比101.42%。2012年，全市保险业累计实现原保险保费收入152.79亿元，占全省的五分之一，同比增长15.29%，其中财产险保费收入57.87亿元、人身险保费收入94.92亿元。2012年，全市7家企业在证券市场成功上市，分别是石家庄联合盛鑫泵业股份有限公司、中国优通控股有限公司、河北美域高文化传播股份有限公司、河北泰凯机械贸易股份有限公司、石家庄中煤装备股份有限公司、河北名冠生物科技股份有限公司、河北星火灯饰股份有限公司；另有华北制药实现定向增发。8家企业共在证券市场融资35.4亿元。

科技创新能力增强。2012年，全市取得科技成果312项。其中，达到国际领先水平1项，国际先进水平45项，国内领先和先进水平267项；获得省科学技术奖28项，评出市科学技术奖82项。全年申请专利4962项，授权3450项，分别比上年增长23.0%和38.7%，其中发明专利授权651件。专利申请量和授权量均居全省首位。2012年，全市争取国家、省各类科技项目286项，资金2.49亿元，其中，国家级计划项目126项，资金2.02亿元；省级计划项目160项，资金4676.5万元。实施市科技计划项目260项，资金1.07亿元。全年获得省科学技术奖28项，市科学技术奖82项，其中科学技术特别奖2项，市科技进步奖80项。2012年，全市47家企业被认定为高新技术企业，14家企业新认定为市创新型企业，24家企业通过市创新型企业复审。至2012年底，全市拥有高新技术企业242家；国家创新型企业3家，分别是石药集团、华药新药公司、以岭药业；国家创新型试点企业2家，分别是先河环保、中煤装备；省级创新型企业及试点企业26家，新入选省级创新型企业3家，分别是河北实华科技有限公司、石家庄工大化工设备有限公司、华北制药股份有限公司；市创新型企业38家。2012年，全市新增院士工作站2家，年末院士工作站达到11家。全年华北制药、石药集团、神威药业、以岭药业4家企业承担国家“重大新药创制”专项15项，参与研究开发项目7项，全部通过国家验收。开展半导体照明产业共性关键技术的研发和示范推广，36个项目列入国家863和省科技支撑计划。立德电子公司的“人民大会堂万人大礼堂及周边设施LED照明节能改造项目”、“LED在哈尔滨冰雪世界冰雪景观里的应用”2个项目获得国际半导体照明联盟（ISA）评选的全球半导体照明示范工程100佳2012年十大获奖工程。加快农业科技创新。全年通过省级审定农作物新品种19个，省级以上鉴定蔬菜品种3个，粮食丰产工程藁城示范区高产攻关田亩产达到650.1千克；中兽药产业技术创新联盟整体加入国家中兽药产业技术创新联盟，栾城县农林高科技园区晋升为省级农业科技示范园区。加强产业升级技术支撑平台和科技创新人才队伍建设。全年认定市级工程技术研究中心14家，省级工程技术研究中心8家。至2012年底，全市建立各类工程技术研究中心(重点实验室)117家，其中国家级重点实验室2家，省级重点实验室1家，省级工程技术研究中心26家，市级工程技术研究中心88家；全市地域内拥有工程技术研究中心(重点实验室)177家，其中国家重点实验室2家，省部共建国家重点实验室培育基地2家，省重点实验室38家，国家工程技术研究中心1家，省工程技术研究中心46家，市工程技术研究中心88家。驻石家庄企业10项成果获得国家科技奖励。在2012年度国家科学技术奖励大会上，驻石家庄企业科研院所共有10项成果获得国家科技奖励。其中获得自然科学奖二等奖2项，技术发明二等奖1项，科技进步二等奖7项，占全省15项获奖成果的67%。石药集团中奇制药技术（石家庄）有限公司完成的“马来酸左旋氨氯地平原料与制剂及产业化应用”和石家庄市农林科学研究院等合作完成的“小麦——簇毛麦远缘新种质创制及应用”获得自然科学奖二等奖。其中，“马来酸左旋氨氯地平原料与制剂及产业化应用”项目参照ICH、FDA等国际先进技术，对氨氯地平进行系统研究，实现了多项药学领域发明创新，显著降低了不良反应，提高了用药安全性。驻石家庄科研院所参与完成的“高性能沥青路面新材料及制备技术”(河北省高速公路管理局）获技术发明二等奖。“抗除草剂谷子新种质的创制与应用”(省农林科学院谷子研究所)、“头颈部鳞状细胞癌治疗后复发救治技术平台和策略的建立及应用”(中国人民解放军白求恩国际和平医院)、林木育苗新技术（河北省林业科学研究院)、大通量高效立体传质塔板技术及其在化工节能降耗中的应用(华北制药股份有限公司)、中国东部中生代隐伏金属矿找矿理论技术创新与重大突破（河北省地质矿产勘查开发局)、射频电子系统的三维高密度封装技术及其应用(中国电子科技集团公司第十三研究所，石家庄开发区华北集成电路设计有限公司)、竹浆纤维及其制品加工关键技术和产业化应用（河北吉藁化纤有限责任公司）获得科技进步奖二等奖。其中“抗除草剂谷子新种质的创制与应用”项目综合采用远缘杂交、快速回交等技术，成功将存在于谷子近缘野生种细胞核中的抗除草剂“拿捕净”和“氟乐灵”基因转移到栽培谷子中，特别是将存在于野生种细胞质中的抗除草剂“莠去津”基因，创造性利用花粉作载体，转移到栽培谷子细胞质中，开辟了雄配子携带细胞质基因导入的技术途径。28项成果获得省科技奖。2012年下半年，由省科技厅、省知识产权局等10部门共同组织的“2012年河北省知识产权优势培育工程专利奖”揭晓，在38个获奖项目中，石家庄市9个专利技术项目入选。其中，石家庄以岭药业股份有限公司的“一种治疗冠心病心绞痛的中药组合物及其制备方法”和石药集团欧意药业有限公司的“奥拉西坦制剂及制备方法”发明专利项目获得一等奖；石药集团中奇制药技术（石家庄）有限公司的“一种盐酸多柔比星脂质体注射剂及其制备工艺”发明专利项目获得二等奖；神威药业有限公司的“一种可提高清开灵氨基酸含量的制备方法”发明专利项目获得三等奖。博深工具股份有限公司的“一种预合金胎体粉末”、石家庄藏诺生物股份有限公司的“一种预防和治疗骨质疏松的药物组合物”、石家庄市新华工业炉有限公司的“一种梁式石灰窑”、河北旭辉电气股份有限公司的“电网无功补偿装置”和河北农哈哈机械集团有限公司的“可调全层施肥装置”等5个专利技术项目分别获得优秀奖。国家国际科技合作基地增至6家。2012年10月，国家科技部国际合作司认定第八批示范型国际科技合作基地，石家庄市的河北先河环保科技股份有限公司入选。至2012年末，全市国家国际科技合作基地增至6家。另5家分别是以岭药业、冀凯实业集团、华北制药集团、中电科技集团十三所和河北医科大学第四医院。2家企业入选国家火炬计划重点高新技术企业。2012年下半年，国家科技部火炬高技术产业开发中心发布2012年国家火炬计划重点高新技术企业评选结果，石家庄市华北制药股份有限公司和河北申科电子股份有限公司入选（河北省共13家企业入选）。9家企业获评无假冒专利示范单位。2012年，全市9家商贸企业获得2012年全省“无假冒专利示范单位”。9家商贸企业分别是新乐市上帝购物中心、辛集皮革城有限公司、正定天天药房、栾城天阳超市有限公司、行唐北人电器有限公司、元氏和兴园超市、高邑中山日化商店、平山兴山商厦、神威矿区中心店。技术合同成交额首次突破10亿元。2012年，全市共登记各类技术合同1328份，技术合同成交额10.75亿元，其中技术交易额9.27亿元，分别比2011年增加18.68%和18.18%。

教育事业稳步协调发展。2012年，全市拥有各级各类学校2999所，在校生161.7万人，教职工11.03万人，专任教师94368人。其中，普通中学413所，比上年减少14所，招生16.1万人，在校生47.8万人，毕业生16.9万人；中等职业学校141所，比上年减少22所，招生6.3万人，在校生19.3万人，毕业生10.3万人；小学1546所，比上年减少96所，招生12.6万人，在校生71.4万人，毕业生10.5万人；幼儿园875所，比上年增加52所，在园人数23.0万人。2012年，全市参加高考考生80283名，比2011年减少5008人，占全省总考生的18%，高考录取率为83.5%，位居全省前列，其中本科一批上线人数净增494人，本科二批上线人数净增1515人。全年参加中考考生79632人，其中市区考生21285人，各县（市）及井陉矿区考生58347人。普通高中市区录取新生16333人（不含民办学校）；职业学校录取中，五年制（含3+2）高职录取2745人，中专学校录取1372人；成人高考网上报名35482人；自学考试报名38193人。2012年，全市各级投入资金2.18亿元，新改扩建项目学校87所，规划建设面积16.6万平方米；竣工项目学校64所，竣工面积12.6万平方米；在建项目学校23所，在建面积4万平方米。校安工程累计开工面积369万平方米，开工率达98%；累计竣工面积2874万平方米，竣工率为76%；规划内266万平方米D级危房全部消除。实施山区教育扶贫工程，市县两级投入资金24亿元，规划建设56所学校全部开工，投入使用48所，共将深山区居住偏僻、散落在教学点的3万余名孩子集中安置到交通方便、生活条件较好的寄宿制中小学校就读，其中11100余名贫困寄宿生享受到生活补贴和交通补贴。2012年，全市落实义务教育阶段免除教科书经费8381.48万元，惠及学生83.3万人；免除城市学生杂费4394万元，惠及学生14万人；落实中职免学费补助资金1475.3万元，惠及学生2.64万人；落实中职、普通高中和高校学生助学金1097万元，惠及学生10.85万名；落实大学生生源地信用助学贷款1414万元，资助学生2547人。全面推行督学责任区制度建设，覆盖面达到100%。全市聘请县级督学460名，建立督学责任区145个。坚持督政与督学并重、监督与指导并重、评估与服务并重，完成省级3项督导评估规划，长安区、桥东区、桥西区、新华区、裕华区、藁城市、鹿泉市、晋州市8个县（市）区通过省政府督导评估，赵县、元氏县、灵寿县、无极县、赞皇县、深泽县6个县（市）区通过省评估认定，桥西区、藁城市、鹿泉市、栾城县、井陉县6个县（市）区通过国家和省义务教育基本均衡评估工作。开展形式多样、与新课程相适应的高效教学模式和学习方式研究，推出正定南楼中学、藁城九门中学、鹿泉一中、市35中等名校经验做法。按照“全员培训，全员参与，全员互动”的思路，以“名师讲堂”、“薄弱学校培训班”、“山区教育扶贫”、“优质课展评”活动为依托，采取请进来、走出去等多种形式，培训教学管理人员、教研人员、教师近200次，受益教师达2万余人次。其中开展“名师讲堂”系列培训36场次，山区教育扶贫活动120多次，培训教师5000余人。2012年，全市教育系统承担“十二五”省级以上课题立项346次，占全省的四分之一；开展四个学段33个学科青年教师评优课活动，产生一等奖472名，其中不同学段的6个学科教师参加全国比赛均获得一等奖。2012年，全市改扩建中小学校园网110多个，标准化计算机教室116个，新增“班班通”学校65所，交互式教学系统教室3000多间，改扩建中学标准化实验室260多套，小学科学实验室205套，新建科学探究实验室25套，机器人实验室20套。年内，教育城域网覆盖总量达到2200余所中小学，占全市中小学总数的三分之二强，其中年内新接入教育城域网学校230余所。开展教育信息化活动，举办了中小学生电脑制作大赛、中小学生计算机表演赛、中小学教师多媒体教育软件大赛、电视展播课评选、信息技术教师教学能力竞赛、信息技术与学科整合优质课评比等。承办2012年“河北省第三届信息技术创新大赛”，获得团体总分第一名。40余名师生参加在北京市举行的“全国第十届NOC大赛”总决赛，教师组获得一等奖6名，二等奖13名，学生组获得一等奖7名，二等奖9名。全年11件作品参加全国自制教具评比，全部获奖，其中一等奖4件。3名教师被国家教育部评为“自制教具能手”，其中平山中学被省教育厅评为全省首个“自制教具示范基地”。在全国中小学优秀阅读指导课评比中，石家庄市选拔10节课全部获奖，其中一等奖4节，二等奖3节，三等奖3节，在全省排名第一。年内，全市启动了“十大知名校长”评选活动，评选出“知名校长”10名，“优秀校长”11名。至2012年末，石家庄市共有市属高校5所。其中，本科高校1所（石家庄学院），高职高专院校4所（石家庄职业技术学院、石家庄信息工程职业学院、石家庄科技工程职业学院、石家庄幼儿师范高等专科学校）；招生16381人，在校生51523人；教职工3617人，专任教师2091人，正教授182人，副教授608人；开设专业195个，国家级精品课程2门，省级精品课程23门，市级精品课程20门。

文化建设成果众多。年末全市组建艺术表演团体19个，建成艺术表演场馆16个，群众艺术馆、文化馆25个，公共图书馆25个，文化站276个。拥有有线广播电视用户116.14万户，有线数字电视用户100.05万户；广播综合覆盖率达到99.43%，电视综合覆盖率达到99.42%。公共文化服务设施覆盖面扩大。预算投资4.3亿元，建筑面积约5.3万平方米，集剧场、音乐厅、艺术生产于一体的霞光大剧院（演艺中心）于11月28日奠基；丝弦剧场项目启动建设；投资8000余万元、建筑面积1.6万平方米的新华区文体中心和投资3900万元、建筑面积6700平方米的井陉矿区文体中心建成投用；裕华区、长安区综合文化中心升级改造工程完工；桥东区图书馆、文化馆工程进入装修阶段；高新区图书馆主体封顶，文化馆装修正在施工；20户以下广播电视“村村通”工程全面完成。至2012底，全市用4年时间实现了乡镇综合文化站、农家书屋、广播电视“村村通”全覆盖目标，共新建农村文化广场189个，农村群众文艺辅导基地92个。开展“彩色周末”活动，在广场、公园等公共场所演出1186场，其中慰问农民工等特殊演出102场；优秀剧目展演和送戏下乡活动，在市区演出150场，农村演出718场；公益电影放映活动，在社区放映1108场，农村放映54247场。新建农家书屋802家，为帮扶村建立数字农家书屋451个。引导、扶持文化产业园区和基地发展，金大陆文化产业集团被评为石家庄市首家“国家级文化产业示范基地”，动漫产业发展基地创业孵化园入选河北省“十大文化产业聚集区”，动漫大厦入选河北省“十大文化产业项目”。2012年，石家庄市动画电影《西柏坡》获得全国“五个一工程”奖；河北梆子《女人九香》入选全国优秀剧目；评剧《红叶》和歌曲《家里有我》获得河北省“五个一工程”奖；音乐作品《太行谣》获得全国“群星奖”；舞蹈《扭春》获得全国第三届秧歌节“最佳风采奖”；少儿舞蹈《剪纸姑娘》《武之韵》和《快乐抖空竹》在“开放的欧洲”莫斯科国际少儿艺术节比赛中分获一等奖；戏曲《念珠情缘》等25件作品获得河北省“燕赵群星奖”；舞蹈《童叟俏拉花》入选《2012中国民族民间歌舞乐盛典》，并在中央电视台播出；原创舞蹈《梅兰芬芳》《绣灯笼》分获华北五省区舞蹈大赛少年、青年专业组金奖；市艺术学校崔子健获得第十六届中国少儿戏曲小梅花荟萃比赛金奖；市京剧团青年演员牛腾获得全国京剧优秀青年演员折子戏展演二等奖，牛腾、吴佳磊、范闪闪获得中央电视台第七届全国青年京剧演员电视大赛铜奖。年内，全市6个单位获评河北省“非遗”传承示范基地，年末全市拥有市级“非遗”项目148项，省级“非遗”项目90项，国家级“非遗”项目11项；新增国家级“非遗”传承人3名，年末全市拥有国家级传承人达到11名。至2012年底，全市检查各类文化场所6400家（次），查处违法案件64起，依法处罚47家。

卫生医疗服务能力提高。年内全市共有医疗卫生机构（含诊所）6451个，比上年减少7个，其中医院174个，疾病预防控制中心（防疫站）25个，妇幼保健院（所、站）25个，社区卫生服务中心（站）205个，村卫生室4087个。年末卫生机构实有床位4.49万张，比上年增加0.41万张，其中医院拥有床位3.45万张，比上年增加0.36万张。全市拥有卫生技术人员5.42万人，比上年增加0.31万人，其中执业医师2.05万人，注册护士1.86万人。全年孕产妇死亡率控制在16.05/10万，婴儿死亡率控制在5.14‰，5岁以下儿童死亡率控制在6.56‰。2012年，全市在完成4041个村卫生室标准化建设基础上，所有农村县（市）区启动乡村卫生一体化管理，栾城县、赞皇县、辛集市被确定为“省级乡村卫生一体化管理示范县（市）”。2012年，全市共有602.36万农民参加合作医疗，参合率达到97.38%，人均筹资标准由2011年的230元提高到290元，各级补偿比例提高到河北省补偿方案基本框架最大值，最高支付限额达到8万元。全年共补偿参合农民1673.57万人次，补偿金额17.43亿元。年内，全市43个政府办社区卫生服务机构、221个乡镇卫生院和3155个村卫生室推行了基本药物零差率销售，实行集中采购和统一配送。到2012年末，全市基本药物销售额达到2.94亿元，患者人均日门诊和住院费用较2011年分别下降12%和20%，累计为群众减轻药品费用负担5106.1万元。2012年，石家庄市被国家中医药管理局确定为全国首个“国家中医药发展综合改革试验市”。全市49个社区卫生服务机构建有“国医堂”，在121个乡镇卫生院成立了中医科、中药房，共创建中医药特色示范性村卫生室516个。年内，全市新增政府办社区卫生服务机构60个，其中新建机构7个，通过签约购买服务形式增设机构53个。2012年，全市卫生系统获得市级以上科研奖项106项，发表SCI论文21篇。有3个重点学科和4个重点发展学科入选省级医学重点学科和重点发展学科。其中，入选的3个省级医学重点学科分别是市第五医院肝病专业、市疾病预防控制中心卫生检验学、市第四医院产前诊断专业；4个省级医学重点发展学科分别是市第四医院妇产科、市第三医院创伤急救、市第一医院烧伤整形外科、市职业病防治院职业病学。6个市级医院完成HIS系统改造，18个县医院完成信息系统升级，5个市级医院实行“一卡通”。2012年，全市完成农村改厕项目任务1.5万座，农村卫生厕所普及率达到58.13%，鼠密度由原来2.3%下降到0.9%，蟑螂侵害率由灭前7.24%下降到2.23%。

体育事业蓬勃发展。2012年，全市选手在省级以上比赛中共获金牌243枚，银牌179枚，铜牌137枚。全年审核一级运动员66名，审批二级运动员403名。安装全民健身路径1394条，实施农民体育健身工程2439个，市区实现了社区健身器材全覆盖。7月28日至8月13日，市田径运动员巩立姣、曹硕代表中国队参加了第30届伦敦夏季奥运会，巩立姣在女子铅球比赛中获铜牌1枚。在8月29日至9月10日举行的第十四届伦敦残疾人奥运会（简称残奥会）上，石家庄市5名残疾人运动员参加了田径项目15个小项比赛，获得 7枚金牌、3枚银牌、2枚铜牌，并打破4项世界纪录、1项残奥会纪录，所获金牌总数位居全国参赛城市之首。至2012年末，全市20个单项体育协会共举办市级比赛12项、25次，协助基层办赛事30次，举办培训班10次，在全国、全省多项赛事中获得奖牌20枚。年末全市体育彩票投注站达到877个，实现销售额4.65亿元，同比增长25.68%。

社会保障进一步健全，失业率稍有下降。年末全市城镇职工参加基本养老保险人数为174.5万人，比上年增加12.2万人，其中参保在职职工人数132.4万人，比上年增加8.5万人；参保离退休人数42.1万人，比上年增加3.7万人。全市城乡居民养老保险参保人数为380.3万人。全市城镇参加基本医疗保险人数为269.2万人，比上年增加21.6万人。其中，城镇职工参保人数为134.6万人，城镇居民参保人数为134.6万人。17个县（市）开展新型农村合作医疗，参加新型农村合作医疗人数达到602.36万人，参合率为97.38%。年末全市参加失业保险人数为89.9万人，比上年增加0.1万人；工伤保险人数为114.9万人，增加11.1万人；生育保险人数为130.2万人，增加9.9万人。年末全市享受居民最低生活保障共有19.4万人。其中，城镇4.6万人，农村14.8万人。2012年，全市企业退休人员养老金连续第八年调整提高，企业退休人员月人均养老金达到1542.80元，比2011年增长8.5%。2012年，全市城镇新增就业10.7万人，下岗失业人员再就业4.4万人，城镇登记失业率为3.76%，比2011年下降0.05%。全年劳务输出4.5万人；实现农村劳动力转移15.6万人。2012年，全市共有石家庄市生源高校毕业生5.8万人，回市就业4.8万人，实现就业4.75万人，就业率达到98.2%。全年组织创业培训2.2万人，比2011年提高57%；发放小额担保贷款10.4亿元，比2011年提高171%。年末全市6086户企业、50.8万人纳入劳动用工备案系统。全年共为3.83万名劳动者追缴工资2.46亿元。年末全市建立工资集体协商制度企业1.29万家，覆盖职工94万人，建制率达到86%。

（薛鹏飞）

【石家庄市人民政府及其工作部门组成人员】

市　长：姜德果（1月任）
常务副市长：王大虎
副市长：刘晓军
程凯　（1月任）
张妹芝（女，6月免）
张殿奎　刘明轩
张树志　王大军
张小国（1月免）
郭运兴（4月任）
张业　（6月任）
秘书长：张业　（10月免）
孟胜林（10月任）
常务副秘书长：蒲国良
副秘书长：杨智勇　裴晓青
朗金国　高庆洲
宋国宏　吴概球
刘明亮（10月任）
邸占勋　常志卷
王亚楼（7月任）
张永平（5月任，11月免）

一、市政府工作部门

办公厅
主　任：(空)
副主任：赵志敏

发展和改革委员会
主　任：赵顺法
副主任：张彦春（5月免）
左力鸥
赵建林（10月任）
赵文锋（10月任）
张书田（10月免）
戴宝进（10月免）
唐志勤
吴书科（5月任）

教育局
局　长：闫纯锴（兼书记，10月任）
韩保来（兼书记，10月免）
副书记：翟力献　杜平等
苏志远
副局长：马建国　马力
赵立芬　李立水

科学技术局
局　长：王雁南
副局长：张英才
纪卫国（5月免）
张志敏　陈玉
郝金卓

工业和信息化局
局　长：吴飞
副局长：张庆绪　徐东
李丰基
卢昌明（5月免）
单元林　邢卫建

民族宗教事务局
局　长：哈宝伏
副局长：张贵民（10月免）
贾琴英（6月免）
王洪河　林海军
褚国成（10月任）

监察局
局　长：刘吉广
副局长：王文朝　李小平
周顺达

公安局
局　长:郭运兴（4月任副市长）
常务副局长：许振霞
副局长：王云才　程蔚青
武瑞琪　李新乐
田朝民　张宝池
朱玉宝

民政局
局　长：刘月照
副局长：顾玉平(9月任)
张建慧(9月任)
韩绍明　任跃民
张岩　(5月任)

司法局
局　长：王建国
副局长：解晓东（1月免）
任保山（8月免）
齐聚合（3月任）
张仲

财政局
局　长：李晋宇
副局长：彭占良　王华平
刘生彦　高山
周巧娥（女）

人力资源和社会保障局
局　长：高新城

副局长：刘桂江　石景辉
袁民杰　孙国平
温富才

国土资源局
局　长：张兰格
副局长：范振鹏（10 月免）
杜敏海　李少恒
梁伟

环境保护局
局　长：张　炬
副局长：岳存义（7 月免）
宋春元（5 月免）
耿富顺　梁国发
张智华
牛新华（5 月任）

城乡规划局
局　长：王晓临
副局长：杨若威　李惠林
张雅琳
滕斌　（8 月任）

建设局
局　长：李文昌
副局长：王增喜（3 月免）
郭彦军
周兴旺（10 月免）
曹新杰
王文章（5 月任）
张顺泽（5 月任）
李智强

城市管理委员会
主　任：卢建新
副主任：王运泽　高乃善
周二焕
李景再（3 月任）

住房保障和房产管理局
局　长：李义增
副局长：白彦德（3 月免）
韩东波　王文兴
黄拴喜
王建峰（5 月任）
肖香宝

交通运输局
局　长：罗二虎
副局长：葛新生（7 月免）
孙宏普
路喜柱（7 月免）
张国庆（3 月免）
闫炳华（7 月任）
朱增奇（7 月任）
刘占中（5 月任）

水务局
局　长：张维德
副局长：王振华　崔文秀
薛运田（5 月任）
田振堂（3 月免）
张俊立（5 月免）

农业局
局　长：刘占军
副局长：孙任虎　李建军
吴振见
谷英海（10 月免）
齐胜平（10 月任）

林业局
局　长：杨建秋
副局长：陈金城　贾斌
张振江　李玉明

畜牧水产局
局　长：吕军英
副局长：刘军普（8 月任）
刘海生（7 月免）
刘芬玲　贾建平

商务局
局　长：田嘉一
副局长：张和平（5 月免）
刘平　　和健
张春生（5 月任）
李铭　（10 月免）
杨文波　王松林

文化广电新闻出版局
局　长：李耀峰
副局长：赵树斌　张秀芳
张文志　左春和
葛金平

体育局
局　长：唐青
副局长：贾建军（10 月免）
刘坤　（5 月免）
李辉　黄增国

卫生局
局　长：闫纯锴（10 月免）
李志宏（10 月任）
副局长：解晓芒（5 月免）
李淑琴（7 月免）
张东生（7 月任）
甄继革　林慧芳

食品药品监督管理局
局　长：米志奇
副局长：张元礼（3 月免）
黄岩松　李俊
杜瑞行
李建　（5 月任）
李利佳（10 月任）

人口和计划生育委员会
主　任：李志宏（女，10 月免）
崔芸　（女，10 月任）
副主任：崔芸　（女，10 月免）
李志　武常贵
张红梅（女）
王金海

审计局
局　长：齐惠明
副局长：李景海（10 月免）
张家亮　张建国
赵英然（女）
殷政年（10 月任）

国有资产监督管理委员会
主　任：毕拉祥

副主任：韦东　　李建柱
　　　　宋夕元

安全生产监督管理局

局　长：尚建斌（10 月免）
副局长：崔同英　马锁柱
　　　　杨玉珠　张宝琪
　　　　安全喜（3 月免）

统计局

局　长：徐拥政
副局长：戴贻辉　刘建强
　　　　杨进喜　杨建波

粮食局

局　长：朱献军
副局长：刘振山（7 月免）
　　　　徐龙蛟　张伟
　　　　王国强
　　　　刘趁通（10 月任）

旅游局

局　长：赵俊芳
副局长：米进立　刘庆卫
　　　　张蕾
　　　　王树生（10 月免）
　　　　尚乃冀（10 月任）

法制办公室

主　任：郑国良
副主任：张若丕（5 月免）
　　　　赵成英　马福恒

外事办公室

主　任：张聪
副主任：樊为民　孟硕
　　　　范玉龙
　　　　李会文（4 月任）

人民防空办公室

主　任：魏晓流
副主任：刘金虎　苏力
　　　　胡月平　姜辉

金融工作办公室

主　任：张新峰
副主任：张春涛
　　　　从九龄（5 月任）

二、市政府直属事业机构

投资促进局

局　长：马千里
副局长：陈卫平　苗先国

地震局

局　长：高翠君
副局长：赵万里　杨卫东

园林局

局　长：李英波
副局长：郝建国（8 月免）
　　　　孙志强　陈新位
　　　　赵好战
　　　　王锡江（8 月任）

档案局

局　长：王彦明（3 月免）
　　　　梁立柱（3 月任）
副局长：赵克胜（5 月免）
　　　　胡建敏（10 月免）
　　　　党福民　朱银刚
　　　　王栓庄　傅丽娟
　　　　张卫明

三、部门管理机构

物价局（由发展和改革委员会管理）

局　长：霍国林
副局长：杨惠萍（8 月免）
　　　　朱振堂（8 月任）
　　　　杜宪京　张旭
　　　　李辉斌

【市政府常务会】 1 月 4 日，代市长姜德果主持召开市政府第 61 次常务会议。会议研究了《政府工作报告》、石家庄市 2012 年国民经济和社会发展计划（草案）。会议听取了关于 2011 年预算执行和 2012 年预算安排情况、关于 2011 年为民办实事完成情况和 2012 年为民办实事谋划情况、关于承办 2011 年人大代表建议、政协提案工作情况的汇报。会议讨论并原则通过石家庄市人民政府行政应诉办法（草案）和石家庄市行政执法过错责任追究实施办法（草案）。市政府常务会组成人员张小国、刘晓军、张妹芝、刘明轩、张树志、罗二虎、张业出席会议。市人大常委会副主任董文志、市政协副主席曹社会应邀参加会议。

1 月 18 日，市长姜德果主持召开市政府第 62 次常务会议。会议研究并通过《关于 107 国道正定收费站撤站补偿的意见》、《关于增加市直行政事业单位改革性和奖励性补贴的意见》、《2011 年度石家庄市有突出贡献的中青年专家人选名单》和《关于调整被征地人员养老金发放标准的意见》。市政府常务会组成人员王大虎、刘晓军、张妹芝、马玉文、郝建国、罗二虎、陈启明、张业出席会议。市人大常委会副主任王中联、市政协副主席武义青应邀参加会议。

2 月 2 日，市长姜德果主持召开市政府第 63 次常务会议。会议研究了石家庄市 2012 年国民经济和社会发展计划安排意见、关于进一步加强重点项目建设的意见、《关于全面加快中医药事业发展的决定》、《石家庄市中医药事业中长期发展规划纲要（2011—2012 年）》和石家庄市学前教育三年行动计划等。研究并原则通过《石家庄市服务业发展“十二五”规划》等 8 个专项规划和《省会蓝天碧水工程实施方案》。市政府常务会组成人员王大虎、刘晓军、张妹芝、张殿奎、刘明轩、张树志、王大军、马玉文、郝建国、罗二虎、陈启明、张业出席会议。市人大常委会副主任郭领域应邀参加会议。

4月13日，市长姜德果主持召开市政府第64次常务会议，会议研究了关于进一步加强保障性安居工程建设和管理的实施意见，关于做好2012年承办人大代表建议、政协提案工作的意见，研究并原则通过石家庄市“十二五”消防工作发展规划等。市政府常务会议组成人员王大虎、程凯、张妹芝、张殿奎、刘明轩、张树志、马玉文、郝建国、罗二虎、张业出席会议。市人大常委会副主任张石峰应邀参加会议。

5月24日，市长姜德果主持召开市政府第65次常务会议。会议研究并原则通过关于进一步加强安全生产工作的意见，以及安全生产事故隐患排查治理及责任追究实施办法，关于建立计划生育特殊家庭关怀扶助长效机制的意见、石家庄市计划生育特殊家庭关怀扶助办法等。市政府常务会组成人员程凯、张妹芝、张殿奎、刘明轩、郭运兴、马玉文、郝建国、罗二虎、陈启明、张业出席会议。市人大常委会副主任董文志应邀参加会议。

7月19日，市长姜德果主持召开市政府第66次常务会议。会议研究了关于修订《石家庄市人民政府突发公共事件总体应急预案》的意见，研究并原则通过《石家庄市医疗卫生设施规划建设管理条例（草案）》。市政府常务会组成人员王大虎、刘晓军、程凯、刘明轩、张树志、郭运兴、张业、马玉文、郝建国、罗二虎、陈启明等出席会议。市人大常委会副主任李屏东应邀参加会议。

8月24日，市长姜德果主持召开市政府第67次常务会议。会议听取了市城市轨道交通项目建设汇报；研究并原则通过《关于加快电网建设的若干意见》、《关于进一步加快特殊教育事业发展的实施意见》、《关于进一步加强档案工作的意见》、《石家庄市档案事业发展“十二五”规划纲要》、《关于推进流通业综合改革与加快发展的意见》、《石家庄市南水北调配套工程建设实施方案》等。市政府常务会组成人员王大虎、刘晓军、程凯、刘明轩、张树志、郭运兴、马玉文、张国亮、赵新朝、郝建国、罗二虎、陈启明出席会议。市人大常委会副主任郭领域，市政协副主席张发旺应邀参加会议。

10月22日，市长姜德果主持召开市政府第68次常务会议。会议研究并原则通过《关于着力改善生态环境的实施意见》、《关于着力改善生态环境实施意见的责任分解意见》。会议还听取了加强全市污染减排工作汇报。市政府常务会议组成人员王大虎、刘晓军、张树志、程凯、张殿奎、刘明轩、郭运兴、张业、马玉文、张国亮、郝建国、罗二虎、孟胜林出席会议。

11月7日，市长姜德果主持召开市政府第69次常务会议。会议传达贯彻了全省公共资源交易市场建设工作推进会主要精神，研究并原则通过《石家庄市粮食生产核心保护区规划》、《石家庄市贫困重度残疾人生活补贴实施办法》、《加快推进石家庄市三网融合试点工作的实施意见》、《切实推进节约集约用地实施意见》等。会议还听取了2012年全市深化行政审批制度改革和全市2012年度科学技术评审情况汇报等。市政府常务会组成人员王大虎、刘晓军、张树志、程凯、刘明轩、郭运兴、张业、马玉文、张国亮、赵新朝、郝建国、罗二虎、陈启明、孟胜林出席会议。市人大常委会副主任郭领域应邀参加会议。

12月20日，市长姜德果主持召开市政府第70次常务会议。会议研究并原则通过《关于进一步完善保障性安居工程政策理顺建管体制的实施意见》、《关于推进工业企业转型升级加快建设工业强市的实施意见》、《关于加快科技创新体系建设的实施意见》、《关于加强市区道路停车管理的意见》、《石家庄市消防安全责任制实施办法》等。市政府常务会议组成人员王大虎、刘晓军、张殿奎、刘明轩、郭运兴、张业、张国亮、郝建国、罗二虎、陈启明、孟胜林参加会议。市人大常委会副主任李屏东，市政协副主席韩宪章应邀参加会议。

【为民办实事20件】 2012年，市委、市政府确定为民办实事20件。到2012年底，20件实事均完成或超额完成。

表 14

2012 年石家庄市确定为民办 20 件实事一览表

序号	任务目标	责任单位	完成情况
1	大力推动全民创业，以创业带动就业，实现城镇新增就业 9.9 万人，农村劳动力转移就业 15 万人，应届高校毕业生登记失业率为零。	市人社局、教育局，各县（市）区人民政府	截至 11 月 20 日，全市城镇新增就业实现 10.4 万人；完成下岗失业人员再就业 3.8 万人；城镇登记失业率为 3.76%，控制在省下达的 4.5% 以内；农村劳动力向非农产业转移就业 15.2 万人，其中劳务输出完成 4.5 万人；应届高校毕业生登记失业率为零，继续保持零就业家庭动态为零。
2	加快推进城乡居民社会养老保险制度建设，实现新型农村社会养老保险和城镇居民社会养老保险全覆盖。	市人社局，各县（市）区人民政府	积极推进新型农村社会养老保险和城镇居民社会养老保险制度建设，城乡居民社会养老保险制度已在我市实现全覆盖。截至 10 月底，全市 25 个试点县（市）区已全面完成城乡居民社会养老保险发放任务，并全部启动了参保缴费工作。
3	推进敬老院、光荣院、福利院“三院合一”建设，新建县级民政事业服务中心 6 个、农村互助幸福院 1100 个。	市民政局，各县（市）区人民政府	新建成辛集、平山、新乐、无极、灵寿、正定 6 所民政事业服务中心，建成农村互助幸福院 1100 个。
4	市区及四组团县（市）、井陉矿区实行城镇基本医疗保险市级统筹，提高参保职工和城镇居民医疗保障水平。	市人社局，有关县（市）区人民政府	市区已于 2012 年 1 月份，井陉矿区于 2 月份，栾城县、藁城市、鹿泉市于 6 月份，正定县于 7 月份，纳入城镇基本医疗保险市级统筹，并按市级政策运行。
5	深入推进山区教育扶贫，完成 28 所学校新改扩建工程，贫困山区中小学生全部实现集中就读。	市教育局，有关山区县人民政府	28 所项目学校已全部开工建设，其中 20 所学校已建成投用，8 所学校主体完工，将于 2013 年暑期招生投入使用；已转移安置贫困山区学生 29438 名。
6	深入推进专项扶贫、行业扶贫、社会扶贫，解决 3．5 万农村贫困人口稳定脱贫问题。开展扶残助残活动，免费为 1000 名贫困轻度聋人安装助听器，为 4000 名贫困低视力者配发助视器，为 2000 名贫困白内障患者实施复明手术。	市扶贫办、残联，有关县（市）区人民政府	深入推进专项扶贫、行业扶贫、社会扶贫，全市 820 个贫困村全部落实了对口帮扶，重点启动了 264 个贫困村帮扶工作，已落实扶贫项目资金 5480 万元，实施支持到户增收项目 345 个；落实社会帮扶资金 1353 万元，帮扶项目 300 个；开展农村剩余劳动力转移订单培训，培训 612 人；开展农民实用技术培训 61 期，培训 9573 人次，基本解决了 3．5 万农村贫困人口稳定脱贫问题。积极开展扶残助残活动，免费为 1094 名贫困聋人验配了助听器，为 4120 名贫困低视力者验配了助视器，为 2341 名贫困白内障患者实施了复明手术。
7	健全社区医疗保障网络，新增设 60 个政府办社区卫生服务机构，市区每个街道办事处设置 1 个政府办社区卫生服务中心，建设 49 个国医堂，全面推广应用中医药适宜技术，实现“大病到医院，小病、康复在社区”。	市卫生局，市内五区、井陉矿区、新乐市人民政府、高新区管委会	新增设政府办社区卫生服务机构 60 所，其中，新建机构 7 所，通过签约购买服务增设 53 所。在 49 个社区卫生服务机构设置了“国医堂”。全面加强农村基层中医药服务能力建设，开展了全市“乡村知名中医”评选活动，对 810 名农村基层卫生人员进行了中医药适宜技术培训。

（续表）

序号	任务目标	责任单位	完成情况
8	建立出生缺陷防治体系，免费开展婚前医学检查、孕前优生健康检查、产前筛查和新生儿疾病筛查，一、二、三级预防措施覆盖率均达到85%以上。	市政府妇儿工委办公室，市卫生局、人口计生委、民政局，各县（市）区人民政府	制定了《石家庄市新生儿出生缺陷干预工程实施方案》，建立了新生儿出生缺陷防治体系，对有关政策和健康知识进行了广泛宣传，免费开展了婚前医学检查、孕前优生健康检查、产前筛查和新生儿疾病筛查。截至12月底，完成婚检41031人，孕前优生健康检查117693人，产前筛查79973人，新生儿疾病筛查130553人，新生儿听力筛查112952人，一、二、三级预防措施覆盖率均达到85%以上。
9	在市内五区各规范建设10个餐饮服务食品安全示范店。	市食药监局，市内五区人民政府	共规范建设了54个餐饮服务食品安全示范单位，其中市内五区各10个，高新区4个。
10	加快推进农村饮水安全工程建设，新建联村集中供水工程10处，单村集中供水工程30处，解决40万农村人口饮水安全问题。	市水务局，有关县（市）、井陉矿区人民政府	新建联村集中供水工程18处，单村集中供水工程331处，解决了448个村、60万人饮水安全问题。
11	市区5000套保障性租赁住房分配到位，在建的1.6万套主体完工；全市新开工建设各类保障性住房及棚户区改造住房3.69万套。	市房管局，各县（市）区人民政府	市区5322套保障性租赁住房已分配到位；在建的1.6万套保障性租赁住房已全部主体完工。全市新开工建设各类保障性住房及棚户区改造住房3.69万套。
12	治理大气污染，取缔或高标准治理建材企业394家；拆除或改造市区分散燃煤锅炉312台（后调整为436台）以上；淘汰黄标车5万台（后调整为4万台）、燃油公交车250台。	市环保局、发改委、工信局、交管局、交通局、建设局、规划局、商务局、国土局、电业局、军地协调办，有关县（市）区人民政府、高新区管委会	截至12月26日，已取缔或治理建材企业394家；拆除市区分散燃煤锅炉468台；淘汰黄标车50241台、燃油公交车290台
13	发展清洁能源，在城区周边建设秸秆沼气联户供气工程4处，供气能力达到1.67万户；建设“一池三改”户用沼气池1500户。	市委农工委、农业局，四组团县（市）人民政府	已建成沼气联户供气工程4处，供气能力达到1.67万户，并开始为650户居民供气；新建农村“一池三改”户用沼气池1500户。
14	大搞植树造林，对西柏坡高速公路、三环路两侧、沿环城水系、滹沱河两岸（市区段）及西山生态观光园等重点区域进行植树绿化，抑制扬尘。	市林业局、园林局、交通局、水务局，市内各区、正定、栾城、藁城、鹿泉、井陉、平山县（市）人民政府、高新区管委会	对主城区的重点路段和环省会的西山生态观光园、西柏坡高速公路、三环路两侧、中华大街北延段、沿环城水系、滹沱河两岸及107、308国道等重点区域进行了大规模植树绿化，共完成植树1693万株，绿化面积5.7万亩。
15	建成160家具有网上开店、科技服务、质量控制等多功能的放心农资超市。	市供销社，各县（市）、井陉矿区人民政府	已建成放心农资超市161家
16	畅通城区道路，打通5条断头路，对市区30条破损严重的小街巷进行整修。优化市区公交线路，新开辟城乡公交线路5条以上，购置天然气公交车450辆。	市建设局、城管委、交通局，市内五区人民政府	槐北公园东侧规划路（槐北路—槐中路）、师范街（槐安西路—新石北路）、雅清街（槐安路—马园路）、庭苑路（雅清街—谈固东街）、蓝月路（体育大街—月牙路）等5条断头路已建成并通车。对槐北路等30条道路进行了整修。优化调整市区公交线路29条，新开通城乡公交线路25条。新购置新型环保公交车450部，并于8月份投入运营。

（续表）

序号	任务目标	责任单位	完成情况
17	实施通村公路“最后一千米（连村道路）”工程，3年完成全市199个村、321千米通村公路整修改善，实现农村公路标准化，2012年完成120千米。	市交通局，各县（市）人民政府	对69个行政村120.9千米通村公路进行了整修。
18	3年完成367个老旧小区供热二次管网改造，2012年完成120个，提升老旧小区供热质量。	市建设局、房管局，市内五区人民政府	120个老旧小区供热二次管网改造工程已于10月底完成。
19	广泛开展文化惠民活动，在城乡免费放映电影5万场以上，每村每月放映一场；“彩色周末”群众性文艺演出1000场以上；专业艺术院团城乡演出800场以上；市图书馆、群艺馆、博物馆、美术馆、民间工艺博物馆等公益场馆实行365天免费开放。	市文广新局，有关县（市）区人民政府	已免费放映电影55355场（农村54247场，社区1108场）；举办“彩色周末”群众文艺演出1186场（其中慰问农民工文艺演出102场）；市直艺术院团优秀剧目展演和送戏下乡已演出843场（农村750场，市区93场）；市图书馆、群艺馆、博物馆、美术馆、民间工艺博物馆等公益场馆全部实行了免费开放和延时服务。
20	新建农家书屋800个，实现全市所有行政村都建有农家书屋。	市文广新局，各县（市）区人民政府	完成800个农家书屋建设任务，实现了全市所有行政村都建有农家书屋的目标。

【人大代表建议和政协提案办理】 提案工作坚持以提高承办质量和代表、委员满意率为目标，坚持依法办理、实事求是、突出重点、加强督办等措施，圆满完成2012年建议、提案办理。全年共办理省、市人大代表建议、政协提案821件，其中省建议、提案50件，市代表建议276件，市政协提案495件，按时办结率和答复函规范化率均达到100%，人大代表、政协委员所提问题得到解决和基本解决的比例达到85%，走访率91%，满意率98%。起草文件、汇报材料报告等文字材料13篇；向省政府办公厅报送工作信息2篇。年内，市政府提案承办工作被河北省政协评为2012年度承办工作先进单位，位居11个设区市第一名。

【服务协调】 以开展创先争优活动统领工作全局，严格工作标准，完善机制、强化措施，全面提升党员干部队伍的政治、业务素质，在畅通社情民意渠道、为群众排忧解难、服务省直驻军等方面积极发挥作用。全年受理市民来电来信及网上投诉26万件（次），处解率97%；编发《市长公开电话日报》《重要情况快报》325期；承办市领导批件135件，办结率100%；办理省直、驻军有关事项46件，满意率100%。年内，服务协调工作多次获得市政府领导批示肯定，受到服务单位和市民群众的广泛好评。

（裴国茹）

人力资源和社会保障

【概况】 2012年，市人力资源和社会保障系统坚持以民生为本、人才优先为主线，围绕保障改善民生，服务发展大局，开拓创新，狠抓落实，各项工作取得明显成效。社会保障持续健全，失业率稍有下降。年末全市城镇职工参加基本养老保险人数为174.5万人，比上年增加12.2万人，其中参保在职职工人数132.4万人，比上年增加8.5万人；参保离退休人数42.1万人，比上年增加3.7万人。全市城乡居民养老保险参保人数为380.3万人。全市城镇参加基本医疗保险人数为269.2万人，比上年增加21.6万人。其中，城镇职工参保人数为134.6万人，城镇居民参保人数为134.6万人。17个县（市）开展新型农村合作医疗，参加新型农村合作医疗人数达到602.36万人，参合率为97.38%。年末全市参加失业保险人数为89.9万人，比上年增加0.1万人；工伤保险人数为114.9万人，增加11.1万人；生育保险人数为130.2万人，增加9.9万人。年末全市享受居民最低生活保障共有19.4万人。其中，城镇4.6万人，农村14.8万人。2012年，全市企业退休人员养老金连续第八年调整提高，企业退休人员月人均养老金达到1542.80元，比2011年增长8.5%。全年组织创业培训2.2万人，比2011年提高57%；发放小额担保贷款10.4亿元，比2011年提高171%。年末全市6086户企业、50.8万人纳入劳动用工备案系统。全年共为3.83万名劳动者追缴工资2.46亿元。年末全市建立工资集体协商制度企业1.29万家，覆盖职工94万人，建制率达到86%。2012年，石家庄市被国务院授予“全国创业先进城市”称号，市人力资源和社会保障局被评为“全国就业工作先进单位”和石家庄市“2010—2012年度文明单位”；全市城乡居民养老保险工作受到国务院表彰；市军转办公室被国务院军转办公室授予“全国军转宣传工作先进单位”。

【支持全民创业】 年内，全市城镇新增就业10.7万人，下岗失业人员再就业4.4万人，城镇登记失业率为3.76%，比2011年下降0.05%，控制在省下达的4.5%以内。鼓励支持全民创业，以市委、市政府名义连续两年召开全市全民创业动员大会，掀起全民创业热潮。全市8家创业孵化园共入驻创业个人或团队325个，认定40家创业实训基地，其中，科技孵化中心被评为省级示范基地。创业培训2.2万人，同比提高57%。发放小额担保贷款10.4亿元，同比提高171%。开展就业援助，举办“就业援助月”活动，组织专场招聘会25场，帮助就业困难人员实现就业2782人。促进农村劳动力转移就业，全市统一开展了“春风行动”，举办专场招聘会80场。发挥“石家庄月嫂”、“赵州亮嫂采摘队”、“西柏坡服务员”等特色品牌效应，大力开展劳务输出，全年劳务输出4.5万人，实现农村劳动力转移15.6万人。

（姚宏印）

【举行“12333咨询日”活动】 3月30日，首个“12333全国统一咨询日”活动在全国各地举行，石家庄市在市人力资源开发服务中心广场举行了启动仪式并开展咨询活动。国家人社部信息中心书记翟燕立，省委组织部副部长、省人社厅厅长张义珍，市委副书记刘云峰为活动启幕。“12333”是人力资源社会保障公益咨询服务专用号码，主要向社会公众提供人力资源社会保障政策咨询、信息查询、受理投诉举报等服务。

（刘毅）

【7家创业孵化基地揭牌】 2012年12月，石家庄市向7家创业孵化基地集中授牌。至2012年年底，全市创业孵化基地达到8家。此次集中授牌7家“市级定点创业孵化基地”分别是美东家政服务创业孵化基地、石家庄北方创业孵化园、尔雅创业孵化园、石家庄友利创业孵化园、石家庄信息工程职业学院创业孵化基地、石家庄光华创业孵化基地、石家庄市科技创新服务中心。石家庄市还有1家创业孵化基地是省会创业孵化园。创业孵化基地是指经确认可为创业人员提供生产经营场地，且免费提供创业指导、融资服务、创业培训等各项服务的实体。2012年，市科技创新服务中心建立并启用市国际生物技术服务平台、市中药现代化技术服务平台，市科技创新创业支撑网络服务平台、市科技金融服务平台等多个平台，国家科技部火炬中心正式认定包括市科技创新服务中心等15家单位为首批孵化器从业人员培训机构，市科技创新服务中心是河北省第一家。

（王静　李云萍）

【高校毕业生就业实现“登记失业率为零”目标】 2012年，石家庄市生源高校毕业生有5.8万人，回市就业4.8万人，实现就业4.75万人，就业率达到98.2%，无1名择业期内高校毕业生申请失业登记，实现了高校毕业生“登记失业率为零”的目标。6月份，石家庄市在全国高校毕业生就业工作经验交流会上作了经验介绍。主要做法：实行高校毕业生实名制信息管理，建成市县乡三级高校毕业生实名制信息数据库，为开展有针对性的就业服务活动奠定坚实的基础；拓展就业空间，建立一支千人岗位信息员队伍，实现了全市不同层级、不同行业岗位信息全覆盖，征集高校毕业生就业岗位15.5万个；落实中小企业和大型企业（重点建设项目）吸纳高校毕业生就业资金补贴优惠政策，兑付中小企业社保补贴资金80万元，大型企业一次性就业补助资金193.5万元；强化服务举措，通过举办日常招聘会、大型专场招聘周、专场招聘会、招聘校园行、用工恳谈会和新闻发布会等方式，搭建供需对接平台，举办各类招聘会500余场。同时，对就业困难、家庭经济困难、零就业家庭和残疾等就业困难毕业生实施“一对一”重点帮扶。

（姚宏印）

【举办秋冬季公益人才交流大会】 12月1日，“2012石家庄未就业高校毕业生就业洽谈会暨秋冬季公益人才交流大会”在高新区火炬广场举行，参会单位1200家，提供就业岗位32000多个。此次招聘会，中小企业和服务业是招聘主体，占招聘单位总量的80%，提供就业岗位占总需求岗位的85%。就业岗位涵盖生物医药、化学工程、装备制造、电子信息、房地产、金融、文化传媒网络技术、教育等多个行业，岗位供需接近1:1。根据应聘现场人群构成看，应届生比例占到4成，3年以下工作人群占到近8成。

【举行创业项目推介会与孵化园对接洽谈会】 12月14～15日，全市创业项目推介会与孵化园对接洽谈会在市人力资源市场举行，共有5000多人参会寻求创业项目，最终达成创业合作意向300个。洽谈会推出104个创业项目，均从省会创业指导中心创业项目库4000多个项目中精选出来，具有合法资质并经过专家评审，包括生产制造、节能环保、科技成果转让、网络通讯、教育培训、医疗保健、加盟连锁、餐饮食品、种植养殖、家政服务十大板块。洽谈活动采取创业项目推介洽谈，孵化园基地接纳达到创业意向的项目入园孵化并现场签约对接，其中经市人力资源和社会保障局、财政局认定给予创业扶持专项资金支持的省会创业孵化园、美东家庭服务创业孵化园、尔雅创业孵化园、石家庄友利创业孵化园、石家庄信息工程职业学院创业孵化基地、石家庄北方创业孵化园、石家庄光华创业孵化园、石家庄科技创业服务中心等8家创业孵化基地参加了创业项目与孵化园对接活动。活动现场18个项目签约入驻孵化基地。

（王静）

【完善社会保障体系】 加快推进社会保障制度建设，市区、井陉矿区和4组团县市纳入城镇基本医疗保险市级统筹。失业、工伤保险市级统筹平稳运行，城乡居民社会养老保险制度实现全覆盖。社会保险覆盖面进一步扩大，年末全市城镇基本养老保险参保人数达到174.5万人，城镇基本医疗保险参保人数达到269.2万人，工伤保险参保人数达到114.9万人，生育保险参保人数达到130.2万人，失业保险参保人数达到89.9万人，城乡居民社会养老保险参保人数达到380.3万人。社会保险待遇稳步提高，2012年全市连续第八年调整提高企业退休人员养老金，企业退休人员月人均养老金达到1542.80元，比2011年增长8.5%。在基本医疗保险实行市级统筹后，积极建立职工门诊统筹，提高了参保职工和居民住院报销比例及医疗保险统筹基金最高支付限额。社会保障卡发放应用加快，开设了一站式信息采集服务窗口，确保了社会保障卡应用系统建设支持资金，并按照“方便百姓、就近用卡”原则，大力推动城乡居民用卡环境建设。至2012年末，全市采集社会保障卡制卡信息248万人，制卡86万张。

（姚宏印）

【居民医保政策新变化】 2012年，全市城镇居民医保出现4个新变化。新迁入居民，自户籍落户之日起3个月内可办理参保和缴费，从缴费次月起享受医保待遇；新生儿自出生之日起3个月内，办理参保和缴费，从出生之日起享受医保待遇。居民医保支付限额大幅提高，加上大额医保，一年最多可报27万元，其中居民医保统筹基金的支付限额由原来的3.5万元，提高到12万元，大额医疗保险的支付限额由8.5万元，提高到15万元。居民门诊统筹调整为：在校中小学生及18周岁及以下年龄非在校居民起付标准由原来的200元降低到100元，其中支付限额由原来的每年每人500元提高到每年每人800元。城镇居民医保缴费标准调整为：在校中小学生及18周岁及以下非在校居民，市区为每年每人40元；县（市）、井陉矿区为每年每人30元。女50周岁、男60周岁以上居民，市区为每年每人200元；正定县、鹿泉市、藁城市、辛集市为每年每人160元；井陉矿区、井陉县、栾城县、行唐县、高邑县、深泽县、无极县、平山县、元氏县、赵县、晋州市、新乐市、灵寿县为每年每人120元；赞皇县为每年每人80元。低收入家庭中60周岁以上老年人及未成年人、享受最低生活保障及一级和二级伤残丧失劳动能力的居民，个人不缴纳基本医保费，由各级政府给予补贴。其他参保居民，市区为每年每人250元；正定县、鹿泉市、藁城市、辛集市为每年每人210元；井陉矿区、井陉县、栾城县、行唐县、高邑县、深泽县、无极县、平山县、元氏县、赵县、晋州市、新乐市、灵寿县为每年每人170元。赞皇县为每年每人130元。驻石高校在校大学生缴费标准为每年每人20元。

（刘毅 芦秋婉）

【调整最低工资标准】 经省政府批准，从2012年12月1日起调整全省最低工资标准。此次调整后月最低工资标准各档次分别为1320元、1260元、1150元、1040元，对应的小时最低工资标准分别为13元、12元、11元、10元。调整后，石家庄市（不含井陉矿区）月最低工资标准为1320元、小时最低工资标准为13元；正定县、鹿泉市、藁城市、辛集市月最低工资标准为1260元、小时最低工资标准为12元；井陉矿区、井陉县、栾城县、行唐县、高邑县、深泽县、无极县、平山县、元氏县、赵县、晋州市、新乐市、灵寿县月最低工资标准为1150元、小时最低工资标准为11元；赞皇县月最低工资标准为1040元、小时最低工资标准为10元。

（王静）

【稳定劳动关系】 全年6086户企业50.8万人纳入劳动用工备案系统，劳动用工备案步入常态化管理，实现了企业劳动用工备案动态监管目标。开展清理整顿人力资源市场秩序、整治非法用工和社会保险、农民工工资支付3项专项监察活动，为3.83万名劳动者追缴工资2.46亿元。劳动争议仲裁和信访维稳工作机制进一步健全，全年受理劳动争议案件2005件，接待来信来访937批件次，均得到妥善处理和解决，维护了社会和谐稳定。

【人才队伍建设】 人才引进。完成第十四届中国科协年会石家庄市人才引进工作；组织单位参加"第二届河北省沿海经济隆起带高级人才洽谈会"，与68名高层次人才达成引进意向；征集近40家单位参加"第三届中国河北海内外高层次人才洽谈会"。2012年，全市共引进人才2.4万人，其中高层次人才915人。专家队伍。全年向河北省推荐享受国务院特殊津贴专家人选8人、"百人计划"人选6人、省突出贡献专家36名、优秀专家出国培训人选12名，评选市突出贡献专家101名；在拥有博士后工作站6家、实践基地3家基础上，再次向河北省申报第二批博士后创新实践基地6家；组织200余名专家到基层开展科技推广、人才服务、技术咨询和项目攻关活动。高技能人才队伍。开展第三届石家庄市优秀高技能人才评选，评选优秀高级技师、优秀技师、优秀技术能手各10名；5次举办不同专业、不同层次、不同形式的职业技能竞赛大比武活动，参加职工2万余名；大力实施"燕赵金蓝领培训计划"。至2012年底，全市新培养技师、高级技师1654人。

【公务员管理】 提升公务员队伍科学管理水平，依法开展全市公务员任职备案和人民警察职务套改工作。开展2012年度公务员录用省市县乡四级联考。落实全市政府机关及参照公务员法管理单位年度考核。完成向省推荐3名"人民满意的公务员"和5个"人民满意的公务员集体"评选、推荐、考察工作。举办公务员任职培训和业务培训，全年培训公务员365人。

【人事工资制度改革】 聘用制改革稳步推进，276个事业单位开展空岗补聘审核，市直6个部门、16个县（市）区事业单位1058名工作人员参加公开招聘，全年落实事业单位工作人员年度考核17.8万人。圆满完成军转安置任务，全年安置培训计划分配军转干部388名，自主择业军转干部60名。2012年6月，《中国人才·转业军官》杂志下半月刊报道了石家庄市军转安置工作经验。工资制度改革进展顺利，义务教育学校绩效工资实施工作由最初的"先起步，后规范"阶段上升到"提质量、上台阶"阶段；公共卫生和基层医疗卫生事业单位绩效工资全部实施到位。至2012年末，全市列入绩效工资实施范围的5833个事业单位、21万人全部完成。年内，全市建立工资集体协商制度企业1.29万家，覆盖职工94万人，建制率达86%。圆满完成企业薪酬调查任务，全市上报数据795户，为国家和河北省统计分析石家庄市企业工资发放、社会保险缴纳、各项福利支出等情况提供了科学参考依据。职称管理通过规范调控、申报、推荐和民主监督等一系列手段，规范化建设得到加强。至2012年底，全市发放各类考试资格证书4.5万册。

（姚宏印）

法制工作

【概况】 2012年，全市法制工作贯彻落实国务院《全面推进依法行政实施纲要》、《关于加强市县政府依法行政的决定》和《关于加强法治政府建设的意见》，以全面推进依法行政、不断优化发展环境为主线，以深化行政审批制度改革、提高制度建设质量、规范行政权力运行、努力化解行政纠纷为着力点，坚持科学规划、统筹安排、突出重点、整体推进，为改善“两个环境”建设，实现转型升级、跨越赶超和建设幸福石家庄目标提供了坚强有力的法制保障。11月7日，市政府第69次常务会议研究听取深化行政审批制度改革。至2012年底，全市行政审批事项由原来245项削减为168项，削减率达31.4%。其中，行政许可由104项削减为85项，非行政许可审批由141项削减为83项。审批项目前置条件由2230份（项）削减为1661份（项）。审批环节平均由原来5个减少到3个。

【依法行政】 部署依法行政工作安排，坚持把依法行政作为最基本的工作准则，落实合法行政、合理行政、程序正当、高效便民、诚实守信和权责一致要求。2月21日，市政府办公厅印发《石家庄市2012年度依法行政工作安排意见》（石政办函〔2012〕19号），提出以规范行政执法行为、削减行政审批事项七大类18项工作为重点，全力推进依法行政与优化发展环境相结合的工作部署。深化依法行政评议考核。年初，市政府办公厅通报表彰了2011年度25个依法行政工作先进单位，并为每个单位颁发奖牌。年内，市委将依法行政与计划生育、安全生产等作为约束性指标纳入市直部门领导班子考核内容。年底，在历年评议考核基础上，按照《河北省依法行政考核办法》要求，完善了评议考核内容、方式，将依法行政意识和能力、科学民主决策、规范行政执法、行政复议、政府信息公开等列为考评重点，并坚持日常掌握情况与年终考核相结合，组织开展了县（市）区政府和市直部门依法行政工作评议考核。提高依法行政能力。制定《2012年度市政府领导干部学法计划》，落实市政府领导干部坚持学法制度，全年市政府常务会前分别学习了《突发事件应对法》和《大气污染防治法》等法律法规；落实专题法制讲座制度，邀请省委党校法学教授为县（市）区政府、市直部门主管法制工作领导及法制机构负责人宣讲《行政强制法》。建立健全法律知识学习培训长效机制，市委组织部、市人力资源和社会保障局组织各类公务员培训中，始终坚持把依法行政和法律法规知识作为重点，纳入教学内容。强化行政执法人员培训，全年市法制部门组织市直各部门4978名在职行政执法人员和1058名新进执法人员开展了公共法律法规知识学习和培训，提高了干部运用法治思维和法治方式深化改革、推动发展、化解矛盾、维护稳定的能力。

【制度建设】 坚持把加快转变经济发展方式、推动产业转型升级、着力改善发展环境和生态环境等急需解决的制度问题作为立法重点，制定《石家庄市人民政府2012年度立法计划》。严格遵守法定权限和程序，认真组织对法规规章草案的调研、起草、论证、征求意见等工作，全年向市人大常委会提交地方性法规草案2件，制定出台政府规章3件。为缓解供热供需矛盾，推进节能减排和保障医疗服务设施规划建设，解决医疗资源配置不够合理等问题，市政府向市人大常委会提交了《石家庄市供热用热条例（草案）》和《石家庄市医疗卫生设施规划建设条例（草案）》，并通过市人大常委会审议。为规范行政执法，维护公民、法人和其他组织的合法权益，制定了《石家庄市行政执法过错责任追究实施办法》；为规范行政应诉工作，促进依法行政，制定了《石家庄市人民政府应诉办法》；为全面落实消防安全责任制，完善社会化消防工作格局，切实保障人民群众生命财产安全，制定了《石家庄市消防安全责任制实施办法》。加强行政决策合法性审查。坚持依法科学民主决策，把行政决策的合法性放在首位，做到凡是有关经济社会发展和人民群众切身利益的重大政策、重大项目等决策事项，都严格按照公众参与、专家论证、风险评估、合法性审查和集体讨论决定的程序进行。发挥法制机构参谋、助手和法律顾问作用，落实各级各部门法制机构全程参加本级政府常务会和本部门办公会制度。年内，法制机构合法性审查意见已成为各级领导干部作出决策的前置条件，基本做到了未经合法性审查或经审查不合法的，不提交会议讨论、作出决策。

2012年，全市共对《石家庄市棚户区改造实施意见》、《石家庄市户外广告管理办法》和《关于对“黄标车”限行通告》等103项行政决策进行了合法性审查，市政府领导及时采纳相关法律意见和建议，确保了政府行政决策的科学性、合法性。严格管理行政规范性文件。贯彻执行《河北省规范性文件制定规定》，组织对《石家庄市行政规范性文件管理规定》实施以来，有效期已满五年的行政规范性文件进行集中审查，评估和修订了需要继续执行的规范性文件。严格落实规范性文件前置审查和备案管理制度，组织前置合法性审查市直部门印发行政规范性文件72件，提出修改意见和建议12件；备案审查县（市）区政府规范性文件52件，提出修改意见3件。严格统一编号、统一公布制度，凡经审查同意印发和备案的行政规范性文件，均由市法制部门统一编号，并通过市政府门户网站和市政府法制网公开公布。积极开展规章和规范性文件清理，全年集中清理有效政府规章85件、行政规范性文件325件，决定修改政府规章8件，修订规范性文件12件，依法废止规范性文件12件，并通过《石家庄日报》和市政府门户网站对外公布了继续有效的规章和规范性文件目录。

【行政执法】 围绕着力改善发展环境，市委、市政府印发《石家庄市2012年深化行政审批制度改革工作方案》。坚持全面、彻底、合法、效能前提，以转变政府职能、优化发展环境、健全市场机制为目的，逐一审核论证市本级有效行政审批事项245项，最大限度精简了审批事项，实现行政许可项目由104项削减为85项，非行政许可审批由141项削减为83项，总削减率达到31.4%。清理、规范行政审批项目前置条件，能格式化的实行统一格式，不能统一格式的实行目录管理，并向社会公开。年末审批项目前置条件由2230份（项）削减为1661份（项），削减率达26%。优化审批流程，按照“申请——受理——审核——办结”模式，优化再造所有审批流程，审批环节平均由原来5个减少到3个，削减率达40%。推进相对集中行政处罚权，按照国家和省关于改革行政执法体制的要求，结合石家庄市实际，向省政府上报了《石家庄市开展城市管理相对集中行政处罚权工作方案》，省政府常务会讨论通过石家庄市方案，并经省编委同意，在市城市管理委员会加挂城市管理综合执法局牌子。为切实将相对集中行政处罚权工作落到实处，市政府印发《关于开展城市管理相对集中行政处罚权工作的实施意见》，明确了市区主要街道、路面和火车站、长途汽车站等地方的行政执法主体，将市容环境卫生、市政设施管理、无证占道经营、城市园林绿化和部分城市规划、环境保护方面的行政管理职权划转至市城市管理综合执法局，较好解决了多头执法、交叉执罚和执法效率低下等问题。推进县（市）开展相对集中行政处罚权工作，辛集市率先制定《关于开展城市管理相对集中处罚权工作的实施方案》，经市法制办、编办审查，市政府常务会讨论通过并上报省政府。加强行政执法行为监督。组织全市具有行政执法职能部门，特别是重点领域、关键岗位和基层站所，积极开展执法标准化建设活动；按照法律法规和优化发展环境建设要求，全市执法部门认真梳理和自查了执法依据、程序和标准，并结合自由裁量基准制度规定，细划和规范了处罚原则、执法程序、情节界定、处罚标准等执法事项，建立了符合实际操作执法标准。加强行政执法主体管理，以贯彻落实《行政强制法》为契机，清理、确认了市直部门行政强制实施主体资格，在市政府网站对外进行了公告。加强重大行政处罚行为和涉企执法监督，备案审查市直部门293件重大行政处罚案件；审批备案市农业局、药监局等6个部门8起入企检查申请，涉及企业487家；在全市126家减轻企业负担联系点单位聘任“企业负担和行政执法监督员”132名，经培训并向每位监督员颁发了入企执法监督证。开展行政执法案卷评查，评查了全市交通和卫生部门的行政执法案卷，共查阅执法案卷240件，对发现的事实不清、适用法律错误、程序不当等问题进行了通报；全市其他部门积极参加本系统内开展的案卷评查评比活动，市农业行政综合执法支队办理的“经营标签不符合法律规定棉花种子案”等2个案卷被农业部评为2012年全国农业行政处罚优秀案卷。

【化解矛盾纠纷】 严格执行《行政复议法》及其实施条例，坚持“以人为本、复议为民”，做到了定纷止争、案结事了。全年市政府本级收到行政复议申请296件，依法受理

181件。其中，维持原具体行政行为92件，撤销4件，终止49件，其他方式处理36件。创新案件审理方式，坚持运用听证方式公开审理情况复杂、争议较大的案件，全年举行行政复议听证会9次；坚持书面审查与实地调查相结合，深入现场实地勘验16次；坚持运用调解、和解方式办理案情简单、争议不大的案件，在办结案件中，有87件因调解、和解，申请人主动撤回行政复议申请，占到办结案件的48%。贯彻落实《河北省行政复议工作规范化建设标准》，组织召开全市行政复议规范化建设培训会议，专项检查了23个县（市）区和高新区政府行政复议工作，促进了行政复议工作规范化建设。涉法涉诉纠纷化解。认真执行《石家庄市人民政府行政应诉办法》，健全完善案件接转登记制度、委托代理人推荐制度、答辩材料规范审查制度和结案报告制度；组织全市行政执法机关进行应诉业务培训，提高行政机关依法应诉能力和水平。积极配合审判和复议机关做好调解工作，在法院或行政复议机关立案前后，凡依法能够调解的案件，尊重相对人意愿，积极组织被诉具体行政行为机关协调处理，努力促成相对人撤诉、息诉。同时，针对行政诉讼、行政复议答复过程中发现问题和不足，及时督促相关部门查找原因，认真整改，履行生效判决、裁定和司法建议书。至2012年底，全市共办理以市政府为主体诉讼和行政复议答复案件41件。其中，行政应诉30件，行政复议答复9件，民事诉讼2件；结案22件，其中维持原行政机关决定10件、驳回7件、撤诉3件、发回重审2件，无败诉案件。开展法律服务活动。整合法律资源，组织普法骨干、律师、公证员、调解员、基层法律服务工作者和司法干警等力量，深入社区主动上门服务，做到矛盾隐患发现在基层、解决在基层。采取各社区设立法律服务律师会客厅，社区律师与居委会签订《常年法律服务协议》，公证员和律师轮流到各社区开展法律知识公益讲座和法律咨询服务，在社区居民楼宇公示对口律师和律师事务所联系电话等方式，将普法宣传、法律服务、矛盾调解、特殊人群管理等工作做到社区居民家门口。2012年，全市法律服务进社区活动实现市内394个社区全覆盖，共开展各种法制讲座150余场，提供法律咨询5000多人次，办理公证事项320余件，调处矛盾纠纷400余起。

（刘军）

民族宗教

【概况】 2012年，全市民族宗教工作贯彻落实党的民族宗教政策，强力维护民族宗教领域和谐稳定。年初，制定《2012年工作要点及责任分解》，召开全市民宗系统局长会议，明确工作要求、时限和责任。开展“依法行政示范机关”创建和宗教政策法规学习月活动，组织行政执法人员进行培训考试；健全依法行政各项制度和行政执法标准化框架，规范行政审批前置条件，提高了办事效率。开展信息调研，全年编发《民族宗教工作信息》167期，撰写调研文章34篇。8月9日，全市宗教界人士举行“同心聚力，共建和谐”座谈会，宗教界人士一致表示，坚决拥护中国共产党的领导，加强党的思想政策学习，维护国家统一，开展社会公益事业，大力发挥促进“转型升级、跨越赶超，建设幸福石家庄”的积极作用。2012年，市民宗局创新思路方法，高标准完成宗教教职人员社保工作，建成系统完整的宗教教职人员社保数据库，省民宗厅厅长陈会新高度赞扬石家庄市的做法和经验，要求在全省总结推广；加强宗教活动场所财务监管，实施小型场所财会人员培训考核后持证上岗，该做法得到国家宗教局的肯定并在全国推广；民族团结和谐社区创建及民族工作示范村创建受到国家民委肯定。2012年，市民宗局被省民宗厅评为全省民族宗教工作先进集体、调研工作先进集体、信息工作先进集体，囊括了全省所有表彰奖项；市民宗局还被评为石家庄市文明单位、普法工作先进单位，市民宗局民族处被市委、市政府评为党十八大维稳工作先进集体，3人荣记二等功。

【少数民族聚居区建设】 贯彻落实国家民委、民政部《关于加强新形势下社区民族工作的意见》，加大民族团结和谐社区创建力度，完善了城市民族工作机制，扩大了和谐社区试点。专题调研民族乡村科学发展，理清发展思路。推进民族工作示范村建设，通过推荐上报，年内藁城市九门、正定县五里铺、无极县高头三村、辛集市新城南街4个村列入河北省第二批民族工作示范村，其中藁城市九门、无极县高头三村还被国家民委纳入特色村寨建设。精心谋划扶持少数民族发展和民品企业项目，向省民宗厅争取专项资金245万元，扶持民族聚居区10个县（市）区20个项目；安排市本级专项资金50万元，扶持民族聚居区项目8个。年内，常山股份、东明牛皮制革、华莹玻璃3家民品企业累计享受贷款贴息额3461万元；常山股份、华莹玻璃2家企业累计享受技改贴息45万元。推动少数民族事业均衡发展，推荐7个单位会员和5名个人会员加入河北省少数民族经济发展促进会；组织蹴球、秋千2个项目参加全省比赛，取得蹴球比赛1金1银、秋千比赛1金2铜优异战绩；落实民族乡村卫生院（室）扶持政策，开展“送医下乡”活动；开展民族团结教育进学校、进课堂、进教材、进头脑活动和“手拉手”送教下乡活动，改善办学条件，提高教学水平，加大对民族学校支持力度；组织参加全省为少数民族和民族地方送科技经验交流会，1个集体和1名个人得到表彰。维护少数民族合法权益，按照《河北省清真食品管理条例》，扎实做好清真食品监管，并对全市清真食品现状开展调查研究，形成调研报告；妥善解决了站前街一汉族饭店假冒“清真”大盘鸡问题，稳妥处理了群众反映福建一厂家网上叫卖“清真猪肉”问题。

【维护民族宗教领域和谐稳定】 制定完善《石家庄市处置宗教突发性事件应急预案》、《新闻发布制度》、《关于集中开展矛盾纠纷排查调处行动实施方案》等十余个文件，编印《十八大维稳工作手册》。落实各处（室）与机关下基层工作队员、进驻群众工作站人员签订责任状制度和“零报告”、“双值班”“24小时值班”制度。组织开展“大排查、大调处、大帮扶”活动和宗教维稳矛盾隐患排查专项行动、清理整顿专项行动、严管严控专项行动、全面培训专项行动及“保稳定、促和谐”专项行动，落实县级领导干部带队制度，做到23个县（市）区和高新区矛盾排查全方位、无缝隙管理。建全工作台账，确保每一个重点部位、每一个重点人员都有一人甚至多人分包稳控，每一个宗教团体、每一个重点宗教活动场所和千人以上教徒聚集村都有维稳工作联络员。全年妥善处置十余起矛盾隐患，做到矛盾和隐患化解在基层，解决在萌芽，实现了“六个不发生”目标。2012年，省宗教工作领导小组和省民宗厅分别检查了石家庄市开展“四个专项”和“保稳定、促和谐”工作，均给予高度评价。攻坚克难，推进清真东寺问题解决。清真东寺问题历时7年，因开发商拆迁引起，矛盾复杂，并渐趋演化成为影响全市社会稳定的第二大信访维稳案件。年内，市民宗局将清真东寺问题作为维护民族宗教领域稳定头等大事，专门制定《突发性事件应急预案》，明确1名副局长具体负责，每周进行一次情况研判，理顺了群众情绪，化解了多次进省进京越级访、集体访等影响稳定险情。2012年底，清真东寺新址拆迁基本完毕，正在办理建设手续，并由定址向建设转移，穆斯林群众情绪基本稳定。

【推进民族宗教科学发展】 天主教管理。印发《关于做好当前天主教工作的通知》，组织天主教神职人员骨干到革命圣地参观学习，进行革命传统教育；组织天主教上层人士参加省委统战部、省民宗厅举办的政策法规培训班，坚定走独立自主、自办道路的信心。爱国宗教团体建设。加强宗教团体工作指导和管理，健全完善宗教团体工作制度；抓好规章制度落实，组织宗教团体述职，提升守法意识和宣传宗教政策法规的主动性；指导市佛教协会召开道风建设研讨会，市基督教两会召开神学思想建设研讨会；开展对天主教临时管委会班子成员谈话教育活动，化解矛盾，推动天主教管委会工作顺利进行；周密筹划，认真组织，成功完成市佛教协会换届工作；分析研究市道教协会、市基督教两会换届工作，摸清底数，提出意见和建议。推进宗教“三个专项”工作。做好宗教教职人员认定备案工作，调查摸底了全市教职人员备案遗留问题，对拟备案人员进行了统计、审核、汇总、备案。研究制定《基督教传道员备案工作实施细则》，细化备案程序和政策规定；扎实开展宗教活动场所财务监管，在召开经验交流会基础上，对此项工作进行检查验收，其中全市小型场所财会人员培训考核后持证上岗做法得到国家宗教局肯定并在全国推广；高标准完成宗教教职人员社保工作，养老和医疗参保率实现100%，并建成比较系统完整的宗教教职人员社保数据库。深入开展以“安全”为主题和谐寺观教堂创建活动。成立创建活动领导小组，制定下发《工作方案》和《宗教活动场所安全标准》，开展全市宗教活动场所安全大检查，促进宗教活动场所规范化管理，实现了无安全隐患、无安全事故、无非法活动目标。积极引导宗教与社会主义社会相适应。贯彻落实国家宗教局等6个部委联合下发的《关于鼓励和规范宗教界从事公益慈善活动的意见》，组织宗教界开展慈善周活动。在全省首届宗教公益慈善事业表彰大会上，赵县希望儿童之家孤儿院被评为先进单位，院长冯摩西被评为先进个人。调研宗教界开展慈善活动，对规范宗教界慈善活动提出意见和建议。推动宗教界挖掘和弘扬爱国爱教、扶弱济困优良传统，全年宗教界在救灾、扶贫、助孤、助学、扶残等方面捐款捐物70 多万元，受到全社会好评。

（张建营 徐焕力）

外事侨务

【概况】 2012年，市外事侨务工作坚持“三服务”（为国家外交服务、为地方发展服务、为侨服务）方针，主动作为，攻坚克难，狠抓落实，圆满完成各项工作任务。落实侨务政策，为64名参加高考、中考侨界考生办理加分手续。利用春节、中秋等传统节日，深入9个县（市）区走访慰问和帮扶救助49户90名困难归侨侨眷、50名侨界知名人士和侨资侨属企业代表。11月份，组织市侨界医务专家到山区开展送温暖义诊活动。12月份，组织开展了侨法宣传月和广场咨询日活动。2012年，市侨务信访工作获得全国侨办系统信访工作首批挂牌示范单位。

【对外合作】 全年组织市级高层出访团12个，推动一批对外项目洽谈合作。2月份，市长姜德果出访美国，成功举办石家庄新战略新商机投资合作说明会，19家美国企业参会并洽谈合作。7月份，副市长王大军率领市经贸友好代表团出访俄罗斯和瑞典，并与石家庄国际友好城市——法尔肯贝里市就双方实质性经贸交流合作进行了商谈。年内，市外侨办在全市举办的2012中国·石家庄（正定）国际小商品博览会和2012中国·石家庄第七届国际动漫博览交易会等重大国际招商引资活动中，发挥优势，服务大局，圆满完成邀请国际友好城市政府商务代表团和海外侨商参会及翻译接待等任务。

【对外交往】 坚持出访带项目、接访搞洽谈对外交往方针，全年邀请接待了美国艾奥瓦州、世界500强企业美国UPS公司、韩国天安市等24批国际友好代表团共373人次到石家庄考察访问和洽谈合作。成功接待美国得梅因市中学生代表团到访，并与石家庄外国语学校共同举办了“春之桥”音乐会。4月20～22日，日本长野市市长鹫泽正一、议长祢津荣喜带领50人代表团到石家庄市访问，双方在“石家庄市——长野市经济项目合作恳谈会”上就投资环境、产业发展等进行了广泛交流，市政府有关部门和10家重点企业开展了对接洽谈（1981年4月19日，石家庄市与长野市缔结为友好城市）。4月份，接待了外交部与中国残疾人福利基金会联合组织的外国驻华女使节友好代表团来访，推动西柏坡残疾人康复站正式落成。7月份，瑞典麦米拉集团商务代表团来访，考察洽谈了石家庄眼科医院合作项目。11月份，促成石家庄市正定县与美国艾奥瓦州马斯卡廷市签定建立国际友好县市关系意向书。年内，美国UPS公司向平山县通家口小学捐赠5万美元，用于建设塑胶操场；日本长野市直富商事株式会社社长木下雅裕向赞皇县孤山希望小学再次捐赠50万日元和部分学习用品。还选派3名学生赴日本长野市进行语言研修。

【外事管理】 至2012年末，全市审核审批因公出国（境）团组108批317人次，邀请外国人来华454批1000人次，为企业办理APEC商务旅行卡4批9人次，办理因公护照、赴港澳通行证63批226人次。4月份，市人大常委会主任会议专题听取全市外事工作汇报，为外事工作发展增添了新的动力。深化领事宣传保护和服务，辑印发放《中国领事保护和协助指南》600余册；与3家公证事务所建立合作关系，办理领事认证业务30件。加大涉外维稳工作，圆满完成针对钓鱼岛问题涉日维稳和党的十八大期间涉外维稳等安全保障任务，及时协调处置涉外事项2件，妥善处置外国记者到石家庄采访事项2件。

（杨春丽）

经济研究

【概况】 2012年，市政府研究室强化责任、转变作风、提升效率，按要求、高质量地完成市领导交办和年初确定的各项目标任务。从抓学习、抓质量、抓绩效、抓管理入手，大力加强机关建设，及时用最前沿、最新理论成果武装头脑。全面实施绩效管理，工作效率和服务发展、服务决策时效性提高。参加万名干部下基层活动，指定专人到元氏县北杜村完成道路硬化1600米，给予资金支持近2万元。成立起草小组，超前谋划，深入调研，精心构思，反复修改，较好地完成《2012年度石家庄市人民政府工作报告》，并顺利提交市十二届人大五次会议审议，受到“两会”代表、委员一致好评。年内，市政府研究室获得全省调研咨询系统先进单位、市级普法先进单位称号，主办的市政府机关刊物《石家庄经济》被评为省会双十佳内部资料性出版物。

【重要文稿撰写】 全年完成《2012年度石家庄市人民政府工作报告》、《石家庄市人民政府关于过去五年、2012年工作总结和未来五年、2013年工作谋划的报告》、《石家庄市政府2013年度工作要点》等重要文稿6篇；完成市长姜德果在全国人大会讨论时发言稿《弘扬西柏坡精神、加快文化强市建设》等领导交办文稿4篇；撰写《强化六大举措，力促我市动漫产业跨越发展》、《加快农业科技创新，推动现代农业发展——石家庄市农业科技创新现状分析与对策建议》等重点调研课题11篇；批示转化率达到85%以上。

【调研成果】 按照省委常委、市委书记孙瑞彬批示精神，在充分调研基础上，完成《餐厨垃圾资源化利用和无害化处理推进中需要解决的突出问题》。积极发挥研究室在政府决策、信息反馈、意见咨询等方面的参谋作用，开展一系列有针对性的调研，高质量撰写完成《注重四个结合推动我市战略性新兴产业加快发展》、《关于省会中央商务区建设的可行性研究及建议》、《做好四篇文章 打造“首位经济”力促高新区跨越发展的调查与建议》等专题调研报告，得到市政府领导的高度评价和肯定。

（谷鹏）

地方志工作

【概况】 2012年，市地方志办公室（简称方志办）以学习、宣传、贯彻、落实《地方志工作条例》和《河北省地方志工作规定》为动力，以全方位推进地方志书、年鉴、地情文献和为现实工作服务为目标，以全面完成市、县两级二轮修志工作为重点，高标准谋划，精心组织，狠抓落实，地方志工作取得较好成绩。年内，市地方志办公室被河北省评为“地方志工作先进集体”。修志工作。全市二轮修志共编修志书24部，即市本级及23个县（市）区，其中桥西区、新华区为通志。2012年，石家庄市按照河北省地方志工作部署和要求，市、县两级党委、政府把地方志工作列入日程，并在人力、物力、财力方面给予大力支持，确保了全市二轮修志取得阶段性成果。到2012年末，《石家庄市志》（1991—2005）资料征集完毕，正在进行资料编辑汇总；县（市）、区编纂出版志书8部，分别是《井陉县志》、《井陉矿区志》、《行唐县志》、《正定县志》、《栾城县志》、《长安区志》、《鹿泉市志》、《赵县志》；进入出版印刷阶段5部，分别是《裕华区志》、《辛集市志》、《新乐市志》、《赞皇县志》、《平山县志》；通过专家评审2部，分别是《藁城市志》和《元氏县志》；通过石家庄市二审3部，分别是《晋州市志》、《桥西区志》和《桥东区志》，其余5部志书正在进行总纂。年鉴工作。全年市地方志办公室通过完善年鉴编纂质量保障体系、严抓基层供稿质量、建立明确的时间进度要求和责任分工、加强责任编辑业务培训等，于12月份顺利实现《石家庄年鉴》（2012卷）成功出版。各县（市）区贯彻落实国家和省地方志工作会议精神，不等不靠，自筹资金，下大力做好年鉴出版工作。至2012年底，全市地方综合年鉴编纂出版数量达到9家，分别是鹿泉市、晋州市、栾城县、井陉县、正定县、赵县、赞皇县、元氏县和市本级，其他14个县（市）区全部启动地方综合年鉴编纂。地情资源开发利用。2012年，石家庄市各级地方志工作机构围绕党委、政府中心工作，适时编纂出版了反映本地经济、社会和文化发展的地情文献，为推动当地精神文明、物质文明建设发挥了积极作用。年内，石家庄广播电视台联合市地方志办公室、市政协文史委、市档案局联合摄制了《石家庄的100个名村（镇）》；行唐县完成清康熙、乾隆、同治年间旧志重刊发行；藁城市方志办结合市情出版了《藁城地名文化》。4月17日，市委常委、副市长程凯到地方志办公室调研。程凯在听取方志办工作汇报后，对全市地方志工作取得的成绩和工作思路给予肯定，对下一步工作提出要求期望和要求：一是要抓住文化大发展大繁荣的历史机遇，以落实市委印发的《中共石家庄市委贯彻落实〈中共中央关于深化文化体制改革、推动社会主义文化大发展大繁荣若干重大问题的决定〉的实施意见》为契机，借势造势，挖掘潜力，宣传石家庄，为建设幸福石家庄做贡献。二是要提高二轮修志的质量，去粗取精，完善志稿，争取一轮更比一轮好；同时，要适时调整编委会，取得各级各部门领导的支持。三是要加强对县(市)区的指导服务及社会协作。融管理于服务之中，通过服务体现指导，不断提升全市地方志工作的整体水平。至2012年底，市地方志办公室印发方志信息15期,信息量40余条。

【参与《石家庄的100个名村（镇）》节目拍摄】 2012年，市地方志办公室与石家庄广电中心等单位联合拍摄了百集历史文化专题片《石话实说——石家庄的100个名村（镇）》。《石话实说——石家庄的100个名村(镇)》是2011年石家庄电视台百集历史文化系列专题片《石话实说——石家庄的100个故事》姊妹篇，也是2012年石家庄市倾力打造的一档文化历史专题节目。该节目以历史时空为主线，从石家庄地域人类起源、文明肇兴开始，涵盖了石家庄地域所有重大历史事件、历史人物，开创了用电视形式书写城市通史的先河。该节目以弘扬石家庄代表性村镇的历史积淀、时代变迁为主线，突出呈现了石家庄名村名镇独特的乡土魅力和人文情怀，着力强化村镇厚重的历史文化，成功打造出一部石家庄村镇的历史文化影像志。

【召开《平山县志》(1992～2010)评审会】 3月22日，《平山县志》(1992～2010）评审会在县政府招待所召开。中国地方志指导小组办公室联络处处长张英聘及省、市地方志办公室多位方志专家到会对该志稿进行评审。平山县委书记王俊英、县委副书记王强及平山县地方志办公室人员等出席会议。藁城市、晋州县、灵寿县、元氏县、高邑县、桥东区、桥西区地方志办公室主任列席会议。《平山县志》(1992～2010）采用中编体结构，共设28编，123章，455节，120万字，插图照片130幅。设有凡例、序言、综述、大事记、正文、索引、编后记等。会上，各级专家从不同角度，全面、深入、细致地剖析志稿，对如何定位“革命圣地西柏坡”和进一步完善《平山县志》(1992～2010）稿提出指导性的意见和建议。

【召开《藁城市志》(1986～2005)评审会】 2012年8月，《藁城市志》(1986～2005）省级评审会在藁城宾馆召开。省、市地方志办公室负责人及部分史志专家参加评审。藁城市委常委、常务副市长梁建坤，市人大常委会副主任刘军良，副市长边新立，市政协副主席程庆波等到会听取了专家意见。该志于2005年1月启动，2010年9月形成约130余万字的续志初稿,经多次修改、补充、核实、调整和完善，至2011年10月完成总纂稿。续修的《藁城市志》为中小编结构，分编、章、节、目4个层次。全书共26编，150章555节，约150万字。省评审组一致认为，该志稿观点正确，篇目合理，体例完备，资料翔实，语言流畅,是一部基础很好的送审稿。同时，省评审组对该志稿在资料调整补充、篇目规范、记述语言加工整理、突出特色等方面提出具体修改建议。

【召开《元氏县志》(1986～2005)评审会】 2012年8月，《元氏县志》(1986～2005）专家评审会在元氏县蟠龙湖民政宾馆会议室召开，会议由市地方志办公室主任曹立波主持。中国地方志指导小组联络处处长张英聘、河北省地方志办公室调研员王广才、编审贾辉铭、县市指导处任丽英，原石家庄市地方志办公室主任李藏柱、王孟新及市地方志办公室副主任刘建洲7位专家组成评审小组对《元氏县志》(1986～2005）进行了评审。此次评审会上，各级专家从不同角度对该志稿进行了点评。专家组一致认为，《元氏县志》(1986～2005）稿是一部基础较好的送审稿，全面、系统地记述了断限内元氏县改革开放的全过程，志稿观点正确，编目结构基本合理，资料搜集比较充实；除部分编、章内容单薄需要补充完善外，还需要进一步突出地方特色。

【行唐县召开重刊旧志发行会】 5月9日，行唐县委、县政府召开重刊清康熙十九年（1680年)、乾隆三十七年（1772年)、同治十三年（1874年)《行唐县志》发行会，省、市地方志及县四大班子领导、编委会成员、赞助重刊经费企业家、县级离退休老干部、社会各界人士代表及清志编辑人员近100人参加会议。会上，副县长高文成汇报了近年来行唐县地方志工作和本次重刊清朝县志的情况。市委常委、副市长程凯和省、市方志办领导分别对行唐县委、县政府落实《地方志工作条例》和上级关于修志工作要求给予充分肯定，对行唐县在较早出版二轮志书后很快启动对旧志搜集、整理、校对、刊行并取得丰硕成果表示祝贺；同时指出行唐县发展文化产业的理念和借助民间力量助力地方志事业的经验在石家庄市范围内具有指导意义和推广价值。

【藁城市《贾市庄村志》出版】 《贾市庄村志》由藁城市贾市庄村退休老干部李为仁主编，该志填补了贾市村文化建设史上的空白。贾市庄村位于藁城市东南部，总人口9613人，是藁城市内大型村庄之一，距今已有1400年历史，文化底蕴丰厚，商贸、林果业发达。《贾市庄村志》是藁城市第三部正式出版的村级志书，该志根据有关资料上限追溯至事物发端，下限至2010年。全书共设13章，图片近40幅，计10余万字。志书从建置沿革、文物古迹、经济、政治、文化教育、村民生活、人物等方面全面客观地记载了贾市庄村的历史与现状，重点记述了中共十一届三中全会后30年来全村发生的变化和改革开放成果。全书语言朴实、简洁，图文并茂，地方特色浓郁。

【《藁城地名文化》出版发行】 2012年4月，藁城市地方志办公室主持编纂的地情丛书——《藁城地名文化》由中州古籍出版社正式出版，国内外公开发行。《藁城地名文化》是地方资料性通俗读物，由藁城市地方志人员参考大量史料、典籍，结合数年地情研究成果，加工编辑而成。该书资料上限自事物发端，下限止于2007年。主要从地名的角度记述藁城的历史文化及发展现状，展示地名文化的丰厚遗存。全书近30万字，含有建置沿革、村名溯源、古今地名简介、地名传说故事、地名艺苑、诗文选粹等内容。该书图文并茂，集资料性、知识性、趣味性于一体，具有浓郁的地方特色。

【栾城县开展史志利用活动】 栾城县史志办公室按照县委、县政府“幸福乡村”创建重要部署，积极发挥职能作用，结合实际大力开展史志利用活动。主要采取单位主要领导牵头，建立创建帮扶联系人分工责任制。全县首批“六村联创”中的“文明乡村”，史志人员全部做到包村包资料到人头。组织精干力量，深入乡村搜集整理历史文化资料，主动帮助有条件的村编纂村史村志，协助做好乡村“文化墙”建设。全年共计为50个村收集整理历史文化资料近4万字，并按照“村名由来”、“古迹景点”、“历史人物”、“故事传说”、“民情民俗”、“红色记忆”“国耻莫忘”和“经济发展大事记”等栏目分类，辑印成《栾城县“文明乡村”创建暨特色文化村历史文化资料汇编》（第一辑），发放全县农村300余册。

【《中国共产党正定县历史大事记》（1966年6月–2010年12月）出版发行】 2012年8月，《中国共产党正定县历史大事记》（1966年6月–2010年12月）由中国文史出版社正式出版发行，全书87万字。这是继正定县1993年编写出版《中国共产党正定县历史大事记》（1949年10月–1966年5月）之后又一部党史专著。该书记录了正定县自1966年6月至2010年12月45年间所发生的重大历史事件，再现了正定人民在中国共产党领导下所走过的光辉历程，特别是改革开放30年来艰苦奋斗、团结进取、奋力争先中所取得的成就。该书编写时间跨度大、年限长、资料缺乏。为编好此书，县史志办自2004年开始征集历史资料，多次到档案馆查阅了不同时期的《正定风采》、《正定信息》、《正定快报》等刊物，参阅了正定档案馆编写的《正定县大事记》，石家庄市党史研究室编写的《中国共产党石家庄历史大事记》等书籍。

【《千年古镇——永壁》出版】 2012年9月，鹿泉市村志《千年古镇——永壁》出版。永壁村隶属于鹿泉市铜冶镇，古时多记为永璧，已有3500多年历史。该书“大事记”上限从商朝开始，下限至2010年。全书共分13编，包括话说永璧、地理区划、交通与环境、土地耕作、人口与社会保障、村庄建设及变化、文化教育，经济与发展、民俗与方言、古今人物、革命斗争、文物古迹、姓氏家族等。“附录”保存了清嘉庆二十四年永壁保甲册、清道光二十二年永壁保甲册等较为珍贵的历史资料。该村志由5位平均年龄近七十岁的老人，历时3年自发编纂完成。

石家庄市地方志办公室
主　任：曹立波
副主任：刘建洲　武光宇
（王建峰　肖海军）

机关事务管理

【概况】 2012年，市机关事务管理局认真履行管理、保障、服务职责，在保障机关运转、降低行政成本、改善干部职工生活等方面发挥了重要作用，做出积极的贡献。生活服务工作贯彻落实《食品卫生管理规定》和《食堂饮食安全管理暂行规定》，严格执行《餐饮业食品原料采购索证登记》、《消毒登记》等制度，确保了食品安全；改善干部职工伙食，提高饭菜质量，保持了饭菜价格稳定；采取“走出去、请进来”和岗位练兵、业务技能竞赛等方式，大力提高炊管人员技能，生活服务保障水平明显提升。完善公共机构节能办公室管理体制机制，印发《石家庄市公共机构节能“十二五”规划》、《2012年石家庄市公共机构节能工作实施方案》，实行23个县市区和高新区、73家市直单位公共机构节能工作动态管理；率先在全省完成公共机构节能2012年度考核评价工作，圆满完成省、市下达的年度节能目标任务。

【安全保卫】 定期召开市委、市政府机关安全工作会议，分析机关大院安全保卫形势，通报相关情况，针对突出问题，及时进行整改。保卫处配合内卫、公安、信访、消防等部门协调联动，采用“人防、物防、技防”三位一体方式，加强机关大院安全管理。强化机关大院车辆管理力度，政府院停车难、行车难问题得到有效解决。群防群治，突出抓好党十八大期间安保工作。成立机关安保工作领导小组，印发《关于进一步落实十八大安保维稳工作措施的通知》和《管理局十八大安保维稳工作奖惩办法》，出色完成十八大期间机关安保工作。

【车辆管理】 至2012年底，市机关事务管理局共保障机关公务用车23万台（次），车辆安全行驶700余万千米；车辆节油25000多升，折计20多万元。年内，石家庄市公车专项治理在中央、省公车治理工作检查中获得好评。

【基础设施建设】 改建市委办公厅会议室，改造更新政府院食堂及后厨蒸间。粉刷机关围墙护栏、市委院北配楼外墙、市政府1号楼走廊、政府5号楼办公室共24000余平方米；补烫房顶5000余平方米；日常维修维护2000余次。全年节水、节电、节汽65万元。机关大院种植草皮4000多平方米，摆放大型花钵190个，植物盆景100棵，“五一”、“十一”节日摆放花坛10个，花卉近20万株，做到三季有花、四季常绿，美化了机关大院办公环境。

【房地产管理】 与正定新区管委会密切配合，推进行政中心建设，A区主楼群建设实现封顶。积极谋划《市直机关办公用房分配方案》和《公务员住宅团购方案》。完成机关大院高层电梯和太阳能设施改造。全年市机关事务管理局房产管理部门完成房屋零星修补2000多平方米，上门维修近3000次。宿舍区暖气费收缴率达到98%。2012年，市委、政府机关53个宿舍区供暖问题频出，维修人员经常昼夜抢修，确保了温暖过冬。

（曹建龙　王东旭）

城乡基层政权建设

【概况】 2012年，市民政局把第八届居委会和第九届村委会换届选举工作作为重中之重，按照“先易后难、整体推进，分类指导、又好又快”的工作思路，超前谋划，精心组织，狠抓落实，平稳较快地推进了全市村（居）委会换届选举，为建设社会主义新农村、开展基层建设年活动奠定了坚强的组织基础。年内，全市社区建设、村民自治工作取得较好的成绩，圆满完成年初确定的任务目标。

【基层政权建设】 全市村（居）委会换届选举工作基本完成，21个县（市）区（桥东区、井陉矿区全部实现村委会转居委会）和高新区、正定新区的4393个应换届村，已有4388个村完成村委会换届任务，占村总数的99.88%。全市选出村委会成员14671人，比上届减少523人；村委会成员平均年龄47.5岁，比上届降低1.5岁，农村干部年龄结构继续趋向年轻化。全市14671名村委会成员中，具有大专及以上文化程度1614人，占总数的11%；具有高中（中专）文化程度7550人，占总数的51%；具有初中及以下文化程度5507人，占总数的38%。村委会成员中，妇女干部2721人，占村委会成员总数的18.6%，比上届增加1567人。

【社区建设】 全年共有社区居委会552个，其中城市社区394个，城镇社区158个，居委会工作人员2525名。市内五区49个街道建成社区服务中心42个，建成社区服务站291个，其中103个社区达到办公用房500平方米要求，实行了“开放式”办公、“一站式”服务，开通了“12349”便民服务热线，形成以区社区服务中心为龙头，以街道社区服务中心为主体，以社区居委会社区服务站为依托、上下贯通的社区服务网络。

（郭鸿英）

行政服务

【概况】 2012年，市行政服务中心围绕市委、市政府开展“效能革命”一系列政策举措和全市优化发展环境广播电视大会精神，大力提高行政审批工作效能，强化服务意识，提升服务水平，各项行政服务工作均步入规范化、标准化、系统化发展轨道，实现了“四个转变”，得到市场主体和人民群众的认可及肯定。年内，省委常委、省纪委书记臧胜业3次到行政中心视察，对网上审批电子监察系统建设给予高度评价；省人大副主任王增力对行政中心开展行政审批提质提速和“效能革命”工作给予肯定；省纪委副书记、省监察厅厅长马玉蝉对行政服务中心实行建设项目联合踏勘、联合审图、联合验收工作模式予以肯定，要求向全省推广，该经验还作为优化发展环境、提高行政效能亮点，在河北电视台《走河北话环境》节目中接受了市长姜德果的访谈。2012年，武汉市、哈尔滨市、太原市、邯郸市等50余个城市到市行政服务中心考察学习和交流。至2012年末，市行政服务中心共受理行政服务42747项次，办结42758项次，提前办结率90.7%；建设项目联合审图32项次，联合验收48项次，涉及万达广场、苏宁广场、恒大城等55个项目。全年8个分中心办理便民服务事项250多万件。

【规范服务】 将“机关内部办公”转变为“窗口化服务”。全年最大限度地发挥行政服务中心集中办公一站式服务优势，并按照“应进必进”工作要求，加大进驻力度。2012年，市行政服务中心新进驻市国资委、投资促进局、编办等12个部门，涉及行政许可3项、非行政许可审批事项29项。至2012年末，市行政服务中心累计进驻部门或单位57个，设立服务窗口112个，实现了市本级所有行政许可、非行政许可审批事项“一个窗口”受理、“一站式”服务运行模式。制定、规范服务标准，落实办事窗口服务用语、服务态度、服务仪表、服务质量标准化管理。开展“争先创优”、“对标定位”活动，每季度组织评选十佳服务窗口和10名服务标兵，调动了工作人员积极性，提高了行政审批效能，得到市场主体和人民群众的好评。

【现场办结】 将“窗口受理”转变为“窗口办结”。通过推行办事窗口首席代表制、市直部门审批处室整建制入驻、“一把手”周坐班制、行政审批专用章等工作制度和措施，市发改委、市建设局、市国土局、市规划局、市质监局、市公安消防支队等部门涉及审批处室全部进驻行政服务中心政务大厅。办理审批证照，均在办事窗口打印发放，变窗口受理为窗口直接办结，实现办事窗口现场办结比例超过办理事项的50%，限时办结率达到100%。

【联合审批】 实现“部门分头审批”转变为“多部门联合审批”。将十几个部门分头审图、分头验收，改成市行政服务中心牵头组织涉及到的多个部门联合审图、联合验收，节省了项目单位时间成本，增强了项目审批透明度。2012年，市行政服务中心共组织联合审图32次，联合验收48次，涉及万达广场、苏宁广场、恒大城等55个项目，该作法在全国行政服务中心年会上被确定向全国推广。

【监督管理】 将“分散监管”转变为“系统化监督”。年内，在行政服务中心办理的所有行政许可、行政审批和服务事项全部进入石家庄市网上审批电子监察系统，并通过技术手段实现了对每个审批事项的每个审批环节实时监控和跟踪问效。推行网络系统定期分析运行情况，落实审批部门、审批人员绩效排名制度。

（刘建）

【藁城市行政服务中心】 藁城市行政服务中心于2003年初正式运行，是河北省成立服务中心较早的县

（市）之一。服务大厅分上下两层，办公面积约2200平方米。2012年，藁城市行政服务中心进驻窗口单位32个，审批服务事项229项（行政许可项目163项，非行政许可项目63项，监管项目3项），设立审批服务平台80个，窗口工作人员106名。年内，藁城市行政服务中心以“便民、高效、规范、廉洁”为服务宗旨，按照“权利在公开、服务再延伸、内容再充实、制度在完善、水平再提高”工作目标，坚持“六五六”运作模式，即六公开办事（公开审批内容、公开申报材料、公开办事程序、公开审批事项、公开承诺时限、公开收费标准）、五件管理（办件管理、承诺件管理、补办件管理、答复件管理、联办件管理）、六制办理制（即时办理制、承诺办理制、联合办理制、申报办理制、禁办答复制、扎口收费制）。重点投资项目实行“保姆式”全程审批服务，即“政府牵头、中心受理、抄告相关、联合会审、限时办结、责任追究”审批服务模式。至2012年末，藁城市行政服务中心共办理各类审批事项80817件，审批服务事项办结率达到100%，群众满意率达到99%以上。年内，藁城市行政服务中心被石家庄市委、市政府评为“文明单位”；被共青团石家庄市委命名为“青年文明号”；被藁城市委、市政府评为“工作实绩突出单位”、“廉政建设先进单位”；被藁城市妇女联合会命名为“创先争优巾帼文明示范岗”。2012年，河北省迁西县、任丘市、河间市、沧县、南宫市、清河县、宁晋县、辛集市、赵县、无极县、新乐市、行唐县、灵寿县等46个县（市）到中心考察学习和交流。

（藁城市行政服务中心）

【鹿泉市政务服务中心】 鹿泉市政务服务中心于2008年10月29日成立，挂靠市政府办公室，为副科级事业单位。2010年初，鹿泉市委、市政府为加强中心建设，扩大中心功能，6月份开始对中心进行扩建搬迁，10月份揭牌并正式运行。鹿泉市政务服务中心新址位于鹿泉市石邑街38号，建筑总面积近1000多平方米，采用透明式、敞开式、零距离平起平坐人性化设计，体现出对办事者的欢迎与尊重。鹿泉市政务服务中心内设综合科、网络科两个内设机构，管理人员10名，纪委监察局派驻工作人员2名，入驻单位33个，设立服务窗口68个，进驻工作人员144人，受理行政许可审批、非行政许可审批和行政监管事项254项，入驻率为92%。2012年，鹿泉市政务服务中心累计受理“三类”事项（行政许可审批、非行政许可审批、行政监管事项）6651件，按时办结率达到100%；“三类”事项审批总时限由2011年的3090个工作日减少到1853个工作日，减幅达40.03%，总平均审批时限由10.33个工作日减少到5.98个工作日，减幅达42.11%。

（鹿泉市政务服务中心）

【正定县行政服务中心】 正定县行政服务中心于2009年12月根据正编〔2009〕7号文件组建成立，为正科级全额拨款事业单位，编制13人，内设办公室、业务科、监管科、网络技术科4个科室。2010年7月，正定县行政服务中心揭牌试运行，服务大厅面积近1000平方米，分为投资项目（企业）综合服务区、科教文化服务区、民政卫生服务区、农林牧交通服务区和公安服务区5个功能区。2012年，正定县行政服务中心共进驻部门34个，设置办公席位（窗口）60个，窗口工作人员130名（AB角）；进驻事项198项，其中行政许可104项、非行政许可审批72项、服务9项、非税收入收缴13项。至2012年末，正定县行政服务中心共办理各类事项4.38万件，其中行政许可事项3643件，非行政许可事项2.74万件，行政监管事项119件，服务事项1.26万件，按时办结率达到100%；接待咨询和办事群众7.8万多人次，服务对象满意率达100%，实现“零投诉”；精简审批事项，优化审批流程，减少审批时限1052天，减少审批环节87个，减少盖章数31个。年内，正定县行政服务中心被石家庄市授予“2012年度行政服务工作先进单位”称号。

（正定县行政服务中心）

【栾城县行政服务中心】 栾城县行政服务中心于2011年5月10日正式揭牌成立，行政服务中心面积约500平方米，包括大厅、机房、中心办公室和电子监察室。2012年，栾城县行政服务中心秉承“部门围着窗口转，窗口围着百姓转”的服务宗旨，积极为企业和群众提供便捷高效的行政服务，初步实现“一个窗口对外、一站式办结、一条龙服务”承诺。制定《关于进驻县行政服务中心办理的行政审批和服务事项管理暂行办法》，规范审批流程和管理机制；制定《行政服务中心窗口及工作人员考核实施细则（试行）》，逐月评议窗口运行情况；落实考勤考核，实行工作人员指纹考勤和8小时在岗时间电子监控；坚持推行“六个严格”制度，即严格执行考勤制度、严格执行岗位纪律、严格执行AB角制度、严格执行请销假制度、严格做到最大限度授权、严格实行责任追究制度。立足“高效”，创新审批服务新模式，落实“一门办结”、“限时办结”和“一次性告知”服务要求，即所有行政审批事项，除有特殊情况并经县政府批准外，全部纳入中心办理；所有窗口受理事项，全部由入驻部门根据法定时限作出公开承诺，承诺办结时限，在法定时限之内尽量缩短；所有服务事项及其办结时限通过窗口明白纸、单位公开栏张贴、电视台滚动播放等途径公开；所有受理事项全部印制明白纸，对前来办事企业和群众一律实行“一次性告知”，实现了办事群众“少跑冤枉路、少转无谓圈”目标。2012年，栾城县行政服务中心入驻部门21个，工作人员32名，涉及各类行政审批项目126项。至2012年末，栾城县行政服务中心共办理行政审批事项2607项，其中即时办结614项，限时办结1993项；各部门承诺办结时限比法定时限平均每事项减少13天。

（栾城县行政服务中心）

中国人民政治协商会议石家庄市委员会

【概况】 2012年，市政协常委会紧紧围绕市第九次党代会确立的一系列重大战略部署，严格落实中央和省、市委八项规定要求，团结各党派、团体和广大政协委员，认真履行政治协商、民主监督、参政议政职能，服务大局能力提高，履职水平全面提升。年内，组织筹备并成功举行市政协第十一届委员会第五次会议，审议了市政协常委会工作报告、提案工作报告，协商讨论了市政府工作报告及其他报告，通过各项决议和提案审查报告；召开常委会4次，审议和通过议题26项；召开主席会4次，研究讨论议题30项；审查交办提案760件；组织大会发言60篇；编辑《社情民意》内刊50期，编发《政协工作动态》23期、《石家庄政协》6期。至12月31日，政协石家庄市第十一届委员会共有委员650名，常委会组成人员129名。

【石家庄市政协第十一届常委会组成人员及工作机构负责人】

主　席：王华清（女）
党组副书记：李天印
副主席：张发旺（1月任）
韩宪章　朱增海
曹社会
王长华（不驻会）
武义青（不驻会）
王宝山（不驻会）
范振增（不驻会）
贾连海
秘书长：郃存悦
常务委员：（按姓氏笔划排序）
于铁龙　王宣
王智　王文治
王文晔（女）
王艾华（女）
王冬梅（女）
王兰志　王英彬
王建国　王勋涛
王俊林　王俊奇
王智森　王镇元
仇银柱
邓小梅（女）
邓素雪（女）
龙建国（侗族）
申禧　叶少华
叶文祥
田玉卓（女）
田朝民　兰平信
冯书勤　冯润明
邢士林　曲仓坤
吕毅华（女）
乔茜（女）
任映光　任新社
刘凯
刘真（女）
刘小立　刘兴辉
刘运江　刘英光
闫凤利
祁改（女）
许立　许广明
许素更　孙朝辉
孙德惠（女）
苏丽（女）
李增禄
李雯（女）
李潇　李小平
李风江　李志峰

李树国
李俊秀（女）
李振符　杨士斌
杨云乐
杨玉珍（女）
杨作昌
杨建华（女）
杨澜波　吴振见
闵晓进
张越　（女）
张力栓
张文武（满族）
张计刚　张书国
张玉辉（女）
张永健　张旭辉
张治春　张树清
张素丽（女）
张祥建　张景学
张富春
陆淳　（女）
陈克俭　陈泉州
武共义　范玉龙
范焕文
林丹　（女）
林金泰
尚晏芝（女）
罗北中　周书献
周志斌
赵国三（女）
赵明芳　赵金代
胡爱民　段文
段坤　（女）
耿云峰　夏玉颖
夏晓烨（女）
徐仁　（女）
高波
高茶芳（女）
高顺强　郭刚能
郭清常　黄超
曹伟
崔瑞芳（女）
康瑞峰（回族）
寇学臣（满族）
董文志
韩利华（女）
焦保华　甄忠义
甄金钟
廖岩　（女）
潘卫东

副秘书长：杨建华（女，10月免）
王镇元（6月任）
赵磊
陈克俭（6月任）
苏丽　（女，6月任）
乔茜　（女，不驻会）
崔瑞芳（女，不驻会）
姜博卿（不驻会）
李俊秀（女，不驻会）
程鹏起（不驻会）
王丽欣（女，不驻会）
徐石　（女，不驻会）

办公厅

主　任：杨建华（女，10月免）
副主任：王灵增（6月免）

研究室

主　任：赵磊　（10月免）
徐振声（10月任）
副主任：徐振声（10月免）
高伟　（10月任）

提案委员会

主　任：陈克俭（6月免）
盖和平（6月任）
副主任：盖和平（6月免）
赵志英（女，6月任）
李献平（不驻会）
张炬　（不驻会）
周同友（不驻会）
赵志卿（不驻会）
唐克　（特聘，不驻会）
赵景芳（女，特聘，不驻会）

学习和文史资料委员会

主　任：段文
副主任：张丽红（女，6月任）
任新社（不驻会）
王勋涛（不驻会）
王智　（不驻会）
赵俊芳（不驻会）
梁勇　（不驻会）

财政经济委员会

主　任：周书献
副主任：焦永良
陈福财（不驻会）
唐秀珍（女，不驻会）
刘凯　（不驻会）
李振章（不驻会）
赵顺法（不驻会）
王晓临（不驻会）
崔爱萍（女，不驻会）
王俊林（不驻会）

农业委员会

主　任：韩宝深
副主任：李福忠（10月任）
赵国三（女，不驻会）
冯书勤（不驻会）
楚行宇（不驻会）
师吉奎（6月免，不驻会）
贾建平（不驻会）
李瑞进（不驻会）

教科文卫体委员会

主　任：周育华（女，9月免）
副主任：张少华（女）
王文治（不驻会）
卢长锁（不驻会）
王英彬（不驻会）
唐青　（不驻会）

刘桂江（不驻会）
张毅　（不驻会）
仵增刚（不驻会）
肖建科（不驻会）
李耀峰（特聘，不驻会）

社会和法制委员会

主　任：武共义（6月免）
王灵增（6月任）
副主任：李庆安（6月任）
祁改　（女，不驻会）
赵金代（不驻会）
张玉辉（女，不驻会）
肖士杰（不驻会）
肖力　（女，不驻会）

民族和宗教委员会

主　任：武共义（6月免）
王灵增（6月任）
副主任：李庆安（6月任）
张贵民（不驻会）
陈泉州（不驻会）
康瑞峰（不驻会）
马铭江（不驻会）
邓元富（不驻会）

港澳台侨和外事委员会

主　任：王镇元（6月免）
副主任：石志玲（女）
杨秋贵（不驻会）
罗北中（不驻会）
刘嫦嫦（女，不驻会）
许立　（不驻会）

【市政协第十一届委员会第五次会议】 1月11～14日，市政协第十一届委员会第五次会议在人民会堂召开。会议听取并审议了政协石家庄市第十一届委员会常务委员会工作报告、提案工作报告；列席了石家庄市第十二届人民代表大会第五次会议，听取并协商讨论了《政府工作报告》和其他相关报告；审议并通过市政协第十一届第五次会议政治决议、市政协第十一届第五次会议关于常务委员会工作报告的决议、市政协第十一届第五次会议关于常务委员会第十一届第四次会议以来提案工作情况报告的决议、市政协第十一届第五次会议提案审查情况的报告；补选了第十一届市政协副主席。12名委员代表在会上作发言；市政协主席王华清在闭幕会上作了重要讲话。会议期间，收到集体、委员个人及联名提案558件，经审查立案523件，立案率93.7%。

【市政协第十一届常委会会议】 1月12日，市政协十一届二十次常委会议在市政协机关五楼会议厅召开。会议听取了市委组织部有关人事事项说明。市政协主席王华清主持会议。市委常委、组织部长王俊钟应邀出席。市政协党组副书记李天印，副主席韩宪章、朱增海、曹社会、王长华、武义青、王宝山、范振增、贾连海，秘书长部存悦出席会议。

1月13日，市政协十一届二十一次常委会议在市政协机关五楼会议厅召开。会议审议通过了政协石家庄市第十一届委员会第五次会议政治决议、政协石家庄市第十一届委员会第五次会议关于常务委员会工作报告的决议、政协石家庄市第十一届委员会第五次会议关于常务委员会第十一届四次会议以来提案工作情况报告的决议、政协石家庄市第十一届委员会提案委员会关于第十一届五次会议提案审查情况的报告。市政协主席王华清主持会议。市政协党组副书记李天印，副主席韩宪章、朱增海、曹社会、王长华、武义青、王宝山、范振增、贾连海，秘书长部存悦出席会议。

6月28日，市政协十一届二十二次常委会议在市政协机关五楼会议厅召开。会议就推动省会生态环境建设进行专题协商议政。5位政协常委、委员作大会发言，围绕省会大气环境治理、垃圾分类处理、市容市貌综合整治、加强水源保护、提高城市绿化水平等内容建言献策。会议审议通过了市政协有关人事事项。市政协主席王华清主持会议。市政府副市长王大军到会听取了大会发言并讲话。市政协副主席张发旺、韩宪章、王长华、武义青、王宝山、范振增、贾连海，秘书长部存悦出席会议。

10月9日，市政协十一届二十三次常委会议在市政协机关五楼会议厅召开。会议围绕加强和创新社会管理进行专题协商议政。9位政协常委、委员围绕“加强和创新社会管理，促进平安省会建设”主题进行发言，分别就创新社区管理、加强行政服务中心规范化建设、加强流动人口的服务管理、强化食品药品安全监管等方面提出意见建议。会议听取了石家庄市加强和创新社会管理情况的通报；审议通过了市政协有关人事事项。市政协主席王华清主持会议。市委常委、常务副市长王大虎到会通报了市政协十一届五次会议以来提案办理情况。市政协副主席张发旺、韩宪章、朱增海、曹社会、王长华、武义青、王宝山、范振增、贾连海，秘书长部存悦出席会议。

【市政协第十一届委员会提案办理】

市政协第十一届委员会五年共提交提案3730件，经审查立案3258件。其中涉及城建、工业交通方面的1356件，占立案总数的41.6%；农、林、水、畜牧方面的416件，占12.7%；财贸、金融方面的677件，占20.8%；教、科、文、卫、体方面的318件，占9.8%；政法、劳动人事及其他方面的491件，占15.1%。至2012年12月31日，交办提案全部办理完毕。其中，已经落实1865件，占57.2%，正在落实891件，占27.4%，因客观因素和条件限制难以落实502件。

【助推经济发展】 紧跟市委决策部署，发挥自身优势，主动对接重点工作，广泛开展协商议政。市政协十一届五次会议组织60名委员围绕转型升级、跨越赶超作书面或口头大会发言，提出300多条意见建议，为建设幸福石家庄建言献策，市委、市政府领导在50篇发言材料上作出批示，要求有关部门积极采纳、抓好落实。以“助推省会生态环境建设”为主题，召开常委会专题协商议政，并邀请市委、市政府有关领导出席，与常委、委员们面对面协商。5名常委、委员在会上发言，提出36条意见和建议。以“助推优化发展环境建设”为主题，召开市政协主席专题协商议政会，就发挥主体作用、建立长效机制、严格行政问责制等提出18条意见建议。在市政协十一届二十八次主席会议上，专题听取了市财政局关于全市财政运行情况的汇报，主席、各位副主席分别就提高石家庄市财政收入、加强债务管理等问题提出意见建议。全年召开几次专题议政会均做到规格高、选题准、重点突出，意见建议前瞻性强，深受与会市领导的好评。广泛开展调研视察活动。围绕重点项目建设、科技体系创新、城市管理、发展现代服务业、县域经济发展、台资企业发展、山区综合开发、行业协会改革与发展、土地收储及融资等，深入企业、工地、乡镇、街道，开展调研视察活动20多次，分析存在问题，探讨应对策略，及时向市委、市政府提出意见建议，为市委、市政府科学决策提供了重要参考。主动参与省会生态环境建设。按照市委统一部署，市政协主席和各位副主席多次深入分包的市容市貌综合整治工程路段，督导调度，提出要求，确保了各项任务目标如期完成；向市各民主党派及市、区政协委员印发《关于改善和提高省会大气环境质量建议的倡议书》，动员各民主党派和各级政协委员为改善省会生态环境献计出力；协助做好省政协一号提案督办工作，5次配合市政府接待省政协主要领导到石家庄市视察大气环境治理工作，形成省、市两级政协联手助推省会生态环境建设的浓厚氛围。

【促进社会和谐稳定】 以“加强和创新社会管理，促进省会平安建设”为主题，组织召开市政协十一届二十三次常委会，开展专题协商议政。9名政协常委和委员作大会发言，提出意见建议46条。市委常委、常务副市长王大虎和市委政法委主管领导到会通报情况，并围绕省会综合服务警务站建设、民生幸福工程、工地扬尘治理、生活垃圾处理、城镇和农村低保供养、家政服务业发展等民生问题，组织委员进行视察，推动相关工作开展。利用政协提案、社情民意信息等形式，及时反映群众意见、愿望和要求。全年提出相关提案521件，编发《社情民意》内刊50期，促进了热点、难点问题有效解决。其中《南位村、南栗村小学新生入学难问题应尽快解决》、《尽快解决新华路436号院停水问题》、《建议出台供热行业服务规范，促进我市集中供热健康发展》、《建议将60岁以上无生活保障的三级肢残人纳入最低生活救助范围》等社情民意信息引起市委、市政府主要领导的重视，相关问题得到解决或正在解决。积极开展扶贫帮困活动。在行唐县留营村组织义诊活动，服务群众200多人；筹集资金15万元，硬化道路1600米；协调市红十字会为西留营村小学捐赠5万元的学习、生活用品。深入有关县（市）开展维稳督导。按照市委统一部署，市政协领导分别到相关县（市）督导检查十八大期间安保维稳工作，督促有关部门负责人参与危爆物品排查，有力推动了平安省会建设。

【组织开展纪念市政协成立60周年系列活动】 2012年是市政协成立60周年。市政协结合实际，组织开展了有主题、有载体、有影响一系列纪念活动。召开纪念市政协成立60周年大会。省、市领导及市各界人士100多人参加会议，中共中央政治局委员、全国政协副主席王刚发来亲笔贺信，全国政协副主席郑万通、省政协主席付志方等领导分别发来题词、贺信表示祝贺。举办书画摄影展。围绕“团结、民主、和谐、幸福”主题，征集了240余幅参展作品，通过不同的艺术形式，热情讴歌中国共产党领导的多党合作和政治协商制度，抒发广大政协委员和各界人士热爱祖国、热爱政协、热爱石家庄的真挚情感。举办知识竞赛。以“回顾光辉历程，牢记神圣使命”为主题，举办纪念市政协成立60周年知识竞赛，学习和宣传人民政协的性质、地位和作用，宣传人民政协履行职能的新成就。编辑纪念册和纪念专刊。以历史图片和文字资料形式，展示市政协60年来的光辉历程。通过举办一系列主题鲜明、生动活泼的纪念活动，深化了全社会对人民政协重要作用的认识，营造了有利于人民政协事业发展的社会氛围。

（董伟）

①
②
③

①2012年8月28日，举办市政协成立60周年知识竞赛活动

②2012年9月5日，举办纪念石家庄市政协成立六十周年大会暨书画摄影展

③2012年9月5日，省委常委、市委书记孙瑞彬（前排左二），市政协主席王华清（前排左一）在市政协成立60周年大会上问候市政协历届老领导

中共石家庄市纪律检查委员会

【概况】 2012年，市纪检监察机关围绕“转型升级、跨越赶超，建设幸福石家庄”战略目标，严格把握标本兼治、综合治理、惩防并举、注重预防方针，切实发挥职能作用，强力推进具有石家庄特色惩防体系建设。加强纪检监察干部队伍建设，坚持“周周有安排、月月有活动、季季有比赛、年年有评比”，广泛开展岗位练兵、科技强兵活动。完善和改进选人用人机制，面向全市公开选调机关工作人员，着力优化干部队伍结构，机关中层干部全面推行公开竞选办法，激发了干部队伍活力。采取召开现场会、督导检查等方式，指导督促各县（市）区加强乡镇纪检监察组织建设。畅通、拓宽信访渠道，积极依托网络平台，广泛收集整合信访举报资源，建立健全信访举报资源共享制度机制，确保信访举报资源得到科学、合理、全面利用。抓好新乐市、藁城市信访举报资源综合利用示范点建设。发挥市县两级下访队“协调、巡察、督导、办案”职能和作用，着力解决损害群众利益、影响社会和谐稳定的问题。至2012年末，全市各级纪检监察机关立案调查2213件，给予党政纪处分2236人。年内，省纪委在石家庄市召开加强农村基层党风廉政建设化解基层矛盾促进社会和谐工作会议、党务公开和基层重要事务规范化管理工作现场会，总结推广石家庄市的经验做法；市纪委案管、信访、审理等工作经验在全省专项工作会议上进行交流，案件检查走在全省前列。

【重要会议】 1月29日，全市召开优化发展环境广播电视大会，总结部署优化发展环境工作。省委常委、市委书记孙瑞彬，市委副书记、市长姜德果等市领导参加会议，市纪委书记司存喜通报损害全市发展环境的典型案例，赞皇县和市城管委分别作典型发言。此次会议要求：统一思想，提高认识，把优化发展环境作为一项“永不竣工的工程”；强力攻坚，务求实效，努力在重点问题和关键环节上实现新进展、新突破；加强领导，强化责任，确保发展环境建设卓有成效地向纵深推进。全市各级机关、乡镇（街道）、农村、社区和企事业单位，组织干部职工和广大群众收听收看了大会现场直播。

2月13日，市纪委在亚太大酒店召开第九届市纪委第二次全会，传达贯彻第十七届中央纪委第七次全会和第八届省纪委第二次全会精神。会议全面总结了2011年全市党风廉政建设和反腐败工作，研究部署了2012年全市党风廉政建设和反腐败工作任务。市委常委、纪委书记司存喜代表市纪委常委会作了题为《凝心聚力、勇于创新，奋力开创党风廉政建设和反腐败工作新局面》的工作报告。省委常委、市委书记孙瑞彬作重要讲话。

3月22日，召开全市信访举报工作会议，各县（市）区纪委书记、负责信访工作副书记、信访室主任及部分市直纪委书记、纪工委书记参加会议。

4月12日，召开全市纪检监察机关案件检查工作会议，贯彻落实全省纪检监察机关查办案件工作会议精神，分析形势，总结工作，交流经验，表彰先进，研究部署2012年全市纪检监察案件检查工作。

6月13日，召开全市纪检监察宣教、调研暨信息工作会议，传达贯彻全省纪检监察宣教工作、调研工作、信息工作座谈会精神，表彰2011年度全市信息工作先进集体和先进个人，部署2012年全市纪检监察宣教、调研、信息工作任务。

8月9日，召开全市纪检监察工作座谈会，学习贯彻全省纪检监察工作座谈会精神，交流反腐倡廉工作经验和做法，认真总结上半年工作，研究部署下半年工作任务。

10月31日，召开全市纪检监察机关查办案件工作调度会议，各县（市）区纪委书记及委局办案室处负责人参加。

【重大决策部署】 坚持把严明党的政治纪律放在首位，以党的各项政治纪律、省委“约法八章”和市委“六个不准”执行情况为监督检查重点，严肃查处有令不行、有禁不止等违反政治纪律行为，确保了政令畅通。紧紧围绕主题主线和省会城市转型升级等一系列重要工作部署，持续加强节能减排、食品安全整治、保障性安居工程等重点工作落实情况监督检查，查处违规违纪案件和问题203件，给予党政纪处分90人。加强对贯彻落实党的十八大精神、省委省政府着力改善两个环境工作部署情况和市委确定的十大民生工程等重点工作推进情况监督检查，及时发现、督促整改存在问题，有力促进了党委政府决策部署的落实。

【惩防体系建设】 落实中央惩防体系建设2008—2012年《工作规划》和省委《实施办法》，市委《实施细则》确定的239项具体任务全部完成。以教育、卫生等系统权力行使为重点，围绕岗位廉政风险防控、权力运行程序化和公开透明等关键环节，大力完善覆盖权力运行全过程的监控链条。深入推进县乡村三级政务公开和政务服务体系建设，在公共企事业单位全面推行网络监控平台权力监控模式。有效整合工程项目信息技术监管、行政审批标准化管理、政府采购电子监管“三大平台”，扎实推进公共资源交易市场建设。重新评估和完善了2008年以来制定的31项制度，增强了惩防体系建设的系统性和规范性。

【促进发展环境】 围绕深化“效能革命”，研究制定了优化发展环境建设“八不准”等系列文件，提出审批和监管事项削减、审批流程再造和规范前置条件等意见，在市县两级行政服务中心推行“一把手”坐班制、建设项目联合审批验收等制度，广泛开展网上评议、开门整改等活动，提高了审批效能、工作效率和质量。加大对损害发展环境行为查处、问责力度，查处损害发展环境案件和问题866件，实施效能追究815人次。落实清理执法依据、清退不合格执法人员、限定自由裁量标准等措施，加强基层执法标准化建设。省市“两个环境”建设动员大会后，市纪委、监察局及时跟进，主动作为，建立完善了公开承诺、质询听证、民主评议、考核问责等12项制度规定，围绕监督检查、案件查处、推进审批制度改革等8个方面谋划开展了30项具体工作。

【查处违纪违法案件】 完善领导包案、对口联系、分层调度等工作机制，重点查办了领导机关和领导干部中滥用职权、贪污贿赂、失职渎职案件。在查办大案、要案同时，还注重查处了涉案人员职级不高但数额巨大、影响恶劣的案件，以及发生在群众身边的腐败案件。坚持查办案件与加强警示教育、推进建章立制、强化制约监督相结合，增强了查办案件的综合效果。2012年，全市各级纪检监察机关初核案件2637件，立案调查2213件，给予党政纪处分2236人。

（赵昕）

【优化发展环境先进典型】 2012年，全市选树优化发展环境建设先进单位20个，先进个人20名。

表15　2012年度石家庄市优化发展环境建设先进单位

序号	先进单位名单	序号	先进单位名单
1	市行政服务中心	11	市职业病防治院
2	市公安局出入境管理处	12	市科技创新服务中心
3	市工商局企业注册分局	13	市工业和信息化局中小企业处
4	市人民检察院信访接待室	14	桥东区人力资源和社会保障局
5	市地方税务局12366纳税服务中心	15	长安区长丰街道办事处
6	石家庄供电公司	16	正定新区管委会经济发展局
7	市公共交通总公司	17	新乐市公安交警大队车辆管理所
8	市第一医院	18	晋州市政务中心工商登记窗口
9	市行政效能监察投诉中心举报受理处	19	鹿泉市发展改革局
10	市质量技术监督局质量管理处	20	辛集市清洁化工园区管委会

表 16　　2012 年度石家庄市优化发展环境建设先进个人

序号	姓　名	所属单位及职务
1	王　辉	市工商局网络和交通市场监管分局监管一科科长
2	何建永	市农业行政综合执法支队队长
3	高文慧	市地税局稽查局四大队队长
4	袁克明	长安区卫生监督所监督分所所长
5	付文娥	市卫生监督局医疗卫生监督一处处长
6	高　建	市盐政执法大队大队长
7	贾　建	市文化市场行政执法大队影像科科长
8	赵永青	河北省工商局经检总队石家庄支队科长
9	任福顺	长安区河东街道办事处党工委书记
10	梁海军	市殡葬管理处整容组长
11	祝　霞	高新区招商合作局副局长
12	周余慧	正定县西平乐乡党委书记
13	纪兰生	晋州市人民法院党组书记、院长
14	李彦军	辛集市公安局皮革商业城派出所所长
15	郝振京	赞皇县纪委副书记、监察局局长
16	孔立新	行唐县人民医院院长
17	时兵江	灵寿县供销合作联社党委书记
18	温建中	鹿泉市法律援助中心主任
19	李振英	元氏县北褚乡党委书记
20	王小平	井陉县公路管理站站长

（王更）

【规范领导干部廉洁从政行为】 组织开展“重温进京赶考、交出满意答卷”主题民主生活会、“领导干部讲廉政党课”和党纪政纪法规知识培训考试，加强理想信念和宗旨教育、党性党风党纪教育和从政道德教育。开展群众性廉政文艺演出、廉政文化建设精品示范单位创建等活动，重视发挥西柏坡纪念馆等“五大廉政教育基地”教育辐射作用。完善领导干部述职述廉、诫勉谈话、函询等制度，把经常性教育提醒贯穿于党员干部管理监督全过程。严格落实党政机关和领导干部廉洁从政有关规定，组织开展公款出国（境）旅游、大操大办婚丧喜庆事宜和借机敛财、铺张浪费等专项治理工作。认真执行《关于领导干部报告个人有关事项的规定》，对 208 名拟提拔重用县（处）级干部个人有关事项进行申报公示。党务公开和基层重要事务规范化管理稳步推进，取得明显成效。

【解决群众反映强烈问题】 坚持把解决群众反映强烈、社会关注度高的热点难点问题作为工作重点，坚决纠正教育、医疗、征地拆迁、执法司法等方面损害群众利益的不正之风。公务用车、商业贿赂等专项治理取得实效。扎实推进退耕还林、城镇绿化等专项资金综合治理，督促整改问题资金 1090.76 万元。开展工程建设领域突出问题专项治理，排查工程建设项目 1225 项，查处违法违纪案件 39 件。开展“建制度、强规范、提素质、促和谐”主题实践活动，采取举办培训班、专题辅导等形式，集中教育培训农村基层干部3.5万人次。开展“五查五看”、开门纳谏活动，收集意见建议10720条，整改问题8705个。开展“化积案、排隐患，解难题、促和谐”活动，解决信访积案801件，化解率达89.5%。围绕农村基层干部管理监督、村级权力运行监控、农村集体“三资”管理等6个重点方面，建立和完善了45项管理监督制度，形成农村基层监督管理长效机制，得到中央纪委和省委领导的肯定。

【落实党风廉政建设责任制】 制定下发《2012年党风廉政建设和反腐败工作任务的分工意见》，坚持每季度向各县（市）区和市直部门主要领导通报纪检监察工作，严格实行“半年检查、年终考核”制度，强化考核结果运用。全年各级领导班子和领导干部“一岗双责”意识增强。采取建立党外人士情况通报会制度、认真受理提（议）案、定期沟通座谈等形式，拓宽了各民主党派、工商联、无党派人士参与反腐倡廉建设的渠道和途径。通过聘请纪检监察工作监督员、行风评议监督员等形式，充分发挥了人民群众在反腐倡廉建设中的作用。2012年全市各界重视、支持、参与党风廉政建设和反腐败工作氛围更加浓厚。

（赵昕）

民主党派和工商联

【民主党派和工商联领导成员】

民革石家庄市委员会

主　委：范振增

副主委：夏玉颖

　　陈潮　（女）

　　胡永权

　　乔茜　（女）

民盟石家庄市委员会

主　委：郭斌

副主委：杨凤虎　尹兆旭

　　崔瑞芳　祝淑钗

　　武志永

民建石家庄市委员会

主　委：武义青

副主委：曹志刚

　　田荣凤（女）

　　李小平　姜博卿

民进石家庄市委员会

主　委：石汉文

副主委：李俊秀（女）

　　李立水　张运凯

　　寇学臣　王志臣

农工党石家庄市委员会

主　委：王宝山

副主委：王彦英　张祥建

　　宗立荣　程鹏起

　　陈志强

九三学社石家庄市委员会

主　委：王长华

副主委：王志国　于奕峰

　　邵新中　刘小立

　　王丽欣（女）

　　栾文楼

工商联合会

主　　席：王中联

党组书记：王溪波（5月免）

　　李爱民（5月任）

常务副主席：韩国岐（6月免）

　　郝菊亭（6月任）

副主席：徐石　（女，6月免）

　　阎志勇

　　门立新（6月任）

中国国民党革命委员会石家庄市委员会

【概况】 2012年，中国国民党革命委员会石家庄市委员会（简称市民革）贯彻落实市第九次党代会精神，认真履行参政议政、民主监督职能，积极开展社会服务和促进祖国和平统一工作。加大工作成绩及好做法宣传，树立高素质参政党良好形象。改版所办内部刊物《石家庄民革》封面设计，突出自身风格和高雅特色，优化内容，丰富图片，增强了可读性。第一时间在市民革官方网站刊登活动报道，为党员和网友提供了解窗口。年内，市民革在《团结报》、《石家庄日报》、“河北新闻网”、“石家庄新闻网”等主流媒体上稿率大幅提升。其中，市民革主委范振增理论文章《“同心团结”共谱新篇》在《河北民革》第3期刊登；焦蕾先进事迹在《团结报》5月24日、26日、29日连续3期头版报道；向正定南楼中学捐赠图书在河北电视台少儿科教频道播出。8月份，市民革推选一支混双羽毛球队伍代表河北民革参加民革中央举办的“同心杯”羽毛球比赛，获得全国第四名。至2012年底，市民革共有基层支部25个，党员736人。

【思想建设】 加强理论学习。11月8日，组织各基层支部主委和机关全体干部收看中国共产党第十八次代表大会开幕式现场直播，第一时间讨论和学习胡锦涛总书记所作报告。11月22日，召开十届三次委员（扩大）会议，传达学习“十八大”精神，要求市民革党员把思想统一到党的“十八大”各项决策部署上来，全面提升工作水平。12月18日，民革第十二次全国代表大会在北京闭幕，市民革认真组织机关人员学习民革“十二大”精神，增强了责任感和使命感。组织学习“同心思想”。7月31日，市民革举办学习“同心思想”恳谈会，省民革驻会副主委张大杰、市民革主委范振增、各基层支部主委、优秀党员代表30余人参加会议，就学习和践行“同心思想”展开讨论。制定《开展“同心”行动方案》，出台学习和践行“同心思想”具体措施。8月份，开展思想情况摸底分析，组织党员参加《民革党员目前的思想状况及基层组织建设状态》调查问卷活动，收到有效问卷200余份。春节、三八妇女节、中秋节、重阳节期间，看望慰问了女党员和老同志，宣传和传递了组织关怀及温暖。三八妇女节以“保持一个好状态”为主题，开展职场女性自我减压座谈、健美操表演、诗歌朗诵等活动，为女党员提供了相互交流、加深友谊的平台；重阳节组织30余名退休老党员参观河北省民俗博物馆，做到赏河北民俗、看河北发展、庆祝“十八大”召开；植树节期间，组织民革党员40多人到栾城益生蔬菜种植示范园参观农业产业化建设并为示范园义务拔草；8月26～31日，组织20余名民革党员到东北开展爱国主义教育活动，扩大视野，开阔心胸，加深了解，增强了组织凝聚力。树立先进典型，建立一支团结奉献的民革党员队伍。年内，省、市民革分别下发《号召全体党员向焦蕾同志学习的决定》，省委常委、市委书记孙瑞彬和市统战部部长高天分别对民革优秀党员焦蕾先进事迹作批示，并号召全市基层干部和统战成员向焦蕾学习。

【组织建设】 2012年是市民革换届完成后第一年，针对基层支委有不少新委员任职情况，民革市委决定将培训学习放在组织工作第一位。采取委员会、主委会、机关例会等形式加强市委会班子成员和机关成员学习培训。举办基层支部委员会培训班和第十二期新党员培训班，学习“同心”思想、民革的历史、章程及如何参政议政等知识，新党员们还就如何做一个合格民革党员进行了学习讨论，并到革命圣地西柏坡接受爱国主义教育。组织工作面扩大，人员实力增多。7月份，与中共省委统战部、中共市委统战部沟通协商，民革河北省委参照民革中央模式，将组织发展工作和原省直总支312名党员整体划归市民革。年内，面对形势发展和参政党履行职能需要，市民革组织发展工作更加严谨，在原有发展范围基础上，重点发展了高校专业教授、政府公务员、社会和法制专业人员中的代表性人士，严把入口关，提高了党员质量。至2012年底，市民革共有基层支部25个，党员736人，规模和数量位居全省民革组织第一名。

【参政议政】 完善参政议政激励机制，建立以支部为单位，每个支部每年完成1篇调研报告、3篇社情民意信息，不达要求，实行一票否决，不得参加先进支部的评选制度；对参政议政贡献大的党员，做到政治安排上优先考虑，并给予一定物质奖励。参加全市“两会”提案和社情民意信息工作。2012年，市民革提交集体提案20篇，被市政协采纳18篇。其中，2篇提案获得市领导批示；2篇提案在《提案追踪》栏目播出。年内，市民革撰写的《建立城乡供水一体化机制，确保农村居民饮用水安全》社情民意信息得到市领导批示。4月6日，市民革召开2012年参政议政工作会议，总结2011年及2012年初参政议政工作情况，表彰2011年参政议政工作突出党员，部署安排2012年参政议政工作。11月22日，市民革召开十届三次委员（扩大）会议，听取和总结2012年参政议政工作。加强专题调研。年内，省政协十届二十次常委会向省、市民革下发组织“创新社会管理，建设和谐河北”专题调研通知要求。3月8日，市民革召开“创新社会管理，建设和谐河北”专题调研工作调度会，发动教育界、卫生界、法律界党员献策出力。2012

年市民革主笔完成《加强特殊人群服务管理 促进社会和谐稳定》的调研报告，由省民革主委卢晓光在省政协二季度常委会上作发言，受到好评。9月11日，市民革主委范振增带队到藁城市开展"项目建设"调研活动，考察了华北制药华民药业公司、中粮可口可乐饮料（河北）有限公司、青岛啤酒藁城分厂。参与省委统战部、市委统战部主抓重要课题"西柏坡统战文化研究"，以参政议政能力强的党员为核心，成立研究小组，到西柏坡参观学习，到河北档案馆查阅资料，购买研究书籍，召开部署会1次、推动会2次。最终，6篇研究文章入选市委统战部编撰的《西柏坡统战文化研究论文集》。其中，李薇薇的《统一战线和多党合作的回顾与展望》被评为"西柏坡统战文化研究一等奖"。12月6日，市民革主委范振增带队到井陉县天长镇乏驴岭村，实地走访乏驴岭战役（乏驴岭战役是河北省内抗击侵华日军最大的战役之一。该战役以国民革命军十七师为主，由中国共产党领导的八路军和其他国民党部队作配合，是一个成功阻击日军、重创日军的典型战役）遗址，提出加大乏驴岭抗日战役研究，建设乏驴岭爱国主义教育基地的建议。

【社会服务】 参与"同心推进蓝天碧水"活动。3月29日，市民革组织机关班子成员参加全市统一战线"同心推进蓝天碧水"活动启动仪式，并参与义务植树活动。市民革主委范振增代表全市统一战线成员发出《同心推进蓝天碧水倡议书》，号召全市统一战线各界人士积极响应市委、市政府号召，发挥自身独特优势，积极参与"同心推进蓝天碧水"活动，为倾力打造生态宜居美好家园做出应有贡献。开展"同心服务，服务社会"帮扶活动。按照《中共石家庄市委统战部关于组织统一战线各界人士开展"同心服务 服务社会"活动的实施意见》要求，发挥民革特色，组织成立"同心服务团"，以保障改善民生、促进社会和谐为内容，从5月份开始，每月开展一次帮扶活动，做到"同心"思想与实践相结合。帮扶次数十年来最多。2012年，市民革开展"同心服务 服务社会"活动7次，分别到新华区石岗街道柏南二社区、赞皇县黄北坪乡东马峪村、晋州市小樵镇彭召学校、藁城市廉州镇系井村、正定县南楼乡南楼中学、灵寿县东岔头小学、赞皇县院头乡北花园村，为当地老百姓、学生提供服务，做到深入一线，和群众联成一片。丰富帮扶内容。组织医疗界专家为群众免费义诊，开展捐赠电脑、捐赠图书，举办就业、再就业指导讲座等活动。帮扶方式多样化。有民革市委单独组织帮扶活动，有联合新华区二支部，支持桥东区一支部开展帮扶活动，有省、市民革联合开展义诊捐助活动。民革党员积极投身社会服务。9月2日，石家庄广播电视台新闻综合频道主办的大型公益行动"我想上大学"慈善拍卖会在世贸广场酒店举行，市民革党员任双军、陈立峰作为竞拍者参加拍卖会，拍得善款2万余元，全部捐献给被高校录取但家庭条件特别困难的学子。

【推动祖国统一】 号召民革党员尤其是台属密切关注台海局势。10月13日，组织近40名民革党员在河北省图书馆冀图大讲堂聆听民革知识讲座——"将军摇篮"保定军校古与今。11月27日，组织部分民革党员参加河北省台湾事务办公室副主任赵淑兰主讲的"当前台海形势的热点问题与对台工作方向"报告会，深入学习党的十八大报告关于处理两岸关系指导思想的新特点，探讨台湾在南海、钓鱼岛等涉及领土主权问题的态度和做法，明白了河北省对台工作思路和方向。

（文雯）

中国民主同盟石家庄市委员会

【概况】 2012年，中国民主同盟石家庄市委员会（简称民盟市委）坚持履行参政党职能，与中国共产党在思想上同心同德、目标上同心同向、行动上同心同行，团结和带领全市盟员真抓实干，锐意进取，助推科学发展，促进民生改善，致力社会服务工作，为全市经济社会发展做出了积极贡献。组织开展西柏坡统一战线和多党合作文化研究，搜集民盟历史名人资料7万余字，提交《中国特色的政党制度从这里走来》等2篇调研报告。参与统战理论研究，撰写上报中共市委统战部《同心思想是引领民主党派健康发展的基石》、《加强参政党自身监督研究》2篇统战理论文章。至2012年底，民盟市委共在新闻媒体发稿50余篇，在盟讯刊登工作宣传报道20余篇，反映基层支部活动10余篇。举办第29期新盟员培训班，开展新盟员政治思想素质和继承民盟优良传统自觉性教育，推进组织发展工作规范化、制度化建设。年内，民盟市委发展盟员48人，重点界别所占比例达到70%，中高级职称所占比例达到80%，做到了质量、数量、发挥作用三结合。2012年，民盟市委社情民意信息工作被市政协评为一等奖，5名盟员获评民盟省委2007—2012年度反映社情民意信息工作先进个人；5件提案被评为优秀提案或重点提案。

【思想建设】 以树立践行社会主义核心价值体系和贯彻落实中共十八大精神作为中国特色社会主义主题学习教育活动的深化和延伸。3月20日，民盟市委召开座谈会，组织民盟界市政协委员学习全国“两会”精神和全国政协主席贾庆林参加民盟界政协委员联组讨论时的重要讲话。动员基层支部和广大盟员学习贯彻全市优化发展环境建设广播电视大会、市容市貌综合整治工作动员大会和着力改善“两个环境”动员大会精神，用市委、市政府决策部署统一盟员思想和行动。11月29日，民盟市委与民盟河北省委联合举办学习中共十八大精神报告会，教育广大盟员领会中共十八大精神实质和重要部署，增强中国特色社会主义道路自信、理论自信和制度自信。围绕“同心”凝聚共识，聚焦“同心”推动工作，树立和践行“同心”思想，提高与中国共产党合作共事能力。教师节来临之际，民盟市委组织130余名盟员到西柏坡接受爱国主义教育，以实际行动践行社会主义核心价值体系和“同心”思想。

【参政议政】 广泛凝聚盟员智慧，以促进科学发展为参政议政第一要务，围绕加快转变经济发展方式主线，抓住民生难题，深入调研，科学研讨，积极建言。在省政协十届五次会议上，民盟市委提出《关于改善和提高省会大气环境质量的建议》被列为省政协主席亲自督办一号提案；在市政协十一届五次全会上，民盟市委提交大会发言11篇、集体提案10篇，内容涉及经济、文化、科技、教育、农业、民生等，其中5篇大会发言引起省委常委、市委书记孙瑞彬重视并作重要批示。推进省会生态环境治理。3月2日，民盟市委召开十届专门工作委员会（简称专委会）成立暨主任会议，重新调整组建民盟市委专委会，突出特色，体现委员专业特长，优化专委会队伍结构，出台专委会工作制度，促进参政议政规范化建设。3月29日，民盟市委领导和机关干部参加市委统战部组织的全市统一战线“同心推进·蓝天碧水”活动。5月11日，部分市政协委员、经济科技专委会委员到河北华电和石家庄良村热电有限公司调研企业污染治理。5月25日，民盟市委参加市委统战部组织的全市统一战线生态环境建设和市容市貌综合整治工作考察调研活动，就持续改善和提高省会大气环境质量、积极推进“蓝天碧水”工程等生态治理问题坦诚发表意见，提出许多可行意见和建议。参与加强社会管理与创新工作调研。年内，民盟市委参加中央统战部重点理论研究课题“社会组织统战工作问题研究”，已将课题研究成果上报中央统战部；参加民盟中央基础教育论坛，提交了《加大政府扶持力度，积极推进教育资源合理均衡配置》等2篇论文，并在大会上交流。2012年，民盟市委向民盟省委、市政协、市委统战部等部门提交社情民意信息150余篇。其中，全国政协、中共中央统战部、中共河北省委信息中心采用4篇；民盟中央、省政协、中共河北省委统战部采用30余篇；得到中共河北省委常委、市委书记孙瑞彬，市长姜德果等市主要领导批示8件；在《河北日报》、《团结报》、《石家庄经济》、省政协新闻网等新闻媒体发表社情民意信息20余篇。

【社会服务】 注重实效，发挥优势，关心和支持农村教育、卫生事业。4月13日，民盟市委在赞皇中学启动“同心服务团”教育帮扶活动，市第一中学8位盟员教师为赞皇中学高三700余名学生和部分教师就高考学科进行总复习专项辅导。8月19～23日，民盟市委与中国民办教育知名品牌——新东方教育科技集团合作，开展“2012‘烛光行动’新东方教师社会责任行——赞皇县暑期中小学英语教师培训”活动，培训赞皇县英语教师200余名，用爱心和行动履行了社会责任。5月19日，民盟市委“同心服务团”在井陉县举行大型义诊和医学知识讲座，来自省三院、省四院盟员专家教授15人为当地百姓义诊300余人次，为近百名医护人员和老干部举办“科学防癌，关爱生命”、“心脑血管病的健康预防”等专题讲座，收到良好社会效果。7月2日，民盟市委联系北京倍肯集团为赞皇县10个乡镇捐赠整体化验室项目启动并实施。支持新农村建设。民盟市委联合民盟省委，发挥民盟内环保专家资源优势，自5月中旬开始通过调研和实地考察，设计出适合山区推广的中小型多用途燃烧炉并在平山县石板村建立示范基地，还协调省有关部门，争取支持资金15万元建立了秸秆压实装置。11月26日，民盟市委主委郭斌与民盟省委副主委鲁平及省、市有关部门负责人和技术人员验收了石板村使用高效燃烧炉灶情况，推动了村容村貌整治和改善农村生态环境建设。

（刘霁虹）

中国民主建国会石家庄市委员会

【概况】 2012年，中国民主建国会石家庄市委员会（简称民建市委）总结探索工作经验和规律，创新思路，求真务实，坚持中国共产党领导的多党合作和政治协商制度、积极履行参政党职能。12月16日，中国民主建国会第十次全国代表大会在北京召开。市政协副主席、民建河北省委副主委、民建市委主委武义青，民建市委驻会副主委姜博卿作为大会代表，光荣出席民建代表大会，听取审议了中国民主建国会第九届中央委员会工作报告，审议通过《中国民主建国会章程（修正案）》，选举了中国民主建国会第十届中央委员。提高《石家庄民建》办刊质量，丰富栏目设置，举办征文、书画活动，围绕经济建设和群众反映的热点、难点问题组织稿源，反映民建会员心声，做到了有方向、有思考、有借鉴，调动了广大会员的积极性，其中“会员风采”栏目被市文广新局评为优秀栏目。开通“石家庄民建网站”，规范网站管理，制定《民建石家庄市委网站工作试行办法》和《民建石家庄市委网站管理办法》。全年在《中国统一战线》、《民讯》、《河北民建》、石家庄电台、石家庄电视台及网站等各类公共媒体发表或刊登文章、消息、图片200余篇。其中，140余篇次被省级以上网站和刊物采用；40多篇次被市级以上网站和刊物采用。《民建石家庄市委同心同向助民生活动到辛集慰问》被《中国统一战线》杂志采用，《关于加强农村食品安全监管的建议》被中央统战部采用。年内，反映石家庄历史文化纪录片《璀璨时空——石家庄历史文化影像志》获得第26届中国电视金鹰奖优秀记录片奖，民建市委会员蔡茜为撰稿人之一，参与了该片创作；河北天成企业集团董事长赵勇强获评市委统战部“优秀中国特色社会主义事业建设者”称号，由该集团出资创作、车行作词、戚建波作曲、谭晶演唱的歌曲《好人就在身边》获得中宣部第十二届精神文明建设“五个一工程”优秀歌曲奖。2012年，民建市委被民建省委、中共市委统战部评为2012年度宣传工作先进集体。

【思想建设】 以政治交接为主线，以树立和践行社会主义核心价值体系为抓手，以迎接中共十八大、民建全国十大召开和学习“同心思想”为主体”，利用支部主任座谈会、中心组学习、机关干部例会、专题研讨会等平台，组织开展学习教育活动。组织参观“文明的展现——喜迎十八大·武四海镜头中的穆斯林风情摄影展”，举办书画笔会，以各种形式开展主题活动，喜迎中共十八大召开。长安总支开展“同力促发展，同心迎盛会”主题活动；新华一支部组织会员到西柏坡革命纪念馆参观学习；桥西二支部开展“重温进京赶考，交出满意答卷”主题学习教育活动；桥西三支部以加强和改进思想建设为主题，将学习中共十八大精神与树立社会主义核心价值体系相结合；裕华总支贯彻十八大精神，组织开展改善“两个环境”调研工作；桥东总支开展“看成就、话发展”主题活动；师大支部组织全体会员到革命圣地西柏坡参观学习，将学习十八大新思路、新观点、新理念与学习西柏坡精神相结合，号召会员不忘传统、创新履职。用交流带动思想教育。年内，民建市委组织支部主任赴洛阳，就基层组织工作与洛阳民建组织座谈交流；妇女工作委员会特邀市蓓儿色彩形象工作室首席化妆造型师乔娜，以“女性外在美”为主题召开专题讲座；组织参加培训新会员、信息员到临城岐山湖拓展训练基地开展培训。2012年，市委统战部开展西柏坡统一战线和多党合作文化研究工作，民建市委报送、会员刘英茹参与撰写的《西柏坡时期中国共产党统战思想的探索、实践与发展》获得一等奖。

【组织建设】 坚持数质并举原则发展会员，注意吸收较高素质的新社会阶层和其他方面代表人士入会。

会员发展严格标准和程序，采取考察、谈话等形式，了解申请人入会思想动态，端正入会动机，坚定入会信念。改善会员结构，提升整体素质。健全基层组织活动制度、会议制度和评价考核体系，“支部工作手册”得到基层各支部严格、合理、规范使用，基层支部工作运行趋于制度化、规范化、科学化。建立“争优评先”制度。组织举办新会员、信息员培训班，邀请市委党校、市政协有关人员授课，达到了借外界力量提高会员整体素质目的。基层支部采取架梯子、搭台子、压担子方式，做到有计划、有针对性，分层次、多形式、多渠道地使用新人。以履职需要为目标，突出专委会特色和优势。调整所属专委会人员，并由市委会牵头召开工作会议，发挥经济、金融、法律、社会管理等领域会员作用。参政议政委员会结合年度重大课题等开展研讨，拟定调研课题，成立课题组，形成重点调研文章5篇；社会服务委员会结合中共市委统战部“同心”行动，开展捐资助学、扶老济困等活动，受到中共市委统战部通报表彰；法制工作委员会提前安排谋划，就承担民建中央法律课题认真细致研讨；妇女工作委员会结合女会员特点，举办了有益身心健康的讲座活动。专委会工作有序开展，为各行业骨干会员履行党派职能和培养队伍、发现人才提供了新基地。广开思路，创造多方位交流平台。采取新会员考察与基层支部活动相结合方式，变新会员主动了解会集体为集体主动接纳，有效缩短新会员融入集体时间，提高了新会员参会热情和主动意识。注重加强支部之间、会员之间、会员和社会各界之间交流联络。机关二支部与辛集总支举行联谊活动，组织农业龙头企业会员到国富蔬菜种植基地、丰宁坝上草原会员企业参观，互通信息，交流经验；长安五支部参与组织“河北文化名人中秋诗会”，与各界文化名人畅谈省会改革开放以来经济发展和文化大繁荣盛况，增强了会员与社会各界的广泛联系。

【参政议政】 完善《专委会工作条例》、《参政议政奖励办法》等工作制度，提高参政议政水平。积极围绕市委、市政府决策部署及改革、发展、稳定亟待解决的重大问题，确定重点调研课题和负责人，组成课题组，制定详细计划和方案。建立政协委员履职档案，加强制度考核，增强责任意识。利用会刊《石家庄民建》和石家庄电视台《提案追踪》栏目，及时宣传报道调研情况，刊登优秀提案和社情民意。年内，在市政协十一届五次会议上，市政协副主席、民建市委主委武义青作了《加强协同创新支撑转型升级跨越赶超》大会发言，得到中共河北省委常委、市委书记孙瑞彬，市长姜德果批示；此次会议民建市委提交大会发言11篇，10篇得到市委、市政府主要领导批示，提交集体提案26件，5篇在石家庄电视台《提案追踪》栏目受到关注。在市政协三季度常委会上，市政协常委、民建会员黄超作了《强化食品药品安全监管切实保障人民群众身体健康》的大会发言。在市政协十一届二次会议上，民建会员黄超提出《“大西柏坡”建设必须坚持环保先行》、会员崔荣芳提出《关注民生,畅通渠道,应从“安居”抓起》被评为优秀提案。11月27日，在市政协第十一届委员会优秀提案和先进承办单位表彰会上，民建市委驻会副主委姜博卿作了《围绕“新”字做文章力求提案出精品》经验交流。积极反映社情民意。省会市容市貌综合整治工作动员大会后，民建市委整理出《关于进一步改善生态环境提高市容市貌综合水平的建议》。全年民建市委向民建河北省委、市政协、中共石家庄市委统战部报送社情民意信息200余篇次，报送党外人士建言35篇。其中，《民建石家庄市委会关于文化产业建设的提案得到石家庄市委主要负责同志批示肯定》等7篇被中共中央统战部《每日汇报》《中国统一战线》、民建中央采用；《石家庄市委采纳民建建议出台一系列政策支持文化产业发展》等34篇次信息被中共河北省委统战部《统战信息》、省政协、民建河北省委、中共石家庄市委统战部《统战信息》采用；马力昌等人撰写的《裕华区南位村小学新生入学难问题应该马上解决》、《尽快规范文化企业认定推动文化产业发展》得到省委常委、市委书记孙瑞彬，市长姜德果批示。2012年，民建市委拟定重点调研课题5个，有4个课题完成初稿。

【社会服务】 积极参加市委统战部开展“同心奉献 服务社会”活动，组织成立“同心服务团”。辛集总支主动为会员高国彩办理辛集市农兴农业种植专业合作社项目，争取政策支持和资金帮助，其中民建市委出资2万元扶持该项目发展。年末辛集市农兴农业种植专业合作社入社社员1250户，入社土地4468亩，社员人均增收280元，被辛集市政府和石家庄市政府分别评为明星示范社。民建市委机关二支部、会员河北大羽制衣集团有限公司董事长总经理李志锋2次到辛集市慰问孤寡老人，送去价值5万多元羽绒服、2000元洗涤用品和3000元慰问金，受益120余人。长安总支三支部、四支部组织医疗专家、律师到长安区南村镇开展义诊和法律咨询下乡活动。桥东三支部参加“情系老区爱心助学”活动，向平山县油文村小学30多名小学生赠送新书包、文具和衣物，向油文村乡亲捐赠鸡仔，价值近6000元；桥东四支部会员姜志勇慰问洨河综合整治工程建设者、支持石家庄首届青年创业大赛各捐款2万元；桥东五支部组织会员参加“世界助残日”和“孟飞艺术团”助残爱心宣传。桥西三支部主任徐贞芬得知一个有3个残疾人的4口之家，其家庭唯一健全12岁男孩为护住5元理发钱被歹徒一刀刺进心脏、险些送命消息后，为该家庭送去3000元钱，并向男孩母亲主动作了人身损害赔偿法律咨询，提出做孩子诉讼代理人，免费提供法律援助。裕华总支会员田玉华向河北省隆化县希望小学捐资2000元购买桌椅20套。年内，配合全市“山区扶贫教育工程”，民建市委出资2万元与赞皇县政府、县二中共同成立教育基金，资助该校对家境贫困学生给予减、免、奖帮扶。2012年，民建市委参加教育扶贫活动资助了贫困地区赞皇县二中、平山县桑元口小学和栾城西宫小学，帮助购置办公和学习用品价值7万元。

（李建光）

中国民主促进会石家庄市委员会

【概况】 2012年，中国民主促进会石家庄市委员会（简称民进市委）围绕转型升级、跨越赶超，建设幸福石家庄和“两个环境”建设建言献策，巩固提高自身建设和参政议政能力，为把全市建成小康社会做出了积极贡献。参加2012年市政协全会，民进市委提交大会发言5个，其中《关于进一步加强省会交通管理的建议》、《关于加强我市公共文化设施建设的建议》和《关于健全我市面向社会的职业教育培训制度的建议》3个发言得到中共河北省委常委、市委书记孙瑞彬批示；提交提案71件，占大会提案总数的13.5%，为市政协28个界别之首，其中集体提案31件，数量位列全市各党派和工商联之首；调研文章《大力推行垃圾分类处理 助力省会生态环境建设》和《加强对城市流动人口的服务管理，促进社会和谐稳定》被市政协选定分别在市政协第十一届二十二次、二十三次常委会上作发言。年内，民进市委被民进中央授予“学习践行社会主义核心价值体系先进集体”，被民进河北省委评为“参政议政工作先进单位特等奖”，被市委、市政府授予“扶贫开发工作先进集体”，被市政协评为“反映社情民意信息工作先进单位”。

【思想建设】 民进市委换届后，多次召开主委会、常委会学习党的方针政策和统战理论。全国“两会”后，民进市委转发了关于学习贯彻2012年“两会”精神通知，促进会员把握国情，围绕中心、服务大局，加强思想建设，自觉坚持中国共产党领导的多党合作和政治协商制度。积极响应中共石家庄市委、市政府提升石家庄生态环境质量的号召，组织会员开展“同心推进 蓝天碧水”活动，民进市委第一时间研究安排了“五个一”内容，即发出一份倡议书、召开一次动员会、组织一次支部调研、开展一人一信息活动、进行一次专题座谈，营造了共同参与的浓厚氛围。深入开展学习践行社会主义核心价值体系活动，将学习践行社会主义核心价值体系作为中国特色社会主义主题教育活动的延伸和加强自身建设的一项重大战略任务，以学习践行活动贯穿履行参政党职能与加强自身建设全过程。开展统战理论研究。参与西柏坡统一战线和多党合作文化研究，组织民进界别内理论研究和西柏坡纪念馆文化研究会员召开座谈会、推进会，主动走访老领导、老前辈，了解与西柏坡有关的会史，查找相关照片、翻阅回忆录，丰富研究素材，完成理论文章5篇，其中会员张韶华撰写的《西柏坡在多党合作历史上的地位和作用》获得一等奖。办好会刊、网站，提高宣传工作信息化水平。2012年，会刊《石家庄民进》在征稿、组稿、版面设计、栏目选择上作了大幅改动，做到了内容丰富、党派色彩鲜明，并出版邮寄到河北省10个地市、外省30余个民进界别组织。其中，23篇稿件被人民网、中国新闻网等中央级媒体采用；107篇稿件被省政府、省政协、民进省委采用；《民主》2012年第3期专门设立“石家庄专页”，民进市委3篇文章得到刊登。年内，民进市委获得全市统战系统“宣传工作先进单位一等奖”。发挥民进网站全天候、大容量、范围广优势，第一时间发布民进市委组织举办的活动，方便会员了解工作安排、各支部活动，实现了支部间相互借鉴和沟通。

【组织建设】 优化会员结构，严把入口关。注重申请人政治素质、人品道德、业务水平和参政议政能力，吸收高学历、高层次、有代表性的人士入会。2012年，民进市委经过考察，发展会员44名。7月6日，举办新会员培训班，组织学习会章、会史、观看石家庄民进成立50周年会史纪录片，并开展信息培训、老会员讲经验谈体会、新会员表决心等活动，增强了新会员参政议政责任感。加强基层支部联系。2012年是民进界别基层组织建设年，民进市委重新整理印发《基层支部工作手册》，明确了主委、副主委、常委和机关干部联系支部分工，密切了班子成员与基层组织之间的联系。刊印《中国民主促进会石家庄市第十次代表大会文件汇编》，重新编印会员通讯录。调整河北国际学校支部班子，完成各总支换届工作。2012年，民进市委通过全省组织的省、市、县、乡四级联考，新招录机关干部1名。

【参政议政】 定期召开会议，形成议政调研长效机制。4月、11月召开民进市委人大代表、政协委员例会，总结全市“两会”上撰写提交提案议案情况，部署2012年调研工作。召开各专门委员会工作会议，总结通报专委会活动和调研报告完成情况，并根据《民进石家庄市委2012年调研课题指导要点》制定调研计划。邀请对口联系单位举办座谈会，全面了解市文化广播新闻和教育工作总体情况，探讨有关问题。召开支部信息员会、不定期举办专题信息会，布置信息重点。2012年，民进市委完成信息社情民意600余条，采用上报340条，调研报告30余篇，并在河北民进参政议政年会获得“参政议政工作先进单位特等奖”、“社情民意信息工作先进单位一等奖”。组织参观考察，为参政议政提供保障。组织会员到市疾控中心调研，了解市突发公共卫生事件的应急处置、健康防疫、实验检测等；到市教育局电教馆考察，了解教育信息化建设。年内，市政协讨论评比了第十一届四次会议以来提案，选出优秀提案26件，民进界别《关于建立城市社区消防管理组织的建议》、《关于挖掘文化资源打造文化石家庄的建议》、《关于民心河治理改造刻不容缓的建议》3件提案入选并受到通报表彰，市电视台提案追踪栏目对《以警务站为依托建立省会失物招领体系》、《如何减轻学生负担》等提案进行了报道。参加市委研究室组织的全市调研报告评比活动，民进市委撰写的《关于环城水系建设的调查与建议》获得特等奖，《关于大西柏坡建设的建议》获得二等奖；《加快发展公共交通缓解我市交通拥堵》和《我市交通健康工程的建议》获得优秀奖。参与市委宣传部统战理论活动，张韶华撰写的《新的社会阶层与统一战线》被评为统战理论研究二等奖，雷英军撰写的《网络民主对我国民主政治的影响和对策研究》被评为统战理论研究三等奖。年内，市委统战部内刊《党外人士建言（2012年第3期）》刊登了民进副主委张运凯《大力推进中心企业电子商务全力服务县域经济跨越赶超》的建言，得到市工信局高度重视，并对建言中提到问题作出答复和落实。

【社会服务】 以“同心”活动为载体，丰富社会服务内容。按照全市统战系统“同心奉献 服务社会”安排，在深泽县开展系列帮扶活动。3月15日，与民进省委领导到深泽县调研县域经济电子商务发展，副主委张运凯联系河北师范大学设备处以民进市委名义向深泽县捐赠办公电脑40余台、课桌椅1200多套；6月4日，部分民进市委常委到深泽调研县域中小微企业发展，参观了5家日化企业，并与县委、县政府有关部门及部分中小企业就发展中遇到的困难和瓶颈进行座谈，提出切实可行的建议；11月21日，组织文艺界会员到深泽开展送文化下乡活动，为深泽县铁杆镇老百姓带去京剧、快板、相声、歌曲等节目。扩大帮扶单位范围。4月27日，民进市委与市政协教科文卫体委员会联合组织医务专家到行唐县西留营村义诊，省会各大医院的中医、内、外、妇、儿等科室8名专家不顾扬沙浮尘天气影响，坚持为闻讯赶来的每一名群众测血压、把脉，书写处方，提供诊疗方案，共为110余名村民义诊，受到当地老百姓一致好评。5月10日，民进市委组织市第一中学、第二中学、第十五中学、国际学校支部9名民进会员到平山县实验中学为高三冲刺阶段700余名学生作全科辅导。11月2日，民进市委主委石汉文带领同心服务团到正定县新安镇吴兴村开展助学义诊捐赠活动，捐赠图书、篮球等文体用品和板蓝根等常用药价值2万余元。组织实施全市中小学“规范汉字书写百千万工程”，连续成功举办第三届书写艺术节，命名规范汉字书写实验学校168余所，培训规范汉字书写教师2400余人，直接参与师生15万余人次。

（张伟）

中国农工民主党石家庄市委员会

【概况】 2012年，中国农工民主党石家庄市委员会（简称农工党市委）以中国特色社会主义理论为指导，学习贯彻中共十八大、农工党十五大会议精神，学习践行社会主义核心价值体系，加强自身建设，认真履行参政党职能，稳步推进各项工作，圆满完成工作任务。11月份，农工党市委总结评选“学习和践行社会主义核心价值体系先进个人”，共评选省级先进个人79名。年内，农工党市委被市委统战部评为“全市统战宣传工作三等奖”；被农工党省委评为“反映社情民意信息先进单位”，刘彦、孙日华被评为优秀信息员；农工党市委副主委张祥建被选拔成为院士后备人选。至2012年底，农工党市委共有成员783人。其中，高级职称528人，占成员总数的67%；中级职称148人，占成员总数的20%；医卫界473人，占成员总数的60%；文教界109人，占成员总数的14%；科技界34人，占成员总数的4%；其他167人，占成员总数的21%。

【思想建设】 以“同心”思想为引领，抓好政策理论学习，提高成员政治理论水平。坚持领导带头，全委会议专题学习，主要领导专题辅导，引导和带领广大成员深入学习中国特色社会主义理论和中共十八大、农工党十五大等重要会议精神。召开全委扩大会，组织市委委员和基层负责人第一时间学习贯彻中共十八大精神，农工党市委班子成员还参加了中共省委和市委统战部举办的专题学习班。12月份，主委王宝山、副主委张祥建参加农工党中央第十五次代表大会，并在八届四次全委会上传达了会议精神。年内，市委会领导和机关干部、基层成员收听收看了全国政协主席贾庆林所作《中共中央关于加强新形势下党外代表人士队伍建设的意见》讲话及中共河北省委常委、市委书记孙瑞彬在全市优化发展环境广播电视大会上的讲话。选派3名支部主委参加“同心”思想教育培训班，3月底市委会领导班子成员参加了中共石家庄市委统战部组织的“同心林”义务植树活动。深入开展学习和践行社会主义核心价值体系活动。以2012年农工党市委成立30周年为契机，市委会在全市成员中开展了书画、摄影、征文活动，精选优秀作品编辑出版了《石家庄农工》纪念专刊。12月，农工党市委成立30周年庆祝大会在凯旋金悦大酒店举行，农工党省委副主委徐英、中共市委统战部副部长张志敏以及市各兄弟党派领导出席大会，参观了农工党市委成立30周年成果展，回顾了市委会30年的奋斗历程。2012年，农工党市委在中央、省、市各级部门刊登宣传稿件54篇，其中省级以上40篇，王宝山、程鹏起撰写的调研报告分别获得“2012年全市统战理论研究成果”一等奖和三等奖。

【组织建设】 建立和完善领导班子议事制度、学习制度、考核制度，组织班子成员学习中国特色社会主义理论和中国共产党各项治国方针政策，在思想和行动上紧跟中央步伐，响应中央号召。参加上级部门学习培训。6月份，农工党市委主委王宝山参加省委统战部在省社科院举办的全省中青年党外干部专题培训班；12月份，主委王宝山和班子成员参加了中共省委、市委统战部召开的学习中共十八大专题培训。开展基层负责人和新党员培训。5月底，组织新党员学习中国农工民主党党史、党章及农工党市委简史，加深新党员对中国共产党领导的多党合作和政治协商制度的认识和理解。7月底，市委会召开基层负责人培训会，开展学习践行社会主义核心价值体系教育，倡导践行“同心思想”。组织发展坚持“三个为主”方针，把政治质量放在首位，按照保持特色、改善结构、组织发展与后备干部队伍建设相结合原则，全年发展新党员38名。其中，高级职称占 29%，中级职称占 22%；硕士以上学历 11 人；医卫界 15 人，其他 23 人。

【参政议政】 全市“两会”前夕，市委会召开参政议政会议，积极筹备“两会”议案提案。2012 年初，农工党市委参加市政协全会提交大会发言 9 篇，集体提案 12 件，其中 5 篇大会发言得到市领导批示，《县级医院医疗制度改革》提案在市电视台《提案追踪》栏目受到采访。11 月份，市政协召开优秀提案工作表彰会，农工党市委被评为优秀提案先进集体，集体提案《进一步完善农村社会养老保障制度的建议》被评为市政协第十一届优秀提案。针对市容市貌综合整治工作中的热点、难点问题，农工党市委组织政协委员开展专题调研，并参加市委统战部开展的统一战线助推生态环境建设和市容市貌整治视察活动，宋学代表农工党市委提出《关于进一步加强我市生活饮用水卫生安全的建议》得到市领导肯定。围绕“两个环境建设”、转变经济发展方式等中心工作，及时上报社情民意信息。全年农工党市委提交信息 21 篇、党外人士建言 15 篇，有 16 篇在中央、省、市级媒体刊登。

【社会服务】 制定下发《中国农工民主党石家庄市委员会“同心服务团”实施方案》，成立以医疗卫生界为主的“同心服务团”。2012 年春节前，农工党市委与农工党省委联合到中共中央统战部原址平山县岗南镇李家庄村开展慰问活动，资助 10 余户老革命、老党员及贫困户，送去米、油、慰问金，价值 5000 多元；参加河北省各民主党派、无党派人士在该村开展“同心”教育实践活动，组织医疗卫生专家为村民进行义诊和体检。3 月 30 日，农工党市委联合农工党河北省委申请新加坡连援基金会 38 万元扶贫基金、资助市区东城角村开展饮水工程正式竣工，全村 500 多户村民用上自来水。省政协副主席、农工党河北省委主委段惠军，中共市委常委、统战部长高天，市政协副主席、农工党市委主委王宝山以及中国初级卫生保健基金会秘书长周庆年、新加坡连援组织执行总裁许年福等参加饮水工程竣工典礼。该项饮水工程历时半年，工程进展过程中，农工党市委 3 次到东城角村进行水源地绿化，对饮水工程建设提出意见和建议，并在该村开展饮水安全专题健康讲座，赠送健康类图书 40 册，义务种植苹果、核桃树苗 500 多株，为村民进行义诊体检，受到老百姓的热烈欢迎。6 月份，农工党市委联合农工党省委、省环保厅、卫生厅等在高邑县东塔影村举办第五届“中国环境与健康宣传周”活动，农工党市委带领“同心奉献、奉献社会”服务团成员和医疗专家现场开展宣传、义诊、讲座活动。年内，农工党市委“同心服务团”成员还到赵县杨户乡卫生院、县中医院、谢家庄等地开展义诊和专题讲座。2012 年，农工党市委被农工党省委评为“中国环境与健康宣传周”和“国际科学和平周”先进集体。

（马进旗）

九三学社
石家庄市委员会

【概况】 2012 年，九三学社石家庄市委员会（简称九三学社市委）团结和带领广大社员，围绕中共市委、市政府中心工作，认真履行参政党职能，全面加强自身建设，各项工作取得新的成绩。2012 年，九三学社市委 1 人获得国家社科规划重大招标项目——“近千年来畿辅文化形态与文学研究”，这是河北省获得的第一个“基础理论”类国家重大招标项目；获得国家科技进步奖 1 项，省科技进步一、二、三等奖各 1 项，省医学科技进步二等奖 4 项，教育部科技二等奖 1 项，省科技优秀成果三等奖 1 项；承担国家自然科学基金项目 2 项，省自然科学基金项目 28 项，教育部本科教学工程项目 1 项；发表论文 140 余篇，出版著作 20 余部；1 人被省政府聘为《法律制度 · 规章》评审专家，1 人被评为石家庄科技领军人物，享受终身荣誉称号；1 人获得九三学社中央参政议政先进个人，12 人获得九三学社省委先进个人；8 人入选九三学社省委参政议政专委会委员。至 2012 年底，九三学社市委发展社员 36 名，平均年龄 39.5 岁。其中，具有高级职称 19 名，占 52.8%，具有中级职称 16 名，占 44.4%，其它职称 1 人，占 2.8%；博士生 9 名，硕士生 15 名；教育界 16 名，占 44.4%，医卫界 11 名，占 30.6%，工程技术界 4 名，占 11.1%，经济界 4 名，占 11.1%，政府 1 名，占 2.8%。年内，九三学社中央授予九三学社市委“第 24 届国际科学与和平周活动突出贡献奖”。

【思想建设】 围绕中共十八大会议、两个环境建设、社会主义核心价值体系等中心内容，九三学社市委组织社员举办了各种形式的学习教育活动。年内，九三学社中央开展学习践行社会主义核心价值体系评选，市九三学社获得“全国先进集体”称号。2012年，九三学社市委49篇宣传稿件在中央、省、市级刊物或网站上发表。其中，《关于参政党在新的历史时期如何加强自身建设的调研报告》、《社会主义核心价值体系与民主党派发展研究》分别获得2010年、2011年全省统战理论研究优秀成果三等奖；《传播马克思主义，加强九三学社思想建设》在九三学社省委立项；《“大位置”起用党外人士：多党合作和政治协商制度形成》、《民主科学思想闪耀在西柏坡——论“九三”精神与西柏坡统一战线文化》分别获得市委统战部组织的“西柏坡多党合作统战文化研讨会”一等奖、二等奖。

【组织建设】 按照年初有计划、年终有总结工作思路，积极吸收政治素质高、参政议政能力强、有代表性的新生力量加入九三学社组织，并严格贯彻组织发展原则，把好入口关。年内，九三学社市委在平山县召开社务工作会议，各基层组织负责人畅所欲言，研讨组织发展新思路。组织活力提升。4月份，在九三学社河北省第七次代表大会上，市九三学社有2人当选九三学社省委副主委，4人当选常委，10人当选委员。加强九三学社组织之间联系，组织九三学社市委委员、基层组织负责人到承德市九三学社开展交流，促进了两地合作意识。指导基层组织开展活动，提高组织生活水平。九三学社市委领导多次走访调研新华区支社，在广泛征求意见基础上，于12月底召开新华区支社选举大会，选举产生了新的领导集体，新华区支社遗留历史问题得到解决，支社活动步入正轨。利用春节、中秋节等重大节庆日，开展走访慰问老领导、老社员活动。重阳节期间，组织老社员近40人参观了市第十一届金秋菊展。2012年，九三学社市委授予7个支社“先进基层组织”称号，27名成员“先进个人”称号。

【参政议政】 全年九三学社市委领导班子参与市委、市政府高层协商及调研活动105项，包括“打造城市管理名片，提升城市管理水平”主题视察活动、《政府工作报告》征求意见和建议座谈会、“生态环境建设和市容市貌整治”主题调研、全国学习贯彻《关于加强新形势下党外代表人士队伍建设的意见》电视电话会议等。九三学社市委在市政协第十一届五次全会提交大会发言8份，口头发言2份即《全面掀起文化建设高潮，加快推进富民强市步伐》和《关于进一步提升城市建设水平的建议》，其中《加强循环经济化工示范基地建设，大力提升工业聚集区规模、档次和功能》、《以建筑资源再利用为重心，建设生态文明城市》等5份发言得到市领导批示；提交提案32件，其中集体提案10件、个人及联名提案22件，5份重点提案中，《保护和传承民间非物质文化遗产，推动我市民间文化艺术产业化发展》被列为市领导包办提案，《借鉴美国纽约成功经验，利用京广废旧铁路线，打造石家庄市中央公园》等3份提案被列为部门督办提案，《关于建立城市路边树坑标准的建议》等提案在石家庄电视台《提案追踪》栏目报道。年内，九三学社市委在市政协第十一届二十三次常委会议作了《关于加快养老服务业发展的建议》、《关于加强我市行业性专业性调解组织建设的建议》发言；《关于我市中小企业发展存在的问题及对策》等4件提案入选市政协第十一届一次会议以来优秀提案。9月份，九三学社省委召开参政议政及信息工作会议，九三学社市委获评九三学社省委参政议政工作先进集体二等奖。

【社会服务】 以市委统战部“同心奉献、服务社会”活动及九三学社中央第24届“国际科学与和平周”活动为载体，九三学社市委组成医疗卫生、法律咨询、农业种植3个“同心”服务团，深入基层，开展活动。5月16日，农业界专家在行唐县针对小麦后期管理及玉米种植管理技术，对该县35个重点帮扶村进行技术指导，宣传普及农业管理先进技术。5月25日，医疗卫生界专家到辛集市骨科医院，举办内、外、妇、儿、骨等科室义诊咨询，并为1名下肢骨折患者免费手术。9月26日，法律界专家到桥西区滨河小区开展义务法律咨询进社区活动，普及法律常识，并为社区居民解答赡养、抚养、家庭财产分割等民事纠纷问题，受益40余人。11月14日，医卫、农林界专家到晋州市开展第24届“国际科学与和平周”活动，医卫界专家为群众提供义诊咨询、健康保健和疾病检查等服务，农业界专家走入果园，现场讲座、示范梨树科学管理及剪枝，并走进田间地头指导小麦科学种植和管理。此次活动期间，九三学社市委向晋州市赠送了500余部，价值1万余元的科普类宣传资料。

（党大志）

石家庄市工商业联合会

【概况】 2012年，市工商业联合会（市工商联）发挥桥梁纽带和参谋助手作用，重视抓好经贸招商和民营企业园区行“两大品牌”活动，积极为全市经济和社会发展献计出力。年初，市工商联组织举办“2012年民营企业家迎新春联谊会”，省委常委、市委书记孙瑞彬到会为企业家分析形势和机遇，传达市委、市政府促进经济发展有关政策措施，提振了全市民营企业家加快发展的信心。11月份，市工商联制定《关于开展“推进民营经济转型升级、创新发展”活动的实施方案》，并与市委统战部等联合表彰10家“转型升级十佳民营企业”和100名“优秀中国特色社会主义事业建设者”。围绕经济下行压力下，中小企业“保生存、谋发展”课题，配合全国、省工商联开展调研活动7次，完成《关于我市中小企业发展情况的报告》、《加强企业文化建设构建和谐企业》等调研报告，得到中央统战部副部长、全国工商联党组书记、第一副主席全哲洙和省工商联领导肯定。畅通民营企业诉求渠道，推荐民营企业家担任市优化发展环境评议员，多次组织商会和企业家参加市优化办等部门举行的“征求意见会”，收集整理意见建议20多条。协助市委、市政府落实《市领导联系民营企业家制度》，利用省、市工商联网站，反映非公有制经济发展现状和存在问题。全年在省、市工商联网站发布信息1695条。其中，全国互联网采用220条，省委统战部内部刊物及网站采用14条，市级部门采用11条。年内，市工商联被市委办公厅评为2012年度信息工作优胜单位。2012年，市工商联在市政协第十一届五次会议提出《关于进一步改善省会空气质量》的提案被列为市政协2012年1号提案，所提4条建议全部落实，取得良好的社会反响。这是市工商联提案连续两年被列为1号提案。

【思想建设】 下发《关于学习宣传贯彻党的十八大精神的通知》，组织各级工商联、直属商会学习宣传贯彻党的十八大精神，引导和促进工商联干部职工、广大非公有制经济人士将思想统一到党的十八大精神上来，将力量凝聚到实现党的十八大确定的各项任务。党十八大闭幕后，邀请十八大代表、省人大常委会副主任宋长瑞作了十八大精神专题报告，民营企业代表作了典型发言。自觉践行社会主义核心价值观。以加强非公有制经济人士思想政治教育、践行社会主义核心价值观为重要内容，开展拥护党的领导和社会主义制度信念教育活动，引导非公有制经济人士与中央、省、市委决策部署保持高度一致。贯彻“同心”思想，推进“同心”实践。将开展光彩事业作为贯彻“同心”思想、推进“同心”实践的重要抓手，大力激发非公有制经济人士的爱国情怀和社会责任感，增强感恩党、感恩国家、感恩人民的自觉意识。组织民营企业家抗洪救灾。7月份，河北保定市涞源等地发生特大山洪灾害，市工商联组织石家庄四药集团、保定商会、苏宁电器等捐款200多万元，为灾区人民重建家园贡献力量。开展感恩活动，帮助贫困山区改善教学条件，组织企业向老区贫困学生捐助学习用品价值260万元。支持新农村建设，组织会员企业向井陉县吴家窑乡苗峪村捐款6万元，向革命老区平山县捐赠5万元用于新农村建设。2012年，中央统战部、全国工商联、中国光彩事业促进会联合授予市工商联“光彩事业组织奖”。

【组织建设】 换届工作圆满完成。6月18日，市工商联第十四次会员代表大会召开，400多位代表听取并审议通过市工商联第十三届执委会工作报告，选举产生了第十四届执委会领导班子，圆满完成换届任务。与上届相比，第十四届市工商联和总商会领导班子得到充实和加强，非公有制经济人士担任副主席、副会长数量提升。此次换届会议规模大、代表人数多、社会影响大，在工商联历史上尚属首次。商会和会员队伍发展壮大。年内，新成立了永年商会、邯郸商会、山西商会、大名商会、建筑装饰材料商会、水产商会等直属商会10家，直属商会总数达到44家，另有9家省级商会团体会员，共计达到53家。规模扩大，代表性和影响力增强。全年新发展直属会员35名，直属会员总数达200多家。至2012年底，市工商联会员总数达到32256个。其中，企业会员14652家，团体会员186个。

【经济服务】 将服务经济建设作为工作重中之重，倾力打造“参与全市大经贸招商”和“民营企业园区行”两大工作“品牌”。4月26～28日举办2012中国·石家庄（正定）国际小商品博览会期间，市工商联邀请国内外客商60余人，设置展位40多个，展示商品1000多种。这是市工商联参加“正博会”以来，安排展位最多、参展种类最多、参展数量最多的一次。此次博览会上，市工商联山西商会与刚果金米巴拉卡国际有限公司签订了每年近万吨的食品购销合同，成为“正博会”一大亮点。开展专题招商活动。6月份，市工商联组织举办“2012中国石家庄汽车展览会”，有30多个汽车品牌参展，参观人员超过25万人次，成为省会有史以来规模最大、档次最高的车展；组织100多家会员企业参加“2012魅力灵寿（石家庄）推介会”和“四川芦山招商推介会”；组织16家商会及40余家会员企业与无极县举办项目对接会，涉及皮革、装备制造、医药化工等8大类39个项目。开展“民营企业园区行”活动。围绕石家庄市提出“中东西三大区域协调发展战略”，积极引导民营企业深入县（市）区进行项目对接，40多家商会300余家企业到无极县、新乐市、井陉县等地开展“民营企业园区行”活动4次，共达成合作意向7个，涉及项目资金10亿多元。完善“三个中心”，构建立体服务平台。2012年，市工商联成立“民营企业人才交流中心”、“民营企业维权服务中心”和“民营企业家培训中心”，构建了完善的立体化服务平台。“人才交流中心”为近百家企业和1500多人提供了求职招聘、档案保管、职称评审、人事代理等服务；“民营企业家培训中心”举办了“2012融资风险预测与企业资本发展重点解析”、“中国商学院院长高峰论坛”、“团队执行力训练营”等培训会13次，培训企业高管和人力资源经理3000多人次。

（陈军委）

社会团体

【社会团体领导成员】

总工会

主　　席：傅世武（1月免）
　　　　　王俊钟（1月任）
常务副主席：刘凯
副 主 席：尤振昌
　　　　　王艳芳（6月免）
　　　　　郭乃杰

共青团石家庄市委员会

书　记：王涛
副书记：魏洪涛
　　　　袁照华（6月任）
　　　　王宏　（6月任）

妇女联合会

主　席：葛瑞芳
副主席：苏彦英　马玉玲
　　　　姜红
　　　　邵平　（9月免）

科学技术协会

主　席：陈健敏
副主席：羊文庆　刘书槐
　　　　张双更　高娟
秘书长：高娟　（兼）

文学艺术界联合会

主席、党组副书记：周喜俊
党组书记、副主席：
　　　　郝建农（9月免）
　　　　邵平　（9月任）
副主席（兼秘书长）：肖建科
　　　　马荣川（12月免）

归国华侨联合会

党组书记、主席：胡翎
党组副书记、副主席：许立
党组成员、副主席：
　　　　陈小兵（8月免）
　　　　胡为民（8月任）

社会科学界联合会（与社会科学院、讲师团合并）

党组书记、院长（主席、主任）：
　　　　肖力　（3月免）
　　　　马建彬（3月任）
副院长（副主任）：
　　　　赵国华（8月免）
　　　　赵惠娟
副院长（副主席、副主任）：
　　　　李贞年

残疾人联合会

理 事 长：顾玉平（9月免）

尚建斌（9月任）
副理事长：张爱艳
金玉惟（5月免）

黄埔军校同学会
名誉会长：陈建中 孟昭夫
会 长：张连枝
副 会 长：王敬之 徐丙生
秘 书 长：邱振贵（兼）

台湾同胞联谊会
会 长：廖海鹰
副会长：王爱鸽 陈瑛
秘书长：游艳红

消费者协会
名誉会长：张承禄 张殿奎
赵长栓
会 长：路国庆
副 会 长：李景祯 汤化敏
卢金保 贾利民
夏玉颖 栗绪楼
王占云
秘 书 长：许毅敏
副秘书长：陈磊

工业经济联合会
名誉会长：沈志峰 方秉钧
陈启明
顾 问：王同林 周世俊
彭造岭
会 长：白起林（8月免）
杨耀波（11月任）
常务副会长：谢艳华（11月任）
副 会 长：程宝怀 王习文
左喜书 张昌荣
王建良 杨成桂
于锡庆 吴宝河
王炳熙 张征
李怀斌 姚振春
唐秀珍
党组书记：杨志远（4月免）
谢艳华（6月任）
秘 书 长：杨志远（4月免）
任保山（6月任）
副秘书长：谢艳华 高国欣

红十字会
会 长：张妹芝（6月免）
程凯 （6月任，9月免）
王大虎（9月任）
常务副会长：解晓芒（5月免）
王鹏飞（5月任）
副 会 长：张玉安
秘 书 长：郝瑞起

石家庄市总工会

【概况】 2012年，市总工会带领各级工会围绕中心工作，履行职责，发挥职能作用，各项工作实现新的突破。落实“两个普遍”组建行业工会联合会做法在全国会议介绍经验，并在全省构建和谐劳动关系经验交流暨先进表彰会议上作典型发言。全省区域性行业性联合会组建工作现场会、全省职工维权维稳工作经验交流会、全省女职工培训学校现场观摩会在石家庄市召开。工会经费财政划拨迈入全省先进行列，经审工作保持全省第一名，被全国总工会授予“全国经审工作先进集体”。全年市总工会在中央、省、市级媒体刊发稿件489篇，完成调研文章117篇，工会信息工作在全国城市工会位列第四名。女职工工作较为活跃，举办了《女职工劳动保护特别规定》宣传周等多项活动，河北省女职工培训学校现场观摩会在石家庄市召开。工会资产运营监管取得突破，勒泰拖欠教工俱乐部（原市总工会直属事业单位）本金及利息1951万元全部归还到账。年内，全国总工会授予市总工会“全国法律维权服务示范单位”。

【培养职工素质】 围绕“转型升级、跨越赶超”两大任务，深入开展劳动竞赛，在河北省职工职业技能大赛暨第四届全国大赛选拔赛中综合成绩在全省位居首位。联合市人力资源和社会保障局举办市职工职业技能比赛，涵盖13个工种，参赛职工65万人。弘扬劳动模范精神，组织省会劳动模范践行雷锋精神服务队开展医疗保健、家电修理、法律咨询等服务活动，受到职工群众广泛欢迎。完成2012年市五一建功立业奖状奖章评选表彰、第二届“金牌工人、能工巧匠”命名表彰和技协换届。全市540家企业建立“首席工人”制度，1420名“首席工人”脱颖而出。新建80家职工创新工作室，命名表彰100个“石家庄市工人先锋号”。深化“安康杯”竞赛活动，全市参赛企业发展到4752家，参赛职工达到70万人。首席安全信息员制度初见成效，全市共设立首席安全信息员856名。职工劳动安全卫生专项协议覆盖面扩大，全市签订专项协议企业3985家。

（李波涛）

【职工心理健康服务中心揭牌】 2月份，市总工会在市第一医院成立市职工心理健康服务中心。市职工心理健康服务中心主要承担4项任务：宣传、普及心理健康知识，开办职工心理健康讲座，加强心理健康教育，提高心理健康意识；掌握职工心理健康状况，对职工心理健康状况定点、定期进行测试和抽样调查，为相关部门制定出台相关政策提供理论依据；提供心理咨询服务，对心理需要帮助的职工进行心理咨询、心理疏导、心理调试；实施心理危机干预，通过心理干预化解矛盾，破解危机。

（王静　王丽强）

【基层组织建设】 按照全国总工会、省总工会统一部署，2012年市总工会开展了“面对面、心贴心、实打实、服务职工在基层”活动，成立市级工作组18个，区县工作组93个，全市4357名专职工会干部参加活动，针对“当前职工对工会组织的期待和要求”、“影响职工队伍稳定的因素及对策”等专题深入企业特别是中小企业、非公有制企业、改制企业、生产经营困难企业和劳动密集型企业调查研究，走访企业2千余家，走访基层工会干部、企业职工3万余人，召开座谈会1000余次，发放宣传材料、调查问卷超过10万份，了解掌握了企业生产经营状况、劳动关系变化以及职工思想动态、精神文化需求、生产生活和权益实现等情况，分析研究了职工群众和企业反映的突出问题，初步建起工会干部联系群众，为职工群众办实事、做好事、解难事长效机制。全面推进全市14235家企事业单位群众工作室规范化建设，加强指导服务，帮助建章立制，做到有场所、有人员、有制度、有工作档案、有工作日志，建成密切联系职工、提供高效便捷服务的有效载体和平台。2012年，全市各级企事业单位群众工作室化解劳动矛盾500多起，解决职工生产生活问题2000多件次。推进25人以上企业独立建立工会，10人以下企业建立联合工会。争取党政、工商、税务等部门支持，重点突破有影响、规模以上私营企业建立工会组织。围绕全市大规模建设工业聚集区等“块状经济带”，推进开发区、工业园区、工业聚集区内企业建立工会。推进劳务派遣企业建立、发展工会组织。新建煤炭经营行业等7家工会联合会，新发展会员55236人，新增基层工会组织562个。选树100家规模以上企业作为规范化建设典型单位，提升非公企业工会规范化建设水平。开展小型企业“亮牌子、亮身份、亮职责、亮承诺”活动，大中型企业和规模以上企业争创“四好”工会工作目标。扩大乡镇（街道）总工会标准化建设成果，全年验收乡镇（街道）总工会95家。

【构建和谐劳动关系】 制定印发《关于大力发展和谐劳动关系的实施意见》（石发〔2012〕12号），召开全市构建和谐劳动关系经验交流暨先进表彰会议，推动和谐劳动关系创建工作深入开展。推进工资集体协商，将工资集体协商列入县区党政班子考核指标体系，协调市委督查室、市考核办开展工资集体协商专项督查。年末石家庄市23个县（市）区和高新区基本实现工资集体协商全覆盖；全市新建工资集体协商制度企业2827家。加强基层民主政治建设，全市规范建立厂务公开管理体系企业280家。非公有制企业民主管理形式和渠道逐步拓宽，其中25人以上非公有制企业建立厂务公开民主管理制度43625家。至2012年底，全市建立区域性职工代表大会548个，覆盖企业4600家。完善创建劳动矛盾预防预警、化解调处和法律帮扶三大机制，发现和化解劳动矛盾隐患68起。创建职工劳动争议调解委员会、调解庭，成功调解环卫工高生存交通事故工伤索赔案。建立定向援助机制，开展百名律师送法进企业活动，被基层企业工会和广大职工称为“及时雨”，年末法律援助团执业律师由51名发展到82名。设置网站维权专栏，为职工搭建网络服务平台。全年受理职工法律援助案件55件，共向145人提供法律援助。

【帮扶救助】 以市委、市政府“两办”文件形式出台《关于进一步完善困难职工帮扶救助体系的意见》。整合帮扶平台，实现全市“12351”职工服务热线升级联网。督导各县（市）区加快职工服务中心转型升级建设，建成困难帮扶、互助保障、政策咨询、劳动争议调处、法律援助、就业服务“六位一体”综合服务平台。深化“金秋助学扶困育才”全程帮扶机制，资助146人进入大中专院校。建立希望之星勤工助学就业援助基地42家。与市人才市场合作，举办勤工助学就业援助基地与“希望之星”洽谈对接活动，为“希望之星”提供近700个就业岗位、300多个实习岗位。联合市人社局等市属六部门制订下发《石家庄市企业职工生活后勤保障五年提升计划（2011—2015年）实施方案》和《石家庄市企业职工生活后勤保障标准》。年内，全市第一期“职工互助一日捐”活动实施救助2326人，支出1702.1万元；第二期收到捐款2524万元，位居全省第一名。开展"心系职工情、温暖进万家"送温暖系列活动，走访慰问困难企业602个，特困职工、困难职工、困难农民工9692户。其中，"爱心工程"受惠困难职工3788人次，受惠金额114.23万元；"职工白内障光明项目"为576名困难职工和工会会员开展诊疗资助，资助金额40.12万元；还开展了困难职工先心病子女"爱心项目"和困难职工尿毒症患者专项救助活动。

（李波涛）

中国共产主义青年团石家庄市委员会

【概况】 2012年，共青团石家庄市委（简称团市委）以全省第一、全国争位为目标，创新思路，认真履行职能，积极推动共青团事业健康发展。新媒体应用受到广泛关注，"石家庄共青团"微博粉丝超过60万。青年文明号联席会议制度全国首创，并在全国推广。创新"12355"青少年社会管理，建立社区青少年服务中心。全年新增青年志愿者2.5万人，其中在"共青团关爱农民工子女"系列活动中，25582名志愿者与41708名农民工子女结成手拉手对子。国家级媒体14次、省级媒体342次、市级媒体836次报道团市委工作，其中大篇幅报道70篇。年内，团市委在团中央网站刊发信息391条，占全省刊发总量的33%；在团省委网站刊发信息589条，占全省的26.9%，刊发信息总量保持全省第一。2012年，中共河北省委副书记赵勇，中共河北省委常委、市委书记孙瑞彬，中共河北省委常委、宣传部长艾文礼及7位中共市委常委37次批示和肯定团市委工作。团市委落实团省委六项量化考核均取得全省第一名；新媒体应用、青年文明号创建、"12355"青少年社会管理创新、少先队4项工作走在全国前列。

【青少年思想教育】 组织学习宣传贯彻十八大精神报告会、石家庄"学习十八大、永远跟党走"大型宣讲等活动，借助新媒体，开展有奖知识竞答、话题讨论、网上投票等活动，引领青少年网友学习宣传贯彻十八大精神。庆祝建团90周年，省委常委、市委书记孙瑞彬发表五四祝词；召开全市纪念建团90周年大会暨"团旗飘飘"大型音乐舞蹈报告剧，选树表彰了"青年五四奖章"等一批可敬、可亲、可学的先进典型。六一儿童节期间，在全市少先队组织开展了"红领巾心向党"庆六一主题队日活动，省委常委、市委书记孙瑞彬，市委副书记刘云峰等市领导到新华区天苑小学，看望少先队员和教职工，参加"红领巾心向党——学先锋，找榜样，争四好"主题联合中队会。此次活动，全市少先队组织共向团中央网站上传活动1299个，参与活动队员764102人次。针对青年网络化生活新特点，借助微博、QQ群、手机网站等新媒体，拓展加强青少年思想教育途径。2012年"石家庄共青团"微博粉丝超过60万，开展的5项活动分别入选新浪微博《全国政务微博典型案例分享》，《中国青年报》、人民网等30余家国家、省、市级媒体给予报道。省委副书记赵勇为此批示："贴近和服务青年，就有强大生命力，可在全省推广。"

（胡必杰）

【"最美女中学生"张莹获授"市优秀共青团员"称号】 10月22日，团市委、市学联授予拾金不昧市第12中学女学生张莹"石家庄市优秀共青团员"称号。10月19日13时，市第12中学女学生张莹乘坐12路公交车回家途中，捡到一个背包，背包中有户口本、手机和现金46400元，眼看自己要到站下车，她便将此事告诉公交车驾驶员，委托将背包转交失主，未留姓名。在全城寻找"拾金不昧"女中学生行动中，张莹才被找到。

（戴丽丽）

【青春建功实践活动】 服务青年就业创业。落实全民创业电视电话会议精神，以"幸福石家庄·创业新平台"为主题，着力加强青年创业指导服务中心、青年创业园、青年创业培训基地、青年就业创业见习基地等阵地建设，深入开展了青年创业大赛、创业微视频大赛、百家名企进校园——青春创业大讲堂、见习基地招聘会、青年技能培训、小额贷款、大学生公益岗位等活动。2012年，团市委帮助青年创业就业申领小额贷款27720万元，带动创业就业12285人，新建立青年就业创业见习基地29家，组织4283名青年到青年就业创业见习基地上岗见习，并举办青春创业大讲堂205场（次）。争取团中央创业就业基金69万元，为全市23个县（市）区每县拨付3万元创业工作专项资金。培养和选树一大批青年创业先进典型，在广大青年中掀起参与创业、支持创业热潮。团市委青年创业工作得到省委、省政府表彰，团市委被评为2012年度河北省就业工作先进单位。推进农村青年创业就业。提供小额贷款，加大农村青年信用示范户工作力度，提高农村青年运用金融产品能力和诚信意识，营造健康的金融环境，积极解决农村青年创业过程中资金瓶颈问题。2012年，发放农村青年小额贷款27792万元，受益4674人；无极县、藁城市成绩突出，均完成4000万元以上。为农村青年提供创业机会，全市建成“农村青年就业创业见习基地”120家，2008～2012年共有1万余名青年上岗见习。提高农村青年就业本领，广泛开展“农村青年大讲堂”，“阳光工程”、“新型农民培训工程”、“农村劳动力技能培训工程”及政府相关培训项目，帮助农村青年取得各类职业职称资格，提高就业机会。寻找农村青年创业就业扶持工作与社会经济组织利益结合点，整合社会力量，开展农餐对接、农企对接、行业互助等活动，拓展扶持渠道。2012年，团市委培训农村青年41117人，落实就业培训机构55个。加强对外交流。发挥青联组织联系面广的优势，承办、接待了央企青联考察团、中央国家机关青联资深委员代表团、西藏民族团结先进代表团、古巴青年联盟代表团、台湾青少年交流代表团、中国残联直属机关团委和青联代表团等550余人到石家庄参观考察，其中省部级领导6人，中央直属企业领导50余人，宣传了石家庄传统文化和现代建设成就，展示了石家庄青年良好风貌，促进了对外交流合作。服务省会夜经济。启动青年星光文化节，组织歌舞、曲艺等青年志愿者700人次重点面向外来务工人员、社区群众开展公益演出活动，丰富市民夜生活。举办青年潮舞大赛，40余支队伍、500余人次参加比赛，覆盖了全市十几所重点高校，在青年中引起反响。促进县域经济发展。以“服务县域经济，促进城乡发展”为主题，开展“青联委员县区行”活动；发挥青联人才优势，组织化工、制造、服务、金融、教育等界别60余位青联委员到深泽县、新乐市考察重点企业和工业园区，通过投资合作恳谈会介绍县市基本情况及招商投资政策；青联委员结合所在行业及农副产品加工销售、基础设施建设等项目与相关单位对接洽谈，以实际行动参与当地经济发展，为繁荣县域经济做出积极贡献。

（胡必杰）

【举办青年创业大赛】 2012年6月，团市委联合市委宣传部、市人力资源和社会保障局、石家庄日报社、石家庄广播电视台等单位共同开展了“幸福石家庄·创业新平台”2012精彩在沃青年创业大赛，报名人数2000余人。经大赛组委会初步筛选，收到有效报名参赛项目135个。大赛组委会邀请部分组委会成员以及企业家、专利评估专家、创业导师等组成大赛初审评审团，对所有参赛创业项目进行初审评分。根据评委意见，并经社会公示，最终选出10个优胜者参加决赛。10月24日，青年创业大赛举行决赛，经过情景模拟和陈述答辩两个环节激烈比拼，《无人机航拍及应用开发》项目获得一等奖，《童康源小儿按摩》等2个项目获得二等奖，《亚肯净水设备》等3个项目获得三等奖。此次大赛一等奖获得者得到10万元创业基金和20万元小额贴息贷款，二等奖获得者得到5万元创业基金和8万元小额贴息贷款，三等奖获得者得到3万元创业基金和5万元小额贴息贷款。

（戴丽丽）

【青少年文明创建】 开展“幸福季”系列活动。“幸福春天”大型植树绿化活动组织全市4000余名青少年种植树木2.6万余株。“幸福夏天”清凉一线行活动动员青联委员、团员青年及社会群众捐赠防暑降温物品15万余元，慰问市容市貌综合整治工程和重点项目一线建设者10余次。“幸福秋天”感受蓝天碧水活动动员青年志愿者与孤寡老人、农民工子女、留守儿童等结成手拉手对子，一起游览城市容貌，感受幸福石家庄。年内，长安区南翟营小学学生赵冀婷给省委常委、市委书记孙瑞彬的信中写到：参加团市委组织的青年志愿者与农民工子女手拉手体验城市生活活动，拥有了难忘的美好生活经历，感谢社会各界的关心关爱，决心好好学习，将来为石家庄这第二故乡做贡献。省委常委、市委书记孙瑞彬批示：“这位同学在团市委组织的‘幸福秋天’活动中，亲身体验到这座城市的变化，是对我们的赞誉更是对我们的鞭策。我们一定要把这座城市建设、管理得更好，让咱们石家庄的老百姓真正体验到城市让我们的生活更美好。”“幸福冬天”扶贫助困活动围绕山区教育扶贫工程、贫困家庭、停暖家庭等，广泛动员社会爱心人士慷慨捐赠，筹集发放衣物12000余件，爱心物资价值30余万元。广大青联委员积极响应，慷慨解囊，为“主干道提升工程”和“绿龙工程”建设者、祥和老年公寓、井陉县石棋峪小学、赞皇县孤山小学、行唐县上碑镇小学和村低保户捐款捐物15万余元。12月3日，贯彻落实市委、市政府工作部署，连夜筹集资金向新华区、桥西区停暖家庭送去价值15万元电热毯1000个、暖手宝2000个、冬季常用药品400份。全年《中国青年报》、中央人民广播电台、河北新闻网、《河北经济日报》等媒体报道“幸福季”系列活动90余篇次。首创全国青年文明号联席会制度。以管理创新为着力点，设置“工作联席会、专业委员会、管理小组”三级管理机构，实行动态化竞优考评机制，初步构建起以“团组织主管、行业主抓、分级争创、分页管理”为特点的开放协同管理格局，实现了青年文明号创建活动“点对点挂牌”向“点对面管理”、“一个人战斗”向“集团化作战”转变、“终身铁饭碗”向“末位淘汰制”转变。围绕文明城市创建、优化发展环境等工作大局，开展青年文明号学雷锋、“创建文明城市，青年文明号在行动”、“助力两个环境建设，展青年文明号风采”、安全畅通文明行等活动，提升青年文明号窗口单位服务工作大局、服务项目建设、服务人民群众的水平。《人民日报》、《中国青年报》、《燕赵都市报》等媒体报道市青年文明号创建工作40余篇次；省委副书记赵勇批示：“做得好，青年文明号这块金字招牌，要创新机制，把创建活动坚持下去”；团中央编发《青年文明号活动工作通讯》(2012年第14期)，以《破解三大难题，实现三大转变，石家庄团市委探索青年文明号活动管理新途径》为题专题刊发石家庄市青年文明号创建工作，在全国推广市青年文明号联席会建设经验。12月22日，《中国青年报》头版头条报道了市青年文明号工作创新实践活动。2012年，全市16家青年集体获评2012年度河北省青年文明号，17人获评河北省青年岗位能手称号。开展青年志愿者等群众性精神文明创建活动。围绕市委、市政府重点工作，发挥青年志愿者生力军作用，开展了石家庄新客站志愿服务、“我是青年志愿者、文明交通我先行”集中行动月等活动。石家庄新客站志愿服务一项活动在短短20天内被各级媒体报道45次。至2012年末，全市新增注册青年志愿者2.5万人。

【青少年合法权益保护】 加强重点青少年群体社会管理创新。完善“12355”青少年综合服务热线日常管理，华北6省市“12355”工作现场观摩会在石家庄召开，年末“12355”接待来电27000人次；依托长安区谈后社区、桥东区栗新社区、新华区联盟社区、桥西区缔景城社区、裕华区尖领社区建立的社区青少年服务中心试点，为重点青少年群体提供法律服务、心理疏导、爱心助学、就业辅导、创业支持、困难帮扶等服务近1万余次。找准青少年社会管理创新工作突破口，将闲散青少年社会管理创新工作作为2012年重点工作，桥西区团委主动承接该项试点任务，初步运行起全流程动态工作法，提升了全市闲散青少年管理。开展“共青团关爱农民工子女”系列活动。全年参与结对基层团组织和志愿者组织262个，有25582名志愿者与41708名农民工子女结成手拉手对子，结对农民工子女集中学校224所，建设活动场地177个。“我的城市我做主”农民工子女体验式融入城市生活系列活动被团中央编入典型工作案例。扎实做好“希望工程”。以“贫困孩子走出大山”——青春助力山区教育扶贫工程为统揽，以解决小学师资力量薄弱、教学器材短缺等问题为重点，开展“小木屋”爱心读书行动、爱心传递、希望工程助学进城计划等系列活动。至2012年底，全市共筹集资金379.2万元，资助贫困大、中、小学生1000余名；捐赠图书13300余册、课桌椅1500套；建立希望工程图书室7个、希望工程体育园地4个、希望工程音乐室2个、多媒体教室1个。

（胡必杰）

【“12355”青少年服务台渠道畅通】 2012年3月，共青团华北片区“12355”心理培训班在石家庄市开班。来自北京市、天津市、河北省、山西省、河南省和内蒙古自治区六地的团省（市、区）委权益部和“12355”青少年服务台骨干心理咨询师参会。团中央权益部副部长王锋在参观石家庄市“12355”青少年服务台、“石家庄共青团”微博管理平台和未成年人心理维护中心后，对石家庄“12355”青少年服务台给予肯定。2012年，为解决青少年诉求难题，石家庄市将青少年服务管理延伸到青少年宫、社区、校园等青少年集中的地方，通过组织志愿活动，建立服务中心、培训基地等方式，为重点青少年提供法律服务、心理疏导、爱心助学、就业辅导、创业支持、志愿报名、受理募捐、交友联谊、困难帮扶等，搭建起全方位、立体化的“12355”青少年服务管理平台。2012年末，团市委已在市内五区建立起社区青少年服务中心，实现了市区全覆盖，做到有统一形象、有固定场所、有专职人员、有组织形态、有工作项目。

（戴丽丽）

【组织建设】 开展村级团组织集中换届和乡镇实体化“大团委”建设。全市4332个村配齐配强团组织，产生专兼职团干部1.5万余名。全市227个乡镇团委建立乡镇直属团组织4752个，覆盖农村团员63534人，覆盖青年137518人。适应农村经济社会变革和农村青年聚集特点，建立“大团委”体制，更大范围地团结、教育、凝聚青年，正定县、鹿泉县、栾城县此项工作较为突出。加强新任职团干部业务培训，指导新任职团干部完善工作机制，根据实际开展特色活动。2012年，石家庄市共青团新华区委、共青团平山县委获得“河北十佳团县（市、区）委”，共青团藁城市委、共青团井陉县委获得“河北优秀团县（市、区）委”；石家庄市石炼化公司团委、鹿泉市鹿泉镇团委获得“全国五四红旗团委”，藁城市九门回族乡只照村团支部获得“全国五四红旗团支部”。加强非公有制经济组织和新社会组织团的建设工作，全年共有2176家非公有制经济组织和55家新社会组织建立团组织。顺应青年流动特点，在北京和天津建立驻外团工委，联系和服务当地石家庄籍团员青年。开展团干部联系普通青年工作，召开“幸福手拉手”机关团干部联系普通青年座谈会，建立完善团干部联系企业青年、外来务工青年、高校学生等制度，引导广大团干部增强群众工作意识和能力，真正融入青年队伍。加强团的外围组织建设。结合青联、学联换届，完善工作机制，优化委员结构，提高组织凝聚力、战斗力和创造力；坚持“全团带队”，强化少先队辅导员队伍建设，推动少先队工作创新发展，市青少年宫、市青少年事业开发中心围绕服务全团、服务青少年，开展“幸福冬天”、“孤困儿童游北京”、农民工子女网络课堂等公益项目和活动，发挥了校外教育阵地社会作用。

（胡必杰）

石家庄市妇女联合会

【概况】 2012年，市妇联以服务大局、服务妇女、服务基层为目标，积极动员妇女投入转型升级、跨越赶超，建设幸福石家庄的伟大事业。全年评选表彰市“三八”红旗集体（手）、城乡妇女岗位建功先进集体（个人）500余个（名），推荐优秀女性当选全国、省级先进典型166名。开展妇联基层组织示范县、乡、村创建活动，培树国家级示范县1个，示范乡镇（街道）8个，示范农村（社区）77个；省级基层妇联示范县（市）区4个、示范乡镇（街道）40个、示范农村（社区）285个。精心打造妇女之家示范点194个。增强妇联执委、妇女代表落实联系制度自觉性和主动性，出台《关于加强执委联系工作的意见》和《关于加强妇女代表联系工作的意见》，将妇女代表由“一次性会议代表”改变为履行一届职责“常任制代表”，规定每位妇联执委至少联系10名妇女群众，每年为妇女儿童办实事不少于2件。2012年，全市各级妇联干部联系各界妇女20555人。推动农村妇女入选村“两委”组织。抓住村“两委”换届选举契机，及时主动与市委组织部、市民政局沟通，采取项目化运作，在各县（市）区举办培训班374场次，印发海报4万张，积极推进妇女进入村“两委”开展工作。2012年，全市完成村“两委”换届选举4391个，其中有女性的4295个，达到97.8%；村“两委”女性成员有4646人，比上届增加2097人。年内，市妇联获得全国“实施妇女儿童两个规划先进集体”、“全国妇女创先争优先进集体”、全国“巾帼文明岗”等18项国家和省级称号，并被石家庄市授予文明单位、普法先进单位、机关党建先进单位。

（刘静）

【“幸福家庭”创建活动】 3月7日，全市各界妇女代表在市人民会堂参加庆祝“三八”暨“幸福家庭”创建启动仪式。市委副书记刘云峰、市政协主席王华清共同启动“幸福家庭”创建活动感应装置。创建活动采取“部门联合、专家指导、社会支持、家庭参与”的工作机制，通过实施“家庭教育、家庭健康、家庭关爱、家庭发展、家庭文明、家庭文化”六大工程，逐步完善家庭服务网络，提升家庭发展能力，推动“幸福石家庄”建设步伐（《石家庄市创建幸福家庭指导意见》）。会议向全市妇女发出“发挥妇女主导作用，共创和谐幸福家庭”倡议，号召广大妇女，树立男女平等理念、科学育儿理念、以德治家理念，用感恩之心来感知幸福；崇尚科学、文明的生活方式，用新知识、新技能来增强竞争力、提升发展力，用优良素质来创造幸福；积极投身社会公益事业，主动倡导低碳、环保生活，用崇德善行来呵护幸福。至2012年末，全市开展“幸福来敲门”、“学雷锋 倡善行 树新风”、“争做合格家长 培养合格人才”、“进城妈妈驿站”等特色创建活动3348场次，受益家庭1万余户。

（戴丽丽）

【巾帼志愿服务】 全年4000多个“妇女之家”搭建起立体化巾帼志愿服务网络和城乡巾帼服务站平台，新增巾帼志愿者1672名。完善巾帼志愿服务分类培训制度，逐步实现“一家、一队伍、一特色”良好局面。2012年，市妇联组织“依法维权 关爱女性”、“巾帼创业帮扶”、“学前儿童家长讲座”、“妇女素质提升”等志愿服务6236次；启动“爱心三代理”（爱心代理妈妈、爱心代理女儿、爱心信访代理）志愿服务活动，慰问空巢孤困老人、孤困儿童家庭60余户，在新华区、桥西区赠送暖手宝1000余个，受到社会广泛赞誉。

（刘静）

【出台妇女儿童十年发展规划】 5月13日，《石家庄市妇女发展规划（2011–2020年）》和《石家庄市儿童发展规划（2011–2020年）》制订出台。两部规划对妇女与儿童在10年内的健康、教育、经济、社会保障等进行了详细规划。主要有：1.市、县（市）区均设置1所标准化妇幼保健机构。妇女发展规划确定2011～2020年妇女健康目标：孕产妇死亡率控制在20/10万以下；妇女常见病定期筛查率达到80%以上；孕产妇艾滋病和梅毒检测率分别达到80%和70%，感染艾滋病及梅毒的孕产妇及所生儿童采取预防母婴传播干预措施比例均达到90%以上。具体措施：全市加强妇幼卫生服务体系建设，市、县（市）、区均设置1所政府举办、标准化的妇幼保健机构；健全孕产妇医疗急救网络，推广适宜助产技术，加强孕产妇危重症救治；城市社区增加适宜妇女健身的活动设施，2015年前，城市70%的社区建有公共体育健身设施；2020年前，建有公共体育健身设施的城市社区增加到80%。2.2015年后残疾女性就业率达到35%。妇女经济10年目标：妇女占从业人员比例保持在40%以上；高级专业技术人员中的女性比例达到35%；提高妇女劳动合同签订率，3年及以上期限的达到95%；提高残疾女性就业率，2015年和2020年分别达到35%和40%；城镇登记失业人员中女性就业率2015年以后达到50%以上。具体措施：落实和完善相关政策，纠正与法律法规相冲突的村规民约，确保妇女享有与男性平等的土地承包经营权、宅基地使用权和集体收益分配权等；消除就业中的性别歧视，除法律规定不适合女性的工种和岗位外，任何单位在录用人员时不得以性别或变相以性别为由拒绝录用女性或提高女性录用标准，不得在劳动合同中规定或以其它方式变相限制女性结婚、生育；把妇女扶贫纳入扶贫计划。3.生育保险覆盖城乡所有用人单位。妇女社会保障10年目标：全市努力实现生育保险覆盖城乡所有用人单位。女职工生育保险参保率2015年和2020年分别达到93%和95%。有劳动关系的女性劳动者全部参加工伤保险，以城乡社区为单位的养老服务实现全覆盖。4.县级以上政府领导班子有1名以上女干部。妇女参与决策管理10年目标：全市通过加强录用、晋升等环节监管，保证妇女平等权利，确保10年间，县级以上政府领导班子中有1名以上女干部，并逐步增加；村委会成员中女性比例达到30%以上；居委会成员中女性比例保持在70%左右。5.有条件的医院设置新生儿科。儿童健康10年目标：婴儿和5岁以下儿童死亡率分别控制在9%。和11%以下；0～18岁儿童伤害死亡率以2010年为基数下降1/6；纳入国家免疫规划的11种疫苗接种率以乡（镇）为单位达到并维持在95%以上。具体措施：二级以上综合医院和县级以上妇幼保健院设置儿科，有条件的设置新生儿科，规范新生儿病室建设；全市实施“新生儿出生缺陷干预工程”，新生儿出生缺陷防治专项资金纳入政府公共财政预算，实行免费婚前医学检查、免费孕前优生健康检查、免费产前筛查、免费新生儿疾病筛查（含听力筛查）；中小学生每年进行1次体检等。6.20万人口以上残疾儿童较多县（市）建立1所特殊教育学校。儿童教育10年目标：学前3年毛入园率达到95%；农村每个乡镇至少建立1所规范化乡镇中心幼儿园；九年义务教育巩固率达到99.9%，适龄盲、聋、智力残疾儿童毛入学率保持在95%以上；普及高中阶段教育，毛入学率达到99%；实施普及特殊教育巩固提高工程，基本实现市和20万人口以上、残疾儿童较多的县（市）建立1所特殊教育学校。具体措施：学前教育发展纳入城乡建设规划，建立政府主导、社会参与、公办民办共举的幼儿园办园体制；重点发展农村学前教育，逐步完善县、乡、村三级学前教育网络。7.设立儿童医疗救助专项基金。儿童福利10年目标：做好流浪儿童救助工作，减少流浪儿童数量和反复性流浪；市和孤儿较多的县（市）建立1所具有养护、医疗康复、教育、技能培训等综合功能的儿童福利机构；50%的县（市）建立流浪儿童救助保护机构。具体措施：对孤儿、城乡低保家庭中的儿童参保（合）费用和医疗费用给予资助，救助标准给予照顾；设立儿童医疗救助专项基金，开展对贫困家庭患先心病、白血病儿童的救助；探索5岁以下贫困家庭儿童和残疾儿童生活津贴制度的运作机制，改善5岁以下儿童的营养状况；建立0～6岁残疾儿童特别登记制度，提高残疾儿童的福利和救助水平；建立16周岁以下流动儿童登记管理制度，为流动儿童享有教育、医疗保健等公共服务提供基础。8.95%的社区建立儿童友好家园。儿童社会环境10年目标：95%的城镇社区和85%的行政村，建立家长学校或家庭教育指导服务点；95%的城乡社区建设1所为儿童及其家庭提供游戏、娱乐、教育、卫生、社会心理支持和转介等服务的儿童友好家园。具体措施：建立家庭教育指导中心等组织，开办各种形式的家长学校，确保儿童家长每年至少接受2次家庭教育指导服务，参加2次家庭教育实践活动；学校周边治安复杂地区设立治安岗巡逻，向学校、幼儿园派驻保安员；加强校园周边商业网点和经营场所的监管，校园周边200米以内禁设网吧、游戏厅、娱乐场所；中小学校的文体设施、活动场地，爱国主义教育基地，各类文化、科技、体育等公益性设施等，面向儿童免费或优惠开放。

（戴丽丽）

【助力经济发展】 开展巾帼创业指导帮扶工作。“三八”妇女节，在市人民会堂举办大型妇女创业项目推介洽谈会，百余个创业项目参加推介、10余名专家现场答疑、2000余名妇女及67家大型企业参加，达成合作订货意向800余个。全力做好每月8日巾帼创业指导帮扶活动，新建村（社区）指导中心20个，举办创业就业培训75期，培训妇女6000余名，成功扶持巾帼小老板近百人。推进巾帼现代农业示范园区建设。联合市科技局、农业局开展创建“巾帼现代农业科技示范基地”活动，命名市级以上基地120个。精心挑选10个占地1000亩以上妇女领办或创办具有自主品牌、市场竞争力强的花卉、有机蔬菜种植、特色种养殖等巾帼现代农业示范园区进行项目化扶持，实行规范化管理。2012年，巾帼现代农业示范园区项目争取各部门支持资金80余万元，开展培训78期，专家指导36次，受益妇女1000余人次。帮助妇女创业。积极谋划手工编织业进校园工作，在石家庄信息工程学院建立女大学生手工编织实践基地。加大妇女小额担保贷款力度，全年为2125名妇女申请创业贷款资金4.2亿元，比2011年增长162%。年内，市妇联被评为全国小额担保贷款工作先进单位。

【促进社会和谐稳定】 启动“创平安家庭，护十八大平安”行动，组建法制宣讲队200余个、志愿者服务队100个，广泛宣讲平安理念，普及法律知识。推进信访代理工作，协调公安、司法等多部门联合解决妇女信访案件，形成多部门共同关注、多渠道联合调处、多元化解决问题工作机制，并在鹿泉市召开全市妇女诉求绿色通道现场观摩会。首次成功召开警察对婚姻冲突调解工作培训班，加强维权能力。执行中国妇女儿童基金会“大声说出来”全球反家暴项目，增强了公众对家庭暴力的法律意识和敏感度。“12338”维权热线服务水平提升，涵盖了法律咨询、创业就业、儿童救助、爱心募捐、志愿者服务等内容。2012年，市妇联接待来信来访2518件，解答处理各类信访案件1万余件，信访结案率达到99%。多渠道关爱妇女儿童。发挥"母亲健康快车"作用，组织市四院、市六院等医疗专家到行唐县、栾城县、藁城市等地开展"送健康"活动，为全市15万名妇女提供健康服务，为728名贫困妇女免费作了白内障手术，免费送医药近万元。执行河北省"温暖援助农村贫困单亲母亲"项目，首批受助贫困单亲母亲16人，受助资金8万元。年内，市妇联获授全国"两癌"筛查工作先进单位。"六一"儿童节期间，组织举行"幸福家园、快乐成长"文艺汇演，表彰了第二届"十佳春蕾女童"，拨付助学款7万余元。5月31日，省委常委、市委书记孙瑞彬等市领导到市直第三幼儿园与孩子们一起过节，充分肯定市儿童工作。开展恒爱行动，为孤残儿童编织爱心毛衣100余件。3月9日，启动"新生儿出生缺陷干预工程"，将新生儿出生缺陷防治专项资金列入政府公共财政预算，五项检查（婚前医学检查、孕前优生健康检查、产前筛查、新生儿疾病筛查和听力筛查）全部免费，并纳入2012年民生幸福十大工程和县（市）区领导班子、领导干部年度考核指标。全面实行"牵手服务工作模式"，形成政府主导、妇女儿童工作委员会办公室牵头，多部门协作、群众自愿参与工作格局。2012年，全市完成免费婚检41031人，孕前优生健康检查117693人，产前筛查79973人，新生儿疾病筛查130553人，新生儿听力筛查112952人。年末全市出生缺陷发生率由2011年的100.3/万降低到80.4/万。年内，国务委员刘延东作出批示："石家庄的经验应予推广"。2012年，国务院妇女儿童工作委员会办公室确定石家庄市为全国开展预防和控制出生缺陷工作试点城市。

（刘静）

石家庄市科学技术协会

【概况】 2012年，市科学技术协会（简称市科协）机关共有在职人员28人；下辖市科技干部进修学院、科技咨询服务中心、青少年科技活动中心3个事业单位，工作人员30人；所属市级学会、协会、研究会35个，会员1.81万人；企（事）业科协、院校科协46个，会员4800余人；县（市）区科协23个，实有107人；乡镇、街道科协277个，工作人员8519人；农技协502个，工作人员72912余人。2012年，市科技干部进修学院积极开展万名科技致富带头人培训，举办各类培训班67个（期），受训2400多人（次）。9月8日，《石家庄日报》在头版头条刊登《不断创新推动全民科学素质提升——全市科协系统切实为全市经济社会发展贡献力量》的报道。至2012年末，全市新闻媒体播发科协宣传稿件150余篇。

【举办第十四届中国科协年会】 9月8～10日，第十四届中国科协年会（简称科协年会）在石家庄市召开。石家庄市筹备科协年会历时近3个月，召开动员会、推进会、调度会13次。省委常委、市委书记孙瑞彬高度重视科协年会筹备工作，两次作出重要批示："要造大声势，动员广大群众参与，确保会议成功"；"务必高标准为大会提供良好的环境，展示省会的良好形象"。市政府及时动员，成立由市委副书记、市长姜德果任组长，市委副书记刘云峰任常务副组长，7名市领导担任副组长，市直多部门领导为成员的科协年会服务保障工作领导小组。市科协细化方案，明确指导思想、主要任务、责任分解及保障措施，3次到河北省就筹备工作开展对接，解决省交办重要事项6项。全市各部门围绕举办科协年会目标，紧密配合，积极做好服务，参与部门300余个，处室近700个，机关干部近2000人，出动警力6500人。加强报道，扩大社会影响。利用电子大屏幕、出租车、公交车等媒介广泛宣传，在石家庄政府网、市科协网设立科协年会专栏，与河北人民广播电台联合推出专题报道，累计发布信息70余篇，并邀请与会专家做客直播间，开展科协年会专题节目11期；开通短信平台，向省、市领导及科技人员2000余人及时发送信息和报道，有7篇信息被河北省科协年会简报采用。在第十四届中国科协年会召开期间，全市举办了一系列科普活动。举办第十四届中国科协年会暨2012年全国科普日石家庄市系列活动，现场展示宣传牌150余块，发放宣传资料近1万份，接受咨询1000余人次，受益群众3000余人。开展院士、专家校园行活动，组织中国科学院、清华大学等科研院所和著名高校院士、专家到校园作高层次科普报告26场，受益社会各界3万余人。举办青少年科技创新科普体验活动，展出展品272件。举办科普嘉年华主场活动31项，其中石家庄市承办10项。此届科协年会，石家庄市共向河北省推荐人才、技术、项目830项，达成签约项目意向22项，占到全省签约项目总数的四分之一，位居全省首位。在科协年会表彰会上，全市36个先进集体，110名先进个人得到科协年会执委会表彰；7个单位获得“河北省科普大联动先进单位”。

【科普宣传】 与河北人民广播电台首次合作开办“广播电台谈科普”节目。设立4个板块，分别为科普示范基地、科学素质教育基地、学科专家和科技辅导员。邀请20名专家以讲解、答疑等方式在广播电台开通节目直播，实现专家与基层群众“零距离”对接，构建起专家、科技示范户、基层群众直接沟通的科技推广、普及快捷通道，满足了基层群众足不出户解决实际问题的需求。

【科普推广】 推进“科普惠农兴村计划”等6个项目推荐申报工作。全市33个单位、项目、个人获得中国科协、省科协等单位奖励，争取到国家及省级项目奖励补助资金327万元，位居全省首位。全年开展“优化发展环境，科技惠民”系列行动3次，组织流动科技馆、科普大篷车进校园活动6次，指导成员单位开展科普活动20次。成立县级老科协组织18个。至2012年末，全市评选科学素质示范单位34个、典型案例10个，其中4个单位和典型案例获得河北省奖励补助资金8万元。

（杜文君）

【参加河北省第27届青少年科技创新大赛】 3月22～25日，由河北省科协、省教育厅、省科技厅、省环保厅、省体育局、团省委和省妇联共同主办的，以“创新　体验　成长”为主题的第27届河北省青少年科技创新大赛在石家庄举行。全省共有45万名中小学生参与其中，完成各类作品21244项，选送参加省级评审各类作品2179项，内容涉及数学、物理、微生物学、环境科学、社会科学等13个学科。石家庄市入选竞赛类项目158项全部获奖，其中获得竞赛类一等奖134项，占上报项目的84.81%；获得展示类一等奖10项，优秀科技辅导员2名，总成绩位居全省第一。市科协、第27中学、第9中学获得优秀组织奖。

（李云萍）

【青少年科技活动】 成功举办第13届市中小学生探索者科技创新大赛，全市6万余中小学生积极参与竞赛。其中，3人获得保送大学资格；参加机器人比赛选手全部入选河北省队，并在全国比赛全部获奖。年内，建成全省首家“青少年科技辅导员石家庄市工作站”和3个社区青少年科普活动室。

【召开第三届学术年会】 4月26日，由市科协、环保局主办，市环境科学学会、生态文明建设促进会承办的市第三届学术年会在亚太大酒店举行。此届年会主题是“环境安全与绿色发展”。省科协副主席许顺斗，省环保厅巡视员轩水林，省环保局原副局长、省环境科学学会常务副会长白进杰，市政府副秘书长杨智勇，市科协党组书记、主席陈健敏，市环保局党组副书记、副局长、市环科会理事长岳存义等参加会议。年会邀请原国家环保总局污染控制司司长、环境监察局局长，中国环境科学学会副理事长、国家环境科学技术委员会委员陆新元作了《环境安全是和谐发展的重要保障》报告；邀请河北省环境保护决策咨询委员会副主任委员、省发改委区域经济发展顾问、省科学院地理所研究员宋树恩作了《推进省会石家庄绿色城市建设的思考》报告。参加年会科技工作者1000余人；参会各县（市）区科协主席，市级学会（协会、研究会）会长、秘书长，环保系统，企事业单位、大专院校有关人员300余人。年会编发《专家建议》3期，其中2期得到市人大常委会主任王增明和市委常委、副市长刘晓军批示。

【科技服务】 以开展专利资源应用为切入点，全年举办科技兴企讲座2次，参加培训近300人，并为50余家企业更新专利信息软件。新建院士工作站2家，省级“科技专家企业工作站”2家，两项工作均在省科协企业工作会作典型发言。2012年，全市科协系统有9人获得省优秀科技工作者，1人获得全国优秀科技工作者；4家企业、9名科技工作者获得河北省“讲比”活动先进，6家企业、个人获得全国“讲比”先进，获奖总数位居全省第一名。

（杜文君）

石家庄市 文学艺术界联合会

【概况】 2012年，市文学艺术界联合会(简称市文联)坚持“二为”方向、“双百”方针和“三贴近”原则，按照“精品生产抓高度，人才培养抓厚度，队伍建设抓宽度，文化活动抓广度”的科学发展理念,真抓实干，圆满完成年初制定的任务目标。基层文联建设成为全省文联工作亮点；“育树工程”写进省第九次文代会工作报告；省作协合同制作家和河北年度小说排行榜位列全省第一；《太行文学》获得2012年度“河北省文学期刊贡献奖”第一名；理论文章《文艺精品工程要从夯实基础做起》得到省委常委、宣传部长艾文礼批示，在《河北日报》刊发，人民网、教育网、求是理论网、中国文明网、中国关注网等全国各大网站进行转载。至2012年底，全市文联系统举办各类人才培训活动1200余场次；参加河北文学院第11届合同制作家选聘，石家庄市5名青年作家入选，位居全省第一；200余篇作品获得省以上各类奖项，47件作品在《人民日报》、《光明日报》、《中国作家》等著名报刊发表。

【举办“5·23”主题活动】 在纪念毛泽东《在延安文艺座谈会上的讲话》发表70周年之际，市文联组织了“走在文艺的春天里——石家庄文艺界走基层·革命老区平山行”大型采风活动。省委常委、宣传部长艾文礼为采风团授旗。十大文艺家协会、17个县市文联负责人和作家艺术家代表近百人参加。活动期间，结合“基层文化建设年”和“文艺为什么人的问题”举办了座谈会；结合党性教育组织采风团全体党员在西柏坡七届二中全会会址前重温入党誓词；深入到红色景区和普通农户采风；各县文联和协会开展了工作交流；十大文艺家协会和平山县文联联合举办了两场主题晚会和书法美术摄影展。采风活动内容丰富，激发了工作热情，辐射带动了协会和基层文联组织。活动结束后，各县文联和协会纷纷组织了不同形式的文艺活动，明确了“以人民为中心”的文艺方向。

【“十八大”系列宣传】 举办“喜迎十八大”文学作品征文和“历史回眸——大型书法美术摄影展”。召开市文联机关贯彻落实十八大精神座谈会和“全市文艺界学习十八大精神”座谈会。主办“贯彻十八大精神，庆祝石家庄解放65周年”电影连环画《党的女儿》首发仪式，邀请著名表演艺术家、“党的女儿”扮演者田华到石家庄出席活动并与读者面对面交流，推动主旋律创作，彰显了社会主义核心价值观。

【文艺精品生产】 坚持开门办文联，服务到基层，利用多种方式为人才成长打开绿色通道，扶持骨干人才、培养校园人才、团结社会人才，努力建设文学艺术生态园理念。开展文学讲座下基层、进校园活动，市文联主席周喜俊到石家庄学院为400多名学生作了《从“当家的女人”谈起》文学讲座。指导高邑县召开文艺创作工作会议，周喜俊以《文艺发展繁荣之我见》为题举办讲座，作家康志刚结合自己创作长篇小说《天天都有大太阳》与到会作家进行交流。举办“五个一工程”歌曲创作班，邀请省音乐家协会主席、著名作曲家曹贤邦，省音乐教育研究会会长王为民对石家庄市音乐创作骨干进行培训。召开袁学骏、孟祥宁等作品研讨会。开展“聚焦幸福石家庄,省会摄影双十佳”评选活动。促进人才培养和良性循环，设立一年一度大报大刊奖和两年一度文艺繁荣奖。2012年，全市文艺创作成就突出。长篇电视连续剧《当家的男人》完成拍摄，同名长篇评书自2012年1月始在《曲艺》连载；同名长篇小说2010年出版后，2012年第三次印刷。长篇小说《天天都有大太阳》在《中国作家》第一期刊登，并在《燕赵晚报》连载，市委宣传部给予特别表彰。《烟树图》获全国首届郭澄清农村题材短篇小说奖。歌曲《春风颂》获“放歌中华”全国大型音乐展评活动金奖。长篇小说《牵牛花》由四川文艺出版社出版,纪实文学《平山团》完成初稿。全年共有200余篇作品获省以上各类奖项,47件作品在《人民日报》、《光明日报》、《中国作家》等大报大刊发表。在2012年度河北小说排行榜中，全省评出10部作品，石家庄市作家康志刚的长篇小说《天天都有大太阳》、蒋海云的中篇小说《灰雪》、王梅芳的短篇小说《梦死》3部作品入选，位居全省第一。

【基层建设】 至2012年底，石家庄所辖17个县市均有文联组织，初步形成先进带后进，后进变先进，比学赶帮超发展格局。积极推动市属6区成立文联组织。桥东区率先组建8个文艺协会,会员人数达到300余人,为成立文联打下坚实基础;长安区、裕华区、井陉矿区正在筹划;正定县"中国书法之乡"正式挂牌。年内,晋州市文联举办了"晋州籍画家喜迎十八大作品展"、深泽县文联举办了"问道寻源"——深泽县乡情美术书法作品展。2012年,在全市新闻出版会议上,市文联主席周喜俊为360多家刊物负责人作了《体现社会主义核心价值体系的窗口》公益讲座,重点介绍了市文联《太行文学》办刊经验。

【协会建设】 市作家协会成立"文学研究中心",搭建起高校与地方联合、理论与实践同步平台。文艺评论呈现明显上升趋势,形成创作和评论两轮趋动,互相促进良好局面。各文艺家协会根据自身情况逐步成立各专业委员会,实现了分类指导和管理。市属十大文艺家协会、县文联和所属文艺家协会建立健全,形成点、线、面网络式发展格局,夯实了文艺发展基础,盘活了文艺队伍,形成蓬勃发展良好态势。年内,市作家协会响应省委宣传部号召,组织骨干人才到抗洪救灾第一线,深入生活,开展创作,鼓舞士气,多篇作品在《河北日报》发表。

【走基层、送文化下乡活动】 积极参加市委宣传文化系统开展"走基层、送文化下乡"活动。市作家协会组织优秀青年作家深入环卫系统采风,创作出《马路天使之歌》、《孔雀之尾——美丽的扫帚》、《你是最美的歌唱》等作品,并与省作家协会共同开展"走基层文化调研井陉行"活动,大力推动井陉县文化建设。市摄影家协会开展"万名摄影志愿者万幅作品送万家"文化公益活动,向光荣院、敬老院捐赠作品200余幅,摄影1000余张。市书法家协会组织"送欢乐下基层"书法点评会,开展现场书写赠送春联活动。市曲协组织蒲公英文化艺术学校小学员多次到省少儿福利院、省会老年公寓和幼儿园进行慰问演出。

(陈广山)

石家庄市归国华侨联合会

【概况】 2012年,市归国华侨联合会(简称市侨联)以第十次归侨侨眷代表大会换届为重点,按照抓组织引导、政策落实、活动载体、典型示范、队伍建设的思路,积极开展"为侨服务年"。开展"发挥独特优势 优化发展环境 改善生态环境 共建幸福美好家园"主题实践活动,向广大归侨侨眷发出"优化发展环境 侨界在行动"倡议,发挥侨界联系海外独特优势,宣传和推介石家庄区位优势和着力推进"两个环境"建设成果,鼓励和支持归侨侨眷和海外侨胞关注石家庄变化,吸引资金、项目到石家庄投资。围绕"组织建设更加有力,社会作用更加突出,服务发展成果突显"目标,开展"实践科学发展观、创先争优上水平、为侨服务立新功"主题实践活动,发出《争当时代先锋 争做侨界楷模》倡议,大力宣传先进典型、先进事迹,在企业界、医疗、教育、党政机关等行业涌现出一大批助推省会经济发展、服务社会和谐建设、促进对外交流合作、优化发展环境等方面做出突出贡献的侨界楷模。2012年,市侨联参加全市基层建设年活动,在鹿泉市李村镇王村接待群众信访18次,化解矛盾50余起;清运垃圾1500多平方米,种树1500余棵,硬化道路400余米,修筑排水渠600米;投资3万元建成文化书屋,筹集40余万元安装2台315千安培变压器,建成60平方米村卫生室均投入使用;倡导开展"手拉手共建新农村"活动,号召石家庄职业技术学院新龙软件学院向王村幼儿园捐资5万余元。

【召开第十次归侨侨眷代表大会】 9月12日,市第十次归侨侨眷代表大会成功举行。经过全体代表共同努力,圆满完成大会各项议程。省委常委、市委书记孙瑞彬接见了参加市第十次归侨侨眷代表大会的260多名代表。会议期间,审议通过市侨联第九届委员会工作报告决议;选举产生市侨联第十届委员会委员71名,常委37名,主席1名、副主席12名;明确了未来五年侨联工作思路和主要任务;表彰了38个侨务工作先进集体、44名优秀侨务工作者和49名归侨侨眷先进个人。省侨联主席、党组书记马法严,市委常委、统战部长高天,市人大常委会副主任许昆峥,市政协副主席朱增海出席开幕式。胡翎当选市侨联第十届委员会主席。

【服务经济发展】 以省会品牌经贸活动为平台助力经济发展。发挥"正博会”平台优势，加强海内外联络，邀请8个国家和地区75位有影响、有实力的侨界领导和侨商到石家庄参会，共到参展企业16家。“正博会”期间，市侨联新聘请海外顾问9名，累计达191人。举办侨商恳谈会、项目洽谈会和河北正定现代服务产业园推介会等活动，搭建项目对接平台，为侨商在石家庄寻找商机、交流合作、投资兴业“架桥铺路”，促成日本国际商会在正定现代服务产业园区投资物流项目等合作意向7个。扶持侨企做优、做大、做强，助推经济发展。市侨联采取领导视察、现场办公、座谈交流、参观考察及进园区、入厂区等方式，开展调研活动，深入了解侨企情况，建立侨企动态管理档案380余家。加强侨企与职能部门、金融机构、企业间的对话沟通、融资对接和交流合作渠道。2012年，河北东旭集团投资百亿高科技项目在高新区投产，成为全国同行业的领头羊，该企业研发的液晶玻璃基板成套设备生产线获得第四届中国侨界创新成果贡献奖；河北新龙科技集团与布衣坊强强联手，签署“门户网站及在线订餐系统”项目；中国银行石家庄分行支持侨企融资，成功搭建新平台；侨企格林服装（石家庄）有限公司增强产品设计和研发能力，提升产品档次和附加值，出口额稳步增长。

【人才建设】 将凝聚海外人才力量，服务海归人才创新创业发展，发挥侨界人才智力优势作为服务省会经济社会发展新的增长点。建立侨界高层次人才数据库560余人。依托“市侨联海外人才联谊会”服务平台，积极开展联谊活动，努力为来石家庄海归人才纾困解忧，营造舒心放心的创新创业环境。邀请获得“十大海归创业新锐奖”的英国剑桥大学博士刘煜炎走进“燕赵大讲堂”，讲授中外教育比较，以全新教育理念引起听众共鸣。2012年，经市侨联推荐，市侨联委员、石家庄达为医药科技有限公司总经理高春平博士，河北医科大学教授田庆宝博士获得第四届中国创新人才贡献奖；市侨联副主席、新龙科技集团总裁杜秀珍，市侨联常委、市第三中学校长赵铁英获评市管拔尖人才。

（杨占全）

【2人1项目获中国侨界贡献奖】 2012年下半年，在北京人民大会堂举行的第四届新侨创新成果交流会上，市侨联推荐的河北医科大学公共卫生学院副院长田庆宝、石家庄达为医药科技公司总经理高春平获得中国侨界贡献奖（创新人才），河北东旭集团液晶玻璃基板成套设备生产线获得第四届中国侨界贡献奖（创新成果）。此次中国侨联、中国科协共表彰中国侨界贡献奖创新人才143名、创新成果64项，创新团队54个。河北省有4人获得中国侨界贡献奖（创新人才），2个项目获得中国侨界贡献奖（创新成果）。“中国侨界贡献奖”由中国侨联于2003年设立，已连续举办四届新侨创新成果交流会，共表彰回国创业和为国服务中成绩突出创新人才474人、创新成果171项、创新团队54个。

（戴丽丽）

【宣传联络】 侨联宣传形成以《石家庄侨联》刊物为龙头，“石家庄侨网”为拓展，“侨情专报”为特点，“手机短信”为平台的立体模式。所办《石家庄侨联》刊物连年被评为省会双十佳刊物。侨情专报积极落实重大事项专报制度，获得省侨联和市领导对侨界重大事项深入了解，赢得对侨联事业支持。创新宣传思路，以加入人民网通讯员等方式，密切与《人民日报》海外版、人民网、中国新闻网等国内主流侨务宣传媒体和网络联系。年内，省侨联和市领导12次在侨情专报作出重要批示；在《人民日报》海外版、人民网、中国侨联网、中国新网发稿31余篇；出版侨联动态63期，扩大了组织影响力，强化了联络，展示了形象。

【为侨服务】 2012年被省侨联确定为“为侨服务年”。市侨联结合省会侨界实际，以“摸侨情、闻侨声、汇侨意、解侨忧”为主线，以夯实为侨服务基础、创新为侨服务理念、完善为侨服务机制为重点，以为侨服务能力有效提升，为侨服务手段更加科学，为侨服务效果更加鲜明为目标，将“为侨服务年”作为开展创先争优活动和“两个环境”建设的具体内容。以侨联换届为契机，深入县（市）区、省会高校、侨资侨属企业、归侨侨眷代表开展走访和调研，了解实情、增强侨界民意基础；建立横向到边、纵向到底全方位为侨服务网络新格局，在做好县（市）区、驻石高校联系基础上，积极拓展向市直单位延伸。发挥法律服务顾问委员会、老年委员会，侨商经济委员会、海外人才联谊会等专门委员会作用；建立505份海外来石创业新侨和海外高层次人才台账；分类梳理侨界获得县级以上表彰奖励；动态更新侨资侨属企业数据586家；核实登记在册老归侨417户；更新补充市侨联海外顾问信息191名。确立“感情助侨、热情凝侨、激情兴侨”工作理念和“政治上关心、生活上贴心、服务上真心”工作原则。年内，市侨联及县(市)区、驻石高校等涉侨部门采取多形式、多渠道方式帮助贫困、病难归侨侨眷排忧解难，共慰问57户、112人次，发放慰问金35000余元 ，帮助侨界群众解决生产、生活及经营中实际问题42件次，为省会侨界老人发放“爱心卡”、“医疗优惠卡”各500张。加大县（市）区基层侨联工作指导力度，下发《工作指导意见和工作要点》，明确每个县（市）区有侨联工作干部和责任领导，形成上下联动机制。依托法律服务顾问委员会、老年委员会，侨商经济委员会、海外人才联谊会等平台，从解决广大归侨侨眷和海外侨胞身边现实问题入手，搭建起权益保障机制、依法护侨机制、帮扶救助机制。在老归侨、新侨、归国留学人员、侨资侨属企业、海外侨社侨团、石家庄籍华侨华人等不同服务对象中，积极开展针对性服务，形成点、线、面服务新格局。全年侨界保持和谐稳定，无1例信访案件发生。

【参政议政】 全市召开着力推进“两个环境”建设大会后，市侨联随即举办侨届人大代表、政协委员座谈会，引导代表、委员积极投身“两个环境”建设。按照市人大、政协安排，全年侨界人大代表、政协委员围绕建设幸福石家庄、改善发展环境等开展视察调研活动10余次，成功搭建起代表、委员与侨资侨属企业家及侨界群众交流平台。发挥引导服务作用，组织侨界人大代表、政协委员在市人大十届五次会议和政协十一届五次会议上就完善立体交通网、优化产业结构、食品安全等撰写议案提案、建议和社情民意等195件。其中，“菜篮子工程”提案被市政协评为优秀提案，侨联界集体提案《加快轨道交通建设是实现省会转型升级、跨越赶超，建设幸福石家庄的重大战略决策》在大会发言。

（杨占全）

石家庄市社会科学界联合会

【概况】 2012年，市社会科学界联合会（简称市社科联，2010年与社科院、讲师团合并）履行职责，深入开展理论宣讲、政策宣传和社科研究，稳步推进社科管理，积极落实“走转改”要求，开拓进取，锐意创新，圆满完成各项工作任务。组织实施第八届社科优秀青年专家和第十三届社科优秀成果评选。以“建强市、促和谐、兴文化”为主题，开展第十届社科普及周活动，引导市民崇尚科学精神，促进理论成果大众化。统筹各学会力量，策划推出讲座、咨询、研讨、座谈、展览等60项社会科学普及宣传活动，参与学术团体20多个、专家学者50多位。组织市属学会参加全国性和地区性工作会议和学术活动，交流经验，促进合作，扩大影响。其中，3个学会被评为“全国大中城市标兵学会”，4个学会被评为“全国大中城市先进学会”。2012年，市社科院编辑出版《石家庄社会科学》6期，《中心组学习参考》24期，《时事形势理论报告选》6期。年内，市社科院被中宣部授予“全国理论宣讲工作先进集体”称号，并被评为全国城市社科院先进单位。

【政策宣讲】 按照中央和省、市委安排，以教研骨干为主要成员，组建全市学习“十八大”精神宣讲团，在各县（市）区和各工委宣讲35场。利用《中心组学习参考》、《石家庄社会科学》、《时事形势报告选》及“理论之窗”电视节目等宣传平台，全方位、立体化、多层次进行宣传，拓展宣传广度和深度。配合市委宣传部，举办“双惠”基层宣讲员培训班，培训基层宣讲员1000多名。编写《石家庄市惠民政策手册》，分别以城市版、农村版形式印刷。

【理论研究】 立足人才队伍培养和落实“走转改”要求，组织社科院教研骨干人员走出书斋，深入全市重点县（市）部分企业、乡村和项目建设现场，广泛开展调研活动，开拓视野，掌握大量鲜活素材，实现行知合一。2012年，市社科院发表理论文章40篇。其中，国家级6篇；省级13篇；市级21篇。取得国家、省、市课题立项20个。其中，国家级社科规划课题1个；省大型民生调研课题5个，省社科规划发展课题2个，省委讲师团课题3个；市社科规划课题5个，政研会课题4个。

两部专著《低碳经济与河北转型》、《中国特色社会主义理论体系逻辑结构研究》正式出版。还参加了全市“党的十八大精神”、“弘扬西柏坡精神”、“完善公共文化服务体系，”“优化发展环境”等理论研讨、解读活动。

【“理论之窗”栏目】 坚持在市电视台办好《理论之窗》栏目。该栏目以科学理论为指导，围绕全市中心工作，配合形势政策宣传，针对老百姓关注的热点问题，精心策划选题。2012年，该栏目播出较为突出的选题有《加快构建有利于文化繁荣发展的体制机制》、《加快转型升级跨越赶超步伐，努力实现经济发展新突破》、《打好生态环境治理攻坚战》、《实施民生财政，共享发展成果》、《让民生阳光温暖“三农”》等。至2012年底，《理论之窗》栏目制作播出24期，极大地宣传了市委、市政府的决策部署和发展思路。

【“燕赵讲坛”】 年内，“燕赵讲坛”围绕专家备选、宣传舆论、现场服务、课题选择等环节，拓展思路，公众影响力日渐提高。举办的2012年“燕赵先进文化公益讲坛”，讲座内容丰富，讲座形式大幅创新，讲座亲合力、影响力、辐射力剧增，实现了每月有名家，每季有高潮。至2012年末，“燕赵先进文化公益讲坛”共在河北艺术中心主会场举办讲座51场。《燕赵讲坛文粹》2010年卷、2011年卷正式出版。

（刘卫红 吴德钢）

石家庄市残疾人联合会

【概况】 2012年，市残疾人联合会（简称市残联）以加快残疾人“两个体系”建设为目标，以扎实推进“十二五”规划贯彻实施为主线，以“十项助残工程”为抓手，围绕“抓组织建设、强化堡垒作用；抓作风养成、树立良好形象；抓业务工作、提升保障效果；抓体系建设、优化服务环境”工作思路，团结一致、真抓实干、锐意进取，圆满完成各项工作任务。加强残疾人文化活动设施建设，指导各县（市）区建设特艺人才培养基地和视力残疾人阅览室。投入5000多万元，建成7000多平方米，集残疾人就业服务、职业培训、用品用具供应、盲人按摩诊所、文体活动为一体的市残疾人综合服务中心。借鉴残疾人工作先进地区经验，完善道路改造、居民区、公共建筑等无障碍设施。开展创建全省及全国残疾人工作一流乡镇（街道）、社区（村）活动，新增全省及全国一流水平乡镇25个、社区32个、行政村58个。组织开展助残志愿活动，建立健全了助残志愿者联络站。全年共为残疾人服务19062人次，举办“园博园”游、“赵县赏花踏青”游、“心手相牵，感触世界”北京游和相亲会等大型活动15次。成功举办“爱眼日”、“聋人节”、“盲人节”、“肢体残疾人日”等节日活动，累计参与人数6.1万人次，辐射影响50余万人。5月11日，中国残联党组书记、理事长王新宪到石家庄市考察指导工作。在石家庄期间，王新宪指出：石家庄市委、市政府高度重视残疾人工作，全社会关心、理解、帮助残疾人的氛围浓厚，残疾人得到很多实惠，中国残联将继续一如既往地关心和支持石家庄市残疾人工作。11月28日，市残联系统召开学习贯彻党十八大精神动员大会，市委常委、副市长程凯到会宣讲和解读党的十八大报告，市残联理事长尚建斌以《紧贴实际学习贯彻党的十八大精神，扎实推进我市残联工作又好又快发展》为题作了辅导讲课。

【落实残疾人事业发展“十二五”规划】 年内，市政府第64次常务会议研究通过《石家庄市残疾人事业“十二五”发展规划（2011—2015年）》，提出未来五年残疾人事业发展主要任务、奋斗目标和政策措施。市委专题召开市残疾人事业发展会议，对贯彻该《规划》研究部署，增强了《规划》的针对性和操作性。市政府办公厅印发《石家庄市残疾人事业“十二五”发展规划（2011—2015年）目标责任分解方案》，明确规定残疾人事业“十二五”期间各项重点任务目标的完成时限、牵头单位和责任单位。全市23个县（市）区依据该《规划》，研究细化了贯彻落实措施。

【文化宣传】 开展第二十二次全国助残日暨石家庄首届残疾人文化节活动，举办书画、摄影、主题演讲、征文等文艺节目，培养和挖掘出贾丽伟、崔跃龙、冯惠捷等一批具有艺术潜质的残疾优秀人才。市残联参加河北省首届残疾人文化节活动获评组织奖。加大宣传报道，全年在各类报刊媒体刊播消息通讯200余条，其中6人次在省新闻评比中获得名次。

【体育活动】 6月份，在韩国举行的亚太聋人运动会上，市聋人运动员王蒙取得2金1银。结合第21个“国际残疾人日”，举办了石家庄市首届残疾人群众体育运动会，树立了残疾人自尊自强自立自信，勇于拼搏、敢于挑战的精神风采。9月份，在英国伦敦举行的第十四届残疾人奥运会（简称残奥会）上，市残奥会选手获得7枚金牌、3枚银牌、2枚铜牌，打破4项世界纪录，1项残奥会纪录，其中获金牌数占到全省三分之二。2012年，市残疾人工作考评获得河北省总评第一名。

（王剑锋）

【举办首届残疾人群众体育运动会】 12月3日，市残疾人联合会组织举办省会首届残疾人群众体育运动会，全市残疾人以特殊的健身方式庆祝第21次国际残疾人日。此次运动会上，全市21个县（市）区及市特教学校共22支代表队、373名运动员参加了田径、乒乓球、羽毛球、聋人篮球、盲人拔河、轮椅太极拳等6个项目比赛。

【开展复听、复视、复明工程】 开展“万名贫困聋人复听”工程，免费为贫困轻度聋人配备助听器1094人。开展“万人复视工程”，免费为贫困低视力者配备助视器4120人。开展“贫困白内障复明工程”，免费为贫困白内障患者实施复明手术2341人。

【率先在全省实施贫困重度残疾人生活补贴特殊保障制度】 2012年11月，《石家庄市贫困重度残疾人生活补贴实施办法》（简称《实施办法》）正式出台。根据该《实施办法》规定，从2012年12月起，全市贫困重度残疾人每人每月领取50元生活补贴，享受生活补贴对象为全市（含省管县）城乡低保对象中持有《中华人民共和国残疾人证》的一、二级贫困重度残疾人。这是石家庄市率先在全省实施、专门针对贫困重度残疾人特殊保障的一项重要制度。根据第二次全国残疾人抽样调查结果，石家庄市残疾人总量为67万人，重度残疾人为5.7万人。至2012年底，全市共有贫困重度残疾人13464人，普遍存在生活自理能力差、社会参与程度低、生活来源不稳定、家庭经济和精神压力大等困难，是一个最需要关心和帮助的社会群体。

（王静）

【特殊教育资助】 2012年，市政府第67次常委会研究通过《关于进一步加快特殊教育事业发展的实施意见》。按照该通知要求，年末各县(市)区特教学校规划建设任务全部完成，落实了从残疾人就业保障金中安排5%～8%的资金用于特殊教育学校开展师生及社会成年残疾人各种职业教育与技能培训，有效保证了残疾人公平享受教育权益。帮助适龄贫困残疾儿童享受普惠性学前教育65名；完成考试录取75名残疾学生和165名残疾家庭子女建档备案，实施资助专科生46名、残疾家庭子女165名。

【康复救助】 实施“七彩梦行动计划”，完成“人工耳蜗”康复救助24名、聋儿“助听器”康复救助25名、脑瘫儿童康复救助40名、孤独症儿童康复救助40名。组织实施0～6岁贫困儿童抢救性康复项目，完成77名儿童康复任务。100名贫困缺下肢残疾人实现假肢装配。免费为90名贫困成年听力残疾人配发数字助听器，为480名贫困精神病患者进行服药救助。以“减少噪音、保护听力”为主题，开展“爱耳日”宣传教育活动，举办“爱耳日”公益音乐会，引起社会强烈反响，受到中国残联、省残联通报表扬和市委、市政府领导一致好评。

（王剑锋）

【西柏坡残疾人康复站落成】 4月9日，西柏坡残疾人康复站落成。外交部国外局参赞乐爱妹，省委常委、副省长聂辰席，市委常委、副市长程凯出席剪彩仪式。西柏坡残疾人康复站是由外交部和中国残疾人福利基金会共同实施的“大爱无国界·集善工程”援助项目。援助资金60万元，来自2010年9月外交部和中国残疾人福利基金会共同主办、由乐爱妹发起的“大爱无国界——资助残疾人”国际义卖活动所得善款。该康复站地处大西柏坡中心地带，占地面积约500平方米，设有功能康复训练室8间，装备供残疾人康复训练器材22套，配备康复医生1人，康复治疗师3人。该站是河北省首个乡镇一级、配备齐全的康复站。

（王更）

【残疾人综合服务中心试运行】 10

月20日，市残疾人综合服务中心试运行。市残疾人综合服务中心位于裕华区谈固东街与金马路交会口。项目总投资2300余万元，建筑面积6138平方米。中心内设置一站式服务大厅，提供残疾人就业审核、残疾人职业介绍、来信来访、康复咨询服务；设置康复中心，提供聋儿语训、孤独症儿童康复、肢体残疾人鉴定、假肢制作、康复训练、辅助器具等服务；设置多功能厅，提供残疾人职业技能培训、技能比赛展示、书画交流等服务。

（王静）

【就业扶贫】 以服装裁剪、电器维修、美容美发等为内容，分两期免费培训残疾人1500多名，提高了残疾人自立生存技能。开展残疾人大学生专场招聘会和全市残疾人就业恰谈周活动，提供就业岗位2500个。启动“农村基层党组织助残扶贫工程”，为120名农村贫困残疾人改善了基本生活条件。结合市商务局“万村千乡市场工程”项目建设，帮助解决残疾人农家店3户，安置残疾人（或家属）15人。利用扶贫贷款贴息政策，从9个县（市）及种植业、养殖业、加工业等扶贫企业争取到贷款贴息资金1700多万元，直接受益残疾人1300余人。2012年，全市帮扶残疾人1.9万多人，脱贫9500余人。

（王剑锋）

【开展第六次“全国特奥日”活动】 7月20日，石家庄市第六次“全国特奥日”活动在石纺社区启动。活动主题是“关注智障人士健康，推动特奥运动发展”。市内五区特奥运动员及其亲友、市内4所培智学校学生共计160余人参加启动仪式，现场举办了趣味运动会，有乒乓球、原地拍球、保龄球和方巾操等项目。2012年，全市有残疾人67万，其中智障残疾人5.5万人；共有活动站（点）187个，经常参加各类活动的智障残疾人3.2万人；拥有特奥运动员1300人，志愿者1200余人。

（刘毅）

【法律维权】 6月，联合公、检、法、司等15个部门开展残疾人法律援助月活动。制定下发《关于加强残疾人法律救助工作意见》，在8个县（市）建立法律救助站。完善市、县、乡（街道）、村（社区）四级维权网络，制定和落实登记制度、建档制度、上报制度，规范了各级上报案件处理时限。2012年，全市受理残疾人法律援助案件468起，解决信访案件282起，信访量逐年减少。

（王剑锋）

石家庄市黄埔军校同学会

【概况】 2012年，市黄埔军校同学会（简称市黄埔同学会）以发扬黄埔精神，联络同学感情，促进祖国统一，致力振兴中华为宗旨，发挥桥梁和纽带作用，团结海内外广大黄埔同学，在反台独和促进祖国统一方面发挥独特优势，为石家庄市繁荣发展和促进两岸交流做出积极贡献。以“服务大局、服务统战、服务经济、服务会员”四项服务活动为基础，开展“孝顺儿女和谐家庭”评比活动，此项活动历时一年，评选出“先进和谐家庭”和“孝顺儿女”，并给予表扬和鼓励。召开纪念黄埔军校建校88周年座谈会，省会部分黄埔同学和亲友30余人参加，一起回顾了国共两党从创建黄埔军校、到联合抗战的艰难岁月，总结和认识了黄埔精神的历史现实意义，黄埔同学纷纷表示要继续发挥余热和作用。至2012年末，市黄埔同学会共有会员28名。

【温暖服务】 及时解决黄埔同学实际困难，帮助黄埔16期李又伟解决了家庭纠纷和低保问题，协调正定县委统战部解决了唐二妞遗孀生活和住房困难及黄埔15期同学王敬之在和平医院医疗卡被盗问题等。年内，在深圳龙越慈善基金会捐助6名抗战困难老兵每年3600元基础上，争取市政府财政资金救助10万元。黄埔子弟——唐山房地产开发商简志忠为市黄埔同学焦正辉、刘自勖等捐助2000元。

【制度建设】 建立“温暖黄埔之家”，坚持和完善“四项制度”。坚持困难会员帮扶制度，对低于城市低保标准和农村生活困难的黄埔同学，进行定期联系走访，给予适当救济，及时解决了部分黄埔同学生活上、医疗上的应急困难。坚持定期走访慰问制度，在春节和校庆期前后开展走访活动，到会员家中看望慰问，了解身体和生活情况，听取意见。坚持会员来信来访制度，做到会员来信必回，来访必接，态度热情，服务周到，尽力帮助和解决一些实际困难。坚持人文关怀制度，登记造册每位黄埔同学生日，在生日送去蛋糕和贺卡；重大节日，送去慰问信和慰问礼品；黄埔同学病逝，积极组织悼念活动。

【举办迎中秋、庆国庆、话两岸和平发展座谈会】 9月20日，省会黄埔同学"迎中秋、庆国庆、话两岸和平发展座谈会"在市银河宾馆举行。省黄埔军校同学会秘书长孟祥红，市委常委、统战部长高天，市黄埔军校同学会会长张连枝、秘书长邱振贵，市内五区统战部负责人及省会部分黄埔同学和亲友50余人参加座谈。省黄埔军校同学会秘书长孟祥红代表全体黄埔同学在座谈会上表达了期盼中华民族团圆和祖国统一的美好愿望，寄望黄埔同学和亲友发扬"黄埔精神"，完成光荣使命。

（邱振贵）

石家庄市台湾同胞联谊会

【概况】 2012年，市台湾同胞联谊会（简称市台联）以做好争取台湾民心工作、为经济和社会发展做贡献为目标，积极扩大石家庄与台湾两地经济文化交流，发挥台联组织优势，圆满完成各项工作任务。1月5～10日，政协河北省第十届委员会第五次会议在石家庄举行，市台联会长廖海鹰、副会长王爱鸽参加会议。1月11～15日，市政协第十一届委员会第五次会议举行，市台联副会长陈瑛及张宇慧、游艳红参加会议。2月14～17日，桥东区政协第八届委员会第一次会议举行，市台联徐纯参加会议。政协会议期间，台籍委员积极参政议政，王爱鸽提交了《加强温泉旅游发展》、《关于省台联增加省政协常委名额的建议》和《关于解决停车乱收费的问题》提案，徐纯提交了《加强机动车占道停车管理的建议》。3月29日，市13名台籍党员参加了在石家庄市召开的河北省台湾省籍党员大会，选举河北省出席全国台湾省籍党员代表会议代表2名，分别为中国移动通信集团河北有限公司南区客服中心总经理助理史晓英和河北省台联秘书长游俊英。12月17～20日，市台胞廖海鹰、游艳红代表河北省800多名台胞参加在北京召开的第九次全国台湾同胞代表会议，受到中共中央政治局常委俞正声的接见。

【考察交流活动】 1月5日，台湾中华两岸文教经贸交流协会理事长何海华到石家庄参观考察。7月12日，到石家庄投资兴业台商姜智新所办"台茶村"茗茶店入驻华夏1号茶城，开业运营。7月25日，市委统战部和市台联联合接待了美国韦恩州立大学终身教授、密歇根州亚太侨民委员会委员、北京师范大学"京师学者"讲座教授、市海外联谊会名誉会长美籍华人陆国震博士。市委常委、统战部长高天会见陆国震。陆国震和夫人高美玲于2006年底创办"手牵手教育基金会"，由美国华侨华人一对一捐助石家庄平山县、赞皇县、灵寿县3县贫困学生，每年资助2次。至2012年底，共资助石家庄学生2378人次，捐助金额73万余元。2012年开始，"手牵手教育基金会"决定提高美元资助金额，小学生每年从50美元提到60美元，初中生从80美元提到100美元，高中生从130美元提到160美元。8月11日，台湾崧祐生物科技有限公司董事长，台湾传统伦理文化发展协会、高雄市台海文经交流学会、高雄市福建同乡会理事长，台湾黄埔文化交流中心负责人陈孝忠到石家庄市参观考察。 8月18日，市委统战部和市台联联合接待了《澳门日报》副总经理李业飞为团长的河北省海外联谊会港澳理事参访团一行10人，陪同参观了西柏坡纪念馆、中共中央旧址及市规划馆。市海外联谊会会长刘国栋在亚太大酒店会见参访团一行，并为10名港澳人士颁发石家庄市海外联谊会理事会聘书。12月3日，台湾有机农业研究基金会顾问、瑞谷现代农业品开发有限公司总规划师、台湾华人族群融合发展协会常务监事、福建省安溪县举源茶叶专业合作社经济顾问罗美坚一行3人到石家庄市参访。市台联陪同考察了市福建茶城和华夏1号茶城。12月8日，市台联接待了在北京参加"台湾两岸和平发展论坛代表人士研习班"的台湾夏潮联合会会长陈福裕等一行11人，陪同参观了西柏坡纪念馆、中共中央旧址及正定隆兴寺，并与西柏坡纪念馆研究人员就"两个务必"进行了交流。市委统战部副部长刘兰敏在亚太大酒店会见参访团一行。年内，市台联与市委统战部联合组织以市委统战部副部长刘兰敏为团长的文化交流考察团到台湾参观考察8天。主要任务是与台湾文化艺术界就弘扬中国传统文化和促进文化产业发展进行互动交流。考察团一行10人参观了台湾文化会馆、台湾创意设计中心、台北市台海两岸经贸文教交流协会、国父纪念馆、故宫博物馆以及台湾乡土民风民俗等。考察期间，召开座谈会3次，与原台联主席、现台湾文化会馆馆长苏进强，永利扬企业有限公司董事长杨祥传，台湾文化会馆主任秘书蔡富澧，台湾创意设计中心资讯服务组李瑞钦等台湾文化界知名人士作了交流。

【召开三届四次理事会】 5月8日，市台联三届四次理事会召开。会议推选石家庄市出席省台联第八次代表会议代表16名、理事候选人6名。16名代表构成具有广泛性，有工作在各条战线的领导干部和先进工作者，有各方面知名人士，也有妇女、少数民族代表、台联专职干部。其中，60岁以上1名，50～60岁5名，40～50岁5名，30～40岁4名，20～30岁1名；男6名，女10名；中共党员6名；处级以上干部3名；大专以上学历15名；高山族同胞1名。6名理事候选人构成体现了台联的群众性和祖国统一事业需要，有工作在各条战线的先进人物，有在台湾岛内、海外有一定影响的代表人物。其中，60岁以上1名，50～60岁3名，40～50岁1名，30～40岁1名；男2名，女4名；中共党员5名；处级以上干部3名；大专以上学历6名；高山族同胞1名。

（游艳红）

石家庄市消费者协会

【概况】 2012年，市消费者协会（简称市消协）以维护消费者合法权益为中心，以“消费与安全”年主题为主线，加强消费教育与社会监督，努力创建安全、和谐的消费环境，认真受理消费者投诉，依法维护消费者合法权益，提升了消费信心，提高了消协组织公信力，为建设幸福石家庄做出了积极贡献。开展消费体察和消费者满意度调查活动，发现和及时解决误导消费者容易产生纠纷问题69个。对发现问题，及时向企业提出建议，督促整改。全年通过新闻媒体发布消费警示和消费提示13条，提醒多数消费者避开消费陷井。7～10月份，在全市范围开展家电售后服务质量消费者满意度调查活动。11月30日，召集北国电器、海尔售后等十多家家电经销商、生产商售后服务负责人座谈售后服务工作，通报了家电销售企业和售后服务质量明查暗访、日常投诉情况。围绕“消费与安全”年主题和消协工作重点主动开展宣传、报道，在省、市级媒体发布信息120篇，曝光消费侵权案件，报道消费投诉情况、消协工作动态，发布消费提示、消费警示，宣传消协自身建设，树立了消协组织的良好形象。

【开展3·15国际消费者权益日纪念活动】 贯彻落实2012年中国消协提出“消费与安全”年主题，深入开展纪念3·15国际消费者权益日活动，推进保护消费者合法权益。3月6日，市政府召开保护消费者合法权益办公会议，专门研究全市2012年纪念3·15国际消费者权益日活动方案，并听取办公会议办公室及成员单位关于2011年工作情况及2012年工作安排汇报。3月9日，召开石家庄市2012年纪念3·15新闻发布会，市消协发布了“石家庄市消费者协会2011年度消费者投诉热点分析”，市工商局、卫生局、市质监局、物价局、药监局向社会公布一批典型案例，震慑了不法分子，提高了广大消费者维权意识。3·15活动期间，省、市消协编辑出版《2012年3·15消费维权专刊》一期，广泛散发，积极宣传；全市各级消协组织根据各自实际，利用广播、电视、报刊、网络等媒介开展系列专题报道，均在当地比较繁华地段、广场、商场门前举行了3·15国际消费者权益日宣传咨询活动，共接待消费者咨询12030件，接受消费者投诉226件，发放宣传材料15.2万余份。

【消费教育指导】 举办消费大讲堂。3月17日，市消协与市家装协会联合举办家装消费知识大讲堂活动，针对家居装修过程中消费者遇到的问题，聘请专业学者、教授讲授装修装饰消费常识，提醒消费者防范“消费陷阱”，增强自我保护意识。3月24日，市消协与市电视台《小吴帮忙》栏目联合举办老年健康消费大讲堂活动，160名老年消费者及市级媒体记者共200多人参加活动。3月25日，举办出国留学大讲堂活动，市消协与金吉列留学石家庄分公司共同主办了2012中国·河北春季国际教育展暨第36届世界名校巡回招生面试会，来自美国、英国、加拿大、澳大利亚、新西兰、亚洲、欧洲等十几个热门留学国家百余所著名院校参与此次教育展。全年举办出国留学大讲堂活动3次。开展“消费教育进社区、维权服务到万家”活动。4月下旬，全市各级消协均在当地选择10个规范化社区，围绕“消费与安全”年主题，有计划，分步骤开展了形式多样的消费维权宣传咨询服务活动。5月14日，晋州市消协联合晋州信誉楼超市开展消费维权进社区活动；5月25日，鹿泉市消协、鹿泉市工商局与海尔集团鹿泉专卖店联合在鹿泉市向阳街举办“消费教育进社区、维权服务到万家”活动；6月17日和9月16日，市消协联合石家庄百里挑一网在桥东区神州家园小区和方北社区分别举办“消费教育进社区、维权服务到万家”活动。2012年，全市消协开展“消费教育进社区、维权服务到万家”活动26场次，得到社区消费者广泛欢迎。

【受理消费者咨询投诉】 各级消协组织加大投诉案件整体解决力度，积极落实事前防御、事中监督、事后处理环节，有效遏制了侵害消费者合法权益行为。至2012年末，全市受理消费者投诉1562件，解决1493件，解决率达95.58%，实现消费者免受经济损失113.48万元，涉案金额118.18万元，不予受理9件，接待来访、接受咨询9100人次。2012年，全市消费投诉主要问题有：非现场购物投诉多，调解难度大；药品、医疗器械、保健食品市场待规范，售后服务质量待提高；电信行业服务水平需提升；商品“三包”不详尽致使消费者维权无据。

（李哲）

【78家企业纳入“12315”消费维权直通车】 全年市工商局“12315”申诉举报指挥中心共受理“消费维权直通车”案件1384件。至2012年末，全市纳入“12315”“消费维权直通车”系统企业达到78家，其中12家开通“视频维权系统”，基本覆盖市区大型商场、超市、家电、家具卖场。2012年“12315”申诉举报案件涉及主要问题有售后服务、产品质量、广告宣传、服务收费、设施安全等。

（王巍）

【消费维权创新】 2012年，无极县消协在调解消费纠纷上勇于创新，大胆探索，在“诉前调解”工作机制基础上，与县法院联合设立“消费法庭”，创出一条消费维权新路子，方便了消费者依法行使诉讼权利，快速有效地解决消费权益纠纷。年内，无极县消协“诉前调解”和“消费法庭”共解决消费纠纷92起，其中重大群体性投诉4起，为消费者挽回经济损失96万余元。发挥“一会两站”基层优势，落实农村消费者投诉小事不出村、大事不出乡镇要求，做到矛盾纠纷化解在发生地，解决在基层，消灭在萌芽状态。2012年，全市农村受理消费者投诉8168件，解决7875件，解决率达96.41%；挽回经济损失775.56万元。井陉县工商局和消协积极探索消费维权新领域，在公用企事业单位建立消费者协会分会和消费维权服务站。12月份，井陉县供电公司、信用联社起动试点，实现消费维权由抓系统向系统抓转变、由简易处理型向规范服务型转变，建成新的消费维权机制，最大限度落实了维权网络全覆盖。同时，也转变了公用企事业单位服务理念，减少和避免消费纠纷，树立了公用企事业单位服务百姓、服务群众、服务社会新形象。

（李哲）

石家庄市工业经济联合会

【概况】 2012年，市工业经济联合会（经济团体联合会，简称市工经联或经团联）履行经济类行业协会业务主管职责，服务发展大局，发挥自身优势，创新工作思路，突出工作重点，狠抓工作落实，推进行业协会规范发展，指导县（市）工经联（经团联）提升服务能力，在开展调查研究、反映基层诉求和加强基层党组织建设等方面取得新的成就。研究制定《关于加强全市性经济类行业协会党建工作的指导意见》，市沐浴协会、汽车流通协会、婚庆协会等4家行业协会成立党支部，新发展党员4人。市洗染协会、汽车流通协会、饭店烹饪协会、装饰协会、商业联合会5家行业协会建立工会组织。帮扶灵寿县慈峪镇杨家庄村解决居民使用沼气问题，为该村打机井3眼。推进银企合作，协助井陉矿区新世纪煤化实业集团与中国农业银行石家庄市东港路支行达成5000万流动资金和承兑汇票业务。2012年，市工经联在中国工经联工作会议上介绍经验，在全省工经联工作会上作典型发言。年内，市工经联（经团联）被评为“市级文明单位”、“先进基层党组织”和“普法工作先进单位”。

【重大活动】 6月27日，市工经联（经团联）举办《省会百业颂党恩——

石家庄市经济类行业协会庆祝建党九十一周年歌咏比赛》，全市83家行业协会及各行各业1000多名干部职工共同庆祝中国共产党成立91周年。7月18日，市工经联（经团联）召开全市经济类行业协会及县级工经联（经团联）培训工作会议。市政协副主席韩宪章出席会议并通报全市经济形势，省工经联（经团联）调研部部长李治才就协会行业统计与分析工作进行讲解。会议重点落实了市委办公厅、市政府办公厅《关于进一步加强和改进新形势下工经联（经团联）和行业协会工作的意见》（石办发〔2011〕31号），通报部分协会财务检查情况，对全市经济类行业协会开展"创建诚信协会、塑造诚信行业、构建诚信城市"活动进行动员部署。21家行业协会向全市行业协会发出《创建诚信协会，服务全市发展》倡议。10月31日，市政协副主席韩宪章及部分政协委员围绕"助推石家庄市行业协会改革与建设"主题，到市工经联（经团联）及部分行业协会视察指导，与10多家行业协会会长座谈，听取了市工经联（经团联）工作及行业协会发展情况汇报，对工经联（经团联）履行全市经济类行业协会业务主管单位职责以来工作，尤其是推进行业协会及县级工经联（经团联）组织体系建设、调查研究和服务全市经济发展工作给予肯定。市政协委员参观了中友机电设备有限公司车间，详细了解销售、出口等情况。开展2012年度河北百强企业排序活动，经宣传推荐，市工业经济联合会有18家企业入围2012年度河北百强企业，30家企业入围行业排头兵。9月25日，省、市工经联（经团联）联合举行了石家庄市河北百强企业授牌仪式暨座谈会。

【服务经济发展】 指导行业协会举办各类会展，繁荣省会会展经济。全年指导协调市商业联合会、装饰协会、汽车流通协会、企业家协会等举办石家庄购物节、家居文化节、茶叶博览会、汽车展览会等活动，丰富会展市场，打造城市名牌，促进了行业发展。按照市政府要求，组织行业协会承担"正博会"招商，引进国内外客商100多家，展位200余个，圆满完成交办招商任务。指导市煤炭经营协会、中小企业发展总会等行业协会与民生银行、农业银行等多家银行开展银企对接活动，为中小企业解决融资3亿元。指导行业协会围绕转型升级开展服务活动。市建筑行业协会举办"石家庄市首届建筑业发展论坛"，商议转型升级大计，并组织建筑门窗企业到高碑店"中国国际门窗城"学习考察，推进企业转型升级；市纺织协会组织行业企业到郑州学习考察，指导行业借鉴郑州经验，加快市工业经济联合会服装行业转型升级步伐；市装备制造行业协会推进产学研合作，指导中友机电设备有限公司走校企联合办学之路，培养高技能人才；市煤炭协会大力推广低硫煤，组织全市重点行业企业与冀晋蒙煤炭生产企业签订战略框架协议。

（焦哲）

【发布百强企业名单】 9月27日，市企业联合会、企业家协会召开第十届二次理事会，发布2012年石家庄市企业100强名单，其中河北敬业集团以2011年销售收入4257824万元业绩位居榜首。此次百强企业排序按照国际通行方式，根据企业上年度完成销售收入（或营业收入）指标，经评审委员会审定，并由市政府经济主管部门认定。最终，河北敬业集团、中国石油化工股份有限公司石家庄炼化分公司、石家庄北国人百集团有限责任公司、华北制药集团有限责任公司、石药集团有限公司、辛集市澳森钢铁公司、河北天山实业集团有限公司、国药乐仁堂医药有限公司、河北曲寨集团有限公司、河北诚信有限责任公司等100家企业获得"百强企业"称号。

（范玉蕾）

【调查研究】 围绕市工业经济联合会转型升级、跨越赶超和发挥行业协会作用等课题深入行业企业开展调查研究，撰写了君乐宝乳业有限公司《品质领先铸就行业典范》、市商业联合会《发挥联合优势注重务实服务，在促进省会商贸服务业发展中彰显作为》和《关于石家庄市工业经济联合会经济类行业协会发展情况的调查报告》等调研文章。联合市建筑行业协会、市装备制造行业协会开展行业发展情况调研，撰写了《关于石家庄市工业经济联合会建筑业发展情况的调查》、《关于石家庄市装备制造业发展情况的调查》，分别在市委《决策》、《石家庄经济》、《石家庄日报》刊发。2012年，市工经联（经团联）被授予全市"调研工作先进单位"。其中，撰写的《在服务发展大局中彰显作为》调查报告获得全市优秀调研成果一等奖，《提升石家庄市工业经济联合会重点行业企业竞争力，为石家庄市工业经济联合会转型升级和跨越发展提供支撑》调查报告获得全市优秀成果奖。

【行业协会建设】 根据《石家庄市行业协会“十二五”发展规划》和全市工经联（经团联）和行业协会工作会议提出的目标要求，多次召开行业协会建设推进会、企业座谈会、专项工作调度会，大力推进重点行业、新兴产业和涉及民生行业协会组织建设。5 月 29 日，市节能协会成立；2 月 23 日，市医药行业协会成立；5 月 29 日，市节能协会成立；7 月 15 日，市金属流通行业协会成立；12 月 27 日，市融资性担保行业协会成立。至 2012 年底，全市共有经济类行业协会 85 家，布局结构日趋合理，基本完成较为完善的协会服务体系目标。按照《社会团体登记管理条例》规定及民政局对社会团体年度检查安排，年检初审行业协会 65 家，规范、整改了内部组织、制度建设等问题，促进了行业协会规范化管理。开展行业协会年度财务检查，督促行业协会建立完善、规范的财务管理制度，确保了重点行业协会扶持资金合理支出和有效利用。召开行业协会换届会议，严格换届工作程序，指导市商业联合会、烟花爆竹、出租汽车、粮食、酒类等行业协会完成换届。开展行业统计与分析工作，指导市建筑、装备制造、粮食、纺织、现代物流、商业联合会等 13 家行业协会每季度撰写《行业统计与分析报告》1 份，为经济管理部门和市政府加强行业管理提供了详实的第一手资料。为提升该项工作质量，多次召开专项培训会、经验交流会和工作调度会，聘请专家讲解实战经验，促进相互学习与交流，收到良好效果。开展行业协会评估工作，组织经济类行业协会参加全省社会组织评估和诚信建设评比“双评”活动，推荐市企业家协会、建筑协会等 2A 级以上行业协会 35 家，推荐市商业联合会、装饰协会等诚信行业协会 15 家，强化了诚信立会、诚信服务办会理念。开展对外学习和交流，组织部分行业协会负责人到美国、新疆等地进行国内外对口交流考察，学习先进做法，交流办会经验，开阔办会视野。指导行业协会加强信息平台建设，市再生资源建筑应用、城建开发、现代物流、煤炭经营、中小企业发展总会等行业协会创办刊物，改版网站，丰富了服务载体，提升了影响力。

【县级工经联（经团联）建设】 7 月 6 日，高邑县工经联（经团联）挂牌成立。10 月份，督导井陉县规范设立工经联（经团联）组织。至 2012 年末，石家庄市 17 县（市）全部完成工经联（经团联）组建工作。县级工经联（经团联）在培育发展区域性经济类行业协会、调查研究等方面发挥积极作用，高邑县工经联（经团联）深入重点企业开展调研，将涉及土地、电力、交通、城建等 12 个方面问题集中梳理提交政府领导，促成政府部门与企业开展面对面交流沟通，问题得到圆满解决和答复。行唐县工经联（经团联）发挥行业协会作用，培育产业集群，以大枣协会、乳业协会、煤炭流通协会为龙头，申报了红枣产业集群、煤炭产业集群等 3 个省级产业集群项目。11 月，全市召开县级工经联（经团联）发展座谈会和经验交流会，辛集市、行唐县等工经联（经团联）作了经验介绍，促进了共同提高。

（焦哲）

石家庄市红十字会

【概况】 2012 年，市红十字会弘扬“人道、博爱、奉献”红十字精神，主动参与卫生城、文明城、健康城创建活动，依法履行人道主义工作职责，狠抓党风廉政建设责任制落实，大力推进惩防体系建设，积极为全市经济社会建设贡献力量。结合“5•8 世界红十字纪念日”开展“宣传周活动”，组织进行红十字运动知识传播、备灾救灾宣传、现场募捐、无偿献血和造血干细胞捐献登记、“一个预防两个远离”宣传、志愿服务和义诊活动。组织市第 40 中学红十字青少年到北京参加“全国青少年应急安全知识竞赛”获得优秀奖，市红十字会获得优秀组织奖。与省血液中心共同举行“我是快乐的红十字无偿献血志愿服务者”征文活动。大力普及防灾减灾知识，征订防灾减灾避险知识竞赛题 1 万份，组织 31 个单位参加答题活动。全方位、多层次宣传河北政法职业技术学院造血干细胞捐献志愿者张珊珊感人事迹，引起社会广泛关注，张珊珊获评 2012 年“感动省城十人物”。至 2012 年底，全市各级红十字会印制、发放宣传单、宣传册 14 万余份，举办各类宣传活动80余次，在市级以上新闻媒体报道100余篇次、电台电视节目播报25条，市红十字会网站点击率达到10059次。邀请中华骨髓库河北分库负责人陈日新、中华骨髓库河北省定点实验室主任王振雷就造血干细胞捐献基础知识和申请成为造血干细胞志愿者程序及注意事项为全市红十字系统人员辅导授课。2012年，韩国庆尚北道红十字会会长申基沃到石家庄市考察“红十字千万元救助贫困大病患者活动”。年内，市红十字会获得全国红十字防灾减灾知识竞赛最佳组织奖、河北省“红十字系统先进集体”、市“文明单位”、“普法先进单位”、“实施妇女儿童发展规划先进单位”和“防治艾滋病工作先进单位”。

【组织建设】 召开“石家庄市2012年度红十字工作暨现场经验交流会”，安排部署基层组织建设，各县（市）区红十字会会长、专职副会长参加会议。协调县（市）区政府理顺红十字会管理体制。制定《县（市）区红十字会工作考评细则》，采取“听、查、看、访”方式，对各县（市）区红十字会工作进行年终考评。2012年，藁城市、晋州市、灵寿县等县（市）依托乡镇、社区、民政所等基层组织，健全乡、村级红十字会组织。至2012年底，全市16个县（市）区红十字会理顺管理体制，独立自主开展工作。举办造血干细胞捐献工作培训会，实现基层红十字会工作人员熟悉、掌握造血干细胞捐献流程和规范。以中国红十字总会、卫生部冠名医疗机构检查评估工作督导为契机，组织召开市直团体医疗会员单位工作会议，明确全市红十字冠名医疗机构职责和义务，规范医疗行为。2012年，全市共有市直团体会员单位19个，组建红十字无偿献血、健康医疗、应急救援和心理救援志愿服务队4支，登记志愿者1974人。

【款物捐赠】 全年接收社会各界捐赠款物898.92万元。其中，县（市）区红十字会“博爱一日捐”完成616.04万元；定向捐款201.83万元；非定向捐款6.17万元；各类捐赠物资价值74.88万元。晋州市、平山县超额完成年度任务，灵寿县、藁城市完成年度任务90%以上，行唐县、新乐市、辛集市、裕华区完成年度任务80%以上。平山县采取“面对面、一对一”宣传动员方式，主动上门劝捐；晋州市、裕华区、藁城市、辛集市、灵寿县、新乐市针对下属单位较多的教育、卫生、城管、税务等部门进行重点宣传动员；行唐县红十字会主动协调政府督查室督导，有效推动“一日捐”工作，还联系国大助学、万达广场30万元修路项目，在当地扩大了影响。北京国泰银科科技有限公司为市红十字会制作多媒体募捐箱，无偿投放全市152家单位。2012年，爱心人士王振捐助10万元和300台价值60万元治疗仪，救助贫困患者300余人；石家庄星光大道汽车服务有限公司捐赠10万元；河北泽行医疗器械销售有限公司捐赠2.9万元。

【无偿献血和造血干细胞、遗体、器官捐献】 全年无偿献血人数突破16万人次，献血量达到54吨。建成2支县级无偿献血志愿服务队，分别是晋州、正定分队。年内，石家庄市连续6次获得“全国无偿献血先进城市”称号。认真做好捐献造血干细胞宣传动员、信息登记核实、配型成功者思想工作。2012年，全市捐献造血干细胞入库资料登记人数突破3300例，累计2.7万例，位列河北省第一名；实现捐献9例，累计24例。2012年，市红十字会获得河北省造血干细胞捐献工作先进单位。至2012年底，全市累计登记捐献遗体1098人，累计捐献56例。累计登记捐献眼角膜237人，实现捐献13例。2012年，石家庄市完成河北省第1例人体器官捐献，实现了肝、肾捐献零的突破。

（郝瑞起 戎怡）

【首家成分血爱心血库挂牌】 4月5日，省会首家成分血爱心血库在石家庄铁路运输学校挂牌。捐献机采成分血是指健康公民通过血细胞分离机捐献血液中某一种成分的无偿志愿献血行为，国内以捐献机采血小板最为普遍。捐献机采成分血的献血者年龄和体重要求为：年龄18周岁至55周岁，体重男不低于50千克、女不低于45千克。

【无偿献血53.98吨】 2012年，全市无偿献血工作取得历史性突破，采供总量达到53.98吨，比2011年增长17.26%，创1998年《献血法》实施后最大增幅，顺利完成临床用血量年12%快速增长的供血保障任务。全市依据临床用血快速增长特点，按照“固定采血抓提升、流动采血抓开发、团体预约抓拓展”的思路，完善工作机制，拓展采血网络。市区在原有3个献血小屋基础上，增设了银座东购店、棉六公司、万达广场3个固定献血点；正定县、平山县、赵县献血屋采血频次增加；周边县（市）建成流动采血点40多个。年内，县（市）区采血量占到全市总采血量的58%以上，无偿献血开始向农村延伸。至2012年末，全市共建成应急献血团体60个、稀有血型资料库1800人、稀有血型应急队伍300人、预约成分献血者队伍200人，极大地增强了血液应急保障能力。

（王丽强）

【公益项目】 大病救助项目。开展“千万元救助贫困大病患者”活动，受益患者2171人，发放资助款342.36万元。举办红十字特困大病医疗救助，救助207人，发放救助款76.3万元。天使基金项目。申请上报中国红十字基金会（简称中国红基会）“小天使基金”27人、“天使阳光基金”27人，救助43人，获得资助金101.5万元。爱心创业项目。开展“魔豆爱心工程”，筛选确定25名自强自立困难母亲进行创业培训，获得淘宝网资助44.46万元。爱心助学项目。推进“安全知识进校园，我为孩子捐本书”活动，募集专款41.1万元，购书26346册发放学校；社会各界爱心企业、爱心人士捐赠衣服、书本、文具等116箱，价值约3万余元，转赠赞皇县龙门乡中学。募集石家庄万达商管公司、江苏建工爱心企业助学金2.5万元，资助4名贫困大学生实现梦想。志愿服务项目。组织志愿者和市心理救援队专家到老年护理院开展“博爱助老，爱在重阳”敬老爱老志愿服务，为住院老人送去节日慰问；在部分中考学校开展“爱心助考，红十字在行动”活动，联合市第八医院打造市心理危机干预工作平台，开通紧急心理救援热线“12320-5”。救护培训项目。在长安区启动“应急救护知识进校园”工程，开展无偿应急救护培训2240人；与河北电视台生活广播《健康导航》栏目联合举办“《健康导航》急救训练营”，普及健康急救知识。高标准承办河北省第二届应急救护技能大赛，推动市红十字应急救护工作深入开展。西柏坡红十字救护站正式投入使用，景区急救处理能力提高。

（郝瑞起 戎怡）

石家庄年鉴 Politics and Laws

政 法

政　法

公　安

【概况】 2012年，全市公安系统以党的十八大安保工作为主线，以“建设幸福石家庄”、打造“全国最平安省会城市”为目标，坚持大事牵动、目标引领，注重从政治、全局高度审视谋划工作，从根本、长远角度研究制定发展之策，党的十八大安保工作大获全胜，公安工作和队伍建设取得长足进步。全年受理出（国）境证件申请175370人次，同比增长40.86%；签发境外人员证件2278件，同比增长44.29%。全市17个县（市）和高新区配齐收费发证设备，并率先在全省实现受理点收费发证工作。户政管理推出重名查询、假日轮值、身份证明、专线查询、上门服务、绿色通道、限时办结等7项便民措施，二代身份证换发任务完成率达到100%。年内，市公安局在全省公安机关“三级两类一网考”中取得全年第一名成绩；市公安局党委被评为“全省创先争优先进基层党组织”；市公安局被公安部命名为“全国公安机关执法示范单位”，被公安部和科技部评为全国警用地理信息基础平台建设示范单位，被省委、省政府命名为省级文明单位；市公安局指挥部情报中心被公安部评为首批“全国市级十佳情报中心”、全国“大情报”工作成绩突出集体，长安公安分局被评为全国优秀公安局，新华公安分局赵陵铺派出所被评为全国公安机关爱民模范集体，市交管局桥西大队被评为全国优秀公安基层单位；长安公安分局新浩城警务站主任冯志宏被评为全国“最美警察”，市局情报中心副主任王劲超被评为全国特级优秀人民警察，高新区公安分局宋营派出所民警王博文被评为全国公安机关爱民模范。全年全市公安机关共有226个集体、2344名个人立功受奖。

【安全保卫】 围绕党的十八大胜利召开创造和谐稳定社会环境主线，突出重点、统筹兼顾，扎实推进安保工作。进入安保工作攻坚阶段后，全市公安机关坚持紧要关头不松劲、目标任务不落空、工作措施不走样“三个不”攻坚要求和维稳反恐“零事件”、信访隐患“零遗漏”、打击犯罪“零容忍”、治安防控“零盲区”、安全管理“零风险”、执法执勤“零差错”“六个零”任务目标，以必胜信念、前所未有的攻坚举措，全面发起决战决胜冲刺攻坚战役，成功实现工作目标，维护了政治安全和社会稳定。年内，市公安系统还圆满完成“第十四届科协年会安保”、园博会、动博会等170项、426场次安保任务及14次等级以上警卫任务。

【刑侦工作】 瞄准影响群众安全感和满意度的突出犯罪，特别是“两人”、“两抢”、盗窃机动车等多发性侵财犯罪，严重暴力犯罪，涉黑、涉恶犯罪和“黄赌毒”犯罪，区分重点区域和类型，开展“春季攻势”、“净土行动”、“雷霆行动”等系列专项打击行动，始终保持高压严打态势。命案侦破率再创新高，打黑除恶再掀高潮，深挖犯罪再获突破，侦破了“三角地带”特大盗窃团伙系列盗车案、跨晋冀豫特大网络贩枪案、“顺风军品”网络贩枪案等一批大要案。深入开展严厉打击经济犯罪“破案会战”行动，为国家、集体和个人挽回经济损失2.3亿元，多次受到公安部通报表彰和副部长刘金国批示奖励。强力打击侵害“三电”专项斗争、“打假证建诚信”专项行动和强揽工程、强控资源、强霸市场、强买强卖等行为，有效维护了正常市场秩序。年内，河北省公安厅在石家庄市召开全省看守所管理机制创新工作现场会。

【治安管理】 大力推进旅馆业、典当业、公章业、机修业、废旧业和娱乐场所在内的行业场所“六大信息系统”建设，并纳入市公安局PGIS平台系统，实行信息化管理。理顺派出所、警务室、警务站关系，健全市、县、乡、村四级巡控队伍。优化全市警务区设置及社区（驻村）民警配置，启动社区民警“专司”模式试点建设，健全了社区（农村）“五支队伍”等群防群治组织。加强防控网络建设，搭建起83个市、县、所视频监控共享平台，建成92个智能交通卡口系统，新增公安机关直控视频监控点3932个，基本覆盖全市重点部位、主要街道和案件高发区域。深化综合警务服务站建设，全年110接处警短信回复满意率达到98%以上。中共中央政治局委员、国务委员、中央政法委书记孟建柱称赞市综合警务服务站把社会管理职能与服务群众紧密结合起来，近距离打击犯罪，零距离服务群众，有效降低了街面发案率，增强了群众的安全感和满意度。开展“扫黄打非”、打击赌博违法犯罪活动以及中小学、幼儿园及周边治安秩序等治安整治行动，集中整治治安重点地区和治安乱点80个，清理整顿各类行业场所8000余家，关停证照不齐、涉赌、涉黄场所243家，收缴电子赌博游戏机2883台、盗版光盘20余万余张，有效净化了社会环境。开展实有人口和实有房屋“清源”行动，排查实有房屋74万余处、实有人口252万余人，新登记出租房屋3.1万余户、流动人口17.5万人、浮住人口3.2万人。以“不流失、不炸响，降事故、压发案”为目标，深入推进治爆缉枪专项行动和危爆物品集中清查整治行动。实行警企常态联系制度，对大型企业和重点项目实行警务人员分包制，在周边建立治安警务室，并派驻民警。建立市公安局和分、县（市）局领导班子成员与国家、省和市重点工程项目联系制度，定期到大型企业、重点工程项目及周边开展矛盾纠纷排查和化解工作，及时发现、妥善处置了涉及企业和投资创业者的各类案件，维护了正常生产经营秩序和企业、投资创业者合法权益。

（冯朝勇）

【公共安全视频联网系统通过验收】 全市公共安全视频联网系统于2009年底启动，2011年9月底投入试运行；2011年12月通过公安部第一研究所、河北省天翼检测中心的设备检测；2012年1月5日通过公安部、省公安厅专家验收，正式交付使用。视频联网系统试运行期间，新建和整合了市区街面已有社会单位安装的8万余台摄像机，增强了市民安全感，震慑了犯罪分子，同时为寻找走失老人儿童、救助流浪未成年人、获取市区中小路段交通情况信息等提供了准确服务。

（胡雁冰）

【交通管理】 以“降事故、保安全、保畅通”为目标，先后组织开展了“三超一疲劳”专项行动、整治机动车涉牌违法行为“卡口”统一行动、整治“酒驾”统一行动、“春雨行动”，严查超速、超员、疲劳驾驶、酒后驾驶、醉酒驾驶、涉牌涉证等严重交通违法行为，共查处交通违法行为167.8万余起。全市共发生一般程序道路交通事故424起，造成280人死亡、342人受伤，事故起数同比下降3.42%，死亡人数同比持平，受伤人数同比下降0.29%。

（冯朝勇）

【新交管指挥中心启用】 1月1日，升级改造后的市交管局指挥中心正式启用。新交管指挥中心传输速度比以往提高100倍以上，监控屏幕由18块增加到27块，对市区主路主街和主要路口的监控更加全面。

（胡雁冰）

【消防安全】 以282个乡镇、街道，4885个农村、社区和8341个责任片区为基本单元，将全市划分大、中、小三级消防管理网格，构建起乡镇、街道抓“面”，农村、社区抓“片”，行业、系统抓“线”，楼院长、村组、物业公司抓“点”的消防安全管理网络。2012年，全市消防管理检查各类单位9.1万余家，督促整改火灾隐患65.2万余处，临时查封1432家，责令“三停”903家，1199处重大火灾隐患全部整改销案。

【法制建设】 严格文明规范执法，市公安局和各分、县（市）局全部建成执法办案中心和涉案财物管理中心，执法单位全部实现案件网上办理，310个基层执法单位全部实现功能分区和物理隔离。全面实行案件网上办理单轨制，启用“网上审核监督视频联动系统”，开展治理执法突出问题专项活动，基层民警依法履职能力得到提升。严格执行8项行政许可和9项非行政许可事项，实行行政审批前置条件统一格式化管理，审批时间压缩50%。修订完善《行政处罚自由裁量标准》，向全社会公开。2012年，市公安局被公安部命名为“全国公安机关执法示范单位”。

【队伍管理】 按照“贴近实战、贴近基层、贴近民警”要求，开展全警大轮训和实战培训，共培训13500人（次）。年内，在省公安厅“实战训练年”巡考中，市公安局考核成绩名列全省第一。建立一整套战时队伍管理机制，以非常之为应对非常之期，实行领导干部上一线、督察落实上一线、思想政治上一线、服务保障上一线，有效确保了以十八大安保为主线的各项公安工作和队伍建设水平双提升。围绕解决“不作为、慢作为、乱作为、吃拿卡要”和“乱收费、乱罚款、乱摊派”等问题，开展专项治理活动，规范了民警行政执法行为。开展“公安民警大拜年”、“评警议警大恳谈”和微博访谈等爱民主题实践活动，牢固树立“民生警务”理念。2012年，全市公安民警走访各界群众8000余人次，网络互动网民220万余人次，收集意见建议2000余条，帮助解决实际问题800余件。

（冯朝勇）

检 察

【概况】 2012年，全市检察机关贯彻落实省、市政法工作会议和全省检察长会议精神，以为十八大胜利召开营造和谐稳定社会环境为首要任务，加强与国家安全机关、公安机关、审判机关密切配合，发挥批捕、公诉等职能和服务群众、震慑犯罪作用，始终保持对犯罪分子高压态势，有效履行了检察职能。制定《基层检察院建设规划》，严格落实基层检察院执法规范化、队伍专业化、管理科学化、保障现代化“四化”要求，建立市检察院领导分包基层院制度，成立12个督导组，分别与24个基层院建立联系点，开展每季度督导检查，推动工作落实。年内，市检察机关共有10个单位受到国家级表彰，17个单位受到省级表彰，36个单位和104名个人受到市级以上表彰；市检察院被评为省级文明单位，桥西区检察院被评为全国先进基层检察院，桥西区检察院、长安区检察院、裕华区检察院、新华区检察院和桥东区检察院被评为省级先进检察院。

【维护社会稳定】 重点打击严重影响社会稳定和人民群众安全感的黑恶势力犯罪、严重暴力犯罪和多发性侵财犯罪。全年批准逮捕各类犯罪嫌疑人3387件4842人，提起公诉4667件7147人，逮捕涉黑案件1件13人，恶势力犯罪案件7件23人，办理了牛某等17人黑社会性质组织案件，崔某等15人团伙盗窃案，黄某等8人贩毒、运毒案等大案要案，极大震慑了犯罪分子，有力维护了社会和谐稳定。落实宽严相济刑事政策，依法慎捕慎诉轻微刑事犯罪，全年不予批准逮捕442件623人，决定不起诉221人。加大涉检访工作力度，深入推进社会矛盾化解。推行执法办案风险评估预警机制、刑事和解、民事申诉和解、释法说理等工作，建立健全化解涉检信访积案长效机制，制定信访案件评查工作办法、风险评估实施细则和检调对接工作制度。畅通群众诉求渠道，全年接待群众来信来访1164件，1712人次，其中两级院检察长接访491件，1087人次；办理民事行政申诉案件27件，刑事申诉案件90件，刑事赔偿案件30件，决定赔偿27件。

【社会管理创新】 市检察院和20个基层院成立未成年人刑事检察机构，制定办理未成年人刑事案件实施意见，实行未成年人刑事案件专人专办和人性化办案方式，慎用、少用强制措施，不予批准逮捕未成年人32人、不予起诉18人。以青少年维权岗为载体，广泛开展“检校共建”活动。积极推动建立行政执法与刑事司法相衔接工作机制，在省检察院和市委政法委指导、支持下，将建立两法衔接机制作为全市社会管理创新一项重点工作，搭建了以市检察院为网络中心的信息共享平台，首批确定市直22个联网行政执法单位、市内五区检察院及辛集市检察院完成系统部署、安装，实现“网上衔接、信息共享”。落实宽严相济刑事政策，在依法严厉打击严重刑事犯罪的同时，依法慎捕慎诉轻微刑事犯罪，对未成年人犯罪、初犯、从犯、偶犯和轻微犯罪案件，根据案件具体情况，坚持教育、感化和挽救，在执法办案中融法、理、情于一体，打击和震慑了犯罪，维护了法制严肃性，又尽可能减少了社会对抗，化消极因素为积极因素。

2012年，全市检察机关不予批准逮捕371件523人，决定不起诉387人。

【惩处和预防职务犯罪】 以社会矛盾突出、群众反映强烈、党委和社会舆论高度关注问题为突破口，重点查办了城中村拆迁改造中行贿受贿、涉农补贴领域、国有企业改制中贪污私分、国土资源领域权钱交易等腐败案件，共查办贪污贿赂犯罪案件174件237人，其中大案134件155人，要案5人，国家机关工作人员犯罪案件52人，窝案串案13件88人；查办渎职侵权犯罪案件51件128人。发挥侦查一体化办案机制作用，开展查处农机深松工作中涉嫌职务犯罪专项活动和城中村改造过程中职务犯罪活动，查办农机深松职务犯罪案件28件41人，城中村改造中职务犯罪案件11件20人。开展重点项目职务犯罪预防工作，把正定新区、城中村改造等重大工程建设项目作为预防重点，在2011年396个立项、再建、续建工程项目开展跟踪预防基础上，2012年又对70个新立项项目进行全方位同步预防，并在省高速公路管理局、市烟草专卖局（公司）、中石化石家庄炼化分公司等重点建设单位建立职务犯罪预防工作机制。全年针对重大工程建设项目开展各种形式警示教育活动2831次、预防咨询3697次、发出检察建议1727件、行贿犯罪档案查询5113余次，确保了国家资金安全。2012年，市检察院与南车石家庄车辆有限公司、河北热电石家庄鹿华热电有限公司、石飞集团、轨道公司等16家国有企业签订共同开展预防职务犯罪工作方案，与23家企业建立联席会议制度。组建预防职务犯罪宣讲团，开展“进机关、进企业、进工地、进学校、进社区、进乡镇”专题预防宣讲活动，联合100多家单位举办宣讲35场，受教育者2万多人。推进实体警示教育基地建设，建成实体警示教育基地5个。还采取制作廉政短片、公益广告、设立“预防微博”、发送手机短信等形式开展预防犯罪宣传，收到良好社会效果。

（康同泽 李少威）

【首个预防职务犯罪警示教育基地揭牌】 5月2日，新华区检察院与国家电网河北超高压分公司联合建立的“新华区人民检察院预防职务犯罪警示教育基地”揭牌。这是省会第一个预防职务犯罪警示教育基地。该基地占地100多平方米，分室内展览和室外展览两部分。基地采用声光电控制一体化技术，展示出反腐历程、反腐成果、警示忏悔、犯罪警示、惩防体系建设、检企共建等内容，是一个预防职务犯罪宣传和警示教育的平台。

（戴丽丽）

【诉讼监督】 贯彻落实市人大常委会《关于加强人民检察院法律监督工作的决议》，围绕人民群众反映强烈的突出问题，抓住诉讼监督薄弱环节，加大监督力度，完善监督机制，提高监督水平。以监督纠正侦查机关应当立案而不立案、不应当立案而立案、应当追究刑事责任而不追究、以罚代刑和动用刑事手段插手经济纠纷等问题为重点，监督公安机关立案222件268人，监督公安机关不应当立案而立案127件156人。以监督纠正刑讯逼供、暴力取证、违法采取和变更强制措施、错捕漏捕、错诉漏诉等问题为重点，加强另案处理和刑事拘留后未报捕案件监督，纠正漏捕315人，追诉漏罪189人，书面纠正违法并纠正573件次，移送职务犯罪线索并立案43。开展“另案处理”专项活动，对“另案处理”或“在逃”人员逐人登记造册，建立信息台账，督促公安机关对82名身份不明在逃人员抓紧落实予以追究，监督公安机关对21名在逃人员上网追逃。以监督纠正有罪判无罪、无罪判有罪、量刑畸轻畸重以及严重违反法定程序等问题为重点，纠正审判活动违法53件，市检察院按二审程序提出抗诉10件，按审监程序提出抗诉3件，基层院按二审提出抗诉54件，市检察院支持47件。成立冀中南地区检察院，配齐配强5个驻所检察室。开展全市监管场所安全大检查活动，审查减刑、假释、暂予监外执行6166人次，纠正减刑、假释、暂予监外执行不当130人次，纠正监管活动违法164件，纠正监外执行监管改造违法情况178件。研发社区矫正监督检察信息管理系统，已在全市推广应用，初步建立起社区矫正动态监督机制，提高了社区矫正监督工作效率。重点办理不服二审生效裁判申诉案件，开展对执行案件、调解案件以及虚假诉讼、恶意诉讼法律监督。决定抗诉25件，提请省检察院抗诉22件，法院审结57件，改判、调解、发回重审48件；提出再审建议133件，法院裁定再审73件；办理执行监督案件107件，纠正程序案件27件；

办理支持起诉案件98件，法院采纳85件；办理督促起诉案件119件，法院采纳70件。探索案件管理新机制，市检察院和24个基层院均成立案件管理机构，实现案件统一受案、全程管理、动态监督、案后评查、综合考评。年内，新华区检察院探索“简易审”案件办理新机制在石家庄市召开的全国检察机关办理适用简易程序审理公诉案件工作座谈会上介绍经验。2012年，全市“简易审”案件出庭率达到100%。

（康同泽 李少威）

【全国检察机关代表到新华区检察院观摩简易程序审理】 7月11日，到石家庄市参加“全国检察机关办理适用简易程序审理的公诉案件工作座谈会”代表，现场观摩了新华区检察院对适用简易程序审理的公诉案件派员出庭支持公诉的庭审。由新华区检察院提起公诉4起刑事案件（1起信用卡诈骗案、1起盗窃案、1起故意毁坏财物案、1起抢劫案）适用简易程序审理，从宣布开庭至宣判总共用时100分钟。这是该院创新“简易审”案件“4321”新华模式的一次充分展示，受到参会代表的肯定。新华区检察院探索并总结出“简易审”案件“4321”模式，即“四简化、三集中、二固定、一重点”办案机制。“四简化”指简化审查报告、简化讯问笔录、简化审批方式、简化出庭程序；“三集中”指公安机关快速集中移送起诉，检察机关集中提起公诉，法院相对集中开庭审理；“二固定”指相对固定办案组、办案人员，专门办理简易程序公诉案件；“一重点”指重点加强对诉讼参与人合法权益的保护。

（戴丽丽 梁艳泽）

【社会服务】 服务和保障经济发展，依法打击严重经济犯罪，深化治理商业贿赂工作，推进工程建设和城镇建设领域突出问题专项治理。依法打击严重破坏生态和资源犯罪，严肃查办危害能源资源和生态环境背后职务犯罪。为企业上门服务，无偿提供法律援助。服务重点项目，实行行贿犯罪档案查询，监督招投标活动。制定《关于发挥检察职能服务“两个环境”建设的实施方案》和9条措施，向社会公开做出承诺，并邀请16家行政执法单位和15家企业召开座谈会，征求意见和建议，改进执法办案和工作作风。

【队伍建设】 严格执行《检察机关执法工作基本规范》，召开新形势下坚持“理性平和文明规范”执法座谈会。2012年《刑事诉讼法》大范围修订后，集中收看最高检察院开展的刑诉法诉讼规程网络培训，6次组织全体干警参加学术报告会和省检察院举办的专题讲座，并采取专门培训、专家辅导、业务考核等形式，加大培训力度，提高了检察人员执法规范化水平。以办案质量检查作为检察队伍职业化建设重要抓手，对执法办案中容易发生问题的重要环节，开展办案质量自查3次，参加省检察院和市委政法委案件质量检查及执法检查2次，评查领导交办案件2件4人。抓好基层人员全员轮训。全年市检察院437人次参加最高检察院和省检察院组织的各类培训班，市检察院各部门和各基层院还开展了形式多样的岗位练兵、业务竞赛和技能实训活动，组织优秀公诉人选拔赛、业务竞赛、法律文书评比、典型案例评析、庭审观摩评比等活动23次。年内，全市有2人被评选为全省第二批检察业务专家；新华区检察院公诉科获得最高检察院政治部、公诉厅颁发的“全国优秀公诉团队”称号，并在10月份最高检察院启动的全国“最美青年检察官”宣传活动中，作为评选出的2个优秀青年检察官群体之一，被评为“全国最美青年检察官群体”；长安区检察院拍摄的短片《我们的队伍向太阳》获得中组部全国党员教育电视片观摩交流活动最佳作品奖。

石家庄市人民检察院

检 察 长：蔡春和

副检察长：傅君佳 曹爱国

臧玉平 贾巧秀

陈晓 （最高人民检察院挂职）

冀中南地区检察院检察长：李彦平

纪检组长：邢玉杰

政治部主任：李芳栋

反渎职侵权局局长：任志晓

（康同泽 李少威）

审 判

【概况】 2012年,全市法院坚持“为大局服务、为人民司法”主题,推进“社会矛盾化解、社会管理创新、公正廉洁执法”三项重点工作,有效发挥审判职能作用,为经济发展、社会稳定提供了司法保障和服务。全年法院受理各类案件374605件,审执结369460件,其中市中级人民法院(简称市中院)受理66770件,审执结64747件;举办各类培训班230期,培训干警15000人次;开展庭审观摩、业务能手竞赛、书记员技能竞赛等活动800场次;编发办案指导丛书19卷47500本;加大违法违纪案件查处力度,处理违法违纪干警66人。9月,桥东区法院驻彭后街道办事处“法官工作室”揭牌成立,这是石家庄市“法官工作室”首次进入社区。2012年,市法院系统有6个法院和20个集体荣立集体一等功、二等功,桥东区法院、桥西区法院获得“全国优秀法院”称号,涌现出“全国优秀法官”张静、“全国模范法官”赵晓渝和刘秀娟、“全国法院办案标兵”卜嘉良等优秀法官群体。

【刑事案件】 贯彻“宽严相济”刑事政策,依法严厉打击危害国家安全、危害公共安全、侵犯群众人身权利和财产权益、破坏市场经济秩序、妨害社会管理以及贪污贿赂渎职等各类刑事犯罪活动,审结各类刑事案件50643件,全力维护了社会稳定。其中,依法从快从严审理17个黑社会性质团伙犯罪案件,51个10人以上团伙盗窃、暴力、涉毒犯罪案件,1093件经济领域犯罪案件,还从严审理了偷税6780万元“承德帝贤走私案”和涉案金额高达33亿元“舜地企业集团非法吸收公众存款案”等大要案,打击了犯罪分子的嚣张气焰,维护了安全稳定的社会治安环境。少年审判坚持教育、感化、挽救方针,寓教于审,帮助失足青少年回归社会。依法办理减刑、假释案件20614件,有效促进犯罪分子改造自新。所属蓝天职业培训中心自2003年成立以来,免费对850名刑释解教人员进行法制教育、再就业技能培训和就业指导,无1人重新犯罪。

【经济案件】 围绕全市经济发展战略布局和转型升级、跨越赶超两大任务,审结商事领域纠纷101356件。依法审结企业破产、重组改制案件138件,审理了河北证券公司、三鹿集团、河北粮油集团、宝石集团电视机厂等有重大影响的企业破产案件,依法处置破产资产168.55亿元,安置职工2.5万人。年内,最高法院授予市中级人民法院“全国法院破产审判工作先进集体”称号。加强知识产权司法保护,审结侵犯市油漆厂商业秘密系列案、神威药业商标权案、双环汽车专利权案等知识产权案件1672件,依法认定神威药业“五福心脑清”、市油漆厂“金鱼”、石家庄五羊电器“五羊”等33个商标为驰名商标,保护了企业知识产权,扩大了企业知名度和产品驰名度。制定实施防范金融风险9项具体保障措施和《企业经营活动法律问题的提示》,健全与重点企业联络员制度,开展“入基层、访企业”活动,了解企业司法需求,帮助防范经营风险。

【民事案件】 依法审理事关群众切身利益的婚姻家庭、继承抚养、侵权赔偿、交通事故、劳动争议、农民工工资、土地承包、社会保障以及教育、医疗、住房、消费等民生类案件133870件,全力解决好群众最关心、最直接、最现实的利益问题,维护了人民群众合法权益,促进社会和谐。发挥简易程序便捷、高效作用,全年民事一审案件适用简易程序审理达65.58%,实现了法律效果和社会效果有机统一。

【行政案件】 年内,全市法院审结行政案件3853件,执结非诉行政执行案件12044件。重点监督支持城建、环保、土地等行政主体行政行为,审结建设规划、建筑拆迁、土地征用、道路施工、企业搬迁、项目建设等案件477件,审结环境保护、土地矿产、水资源等案件664件。积极参与重大项目前期调研、法律咨询工作,有效解决拆迁和建设中一些难点问题。依法运用调解、先予执行、强制执行等措施,及时解决石家庄新火车站建设中15件拆迁案件,确保了建设工程进度。司法建议工作结合审判发现的可能影响和谐稳定苗头性、倾向性问题，主动提出司法建议900条。与市政府法制办、行政执法部门建立信息沟通协调互动机制，定期召开行政执法、行政复议与行政诉讼信息交流例会，促进依法行政。

【审判执行】 推进大执行格局建设，建立执行工作联席会议制度，形成党委领导、人大监督、政府支持、政法委协调、法院主办、社会各界配合的执行工作格局和全方位联动机制。优化执行机构设置，深化快速反应机制，各法院成立执行指挥中心，及时指挥执行行动。开展“清理执行积案”、“反规避执行”等12个专项执行活动。开通“石家庄法院执行网”，公开曝光被执行人失信信息4500条，征集执行线索340条，强制措施公示807件次，依拒执罪移送公安机关520余件，限制出境560人次。结合限制高消费、司法强制、刑事制裁等措施，有效惩治了拒不履行法定义务行为，有力维护了申请人的合法权益和法律权威。

【调解纠纷】 贯彻“调解优先、调判结合”工作原则，努力从根本上化解矛盾纠纷。加强司法调解，推行法官、庭长、院长逐级调解模式，深化全员、全程、全方位诉讼调解机制。2012年，全市一审民商事案件调撤率达到85.97%；执行和解率达到63.78%，同比提高33.09个百分点；刑事自诉案件调撤率达到78.13%，同经提高8.06个百分点；行政案件协调撤诉率达到28.72%，同比提高0.88个百分点。推广诉前调解机制，各法院在立案大厅开设人民调解室、行政调解室，在公安、劳动、土地、卫生等相关部门设立专业巡回调解法庭，建立处理纠纷联席会议制度和协调联动机制，全年6万余件案件在诉前化解。构建诉讼与非诉讼相衔接的多元化矛盾纠纷解决机制，推广行唐县“三位一体大调解”经验和藁城市、无极县、赵县等法院“法官联系乡村社区”经验，实现司法调解、人民调解、行政调解职能互补，有效发挥了整体功能作用。

【涉诉信访】 按照必须强化群众观念、坚持源头治理、建立长效机制、工作重心下移“四个必须”要求，坚持“带着感情、注重解决实际问题”信访工作理念，严格落实评估预防、约期接谈、责任通报、多元化解、案件终结“五项制度”，积极采取领导接访包案、法官带案下访、信访案件评查、公开听证、再审纠错、释法明理、思想疏导、困难帮扶等举措，做到合法诉求落实到位，不合法解释疏导到位，有实际困难协调各方帮扶救助到位。2012年，全市法院实现“两会”、“党的十八大”等重要时期集体访和非正常进京访零目标。

【审判管理】 以制度建设和信息化建设为重点，建立健全动态化、精细化审判执行流程管理机制。强化审判质效指标数据考评和引导作用，推动全市23个县（市）区法院和高新区法院审判质效综合指数在2011年全部超过全国法院平均值基础上，2012年继续普遍提高7～15个分值。开展“执法大检查”和“两评查”活动，检查案件17630件，评查庭审780案、裁判文书2000份。针对检查和评查出的问题，采取补短板、练技能等措施，全面整改，大力在提升司法能力和审判质效上下功夫、求实效，有效促进了审判工作规范化建设。

石家庄市中级人民法院

院　长：许广为

副院长：尹新民　刘士军

张保江　张瑞明

李增益

王荣菊（8月免）

苏风雷

任丽波（8月任）

纪检组长：李耀江

执行局局长：李惊涛

（赵宗辉）

司法行政

【概况】 2012年，全市司法行政系统以“十八大”安保为主线，以“整合资源，优化服务，整体推进，重点突破”为总体思路，对标找差，争先进位，各项工作取得明显成效，为促进经济社会发展、和谐稳定做出了积极贡献。开展“忠诚、为民、公正、廉洁”核心价值观教育，培育司法行政机关人员服务为民、创新争先、勤政务实、高效廉洁的职业风范，培育劳教管理人民警察忠诚至上、执法文明、纪律严明、实干奉献的职业精神，培育法律服务工作者政治坚定、崇尚法治、追求正义、恪守诚信的行业道德。全年市司法系统有16个集体、52名个人受到司法部和省、市表彰。落实县（市）区司法局对司法所管理为主的“双重管理”体制，理顺新旧管理体制转换后工作机制建设，适当调整编制，强化对律师、公证、人民调解等行业协会监督管理。5月23日，新华区法律服务中心揭牌，这是全市首家集律师咨询、法律援助、公证服务、人民调解、普法宣传等多功能于一体的县级法律服务中心。年内，第十届全国人大常委会副委员长、中国关工委主任顾秀莲视察市少年儿童保护教育中心（简称市少保中心）并出席成立十周年庆祝大会，司法部部长吴爱英两次到石家庄市调研司法行政基层工作，司法部基层基础建设年现场会参会人员参观市劳教所规范化建设。中央电视台多次报道石家庄市司法行政工作的创新做法和经验，《法制日报》头版头条刊发《石家庄司法局四位一体打造惠民工程》长篇通讯，全年国家、省、市媒体刊登推广石家庄市司法行政工作经验462篇。

【人民调解】 推进个体私营经济组织、行业组织、社会化组织等多个领域设立民调组织，基本实现哪里有人群、哪里就有民调组织，群众有纠纷、随时随地就可找到民调员。2012年，全市建立企事业和行业性、专业性人民调解委员会1687个，调解物业、劳动争议、征地拆迁、环境保护、保险、医疗、交通事故等专业领域纠纷8399起。推行人民调解工作同地方党委、政府信访工作联动机制，组织民调组织和人民调解员进所（派出所）进庭（法庭），介入信访案件化解，发挥调解工作优势，推进息诉罢访。巩固完善“十有六落实”（有标识、徽牌、印章、制度、台账、文书档案、办公桌椅、电脑、交通工具、通讯工具，落实组织、人员、场所、经费、报酬、工作）措施，加强基层组织建设，为人民调解在化解基层矛盾纠纷、维护社会和谐稳定提供组织保障。围绕“十八大”安保工作，开展矛盾纠纷“大排查、大调解、大帮扶”专项活动，跟踪调解倾向性、苗头性问题，集中攻坚疑难复杂矛盾纠纷，全市共排查化解矛盾纠纷5万余起。与媒体加强协调沟通，河北电视台开办“帮大哥”节目日趋活跃，与市电视台合作开办“调和”栏目受到群众广泛欢迎。通过宣传，广大群众更加了解和积极选择人民调解方式，形成“有纠纷、找调解”的浓厚社会氛围。

【信访接待】 督导调度重点案件，协调多方力量解决信访稳定问题，加快重点信访案件解决进度。抓住有利时机，加紧信访投诉问题解决。强化考核手段，加大基层解决投诉问题力度，实现投诉及时解决在基层。采取领导包案、挂账督办、超期诫勉谈话、反复通报批评等方式，有效推动解决信访问题。2012年，各县（市）区司法局、市直公证处、律师事务所负责人解决自身投诉问题主动性增强。开展源头治理和预防，探索发生信访投诉根源，从源头进行治理。年内，全市司法系统积极开展执法大检查活动，各基层单位落实自查、联查，查找了工作中存在问题，及时组织整改，提高了服务水平和服务质量，预防、减少了信访投诉。开展执法检查直查剖析活动，找出发生问题原因，制定整改措施，建立、完善工作机制及制约机制，提高了司法工作水平和质量。开展信访调研，明确信访稳定重点。

【社区矫正】 完善与法院、监狱等单位沟通协调机制，抓好矫正对象接收衔接工作；规范审前社会调查、帮教协议书、工作档案等，统一执法标准和执法环节；落实 GPS 电子监控措施，杜绝失控现象。栾城县、赵县投入资金安装监控设备，实时记录社区矫正人员谈话教育过程，实现谈话、教育公开透明。各县（市）区组建心理咨询师队伍，对有心理问题矫正对象开展心理疏导，落实各项安置帮教措施提前用于社区矫正对象，并对生活困难矫正对象给予帮困扶助。高邑县成立社区矫正对象心理咨询热线，24 小时进行谈心服务；裕华区建立“阳光心理驿站”，聘请市友爱医院心理医师，有针对性地对矫正人员进行心理矫治；桥东区探索社区矫正对象矫正期间失业保险续缴工作，提高了帮困扶助效果，还联合区社保局、就业服务局共同到石家庄周边监狱，为服刑和即将假释人员普及养老、失业、医疗等社会保险知识，发放调查问卷，疏导心理问题；长安区、新华区、藁城市、井陉县、行唐县、赞皇县等地与人力资源和社会保障、民政、工商等部门沟通联系，做好帮困扶助工作，帮助社区矫正对象解决基本生活问题。

（闫长润　张雪敏）

【少年儿童保护教育中心新址奠基】 3 月 17 日，市少年儿童保护教育中心新址举行奠基仪式。新址位于原少保中心北侧 200 米处。市少年儿童保护教育中心成立于 2002 年 3 月 22 日，专门以保护教育流浪儿童和服刑在教人员未成年子女为主。中心成立 10 年来共接收和保护教育弱势儿童 725 名。此次奠基的新址占地 20 亩，计划投资 800 万元。建设综合楼 1 座，里面有学生宿舍和 8 个标准教室、7 个功能教室，包括微机室、心理咨询室、美术室、音乐室、舞蹈室等。

（李云萍）

【刑释解教人员安置帮教】 抓管理机制建设、健全组织制度。重点加强重点人员排查回访工作，落实必访、必帮、必控“三必”制度，坚持乡级每月、县级每季度对刑释解教人员排查回访制度，组织县（市）区局一把手和主管局长参加片会调度，掌握工作底数。落实刑释解教人员信息核查制度，加强监狱与司法所衔接配合，及时核实预释放人员信息。抓衔接机制建设，防止脱管漏管。与市劳教所、北郊监狱、女子监狱、鹿泉监狱等建立联系制度，签订接茬帮教协议书，开展超前衔接帮教。根据帮教级别，落实帮教责任人，签订帮教协议，同时动员社区和刑释解教人员家属共同安排好刑释解教人员基本生活，实现监狱、劳教所、看守所和家庭、单位、社区无缝对接。抓安置机制建设，提高就业能力。加强市蓝天培训中心对刑释解教人员培训职能作用，提高刑释解教人员就业技能。全年通过培训，实现刑释解教人员无 1 人重新犯罪。加大过渡性安置帮教基地建设力度，在原有基础上，各县（市）区开拓渠道，增加了安置基地或实体，解决了刑释解教人员过渡性安置、技能培训、帮困扶助等问题。

【法制宣传】 针对全市中小企业法制宣传薄弱现状，市普法办和市工信局联合开展“金色阳光普法维权”活动，为中小企业提供法律服务，推进中小企业守法经营，维护了中小企业合法权益。深入基层、企业，把国家和省制定支持中小企业发展法律法规和政策文件传达给企业，让措施真正惠及企业，成为企业持续健康发展的强大动力和重要保障；反映企业呼声，让政府部门了解企业意愿和要求，采取有效措施，为企业创造更好的发展环境和有利条件。根据青少年特点，开展生动活泼、形式多样的青少年普法教育活动。市普法办和市教育局联合发文，在全市中小学校开展校园法制宣传月活动；和市关工委等部门联合发文，开展“关爱明天　普法先行”青少年普法教育活动。各中小学校在发挥课堂教育主渠道作用的同时，针对不同年龄段学生心理、生理特点和接受能力，组织开展了法律知识竞赛、模拟法庭、法制手抄报比赛、法律答题、文艺节目演出等多种形式的法制教育活动。组建市、县两级普法讲师团队伍和市、县、乡、村四级普法志愿者队伍，主动到机关、企业、学校、农村开展普法和法律咨询服务活动，提升了普法工作针对性和时效性。

【法律服务】 提升“12348”综合法律服务平台。本着“为民、便民”原则，整体改造升级市司法局原有“12348”法律援助热线，建成集法律援助、法律咨询、人民调解、律师、公证、普法、司法考试等于一体的综合法律服务平台，由律师值守热线，做到资源即时共享，有问必答、有接必办、有办必果，实现“五及时、两确保”目标，即及时受理、及时转办、及时落实、及时督办、及时回访反馈，确保热线联动各单位服务承诺兑现，确保热线服务规范、高效。年内，“12348”法律援助热线在全市各类服务热线中创出品牌，成为展示市司法行政系统良好形象的“窗口”。建立“司法行政法律服务中心”。以县（市）区为单位设立，正在统筹规划。法律服务中心以法律服务、人民调解为主要内容，集律师、公证、普法、法律援助、司法鉴定、司法考试等司法行政职能于一体，免费为老百姓提供法律咨询和服务，随时为地方党委、政府提供信访、维稳工作法律需求。试点工作已在新华区、无极县开展。实施“司法行政进社区”工程。2012年，全市司法行政进社区工作在市内全面铺开，市区街道办事处、社区居委会或人口密集、规模较大的住宅小区醒目位置设有“司法行政工作服务橱窗”，在规模较小、人口较少的居民楼宇醒目位置悬挂“司法局服务提示牌”，公布司法行政工作职能和服务电话，实现社区居民凡遇司法行政服务事项，都可“按号”找到相应服务人员。利用每月18日“学法日”，依托市民法制学校，在社区开展法律知识公益讲座和法律事务咨询服务。年内，市司法局将人民调解、法律服务、法制宣传、特殊人群管理等送到老百姓家门口，做到深入群众、贴近群众、服务群众；各县（市）区结合当地实际，参照市区做法，积极谋划“司法行政进社区”工作，将司法行政服务延伸到乡镇、村。设置“QQ法律咨询”客服，改进升级市司法局门户网站，建立“网上法律服务超市”，开设律师、公证、法律援助、司法鉴定等服务功能和热线微博，在网上解答群众法律咨询，提供法律帮助。

【公证工作】 县域公证工作。新乐市司法局公证处在新乐市电视台建立“司法在线”栏目，每周开展1次公证宣传活动；平山县司法局与全县各村签订公证法律服务协议；行唐县司法局为15个乡镇司法所长颁发公证联络员聘书，全县330个行政村达到每村至少有1名公证联络员目标。公证网络平台建设。6月，市公证管理软件和公证业务软件建设完成调试运行，实现公证员网上受理、编号、优先受理承办、收费减免审批等功能，规范了工作程序，提高了工作效率。这也是河北省建成的第一家公证管理软件平台。公证管理由单一行政管理模式向行政管理与行业管理“两结合”模式转变。5月29日，市公证协会成立暨第一次会员代表大会召开，省公证协会会长刘向东，市司法局党组书记、局长王建国，市民政局副局长于振校，各县（市）分管公证工作领导及全市公证系统139名会员代表参加会议。大会表决通过《石家庄市公证协会章程》、《石家庄市公证协会会费缴纳管理办法》、《石家庄市公证协会第一届理事会理事选举办法》、《石家庄市公证协会第一届理事会常务理事选举办法》、《石家庄市公证协会第一届会长、副会长、秘书长选举办法》等草案，选举产生第一届公证协会会长1名、副会长4名、秘书长1名、理事34名、常务理事12名。会议聘请市司法局党组书记、局长王建国为名誉会长。

【司法考试】 完善国家司法考试工作监督制约机制，健全组织，搞好人员保障，增强技术防范，实现“四严、四最”（组织严密、程序严谨、标准严格、纪律严明，最权威、最规范、最严密、最廉洁）目标。坚持“从严治考”和“热情服务”相结合，保持司法考试工作稳定性、连续性，实现考务工作和试卷安全保密“零事故”，考试组织和实施“零失误”，服务考生“零投诉”目标。9月22日、23日，2012年度全市国家司法考试顺利举行，共有报名应试人员4416名；设立考点2个、考场148个；缺考人数602人，实际参加考试3814人，参考率为86.4%。

【劳教管理】 坚持将劳动教养作为全市“大维稳”格局重要内容，全力以赴做好“保安全、保稳定”工作。全面落实安全稳定各项措施，推行扁平化管理，开展规范化建设年活动，夯实基层基础工作。深入开展场所安全隐患专项排查整治活动，升级改造视频监控系统，推进“四防”（防逃跑、防非正常死亡、防所内发案、防重大生产安全事故）管理走上新的水平。以“场所安全稳定”为首要责任，加强应急演练，提高了处理突发事件能力。坚持“教育人、改造人、挽救人”首要标准，努力提高教育矫治质量，重视加强个案矫治、规范入（出）所教育和解教人员衔接帮教机制建设。狠抓制度落实，逐级签订责任状，实现干警全年无违纪事件发生。

（闫长润 张雪敏）

石家庄年鉴 Military Affairs

军　事

军 事

石家庄警备区

【概况】 2012年，石家庄警备区（简称警备区）在河北省军区党委和石家庄市委、市政府领导下，紧紧围绕主题主线，坚持抓好“听党指挥、履行使命、安全稳定”三个工作重点，改进作风，狠抓落实，出色完成各项工作任务。按照党的“十八大”维稳工作要求，警备区常委分片包干负责，驻点督导、随机抽查、上下对检，始终保持了对部队和人民武装部（简称人武部）强有力的组织领导。深化“八个方面”安全工作建设试点成果，扎实开展“百日安全评比竞赛”和安全隐患排查治理活动，下大力加强安全设施建设，妥善处理涉军维权纠纷，主动化解信访苗头，平安营院建设取得成效，连续12年实现“双无”目标。2012年，总政治部副主任童世平上将、北京军区司令员张仕波中将到警备区视察指导工作，给予警备区充分肯定。年内，警备区被《国防报》、《中国民兵》评为“读报用报先进单位”和“学刊用刊先进单位”，被总参谋部表彰为“军事志工作先进单位”，被北京军区表彰为“八个方面安全先进单位”及“人口和计划生育工作先进单位”；所属第一干休所被省军区表彰为“先进离职干部休养所”，桥西区人武部、所属第三干休所被省军区评为“安全管理先进单位”。

【思想政治教育】 坚持党委中心组和机关理论学习制度，全年组织党委中心组集体学习12次，机关集中学习24次，落实学习日35个。开展“赞颂科学发展成就、忠实履行历史使命”主题教育和“严守政治纪律、营造三个氛围”专题教育，为党的“十八大”召开营造了良好氛围。2012年，警备区将学习贯彻党的“十八大”精神作为首要政治任务，组织参加两级军区“十八大”理论学习集训，下发学习要点，撰写体会，交流心得，掀起学习热潮。牢牢掌握意识形态领域斗争主动权，结合党的“十八大”召开、领海岛屿争端和热点敏感问题，及时开展形势政策教育，用上级要求统一思想，确保了官兵思想纯洁巩固和部队集中统一。

【战备训练】 狠抓战备制度落实，以“一联四应”为重点，升级改造联合战备值班系统，警备区本级修订完善了各类专项应急行动预案，并开展针对性训练演练，保持了良好的战备秩序。落实训练教学责任制，集中机关组织开展军事训练，持续加大专武干部、民兵骨干和民兵训练力度，共开展训练53期，圆满完成2012年度军事训练任务。扎实开展首长机关“学研练考评”活动，全程、全要素参加“铸盾－2012”战役指挥演习，锻炼提高了决策指挥和协同保障能力。民兵应急分队出色完成军警民实兵演练任务，受到军区首长和机关的肯定和表扬。结合训练演练任务，政治工作实案化准备取得新进展。年内，警备区被省军区评为“军事训练先进单位”和“信息化知识网上学习竞答活动优秀组织单位”；长安区人武部被省军区评为“军事训练先进单位”，正定县人武部被省军区评为“信息化知识网上学习竞答活动优秀组织单位”，新乐市人武部被省军区评为“信息化建设先进单位”。

【应急力量建设】 以担负“河北省应急力量建设队伍”试点任务为龙头，全市调整人员18000余名，编组反恐维稳、森林扑火、抗洪抢险和抗震救灾4类队伍共1个营、17个连、294个排，市县两级投入资金1000余万元，普遍配备了2套以上应急装备器材，形成重点突出、平战兼顾、实用高效、覆盖全市的应急力量体系，遂行任务能力提高，《国防报》、《战友报》头版头条给予报道。召开民兵应急力量规范化建设现场观摩会，民兵基层建设正规化水平实现新提高。

【党委班子和干部队伍】 师团两级党委机关扎实开展"讲政治、顾大局、守纪律"教育活动，相关做法在《战友报》头版给予报道。按照"六个强化、六个反对"要求，逐级召开党委民主生活会；深化开展"五用一履行"清理整治工作，增强了党委班子的创造力、凝聚力、战斗力。深泽县、井陉县人武部在偿还外债的同时，基础建设取得长足发展。第一、二、四干休所等单位顺利完成老干部移交任务。坚持公道正派使用干部，做到上下无杂音，树立了正确的用人导向。2012年，鹿泉市、桥东区人武部党委被省军区表彰为"创先争优活动先进团级单位党委"。

【国防动员与征兵工作】 制定落实《石家庄市国防动员建设发展"十二五"规划》，狠抓市县两级国防动员规范化建设，国防动员潜力数字化管理迈出坚实步伐，为实施快速准确动员奠定基础。大力破解"征兵难、当兵冷"难题，警备区两名主官和市长姜德果联名给各县（市）区长写信，各县（市）区长与市长签订征兵工作责任书，强化了政府对征兵工作的主导作用和责任意识。省安置优待政策出台后，第一时间通过媒体进行广泛宣传，向适龄青年发放"明白卡"，调动广大青年参军热情。坚持把征兵工作纳入警备区党委重要议事日程，实行警备区常委分片包干全程督导，每天分析情况及时调度，公布"排行榜"，设立"倒计时"，始终保持强有力的组织领导。严密组织体检政审、审批定兵和新兵回访等重点环节工作，圆满完成2012年度兵员征集任务。

【基层建设】 贯彻两级军区基层建设工作会议精神，落实人武部、干休所建设考评办法，基层自身抓建设的积极性和能力增强。结合创先争优活动总结，表彰一批先进基层党组织和优秀共产党员，制定了警备区创先争优长效机制。加大先进典型培养力度，表彰一批先进基层单位和个人，扩大了民兵工作影响力。加强小、散、远、直单位建设，为全省民兵武器装备仓库规范化建设会议提供了高质量观摩现场。年内，市民兵武器装备仓库被警备区荣记集体三等功；藁城市、晋州市、井陉矿区、长安区、新华区人武部被省军区表彰为"先进人武部"；新乐市、鹿泉市、行唐县、桥东区、桥西区、裕华区人武部被警备区评为"先进人武部"。

【后勤保障】 制订完善后勤综合保障预案，编实建强经济动员、国防交通等保障队伍。强化经费预算编制与执行监管，严格落实有偿服务收支两条线等财经制度。突出抓好经费源头审计、大项开支跟踪审计和专项经费管理使用审计，经费使用效益全面提高。深化职工管理制度改革，修订职工考核办法，逐步形成考核聘用机制；妥善解决职工管理历史遗留问题，顺利完成军队退休职工移交任务。加强营区规划建设，干休所营院改造工作取得进展。

【双拥共建】 发挥警备区桥梁纽带作用，协调驻军、发动民兵积极参与石家庄市"两个环境"和城市轨道交通等重大工程建设。协调驻军拆除燃煤锅炉33台，支持全市"蓝天碧水工程"建设。贯彻河北省驻军扶贫开发工作会议精神，在赞皇县召开扶贫开发工作座谈会，组织驻石家庄（简称驻石）部队与扶贫村现场对接，开展修路、打井、助学等活动，帮扶对子由40个增加到59个。年内，警备区率先拿出专项资金为2个扶贫村修公路、建水窖，受到了地方政府和人民群众的广泛赞誉。

（南为民 孔文浩）

军事院校

石家庄陆军指挥学院

【军地交流活动】 1月14日，灵寿县委书记李彦明带领县四大班子领导到学院走访慰问，学院政委姜栩朝接见李彦明一行。1月18日，副院长杨保明到市亚太大酒店参加石家庄市2012年军地迎新春座谈会。3月17日，副政委姜明到省会义务植树基地参加义务植树活动。3月27日，石忠武、刘英、姜明、郭新元、李守仁等院部领导到灵寿县陈庄镇横山岭水库孙毅将军（学院老校长）骨灰撒放处开展绿化植树纪念活动。6月8日，市民政局局长刘月照、衡水老白干酿酒（集团）有限公司董事长张永增一行12人到河南确山训练基地慰问学院参演官兵。7月30日，省委常委、市委书记孙瑞彬带领市四大班子领导到学院走访，慰问了教学勤务保障大队官兵，参观了大队基础设施建设。9月15日，副政委姜明到平山县河渠东岭烈士陵园参加陵园管委会和抗日军政大学光荣传统研究会联合举办的素云烈士事迹陈列馆开馆仪式。11月2日，石家庄警备区司令员鲍际国、行唐县委书记姜阳到学院演习驻地慰问参加“红星－2012”野外指挥所演习官兵。11月21日，副政委姜明在学院红星礼堂参加石家庄市民政局军休八所建所十周年庆祝活动并观看文艺演出。

【中央军委副主席徐才厚视察调研】 4月23日，中央军委副主席徐才厚到学院视察调研，接见了学院师以上领导干部、高职教员并与大家合影，参观了舆论战情境教学实验室、虚拟现实技术军事应用实验室等教学科研设施，听取了院长石忠武工作情况汇报。徐才厚高度赞扬学院教学科研和特色办学工作，肯定开展“赞颂科学发展成就、忠实履行历史使命”和“讲政治、顾大局、守纪律”教育活动。徐才厚要求：在新的历史条件下，学院要继承发扬抗大优良传统，贯彻落实军委主席胡锦涛关于国防和军队建设主题主线重大战略思想，坚持思想政治建设摆在首位，坚持教学科研为中心，深化任职教育改革，提高人才培养质量；要贯彻落实军委主席胡锦涛关于把培养联合指挥人才作为军队院校人才培养方向的指示，按照全军第16次院校会议精神和总部赋予的联教联训试点工作部署，采取与院校联合、与部队联合，积极探索，总结提高，走开联合培养指挥人才的路子。副总参谋长孙建国，北京军区司令员房峰辉、政委刘福连，军委办公厅、总参军训部、总政组织部和宣传部及军报有关领导参加调研。学院石忠武、杨保明、刘英、姜明、郭新元、韩都芳、李守仁、吴清丽等院部领导参加活动。

【举办第三届东盟与中日韩武装部队非传统安全论坛】 6月25～27日，由总参外事办公室主办、石家庄陆军指挥学院承办的第三届东盟与中日韩（10+3）武装部队非传统安全论坛成功召开，来自13个国家33名代表参加论坛。外交部亚洲司处长贺湘琦、总参外事办公室副主任李际和学院姜援朝、杨保明、郭新元等院部领导出席开幕式。副院长杨保明作了题为《深化东盟与中日韩武装部队务实合作，共同提高自然灾害应对能力》的主旨报告。举办论坛期间，与会代表围绕抗震救灾应急行动主题，以武装部队救灾合作为主线，采取理论研讨、经验交流、案例介绍、桌面推演等形式，就应急准备、投送展开、救援实施等抗震救灾核心问题进行研讨交流，分享经验做法，参观了中国国家地震局训练中心和抗震救灾特种装备器材，观摩了中国国际救援队地震灾害救援演练。

【承办第三届全国教育影视优秀作品大赛评审会】 10月11～12日，由中国教育技术协会主办、军队院校教育技术协作联席会协办、石家庄陆军指挥学院训练部承办的第三届全国教育影视优秀作品大赛评审会在学院召开，训练部部长郭新元出席开幕式并致欢迎词。会上，国防大学、信息工程大学、第四军医大学、军械工程学院、机械化步兵学院、武警工程大学、河北师范大学和石家庄陆军指挥学院的13位专家组成评审委员会，对108部参赛作品进行了评审。石家庄陆军指挥学院《高清新视觉》获得电视教材一等奖，《理想从这里腾飞》获得电视专题片二等奖，《超越自己一起飞》获得DV原创最佳主题表现奖。

（魏明）

军械工程学院

【走访慰问】 7月26日，河北省委书记张庆黎到学院开展“八一”节走访慰问活动。张庆黎参观了院史馆、看望了官兵，并与学院常委及官兵代表进行座谈交流。陪同张庆黎走访慰问人员有河北省军区司令员史鲁泽、石家庄市委书记孙瑞彬、河北省委秘书长景春华、河北省民政厅厅长古怀璞。学院院长张龙向张庆黎介绍了学院基本情况及双拥工作开展情况。张庆黎对学院复建以来取得的成绩给予肯定，对学院在搞好教学同时，积极参与地方经济建设、社会建设、文明建设，给予高度赞扬，并代表省委、省政府对学院官兵表示节日祝贺和良好祝愿。7月30日，市长姜德果带领市四大班子领导到学院走访慰问，向全院官兵表达节日祝福。

【承办第二届河北省大学生机械创新设计大赛】 4月27～29日，学院成功承办了第二届河北省大学生机械创新设计大赛暨第五届全国大学生机械创新设计大赛河北分区预赛。此次大赛以“幸福生活——今天和明天”为主题，体现了科技服务社会，科技服务人类，追求美好生活的教育、科技理念。大赛期间，来自河北省21所高校400余名师生95件作品参加激烈角逐，共评出一等奖11项、二等奖27项、三等奖51项。学院参赛10件作品获得一等奖2项、二等奖6项、三等奖2项。

【参加第五届全国大学生机械创新设计大赛】 7月22日，在第五届全国大学生机械创新设计大赛全国决赛中，学院2项参赛作品——“分体双控玩具车”和“和谐空间家具”均获得全国一等奖。这是学院继2010年第四届全国大学生机械创新设计大赛获得1项一等奖后，再次获此奖项，也是总装备部和河北省唯一获得一等奖奖项院校。此次大赛共有来自包括清华大学、北京理工大学、上海交通大学、国防科技大学、解放军理工大学、海军工程大学、空军工程大学等军内外知名学府在内510所高校6万余名学生近4000件作品参赛。

【院士刘尚合获得何梁何利基金科学与技术进步奖】 10月29日，在北京钓鱼台国宾馆召开的何梁何利基金2012年度颁奖大会上，学院院士刘尚合获得何梁何利基金科学与技术进步奖。中央政治局委员、国务委员刘延东，全国人大常委会副委员长路甬祥，科技部部长万钢等出席大会并为获奖者颁奖。2012年度何梁何利基金共奖励50人。其中，科学与技术进步奖35人、创新奖15人；全军4人，总装备部2人。

【教员倪新华获得第二届“杜庆华力学与工程奖”】 2012年，学院教员倪新华获得第二届“杜庆华力学与工程奖”。“杜庆华力学与工程奖”于2010年开始评选，每两年一届，主要是为纪念中国著名力学家、工程院院士杜庆华设立，旨在鼓励从事力学与工程研究及力学工程教育的中青年优秀人才，促进力学与工程相结合，共有“杜庆华力学与工程奖”、“杜庆华力学与工程优秀青年学者奖”、“杜庆华力学与工程教育奖”、“杜庆华力学与工程优秀青年教师奖”4个奖项，其中“杜庆华力学与工程奖”为最高奖项。“杜庆华力学与工程奖”评比要求参评人在国际相关领域内具有先进的知识水平，研究成果必须得到重要工程应用。2012年，“杜庆华力学与工程奖”仅倪新华1人获奖。

（军械工程学院）

武警石家庄市支队

【概况】 中国人民武装警察部队河北省总队石家庄市支队（简称石家庄支队），编制等级为旅级。1983年2月6日成立，2005年6月1日由原第八支队和原石家庄市支队合并组建。主要担负省、市等重要目标警卫和守卫、市辖看守所看守、临时押解押运、城市武装巡逻和处置突发事件任务。2012年，支队围绕主题主线，贯彻稳中求进总基调，按照武警党委总体思路和河北省武警总队（简称河北总队）党委“三保”总体要求，注重在理清思路、科学谋划、紧抓中心、确保安全上下功夫，各项工作实现平稳运行，部队建设稳步推进，执勤处突目标圆满完成。以“四防一体化”建设为抓手，大力抓好勤务制度落实。《黑龙江总队七台河监狱罪犯脱逃事故》发生后，支队及时传达情况通报，用兄弟单位发生执勤事故案例教育官兵，树立忧患意识。2012年，支队多方努力，高标准完成总队要求的23处执勤目标“四防一体化”建设任务。守卫勤务重点保证长途押运勤务目标和人员绝对安全；看守勤务重点解决防逃制逃和哨兵防袭击问题；警卫部队重点开展以“爱事业、正形象、强素质”为主要内容教育整顿活动，实现从单纯注重保安全到保卫首长与服务首长并重转变。看守和守卫部队开展以“隐患大排查、勤务大练兵、军事大会操、常识大竞赛”为主要内容的教育整顿，综合利用各种手段和办法，确保了各项中心任务圆满完成。

【思想政治建设】 把思想政治建设作为铸牢警魂、履行使命根本，做到“实、细、活”。把思想政治教育抓“实”。突出思想调查、教材保障、方案拟制、试讲示教等环节，扎实抓好“赞颂科学发展成就、忠实履行职责使命，永远做党和人民忠诚卫士”和“讲政治、顾大局、守纪律”教育活动；采取领导讲课、科长和大（中）队主官定期授课方法进行网上教学，扎实开展艰苦奋斗、抵制“四不”和“四个正确对待”等教育，确保了官兵思想纯洁稳定、政治信念坚定。把经常性思想工作做“细”。坚持随机教育抓住先机，保证第一时间为官兵解困惑、正立场。王立军事件、黄岩岛、钓鱼岛事件发生后，针对事态发展形势，及时开展形势政策教育，提高官兵免疫力，坚持用政治考核发现排除隐患。新兵入营，采取网上查、当面谈、档案对、蹲点析办法，及时发现并清退1名正在取保候审新兵；采取日排查、周分析、月报告等形式，逐个摸排官兵思想底数，落实重点关心人员定人负责。开展“三互”、“双四一”、密切内部关系教育活动，营造“生病送关爱、生日送祝福、困难送温暖、成长送平台”内部环境，做好新兵“第二适应期”思想工作，建强思想、心理、法律、医疗“四支队伍”。“把先进军事文化建设搞“活”。制定《支队先进军事文化建设规划》，推进“四位一体”文化建设，编写西柏坡故事集，深挖驻地红色资源，广泛开展岗位学习成才、“学雷锋”和主题团日活动，大力培养各类文化骨干，加强战斗宣誓、宣传鼓动、战地文化、战场创模等任务中政治工作研练，注重打造具有支队特色的先进军事文化。年内，支队参加河北总队乒乓球比赛获得第一名，参加河北总队歌咏比赛获得第三名；积极探讨利用网络开展思想政治工作做法被河北总队推广宣传。

【安全工作】 强化安全理念。深入学习贯彻军委、武警党委和河北总队关于防范重大安全问题的决策指示，借助“条令学习月”载体，广泛开展“安全计时牌天天翻、安全警句天天念、安全故事天天讲、安全工作天天查”活动，邀请交警支队干警讲授安全行车常识，组织全体干部签订治酒和私家车驾驶承诺书，强化官兵安全意识，建设部队安全文化。突出管理重点。突出“人车枪弹酒、水火电毒密、小远散直差”等重点，加大“八小时”以外和在外人员管理，抓好车勤人员和机关私家车干部安全教育和复训复查，严格枪弹管控，开展安全保密排查清理，及时消除不安全因素。按照“四到、四不漏”要求，4次派出工作组深入基层，展开逐人、逐项、逐库安全隐患排查，共排查治理17个方面168个一般隐患。完善工作机制。发挥“安心办”功能，建立“一岗一责、一点一责”责任体系，签订安全工作责任书，实施连带责任追究。健全常委带队突查机制，严格“周检查、月通报、季分析、年奖惩”制度，24小时监控执勤哨位、部队营区、训练场地等部位，实现人员不失控、管理不松懈、制度不松弛、安全有保障。高度重视选退工作。针对2012年选晋士官与走留突出实际问题，支队认真开展“三个正确对待”教育，按照《实施办法》规定选取程序，规范每个环节运作。退伍工作重点把握“三个时间节点”：11月20日前，紧紧抓住部队敏感、热点问题及时处理；11月20～25日，全力做好老兵复退工作；11月25日至元旦前，以正规部队秩序，合理调整兵员、编排勤务部署为手段，严抓工作落实，确保了年尾工作顺利收口。

【经常性工作】 贯彻武警党委1号文件和武警部队基层建设工作会议精神，扎实抓好经常性基础性工作。提高素质能力。针对干部“动力不足、能力不够、活力不强”问题，组织开展“四个正确对待”专题教育，规范各级干部每天、每周、每月工作任务，表扬先进、落实奖励，并围绕“六个怎样”，开展《纲要》学习周，参加总队“一线指挥部”培训，开展大练基本功和干部“月读一书”活动，通过抓学习、抓帮带、抓培训、抓竞赛、抓典型、抓奖惩等“六抓”措施，各级机关按纲指导、基层按纲抓建能力全面提高。激发“双争”活力。按照“分层次竞争、按比例升降”和“干在平时、比在平时”原则，修订完善《基层按纲建队考评实施办法》，营造创先争优浓厚氛围。加强考察帮建。学习贯彻新修订的《三十条》，采取“常委包片挂钩帮、一队一策重点带”方式，着力在“帮建支部、帮带干部、帮解难题、提高能力”上下功夫。制定《抓建基层工作措施》，建立周工作联络、月工作梳理、季工作分析、年蹲点帮建制度，规范了抓建秩序。

【后勤保障】 按照后勤工作会议要求，全力提升后勤保障能力。在“四项基础设施”建设上，按照河北武警总队长提出的“三大”总要求，结合到沧州市支队参观学习经验，对12个设施不够完善中队，由常委包干到人，直接深入当地县市党委政府机关帮助协调解决经费，完善方案，限期整改。坚持从大处着眼、小处入手，做好早餐“一个馒头”，开展“一个馒头激发的战斗力”讨论，修订完善《经费物资管理规定》，抓好关系官兵利益的体检、疾病治疗、健康教育，严把食品供应、采购和制作关；落实司务长集体办公制度，组织军械员、驾驶员集训，分批安排各单位炊事员到机关灶轮岗，交流学习，提高技能；圆满完成新兵、预选考生和勤训轮换实弹射击考核、枪弹调运等任务，提高了后勤正规化水平。修订完善应急保障方案，加大“三库一室”建设力度，定期检查维护，适时充实更新，建立后勤应急保障队，修订完善各类处置预案，搞好野炊、救护、车辆故障排除训练，从严磨练摔打部队，确保了遇有情况部队拉得出、供得上、救得下、修得好。严格“四类经费”管理，坚持“标准经费不超支，易超难管经费要控死，地方资助经费不乱花”原则，强化预算外经费管理。推进后勤规范化管理和改革，实现公务卡结算报销制度。

【十八大安保】 围绕“四个确保、一个展示”目标，坚持统一思想认识，精心谋划督导，扎实有效准备，严格部队管控，狠抓工作落实，把工作想周全、做到位，没有出现纰漏和差错。深入进行动员部署。10月份，支队召开第三季度党委“议中心”会议、十八大安保誓师动员大会和十八大安保蹲点培训部署会，及时传达武警总部、河北总队首长讲话精神，全面分析十八大安全保卫工作面临形势，研究部署十八大安全保卫工作，下发十八大安全保卫工作指示，对全体官兵进行深入动员。11月2日起，支队党委机关派出49名副营职以上干部蹲住基层一线。各大、中队在营区醒目位置悬挂条幅，制作伟人灯箱，更换宣传橱窗，调试“警营之声”广播系统，重温忠诚卫士誓词、守则，大力开展十八大短信征集、赞颂辉煌成就图片展、十八大誓师大会和千人大签名等活动，积极营造了振奋人心、催人奋进的浓厚氛围。狠抓执勤处突维稳工作。支队结合贯彻落实河北总队参谋长暨参谋业务集训和“两看”勤务防逃制逃会议精神，在全部队集中开展“强力保中心、迎接十八大”专项教育整顿活动。指定1名副参谋长全程负责联勤巡逻勤务组织指挥，派出暗访组和蓝方模拟检验小组携带摄录器材，加强固定勤务及城市武装巡逻、押运等临时勤务检查督导。10月底前，支队投资4万元购置电网检测设备，会同目标单位对看守目标电网运行情况全面检查，同时组织其他执勤中队全面开展隐患排查治理活动，有效提升执勤工作安全系数。一大队200名兵力全员全时戒备，装备物资以车代库；执勤分队800名兵力严格按支队兵力抽组计划做好人员和装备物资、车辆准备；一大队特勤排和各县（市）中队应急班严格落实AB队备勤，确保随时全员全装出动。从严管控部队。在全面贯彻落实总部、总队十八大安保特别管控措施基础上，支队结合实际认真制定60条特别管理规定，规范部队管理。10月31日前，支队官兵均停止探亲休假，部队实行封闭式管理，19名在外学习干部和6名在外战士指定专人负责联系；对三分之二车辆和除执勤枪弹外的其他枪弹进行封存；对所有涉密载体及文件开展检查和清理；对摸排出的重点关注对象制定管控措施，确保部队高度集中统一和安全稳定。明确各级责任。支队按照“战时从严、警官从严”要求和零失误工作标准，细化明确各级职责和责任，逐级签订十八大安全保卫工作责任状，强化各级政治意识、责任意识和大局意识，高标准实现了总部提出的“四个确保、一个展示”工作目标。

【处置突发事件】 2月28日9时30分，河北赵县生物产业园克尔化工有限公司一号车间发生爆炸，造成13人死亡，43人受伤。武警石家庄支队根据河北总队指示和石家庄市委、市政府要求，迅速出动，河北总队副总队长朱世锋现场指挥，圆满完成爆炸现场救援任务。9月16日、18日，石家庄市5000余名市民在市区主要道路举行反日游行活动。根据市委、市政府要求，经报请河北总队批准，石家庄市支队出动兵力和车辆，在省政府、市政府及博物馆广场进行执勤，圆满完成涉日维稳任务。

（李亚琦）

人民防空

【概况】 2012年，市人民防空（简称人防）部门按照“长期准备、重点建设、平战结合”的建设方针和新时期人防工作“战时防空、急时应急、平时服务”要求，贯彻落实第六次全国人民防空会议、全省人防会议和省领导视察人防工作讲话精神，遵循战时防空与平时防灾相结合、长远建设与应急建设相结合原则，开展“我为人防增光添彩”和争创“一流的精神状态、一流的工作作风、一流的工作业绩”主题实践活动，抢抓机遇，创新发展，在工程建设、指挥通信、宣传教育、行政执法、机关“准军事化”建设等方面取得新的进展。积极探索平时服务和急时应急新途径，全力为经济建设、提升城市品位、保障民生、提高应急能力服务。2012年，全市人防工程新增利用面积16.04万平方米，完成营业额6.5亿元，上缴国家税金6431.1万元，利润1.35亿元；市人防部门收取使用费652.1万元，安置社会从业人员31195人，提供地下停车位5.2万个；收缴结建费3579.08万元；率先在全省开放避暑纳凉场所5处，总建筑面积8.5万平方米。

【人防工程】 全年批建防空地下室68.47万平方米，核定防空地下室易地建设费1.66亿元，其中市本级办理建设项目96项，批建防空地下室面积54.84万平方米，核定防空地下室易地建设费1.32亿元；批建应急避难场所5个，建筑面积3.87万平方米；专业队工程6个，建筑面积2.21万平方米。加大自筹资金建设人防工程力度。年内，自筹资金建成市预备指挥所，总建筑面积6300平方米，工程主体完工；结合原洞天影院人防工程改造，自筹资金1.5亿元，计划建设总建筑面积2000平方米人防工程，项目经市政府及规划部门批准，正在进行前期工作；总建筑面积2.6万平方米通山工程改造完工并投入使用；辛集市、平山县、灵寿县、新乐市、井陉矿区完成自建工程选址，正在进行立项等前期工作。引资工程项目有友谊大街、民族路和新华路人防工程3处，总建筑面积11万平方米，总投资9.5亿元，其中友谊大街人防工程主体完工。落实人防工程质量监督验收。全年办理质量监督手续49项，累计进行现场质量监督232次，质量监督人防工程建筑面积28.7万平方米，下发整改通知书223份；全年监督验收人防工程98项，监督验收人防工程建筑面积18万平方米。2012年，市人防办组织检查了5000平方米以上大型工程，复查了近几年竣工验收人防工程，抽查了辖区内四个防护设备厂的生产、安装、软硬件建设、内部质检程序，全面整治重点工程，并对检查中发现问题落实了整改措施。加强县（市）人防工程质量监督，举办人防工程质量监督执法培训班，采取以县（市）人防监督为主，市人防指导为辅方法，提高了县级人防主管部门担负人防工程质量监督能力和水平，推动了县级人防工程质量监督工作逐步走上规范化道路。提高人防工程维护管理水平。编制早期人防工程报废项目，并获得市政府批准。在全市已竣工验收的696个非涉密人防工程悬挂标识牌4403块。全年办理拆除报废工程审批手续6项，报废人防工程面积1822平方米，各类孔口10个；收缴人防工程补偿费284.6万元；办理拆除补建手续1项，拆除人防工程面积2100平方米，孔口2个，补建人防工程面积2100平方米，孔口2个。明确人防工程消防安全责任制，做到制度到位、人员到位、措施到位。重视做好人防工程防汛工作，制定防汛预案，号备物资，组建队伍，加强值班。加强行政执法。组织全市人防系统30多名执法质监人员参加国家、省人防办组织的人防质监人员业务培训，全部通过质监资格考试。印发文件汇编，举办人防法制培训班1期。至2012年底，全市共依法查处擅自拆除破坏、危害人防工程安全、未按结建规定修建防空地下室和拖欠工程使用费单位100多个，深入现场500余人次，下达责令停工、限期整改通知书200多份，追缴异地建设费462万元，追缴工程使用费200余万元，维护了法律权威性和严肃性。

【指挥通信】 完善指挥业务建设。

完成疏散地域示范点调查摸底工作，确立赞皇县西江洞村为疏散地域示范点，并通过先期调查论证。建设赞皇县百草坪和行唐县牛王寨两个自有产权疏散基地，年内赞皇百草坪疏散基地投入使用，行唐县牛王寨疏散基地主体工程基本完成。针对城镇居民不熟悉、不了解紧急疏散路线和地点情况，全面摸排、登记统一紧急疏散对象和地点，制定了《城镇居民应对突发事件应急疏散预案》。率先在全省完成伪装设障示范专业队组建任务。完成北京军区“铸盾－2012”演习任务，组织直属通信保障分队应急拉动演练1次。编制直属专业队装备预算，组织常备专业队接受省人防办点验。提高指挥信息化水平。重点推进县级机动指挥通信系统建设，通过人防工作会和指挥通信建设专项会进行再部署、再强调，组成工作组到县进行重点督办。至2012年末，全市21个县（市）区车辆到位（平山县、赞皇县已经批准，正在办理手续），11个县（市）区安装通信设备，6个县（市）区正在办理车辆外观喷涂或警报证。加强短波电台运用训练。全市23个县（市）区短波电台安装到位，并根据省人防办训练执勤计划开展联网执勤，相关技术人员进行了信息化知识培训和短波电台、3G设备操作训练。推进人防信息化骨干网络建设。筹措资金80余万元组建人防信息化骨干网络，已进入招标程序。全面加强防空警报建设。2012年，全市安装警报器65台，其中市区61台，鹿泉市、平山县、辛集市、井陉县各1台；省人防办确定5个重点县（市）警报统一控制工作基本完成，其中藁城市、正定县正在进行招标。圆满完成“七七”警报试鸣任务。警报试鸣活动期间，除固定警报器和人防系统机动警报车外，2012年首次利用便携式警报器分散到大街小巷进行鸣放，还利用出租车安装车载警报器机动报警；各县(市)区结合防空警报试鸣组织小型疏散演练，参加疏散演练群众达4000余人。

【宣传教育】 开展人防宣传教育进机关、进社区、进企业、进学校、进网络“五进”活动。以市政府办公厅名义印发《关于开展人防宣传教育“五员”建设的意见》，即机关设立人防联络员、学校设立人防辅导员、社区设立人防宣传员、企业设立人防组织员、人防系统设立网络协管员，确保机关、学校、社区、企业和网络人防宣传教育有人抓、有人管、能落实、效果好。举办多种宣传活动。利用防灾减灾日、警报试鸣日、法制宣传日等重要时机，主动组织较大规模的人防宣传活动，用歌舞、秧歌、快板等文艺节目烘托宣传内容，并采取悬挂标语、摆放展牌、发放资料、有奖问答、播放宣传片等方式开展人防知识宣传，收到良好效果。年内，市人防办与《燕赵晚报》联合举办了“人防杯”防空防灾应急知识有奖竞答活动，参与市民1万余人；中央电视台、河北电视台、石家庄广播电台、电视台及《河北青年报》、《石家庄日报》、《燕赵都市报》、《燕赵晚报》等10余家媒体密集报道了市人防办“七七”警报试鸣、专题宣传活动和人防工程兼做避暑纳凉场所启动仪式等活动。2012年，市人防办被国家人防办评为新闻通讯报道先进单位。

（刘西合）

农 业

农　业

概　述

2012年，全市农林牧渔业总产值达到787.5亿元，同比增长3.3%。其中，农业产值429.9亿元，增长11.1%；林业产值10.0亿元，增长50.1%；畜牧业产值315.3亿元，增长4.0%；渔业产值4.3亿元，与2011年持平。畜牧业、蔬菜、果品三大优势产业产值581.6亿元，占农林牧渔业总产值的73.9%，比上年提高0.6个百分点。农林牧渔业增加值完成452.2亿元，同比增长9.0%，占到全市生产总值的10.0%。全年粮食播种面积76.5万公顷，总产量532.1万吨，同比增长0.07%，粮食生产连续九年获得丰收。夏粮种植37.86万公顷，总产量258.37万吨，亩产455千克，其中播种小麦37.78万公顷，总产量258.12万吨，同比增长2.14%，亩产456千克，同比增长2.9%。秋粮种植38.6万公顷，总产量273.73万吨，亩产472.7千克，其中种植玉米33.99万公顷，总产量260.6万吨，亩产511千克，总产量和亩产同比分别下降1.92%。棉花种植面积1.14万公顷，总产量1.15万吨，同比下降8.95%。油料种植面积6.11万公顷，总产量21.5万吨，同比增长0.1%。瓜蔬种植面积16.82万公顷，总产量1309.52万吨，同比增长2.5%。2012年，石家庄获得“全国粮食生产先进市”称号；藁城市、赵县、正定县3个县（市）获得“全国粮食生产先进县（市）”称号；石家庄市农业局杜彩君、藁城市农业局赵圣哲2人获得“全国粮食生产先进工作者”称号；石家庄市农业技术推广中心李月华获得“全国粮食生产突出贡献农业科技人员”称号；元氏县李现立、赵县李素敏、正定县王立海获得“全国种粮大户”称号。

瓜菜种植渐趋规模化、设施化。年内各级财政投入资金7588万元，补助设施蔬菜项目18个，撬动社会投入资金8913.31万元；新建万亩蔬菜示范区2个、千亩设施蔬菜示范方21个，万亩蔬菜示范区和千亩示范方分别达到15个和39个，面积19.9万亩；建设省部级蔬菜标准园67个，其中部级7个、省级60个，面积6.9万多亩。全年瓜菜播种面积252万亩，总产量1309.52万吨，亩产5189.4千克，单产、总产分别居全省第一、第二位。其中，设施瓜菜播种面积124万亩，占总播种面积的49.2%。

林果业快速发展。2012年全市引进新品种、新技术23项，建立区域试验示范点23个，栽培面积5000余亩；建立技术推广示范点40个，示范面积50万亩，其中，井陉矿区引进美国大榛子2000株，栾城县引进玛斯义·陶芬无花果，温室栽培30亩，元氏县引进软籽石榴新品种3个，分别是突尼斯软籽、豫大籽、青皮软，鹿泉市、井陉县、井陉矿区推广野生皂角嫁接皂角技术，示范果木20万株；新发展名优果树16万亩，其中核桃8.1万亩，梨3万亩，大枣0.56万亩，苹果0.84万亩，葡萄1.65万亩，板栗0.6万亩，其他果木1.25万亩。全年果品（含经济林）种植347.7万亩，同比增长4.73%；园林水果总产量235.6万吨，同比增长7.7%；果品总产值74.5亿元，同比增长42.2%。果品产量居全省首位，梨果、核桃种植面积及产量居全省第一位，大枣居第二位。

牧渔业生产能力持续增强。全年争取中央投资9238万元，比上年增加37%，吸引社会投资26.8亿元，建成畜禽标准化示范场419家，占全市备案养殖场总数的10%。年末畜牧业拥有市级以上龙头企业87家，其中省级龙头企业13家、国家级龙头企业3家（华牧、双鸽、君乐宝）。全年畜牧业龙头企业总产值94亿元，占农业产业化龙头企业总产值的28.5%。至2012年底，全市奶牛、猪、羊、鸡存栏数分别达到42万头、349万头、124万只、1.2亿只，同比分别增长16.7%、8.12%、

−3.13%、1.69%；肉、蛋、奶、水产品产量分别达77.3万吨、106.4万吨、120.8万吨、3.5万吨，同比分别增长1.4%、0.1%、1.5%、0.7%，其中肉、蛋产量位居全省第一，奶产量位居全省第三，水产品总产值4.3亿元。

农业生产条件大幅改善。投资11.69亿元，建设农村公路1338千米，其中建成连村公路168.3千米，完成主街道硬化451个村485.7千米。完成省补农村公路建设5060万元425.8千米。新开通市区至组团县（市）公交线路19条。投资3.54亿元，除险加固中小型水库20座，治理中小河道3条，整治河道堤防23千米，渠道清淤474千米，田间渠道防渗516.2千米，发展节水灌溉面积53万亩，恢复改善灌溉面积123万亩，治理水土流失面积160平方千米，解决农村60万人饮水安全问题。争取土地治理项目资金17666万元，改造中低产田2.77万亩，建设高标准农田10.6万亩，生态综合治理1.41万亩，中型灌渠2.58千米。年末农业机械总动力达到1983.8万千瓦，较上年增长0.34%。完成小麦机播566万亩，占播种面积的99.2%；完成小麦联合收获554万亩，占种植面积的97.1%；完成玉米铁茬播种415万亩，占播种面积的82%；完成玉米联合收获271万亩，占种植面积的52.6%，主要农作物机械化作业率达到80%。

农业科技支撑能力增强。全市18个县级农技推广机构全部建立，129个区域站落实办公场所，并纳入全额拨款事业单位序列。农村信息服务村村通工程全部开通播放，直通3500个行政村。选聘村级农业技术员4430名，农技推广、信息传播、农产品质量监管实现“三员合一”。新增农业手机短信用户20余万户。完成6个国家级示范县建设和11个国家、省级条件建设项目，农技推广补助项目和条件能力建设项目实现全覆盖。完成2012年农村劳动力培训阳光工程，培养农村劳动力2.33万人，宣传培训农民超过100万人次。开展科技成果转化项目5个，新品种选育项目12个，19个农作物新品种通过省级审定，分别是玉米6个、棉花2个、旱稻1个、小麦1个、果品9个，3个蔬菜品种通过省级以上鉴定，并在育种技术上获得新突破。农业科技推广效果明显，推广测土配方施肥技术566万亩，实现小麦播种面积全覆盖，小麦玉米良种覆盖率超过98%，专业化防治面积205万亩次。在抓好鹿泉市、赵县、晋州市、辛集市等17个县（市）水肥一体化示范试验点基础上，在藁城市、新乐市实施万亩连片示范区建设。5月23日，全国水肥一体化技术培训班在石家庄召开。

农业产业化经营水平提升。年末全市农民专业合作组织达到3800家，入社农户26万户，带动农户117万户。78个村完成集体资产股份制改造。全年石家庄市达到农业部标准要求和“一村一品”专业村561个，占行政村总数的12.9%。一批投资10亿元以上的农业产业化大项目落户石家庄市，占全省亿元以上项目50%。2012年全市农业产业化经营总量达到874亿元，农业产业化经营率达到64.2%，比上年提高1.2个百分点。君乐宝乳业跻身农业产业化国家级重点龙头企业行列，全市国家级重点龙头企业达到4家；新调整和认定省级重点龙头企业11家，总量达到48家；新认定市级重点龙头企业255家，增加75家。2012年，“双鸽”牌肉食品、“创鑫”牌芝麻产品被认定为“中国驰名商标”，年末全市农业产业拥有国家级名牌产品或驰名商标称号企业达到10家。

种 植 业

【概况】 2012年，全市种植业按照“粮食生产抓提高，蔬菜产业抓特色，保障体系抓完善，质量安全抓提升，农村改革抓深化，惠农政策抓落实”的工作思路，下大力加强农业生产，努力保证了粮食安全。粮食生产在春季气温偏低，生育期普遍推迟，病虫害影响以及7月份雷雨大风和冰雹极端恶劣天气等诸多不利条件下，开展生产自救，增强田间管理，连续九年获得丰收。农村科技信息服务村村通工程、村级农业技术员选聘、微喷水肥一体化技术推广等成为全国典型，3个县（市）和4名个人获得全国粮食生产先进表彰和奖励，石家庄市获授“全国粮食生产先进市”称号。2012年全市新建粮食高产创建万亩示范片46个、万亩蔬菜示范区2个、千亩设施蔬菜示范方21个，11个县（市）建成“吨粮县”。年末全市粮食播种面积76.5万公顷，同比减少0.5万公顷，总产量532.1万吨，同比增长0.07%。

【粮食生产】 编制完成《石家庄市粮食生产核心区规划》，确定核心区面积500万亩。制定出台《关于深入开展粮食高产创建整体推进活动建设吨粮市的意见》，实施粮食产能提升工程，兑现落实各项惠农政策和农业生产补贴，加大农业政策保险推动和市、县农业项目资金整合力度，为农业稳产增收提供了政策保障。全年粮食生产连续九年获得丰收，共播种农作物总面积100.9万公顷，同比下降0.16%；粮食种植76.5万公顷，同比下降0.69%，总产量532.1万吨，同比增长0.07%，亩产464千克。夏粮种植37.86万公顷，总产量258.37万吨，亩产455千克，其中播种小麦37.78万公顷，减少0.7%，总产量258.12万吨，增加2.14%，亩产456千克，增加2.9%；秋粮种植38.6万公顷，总产量273.73万吨，亩产472.7千克，其中种植玉米33.99万公顷，与上年持平，总产量260.6万吨，亩产511千克，总产量和亩产同比分别减少1.92%。油料种植面积6.11万公顷，同比减少128公顷，下降0.21%，总产量21.5万吨，同比增长0.1%。棉花种植面积1.14万公顷，同比减少598公顷，下降0.50%，总产量1.15万吨，同比下降8.95%。

（王风楼　许瑞忠）

【藁城辛集项目区刷新夏玉米高产纪录】 年内，石家庄实施“粮食丰产科技工程”项目区藁城、辛集两地实现夏玉米高产纪录。藁城核心试验区100亩夏玉米（郑单958）高产攻关田平均亩产达到805.49千克，首次实现河北省夏玉米亩产800千克的产量突破；辛集示范区100亩夏玉米（郑单958）高产攻关田平均亩产达到795.11千克。两地双双刷新由国家“粮食丰产科技工程”课题组2008年创造的小面积亩产788.45千克、大面积亩产766.96千克的河北省夏玉米高产纪录。2012年，石家庄夏玉米生长中后期遭遇连续低温阴雨寡照等不利条件，该课题组立足生态气候特点和生产条件，以夏玉米生长发育期间有限光热资源的高效利用和有效提高产量为目标，研究集成了“配肥强源、增密扩库、延时促流”等夏玉米高产高效栽培技术体系。

（李云萍）

【蔬菜生产】 以京石、石德铁路沿线和省会城郊区域“两沿一区”13个万亩蔬菜示范区和18个千亩设施蔬菜示范方为重点，按照无公害蔬菜生产技术规范，统一标牌，统一编号，推进蔬菜产业规模化、标准化、设施化发展。选择60个基础设施好、区域优势明显、技术力量强、菜农积极性高的蔬菜园区作为省级蔬菜标准园进行培育创建，带动全市蔬菜规模化发展和提档升级。年内，藁城市、高邑县、无极县等13个重点县（市）新建万亩蔬菜示范区2个、千亩设施蔬菜示范方21个，万亩蔬菜示范区和千亩示范方分别达到15个和39个，面积19.9万亩；建设省部级蔬菜标准园67个，其中部级7个、省级60个，面积6.9万多亩。全年瓜菜种植面积16.8万公顷，同比增长2.79%；总产量1309.5万吨，同比增长2.46%；亩产5189.4千克；单产位列全省第一位、总产量位列全省第二位。其中，设施瓜菜种植面积124万亩，占总播种面积的49.2%；蔬菜（含菜用瓜）播种面积15.8公顷，总产量1255.4吨，同比增长2.73%，亩产5284.5千克。

【粮食高产创建活动】 出台《关于深入开展粮食高产创建整体推进活动建设吨粮市的意见》，明确总体目标和具体任务，扩大高产创建规模。全年建立小麦、玉米高产创建万亩示范片118个，比上年增加46个，年末市、县、乡三级领导干部示范田达到387个，示范片（方、田）覆盖全部粮食主产乡镇，初步形成“一亩带十亩、百亩带一千、千亩带一万、万亩带十万”的高产创建模式，辐射带动全市粮食均衡增产。藁城市丰上村50亩水肥一体化夏玉米示范田，实打实收平均亩产874.78千克，创下全省玉米亩产新纪录。藁城市、赵县、栾城县、正定县、无极县、深泽县、晋州市、辛集市、新乐市、高邑县、行唐县11个县（市）建成“吨粮县”。

【农产品质量安全监管】 推进“百村千户无公害蔬菜标准化示范工程”，以无公害综合防治和节水灌溉技术应用为重点，选建无公害蔬菜标准化示范基地18个。年内农业部组织4次蔬菜质量例行检测，该工程涉及的示范基地无1例农药残留超标，合格率达到100%。2012年全市新认定无公害产地21个、认证无公害产品119个，在全省处于领先地位。加强检验检测体系建设，市、县、乡村“三级四层”监管体系建设迈上新台阶。2012年石家庄市新建乡级检测站36个、村级检测点80个、村级工作室1000个，并入市农产品质量安全监管指挥系统检测站点202个，检测蔬菜样品数量为2011年同期2倍多。至2012年末，全市检测各级各类蔬菜样品数量达到82万多个，比2011年检测样品数量净增23万个。

【农业综合执法】 开展农药、韭菜等专项整治以及甲醛、麻山药等风险排查，保证农产品质量安全，同时结合春耕生产和“三秋”种麦等重点季节，集中组织开展农业综合执法“春雷”、“绿剑”百日护农行动。2月28日至6月10日，开展农业综合执法“春雷”护农行动，围绕重点地区、重点市场、重点单位、重点品种和大要案，突出整治种子、农药、肥料等农资，提高农业投入品供应质量。7月20日至10月30日，开展农业综合执法“绿剑”护农行动，全面检查农资市场、农资生产企业，维护农资市场良好秩序。开展“春雷”和“绿剑”行动，全市共出动执法人员7182人次，车辆1992车次，检查农资、农产品生产经营单位7272个次，发现问题570个，没收违法农资8.3万千克，罚款61.9万多元，移送司法部门4起。3月15日，举办“3·15”假劣种子销毁活动，销毁玉米、小麦、棉花等作物近10个品种2500千克，货值7万多元。2013年1月31日，市农业局通报2012年度5起农资打假典型案件，分别是灵寿县刘国生经营过期农药案、河北盛禾种业有限公司经营劣质玉米种子案、辛集市安建秋经营无农药登记证的农药产品案、高邑县中昌化肥有限公司生产伪造肥料登记证号肥料产品案、栾城县赵兵海生产假农药案。2012年，石家庄市农业行政综合执法支队办理的“经营标签不符合法律规定棉花种子案”和正定执法大队办理的“销售擅自修改标签内容肥料案”，被农业部评为2012年全国农业行政处罚优秀案卷。这也是河北省首次获得农业部农业行政处罚优秀案卷。

表17 2012年度石家庄市农业行政处罚优秀案卷

类别	数量	名　　称	单位
市级	14	经营未取得农药登记证的农药产品案	市支队
		经营标签不符合法律规定的棉花种子案	市支队
		未按照种子经营许可证规定经营种子案	市支队
		销售擅自修改标签的肥料案	正定大队
		经营40%绿·莠·乙草胺悬浮济劣质农药案	晋州大队
		葛银平经营擅自修改标签内容的农药产品案	行唐大队
		藁城市农业生产资料公司市府路秀芬农资综合服务站经营劣质农药案	藁城大队
		石家庄市青冠化工有限公司生产经营劣质农药案	元氏大队
		新乐市农家乐农业技术推广服务部经营假农药产品案	新乐大队
		王志修经营未注明“过期农药”字样的超过产品质量保证期的农药产品	无极大队
		生产未续展登记证的肥料案	平山大队
		赵县林业局梨区植保服务中心销售修改标签内容农药产品案	赵县大队
		赞皇北清河农业快易通科技服务站经营劣质农药产品案	赞皇大队
		经营假冒登记证的农药案	灵寿大队

（续表）

类别	数量	名 称	单位
省级	7	经营未取得农药登记证的农药产品案	市支队
		经营标签不符合法律规定的棉花种子案	市支队
		未按照种子经营许可证规定经营种子案	市支队
		销售擅自修改标签的肥料案	正定大队
		石家庄市青冠化工有限公司生产经营劣质农药案	元氏大队
		经营 40% 绿·莠·乙草胺悬浮济劣质农药案	晋州大队
		藁城市农业生产资料公司市府路秀芬农资综合服务站经营劣质农药案	藁城大队
国家级	2	经营标签不符合法律规定棉花种子案	市支队
		销售擅自修改标签内容肥料案	正定大队

（王风楼　许瑞忠）

【农民专业合作社】 开展合作社达标活动，健全基本制度、财务制度、工作制度、档案管理制度、盈余分红制度，规范运作程序，引导和促进合作社规范发展。5 月 18 日，中国合作经济年度成就奖颁奖典礼在重庆市合川区举行，赞皇县原村土布专业合作社获得“全国五十佳合作社”称号。6 月 29 日，鹿泉联民土地托管专业合作社、赞皇县汇川优质核桃专业合作社、辛集市康钛益养鸡专业合作社 3 家农民专业合作社被农业部授予“全国农民专业合作社示范社”称号。9 月 26 日，赞皇县汇川优质核桃专业合作社被第十六届中国（廊坊）农交会组委会评选为河北省十佳农民专业合作社。至 2012 年底，市农业经济管理部门备案农民专业合作社达到 3800 家，较上年增加 500 家，总数位列全省第一。其中，市县两级命名表彰的明星示范合作社达到 137 家；入社农户 53 万户，占全市农户总数的 30%；带动农户 117 万户，占全市农户总数的 66%；组建合作社的乡镇、村分别达到 98% 和 54%。

（王风楼　许瑞忠
岳金宏　安献锋）

【农村土地流转】 健全流转服务机构，开展试点创建活动，加强土地纠纷调处，严格土地流转用途，严禁改变土地性质，确保农地农用。17 个农业县（市）普遍设立农村土地承包仲裁委员会。全年农村土地承包经营权流转面积 120.8 万亩，占家庭承包耕地总面积的 15.4%，超过全省平均水平，比上年增长 2.1 个百分点。通过土地流转，全市 20 亩以上适度规模流转面积达到 54.8 万亩，占到流转总面积的 45.3%。

【农业转基因生物安全监管】 2 月 16 日，市农业局与河北师范大学、河北科技大学、河北省农科院、市农科院、中国科学院现代化所等 10 个承担农业转基因生物安全研发单位在石家庄凯旋金悦大酒店就农业转基因生物安全监管签订责任书，落实了《农业转基因生物安全管理条例》。

【获得全国粮食生产先进市称号】 2012 年，在农业部全国粮食生产先进单位和先进个人表彰会上，石家庄市被评为全国粮食生产先进市，藁城市、赵县、正定县 3 县（市）被评为全国粮食生产先进县（市、区、旗、场），杜彩君、赵圣哲被评为全国粮食生产先进工作者，李月华被评为全国粮食生产突出贡献农业科技人员。元氏县宋曹镇大孔村李现立、赵县南柏舍乡徐家寨村李素敏、正定县西平乐乡中杜村王立海被评为全国种粮大户。12 月 21 日，农业部下发《关于表扬 2012 年全国粮食生产先进单位和先进个人的决定》。至 2012 年末，全市 13 个县（市）列入《国家新增 1000 亿斤粮食生产能力规划》内粮食生产大县和粮食生产核心区，种粮面积占到全市的 84.6%，总产量占到全市的 88.3%。

（王风楼　许瑞忠）

畜牧·水产业

【概况】 2012年，全市畜牧水产系统按照“一种五化”（良种普及、区域化布局、规模化养殖、标准化生产、科学化防控、产业化经营）要求，组织实施“十大重点项目”建设，加强和完善畜禽良种繁育、质量安全监测、动物疫病防控、饲料兽药保障“四大体系”，全面落实《石家庄市人民政府关于加快现代畜牧业发展的意见》（石政发〔2012〕6号），开创全市牧渔工作新局面。引进推广优良种畜禽，引进国内外优质奶牛冻精和国际顶尖奶牛胚胎，成立市良种精液配送中心，规范县、乡、村（场）配种网络，成立市种畜禽质量检测中心，全面开展种禽、种猪、奶牛、肉牛、肉羊生产性能测定和猪、牛精液质量检测，构建“种畜禽场－配种网络－生产性能检测中心”三位一体畜禽良种繁育体系。推进改良站点标准化建设，加快奶牛改良步伐，提高改良效果。建立完善兽医行政管理、行政执法、技术支撑三大体系和市、县、乡、村四级动物防疫网络，提高动物疫病监测防控水平。加强市级监管检测能力升级、县级监管检测能力达标、基层监管检测体系延伸覆盖和全市畜产品质量安全监管监测联网四项建设，增强畜产品质量安全监管监测能力。全年建成乡镇动态监测示范所50个、标准所22个，占全市乡镇分所总数41.9%，一线动物疫病防控能力明显增强；开展渔业资源增殖放流，投放鱼苗135万尾，其中，向岗南水库放流33.3万尾，向黄壁庄水库放流101.7万尾，渔业资源得到有效保护和利用；开展牧渔产品抽测检查2.5万批次，办理各类案件912起，集中销毁假劣兽药、饲料及饲料添加剂10多吨，牧渔产品质量得到大力提升。全年，承办省局现场会3个，分别是畜禽养殖标准化示范创建、动物卫生监督规范化、生猪良繁体系建设，经验和做法在全省推广学习；鹿泉市渔政监督管理处被确定为“全国2012年渔业文明执法窗口单位”，成为河北省内陆唯一获此殊荣的县（市）。同时，在全省农业系统先进单位表彰中，石家庄市获得畜牧水产奖8项；在省畜牧兽医局组织的畜牧业发展、动物防疫、兽医医政、畜产品质量安全监管、饲料管理五个冠军杯竞赛中，石家庄市夺得四个第一名、一个第二名；在全省兽医实验室检测技能、畜产品检测两个大比武活动中，石家庄市获得团体一等奖和个人一等奖。

基层标准化动物卫生监督所

【牧渔业生产】 牧渔业生产保持平稳增长态势，年末全市奶牛、猪、羊、鸡存栏数分别达到42万头、349万头、124万只、1.2亿只，同比分别增长16.7%、8.12%、-3.13%、1.69%；肉、蛋、奶、水产品产量分别达77.3万吨、106.6万吨、120.8万吨、3.5万吨，同比分别增长1.4%、0.1%、1.5%、0.7%，其中肉、蛋产量位居全省第一，奶产量位居全省第三，水产品总产值4.3亿元，冷水鱼养殖全国第三，主要有鲟鱼、白斑狗鱼、青海湖裸鲤等品种。加强畜禽养殖基地建设，在全省率先组织实施标准化规模养殖部、省、市、县四级联创，建成畜禽标准化示范场419家，占全市备案养殖场总数10%；在全省首家建立市种畜禽质量检测中心和良种精液配送中心，并开展县级配送站标准化建设，进一步完善良繁体系。推进畜牧产业化发展，全年争取中央投资9238万元，比上年增加37%，吸引社会投资26.8亿元，新建和在建社会资金项目达到57个。至2012年末，全市拥有市级以上产业化龙头企业87家，其中省级13家、国家级3家（华牧、双鸽、君乐宝）。畜牧产业化龙头企业实现产值94亿元，占农业产业化龙头企业总产值的28.5%。

【重大动物疫病防控】 开展基层站所规范化建设，全市172个乡镇动监分所，建成示范所50个、标准所22个，一线动物疫病防控能力明显增强。重视动物疫病检测能力建设，18个农村县级兽医实验室全部达到省级生物安全一级实验室标准。11月1日，市动物疫病控制中心实验楼揭牌启用。市动物疫病预防控制中心实验楼于2008年底开始动工兴建，历时4年，总投资4200多万元，占地11亩，建筑面积9500平方米。其中，兽医实验室2000多平方米，共设血清学检测、病理、生理、生化及分子生物学检测等21个功能室，能够开展40余种动物疾病的72个检测项目，全年可检测各类样品7万余份，达到国家P2(生物安全二级)标准，处于全省领先水平。2月27～29日，全国动物疫病防控和卫生监督工作座谈会在广西南宁市召开，市动物卫生监督所在此次会上获得2011年全国动物屠宰检疫比武观摩活动优秀团体奖，该所贺小云获得优秀个人奖。全面加强防控宣传和培训，集中开展强制免疫、疫情监测、防疫条件审查、动物卫生监督和督导检查六大行动，创新运用免疫小分队、现场监督规模场免疫、免疫信息电子档案、疫苗比对试验等四项措施，圆满完成春秋两季重大动物疫病防控工作。全年全市重大动物疫病疫情实现零案例。

【良繁体系建设】 3月15日，市畜牧技术推广站组织开展检测技术培训和仪器校对实验，利用六台仪器同时对21个精液样品的精子密度进行现场检测，并对检测结果进行统计、分析和讨论，提高种公猪常温精液检测技术和数据准确性。4月27～28日，河北省第四届种猪拍卖会在石家庄市灵寿县河北省种畜禽质量监测站种猪质量监督检验测试中心举行，共2000余人参会。石家庄主要参展单位3家，分别是河北兆江养殖有限公司、河北双鸽美丹畜牧科技有限公司、新乐书亮猪人工授精服务中心。会上表彰测定工作先进单位4个、先进个人4名。石家庄市畜牧技术推广站和褚素乔同志分别获得“河北省第四届种猪生产性能测定优秀组织奖”和“个人优秀组织奖”。此次拍卖会共测定种公猪190头，其中参与竞拍17头。玉牧富种猪繁育有限公司耳号809的杜洛克种公猪拍出2.7万元，成为新的标王。石家庄获得种猪生产指数测定19个奖项中的5项，其中，河北双鸽美丹畜牧科技有限公司847号种公猪的测定成绩在杜洛克组中最好。4月6日，河北省召开奶牛生产性能测定工作表彰培训会，石家庄市被表彰为2011年奶牛生产性能测定（DHI）工作先进单位。5月24日，省科技厅组织相关专家对石家庄市承担的白斑狗鱼、鲟鱼人工繁育技术研究课题进行现场测产验收。通过随机打样、个体测量、总体测产、查验生产记录和销售记录，专家组认为该项目方案制定科学合理，各项技术先进、实用，全面完成各项技术经济指标，达到阶段性验收标准。6～7月，河北省畜牧兽医局委托省种畜禽质量监测站种猪质量监督检验测试中心，依据《种猪常温精液标准》(GB23238-2009)，对全省58个供精单位的310头种公猪常温精液产品进行质量抽检。7月16日，河北省畜牧兽医局通报抽检结果，石家庄市9个供精单位45头种公猪常温精液产品抽检结果全部合格。10月15～16日，河北省第五届种猪拍卖会在河北省种畜禽质量监测站种猪质量监督检验测试中心举行，共800余人参会。此次拍卖会共拍卖种猪17头，最高价2万元，最低价0.6万元，头均拍卖价0.98万元，其中，廊坊市欧华林畜产品有限公司提供的杜洛克种猪以2万元的最高价被秦皇岛翔跃种公猪站竞得。石家庄市共有4头种公猪获奖，占获奖总头数的22%，其中，石家庄市牧工商开发总公司原种猪场、石家庄双鸽食品有限责任公司的两头种公猪分别获得大约克夏综合评定、杜洛克种公猪生长指数排名第二，并成功拍卖成交。

【牧渔产品质量安全监管】 开展市级监管监测能力升级、县级能力达标、基层体系延伸覆盖、全市体系联网四项建设，市畜产品质量监测中心检测认证项目由122项增加到164项。加强县级监测站建设，在市东、北、西三个方向选取三个县级监测站（藁城市、鹿泉市、行唐县），建造升格为区域中心站，积极发挥了区域性辐射、服务、示范带动作用。加强产品抽测检查，全年共抽检12万批次，其中市本级2.5万批次。完善监管机制、责任体系，加强生鲜乳质量安全管理。8月17日，国家农业部畜牧业司生鲜乳收购站监管平台项目落户赵县，成为河北省首个试点县，生鲜乳收购站POS终端平台在该县8个奶站开始投入使用。至2012年末，全市380家奶站全部实现视频联网监控，并改造升级完成65家奶站视频监控前端设备，其中，栾城县率先完成全境升级改造。

【执法规范化建设】 抓执法、促监管、保安全，强力推进执法规范化建设。全面推行“六大规范、二十八项统一”，探索建立执法制度八项，完善执法机制三种（行政执法与刑事司法衔接机制、与公安部门协调联动机制、内部执法衔接配合机制），创新执法模式三种（行政执法信息化应用、跨部门的执法协作、“说理式”行政处罚），获得农业部调研组充分肯定。4月27日，省农业厅召开全省农业法制工作会议，农业部政策法规司李生司长、省农业厅副厅长朱立杰及与会代表70多人到市畜牧局参观牧渔执法规范化建设。5月30日，市畜牧水产局在栾城县召开全市牧渔行政执法暨基层所规范化建设现场观摩会，推进牧渔行政执法规范化和基层所规范化两个项目建设。7月16日至8月3日，市动物卫生监督所在灵寿县民兵训练基地开展全市动物卫生监督执法人员综合技能封闭培训，共培训人员3批336人。9月21～22日，农业部产业政策与法规司巡视员李生与兽医局副局长黄伟忠、畜牧业司调研员左玲玲等一行5名领导，到石家庄调研牧渔执法规范化建设。10月份，石家庄市行政执法与刑事司法衔接项目领导小组办公室对全市联网单位报送内部管理制度和上传案件情况进行通报，全市11个职能部门受到表彰，市畜牧水产局位列其首，并被市委市政府确定为“两法”衔接示范单位。2012年，全市畜牧水产系统办理各类案件912起，同比增长105%，无1起复议、诉讼案件。

（王荣申　黄滨　李跃
戴建卫　尹华丁　张涛涛）

动物卫生监管人员到肉品摊开展市场检查

【9项畜牧类农业地方标准发布】 2012年，石家庄市制定发布省、市地方标准30项，其中，第二季度发布畜牧类农业地方标准9项，呈现加快推出农业标准化进程趋势。9项标准分别是：《爱拔益加父母代肉种鸡饲养管理技术规范》、《村级动物防疫员免疫操作技术规范》、《蛋鸡规模养殖场疫病防控技术规范》、《动物检疫申报点标准化建设规范》、《毛皮动物产地检疫技术标准》、《县级畜产品质量检测站建设规范》、《乡级兽医实验室建设管理规范》、《生猪规模养殖场建设技术规程》、《种公猪供精站建设规范》。

（陈玉　焦莉莉　焦强）

【检测技能比武活动】 4月10日，市畜牧水产局举办全市兽医实验室检测技能大比武活动，18个县（市、区）35名兽医实验室检测人员参赛，河北省疫控中心专家任评委。经过激烈角逐，正定县马国红、高邑县牛明霞获得个人一等奖，高邑县、正定县、平山县、鹿泉市、井陉矿区、新乐市获得团体优胜奖。4月23～24日，河北省畜牧兽医局举办全省兽医实验室检测技能大比武活动，各设区市分别选派参赛人员3名，共11个队伍33人参赛，比武内容包括口蹄疫ELISA、高致病性猪蓝耳病PCR和禽流感HA、HI试验。石家庄市参赛队荣获团体一等奖，市动物疫病预防控制中心周文茂、高邑县农牧局牛明霞两位参赛选手获得个人一等奖，鹿泉市农牧局张小彦获得个人二等奖。11月12～13日，第一届全省畜产品基层检测技术人员大比武在省兽药监察所举行，活动由省畜牧兽医局主办，全省共有11个代表队21名选手参赛。石家庄市畜产品质量检测中心检测人员肖妙、鹿泉市农产品质量检测中心检测人员张鹏娜代表石家庄市参赛，两人同时获得个人一等奖（个人一等奖共3名）；市畜产品检测中心获得团体一等奖；石家庄市畜牧水产局获得团体优秀组织奖第一名。

【集中销毁10多吨假劣兽药饲料】 2011年3月至2012年3月，全市畜牧系统共开展执法检查1435次，开展联查或专项检查10次，立案107件，捣毁制售假兽药、饲料添加剂窝点5个，没收假劣兽药、饲料及饲料添加剂10多吨，价值30余万元。2012年3月13日，市畜牧水产局在位于栾城县东客村的石家庄龙腾环保有限公司举办“3·15公开销毁假劣兽药和饲料添加剂”活动，将2011年3月至2012年3月期间没收的10多吨假劣兽药、饲料及饲料添加剂全部进行环保无害化处理。

【获得河北省奶牛生产性能测定先进单位】 4月6日，河北省召开奶牛生产性能测定工作表彰培训会。会上，河北畜牧兽医局对2011年全省奶牛生产性能测定工作进行总结表彰，石家庄市、廊坊市、保定市获得2011年奶牛生产性能测定（DHI）工作先进单位称号；正定县、井陉县、辛集市获得2011年奶牛生产性能测定（DHI）工作县级先进单位称号；3家养殖企业4名个人获得先进单位和先进个人称号。辛集市润翔乳业有限公司、井陉县金柱奶牛养殖有限公司、正定县宏发良种奶牛养殖基地等3家受表彰的企业，每头牛年产奶量均超过7吨。

【国家级秸秆养牛示范县项目通过省级验收】 5月24～25日，由省财政厅、省农开办、省畜牧兽医局一行四人组成的项目验收组，先后到正定县、鹿泉市、赵县三个项目县（市），对石家庄市承担的2010年、2011年度国家级秸秆养牛示范县项目进行现场验收，实地查看正定县田润奶牛养殖专业合作社、鹿泉市天泉良种奶牛有限公司、赵县兴华奶业有限公司三个奶牛养殖小区的青贮池、青贮设备和草料库，并听取项目开展情况汇报，查阅相关的财务账目。通过实地检查，验收组对示范县建设工作给予充分肯定，认为符合达标要求。

【20名科技人员获得河北省表彰】 4月14～16日，河北省畜牧兽医学会50周年纪念暨第八次全省会员代表大会在石家庄举行。会议为优秀科技工作者颁奖。在此次省畜牧兽医学会表彰的155名河北省优秀科技工作者中，有石家庄市科技人员20名，在全省各设区市中居首位。其中，属于市畜牧系统有12名，分别是：特别贡献奖2人（倪富美、韩德昌），科技领军人物1人（赵洪明），科技推广功勋人物6人（王新、何晓中、张六十、张文龙、赵永会、褚素乔），行业管理杰出人才2人（肖亚彬、赵振宇），科技创新青年才俊1人（王荣申）。同时受表彰的还有市畜牧养殖和兽药企业的王春江、孙桂琴、安永林、邵尊森、化世鹏、王胜军、梁策、程青芳8名科技人员，分别获得科技推广功勋人物奖和科技创新优秀企业家称号。

【执业兽医资格考试】 2012年是石家庄市组织实施执业兽医资格考试的第三年，也是执业兽医资格考试确定为国考的第一年。10月14日，全国执业兽医资格石家庄考点考试如期举行，考点考生共计1095人，其中石家庄市本地考生388人，张家口市、衡水市、邢台市、沧州市、保定市、邯郸市等异地考生707人。石家庄市通过考试的有146人，其中取得执业兽医师资格87人，取得执业助理兽医师资格59人。

（王荣申　黄滨　李跃
戴建卫　尹华丁　张涛涛）

林　业

【概况】 2012年，全市林业系统以创建“国家森林城市”为核心，按照城市森林化、道路风景化、农田林网化、林业产业化要求，重点实施“一山、一河、五路”环省会绿化和太行山绿化、退耕还林、封山育林等十大创森工程，并开展全民义务植树和雨季植树绿化活动，全面改善生态景观环境。出台《石家庄市人民政府关于加快建设果品产业强市的实施意见》（石政发〔2012〕18号），加强果品产业发展指导，优化果品产业发展布局，提高果品产业总体规模和水平，全力打造果品产业强市。全年完成人工造林26万亩，新增封山育林16万亩，“四旁”植树1598万株，干鲜果品产量240万吨，花卉种植面积2.4万亩，木材产量5万立方米，人造板产量197万立方米，森林旅游686万人次，林业产业总值（经营额）达到179亿元(含加工和服务业)。12月26日，全国绿化委员会通报表扬全民义务植树运动开展30年来，全国100家国土绿化突出贡献单位和100位突出贡献个人，石家庄市林业局获得“国土绿化突出贡献单位”称号。

【生态绿化工程】 太行山绿化工程完成人工造林7.8万亩，封山育林新封1.9万亩，年末封山育林达到26万亩。退耕还林工程完成荒山荒地造林1.4万亩，新封山育林2.2万亩，年末封山育林达到31万亩。年内兑现粮食补助3280万元、生活补助827万元、巩固成果资金3430万元，受益农民12.6万户。三北防护林工程完成人工造林0.4万亩。中央财政造林补助试点项目完成人工造林1.4万亩。完成“一山、一河、五路”环城绿化，即西山生态观光园建设、滹沱河百里绿色长廊建设、三环路绿化提档升级、中华大街北延绿化带建设、307及308国道绿色通道提升改造、西柏坡高速公路两侧山场绿化。西山生态观光园植树100万株，造林绿化8000亩，游园、水湖、上山道路、亭阁、廊架等一批休闲设施正在加紧建设，西山生态园建设初见成效。滹沱河百里绿色长廊，建设规划西起鹿泉，东至深泽，长约100千米，每侧植树100～500米。全年完成造林21149亩，其中，栽植杨树1.38万亩、核桃0.41万亩，梨、桃等0.32万亩。藁城市、无极县、晋州市、深泽县每县（市）集中连片建立1000亩以上精品示范点1处，精品示范点面积达到7430亩，占到总面积的35%。“五路”绿化工程，以西柏坡高速、三环公路为重点，对高速公路、国省干线及主要出市口道路进行环境整治绿化提升，共栽植补植树木465.6万株，绿化面积3824.6亩，绿化里程511.7千米。其中，在中华大街北延8千米路段两侧各50米，植树6.6万株，绿化面积1200亩；三环路两侧生态防护林断档区域补植补造，栽植各类树木24万株，形成长78.8千米，宽100米（每侧50米）环形林带；在63千米西柏坡高速公路两侧50米之外可视山体各营造100～200米宽生态及经济林带，植树约80万株，造林1万亩；京深、石黄、石太高速公路两侧补植补造，植树19.7万株。

【雨季植树造林】 7月4日，市委、市政府召开基层建设年雨季植树造林电视电话会议，决定利用7月15日至8月15日一个月时间，在全市农村集中开展雨季植树绿化活动，每个村庄新栽各类树木1000株。栽植范围从山区扩大到平原，重点是农村街道绿化，以及荒山荒地、公路、河流绿化等。为适应雨季造林特点，栽植方式主要以容器苗、带土球栽植为主，栽植树种有生态树种、经济树种、观赏树种、花灌木。据统计，全市共完成雨季人工造林10.3万亩。

【全民义务植树】 3月12日，省委常委、市委书记孙瑞彬以及市四大班子领导和市直机关干部职工、驻石武警官兵2000余人在西山省会义务植树基地参加植树活动；市内五区党政机关、驻军及各界干部群众约3万人分别在小壁林区、公园、居民区、单位等场地参加植树活动。3月17日，全国“两会”后的第一个星期六，省领导张庆黎、赵勇、付志方、史鲁泽、杨崇勇、梁滨、聂辰席、孙瑞彬、景春华、田向利、艾文礼等多位省级领导，中直、省直100多位厅（局）长，46位部队首长，石家庄市部分领导，鹿泉市干部群众，及驻石部队官兵等2000余人，在西山省会义务植树基地参加义务植树活动，共栽植杨树、柏树、杏树等1万多棵。“3•12植树节”和3月、12月“植树月”期间，各县（市）区结合环省会生态绿化工程，把“蓝天碧水”工程作为攻坚战、突击战、歼灭战，分别在55个植树点，积极开展全民义务植树活动，义务植树1300万株。

【果品产业】 8月6日，出台《石家庄市人民政府关于加快建设果品产业强市的实施意见》（石政发〔2012〕18号），加强果品产业发展指导，打造果品产业强市。按照实施意见的要求，到2015年底，全市果树种植面积要求达到385万亩，果品产量达33亿千克，果品产业总产值达185亿元。培植扶持龙头企业，通过龙头带基地、基地连农户的产业化组织形式，促进果品产业整体发展。至2012年末，全市共建有专业合作组织和协会384个，入社会员达到5万人，农民经纪人达到1.9万人。引进林果新品种、新技术，奠定林果产业发展基础。年内引进新品种、新技术23项，建立区域试验示范点23个，栽培面积5000余亩；建立技术推广示范点40个，示范面积50万亩。其中，井陉矿区在凤山乡南井沟村引进美国大榛子2000株；栾城县在冶河镇冶河村引进玛斯义•陶芬无花果，温室栽培30亩；元氏县引进软籽石榴新品种3个，分别是突尼斯软籽、豫大籽、青皮软；鹿泉市、井陉县、井陉矿区推广野生皂角嫁接皂角技术，示范果木20万株。大力发展名优果树，全年新发展各类名优果树面积16万亩，其中核桃8.1万亩，以辽系、香玲为主；梨3万亩，以黄冠为主；大枣0.56万亩；苹果0.84万亩，以斗南、富士、新世界为主；葡萄1.65万亩；板栗0.6万亩；其他果木1.25万亩。全年果品（含经济林）种植面积达347.7万亩，总产量240万吨，产值74.5亿元。果品产量居全省首位，梨果、核桃种植面积及产量居全省第一位，大枣居第二位。

（乔建勇）

【“晋州鸭梨”获得地理标志证明商标】 2012年2月，由晋州市私营企业协会负责申报的“晋州鸭梨”地理标志证明商标正式通过国家工商局商标审查，并予公告，标志“晋州鸭梨”获得地理标志证明商标注册保护。4月14日，“晋州鸭梨”地理标志证明商标授牌仪式在晋州市周家庄观光园举行。省林业厅厅长王海洋，副市长张树志，国家工商总局商标局地理标志审查处处长姚坤等出席授牌仪式。晋州市是国家命名的“中国鸭梨之乡”和“全国梨产业十强县（市）”。“晋州鸭梨”栽培有两千年的历史。2012年，晋州市梨果面积达到21.3万亩，年产53.8万吨，拥有长城、鲜鲜、加一食品等一批国家级、省级果品龙头销售和加工企业。“晋州鸭梨”出口美国、加拿大、欧盟等40多个国家和地区，多次在全国农产品展销会、交易会上获奖。晋州鸭梨果实呈倒卵圆形，近果梗处有一鸭头状突起（鸭突）而得名，其质量优良，色泽金黄，皮薄而光滑，果肉细嫩，清白如玉，酸甜可口，清香多汁，有“落地酥碎，嚼后无渣”之美誉。“晋州鸭梨”地理标志证明商标使用范围为产自该市东卓宿镇、周家庄乡、东里庄乡、总十庄镇、马于镇、营里镇、循环经济园区、桃园镇等8个乡镇所辖行政区域的鸭梨。

（张军霞 张晓娟 贾再兴）

【《石家庄森林城市建设总体规划》通过专家评审】 《石家庄森林城市建设总体规划（2011—2020年）》（以下简称《规划》）是由中国林业科学研究院城市林业研究所（国家林业局城市林业研究中心）编制的，规划布局分为核心区和拓展区两个层次。核心区以“一轴两翼，三环九射，七核百点”为建设格局。一轴，即滹沱河百里风光带；两翼，即西山森林观光生态翼、磁河湿地体验生态翼；三环，即二环路文化景观带、三环路生态防护带、环城水系景观林带；九射，即中华大街北延、西柏坡高速等九大放射状森林绿道；七核，即滹沱河中央森林公园、生态科普文化教育长廊等七大生态人文核心板块；百点，即城市绿色福利空间单元。拓展区以“一带、一屏、三网、十块、多点”为建设格局。一带，即滹沱河自然生态防护带；一屏，即太行山绿色生态屏障；三网，即以城市主干交通线、河流水系景观防护林带和农田林网为骨架的平原生态防护网；十块，即赵县雪花梨与生态文化体验板块、晋州市和深泽县等地的果品采摘与生态观光板块等；多点，即县（市、区）工业园区与镇村人居森林建设。依据《规划》，未来几年石家庄将以

"依山傍水锦绣地，林茂果丰森林城，幸福美丽石家庄"理念为指导，坚持以重点林业绿化建设工程项目为抓手，通过森林社区、森林游园、绿荫车场建设提升主城区绿色福利空间；通过绿色廊道、新城公园、绿色水岸建设完善新城绿色基础设施；通过环城森林、城郊生态风景林、山地水土保持林建设改善城市外围森林景观；通过纪念林、郊野游憩林、生态文化社区建设提升生态文化内涵；通过生态休闲、特色经济林果、种苗花卉建设促进经济惠民，把石家庄市建设成富有燕赵特色和生态文化品位的山水森林城市。12月29日，《规划》通过专家评审。专家组成员分别来自中国科学院、国家林业局、北京市园林绿化局、北京林业大学、省林业厅、省林业科学研究院和市林业局等单位。评审委员会主任由中国科学院院士，中国林科院森林生态环境与保护研究所研究员，博士生导师，国内知名森林群落学家、林型学家蒋有绪先生担任。

（乔建勇　宁晓雪　赵靖）

【林业产业普查】 8月22日至11月10日，开展林业产业普查，摸清林业产业底数。普查范围涉及林业第一、二、三产业，主要包括果品桑蚕、林板、种苗花卉、森林旅游、野生动物驯养繁殖及野生植物资源利用、林业生物质能源和林下产业七个大项。普查内容涉及企业（农户、个体工商户）数量、林产品产量、产值等。行业调查以农户（林农）、企业、市场为基础，采取市、县、乡、村逐级动员、层层上报、行业主管部门逐级审核把关的方法。经普查，全市有林业企业（含农户、市场）36.2万个，从业人员100.3万人，年产值（经营额）3349032万元。年生产苗木11041万株、木材45647立方米、果品2397829吨、花卉5623万枝(万盆、万株、万平方米)、木本中草药6536吨、森林食品73吨、野生动物599万头（只）；年产锯材、木片195846立方米、板材1976942立方米、家具及木制品6248419套（件）、林化产品920吨、木苇藤制品27550件、果品加工品214469吨、野生动植物加工品454885吨（件）；林下种植产品51229吨、林下养殖产品100万头（只、千克）；年森林旅游休闲服务业643万人（次）。

【人造板产业】 按照林业产业普查结果，全市有人造板企业97个，年产各种人造板195.2万立方米，其中，胶合板10.2万立方米、纤维板146.5万立方米、刨花板30万立方米、细木工板8.5万立方米，年产值25.5亿元,形成以正定县,藁城市、新乐市为中心的人造板加工生产集散地。其中，正定县中盐银港人造板有限公司作为石家庄市最大的人造板生产企业，年产中、高密度纤维板16万立方米，刨花板18万立方米，年产值5.4亿元；辛集市河北巴迈隆木业有限公司，年产中密度纤维板9.8万立方米，年产值1.3亿元；藁城市南董镇、张庄镇、常安镇、丘头镇等作为石家庄市最大的个体人造板加工生产集散地，有人造板加工企业56家，主要生产纤维板、刨花板、细木工板、贴面板等，年产人造板134万立方米；新乐市协神乡、马头铺乡作为石家庄市最大的细木工板、胶合板生产集散地，年产胶合板3.2万立方米，细木工板1.2万立方米；正定县恒山板材市场作为石家庄市最大的板材交易市场，经营面积40万平方米，从业人员8000人，年经营各类人造板170万立方米，产值40亿元。

【果品加工业】 按照林业产业普查结果，全市有果品加工企业190个，消耗果品33万吨，占全市果品总产量的14%，年产罐头3.3万吨，饮料9.4万吨，蜜饯5.3万吨，果酒、食用植物油、速冻食品等3.5万吨，年产值21.7亿元。其中，辛集市河北国投中鲁果蔬汁有限公司年产果汁9000吨，产值7200万元；晋州河北加一食品有限公司年产各种罐头1.5万吨，产值6814万元；赵县壹州食品有限公司、旭海果汁有限公司、河北绿诺食品有限公司年产浓缩果汁6.4万吨，产值4亿元；赞皇县56家蜜枣加工企业，年消耗青枣4万吨，占该县大枣产量的近50%,年产蜜枣5万吨,产值5亿元，增加值近1亿元。

【林下产业】 全市林下产业面积75.9万亩,其中,林粮间作85051亩、产量27850吨；林菜4876亩、产量8232吨;林药2609亩、产量380吨;林菌2210亩、产量120吨；林畜342亩、产量51185头；林禽12695亩、产量807191（只、千克）；林下珍稀动物养殖5973亩、产量144800头（只）;养蜂502178亩、年产蜂蜜、蜂胶、蜂王浆、花粉1759吨，林下产业年产值3.8亿元，每年亩均增加产值500元。其中，灵寿县利用林地资源，发展林下药材种植业，种植防风、丹参、知母、板蓝根等，加上其他土地药材种植，实际种植药材面积5134亩，年产量631吨，产值1343万元。赞皇县利用森林资源发展养蜂业，年产蜂蜜、蜂王浆、花粉、蜂胶、蜂蜡等1662吨，产值3000万元。

【参加首届河北省名优果品擂台赛】 9月26～28日，首届河北省名优果品擂台赛在河北省廊坊市举行。全市参赛的干鲜果品共获得奖杯23个，金奖数和奖杯数均列全省第一名。参加此次擂台赛共有来自全省各地的果品生产、经销基地、龙头企业等100多家400多个产品，评选出金奖20个、银奖40个、铜奖60个，石家庄市获得金奖8个、银奖7个、铜奖8个，占获奖总数的19.2%。其中，石家庄市井陉矿区“昊源”牌红富士苹果，辛集市“天宇”牌鸭梨、“天硕”牌黄金梨、“辛科”牌葡萄，井陉县“圆景”牌新红星苹果，赞皇县赞皇大枣、“汇川”牌核桃，行唐县“甲壳素”牌红枣获得金奖。元氏县“西嶺”牌核桃，鹿泉市“紫藤”牌伊豆锦葡萄，晋州市“裕龙”牌黄冠梨、“吉东”牌雪花梨，井陉县“井日升”牌王林苹果、“井日升”牌首红苹果，赵县“旺伟”牌雪花梨获得银奖。晋州市“裕龙”牌鸭梨，赞皇县“赞新一号”大枣，藁城市“甲乙百姓”牌富硒唐枣，井陉县“圆景”牌王林苹果，鹿泉市“上寨”牌婆枣、“田仙红”牌大红袍石榴，辛集市“乾和”牌圆黄梨、“天天”牌中秋王苹果获得铜奖。

【新增省级观光采摘果园18处】 为拓展果品业生态观光、休闲采摘、陶冶性情等多种功能，调整果业种植结构，加快河北现代果业发展，建设果品第一强省，省林业厅组织开展省级观光采摘果园创建活动，旨在培育一批“春赏花、夏乘凉、秋摘果、冬尝鲜”，以观光采摘、休闲度假、品味生活为主要内容的高标准观光采摘果品基地，推动全省休闲观光果业实现经营特色化、管理规范化、产品品牌化、服务标准化。通过各设区市林业局推荐，省林业局组织有关专家对候选单位进行考察评审，拟定66个省级观光采摘果园。据2011年12月19日《河北省林业局关于省级观光采摘果园的公示》，石家庄市18处观光采摘果园被列为省级观光采摘果园，分别是赞皇县福源樱桃专业合作社、河北皇农生态枣业有限公司、深泽县铁杆镇杜社村紫育葡萄专业合作社、鹿泉市石家庄紫藤农业技术开发有限公司－紫藤葡萄庄园、赵县梨香花海观光示范园、晋州市周家庄特色旅游服务有限公司、长安区河北中和源亨科技有限公司、石家庄高新区佐美生态农业开发有限公司。

【64家单位获评河北省林果产业化重点龙头企业和重点专业合作组织】 2012年4月，经企业申请，县（市）区林业局推荐，市林业局审核，省林业厅评审，正定县河北中盐银港人造板有限公司、藁城市鑫鑫木业有限公司、石家庄吉利食品有限公司、河北绿丰果品有限公司、石家庄市裕华区君子兰花卉基地、井陉矿区昊源苹果农民专业合作社、井陉县乐阳果业专业合作社等64家企业及合作组织被省林业厅认定为2012～2013年度河北省林果产业化重点龙头企业和重点专业合作组织，占全省认定总数的17.3%，位居全省首位。

（乔建勇）

【汇川核桃专业合作社获得省十佳农民专业合作社】 2012年下半年，赞皇县汇川优质核桃专业合作社入选河北省“十佳农民专业合作社”。这是河北省首次评选“十佳农民专业合作社”，也是全市唯一一家入选的省“十佳农民专业合作社”。赞皇县汇川优质核桃专业合作社注册资金518.18万元；成员173名，其中团体成员3名，分别是石家庄丸京干果有限公司、赞皇县常青苗木合作社和赞皇县天然农产品开发有限公司；拥有优质核桃品种园600亩、育苗基地1800亩，年出圃优质苗木800万株；建有丰产示范园、早熟品种实验园和优质核桃生产基地，年产优质核桃1000余吨，有核桃加工企业1个，年加工核桃8000～10000吨。

（岳金宏 魏国英）

【野生动物养殖】 按照林业产业普查，全市有野生动物养殖户2336户，从业人员5611人，主要集中在灵寿县、正定县、平山县、栾城县、辛集市、藁城市、长安区等17个县（市）区，主要养殖品种有貂、狐、貉、鹿、鸵鸟、野猪、海狸鼠、野鸡、鹌鹑、蓝孔雀、林蛙、野兔、猴、鳖、蛇、文鸟、珍珠鸟等，年产值2.3亿元。其中，正定县、灵寿县、平山县突出以貂、狐、貉养殖为主的野生动物养殖业，涉及农户2110户，从业人员4828人，养殖数量66万只，年产值1.9亿元。石家庄市最大的特色生态美食餐厅和鸵鸟蛋工艺品生产基地，位于长安区东塔口村滹沱河北岸，太平河畔，由河北圣农生态科技开发有限公司投资建立，占地4000多亩，鸵鸟存栏1000多只，小鸟年产量5000只、鸵鸟蛋36000个。

【森林资源保护】 组织开展“爱鸟周”活动，提高广大群众爱鸟、护鸟的自觉性。4月7日，以“爱鸟护鸟观鸟，共享自然之美”为主题的省会“爱鸟周”活动在石家庄市动物园举办启动仪式。活动现场，市林业局组织放飞了50多只查获的野生鸟。组织开展“打击野外违法用火”、“打击野生动物及其制品网络犯罪和非法贸易”、“打击破坏森林资源违法犯罪”等一系列专项行动，严厉打击各种违法行为。自3月1日开始，市森林公安局组织力量在全市集中开展清查野生动物非法贸易专项行动。通过对古玩市场、花鸟鱼虫市场、拍卖行业、集贸市场、宾馆饭店、各大药房等场所进行拉网式排查，对各类网站、论坛进行搜集和整理，执法人员在怀特、白佛两家花鸟鱼虫市场，查获黑头蜡嘴雀、灰椋鸟、金丝椋鸟等野生鸟类200余只，并当场实施了放飞。年共办理盗伐滥伐林木、违法经营加工、乱占林地等行政案件369起，刑事案件2起。

【有害生物防治】 突出抓了美国白蛾和松材线虫病的防控。年初，制定下发《石家庄市2012年美国白蛾防治方案》，副市长张树志代表市政府与各有关县（市）区人民政府签订《2012～2013年松材线虫病等重大林业有害生物防治目标责任书》；5月25～30日，对京深、石黄、青银、京昆、西柏坡高速公路、石闫路绿化带，以及滹沱河、慈河沿岸防护林发生的杨扇舟蛾、杨小舟蛾、美国白蛾等林业有害生物实施飞防作业，涉及新乐市、正定县、藁城市、元氏县、高邑县等16个县（市）区，防治面积4.7万亩；9月1日，对平山县、灵寿县、行唐县和鹿泉市四县（市）绿色通道、片林和部分村庄等重点区域开展联合飞机防治作业，飞行101架次，防治面积3.32万余亩；9月18日，在市内五区及高新技术开发区范围内重点小区、街道、公园等地释放1.5亿头周氏啮小蜂，防治第三代美国白蛾；井陉县采用核型多角体病毒以及敌敌畏烟雾弹等措施，对辛庄林场9万亩油松林松阿扁叶蜂实施大规模防治，有效控制松阿扁叶蜂危害。至2012年末，全市主要林业有害生物发生面积83.18万亩，其中，虫害发生面积77.64万亩，病害发生面积5.54万亩，属于正常偏重发生年份。全年防治面积83.18万亩，防治率100%，无公害防治率94%；监测覆盖率达100%，测报准确率90.5%；全年无成灾面积，成灾率为0‰；种苗产地检疫率95%，没有出现大的疫情灾害。

【森林防火】 坚持“预防为主，积极消灭”工作方针，全面落实各项责任制度，大力提升防火基础设施和专业扑火队伍建设水平，强化应急处置能力，加强预防和扑救体系建设，提高防扑火综合能力。印制《春季封山防火公告》4000份，在全市范围内发放、张贴，并通过市、县新闻媒体原文刊播、刊发，提高了防火意识。清明节期间，以“文明祭祀”为主题，刷写防火宣传标语1200条。设置防火联合检查站，对国有林区、自然保护区、森林公园及名胜风景区等重点区域，实行全方位巡查看管，严禁一切野外用火行为。开展森林防火专项行动，查处野外违法用火行政案件163起，治安拘留135人，有效遏制森林火灾高发势头。全年发生一般性森林火灾2起，没有重、特大森林火灾发生，森林防火形势总体平稳。

【新增国家级公益林19.4万亩】 10月29日，按照《河北省林业厅办公室关于下达2012年增补中央森林生态效益补偿基金任务的通知》（冀林办发〔2012〕97号），补进石家庄国家级公益林19.4万亩，其中，平山县11万亩，井陉县8.4万亩。至此，全市国家级公益林面积达到112.8万亩，省级公益林10万亩，每年可享受国家和省财政生态效益补偿基金1200余万元。

（乔建勇）

水 务

【概况】 2012年，全市水务系统结合市情、水情、工情，积极对接国家水利投资政策，大力争取国家财政资金支持水利基础设施建设。完善水资源管理法规，落实各项防汛责任制，修订完善各类防洪预案，加强防汛物资储备与调度，确保了全市安全度汛。在保证安全前提下，全市水务部门做到尽量多蓄水，实现了防汛抗旱两手抓、两促进。出台水利改革发展考核办法，组建水务集团公司，深化各项水利改革，建设节水型社会，推动科学发展，促进人水和谐。年内，全市水利总投入5.46亿元，关停自备井35眼，除险加固中小型水库20座，治理中小河道3条，整治河道堤防23千米，治理水土流失面积160平方千米，发展节水灌溉面积53万亩，解决农村60万人的饮水安全问题，滹沱河综合整治工程市区段基本完工，形成水面900万平方米，新建绿地面积205万平方米。全年全市水资源总量21.51亿立方米，供水及用水量为31.89亿立方米，其中，农田灌溉用水20.69亿立方米，占64.9%；工业用水3.34亿立方米，占10.5%；居民生活用水2.98亿立方米，占9.3%；林牧渔畜用水2.62亿立方米，占8.2%；城镇公共用水0.991亿立方米，占3.1%；生态与环境用水1.27亿立方米，占4.0%。2012年，石家庄市水务局水电及农村电气化发展处被省水利厅安全生产委员会表彰为“农村水电安全生产管理先进单位”。2013年2月26日，石家庄市被水利部和全国节约用水办公室授予第二批“全国节水型社会建设示范区”称号，成为河北省首家全国节水型社会建设示范城市。

（刘鹏）

夕阳下的滹沱河

【农田水利建设】 2012年，全市农田水利建设完成投资3.54亿元，较2011年增加1.33亿元，同比增长60.2%。2012年，全市恢复改善灌溉面积123万亩，发展节水灌溉面积53万亩。元氏县、鹿泉市分别获得省农田水利基本建设“海河杯”竞赛一、二等奖，元氏县获得“全国农田水利基本建设先进县”称号。2012年，市水务部门编制了《农田水利建设规划（2010—2020）》、《灌溉发展规划》，依据规划，通过竞争立项、绩效考核等形式，争取到赵县、赞皇县小型农田水利重点县2012年度项目，鹿泉市小型农田水利专项工程项目，深泽县现代农业粮食产业项目等4个重点项目，4个项目完成投资1.1亿元。全市实施了包括晋州市小农水重点县2011年度项目在内的灌区续建配套和节水改造、全国小型农田水利重点县、农业综合开发、新增农资补贴水利建设等4大类20个项目，完成投资2.4亿元。至2012年末，全市共恢复改善灌溉面积123万亩，发展节水灌溉面积51万亩，农业灌溉条件得到改善，农业节水能力和农业生产效益进一步提高。

【两县列入第四批中央财政补贴小农水重点县】 2012年下半年，经过公开竞争立项，石家庄市赵县、赞皇县通过省2012年第四批中央财政补贴小型农田水利重点县项目评审，列入2012年第四批中央财政补贴小型农田水利重点县。此次评审，赵县列为旱涝保收高标准农田建设示范县，赞皇县列为高效节水灌溉试点县,两县在3年内计划总投资1.54亿元,发展节水灌溉面积16.36万亩。至2012年底，全市小型农田水利重点县总数达到10个，其余8个分别为行唐县、无极县、晋州市、栾城县、藁城市、辛集市、鹿泉市和元氏县。2009年起，全市依托全国小型农田水利重点县项目建设，以建设粮食生产核心区为重点，大力发展以管道输水为重点的节水农业综合技术。2009～2011年，全市陆续有8个县（市）分三批列入中央财政补贴小型农田水利重点县，总投资达到4.5亿元，完成节水灌溉面积81万亩，年实现节水4000万立方米，增加粮食生产能力0.81亿千克。

【南水北调工程】 9月1日，全市召开南水北调配套工程建设动员会议，通报了国家、省南水北调建设委员会精神和石家庄市主体工程进展情况，并安排部署全市南水北调配套工程建设任务。市委副书记、市长姜德果在会上要求确保配套工程与主体工程同步建成投用，实现2014年汛后通水目标。南水北调中线工程石家庄段长123千米，其中京石段长57千米，于2008年5月建成，已3次向北京应急供水13.8亿立方米。邯石段长66千米，征迁已结束，工程建设完成90%。石家庄市南水北调配套工程依托“一纵（中线总干渠）、一横（石津干渠）”两大骨架，通过16个分水口引水，建设17条水厂以上输水管道、25座水厂及配水管网工程,实现向市区（含高新区、良村开发区、正定新区）、总干渠沿线及以东的13个县（市）和装备制造基地、西部生态新区、鹿泉绿岛火炬开发区、赞皇五马山工业区4个重点园区供水。10月19～20日，国务院南水北调办公室副主任于幼军到石家庄市调研督导邯石段工程建设，察看南杜村西桥（南二环西延桥)、大谈桥、大马北桥、高邑县北渎桥工程建设现场。南水北调中线邯石段长66千米，拆迁征地基本结束，工程建设完成90%。中线京石段第四次向北京调水。11月22日凌晨，石家庄黄壁庄水库清水从石津干渠引水闸流入南水北调中线总干渠，开始第四次向北京调水。此次调水到2013年5月份结束，调水量为3亿立方米。南水北调中线京石段是南水北调中线一期工程的组成部分，起点为石家庄市古运河枢纽进口，终点为北京市团城湖，总长307千米。

（温婕 林晖）

【节水型社会建设】 2007年，石家庄被水利部确定为国家第二批节水型社会建设试点城市。2012年，石家庄市整合市区的原水、供水、污水处理和再生水回用等多个不同专业部门，组建石家庄水务集团公司，市水务局代表市政府履行出资人职责，提高水资源的管理效能。6月1日，石家庄水务集团公司揭牌成立。年内关停自备井35眼，渠道清淤474千米，完成田间渠道防渗516.2千米，新增节水灌溉面积53万亩；滹沱河综合整治工程市区段基本完工，形成水面900万平方米，新建绿地面积205万平方米；洨河综合整治工程有序推进，主河槽清淤工程全面完工,3个蓄水挡坎浇筑完毕，桥东、桥西污水处理厂和污水脱色工程正加紧进行；中水回用示范小区建设卓有成效，桥西污水处理厂中水已用于民心河，置换民心河地表水补充滹沱河水源地地下水。至2012年底，试点建设累计培育节水村151个和节水示范灌区5个，累计创建城镇生活节水单位25个、工业节水示范单位75家，累计关停自备井359眼，节水型社会建设全面开展，地下水位持续下降趋势得到缓解，在保障全市经济平稳增长前提下，基本实现用水总量的零增长。2013年2月26日，石家庄市被水利部和全国节约用水办公室授予第二批“全国节水型社会建设示范区”称号，成为河北省首家全国节水型社会建设示范城市。

（岳金宏 齐亚宁）

【防汛抗旱】 全面准确把握防汛抗旱形势，立足防大汛、抗大旱、救大灾，及早调整充实各级防汛组织，严格落实各项防汛责任制，及时修订完善243座大中小型水库、主要城镇和66处山地灾害易发区防洪及避险转移预案，彻底检查采砂场31处，储、号备7400余万元物资，50余个品种，组建应急抢险常备队伍520支，约6万余人，预备队433支，16万余人。举办防汛知识培训班和抢险救灾、避险转移演练，下拨25万元资金，专项用于小水库汛期值班，保证每座小水库有人看、有人守、有人管，确保全市安全度汛。加强水雨情、墒情、旱情、工情等的统计发布、预报工作，实时发布监测信息，指导农民科学抗旱。全年投入抗旱资金2.2亿元，解决了4400人、500头大牲畜因旱临时饮水困难，抗旱浇灌面积634.6万多亩、1864万亩次，抗旱浇灌累计用水量11亿立方米；县级抗旱服务组织投入抗旱设备530台套，新打机电井291眼，修井792眼，维修抗旱设备1171台套，铺设防渗管道24.7万米，抗旱浇地2.55万亩，浇果树13.2万株；全市投资应急抗旱项目建设700万元，新打机井133眼，新打及配套机井109眼，更新机井96眼，新建维护小型集雨工程18处，小渠道防渗加固7500米，修建小型扬水站6处，改善灌溉面积3.2万亩。统筹防汛与抗旱工作，在确保安全前提下，科学调度，尽量多蓄水。2012年，石家庄汛期平均降水433.4毫米，较上年同期多21.4毫米，较常年同期多19.9毫米，利用雨洪资源4.50亿立方米。入汛后，横山岭、口头、白草坪、张河湾水库超过汛限水位，陆续放水发电，共放水1.1亿立方米，发电400多万度。全年全市平均降水量509.4毫米，较上年同期多41.8毫米，较常年同期多16.9毫米，水电站实际发电7800万度，超计划发电2200万度，增加利税约900万元。至2012年底，全市12座大中型水库蓄水总量11.88亿立方米，较上年同期多蓄水1.37亿立方米。其中，岗南水库蓄水6.69亿立方米，黄壁庄水库蓄水2.59亿立方米，横山岭水库蓄水0.88亿立方米，口头水库蓄水0.58亿立方米。年内，市防汛抗旱指挥部办公室被河北省授予防汛抗旱工作先进集体称号。

（温婕　陈家玉　梁旭）

【首次制定防汛应急响应机制】 2012年，全市首次制定防汛应急响应工作机制。该机制共分4级，每一级都明确了县级防汛抗旱指挥部防汛应急响应工作程序和具体行动。

该机制要求，市防汛抗旱指挥部宣布启动某一级防汛应急响应时，重点县（市）区必须同步启动相同级别或以上级别的应急响应，并将启动情况报市防汛抗旱指挥部备案；相关县（市）区则根据本地降雨强度、影响范围、洪水量级、危险程度，按照本级防汛应急预案，立即启动相应级别防汛应急响应。其中，Ⅰ级防汛应急响应为最高级。启动Ⅰ级响应时，立即成立前线指挥部；组织部队、武警和各级抢险队伍迅速奔赴抗洪一线，巡堤查险，排除险情，依法清除阻水障碍，确保水库、堤防安全，强化城镇排涝。Ⅰ级或Ⅱ级防汛应急响应时，要求县（市）区防汛抗旱指挥部指挥长必须坐镇指挥部，亲自指挥调度；县（市）区防汛抗旱指挥部宣布进入紧急防汛期；及时关闭受洪水影响的景区、公共场所，取消大型集会活动；划定危险区域，实施交通管制。Ⅰ级、Ⅱ级或Ⅲ级防汛应急响应时，要求迅速组织防汛会商，根据汛情、险情、灾情，启动预警、抢险、转移、救灾等预案，并及时通过广播、电视、网络、手机短信等各种渠道发布预警信息，组织受威胁区域群众转移避险。

（温婕）

【民生水利工程】 完成病库加固工程投资4882万元，共除险加固中小型水库20座，分别为行唐县米家庄、江河水库，灵寿县王阜安、徐家疃水库，元氏县野鹿头水库、灵寿县营里、北洋沟、尹家庄、寺沟水库，

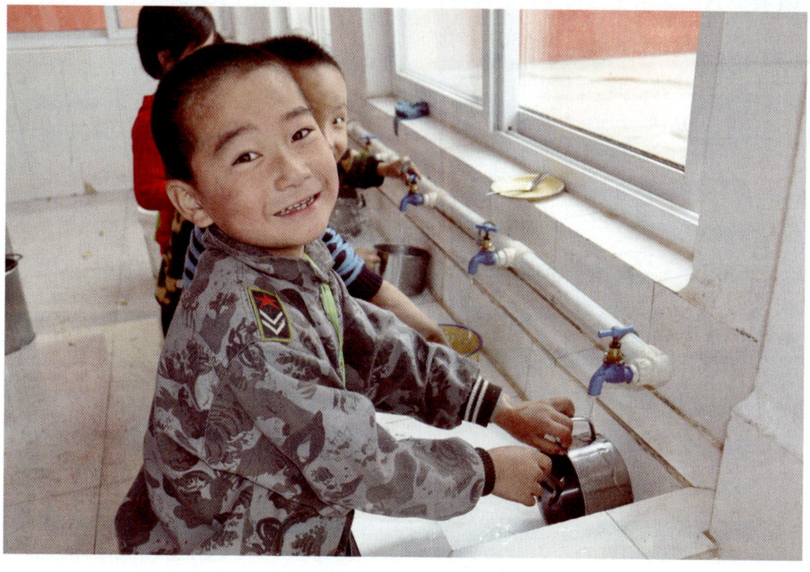

山里娃喝上放心水

赞皇县刘家沟、孟家庄北沟、孟家庄西沟水库，平山县邢家沟、栲栳台、湾子、东胜沟、庄沟水库，元氏县齐范、城郎、西河水库。完成农村人口饮水安全工程投资3亿元，建成联村供水工程18处，单村集中供水工程331处，解决448个村60万人的饮水安全问题，完成计划任务目标的150%。实施灌区续建配套与节水改造、小型农田水利重点县等项目建设，大力推广农业节水灌溉技术，治理水土流失面积160平方千米，整治河道堤防23千米，恢复改善灌溉面积123万亩，发展节水灌溉面积53万亩。落实水库移民后期扶持资金10734.17万元，实施扶持项目130多个，用于改善库区和移民区基础设施建设，改善移民的生产生活水平，并根据移民区不同特点，因地制宜地推动当地产业结构调整，发展核桃种植40多亩，葡萄大棚40多个，新建、维修鱼池5个。

（岳金宏　陈家玉　梁旭）

【5县列入国家水土保持重点工程县】 2012年6月，石家庄市赞皇县、井陉县、平山县、灵寿县、行唐县5个县列入2013～2017年度国家水土保持重点工程县。该项目为期5年，总投资19250万元，其中中央预算内投资13475万元，占投资总额的70%，5年内计划完成水土保持综合治理任务550平方千米。国家水土保持重点建设工程是中国第一个由国家安排专项资金，在水土流失严重的革命老区和贫困地区，有计划、有步骤、集中连片，把水土流失治理与促进农民群众脱贫致富相结合，开展水土流失综合治理的重点工程。工程在石家庄市已实施两期（2003～2012年），涉及平山、灵寿、行唐3个县。

（温婕）

【滹沱河综合整治工程】 滹沱河综合整治工程西起黄壁庄水库，东至藁城市晋州市交界，全长70千米。工程总投资62.34亿元。整个工程分三期实施：一期工程治理范围为南水北调中线至太行大街，全长16千米。二期工程为太行大街至藁城市东界，全长30千米。三期工程为黄壁庄水库至南水北调中线，全长24千米。2007年开始，全市围绕“综合整治滹沱河、建设幸福石家庄”目标，全力推进滹沱河综合整治工程，至2012年末已取得阶段性进展：新建南北重点防洪堤13.4千米；河底防渗、两岸护坡和景观绿化工程基本完成；滹沱河市区段16千米景观工程设计通过市规划委员会论证；自西向东贯穿滹沱河市区段13.35千米景观大道全线完工通车。滹沱河倒虹吸工程列入南水北调中线景观节点之一。12月19日，《南水北调中线工程生态文化旅游产业带规划纲要》在北京发布。根据《纲要》要求，在确保水质和工程运行安全前提下，依托丹江口大坝、引江济汉及兴隆枢纽工程、陶岔渠首、沙河渡槽、穿黄工程、焦作城区段、穿漳工程、洺河渡槽、滹沱河倒虹吸、漕河渡槽、团城湖、曹庄泵站及王庆坨水库等12处工程景观，融合周边丰富的生态文化旅游资源，把1000多千米的山水、古迹、工程景观串联成一条生态旅游带。滹沱河倒虹吸工程总投资5.47亿元，位于正定县新村村北，防洪标准为100年一遇洪水设计，由进出口连接渠、进出口渐变段、进口闸室、管身段、出口节制闸、退水闸、河道治导工程组成，总长2993.64米，设计流量160立方米／秒。

（刘毅　芦秋婉　温婕）

【水资源管理】 出台《农村饮水安全工程运行管理办法》，启动《节约用水办法》的立法和《市区供水节约用水管理条例》、《水土保持条例》的修订工作，制定和完善法规体系。启动“三条红线”划定工作，实行最严格的水资源管理制度。12月20日，经市政府第70次常务会研究，《石家庄市最严格水资源管理制度控制指标实施方案及考核实施办法》获准实施。坚持节水“三同时”制度，并纳入市行政服务中心联合审批程序，加强节水管理。落实水资源论证、取水许可、水资源有偿使用三项制度，开展市区自备井整治、水资源专项执法等活动，严厉打击非法采砂、非法取水等行为，进一步规范取水秩序。4月1日，开展市区自备井专项整治，在城市供水管网覆盖能满足区域分批封停自备井，依法规范市区地下水开发秩序，加强自备水源井管理，涵养保护地下水源。6月1日至9月30日，市水务局、市公安局利用三个月时间，针对滹沱河市区段范围内乱倒垃圾、乱采砂、乱建房等违法行为开展联合执法，保障河道行洪安全。2012年，关停自备井35眼，整治房地产行业违规取水86家。

（温婕　梁旭　孟祺）

【水务集团有限责任公司成立】 6月1日，石家庄水务集团有限责任公司成立。市长姜德果，省水利厅厅长李清林共同为水务集团揭牌。石家庄水务集团有限责任公司是市政府授权特许经营城市涉水事务的公司制企业，由6家子公司组成，主要从事城市原水、供水、污水处理及再生水回用、水库周边土地开发利用等主营业务。新成立的石家庄水务集团是由市水务局代表市政府履行出资人职责的国有独资企业，实行以石家庄水务集团有限责任公司为母公司，以专业化分工、分类经营的各专营公司为子公司，以资产为纽带的母子公司体制。按照业务范围和专业相近原则，石家庄水务集团把石家庄供水集团有限责任公司、高新区供水排水公司、高新区污水处理厂、石家庄经济技术开发区供水公司、化工基地供水公司、桥东污水处理厂、桥西污水处理厂、滹沱河污水处理厂、西北部水利防洪生态污水处理厂、横山岭水库、口头水库、韩家园水库等12家单位整体划拨，整合重组，以投资方式设立石家庄供水有限责任公司、石家庄污水处理有限责任公司、石家庄水务实业发展有限责任公司、石家庄原水有限责任公司、石家庄高新区供排水有限责任公司和石家庄经济技术开发区供水有限责任公司等6家子公司。整合后石家庄水务集团资产总额近50亿元，职工5000余人。2012年，水务集团公司按照“摸清家底、明晰产权、完善制度、强化管理，打造一流企业”的工作思路，协调推进各项工作，供水和污水处理两大主业平稳运行，超额完成各项经济指标，整体实力稳步提升。全年累计完成产水量1.516亿立方米，售水量1.234亿立方米，污水处理量2.5217亿立方米，主营业务收入8.513亿元，资产总额达到44.19亿元。

（刘鹏）

2012年6月1日，省水利厅厅长李清林（左一）、市长姜德果（右一）为石家庄水务集团有限责任公司揭牌

农业机械

【概况】 2012年，市农机系统以服务“三农”、推进农业现代化为中心，大力推广农机新技术、新机具，不断优化农机装备结构，提升农机发展档次。加大农机作业市场开拓步伐，抓好农机具统一调度和跨区作业，提高农机综合经济效益。深入开展农机社会化服务，保证机收机播作业的顺利完成，不断提高全市农业机械化水平。年内，农机购置补贴全部落实到位，发放中央及省补贴资金1.37亿元，补贴各类农机具15870台（套），受益农户（农机服务组织）9749个；普遍检修农机具1次，培训机手5.7万人次；组织农机跨区作业4300台次，完成作业面积290万亩，为农民增加收入1.45亿元。年内，全市农业机械总动力达到1983.8万千瓦，同比增长0.34%。其中，大中型拖拉机3.01万台，同比增加5.60%；小型拖拉机16.89万台，同比减少2.47%；联合收割机2.17万台，同比增加6.78%；农用运输车47.81万台，同比增加0.03%。年末全市主要农作物耕、种、收机械化率达到80%。

4YZ-3 型自走式玉米收获机田间作业

【农机作业】“三夏”期间出动各类农机具 20 万台（套）。其中，投入小麦联合收获机 2 万台（本地 1.76 万台，引进外地 2000 台），完成小麦联合收获面积 554 万亩，占小麦种植面积的 97.1%，与上年持平；投入玉米免耕播种机 1.6 万台，完成玉米铁茬播种面积 415 万亩，占玉米播种面积的 82%，为历史最高水平。“三秋”作业中共投入机具 25 万台（套），其中：玉米联合收获机械 4548 台、深松机具 1869 台、大中拖 1.75 万台、小拖 12.3 万台、秸秆还田机 1.4 万台、小麦播种机 1.6 万台、旋耕机 1.5 万台，完成玉米联合收获 271 万亩，占玉米种植面积的 52.6%，比上年提高 11.7 个百分点；秸秆还田 480 万亩、青贮 240 万吨；完成机械化深松面积 24 万亩，全面完成省下达的任务指标；完成小麦机播 566 万亩，占小麦播种面积的 99.2%。

【农机服务】搞好机具作业前检修，“三秋”“三夏”前普遍维修 1 次。开展机手培训，电化教学和灵活培训相结合，培训各类农机人员 5.7 万人次。加强农机配件供应和“三包”服务，采取网点供应和送货下乡两种服务方式，确保服务便捷、周到。“三夏”期间，组织生产、经销企业安排维修服务车 200 辆，进行巡回服务，保证配件供应；组织技术人员 200 名，分乡包片，深入一线进行技术指导服务。加强农机柴油的调配和供应，设立“农机加油绿色通道”，满足作业用油需要。加强农机具作业调度，设立指挥中心，开通服务热线，坚持 24 小时值班，各县（市）区每天上午和下午两次上报夏秋作业进度、机具余缺及安全生产情况。出现问题，及时调度，及时调余补缺，抢收抢打，争取农时。

【跨区作业】成立跨区作业领导小组，全面协调农机跨区作业。加大市场监管力度，规范跨区作业秩序。赴河南进行实地考察，对作业地的小麦生长情况、作业价格、当地收割机保有量等作业环境进行深入调查，并签订作业合同。建立健全汇报和信息反馈制度，及时掌握整体情况，调整作业区域和地点。年内，共组织 4300 台小麦联合收割机赴河南进行跨区作业，完成作业面积 290 万亩，较上年增加 3.6%；为农民增收 1.45 亿多元，较上年增加 500 万元。

【深耕深松】按照省政府三年深松一遍的目标要求，确定藁城、赵县、栾城等 3 个县（市）为农机深耕深松项目落实县，同时，在组织落实上，全部成立以县长或主管副县长为组长，财政、农机、各项目乡镇领导为成员的农机深松领导小组，负责深松项目的协调、规划和管理；在人员落实上，采取各种宣传和培训方式对机手和质检人员进行培训，召开深松作业专题演示会，提高机手和农民对深松作业的认识；在机具落实上，充分发挥农机购置补贴政策的引导作用，广泛宣传、深入发动，优先安排，确保深松机具数量，并结合当地实际，选择符合作业质量要求的深松机具，为项目实施提供支撑；在地块落实上，按照连片作业，整乡整村推进的原则，实行农机干部包乡、包村，落实作业地块和作业人员，签订作业合同；在项目落实上，与省深松工作组一道，深入到各项目县，对深松项目各个环节开展督促检查。全年完成深松面积 24 万亩，圆满完成省下达的指标任务。

【秸秆综合利用】 强化舆论宣传，强化技术推广，强化监督检查，进一步加大投入，增加机具保有量，提高机具操作一体化水平，促进机具作业由单项模式向复合模式发展，确保农作物秸秆全部得到有效利用。夏季小麦秸秆以机械还田、机械打捆收集为主，适宜秸秆还田作业的县（市）区，小麦联合收获机械全部安装秸秆切抛装置，开展小麦联合收获与秸秆切抛一体化作业，实现小麦收获和秸秆粉碎直接还田一次完成；秋季玉米秸秆以机械还田、秸秆机械青贮、秸秆压块为主，养殖业发展较快、奶牛存栏数量较多的县，重点推广大、中型青饲料收获机。全年共出动各类农作物秸秆综合利用机具3万多台（套）、还田机1.4万多台、饲（草）料加工机械11840台、青贮饲料机械94台、捡拾压捆机259台，完成农作物秸秆机械还田910万亩（玉米秸秆还田490万亩），农作物秸秆青贮、微贮312万吨，其中，玉米秸秆饲料利用率达到秸秆总量的48%，有效消除秸秆焚烧隐患。

【购置补贴发放】 突出重点和特色，因地制宜制定实施方案。玉米主产区，在农机补贴实施方案中，明确补贴资金额的60%重点补贴玉米联合机，并结合县域农业生产特色，划出补贴资金专门对设施农业、深松机、动力机械等实施补贴，满足农户多样性购机需求。完善制度，强化监管，建立农机补贴政策廉政风险防控机制。年内，共检查补贴政策落实情况2次，抽查机具落实情况2000多户。全年落实国家和省补贴资金13707万元（其中：国家补贴资金13440万元、省级累加补贴资金267万元），享受购机补贴农户9749户，补贴各类农机具15870台，其中，手扶拖拉机1573台，大中型拖拉机1695台，小麦收割机636台，玉米收获机1552台，旋耕机1443台，播种机2368台，深松机具211台，排灌机械1107台，设施农业设备2366台（套），畜牧水产养殖机械1229台（套），其他机具1690台（套）。

【新机具新技术推广】 开展玉米收获国补机械作业质量跟踪调查和深松机作业地块测产对比实验，制定机械深松技术实施方案，深入基层一线进行技术示范宣传，大力推广应用保护性耕作、机械深松、免耕播种、秸秆还田等新技术、新机具，重点推广小麦机收、秸秆覆盖还田、玉米免耕播种一条龙作业模式及玉米深松、化肥分层施肥播种技术。举办“2012年石家庄农机新技术演示推广会”，搭建国补机具的选型平台，引导广大农机户科学合理购机。7月27日，在藁城市陈家庄村，来自全国9个省市40多个厂家的6大类70余台机具在现场进行作业演示和展示，石家庄市相关部门和各级农机管理、推广、经营单位和农机大户、种植大户、养殖大户等各方面人员3000余人与会观摩。年内，新增小麦收割机609台、玉米联合收获机1855台；跟踪调查国补玉米收获机械20个厂家252台，现场和电话调查国补机具购机户3000多个；发放深松技术推广宣传资料10000份；《2SMHF型花生播种机和4HB-2型花生收获机引进试验与示范》项目获石家庄市科技进步三等奖。

【农机安全管理】 开展以“争创群众满意窗口、争创优质服务品牌、争创优秀服务标兵”为主题的农机安全监理“为民服务创先争优”示范窗口创建活动。开展“平安农机”创建活动，出动宣传车565台次，组织场地宣传38次，印发宣传资料35万份，制作宣传标语1600条、展板46块、宣传专栏15个，发放纪念品25000个。开展农机安全生产检查，排查一般隐患1029项（整改率100%），消除事故隐患126个，纠正违章操作86起。推进农机具牌证化管理，结合“三夏”“三秋”加强源头管理，督促有机户换发牌证。全年核发拖拉机牌照1500套，占考核指标124%。年检拖拉机1655台，占考核指标100%。核发联合收割机牌照384套，占考核指标132%。年检联合收割机500台，占考核指标114%。核发拖拉机、联合收割机驾驶证833个，占考核指标176%。

石家庄市农业机械化管理处

处　　长：康彦军

书　　记：徐峰

副 处 长：李伯男　李新平

　　　　　徐萍　（4月任）

纪委书记：马同刚（4月任）

（马同刚）

农业综合开发

【概况】 2012年，全市农业综合开发以项目建设为载体，以促进农民增收、农业增效为目标，争取到农业开发财政资金2.8亿元，其中省以上财政资金2.7亿元，较2011年增加6234万元，资金规模总额跃居全省首位。2012年，河北省扶持农业产业化项目300个，石家庄市争取到53个，财政资金总额1亿多元。其中，财政补助项目13个，补助资金1407万元；财政贴息贷款项目22个，贷款贴息资金1661万元；设施

表18　2012年石家庄市农业综合开发产业化经营财政补助项目汇总表

单位：万元

类别		项目名称	项目单位名称	建设地点	项目总投资 合计	小计	中央财政投资	地方财政配套 小计	地方财政配套 省级	自筹资金
财政补助项目	龙头企业	晋州市1000万千克速冻甜玉米制品加工扩建项目	河北鹏达食品有限公司	纺织工业园区	1191	189	135	54	43	1002
		栾城县4300头种猪繁育基地新建项目	石家庄市皇威牧业有限公司	西营乡	914	140	100	40	32	774
		元氏县年产400万株蔬菜种苗智能化连栋温室新建项目	河北国富恒联农牧有限公司	殷村镇	880	280	200	80	64	600
		小计			2985	609	435	174	139	2376
	农民合作社	赵县100头标准化奶牛养殖基地扩建项目	赵县格瑞奶牛专业合作社	杨户乡贤门楼村	331	77	55	22	18	254
		鹿泉市年出栏2949头商品猪养殖基地扩建项目	鹿泉市禾牧养猪专业合作社	宜安镇	299	77	55	22	18	222
		行唐县480头奶牛养殖改建项目	行唐县兴农奶牛养殖专业合作社	上碑镇	280.9	91	65	26	21	189.9
		新乐市50万千克蔬菜瓜果储藏保鲜新建项目	新乐市裕昌西瓜专业合作社	邯邰镇小流村	456	98	70	28	22	358
		行唐县350头奶牛养殖扩建项目	行唐县富强奶牛养殖专业合作社	独羊岗乡河合村	205.61	91	65	26	21	114.61
		晋州市年产125万千克果品基地低产改造项目	晋州市长城果品专业合作社	马于镇北辛庄村	199.1	84	60	24	19	115.1
		无极县年产82万千克食用菌栽培基地扩建项目	无极县绿农宝康食用菌种植专业合作社	郝庄乡	470	70	50	20	16	400
		藁城市5000头生猪养殖改建项目	藁城市宏兴养猪服务专业合作社	梅花镇	309.07	70	50	20	16	239.07
		无极县年出栏1976头商品猪养猪基地扩建项目	无极县同兴养猪专业合作社	张段固镇市庄村	349	70	50	20	16	279
		高邑县年产18万千克特种蔬菜示范基地新建项目	高邑县爱民种植专业合作社	王同庄乡	272	70	50	20	16	202
		小计			3171.68	798	570	228	183	2373.68
	合计				6156.68	1407	1005	402	322	4749.68

（续表）

类别	项目名称	项目单位名称	建设地点	项目总投资					
				合计	小计	中央财政投资	地方财政配套		自筹资金
							小计	省级	
设施蔬菜项目	藁城市年产151.33万千克设施蔬菜农业科技示范园	藁城市禾苗种植服务专业合作社	岗上镇	1160.31	560	400	160	128	600.31
	无极县年产62万千克设施蔬菜种植基地扩建项目	无极县绿蔬蔬菜种植专业合作社	七汲镇	596	280	200	80	80	316
	栾城县年产75万千克设施蔬菜种植基地新建项目	栾城县益生蔬菜种植专业合作社	柳林屯乡	698	336	240	96	77	362
	栾城县年产119万千克设施蔬菜种植基地新建项目	栾城县神农福地种植专业合作社	柳林屯乡	835	392	280	112	90	443
	晋州市年产170万千克设施蔬菜种植基地新建项目	石家庄丰达金润农产品有限公司	周家庄乡	1471	700	500	200	200	771
	晋州市年产159万千克食用菌培育基地新建项目	晋州金农龙农业种植服务专业合作社	槐树镇	830	280	200	80	80	550
	高邑县年产130万千克设施蔬菜种植基地新建项目	河北文广农业开发有限公司	王同庄乡	1254	560	400	160	128	694
	藁城市年产192.4万千克设施蔬菜种植基地扩建项目	河北东垣农业开发有限公司	九门乡	1750	840	600	240	192	910
	鹿泉市年产148万千克设施蔬菜种植基地新建项目	鹿泉华康生态农业有限公司	李村镇	1260	560	400	160	128	700
	赵县年产135万千克设施蔬菜种植基地扩建项目	赵县诚荣蔬菜种植专业合作社	沙河店镇	920	420	300	120	120	500
	赵县年产84万千克设施蔬菜种植基地新建项目	赵县绿生蔬菜种植专业合作社	韩村镇	878	420	300	120	120	458
	深泽县年产151万千克设施蔬菜种植扩建项目	深泽县绿鑫果品蔬菜种植有限公司	铁杆镇	1161	560	400	160	160	601
	行唐县62万千克设施蔬菜种植基地扩建项目	行唐县禾合生态蔬菜种植专业合作社	独羊岗乡	580	280	200	80	80	300
	新乐市年产60万千克设施蔬菜种植基地新建项目	新乐市裕昌西瓜专业合作社	邯邰镇	610	280	200	80	80	330
	新乐市年产73.5万千克设施蔬菜种植基地新建项目	新乐市嘉联瓜菜专业合作社	邯邰镇	640	280	200	80	80	360
	元氏县年产97万千克设施蔬菜种植基地新建项目	元氏县丰兆养殖专业合作社	赵同乡	672	280	200	80	80	392
	元氏县年产65万千克设施蔬菜种植基地扩建项目	元氏县生源种养专业合作社	南因镇	593	280	200	80	80	313
	元氏县年产83万千克设施蔬菜种植基地扩建项目	元氏县兴农种植专业合作社	姬村镇	593	280	200	80	80	313
	小计			16501.31	7588	5420	2168	1983	8913.31
总计				22657.99	8995	6425	2570	2305	13662.99

表 19　　2012 年石家庄市农业综合开发产业化经营中央财政贷款贴息项目汇总表

单位：万元

序号	项目名称	项目单位名称	项目主要建设内容	贷款额	付息额	省级贴息
1	正定县饲料玉米收购 3150 万流动资金贷款贴息加工项目	河北永丰饲料有限公司	收购玉米等原料加工饲料	3150	199.81	120
2	正定县果蔬、肉类收购 3855 万元流动资金贷款贴息加工项目	石家庄市惠康食品有限公司	收购果蔬、牛肉、猪肉等加工熟食	3855	157.12	119
3	正定县饲料玉米收购 1900 万元流动资金贷款贴息加工项目	石家庄市先锋饲料有限公司	收购玉米等原料加工饲料	1900	106.58	83.00
4	正定县饲料玉米收购 500 万元流动资金贷款贴息加工项目	石家庄市宏发饲料有限公司	收购玉米等原料加工饲料	500	49.27	30
5	正定县果蔬收购 700 万元流动资金贷款贴息加工项目	河北明光食品有限公司	收购果蔬加工罐头	700	39.32	30
6	栾城县生猪收购 4630 万元流动资金贷款贴息加工项目	河北凯隆达食品有限公司	收购生猪加工猪肉产品	4630	167.47	120
7	晋州市果品收购 5704 万元流动资金贷款贴息储藏保鲜项目	石家庄丰达金润农产品有限公司	收购梨果储藏保鲜	5704	156.81	100
8	晋州市果品收购 3607 万元流动资金贷款贴息储藏保鲜项目	晋州市吉东果业有限公司	收购果品储藏保鲜	3607	158.56	98
9	晋州市果品收购 1670 万元流动资金贷款贴息储藏保鲜项目	河北加一食品有限公司	收购果品等原材料加工罐头	1670	87.33	61
10	赞皇县核桃收购 2940 万元流动资金贷款贴息加工项目	石家庄市丸京干果有限公司	收购核桃加工相关产品	2940	102.03	78
11	赞皇县青枣收购 1230 万元流动资金贷款贴息加工项目	石家庄荣康食品有限责任公司	收购青枣等原材料加工相关产品	1230	54.46	42
12	赵县鲜奶收购 1860 万元流动资金贷款贴息加工项目	河北佳利乳业有限公司	收购鲜奶加工原料奶粉	1860	147.05	108
13	赵县雪花梨收购 3800 万流动资金贷款贴息加工项目	河北壹州食品有限公司	收购雪花梨加工相关产品	3800	201.45	97
14	行唐县饲料玉米收购 500 万元流动资金贷款贴息加工项目	石家庄凯兴牧业有限公司	收购储存玉米等原料加工饲料	500	35.4	29
15	无极县饲料玉米收购 2090 万元流动资金贷款贴息加工项目	石家庄广威农牧有限公司	收购玉米加工饲料	2090	69.27	41
16	辛集市小麦收购 3420 万元流动资金贷款贴息加工项目	河北黑马面粉有限责任公司	收购小麦加工面粉	3420	144.51	89
17	辛集市玉米收购 3500 万元流动资金贷款贴息加工项目	河北德瑞淀粉有限公司	收购玉米加工淀粉	3500	135	90
18	鹿泉市鲜糯玉米收购 1160 万元流动资金贷款贴息加工项目	石家庄吉利食品有限公司	收购鲜糯玉米加工相关产品	1160	58.39	34
19	藁城市小麦收购 2940 万元流动资金贷款贴息加工项目	石家庄今客食品有限公司	收购小麦加工面粉	2940	114	100
20	藁城市毛鸡收购 600 万元流动资金贷款贴息加工项目	石家庄市众人食品有限公司	收购毛鸡加工相关产品	600	53.14	34

（续表）

序号	项目名称	项目单位名称	项目主要建设内容	贷款额	付息额	省级贴息
21	无极县棉籽收购3800万元流动资产贷款贴息加工项目	无极县振雄棉油厂	收购棉籽加工油料	3800	128.72	100
22	藁城市芝麻收购1500万元流动资金贷款贴息加工项目	河北鑫利粮油有限公司	收购芝麻加工油料	1500	129.31	58
总计				55056	2495	1661

蔬菜项目18个，补助资金7588万元，占全省项目个数的18%。土地治理项目争取到开发任务15万亩，占河北省治理任务的12%。两类项目个数和资金规模创历史之最，居全省第一。全年石家庄市确定财政扶持补助项目31个、中央财政贴息贷款项目22个，改造中低产田2.77万亩，建设高标准农田10.6万亩，生态综合治理1.41万亩，建成中型灌渠2.58千米。全市2011年度续建项目全部竣工，治理土地11.68万亩，扶持产业化经营项目37个，综合质量考评获全省第一，土地治理项目单项获得全省第二。其中，藁城高标准农田建设项目，在全省80多个高标准农田示范县（市）观摩联评中，获得全省第一；平山生态综合治理项目培育出“葫芦峪开发模式”，为西部山区生态综合治理提供了有益的经验。2012年，灵寿县通过国家财政部、国家农发办审定，被批准为“2012年新进国家农业综合开发县”。至此，除井陉县、井陉矿区外，全市18个农业县（市）区全部进入开发县行列。

【续建项目】 2012年4月底，2011年度土地治理项目全部竣工，共治理土地11.68万亩，其中，中低产田改造6.48万亩，生态治理1.58万亩，高标准农田建设3.62万亩；新打机井291眼、修复配套692眼，埋设地下防渗管道708.5千米，建微喷1300亩，改良土壤面积9056万亩，营造防护林2740亩，经济林1000亩，科技示范推广种植13.54万亩，计划完成率均达到100%。扶持产业化经营项目37个，其中，扶持财政补助项目22个（含设施蔬菜项目11个）、中央财政贴息贷款项目15个，全市新增奶牛存栏500头，新增生猪加工能力50万头，新增各类蔬菜2926.6万千克，蔬菜种苗5113万株，优质果品基地1900万亩，直接受益农民年收入增收总额6399万元。5月中旬，市农开办组织开展项目观摩，藁城高标准农田项目、设施蔬菜项目，平山生态综合治理项目以及元氏设施蔬菜项目获得省办领导肯定。7月份，2011年度开发项目通过省级达标验收，并获得综合质量考评全省第一，信息宣传、绩效评价单项全省第一，土地治理项目单项全省第二名的成绩，奖励开发项目资金2990万元。6月中旬，2011年度建设项目全部通过验收审计。11月份，石家庄市代表省农发办接受国家农发办的抽查，以零问题通过国家抽检检查。

【新立项目】 全年市农开办争取各级财政资金28322万元，占全省资金总额的13.5%，投资规模居全省11个地市首位。其中，土地治理项目争取资金17666万元，改造中低产田2.77万亩、建设高标准农田10.6万亩、生态综合治理1.41万亩，中型灌渠2.58千米；产业化经营项目争取资金10656万元，扶持财政补助项目31个、国家财政贷款贴息项目22个，扶持龙头企业3家、农民合作社10家、设施蔬菜项目18项。至2012年底，31个财政补助项目正在施工，22个财政贴息项目补贴资金全部到位，土地治理项目完成全部主体工程。

石家庄市农业综合开发办公室
主　任：彭占良
副主任：石文更　戚忠奎

（张喜娟）

农业科技

【概况】 2012年，全市以提高农业科技自主创新能力为核心，以农业增效、农民增收为重点，大力支持培育动植物新品种，组织实施“高产、优质、抗逆大豆新品种选育”、“麦后直播棉新种质创新及新品种选育”、“高产稳质型强筋小麦新品种选育研究”等项目12个，全年共有6个玉米、2个棉花、1个旱稻、1个小麦、9个果品（2个枣、3个核桃、3个葡萄、1个草莓）等19个农作物新品种通过省级审定，3个蔬菜品种通过省级以上鉴定，并在育种技术上实现新突破。围绕粮食、畜牧、蔬菜等主导产业，组织实施“生猪安全生产全程质量控制技术集成与示范”、“良种奶牛高效胚胎生产综合配套技术研究及产业化开发”、“农田循环高效耕作关键技术（模式）研究与示范”等3项重大课题。通过关键技术的研究及集成创新，建立了适合石家庄市乃至全省生产和环境特点的、重点产业发展的配套技术体系。市级农业科技成果转化资金，重点加强了对农作物优良新品种优质高效安全生产、农产品精深加工与现代储运、新型禽用饲料添加剂、重大动物疫病防控及环保型农药创制等技术领域的支持，安排“太行山区优质红小豆生态产业关键技术转化与示范”、“新型鸡饲料添加剂的中试与示范”等5个项目，落实资金70万元。2012年，全市共争取省支撑计划37项，经费515万元；组织实施市级科技计划项目53项，安排农业科技经费1268万元。

【国家科技富民强县专项】 实施国家科技富民强县专项，壮大县域经济，增加农民收入，做强特色支柱产业，带动相关产业的发展，增强科技成果转化能力，提高科技公共服务水平。年内，“无极县蔬菜产业优质高效技术集成转化与推广”项目列入2012年国家科技富民强县专项后补助项目，落实经费155万元；“赵县雪花梨产业关键技术集成与示范”项目列入2012年国家科技富民强县专项行动计划，落实经费160万元。全年实施国家科技富民强县专项4项。至2012年底，富民强县专项累计聘请专家62人、科技特派员25人，成立专业技术协会31个，建立示范基地17个，引进技术23项，新品种推广面积5000亩，申请专利11项，富民强县示范区农民人均增收571元，参与专项计划的县市财政增收20088万元。

2012年11月7日，举行石家庄市农村科技信息服务村村通暨新农村大喇叭开播仪式

【国家粮食科技丰产工程】 年初，全市遭遇气温偏低，冬小麦返青推迟，5月上旬出现异常高温天气，针对各种不利因素，课题组狠抓麦田管理，因地制宜采取一系列行之有效的措施，并通过专家现场咨询、发明白纸、村喇叭广播、电视专题制作、巡回技术指导、举办技术培训会等多种方式开展春季技术管理、后期管理的科技培训和宣传工作，为实现小麦丰产高产提供技术保障。经实打实收，藁城示范区高产攻关田亩产达650.1千克，高出全市平均水平195.1千克。石家庄夏粮总产达258.37万吨，比2011年增长2.13%，夏粮产量实现“九连增”。

【省级以上科技成果转化项目】 2012年，农业科技成果转化资金项目创历史新高，共争取农业科技成果转化资金项目7项，其中国家级2项，省级5项。河北金博士种业有限公司承担的“高产节水优质冬小麦新品种石麦19、石优20中试与示范”和河北新华科技兽药有限公司承担的“中草药在畜禽生产中应用关键技术示范”等2个项目列入国家农业科技成果转化资金项目，获得支持资金360万元；河北极峰农业开发有限公司承担的“早熟高产抗逆型小麦新品种石新811中试与示范”、石家庄市农林科学研究院承担的“高产高油大豆新品种石豆4号中试与示范”、石家庄万通机械制造有限公司承担的“4YZ-Q型全幅自走剥皮式玉米联合收获机中试”、正定县田园农业科技开发有限公司承担的“功能生物有机肥的中试与示范”和石家庄知研生物科技有限公司承担的“产抗菌肽微生物饲料添加剂的中试与示范”等5个项目列入省级农业科技成果转化资金项目，获得支持资金170万元。

【科技特派员服务】 围绕石家庄市主导产业，组织畜牧、林果、蔬菜、粮油等科技特派员深入到6家企业和8个村开展科技对接服务，为广大农户、业主提供生产技术保障，解决技术难题，加速农业新技术的推广应用。支持特派员带资金、带技术、带项目开展创新创业，发展壮大优势特色产业。探索建立特派员创新创业基地8家，其中4家通过省级认定。同时，围绕县域特色产业，经过申报、评审，认定市级特派员创新创业基地7家，支持经费50万元。全年，特派员服务体系共组织实施项目20多个，引进推广新品种150个，推广新技术180项，示范面积达60万亩，引进开发新产品40个，培训农民30万人次，编印技术资料55万份，取得显著经济社会效益。市科技局被河北省人事厅和省科技厅联合授予“河北省科技特派员工作先进单位”称号。

【农业科技培训】 邀请10名专家分别深入赵县、高邑、平山、灵寿等县乡镇，针对林果、蔬菜、核桃等特色产业开展现场培训会，培训农民3000多人次，发放技术资料2000余份；组织优秀科技特派员到正定县、井陉矿区等地，开展现场培训会5期，解决农民在病虫害防治、无公害标准化种养等方面遇到的科技难题；栾城县农林高科技园区、藁城市农业科技示范园区等农业基地，根据园区特色产业分期开展培训，培训农民500多人次，发放技术资料1500余份；河北科星药业、天泉良种奶牛等龙头企业，就创业经验及市场营销等内容分期进行培训；石家庄市科技干部教育学院，依托其教育平台，重点开展乡镇村基层干部科技知识培训，培训基层管理干部5000余人次。全年共组织各类培训班50余班（次），组织各类观摩会32场（次），引进推广农业适用技术180项，示范推广农作物新品种123个，培训农民约110万人次。

【科技创新和转化载体建设】 加强农业科研园区（基础）建设，完善科技开发、农技推广及其应用体系，开展新品种、新技术的引进与推广。2012年栾城县农林高科技园区被认定为省级农业科技园区，全市省级农业科技示范园区达到6家，市级农业科技示范园区（基地）12家。推进产业技术创新战略联盟工作。2012年，河北中兽药产业技术创新联盟和石家庄饲料产业技术创新联盟被认定为省级联盟，中兽药产业技术创新联盟申报的“畜禽健康养殖及其废弃物综合利用技术集成与示范”项目列入星火计划项目，饲料联盟申报的2013年“安全环保新型饲料生产关键技术集成示范与

2012年11月，举办村级农业技术员全员培训活动

产业化”被推荐到国家科技部。加强精品农业科技示范基地建设。全市拥有省级精品农业科技示范基地3家，其中高邑县金世纪林果科技园区通过实施“优质李子标准化栽培及深加工关键技术”项目，筛选出早中晚熟适地种植的优良李树品种，推广苗木、嫁接枝条18万根，可发展李树栽植3000多亩。华牧安全蛋科技示范基地自建养殖基地2个，存栏20万只，种鸡、饲料直接供应，统一标准、统一管理，ERP (Enterprise Resource Planning 企业资源计划系统）全程监控。

【两个市级重大项目结题验收】 2012年，完成2个市级重大科技项目的结题验收。“安全高效饲料产业化关键技术研究与示范”项目，取得国家发明专利2项，取得批准文号2个，开发出新型饲料添加剂4个，安全高效预混料6个，先后发表科研论文25篇，编写出版著作2部，培养毕业研究生5名，培训企业技术人员50名。通过试验示范，饲养饲料利用率提高6%～9%，养殖饲料成本降低8%～10%，日增重提高12%，氮、磷排放量减少24%，死亡率降低17%，三年累计销售33万吨，产值8.58亿元，利税2910万元。“石家庄市新农村建设科技示范（试点）”项目，通过四年的实施，全市新农村科技示范村人均收入6116.45元，特色产业带动农户58258户，订单农户30715户，建立科技示范基地92个，创建农业合作社65个，参加合作社农户27835户，特色产业产值达到70亿元，引进新技术441项，推广新品种165个，促进了农业技术转移和科技成果转化。

【功能性肽产品的创制与应用项目纳入国家863计划】 功能性肽产品的创制与应用属于安全高效饲料添加剂创制与应用，主要针对饲料中抗生素滥用或过量使用引发的食品安全问题，创制高效、安全抗菌肽饲料添加剂，替代或部分替代抗生素，对畜禽健康养殖具有重要的现实意义。该项目以饲用安全菌株，即侧孢短芽孢杆菌为出发菌株，利用液态和固态高密度发酵技术，克服抗菌肽低成本发酵的关键技术瓶颈；以廉价的农产品副产物为饲用载体，利用吸附－解吸附和固定化技术，创立适合抗菌肽规模化生产的快速制备技术；开发适用于猪、鸡、鸭、兔等大宗畜禽的饲料添加剂专用品种并应用于健康养殖，创造显著经济、社会和环境效益的同时带动国内抗菌肽制剂和饲料添加剂产业的技术进步与产业升级。4月18日，科技部通过门户网站发布“十二五”国家科技计划农村领域2013年度备选项目公开征集指南，5月11～25日，受理网上审报材料。由河北科技大学和石家庄依欣饲料有限公司联合申报的《功能性肽产品的创制与应用》成功通过审查，成为国家“十二五”科技计划农村领域2013年度被选项目，也是河北省饲料方面第一个国家863计划项目。

（市科技局）

石家庄年鉴 Industry

工 业

工　业

概　述

2012年，全市工业系统紧紧围绕转型升级和跨越赶超两大任务，坚决贯彻落实市委市政府的决策部署，努力克服国际、国内经济形势低迷和工业经济下行等诸多困难，切实强化运行调节，全市工业经济实现平稳较快增长，主要指标增速均高于全国、全省水平，全市工业发展质量实现较快提升。至2012年末，全市拥有规模以上工业企业2388个，总产值7643.1亿元，同比增长5.3%；完成增加值1800.2亿元，同比增长13.5%，总量占到全市地区生产总值的40%；销售产值7454.8亿元，同比增长4.9%；主营业务收入7663.4亿元，同比增长6.5%；实现利润562.7亿元，同比增长11.9%；实现利税827.4亿元，同比增长6.9%。2012年全市规模以上工业增加值高于全省平均水平0.1个百分点，增速位居全省第7位；同全国比较，全市工业增加值高于全国平均值3.5个百分点。2012年全市规模以上工业主营业务收入利润率为7.09%，分别高于全国、全省1.02、1.81个百分点，居全省第一位。全市工业单位电量创增加值5.79元/千瓦时，高于全省平均水平23.72%，居全省第三位。全市规模以上工业共有亏损企业104家，亏损面4.3%；亏损额27.6亿元，同比增亏9.8%。工业品销售率97.6%，同比降低0.3个百分点；出口交货值247.3亿元，同比增长4.8%。全市工业用电量311.1亿千瓦时，同比增长5.25%。2012年，全市规模以下工业企业完成总产值859.28亿元，同比增长6.9%；实现增加值263.28亿元，增速比上年提高0.12个百分点。

全年工业固定资产完成投资1392.3亿元，技改投资953.1亿元，增速分别为30.5%和50.6%，分别高于全省4.4个百分点和15.4个百分点，分别位居全省第三和第一。工业技改投资占工业投资比重为68.5%。2009～2012年工业投资年均增长15.5%，技改投资年均增长27%。全年争取各级专项技改资金6.547亿元，支持技改项目204个，其中获得国家、省级各类财政支持资金5.72亿元，市级技改专项资金0.827亿元。2012年全市实施工业技改项目2037项，列入省千项技改项目139项，其中新开工亿元以上技改项目65项，完成总投资120亿元。至2012年底，全市工业入选省级以上技改重点项目达到117个。其中，国家产业振兴和技改专项23个，支持金额2.16亿元，带动投资22.59亿元，获得支持资金和中央投

2012年5月4日，省委常委、市委书记孙瑞彬（中左二）到市工业和信息化局调研指导工业建设

资总额均位居全省第一；入选河北省级技改项目94个，支持金额2.55亿元，居全省第一，撬动银行贷款101.73亿元，带动投资319.32亿元。实施市级工业技改专项87个，支持金额0.83亿元，总投资134.8亿元，新增销售收入329.4亿元，技改投入产出比为1:2.44。

2012年全市规模以上工业企业数量达到2388家。按规模划分，大型企业80家，中型企业291家，小型企业1994家，微型企业23家。按经济类型划分，国有企业41家，集体企业59家，股份合作企业6家，联营企业3家，有限责任公司306家，股份有限公司109家，私营企业1746家，港澳台资投资企业40家，外商投资企业76家，其他企业3家。年从业人员平均人数86.92万人，总资产3918.5亿元，资产负债率为51.8%。国有及国有控股企业87家，从业人员平均人数13.1万人，总资产1450.74亿元。

全年黑色金属冶炼及压延加工业、石油加工和炼焦业、化学原料及化学制品制造业、非金属矿物制品业、煤炭开采和洗选业、电力热力的生产和供应业六大高耗能行业完成工业增加值624.51亿元，占全市规模以上工业增加值的34.69%，低于2011年0.26个百分点；增速为8.7%，低于全市规模以上工业增速4.8个百分点。

2012年全市东、中、西部三个区域规模以上工业分别完成增加值697.5亿元、783.8亿元和319亿元，占全市规模以上工业增加值的38.8%、43.5%和17.7%，增长17.1%、11.2%和7.7%，东部增长高于全市平均水平；实现利税335.9亿元、411.4亿元和82.5亿元，占全市利税总额的40.5%、49.6%和9.9%，增长12.9%、9.9%和3.8%；实现利润251.6亿元、246.2亿元和60.8亿元，增长17%、14.1%和15.7%。

至2012年末，全市主要工业产品达到3600余种，创出一批在国内外具有较高市场占有率和较强竞争力的名牌优势产品。青霉素、维生素C和土霉素年产量分别占全国总产量的40%、55%、60%，占世界总产量的30%、40%和50%左右。建成世界上重要的维生素和抗生素生产基地，亚洲最大的阿维菌素生产基地和中国重要的现代中药生产基地。根据统计，全市129个工业产品（大品种）中，111种产品产量实现增长，占86%，其中52种产品产量增长超过20%。

2012年全市规模以上轻重工业比重为49.2:50.8。在41个国民经济工业行业中，石家庄无石油及天然气开采业、开采辅助活动、其他采矿业3个门类，实有38个大类，其中，占全市工业增加值超过5%的行业有7个，依次是：皮革毛皮羽毛绒及其制品业（占规模以上工业10.7%）、化学原料及化学制品制造业（占9.7%）、黑色金属冶炼及压延加工业（占9.3%）、纺织业（占8.1%）、非金属矿物制品业（占7.2%）、医药制造业（占5.7%）、农副食品加工业（占5.4%）等，合占全市工业增加值总额的56.1%。2012年全市有河北省著名商标达到476件，中国驰名商标数量达到36件，均居全省第一位。

表20 2012年石家庄市11个大工业行业主要经济指标情况表

大行业	工业增加值			主营业务收入			利润总额		
	完成额（千元）	增速（±%）	占全市比重（%）	完成额（千元）	增速（±%）	占全市比重（%）	完成额（千元）	增速（±%）	占全市比重（%）
医药	10330401	19.33	5.74	58250926	21.25	7.39	3453882	1.31	6.18
纺织服装皮革	38893435	16.83	21.61	149553647	17.49	18.97	13187255	23.27	23.61
石化	27930155	14.65	15.52	138032816	11.82	17.51	7507421	24.05	13.44
装备制造	26504512	17.13	14.72	110599785	14.58	14.03	10356892	18.86	18.54
电子	1905204	1.36	1.06	8617698	8.31	1.09	1032273	60.05	1.85
食品	19709607	17.19	10.95	91474842	18.84	11.60	6266100	16.50	11.22
小口径轻工	10569426	14.83	5.87	41373540	22.48	5.25	3957317	21.47	7.08

（续表）

大行业	工业增加值			主营业务收入			利润总额		
	完成额（千元）	增速（±%）	占全市比重（%）	完成额（千元）	增速（±%）	占全市比重（%）	完成额（千元）	增速（±%）	占全市比重（%）
热电气水	5868793	6.34	3.26	38094089	10.77	4.83	763352	572.34	1.37
冶金	20218834	6.32	11.23	78705171	−9.52	9.98	3757945	−8.60	6.73
建材	13659566	0.38	7.59	51673151	0.61	6.55	4917510	−10.24	8.80
煤炭开采洗选	4428434	20.69	2.46	22022672	5.49	2.79	660227	−12.66	1.18
合计	180018365	13.50		788398337	11.42		55860174	15.56	

县域工业形成一批有一定规模和竞争优势的块状产业集群。西部山区依靠丰富的矿产资源，大力发展石材业、钙镁产业，有井陉县的钙镁、井陉矿区的煤炭深加工、灵寿县的石材、鹿泉市的建材等；东部依托传统产业优势，重点发展皮革、纺织、洗涤等产业，有辛集市和无极县的皮革、晋州市的纺织、深泽县的洗涤产业、藁城市和无极县的板材业、藁城市的宫灯业等；南部依托当地特色资源，重点发展化工、建陶产业，有高邑县的建陶、赵县的淀粉等；中部依托区位优势，重点发展医药、板材家具产业，有正定县的板材、栾城县的医药等。23个县（市）区中，工业增加值总量在100亿元以上的县（市）有6个，分别是藁城市307.6亿元、辛集市184.9亿元、鹿泉市140.3亿元、平山县128.7亿元、晋州市101.8亿元、赵县101亿元。

推进污染企业搬迁工程。按照《河北省城镇建设三年上水平环保工作实施方案》要求，全年加快推进石家庄润泰纺织印染有限公司、河北威远生化股份有限公司、石家庄四药厂、石家庄炭素有限公司、太行机械厂等5家企业搬迁或停产。石家庄润泰纺织印染有限公司于2012年5月底全面停产，原址厂房基本拆平，因土地指标批复较晚，搬迁新址正在建设，计划2013年7月底竣工；河北威远生化股份有限公司2012年10月份主要生产产品实现停产，厂房已拆平，兽药车间因有国际出口订单计划至2013年3月底停产，搬迁新址于2012年12月份已经竣工并试生产；石家庄四药厂除一条生产线在生产外（无污染），其余生产部分已经陆续停产，因土地指标批复较晚，搬迁新址正在建设，计划2013年底竣工，2014年3月份完成GMP认证后投产；石家庄炭素有限公司于2011年停产，因客观原因暂不搬迁；太行机械厂除一个军品车间在生产外，其余产品已全部停产，搬迁新址一期工程已经投产，二期工程计划2013年底完成建设，届时军品车间完成搬迁。

加大淘汰落后产能力度。2012年，全市淘汰落后产能目标任务共涉及18个县（市）区的炼铁、建材、造纸、制革、纺织、电力、化

2012年6月19日，由石家庄市承办的全省工业企业技术改造现场会在石家庄市顺利举行

等5个重大专项取得重大突破。全年取得产品文号7个，申请专利28项，授权专利33项，其中发明专利30项。大力推进新版GMP认证，全年14条制剂生产线和10个原料药品种通过认证，华民公司头孢全产业链在全国率先通过新版认证。安灭菌粉针生产线通过GSK全球现场质量体系审计。加大环保工作力度。着力推进生态企业建设，推广先进节能减排技术，全年节约标煤1.3万吨，COD减排210多吨。全年实现营业收入111.26亿元，实现利润总额2508.20万元。

与九州通医药集团合作进军医药物流。10月10日，华北制药与武汉九州通医药集团（简称九州通）经过11个月的沟通洽谈后签署合作协议。按照协议规定，双方计划成立合资公司，建设华北地区领先的现代医药物流中心，共同打造以国际医药进出口、国内医院配送、物流服务等为核心业务的医药营销平台。此次战略合作，华北制药股份有限公司的全资子公司华北制药集团国际贸易有限公司增加注册资本，增资完成后华北制药持股51%，九州通持股49%。合资公司实现了九州通医药品种资源与华北制药品种资源的互补嫁接，发挥了华药国际制剂出口平台作用及九州通成熟的物流建设经验和运营管控体系，共享九州通供应商网络，业务涵盖国际医药贸易、国内医药贸易两个板块，首期目标是建立以石家庄为中心，以河北省各地市中心城市为二级分销服务网络、覆盖全省的医药流通配送体系。

2012年8月，国家发改委、财政部、工信部和卫生部联合组织实施蛋白类生物药和疫苗发展专项。其中，华北制药上报的“重组人血白蛋白作为化学成分确定的无血清培养基添加物的产业化”项目通过国家答辩，进入财政部《2012年生物育种、蛋白类生物药和疫苗、通用名化学药项目拟支持单位公示》名单。

华北制药华民公司再获GMP认证。2012年12月，华北制药河北华民药业有限责任公司获得无菌原料药头孢噻肟钠、头孢曲松钠2010版GMP（国际药品生产质量管理准则）证书，这是继无菌原料药头孢哌酮钠、舒巴坦钠、头孢他啶后，华民公司无菌原料药品种再次通过2010版GMP检查。至此，华民公司成为全国首家拥有完整头孢产业链新版GMP证书的药品生产企业。华北制药华民公司是以华药新园区重点建设项目、河北省重点工程——新型头孢项目为基础，为实施集团公司产品转型升级、产品链整合的战略目标成立的现代化制药企业。2011年8月华民公司口服固体制剂获得第一张2010版GMP证书，这也是河北省食品药品监督管理局颁发的第一张新版证书。至2012年底，华民公司共获得4张2010版GMP证书。

（冯江平　范玉蕾　周凝　李弘）

【石药集团有限公司】 石药集团有限公司始建于1938年5月，2012年末资产总额达到180亿元，员工2万余人。石药集团拥有原料药、成药和医药商业三大业务板块及维生药业、中诺药业、欧意药业、恩必普药业、银湖制药等30余家下属公司，分别位于河北、天津、吉林、山西、辽宁、山东、江苏、内蒙古和香港等地，其中设在香港的控股子公司——香港石药集团有限公司是中国医药行业首家境外上市公司，是香港最大的制药上市公司之一。石药集团主要从事医药产品的开发、生产和销售，产品主要包括抗生素、维生素、心脑血管、解热镇痛、消化系统用药、抗肿瘤用药和中成药等7大系列近千个品种，有30个产品单品种销售过亿元，产品销售遍及全国和世界60多个国家和地区。石药集团属科技部等3部委认定的“国家创新型企业”，新药研发实力位居全国药企前列。2012年，石药集团实现不含税销售收入164亿元，同比增长13.2%；利润、利税实现8.8亿元和11.6亿元，分别增长14.2%和16%；上缴各类税金7亿元；各项经济指标创下集团成立以来最好水平。至2012年末，石药集团开展新药研发项目170个，涉及生物制药、抗肿瘤药物、神经系统用药、心脑血管用药等多个领域，实现了以化工原料生产为主，向药品制造和创新药研发为主转型，其中恩必普、玄宁、欧来宁等药品成为公司重要增长点。全年石药集团取得9个产品生产批件，14个项目申请生产，11个项目申请临床，其中多美素、津优力、艾利能等抗肿瘤新药实现上市。至2012年末，石药集团共有26条生产线一次性通过新版GMP认证；国际认证取得12张CEP证书和27个DMF登记号，4个产品通过欧盟或其成员国的现场检查，9个品种通过FDA现场检查。

至2012年底，石药集团拥有石药、欧意、果维康、恩必普4件“中国驰名商标”，成为全省单家驰名商标数量最多的企业。

位列2011年中国制药工业百强第三名。2012年7月，南方医药经济研究所与《医药经济报》发布“2011年中国制药工业百强榜”，石药集团入选百强榜第三名，在河北省入围企业中排名第一。这是自2009年以来，石药集团第4次入选中国制药工业百强榜。此次评选的统计指标口径是企业年度制药工业销售收入金额，参与评选的对象是中国境内注册的、且以医药制造业为主营业务的制药企业，参加评选的对象不含化学中间体、药用辅料、医疗器械、卫生材料、制药器械和兽用药品制药企业。2011年，石药集团实现不含税销售收入144亿元，同比增长11.5%；工业总产值120亿元；上缴各类税金7.5亿元；直接出口创汇5.5亿美元。

2个抗肿瘤新药投放市场。3月17日，石药集团承担的国家重大新药创制产品——聚乙二醇重组人粒细胞集落刺激因子注射液（PEG-rhG-CSF，商品名：津优力）和盐酸多柔比星脂质体注射液（商品名：多美素）在北京正式投放市场。津优力是首个国产PEG-rhG-CSF产品，在防治化疗等原因引起的中性粒细胞减少症有更长效、更稳定和更安全的疗效。多美素是石药集团自主研发的首个抗肿瘤脂质体新药，在治疗卵巢癌NCCN指南中被推荐为一线用药。

控股廊坊市康宇医药有限公司。2012年下半年，石药集团下属河北中诚医药有限公司正式控股廊坊市康宇医药有限公司，并签订《战略合作协议》，康宇公司更名为廊坊市中诚康宇医药有限公司。石药集团河北中诚医药有限公司已控股河北省河北爱普医药药材有限公司、河北益生医药有限公司、保定中诚汇达医药贸易有限公司、衡水市仁和医药有限公司、衡水明信伟业药械有限公司和承德石药颈复康医药有限公司6家医药商业企业。至2012年末，石药集团河北中诚医药有限公司进入第一终端医院（包括中医院）总数达到854家；第二终端零售或连锁药店总数达到5446家；第三终端城市社区医疗中心（站）达到854家、乡镇卫生院达到2172家、村卫生室达到4362家、诊所或门诊达到2944家，商业网络实现全省覆盖，辐射范围达到华北全境。

石药集团中润公司通过美国FDA认证。2012年底，石药集团中润公司在石家庄生物产业基地技术服务平台提供技术支持下，顺利通过美国食品药品监督管理局认证（简称FDA）。至此，由该公司生产的青霉素G钾可正式进入美国市场销售，这是中国首家通过美国FDA认证的青霉素G钾企业。石家庄生物产业基地技术服务平台是石家庄市唯一一个具备欧美通用标准检测分析、技术服务、FDA认证、国际合作等4项功能的公共服务平台，被省科技厅认定为“河北省中小企业技术创新公共服务示范机构”。FDA认证是国际医疗审核的一个权威认证，得到欧美国家的认可。

（冯江平　范玉蕾　李云萍）

【神威药业集团】 神威药业集团创建于1992年，是以现代中药为主业的大型综合性企业集团，综合竞争力在医药行业居前二十强，在中药行业列前五强，是香港联合交易所市值最大的中药企业，先后荣获福布斯亚洲200最佳企业、中国最具成长性企业、中药行业首批信用3A评级单位等殊荣，拥有“神威”、“五福”两个中国驰名商标。神威药业主营业务涵盖了中药材种植、中成药科研、提取、生产、营销等上中下游产业链，拥有全国最大的神威现代中药产业园和多个符合国家GAP规范的中药材种植基地，是全国规模最大、技术水平最高、质量控制能力最强的现代中药注射液、软胶囊、颗粒剂专业制造商，下属神威药业有限公司、河北神威药业有限公司、神威药业（张家口）有限公司、神威药业（四川）有限公司、神威药业营销有限公司、神威大药房连锁有限公司等多家子公司。销售网络覆盖全国30多个省、自治区、直辖市，产品批量出口。神威药业中药年提取能力，中药注射液、软胶囊、颗粒剂年生产能力均为国内第一，产品主要针对中老年用药、儿童用药、抗病毒用药等高速增长的目标市场，形成了现代中药注射液、现代中药软胶囊、现代中药颗粒剂三大特色剂型，拥有多个超亿元现代中药大品种，神威清开灵注射液、神威参麦注射液、神威舒血宁注射液为“全国百姓放心药”，占据了国内同品种70%以上市场份额。2012年神威药业集团实现利润8.07亿元，被评为“石家庄市最具社会责任企业”，集团副总裁信云霞荣获

"石家庄市最具社会责任企业家"称号。

神威药业与西悉尼大学合作研制神威塞络通胶囊。2012年11月，在北京召开的中国－澳大利亚"中医药国际合作与促进"项目签约仪式暨高层论坛上，神威药业集团与澳大利亚西悉尼大学签署神威塞络通胶囊国际多中心同步临床研究协议，首次开启中澳现代中药新产品国际产学研新型合作之路。神威塞络通胶囊是中国国内第一个在海外进行国际多中心临床研究的现代中药，由神威药业集团有限公司、中国中医科学院西苑医院、澳大利亚西悉尼大学联合开发研制，旨在国内外同步研究、同步注册、同步上市。该品种主要治疗血管性痴呆、阿尔茨海默病，由西红药、人参、银杏叶3味中药有效部位组成，得到国家科技部"重大新药创新"重大专项及国际合作计划的支持。该项目自2008年起步，3方签署了一系列中医药研究合作备忘录。2009年，3方通过"神威塞络通胶囊"国际多中心临床试验方案。至2012年末，该药品在国内完成一期临床研究，正在进行二期临床研究；澳大利亚完成62例对照临床研究，效果显著。此次签约后，将由西悉尼大学牵头，在澳大利亚及英国分别开展神威塞络通胶囊二期临床研究。此次会议上，澳大利亚西悉尼大学、中国中医科学院、西苑医院、神威药业集团还签署了多项中医药合作协议，成立了澳－中国际中医药研发中心、中澳合资神威－弗洛德斯天然药物有限公司、中医药研究北京市国际合作基地并举办了揭牌仪式。

舒筋通络颗粒获得国家中药保护品种证书。2012年下半年，经国家食品药品监督管理局审定，神威药业舒筋通络颗粒获得国家食品药品监督管理局颁发的中药保护品种证书，列为国家二级中药保护品种，保护期为2012年12月19日至2019年12月19日。舒筋通络颗粒是神威药业独家生产的纯中药新药，该产品补肝益肾、活血舒筋，在改善颈椎病症状的同时，还有增加脑血流量、降低脑血管阻力的作用；在眩晕改善程度、减少眩晕时间、改善局部疼痛、头痛消失率、上肢麻木消失率及神经根型颈椎病疗效方面具有显著优势。

【以岭药业股份有限公司】 2012年，面对外部市场竞争环境严峻、"毒胶囊事件"对行业的负面影响、部分原材料价格上涨、人力资源成本上升等不利因素，公司管理层紧紧围绕发展战略，通过进一步优化内部组织架构和管理流程，加强生产质量管理，抓住中医药行业快速成长的契机，稳步推进各项工作。公司严格按照生产计划及时将各部分计划任务落实到相关部门及人员，对各类生产人员合理搭配，使得资源在最大程度上得以优化配置。加强质量管理，从原辅材料购进、生产过程、产品放行、市场反馈等环节严格控制，始终坚持质量一票否决制。年内公司制剂车间和全资子公司北京以岭药业制剂车间均顺利通过新版GMP认证，全面提升了生产质量管理水平、生产线自动化水平和生产效率，有效降低了生产成本，提高了经济效益。加大营销队伍建设力度，针对基层市场组建的销售队伍继续扩大，促进了通心络胶囊、参松养心胶囊和连花清瘟胶囊在基层市场的覆盖和销售；针对新产品先后组建了肿瘤事业部、糖尿病事业部、呼吸事业部、销售代理部等专业化队伍，有力促进了养正消积胶囊、津力达颗粒、连花清瘟颗粒、八子补肾胶囊等新产品的快速覆盖和销量增长。公司投资设立全资孙公司石家庄以岭药堂大药房有限公司，为公司建立了集货物流、资金流、高标准服务于一体，零售、批发相互配套的平台，提高了公司综合竞争力，扩展了盈利空间；为扩大下属子公司生产规模，提高市场供应能力和盈利能力，公司向子公司北京以岭药业有限公司和英国子公司进行了增资。全年公司实现营业收入总额164867.63万元，同比下降15.59%，主要是公司主导产品均为胶囊剂型，受"毒胶囊"事件影响，产品销售收入较上年同期出现下降。2012年公司实现营业利润18822.14万元，同比降低61.56%。

（冯江平　范玉蕾
刘水清　甄兰敏）

纺织工业

【概况】 2012年，全市规模以上纺织服装皮革企业共有550家，其中纺织业259家，服装鞋帽制造业66家，皮革业206家，化学纤维制造业19家。实现工业增加值388.93亿元，累计增长16.78%；实现主营业务收入1495.54亿元，同比增17.49%；利润131.87亿元，同比增23.27%；利税170.6亿元，同比增17.4%。从业人员33.8万人，同比增加26%。主要产品产量为纱产量59.28万吨，同比增20.3%；坯布产量37.98亿米，同比增长13.3%；服装产量3.09亿件，同比增长171.1%。全年纺织业延续了回升态势，3月份开始企业订单明显增加，开工率普遍上升，产量和效益同比增幅较大。纺织用棉需求旺盛。纺织品和服装形势好转，纺纱产量继续保持调整增长。产品价格同比涨幅增大。订单增加，市场需求回升，企业销售情况向好。化纤业利税增幅较大，起到了拉动作用。

（田进辉）

【常山纺织股份有限公司】 2012年，国内纺织出口市场持续低迷，订单大量向低成本国家转移，纺织企业纷纷转向内销市场，导致国内市场竞争加剧。常山纺织股份有限公司主业出现较大亏损。公司根据年初确定的全年经营计划，以品种调改和新品种开发为重点，通过开展劳动技能竞赛、技术攻关等活动，努力保持了生产和质量的稳定；通过加强用工管理、深度挖潜降耗，降低了成本费用；通过加强产品销售、做大贸易，实现了营业收入的稳定；通过房屋征收、争取政策支持，确保了盈利。5月底，常山纺织股份有限公司“整体改造、优化升级”搬迁项目二期工程6万锭纺纱试投产。该项目一期工程600台喷气织机及配套设施达产后，共生产出680多个新品，其中480多个产品全部实现订单生产。全年公司营业收入502251.42万元，同比增长6.75%；营业成本476639.94万元，同比增长7.13%。营业利润−12192.73万元，同比减少352.40%；归属于母公司所有者的净利润1176.31万元，同比减少79.47%。

【“魅力新华”第五届纺织服装博览会】 4月28日，中国·石家庄“魅力新华”第五届纺织服装博览会开幕。本届博览会参展商品品牌达7800多个，吸引了23000余家纺织服装商品经销商到展会洽谈订货。博览会由市政府、省服装行业协会、省纺织行业协会主办，新华区政府承办，新华集贸中心14家纺织服装类分市场联手打造。本届博览会进一步创新办展理念，重组展会结构，构建纺织服装业交流与合作的平台，真正做到为商家创造商机，为百姓创造实惠。博览会主会场设在品汇广场，分设九大展区，一个网上交易平台。各展区为邀请上、下游经销商到会参展订货，举办了形式多样的优惠促销、市场宣传、品牌推介、展示展销和洽谈订货等活动。网上交易展示平台开展了网上购物满百元秒杀、团购等促销活动。在博览会上还可以欣赏到丰富多彩的文艺节目、时装走秀、民俗文化表演等。

（焦莉莉）

【赞皇土布专业合作社获“全国五十佳合作社”】 赞皇县把合作社建设作为农民降低市场风险，提高规模化、标准化生产水平，降低生产成本，提升农产品附加值，增加农民增收的一项重要工作。2007年成立了赞皇县原村土布专业合作社，为民营股份合作制企业，企业采取“合作社＋基地＋农户”形式，该社拥有持股社员兼纺、织、染、缝制职工1300多人；产品为“原村”牌纯天然床上用品、服装、手工艺品、儿童用品和车饰等六大系列六十多个品种，产品以棉花为原料，手工纺织老粗布，具有无污染、透气性好、吸汗、冬暖夏凉等特点。该专业社实行订单种植，从种子、育苗、田间管理、技术指导到收购提供全程服务，通过组织农村妇女利用新旧纺机纺线、织布。2012年赞皇县原村土布专业合作社在“中国合作经济年度成就奖”评选活动中荣获“全国五十佳合作社”。

（岳金宏）

【辛集皮革业获得3件中国驰名商标】 年内，辛集市获得3件中国驰名商标，分别是河北天菊裘皮服装有限公司的“天菊”商标、河北名花皮业有限公司的“名花”商标、河北西曼实业集团有限公司的“西曼”商标。至2012年底，辛集市皮革业获得中国驰名商标总数达到4件，其中“DONGMING（东明）”商标于2010年获得“中国驰名商标”。

（岳金宏　马健　李跃玲）

【上海国际皮革城项目落户无极】 5月25日，中国无极·上海国际皮革城项目举行签约仪式。中国无极·上海国际皮革城项目由上海汉唐企业（集团）有限公司投资建设，项目计划总投资30亿元，建筑面积100万平方米，分三期建设。项目集原辅料皮革市场、皮革展销、环保研发中心、星级酒店、休闲娱乐中心、皮革发展博物馆为一体。

（王静）

【职业装技术新规范在石家庄市发布】 2012年，中国服装协会职业装研究中心年中会暨际华·职业装科技创新交流会在石家庄市召开。会议发布了《职业服装通用技术规范》和《职业服装制造企业服务规范》。此次会议发布的《职业服装通用技术规范》和《职业服装制造企业服务规范》，对职业装团购招标或合同签订制定相应内容给予了很大方便，有利于职业装优势企业参与竞争。其中，《职业服装通用技术规范》完善了职业装分类和术语定义，集中列举了职业装应达到的主要技术质量要求，对应执行的标准编号以及可参照的国家、行业标准目录，提出了职业装质量检测机构的资质要求；《职业服装制造企业服务规范》明确了“参加职业服装投标的企业应具备制造西服、衬衫等大类服装品种的先进生产线”和“批量提供各类西服产品的企业应具备相对应的制作工艺技术与专用设备”。

（赵瑞江）

【卡森现代皮革产业园项目落户无极县】 11月5日，浙江卡森集团与无极县正式签约卡森现代皮革产业园项目，该项目总投资15亿元。无极县皮革业经过30多年发展壮大，已成为该县最大的主导产业。至2012年末，无极县拥有皮革企业770家，从业人员近10万，年加工能力达0.82亿平方米，主导产品有皮沙发革、汽车座套革、箱包革，皮鞋革，在全国市场占有率达到10%。浙江卡森集团创立于1988年，是全国最大的皮革生产企业，产品销售收入、利税总额、外贸出口额连续多年居全国同行业之首。无极县卡森现代皮革产业园项目主要生产高档汽车座套等皮革制品并建设皮革交易中心，一期占地500亩，总投资15亿元。

（宋钧）

石油化工业

【概况】 2012年，全市石油化工行业共有规模以上企业404家，从业人员9.91万人，总资产596.09亿元。全行业主营业务收入1380.33亿元，实现利润75.07亿元，实现利税138.35亿元，分别比上年提高11.82%、24.05%和8.44%。2012年石油化工行业对全市工业生产增量贡献率为22.74%。全市化工行业主要分为石油化工、化学原料、农用化学物质和橡胶制品4大类。到2012年末，全市有石油加工、炼焦加工业企业21家，化学原料和化学制品制造业企业297家，橡胶和塑料制品业企业20家。主要产品大类有原油加工、纯碱、精甲醇、合成氨、农用化学肥料、农药、涂料、化学试剂等。全年主要工业产量为原油加工417.69万吨，精甲醇18.6万吨，焦炭364.54万吨，纯碱42.89万吨，合成氨124.78万吨，农用化学肥料69.34万吨，农用化学原药0.59万吨，涂料5.98万吨，化学试剂20.13万吨。年内藁城市金鑫焦化有限公司、河北力马燃气有限公司获工信部《焦化行业准入条件》。

（牛永智）

【民海化工与信达证券签订合作协议】 2012年9月，中国信达证券股份有限公司与河北民海化工有限公司战略合作暨上市辅导协议签约仪式在石家庄市举行，这是井陉矿区搭建合作平台、推动企业上市的一项重大成果。河北民海化工有限公司投资15.06亿元建设年产20万吨环己酮项目是石家庄市重点项目之一，该项目也是井陉矿区循环经济煤化工产业园区的重大支撑项目，对进一步拉长加宽该区煤化工产业链条，推动产业结构转型升级具有重要意义。签约仪式上，中国信达证券股份有限公司表示组建优秀项目团队为民海化工改制上市提供全方位、高效、专业的服务。同时，在省、市金融办的指导下，推进民海化工早日走进资本市场，为石家庄市和井陉矿区的经济转型及社会发展贡献力量。

（岳金宏）

【启宏橡塑集团项目签约】 2012年，石家庄启宏橡塑集团公司搬迁项目在赵县工业园区正式签约。该项目总投资3亿元，占地100亩，主要生产高压聚乙烯PE闭孔高发泡、PE闭孔高发泡、EVA发泡、开孔发泡、CR、RE、EPDM橡胶发泡体生产及聚烯烃加工制品等产品。项目建成投产后，计划年销售4亿元以上，实现税收1500万元至2000万元。

（吴温）

【石家庄石油化工和化学工业专家咨询委员会成立】 为落实省委、省政府主要领导指示精神，加快推进石炼化转型升级、做强做大石化产业和建设好国内一流的化工园区，市委、市政府组织启动石家庄石油化工和化学工业专家咨询委员会组建工作。2012年11月，石家庄石油化工和化学工业专家咨询委员会正式成立。组建过程中，石家庄市坚持着眼石化产业发展前沿，立足化工园区“三化合一”产业特色，围绕建设国内一流园区的目标，高规格、高层次选聘专家组建咨询委员会。受聘的各位专家长期致力于石油化工和化学工业事业，在理论和实践上都有很高的威望和建树。成立专家咨询委员会，为石家庄市更好地建设和发展循环化工园区，搭建了难得的决策咨询服务平台。

（范玉蕾）

【石炼化首列国Ⅲ车用柴油出厂】 2011年12月23日，由中国石油化工集团自主研发、拥有自主知识产权的国内首套260万吨／年上行式循环液相柴油加氢工业装置，在石家庄炼油化工集团（简称石炼化）开车成功，标志具有国际先进水平的柴油加氢装置建成投产。上行式循环液相柴油加氢工艺技术由石炼化、中国石化工程建设公司、石油化工科学研究院共同开发完成，是石家庄市循环化工示范基地龙头项目——800万吨／年油品质量升级项目建设的首套装置。2012年2月，首列国Ⅲ车用柴油从石炼化出厂，标志该企业柴油质量升级项目完成并获得成功。

（范玉蕾　王叶敏）

【威纳邦公司技术中心获评省认定企业技术中心】 2012年底，石家庄威纳邦日化有限公司研发中心获得“省认定企业技术中心”称号，这是河北省日化行业首家获此荣誉称号。按照《河北省认定企业技术中心管理办法》，河北省对支柱产业和高新技术产业中技术创新能力较强、创新业绩显著、具有重要示范和导向作用的企业技术中心予以认定。石家庄威纳邦日化有限公司是一家集专业研发、生产、自主销售于一体的高新技术日化企业，其研发中心主持制定国家行业标准37项，拥有29项国家专利。

（吴温）

装备制造业

【概况】 2012年，全市装备制造业加快步伐调整和结构转型，实现稳定增长和效益提升，主营业务收入和利润总额分别增长14.58%和18.86%，产值总量在全省同行业居第四位，利税和利润总额居全省同行业首位。全年装备制造业拥有规模以上企业449家，总资产531.99亿元，从业人员12.77万人，完成工业增加值265.04亿元，主营业务收入1106.0亿元，实现利税136.60亿元，同比分别增长17.13%、14.58%和14.97%，分别高出全市平均水平3.63、3.16和4.55个百分点，完成工业增加值占全市比重达到14.72%，其中电器机械和器材制造业、专用设备制造业、金属制品业等行业工业增加值增幅较大。

【行业效益】 年内，全市装备制造业中六类行业实现正增长，汽车制造业和仪器仪表制造业为负增长。全市装备制造业入统产品37种，保持增长有18种，占48.65%，其中保持20%以上增长的有13种产品，保持10%以上增长的有14种产品，有16种产品的产量出现下滑现象。全行业实现利税总额136.60亿元，对全市工业利润的贡献率为25.67%。其中，金属制品业入统企业119个，资产合计107.18亿元、完成工业增加值70.54亿元、主营业务收入311.61亿元、利税34.19亿元，分别增长9.54%、15.83%、12.82%和12.73%，亏损企业2个(2011年2个)，亏损536.9万元，同比增亏125.5万元；通用设备制造业入统企业108个，资产合计124.16亿元、完成工业增加值56.45亿元、主营业务收入216.49亿元、利税26.76亿元，分别增长3.84%、9.03%、9.30%和7.33%，亏损企业7个(2011年4个)，亏损8386.5万元，同比减亏470.9万元；专用设备制造业入统企业71个，资产合计82.55亿元、完成工业增加值46.55亿元、主营业务收入179.25亿元、利税25.73亿元，分别增长20.31%、22.43%、20.60%和42.95%，亏损企业4个，同比减少1个，亏损3404.9万元，同比减亏432.7万元；汽车制造业入统企业28个，资产合计45.02亿元，同比增长5.98%，完成工业增加值12.50亿元、主营业务收入62.59亿元、利税9.49亿元，同比分别降低7.67%、9.61%和11.54%，亏损企业3个，同比增加2个，亏损1501.4万元，同比增亏965.9万元；铁路、船舶、航空航天和其他运输设备制造业入统企业9个，资产合计30.65亿元、完成工业增加值8.20亿元、主营业务收入30.32亿元、利税2.53亿元，分别增长11.26%、11.17%、20.35%和45.67%，亏损企业0个(2011年1个)，同比减亏106.7万元；电气机械及器材制造业入统企业101个，资产合计100.57亿元、完成工业增加值62.54亿元、主营业务收入281.56亿元、利税34.29亿元，分别增长72.00%、35.45%、27.90%和17.50%，亏损企业2个，同比减少1个，亏损634.0万元，同比减亏51.4万元；仪器仪表及文化、办公用机械制造业入统企业11个，资产合计17.56亿元，同比增长17.85%，完成工业增加值4.64亿元、主营业务收入13.14亿元、利税2.79亿元，同比分别降低6.60%、24.23%和14.83%，无亏损企业；机械和设备修理入统企业2个，资产合计24.34亿元、完成工业增加值3.62亿元、主营业务收入11.04亿元、利税0.82亿元，分别增长32.39%、2.33%、5.92%和29.57%。无亏损企业。

（苏志炜）

【石家庄煤矿机械有限责任公司】 石家庄煤矿机械有限责任公司（简称石煤机公司）于1957年11月迁至石家庄。1959年更名为煤炭工业部石家庄煤矿机械厂。1998年12月改制。2012年为冀中能源集团、中煤能源集团公司共同参股的国有合资公司。公司注册资本2.4亿元，总资产11.8亿元，职工2300余人。下辖9个分厂公司、6个生产车间、1个河北省煤矿机械工程技术中心、11个专业化研究所。公司主要产品有煤矿专用产品、地质勘探、随车起重机三大主导产品。公司主要从事煤炭机械的研发、制造、销售及服务，是国内煤炭装备制造业的专业供应商与服务商之一。2012年，公司以实现“现代化、国际化、高端化”为战略目标，专注于煤炭机械的设计、研发、制造、销售和技术服务，按照“提升企业综合市场竞争实力,全面步入现代化经营管理模式，实现稳步快速持续发展”要求，在保持现有产品市场优势的同时，不断扩张公司的产品线，有效完善了公司产品的配套能力。公司生产的煤层气钻机车产品通过专家认定，可免征车辆购置税；自主研制的新产品锚杆作业车完成出厂验收；煤炭机电装备制造领域的首个国家863重点项目“掘进机远程控制技术及监测系统”顺利通过国家科技部组织的专家验收。2012年下半年，石煤机公司设计的天然气动力矿用无轨胶轮车获得国家实用新型专利授权。该车利用天然气辛烷值高、抗爆性好、低污染优点，对发动机、天然气箱、尾气处理装置采取防爆措施，实现了整车经济实用、对矿井环境污染小目标。7月31日，石煤机公司在深圳证券交易所中小板成功上市，提高了知名度及品牌形象，拓宽了融资渠道。至2012年末，石煤机公司实现营业收入39157.81万元，比上年同期增长25.19%；利润总额8525.65万元，比上年同期增长40.03%，主营业务收入、利润均实现稳定增长。

（杨颖敏　范玉蕾）

【河北科尔德冷藏车项目签约】 7

月13日，高邑县与意大利潘德曼公司就河北科尔德冷藏车改装及冷链物流项目签约。意大利潘德曼公司始建于1967年，是一家以生产经营制冷设备、冷藏车、冰箱、制冰机、商业冷柜、灶具、绝缘保温材料为主的跨国集团公司，意大利波拉斯多克公司为潘德曼公司下属子公司，主营冷藏车业务，生产技术欧洲领先，产品畅销国际市场。河北科尔德公司采用意大利潘德曼公司及波拉斯多克公司技术生产冷藏车，注册资本1亿元人民币，产品广泛应用于果蔬、冷鲜肉、禽蛋、医药、鲜花的冷藏运输。该项目占地500亩，投资32亿元，分三期建设，其中一期投资12亿元人民币，建设厂房10万平方米，其他附属设施3万平方米，计划年产5000台冷藏车，年销售收入40亿元，年利税4亿元，主要建设辐射华北、东北、华中等地区的冷链物流项目。

（温婕）

【中航工业公司2个型号飞机参加珠海航展】 11月13～18日，在第九届中国航展（珠海航展）上，石家庄市生产的小鹰500飞机和海鸥300飞机吸引众多观众，小鹰500在航展首日成功签订11架购机合同。参加此次航展的海鸥300飞机是国内首架具有完全自主知识产权的轻型水陆两栖飞机，高3.382米，长8.988米，机翼全长12.463米。该机型于2010年11月10日在石家庄成功完成首飞。海鸥300在陆地上，可以在水泥、沥青等简易跑道上完成起降；在水中，可以在长度约800米、宽50米、深1.0米左右的水面上完成起降。每小时油耗约85升。该机型能持续飞行近8个小时，最大航程能达到1300千米。海鸥300飞机经过简单改装，可用于水上救援、公务飞行、旅游娱乐、海岸巡逻、搜索与救护、环境监测、森林巡防等。

（范玉蕾）

【安瑞科新厂区一期工程投产】 2012年10月，中国国际海运集装箱（集团）公司石家庄安瑞科气体机械有限公司新厂区一期工程竣工投产。安瑞科气体机械有限公司位于石家庄装备制造基地内，2011年5月，总投资15亿元的一期工程正式开工建设。一期工程建成后，计划年销售收入30亿元，实现利税5亿元。

（吴温）

【格力电器石家庄家电产业园二期空调项目投产】 格力电器石家庄家电产业园位于石家庄国家级高新技术产业开发区珠江大道与环城水系交叉口，总体规划面积近3000亩。至2012年底，已经完成一期小家电项目和二期空调项目建设，三期员工生活区完成规划设计。二期格力空调项目总投资16.5亿元，于2011年5月底开工建设，2012年3月正式试产，为内销空调机型生产基地，初期规划年产空调300万台套，是中国北方最大的专业化空调生产基地。至2012年末，该项目完成6条总装生产线以及相关配套车间设备安装，日产家用空调超过1.1万套，产品规格达到20个品种，实现了生产柜机、分体机、变频机目标。

（范玉蕾）

电子信息工业

【概况】 2012年，全市电子信息行业入统企业180家，主要经济指标位居河北省前列。其中，制造业企业56家，软件及服务业企业124家；从业人员3.73万人。至2012年末，全市电子信息行业完成主营业务收入181.41亿元，同比增长12.57%；实现利税28.52亿元，同比增长12.22%；出口创汇8709.65万美元，同比下降4.57%。其中，电子信息产品制造业完成主营业务收入129.04亿元，同比增长14.12%，实现利税18.82亿元，同比增长4.37%，出口创汇8617万美元，同比下降4.96%；软件及信息服务业完成主营业务收入52.37亿元，同比增长8.91%，利税9.71亿元，同比增长31.38%，出口创汇92.65万美元，同比增长54.42%。

（钱锐）

【软件、计算机信息系统集成与服务业】 全年石家庄市新认定软件企业23家，软件产品登记288项，新获得计算信息系统集成资质企业4家，8家企业获得信息系统工程监理单位资质，完成全部信息系统工程监理

2012年7月31日，2012年（第26届）中国电子信息百强企业发布暨工作座谈会在石家庄举行

单位资质转换。至2012年底，全市共有经过认定软件企业132家，计算机信息系统集成资质企业47家，监理企业8家，分别占全省的44%、58.03%、100%。其中计算机系统集成企业一级资质4家，占全省的80%，二级资质9家，占全省的90%，信息系统工程监理单位乙级资质3家，占全省100%，通过CMMI（软件能力成熟度模型集成）认证企业7家，通过ISO9001:2000认证的信息系统集成企业47家。

（郭会珍）

【"高集成LED显示器件"通过鉴定】 1月2日，省科技成果转化服务中心组织专家对京华电子实业有限公司承担的"高集成LED显示器件"项目进行了鉴定。专家认为，该技术解决了高密度显示屏的散热难题。该项目是在研究全彩色LED显示器件技术基础上，采用铝合金金属面罩结构，综合运用COB封装、随机混晶、电泳着色等技术，研制出高集成LED显示器件，解决了散热难题，研制出的显示器件可生产更加高点密度的LED显示屏。京华电子实业有限公司是石家庄首批创新型企业，拥有石家庄市唯一一家LED显示屏企业技术中心，先后承担省、市多个科技项目，授权的国家发明专利和实用新型专利达15项。

（焦莉莉）

【企业对接合作】 年内，河北冀雅电子等5企业参加2012年中国·廊坊国际经济贸易洽谈会电子信息和新能源项目专题对接会。河北中信联信息技术有限公司与上海兆民云计算科技有限公司就云计算及物联网应用服务领域达成合作意向，并签署战略合作框架协议；东旭集团有限公司与易居（中国）控股有限公司进行对接。电子信息企业从项目建设、研发创新、产业链建设、产品配套等方面积极寻求合作，石家庄高新技术产业开发区管理委员会和北京易华录信息技术股份有限公司签署河北省研发运营总部和智能交通产业园意向，东旭集团有限公司和长虹集团虹欧显示器件有限公司签署等离子显示屏用玻璃基板研发及产业化协议。

（郭会珍）

食品工业

【概况】 2012年，全市积极推进食品生产经营行业诚信体系建设，制定下发《石家庄市食品企业诚信体系建设工作方案》，明确食品企业诚信体系建设工作目标、任务和要求。年内，石家庄君乐宝乳业有限公司和河北三元食品有限公司通过诚信管理体系认证。按照市政府《关于落实全面清查非法生产经营工业明胶专项工作的紧急通知》要求，及时开展工业明胶清查，做到无缝隙、全覆盖，圆满完成清查任务，并配合做好打击食品非法添加、滥用食品添加剂专项整治工作。至2012年末，全市食品行业共有规模以上企业257家。其中，农副产品加工业177家，食品制造业53家，酒、饮料和精制茶制造业26家，烟草制品业1家。全年食品行业规模以上企业完成工业增加值197.1亿元，同比增长17.19%；主营业务收入914.75亿元，同比增长18.84%；实现利润62.66亿元，同比增长16.5%，利税118.67亿元，同比增长15.19%。农副食品加工增长减缓，全年生产小麦粉186.8万吨，与上年持平；精制食用植物油16.5万吨，同比减少9.1%；乳制品66.1万吨，同比减少5.7%。食品制造业经济效益提高较快，主营业务收入完成146.86亿元，实现利润11.4亿元、利税15.8亿元，同比分别增长23.49%、30.69%、22.08%。

（魏俊杰）

【君乐宝乳业】 入选农业产业化国家重点龙头企业。3月23日，石家庄君乐宝乳业有限公司被认定为第五批农业产业化国家重点龙头企业。这是此次获得该荣誉惟一一家石家庄企业。至此，石家庄市共有4家企业入选农业产业化国家重点龙头企业。君乐宝乳业于1995年成立，2012年已发展成为河北省最大的乳制品企业，拥有9家生产厂。君乐宝商标是中国驰名商标，已形成以系列酸牛奶产品为核心、涵盖系列花色奶、纯牛奶以及乳饮料等50多个品项的产业化产品格局。其中，低温酸牛奶市场占有率全国第四位、液态奶销量河北省第一位。2012年初，君乐宝乳业被认定为国家级高新技术企业。

与中国银行签约奶农贷款项目。7月5日，君乐宝乳业与中国银行合作签约发布会举行。本次签约后，符合条件的君乐宝乳业合作奶农可从中国银行河北分行获得个人最高100万元的贷款，总贷款额度达1亿元，对促进奶农在规模化养殖、规范生产，提升奶源质量，保证乳制品安全起到重要作用。

与中国农业大学共建实验室。2012年11月，石家庄君乐宝乳业有限公司（简称君乐宝乳业）与中国农业大学共建“功能性发酵乳制品联合实验室”和“全日制专业学位研究生实践教学基地”揭牌仪式在君乐宝乳业总部举行。至2012年末，石家庄君乐宝乳业已与国内外10余所大专院校、科研院所开展项目合作，推动了技术创新和产品开发。

2个产品获得博览会大奖。2012年下半年，在2012中国国际妇女儿童产业博览会上，石家庄君乐宝乳业有限公司产品“乐畅”、“每日活菌”分别获得新产品奖和优秀产品奖。2012中国国际妇女儿童产业博览会由北京市妇女联合会、中国国际贸易促进委员会北京市分会等主办，中国乳制品工业协会等协办，是行业内最具影响力的展会之一。君乐宝乳业多年来专注于低温发酵乳制品的研发与生产，是低温乳制品领域的创新者，“乐畅”凭借“LB-21+低聚木糖”组成的“黄金双益”成分及“功能＋健康＋口感”构成的“食尚金三角”新理念，获得新产品奖。

（范玉蕾　王慧
焦莉莉　郑丽娟）

【金凤冷链物流项目获得国家资金支持】 年内，鹿泉金凤冷链物流中心项目获得国家支持资金400万元。该项目总投资1.6亿元，占地97亩，计划建设2座2万吨冷库，已建2万吨冷库一座，地上为四层低温冷库，层高26米，建筑面积近2万平方米，每层约为5000平方米，三个速冻间，地下一层为高温库，建筑面积3650平方米，储存量2000吨，设有独立仓库间20个，主要用于蔬菜水果的保鲜储存。前厅设有装卸货平台和回车区域，回车区域长度为100米，宽度为40米，能够满足大型车辆的装卸运输。冷库东边配套建设拥有500个摊位的大型批发市场及综合服务楼。该项目投用后，可实现食品仓储、冷冻冷藏、市场批发交易以及第三方冷链物流业务。

（雷婷）

【石家庄统一企业高新区饮料项目】 2012年8月，石家庄统一企业有限公司在高新区举行饮料项目开工仪式。该项目占地100亩，总投资11亿元，计划建设六条饮料生产线以及包装、物流等相关配套项目，分两期进行，全部达产后，产值达16亿元，利税1.2亿元，其中一期工程计划2013年8月投产。石家庄统一企业有限公司隶属于台湾统一集团，该集团创立于1967年，总部设在台湾台南，已发展成为包括食品制造、零售流通、投资贸易等多元化、国际化经营的综合生活产业集团，产品销售横跨海峡两岸和东南亚地区。

（范玉蕾）

【首批10家企业入选食品流通追溯体系试点】 2012年，石家庄市肉类蔬菜流通追溯体系建设第一批试点企业名单确立，双鸽等10家企业入选。肉类蔬菜流通追溯体系建设是商务部确立的重点工程，石家庄市为肉类蔬菜流通追溯体系建设试点城市。肉类蔬菜流通追溯体系建设工作正式运行后，消费者可凭小票追溯码，通过网络、电话、手机和查询机等多种方式，依次查找到肉菜的零售商、批发商、屠宰企业、肉菜来源地等信息；肉菜食品安全问题发生时，监管部门可以通过市级管理平台，在第一时间锁定源头、追踪流向，依法处置，实现“来源可追溯、去向可查证、责任可追究”目标。全市肉类蔬菜流通追溯体系建设第一批试点企业名单为双鸽屠宰厂、留营批发市场、石铁家园菜市场、塔北路菜市场、英华菜市场、华夏菜市场、农家超菜市场、北国超市华夏店、北国超市谈东店、新世隆超市。

（焦莉莉）

【放心馒头上市销售】 11月28日，首批“放心馒头”进入省会230个超市销售专柜以及设在部分街道和居民区的66个销售亭。2012年初，石家庄市区约有馒头加工点近400个，但生产质量参差不齐，一些生产单位在食品安全、场地卫生、添加剂使用、产品分量等方面距标准化要求有差距。扩大品牌化馒头市场份额，确保馒头消费安全，成为广大市民关注的一件大事。2012年初，市委、市政府将“放心馒头”工程列为惠民实事，经过反复研究比选，确定由市粮食局组织、石家庄市家家惠大众厨房食品有限责任公司具体实施。“放心馒头”加工基地位于鹿泉绿岛火炬开发区，占地25亩，项目总投资4000万元，建成5条自动化智能馒头生产线，日产“放心馒头”30万个，可提供鲜酵母、戗面、碱面三种口味共42个馒头品种。

（吴温）

【石家庄双鸽食品有限责任公司】 2012年11月，石家庄双鸽食品有限责任公司（简称双鸽公司）打造的规模化冷链物流基地——5万吨大型综合性冷库投入运营。至此，该公司冷冻冷藏规模达到8万吨，形成以双鸽公司为中心的石家庄市南部大型肉食水产品冷链物流园区。双鸽公司新建大型综合性冷库可满足肉食水产品、水果蔬菜、干果调料的冷冻冷藏，开展交易品种达到几千种。

（焦莉莉）

【顶津饮品有限公司正式获准设立】 2012年11月，由康师傅饮品投资（中国）有限公司在石家庄市投资的顶津饮品有限公司正式获准设立。该公司位于鹿泉市绿岛火炬开发区内，项目投资总额3600万美元，主要从事康师傅饮用水、饮料及包装材料生产及销售。康师傅饮品投资（中国）有限公司是设在天津的一家外资投资公司，其母公司为开曼群岛康师傅饮品控股有限公司，隶属康师傅控股有限公司。康师傅控股有限公司主要从事方便面、饮品及糕饼的生产和销售。“康师傅”是中国家喻户晓的品牌，1996年2月在香港联合交易所有限公司上市，截至2011年底，该公司市值169亿美元。

（吴温）

轻 工 业

【概况】 2012年，全市轻工行业共有规模以上企业223家。其中，木材加工27家，家具制造20家，印刷业20家，塑料制品78家，造纸56家，工艺品16家，其他6家。实现工业增加值105.69亿元，增长13.06%，实现主营业务销售收入363.38亿元，同比增长18.86%；实现利润28.45亿元，同比增长16.67%；实现利税41.33亿元，同比增长13.21%。主要产品塑料制品56.39万吨，同比增长12.9%；纸制品61.53万吨，同比增长17.8%；家具制造65.57万件，同比下降29.8%；日用玻璃制品3.1万吨，同比下降23.2%；人造板产量115.24万立方米，同比下降18.5%。全年轻工行业积极开展节能降耗、提质增效和行业对标活动，实现了产销增长、效益增高。特色产品拉动作用显著，产量和效益保持较快增长。家具制造业主营收入完成49.16亿元，增长27.21%，木材加工主营收入完成98.9亿元，增长37.12%，造纸行业主营收入完成130.32亿元，增长29%。

（张凤银）

【河北数字印刷产业园石家庄基地开工】 4月27日，河北数字印刷产业园石家庄基地举行奠基仪式。省委常委、宣传部长艾文礼，省人大常委会副主任马兰翠，省政协副主席赵文鹤，市长姜德果，市委常委、宣传部长孙万勇等出席开工仪式。河北数字印刷产业园石家庄基地是省、市重点产业项目之一，总占地面积200亩，总建筑面积7.9万平方米，总投资6亿元，在市装备制造基地落户。该基地以河北新华第二印刷有限责任公司为经营主体，主要建设数字印刷中心、特种印刷中心、精品印刷中心、技术研发中心等，着重发展高端印刷、数字印刷、精品印刷、绿色印刷、包装装潢印刷等现代印刷产业。

（刘娴）

电力工业

【概况】 至2012年底，石家庄市共有发电企业37家，装机总容量85877.15兆瓦。其中，省调直调电厂11家，机组容量为85388.4兆瓦。地调直调地方电厂和企业自备电厂26家，机组容量为488.75兆瓦。石家庄电网共有110KV及以上变电站197座，变压器415台，总容量29785.5兆伏安。其中，500KV变电站3座，变压器6台，总容量5000兆伏安；220kV变电站38座，变压器83台，总容量11313兆伏安。110kV变电站156座，变压器326台，总容量13472.5兆伏安。500kV输电线路18条。220kV输电线路101条，总长度2060.955千米。110kV输电线路244条（不包括T接线），总长度3165.913千米。全年累计完成电网建设投资26.06亿元，投产110千伏及以上建设项目25项，新增容量201万千伏安、线路433千米。农村电网累计完成投资4.18亿元，新建改造10千伏线路390千米，变压器1270台，容量23万千伏安，低压线路1512.16千米，表箱84400只，电能表计109368只，还完成17.3万农户、451个帮扶村的电力设施建设和改造任务。2012年全社会累计用电量435.55亿千瓦时，比上年同期增加22.28亿千瓦时，增幅5.39%，居全省第4位；工业用电量311.05亿千瓦时，比上年同期增加15.52亿千瓦时，增幅5.25%，居全省第5位。年售电量完成370.1亿千瓦时，比上年(352.16亿千瓦时)增长5.1%。2012年网供最大负荷6120.9兆瓦，发生在6月18日，比上年(6003.5兆瓦)增长1.96%；网供最小负荷2520.5兆瓦，发生在1月27日，比上年（2226.5兆瓦）增长13.2%。

（汪永山）

【其力生活垃圾焚烧发电项目】 9月26日，石家庄市基力绿色能源有限公司与广东粤能（集团）有限公司在省会太行国宾馆签订"其力生活垃圾焚烧发电项目"投资合作协议书，标志搬迁重建的"其力生活垃圾焚烧发电项目"正式启动。石家庄市基力绿色能源有限公司投资建设的"石家庄市其力生活垃圾焚烧发电项目"是省会第一个日处理生活垃圾500吨焚烧发电项目，也是国家发改委批复的国债项目和国家环保总局确定的"北方地区生活垃圾处理示范工程"项目。原址在市区西二环附近，项目于2009年8月竣工后，因厂区周边环境急剧变化，居民区快速成片发展，制约了项目的运营。2010年3月19日，市政府专题会议研究决定其力生活垃圾焚烧发电项目搬迁重建，享受市政府确定的污染企业搬迁改造优惠政策。基力公司与粤能集团投资合作的其力生活垃圾焚烧发电项目，日处理生活垃圾能力由原来的500吨提高到1000吨，计划总投资4.6亿元。基力公司股权比例为49%，粤能集团股权比例为51%。项目地址位于石家庄市装备制造基地西区（元氏）内，项目占地165亩，焚烧工艺采用先进的炉排炉工业技术，并配置国内最先进的排尘、排烟、循环水、防渗漏技术。全部项目建设周期为18个月。

（范玉蕾）

【电网建设】 全年电力建设部门克服电网工程受阻、部分区域供电能力不足、全市重点项目用电受限等不利因素，定期召开电网建设领导小组会议，落实各级、各部门管理责任，对电网项目存在的问题逐项梳理，研究加快电网发展的思路和举措。8月31日，石家庄市与河北省电力公司召开共同推进石家庄电网建设工作会议，省电力公司总经理孙正运代表省电力公司与石家庄供电公司、省送变电公司、省电力建设监理有限公司签订责任状；市委副书记、市长姜德果代表市政府与市直有关部门和县（市）区签订责任状。年内，市政府首次动用土地储备计划用于220千伏桥西等变电站建设，受阻严重的市区110千伏昆仑、大马等项目取得实质性进展，110千伏胜利站进场施工，220千伏东南及隧道工程竣工投产，京武高铁石家庄牵引站配套工程竣工送电。2012年累计完成电网建设投资26.06亿元，投产110千伏及以上建设项目25项，新增容量201万千伏安、线路433千米，电网过负荷问题有效解决，重点区域供电紧张局面有效缓解。

（王楠　张明星）

【裕华变电站投入运行】 2012年11月底，110千伏裕华变电站工程正式投入运行，这是继11月6日市区220千伏东南变电站投入运行后的又一座变电站。该变电站位于裕华区小马村，总投资12562万元，新增变电容量2×50兆伏安。2007年10月，项目完成核准，2009年10月开工建设。裕华输变电工程建成投入运行，有效解决了110千伏位同、富强站长期过负荷问题，避免造成拉闸限电，减轻了110千伏方北站供电压力，满足了裕华区西美第五大道小区、众美地产、小马村、宋村等用电需求。

（吴温）

【电力保障】 深入落实全市“安全生产年”活动部署，从基础、基层、基本功做起，狠抓安全生产精益化管理，严格落实岗位责任制，成功应对了大风暴雨突袭、十八大、中国科协第十四届年会等保电和救援抢险任务，连续安全生产突破2600天。积极开展负荷预测，科学安排电网运行方式，认真落实有序用电方案，深入开展反事故演习，强化护电全过程管控，确保了电网的安全稳定运行和可靠供应。年内完成装备制造基地、红旗大街、环城水系、欣意电缆等重点项目配套电力线路迁改工作，累计迁改10千伏及以上线路20条、85.7千米。加快实施新客站供电电源抢建工程，铁路枢纽变电站配套供电工程顺利竣工投产，为新客站顺利投运提供了保障。成功应对用电负荷达到612万千瓦最大用电高峰、西郊供热区3.3万余户供暖中断用电负荷激增等突发事件。

【农村电网改造】 坚持以新电力形象服务新农村建设，加大帮扶村电网建设改造力度，累计完成投资4.18亿元，新建改造10千伏线路390千米，变压器1270台，容量23万千伏安，低压线路1512.16千米，表箱84400只，电能表计109368只，还完成17.3万农户、451个帮扶村的电力设施建设和改造任务。积极推进新农村电气化进程，累计投资8875.71万元，完成1个新农村电气化县、12个电气化乡、686个电气化村的建设任务。加快农网建设步伐，新建改造10千伏及以上线路1614.5千米，容量52.96万千伏安，农村电网结构不断优化，供电能力提升。

（王楠）

冶金工业

【概况】 2012年，全市冶金行业共有规模以上企业132家，从业人员5.36万人，总资产362.46亿元。全行业主营业务收入787.05亿元，实现利润37.58亿元，实现利税51.8亿元，分别比上年下降9.52%、8.6%和8.54%。年内本行业对全市工业生产增量贡献率为-5.52%。全市冶金行业主要分为黑色金属冶炼和压延加工、有色金属冶炼和压延加工两大类。截至年末共有黑色金属冶炼和压延加工前企业81家，其中钢铁联合企业3家、有色金属冶炼和压延加工企业16家。主要产品大类有生铁、粗钢、钢材、铝、黄金。全年主要工业产量为生铁1204.27万吨，粗钢1137.55万吨，钢材1113.77万吨，铝1.9万吨，黄金产能532千克。年内藁城市宏森熔炼铸造有限公司、赞皇县德众钢铁有限公司获得工业和信息化部《铸造用生铁企业认定规范条件》认定。

（牛永智）

【石家庄钢铁有限责任公司】 石家庄钢铁有限责任公司（简称石钢公司）为河北钢铁集团下属子公司，具有年产生铁200万吨、钢260万吨、钢材260万吨的综合生产能力，是生产优质碳素结构钢、合金结构钢、轴承钢、齿轮钢、弹簧钢、易切削非调质钢为主导产品的特钢企业。2012年石钢公司钢产量172.90万吨，实现销售收入106.82亿元、利润1.03亿元、利税2.57亿元。至2012年底，石钢公司累计投资环保建设72949.53万元，建成环保设施138套，其中除尘设施41套，总处理风量950万立方米／小时；水处理设施41套，包括1座处理能力500吨／小时的综合污水处理厂；噪声处理设施53套;渣处理设施3套。2012年，石钢公司安装环境在线监测仪达到7套,其中COD在线、氨氮在线各2套，烟尘在线3套，实现了COD、氨氮等主要污染物排放实时监测。

2012年1月，石钢公司三轧厂银亮材生产线正式投入使用。银亮材是该公司加快推进品种结构优化升级，向高、精、尖进军的又一产品类延伸产品，该生产线的投产标志石钢公司向高端钢铁市场又迈出了实质性的一步。随着市场形势变化，用户对产品表面光洁度、尺寸精度和表面脱碳层的要求越来越高，石钢银亮材生产线投产后，能够生产从直径13mm至70mm规格的银亮材，通过矫直、剥皮、矫直压光等程序一次成型，矫直精度小于千分之一，可满足汽车、铁路客专用弹簧及轴承钢等表面剥皮的特殊需要及相关产品标准，年产量为1.56万吨，年创造经济效益310万元。

新产品填补国内特钢空白。2012年11月，河北钢铁集团石钢公司自主研发的高强度耐低温韧性弹簧钢产品研发成功，填补了国内特钢产品在该领域的空白。工程机械使用的涨紧机构弹簧用钢因要求同时具有高强度、高淬透性以及较好的耐低温冲击韧性等高质量要求，一直从国外进口。石钢公司于2011年确定科研攻关此类特钢，技术开发人员经历多次试验，最终针对该钢种特点，采用独有的成分设计思想，通过改良热处理工艺保证了该弹簧钢的性能，成功研发出符合要求的特钢产品。该产品能在零下40摄氏度以上环境保证具有高强度、高淬透性和高冲击韧性。

石钢公司成为海关A类出口企业。2012年，经严格审核，河北钢铁集团石钢公司获得石家庄海关颁发的进出口A类企业认证证书。根据国家规定，成为进出口A类企业必须具备无走私、违反海关监管规定行为；无拖欠应纳税款、应缴罚没款项；上一年度进出口报关差错率3%以下；会计制度完善，业务记录真实、完整；在商务、人民银行、工商、税务、质量检验检疫、外汇、监察等行政管理部门和机构无不良记录等11项要求。企业成为进出口A类企业后，可享受优先选择作为海关便捷通关试点,实施“属地报关，口岸验放”等便捷监管模式，优先办理货物申报、查验和放行手续等优惠待遇。

（范玉蕾 张程鹏）

【河北欣意电缆项目一期工程投产】 10月28日，位于高新区河北欣意电缆公司稀土高铁铝合金电力电缆项目一期工程竣工投产。省委常委、市委书记孙瑞彬，市委副书记、市长姜德果，中国工程院院士雷清泉等出席投产仪式。河北欣意稀土高铁铝合金电力电缆项目是全市重大招商引资项目和省重点项目，也是安徽欣意电缆有限公司投资最大的产业基地项目，项目规划占地2000亩，分两期建设，其中一期项目占地600亩，总投资25亿元，于2012年4月5日开工建设，主要生产具有自主知识产权的欣意牌稀土高铁铝合金电力电缆。该项目全部建成后，石家庄市将成为中国北方最大的以铝代铜电缆研发、生产基地，并形成“以铝代铜”高端产业集群。

（范玉蕾 张明星）

【敬业集团】 河北敬业集团是一家以钢铁为主业，兼营化工、酒店、房地产、贸易等的大型集团公司。主要产品为螺纹钢、中厚板、热卷板、水杨酸、阿司匹林。现有员工近20000名，总资产154亿元。到2012年末已形成铁、钢材各1000万吨规模，年产水杨酸25000吨。4月8日，市重点项目——敬业集团控股子公司河北旺业商贸有限公司年产400万吨数控钢材深加工一期项目开工典礼在元氏县马村乡营里村举行。该项目总投资20.87亿元，占地1200亩，一期项目投用后，计划年加工配送钢材200万吨，营业收入109.6亿元。2012年集团实现销售收入452亿元,上缴税金4.4亿元，在中国500强企业名列230位，在全国制造业500强排名117位。

（范玉蕾）

建材工业

【概况】 2012年，全市建材行业共有规模以上企业259家，从业人员5.26万人，总资产318.99亿元。全行业完成主营业务收入516.73亿元，实现利润49.17亿元，实现利税65.72亿元，分别比上年提高0.61%、−10.24%和−8.35%。年内本行业对全市工业生产增量贡献率为−8.76%。全市建材行业主要分为非金属矿物采选业和制品业两大类。年末共有采选业生产企业19家，制品业生产企业240家。主要产品大类有水泥熟料、水泥、商品混凝土、建筑陶瓷、平板玻璃、建筑板材、石墨及碳素制品等。全年主要工业产量为生产水泥熟料1504.13万吨、水泥3948.5万吨、建筑陶瓷1.53亿平方米、平板玻璃937.48万重量箱、建筑板材394.71万平方米、石墨及炭素制品10.85万吨。

【钙镁产业】 井陉县是全国最大的钙镁产业聚集区。2012年，井陉县共有钙镁企业63家，从业人员8269人；钙镁总产量180万吨，占到全国1/3；完成产值18.3亿元，实现利税2.6亿元，有8家企业跻身全国同行业20强，6个品牌获得河北省著名商标，形成钙镁企业最多、品种最全、产量最大的钙镁产业聚集区，产品畅销国内30个省市自治区，远销美国、日本、俄罗斯、欧盟、东南亚等10多个国家或地区。

【淘汰落后产能】 2012年，按照石家庄市生态环境治理工作实施方案和蓝天碧水工程实施方案，市工信局多次召开会议专题研究，并在进行充分调研的基础上，制定下发了《2012年淘汰落后水泥生产能力的实施方案》，对有关县（市）区政府部门进行了任务分解，确定了淘汰期限。市蓝天碧水指挥部办公室督导组经常到鹿泉市、平山县、灵寿县以及淘汰任务较大的县（市）区进行督导，深入企业摸情况找问题，为企业解除后顾之忧。到年末全市共拆除落后水泥生产磨机190台，其中鹿泉市91台，平山县15台，井陉县2台，井陉矿区22台，灵寿县23台，新乐市11台，赞皇县3台，辛集市3台，栾城县1台，赵县1台，正定县3台，行唐县6台，藁城市7台，元氏县2台。全部淘汰3米以下水泥生产磨机，减少了工业排放和环境污染，年节电13亿度，减少粉尘排放6.2万吨。

【中联重科混凝土机械石家庄保障中心开业】 6月17日，中联重科混凝土机械公司石家庄保障中心（简称石家庄保障中心）开业。石家庄保障中心位于藁城市经济开发区，占地面积16亩，分为室内展示厅、办公楼、维修厂房、中心库房、员工宿舍等功能区，享有包括整机销售、售后服务－大修、配件供应、培训、二手设备管理、信息反馈等功能。保障中心常驻办公人员36人，配有专业维修工8名，能一次新容纳5台泵车大修。配件库存量1500余万元，能全天24小时为客户提供专业高效的售后服务以及经济、高质的原装配件。

（牛永智）

【德国特科艾蔻高新建材产业园项目落户高邑县】 7月6日，高邑县与德国阿门特工程技术有限公司以及北京中合德公司就建设德国特科艾蔻高新建材产业园项目签署协议。市委常委、常务副市长王大虎，市人大常委会副主任郭领域，市政协副主席韩宪章出席签约仪式。德国阿门特工程技术有限公司计划把高邑县作为区域总部，建设国际一流高新建材产业园。产业园项目选址在石家庄市南部工业区的高邑县经济开发区，总投资30亿元，占地500亩，分两期建设。产业园首先建设钢混模板式建筑构件厂，其后陆续投建建筑用钢件厂、建筑陶瓷厂、门窗厂、涂料厂、保温材料厂、建筑垃圾再利用设备厂、小型供电机组站等。

（张明星）

【润玉陶瓷项目开工】 2012年下半年，总投资15.8亿元的河北润玉陶瓷制品有限公司高端陶瓷新材料系列产品项目在赞皇经济开发区开工。河北润玉陶瓷制品有限公司高端陶瓷新材料系列产品项目是赞皇县主导产业——建材产业链项目和传统产业的提升项目，总占地500亩，分2期4年建设，建成后可年产微晶复合抛光砖5000万平方米、黑瓷复合陶瓷太阳板400万平方米。

（岳金宏 魏国英）

【赞皇县金隅三期项目点火试产】 2012年10月，市重点建设项目——赞皇金隅水泥有限公司2000t/d新型干法水泥熟料生产线（带6MW余热发电）项目点火试产。项目总投资4.2亿元，建成后年产水泥熟料108.5万吨，发电4232万度。

（魏国英）

【鹿泉东方鼎鑫水泥（集团）有限公司】 鹿泉东方鼎鑫水泥（集团）有限公司是以中国水泥发展中心为技术依托组建的大型现代化水泥生产企业。企业占地795亩，总资产12亿元，职工800余人，其中大中专毕业生占80%，工程技术人员330多人。2012年，公司拥有2条日产2500吨和中国北方第一条日产5000吨熟料的新型干法现代化水泥生产线，年生产熟料能力450万吨、优质高标号水泥600万吨，所有生产线均采用DCS集散型计算机控制，公司建有中央控制室，生产过程全部实现自动化，工艺装备水平达到国内21世纪初先进水平，为省内一流大型现代化水泥生产企业。公司主要产品品种有普通52.5、普通42.5、矿渣42.5、32.5水泥、粉煤灰32.5水泥。产品主要销往河北、天津、北京、山西四大市场。

（戴丽丽）

中小企业

【中小企业产业集群】 年内，以中小企业为主体的产业集群较快发展，成为全市经济发展重要增长点。至2012年末，全市营业收入达5亿元以上产业集群有47个，其中省级重点产业集群15个；年营业收入达50亿元以上产业集群有14个；年营业收入达100亿元以上产业集群有10个，其中省级示范产业集群2个。全年营业收入5亿元以上产业集群有从业人员68.3万，同比增长4.6%，实现增加值890亿元，同比增长9.6%，上缴税金114亿元，同比增长65.2%。

（陈梅芹）

【启动对标示范工程】 5月15日，“全市中小企业对标示范工程”在石家庄威纳邦日化有限公司启动。2009年全省开展对标行动，石家庄市较大的企业通过对标取得实效，共创建国际“第一唯一”37项、国内“第一唯一”301项，企业生产和运营成本平均降低8%，产品销售收入平均增加10%。为让中小企业在对标过程中少走弯路，不走弯路，市决定启动中小企业对标示范工程，选定石家庄威纳邦日化有限公司为首个示范企业，聘请知名专业管理咨询机构帮助该公司建立对标管理体系手册及对标管理实施方案，包括建立对标工作体系、对标指标体系（含对标指标数据库）、对标考评体系。以示范企业为标准，把经验做法辑印成册，在中小企业中全面推进对标示范工作。

（范玉蕾）

【百名民营企业家到新乐市投资考察】 8月18日，石家庄市神威药业、天山集团、正元化工、博深工具、京华电子等企业负责人和港澳企业代表以及24个市工商联直属商会会长、副会长等百余名民营企业家到新乐市投资考察，并与当地民营企业家对接洽谈。企业涉及医药、机械制造、商贸物流、基础设施建设等多个行业。百名企业家参观考察了河北锦泰达化工有限公司、河北金万泰化肥有限公司、河北奥星集团药业有限公司，6家企业与新乐市政府签订项目合作意向，投资建设规模化养猪场项目、工业聚集区物流仓储项目、农产品深加工生态旅游休闲区项目等。

（戴丽丽）

【红土冀深创业投资有限公司成立】 8月份，市红土冀深创业投资有限公司成立。该公司是以支持创业企业和中小企业为主的创业投资基金，也是全市规模最大的一只创投基金。该基金总规模达3亿元，由石家庄市政府创业投资引导基金和深圳市创新投资集团联合河北领航、河北联盛、河北淇澳等民间资本共同发起设立，并委托深圳创新投资集团华北大区平台公司管理。该基金的成立充分发挥了政府引导资金的示范效应和放大作用，对优化社会资本配置，提高社会资本使用效率，缓解中小企业融资难等具有深远意义。

（靳晓磊）

【宝德公司担保总额突破百亿元】2012年，石家庄宝德中小企业担保服务有限公司担保贷款达到50亿元，累计担保总额突破100亿元，担保总量位居全省第二、全市第一。年内，该公司为200余家中小企业提供了优质高效的担保服务，超额完成市国资委下达的各项经济指标。2011～2012年，该公司注重扶持循环化工、装备制造、生物医药和信息通讯等企业，助力石家庄市传统和新型工业经济转型升级，并积极办理市政府交办的专项工作——石家庄市油漆厂和华润药业等企业搬迁。至2012年底，该公司共和21家银行和非银行机构签署战略合作协议，获得银行授信总额超过186亿元。

（吴温）

【河北人天通信技术有限公司及产品获评河北省中小企业名牌企业和名牌产品】 12月29日，市科技中心入孵企业河北人天通信技术有限公司及其产品“WCDNA数字光纤直放站”被河北省中小企业局评为2012年度河北省中小企业名牌企业和名牌产品。河北人天通信技术有限公司拥有较强的技术研发能力、健全的质量控制体系和完善的售后服务体系，2012年形成年产直放站设备生产能力8000台，年销售额达到3000万元。

（李云萍）

石家庄年鉴 Urban-Rural Construction and Environmental Protection

城乡建设与环境保护

城乡建设与环境保护

概　述

2012年，全市规划、建设、管理、园林、环保和房管部门围绕“转型升级、跨越赶超，建设幸福石家庄”目标，以实施蓝天碧水工程、省会市容市貌综合整治为重点，着力加快基础设施和城镇化建设，坚持以人为本，转变城市管理理念，推崇精细化管理，促进城市综合承载能力和城市管理服务质量全面提升，城乡面貌取得明显改善。

2012年，城乡规划部门完成石家庄市风貌特色近期建设规划、石家庄西山郊野森林公园规划、“二横二纵”和10个出入市口道路沿街环境综合整治提升规划及新客站广场区域深化设计等13项规划编制任务。受理报建项目1776件次，所有报建项目按时办结率达到100%，共结案项目869项。查处违法建设项目284个，违法建筑面积476万平方米，罚款实收7709万元，有效遏制了违法违规建设。加强县（市）规划编制管理，引导县（市）打造风貌特色鲜明、生态宜居城镇和村庄建设，促进城乡建设有序发展。15个县(市)和井陉矿区完成总体规划纲要编制，其中3个县(市)纲要通过专家评审。

年内，市区新客站西广场、4座匝道桥及汇祥路、京广西街、新石中路、新石南路等竣工投用。胜利大街地下商业街东幅工程主体完工，开泰街、丰华路等5条道路建成通车，槐北公园东侧路、师范街等5条断头路实现贯通，大马村桥、岳村东桥等5座南水北调桥梁工程顺利完成。全年征地431亩，拆迁建筑4.5万平方米，完成投资13.2亿元，其中工程投资10.4亿元,征迁投资2.8亿元。全年新增用热面积2100万平方米，到年末全市总用热面积累计达到1.28亿平方米。全年完成拆迁48.9万平方米、2531户，腾地92.4万平方米，6个城中村基本拆平。自2008年以来，全市共有73个城中村启动拆迁，累计拆迁1288.9万平方米、6.7万户，腾地1688.7万平方米。年末市区竣工城中村项目达到27个。

开展市容市貌综合整治工作，实施主路主街整修25条、全长60千米，拆除市区1779处楼顶标识和315处违章落地广告。加强城市精细化管理，启动小街巷环卫提升工程，清运积存垃圾200余万平方米，拆除违章占道棚亭116个，撤除信息亭、奶亭100个，取缔占道市场21个，将主干道142处便民服务摊点全部移至次干道和小街巷。提升市容环境，完善城市功能。新建垃圾果皮箱1000多个，年末市区垃圾箱数量达到10570个。新增环卫作业经费1350万元，并投入4000多万元购置92台环卫清扫作业设备，市区主城区机械化清扫率由50%提高到80%，减轻了环卫工人劳动强度和二次扬尘污染。

全力推进城市园林绿化建设，城市绿量大幅提高，生态环境显著改善。年内，裕华路、槐安路等5条城市道路和京港澳高速公路实施大规模绿化，在东南水系补植乔灌木200万株。快速推进园博园展馆、绿化种植、石家庄园等后续工程建设，建成占地80公顷的园博园，全年接待游客50多万人次。顺利完成广场提升改造，民心广场、省文化中心广场等一批广场改造完工，共新建街心游园26座。至2012年底，全市绿化覆盖面积达到19073公顷，同比增加78.5%，其中市区为9998公顷;园林绿地面积达到16443公顷，同比增加77.3%，其中市区为8836公顷。公园绿地面积达到5137公顷，同比增加42.6%，其中市区为3557公顷。2012年市区新增绿地607.5公顷，栽植乔木180余万株、灌木680余万株、花卉520余万株。植树节期间，全市组织5万余人参加小壁林区义务植树活动，累计栽植乔木20余万株。年末全市建成公园189个，其中市区82个；建成公园面积4305公顷,其中市区3490公顷;石家庄市区建成城市公园广场62座，总面积1720公顷。

实施蓝天碧水和洨河综合整治工程，全面启动农村环境综合整治，有效解决一批影响城市发展的环境问题。全年安排水污染物减排重点项目267个、大气污染物减排重点项目250个，重点抓好了污水处理厂升级改造和钢铁、热电等行业减排治理和污染物总量排放。全年市区环境空气质量优良天数达到322天，较2011年增加2天，其中一级天64天，较2011年增加28天。全年地下饮用水源和地表饮用水源水质全部达到国家标准，建成区内河流均符合水环境功能区划要求，主要河流水环境恶化趋势得到控制，4项主要污染物化学需氧量、氨氮、二氧化硫、氮氧化物排放总量分别比2011年减少2.2%、3.1%、3.5%、1.5%。

全年建筑行业持有资质等级以上企业271个，完成建筑业总产值920.0亿元，同比增长26.1%。其中，建筑工程产值736.4亿元，同比增长23.8%。至2012年末，全市建设行业勘察、设计、造价企业达到313家，其中甲级企业123家，全行业营业收入达到110亿元，拥有国家和省级大师23名。全年开工各类保障房项目99个、3.69万套；竣工项目47个、1.3万套。办理各类房屋交易手续3.5万件，成交面积348.7万平方米，成交金额157.7亿元。完成各类房屋权属登记12.1万件、3185.6万平方米，发证8.4万个。全年发放商品房预售许可证99个，预售项目50个，批准预售面积442万平方米；商品住房成交面积317万平方米，同比下降3.09%；商品住房销售均价为6225元／平方米，同比增长10.53%。市区二手住房成交124.67万平方米，同比增长39.39%；二手住房成交均价为5087元／平方米，同比增长9%。全市归集住房公积金46.04亿元，发放公积金贷款34.67亿元，分别比2011年增长23.9%和39.18%。

城乡规划

【概况】 2012年，市城乡规划部门以标准化和信息化建设为抓手，按照“依法行政、科学规范、公正廉洁、优质高效”工作目标，大力提高规划工作服务水平和质量，实现了“管理规范化、办公网络化、政务公开化、审批一体化”管理要求。坚持规划先行，注重规划科学性、前瞻性和可操作性，对城市景观视廊、发展轴线以及重要节点全面进行规划控制，全年完成石家庄市风貌特色近期建设规划、石家庄西山郊野森林公园规划、“二横二纵”和10个出入市口道路沿街环境综合整治提升规划及新客站广场区域深化设计等13项规划编制任务。启动规划流程标准化建设，制定22幅流程图、30个工作规程、45项工作制度、19个工作标准、138个表单，形成一套符合规划工作标准要求的质量管理体系文件。借鉴北京、上海等地先进经验，建立控制规划动态维护机制，明确控制规划修改必须履行程序。年内，分四批对近57平方千米控制规划成果实现动态维护。全年受理报建项目1776件次，所有报建项目按时办结率达到100%。结案项目869项。查处违法建设项目284个，违法建筑面积476万平方米，罚款实收7709万元，查封违法施工现场47个，拆除或回填违法建设14个，55个违法建设项目控制在坑槽阶段，遏制了违法违规建设行为。全年规划部门接待各类群众信访案件63件，办理省信访局转办21件，省住建厅转办8件，市信访局转办17件、市政府转办26件，全部按时结案。承办省、市人大建议和政协提案58件，受理申请政府信息公开30件。年末市规划局被河北省评为文明单位、行政服务工作先进单位和依法行政先进单位。

【城乡规划会议】 2月3日，市长、市城乡规划委员会主任姜德果主持召开城乡规划委员会第一次会议。市委常委、副市长、市城乡规划委员会副主任刘晓军，市政府秘书长张业和市城乡规划委员会委员出席会议。会议研究并原则通过《石家庄市城乡规划委员会章程》、《石家庄市加强城乡规划工作的实施意见》、石家庄新客站东西广场及新胜利大街地下空间利用工程中轴景观设计方案、新师大北院国际文化创意产业园项目、周汉河城市设计、石家庄省会体育中心方案设计、正定新区职教园区规划方案。会议提出，《石家庄市规划委员会章程》修改问题，确定2～3周召开一次，周五上午召开，根据议题情况会前3天确定；市规划委员会办公室负责挑选高素质、高水平、责任心强的专家学者、社会人士、市民代表，组建公众代表库，每次邀请若干代表参会，提高社会参与规划的积极性，提升省会规划水平。石家庄新客站东西广场及新胜利大街地下空间利用工程中轴景观设计方案调整水景设计，减少水景设置规模；景观设计坚持“以人为本、提升品位、保障畅通”的思路，充分考虑地面交通功能及城市文化特点，减少人车交叉，丰富景观内涵，保证地面交通顺畅，提升景观艺术品位。正定新区职教园区规划方案要进一步修改完善景观轴上的图文信息中心单体方案，景观用水尽量使用中水、雨水，职教园区内尽可能实现各类教学资源及生活配套设施共享。

3月22日，市长、市城乡规划委员会主任姜德果主持召开城乡规划委员会第二次会议。研究审议了关于市城乡规划委员会公众代表库建立情况，原则通过石家庄环城水系仿古商业街设计等。市委常委、常务副市长、市城乡规划委员会副主任王大虎，市委常委、副市长、市城乡规划委员会副主任刘晓军，市政府秘书长张业和市城乡规划委员会委员出席会议。此次会议决定，建立由50人组成的市城乡规划委员会公众代表库，参与城市规划的审议监督。市城乡规划委员会公众代表库包括市人大代表、市政协委员、社会人士、网络名人、法律工作者、企事业单位代表等11名，办事处、居委会、村委会代表等14人，规划、建筑、交通、园林、社会、经济等方面专家25人。每次市规划委员会原则上邀请不少于5人参加，同时，对公众代表库实现动态管理，根据个人意愿及与会情况，进行调整和更新。

6月6日，市长、市城乡规划委员会主任姜德果主持召开城乡规划委员会第二次会议。市委常委、常务副市长、市城乡规划委员会副主任王大虎，市委常委、副市长、市城乡规划委员会副主任刘晓军，市政府秘书长张业和市城乡规划委员会委员出席会议。研究审议了青少年宫改造、中科环能商城旧城改造、省测绘局（中山东路488号）生活区危陋房改造、金世界项目、吴家庄城中村改造、棉四生活区改造（赛格）、正定新区滹阳花园、保利花园、航空城基地、新胜利大街道路工程（南二环至北二环）等项目规划。会议确定省测绘局（中山东路488号）生活区危陋房改造和棉四生活区改造（赛格）项目暂不审议，其他项目原则同意。会议认为市青少年宫改造项目属于历史遗留问题，应加快推进，要求市规划局监督，团市委、青少年宫和华府公司就项目建设和土地使用重新签订合作协议，明确青少年宫所得建筑面积的使用功能、位置和活动场地使用方式等细节问题，共同申报规划手续，同期实施。中科环能商城旧城改造项目应结合车辆厂改造整体考虑，新华区政府要把握好该区域项目的定位，确保升级改造成高品质高档次，同时妥善处理该项目内的历史建筑，结合正太广场集中安置。金世界项目扣除已建用地和单独实施改造的河北饭店用地，永安街等次要道路计入指标计算，桥西区政府和市建设局负责解决并落实项日的供热问题。吴家庄城中村改造确定将36亩义堂村用地纳入吴家庄村改造范围，胜利大街半幅路及内部道路、绿地等计入容积率平衡。

6月13日，市长、市城乡规划委员会主任姜德果主持召开市城乡规划委员会第四次会议，会议审议并原则通过石家庄市风貌特色近期建设规划、绿道绿廊建设规划、“二横二纵”（中华大街、体育大街、槐安路、和平路）和10个出入市口沿街道路景观环境整治规划、建筑物停车配建标准修订报告等。

8月23日，市长、市城乡规划委员会主任姜德果主持召开城乡规划委员会第五次会议，审议并原则通过石家庄市中心城区部分地块控制性详细规划动态维护调整报告，轨道交通沿线用地调整规划，新胜利大街道路红线、断面调整方案，以及棉四生活区改造（赛格）项目等。根据市政府批准执行的《石家庄市中心城区控制性详细规划》和《城市总体规划2011-2020年》，结合城市建设重点，对中心城区部分地块控制性详细规划进行动态维护，并编制完成维护方案。通过动态维护，可提高城市土地利用率和公益性设施服务能力，优化中心城区用地结构。此次动态维护涉及金石化肥、滹沱河南岸等75个项目，分为7类，包括推动工业企业搬迁，改善城市环境类项目；引进明星产业类项目；整合职教资源，用地置换升

在执法方法上加强与市直有关部门及各区政府的协调联动，全年查处违法建设项目284个，违法建筑面积476万平方米，罚款到位7709万元，对47个违法施工现场进行查封，对14个违法建设进行拆除或回填，将55个违法建设控制在坑槽阶段，有效遏制了违法违规建设。

【城乡统筹】 2012年，市规划局加强了各县（市）规划编制管理，并从“注重数量”向“提升品质”转变，引导县（市）积极打造风貌特色鲜明、生态宜居的城镇和村庄，促进城乡建设有序发展。15个县（市）和矿区完成了总体规划纲要编制，其中三个县市纲要已通过专家评审。帮扶村规划编制工作是全省开展加强基层建设年活动“十方面实事”重点任务之一，市规划局高度重视，认真筹划，严密组织，派出得力专家和业务人员指导各县（市）规划管理部门及规划设计单位，高质量、高标准地完成了全市451个帮扶村的451个环境综合整治规划和194个村庄规划编制任务，有力地推进了各县（市）的乡镇村规划全覆盖工作。

（刘智国）

城乡建设

【概况】 2012年，石家庄市建设系统认真贯彻落实市委、市政府决策部署，紧紧围绕“转型升级、跨越赶超，建设幸福石家庄”的目标，以改善“两个环境”为主线，以实施蓝天碧水工程、省会市容市貌综合整治和开展建筑行业专项整治为重点，着力加快基础设施建设，不断加大行业管理力度，全面提升城市综合承载能力和建筑业管理服务质量，全力推动城镇建设上水平、上台阶。年内，新客站西广场、4座匝道桥及汇祥路、京广西街、新石中路、新石南路等竣工投用。胜利大街地下商业街东幅工程主体完工，开泰街、丰华路等5条道路建成通车，槐北公园东侧路、师范街等5条断头路实现贯通，大马村桥、岳村东桥等5座南水北调桥梁工程顺利完成，全年征地431亩，拆迁建筑4.5万平方米，完成投资13.2亿元（其中工程投资10.4亿元，征迁投资2.8亿元）。同时，结合新客站广场建设，对新客站区域2处地块114亩的土地实施同步收储。全年市区新增用热面积2100万平方米，其中，新竣工项目需用热约600万平方米，燃煤采暖锅炉置换用热1500万平方米，到年末全市总用热面积累计达到1.28亿平方米。全年共计完成拆迁48.9万平方米、2531户，腾地92.4万平方米，6个城中村基本拆平。自2008年以来，石家庄市区共有73个城中村启动拆迁，累计拆迁1288.9万平方米、6.7万户，腾地1688.7万平方米；竣工城中村项目改造27个，其中东岗头、小沿村、赵一街、小马村等19个村基本完成回迁楼建设。出台《2012年度石家庄市市区国有土地上房屋征收计划》，到2012年末，石家庄市区共征收房屋建筑面积344万平方米。完成建设工程城建档案预验收项目84个，审核入库城建档案6684卷。年内，市城建档案馆被国家住建部城建档案工作办公室评为“全国城乡建设档案工作先进集体”。

【行政审批效率提升】 大力削减审批事项，精简办事环节，优化服务流程。2012年全市建设行业行政审批事项由23项削减为11项，其中行政许可3项，非行政许可8项；审批环节由27个削减为23个；前置条件由225项削减为200项；施工许可办结时限由法定15天压缩为1天，非行政许可事项实现窗口当日办结。至2012年底，市建设部门共办理各类事项6316项，其中许可类事项302项，非许可类事项6014项。年内，《石家庄市供热用热条例（草案）》经市人大常委会审议通过，已报请河北省人大常委会审议。加强建设行业管理，审核印发了《石家庄市民用建筑节能外墙外保温工程监督管理规定》等4个规范性文件，制定了《石家庄市建设局深入开展执法标准标准化建设活动实施方案》及《石家庄市建设行政执法投诉举报制度》等3个执法工作制度。全年审理行政处罚案件240余件，均为一般程序案件，提出审案意见75份，收缴罚款1998万元，实现了行政处罚案件零复议和零诉讼。

（王吉利）

【城镇建设】 开展县城环境容貌“脏乱”整治，每月明查暗访、跟踪整改和督导落实。全年发放整改通知书558份，严格督促各县（市）按照标准整改和时限反馈，整改率达100%。加快污水处理设施建设，石家庄各县（市）列入国家“十二五”计划的650.1千米配套污水管网，2012年建成419.3千米，占到总任务量的64.5%；省住建厅确定的16个试点镇（乡）污水处理厂，开工建设10个，建成投用4个，正在筹备2个。2012年，全市共争取省级污水管网“以奖代补”专项资金5401万元。开展污水处理厂运行示范单位初评上报，14个垃圾填埋场进行了无害化等级评定。完成风景名胜资源普查，共普查风景名胜资源258项，其中风景类70项，名胜类188项。黑山大峡谷、藤龙山、棋盘山、封龙山等4个省级风景名胜区完成规划大纲文本编制，通过省住建厅专家评审。赵州桥－柏林禅寺完成省级风景名胜区申报，年内该申报通过省住建厅、财政厅、林业厅等9部门专家评审。开展农村环境综合整治，2012年全市以451个帮扶村为重点，对3300个村庄道路实施硬化工程，4100余个村庄开展环境整治，5850户农村危房进行改造，初步建立了“村收集、镇（乡）转运、县处理”的城乡垃圾一体化处理模式，实现了农村环境进一步好转。

（朱伟社）

【新客站西广场及配套设施竣工投用】 12月20日，石家庄市新客站西广场及配套设施竣工投用，该项目建设单位为北京建工集团四建公司，整个地下广场基坑最深处达23米，土方开挖量45万立方米，钢筋用量超过17000吨，浇筑混凝土超过80000立方米。西广场地下部分分为三层，其中地下一、二层为商业、换乘空间，有640个停车位，其中150个为出租车停车位。地下三层为轨道交通3号线工程。广场建成后，地铁、公交、出租、社会车辆等各类接客车辆将安置于地下，实现立体交通“零换乘”，方便旅客需求。新客站西广场投入使用的仅为地面工程，在高铁开通前期，旅客不能通过广场地下进出站，要在地面进行公交换乘，广场北端设置社会车辆停车场，约有380个车位。在广场南端西侧设置了出租车蓄车区100个车位。在广场南端东侧为公交车站，包括4个落客站台和17个上客站台。广场中间区域为行人疏散区，南北两端都会设置一个自行车停放区。建成投用的配套中有四条匝道，西北角的为A匝道、东北口B匝道、东南口C匝道、西南口D匝道。A、C为入口，B、D为出口。四条匝道源于空港设计，旅客乘车可以直接到达客站的2层。四条匝道分别连接着中华大街、新胜利大街、新石中路、新石南路及南二环。

【新胜利大街地下空间利用工程】 到2012年底，新胜利大街地下空间利用中幅主体结构竣工。该工程主要设置了8个下沉广场，12对楼梯，还有一些节能洞口和采光井。通过下沉广场和节能洞口，解决地下采光问题。8个下沉式广场与中央绿化带景观错落有致，同地下空间利用工程有机地结合起来，既方便人们到地下空间购物、休闲，又可解决地下空间排风的问题。新胜利大街地下空间工程长为1.28千米，南起裕华路，北至新华路附近，位于“铁路入地”六线隧道上方一米处，宽度为90米，其中中间为10米宽的人行通道，主体高度为4.9米，建筑面积为10.6万平方米。工程分为东、中、西三幅，这三幅是相互连通的，中幅宽度为38米，它建在现在的铁路入地工程隧道上方，东西两幅宽度都为26米，其中西幅所在位置，正好是现在京广铁路线运行位置的下方。其中，27米宽的东幅地下空间有两对汽车坡道，通过汽车坡道进入到车库里，东幅里还有两个单元的人防结构，一个是人员暂避所，一个是物质暂避所。新胜利大街建成后将成为省会最大的地下空间利用工程，并集人防、通行、购物、休闲等功能为一体。

（李春炜）

【维明大街南延工程通车】 6月11日，维明大街（新石南路－南二环）道路工程竣工通车。维明大街是京广铁路以西贯穿市区南北的一条主要道路，南至新石南路，北到永泰路，原为一条“断头路”。为缓解新火车站出口及中华大街交通拥堵，改善周边环境，方便居民出行，石家庄市启动维明大街南延工程，将此街路打通至南二环。该工程长410米，设计为三幅路，标准段红线宽32米，其中快车道宽22米，人行道各宽5米。拓宽渠化新石南路口，道路红线范围内自东向西布设电信管道、天然气管道等，实行雨污分流。工程开工后，涉及到热力、通信等7家管线单位密切配合，同步实施管线入地，防止了事后破路重复建设。施工单位昼夜施工，坚持“人停机不停”，并提前25天竣工。该工程还被河北省建设厅评为省级文明工地。

【红旗大街道路工程完工】 9月28日，红旗大街道路工程（南二环－石太铁路箱涵）进场施工，10月20日，该工程竣工通车。红旗大街道路工程（南二环－石太铁路箱涵）全长1300米，涉及西侧慢车道、便道整修及电力设施迁移等，共拆除、迁建低压线杆19根，线路长1726米；拆除、迁建高压线杆76根，线路长3300米。

（靳晓磊）

【红旗大街南延工程赞皇段竣工】 12月7日，红旗大街南延工程赞皇段正式竣工通车。红旗大街南延工程是石家庄市区通往南部工业区一条快速便捷的重要通道。红旗大街南延工程赞皇段全长20千米，一期工程0.939千米，于2009年完成；二期工程9千米，于2010年完成。三期工程10.068千米，该工程在已建成的二级公路基础上，中间设2米隔离带，路基宽度12米，路面宽度11.4米，设计行车时速80千米，整条公路达到26米宽，为一级公路标准。路面结构为自上而下28厘米水泥混凝土路面，36厘米水泥稳定碎石基层，18厘米石灰稳定土底基层，设计小桥3座，管涵59道。

（范玉蕾）

【中华南大街机动车道全线通车】 12月7日，中华南大街（槐安路－南二环）道路整修工程实现机动车道全线通车。中华南大街（槐安路－南二环）为城市主干道，现状道路破损严重，影响车辆及行人通行。此次施工考虑到天气原因，只对道路进行整修，提高路面的面层强度；路缘石、侧石及平石全部更换为花岗岩，便道全部翻新；根据路面标高升降检查井、收水井，雨、污水检查井井盖全部更换为重型“三防”（防盗、防跳、防异响）球墨铸铁井盖，收水井更换为防盗球墨铸铁井箅。

【城中村改造】 2012年是石家庄市城市建设“三年上水平”的开局之年，城市建设部门采取多种新措施大力推动城中村开发改造，不断提升城中村转变成现代文明新社区的速度。全市规划区内共有城中村158个，其中三环路以内有135个城中村，城市中心区域共有城中村53个，村宅建筑面积1054.9万平方米，村庄占地14.9平方千米。全年完成拆迁48.9万平方米、2531户，腾地92.4万平方米，6个城中村基本拆平。2008年来，共有73个城中村启动拆迁，累计拆迁1288.9万平方米、6.7万户，腾地1688.7万平方米。有55个村开工建设村民回迁楼，在建回迁楼361栋、711.6万平方米，已竣工471栋、629.8万平方米，已竣工城中村项目改造的达到27个，其中东岗头、小沿村、赵一街、小马村等19个村基本完成回迁楼建设，以前规整不一、街巷凌乱的城中村逐渐被富有现代化朝气的商业体所覆盖，有效改善了2万多城市居民的居住环境。

（靳晓磊）

【与中国建筑股份有限公司签署战略合作框架协议】 5月28日，在省政府举行的“中国建筑、石家庄市人民政府、河北水务集团、邢台水业集团项目合作签约仪式”上，石家庄市与中国建筑股份有限公司签署战略合作框架协议。根据协议，双方在城市建设领域进行全方位合作，中国建筑股份有限公司把石家庄市作为重点合作城市和重点投资区域，“十二五”期间在石家庄市城市基础设施建设、城市综合开发方面投入达到200亿元。省长张庆伟，省委常委、市委书记孙瑞彬，副省长宋恩华，中国建筑工程总公司董事长易军等出席签约仪式。

（范玉蕾）

【1县和2项目分获河北省人居环境进步奖、范例奖】 2013年1月，省政府下发《关于命名2011—2012年度河北省人居环境奖（进步奖）和2012年河北省人居环境范例奖的通知》，井陉县获得“2011—2012年度河北省人居环境进步奖”；石家庄市建华家园保障性安居工程项目、元氏县常山路综合改造建设工程项目获得“2012年河北省人居环境范例奖”。

（靳晓磊）

【48家单位获评市级“五绿”称号】 为建设生态省会城市，推动环境宣传教育向社会各领域延伸。2012年年初，石家庄市对48家通过验收的“绿色机关、绿色学校、绿色社区、绿色医院、绿色饭店”等“五绿”创建单位进行命名表彰。其中，授予辛集市林业局等9所机关为“绿

色机关”称号；授予河北传媒学院等22所学校为“绿色学校”称号；授予荣景园小区等4个社区为“绿色社区”称号；授予石家庄市第四医院等3所医院为“绿色医院”称号；授予河北汇源大酒店等10家饭店(宾馆)为“绿色饭店”称号。

（薛骁）

【5家企业拖欠农民工工资被清除出建筑市场】 2012年，11家拖欠农民工工资企业因不良行为记入建设系统诚信档案，并在全市通报，其企业和项目分别为：江苏中顺建设集团有限公司施工的桥西区中原广场工程，中国建筑第八工程局有限公司施工的万达广场项目，邯郸市邯一建筑工程有限公司施工的石家庄裕华区富沁园3#楼项目，浙江鸿翔建设集团有限公司施工的北城国际项目，中太建设集团有限公司施工的聚和港物流园项目，江苏中厦建设集团有限公司施工的阆苑福园项目，江苏中柱建设工程有限公司在深泽县北封庄村南承建的名邦塞纳河谷新民居项目，石家庄亨通建筑有限公司施工的赞皇县见守村“新民居”工程项目，上海濑江建设有限公司石家庄分公司承建的晋州市果品批发市场A区商业项目和其施工的平山县福美佳购物广场项目，浙江万利建筑工程有限公司施工的“星河湾艺墅家”26号、31号楼，河北临漳建设工程集团施工的平山县费城国际项目。其中，江苏中顺建设集团有限公司、浙江鸿翔建设集团有限公司、江苏中柱建设工程有限公司、上海濑江建设有限公司、河北临漳建设工程集团5家企业被清除出全市建筑市场。

（宋钧）

【城市建设档案管理】 全年完成建设工程城建档案预验收项目84个，审核入库城建档案6684卷，提供查询利用288宗、1580余人次，查阅档案3500余卷。市城建档案馆荣获住建部城建档案工作办公室“全国城乡建设档案工作先进集体”荣誉称号。与江西省南昌市城建档案馆签订“城建档案异地备份协议书”，全面启动数字化异地备份工作。与石家庄铁道大学完成《石家庄市城建档案数字化管理系统》研发，实现纸质档案、电子档案、声像档案三位一体的数字化管理。出台《关于加强建设工程电子档案、声像档案归档与管理工作的通知》等文件，完成城建档案数字化扫描1.5万张。新增移交责任书签订工作，实现责任书签订、业务指导、预验收、审核入馆、行政执法的闭合管理，全年指导重点工程30余项，现场指导350余人次，责令整改工程10项。加强县（市）区建设局城建档案工作指导，重点对行唐、藁城、晋州、正定新区等县（市）区进行检查，在城建档案预验收程序、库房管理、档案整理等方面进行针对性地指导服务，推动县（市）区城建档案工作逐步步入规范化轨道。

【房屋征收】 2012年，石家庄市出台了《2012年度石家庄市市区国有土地上房屋征收计划》，标志着石家庄市的旧城改造正在从城中村改造向危陋住宅区改造转变。按照计划，石家庄市市区2012年度国有土地上房屋征收计划涉及51个项目，其中旧城区改建项目48个，公共事业项目1个，基础设施建设项目2个，共计征收房屋建筑面积344万平方米。河北经贸大学东校区改造项目房屋征收与补偿征收决定获得市政府第70次常务会议讨论通过。强力推动新客站西广场拆迁，通过积极协调和行政裁决，确保西广场如期拆迁完毕。期间，共召开答辩协调会50次，发放协调答辩通知书78份，完成行政复议答辩、强制拆迁申请等各种文书120余份，下达裁决书54份，中止裁决书11份，申请强制拆迁11户。实施32个拆迁项目，其中6个项目完成拆迁，共拆迁建筑83万平方米。加大违法违规拆迁的稽查力度，对3个拆迁项目下达《责令整改通知书》和《暂停拆迁通知书》，对3家无征收拆迁手续实施拆迁的行为进行了纠正，完成9起违规拆除和拖欠过渡费问题的化解。全年共接待群众集体上访20余次，完成上级转办信访案件28件，组织召开信访问题协调会80余次。

（王吉利）

【桥西污水处理厂一期升级改造工程】 8月3日，桥西污水处理厂一期升级改造工程正式开工建设。到明年6月1日完成改造后，一期工程出水水质将达到国家一级A排放标准（COD浓度每升小于等于50毫克）。桥西污水处理厂一期工程是石家庄市第一座城市污水处理厂，于1993年9月28日正式建成并运行，设计规模为日处理污水16万吨，承担着京广铁路以西区域的污水处理任务，出水水质执行国家二级排放标准（COD浓度每升小于等于100毫克）。随着《城镇污水处理厂污染物排放标准》的颁布实施，特别是洨河综合整治工作的深入开展，石家庄市决定对桥西污水处理厂一期工程进行升级改造，在保持日处理能力16万吨不变的基础上，将出水水质提高到一级A标准。升级改造中，一期工程将把原采用的传统活性污泥法，改为多点进水三段AO（厌氧好氧）组合处理工艺，工艺流程包括一个厌氧段和三段缺氧、好氧交替组合；充分利用厂区内现有生物池周围空地，对生物池系统进行拆改扩建，使COD（化学需氧量）、氨氮和总氮均在改造后的生物池内得到有效去除；在对原有10万吨深度处理区改建的基础上，新建一座深度处理区。一期工程升级改造后，将进一步降低污染物的排放浓度，提高水体质量。

【桥东污水处理厂项目】 桥东污水处理厂设计规模为50万吨／日，进水中工业污水所占比重较大，经过常规污水处理工艺后，出水色度仍然偏高，约为100度左右。随着经济发展，污水处理能力不足给全市生态环境发展和洨河水质提升带来一定影响。为解决污水处理能力不足问题，市水务集团启动扩大10万吨／日污水处理厂项目建设，总投资3.5亿元，计划在桥东污水处理厂东南侧新建1座日处理能力10万吨污水处理厂，占地面积163.2亩。10月24日，桥东污水处理厂60万吨污水脱色项目开工建设。该项目为桥东污水处理厂配套项目，与桥东污水处理厂10万吨扩建规划工程使用同一地块建设，主要建设消毒脱色区及配套管网两部分，工程投资约1.8亿元，计划2013年5月底通水运行。60万吨污水脱色项目主要是降低污水处理厂出水色度，实现洨河水质改善目标。经专家多方考察论证，并通过中试实验，决定此次脱色项目采取臭氧氧化法。脱色工程处理规模为每天60万吨，设计出水色度小于15度，达到《城市供水水质标准》（CJ/T 206—2005）标准，即出水标准符合国家《城镇污水处理厂污染物排放标准》中的污水一级A排放标准，达到眼观与生活用水颜色相近。项目合作方是上海巴安水务股份有限公司，在深圳证券交易所上市，主营业务涵盖工业水处理、市政水处理等多个板块，是一家专业从事环保能源领域的智能化、全方位技术解决方案服务商。

（靳晓磊）

【市区供热系统建设】 2012年，通过采取改烧天然气、改接集中供热、新建区域热源和改用节能环保锅炉等四种方式，累计拆除207个项目、356台锅炉，占拆除总任务的77%，已拆除项目全部完成置换。为保证因分散燃煤锅炉拆改后造成的用热缺口，石家庄市分别引进华恩城投热能有限公司、石家庄华发供热有限公司、石家庄天励供热有限公司、河北三友能源技术开发有限公司等供热企业，分区域采用天然气、煤粉、污水处理等热源对全市分散式供热进行填补。桥东污水源热泵项目、钢厂余热项目等5个热源项目建成投用，其中钢厂余热项目2012年扩充管网使用8台交换器，将原有100万平方米供热能力升级至150万平方米。到年末全市120个老旧小区供热二次管网改造10月底全部完工，市区供热能力和老旧小区供热质量得到明显提升。全年市区新增用热面积2100万平方米，其中，新竣工项目需用热约600万平方米，燃煤采暖锅炉置换用热1500万平方米，到年末全市总用热面积累计达到1.28亿平方米。为保证市民用热需求，石家庄市于2011年供暖期结束便开始加强热源项目建设，新增供热能力为2850万平方米，其中包括鹿华热电厂1台330MW供热机组项目，新增供热能力700万平方米，可满足桥西区和新华区用热需求；热电二厂1台168MW高温锅炉项目，新增供热能力350万平方米，可满足桥东区和新华区用热需求；石家庄炼油厂和钢厂余热利用项目，新增供热能力700万平方米，可满足长安区、裕华区和高新区用热需求；桥东污水源热泵项目新增供热能力100万平方米，可满足裕华区用热需求；同时，新增分布式能源供热能力1000万平方米。

（宋钧）

【西郊供热公司5号锅炉发生停炉事故】 11月30日凌晨2时36分，市西郊供热有限公司5号锅炉出现炉膛爆燃，造成前墙水冷壁损坏，导致5号锅炉停炉，影响到新华区、桥西区2区部分居民小区生活取暖和部分办公楼取暖。事故发生后，市委、市政府领导高度重视，省委常委、市委书记孙瑞彬，市长姜德果紧急调度。市政府成立了由主管副市长为指挥长的抢修指挥部，调集各方力量昼夜施工，全力抢修；市应急办调拨充足的电暖器到新华区、桥西区，迅速发放到户；市电力局全力保障办公、生活用电；几个面积大、影响严重、具备条件的小区，立即实施燃气管网和锅炉安装施工，在最短的时间内实现燃气锅炉供热；市建设局紧急调配32台柴油锅炉安装到一些末端小区，提供供热补充。同时，市委、市政府整合华电供热集团热源，决定由华电供热集团替代原西郊供热公司的部分供暖区域，随即开展友谊大街供热管线抢通工程，做到24小时不间断施工。为确保居民少受冻，石家庄市采取一系列有效措施。各级领导靠前指挥，现场办公，专家技术人员连夜到一线现场应急处置；对小区居民及小学、幼儿园特别是年老体弱和家中有幼儿的，采用发放电暖器、电褥子方法取暖，购置电暖器2万多台，由2个区政府连夜送到住户家中，保证了居民取暖。12月1日晚，市长姜德果入户向居民诚心实意赔礼道歉，倾听意见和建议，取得了群众的谅解。12月2日，省委常委、市委书记孙瑞彬到西郊供热公司5号锅炉紧急抢修现场，调度指挥。12月3日，省委常委、市委书记孙瑞彬书记就组织好西郊供热公司停炉事故抢修、开展送温暖活动作出重要批示。批示内容为：市、区两级党委、政府要穷尽一切办法，想尽一切措施，抓紧抢修抢建供热设施，分秒必争、连续作战，以最快速度恢复供热。各级党委、政府和广大干部，一定要把人民的利益看得高于一切，一定要把老百姓的冷暖放在心上，尽快动员全市各级党政组织开展送温暖活动，帮助受冻群众解决好当前的困难，让老百姓体会到党和政府及社会各界的温暖。12月7日，河北欣意电缆有限公司向新华区10所中小学捐赠200台空调。12月9日，友谊大街供热管网抢通工程管道铺设全线贯通，该工程北起新华路，南至长青路，长约1200米，主要包括新建2条长1200米、直径1米的供热管道和1座隔压站，移除恢复2条长400米、直径0.5米的供热管道，导改40米长、直径0.3米的自来水管网。12月10日，友谊大街供热管线抢通工程完成，管道注水开始循环。12月11日，友谊大街供热管线抢通工程替代区域水网循环试运行。

（薛鹏飞　靳晓磊　刘娴　宋钧）

【燃气行业管理】 加大燃气安全专项检查力度，全年共开展全市拉网式安全生产检查4次，抽查6次，监督记录208份，下发隐患整改通知书13份，对2家建设施工企业进行了行政处罚，处罚金14万元。对全市129家燃气经营企业和13家燃气燃烧器具安装维修企业依法经营情况进行普查，清除了不符合规定的1家液化气经营企业和1家燃气燃烧器具安装维修企业。组织“2012年应急预案实战演练”和“新奥车用燃气消防应急预案演练”。为全国第十四届中国科协年会、省两会以及省经济工作等重要会议提供重点保障。同时，加大液化气保障力度，进一步开发丙烷市场，全年销售丙烷气1072吨，较2011年增加597吨。不断扩大业务范围，在鹿泉和正定建成了鑫东瑞、豪特、兄弟依兰3个供气调压站，供气站总数由2011年的3个站发展到6个站；气瓶检测业务向保定、邢台、山西等地拓展，车用天然气瓶检测达到1.4万只，较2011年增加4964只。液化气总公司全年销售液化气3.6万吨，较2011年增加3613吨，提高11%；销售天然气438万立方米，较2011年增加177万立方米，提高67.8%。

（王吉利）

城市管理

【概况】 2012年，全市城管系统以“两个环境”建设为动力，以创建人民满意城管为目标，围绕中心，服务大局，干实事、出实力、求实效，抓重点、攻难点、创亮点，较好地完成了各项工作。开展市容市貌综合整治工作，整修主路主街25条、全长60千米，拆除市区1779处楼顶标识和315处违章落地广告。加强城市精细化管理，启动小街巷环卫提升工程，清运积存垃圾200余万方，拆除违章占道棚亭116个，撤除信息亭、奶亭100个，取缔占道市场21个，将主干道142处便民服务摊点全部迁移至次干道和小街

及时清洗路面，做好道路防尘工作

巷。提升市容环境，完善城市功能。新建垃圾果皮箱1000多个，全市垃圾箱数量达到10570个。新增环卫作业经费1350万元，投入4000多万集中购置了92台环卫清扫作业设备，主城区机械化清扫率由50%提高到80%，极大地减轻了环卫工人劳动强度和二次扬尘污染。建成66座环卫工人作息用房，严查重管渣土运输和露天炭火烧烤，积极参与洨河治。年末市城管委获得“优秀工程金奖”、“文明单位”等项荣誉。

（刘会民　朱琳）

【城市容貌综合整治】 3月28日，全市召开城市环境容貌“脏乱”整治动员大会。市委常委、副市长刘晓军要求，提高认识，明确责任，加强宣传，强化督导，打造整洁优美的市容环境，提高市民幸福指数。此次整治的重点是治“脏”和治“乱”。治“脏”：对城市出入口、老城区、小街巷、公园绿地、城市水体等部位，因垃圾污渍、垃圾积存、设施损坏等造成的城市环境“脏”进行整治；治“乱”：对城市主次干道、建筑工地、车站广场、商贸集市等部位，因广告乱设、摊点乱摆、沿街乱贴、工地乱象、店外乱占、车辆乱停等现象造成的城市秩序“乱”进行整治。整治活动一直持续到12月31日。市城管委在2012年市容市貌综合整治活动中，承担了全市十大工程中的五项。主路主街整修工程。对25条路段、总长60余千米、面积103万平米的道路实施了整修，所有单体工程均比正常工期提前40天完成。施工中采用投入小、见效快的“铣刨盖被”和“冷再生”先进施工工艺，在确保质量的前提下能快则快，大大降低了施工对交通和市民生活的影响。整治广告牌匾。按照省市要求，45天强力拆除市区1779处楼顶标识字号。对标天津，编制了《石家庄市门店牌匾设置规划导则》，对近10万平方米门店牌匾进行了统一规范，牌匾档次、品位明显提升，成为整治亮点。同时，拆除违章户外广告315处，LED亮条及闪烁小灯箱706块，查处修复霓虹灯“缺笔少划”820处。精细化管理。制定《城市精细化管理工作标准》，对环境卫生等7个方面工作进行了规范；制定《特殊天气环境下环卫清扫应急预案》，细化在不同天气状况下的应对措施；开展垃圾清理会战，清运积存垃圾200余万方；开展星级

文明执法

门店达标活动，强化“门前三包”；大力规范占道经营，拆除违章占道棚亭116个，撤除信息亭、奶亭100个，取缔占道市场21个，将主干道142处便民服务摊点全部迁移至次干道和小街巷。推进主干道景观提升工程。在市分包领导指导下，组织各区对中华大街、体育大街、槐安路、和平路等4条城市主干道的景观环境进行整治，拆除沿街违章建筑6.8万平米、清洗改造建筑外立面377处、整治广告牌匾和围墙156处。同时对和平路、槐安路16座跨线桥进行粉刷，面积达12万平米，在和平路建设253米声屏障，对主干道60栋楼体实施亮化，形成了整洁靓丽的街道景观。出入市口容貌环境整治。组织各区（县）对308国道等10个出入市口景观环境进行了综合整治，拆除违章建筑117处，整饰清洗建筑物外立面177处，整治广告牌匾和围墙218处，粉刷清洗桥梁34处，经过大力度的美化、绿化、亮化，城市面貌得到较大改观。

（刘会民　朱琳　靳晓磊）

石家庄市区泰华街采用冷再生施工工艺开展道路维修

【市区主路主街整修工程】 5月17日，全市召开省会市容市貌综合整治工作动员大会。会后当日，市城管委组织道桥施工人员开始实施和平西路、槐安西路2条主干道整修前的准备工作。5月18日，槐安西路、和平西路进点施工，省会主路主街整修工程全面开工。6月底，首批市区12条道路完成整修，分别是：和平西路（西二环－红军大街）、槐安西路（西二环－西三环）、育才街（中山路－槐中路）、泰华街（和平路－新华路）、中山东路（谈固西街－东二环）、谈固南大街（东岗路－南二环）、翟营大街（和平路－光华路、东岗路－南二环）、体育大街（和平路－丰收路）、东风路（建设大街－平安大街）、维明大街（裕华路－槐安路）、红旗大街（裕华路－槐安路）和槐北路（建设大街－体育大街）。根据群众要求，增加整修路段9条，分别是：水源街（和平路－新华路）、维明大街南延打通至二环路工程、维明大街（中山路－裕华路）、和平东路（谈固大街－高速桥）、红旗大街（槐安路－南二环）、红旗大街地道桥路段、塔北路（谈固东街－东二环）、塔南路（裕翔街－翟营大街）和中山西路（西二环－西三环）。8月21日，省会主路主街整修工程全面完成，共整修道路21条，总长40余千米，整修面积80余万平方米。

【环卫提升工程】 2012年，按照市政府工作部署，城市管理部门开展了“脏乱”治理工作，制定《“脏乱”整治任务分解书》，开展“洁城行动”、“路见底色”、“垃圾清理会战”等一系列整治活动，省住建厅交办的72项问题全部办结，省会脏乱现象有了较大改观。在道路清扫保洁中推行分类清扫和网格化管理制度，实行定量考核，并将考核结果与保洁费用挂钩，提高清扫保洁质量。实施小街巷环卫提升工程，采取纳入各区卫生队进行专业化管理、列入市容考评内容、提高管理标准等措施，使二环内小街巷保洁质量得到明显提升。加大环卫投入，2012年新增环卫作业经费1350万元，投入4000多万集中购置了92台环卫清扫作业设备，主城区机械化清扫率由50%达到80%，大大减轻了环卫工人劳动强度和二次扬尘污染。

【二环路实行“16小时保洁”】 2012年，为推动省会市容市貌综合整治工作，石家庄市对二环路进行了全面整治和提档升级。这次整治提升对二环路环境卫生进行提档升级，配置多功能清扫车，加强机械化清扫力度，彻底清理人行道两侧和隔离带内的杂物、白色污染。在拆除沿路建筑物楼顶牌匾字号的基础上，对二环路沿线两侧门头牌匾进行统一规划，重点整治。对二环路沿路两侧建筑物立面进行整体设计，统一粉刷，拆除不规范的断壁残垣，对裸露的不整洁墙面进行抹灰刷色。大力清理高架桥下的违章占道摊点和违章占道市场，规范占用桥下空间。坚决取缔道路两侧的各类流动摊点、店外经营、占道洗车，并采取死盯死守等办法，彻底打消不法商贩的侥幸心理；采取联合执法、长期整治等形式，严格查处渣土运输车辆沿途遗撒、乱倾乱倒等行为。对沿路两侧空地进行绿化补植，强化绿地管理和修整。加大对沿线环境卫生的清扫和检查，及时清理各种积存垃圾，道路保洁由“8小时保洁”改为“16小时保洁”。

（靳晓磊）

2012年3月21日，市城管执法人员在检查夜间渣土运输车辆

【重点治理渣土运输】 2012年，石家庄市城市管理部门对群众反映强烈的渣土乱象、露天烧烤等影响百姓幸福指数的城市“顽疾”进行了重点治理。组织各区加大执法力度，市城管委专门成立了渣土执法机动大队，持续开展夜查行动。对渣土运输车辆统一加装密闭铁盖，减少沿途遗撒问题。为831辆运输车辆更换专用号牌，加大对工地的源头管控，采取出入口硬化、车辆冲洗等有效措施，防止污染路面。同时在办理渣土处置准运手续上实行“四卷一证”新举措，统一处置审核标准。年内封堵违规工地134处（次），检查车辆2.3万台，现场处罚车辆2192台，二环内渣土乱象得到了有效遏制。此外，对占道露天炭火烧烤进行了专项整治，各区成立检查分队，实行错时上班，加大处罚力度，坚持“疏堵结合”，引导商户改进烧烤方式，入院入室规范经营。

【参与洨河治理】 洨河治理是石家庄市“两个环境”建设中的重点工程，市城管委积极参与，全力推动。年内顺利完成了南二环污水管道西延工程，有效防止了西南区域污水直排环城水系。从8月份开始，开展了为期3个月的城区地下排水管网集中排查，组织200人的专业队伍，对汇入民心河闸门的51条雨水管网，逐条逐段仔细摸排，找到混流原由，查明污水源头。共排查管线714千米，发现污水接入口845处，其中需要导改的785处，需要封堵的60处，到年末导改、封堵工作已经完成30%。以洨河整治为契机，加强排水许可管理，起草的《排水管理条例》已上报市人大审议。规定未来所有工程项目需接通市政排水管网的，必须由市排水处统一审查批准后方可施工。同时，排水接口部分必须由排水专业队伍施工，保证施工质量，避免私接乱接。

【城管综合执法】 2012年，石家庄市城管委以全市抓“效能革命”为契机，积极运作。通过与省法制办等部门反复沟通、修改，完成了全市开展城市管理相对集中行政处罚权工作方案的制定，确立了石家庄市城市管理相对集中行政处罚方案的基本构架，9月27日省政府常务会通过了石家庄市城市管理综合执法的有关方案。二是按照省政府批复精神，起草了石家庄市《关于开展城市管理相对集中行政处罚工作的实施意见》，11月7日市政府常务会原则通过，12月5日正式下发执行。三是协调市公安部门，在市、区两级分别成立了城市管理警务室，每个警务室配备10名警力，专门为综合执法保驾护航。

【升级数字城管系统】 年内，完成数字城管监督中心、市级指挥中心的集中运行和扩容改造，实现了城管执法移动视频、公安交通管理固定视频和监督考评移动视频系统共享。软件拓展升级，将小街巷、防汛、道桥、排水、照明等纳入数字城管管理内容，综合效能显著提高。全年“12306”数字城管平台日均处置问题近3000件。

（刘会民　朱琳）

【数字城管获得国家级金奖】 2012年底，在中国地理信息产业大会（第七届海峡两岸GIS研讨会）上，石家庄市数字城管系统应用项目获得“2012年度中国地理信息产业优秀工程金奖”。石家庄市数字城管系统于2009年开始运行，2012年6月正式参加2012年中国GIS（地理信息系统）优秀工程评选，顺利通过初审筛选、评审确定、演示答辩、实地考察和总评论证等程序，最终在参评的160多个项目中，夺得优秀工程金奖。中国GIS优秀工程奖是由国家测绘地理信息局、科学技术部、国家科学技术奖励办公室批准的地理信息科学技术奖专项奖。优秀工程金奖是中国GIS行业工程项目评比的最高荣誉。该评选每年开展一次，已举办十次。

（靳晓磊）

【城区防汛】 年内，市城管委提早准备，提前制订安全度汛措施，并将防汛责任逐级落实到末端。制定完善汛前隐患排查、组建防汛抢险队伍、物资号备等工作制度，购置2台大型移动泵站，建立部门协调联动机制。2012年汛期到来前，石家庄市对市区36个积水点实施改造，市民心河管理处共维修改造雨水闸门提升系统37座，有力提升了城区度汛能力。全年石家庄市区成功应对8次短时强降雨，没有出现洪水灾害现象。

【新火车站市容管理】 新火车站建成后，城管委对火车站周边市容环境进行了综合整治，实施了道路整修、建筑物整饰等工程，向游客和市民展示了石家庄火车站良好的窗口形象。同时，成立火车站地区站前管理委员会（火车站站前地区管理委员会，为市政府派出机构，挂靠市城市管理委员会，规格为副县级，内设办公室、东广场管理处、西广场管理处。主要职责：根据市政府授权，组织协调石家庄火车站站前地区社会治安、交通秩序、环境卫生等综合管理工作）。经过组织队伍、购置设施、制定制度、模拟演练等筹备工作，2012年12月21日零时新火车站正式启用后，该管理委员会如期达到了相关要求，有效保证了西广场区域良好的环境卫生和运营秩序。

（刘会民　朱琳）

【制定《城区2012年冬季融雪清雪工作应急预案》】 2012年下半年，石家庄市制定《城区2012年冬季融雪清雪工作应急预案》（简称《预案》），成立城区融雪清雪指挥部，成员单位由四组团县（市）、市内五区政府和高新区管委会，以及市公安、交管、交通、城管、建设、园林、气象、广播电视、卫生、教育、商务、财政、民政、电业及石家庄军地协调办公室组成，指挥部办公室设在市城管委。该《预案》规定，城区融雪清雪指挥部根据市气象局灾害性降雪预报，确定雪情预警。预警由低到高分为四级：IV级（小雪）、III级（中雪）、II级（大雪）、I级（暴雪），并分别采用蓝色、黄色、橙色、红色表示。IV级响应：城区融雪清雪指挥部各成员单位进入临战状态；III级响应：全部专业融雪车辆2小时内加装融雪剂、融雪液完毕，环卫单位加强道路的清扫；II级响应：专业融雪组成员1小时内到达规定路段开始融雪，城区融雪清雪指挥部各成员单位组织人员、机械开展清雪工作；I级响应：各级政府、各级清雪指挥部、各单位及驻石部队组织各方面力量投入清雪工作，市城区融雪清雪指挥部办公室调动成员单位所有人力、物力，实施道路清雪。蓝色预警：降雪厚度在1厘米或降水量在1毫米以下，城区主要道路社会交通出行有所影响；黄色预警：降雪厚度在1～5厘米或降水量在1～5毫米，城区主要道路社会交通出行有较大影响；橙色预警：降雪厚度在5～10厘米或降水量在5～10毫米，城区主要道路社会交通出行造成严重影响；红色预警：降雪厚度在10厘米以上或降水量在10毫米以上，城区主要道路交通不能正常通行。

【桥梁下空间管理】 随着省会桥梁增多，部分桥下空间存在私占滥建、秩序混乱、环境脏乱等行为，市民反响强烈。为进一步落实省会市容市貌综合整治会议精神，提升城市容貌质量。2012年7月市城管部门决定对桥下空间管理秩序进行规范。此次桥下空间规范整治中，主要对违规设置的棚亭、仓库、临建和乱摆乱占违章摊点，以及影响桥梁安全的所有设施，依法予以清理。经批准设置的棚亭、仓库、临建等，按照“谁审批谁负责，谁设置谁清理”的原则，由设置单位妥善解决，合理安置，确保按期清理或迁移。清理后的桥下空间，由管理或使用单位安排专人负责环境卫生清扫保洁，确保桥下空间干净整洁。设施维护单位加强巡查，及时维护破损设施。对于利用桥下空间作为停车场的，管理单位要与使用单位签订管理使用协议，确保桥下空间干净整洁、设施完好，停车入位、整齐划一、方向一致；对确需保留的停车管理岗亭，要按照统一的样式、材质、规格在指定位置设置；岗亭设置为停车服务专用，不得挪作它用，岗亭周边不能堆放杂物、搭灶做饭。年内共对对二环路、槐安路桥下设置的71处各类棚亭、仓库、临建的位置、管理单位等进行了分类整治，其中共拆除桥下空间棚亭45处、撤除市场1处、油漆护栏13处，整治桥下环境卫生13处。

【城管便民服务热线问题反馈率达到98%】 “12319”城管便民服务热线是城管部门与市民沟通的主要桥梁，城管便民服务中心首次成立“快速反应小分队”，联合市城管委委属单位和各区城管局建立起快速反应机制，使城市管理问题解决更加及时、有效；首次建立起二级网络会议制度，在原有每周例会“12319”全体工作人员参加的基础上，将参会人员扩大到委属各单位及区城管主管领导，及时解决工作中遇到的重点、难点问题，提高办事效率。年内该热线共接听市民电话16万余次，问题反馈率达到98%，群众满意度达到100%。“12319”城管便民服务中心还获得市直机关创先争优活动“十佳”窗口单位称号。

（靳晓磊）

【新建66做环卫工人作息用房】 2012年，石家庄市共投入资金550万元新建66座环卫工人作息用房，其中长安区10座、桥东区14座、桥西区10座、新华区10座、裕华区11座、高新东区10座、高新西区1座。环卫工人作息用房外墙及骨架采用金属雕花板、钢材、彩钢复合板制成，地面为大理石铺就，长6米，宽3米，高3.34米。米白色的外墙，安装有塑钢窗、电动卷闸防护防盗门。为了尽可能创造舒适的环境，突出“家”的功能，室内设有座椅、桌子、单人床、微波炉、电暖气、电风扇、饮水机、衣柜、衣架、电暖器、窗帘等设施。环卫作息用房建成后，切实解决了广大环卫职工常年在路边吃凉饭、喝凉水、无处更衣和存放工具等实际困难，改善了环卫工作条件，提升了环卫岗位吸引力。环卫工人作息用房建设资金由各区自筹，建成后经市环卫处验收合格的，市城管委给予每座2万元补助资金。

（刘会民　朱琳）

城市园林绿化

【概况】 2012年，市园林绿化部门紧紧围绕市委、市政府关于城镇建设上水平的工作部署，以创建“国家生态园林城市”为目标，全力推进城市园林绿化建设，城市绿量大幅提高，生态环境显著改善，城市形象品位快速提升。年内裕华路新植大规格乔木3000余株，对槐安路等5条城市道路和京港澳高速公路实施大规模绿化，在东南水系补植乔灌木200万株。快速推进园博园展馆、绿化种植、石家庄园等后续工程建设，建成占地80公顷的园博园，全年接待游客达到50多万人次。顺利完成广场提升改造，民心广场、省文化中心广场等一批广场改造完工，全年新建街心游园26座。至2012年底，全市绿化覆盖面积达到19073公顷，同比增加78.5%，其中市区为9998公顷；园林绿地面积达到16443公顷，同比增加77.3%，其中市区为8836公顷。公园绿地面积达到5137公顷，同比增加42.6%，其中市区为3557公顷。2012年市区新增绿地607.5公顷，栽植乔木180余万株、灌木680余万株、花卉520余万株。植树节期间，全市组织5万余人参加小壁林区义务植树活动，累计栽植乔木20余万株。年末全市建成公园189个，其中市区82个；建成公园面积4305公顷，其中市区3490公顷；石家庄市区建成城市公园广场62座，总面积1720公顷。推进园林绿化“五进”活动，督导单位庭院、居住小区栽植乔灌木近9万株。2012年，石家庄市区建成区绿地面积7883.68公顷，建成区绿化覆盖面积8697.53公顷，较2011年分别增加607.68公顷和622公顷；人均公园绿地面积13.79平方米，较2011年增加1.23平方米。2012年，全市共创建省级园林式单位18个、居住小区9个、街道4条；命名市级园林式单位42个、居住小区29个。

【新建改建道路绿化】 按照《石家庄市2012年春季城区园林绿化实施方案》的总体要求，充分利用春季绿化大好时机，迅速掀起植树绿化高潮。在裕华路，通过增植大规格乔木和特色花灌木，提高绿化遮阴效果，进一步美化街景。抓好新建改建道路绿化工程，对槐安路东段、维明大街南段等27条新建改建道路实施绿化，新增绿地13公顷。对107国道南段、槐安路西延等6条出市口道路实施绿化整治，新增绿地45公顷。实施京珠高速公路、京广铁路北入市口和石太高速公路夹缝地绿化工程，打造大尺度、厚绿量的生态景观长廊，新增绿地115公顷。同时，结合新胜利大街道路工程，精心打造中央景观绿轴。

（左晗伟　刘朝旭）

【广安大街绿化改造】 8月6日，广安大街绿化提升改造开工，共在道路两侧栽植胸径32～35厘米大规格国槐140棵。广安大街（和平路－中山路）长1.2千米，两侧商铺、写字楼、饭店众多，是省会一条繁华的商业大道。2010年道路大修完成后，因地下情况复杂，涉及供水、排水、通讯、热力等多种管网，未能实施有效绿化。

（靳晓磊）

【绿龙工程一期竣工】 9月15日，京广铁路“绿龙工程”一期工程全部竣工。“绿龙工程”全长17.6千米，包括拆除破旧建筑、整治沿线景观、实施绿化建设3个方面，规划整治面积96.6万平方米，计划新增绿地66.73万平方米。“绿龙工程”是省会市容市貌综合整治“十大工程”之一，于7月10日正式开工建设。受铁路入地施工影响，“绿龙工程”分两期实施，其中一期为北段（滹沱河——北二环）、南段（南二环——南三环），长9.6千米；二期工程在铁路入地工程完成后开展。“绿龙工程”一期工程共在铁路沿线拆迁建筑物1.3万平方米，清理垃圾38.7万立方米，新增绿地65万平方米，栽植乔、灌木147.3万株，粉刷整治沿线墙体31.2万平方米，播草33.8万平方米。

（左晗伟　刘朝旭）

【主干道绿化提升工程完工】 9月17日，省会主干道绿化提升工程全部完工，共栽植乔木、花灌木28.2万株，应用树种165种；种植地被2.7万平方米，种植月季4.1万株，种植草皮3.7万平方米，建成街头游园7个。主干道绿化提升工程是省会市容市貌综合整治“十大工程”之一，涉及七条主干道，施工路段总长90.8千米，面积40.4万平方米。七条主干道分别是槐安路、裕华路、中山路、和平路、体育大街、中华大街、广安大街。此次主干道绿化提升工程主要突出绿地的立体层次和叶色变化，以“三季见花，四季见绿”为目标，注重突出道路的林荫功能，隔离带的灵活性和艺术性，重视节点和亮点打造，在槐安路种植金叶国、中华大街种植海棠、和平路种植樱花、体育大街种植梅花、中山路种植艺术绿篱、广安大街种植国槐，基本达到绿化效果。

【新增绿地607.5公顷】 2012年，全市通过开展春季绿化、广场改造、民心河二期工程等，累计新建绿地607.5公顷，栽植乔木180余万株、灌木680余万株、花卉520余万株。全市按照省会生态环境治理工作总体部署和要求，开展了园博园建设、春季绿化、民心河二期建设、园林绿化工程等。园博园工程建成占地80公顷园林精品。4月28日，河北省首届园博会开幕，举办了高层论坛、城市文化主题活动周、专类展览等活动，累计接待游客50余万人。春季绿化工程解决了裕华路缺少绿荫问题，在裕华路两侧原有行道树之间增植大规格法桐3067株，两侧绿地内增植迎春、连翘等花灌木7万余株；绿化综合整治槐安西路、槐安东路、中华北大街、建华北大街、107国道北段、107国道南段（二环路以外）等入市口道路，新建绿地32.6公顷。园林绿化工程主要包括“一河”、“一线”、“七路”。“一河”即民心河二期工程、“一线”即京广铁路“绿龙工程”、“七路”即和平路、槐安路等七条主干道绿化提升工程。其中“七路”共栽植乔木、花灌木28.2万株，种植地被2.7万平方米，种植月季4.1万株，种植草皮3.7万平方米，建成街边游园12个。开展民心广场和文化广场改造工程。其中，民心广场增植大规格乔木1300余株，改造完善了排水防渗、夜景照明、基础设施等；省文化中心南广场改造工程结合省图书馆建设，硬化、绿化、美化了周边区域，改造面积5.8公顷。开展美化城市活动，采取灯杆挂花、街道绿地种花、门前摆花等形式，累计种植各类时令花卉490余万株。在春季举办第十一届月季花展基础上，秋季又成功举办了第十一届菊花展，展出菊花1200个品种30余万盆，成为历届金秋菊展品种最全、规模最大的一届。

（靳晓磊）

【园林绿地养护管理】 制定完善措施制度，下大力强化园林养护工作，通过争创“园容杯”和各项评选活动，园林职工的管护积极性进一步提高，养护管理进一步科学和规范，城区道路、公园、广场、绿地、水系景观环境得到显著提升。同时，大力引进社会化管护力量，让社会企业认养园林绿地。6月5日，石家庄市举行环城水系绿地认养签约仪式，该合约规定环城水系高迁公园内面积约为35万平方米的绿地正式归一家房地产公司认养和管护。认养期限3年，养护标准参照石家庄市园林局二级养护标准，每年管护费用投入约为250万元；桥西区园林局与河北翰博房地产开发有限公司签订了绿地认养协议，该公司认养了红旗大街绿地（裕华路－工农路段）和工农路与苑东街交口绿地；河北鑫界房地产开发有限公司也与桥西区园林局签订了认养协议，认养中华大街沿线的两块绿地，绿地面积1.5万平方米。公园广场综合管护效果明显改善，创建文明城市历次检查评比名列前茅，裕西公园成功晋升省“十佳公园”，平安公园、槐北公园等9座公园成为省“星级公园”。制定并出台了《街道绿地及公园广场卫生保洁考核办法》，通过明确考核标准和奖惩办法，园林绿地卫生保洁工作取得了很大成效。

【环城水系引进20艘龙舟】 环城水系东南段蓄水工作从3月2日开始启动，蓄水量达到300万立方米，能够满足市民乘船游玩的需要，环城水系东南段泊水、裕翔、天山三个公园码头达到通航条件。27日负责环城水系游船运营的石家庄龙行旅游开发有限公司引入20艘龙舟，其中船长17.5米的22人划龙舟8艘；船长12.6米的12人划龙舟6艘；船长11米的8人划龙舟6艘。2012年游船票价仍为每人30元。5月1日东南环水系还进行了省会首届龙舟赛。

【滹沱河综合整治一期工程基本完工】 2007年11月11日，着眼于提升城市品位、拓展城市空间、打造生态城市，石家庄市总投资62.34亿元的滹沱河综合整治工程全面打响。规划整治范围西起黄壁庄水库，东至藁城东界，全长70千米。整个工程分三期实施，一期为南水北调中线至太行大街，全长16千米；二期为太行大街至藁城东界，全长30千米；三期为黄壁庄水库至南水北调中线，全长24千米。最终形成主题鲜明、风格各异的滨水景观带，与市区西北部水利防洪生态工程、太平河整治工程和南水北调工程，共同构成省会西、北部绿色景观长廊。近五年来，滹沱河综合整治工程先后投入参建队伍105支，动用各种机械10万多台。截至2012年末，滹沱河综合整治工程一期基本完工，累计投资35.3亿元，全线16千米完成试蓄水。工程共完成南北堤防13.4千米，完成1号水面南岸和2、3、4号水面北岸11千米景观带绿化，种植乔灌木及地被植物80余种、380多万株，新建绿化面积205.3万平方米，建成800米和600米橡胶坝各一座，完成正定新区段3座潜坝，以及南水北调退水渠桥、小清河涵管、3号水面进水闸等各类桥闸涵8座，13千米景观路竣工通车。数据显示，滹沱河综合整治一期工程将形成水面面积900万平方米、湿地面积1500万平方米、绿地面积600多万平方米，省会人均增加水面面积3.6平方米、湿地面积6.8平方米、绿地面积2.7平方米。通过水面蒸发和植物蒸腾，可增加区域湿度，调节气温，净化空气，预计该区域夏季最高气温比其他区域可降低4℃左右，相对湿度增加10%以上。此外，市区北部和正定县城防洪体系也得到进一步完善，整体防洪能力进一步提高。

【举办河北省首届园林博览会】 4月28日至5月31日，由省政府主办，省住建厅、石家庄市政府承办的河北省第一届园林博览会在正定新区省园博园举行。国家住建部城建司副司长刘贺明，中国风景名胜区协会副会长曹南燕，省委常委、市委书记孙瑞彬，副省长宋恩华，省政府副秘书长曹汝涛，省住建厅厅长朱正举，市委副书记、市长姜德果等参加开幕式。省首届园博会是全省园林界层次最高、规模最大的盛会，主题为“园林走进生活”。展会期间，举办了“生态园林城市与可持续发展”高层论坛，邀请知名园林专家学者交流探讨城市园林规划建设的新理念、新思维、新技术；开展了河北省11个设区市城市文化主题周活动，集中展示各市的非物质文化遗产、民间艺术、文化名片、风土人情；接待游客50余万人。本届园博园占地总面积80公顷，设置主展馆、燕赵园区、滨水景观区、山体休闲区等八大功能分区，打造出“花、绿、水、文”等自然景观。

【二环路景观环境质量大幅提升】 2012年，结合省会市容市貌综合整治工作的开展，城市管理和园林绿化部门对二环路沿线环境进行了大力度整治。专门制定整治方案，要求彻底清理二环路人行道两侧积存垃圾；清除绿化带内杂物和白色污染；清理占道经营和桥下市场；对沿路两侧空地进行绿化补植；整修破损的路政设施；统一粉刷桥梁栏杆；配置多功能清扫车，加强清扫保洁；对环路沿线楼宇立面进行冲刷、整修，对广告牌匾统一提档升级。进一步规范二环路环卫作业标准，并将“8小时保洁”延长为“16小时保洁”。在原有绿化的基础上，加大对南环大桥东西桥区、运河桥区、机场路桥区共9.5万平方米绿地及苗木的管理，对沿路18万平方米的绿化带进行彻底清理，对绿化苗木进行修剪整形。全年共计清扫外运垃圾9494立方米，栽植灌木40.7万株，乔木3202株，硬化分车带及绿化带岛头4150平方米，沿线景观环境质量进一步提升。

（靳晓磊）

2012年4月28日，河北省第一届（石家庄）园林博览会开幕

【县城园林绿化】 各县（市）以创建园林县城（城市）为载体，以绿量为基础，以精品为支撑，以自然为依托，积极开展总量适宜、布局合理、植物多样、景观优美的园林县城建设活动，并取得明显成效。晋州市魏征公园和矿区清凉湾公园等一批园林精品工程成为展示城市形象的新亮点。辛集市创建国家园林城市和元氏县、平山县创建省级园林县城工作取得实质性进展。2012年各县（市）园林精细化管护水平提高，绿化形象明显提升。

【园林行业管理】 年内，园林绿化行业协会持续完善，园林企业行业自律管理进一步增强；风景园林学会持续健康发展，协助园博会筹委办组织“生态园林城市与可持续发展”高层论坛，高标准完成园林实用技术培训等工作。科研科普工作发展迅速，完成省、市级科研课题立项6个，荣获省级建设科技进步奖五项。进一步规范园林建筑市场，组织完成了237家驻石园林绿化企业的监督检查工作及22家外地企业的入石备案工作。精简园林工程和项目审批流程，压缩行政审批时间，全局行政审批事项由6项减少为3项，服务对象办事效率得到显著提高。制定和完善了《石家庄市城市园林绿化企业资质管理规定》和《石家庄市园林工程招投标管理办法》，进一步规范了招投标行为，杜绝了围标、串标、越级承包、转包分包、相互串标、恶意拖欠农民工工资等违法违规行为。

（左晗伟　刘朝旭）

环境保护

【概况】 2012年，石家庄市环境保护工作以“两个环境”（发展环境、生态环境）建设为抓手，以污染减排为主线，以大气和水环境治理为重点，着力实施蓝天碧水和洨河综合整治工程，全面启动农村环境综合整治，有效地解决了一批影响城市发展的环境问题。全年审批项目4078个，总投资1920.7亿；安排水污染物减排重点项目267个、大气污染物减排重点项目250个，重点抓好全市污水处理厂升级改造和钢铁、热电等行业减排治理；全面实施尾气检测年检前置和“黄标车”区域限行，全年淘汰“黄标车”4.7万台，有效地减少了各项污染物总量排放。拆除锅炉468台，完成西北部394家建材企业综合整治，拆除180台三米以下水泥磨机。强化区域环境管理，加大10个大气污染控制示范区监测力度。推广使用优质低硫煤炭660万吨。全面启动市域环保网格化监管工作，逐步在全市范围内建立构建四级网格、四级管理、五级履责的环保监管网络。进一步完善行政许可公示，社会服务承诺公示，建立了优化发展环境行政执法服务提示和反馈制度，制作了行政许可事项服务提示卡、环保服务质量监督反馈卡、环境行政处罚信息反馈卡和环境行政执法监督反馈卡。2012年石家庄市道路交通噪声平均等效声级为平均等效声级为68.0分贝，同比2011年下降了0.6分贝。影响城市声环境质量因素仍然是交通噪声和生活噪声。废水、废气重点污染企业监督性监测达标率均为100%，城镇污水厂监督性监测达标率为100%，无超标现象出现。截至2012年底，石家庄市共有87个项目获得上级环保专项资金30800.65万元，其中56个项目获得国家专项资金25830.45万元；31个项目获得省级专项资金4970.2万元。87个项目中，污染治理项目79个，获得专项资金28685.2万元；农村环境连片整治项目7个，获得专项资金1367.45万元；能力建设项目1个，获得专项资金支持748万元。全年新建项目3000余家。其中，省批建项目600余家，市审批项目2400余家。石家庄市环保局结合工作实际制定建设项目“三同时”检查、试运行、验收等工作规程，严格把关。全年接收省、市批项目共216个，接待建设项目单位问询约174次。严格按照环评政策法规查处违法建设项目，共查处违法建设项目11家，对8家进行行政立案处罚，共处罚款12万元，对3家企业的超期试生产行为下达了限期验收决定书。全年市区环境空气质量优良天数322天，比2011年增加2天，其中一级天64天，比2011年增加28天。三项主要大气污染物均达到国家空气质量二级标准要求，市区降尘量低于省控指标。全市地下饮用水源和地表饮用水源水质全部达到国家标准。市建成区内河流均符合水环境功能区划要求。主要河流水环境恶化趋势得到控制。4项主要污染物化学需氧量排放总量比2011年减少

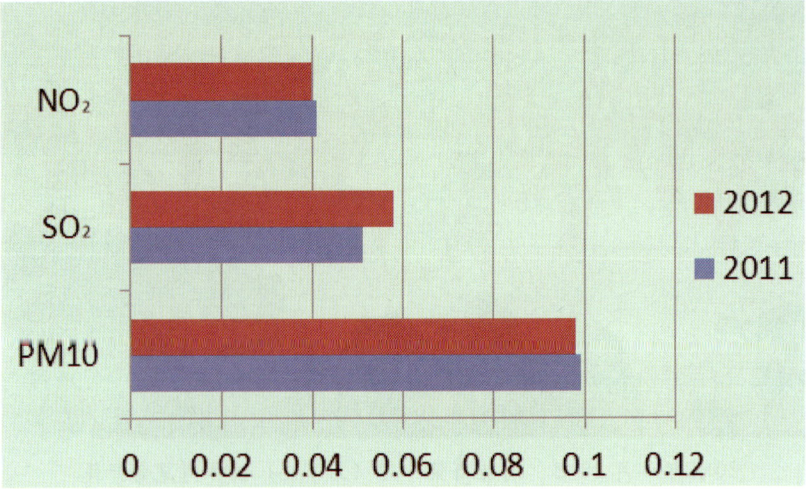

2.2%，氨氮减少3.1%，二氧化硫减少3.5%，氮氧化物减少1.5%，省会整体环境质量取得显著改善，实现年初既定的工作目标。

【城市环境质量】 2012年石家庄城市环境空气以“煤烟型”污染为主，呈现由“煤烟型”污染向“复合型”污染转化的趋势，主要污染物为可吸入颗粒物。

城市地下水环境质量不容乐观，总硬度超标较普遍。总大肠菌群、硝酸盐、溶解性总固体、氯化物、硫酸盐等指标出现超标现象。地下水质量总体变化不大。饮用水源地水质状况良好，水质达标率100%。岗南水库、黄壁庄水库均为Ⅱ类水体，水质状况优。

城市声环境以交通噪声和生活噪声为主要噪声源，城市功能区噪声昼间基本达到国家标准要求，夜间仍存在超标现象。区域环境噪声平均等效声级值为52.2分贝，同比2011年下降1.9分贝。道路交通噪声平均等效声级为平均等效声级为68.0分贝，同比2011年下降了0.6分贝。

石家庄市工业固体废弃物主要为粉煤灰、炉渣等无机固体废物，处置利用率为97.9%，其他固体废弃物基本上可得到妥善处理。废水、废气重点污染企业监督性监测达标率均为100%，城镇污水厂监督性监测达标率为100%，无超标现象出现。

一、空气环境质量 2012年石家庄城市环境空气质量处于Ⅱ级及优于Ⅱ级的天数为322天，占总天数的88.0%，其中Ⅰ级天数为64天，占总天数的17.5%，Ⅱ级天数为258天，占总天数的70.5%，Ⅲ级天数为43天，占总天数的11.7%，Ⅳ级天数为1天，占总天数的0.3%，无Ⅴ级天。优良天数同比2011年增加2天，其中Ⅰ级增加28天，Ⅱ级减少26天。

2012年石家庄城市空气污染指数（API）为2.447，其中可吸入颗粒物、二氧化硫污染指数分别达0.98、0.97，两者的污染负荷分别占40.1%、39.5%，可吸入颗粒物所占污染负荷最高。城市大气污染物浓度呈现“晨峰午谷”及“冬重夏轻”的污染变化规律。全年石家庄城市总体环境空气质量状况较2011年变化不大，主要大气污染物浓度时空分布特征显著。

环境空气污染状况 2012年石家庄城市环境空气呈现“煤烟型”污染特征，城区环境空气综合污染指数为0.59，污染等级为清洁，主要污染物可吸入颗粒物、二氧化硫和二氧化氮的年日均值为0.098毫克／标立方米、0.058毫克／标立方米、0.040毫克／标立方米，同比2011年可吸入颗粒物下降1.01%，二氧化硫上升13.73%，二氧化氮下降2.44%。年内石家庄市环境监测中心对城市空气中的可吸入颗粒物、二氧化硫、二氧化氮、硫酸盐化速率、降尘、一氧化碳、臭氧和降水等指标进行了例行监测。监测结果表明，2012年石家庄城市环境空气中可吸入颗粒物年平均浓度值为0.098毫克／标立方米，二氧化硫年平均浓度值为0.058毫克／标立方米，二氧化氮年平均浓度值为0.040毫克／标立方米，均达到国家二级标准。

表21　　2012年石家庄市大气污染物监测数据统计表

浓度单位：毫克／标立方米

项　目	浓度值范围	年均浓度	超标率(%)	二级标准
可吸入颗粒物	0.012—0.377	0.098	10.70	0.10
氧化硫	0.006—0.329	0.058	6.60	0.06
二氧化氮	0.002—0.321	0.040	0.00	0.08
降　尘	1.86—27.75	10.58	3.33	19.00
硫酸盐化速率	0.094—1.982	0.843	59.17	/
一氧化碳	0.113—8.091	1.874	6.53	4.00
臭　氧	0.002—0.296	0.049	0.63	0.20

可吸入颗粒物。2012年石家庄城市环境空气中可吸入颗粒物年日均值为0.098毫克／标立方米，达到国家二级标准，全年日均值超标率为10.70%，年平均浓度与2011年相比下降1.01%。

城区可吸入颗粒物污染程度由高到低的排序为：一季度＞四季度＞二季度＞三季度。

二氧化硫。2012年石家庄城市环境空气中二氧化硫年平均值为0.058毫克／标立方米，达到国家二级标准，全年日均值超标率为6.60%，年平均浓度与2011年相比上升13.73%。城区二氧化硫污染程度由高到低的季节排序为：一季度＞四季度＞二季度＞三季度。

二氧化氮。2012年石家庄城市环境空气中二氧化氮年日均值为0.040毫克／标立方米，达到国家二级标准，全年日均值无超标，年平均浓度与2011年相比下降2.44%。城区二氧化氮污染程度由高到低的季度排序为：四季度＞一季度＞二季度＞三季度。

降尘。2012年石家庄城市降尘年月均值为10.58吨／平方千米·30天，与2011年相比上升0.28%。降尘最大值出现在植物园点位，监测值为12.58吨／平方千米·30天；全年四个季度降尘量由高到低的排序为：二季度＞四季度＞一季度＞三季度。

硫酸盐化速率。2012年石家庄城市硫酸盐化速率月均值为0.843毫克SO_3/100平方厘米碱片·日，与2011年相比上升22.5%；硫酸盐化速率最大值出现在人民会堂监测点位，监测值为1.124吨／平方千米·30天；全年四个季度污染程度排序为：一季度＞四季度＞二季度＞三季度。

一氧化碳。2012年石家庄市城市一氧化碳年均值为1.874毫克／标立方米，与2011年相比下降3.70%，全年四个季度一氧化碳污染程度排序为：一季度＞三季度＞二季度＞四季度。

臭氧。2012年石家庄城市臭氧年均小时值为0.049毫克／标立方米，与2011年相比上升了75.00%，全年四个季度臭氧浓度由高到低的排序为：三季度＞四季度＞二季度＞一季度。

大气污染物时空变化 大气污染时间变化。石家庄城市主要大气污染物的浓度变化具有明显的季节特征，总体上呈现“采暖期重于非采暖期”和“冬重夏轻”的污染特征。

受采暖期燃煤量增大影响，采暖期空气中可吸入颗粒物、二氧化硫及二氧化氮浓度均大于非采暖期。可吸入颗粒物采暖期浓度（0.128毫克／标立方米）为非采暖期的1.55倍，二氧化硫采暖期浓度（0.106毫克／标立方米）为非采暖期的3.14倍，而二氧化氮采暖期浓度（0.043毫克／标立方米）为非采暖期的1.10倍。

受气候变化和气象因素的影响，春、冬季尘污染严重，空气中可吸入颗粒物明显增高。冬春季（12月～5月）与夏秋季（6月～11月）相

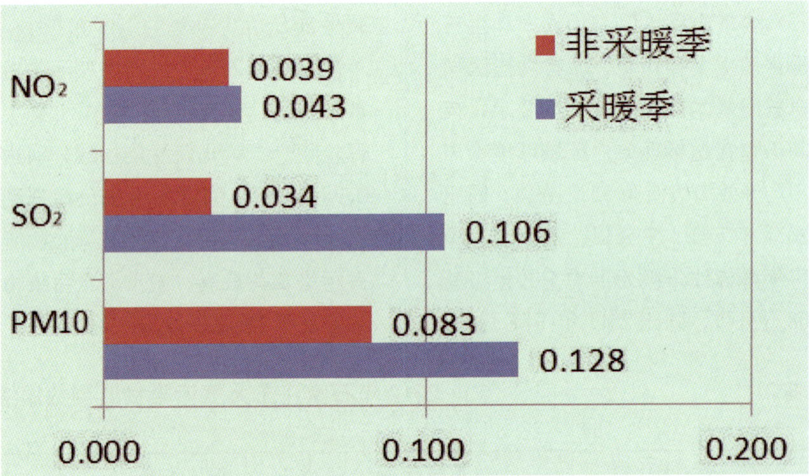

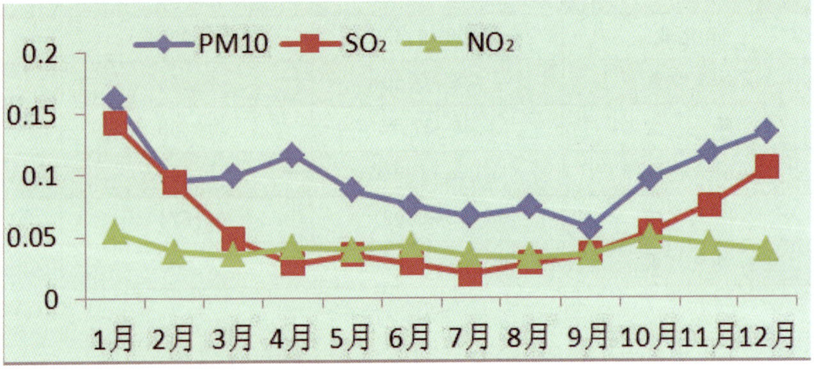

比，可吸入颗粒物、二氧化硫、二氧化氮三项污染物分别高0.43倍、0.90倍和0.04倍。夏季是一年中空气污染最轻的季节，污染物降低幅度明显。

石家庄城市大气污染物浓度日变化呈现“晨峰午谷”的污染规律。一天中污染物小时浓度值最高值常出现于清晨，最低浓度多出现在午后。

大气污染物的空间分布特征 污染物的空间分布与污染源的分布情况、气象条件、建筑结构、城市布局及污染物的迁移扩散特征有密切关系。二氧化硫和二氧化氮的空间分布，受工业污染源和生活污染源的局部影响很大。

数据分析表明：可吸入颗粒物的污染程度空间分布为：西南高教>西北水源>平安电站>职工医院>监测中心>化工学校>高新区；二氧化硫的污染程度空间分布为：西南高教>监测中心>高新区>平安电站>化工学校>西北水源>职工医院；二氧化氮的污染程度空间分布为：西南高教>监测中心>平安电站>西北水源>高新区>职工医院>化工学校。

2012年各县(市)、区环境空气综合污染指数最大的为赵县，可吸入颗粒物污染最重的为正定县，二氧化硫污染最重的为赵县，二氧化氮污染最重的为井陉矿区。

降水。2012年石家庄市共获取大气降水样品128个，酸雨样品为0个，酸雨频率为0.0%，降水pH最小值为6.94。

大气环境质量国内、省内排名 2012年，石家庄城市环境空气质量优良天数在全国47个重点城市中，排在第35位，高于北京、郑州、天津等周边城市；在河北省11个设区市中，石家庄城市环境空气质量优良天数排在最后一位。

二、水环境质量 市域内地表水体总体呈“有机污染型”，各地表河流受沿途工业污染源污染较重，城市(镇)下游河段水质多超过地表水功能区划标准。V类和劣V类水质的河段占常年有水河段的47.1%，主要污染物为氨氮、生化需氧量、总磷、化学需氧量等。

地下水环境质量 2012年石家庄市环境监测中心对城市17眼地下水井的25项指标进行了监测，结果表明，总硬度、总大肠菌群、硝酸盐、溶解性总固体、氯化物、硫酸盐共6项指标出现超标。超标较重的指标为总硬度(63.7%)，总大肠菌群(31.9%)，硝酸盐(26.4%)，溶解性总固体(15.4%)，其余指标超标率低于5%。

采用《地下水环境质量标准》(GB/T14848-93)中推荐的地下水质量综合评价，对石家庄市区地下水质进行评价及污染程度分级。在获得监测数据的17眼井中没有水质优良、水质较好和水质极差的井，地下水质量良好的井数为7眼，占41.2%；地下水质量较差井数为10眼，占58.8%。

石家庄市地下水质超标为总硬度、总大肠菌群、溶解性总固体、硝酸盐氮、溶解性总固体等，超标区域主要分布在市区西南部和中南部，超标井位分布呈“片状”和“点状”特征。

城市饮用水源地水环境质量 石家庄市地表饮用水源为岗南水库出口，按照《地表水环境质量评价办法（试行）》的要求，2012年岗南水库出口水质类别为I类，水质状况优，满足《地表水环境质量标准》(GB3838-2002) Ⅲ类标准要求。

石家庄市地下饮用水源为市内的5个水厂，2012年地下饮用水源水质全部达标，满足《地下水质量标准》(GB/T14848-1993) III类标准要求。

河流水环境质量 市域内河水水质属Ⅳ和劣V类，污染负荷较重。

绵河－冶河。2012年度绵河－冶河水体水质属Ⅳ类，水体综合污染指数为5.89，绵河－冶河各断面污染程度排序为地都>岩峰>平山桥。首要污染断面为地都断面，污染分担率占到36.21%，其次为岩峰断面，污染负荷为35.46%；平山桥断面污染较轻，污染负荷为28.33%。2012年度绵河－冶河水体主要污染指标及其污染分担率分别为氨氮18.87%、生化需氧量15.12%、石油类14.43%等。

石津渠。采用断面水质类别比例法进行评价，石津渠I类～Ⅲ类水质比例≥90%，水质状况为优。黄壁庄桥、兆通、运河桥断面水质类别为Ⅱ类，杜北、南张村断面水质类别为Ⅲ类。

洨河。洨河全程污染严重，水质为劣V类，水体综合污染指数为35.38。洨河各断面污染程度排序为石板桥>大石桥>总退水渠口。首要污染断面为石板桥，污染负荷为37.04%；其次为大石桥断面，污染负荷为36.73%；总退水渠断面污染负荷为26.23%。2012年度洨河水体主要污染指标依次为氨氮、生化需氧量、总磷，其污染分担率分别为42.30%、18.08%、17.06%。

滹沱河。2012年度滹沱河水体水质为劣Ⅴ类，水体综合污染指数为26.57。滹沱河各断面污染程度排序为枣营＞固营桥＞张村桥＞下槐镇。首要污染断面为枣营，污染负荷为38.43%；下槐镇断面污染程度最轻，污染负荷为3.41%。滹沱河水体主要污染指标为氨氮、生化需氧量、总磷，其污染分担率分别为42.12%、17.06%、12.30%。

汪洋沟。2012年度汪洋沟水体水质为劣Ⅴ类，水体综合污染指数为24.04。水体中主要污染指标为氨氮、生化需氧量、总磷，污染分担率分别占38.56%、17.01%、16.22%。

邵村排干渠。2012年度邵村排干渠水体水质为劣Ⅴ类，水体综合污染指数为36.63。水体中主要污染指标为氨氮、总磷、生化需氧量，污染分担率分别占45.38%、9.68%、8.29%。

湖库水环境质量 按照《地表水环境质量评价办法（试行）》进行评价，2012年度岗南水库、黄壁庄水库的水质类别均为Ⅱ类，水质状况优。岗南水库水质监测自动站2012年共报出水质周报52期，评价指标（水温、pH值、溶解氧、高锰酸盐指数、TOC、氨氮、电导率、浊度）测定结果均符合《地表水环境质量标准》(GB3878—2002) Ⅱ类标准。

三、声环境质量 2012年石家庄城市声环境以交通噪声和生活噪声为主要噪声源，城市功能区噪声昼间基本达到国家标准要求，夜间仍存在超标现象。

表22 2012年功能区噪声监测数据统计表

单位：dB(A)

分区 季度	1类区			2类区			3类区			4类区		
	Ld	Ln	Ldn	Ld	Ln	Ldn	Ld	Ln	Ldn	Ld	Ln	Ldn
一季度	52.4	42.9	52.6	56.9	48.5	57.5	62.8	54.8	63.5	67.1	54.6	66.5
二季度	51.6	42.2	51.8	57.0	47.9	57.3	62.2	54.8	63.2	67.3	55.2	66.7
三季度	53.1	44.3	53.6	56.9	48.8	57.6	61.2	52.2	61.6	68.0	55.0	67.2
四季度	51.9	43.5	52.5	56.7	48.2	57.3	60.9	52.6	61.6	67.3	54.7	66.6
全　年	52.3	43.2	52.6	56.9	48.4	57.4	61.8	53.6	62.5	67.4	54.9	66.8
标准值	55.0	45.0		60.0	50.0		65.0	55.0		70.0	55.0	
测点数	3			3			2			4		

功能区噪声 按照石家庄市辖区不同区域的功能特点，将噪声功能区划为四类。监测结果表明，1类区、2类区、3类区昼间、夜间噪声平均等效声级值各季度均达标；4类区夜间噪声平均等效声级2季度均超标。各测点年平均昼间等效声级值的最大值为68.0分贝，夜间平均等效声级值的最小值为42.2分贝。

表23 2011～2012年功能区噪声年均值比较统计表

单位：dB(A)

时间	年份	1类区	2类区	3类区	4类区	全市
昼间	2012	52.3	56.9	61.8	67.4	59.6
	2011	53.7	58.2	63.5	68.3	60.9
夜间	2012	43.2	48.4	53.6	54.9	50.0
	2011	44.3	49.4	54.5	55.0	50.8
昼夜	2012	52.6	57.4	62.5	66.8	59.8
	2011	53.5	58.4	63.8	67.1	60.7

比较2012年和2011年功能区噪声年均值，2012年市区平均等效声级值较2011年略有下降，其中昼间等效声级值下降1.3分贝，夜间等效声级值下降0.8分贝，昼夜等效声级值下降0.9分贝。

道路交通噪声 2012年石家庄市环境监测中心在市区8条主干线，23条次干线，37条支路，其他道路129条，合计197个路段，总长387.675千米的道路上共布设了368个道路交通噪声监测点位，测试结果显示，测试结果显示，市区的道路交通噪声值为62.0～74.2分贝，平均等效声级为68.0分贝。同比2011年下降了0.6分贝。

经统计，2012年度市区道路平均车流量为1939辆/小时。道路交通流量较2011年有所上升。

表24　　2012年暴露在不同等效声级下路段分布情况统计表

声级范围dB(A)	55以下	56～60	61～65	66～70	71～75	76～80	81以上	超过70分贝的干线
路段长度（千米）	/	/	25.81	311.66	50.86	/	/	70.49
占交通干线总长度的%	/	/	6.64	80.26	13.10	/	/	18.15

2012年与2011年相比，超过70分贝的干线长度由24.08%下降为18.15%，噪声声级值主要集中在66分贝～70分贝，占道路总长度的86.9%。

区域环境噪声 经统计，2012年度区域环境噪声值变化范围为47.3～58.1分贝，平均等效声级为52.2分贝，同比2011年下降1.9分贝，下降明显。

四、固体废物 根据环境统计资料，2012年石家庄市工业固体废物产生总量为759.489311万吨，处置利用率为97.9%。

表25　　2012年石家庄市各类工业固体废弃物产生量统计表

单位：万吨/年

分　类	产生量	综合利用量	综合利用往年贮存量	处置量	处置往年贮存量	贮存量	倾倒丢弃量
一般工业固体废物	759.489311	743.454894	0.0139	8.586517	0	7.4618	0
危险废物	19.693567	3.988345	0	15.505846	0.064427	0.263801	0

五、重点污染源监督监测 2012年石家庄市重点污染源共326家，分为国控污染源、省控污染源、城镇污水处理厂、“双三十”重点企业和涉重金属企业。其中，国控重点污染源：单纯废水污染源90家，单纯废气污染源26家，废水、废气污染源4家；城镇污水处理厂26家；涉及重金属排放企业96家。省控重点污染源：单纯废水污染源47家，单纯废气污染源11家，废水、废气污染源1家。“双三十”重点企业25家。

表26　　2012年石家庄市重点污染源统计表

类别	单纯水	单纯气	水＋气
国控	90	26	4
涉重金属企业	96		
省控	47	11	1
“双三十”	21	1	3
污水厂	26	0	0
合计	326		

监督性监测结果 2012年度，石家庄市废水污染企业监督性监测达标率100%，全部达标；2012年度，石家庄市废气污染企业监督性监测达标率100%，全部达标；2012年度，石家庄市城镇污水处理厂监督性监测达标率100%，全部达标；2012年度，石家庄市涉重金属企业监督性监测达标率100%，全部达标。

（严健）

【燃煤锅炉拆改】 2月8日，全市召开省会生态环境治理工作动员大会，省会生态环境治理工作全面展开，重点实施“蓝天碧水”工程攻坚战，并将拆改分散燃煤锅炉作为重中之重。按照“应拆尽拆、非拆即改”原则，全市重点实施“蓝天碧水”工程，计划两年内拆除、改造市区全部623台分散燃煤锅炉。其中，2012年拆改70%，共436台；2013年拆改30%，共187台。至2012年8月31日，市区共拆改分散燃煤锅炉438台，完成年度任务量的100.5%，完成两年总任务量的70.3%。其中，拆改采暖锅炉326台、生产锅炉91台、茶浴锅炉21台。新华区拆改133台，占总任务量的62.1%；桥西区拆改122台，完成总任务的70.5%；长安区拆改69台，完成总任务的77.5%；裕华区拆改47台，完成总任务的81%；桥东区拆改44台，完成总任务的75.9%；高新区拆改23台，完成总任务的74.2%。2012年市区拆改分散燃煤锅炉实现年削减燃煤37万吨，减少烟尘排放5154吨，减少二氧化硫排放5925吨。

（靳晓磊）

【出台《关于加强环境保护工作的实施意见》】 2012年6月，市政府出台《关于加强环境保护工作的实施意见》，提出到“十二五”末，全市化学需氧量、氨氮、二氧化硫、氮氧化物排放总量完成国家下达的削减任务。大气环境质量逐年改善，各项大气污染物浓度逐年降低。城市集中式饮用水水源地达标率稳定达到100%；河流水质明显好转。该《意见》提出，按照中、东、西产业规划布局，中部地区突出发展第三产业，重点发展高新技术产业、战略性新兴产业和先进制造业，限制新建污染较重项目；西部地区禁止污染型工业项目建设，限制医药、化工、印染等行业，对建材行业提高准入门槛，鼓励向绿色、节能、环保、循环经济方向发展；东部地区禁止新建污染重、规模小、耗能高的皮革、化工项目，鼓励医药、化工产业延长产业链，向深加工、高端医药及制剂等低污染、高附加值方向转变。城市主导风向限制建材、采矿等行业；市区供热采用天然气等清洁能源，其他工业园区和工业聚集区采取集中供热或推广分布式能源供热。基础设施建设达不到规划环评要求的园区和环境质量不达标的重点区域，禁止新上增加污染物的项目。强化区域限批和挂牌督办制度。对未完成年度总量减排和蓝天碧水工程治理任务，河流监测点位断面水质考核不合格，未按期建成污水处理厂、集中供热设施等环境基础设施或未完成防护距离内村庄等敏感点搬迁的县（市）、区，实施“区域限批”。对一个地区有多家违法企业被挂牌督办的县（市）、区，对其所在地实施“区域限批”。对连续两个月河流跨界断面水质超标的县（市）、区，提出“区域限批”预警；对连续三个月河流跨界断面水质超标的县（市）、区，实行“区域限批”，暂停审批该地区所有新增水污染物排放量的建设项目环评文件。对群众反映强烈、影响群众健康安全的环境问题，影响饮用水源安全的环境问题，重大环境违法案件，实施挂牌督办制度。

（戴丽丽）

【洨河生态恢复工程启动】 洨河发源于鹿泉市五峰山，在石家庄境内全长62.3千米，流经鹿泉市、石家庄市区、栾城县和赵县后进入河北省邢台市。8月16日，洨河生态恢复工程中的导流工程在衡井公路桥下开工，标志洨河生态恢复工程正式启动。此次开工的导流工程是洨河生态恢复工程中的临时工程，是开展治理的前提，目的是通过导流将洨河河道内五支渠和总退水渠排放的水体排除，方便施工整治河道。洨河生态恢复工程是市委、市政府整治洨河、打造洨河碧水清流的主要工程项目之一，是该工程的亮点和关键。洨河生态恢复工程范围为自五支渠入南泄洪渠汇流口至赵县大石桥，涉及鹿泉市、栾城县、赵县3县市，全长38.37千米。建设内容主要为主河槽清淤清污整治、人工湿地水质净化、滩地绿化和河道内垃圾处理等工程。主河槽清淤清污整治工程主要是对主河槽按照不低于现状洪水标准清淤清污、规整河槽断面。人工湿地水质净化工程是在衡井公路跨洨河桥下建设人工湿地，进行水质净化处理，同时，结合人工湿地植物种植，美化桥址处周边环境。湿地设计总面积为245064平方米，其中，绿地面积147452平方米，水面面积90650平方米。滩地绿化工程是在河槽两侧调整种植结构，种植花灌木和地被植物，打造沿河生态治理带。河道内垃圾处理工程是将洨河水环境治理工程范围内弃置在堤坡、堤顶和河道内的建筑垃圾和生活垃圾清理运至附近垃圾处理站集中处理。

（温婕）

【召开深化蓝天工程研讨会】 9月15日，全市召开深化蓝天工程研讨会，邀请国内环境问题知名专家学者为生态环境改善建言献策。会上宣读了省委书记、省人大常委会主任张庆黎《致石家庄市首个生态日的信》。市长姜德果及中国工程院院士、中国气象科学研究院副院长徐祥德，中国环境科学研究院副院长柴发合，中国人民大学环境学院院长马中等参加研讨。徐祥德、柴发合等专家分别作了《城市与区域大气污染空间结构特征研究》、《空气质量新标准的机遇和挑战》等报告。中国环境科学研究院副院长、省会“蓝天碧水”工程总顾问柴发合为石家庄市改善生态环境提出如下意见和建议：减排多种污染物、改变能源结构多用天然气、考虑减少公众出行距离、减少连片巨型楼裙建设。

（靳晓磊）

【污染物减排】 印发《河北省会生态环境治理工作实施方案》、《河北省会蓝天工程钢铁热电等重点行业污染减排治理工作方案》、《河北省会碧水工程实施方案》、《河北省会蓝天工程市区分散燃烧锅炉能源置换改造工作方案》、《石家庄市2012年主要污染物总量减排计划》、《石家庄市畜禽养殖污染综合整治工作实施方案》、《石家庄市黄标车淘汰工作方案》等一系列文件，依据方案，精心组织，强力推动，按时完成年度减排任务目标。2012年石家庄市减排目标是化学需氧量排放总量比2011年减少2.2%，氨氮减少3.1%，二氧化硫减少3.5%，氮氧化物减少1.5%。至2012年底，全市实施水污染减排项目130个，大气污染物减排项目163个；经省环保厅测算，石家庄市4项主要污染物均完成省下达减排任务。

【环境影响评价】 年内，在坚持省环保厅“七个不批”、“七个不验”原则基础上，积极落实环评审批事项权力精简下放和程序优化、规范行政审批流程和时限、开通“绿色通道”等措施，通过抓好项目审批“四个提前介入”和严把“四关”（政策关、布局关、总量关、监管关）要求，实行了“一窗受理，相互联动，限时办结，全程服务”工作模式。全年完成审批项目4078个，总投资1920.74亿元，同比分别增加3.5%和21.2%；完成建设项目验收953个，完成投资134.43亿元，同比分别增加24.7%和72.9%。2012年石家庄市配合国家环保部、省环保厅初审建设项目50项，参与验收36项。全年拒接或否决建设项目22项，主要是涉及“两高一资”、不符合产业政策、与园区产业定位不符和未进入化工园区的化工项目。

【环境监测】 完成全市污染减排监测体系建设和国、省控重点污染源在线监测有效数据审核。制定2012年国、省控重点污染源在线监测有效数据审核工作《实施方案》，规范了工作程序、标准和方法。组织协调水质自动站建设工作，强化环境监测质量管理。凡空气质量预测三级和三级以上，根据《空气质量预警调控应急方案》对各相关部门，市内各区、周边县（市）及重点企业发出预警指令，并组织对预警措施落实情况进行监督。至2012年底，市环境监测部门共发布空气预警3次；出具环境质量数据462377个，其中环境空气431648个，水22253个，噪声7856个，土壤620个；各类分析报告260份；各类污染源监测报告2999份。

（严健）

【滹沱河流域水质自动监测站正式运行】 11月1日，市滹沱河流域4座水质自动监测站开始运行。4座水质自动监测站分别是藁城市张村桥水站、无极县西庄水站、晋州市龙泉固村水站、深泽县马铺村水站。水质自动监测站建设于2011年开始，主要是完善全市境内各地表河流的生态补偿机制，实现与河北省环保厅生态补偿监测对接，推动地表河流水环境质量改善。

（靳晓磊）

【机动车尾气监测】 全面提升“机动车环保检测”系统管理水平，实现市环保局“机动车环保检测管理”

系统与市交管局“安检系统”联网，完善了机动车检测专项网络平台建设。2012年全市有19个检测机构开展年检、新车检、外籍转入、延期、本地过户等9项机动车环保检测工作。至2012年末，全市共检测在用机动车421309辆，合格380113辆，初检合格率90.2%；检测外籍转入石家庄市机动车7006辆，合格6439辆，合格率91.9%；新登记注册机动车发放环保达标标志180312枚。为有效控制氮氧化物排放，大力推动“黄标车”限行和淘汰，并通过媒体宣传和机动车监测机构工作，保障了“黄标车”限行工作顺利实施。

【自然生态保护】 2012年石家庄市积极开展生态创建工作。一是制订年度生态市建设实施方案。方案明确了各县辖区内20%的乡镇完成省级环境优美城镇的创建工作，县政府驻地镇全部完成省级环境优美城镇的创建工作。各县（市）区在市级生态村创建的基础上，各完成2个省级或国家级生态村的创建工作。结合生态创建实际，印发了《石家庄市生态村创建标准》。二是对2011年度创建的3个国家级生态镇、7个国家级生态村、11个省级优美城镇进行了现场考核验收。对11个县市区共22个2011年度省级生态村进行了现场检查验收。三是按照2012年生态市建设实施方案，开展了252个市级生态村的创建工作。四是按照市政府常务会要求，对石家庄市“中东西”生态建设规划招标工作协调中国人民大学环境学院，推进规划编制工作进展。配合中国人民大学石家庄市“中东西”生态建设规划编制组进行现场调查。五是组织省市专家对生态市建设进行了阶段性评估，进行了生态城市建设现状与发展对策研究，完成《石家庄生态市建设现状评估及发展对策研究》课题，荣获2012年度石家庄市科技进步二等奖。六是按照国家环保部等七部委办公厅（室）《关于开展国家级自然保护区管理工作的通知》（环办〔2012〕45号）要求和安排部署，协调省环保厅、平山县环保局、林业局圆满完成了对我市驼梁国家级自然保护区管理评估工作。七是完成了《全国生态环境十年变化（2000—2010年）遥感调查》工作，召开技术培训会，完成全市297个核查点的地面核查工作。

（严健）

【列入第二批国家低碳试点城市】 2012年11月，国家发改委批准石家庄市列入第二批国家低碳试点城市。国家第一批低碳省区和低碳城市试点工作于2010年7月启动，此次扩大试点范围，包括石家庄在内共有29个城市、省区入选，主要是探寻不同类型地区控制温室气体排放路径、实现绿色低碳发展。根据规定，成为国家低碳试点城市后，石家庄市需要结合自然条件、资源和经济基础等情况，探索适合本地区的低碳绿色发展模式，建立以低碳、绿色、环保、循环为特征的低碳产业体系及温室气体排放数据统计、管理体系和控制温室气体排放目标责任制，倡导低碳绿色生活方式和消费模式。按照实施方案，石家庄市制定了低碳工作近期目标和远期目标。近期目标为：2015年万元GDP二氧化碳排放比2005年下降37%，万元GDP能耗比2005年下降35%，非化石能源占一次能源消费比重达到5%，森林覆盖率达到32%，碳汇能力显著提高。远期目标：2020年万元GDP二氧化碳排放比2005年下降50%，万元GDP能耗比2005年下降45%，非化石能源占一次能源消费比重达到7%，森林覆盖率达到35%，碳汇能力进一步增强。

（吴温）

【农村环境综合整治】 一是推进农村环境综合整治工作全面铺开。为深入贯彻落实全省幸福乡村建设暨农村环境综合整治现场观摩会议精神，全面打好农村环境综合整治攻坚战。2012年10月17日，召开了大力推进农村环境综合整治工作动员大会。大会的召开，标志着石家庄市农村环境综合整治工作全面启动。着重对“三环三沿”（环省会、环县城、环景点周边和沿国道、沿高速、沿铁路两侧）等重点区域村庄名单进行了梳理，确定全市农村环境综合整治今冬明春攻坚战重点区域村庄共1293个村，其中：“三环三沿”村庄579个，基层建设年帮扶村451个，幸福乡村176个，2012年农村环境连片整治示范村87个。二是印发了2012年农村环境综合整治工作方案。明确了工作内容和工作重点。同时，对当前农村环境综合整治状况进行了分析和研究，明确了《石家庄市农村环境综合整治示范村标准》。三是对我市农村环境连片整治示范工作进行了推进。按照河北省农村环境综合整治领导小组要求，对全市农村环境连片整治示范区域和布点村庄情况进行了收集汇总。印发了《石家庄市农村环境连片整治示范工作实施方案》，以“一河（洨河）、两区（地表水和地下水保护区）、三县（高邑县、赞皇县、鹿泉市三个生态创建重点县）、四组团（鹿泉市、藁城市、正定县、栾城县）”区域为重点，2012年拟开展7个县市区7个片区涉及87个村开展连片整治示范工作。

【辐射安全监管】 2012年，石家庄市环保局共审查和审批颁发辐射安全许可证41家，其中上报省环保厅17家，新办证13家、变更和重新申领11家；共进行辐射安全许可证现场核查（含省环保厅委托）40多次。强化监管，落实责任，开展石家庄市核技术利用辐射安全综合检查专项行动。根据河北省环保厅下发的《关于开展全省核技术利用辐射安全综合检查专项行动的通知》（冀环办发〔2012〕87号）要求，在全市开展了以规范辐射安全许可证管理为核心、以核实环境影响评价文件和“三同时”验收落实情况为抓手、以排查安全隐患为重点的核技术利用辐射安全综合检查专项行动。对142家核技术利用单位和2家废旧金属熔炼回收企业进行了逐一检查。截至2012年底，石家庄市辖区内共有放射源工作单位96家，共有放射源977枚（含销售），其中Ⅰ类放射源17枚，Ⅱ类放射源359枚，Ⅲ类放射源3枚，Ⅳ类放射源262枚，Ⅴ类放射源307枚。主要分布在冶金、石油化工、造纸、电力、医疗、无损检测探伤等行业，全部有辐射安全许可证。射线装置工作单位46家，射线装置394台，其中Ⅱ类射线装置119台，Ⅲ类射线装置275台。主要分布在医疗机构和无损检测探伤企业。针对放射源长期闲置问题，Ⅰ类放射源退役、送贮问题，违法使用放射源问题，废旧金属回收熔炼企业未安装辐射监测设备问题，辐射防护措施、规章制度不完善问题，车站、机场安检设备未办理环保手续问题，对24家单位下达了限期整改通知，到2012年底，石家庄市第八医院、石家庄华光中医肿瘤医院、深泽县医院闲置Ⅰ类放射源；藁城市光明纸业有限公司、藁城市东成冷轧带钢厂闲置Ⅳ、Ⅴ放射源，正在办理相关手续，未完成送贮，其余19家都完成限期整改任务。

【重点企业监管】 2012年环境监察工作主要完成了对重点监控企业和污水处理厂的现场监督监察任务，保证每月对国、省、市控进行一次以上现场监察，做到企业产生的污染物查得清、污染物处理量摸得清、污染物排放去向说得清，规范和加强企业产污和治污的管理，督导企业达标达量排放。采取重点区域市政管网采样、企业上下游掐段监测、在非工作时段突击采样水样等手段，全面掌握企业污染物排放规律，确定重点企业和区域。共组织专项行动10次，严厉打击企业超标排放、偷排偷放等违法行为的发生。按照省厅《关于开展全省重点污染源严查行动的通知》要求，完成全市213家重点污染源严查行动，对35家企业下达了整改通知。开展市区三产企业环保整治工作。5月，制定《石家庄市市区餐饮业综合整治工作方案》重点对市区500平方米以上的餐饮单位进行专项整治，达到“四有”标准：有建设项目审批手续、有排污许可证、有污染防治设施、有餐厨垃圾定点处置协议；同时我队也对三产行业加强现场监察，重点企业做到每季度采样监测不少于一次。完成2012年总量减排环境监察系数工作和燃煤电厂脱硫设施旁路铅封管理工作。2012年现场监察单位3485家次，出动执法人员9069人次，检查污染处理设施2256台套，采集煤样43份，采集水样1305份，速测水样185份。

【排污申报和收费】 通过2012年排污申报国控校验工具完成石家庄市93家水、30家气、26家污水处理厂、75家重金属共213家国控重点源单位的校验工作。为进一步加大排污收费工作力度，在2011年对工艺废气试征收排污费的基础上，2012年将工艺废气排污费纳入正常征收工作，为全省唯一征收城市，受到省厅表扬，省厅计划在全省推广。2012年，共征收排污费2104.67万元，与2011年相比增加406.54万元，增长24%。对市管企业及市区内各分局监管企业共征收排污费3094.19万元，超额完成2012年市财政下达市本级收费任务2300万元的征收任务，与2011年相比增加567.39万元，增长22.45%；全市征收排污费11098.93万元，超额完成省厅下达的9300万元的收费任务，与2011年相比增加817.65万元，增长7.95%。

【开展PM2.5监测】 3月2日，新颁布实施的《环境空气质量标准》中增加了细颗粒物(PM2.5)和臭氧

8小时浓度限值监测指标，这是全国首次将这一指标纳入空气质量标准。该《标准》要求2012年在京津冀、长三角、珠三角等重点区域，以及直辖市和省会城市开展细颗粒物与臭氧等项目监测。石家庄市从2011年6月开始监测PM2.5（PM2.5指空气中当量直径小于或等于2.5微米的细颗粒物，也称可入肺颗粒物）数据。据监测分析，其主要来自化石燃料的燃烧（如机动车尾气、燃煤）、挥发性有机物等。PM2.5是造成灰霾天气的“元凶”之一，并会滞留在人们敏感的呼吸道中，引起局部的阻塞和炎症。石家庄市现有两个空气质量点位可以监测PM2.5，分别是石家庄环境监测中心和平安电站监测点。

（严健）

建 筑 业

【概况】 2012年，全市建筑行业持有资质等级以上企业271个，完成建筑业总产值920.0亿元，同比增长26.1%。其中，装饰装修产值43.5亿元，同比增长46.1%，在外省完成产值343.8亿元，同比增长49.9%；建筑工程产值736.4亿元，同比增长23.8%，安装工程产值139.7亿元，同比增长31.2%。至2012年末，全市建设行业勘察、设计、造价企业达到313家，其中甲级企业123家，全行业实现营业收入110亿元，拥有国家和省级大师23名。8家审图机构完成审图项目216个，建筑面积929.9万平方米，纠正各类建筑图纸质量问题932个。全年完成进场交易1080项，其中房屋建筑567项，市政项目281项，园林项目223项，交通项目2项，水利项目7项。全面加强工程建筑质量管理，全年共对2307项、3815.8万平方米工程实施质量监督，提交质量监督报告340项，面积501万平方米。下发责令整改通知书357份，行政处罚案件立案7起。全年完成建设科技项目12项，其中“石家庄地方坐标系投影长度变形研究”等3个项目居国内领先水平，“施工用脚手架计算软件研究”等9个项目居国内先进水平，获得河北省建设科技进步奖28项。全年稽查在建工程1658个、2516万平方米，总造价346亿元，下发稽查通知书330份，责令停止违法行为通知书590份，查处违法案件235宗，收缴罚款2313万元，其中处罚建设单位30家，施工企业69家。全年市区竣工新建节能建筑792万平方米，建筑节能设计标准执行率达到100%。

【勘察设计】 至2012年末，全市建设行业勘察、设计、造价企业达到313家，其中甲级企业123家，全行业实现营业收入110亿元，拥有国家和省级大师23名。8家审图机构完成审图项目216个，建筑面积929.9万平方米，纠正各类建筑图纸质量问题932个，在全国、全省数次监督检查中均未发现违反强制性标准问题。组织专业人员编制《石家庄甲类高层复合地基设计规程》。对53家勘察资质单位和48个审图项目进行了监督检查。组织企业完成创优勘察设计项目62项、装饰环境艺术设计优秀作品64个。组建勘察、造价、结构等5个行业性、学术性工作组织，为企业交流协作搭建平台。

【工程交易】 着力抓好信息发布、保证金管理、开评标服务保障等关键环节的管理，全面实行电子投标制度，建立评标专家语音抽取系统，确保开评标活动顺利进行。全年完成进场交易1080项（次），其中房屋建筑567项（次），市政项目281项（次），园林项目223项（次），交通项目2项（次），水利项目7项（次）。由招标办负责的招标工程978项，中标价79.63亿元，其中土建招标196项（中标价58.92亿元）、市政工程招标360项（中标价14.55亿元）、设备采购招标96项（中标价2.65亿元）、装饰装修招标138项（中标价2.47亿元）、勘察设计招标80项、监理招标108项（中标价1.04亿元）。

【质量安全管理】 以保障性安居工程为重点，全面加强工程建筑质量管理，全年共对2307项、3815.8万平方米的工程实施质量监督，提交质量监督报告340项，面积501万平方米。下发责令整改通知书357份，行政处罚案件立案7起，工程质量明显提升。建立了建设工程建筑起重机械远程监控系统，深入开展了以预防起重机械、施工坍塌等多发性事故及施工现场环境整治为重点的建设工程施工安全专项检查，重点加强了节日及十八大期间建设工程安全生产管理，全年对425个项目、2129万平方米的建筑实施了安全监督，共下发检查记录1230份，隐患整改通知书486份，停工指令书236份，行政处罚91.2万元，其中已结案71.5万元。全年全市上报范围内施工现场没有发生伤亡事故。

【建设科技节能】 全年完成建设科技项目12项，其中“石家庄地方坐标系投影长度变形研究”等3个项目居国内领先水平，“施工用脚手架计算软件研究”等9个项目居国内先进水平。荣获河北省建设科技进步奖28项，其中一等奖3项、二等奖6项、三等奖19项，获奖项目总数居全省首位。组织施工企业申报并列入省建筑业新技术应用示范工程33项，2012年完成8项，居国内先进及以上水平。“河北科技大学光电建筑应用项目”被住建部、财政部联合批准为国家光电建筑应用示范项目。积极推进可再生能源应用，可再生能源建筑应用面积达到258万平方米。扎实推进绿色建筑建设，“国大36524大厦”、“河北师范大学新校区主食堂”、“中央悦城迎宾苑小区”3个项目分别被省住建厅授予2012年度河北省“十佳绿色建筑”和“十佳绿色小区”称号。强化新建建筑节能监督管理，2012年市区竣工新建节能建筑792万平方米，建筑节能设计标准执行率达到100%。顺利完成了中德技术合作“中国北方既有居住建筑采暖能耗基准线研究”项目并通过住建部专家验收。共审核备案开工项目401项、711万平方米，办理节能专项验收备案386项、649万平方米；办理建筑节能产品和新型墙体材料登记198家，粉煤灰综合利用量300多万吨。出台了《石家庄市民用建筑节能外墙外保温工程监督管理规定》，制定了《石家庄市“十二五”粉煤灰综合利用与新型墙体材料发展指导意见》。对市区58项在建工程、15家建筑节能产品及墙体材料企业执行建筑节能政策、法规和标准的情况，建筑节能产品和新型墙材登记制度落实情况以及19个县（市）、区建筑节能工作落实情况开展了专项检查，共下发《整改通知书》5份。

【建筑工程稽查】 年内，全市稽查在建工程1658个、2516万平方米，总造价346亿元，下发稽查通知书330份，责令停止违法行为通知书590份，查处违法案件235宗，收缴罚款2313万元，其中处罚建设单位30家，施工企业69家。认真做好举报受理工作，做到快速调查、认真处理、及时反馈，对群众来访热情接待，耐心解答；对违法单位有关责任人进行法律法规宣传教育，收到良好的效果。2012年，全市共受理各种举报案件91起，全部进行调查处理和及时反馈，做到了有案必查，有结果，有反馈。加强县（市）区建筑工程稽查指导，共督导县（市）区案件23件。

【5家企业被清出建筑市场】 2012年底，为维护石家庄市建筑市场秩序，维护企业和农民工合法权益，坚决制止和杜绝“两拖”问题的发生，市清欠办对2012年在全市存在严重拖欠问题的施工企业进行了通报。其企业和项目分别为：江苏中顺建设集团有限公司施工的桥西区中原广场工程，中国建筑第八工程局有限公司施工的万达广场项目，邯郸市邯一建筑工程有限公司施工的石家庄裕华区富沁园3# 楼项目，浙江鸿翔建设集团有限公司施工的北城国际项目，中太建设集团有限公司施工的聚和港物流园项目，江苏中厦建设集团有限公司施工的阆苑福园项目，江苏中柱建设工程有限公司在深泽县北封庄村南承建的名邦塞纳河谷新民居项目，石家庄亨通建筑有限公司施工的赞皇县见守村“新民居”工程项目，上海濑江建设有限公司石家庄分公司承建的晋州市果品批发市场A区商业项目和其施工的平山县福美佳购物广场项目，浙江万利建筑工程有限公司施工的“星河湾艺墅家”26号、31号楼，河北临漳建设工程集团施工的平山县费城国际项目。并将11家拖欠农民工工资的建筑企业不良行为记入建设系统诚信档案。同时，该通报上报河北省住建厅。其中，江苏中顺建设集团有限公司、浙江鸿翔建设集团有限公司、江苏中柱建设工程有限公司、上海濑江建设有限公司、河北临漳建设工程集团5家企业被清除出石家庄市建筑市场。

（宋钧）

【劳务市场管理】 全年共办理劳动

用工备案129份，劳务分包合同备案129份；解决建设领域拖欠农民工工资投诉32起，涉及农民工工资9777万元，新大院、新世界、聚合物流园项目等一批重大拖欠农民工工资上访事件得到有效解决。加大“一卡通”推广力度，共为企业设立“一卡通”账户650户，实名制系统录入6.3万人，超额完成省住建厅下达的实名制任务，录入及办卡人数均名列全省第一。

（王吉利）

住房保障和房地产业

【概况】 2012年，市住房保障和房产管理局按照“干事业、创家业、谋福祉”的总体目标，围绕保障性安居工程建设、房地产市场监管、经营开发三大任务，科学谋划、强化管理、协调推进，圆满完成市委、市政府赋予的住房保障和房产管理任务。保障性安居工程建设，在省政府年度考核中确定为全省优秀；保障房公平分配走在全省前列。全年开工各类保障房项目99个3.69万套，全部4证齐全；竣工项目47个1.3万套。2008～2012年，全市累计入住保障性住房3.7万套，入住率达到94%，其中2012年建成并入住1.4万套；新增廉租住房租赁补贴1742户。全年办理各类房屋交易手续3.5万件，成交面积348.7万平方米，成交金额157.7亿元。完成各类房屋权属登记12.1万件，3185.6万平方米，发证8.4万个。全年共发放商品房预售许可证99个，预售项目50个，批准预售面积442万平方米；全年市区商品住房当期上市面积382万平方米，同比下降13.46%；商品住房成交面积317万平方米，同比下降3.09%；商品住房销售均价为6225元／平方米，同比增长10.53%。市区二手住房成交124.67万平方米，同比增长39.39%；二手住房成交均价为5087元／平方米，同比增长9%。严把房产业开发企业准入关，全年共受理房地产开发企业资质申请1353件，办理1049件，对不符合条件的304件按规定进行退件处理。先后开展7次房地产市场专项检查整顿活动，检查全市在建、在售项目430个，责令关闭违规售楼部50余家，约谈开发企业8家，在新闻媒体公开曝光31家开发企业和经纪机构，处罚开发企业28家、经纪机构3家，罚款1028万元。市住房保障和房产管理局被评为全省保障性安居工程工作先进集体。

（段楠）

【保障性安居工程】 2012年，河北省下达石家庄市保障性安居工程建设3.69万套保障性住房和棚户区改造任务目标，其中新建廉租住房1100套、公共租赁住房12000套、经济适用住房2400套、限价商品房4000套、棚户区改造17400套。至2012年末，全市开工建设各类保障房项目99个3.69万套，全部4证齐全，占年度责任目标的100%；竣工项目47个1.3万套，占年度责任目标的103%。2008～2012年，全市累计入住保障性房3.7万套，入住率达到94%，其中2012年建成并入住1.4万套。新增廉租住房租赁补贴1742户，占年度责任目标的348%。2012年，石家庄市圆满完成省下达的年度任务，实现了市委、市政府确定的工作目标。其中，建华家园保障房项目部被中华全国总工会评为“工人先锋号”，建华家园保障房项目被省政府授予人居环境范例奖；和华家园项目部被河北省总工会评为“工人先锋号”；金华家园和红河小区保障房项目被评为省级示范项目。保障房分配落实“阳光”操作。年内，全市将低收入住房困难家庭资格审核权限下放至市内各区，建立了“区级审核为主，市级进行抽查”两道防火墙机制。继续完善“高考录取”模式分配机制，全年市区共分配入住公共保障房5833套，分配从申请到入住全过程全部“阳光”操作，得到了保障对象和社会各界的广泛关注，其中9月29日集中分配入住的1707套公租房，是全省规模最大、数量最多的一次。7月24日，国家住建部齐骥副部长和省委常委、市委书记孙瑞彬、市长姜德果共同出席了石家庄市2012年第一批保障房公开摇号分配仪式，央视《焦点访谈》、《新闻直播间》和《人民日报》等中央媒体先后对石家庄市保障房公平分配做法给予了专题报道，省政府要求将该做法在全省进行推广。做好保障房后续管理。至2012年底，石家庄市区廉租住房保障家庭已达2万户，其中享受实物配租家庭1.3万户，发放廉租住房补贴3300万元。市本级共管辖已入住保障房项目11个、1.3万套，约60万平方米。为进一步加强管理，石家庄市住房保障和房产管理局坚持定期巡查和日常入户回访制度，小区内全部设立了便民服务大厅或服务办公室，组建了10支应急维修队。进一步完善了由民政、人社、房管、公安、公积金等多部门信息共享协查机制，定期开展资格核查并及时对不符合条件家庭进行清退，同时向社会公布有奖举报电话，切实加强退出管理。

（段楠　宋钧　李红强）

【公共保障房入住】 8月16日，位于建华大街与光华路交叉口处的建华家园公共保障房小区开始办理入住手续。这是全市3615套公共保障房摇号分配后，首个开始入住小区，共入住公共保障房589套。8月20日，位于市石获北路于底村附近的秀河家园公共保障房小区151套公共保障房开始办理入住手续，这是2012年全市首批公共保障房交房的第二站。8月22日，位于石获北路于底村附近的秀玉家园612套公共保障房集中交房，这是全市2012年首批3615套公共保障房交房的第三站。至此，全市2012年首批公共保障房第一阶段集中交房完成，共有1303户保障户入住建华家园、秀河家园、秀玉家园。9月29日，全市第二批保障性租赁住房公开摇号仪式在丰华家园进行，经过摇号机机选，1707套住房全部分配到户。此次配租的1707套保障房，属公共租赁住房，房源分布于长安区和桥西区，共4个住宅小区，分别位于北二环和谈固大街西北角交叉口的民华家园、416套，位于光华路与建华大街交叉口的建华家园、272套，位于丰收路与体育大街交叉口的仁华家园、747套，位于槐安西路与维明大街交叉口的珍集小区、272套，单套建筑面积为35～56平方米。主要配租对象为全市中等偏下收入家庭、新就业人员、外来务工人员以及正在享受廉租住房租赁补贴的低收入无房户家庭。10月20日，珍集小区办理入住手续。11月8日，民华家园入住手续办理完毕。

（宋钧　陈雄鹰
姜化礼　余娜）

【市区商品房均价每平方米6225元】 2012年受国家调控政策影响，上半年全市商品房上市及成交面积均同比下降五成以上。为加速市场回暖，全市采取了加快诚信企业和省市重点项目的上市节奏、实施预售房产抵押、加快处理商品房团购遗留问题等措施。至2012年末，全市办理各类房屋交易手续3.5万件，成交面积348.7万平方米，成交金额157.7亿元。完成各类房屋权属登记12.1万件，3185.6万平方米，发证8.4万个。发放商品房预售许可证99个，预售项目50个，批准预售面积442万平方米。2012年市区商品住房当期上市面积382万平方米，同比下降13.46%；商品住房成交面积317万平方米，同比下降3.09%；商品住房销售均价为6225元／平方米，同比增长10.53%。2012年市区二手住房成交124.67万平方米，同比增长39.39%；二手住房成交均价为5087元／平方米，同比增长9%。总体看，市区商品房上市量和成交量较2011年同期相比仍处于低位运行，但同比逐步回升；商品房价格增幅回落，但市场逐步趋暖。二手住房市场表现活跃，成交量大幅增长，呈现量价齐升态势。

【个人住房信息系统实现全国联网】 2012年，石家庄市加快了个人住房信息系统的建设工作，按照“总体规划、分布实施、随建随联、急用先行”的思路，对各级应用房地产管理信息系统进行了扩容、升级，并逐步覆盖了全市范围内17个县（市）区以及高新区、井陉矿区，6月中旬经国家住建部审核后，实现了与全国联网。该系统在全市范围内实现了个人住房信息的共享和查询，不仅可以全面掌握市民住房的基础信息及动态变化情况，还能为全市房地产宏观调控政策的实施提供可靠的技术支持，从而进一步有效地遏制投资性炒房行为。房地产开发商将通过该系统提供的信息，根据市场需求开发楼盘，减少投资性住房的开发。该系统将进一步提高房地产市场监管和预警预报能力，对房地产市场的统筹规划起到积极的推动作用。

（宋钧）

【房地产市场监管】 2012年，全市严格落实国家对房地产市场调控政策，加大房地产市场监管力度，有效维护了房地产市场良性发展，控制了房价过快增长势头。强化房地产从业企业源头管理，维护房地产良性发展。2012 年，全市共受理房地产开发企业资质申请 1353 件，办理 1049 件，对不符合条件的作退件处理 304 件；组织开展房地产开发企业法律法规及业务培训 6 期，培训开发企业 1300 余家；培训全市已备案房地产经纪机构 274 家（含分支机构 371 家），举办培训班 3 期。加大查处房地产市场违规预售行为力度。2012 年全市共处罚开发企业 28 家、经纪机构 3 家，罚款 1028 万元，比 2004 ～ 2010 年 7 年罚款总和的 10 倍还要多；约谈开发企业 8 家，在新闻媒体公开曝光违规严重的开发公司 5 家、经纪机构 2 家；对不符合条件或存在违规行为的 53 家房地产经纪机构注销了“房地产经纪机构备案证明”。

（段楠）

【舜地案件刑事处罚涉案人员 81 名】 2011 年 3 月，市公安局立案侦查舜地公司孙立朋、宋志萍等人因涉嫌非法吸收公众存款案件，经过调查取证、起诉等环节，2012 年 1 月 16 日，市中级人民法院开庭审理。2012 年 1 月 18 日，市中级人民法院和桥西区人民法院分别对舜地案件 87 名被告作出一审判决。法院以非法吸收公众存款罪、职务侵占罪、故意销毁会计凭证、会计账簿罪，判处孙立朋有期徒刑 20 年；以非法吸收公众存款罪、职务侵占罪，判处宋志萍有期徒刑 13 年；其他直接参与非法吸收公众存款和销毁会计凭证、会计账簿犯罪活动的 79 名被告，分别判处有期徒刑、拘役；对犯罪情节轻微的 6 名被告免予刑事处罚。一审判决后，孙立朋、宋志萍等被告提出上诉。2012 年 3 月 14 日，河北省高级人民法院对舜地案件作出终审裁定，驳回孙立朋、宋志萍等人上诉，全案维持原判。舜地公司及相关公司共计 67 家，其中法人 23 家，分支机构 44 家。截至 2011 年 3 月舜地公司及相关公司被查处时，共投资房地产、旅游开发项目 24 个，其中石家庄市域内项目 17 个，外地项目 7 个，项目投入资金约 10 亿元。舜地公司及相关公司被查处后，市公安、法院等部门通过查封、冻结、追缴等方式，最大限度收回资金共计 11.82 亿元。其中，涉案冻结资金执行回款 8.92 亿元，追缴赃款 0.59 亿元，项目处置回款 3.06 亿元（含冻结账户执行回款 1.39 亿元），资产处置回收 0.62 亿元，资金归拢后利息 63.7 万元。确认舜地案件利害关系人 10797 人，其中，集资参与者 8033 人，购房人 2715 人，债权人 49 人；合同 17862 份，金额 23.9 亿元。

（宋钧）

【住宅小区物业管理】 2012 年，对全市 212 个 10 万平方米以上有物业服务企业的住宅小区开展了标准化达标检查，达标率为 94%。年内全市有 36 个小区被评为国家级、省级、市级物业服务优秀住宅小区（大厦）称号，物业服务标准化水平位居全省前列。年末全市 635 个住宅小区实行物业管理，小区物业管理覆盖率达到 57%。制定《石家庄市物业管理项目招投标程序》、《石家庄市物业管理评标规则》、《物业管理招投标示范文本》，建立石家庄物业管理专家库，为开展物业管理招投标工作奠定了基础。全市物业管理在不断发展壮大的同时，也还存在一些问题。一是物业企业数量增长迅猛，但全市小区物业管理覆盖率还不够高，发展相对比较滞后；二是在现有实行物业管理的小区中，由于部分企业管理不当等种种原因，业主对物业管理的意见颇多；主要原因在于部分物业管理企业存在着服务质量差、收费乱象多、冬季供暖工作欠妥等，造成业主和物业公司矛盾重重。三是物业公司没有执法权，对小区私搭乱建、乱停乱放、治安案件等行为无权作出处罚；全市三级物业资质及以下物业企业比例高达 97.7%。现有小区物业公司中，开发商下属企业占 51%，单位自己管理占 18%，独立物业公司仅占 15%。绝大多数选择物业公司没有实施招投标，很多小区的物业公司是由开发商选定的，缺乏市场公开竞争机制。

【新建住宅小区必须建地下停车场】 2012 年 12 月，石家庄市出台《关于切实推进节约集约用地的实施意见》，为节约集约用地，鼓励在符合城市规划的前提下，向空中和地下发展，新建、改建大型商场和住宅小区必须建设地下停车场。《关于切实推进节约集约用地的实施意见》有效期自 2012 年 12 月 1 日起至 2017 年 12 月 30 日。五年内，全市将严禁向别墅类房地产开发项目、高尔夫球场项目、赛马场项目及党政机关、国有企业、事业单位新建培训中心项目供应土地。严格限制低密度大户型住宅项目和高档住宅项目的规划审批，住宅用地的容积率指标必须大于1。党政机关新建办公楼、城市主干道路、城市游憩集会广场等项目供地必须符合国土资源部《禁止供地目录》和《限制供地目录》的规定条件。《意见》明确要求鼓励在符合城市规划的前提下，向空中和地下发展。对规划为超高层的商业项目，考虑建筑成本的增加可适当降低土地出让起始价格，对超过150米以上部分的建筑面积，可不再计算土地价格。

（段楠）

住房公积金管理

【概况】 2012年，石家庄住房公积金管理中心贯彻落实国家房地产调控政策，采取“多措并举抓归集，创新思路促放贷，完善机制保安全，优化服务树形象”的方法和思路，主要工作取得突破性进展，并超额完成全年任务。全年归集住房公积金46.04亿元，完成计划的115.1%，比上年增长23.9%。至2012年12月底，累计归集住房公积金217.17亿元。2012年提取住房公积金13.46亿元。至2012年12月底，累计提取住房公积金81亿元，住房公积金归集余额136.18亿元。2012年度发放住房公积金个人贷款13739户、34.67亿元，完成计划的157.59%，比上年增长39.18%。至2012年12月底，累计发放住房公积金个人贷款65284户、136.89亿元，公积金个人贷款余额103.48亿元。2012年度实现业务收入4.93亿元。其中，存款利息收入0.53亿元，委托贷款利息收入4.4亿元。2012年度业务支出2.9亿元。其中，支付职工个人住房公积金利息2.64亿元，委托贷款手续费支出0.26亿元。2012年度实现可供分配增值收益2.03亿元。按照国家财政部《住房公积金会计核算办法》实施分配为：贷款风险准备金0.13亿元，上缴财政1.9亿元（见2013年2月22日石家庄住房公积金管理中心发布的2012年度住房公积金公告）。2012年，石家庄住房公积金中心作为河北省住房公积金系统唯一代表被国家人力资源和社会保障部、住房建设部评为全国住房城乡建设系统先进集体。

2012年12月，石家庄住房公积金管理中心获授“全国住房城乡建设系统先进集体”荣誉称号

【扩大公积金归集面】 提高县（市）缴存比例。市住房公积金管理中心积极与市考核办沟通协调，将提高缴存比例列入县（市）政府考核内容。到2012年末各县（市）、井陉矿区缴存比例都至少达到单位、个人各9%。开展缴存基数年审，对全市人事代理、劳务派遣机构进行专项检查。2012年，全市新增缴存单位739个，新增缴存职工74653人，扩大了住房公积金覆盖面。启动住房公积金执法工作，对河北金环钢结构工程有限公司、河北慈佑医院等单位进行行政处罚，有效维护了职工合法权益。

【公积金贷款】 支持职工购买、建造、翻建、大修自住住房，积极开拓公积金个人贷款市场，提前介入优质楼盘，跟踪服务，新增合作项目83个，年末全市楼盘合作率达到85%以上。加大催收个人逾期贷款力度，与放款银行一起成立专门催贷小组，采取委托代扣协议、扣除开发商保证金等多种措施，减少了逾期不还款现象。至2012年底，全市住房公积金贷款发放13739户，金额34.67亿元，均创历史最好水平，其中原有逾期贷款7笔全部偿还或核销。

（底宪民）

【4个保障房项目获得住房公积金贷款4.84亿元】 2012年9月，经国家住建部、财政部及中国人民银行审批，确定石家庄为全国住房公积金贷款支持保障房建设第二批试点城市，批准贷款项目8个，贷款额度10亿元。按照住建部等3部委要求，市住房公积金管理中心检查评审了全市获得审批的8个保障房项目。经审议、审核，4个项目符合发放住房公积金贷款基本条件，同意发放项目贷款。4个项目计划投资总规模为7.1亿元，总建筑面积为17.56万平方米，贷款规模4.84亿元。4个项目为："华西路60号危改"项目，位于中山路以北，维明街以东，康乐街以西，华西路以南，建设1栋18层住宅楼，一二层为商业，总建筑面积16400平方米；该项目于2011年4月开工，竣工时间为2013年5月。"金华家园"项目，位于长安区北二环路南、体育大街东、建华大街西、丰收路以北，共建设4栋住宅及配套公用建筑，总建筑面积71196平方米；该项目于2011年5月开工，竣工时间为2013年5月。"和华家园"项目，位于长安区建华大街以东和平路以北，共建设5栋住宅及配套公用建筑，总建筑面积49020平方米，建设保障房903套；该项目于2012年7月开工，竣工时间为2014年6月。"泊水湾小区"一期工程项目，位于高新区珠峰大街以西，东南主干道以北，占地3.57公顷，7栋高层住宅，建设公共租赁住房1980套，总投资2.38亿元；至2012年底，7栋高层住宅主体全部封顶。

（宋钧）

2012年3月9日，国家住房和建设部检查组到石家庄市调研住房公积金贷款支持保障性住房建设情况

【公积金管理】 年内，石家庄市两次召开住房公积金管委会，对住房公积金重要事项进行决策。中心严格执行管委会决策，明确专人和完成时限，确保了管委会议定事项得到落实。加强提取管理，严防套取、骗取公积金行为的发生，全年提取住房公积金13.46亿元，基本符合房地产市场实际运行情况。规范缴存单位管理，基本形成缴存单位分片管理的格局，制定出台《石家庄住房公积金缴存单位专管员管理办法》，印发专管员手册，对全市缴存单位专管员进行集中培训，提高了专管员业务水平。加强内部稽核，印发中心《内部稽核办法》，对各管理部资金运行情况进行专项检查，对查找出的问题，及时提出改进措施加以整改，提高了公积金中心的运营和管理水平。

【公积金信息化建设】 市公积金中心原业务软件2000年上线运行，随着业务量、资金量的快速增长，已经不适应全市住房公积金发展的需要。2012年，按照省建设厅"建立全省统一住房公积金软件"的要求，中心将新业务系统建设作为重点工作，成立了领导小组及办公室，制定实施方案，抽调业务骨干，多次召开专题会议进行研究，科学论证管理模式，反复推敲业务流程，量身定做业务模块，截至年末已完成新系统研发。新系统技术架构更稳定，管理更精细、数据更安全，为住房公积金事业快速健康发展提供了技术保障。在加强系统软件的同时，加大硬件资金投入，购置IBM小型机等先进设备，中心核心机房综合水平迈入全国同行业先进行列。

【宣传服务活动】 加强政策宣传，全年在报纸、杂志刊登理论文章和政策解读20余篇，利用电视台、电台经常播放住房公积金公益广告，在所有邮政储蓄网点每天滚动播放住房公积金政策，向全市近50万缴存职工免费发放结息对账单。与中国银行、中国工商银行、中国建设银行等商业银行合作，为近万名职工发放了住房公积金联名卡，方便了缴存职工办理住房公积金业务。加强新门户网站管理，业务科室和管理部结合实际，定期开展预约、上门服务，并开通热线电话录音系统，提高了回复质量。定期发行《住房公积金动态》、《电话和网站留言分析周报》，为住房公积金管理进行科学决策提供了参考。

石家庄住房公积金管理中心

主　任：王树欣

副主任：王根恒　王书刚　曹元华　耿占合　杜琳琳

（底宪民）

区划地名

【居住区建筑物道路命名、更名】 2012年，全市命名居住区23个，分别是绿园、花香漫城、纯粹家园、气象嘉园、祥云国际商住区、水墨紫庭、悦城、国赫红珊湾、东海盛景苑南区、泊悦园、天山熙湖小区、韵泽苑、七四二零南苑、格调春天花苑、保利花园、想象国际生活小区、东胜紫御府、国仕山花园、盛景八方小区、御景半岛花园、玉石南高营新村、泊水湾小区、华林苑。命名大型建筑物14个，分别是石家庄华强数码广场、美嘉大厦、苏宁电器商业广场、丽景国际商务中心、宝石大厦、金石大厦、新华锦鲤商务中心、天阔一品商务楼、前程商务大厦、财智大厦、华凯中心、长宏大厦、元隆商务楼、联盟商务楼。道路更名1个，"石环路"更名为"三环路"，原"西石环路、南石环路、东石环路、北石环路"分别更名为"西三环路、南三环路、东三环路、北三环路"。

【科学编制地名规划】 组织编制地铁1、3号线站名规划。2011年9月16日将规划方案报市政府，市政府批示地名办、轨道办充分争取各方面意见，是否在网上听取一下各方面的反映。按照政府批示要求，由轨道办负责在新闻媒体、网络广泛征求意见后，同年11月20日将征求意见后的方案报市政府。2012年11月7日列入政府第69次常务会议议程，其表决结果由区划地名办公室同轨道办继续对个别名称进行研究修改，2013年1月，命名方案经市政府常务会研究通过。

（刘平刚　白三学）

【5家建设单位违规使用地名】 2012年，石家庄市民政局依据《河北省地名管理办法》，针对存在违规使用地名问题，向河北忠誉房地产开发有限公司、河北盈通房地产开发有限公司、北京昊璟时代置业有限公司石家庄分公司、石家庄华基房地产开发有限公司、河北金城房地产开发有限公司等5家建设单位下达了责令(限期)改正通知书。并要求全市各建设单位，应依照法律规定和程序及时申报地名、正确使用地名，市民在购房过程中要查验《标准地名使用证书》，以免给日后落户和通邮等带来麻烦。

（刘毅）

【界线勘管与联查】 依据国务院《行政界线管理条例》、民政部关于创建和谐平安边界的要求，按照省民政厅的工作部署，石家庄市对市内（区）县界线进行了联合检查。完成长安正定线、长安藁城线、长安裕华线、长安桥东线、裕华栾城线、裕华藁城线、裕华桥东线、桥东桥西线、桥东新华线、桥东正定线、桥东鹿泉线、桥西鹿泉线、桥西新华线、新华鹿泉线、新华正定线等十五条县（市、区）界线。同时大力开展平安边界创建活动，签订平安边界协议，落实联席会议，互访互通群防群治等各项制度规定，及时发现和化解边界地区矛盾，较好维护了边界的稳定和谐。

（刘平刚　白三学）

交通运输

交通运输

概　述

2012年，石家庄市在优化城市布局、加强城市功能区建设的同时，坚持公交优先战略，积极申报并成为第一批国家"公交都市"创建城市，加快推进城市轨道交通建设，加强高速公路、铁路、空港和信息港建设，着力构建与省会长远发展相适应的大交通格局，努力把石家庄打造成在全国有重要影响的公路、铁路、航空和信息枢纽。4月8日，石家庄铁路建筑段成立。7月1日，西柏坡高速公路全线通车。9月28日，京港澳高速公路京石段改扩建工程开工建设。12月21日，石家庄新客站正式启用，设13台30线，其中正线6条。12月26日，京广高铁京郑段正式开通运营。至年末，全市铁路合计营业里程达到328.72千米（不含京广高铁数），共有车站29个，其中高铁客运站3个。全年铁路发送旅客2059.95万人，发送货物456万吨（旅客数据来源石家庄站，货运数据来源石家庄南站）。12月28日，京昆高速石家庄至冀晋界公路征地拆迁启动。全年公路建设完成投资39.25亿元，建设里程1501.9千米，其中，高速公路完成投资19.3亿元，建成9.1千米；干线公路完成投资8.26亿元，建设里程154.8千米；农村公路完成投资11.69亿元，建设里程1338千米。至2012年末，全市通车总里程达到1.63万千米，较上年增加333.54千米，路网密度为105.75千米／百平方千米，同比减少5.15千米／百平方千米。公路养护完成投资6.41亿元，干线公路完成大中修15项162千米、养护改造2项24.33千米，维修加固桥梁19座3052延米；农村公路完成养护公示牌制作208块，埋设示警桩2190根，补划标线66333平方米，新植树木533239株，整修标准化路段1500多千米，清扫路面950万平方米，整修路肩边坡7400千米，清理边沟1057千米，清运垃圾38.4万方，疏通桥梁379座。公路绿化整治完成投资2.02亿元，栽植补植树木465.6万株，绿化面积3824.6亩，绿化里程511.7千米。公路运输完成营业性客运量1.38亿人，客运周转量72.1亿人千米，同比分别增长10%和11%；完成营业性货运量2.73亿吨，货运周转量826亿吨千米，同比分别增长19%和15%。现代物流服务平稳发展。5月19日，顺邦百营物流中心一期工程竣工并试营业；8月底，石家庄装备制造基地百营物流中心一期投入运营，二期四栋物流配送楼基本竣工，达到验收标准，9月初商户开始入驻；9月9日，石家庄聚和港物流园一期工程竣工投用；12月20日，中国交通运输协会、河北省交通运输厅、石家庄市人民政府在省会联合主办中国城市物流发展年会，为物流业的交流与合作搭建平台；2012年石家庄内陆港完成报关票数9000余票，集装箱吞吐量6万多标箱，铁路散货吞吐量18万吨，实现营业收入21亿元，实现利润588万元。石家庄机场航空运输能力提升。年内，新建定州、衡水、白沟3座城市候机楼，石家庄机场异地城市候机楼达6座，旅客直通车覆盖冀中南7个（地）市，开通旅客班车线路30多条；开通中转国际航线40多条，新增、加密航线10多条，航线数量达到81条，同比增长22.7%，运营航空公司达到24家，通航城市52个，周往返航班最高达到1000架次，同比增长20.9%。2012年，石家庄机场旅客吞吐量达到485.21万人次，同比增长20.7%；货邮吞吐量3.97万吨，同比增长19.4%;保障飞机起降5.46万架次，无一例安全事故，实现集团公司第9个和石家庄机场第28个安全年。城市轨道交通建设有序推进。5月11日，《石家庄市城市轨道交通建设规划（2012—2020）》通过国家住建部专家审查，至此，国家审批前所有技术审查和评估程序全部完成。6月29日，《轨道建设规划》获得国务院批准，7月12日得到国家发改委批复，石家庄步入全国35个轨道交通建设城市行列。9月28日，3号线一期工程新火车站至二中站段举行开工典礼，小灰楼站管线迁改率先开工。城市公共交通努力打造“公交都市”。年内，购置天然气公交车450辆，淘汰燃油公交黄标车290部，营运车辆达到4033辆，其中，天然气公交车2887部，占公交车辆总数的71%，万人拥有公交车辆17.7标台，公交出行分担率达到31.1%；开辟营运线路25条，调整优化线路33条，营运线路总数达到209条。2012年，公交营运总里程20575.07万千米，平均运速17.02千米／小时；运送乘客6.4亿人次，平均每天运送乘客175万余人次。

铁　路

【概况】 2012年，石家庄市域内有铁路干线4条（京广、石太、石德、石太客运专线）、支线2条（新井、凤山），分别起止京广铁路207.9千米（寨西店承安铺间）至321.3千米（高邑鸭鸽营间），石太铁路石家庄至70.1千米（南峪娘子关间），石德铁路石家庄至85.25千米（束新王家井间），石太客运专线石家庄北站至59.97千米（井陉北阳泉北间）；两支线总长18.1千米，合计营业里程328.72千米（不含京广高铁）。京广高铁57.04千米至452.40千米，北与北京西站衔接，南与安阳东站衔接，车站管辖的京广高铁涿州东、高碑店东、保定东、定州东、正定机场、高邑西、邢台东、邯郸东等沿线八个中间站同步开通运营。全辖共设车站29个，其中高铁客运站3个。4月8日，石家庄建筑段成立，主承担负京广线（高碑店至柏庄）、京九线（西枣林至临西）、石太线（石家庄至赛鱼）、石德线（石家庄至八里庄）、邯长线（邯郸至北舍）5条干线，新井、凤山、白荫、南庄、马磁、沙午、保满、津霸8条支线，京广高铁（京郑段涿州东至邯郸东）、石太客专（石家庄北至东凌井）2条高速铁路共计172个车站2181千米两侧路内房屋、建筑物及其上下水、电照、电梯、供暖锅炉、暖气系统的维修管理和辖区内冬季供暖、住宅出售办证、生活区水电费收缴等项工作。冬季管理供热处所204处232台（其中锅炉173台，换热器50台，地源热泵9台），总供热面积为461.43万平方米。设备总量50718件1275.77万换算平方米。至年末，北京铁路局在石家庄的派出机构有石家庄铁路办事处，驻石家庄的主要运输单位有石家庄站、石家庄南站、石家庄客运段、石家庄电力机务段、石家庄工务段、石家庄供电段、石家庄电务段、石家庄车辆段。非生产单位有石家庄职工培训基地、石家庄工程项目管理部、石家庄建筑段、石家庄铁路疾病预防控制所、石家庄铁路招待所以及河北冀铁集团公司、河北铁建工程有限公司。石家庄车辆段主要担负京广、京九、石德、石太、邯长、邯济等铁路干线及合资铁路朔黄线货物列车的定期检修及日常维修任务，管辖区段1869.6千米，安全保证区段3587.4千米。段内有段修检修台位28个，采用两班制作业，日检修任务50余辆。石家庄客运段担当22对普通旅客列车和30对高铁动车的客运乘务任务。12月26日，京广高铁京郑段正式开通运营，首发仪式在石家庄站新铁路客运站举行，标志着石家庄客运段跨入高铁动车客运乘务时代，新担当高铁动车客运乘务任务30对。石家庄电务机务段配属和支配机车458台，担当石家庄～太原北、石家庄～济南西、石家庄～唐山、石家庄～阜阳、石家庄～南仓、太原～上海、邯郸～济南西、邯郸～长治北间283对客货列车牵引任务，担当里程9818千米。石家庄供电段担负京广高铁76.069千米至509.886千米、石太客运专线0.000千米至222.400千米、京广线64.100千米至485.800千米、石德线0.000千米至5.800千米、石太线0.000千米至117.000千米电气化铁路供电和生产生活供水、供电任务，以及邯长线0.000千米至215.500千米、沙午线0.000千米至69.000千米、马磁线0.000千米至46.225千米的供水、供电及设备更新、改造、大修、维修养护任务。石家庄电务段担负着京广线66.150～485.837千米、京九线 74.500 ~ 372.777 千米、石德线 0.000 ~ 176.500 千米、石太线 0.000 ~ 117.000 千米、邯长线 0.000 ~ 215.491 千米、石太客运专线、京广高速线和石家庄西环线、沙午、马磁等 15 条支（矿）线共计 2223.093 千米信号设备的维修维护任务。石家庄站位于京广高铁、京广、石德、石太、石太客运专线交汇点，站中心里程（客站）为京广高铁 277.08 千米，为客运特等站。石家庄站所辖石家庄北站为二等站，并管辖京广高铁沿线涿州东站、高碑店东站、保定东站、定州东站、正定机场站、高邑西站、邢台东站、邯郸东站等 8 个高铁客运站。车站线路管辖里程：京广高铁 57.04 千米至 452.40 千米，北与北京西站衔接，南与安阳东站衔接；京广线 263.55 千米至 270.65 千米，北与柳辛庄站衔接，南与平南站衔接；石太线 0 千米至 5.27 千米，与石家庄西站衔接；石德线 0 千米至 2.38千米，与石工业站衔接。2012年，石家庄站完成运输收入 149244.69 万元，其中客票收入 143711.05 万元，其他收入 5533.64 万元；运输总支出 16845.48 万元，其中有权支出 3664.54 万元；运输业劳动生产率 9.46 次／人日；完成旅客发送量 2059.95 万人。石家庄南站位于京广、石德、石太 3 条干线交汇点，为货运一等站。主要担负南北京广、石德、石太四个方向货物到发和运输组织工作。行政管辖一等站 1 个（石家庄南编组站，站场设置为纵列式二级四场）、二等站 4 个（石南站、石工站、石家庄西站、正定站）、三等站 1 个（获鹿站）、四等站 2 个（平南站、柳辛庄站）、线路所 1 个（孔寨线路所）。2012 年，石家庄南站完成运输收入 66683.59 万元，其中货运收入 44248.65 万元，货物发送量 456 万吨；日均装车 200.8 车，日均卸车 603.2 车；中转时间 6.0 车小时，停站时间 24.2 车小时，日办理车 23489 辆。

【石家庄良村热电有限公司铁路专用线工程】 该工程在石家庄炼油厂铁路专用线 K4 + 351 接轨，转向东 0.9km，进入热电厂，设电厂站。工程设计总投资 11386.4779 万元。2011 年 8 月 3 日开工。2012 年完成合同内投资 179.08 万元。

【石家庄新客站开通启用】 石家庄铁路新客站位于石家庄市中华南大街，车站等级特等站。2010 年 6 月 10 日，新客站站房工程正式开工，2012 年 12 月 21 日，新旧火车站完成交替，新客站全面启用。新客站规模 13 台 30 线，其中正线 6 条。经过铁路包括京石客运专线、石武高铁、京港高铁、石太客运专线、石济客运专线、太青客运专线、京广铁路、石德铁路、石太铁路等。车站结构，总建筑面积约为 390209 平方米（站房 + 广场地下建筑面积）。站房主体三层，地上二层（局部四层），地下一层（局部两层）。站房总建筑面积约为 235209 平方米（481 × 489，包括站房、雨棚、股道），建筑高度 36.87 米，其中雨棚约 86000 平方米，站房 107059 平方米。总建筑站场按三场横列布局设计，自西向东分别为京广普速场，京广高速场，太青高速场。共计 13 个站台 24 条客车到发线以及 6 条正线，其中，京广普速场 4 台，7 条到发线，2 条正线；京广高速场 5 台，9 条到发线，2 条正线；太青高速场 4 台，8 条到发线，2 条正线。由东广场至西广场为 1 ~ 24 乘车站台，截至 12 月 21 日零时，除太青场正在施工外，其余站场均已经启用。地面层为站台层，地下一层为出站层，地下二层为轨道交通，东西两侧分设社会、出租、公交停车场。新客站外檐装修为花岗岩石材幕墙、铝板幕墙、隐框玻璃幕墙（部分外挂石材格栅），外门窗为全玻门及铝合金门窗。南北通行的列车可从 7 个大拱门中穿行而过。车站广场，按东、西两场设计，总占地规模约 525 亩。其中东广场约 300 亩，西广场约 225 亩。广场地下总建筑面积15.5万平方米。其中东广场 7.9 万平方米，西广场 7.6 万平方米。新客站广场地下空间共提供 54 个公交车停靠点、850 个社会车停车位、320 个出租车停车位、约 1000 个非机动车停车位。另外，在东西广场均设置配套服务性质的商业，总商业面积约 5.9 万平方米。其中，东广场商业面积约 3.4 万平方米，西广场面积约 2.5 万平方米。新火车站东西广场景观设计各有特色，其中，东广场景观特色为“行云流水”，面向主城区，代表现代和时尚，象征创新求变的时代气息和多元包容的城市精神。西广场为“水润石门”，面向老城区，代表历史、淳朴，是历史文脉的延续。为彰显石门文化，西广场的设计方正而浑厚，象征端庄大气的石门古韵和源远流长的历史脉络。东西广场景观在水元素的统一中又赋予各自地域特色。

（王洁英）

【石武客运专线郑武段开始运行试验】 8月26日，石（家庄）武（汉）客运专线郑（州）武（汉）段开始运行试验。石武客运专线是纵贯中国南北铁路交通大动脉（北）京广（州）深（圳）（香）港高速铁路的重要组成部分，北起新建的石家庄站，经由郑州东，南至武汉站，跨越河北、河南、湖北3省，正线全长840.7千米。郑武段是石武客运专线的一部分，设计时速350千米，设有郑州东、许昌东、漯河西、驻马店西、明港东、信阳东、孝感北、横店东和武汉共9个车站，正线全长482.7千米。石武客运专线郑武段于2008年10月开工建设，2012年5月通过工程静态验收，6月开始联调联试和动态检测。

（田建军）

【京广高铁京郑段开通运营】 京广高铁是国家"四纵四横"快速铁路网主骨架的"脊梁"，纵贯北京、河北、河南、湖北、湖南、广东六省市，串起首都北京和石家庄、郑州、武汉、长沙、广州5个省会城市及众多中等城市，将环渤海经济圈、中原城市群、关中城市群、武汉城市圈、长株潭城市群、长三角经济圈和珠三角经济圈紧密联系起来，对于缓解京广铁路通道运输压力、缩短沿线城市间时空距离、方便人民群众出行、促进经济社会发展具有十分重要的意义。京广高铁全长2298千米，全线设计速度350千米／小时，初期运营速度300千米／小时，年输送能力单向8000万人次。北京至郑州段运营里程693千米，沿途设北京西、涿州东、高碑店东、保定东、定州东、正定机场、石家庄、高邑西、邢台东、邯郸东、安阳东、鹤壁东、新乡东、郑州东14个车站。12月26日，京广高铁京郑段开通运营，标志着世界上运营里程最长的北京至广州高速铁路全线贯通。京广高铁全线贯通后，在北京、石家庄、郑州、武汉、广州分别与已经开通运营的京沪、京津城际、哈大、石太、郑西、合武、合宁、沪宁、沪杭、汉宜、广深、广珠城际以及宁杭、甬温、福厦等多条高铁相连，全国高速铁路网建设初具规模。由此省会石家庄也正式进入高铁时代，拉近了石家庄与周边城市的距离。"一小时交通圈"即将形成，将进一步加速城市之间资源的流动和共享。同时，对催生旅游市场繁荣起到积极作用。

【京石客运专线石家庄枢纽（代建）工程】 工程规模：石家庄枢纽改造工程建设指挥部负责工程为京石客运专线北京铁路局代建部分，包括六线隧道、新客站和站场改造三部分。工程投资：计划总投资86.26亿元。开工时间:2009年4月15日。工期时间：工期48个月。建设单位：石家庄枢纽改造工程建设指挥部。设计单位：铁道第三勘察设计院集团有限公司，中铁二院工程集团有限责任公司、中国建筑设计研究院设计联合体。施工单位：中铁隧道集团有限公司、中铁六局集团有限公司、北京建工集团有限公司与华鼎建筑装饰工程有限公司、中铁建电气化局集团公司。监理单位：北京铁建工程监理有限公司。安全情况：从对既有运营线要点施工、既有铁路设备的监控，大型机械使用、人身、用电、防火等安全情况良好，全年没有发生人身和行车事故。至2012年底工程进展情况：六线隧道工程，征地拆迁工作全部完成，3月份六线隧道主体全部完工，12月26日京广高铁隧道正式投用，京广普速和石青客运专线隧道下部安排铺板、铺轨等剩余工程以及局部七线隧道陆续组织施工。石家庄站站房工程，西站房区于2010年5月10日开工建设，2012年12月21日正式启用；东站房主体已经完工，内部装修等工作计划于2013年5月31日前全部完成。站场改造工程，与京广高铁开通相关的配套工程全部完成，其余功能完善、扩大能力的工程正在按照部、局有关要求和地方政府的想法与设计等积极对接逐步实施。投资完成情况：至2012年9月，石家庄枢纽总投资达到924428万元，比最初设计批复数增加61800万元，2012年计划完成投资300000万元，截至11月底完成投资285435万元，累计完成投资855435万元。

（王洁英）

公 路

【概况】 2012年，全市公路通车总里程达到1.63万千米，公路密度达到105.75千米/百平方千米。其中，高速公路5条(石黄高速公路、青银高速公路、京昆高速公路、京港澳高速公路、西柏坡高速公路)482.48千米，国道4条(107国道、207国道、307国道、308国道)418千米，省道33条1493千米，县道43条1579千米，乡道4965千米，专用公路210千米，村道7217千米。桥梁3887座225852延米，永久性桥梁3880座225758延米，桥梁永久率达到99.9%。全年全市公路建设里程1501.9千米，通车里程较上年增加333.54千米；完成投资52.33亿元，其中，高速公路19.3亿元，普通干线公路8.26亿元，农村公路11.69亿元，公路养护6.41亿元，场站建设6.67亿元。

【公路建设】 全年全市公路建设完成投资39.25亿元，建设里程1501.9千米。其中，高速公路完成投资19.3亿元，建成9.1千米，西柏坡高速实现全线通车，京昆石太高速、京港澳高速改扩建工程石安段京石段开工建设。干线公路完成投资8.26亿元，建设里程154.8千米，建成石铜路、正定机场高铁站至航站楼、京赞线、衡井线、黄石高速农业观光园连接线等工程。农村公路完成投资11.69亿元，建设里程1338千米，其中连村公路建成168.3千米，主街道硬化完成451个村485.7千米；完成省补农村公路建设425.8千米5060万元、省补燃油税桥梁改造项目1666.4延米4804万元；筹措资金1.64亿元，推进红旗大街南延三期工程，其中赞皇段率先实现建成通车。

【公路养护】 全年全市完成公路养护投资6.41亿元，其中，干线公路完成大中修15项162千米、养护改造2项24.33千米，维修加固桥梁19座3052延米，工程优良率均达100%，干线公路技术状况指标达到85.3，好于全省平均水平。农村公路完成养护公示牌制作208块，埋设示警桩2190根，补划标线66333平方米，新植树木533239株，整修标准化路段1500多千米，清扫路面950万平方米，整修路肩边坡7400千米，清理边沟1057千米，清运垃圾38.4万方，疏通桥梁379座。

【道路环境治理】 加强绿化治理，投资2.02亿元，以西柏坡高速、三环公路为重点，对高速公路、国省干线及主要出市口道路进行环境整治绿化提升，共栽植补植树木465.6万株，绿化面积3824.6亩，绿化里程511.7千米。其中，西柏坡高速及三环路两侧乔灌木植树264万株，植地绿化1302亩。加强路政管理，共清理垃圾7.7万立方米，拆除非法交通标志6269块，取缔占道经营摊点2453处，道路通行环境得到进一步改善和提升。

（黄金元）

【石铜路石闫路道路工程竣工通车】 11月8日，石铜路和石闫路（石太高速路桥－三环路）道路工程竣工通车。石铜路道路改造提升工程于10月8日进点施工。石铜路原状为一幅路，路面宽10米，长1840米，路况较差，街道两侧没有铺装便道，黄土裸露，高低不平。改造后，道路成为三幅路，机动车道宽10米，东西非机动车道分别为3.5米和5.5米，机动车道非机动车道隔离带宽2.5米。该工程完成沥青混凝土盖被2万平方米，新建非机动车道1.04万平方米，新铺便道2.26万平方米，新建排水管道190米，改建排水检查井194座，新安装路灯114套。石闫路(石太高速路桥－三环路)是市区西北部出入市的重要交通要道，于10月8日开始整修。石闫路共整修道路493米，两幅路各宽11米，拆建便道200平方米，拆建绿化带挡墙600米。

（靳晓磊）

【京昆高速石家庄至冀晋界段征地拆迁启动】 12月28日，石家庄市召开京昆高速河北省石家庄至冀晋界公路征地拆迁动员会。至此，石家庄至太原第二条高速通道建设正式开始。京昆高速石家庄至冀晋界（原称京昆高速石太北线）于2012年8月31日由国家发改委正式批复建设。该项目由主线、石家庄支线、西柏坡支线组成。其中，主线全长约65.2千米，起于正定县曲阳桥，和京昆高速与北绕城高速曲阳桥互通相接，向西经鹿泉市李村镇、宜安镇，井陉县孙庄乡、小作镇，井陉矿区贾庄镇，止于井陉县辛庄乡冀晋界，与山西省建成通车的平定（冀晋界）至阳曲高速公路相接，全线采用双向6车道高速公路标准建设。该项目涉及正定县、鹿泉市、井陉县、井陉矿区4个县（市）区，需征用土地6490亩，拆迁各类房屋3.1万平方米。计划2013年4月底完成征地拆迁。

（王巍）

【京港澳高速京石段改扩建工程开工】 京港澳高速京石段是河北省高速公路网规划中最主要的南北干线，也是冀中南地区联系北京、沟通东北、华北等地区最重要的通道。随着经济快速发展和运输需求的迅猛增长，该路车流量大大超过设计能力，不能满足快速通行需要，需要扩容改造。4月25日，该路段扩容改造工程施工许可获得国家发改委正式批复，8月15日工程初步设计获得交通运输部批复。9月28日，京港澳高速公路（京石段）改扩建工程开工动员大会在石家庄太行国宾馆召开，该项工程进入实质性实施阶段。京港澳高速公路京石段改扩建工程为经营性项目，出资方是省高速公路管理局和中远集团。项目起于涿州码头镇，途经保定、石家庄两市14个县（市）区，在藁城彭家庄接石安段。全长224.6千米，其中京冀界至新乐郭村互通185.8千米为原路两侧拓宽至八车道，郭村互通至藁城彭家庄38.8千米为新建八车道。全线设计时速120千米，设互通式立交20处，服务区7处。工程概算投资189亿元，计划2015年底通车。

（刘彬 刘丽莲 张麟）

【西柏坡高速公路全线通车】 6月30日，西柏坡高速公路三期工程建成通车，至此，西柏坡高速公路全线贯通，从市区到西柏坡行车时间由约2小时缩短至40分钟。省委常委、市委书记孙瑞彬，省政府副秘书长曹汝涛，市长姜德果出席通车总结大会。西柏坡高速公路是通往西柏坡的第一条高速公路，起点位于石家庄市区西、北二环交叉处，终点位于西柏坡，途经新华区、鹿泉市、井陉县、平山县，全长71.4千米，总投资86.3亿元，由省高速公路管理局和市交通运输局分别投资50%，分三期实施建设。一期工程高庄至北沟段，全长42.7千米，投资40.9亿元，2010年4月26日开工建设，2011年7月1日试通车，10月1日正式通车。二期工程北沟至西柏坡段，全长19.6千米，投资19.8亿元，2010年8月13日完成项目批复，2010年12月23日正式批复工可，2011年7月1日试通车，11月1日正式通车。三期工程二环路至霍寨段，全长9.1千米，投资25.5亿元，2010年10月25日完成项目批复，2010年12月23日正式批复工可，起自市区西、北二环交叉处，终于京昆高速霍寨互通，按双向六车道高速公路标准建设，跨越二环路、三环铺道、太平河、石太高速公路、京广铁路石家庄西环线、南水北调中线总干渠、京昆高速公路，设西三庄、田家庄和霍寨3处互通立交。

（黄金元 范玉蕾）

【石环路更名为三环路】 2007年11月，石环公路试通车，途经石家庄市6区3县（市），穿越59个自然村，全长74.9千米，设计时速达80千米。2011年7月18日～22日，市交通运输部门通过媒体向社会公开征集是否对石环路进行更名的意见。在征集过程中，许多石家庄市民通过打电话、发邮件等多种方式表达自己对石环改名的看法。据统计，88%以上的市民支持将石环路更名为三环路。2012年3月19日，经市政府批准，从即日起，石环路正式更名为三环路，并通过市地名办以公告的形式发布实施。与此同时，原西石环路、南石环路、东石环路、北石环路分别更名为西三环路、南三环路、东三环路、北三环路。

（周连颖 薛刚 李云萍）

【内陆港建设】 2012年，石家庄内陆港生产经营平稳发展，取得较好经济效益。全年完成集装箱吞吐量6万多标箱，报关票数9000余票，铁路散货吞吐量18万吨，实现营业收入21亿元，实现利润588万元。集装箱业务方面。在欧债危机持续恶化、外需疲软、出口增长困难情况下，注重发挥内陆港“直通关”优势，强化管理、苦练内功，提高工作效率和服务水平，全力为进出口和内贸企业提供“一站式”服务。与天津港沟通联系，解决对无水港区域通关货物强行收取运抵报告费或变相收取服务费问题，降低出口企业费用。配合制定流程变更计划，落实天津海关对“属地申报、口岸验放”货物实施运、抵、报制度，减少海关业务新政策给客户带来的不适应性。加强与中远集团合作，深度开发进口货源，迅速发展重去重回业务，加快堆场集装箱周转率，提高集装箱业务贡献度。全年铁路集装箱累计吊装4179标箱，发送300标箱以上；监管区堆存可口可乐进口设备72箱、货场堆存农业机械1000台；汽车集装箱运输业务效率和效益进一步提高。铁路散货运输业务方面。新增首钢、太钢、河北物产集团等大客户，铁路散货运输量稳中有升。全年完成铁路散货运输2305车、货运量15万吨。物流贸易业务方面。依托冀中能源，加强市场营销，建立与邯郸、武安等钢铁企业战略合作，巩固和发展物流贸易业务。同时，开办银行敞口承兑业务，获得汇票资格1亿元，并选取信誉好、收益高、安全可靠的合作伙伴，积极拓展新的经济增长点。报关业务方面。至年底，在内陆港报关的出口A类、AA类企业达到31家，完成报关6740票。全年完成各类企业各类报关业务9000余票。配套工程建设方面。四诚院钢材物流交易中心项目，完成可行性研究和投资审批、项目施工设计、设备预购、场地平整等前期准备工作，完成简易堆场工程及龙门吊安装工程。对消防设施和管理软件进行补套，消防安全标准得到提高。对监管区堆场进行技术改造，增设集装箱自动识别系统，加高护栏，海关监管设施更加完善。安全生产方面。以“科学发展抓预防、预防为主重教育”主题，开展安全生产月活动。邀请消防大队专家开展职工消防知识培训，提高职工安全意识和自我保护能力。围绕“人身安全、机械操作、铁路集装箱及货物装卸、汽车运输、防火防盗”等重点内容，加强安全管理，把安全责任和安全措施落实到每一个部室、每一个班组和每一个岗位，并从严从细从紧抓好安全隐患排查治理，坚决杜绝各类事故发生。全年安全生产无事故。

（黄金元）

运输市场管理

【概况】 2012年，市运输市场管理部门围绕“构建规范的运输市场秩序，促进运输市场稳定健康发展”中心任务，积极开展道路运输市场整治活动，查处各类违章经营车辆3537辆次，其中未经许可擅自从事道路运输车辆270辆次，客车不按线路、班次行驶或不按批准站点停靠328辆次，严重违规出租汽车28辆次，无证驾驶员培训车辆26辆次，清理取缔无证驾校及训练场7家。为应对成品油价格上涨对道路客运的影响，及时全面排查货运及客运行业稳定情况，并按照油价联动机制，5次调整票价，有力维护了货运及客运行业稳定。针对群众反映较多的出租车“打车难”问题，采取加大市场整顿力度、加强行业管理、科学调度运力的方式，促进了出租汽车行业平稳运行。加强道路运输安全管理，开展“道路运输安全生产年”活动，制定《石家庄市客运行业安全管理工作意见》，建立客运车辆包车牌管理档案，完善“两客一危”GPS联网监控系统，全年全系统实现安全无事故。加大基础设施建设，全年完成场站建设投资6.67亿元，建成客运站2个、物流工程1项，完成鹿泉市、行唐县两个县域固定治超站点建设和藁城市、栾城县、鹿泉市、正定县4县（市）农村客运公交化及井陉县农村客运公司化改造，购置燃气空调大公交车450辆，交通运输环境进一步改善。至2012年底，全市（含各县）营运货车达到16.4万辆，客车3359辆，机动船舶55艘；完成公路营业性客运量1.38亿人，客运周转量72.1亿人千米，同比分别增长10%和11%；完成营业性货运量2.73亿吨，货运周转量826亿吨千米，同比分别增长19%和15%。

【基础设施建设】 完成场站建设投资6.67亿元，其中，建成项目3个，分别为鹿泉汽车客运站、公交南位停车场和聚和港物流园区一期工程；新建简易站8个、候车亭65个、招呼牌136个；新建公交站亭30座，维修公交站台95座，更新水泥站杆395个，维修各类站牌、站架、站杆4017幅（个）。完成藁城、栾城、鹿泉、正定四县农村客运公交化和井陉县农村客运公司化改造。7月份，正定新区新一中和园博园两个首末站建成投用；12 月 10 日，南位公交停车场竣工并投入使用。

（黄金元）

【晋州市汽车客运站奠基】 10 月 27 日，总投资 2800 万元的晋州市汽车客运站奠基仪式在魏征公园西侧举行。该项目采用“政府主导、行业管理、市场运作、企业经营”模式，按照国家二级客运站标准建设，总占地面积 40.11 亩。

（康乾）

【道路运输市场管理】 开展“黑车集中治理”“旅游包车客运市场专项治理”“黑驾校集中治理”等活动，坚决打击无证经营行为，严厉查处班线客运站外经营、旅游包车不使用包车牌和违规运输危险品等严重违规违纪问题，全面规范道路运输市场秩序，降低道路运输行业安全生产隐患。全年查处各类违章经营车辆 3537 辆次，其中，查处未经许可擅自从事道路运输的车辆 270 辆次，客车不按线路、班次行驶或不按批准站点停靠的 328 辆次，严重违规出租汽车 28 辆次，无证驾驶员培训车辆 26 辆次，清理取缔无证驾校及训练场 7 家。

【道路运输安全管理】 开展“道路运输安全生产年”活动，严格落实安全生产包保责任制，建立制度化、规范化安全监管体系。出台《石家庄市包车牌管理办法》，对包车牌的申领条件、发放、使用、回收、销毁等各个环节进行规范，并建立客运车辆包车牌管理档案。制定《客运行业安全管理工作意见》，完善“两客一危”GPS 系统联网监控机制，对运输车辆实行全时动态监管。落实客运车辆日检查和月例会制度，开展常态化安全检查，对问题隐患做到早发现、早整改、早杜绝。组建“国家道路运输应急保障车队石家庄支队”，举办公路钢桥架设应急演练，提高公共服务和应急保障能力。年内，妥善处置京赞公路磁河桥和沙河桥桩基险情。

【出租汽车行业管理】 加强对重点部位治理，以火车站、北站和客运站为重点，加大执法监管力度，严厉打击违法违章行为，净化市场运营环境。建成出租汽车服务管理信息系统一期工程，将全市 6710 辆出租汽车和 25 家出租汽车公司、15000 名从业司机纳入系统，加强行业智能化管理。取消原火车站和北站出租车定点运营模式，协调两站管理办公室和市交管局，在新火车站和北站设置出租车专用道，并派驻运政执法人员 21 名加强新火车站出租车辆管理。全年查处出租汽车黑车 236 辆、异地经营车 60 辆、其他违章车 380 辆，处理为民服务中心派转工单 10703 份，组织行业例会 148 场，教育培训司机 6 万余人。

【货物运输“双超”治理】 加强固定治超站点建设，投资完成 2 个县域（鹿泉市、行唐县）固定治超站点建设，报批 4 个县域（辛集市、井陉县、元氏县、赞皇县）固定治超站点建设方案，同时调整全市流动治超卸载点，实现治超站点布局更加规范合理。加大监督检查力度，明察与暗访相结合，定期、不定期进行检查，防止在公路乱设站卡、乱罚款、乱收费，并规范治超执法行为。建立与石家庄市区周边县（市）联合治超长效机制，遏制干线公路超限超载现象，保护路权路产，维护干线公路良好路况。开展治砂专项行动。自 5 月份始，以正港线、307 国道、107 国道、新赵线、衡井线等国省干线为重点，组织集中整治行动 6 次，检测车辆 5 万余辆，查处超限车辆 452 辆，卸载货物 2 万余吨。坚持开展源头治超，全年共出动巡查人员 1600 余人(次)，巡查货运源头单位 4250 家（次），检查货运车辆 2808 辆，创建无“双超”信用企业 207 家。

【水路运输监管】 规范船舶检验管理，检验机动船舶 55 艘，检验率 100%，发放船舶检验证书 55 本，其中，元氏县 9 艘，植物园 2 艘，环城水系 18 艘，太平河 2 艘，平山县 24 艘。依照《河北省内河船长小于 5 米船舶检验规则》，开展对 5 米以下小船的排查工作，对符合登记要求的实施登记管理。开展水路旅客运输市场互查活动，对全辖区各通航水域、水运企业、营运船舶、船舶停靠码头进行检查，维护水运行业安全稳定。活动中，共检查水运企业 16 家、营运船舶 66 艘、船舶停靠码头 23 处，查处有问题水运企业 4 家，其中，关停 1 家、整改 3 家。2012 年，石家庄市全辖水上交通安全无事故。截至年底，石家庄有市级地方海事机构 1 个，县级地方海事机构 8 个；有通航条件水库 9 座(有营运船舶的水库 5 座），自然河流 4

条，人工河2条，公园1个；有水路运输企业17家，其中，经营船舶旅客运输企业12家、经营内河河流企业5家；有水路运输服务企业1家，营运机动船舶55艘，其中，普通客船18艘、游艇37艘。

（黄金元）

民用航空

【概况】 2012年，石家庄机场按照“打造低成本枢纽机场”的目标和“航空大众化”战略，以企业文化建设为支撑，围绕提高机场运行效率和确保改扩建工程顺利竣工投用两大重点工作，狠抓三大市场开发，强化基层班组建设，夯实安全管理基础，努力打造美丽机场、幸福空港。3月25日，新增至张家界、桂林航线。3月28日，首条国际定期货运航线正式开通。6月20日，开通至韩国首尔直飞航线。10月23日，首条至哈萨克斯坦货运航线开通运营。12月26日，京广高铁全线开通，石家庄机场借势而为，利用“空铁联运”的便捷，分流周边航空市场，积极打造进京第二通道。年内，石家庄机场开通中转国际航线40多条，新增、加密广州、深圳、成都、南京、昆明、杭州等10多条航线，航线数量达到81条，同比增长22.7%，运营航空公司达到24家，通航城市52个，周往返航班最高达到1000架次，同比增长20.9%，基本构建成“沟通南北、通达东西、延伸海外”的航线网络。全年河北机场集团保障飞机起降5.69万架次，同比减少1.8%，其中，石家庄机场保障飞机起降5.46万架次，同比减少0.5%，实现集团公司第9个和石家庄机场第28个安全年。构建空陆衔接便捷通道，打造“无缝隙衔接”“零距离换乘”的地面交通网络。新建定州、衡水、白沟3座城市候机楼，石家庄机场异地城市候机楼达6座，旅客直通车覆盖冀中南7个（地）市，开通旅客班车线路30多条。全年，石家庄机场通过地面交通网络接送周边团队8570团次、25.5万人次，其中，接送北京团队4990团次、15.1万人次。2012年，河北机场集团首次荣获河北省2010－2011年度“文明单位”荣誉称号，旅客服务公司贵宾室被评为河北省“青年文明号标杆”，1人获得河北省五一劳动奖章，1人获得“河北省杰出青年文明号号长”称号。

（刘佳　杨兰军　张毓　呼为冰）

【运输生产】 制定《关于推进石家庄机场航空大众化试点工作的实施方案》，推进航空大众化试点工作，精心打造低成本航空枢纽。建设石家庄机场高铁站候机楼，研究制定石家庄机场空铁联运模式及实施方案，并于12月26日正式投入运行。新增和加密至包头、烟台、鄂尔多斯等地短程航线，完善至秦皇岛、唐山等省内支线机场航线结构，做好张家口机场开航准备工作，发挥石家庄机场省内航空网络枢纽作用，初步建成一小时航空圈。相继推出“华东游”、“海滨游”、“草原游”等航空旅游新产品，先后走访社会代理人和旅行社210家，借势借力拓展周边和返程客源市场，全年接送周边团队8570团次、25.5万人次，其中，北京地区团队、4990团次15.1万人次。河北机场集团全年完成旅客吞吐量500.75万人次，同比增长18.9%，其中，石家庄机场485.21万人次，同比增长20.7%；完成货邮吞吐量4.03万吨，同比增长19.9%，其中，石家庄机场3.97万吨，同比增长19.4%；保障飞机起降5.69万架次，同比减少1.8%，其中，石家庄机场5.46万架次，同比减少0.5%。

【安全管理】 分解目标管理责任，实行安全管理责任制，明确安全主体责任、领导责任和岗位责任。落实“十八大”航空安保各项措施，努力消除不稳定、不和谐因素，实现“零差错、零事故”。与驻场单位签订《机场运行安全协议》，深化齐抓共管良性工作机制。增强软硬件保障能力，3月20日，石家庄机场机务工程部通过民航华北局和民航河北监管局的维修单位安全管理体系（SMS）运行审定，成为河北地区首家通过局方SMS审定的维修单位。推进《河北省民用机场净空和电磁环境保护管理办法》立法工作，完成石家庄机场15号跑道新增DME（Distance Measure

Equipment 测距仪）设备、10kV电站改造等重点项目建设。开展安全大检查、打非治违和“安全生产月”等安全生产专项工作，组织反劫机反炸机等专项演练，提升机场应急管理水平，确保飞行、航空地面和空防安全，实现机场集团公司第9个和石家庄机场第28个安全年。

（刘佳）

【航线航班】 1月16日，石家庄－西安－长沙航线开通。该航线由河北航空公司E－190飞机执飞，每周5班。1月21日，石家庄－三亚航线开通。该航线由河北航空公司E－190飞机执飞，每天1班。3月28日，石家庄－韩国首尔货运航线正式开通，成为河北省首条国际定期货运航线。该航线由河北机场集团和中国邮政航空公司、北欧亚太国际货运代理公司合作开通，由中国邮政航空公司波音737全货机执飞，每周3班。6月20日，石家庄－韩国首尔国际旅游包机航线开通。该航线由韩国航空公司波音737客机执飞。6月20日至10月28日飞行40余班次，为推动河北对外开放和国际旅游业的发展提供了平台基础。7月16日，石家庄－北京（南苑）－海拉尔航线开通。该航线由中国东方航空河北分公司执飞，每天1班。该航线是石家庄机场开通的首条飞往北京航线，增加了石家庄作为省会城市的通达性，有利于推动环渤海一小时交通圈建设。7月20日，石家庄－兰州航线开通。该航线由东方航空公司执飞，每周二、五执行2班。7月21日，石家庄－合肥航线开通。该航线由东方航空公司执飞，每周二、四、六执行3班。7月25日，上海－石家庄－乌鲁木齐航线开通，成为石家庄机场首条西部廉价航线。该航线每天1班。10月23日，石家庄机场正式开通浦东－石家庄－阿克秋宾斯克－浦东货运航线，这是石家庄机场首条直达哈萨克斯坦的航线。该航线由扬子江快运航空有限公司执飞，采用全新引进的空中客车A330-200全货机执行。扬子江快运开通该航线，打破以往该航线以俄罗斯航空公司为主的独联体航空垄断格局，加强了国内货运航空企业国际航线的市场竞争力。11月2日，石家庄－台中航线正式通航，成为河北省通往台湾地区的第二线航线。该航线由台湾华信航空公司执飞，每周五执飞1班，是继台湾远东航空公司后进驻石家庄机场的第二家台湾航空公司。2012年，石家庄机场航线数量达到81条，同比增长22.7%；运营航空公司达到24家，同比增长4.3%；通航城市52个，同比增长18.2%；每周往返航班最高达1100班，同比增长20.9%。

（刘佳　张毓）

2012年7月16日，石家庄－北京（南苑）－海拉尔航线首航

【集疏运体系建设】 2012年，石家庄机场新增城市候机楼3座，分别是定州、衡水和白沟。1月19日，定州城市候机楼正式启用，成为省内首家县级城市候机楼。1月31日，开通定州往返石家庄机场的旅客直通车。6月15日，衡水城市候机楼投入运营。10月23日，白沟城市候机楼正式运营。至此，石家庄国际机场异地城市候机楼家族增至6个，旅客直通车覆盖冀中南部7个城市，旅客班车线路达到30多条，其中，保定旅客班车每天8班，邢台、邯郸、衡水、定州、白沟旅客班车每天5班，沧州旅客班车每天3班，初步建起冀中南地区旅客零距离换乘地面交通网络。12月26日，京石高铁全线贯通。是日，石家庄机场同步推出“空铁快线产品”，开展“空铁联运”。至此，石家庄机场形成集高铁、高速、

2012 年 10 月 23 日，石家庄国际机场白沟城市候机楼启用

国道、旅客直通车于一体的地面交通集疏运体系。

（刘佳 秦雅南）

【石家庄机场军事代表办事处挂牌成立】 12 月 13 日，中国人民解放军驻石家庄机场军事代表办事处正式挂牌成立，标志着河北省航空军事运输能力有了新的发展和提高。石家庄机场军事代表办事处是根据国家有关条例和规定，为适应日益增长的航空军事运输需要经军队批准的常设机构。主要负责航空军事运输的调度值班、现场组织协调以及与当地民航部门合作共同完成军事运输任务等相关工作。北京军区、民航河北监管局、河北机场集团有关领导以及相关单位人员参加揭牌仪式。揭牌仪式后，53 名河北籍新兵搭乘航班前往三亚。

（张红昱 刘永强）

【石家庄机场机务工程部通过 SMS 运行审定】 SMS 安全管理体系是在关注维修质量、人为因素的基础上，将安全管理的重点放在组织（企业或部门）层面上的管理方法，是国际上公认的最先进的安全管理方法。SMS 强调的是安全政策、目标，清楚地界定安全责任。管理过程即通过信息获取，进行数据分析、系统评价及预防或纠正措施，实现各项工作安全管理的闭环。2006 年国际民航组织推荐成员国使用，2007 年中国民航局开始推行。2009 年国际民航组织和民航局开始要求机务维修符合 SMS 规范。2011 年石家庄机场机务工程部开始进行 SMS 建设。2011 年 10 月 17 日，机务工程部成立 SMS 建设推进小组，负责 SMS 建设的组织领导和推进；2011 年 11 月 28 日，完成 SMS 手册的编写，手册中明确了安全政策和目标，界定了各相关单位的 SMS 职责；2011 年 12 月 30 日，机务工程部通过民航河北监管局的 SMS 手册审定，并进入试运行阶段。2012 年 3 月 20 日，由中国民用航空华北地区管理局副处长柳本强带队的运行审定小组对机务工程部安全管理体系进行审核评定。局方人员在审核机务工程部进行演示验证和对实际案例进行分析后，认为机务工程部安全管理体系能够正常运转，文件程序在 SMS 手册、安全组织机构、安全政策、安全目标、界定安全责任等文件方面符合局方要求，运行方面能够运用系统的方法排查危险源，降低风险，用组织等手段解决系统问题，将安全管理与质量管理相结合，实现了维修过程的闭环管理，从而保证整体运行达到安全工作目标。运行审定小组充分肯定机务工程部的 SMS 建设工作，并批准机务工程部通过维修单位安全管理体系（SMS）运行审定。石家庄机务工程部成为河北地区第一家通过局方 SMS 审定的维修单位。民航河北监管局局长李增永向河北机场集团副总经理高永超颁发《关于批准安全管理体系（SMS）正式运行函》。

（李秀青）

【航空运输服务】 以企业文化落地实施为契机，遵循“感动服务”理念，塑造“从家飞”服务品牌，开展“温馨空港”主题创建活动，不断推出“一票到底、行李直挂”等新服务，积极打造绿色、整洁、优美、温馨的空港环境，完善候机楼内基础服务设施，为旅客出行提供文明和谐出行环境，树立了良好的省会窗口形象。综合全年服务质量调查结果，旅客、机组对石家庄机场的整体满意度得到较大提升，分别达到 94%

和 99%。

河北机场管理集团有限公司

总 经 理：张彦杰

副总经理：邢东方　李宁

高永超　马越

金双占　罗晓广

书　　记：张彦杰（兼）

副 书 记：邢东方（兼）　周忠义

纪委书记：高立新

工会主席：张海山

（刘佳）

城市轨道交通

【概况】 2001 年，石家庄市轨道交通筹划起步。2001 年 6 月，轨道交通建设专题调研小组成立，由市计委主任张发旺牵头，组织专人研究和筹划相关工作；2001 年 10 月，经市委常委会研究决定，正式成立市轨道交通项目建设办公室（简称轨道办），负责轨道交通项目考察、谋划、报批工作。2010 年 2 月，经市政府办公厅批准，市轨道交通有限责任公司成立。按照市委要求，轨道办与轨道公司合署办公。轨道办负责协调各方关系、研究制定政策、筹措建设资金、推动项目建设。轨道公司作为项目法人，负责项目谋划、筹资、建设、组织运营，并以城市总体规划为依据，谋划、建设、扩大轨道交通网络。2011 年 4 月 14 日，市轨道公司注册成立，注册资本 10 亿元。同年，石家庄轨道交通建设规划 1 号线、2 号线、3 号线列入国家“十二五”交通建设重点项目规划。2011 年 4 月 25 日，下发《石家庄市人民政府办公厅关于印发石家庄市轨道交通土地收储实施意见的通知》（石政办函〔2011〕45 号），由政府统一规划、实施轨道交通控制范围和特定区域土地收购储备工作。2011 年 6 月 9 ～ 10 日，受国家发改委委托，中国国际工程咨询公司组织北京、天津、上海、广州、成都、深圳等地 9 位专家，全面评审了石家庄市城市轨道交通建设规划，标志市城市轨道交通项目国家审批工作进入实质推进阶段。2011 年 6 月 20 ～ 30 日，市轨道交通有限责任公司开始面向社会公开评选轨道交通标志图形，有近 3500 人参加网络投票，其中 62% 的市民倾向于方案一，38% 的市民倾向于方案二。2011 年 8 月 1 日，市政府召开第 56 次常务会议，经审议，最终确定方案一为石家庄市轨道交通标志。2011 年 10 月 8 ～ 14 日，轨道交通 1、3 号线一期工程共计 38 个车站站名方案开始征集市民意见，经多方研讨，修改完善后于同年 10 月 21 日上报市政府。2012 年 5 月 11 日，《石家庄市城市轨道交通建设规划（2012–2020）》（以下简称《轨道建设规划》）通过国家住建部专家审查。至此，《轨道建设规划》完成国家审批前所有技术审查和评估程序。6 月 29 日，《轨道建设规划》获得国务院批准，7 月 12 日得到国家发改委批复，从此石家庄步入全国 35 个轨道交通建设城市行列。11 月 7 日，经市政府第 69 次常务会议研究，原则通过并提出改进意见。2013 年 1 月 9 日，《轨道建设规划》修改稿经市长姜德果签字同意正式确定。

（周连颖　市轨道办）

【重大活动】 3 月 23 日，石家庄市轨道交通有限责任公司邀请国内同行专家，在石家庄市召开《石家庄市城市轨道交通 1 号线一期工程岩土工程勘察报告（初步勘察阶段）》专家评审会，对勘察报告进行审查。5 月 9 ～ 11 日，《石家庄市城市轨道交通建设规划（2012–2020）》国家住建部专家审查会在亚太大酒店召开。6 月 28 日，《石家庄市轨道交通近期建设规划（2012–2020）》获得国务院批准，7 月 12 日得到国家发改委批复，石家庄市步入全国 35 个轨道交通建设城市行列。8 月 2 日，《石家庄市城市轨道交通建设规划（2012–2020）》媒体沟通会在石家庄市轨道交通有限责任公司会议室召开。8 月 9 日，省委常委、石家庄市委书记孙瑞彬到市轨道办（公司）调研轨道交通建设情况，要求扎实做好轨道交通工程开工前各项准备工作，力争早日开工建设。9 月 28 日，石家庄市轨道交通开工典礼在石家庄市第二中学操场隆重举行。此次开工建设的是 3 号线一期工程新火车站至二中站段，主体沿中华大街布设，全长 6.38 千米。10 月 9 ～ 14 日，受国家发改委委托，中铁二院在石家庄亚太大酒店召开“石家庄市城市轨道交通 1、3 号线一期工程可行性研究报告专家评估会”。

此次评估会邀请来自成都、昆明、石家庄的16名专家组成专家组，对《石家庄市城市轨道交通1、3号线一期工程可行性研究报告》进行评估。经过现场踏勘、总体汇报、分组讨论，《可研报告》通过专家评估。10月22～25日，受国家环保部委托，环境保护部环境工程评估中心在石家庄亚太大酒店召开“石家庄市城市轨道交通1、3号线一期工程环境影响报告书技术评估会”。此次评估会邀请来自同济大学、铁道科学研究所、北京市劳动保护科学研究所、辽宁省环境科学研究院等7名专家组成专家组对《石家庄市城市轨道交通1、3号线一期工程环境影响报告书》进行评估。经过现场踏勘、集中讨论及答疑，《环评报告》通过技术评估。11月26日，《石家庄市城市轨道交通1号线一期工程土建及相关工程投资建设项目合同框架协议》签约仪式在世贸大酒店举行，标志着轨道交通建设工程项目全面启动。11月28日至12月1日，石家庄市城市轨道交通1、3号线一期工程总体设计专家评审会在亚太大酒店举行。会议邀请来自北京、上海、广州、深圳、天津、成都、石家庄等地的16名专家组成专家组。专家组一致认为《总体设计》文件质量达到国内一流水平。

【线网规划】 修编历程：2001年底，石家庄市轨道交通项目前期工作起步。2002年7月，由北京城建设计院编制的《石家庄城市轨道交通线网规划》通过国家级专家评审。2003年7月，《一号线一期工程预可行性研究报告》完成。此后为适应国家铁路客运专线建设规划出台，规划工作暂停下来。2007年4月，石家庄铁路系统改造方案及新火车站位置确定后，立即开展《石家庄城市快速轨道交通线网规划》修编论证工作。其间，召开各种论证会、沟通会20多次，四易其稿，最终确定该规划。2009年7月，中间报告通过专家评审。2010年5月5日，最终报告通过专家评审。线网规划：最终报告提出建设轨道交通线6条线，“大放射、小方格”布局，其中，骨干线3条，辅助线3条，线网总长241.7千米，车站160座，其中，1号线29座，2号线37座，3号线34座，4号线19座，5号线21座，6号线20座。1号线为中心城东西向骨干线，连接主城与正定新区。线路在主城区内沿中山路敷设，向东穿过京珠高速后，在新城区向北转入昆仑大街，一直向北，穿越滹沱河后进入正定。沿规划新城大道向北至新生路折向东，至纳爱斯大街向北，止于规划环城快速路，线路总长40.0千米。在起终点设车场，为便于线路分期实施，拟在京珠高速绿化隔离带内设停车场一座。2号线为都市区南北向骨干线。北起正定新区，南至栾城。线路沿正无路经过正定古城北侧向西，沿旅游路跨过滹沱河。沿胜利大街进入主城区，过北二环后，线路改为沿建设大街继续向南延伸，经建胜路，转至新客站，在新客站东广场贴近站房处通过，与东西向的3号线形成“T型”换乘站。然后沿胜利南街、107国道至现状城区边缘向东，至楼底向南至南石环。远景延伸至窦妪、栾城。2号线全长60.4千米，在南北三环的绿化隔离带以及正定和栾城设车场。3号线为都市区东西向骨干线，全长62.3千米。西延鹿泉，东连藁城。在中心城段，西起西石环，沿联盟路向东，至中华大街转向南，沿中华大街南行至新客站西广场，转向东，下穿新客站站房后，沿塔北路向东，经由金沙江道、海南路，预留向藁城的延伸条件。3号线在石环内长31千米，为便于分期实施，除在西三环外预留车场外，在东三环绿化带内设车场，远景设藁城停车场。4号线为东北－西南向L形辅助线，与5号线在中心区外围形成环线，全长23.3千米。北起北石环，沿规划路向南至建华大街，沿建华大街一直向南延伸至建华西路，转向西，沿建华西路，穿过铁路后，转至汇丰路，向西延伸至西石环外的车场。5号线为L型辅助填充线，全长28.9千米，与4号线相扣成环。5号线东北端东石环与石津总干渠交叉处的西北侧之五女片区，向西沿规划道路串联吴家营、东杜庄、西兆通等片区，穿越京珠高速后向西南折入光华路，沿市庄路直至友谊大街转向南，沿友谊大街向南，在民心河北岸，沿滨河街转至红旗大街，沿红旗大街一直延伸至西南三环。线路两端设车场。6号线为内部填充线。西起西石环，沿槐安西路东行，于西里街路口转至槐中路继续向东，过京珠高速，接新市区的闽江道，至昆仑大街转向南，于1号线设平行换乘站，向南至南石环。预留远景向西延伸至西山、向南延伸至栾城的条件。6号线中心城段（西石环至南石环）长26.8千米，西线路两端设车场。

（冯月静）

【《石家庄市城市轨道交通建设规划(2012—2020)》获国务院批准】 6月29日，《轨道建设规划》获国务院批准，7月12日得到国家发改委批复。石家庄远景城市轨道交通线网由6条线组成，总长约242千米。按照《轨道建设规划》要求，首期建设轨道交通1、2、3号线一期工程，线路总长59.6千米，车站52座（均为地下站），总投资421.9亿元。三条线路构成城市轨道交通骨干线网，1号线串连老城区、高新区（东部产业区），2、3号线以新火车站为中心向四周辐射。1号线一期工程为东西向骨干线，线路西起西王，沿中山路向东敷设，穿过京珠高速后转向南至长江大道，之后沿长江大道向东至秦岭大街向北，到达终点东兆通站，全长约23.9千米，均为地下线，共设站20座。2号线一期工程为南北向骨干线，线路北起西古城，沿胜利大街、建设大街向南延伸，经汇通路转至新火车站，在新火车站东广场站房前通过，然后沿胜利南街、107国道至终点嘉华站，全长约16.2千米，均为地下线，共设站15座。3号线一期工程为西北－东南向骨干线，线路西起西三庄，沿联盟路向东，至中华大街转向南，沿中华大街南行至新火车站西广场，下穿新火车站后沿规划塔北路向东至位同站，全长约19.5千米，均为地下线，共设站17座。

【建设规划】 近期目标：2013年底之前，按计划完成1号线一期和3号线“小灰楼站（原二中站）至石家庄站（新火车站）”预留工程沿线所涉及的所有土地房屋征收、管线迁改、绿化迁移、交通导改及地铁车站主体全面开工的目标任务；2017年建成1号线一期和3号线预留工程，运营里程30.3千米，主要解决城区东西向主通道交通需求，并连通铁路新客站。中期目标：2020年建成1、2、3号线一期工程，运营总里程59.6千米，形成市区东西南北贯通的轨道交通骨干线网。远期目标：2020年后，修建4、5、6号辅助线路，扩大轨道交通线网的覆盖面，实现线网规划，建成总长超过240千米、较为完整的现代化轨道交通网络。

（市轨道办）

【轨道交通建设三步走目标】 石家庄市轨道交通工程是国家“十二五规划”开工建设项目、河北省重点建设工程、石家庄城市建设“一号工程”。按照石家庄市轨道交通线网规划和《石家庄市轨道交通建设规划（2012－2020年）》，石家庄市轨道交通线网方案为6条线组成的“大放射、小方格”布局，其中，骨干线3条，辅助线3条，线网总长241.7千米，设车站160座。建设目标分为三期：近期建设目标：2013年底之前，完成1号线一期和3号线“小灰楼站至石家庄站”预留工程沿线所涉及的所有土地房屋征收、管线迁改、绿化迁移及恢复、交通导改以及车站主体全面开工的目标任务；2017年建成1号线一期和3号线“小灰楼站至石家庄站”工程，运营里程30.3千米，解决全市东西向主通道交通需求，并对接铁路新客站。中期建设目标：2020年建成2、3号线一期工程，运营总里程59.6千米，形成市区东西南北贯通的轨道交通骨干线网。远期建设目标：2020年后，修建4、5、6号辅助线路，扩大轨道交通线网的覆盖面，实现线网规划，建成总长超过240千米，形成较为完整的现代化轨道交通网络。

（宋钧）

【1、3号线一期工程站名确立】 2011年10月8～14日，轨道交通1、3号线一期工程共计38个车站的站名方案开始征集市民意见。其后，经多方研讨，修改完善后于10月21日上报市政府。2012年11月7日，经石家庄市政府第69次常务会议研究，原则通过并提出几点改进意见。2013年1月9日，修改稿经市长姜德果签字同意正式确定。1、3号线一期工程共设37座站，其中，1号线一期工程20座站，自西向东分别为：西王站、时光街站、长城桥站、和平医院站、烈士陵园站、中山广场站（换乘站）、解放广场站、平安大街站、人民广场站、省博物馆站、体育广场站、北宋站、谈固站、朝晖桥站、白佛站、留存站、火炬广场站、石家庄东站、东杜庄站、南村站。3号线一期工程17座站，自西北至东南分别为：西三庄站、水上公园站、柏林庄站、市庄站、小灰楼站、中山广场站（换乘站）、东里站、槐安桥站、西三教站、石家庄站、东广场站、孙村站、塔冢站、东王站、南王站、位同站、三教堂站。

【项目进展】 编制完成《石家庄市轨道交通1、3号线一期工程里程碑通车计划》，简称“8266计划”，即

2015年8月底前实现洞通，2016年2月底前实现轨通，2016年6月底前实现电通，2017年6月底前设备单调联调试运行，7月1日后开始载客试运营。在此基础上，详细制定完成《石家庄市轨道交通1、3号线一期工程2013年工期节点计划》，逐月分解征迁工作任务量、工程建设任务量，明确工作单位和工作措施，确保工程按时间节点加以推进。前期手续报批和勘察设计工作同步推进，2012年7月份石家庄市轨道交通近期建设规划（2012—2020）获得国家发改委批复，10月份1、3号线一期工程可研报告通过发改委专家组评审，五个相关专业配套文件（节能评估报告、环境影响报告书、土地预审申请、安全预评价报告、社会稳定评估报告）全部通过国家有关部委评审，并上报国家发改委，2号线一期工程及相关配套文件处于组织论证阶段，轨道交通控制中心（OCC）项目建议书完成初稿，正在对总平面图进行修订；1、3号线一期工程总体设计全部通过专家组评审，初步设计正在进一步修订中；东兆通车辆段附近路网规划调整方案基本确定，高压线迁改方案正在编制，并与路网规划方案进行衔接。房屋征迁、管线迁改及交通疏解工作全面启动；1号线一期工程管线迁改需完成排水5035米、电力1752米、给水4000米、热力462米、燃气635米、通信2805米；3号线预留工程管线迁改需完成排水8252米、电力1318米、给水2445米、热力2090米、燃气2035米、通信3400米；2012年9月28日，3号线小灰楼站管线迁改率先开工，启动3号线预留工程房屋征收工作，征收量达5.68万平方米；1号线一期工程处于房屋征收底数核查阶段，征收量达3.8万平方米。为加强征迁工作，正修改完善《石家庄市城市轨道交通工程征收补偿实施办法》。出台轨道交通建设资金筹措和监管办法。系统梳理财政支持政策，提出资金筹措和监管办法；《关于轨道交通项目资本金筹措的意见》、《石家庄市轨道交通建设资金监管办法》已经市政府研究印发。银团贷款方面，国家开发银行已牵头其他参贷行完成轨道交通1、3号线一期工程项目评审工作。创新“部分自建＋投融资”工程建设管理模式，主要体现在，勘察、设计、土地收储、房屋征收、管线迁改、系统设备及车辆选购等由轨道交通公司自己负责，土建工程及与土建工程相关联的常规设备采购安装由投资承建单位负责，可有效缓解资金压力，降低工程实施难度，提高工程建设效率，规避BT回购额外成本，并有利于引进先进技术和提升项目管理水平。经过公开招标和中标合同澄清，11月26日和12月6日，市轨道公司分别与中国中铁股份有限公司、中国铁建石家庄投资发展有限公司签署《石家庄市城市轨道交通1号线一期工程土建及相关工程投资建设项目合同框架协议》、《石家庄市城市轨道交通3号线一期小灰楼站至新石家庄站工程土建及相关工程和石家庄市正定新区市政预留工程投资建设项目合同框架协议》。工程建设有序推进。新火车站轨道交通预留工程A标段完成3号线区间隧道结构、盾构井及风机房底板和部分边墙结构，待东广场施工完毕后，再重启A标段后续工程。B标段全部完工。计划2013年轨道交通项目先期建设工程（1号线一期工程和3号线小灰楼至新火车站段）全部25个车站、部分区间、正定新区市政预留工程、运营控制中心（OCC）、张营停车场及东兆通综合维修基地开工建设。

（市轨道办）

城市公共交通

【概况】 2012年，石家庄市公共交通部门坚持公交优先战略，加强基础设施建设，完善智能调度系统，改善公交服务环境，调整优化线网结构，方便市民乘车出行，提高公交出行分担率。做好第一批国家“公交都市”示范工程申报工作，跻身成为国家第一批“公交都市”创建城市，为石家庄市公交事业大发展、大飞跃创造难得的发展机遇。年内，开辟公交线路25条，其中，市区公交线路6条，组团县（市）线路19条；购置天然气公交车450辆，淘汰燃油公交黄标车290部；新建公交站亭30座，维修公交站台95座，更新水泥站杆395个，维修各类站牌、站架、站杆4017个。12月10日，南位公交停车场竣工并投入使用。至2012年末，石家庄市区公交线路总数达到209条，运营公交车辆4033辆，其中，天然气公交车2887部，占公交车辆总数的71%，万人拥有公交车辆17.7标台。全年完成营运里程20575.07万千米，平均运速17.02千米／小时；运送乘客6.4亿人次，平均每天运送乘客175万余人次，公交出行分担率达到31.1%。2012年，石家庄市公交总公司先后被交通运输部授予“全国城市公交交通十佳先进企业”，被中央文明办和解放军总政治部联合授予“全国军民共建精神文明建设先进单位”，并获得“河北省文明单位”和“河北省创先争优活动先进基层党组织”等荣誉称号。

【新增450辆天然气公交车】 年内，投资2.88亿元，购置天然气空调公交车450部，其中，13.7米欧Ⅳ纯天然气公交车70辆，12米欧Ⅳ纯天然气公交车270辆，10米欧Ⅳ纯天然气公交车110辆。7月8日，新购置450辆天然气公交车第一批139辆上线运营。按照主干线优先、主城区优先和组团县(市)优先原则，450新车分别投入16路、17路、19路、36路、41路、131路、202路、314路、516路等39条线路上运营。至2012年末，全市公交运营车辆达到4033部，其中天然气公交车2877部，占公交车辆总数的71%。

【线路调整优化】 开辟公交线路25条。其中，市区新开辟6条，分别是特1路、特32路、57路、特81路、特6路、快8路。组团县（市）线路19条，分别是:栾城3条，201路、付202、203路；藁城4条，519路、藁城环1路、藁城环2路、快516路；鹿泉3条，322路、游12路、快325路；正定9条，133路、134路、135路、136路、137路、138路、快131路、143路、146路。优化调整线路33条，其中为新火车站调整公交线路11条，配备公交车737部。临时调整线路171线。至年底，全市共有公交线路209条，其中，市区130条，“四组团”72条，五大基地7条。

（黄金元）

【中山路“火车站”更名为“纪念碑”】 12月20日，石家庄新火车站正式启用。新客站启用后，中山路火车站失去铁路客运站的功能，为避免公交站名误导市民乘车，12月11日，市公交总公司将途经中山路火车站线路的公交火车站站名更名为纪念碑；将途经自强路、站前街及公交枢纽站线路的公交火车站站名更名为自强路东口（原火车站）；将途经中华大街、新石南路线路的公交新石小区站名更名为火车站西。具体明细如下：中山路南北两侧通行线路使用的“火车站”名称更名为“纪念碑”，涉及13条公交线路，分别为1路、快1路、特1路、6路、快6路、特6路、30路、34路、68路、131路、132路、快516路、夜观光4路。自强路南北两侧、站前街东西两侧及现火车站公交枢纽站公交线路使用的“火车站”名称更名为“自强路东口（原火车站）”，涉及39条公交线路，分别为3路、11路、14路、16路、17路、22路、23路、24路、25路、27路、32路、特32路、35路、快35路、45路、49路、50路、53路、61路、62路、76路、96路、107路、快107路、108路、111路、131路、132路、311路、312路、319路、322路、326路、344路、368路、快516路、旅游2路、旅游7路、夜观光2路。中华大街东西两侧、新石南路南北两侧通行线路使用的“新石小区”名称更名为“火车站西”，涉及9条公交线路，分别为13路、14路、15路、46路、59路、319路、344路、1环1路、1环2路。

（孙会芳）

【南位公交停车场建成投用】 南位公交停车场位于南位村以西，107国道南出市口东侧，南二环以南大约2千米处，占地113亩，总建筑面积11855平方米，为省会占地面积最大的停车场。2010年8月16日，南位公交停车场开工建设；2012年12月10日，该车场通过验收并正式投入使用。工程总投资8665万元，可容纳公交车辆300标台。场内保修车间设备种类多，品种全，配备有省会第一台全自动公交车洗车设备和中水处理设备。场内绿化率33%。途经该车场站点的公交线路共有五条，分别是3路、315路、344路、69路、205路。

（孙会芳　安迪）

【组团县（市）公交IC卡充值点开通】 7月28日，组团县（市）公交IC充值点开通。A卡（普通零票卡），凭本人身份证办理；B卡（职工月票卡），凭本人身份证和本人一张一寸近期彩色照片办理；C卡（学生月票卡），凭本人身份证（或户口簿)、本人有效期内学生证(或学生手册)及一张一寸近期彩色照片办理;D卡(老年卡),凭本人户口本、二代身份证及一张一寸近期彩色照片办理。以上IC卡乘车政策适合市内一元一票制线路及组团县(市)的10条线路,具体为正定运营的133路、134路、135路、136路、137路,藁城运营的藁城环1路、藁城环2路,鹿泉运营的308路、316路、323路。第一次办理的时间、地点分别为:正定,正定汽车站,7月28日、8月1日;鹿泉,旅游6路终点站,7月29日、8月2日;栾城,栾城汽车站,7月30日、8月3日;藁城,藁城汽车站,7月31日、8月4日。充值点营业时间为9时至17时。自8月6日起,4个充值点的营业日期改为正定为每周一,鹿泉为每周二,栾城为每周三,藁城为每周四。

(靳晓磊)

【命名5条特色线路】 3月15日,市公交部门结合线路特点,对5条线路进行命名,开展特色化服务,为打造"公交都市"添彩。具体情况是公交1路、20路、2路、10路和快35路,分别命名为"党员先锋线路"、"共青团线路"、"学雷锋示范线路"、"工人标兵线路"、"三八红旗线路"。同日,市总工会和市公交总公司还分别对荣获"工人先锋号"称号的31路线、14路线、34路线、快35路线、55路线、游1路线、22路线、二环2路线,以及"锡延铭工作室"进行命名表彰,并为市公交总公司2011年度首席工人冯德鹏和锡延铭颁发聘书和奖金。

(王晓娜)

【公交运营服务】 完善智能监控调度系统,加强"智能公交、绿色公交、安全公交、文化公交、和谐公交"品牌战略建设。完成1550辆公交监控调度一体机安装,安装总量达2800辆,占公交车辆总数的69.4%。开展"抓特色、争一流、当先锋"劳动竞赛和"外学郭娜航空班、内学一路188"活动,加强行业文明建设。加强安全驾驶培训,组织春夏季节和秋冬季节安全行车换季培训180场次,培训车长11022人次。加强技术保障培训,聘请专家开展技术人员和司机维修保障技能及驾驶技能培训,年培训技术人员和司机8000余人次。主动接受社会监督,答复人大建议及政协提案38件,受理公交热线电话46.3万多个。加强公交宣传,在市级以上新闻单位发表稿件7128篇,国家级媒体发表报道16篇,出版《石家庄公交报》23期,上报《公交信息》100余篇。

(黄金元)

【制定《关于建设国家"公交都市"初步实施方案》】 2012年上半年,市政府制定《关于建设国家"公交都市"初步实施方案》。计划2012年至2015年,全市投资518亿元实施"10+1"工程,完成"公交都市"建设,把石家庄市建成公交优先、轨道交通为主导、快速公交为骨干、常规公交为主体,慢行交通为辅助,出租车为补充,换乘系统衔接良好的"公交都市"。到2015年,城市公交日运客量达到213万人次以上;万人拥有公交车20标台;实现公交车平均运营时速年均提升5%以上;实现主城区500米上车、高峰期5分钟换乘;新能源天然气公交车比例达到80%以上;公交车进场率不低于80%;形成市区快速公交(BRT)网络,城市公交专用道里程达100余千米;城市公共交通综合换乘枢纽等设施初步建成;城市公共交通IC卡使用率超过80%等。其中"10+1"工程主要包括:轨道交通推进工程、道路路网改造工程、快速公交实施工程、常规公交拓展工程、公交专用道建设工程、基础设施配套工程、智能交通发展工程、车辆装备更新工程、步行与自行车系统改善工程、文明服务提升工程。

(靳晓磊)

【"公交都市"示范工程申报成功】 贯彻落实国家公交优先发展战略,从根本上解决城市交通拥堵问题。2011年,市交通运输局及公交总公司开始着手第一批国家"公交都市"示范工程申报工作。2月15日,交通运输部专家到石家庄市就该项申报进行考察。6月,市政府和交通运输部科学研究院正式签订合作框架协议,交通运输部科学研究院在市公交总公司设立"城市公共交通实践基地"。10月29日,交通运输部在广东省深圳市召开"全国城市公共交通工作会议"。会上,第一批15个"公交都市"创建城市名单公布,分别是北京、石家庄、太原、大连、哈尔滨、南京、济南、郑州、武汉、长沙、深圳、重庆、昆明、西安、乌鲁木齐。市公交总公司在此次会议上获评"全国城市公共交通十佳先进企业"并作了大会交流发言。

(黄金元)

石家庄年鉴 Information Industry

信息产业

信息产业

概　述

2012年，全市电子信息产业加快产业结构优化升级，重点发展通信、半导体照明、电子材料、汽车电子等优势产业，培育壮大卫星导航、电力电子、电子仪器、专用设备、集成电路等新增长点，逐步形成鹿泉市、高新区2个电子信息企业集中区域及通信、电子元器件、电子材料、电子专用仪器和设备、电力电子、光电显示、软件与信息服务为主体的电子信息产业。平稳推进产业转型升级，大力抓好在建项目，重点督导3个国家电子发展基金项目、5个国家级技改项目、6个省级技改项目和6个市级技改项目，及时解决项目建设中遇到的问题，其中6个项目完成建设投产运行。围绕国家电子信息产业调整和技术改造、物联网、三网融合等发展引导方向，支持企业进行项目申报。全年共谋划新项目15个，总投资21亿元。电子信息产业获得各级资金支持企业39家，占全部入统企业的22.4%。狠抓大项目和园区建设，以格力空调产业园、高新区光电产业园为重心，协调推进石家庄市信息产业基地建设，拓宽延长产业链发展。

城市信息化建设取得进步，信息化和工业化（简称“两化”）深入融合，“三网”（广播电视网、电信网、互联网）融合国家试点城市建设取得初步成效，《智慧石家庄规划方案》制定出台，电子政务、电子商务和社会领域信息化发展迅速。年内，神威药业和石药集团获得2012年医药行业国家级信息化和工业化深度融合示范企业；《石家庄市三网融合试点实施方案》编制完成，顺利通过市、省两级专家论证咨询会，并在国家三网融合协调小组办公室备案。全年电子政务网设立各类办事指南980项，办事表格740项，业务查询69项，结果查询23项，网上办理30多项。无线电管理完成行政许可3项，审批台站24部，日常监管台站254部，核发、换发、年检执照2357个，撤销各类台站886部，收回频率21个。邮政审批新通邮小区9个，安装信报箱格口3262个，新建楼房信报箱安装率达到100%。移动公司网上通话客户数达到600万户。联通公司优化网络建设，乡镇宽带覆盖率达到100%，行政村宽带覆盖率达到97.3%，光纤到村率达到90.6%，商务楼宇光纤覆盖率达到91.49%。

（钱锐）

城市信息化建设

【概况】 2012年，全市信息化建设快速推进，“两化”深入融合，“三网”融合国家试点城市建设取得成效，电子商务和社会领域信息化发展迅速。“两化”融合工作重点培育国家级、省级重点（示范）企业，积极推广省级“两化”融合示范企业先进经验，探索建立和完善“两化”深度融合服务体系。年末全市60%以上规模以上企业实施了企业资源计划（ERP），65%以上装备制造业应用了计算机辅助设计(CAD)，流程型企业主要装置65%以上实现集散控制系统（DCS），85%以上大中型企业建立门户网站，70%以上规模以上企业建有局域网。推进电子信息产业发展，市委、市政府出台《关于推进物联网产业发展的实施意见》和《关于鼓励投资石家庄·中国半导体光谷的实施意见》等政策措施。“三网”融合试点工作取得阶段性成果，编制完成《石家庄市三网融合试点实施方案》，顺利通过市、省两级专家论证咨询会，并在国家三网融合协调小组办公室备案。年内，市农业局通过光纤专线建成市级视频会议系统，实现与18个县（市）区农业（牧）局进行视频会议和应急指挥。推动智慧城市建设，制定出台了《智慧石家庄规划方案》。2012年，“数字石家庄”信息亭政务信息查询每天9000多次，查询电子地图、公交换乘等民用信息每天6000余人次，月平均代收费38万笔，金额2300万元。

【信息化与工业化融合】 重点培育国家级、省级两化融合重点（示范）企业，积极推广省级两化融合示范企业先进经验。年内神威药业和石药集团获得2012年医药行业国家级信息化和工业化深度融合示范企业，河北敬业、双鸽食品、河北金环钢结构等9家企业获批省级两化融合重点企业，华北制药集团和石药集团2家企业获批2012年省级两化融合示范企业。至2012年末，石家庄市共有冀凯实业集团、际华三五零二、四药公司、神威药业、河北华泰纸业、君乐宝乳业、威远生化、华北制药、石药集团9家企业获批省级两化融合示范企业，37家（含示范企业）获批省级两化融合重点企业。引导企业加大“两化”深度融合，全年谋划项目56项（含续建项目），总投资10.6亿元，其中华北制药股份公司云制造综合服务平台等11个项目列入石家庄市技改项目库，项目总投资4.027亿元。推荐离散型机械制造业全信息化精益管理模式创新及应用等7个项目申报工业和信息化部两化融合专项资金项目。5个项目得到市技改专项支持，占全部支持项目总数的5.6%，占贴息总额的6%。探索建立和完善“两化”深度融合服务体系，筛选推荐离散型机械制造行业信息化公共服务平台、河北顺邦钢铁供应链公共服务平台等7个项目申报省级两化融合公共服务示范平台。年末全市60%以上规模以上企业实施了企业资源计划（ERP），65%以上装备制造业应用了计算机辅助设计（CAD），流程型企业主要装置65%以上实现集散控制系统（DCS），85%以上大中型企业建立门户网站，70%以上规模以上企业建有局域网。

【推进电子信息产业发展】 石家庄市拥有在数字通信、微电子、光电子等领域具备强大技术优势的中国电子科技集团公司第五十四所和十三所，还拥有四方通信、旭新光电等一批重点高新技术企业。“十一五”期间，全市电子信息产业保持年均35%的快速增长，形成以通信电子、光电子、平板显示、电子专用设备、汽车电子、软件和信息服务业为主的产业结构，被认定为国家动漫产业基地、国家半导体照明产业化基地、国家火炬计划软件产业基地，河北省首批省级信息产业基地、省级数字通讯与现代显示产业园区、省级通讯与微电子产业园区。2012年，石家庄市依托五十四所、十三所和重点电子信息企业，加紧规划建设总面积为14.65平方千米的石家庄信息产业带，核心区石家庄信息产业基地已具雏形，建筑面积近30万平方米，水、电、路、讯、气等基础环境设施建设基本完成。为加速电子信息产业发展，市委、市政府先后出台《关于推进物联网产业发展的实施意见》、《关于鼓励投资石家庄·中国半导体光谷的实施意见》等一系列政策措施。同时，实施产业升级，淘汰落后水泥产能，新腾出4000亩工业用地，供国内外知名电子信息企业入驻。

（郭会珍）

【与河北省联合举办河北国际信息产业周】 12月6日，由中国贸易促进会河北省委员会、河北省工业和信息化厅、石家庄市人民政府联合举办的2012河北国际信息产业周暨中国（河北）节能减排与资源综合利用展洽会在石家庄国际科技博览中心开幕，主题为“科技创新，节能减排”。中央军委总参后勤部原部长胡永丰，工业和信息化部电子信息司副司长张春楠，节能与综合利用司副司长杨铁生，中国信息经济学会电子商务专委会副主任王汝林，中国工业节能与清洁生产协会常务副秘书长智慧，河北省贸易促进会会长张力红及市委副书记、市长姜德果，省工业和信息化厅厅长王昌等参加会议及展洽活动。信息产业周期间，举办了河北国际信息产业周信息产业和节能与资源综合利用项目签约仪式及河北省优秀网站评估活动颁奖仪式、电子商务助推县域特色产业经济创新发展暨项目投融资对接会、电子信息产业项目操作实务培训、节能服务进万家技术交流和供需对接会等活动，有近百家企业参展参会。其中，在河北国际信息产业周信息产业和节能与资源综合利用项目签约仪式上，7个重点项目签约，协议总投资20亿元。

分别是河北省工业和信息化厅与北京志能祥赢节能环保科技有限公司在工业节能、环保、资源综合利用等领域技术应用、项目建设及建设节能环保装备制造基地等方面开展战略合作；河北省商务厅与采禾国际集团签署共建河北采禾电子商务产业园战略合作协议，总投资额10亿元；河北省信息产业与信息化协会与华强电子市场管理有限公司签署共建“河北省半导体照明展示交易中心”战略合作协议；河北省商务厅与中国网库签署共建中国网库河北基地战略合作协议，总投资额10亿元；河北省农业产业协会与中国产学研合作促进会现代农业创新产业联盟签署战略合作协议；承德市工业和信息化局与山东恒远利废技术发展有限公司在尾矿资源综合、科技研发及建设装备制造基地方面开展合作；河北蓝海能源管理有限公司与河北浩源科技开发有限公司签署各类能源监测仪器和传感器的开发战略合作协议以及河北蓝海能源管理有限公司与河北圣坤电子科技有限公司签署蓝海能源管理系统在通讯行业推广的战略合作协议。

（范玉蕾）

【三网融合试点】 石家庄市是国家批复的三网融合第二批试点城市。年内通过调研和借鉴国家第一批三网融合试点城市的建设经验，结合市情，编制完成《石家庄市三网融合试点实施方案》，顺利通过市、省两级专家论证咨询会，并在国家三网融合协调小组办公室备案。调整充实石家庄市三网融合工作领导小组。三网融合办公室多次召开会议，督促驻石家庄各试点企业按照三网融合试点工作目标、任务做好工作。推动部分单位启动数字家庭应用示范区、三网融合应用示范小区、电力光纤入户应用示范小区、基于三网融合的远程医疗、公共场所免费WiFi服务等一批应用示范项目，取得阶段性进展。为加快推进三网融合试点工作，市政府印发了《关于加快推进石家庄市三网融合试点工作的实施意见》，对网络资源规划、网络基础设施建设、三网融合应用示范项目建设、三网融合产业发展等提出了具体的指导意见。

【农业信息化】 2012年，市委、市政府把农村科技信息服务村村通工程列为十大惠民重点项目之一。该工程将现代高科技网络技术与传统农村大喇叭相结合，建成一套“远程控制、定时开关、市县联播”的自动化信息服务系统。每天分早中晚三个时段分别播出30分钟，设有“农业科技之声”“百姓身边事”“健康知识”“互相转告”“生活小窍门”等栏目，将农民急需的农业科技、涉农政策、气象信息等及时传播给农民。该项目原计划安装3500套，到2012年末实际完成3100套，其中市中心机房、市级编播中心投入运行，收听农（牧）民达到300百多万人，初步形成了规模庞大的有声信息传播网络体系。市农业局通过光纤专线建成市级视频会议系统，年内实现与18个县（市）区农业(牧)局进行视频会议和应急指挥，提高了对疫情、虫害、干旱、洪涝、低温、雨雪、冰灾、火灾等灾情的预警及防范、防治能力。2012年底，全市所有乡镇和90%以上的村能够利用宽带或电话接入互联网，查询和下载农业信息，90%以上的龙头企业、科技园区、专业组织和批发市场能够利用互联网开展生产经营。年内，藁城市涉农信息服务成为全国样板。

（郭会珍）

【首家全市乡镇级别信息网开通】 2012年下半年，全市首家乡镇级别政府主导的以“三农”为主体非营利性网站——“栾城县西营乡信息网”正式开通。该网站首页设置了政务公开、政策法规、通知公告、学习园地、办事指南、供求信息、招工信息、便民查询等9个一级栏目，一级栏目下设各村简介、一村一景等20多个子栏目。网站还与中国农业信息网、中国农业新闻网、三农直通车等国家级、省级农业网站链接互动，资源共享，有效提高了宣传、服务“三农”能力。

（岳金宏　王军永）

【城市管理和公共服务领域信息化】 2012年石家庄市被省政府确定为智慧城市建设试点后，市政府及时组织市工信、城管、规划、国土、房管、交通等部门人员到宁波市学习借鉴智慧城市建设经验，并结合实际，制定出台了《智慧石家庄规划方案》。公共服务领域信息化应用进一步普及。市国土资源局地理空间信息公共服务平台在气象、卫生、医疗等方面为市民提供了便利。市城管委在数字城管建设中合理整合现有资源，与规划、工商、国土、房管、交通管理、食品安全等部门实现地理信息基础数据通用共享，在市内五区31部城管执法车和3部监督考评车加装了无线视频监控设备，日均发现、处置城市管理问题近3000件，极大地提高了城市管理的效率和质量。市公安局警用地理信息基础平台PGIS实现了警力指挥调度、手机定位分析、旅店业管理、交通卡口智能管控等实战应用功能，为全市民警提供警务信息查询23399条，查实信息13514条，协助破案52起，发送调度短信22588组，并在公安部PGIS平台建设推进会议上作了专题发言。食品药品监管部门加速推进药品电子监管信息系统建设，对生物制品、血液制品、高风险的注射剂和涉及基本药物生产的38家企业、200多个品种规格实行电子监管码管理，有力保障了省会居民用药安全。市规划部门用信息化手段实现了现状数据库、规划数据库、规划审批数据库等规划管理及规划审批各类数据的“一张图”式管理，提高了规划审批的质量和实效。市建设局在全市39个大型建设工程施工现场实施远程视频监控管理信息系统。“数字环保”依托网络中心和指挥中心，建成了环境应急指挥系统、环境地理信息系统、污染源管理系统、12369热线举报系统、执法车辆GPS调度指挥系统、环境移动执法系统等几大应用系统，对国、省控重点污染源18家企业、31台监控设备安装了数据采集仪并实现在线联网，加大了污染源监控。市国税局和地税局推行“城乡通办”服务方式，纳税人可就近到任何一家办税服务厅办理规定范围内的涉税业务，提高了办税效率。

（郭会珍）

【卫星导航产业规划架构基本形成】 4月1日，中国电子科技集团54所与石家庄发展投资有限公司签署协议，共同组建中电科技卫星导航运营服务公司，标志市卫星导航产业“三中心一基地”（卫星导航国家工程技术中心、国家通信导航监督检验中心、河北省卫星导航技术与装备工程技术中心，卫星导航产业基地）规划架构基本形成。

（吴温）

【社会事业领域信息化】 “数字石家庄”信息亭为省会居民提供信息查询、缴费支付、电子地图等网络信息服务，成为政府、企业、市民的互动平台。2012年，市民通过“数字石家庄”信息亭查询政务信息每天9000多次，查询电子地图、公交换乘等民用信息每天6000余人次，月平均代收费38万笔，金额2300万元。市人力资源和社会保障部门积极推进实施公共人事管理信息系统，建成企业养老保险等信息化应用系统，有效地支持了部门业务经办、公共服务、基金监管和宏观决策。劳动力市场信息数据中心就业信息网上服务惠及4万个用工单位和40万名求职者。医疗保险管理信息系统升级改造完成并上线运行。市医保中心数据中心机房连通市内定点医疗机构319家、定点零售药店401家，为全市59.5万在职职工、24万退休人员、57万居民提供了医疗保险服务，为83.5万女工提供了生育保险服务。社会保障卡信息采集和卡应用平台建设完成，到2012年末采集社会保障卡制卡信息256万人，制做成品卡103万张，为实现“一卡多用，全国通用”奠定了坚实基础。市卫生系统为省会居民建立健康档案，在医保卡上加入医疗功能，初步建成区域电子病历数据中心，实现了区域卫生信息平台与区域电子病历数据中心合二为一的建设模式和功能应用。市民政局投资300万元启动《民政综合业务管理信息系统》建设，2012年底实现系统上线运行，该系统实现了民间组织登记管理、婚姻登记、社会救助管理、城乡低保管理、城乡医疗救助、殡葬管理、优待抚恤、民政业务数据查询分析系统等一系列业务信息化、数字化，并逐步延伸至石家庄市范围内街道和村镇。市教育网覆盖了全市23个县(市)区，年末全市接入教育网学校达到1800余所，建成中小学计算机网络教室3270个，多媒体教室4885个。

（郭会珍）

【支付宝用户人均支出7573元】 2012年，全市消费者通过支付宝归还信用卡笔数达到57万笔；通过支付宝网上缴纳水电煤、手机固话有线等费用达到5万多人次。至2012年末，全市支付宝用户人均支出7573元，在全省排名第一。其中，使用手机支付笔数占全市支付宝总交易笔数的8.94%,略低于全国9.2%的水平。

（靳晓磊）

【文化领域信息化建设】 以文化资源共享工程为重点，文化领域信息化建设覆盖了全市所有县（市）区及农民在内的所有服务对象。数字档案馆建设有序推进，市档案馆实现全部馆藏重要全宗档案文件级目录机检，至年末全市共录入机读目录730多万条，累计扫描1710多万幅利用率高、与民生有关的重要档案原文。5月2日，石家庄网络广播电视台正式上线开播，网络广播电视台时政类栏目《清晨热线》、《行风热线》、《新闻882》、《石家庄新闻》，以及民生服务类栏目《民生关注》、《小吴帮忙》、《民生882》等音视频内容开始传至网站。至2012年底，石家庄网络广播电视台制作上传节目音频4000小时，节目视频1300小时，论坛注册用户4万多人，微博听众达到400万人，总浏览次数达到210万次，成为石家庄市新闻网后又一重要网络工具。

（郭会珍）

电子政务

【概况】 2012年，市信息中心狠抓门户网站建设和信息发布管理，及时修改完善了《石家庄市政府网站群信息发布制度》和《市政府门户网站群应急预案》。扎实推进网上办事服务工作，实现了各部门网上办事指南、办事表格普遍上网，在线查询、在线申请、在线办理服务数量增多。至2012年末，市政府门户网站群共设立网上办事指南980项，办事表格740项，业务查询69项，结果查询23项，网上办理30多项；更新和维护信息38000多条，上传图片2799张。2012年，市政府门户网站在河北省外宣局、文明委、工业和信息化厅等八部门联合开展的创建文明网站活动中获评“省文明网站”；市政府门户网站“政民热线”栏目被中国电子政务理事会评为“2012年·政府网站精品栏目”。

【网站群维护管理】 年内，市信息中心坚持制度管理，明确责任，狠抓落实，确保了政府网站群安全运行。全面检查门户网站安全，利用系统扫描、查找、定位等方式，人工点击检查2万多个页面、近10万多个链接点，修改断链280处，修改发布打不开页面300多个，修改页面内容150多处，转换视频40多个，删除关闭链接200多处。优化调整网站栏目，全年政府门户网站调整栏目60余个。指导县（市）区和部门进行网站改版及日常维护管理，新建了食品安全网，全面改版了市物价局、司法局、体育局、畜牧局网站网页。

【信息更新和互动交流】 2012年，市政府门户网站新建了政府重点项目建设、政府十大民生幸福工程、石家庄保障性住房建设、市容市貌综合整治等24个特色专题栏目。为确保信息的及时性和有效性，政府门户网站每天早上对政务新闻和常用栏目及时更新，全年维护信息38000多条，上传图片2799张。开展以“政府信箱”为重点，包括“意见征集”“在线访谈”“网上调查”等多种形式的政民互动交流，充分畅通民意表达渠道，尽力为市民解疑释惑，解决实际问题，取得良好的效果。及时转办回复门户网站“排忧解难”互动栏目中公众留言，全年“政府信箱”收到公共留言16597条，有效留言12115条，处理答复12018条，处理答复率为99.2%。积极开展网上听政活动，市政府及各部门在20多项涉及群众利益的决策过程都通过政府网站征集吸纳群众意见建议，完善修定政策。全年共接收社会公众意见建议1500多条，为开展各项政务工作提供了决策依据。

【开展创建文明网站活动】 按照国家和省关于做好文明网站建设要求，积极开展“创建文明网站活动”，成立了市信息中心“创建文明网站活动”领导小组，制定创建文明网站工作计划，形成分工明确，责任到人，全员参与，协调配合的创建工作机制。制作全国创建“文明网站”活动、中国特色社会主义学习专栏和文明创建活动三个专题页面，设置了32个子栏目，发布信息1200多条，上传图片300多张，做到了内容丰富，图文并茂，展示了石家庄的新形象。制定《创建文明网站2012—2017年工作规划》、《2012年创建文明网站计划》和市政府门户网站“信息发布”“互动交流”“网上办事”“市民服务”四个板块建设管理及创建文明栏目方案，明确了各项工作措施。年内，市政府门户网站服务水平提高，在老百姓生活中的作用日益显现，市政府门户网站月访问量达到

200 万人次左右，政府网站群月访问量突破 2000 万人次。

【政务办公系统平稳运行】 至 2012 年末，全市政务办公自动化应用取得较大进展，市政府办公厅各处室基本实现无纸化办公。全年市政府利用网络办公系统下发公文 270 余件，常务会议纪要 69 期，上报请示报告 600 余件。各县（市）区报送信息、查看期刊全部通过办公系统完成，市政府办公厅信息处从信息报送、编辑、审核到合成期刊实现了无纸化。2012 年，通过信息采编功能，各县（市）区政府和市政府各部门上报信息 6300 余条，合成期刊 200 多期；通过专送传阅功能传阅信息近万条，完成建议、提案管理及网上交办、接收、承办事项 326 件。政务办公系统的应用，缩短了公文分发和上报时间，提高了文件的传输效率，降低了行政成本。

【市县乡行政服务中心三级联网项目通过专家评审】 2012 年，中国科学院、国家信息中心、中国人民大学计算机学院等机构专家评审通过石家庄市、县、乡行政服务中心（网上审批电子监察系统）三级联网建设项目。评审会上，与会专家对该项目建设设备、系统配置、软件运用等方面进行了充分论证和评审，指出该项目从平台构建、功能设计、信息交换及网络触角延伸建设等方面都具有较强的前瞻性、先进性和可操作性，项目建设和投入使用后，全市可逐步实现社会服务管理创新实践平台规范化、行政服务运行模式规范化和权力公开透明运行规范化。

【网络安全建设】 切实将网络管理维护作为推进电子政务的基础工作，及时监管所有内、外网网络接入部门的网络连通及安全情况，发现网络中断或接到故障申报在第一时间处理解决，并定期审查交换机、路由器、防火墙、安全监控设备的安全策略，根据需要随时进行必要的修改和备份保存，确保了安全策略的完整性和一致性。加强机房基础设施（机房空调、通风、监控、消防等大型专用设备）以及运行设备（服务器设备 80 余台、网络路由交换设备近 100 台、网络安全设备 10 余台、存储设备 3 套）状态的检测，做到每日专人值班巡检，定期检修保养，故障设备及时处理维修，保证了承载的 60 多项应用业务正常运行。实现政府机关互联网集中接入，提升了网络服务的高可用性和整体安全防护能力，有效抵御了病毒感染、木马植入、黑客攻击，敏感信息的泄漏。至 2012 年末，全市互联网统一接入市直单位达到 51 家、共 3500 余个客户端。完成石家庄市电子政务数据存储容灾一期工程，初步建立了异地容灾系统，实现了数据的同城容灾。容灾采用同城异地容灾的方式，实现内外网数据物理隔离，共备份迁移数据 10TB，基本涵盖了网站、自动化、诚信系统所有重要数据内容，提高了电子政务系统数据的安全性和可靠性。

石家庄市信息中心

主　任：范宪林

副主任：安才良（5 月免）

　　　　黄德伟

　　　　王梅林（5 月任）

总工程师：于惠

（姚喜中　王更）

无线电管理

【概况】 2012 年，河北省石家庄无线电管理局认真贯彻执行省无线电管理局党组和市政府办公厅直属单位党委的工作部署，紧紧围绕管好频率、管好台站和维护好空中电波秩序三项中心工作，着力提高无线电管理水平，依法行政，圆满完成全年工作任务。年内在省无线电管理局标准办公室指导下，石家庄无线电管理局完善了工作制度，规范了行政许可和执法等工作流程，顺利通过第三方认证。2012 年，石家庄无线电管理局完成行政许可 3 项，审批台站 24 部，日常监管台站 254 部，核发、换发、年检执照 2357 个，撤销各类台站 886 部，收回频率 21 个；行政执法 34 次，没收并上交各种非法无线电设备 25 台（套）；收取频占费 105.51 万元，涉及用户 164 家。2012 年，石家庄无线电管理局被省工业和信息化厅、省无线电管理局评为“先进集体”和“先进单位”。

【台站核查】 2012年，国家无线电办公室将台站核查工作作为年度工作重点，在全国范围组织开展了无线电管理机构台站核查工作检查评比活动。石家庄无线电管理局高度重视，充分发挥体制优势，以实现无线电台站科学化、规范化、精细化管理为目标，全面抓好工作落实。4～10月，石家庄无线电管理局利用7个月时间共计核查各类无线电台站15669个，完成1.5G直放站的清理整顿，首次将3261部警用电台和27个ETC电台纳入管理。开展不间断信号监测130天，现场监测比对20余天次，共查明1500个新的无线电信号。年内，还圆满完成国家台站核查组对石家庄辖区调频广播和民用航空频段的考核验收。

【监测和宣传】 全年升级改造一期固定监测站3座，完成监测网维护44次；检测各类电台335部；累计监测时长24608小时。结合无线电监督工作，无线电管理部门专门开展了以“无线电频谱——稀缺的国家战略资源”为主题的宣传月活动，采取媒体宣传、专栏宣传、会议宣传、短信宣传等多种形式，着力普及了无线电频谱知识和无线电管理的法律法规。

【安全保障和行政执法】 专门制定应急处置方案，积极应对各类无线电突发事件。全年完成各类考试保障16次，圆满完成党的十八大和省、市重要会议期间的无线电安全保障工作。对航空、铁路、公安等专用频率，强化了经常性保护监测。加大无线电执法力度，处理了鹿泉光录山非法广播电台、市戒毒所手机信号屏蔽器干扰周边群众正常通信以及公安部门设置使用“假基站”干扰手机信号等事件，还开展了“出租车干扰机场用频”专项执法行动。全年开展行政执法34次，没收上交各种非法无线电设备25台（套）。

河北省石家庄无线电管理局
局　长：李长征
副局长：刘兰萍（女）
　　　　姚彬　（女，2月任）

（阎少文）

邮　政

【概况】 2012年，石家庄市邮政系统全体干部职工以改革创新，提速发展为动力，全力推动邮政系统转型升级，较好地完成了上级下达的工作任务，为企业步入良性循环奠定了坚实基础。注重抓经营管理，提高业务规模和效益，全年新农保及城乡居民低保代发户数87万户，市级养老金代发户数12万户，建成助农取款服务点155处。扩大业务品类，电子商务逐步扩充到33项业务，邮乐和本地特产开始上线招商，到年末上线商品数量达到354种。推进投递网建设，全年审批新通邮小区9个，安装信报箱格口3262个，新建楼房信报箱安装率达到100%。提高服务水平，加强内控管理，市邮政局在2012年公益经营单位行风评议中名列第二名，实现了集团公司、省公司零投诉。全年实现营业收入6.79亿元，规模居全省邮政首

2012年7月1日，城乡居民社会养老保险制度全覆盖宣传活动启动暨纪念邮票发行仪式在西柏坡举行

略地图作用，将融合资费覆盖全品牌，同时以应用推广促进流量提升，扩大了家庭网规模。试点启动融合宽带建设，打通线下流程。推动渠道从放号、缴费、服务向“终端＋业务”销售转型，自营渠道强调效率与经营效益并重，推行销售队伍建设和终端业务一体化，引入终端公司、厂家、平台及合作公司资源，打造了广安、东风两个新型营业厅试点，并完成终端销售区域改造312个。提高社会渠道服务水平与质量效益，完成148家门店和终端销售改造。采用“双渠道”并重的终端销售策略，积极做好全国性手机连锁卖场进驻工作，在全省率先启动社会渠道终端销售，全年召开终端订货会6场。按照适用不同竞争态势的集团资费要求，在全省率先搭建了积木式集团资费体系。以省市协同、行业直管方式，打造了“客户经理＋产品经理＋支撑团队”的铁三角服务团队。深化行业信息化合作，与河北省水利厅合作的山洪防治监控系统、与公交公司合作的手机公交一卡通项目均交付客户使用，取得良好的社会和经济效益。

【网络建设】 以市场发展和客户感知为导向，深入推进规划、建设、运行维护、优化等工作，打造了安全、领先、高效、感知良好的精品网络，有效提升了省会网络质量。以“主动监控、主动维护、主动服务”为理念，开展网络维护及优化工作。网络故障类、忙类投诉工单限期解决率、知识库红橙黄蓝问题解决及时率均达到100%。通过TD-SCDMA和WLAN的合理建设，逐步缓解了2G数据业务高负荷问题，WLAN对高速数据业务分流效果显现。TD-SCDMA网络业务量较快发展，T网语音及数据业务量绝对值全省最高，为市场发展提供了强有力支撑。对照精品网规划目标，围绕加强深度连续覆盖，研究制定了TD-SCDMA网络的具体实施方案。规范集团客户从售前到售后全程网络服务，逐渐理顺了网络服务的保障流程。

【服务水平】 建立以客户为导向的服务管理体系，组建各部门协同的服务管理组织架构，重点提升满意度管理、服务系统支撑、营业窗口服务和投诉问题处理等四项服务管理能力。打通各部门间电子流系统，加强投诉处理协同配合，建立客户投诉一体化管理流程，提升了投诉管理水平。强化服务品牌理念，开展“主动服务”主题提升活动，每季度按服务主题进行评比，奖优扶弱。重视服务示范作用，制作标准服务礼仪视频。召开形式多样的客户接待日及座谈会，倾听客户声音，直接收集客户需求，快速解决客户焦点问题。整合传播方案，通过与客户的各种接触机会开展全方位、多渠道的服务形象宣传。开发“智慧服务，创造营业厅客户服务体验价值”项目，制定营业厅17个服务关键触点的服务规范和检查标准，明确前台服务标准和后台服务支撑要求，主动满足客户需求。

中国移动通信集团
河北有限公司石家庄分公司

总 经 理：贾东启

副总经理：吉雨顺
张焕原（10月任）
李文宇（12月免）
柴晓冰（12月任）
郭新 （12月任）

总经理助理：冯亮

（韩容）

中国联合网络通信有限公司石家庄市分公司

【网络建设】 2012年，中国联通石家庄市分公司遵循“有效减少重复建设，提高电信基础设施利用率”原则，积极推进共建共享工作，全年共建铁塔35个，共建基站35个，共享其他方资源13个，节约投资390万元。以提高网络保障能力为要求，加快光纤化改造，大力优化网络建设，强化移动网络资源调配，细化拆闲补忙，极大地降低了拥塞次数。至2012年末，全市乡镇宽带覆盖率达到100%，行政村宽带覆盖率达到97.3%，光纤到村率达到90.6%，商务楼宇光纤覆盖率达到91.49%。

【重点活动】 针对市场竞争形势，全年相继开展了“首季开门红”、“约惠春天”、“激情夏日”、聚类市场“千场扫荡”、“七类存量客户维系”等一系列营销维系活动，各经营单位在公司统一部署指挥下，以进村促销、集市促销、社区促销、专业市场促销、现场促销为重点，大力推广了融合产品、2G、3G和宽带单产品。积极扩大业务宣传，提升客户感知，增强客户维系，做好客户需求和市场竞争信息的收集整理，带动了各项重点业务快速发展。

【精细管理】 大力规范产品创新全过程管理，建立需求分析、技术交流、产品规划、软硬件选择、产品验收、试运行等一系列全过程管控措施，积极推广综信平台应用、数字城市、手机支付、企业／校园一卡通、电子商务、移动互联网等重点项目及产品，利用家世通产品特性，通过灵活资费政策捆绑融合，在保有发展基础上扩大了宽带用户。开展“体验式”营销，完成从传统的“业务受理＋业务推销模式”到顾问式营销、体验式营销、咨询式服务的“服务营销一体化”模式转变。在营业厅设立专人指导客户下载安装热门应用程序，培养客户流量使用习惯，做到在互动中培育客户。探索校园营销新模式，实施常态化营销。以高激励为动力，整合各类资源，向高价值客户、高品质关键人、高业绩客户经理倾斜，建立高效率、高业绩、高满意度的集团校园客户运营体系。

【客户服务】 以3G跨越式发展为引领、以移动业务整体转网及行业应用为抓手，不断提升销售执行效果，大力拓展集团客户市场。重点聚焦金融、政府、龙头企业、行业协会等领域，重点突破名单制客户中属于此类机构设置的单位，促进整体转网。针对百强企业按照区域进行划分认领，实施整体转网营销。推出“亮树”行动，推动“限时装机、限时移机、限时修障”三限时承诺，制定社区经理入户服务四个“四”，即职业素养四规范、上门物料四齐全、入户服务四到位、服务时限四及时。发展新型媒体平台，建成中国联通石家庄客服官方微博，采取线上线下的互动形式，向客户宣传公司政策、引导客服消费习惯，及时解决客户咨询与投诉。截至2012年12月底，公司网上“粉丝量”达到近3万人。建立宽带专家网站，实行7×24小时在线服务，提供集在线测速、远程指导、在线营销、障碍申告、密码修改、明细查询、社区交流等服务功能，形成了便捷、统一的一体化服务营销能力。

中国联合网络通信有限公司
石家庄市分公司

总经理兼党委书记：雷云（6月免）
许杰（6月任）
副总经理兼党委副书记：武文柱
副总经理：郝琳
李虹　（7月免）
慈志勇　李霞
张诗杰（7月免）
张国东（7月任）
何伟

（梁彬）

石家庄年鉴 Domestic and Foreign Trade & Tourism

国内外贸易·旅游

国内外贸易·旅游

商贸流通

【概况】 2012年，全市社会消费品零售总额完成1915.8亿元，同比增长15.2%，总量位居河北省第一名。其中，城镇消费品零售额完成1502.9亿元，增长15.5%；乡村消费品零售额完成412.9亿元，增长14.3%。商贸基础设施全面提升。总投资1300亿元的42个重点商贸大项目，其中2012年完成投资173亿元，平山温塘度假村、新源国际财富中心（乐汇城）、开元环球希尔顿酒店、勒泰广场（商业零售部分）等15个项目竣工；50个县域重点商贸项目总投资约280亿元，其中2012年完成投资44.7亿元，14个项目新开工建设，14个项目竣工。城乡便民商贸流通网络逐步健全。针对全市生活必需品购买流转环节多、占场费高造成物价过高问题，在全国率先提出惠民、便民鲜活农产品流通体系建设和管理全套办法，争取国家支持资金2000多万元，市政府投入1000万元，在市区东部规划了大型公益性现代化农产品批发市场，首批55个惠民店全部建成并投入使用。稳步推进肉菜流通追溯体系建设，石家庄市被确定为全国第二批肉类蔬菜流通可追溯体系建设10个试点城市之一，得到中央财政4000万元资金支持，市财政配套资金4753万元，到年末共完成第一批肉类8个试点单位。全年争取国家“万村千乡”市场工程扶持资金560.8万元，新建改建配送中心3个、农家店85个。至2012年末，全市配送中心达到11个，农家店达到3776个，覆盖100%的乡镇和87%的行政村。全年早餐网点达到300多个，早餐车400多辆，其中全封闭可开启式早快餐车（金蛋车）达到300辆。

【打造夜经济】 以丰富群众生活为目的，全力打造夜经济品牌。按照一年打基础、两年出精品、三年见成效的目标，编制完成全国第一个城市夜经济建设发展规划《石家庄市夜经济发展“十二五”规划》。围绕食、购、游、娱四个方面，重点推动97家服务企业延时营业。打造夜经济品牌项目，建成、规范、提升了乐汇城、万象天成、万达广场、育新路、梅山路步行街等一批商业综合体、特色商街及23家美食休闲广场。亮化提升主要街道和夜间休闲场所夜景，特别在大型综合体亮化设计上，效果非常明显。2012年省会夜经济活动时间为4月1日至10月31日20:00～22:30，省会夜经济活动通过载体建设、延时营业、亮化美化、文化演艺、旅游观光、体育休闲、组团配套、系列活动等8个板块推动了夜经济建设上规模、上水平。企业参与夜经济建设热情高涨，重点延时企业数量由原来50家扩展至97家，夜经济逐渐由政府主导推动转向自发参与；打造出夜间购物、餐饮、娱乐、旅游、健身、文化等全方位发展新格局，改变了以夜经济购物为主的局面。根据市商务局统计，开展2012年省会夜经济活动，全市商贸服务企业夜间销售完成32亿元，占全天销售额的21%，同比增长28%，增加企业利润6594万元，新增上缴国家税金5624万元，实现了财政增税、企业增利、市容提形象、市民更幸福、社会更和谐的局面。其中，97家重点延时企业夜间销售22.3亿元，占累计销售总额比重的20.6%，夜间销售同比增长28.1%。业态销售情况：全市14家百货业态企业累计销售完成59.1亿元，其中夜间销售12.5亿元，占累计销售总额比重为21.1%，夜间销售同比增长42.2%；25家超市业态企业累计销售完成33.1亿元，其中夜间销售6.4亿元，占累计销售总额比重为19.5%，夜间销售同比增长16.0%；4家电器业态企业累计销售完成10.8亿元，其中夜间销售1.7亿元，占累计销售总额比重为15.9%，夜间销售同比下降6.3%，主要原因是2012年国家取消了家电以旧换新政策；44 家餐饮业态企业累计销售完成 3.5 亿元，其中夜间销售 1.1 亿元，占累计销售总额比重为 30.8%，夜间销售同比增长 35.3%；5 家体育健身业态企业累计销售完成 780 万元，其中夜间销售 211 万元，占累计销售总额比重为 27.0%，夜间销售同比增长 41.2%；5 家其他业态企业累计销售完成 1.7 亿元，其中夜间销售 6382 万元，占累计销售总额比重为 37.3%，夜间销售同比增长 30.4%。

【外包服务】 以申请建设国际服务外包开发区为突破口，强力推进服务外包业发展。2011 年始，经谋划和争取，在全省暂停审批开发区的背景下，2011 年 2 月经省政府批复成立了全国首个服务外包专业开发区。随后起草了《关于河北石家庄国际服务外包开发区规划建设的意见》，制定了奖励投资建设者、招商中间人、参建企业的优惠政策，完成了产业规划和建设规划的招标工作。同时，积极开展招商活动，与微软、中国网库等国内外知名服务外包企业达成 41 个项目入区意向协议，总投资 225 亿元，总建筑面积 372.5 万平方米，规划增加销售额 2300 亿元以上。特别是与中国科学院曙光公司多次洽谈，就云计算中心建设达成共识，为促进石家庄市现代服务业发展打下基础。

【会展业】 按照巩固老会展、拓展新会展思路，大力发展会展经济。在成功举办药博会、皮博会、医疗器械展览会等展会基础上，全年积极挖掘新型会展资源，创新会展品牌，超前谋划了规模大、影响力强的国内、国际性展会 10 余个。其中，被誉为“两岸最大规模经贸交流平台”的台湾精品博览会确定 2013 年 5 月在原石家庄火车站举办；2013 年第十一届国际新药发明科技年会初步达成在石家庄市举办意向；以吴以岭等国内著名院士为主导的高端医药项目论坛正在推进。至 2012 年末，全市共举办各类展会 76 个，合同成交总额 230 亿元，同比增长 51.8%。谋划办理原石家庄火车站改为临时会展中心，已经市委、市政府批准，计划 2013 年 5 月 1 日前使用。

（陈杰）

【228 家企业参加第 112 届中国进出口商品交易会】 年内，全市 228 家企业参加第 112 届中国进出口商品交易会（简称广交会）招商，参加企业数量和品牌展位数量均创下历史新高。全市共申报企业 254 家，筛选参加 228 家，其中新企业 42 家。参展企业设立展区 42 个，其中一般性展位 436 个，占全省一般性展位总量的 38.72%；品牌展位 84 个，参展品牌企业 11 家。广交会创办于 1957 年春季，每年春秋两季在广州举办，至 2012 年已有 55 年历史，是中国最重要的综合性国际贸易盛会之一。广交会以进出口贸易为主，贸易方式灵活多样，除传统的看样成交外，还举办网上交易会，开展多种形式的经济技术合作与交流，以及商检、保险、运输、广告、咨询等业务活动。

（焦莉莉）

【电子商务】 发展电子商务，助力带动传统服务业改造升级。5 月份，石家庄市被国家商务部正式授牌成为全国首批“国家电子商务示范基地”。以此为契机，结合全市国际服务外包开发区建设，以区域运营中心、结算中心、呼叫中心及研发中心为主要发展方向，规划了电子商务产业园区，到 2012 年末征集项目 7 个，建筑面积 100.3 万平米，总投资额 80.7 亿元。积极培育电子商务龙头企业，全市 18 家电子商务企业被确定为省级电子商务示范企业，辛集皮革、赵县雪花梨和正定板材家具被确定为省级县域特色电子商务平台。年内新发展电子商务企业 30 家，至 2012 年末全市电子商务企业达到 150 家，实现营业收入 1560 亿元，同比增长 15%。

【城乡流通体系】 针对群众生活必需品流通环节多、占场费高造成物价过高问题，市商务部门率先提出惠民鲜活农产品流通体系建设和管理办法，争取国家支持资金 2000 多万元，市政府投入 1000 万元，在市区东部规划大型公益性现代化农产品物流中心正在建设，首批 55 个惠民店全部投入使用。研究制定《石家庄市新建住宅小区配建公益性商业网点管理办法（草稿）》。至 2012 年底，全市争取国家“万村千乡”市场工程扶持资金 560.8 万元，新建改建配送中心 3 个、农家店 85 个，配送中心达到 11 个，农家店达到 3776 个，覆盖 100% 的乡镇和 87% 的行政村。年末全市设有早餐网点 300 多个，早餐车 400 多辆，其中全封闭可开启式早快餐车（金蛋车）达到 300 辆。2012 年，全市家电下乡销售产品331.22万台，销售85.73亿元，补贴额9.53亿元。加大中小商贸流通企业扶持力度，为4家担保机构和8家中小商贸企业申请省级补助资金410万元。2012年，石家庄市被国家商务部确定为全国中小商贸流通企业公共服务平台建设试点城市，给予750万元支持平台建设、融资贴息、人员培训等项目内容建设。

（陈杰）

【家电下乡补贴兑付方式改变】 根据中央和河北省家电下乡工作文件精神，2012年市财政局、商务局联合下发《关于进一步规范家电下乡补贴兑付工作的通知》，规定从6月15日起，市家电下乡财政补贴兑付方式由销售网点向农户直接发放现金，改为由销售网点代办申领并直接垫付。农民购买家电下乡产品申领财政补贴时，须持户口簿、身份证、存折（以粮补存折为主）到指定的销售网点购买家电下乡产品，补贴资金申领手续由销售网点代办，补贴资金由销售网点直接垫付，并于5个工作日内打入农户存折，销售网点不再向农户直接发放现金。

（靳晓磊　程进升　王玉明）

【汽车报废更新补贴范围及标准】 9月3日，全市开始发放2011年、2012年度老旧汽车报废更新补贴。补贴范围及标准分为三类。2012年1月1日至12月31日期间交售给报废汽车回收企业的，使用6年以上（含6年）且不到15年，车长大于4.8米（含4.8米）、小于7.5米，并于当年更新的农村客运车辆，补贴标准为每辆车11000元。使用8年以上（含8年）且不到15年，车长大于6米（含6米）或乘坐人数大于20人（含20人），并于当年更新的城市公交车，补贴标准为每辆车18000元；车长小于6米且乘坐人数为10～19人，并于当年更新的城市公交车，补贴标准为每辆车11000元。使用10年以上（含10年）且不到15年的半挂牵引车和总质量大于12000千克（含12000千克）的重型载货汽车（含普通货车、厢式货车、仓栅式货车、封闭货车、罐式货车、平板货车、集装箱车、自卸货车、特殊结构货车等车型，不含全挂车和半挂车），补贴标准为每辆车18000元。

（焦莉莉）

【老旧汽车报废更新发放补贴资金3634.3万元】 2012年，全市共有2098辆老旧汽车车主享受到报废补贴，补贴资金3634.3万元。其中，农村客运汽车167辆享受补贴资金183.7万元，城市公交车241辆享受补贴资金408.6万元，重型载货车1690辆享受补贴资金3042万元，较好地落实了国家鼓励和加快报废车辆淘汰、推进节能减排的利民惠民政策。

（靳晓磊　程进升　王玉明）

【商贸流通领域监管】 加强商贸流通领域市场监测和监管，协调重点流通企业开展多层面产销衔接，备足适销对路和优质品牌商品，保障了市民群众消费需求。全年完成1000吨市级冻猪肉储备任务和7500吨冬春蔬菜储备招标工作，全市主要农副产品平均价格保持低于全国平均水平4个百分点。加大商务综合执法力度，积极开展知识产权保护、规范药品流通、单用途预付卡发售等市场整治活动，严厉打击私屠乱宰畜禽肉品、制售假冒伪劣酒等违法违规行为，年内全市出动执法人员12万人次，查处违法案件1523起，保障了肉品和酒类消费安全。完善生活必需品市场供应应急体系，23个县（市）区全部建立应急商品投放网络，网络企业达到1382家。农超对接成效显著，市区35家大中型超市与200余家农村合作组织签订合作协议，带动农户10万余户，对接生鲜农产品经营面积6000多平方米，年销售量8400万千克，同比增长48%，占市区居民消费量的17.3%，销售额达2.8亿元，同比增长27%。2012年，石家庄市被商务部列为全国13个农超对接试点城市之一，获得国家财政部2000万元专项资金支持。

（陈杰）

【商务综合执法局成立】 5月24日，市商务综合执法局正式挂牌。该局是在原畜禽定点屠宰管理办公室和酒类监督管理局基础上组建，主要职能是对全市肉类、酒类、调味品、成品油、典当、特许经营、公平交易、促销、洗染、美容美发等商务部门职责范围内的执法类别进行监督管理。

（焦莉莉）

【重点商贸项目建设】 2012年，石家庄市重点商贸项目“20＋X工程”（20个重点商贸服务业项目和投资 5 亿元人民币以上或 3000 万美元以上的商贸服务业项目，被市政府列入重点支持范围，统称“20+X 工程”）扩充至 42 个，总投资 1300 亿元，总建筑面积 3260 万平方米。市商务局作为全市商贸重点项目统筹协调单位，创新推行代办、领办制度，加大项目推进与考核力度。全年 42 个重点商贸项目中，平山温塘度假村、新源国际财富中心（乐汇城）、开元环球希尔顿酒店、勒泰广场（商业零售部分）等 15 个项目竣工；确定的 50 个县域重点商贸项目 14 个项目新开工建设，14 个项目竣工。至 2012 年底，全市有 10 个重点商贸服务业项目竣工开业，分别是联邦东方明珠广场、中石油河北销售分公司、东明家具基地、中铁广场、万象天成、南三条胜北国际商城、国大御温泉度假小镇、万达广场、方北购物广场、南花园金世界。

（陈杰）

【3 家企业获得省电子商务资金支持】 年内，北人集团石家庄商商网络公司、河北国大商业连锁公司 36524 生活服务网、敬业集团壹佰钢铁网通过省电子商务专项验收，分别获得 50 万元专项奖励资金。北人集团石家庄商商网络公司推出的大型电子商务平台“北国如意购物网”，依托集团优势，除涵盖实体商城全部经营商品外，引进如意团购、积分商城、冀通卡支付等最新电商技术和盈利模式，覆盖了全国的大型网上商城交易平台。敬业集团“壹佰钢铁网”致力打造国内领先的钢厂到终端用户的钢铁直销平台，通过现代化电子手段为钢厂和终端用户提供了安全、便捷的贸易服务，同时和有实力的银行、担保公司为用户提供在线融资服务。国大商业连锁公司创建了全国首家“店铺网、83652400 电话网、36524 生活服务网、人力营销网”四网并行的新型营销模式，自建网上“爱购商城”，并与淘宝等国内大型电商平台联合发展，打造了城市便民服务大平台。

（焦莉莉）

【天洋电器区域总部落户桥东区】 1 月 7 日，天洋电器股份有限公司驻石家庄区域总部正式落户桥东区。天洋电器有限公司注册资金 2 亿元，连锁网络覆盖河北省主要县市区，总经营面积 5 万平方米，经营商品约十万余种，从业人员 3000 余人。该企业在石家庄地区建立连锁店 4 家，年新增就业岗位 500 余人。

（刘宝芝　贾晖）

【北人集团入选中国连锁百强】 2013 年一季度，中国连锁经营协会公布“2012 年度行业发展状况调查”结果和“2012 中国连锁百强”名单。河北省 3 家百货业企业入选“2012 年连锁百强企业”，石家庄市北国人百集团以 254 亿元销售规模和 198 家门店数位列排行榜第 17 位，比 2011 年上升 1 位。河北省另外 2 个企业分别为：以 52 亿元销售规模和 132 家门店位居榜单第 74 位的邯郸市阳光百货集团，以及以 40 亿元销售规模和 21 家门店数位居第 84 位的沧州信誉楼百货集团。

（吴温）

【华夏商务中心建设项目启动】 2012 年 4 月，华夏商务中心建设项目正式启动。该项目占地总面积 1.6 万平方米，总建筑面积 14 万平方米，总投资约 5.6 亿元，由 1 栋近 100 米高的地标性大厦、2 栋高层建筑及商业配套裙楼组成。该项目是继省会万达广场、勒泰中心等后又一座具有城市地标意义的现代化城市综合体。项目建成后，计划形成共生互赢的产业集群，带动东风路商业街整体品质提升和桥东区周边商业整体发展，形成高低搭配的循环经济圈和上下互动的垂直产业链条。

（宋钧）

【举办 2012 中国·石家庄（正定）国际小商品博览会】 4 月 26 日，2012 中国·石家庄（正定）国际小商品博览会（简称正博会）开幕。副省长龙庄伟，中国商业联合会名誉会长何济海，省政协副主席段惠军，省政府副秘书长孟祥伟，省商务厅副厅长王梅英，省商业联合会会长谭洪生，市领导王增明、王华清、张殿奎等及来自北京、天津、邢台等省（市）行业协会和商会领导，美国、俄罗斯、以色列等 30 多个国家和地区友好城市、商会、协会、侨联和侨商代表，法国迪卡侬、美国沃尔玛、美国乐友孕婴童、美国麦当劳、韩国友立和科技等国内外知名企业代表出席开幕式。2012 中国·石家庄（正定）国际小商品博览会由河北省人民政府、中国商业联合会主办，石家庄市人民政府、河北省商务厅承办。本届正博会以“融合商机、彰显魅力、协作发展、互动共赢”为主题，设六大展区，1200 个标准展位，展览面积达 2 万平方米。国内外1000家参展企业和6000家采购商参加展会。4月28日，2012中国·石家庄（正定）国际小商品博览会闭幕。本届正博会3天客流量突破40万人次，现场交易额突破9000万元，创下历史新高。经贸洽谈成果丰富，商贸、流通、工业、文化创意、高新技术、农业示范等领域共有13个项目签约，实现综合经济效益117.38亿元，比上届正博会增长16.16%。参展商品涉及五金、家电、生物科技、纺织品、保健品、食品、工艺品、日化用品等十多个领域；文化品位浓厚，特别是非遗展区的山西省、山东省、天津市、河南省、河北省等省市的民间绝活成为一大亮点。本届正博会邀请到境外企业317家，安排展位438个，占展位总数的36.5%，企业分别来自美国、瑞典、荷兰、日本、韩国、泰国、越南、乌干达和中国台湾、香港等30余个国家和地区，包括美国沃尔玛集团、澳大利亚镜报传媒集团、加拿大燕海企业公司等国际知名企业。中国台湾参展企业达到212家、284个展位，占境外展位的64%。韩国、东盟客商集中单设了规模性展位，其中韩国客商达到35人，成为正博会历史上最大的韩国经贸代表团。

（焦莉莉　吴温）

【沃尔玛乐汇城店开业】 7月12日，沃尔玛在石家庄市开设的第一家购物广场——沃尔玛石家庄乐汇城店开业。沃尔玛乐汇城店位于桥东区新源乐汇城地下一层，商场营业面积10000平方米，主营日用品、生鲜食品、服装、家电等，经营商品品种25000种，该店注重提供“一站式购物”体验。节能环保是沃尔玛乐汇城分店的设计理念，应用了多项节电、节水的高效环保设施及技术，卖场安装LED照明灯具1300多套；店内空调制冷、供暖系统和运货电梯都应用了变频控制；办公区照明均采用红外线控制，人走灯熄。

（焦莉莉）

【举办第四届中国（石家庄）国际皮革裘皮博览会】 11月18～20日，2012’第四届中国（石家庄）国际皮革裘皮博览会（简称皮博会）在石家庄市举行，设置展区11000平方米，标准展位420个。中国食品土畜进出口商会会长边振瑚，市委副书记、市长姜德果，河北省商务厅厅长王志欣为博览会揭幕，中国轻工艺品进出口商会副会长李文峰、俄罗斯MNA公司副总裁马尔科夫·弗拉基米尔等出席开幕式，俄罗斯、法国、意大利等200多名外国专业采购商和2300多名国内专业采购商、销售经营企业代表到会参观、洽谈、采购。

【举办第七届中国·石家庄国际医药博览会】 11月26～28日，2012第七届中国·石家庄国际医药博览会（简称药博会）在市国际科技博览中心举行。副省长杨汭、省政协副主席王刚，市长姜德果等省市领导及中国工程院院士、博士生导师吴以岭，省贸易促进会会长张力红，省医药行业协会会长张宝瑞，台湾临床医学会驻中国大陆代表、台湾基层诊所协会执行长黄淑珍（女），北京、天津、山东、海南、吉林等省、市医药行业协会代表，美国善臣氏集团、新西兰奈臣氏公司、香港龙凤生物科技、香港金立方国际药业、北京同仁堂、上海海兰鑫、山西新星制药、吉林敖东、山东健民、西安科林药业、福建金川药业、重庆东方药业、摩罗丹药业、百善药业等国内外知名医药生产企业和采购商代表参加开幕式。此届药博会以“开放、交流、合作、发展”为主题，主要展览展示药品、保健品、医药高新技术及软件技术和医药包装展品等。展区面积11000平方米；参展商、采购商2300多人到会，较2011年增长30%；参展国内外知名医药企业299家，较2011年增长11.6%。第七届药博会还举办了“医药产业战略论坛”，由中国工程院院士吴以岭、台湾临床医学会代表黄淑珍主讲。吴以岭从自己几十年的中医临床、研发实践出发，阐述了“络病证治”理论体系的诞生、内涵和意义，以及连花清瘟胶囊、通心络、芪苈强心胶囊等研制过程，介绍了中医药发展的新环境、新机遇和新优势；黄淑珍从两岸环境、公共投入、支付制度等方面差异入手，探求了中医药合作契机。

（吴温）

【石家庄正定国际小商品博览会获评中国十大品牌展览会】 8月2～3日，在上海市举行的中国国际会展产业论坛暨第九届中国会展之星颁奖典礼上，石家庄（正定）国际小商品博览会获评“第九届中国会展之星大奖暨2011-2012年度中国十大品牌展览会”。石家庄（正定）国际小商品博览会自2008年开始，每年4月26～28日在正定县举办，已连续举办五届。2008年获评“2008年度中国最具成长性的品牌会”、“2008年度中国十大最具发展潜力品牌展会”，2009年获评“建国60周年全国知名品牌展会暨政府主导型展会百强”,2011年获评第八届“‘中国会展之星’品牌展会奖”、“全国政府主导型展会50强”。

（温婕　张贵香　于金华）

【3名企业家获授中国市场领军人物】 9月16～17日，在北京国际会议中心召开的2012（第二届）中国市场大会上，石家庄市河北顺邦物流有限公司董事长王和平、河北东明国际家具博览有限公司董事长孙双岐、石家庄润德五金机电城总经理何连海等3名企业家获授“中国市场领军人物”。石家庄市南三条市场管理委员会、石家庄市新华集贸中心管理委员会、石家庄桥西蔬菜中心批发市场有限公司、石家庄润德五金机电城等4家单位获得“中国优秀市场管理机构”称号；石家庄润德五金机电城获得“全国优秀示范市场”称号。

（焦莉莉）

【授予新百广场“新中国第一店”称号】 12月8日，中国商业企业管理协会、中国商报社和河北省商业联合会共同授予新百广场“新中国第一店”称号并举行揭牌。石家庄新百广场前身晋察冀大众商店于1947年12月7日成立，1949年更名为市百货公司第一零售部，1954年更名为市百货公司中山路商场，1967年更名为市百货公司人民商场，1972年经再扩建成为河北省最大的百货商场，1980年更名为市人民百货商场，2003年更名为新百广场。至2012年底，新百广场营业面积达到10万平方米，成为集餐饮、购物、休闲、娱乐为一体的综合购物中心和全国老店成功转型的典范。

（吴温）

【9个服务业发展先进县（市）区获得表彰】 2012年4月，市政府办公厅下发《关于表彰2011年度全市服务业发展工作先进单位的通报》，通报表彰了服务业发展较好的桥西区、桥东区、栾城县、鹿泉市、正定县、元氏县、高邑县、赞皇县、灵寿县等9个先进县（市）区。

（陈杰）

对外贸易

【概况】 2012年，全市对外贸易进出口总值为129.5亿美元，同比下降8.7%。其中，出口73.4亿美元，同比增长3.6%；进口56.1亿美元，同比下降21%。出口、进出口总值居河北省第一位。铁矿石为全市进口值的第一大进口商品，占73.6%，共进口41.3亿美元，同比减少15.3亿美元，下降27%。2011年石家庄市还没有飞机商品进口记录，2012年飞机成为第二大进口商品，进口额达到1.1亿美元。从出口主要商品看，2012年全市机电产品出口16.3亿美元，同比增长10.6%，超越服装产品成为第一大出口商品，但相比2011年机电产品36.2%的增长率，增长势头放缓。在全市主要贸易伙伴中，澳大利亚和巴西为铁矿石的主要出口国，对其进出口分别达到27.0亿美元和14.7亿美元，同比分别下降16.1%和38.0%。美国为石家庄市第三大贸易伙伴，对其进出口总额达到13.6亿美元，同比增长9.8%。2012年，石家庄市与日本双边贸易总额为3.9亿美元，同比下降14.1%。私营企业成为出口主力。全年私营企业出口占全市出口比重超过六成，累计出口471089万美元，同比增长11.4%，占比64.2%；私营企业进口70984万美元，同比下降6.8%。国营企业累计出口117339万美元，同比下降10.3%，占比16%；进口额为392495万美元，同比下降28.8%。外商投资企业累计出口126854万美元，同比下降1.9%，占比17.3%；进口25908万美元，同比下降24.6%。集体企业累计出口15867万美元，同比下降31.6%，占比2.5%；进口71763万美元，同比增长52.4%。

【开拓新兴市场】 2012年石家庄市出口市场前5位依次是欧盟、美国、东盟、俄罗斯、印度，出口额分别为138222、107586、82650、59588、35982万美元，出口增幅依次为−13.8%、4.8%、21.9%、18.5%、

-0.6%。全年对传统市场保持稳定增长，前5位出口市场出口总额占全市出口总额的近六成。此外，对日本出口稳定，全年累计出口31737万美元，同比增长8%。积极开拓新兴市场，年内石家庄市对乌克兰累计出口12821万美元，同比增长2倍，位列出口市场第十位；对秘鲁出口4550万美元，同比增长76.2%；对阿尔及利亚累计出口2892万美元，同比增长71.4%。进口方面，从澳大利亚进口258807万美元，同比下降16.4%；从巴西进口131934万美元，同比下降40.7%。从欧盟进口33362万美元，同比下降5.8%；从南非进口32846万美元，同比下降7.1%；从美国进口28829万美元，同比增长33.7%；从东盟进口12461万美元，同比增长14.7%。

【企业对外投资】 积极支持纺织轻工、医药化工、服装皮革、机械电子、种植养殖等有比较优势的行业和企业"走出去"，建设境外生产制造基地，特别是与埃塞俄比亚、加拿大和意大利投资合作项目前期对接工作效果明显。推进石家庄飞龙饲料有限公司、新天绿色能源股份有限公司、辛集市奥森钢铁有限公司、河北博际丰业交通工程有限公司等4家企业申报境外投资手续。协助河北省建筑材料工业设计研究院在南非、缅甸投资建设水泥生产线。组织相关企业到埃塞俄比亚、加拿大考察建设特色产业园。年末全市境外投资企业达到105家，其中新设立13家；中方投资总额为1.19亿美元，同比增长95%。

【传统优势商品出口受阻】 2012年，石家庄市传统出口优势商品有机电产品（占比20.8%）、服装及衣着附件（占比20.6%，其中皮革服装同比增长82.7%）和医药品（占比12.2%），除机电产品同比增长9%以外，服装及衣着附件和医药品同比分别下降1.5%和11.9%。高新技术产品同比增长15.6%，农产品同比下降29.2%。2012年，全市铁矿石进口同比下降27%，累计进口41.3亿美元，占全市进口总额七成以上，同比减少15.3亿美元，拉低全市进口21.7个百分点、进出口10.9个百分点。钢材、农产品进口增幅较大，同比分别增长26.3%和65.7%。

【8家企业出口超过1亿美元】 至2012年底，全市有出口实绩企业达到2473家，其中国营企业69家，集体企业29家，外商投资企业142家，私营企业2233家；有对外贸易经营资格企业6107家，比2011年增加633家。2012年，全市对外贸易出口超千万美元企业达到137家，比2011年增加12家。其中，8家企业出口超过1亿美元，分别是石家庄鸿锐集团、石家庄制药集团、华北制药集团、河北诚信有限责任公司、石家庄钢铁有限公司、河北明迈特贸易有限公司、河北省机械进出口公司、辛集市宝得福皮业有限公司。

（陈杰）

招商引资

【概况】 2012年，市招商引资部门以完成引进内外资"两大指标"为重点，全面开展"与央企、领军企业合作对接工程"、"世界500强项目引进工程"、"对接百强县特色产业项目合作工程"、"开发区提档升级、产业聚集工程"四大投资促进工程，大力优化投资环境，在招商投资工作上取得显著成效。组织参加5·18廊坊洽谈会、9·8厦门洽谈会，开展与珠三角、长三角地区经济技术合作促进活动。推进重点产业对外合作项目谋划活动，编制《石家庄投资环境报告》和《石家庄市投资促进工作意见》，谋划重点招商项目186个，总投资1548亿元(245亿美元)。全年引进市外资金695.2亿元，同比增长39.04%，占全年任务的120.9%，其中引进国内资金2亿元以上项目38项；实际利用外资8.8亿美元，同比增长8.9%，其中签约利用外资1亿美元以上项目2个，签约引进利用外资2000万美元以上项目10项。

【引进内资】 借力"百家央企进河北"活动，全面推动"对接央企"和"引名企、引名品"工程，加大项目谋划、客户拓展、洽谈推进的工作力度，取得了突出成效。继格力电器、三一重工等著名企业和重点项目引入之后，一批央企项目在石家庄市落户。年内石家庄市与中国建筑股份有限公司签署总投资200亿元的战略合作框架协议，包括新区建设、保障房建设、新客站规划区域开发建设、公用服务和基础设施项目等重点建设项目；与中铁建工集团对接了城市建设、开发等项目，实现了中国电子科技集团、中国化工集团、中国石油天然气集团、中粮集团等15家央企投资项目落户石家庄。

（陈俊琪）

【海尔（石家庄）创新产业园签约】 2012年3月，世界500强企业海尔集团投资建设的海尔（石家庄）创新产业园项目正式签约赵县，该项目总投资15亿元。海尔（石家庄）创新产业园项目定位为海尔河北市场创新中心，是海尔集制造、物流、营销、研发、服务于一体的“市场创新产业园”。根据“先市场、再工厂”的原则，规划建设海尔物流分拨中心、海尔（石家庄）区域营销中心、配套服务中心等项目，建设周期计划3～5年。首先启动海尔物流分拨中心一期项目，投资总额约3亿元；二期启动物流分拨中心二期、区域营销中心等项目，投资总额约2亿元；三期启动产业链配套服务等项目，投资总额约10亿元。

（朱涛 鲁永旗 李永强）

【参加2012中国·廊坊经济贸易洽谈会】 5月17～18日，以市长姜德果为团长、副市长王大军为副团长的市经贸代表团参加了在河北省廊坊市举行的2012中国·廊坊国际经济贸易洽谈会。此次洽谈会由国家商务部、河北省人民政府主办。洽谈会上，石家庄市发布涉及生物制药、电子信息、基础设施、现代农业、现代服务业、城市建设和地产开发及园区等产业近百个重点合作项目；设立了特色园区展区、工业名品展区、高新区展区和正定新区展区，展示了“生命科学之城、中国皮衣皮革之都、中国半导体光谷、临空产业基地空港物流中心、历史文化名城现代服务业园区”的投资环境和发展优势。洽谈会期间，石家庄市签订合作项目8项，总投资39.3亿元。其中包括藁城市投资5亿元的医药物流园项目、投资2亿元的食品加工项目、投资6亿元的物流及结算中心项目；灵寿县投资3亿元的寿塔生态农业种植园项目；高邑县投资4亿元的河北文杰服饰生产基地；元氏县投资5亿元的10万吨石油库及河北农资物流配送中心5万吨化肥库项目。计划引资1.5亿元的深泽县新型炭材生产线和计划引资16亿元的井陉矿区氨基酸系列产品等2个项目参加了省签约仪式。石家庄市在洽谈会上积极推进与中央企业合作对接，并于5月18日与中建交通建设集团有限公司签订新城大道（正定新区北京南大街）建设合作框架协议。

（焦莉莉）

【参加第十六届中国廊坊农产品交易会】 9月26～28日，第十六届中国（廊坊）农产品交易会在廊坊市召开。本届交易会由国家农业部和河北省人民政府共同主办，全省11个地市近2000家企业参展。石家庄市在此次交易会上突出“绿色科技，服务对接”主题，参展面积达400平方米，比上届增加一倍。参展企业、合作组织达到162家；参展的无公害、绿色及名优新特农产品达到300多种，涉及粮油、蔬菜、果品、肉类、奶业、禽蛋、山区经济林等7个特色产业。全市共有80个招商项目到会推介，其中总投资5亿元的河北壹州食品公司年产30万吨雪梨汁（浆）技改项目和总投资4.8亿元的辛集惠典油脂公司年产20万吨一级精炼玉米胚芽食用油扩建项目在招商洽谈签约会上现场签约。另有23个项目达成初步投资意向，协议总投资3亿元。

（岳金宏 米振合 胡洋）

【召开河北石家庄生物医药及服务外包合作发展推介会】 11月7日，河北石家庄生物医药及服务外包合作发展推介会在深圳市举行。此次推介会全市共推出合作招商项目186个，总投资1548亿元，涉及主导产业12个。推介会上，河北（石家庄）高端医药产业园和河北石家庄国际服务外包经济开发区进行了招商推介，石家庄市的河北健海生物科技发展有限公司、河北桑迪亚医药技术有限公司、河北质康医疗器械科技有限公司3家重点企业进行了项目推介；北京联东投资（集团）有限公司、采禾国际集团、北京网库互通信息技术有限公司、曙光信息产业股份有限公司等12家企业现场与石家庄市相关单位和企业就联东U谷·石家庄高新区产业园、电子商务基地、河北电商谷、云计算中心等项目签署了投资合作意向，总投资金额135亿元。

（宋钧　张林林）

【县域招商】 以“工作对标、产业对接、项目引入”为主要内容，开展“与百强县对接活动”，指导和帮助各县（市）根据自身优势和特色产业找准与百强县的对接目标，市投资促进局组织有关县（市）到珠三角、长三角、京津冀地区百强县走访、考察、洽谈合作项目。藁城市与江苏太仓市对接生物医药产业，晋州市与山东龙口市和浙江桐乡市对接化工、纺织产业，高邑县与福建晋江市对接陶瓷、纺织产业，栾城县与浙江德清县对接生物医药、装备制造产业，行唐县与杭州萧山区对接玻璃深加工产业，元氏县与浙江东阳市、福建省安溪县对接历史文化资源开发和机电产业，井陉县与山东邹平县、江苏宜兴市对接钙镁、煤炭产业，井陉矿区与山东邹城市、江苏常熟市对接煤化工、电子机械、装备制造产业。通过百强县的产业对接，签订了一批合作项目，无极县与浙江海宁签订皮革产业合作协议，亚洲最大的皮革企业——卡森集团投资15亿元的皮革项目和上海汉唐集团投资30亿元的皮革商贸城项目落户无极县，投资近30亿元的“闽商工业园”首批入区项目正式签约，给县域经济发展注入了强劲的活力和后劲。

【引进外资】 以世界500强、知名跨国公司引入为重点，有针对性地开展对香港、台湾、日本、韩国、德国、美国等重点国家和地区重要客户的拓展工作，多次赴京开展与世界500强企业对接工作，取得显著成效。可口可乐、爱立信、乐购特易购、家乐福、沃尔玛、丰益国际等世界500强公司到石家庄市建立了布局型投资项目，截至2012年底，共有近30家世界500强公司到石家庄市投资发展，华润集团、嘉里集团、长江实业等世界500强公司的合作项目正在有序推进。

（陈俊琪）

【参加河北省（香港）投资贸易洽谈会签署外资协议13.3亿美元】 4月15～19日，以市长姜德果为团长，副市长王大军为副团长的石家庄市经贸代表团赴港参加“2012年河北省（香港）投资贸易洽谈会”。此次投洽会，石家庄市代表团共签署合作协议15项，总投资23亿美元，协议利用外资13.3亿美元。在香港期间，石家庄市代表团先后参加了大会开幕式、“沿海大省新战略·京畿重地新商机说明会暨项目签约仪式”、“冀港产学研合作项目恳谈会”、“冀港文化产业合作项目对接会”、“河北省（香港）旅游招商合作对接会”、“冀港新兴产业合作项目对接会”、“河北省首批驻港商务联络机构揭牌仪式”以及河北省与香港联交所金融合作签字仪式、河北省与香港科学园合作签字仪式等活动，并成功举办“2012年中国·石家庄(香港）新兴产业投资与合作推介会”、“2012年现代物流发展与合作交流会”和“2012年石家庄（香港）新兴产业基金合作恳谈会”等活动。

【参加第十六届中国国际投资贸易洽谈会】 9月8～11日，第十六届中国国际投资贸易洽谈会在福建省厦门市举行。石家庄市在此次洽谈会上共签约利用外资项目11项，总投资1.9亿美元，拟利用外资4300万美元；石家庄市元氏县、高邑县分别与福建省泉州市的安溪县、晋江市开展“百强县对接”活动，并达成初步合作意向。全市签约最大项目是裕华区建设的养老院项目，由石家庄中嘉信房地产开发有限公司与香港耀亿有限公司合资建设，总投资1亿美元，协议外资2200万美元。另有，新天绿色能源股份有限公司与香港中华煤气有限公司合资的河北省天然气有限公司增资项目，外资增资715万美元；石家庄金刚内燃机零部件集团有限公司与香港浩望控股有限公司在藁城市合资建设内燃机零部件项目，总投资3946万美元，协议外资455万美元。

（焦莉莉）

【举办投资环境和重点项目推介会】 12月12日，由市政府主办、市投资促进局承办的“2012石家庄（北京）投资环境和重点项目推介会”在北京举行。来自沃尔玛、西门子(中国)、三星集团等20余家世界知名跨国公司，中国兵器集团、中国南车集团、中粮集团等30余家中央企业和行业领军企业，中国纺织科学院、中关村科技园等10余家国内一流科研机构，英中贸易商会、中国创业投资委员会等10家国际、国内行业协会百余名客人参加此次推介会。

（吴温）

【开发区提档升级】 以“县县都有

个体私营商业

【概况】 2012年，全市个体私营商业（单指从事批发、零售、餐饮业的个体户和私营企业）共有个体商业户231960户，从业人员563532人。至2012年末，全市登记、纳入管理的个体商业户中从事批发和零售业有16.98万户，从业人员34.5万人；从事住宿和餐饮业有8610户，从业人员38.48万人，均比2011年出现较大增长。年内全市私营商业企业从事批发、零售户数3.5万户；共有民营经济单位28.8万个，完成增加值3008亿元。

【私营商业】 2012年，私营商业借助国家拉动内需政策的机遇，适时调整经济结构，抢抓机会争取发展。年末全市私营商业企业中从事批发、零售的户数达3.5万户，其中分支机构增加到1829个，投资者人数达70021人，雇工人数56132人，注册资金达626.07亿元；从事住宿和餐饮业的有504户（其中分支机构110户），从业人员893人，雇工人数达1528人，出资额达到99241万元，其中城镇有490户，注册资本金98659万元。

【民营经济】 全年共有民营经济单位28.8万个，同比增长5.08%。其中民营企业5.08万个，个体工商户23.7万个。年末全市共有规模以上民营工业企业2126家，占全部民营工业企业的4.2%；完成增加值1253亿元，同比增长27.6%，占全部民营经济总量的42%；上缴税金94亿元，同比增长12.7%，占全部民营经济总量的25.9%。民营经济从业人员286万人，同比增长4%；完成增加值3008亿元，同比增长15%，占全市GDP的66.84%；实现营业收入13004亿元，同比增长22.02%；完成固定资产投资额1168亿元，同比增长32.3%，其中固定资产投资额500万元以上施工项目2615个，开工项目2331个，投产项目2161个，新建643亿元、改建179亿元、扩建260亿元，资金来源以自由资金为主，国家及部门扶持资金6.5亿元，金融机构贷款148亿元，自有资金853亿元，分别占民营企业投资总额的0.6%、12.7%、73%；完成出口交货值263.6亿元，同比增长16.6%;上缴税金363亿元，同比增长19.8%，占全市财政收入的63.35%,占比提高1.32个百分点。

（李志英）

粮油购销

【概况】 2012年，全市粮食系统贯彻落实国务院《粮食流通管理条例》和《河北省粮食流通管理规定》，加强粮食宏观调控，坚持依法管粮，确保了省会粮食安全和粮食流通市场有序发展。粮食企业严格执行国家粮食收购政策，坚持敞开收购农民余粮，不压级压价，即时结算售粮款，保护了农民利益。充实市级粮食储备，建立应急面粉和食用油储备。增加县级粮食储备，全年完成储备规模10.3万吨，占指导性计划的102%，有效增强了县级粮食调控能力。重新调整确定市级粮食应急储运、加工、供应网点77家。全年收购粮食428万吨，销售和转化粮食544.5万吨，其中国有粮食企业收购55.5万吨，销售60.2万吨，较上年分别增长22%和31%。加强粮食质量安全监管，在全市行政区域内按12KM×12KM的范围建成86个监测网格，对小麦、玉米进行定点采样，共监测200个点，覆盖200个自然村、800多个农户。完善粮食质量档案，建立全省第一个质量监管软件系统“石家庄市粮食质量安全监管信息系统”。加强粮食监管，全年共出动人员4754人次，检查粮食企业1363家，检查粮食162万吨，检查油脂6550吨。严肃查处涉粮案件，全年共查办涉粮案件168例，其中责令整改80例，警告22例，取消粮食收购资格12例，罚款52例，移交其他部门处理2例，维护了社会粮食流通秩序。推动粮食企业改革，全市国有粮食企业从196家整合至42家。年末石家庄市粮食局被评为推进国有粮食企业振兴工程先进单位。

【粮食供应】 军粮供应开展电话预约、送粮上门等优质服务，送粮率达98%以上，连年实现3个100%，即军粮供应计划完成100%、供应部队的军粮质量合格率100%、部队满意率100%。军粮特供是新时期粮食部门主动作为、融入中心、服务大局的一项重点工作，也是开拓市场增活力、壮实力、惠民生、促发展、保稳定的一项放心粮油工程。年内，全市新增军粮特供店3家，累计达到20家，位居全省之首。开展放心粮油进社区、进农村活动。至2012年底，全市评审放心粮油示范店61家，放心粮油加工企业16家，放心主食厨房1家，放心绿色种植基地1家。依托粮食企业开展放心粮油连锁经营。2012年辛集黑马面业在周边县（市）开设放心粮油连锁店300多家，正定惠兰面业在本辖区开设放心粮油连锁店68家。

【粮食监管】 粮食执法围绕执法实践开展活动。市县两级政府和粮食行政管理部门认真落实机构、人员、设备和经费，达到4个100%，即执法机构建立面100%、执法队伍建立率100%、执法设备配备率100%、执法经费到位率100%。实施粮食执法规范化管理，做到执法标示、执法日志、执法车辆和执法胸牌“四统一”。开展《粮食流通管理条例》学习宣传活动，举办粮食流通统计、质检技能和粮食执法培训，实施粮食购销政策落实情况、粮油库存数量真实情况、社会粮食流通情况等专项监督检查。全年出动执法人员4754人次，检查粮食企业1363家，检查粮食162万吨，检查油脂6550吨。严肃查处涉粮案件。全年查办涉粮案件168例，其中责令整改80例，警告22例，取消粮食收购资格12例，罚款52例，移交其他部门处理2例，有效维护了粮食流通秩序。积极开展粮食监督检查示范单位创建活动，平山县粮食局被推荐为国家级示范单位，元氏县、鹿泉市粮食局和市粮食局稽查分局被推荐为省级示范单位。

【国有粮食企业振兴工程】 落实河北省粮食局2010～2012年启动的三年国有粮食企业振兴工程部署和要求，按照“调减总量、壮大规模、提高质量”总体目标，市县粮食部门积极谋划，因地制宜，因企施策，通过兼并、重组、合资、参股等形式，全市国有粮食企业从196家整合至42家，完成整合任务县达到16个，超额完成既定目标。直属单位重点推进国家粮食储备有限公司和市油脂公司整合重组，实现人员和资产优化，初步形成了龙头企业，为直属企业集团化发展和经营迈出关键一步。重点加强国有粮食企业资产运营管理。粮食部门在实施企业整合重组、加强国有资产管理、严格直属粮食企业资产处置审批手续和工作程序基础上，帮助企业在资产运营分析上下功夫，拓展思路，提高资产运营效果，实现国有资产保值率保持在103%以上。国有粮食企业经营总量和效益逐年提高。各县（市）粮食局和市直属国有粮食企业在改制任务基本完成后连续实现盈利，逐年提高，全年粮食系统实现利润额1475万元。年内，在全省国有粮食企业振兴表彰大会上，石家庄市粮食局、平山县粮食局、正定县粮食局、市家家惠粮油食品服务中心、国家粮油储备有限责任公司、鹿泉市军粮供应有限公司获评推进国有粮食企业振兴工程先进单位；

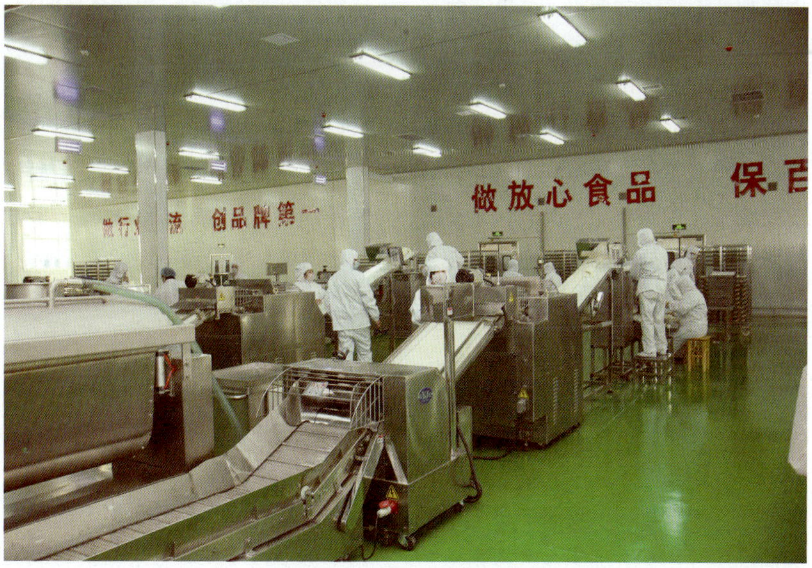

“放心馒头”生产车间

元氏县、晋州市、鹿泉市、辛集市、藁城市、无极县、井陉县7县（市）粮食局和市军粮供应有限责任公司等11家市、县单位被市粮食局评为全市国有粮食企业振兴工程先进单位。

【项目建设】 围绕壮大粮食产业发展基础，实施项目带动战略，加强粮食基础设施项目的谋划和建设，争取财政资金、国债资金、仓房维修改造资金4400万元，有力地支持了项目建设。以“放心馒头”为主的大众主食工程于11月28日正式投产。该项目占地25亩，一期投资4000万元，建成5条馒头生产线，可以生产三种口味42个品种大众主食，日产馒头30万个。扎实抓好“军民融合式”部队应急保障基地建设。该项目占地25亩，总投资6950万元，总建筑面积2万余平方米，一餐加工可满足5000名官兵需要。建立粮食产业经济发展现代化平台。经多方论证，在正定县投资11亿元、建设占地330亩集粮油收购、仓储、加工、交易、信息、质检多功能于一体的石家庄现代粮食物流园区建设正在强力推进，其中粮库建设全部完工。

（翟入青）

成品油供应

【概况】 2012年，中国石油化工股份有限公司河北石家庄石油分公司面对国际油价震荡起伏、国内价格调整频繁、经济增速放缓等不利因素，通过提高经营质量，夯实管理基础，完善创新服务功能，狠抓基础管理，积极培育客户资源，逐步加大IC卡推介力度和自助加油工作，全年累计完成油品销售总量107万吨，实现考核利润1.9亿元。年内在加油站组织开展了“三事”教育活动，引导职工树立正确的人生观、价值观和道德观，有效营造了爱岗敬业、履职尽责的工作氛围。加大干部职工的考评及培训，以职业技能鉴定和竞赛比武为载体，有针对性的培养技术骨干，2012年在全省技术竞赛比武中公司获奖人数达到31人，其中获销售公司金牌1人，银牌1人。

【经营管理】 积极协调落实管输、铁路和外采计划，合理调整油库和加油站库存，不断加强二次物流调度和承运商管理，全力保障市场供应。牢固树立“以客户为中心”的经营理念，在各经营线条建立和完善客户资源共享机制，全力加大IC卡推介力度，完善创新自助加油站服务功能。强化国有企业责任落实，勇于承担责任，集中优势资源，设置60座“三夏”绿色通道加油站，全力保障“三夏”、“三秋”和重点行业的油品供应。狠抓现场销售，非油易捷便利店销售额显著提升，综合进店率达到9%，位居全省前列。

（张路萍）

【汽柴油价格调整】 根据8月9日省发改委发布《关于提高成品油价格的通知》，全市从8月10日零时起上调成品油最高零售价格。其中，93号汽油上调0.31元／升，新的最高限价为7.28元／升；97号汽油上调0.33元／升，新的最高限价为7.69元／升；0号柴油上调0.32元／升，新的最高限价为7.11元／升。另外，90号汽油新的最高限价为6.75元／升，5号柴油新的最高限价为6.97元／升，10号柴油新的最高限价为6.83元／升，负10号柴油新的最高限价为7.54元／升，负20号柴油新的最高限价为7.90元／升，负35号柴油新的最高限价为8.18元／升，负50号柴油新的最高限价为8.39元／升。

（焦莉莉　路凯丽）

【基础管理】 财务管理围绕“经营一元钱，节约一分钱”开展全员目标成本管理工作。以“增量增效”为中心，落实控费措施、抓好细节降费，实现了经营管理良性互动。以防范风险、规范流程为核心，强化资金安全管理工作，全面堵塞了资金收缴存环节的管理漏洞。HSE和数质量管理更加扎实。大力做好安全教育和培训工作，采取多种形式开展HSE检查监督及各种预案演练等活动，强化和落实了HSE体系管理责任。围绕“每一滴油都是承诺”和“质优量足、顾客满意”的工作目标，加强油品数质量管理。扎实开展“3.15消费者权益日”和“中国石化质量日”等活动，积极配合质检部门，在货源组织、油品运输、存储和销售等各个环节实施严密的检测和检查，强化动态监管和抽检力度，确保了流入市场每一滴油百分之百合格。

中国石油化工股份有限公司
河北石家庄石油分公司

经　理：王树伟
副经理：王旭东　王晓茹
钱胜军（10月任）

（张路萍）

商业集团

【北人集团有限责任公司】 石家庄北国人百集团有限责任公司（简称北人集团）是经石家庄市人民政府批准，于2000年3月21日由石家庄北国商城和石家庄人百集团有限责任公司合并注册成立的国有独资商贸企业。2008年3月和2009年12月，北人集团进行国企改制和增加股本两项工作后，公司注册资金为61967.69万元，其中国有股占51%，另外两家战略投资者共持有北人集团股份49%。2012年，北人集团旗下有北国商城股份有限公司、石家庄饮食公司、石家庄农产品物流中心有限公司、石家庄北国惠民食品销售公司、石家庄国际博览中心、华都大厦、针纺织品分公司、华远商贸分公司等8家下属企业，主要涉及百货连锁、超市连锁、家电连锁、珠宝连锁、餐饮娱乐、租赁会展、仓储运输、批发配送等行业，198家经营网点遍布河北、山东、山西、河南、北京、天津和内蒙古等7个省（市）25座城市，从业人员近4万人，是河北省大型商贸流通企业，位列2012年中国企业综合实力500强第410位，并先后被国家各级部门授予“全国商业服务业年度十佳企业”、“全国先进基层工会组织”、“全国商业服务业顾客满意企业”和“全国五一劳动奖章”等荣誉。2012年，北人集团年总销售额达到254.15亿元，利税突破10亿大关，共实现利税10.48亿元。

（北人集团办公室）

【天元发展有限责任公司】 2012年，石家庄天元发展有限责任公司紧紧围绕战略要点，抓住“企业增效、员工增收”主题，突出重点、攻克难点，取得了较好成绩。全年召开4次董事会会议，稳步推进体制机制改革和股权结构调整，微调总部和部分公司的组织架构，制定和完善了《员工奖惩管理规定》、《年度经营成果考核管理试行办法》等制度，提升了公司规范化管理水平，促进了集团与各公司的高效运转。加强信息建设，在完善原有信息功能基础上，升级各业态信息软件功能及硬件设备，加大合作共享力度，拓宽一卡通、拉卡拉等服务项目，基本实现公司一体化网络平台，促进了经营管理水平提升。天元名品不断优化商户资源，加强精细化管理，年内投资开业项目2个，筹备项目7个，签约项目3个；圣达经销增强劳动效能，新商品得到拓展；天元超市积极进行减员增效，稳步推进薪酬改革，开办社区惠民店11家；天元酒店加强能源管理，严格采购制度流程，优化内部岗位；博隆房地产最大力度地争取政策支持，力减报建成本；兴达物业严控宿管经费，加大管材销售与回款力度。2012年，天元公司通过加强经营管理和成本控制等举措，提升了经营收益，共实现利润1.04亿元。

（毛延锋）

【饮食集团公司】 2012年，石家庄饮食集团公司由国有独资改制为投资多元化的股份有限责任公司，完成国资委下达的全年计划任务。年内集团公司安置离开企业职工700余人，至2012年底公司内部安置员工1030人。其中，上岗631人，内退及其他人员399人，保持了改制的基本稳定。改制后的石家庄饮食有限责任公司注册资本1565.2万元，股东石家庄市人民政府国资委出资360万元，占23%；石家庄北国人百集团有限责任公司出资798.3万元，占51%；石家庄市盛隆餐饮管理有限公司出资406.9万元，占26%。2012年12月21日石家庄饮食有限责任公司在工商注册成功，并选举了股东会、董事会、监事和经理。按照国资委考核责任制要求，集团公司与所属正常经营的15家企业经理分别签署了聘用合同。全年公司完成营业收入13042万元，较上年同期略有增加，剔除改制安置职工经济补偿金，较上年同期减亏 171 万元。集团公司所属经营企业 15 家，有 8 家企业保持较快增长势头，其中燕风楼较同期增长 9%，中和轩增长 19%，中华分店增长 9%，釜洋斋增长 3%。

（姚玉民）

【国大集团有限责任公司】 2012 年，国大集团以“挑战自我，追求卓越”为理念，大力强化人才建设，积极推动科学发展，取得了企业经济效益提升的良好局面。集团下属企业国大酒店经营公司全力提升“驿家 365”品牌影响力，发展“驿家 365”酒店数量突破 80 家，首次进入“中国经济型连锁酒店 15 强”行列，其中新推出的“唐年”商旅酒店在市中心开出第一家店面。到 2012 年末，国大酒店经营公司已发展成拥有酒店 80 余家，营业收入近亿元的连锁酒店经营公司，为全省 1000 多名员工提供了就业机会，年服务旅客达到 300 余万人次。2012 年国大酒店经营公司被评为“河北省服务名牌”、“中国经济型酒店潜力榜 10 强”，同时公司还担任“河北省商业联合会特许加盟专业委员会”主任委员单位，并被推举为“河北省经济型酒店行业标准和规范的起草单位”，负责起草省内经济型酒店行业标准。集团下属洛杉奇食品有限公司加快规模发展，取得显著成效。2012 年洛杉奇食品公司已发展成为“河北省农业产业化龙头企业”、“中国商业联合会食品安全示范单位”、国家扒鸡类产品行业标准制订者。该公司“金凤”、“洛杉奇”两大品牌是河北省著名商标，其中“金凤”是河北省食品加工行业“中华老字号”之一，入选省非物质文化遗产。洛杉奇公司十分重视食品安全和标准化生产，先后通过 ISO22000、HACCP 两大认证，产品质量得到业内及市场的广泛认可。2012 年洛杉奇公司完善了产品质量控制体系，防范了食品质量安全风险，实现产销两旺，生产的金凤扒鸡、洛杉奇面食形成两大类百余个品种，产值突破亿元大关。2012 年洛杉奇公司还完成位于石家庄市西南的新厂区建设，新厂区占地 80 余亩，规划全部建成后产能扩大两倍以上，计划建成全市最大的禽类产品深加工基地。

（胡振菊）

旅　游

【概况】 2012 年，全市旅游系统围绕《政府工作报告》中提出的旅游发展目标任务，精心安排，周密部署，以旅游产业转型升级为主线，以构筑大旅游大营销大产业格局、着力扩大旅游消费、努力提升旅游服务质量为重点，突出重点，打造亮点，全市旅游业继续呈现出强劲的发展势头。大力推行行业管理标准化管理，完成全市 217 家旅行社年检，全年新审批旅行社 25 家，新增服务网点 70 家，注销旅行社 7 家，办理旅行社变更 30 家。组织举办“2012 中国河北欢乐健康游”启动仪式，开展以正定大庙会为代表的“新春祈福添欢乐”和“旅游惠民大拜年”、平山西柏坡旅游文化节、正定千年古韵历史文化旅游节、新乐伏羲文化旅游节、苍岩山传统庙会、赵县梨花节、栾城范台阳春草莓采摘节、清凉山冰雪旅游文化节等旅游节庆活动。7 月 1 日起，联合财政局出台并实施《关于对旅行社招徕游客的奖励办法（暂行）》，有效调动了广大旅行社引客入石的积极性。2012 年全市新建、在建旅游项目 101 个，完成投资 42.8 亿元；新谋划项目 6 个，总投资 79.7 亿元。至 2012 年末，全市共有旅游星级酒店 65 家，旅行社 223 家，旅游服务网店 390 家，A 级景区 29 家，工农业旅游示范点 26 个，旅游汽车公司 13 家，旅游服务公司 6 家，持证导游 8200 余人，旅游从业人员 5 万多人。全年接待海内外游客 4200.99 万人次，实现旅游业总收入 268.56 亿元，均居全省首位，同比分别增长 28.84% 和 33.86%。其中，接待国内游客 4185.2 万人次，创收 264.67 亿元，同比分别增长 28.89% 和 34.06%；接待入境游客 15.79 万人次，创汇 6163.83 万美元，同比分别增长 16.06% 和 24.71%。

（刘伟东）

【西部山区旅游发展规划通过评审】 2012 年初，《石家庄市西部山区（五县区）旅游发展战略规划（2012—2020

年)》通过评审。该规划范围为平山县、灵寿县、井陉县、赞皇县、井陉矿区五县区。发展战略框架概括为“115678”战略，规划打造“一条风景廊道、一个龙头品牌、五条休闲河谷、六大特色产品、七大旅游产业聚集区、八条精品线路”。一条风景廊道即由沿山高速、G207、S201、S202公路组成，北起驼梁－五岳寨，南到嶂石岩景区，沿途连接重要景区，打造西部黄金旅游廊道；一个龙头品牌即大西柏坡旅游区；五条休闲河谷即滹沱河、卸甲河、磁河、甘陶河、槐河休闲河谷；六大特色产品即文化旅游、农业旅游、体育旅游、温泉度假等旅游产品；七大旅游产业聚集区即驼梁－五岳寨、横山湖、中山国、天桂山－沕沕水、秦皇古驿道、苍岩山、嶂石岩旅游产业聚集区；八条精品线路即千里太行国家旅游线、中国红色经典之旅、“西柏坡－五台山”圣地之旅、品味石家庄之旅四条区际线路，以及西部休闲之旅、灵寿之旅、井陉之旅、赞皇之旅四条区内线路。

（刘宝芝）

【行业规模】 到2012年末，全市复核后共有星级饭店65家，其中五星级3家，四星级23家，三星级29家，二星级10家。绿色饭店30家，其中包括国家金叶级绿色饭店3家（世纪大饭店、亚太大酒店、国御温泉度假酒店），省级绿色饭店5家。旅行社223家，其中出境组团社17家，一般组团社206家，共有23家分社，390家服务网点。A级景区29处，其中5A级景区1处，4A级景区25处，3A级景区1处，2A级景区2处；工农业示范点26个，其中国家级农业示范点1个，省级农业示范点14个，省级工业示范点5个，市级工业旅游示范点6个。旅游汽车公司13家，旅游大巴车500余辆；旅游教育培训规范单位12家，导游服务公司6家，持证导游8200余人（高级导游8人，中级导游97人），旅游直接从业人数5万余人，间接就业人数35万人。

【景区基础设施建设】 2012年，市旅游部门狠抓《石家庄市旅游业发展总体规划》、《大西柏坡红色旅游开发总体规划》和《石家庄市西部山区（五县区）旅游发展战略规划》的宣传和实施，积极配合规划、发改、交通、国土等部门做好全市旅游总体发展规划工作。指导各县(市)区继续完善旅游规划体系，全年通过评审规划2个，即《封龙山（元氏）文化旅游区总体规划》、《井陉县窦王岭景区旅游开发总体规划》。2012年全市新建、在建旅游项目101个，完成投资42.8亿元；新谋划项目6个，总投资79.7亿元。在高速、国道和旅游干线公路上设置旅游交通标识牌65块。西柏坡高速全线建成通车。驼梁—五岳寨—天桂山创5A整合提升项目进展顺利，水景营造、核心景区步游路改造、旅游厕所建设等一批重点工程完工；总投资6000多万元的赵州桥环境综合整治工程全面竣工。市区滹沱河叶子广场和黄金沙滩景区建成开放。平山白鹿温泉度假村白鹿大剧院建成开放，国内首场以温泉水文化为主题的大型音舞诗画《白鹿缘泉》盛大开演。辛集国际皮革城二期市场于9月28日开业，总营业面积达到36万平方米。开展A级景区提质升级工作，全市A级景区基础及服务设施提升改造共投入资金3.16亿元，新增标牌65块，旅游厕所5座，导览图450块，步游路5.2万余米，停车场硬化12万平方米，垃圾桶685个。隆兴寺、荣国府、苍岩山、抱犊寨、嶂石岩等景区服务设施及管理服务水平显著提升。平山佛光山、正定荣国府、市区空中花园3个景区被国家旅游局评定为国家4A级旅游景区。

【旅游招商和商品开发】 年内，市旅游局组织全市旅游项目单位企业分别参加了港澳投资贸易洽谈会、河北省旅游局在天津举办的旅游项目招商会、5·18廊坊投资洽谈会，共接触各类客商3500人次，发放有关旅游宣传资料2000多份。首都国旅、中青旅、上海春秋等大集团到石家庄市赞皇县、平山县等地考察旅游资源，并初步达成合作意向。2012年全市共有5个项目签约，引进资金7700多万元；有7个项目达成投资意向，拟引资70亿元。积极争取国家、省、市各级旅游专项资金近4000万元。此外，市旅游局还组织业务人员编写完成了《石家庄市旅游购物商品质量等级评定管理办法》（试行）和《石家庄市旅游购物商品质量等级划分与评定标准》，为规范全市旅游购物市场发展奠定了坚实基础。

（刘伟东）

【赵县第十二届梨花节开幕】 4月13日，2012河北省“龙之春”休闲农业与乡村旅游暨赵县第十二届梨花节在赵县安济广场正式启动。省旅游局局长栗进路，市领导李屏东、张殿奎、李天印等出席启动仪式。启动仪式由省旅游局、省农业厅、石家庄市人民政府联合主办，市旅游局与赵县人民政府承办。本届梨花节以“健康欢乐在梨园”为主题，推出“寻古悟禅游赵州、踏青采摘赏梨花”经典旅游线路。梨花节共设3个观赏场地，分别是董庄观花园、南庄观花园和贤门楼观花园，最佳观花期持续到4月20日。

（焦莉莉）

【旅游宣传促销】 2012年，石家庄市加大旅游广告宣传投入，加强旅游市场调研力度，认真谋划旅游宣传方案，加强与大媒体合作，强力宣传促销。在北京西客站出站口LED显示屏、天津津保高速入口投放石家庄旅游宣传广告，与河北一鸣视屏公司合作开设《旅游之窗》栏目，拍摄了新版石家庄旅游宣传片。与香港《大公报》、长城网、石家庄电视台、石家庄电台、河北电台旅游频道、《燕赵晚报》、石家庄《精品导报》等主流媒体联合推出“漫游石家庄”、“深游石家庄”、“畅游石家庄”、“品游石家庄”等系列活动，制作石家庄旅游专题专版，全方位展示石家庄旅游形象，全年报道达280篇。平山县在河北卫视、河北公交移动电视、省政府民心广场LED显示屏投放旅游宣传广告片，对《平山旅游网》进行了升级改版。赞皇县举办“雄浑壮美嶂石岩——千年古县赞皇”全国摄影大展。正定县举办“百名记者进正定”采风活动等，取得了良好的宣传效果。为强力推介全市旅游资源，石家庄市以石家庄—珠海航线恢复运营为契机，到珠海举行石家庄旅游推介会，与珠海市旅游局签署了关于加强旅游合作的框架协议。深度开拓入境旅游市场，赴香港、澳门举办“多彩石家庄　情牵港澳行”专场推介活动，与香港中国旅游协会及当地旅行社签署了旅游合作框架协议和合作意向书。赴韩国、日本举办石家庄旅游推介会，取得丰硕成果。6月20日，首批170名游客乘韩国真航空公司班机到石家庄。全年韩国旅行社为石家庄输送近3000名游客。积极组织参加省旅游局举办的“河北人游河北”全省旅游产品对接会，对接会上石家庄市旅游交易总额超过300万元。

（刘伟东）

【与珠海市开展旅游合作】 3月14日，市旅游局和珠海市文体旅游局就两市旅游合作工作进行业务对接，双方就旅游产业发展，旅游市场营销及监管等方面进行了深入交流，形成广泛的合作共识，签署了两市旅游局关于加强旅游合作的框架协议，提出建立定期互访机制、互为优惠培育游客市场等举措。

（刘宝芝）

【红色旅游联盟成立】 5月份，“红色曙光·雄秀太行”晋冀豫3省11市红色旅游联盟在河南省安阳市成立。该联盟单位由分属河北、河南、山西3省的石家庄、保定、邯郸、邢台、安阳、济源、焦作、新乡、鹤壁、长治、晋城11市组成。联盟11市共同签署了《“红色曙光·雄秀太行”晋冀豫三省十一市红色旅游联盟安阳宣言》。该联盟要求利用各自资源优势、环境优势和交通优势，联合打造中原旅游核心区，推进太行山无障碍红色旅游，提升太行山红色旅游在中国旅游板块的位置和影响力。

【新版石家庄旅游网正式上线】 7月1日，石家庄旅游网（www.sjztour.com.cn）正式上线。新版石家庄旅游网集旅游政务频道、旅游资讯频道、导游频道、e游（视频）频道、繁体频道、英文频道等6个频道为一体，以服务行业、服务游客和服务社会为中心，整合全市“行、游、住、食、购、娱”等旅游资源和要素，突出信息发布、行业引导、网上办公、交流互动、形象宣传、营销推广等功能。

（焦莉莉）

【京港澳高铁沿线旅游市场推广联盟成立】 12月23日，京港澳高铁沿线（7+31）旅游市场推广联盟正式成立，并在石家庄市召开第一次会议。京港澳高铁沿线（7+31）旅游市场推广联盟由北京市、天津市、河北省、河南省、湖北省、湖南省、广东省7个省（直辖市）及承德、张家口、秦皇岛、唐山、廊坊、保定、石家庄、邢台、邯郸、安阳、鹤壁、新乡、郑州、许昌、漯河、驻马店、信阳、孝感、武汉、咸宁、岳阳、长沙、株洲、衡阳、郴州、韶关、清远、广州、东莞、深圳、珠海31个城市组成。成立该联盟，旨在加强京港澳高铁沿线旅游资源整合、旅游产品开发和旅游市场推广。此次京港澳高铁沿线(7+31)旅游市场推广联盟会议以“高铁捷近城市，旅游亲近你我”为主题，由河北省旅游局、石家庄市人民政府联合京、津、豫、鄂、湘、粤6省（直辖市）和30个城市共同举办，并邀请港、澳地区旅游部门出席。会上，7省（直辖市）和31个城市与会代表共同讨论通过了《京港澳高铁沿线（7+31）旅游市场推广联盟章程》、《京港澳高铁沿线（7+31）旅游市场推广联盟石家庄宣言》，签署了《京港澳高铁沿线（7+31）旅游市场推广联盟协议书》。根据《京港澳高铁沿线(7+31)旅游市场推广联盟协议书》，该联盟决定定期召开会议，促进成员间交流与沟通，共同商议重大旅游合作事宜；沿线各省市政府部门、旅游管理部门实行统一品牌，全力构建京港澳高铁沿线自然生态游、历史文化游、民俗体验游、休闲度假游、红色主题游、沿线美食游、城市风情游等多类别的旅游产品体系。

（王巍）

【市区人均旅游花费497元】 根据国家统计局石家庄调查队对市区300户居民家庭抽样调查数据显示，2012年石家庄市区居民人均外出旅游人次同比增长36.0%，人均旅游花费总额496.66元，同比增长29.8%，其中人均团体旅游支出331.06元，同比增长37.5%。

（吴温　张敏）

【行业管理】 大力推行行业标准化管理，完成全市217家旅行社年检和统计报表网上填报，全年新审批旅行社25家，新增服务网点70家，注销旅行社7家，办理旅行社变更30家。强力推进旅行社责任险统保示范项目，全市旅行社投保率达到100%，投保单位数量和投保金额均居全省第一。连续7年开展诚信旅行社评定活动，评定出2011年度85家全市诚信旅行社并在省市媒体和《石家庄旅游网》公布。积极推广使用“全国旅游团队服务管理系统”，组织出境组团社进行管理系统培训工作，2012年审核通过738个出境旅游团队，共计19464名客人。完成全市星级饭店的复核复评及统计报表网上填报工作。新增四星级旅游饭店1家（石家庄市燕春花园酒店），初评并推荐上报五星级饭店1家（万达洲际酒店）、四星级酒店2家（石家庄怀特大厦、正定华阳假日酒店）；大力开展“绿色饭店”创建工作，唐宁汇酒店、京州国际酒店、河北汇源大酒店、新上海国际饭店荣获“市级绿色饭店”称号。组织完成2011年度导游员年审，共有5816名导游人员通过年审。组织完成2012年度导游资格考试及中、高级导游员资格考试报名、资格审核及上报工作，为928人办理并发放导游资格证书，办理并发放导游IC卡1130张。加大旅游市场综合整治工作力度，开展以“零负团费”、“挂靠承包”、无资质经营旅游业务、欺诈和强迫游客消费等违法违规行为为重点的专项整治工作，查处违规旅行社29家，并按相关要求进行了处罚和告诫。组建成立包括14个县（市）区、35家景区在内的全市旅游投诉受理专业队伍，全面接受和处理游客投诉。

（刘伟东）

【赞皇县获得亚洲金旅奖】 2012年11月，在北京举行的第十八届亚洲旅游业金旅奖盛典暨2012大中华区旅游文化榜颁奖仪式上，赞皇县获得“2012亚洲金旅奖·十大自然生态旅游休闲名县”称号。河北省共有2县获此称号，另一县为邯郸市涉县。亚洲旅游业金旅奖是由亚洲文化联合会、亚洲旅游业CSR研究中心、亚洲旅游品牌研究会、中国城市发展促进会、中国旅游研究院等国内、国际旅游研究机构联合评出。第十八届亚洲旅游业金旅奖以“中国风，中华情”为主题，自2012年3月启动起，围绕区位环境、特色文化、休闲风尚、自然风情、绿色环保、管理创新、配套服务、品牌引领、责任凝聚、人才管理等10个方面通过旅游爱好者、媒体调研等形式重点对全国36850多家旅游目的地、景区、酒店、旅行社等进行详实的调研后，经过网络评选、专家组评定，最终全国80家旅游目的地、景区、酒店、旅行社获得此届各项大奖。

（李辉　范绪国）

【新增6家国家级酒店】 2012年1月，石家庄新增6家国家级酒店。分别是：石家庄光明渔港餐饮有限公司、石家庄川越食空渝乡辣婆婆餐饮有限公司、石家庄市海星餐饮有限公司新华路全聚德烤鸭店、石家庄市桥东捞福来大酒店、石家庄市裕华区谷养道上品珍锅饭店、石家庄丽晶新马印海鲜酒楼有限公司。国家级也称“钻级”，主要针对餐饮业，是对酒家、酒店行业的技术规范。国家级共分特级、一级、二级、三级和四级五个档次，国家级特级酒店挂“五钻”标志。

（刘宝芝）

【拓展旅游资源】 将市区作为旅游核心景区精心打造，整合开发商贸会展、购物娱乐、都市休闲、城市夜经济等都市旅游产品，形成了联邦东方明珠、滹沱河湿地、环城水系、园博园等新的城市旅游热点。积极助力夜经济活动，组织藁城国御温泉、平山白鹿温泉等重点景区策划推出了丰富多彩的夜游活动，并通过《石家庄日报》、石家庄电视台、石家庄旅游网等广泛发布，激发了市民夜游热情。实施乡村旅游富民工程，对全市农家乐和乡村旅游点加强统一管理，实现规范发展。年内近百家农家乐按照《河北省农家乡村酒店等级划分与评定标准》进行了提档升级。高新区佐美庄园、井陉县大理岩旅游生态家园、灵寿县仙凤庄园薯香文化养生园、平山县沕沕水生态观光园、平山县佛光山生态风景区、赵县梨园驿站观光园等六家单位被评为河北省乡村旅游示范点；赞皇嶂石岩西阁庄园楼宾馆、石家庄现代农业观光园生态餐厅被评定为河北省四星级农家乡村酒店。顺应“慢游”旅游休闲新趋势，重点培育推出了藁城屯头村、耿村故事村、井陉于家石头村、天长古镇、大小梁江村等古村名镇和晋州周家庄、赞皇秦家庄村等乡村旅游特色村。赞皇县启动旅游特色村创建工作，嶂石岩景区成立了农家乐协会，对景区内的农家乐实行动态星级管理；鹿泉市制定《鹿泉市农家乐接待户评分标准》和《乡村旅游服务规范标准》，并按照评分标准和服务规范对符合要求的8家农家乐接待户进行了授牌。大力发展工业旅游、体育健身旅游、科技旅游等新型旅游，积极营造“多业兴旅”的产业氛围。市旅游局与市工业和信息化局合作开展了市级工业旅游示范点的申报创建工作，君乐宝乳业等六家单位被评定为首批石家庄市工业旅游示范点。在省会平安家园举办了休闲健身旅游定点单位授牌仪式，建立了河北首家“休闲健身、养生保健”旅游基地。

（刘伟东）

【休闲农业与乡村旅游精品线路】 4月13日，河北省发布“龙之春”休闲农业与乡村旅游精品线路8条，其中石家庄市6条。分别是石家庄市区－正定古城－平山东方巨龟苑－平山白鹿温泉－西柏坡－平山天桂山；石家庄市区－藁城国御温泉－石家庄现代农业观光园－藁城宫灯博物馆－晋州周家庄－辛集国际皮革城；石家庄市区－平山拦道石－平山驼梁－灵寿五岳寨－鹿泉紫藤葡萄庄园；石家庄市区－栾城范台草莓采摘园－赵县赵州桥－赵县柏林禅寺－赵州梨园－赞皇嶂石岩；石家庄市区－鹿泉抱犊寨－井陉秦皇古驿道－井陉苍岩山－井陉于家石头村－井陉大小梁江村；石家庄市区－正定古城－石家庄现代农业观光园－藁城国御温泉－新乐伏羲台－新乐河北美术学院－新乐燕赵文学艺术馆。

（焦莉莉）

【赵州桥景区全新开放】 9月1日，赵州桥景区经过2个多月的闭园升级改造后，以全新面貌对外开放。北溢洪道暗涵改造、大型停车场、景观大道治理、公园内部环境治理等四大整治工程提前4个半月完工，赵州桥重新呈现出“水从碧玉环中过，人在苍龙背上行”的优美景观。赵州桥北溢洪道暗涵改造是景区升级改造的一号工程，工程总投资6225万元，全长1320米，按照洨河30年一遇、洪水流量30立方米／秒设计，浇筑宽3.5米、高2.5米的三孔涵洞，污水从涵洞下流过，在暗涵上重修河道，在涵洞上方注入清水，与赵州桥下河道连为一体形成景观水系。8月11日，洨河污水顺利导入暗涵涵洞，赵州桥主河道实现断流；8月13日，赵州桥主河道清淤工作开始，动用22辆挖掘机、11辆大型推土机、10辆翻斗车、6台水泵排水清淤，昼夜不停；8月22日，清淤工作完成，施工人员开始河道防渗处理；8月25日夜间注入清水；8月29日注水完成，赵州桥下“污水”变为“净水”，“死水”变为“活水”，结束了30多年洨河上游污水对赵州桥景区游览环境带来的困扰和影响。

（岳金宏　赵志勇　徐哲普）

【段家楼景区开发】 10月15日，副省长杨汭到井陉矿区调研段家楼景区保护、利用及开发。段家楼景区是新开发的集园林建筑、人文景观和工业观光为一体的历史文化旅游区，位于石家庄市井陉矿区原井陉矿务局第三矿境内，属省级重点文化保护单位，被河北省发改委定为河北省旅游开发重点项目。段家楼群由旧中国北洋政府总理兼陆军总长段祺瑞及其家族于民国初年（1913年）投巨资兴建，主要建筑包括总经理办公大楼、小姐楼、公子楼、德国工程师可里喀办公大楼、小偏楼等7座大楼以及正丰矿高级职员住宅区和10座煤矿工程师院落（德式）。景区总占地面积16.32万平方米，建筑面积1.2万平方米。

（宋钧）

【河北平安健康家园揭牌】 10月31日，全市休闲健身旅游定点单位——河北平安健康家园揭牌。这是继城市旅游、工业旅游、农业旅游后，全市建设的又一新旅游业态。河北平安健康家园采用一站式健康管理方式，是集健康体检、营养保健、运动健身、功能恢复、健康休闲于一体的综合健康管理机构，可让游客享受到全方位的健康体检服务，量身定做营养运动、保健美容处方，还可以参加保健讲座，学习中草药、针灸、按摩等方面的健身养生方法。

（焦莉莉）

【旅游教育培训】 为推动市旅游产业持续、快速、健康发展，石家庄市旅游局策划编写了《石家庄市旅游攻略》、《石家庄导游词汇编》、《石家庄市旅行社规范化管理文件汇编》和《石家庄市旅行社计价工作手册》。组织实施“教育小分队送教下乡”行动计划，整合优质教育资源，设置实战精品课程，开展面向旅行社、旅游饭店、旅游景区（点）、导游人员、农家乐等经营实体整体专项培训，进一步加强旅游人才队伍建设，不断提升旅游队伍整体素质。市旅游局与共青团石家庄市委、石家庄市妇女联合会、石家庄广播电视台共同举办了2012“康辉杯”石家庄市导游风采电视大赛，通过模拟导游讲解、知识问答和才艺展示三个环节的比试，最终评出中文组和英文组冠、亚、季军各1名，6位获奖选手还获得共青团石家庄市委颁发的“石家庄市青年岗位能手”称号和石家庄市妇女联合会颁发的“石家庄市巾帼建功明星”称号；此次大赛评选出“十佳导游”10名、“优秀导游”10名、导游形象大使3名、最佳才艺奖1名、最佳口才奖1名，最佳组织奖4个。2012年在河北省第五届导游大赛上，由石家庄市旅游局选送的13名参赛选手，一举夺得“河北省十佳导游员”、“冠军”、“季军”和“最佳组织奖”等9项荣誉。其中，西柏坡纪念馆导游讲解员袁晶和刘悦、河北康辉国际旅行社有限责任公司导游讲解员孙浩、正定县文物旅游局导游讲解员杜宁获得“河北省十佳导游员”称号；袁晶和孙浩还分别获得此次大赛的冠军、季军，同时获得“河北省旅游行业技术能手”、“河北省青年岗位能手”称号；河北省中国国际旅行社有限公司导游讲解员刘雪娇、邵娜和王薇3名选手获得“河北省优秀导游员”称号；西柏坡纪念馆导游讲解员刘悦和河北省中国国际旅行社有限公司导游讲解员刘雪娇分别获得中英文组的最佳讲解奖；石家庄市旅游局获得最佳组织奖。

（刘伟东）

营；2012 年 4 月 28 日，泰康养老河北分公司在石家庄开业；6 月 21 日，天安人寿河北分公司在石家庄开业；8 月 8 日，工银安盛人寿保险有限公司河北分公司在石家庄开业；12 月 6 日，渤海银行石家庄分行正式营业，这是渤海银行在河北省成立的第一家省级分行，也是在全国第 14 家分行。至 2012 年末，全市共有银行业金融机构 25 家，其中，法人银行业机构 5 家，一级分行 16 家，城市商业银行分行 4 家；保险公司省级分公司 57 家，其中，财险公司 25 家，寿险公司 32 家；小额贷款公司 54 家，实现县域全覆盖，注册资本合计 37.97 亿元，1 ～ 12 月累计投放贷款 59.27 亿元。

（彭秀文）

银 行

2012 年，石家庄市各金融机构积极贯彻稳健的货币政策，金融运行总体平稳。存贷款稳步增长，信贷投放节奏均衡，结构优化。截至年末，石家庄全部金融机构（含外资）人民币各项存款余额 7640.75 亿元，同比增长 13.78%。从存款走势看，全年月度间波动明显。受个人理财产品发行影响，呈现出明显的逢季度末上冲、季度后大幅下滑的典型特点。影响存款增长的几个主要因素：一是经济预期对企业存款增长造成持续影响。年内，经济增速放缓，货币政策没有发生根本改变，银行客户资金面未见明显改善。二是集团财务公司及集团现金集中管理对其存款在银行机构的分布造成较大影响。此外，大量资金结算网络工具的使用，减少了企业资金在商业银行的存款沉淀。三是交通、钢铁、房地产、能源等重点领域客户存款增长乏力，影响了存款增长。年末，石家庄全部金融机构（含外资）人民币各项贷款余额 3995.07 亿元，同比增长 9.16%。贷款投放的显著变化是短期贷款增量、增速均超过中长期贷款。主要原因：一是金融机构贯彻执行中央调控政策成效显著，信贷资金对实体经济、中小企业、县域经济建设等短期资金需求量大的领域给予了大力支持。二是由于工业经济低迷，大型项目建设，开发投资项目减少，对信贷资金需求不足。三是金融对弱势领域的支持力度加大。分企业规模看，全部金融机构（含外资）本外币企业贷款余额中，大型企业贷款占 36.65%，中型企业贷款占 31.61%，小微企业贷款占 31.74%。在全年新增企业贷款中，大型企业贷款增量占 -1.42%；中型企业贷款增量占 51.86%，小微企业贷款增量占 49.56%。信贷投放的行业集中度较高，其中批发和零售业、制造业、交通运输仓储和邮政业贷款增加较多。

表 27　2012 年 1 ～ 12 月石家庄市人民币信贷收支情况一览表

2012—12—31

栏目 / 月份	各项存款（亿元）		各项贷款（亿元）		存贷比	
	余　额	月增量	余　额	月增量	存　量(%)	较上年同期（百分点）
1 月	6698.81	16.4	3634.68	0.17	54.26	0.33
2 月	6823.83	125.02	3673.46	38.78	53.83	1.03
3 月	7017.01	192.44	3730.11	56.65	53.16	0.58
4 月	6921.59	95.42	3746.31	16.2	54.12	0.34
5 月	7091.63	170.04	3785.53	39.22	53.38	0.79
6 月	7397.59	305.96	3817.41	31.88	51.6	2.02
7 月	7325.73	-71.86	3879.61	62.2	52.96	-2.24
8 月	7392.5	66.78	3925.32	45.71	53.1	-1.61
9 月	7569.33	176.83	3957.68	32.36	52.29	-2.54

（续表）

栏目 / 月份	各项存款（亿元）		各项贷款（亿元）		存贷比	
	余 额	月增量	余 额	月增量	存 量(%)	较上年同期（百分点）
10 月	7614.29	44.96	3982.28	24.60	52.30	−2.58
11 月	7649.18	34.9	3998.65	16.36	52.28	−1.85
12 月	7640.75	−8.44	3995.07	−3.58	52.29	−2.21

（樊秀华）

中国人民银行石家庄中心支行

【概况】 2012 年，人民银行石家庄中心支行按照人民银行总行、天津分行各项工作部署，围绕“内抓管理保安全，外抓服务树形象，进一步强化管理，提高队伍素质，提高履职效果”总体工作要求，以“对标提升”活动为载体，切实增强责任意识和进取意识，开拓创新，扎实工作，货币信贷政策得到有效落实，金融管理明显加强，服务质量不断提升，内部管理继续强化，干部队伍建设成效显著，较好履行了中央银行分支机构职责，有力支持了地方经济平稳较快发展。年内人民银行石家庄中心支行对地方经济的大力支持多次得到省委、省政府主要领导批示表扬，连续 6 年被省政府授予金融贡献奖。

【货币政策】 坚持有扶有控，认真执行金融调控政策，大力促进地方经济持续健康发展。严格贯彻落实各项调控政策措施，把稳增长放在重要位置，通过召开情况通报会、形势分析会、专题座谈会等形式，加强监测分析和形势判断，准确把握执行稳健货币政策的力度、节奏和重点；积极组织实施差别准备金动态调整，做好信贷投放测算、监测和信贷规划调整等工作，实现节奏平稳、总量适度的宏观调控目标，满足石家庄经济发展的合理信贷需求。截至 12 月末，石家庄全部金融机构（含外资）人民币各项贷款余额 3995.07 亿元，比年初增加 360.56 亿元，同比增长 9.16%。积极促进结构调整。围绕中央调控部署和石家庄发展大局，引导金融资源向重点区域加快发展。充分发挥货币信贷形势分析季度例会等平台作用，积极促进产业政策、财政政策和信贷政策协调配合，培育新的经济增长点，促进产业转型升级。深入推进绿色信贷政策效果评价工作，有效推动绿色信贷发展。举办企业直接融资专题培训，组织中小企业集合票据承销活动，推进企业直接融资。切实保障改善民生。出台金融支持农业农村发展、水利改革发展、旅游业发展等方面的指导意见，组织举办光伏产业、技改重点项目等银企对接活动以及环保与金融高层论坛，有效支持实体经济发展。开展涉农和中小企业信贷政策执行情况评估，充分发挥再贷款、再贴现政策引导作用，合理调剂再贷款、再贴现限额，满足了“三农”及中小微企业融资需求，做好了社会弱势群体、薄弱环节金融服务工作，年内涉农信贷政策导向评估工作得到人民银行总行领导的肯定。

【风险防范】 强化金融监督管理，维护区域金融安全。加强统筹指导，研发金融管理与服务综合管理信息系统，建立工作台账和工作报告制度，推动“两管理、两综合”工作规范有序开展。拓宽日常监测范围和领域，加强风险监测与分析评估。制定《河北省非银行机构风险事件应急预案》，加强对小额贷款公司、担保公司、典当行等具有融资功能的非金融机构风险状况的监测、调研和评估。发挥“1 + 4”稳定报告体系和“三位一体”评估体系作用，强化对石家庄金融业风险状况的整体判断和客观评价。发挥行内分析小组、金融稳定协调领导小组以及金融稳定联席会议等各层次的金融稳定协调机制作用，加强信息交流共享，形成整体合力，共同维护石家庄金融稳定。加强对金融支持实体经济、落实稳健货币政策、“三农金融事业部”改革试点等重大事项的督导部署，深入开展外汇、支付结算、货币金银、征信等领域的检查，规范了金融机构行为，维护了金融市场秩序。

【外汇管理】 转变管理理念，深入推进外汇管理改革，不断促进贸易投资便利化。圆满完成货物贸易外汇管理制度改革，建立“总量筛选、动态监测、分类管理”新模式，被国家外汇管理局授予“货物贸易外汇管理制度改革工作先进集体”。积极推进直接投资外汇管理方式改革，稳步落实资本项下简政放权措施，深化年检无纸化改革和外债转贷款管理方式改革，转变管理理念，创新服务举措，提升服务效能，促进投资便利化。强化货物贸易、服务、外资、外债等重点领域和银行、企业、个人等关键环节监管，对跨境资金双向流动实施均衡管理，有效防范化解异常资金流动冲击风险。积极配合国家外汇管理局研发并上线运行跨境资本流动统计分析系统，有效增强外汇监管效能，得到国家外汇管理局领导的肯定。加强外汇信息专题调研反馈工作，《关于支持涉外经济发展情况的报告》等多篇调研得到河北省领导批示和肯定。

【金融服务】 丰富履职内涵，提升服务水平。推进河北省法人机构金融统计标准化工作，做好金融统计和研究，经验做法得到人民银行总行的肯定。加强组织调度和统筹指导，有效推进重点课题研究工作，12项研究成果被人民银行总行采用，6篇调研报告得到河北省委书记等省领导批示和肯定，调研工作层次和水平进一步提高。做好第二代支付系统和ACS系统上线前各项准备工作，组织开展“贫困县支付惠农示范工程”，改善支付服务环境，年末河北省75.8%的行政村设有银行卡取款服务点，远超全国平均水平(30%)。推进社会信用体系建设。采取试点先行、重点突破的模式，组织开展农村信用体系试验区建设，促进了河北省农村信用环境改善。积极搭建平台推动外部评级新模式，规范了征信市场发展。大力推进国库信息化建设，石家庄商业银行全部纳入横向联网系统。开展国库直接支付政府补贴资金工作，畅通了政府资金收支渠道。提高货币发行工作水平。加强发行基金调拨和现金预约系统管理，有效满足了石家庄经济社会发展的合理现金需求；严格业务操作，圆满完成钞票处理和残币销毁工作任务。提升科技服务保障能力。加强重要信息系统信息安全等级保护测评，完成河北省小微金融机构接入人民银行金融城域网项目试点工作；加强技术保障和运行维护能力建设，确保了支付清算、票据交换、账户管理、国库信息处理等重要业务系统安全稳定运行。优化金融服务平台。建设启用集办理行政许可、提供金融服务、推进政务公开为一体的综合服务大厅，将29项经常办理的业务集中到综合服务大厅统一办理，并通过规范办理流程，限定办结时限，公开服务承诺等措施，提高了办事效率和服务水平，树立和维护了人民银行的良好形象。

【内控管理】 强化内控监督，不断提高安全管理水平，确保全行各项工作有序开展。制定《会计核算业务现场监督办法》，将事后监督延伸到事前预警和事中控制，初步实现了由规范性监督向风险审慎性监督转变。强化会计基础核算，狠抓规章制度落实，实现全辖会计核算业务零差错。加强内部管理，严格业务操作，确保支付清算系统、票据自动清分系统、支票影像系统、网上退票系统等业务系统安全稳定运行。规范会计财务工作。研发人民币存款准备金数据处理系统，实现报表编制程序化、自动化和规范化，得到人民银行总行肯定并在全国推广。控制“三公”经费及一般性经费支出，推动会计财务管理科学化、精细化和规范化。积极探索并逐步组织推进押运体制改革，完善库区守卫和交接款区安全管理机制，建立河北省人民银行系统发行库电视监控报警系统三级联网，提升了发行库安全防护水平，确保了发行基金安全。夯实履职基础，扎实推进队伍、党建和廉政建设，营造了和谐稳定的工作氛围。

表28　2012年石家庄地区全部金融机构（含外资）人民币信贷收支情况一览表

2012—12—31　　单位：万元

来源项目名称	金　额	运用项目名称	金　额
一、各项存款	76407468	一、各项贷款	39950667
1.单位存款	35708188	(一)境内贷款	39950244

（续表）

来源项目名称	金 额	运用项目名称	金 额
其中：活期存款	16125611	1.短期贷款	16024002
定期存款	7535614	(1)个人贷款及透支	2452739
通知存款	915040	其中：个人消费贷款	415338
保证金存款	7395180	(2)单位贷款及透支	12602977
2.个人存款	38030403	其中：经营贷款	12416721
储蓄存款	37354986	固定资产贷款	172262
保证金存款	106462	(3)普通并购贷款	
结构性存款	568954	(4)银团贷款	78500
3.财政性存款	783533	(5)贸易融资	889786
4.临时性存款	138548	(6)境外投资转贷款	
5.委托存款	154175	2.中长期贷款	22189152
6.其他存款	1592621	(1)个人贷款	6208221
二、金融债券		其中：个人消费贷款	4923924
三、中长期借款	869	(2)单位贷款	14489571
四、应付及暂收款	1444956	其中：经营贷款	2935590
其中：应付利息	934028	固定资产贷款	11553981
五、同业往来（来源方）	684088	(3)普通并购贷款	229900
六、系统内资金往来（来源方）		(4)银团贷款	1258459
七、外汇买卖（来源方）	597351	(5)贸易融资	
其中：结售汇	597191	(6)境外投资转贷款	3000
八、各项准备	948783	3.融资租赁	
其中：贷款损失准备金	929732	4.票据融资	1703083
九、所有者权益	1675039	其中：贴现	1703083
其中：实收资本	724946	5.各项垫款	34007
十、其他	-3962121	(二)境外贷款	423
		二、有价证券	189432
		三、股权及其他投资	1615954
		四、应收及预付款	358947
		其中：应收利息	142629
		五、同业往来（运用方）	301360
		六、系统内资金往来（运用方）	33714222
		七、金银占款	
		八、外汇买卖（运用方）	599033
		其中：结售汇	598894

（续表）

来源项目名称	金　额	运用项目名称	金　额
		九、固定资产	637283
		十、库存现金	427890
		十一、投资性房地产	1645
资金来源总计	77796433	资金运用总计	77796433

表 29　2012 年石家庄地区全部金融机构（含外资）外汇信贷收支表

2012—12—31　　单位：万元

来源项目名称	金　额	运用项目名称	金　额
一、各项存款	104421	一、各项贷款	91890
1. 单位存款	77169	(一)境内贷款	91890
其中：活期存款	24676	1. 短期贷款	90339
定期存款	48699	(1)个人贷款及透支	28
通知存款		其中：个人消费贷款	28
保证金存款	3794	(2)单位贷款及透支	45032
2. 个人存款	26667	其中：经营贷款	44679
储蓄存款	25062	固定资产贷款	353
保证金存款	51	(3)普通并购贷款	
结构性存款	1555	(4)银团贷款	
3. 财政性存款	0	(5)贸易融资	45279
4. 临时性存款	378	(6)境外投资转贷款	
5. 委托存款	90	2. 中长期贷款	1551
6. 其他存款	116	(1)个人贷款	
二、金融债券		其中：个人消费贷款	
三、中长期借款	278	(2)单位贷款	
四、应付及暂收款	5685	其中：经营贷款	
其中：应付利息	1182	固定资产贷款	
五、同业往来（来源方）	269	(3)普通并购贷款	
六、系统内资金往来（来源方）	625	(4)银团贷款	
七、外汇买卖（来源方）	96641	(5)贸易融资	
其中：结售汇	95761	(6)境外投资转贷款	1551
八、各项准备	782	3. 融资租赁	
其中：贷款损失准备金	782	4. 票据融资	
九、所有者权益	1004	其中：贴现	
其中：实收资本		5. 各项垫款	

（续表）

来源项目名称	金 额	运用项目名称	金 额
十、其他	−17034	(二)境外贷款	
		二、有价证券	
		三、股权及其他投资	
		四、应收及预付款	3079
		其中：应收利息	793
		五、同业往来（运用方）	75
		六、系统内资金往来（运用方）	
		七、金银占款	
		八、外汇买卖（运用方）	96236
		其中：结售汇	95352
		九、固定资产	
		十、库存现金	1392
		十一、投资性房地产	
资金来源总计	192672	资金运用总计	192672

中国人民银行石家庄中心支行

行　　长：张文汇（兼国家外汇管理局河北省分局局长）

副 行 长：李小秋（兼国家外汇管理局河北省分局副局长）

贾广军

李伟　（7月任）

光兰明

王彦青（1月任）

纪委书记：任德智（12月免）

工会主任：李双锁（1月任）

助理巡视员：王云峰（10月免）

张辰辰（11月免）

乔志彬

（樊秀华）

中国农业发展银行

【概况】 2012年，中国农业发展银行河北省分行营业部坚持政策性银行办行方向，以支持粮棉油购销与储备为基本，大力巩固和发展了主体业务。激励推动存款，组织高端营销和异地营销，抓存款挣费用，降低资金运营成本。清防结合，以防为主，减轻历史包袱，提高了信贷资产质量。年内，变更企业贷款担保方式4家，核销呆帐2547.17万元，现金清收不良贷款732.56万元，政策性中长期贷款第二还款来源补充落实100%，中长期贷款本息到期收回率达到100%，2011年度小麦、玉米、油料贷款本息实现“双结零”。至年末，不良贷款余额4902.7万元，较年初减少1898.34万元；不良贷款率0.39%，较年初下降0.22个百分点。全年累计发放各项贷款49.49亿元，同比少放15.09亿元；实现盈利3.85亿元，同比增盈9939万元。至年末，各项贷款余额125.41亿元，较年初净增13.71亿元；各项存款余额34.67亿元，较年初减少10.03亿元。

【信贷业务】 支持粮、棉、油购销与储备，巩固和发展主体业务。增加中长期贷款优质项目储备，加大中长期贷款投放力度，加快重点项目续贷投放进度，确保了“早投放、早见效和持续发展”。创建“粮保基金”发展平台，增强粮食购销企业市场化收购贷款的风险防范及化解能力，支持优质粮食购销企业做大做强。扶持农资生产企业中的黄金客户，促进农业生产资料市场稳定。择优支持农业产业化经营项目，带动农业增效，促进农民增收，同时提高客户质量，优化贷款结构。年内，审批完成正定新区续贷项目3个，发放贷款20.06亿元（7月份前到位）；发放河北省生产资料公司化肥储备贷款4亿元；储备优质中长期贷款项目9个，投资总额321.75

及环保政策，严控“两高一剩”行业贷款，积极配合国家产业结构调整，确保新增投向主要用于实体经济；支持商品住房和保障性安居工程，新增个人住房贷款13.5亿元；广泛宣传普及金融知识，规范服务收费行为，增强金融机构空白乡镇金融服务；积极参与扶贫济困活动，累计捐款40.5万元；开展帮扶藁城市梅花镇南刘村基层组织建设，得到各级政府部门的肯定。强化内控管理。制定“三化三铁”考评方案(三化即标准化、规范化、制度化；三铁即铁账、铁款、铁规章)，申报“三铁”单位9个、“达标”3个、“良好”141个；加强信贷基础管理，到期贷款现金收回率达99.96%；组织开展法人客户风险排查，排查法人客户135户，排查率达到100%，共涉及金额190.6亿元；推进“基础管理提升年”活动，实现内控评价连续三年保持一类行水平，县级支行内控评价一类行占比达到94%；连续第十年无重大经济案件、重大刑事案件、重大责任事故，实现安全、稳健发展。至年末，全行各项存款余额881亿元，比年初增加124亿元；各项贷款余额339亿元，比年初增加40亿元；清收不良贷款1.39亿元，不良率0.61%，较年初下降0.54个百分点；清收委托资产2.79亿元，提前完成省行五年计划的114%；实现中间业务收入4.44亿元，同比增加4300万元;实现拨备前利润17亿元，同比增加2.9亿元。

【对公业务】 以电信、能源、钢铁、电力等领域为重点，加大项目贷款投放力度，并通过提供发债融资、现金管理、对公结算、对公理财等产品和服务，带动对公业务发展。开展企业走访活动，在石家庄高新技术开发区，走访入驻企业3068户，走访率100%，建立合作关系户561户，占入驻企业总数的18.3%。建立信息沟通机制，对存量客户开展挖潜增效，全年累计实现存量用信107亿元。推出面向中小企业的票据贴现、银行承兑汇票、简式快速贷款、旺铺贷等产品，满足企业融资需求，支持了中小企业发展。全年累计发放法人贷款192亿元。至年底，各项对公存款余额达到267亿元，较年初增加54亿元，其中，法人贷款余额较年初增加39亿元；各项对公贷款余额达到339亿元，较年初增加40亿元。

【“三农”业务】 制定《2012年县域支行业务经营指引》，实施县域支行分类指导和名单制管理，对农村产业金融“千百工程”涉及的31家客户，逐户制定服务方案。制定《营业部县域煤炭质押信贷业务实施方案》，对客户准入、具体操作、贷后管理等环节进行规范，实现县域煤炭质押信贷业务健康发展。年内，协助高邑支行成功营销全省第一笔煤炭质押信贷业务，投放贷款1000万元。探索推动县域国内保险代理业务，藁城支行实现率先突破，3家企业开通业务，年末营业余额4236万元。采取“一行一方案”的发展方针，大力推进农户金融业务，确定惠农通工程亮点支行2家(藁城支行、栾城支行)，设置助农转账电话148台，助农取款点覆盖142个自然村、6万农户、约20万人。明确目标任务，制定激励措施，上下协调联动，多措并举抓清收。全年清收农户不良贷款166.8万元，全辖共有11个机构达到“农户不良贷款零余额支行”，农户不良贷款占比0.24%，保持了全省风险控制领先水平。

【网点建设】 落实包户管理责任制，对个人优质客户，开展多样化联谊活动，提升客户认同感和忠诚度。年内组织新春联谊、理财沙龙、留学讲座等活动40余场次。实施网点文明服务技能导入工作，开展全员、多层次业务培训，提高文明服务技能。制定《网点岗位营销管理工作指引》，落实规定服务动作，提高网点营销能力。加强网点改造，优化服务环境。2012年完成28个网点装修改造，128个网点（含3个离行式自助银行）达到总行新VI标准，占到全部网点的83%。以MIS系统、POS机为切入点，积极发展信用卡分期业务。2012年分期业务交易额突破9.8亿元，市场份额排名第二；电子银行业务实现收入1.12亿元，电子分流率达到68.06%，同比提高5.61个百分点。

中国农业银行股份有限公司
河北省分行营业部

总 经 理：宋雷

副总经理：刘海青　唐国辉
张万钧　崔金涛
韩海斌（9月任）

纪委书记：刘斌

（张丽）

中国银行

【概况】 2012年，中国银行石家庄管理部牢固树立“事争第一、大行崛起”的进取意识，以“振奋精神，明确目标，强化内控，提速发展，实现突破”为主线，以“存款、客户、收入”为重点，不断加强人才队伍培养，加快机构建设步伐，创新金融服务产品，完善授信审批模式，开展“员工异常行为排查”和“整治不规范经营”活动，推进“平安中行”建设，增强风险防范能力，实现依法合规运行经营，推动各项工作取得较大发展。加强基层人才队伍建设。年内选聘经营管理职位30名、管理培训生12名、账户经理53名、等级柜员505名，选拔任用管理培训生4名、挂职锻炼12名。业务开拓创新能力增强。发放了全省近三年来首笔土地储备贷款（石家庄市政府土地储备贷款6.3亿元）和全省首笔“银商通达”贷款，续作了全省首笔“接利宝”业务，完成石家庄同业首笔人民币跨境结算业务，成功研发“石家庄市住房公积金联名卡”，截至年末，全行本外币资产余额达到732.6亿元，居全省系统第一名；负债余额达到733.16亿元，居全省系统第一名；本外币净收入18.27亿元，完成年计划102.56%，同比增长27.51%。2012年全行公司和储蓄两项人民币核心存款余额达到548亿元，较年初新增71亿元。其中，公司存款完成省行任务215.19%，新增存款45亿元，年末新增位列省内系统第一名；储蓄存款完成省行任务107.27%，新增存款26.5亿元，年末新增位列省内系统第二名。

【业务发展】 客户规模不断扩大。至年末，全行单位结算账户23823户，较年初新增4507户，有效客户4126户，较年初新增323户。其中，个人有效客户121.32万户，较上年增加22.13万户；企业网银客户12851户，较年初新增4600户；个人网银有效客户39.68万户，新增19.21万户；手机银行客户26.62万户，新增13.53万户。至年底，全行人民币各项存款余额708.39亿元，较上年新增38.34亿元，新增额居全省系统第三位。其中，人民币公司存款余额295.44亿元，较上年新增45.19亿元，增长18.06%，完成省行计划215.19%，余额及新增额均在全省系统排名第一；人民币储蓄存款余额252.34亿元，较上年新增25.24亿元，完成省行计划107.27%。授信资产规模扩大。至年末，全行人民币各项贷款余额230.55亿元，较上年新增17.15亿元，增长8.04%。其中，人民币公司贷款余额150亿元，较上年增加1.39亿元；中小企业新模式贷款余额5.11亿元，较上年新增2.68亿元；个人贷款余额76.8亿元，较上年增加15.2亿元。银行卡分期实现交易额10.29亿元。2012年，全行中间业务收入同比增长23.85%，完成省行全年计划110.66%，居全省系统第一名。

【渠道建设】 加快县域机构建设步伐，加大自助设施投放力度，推进网上银行、手机银行等金融电子化建设，大力构建以有人网点为主体的“实体”渠道、以网上银行为主体的“虚拟”渠道，以及自助终端、电话银行等其他客服渠道相结合的立体服务网络，有效缓解了客户排队压力。积极开办对公业务，推进网点业务转型，提升网点服务效能。在全省首家实施了“网点标准化管理及服务销售流程导入”工程，通过集中培训、现场辅导、检查督导等手段，将银行企业文化、网点标准化管理要求及服务销售技巧进行植入，实现了网点标准化管理和客户体验的一致性，促进了网点由交易型向营销服务型、客户关系型转变，提升了客户满意度。年内，新建灵寿支行、正定恒山支行和栾城支行等县级支行5家，开设离行式自助银行13家，投放离行式ATM机和自助终端42台（套）。至年末，全行对外营业机构网点达到83家，其中县级支行14家，另有57家二级支行开办对公业务，开办率100%，实现“全覆盖”。

中国银行石家庄管理部

总 经 理：张立波

副总经理：边向利 解法林

于大为 赵永军

钟捷

刘汉武（10月免）

王电生（12月任）

纪委书记：张秋奎（8月免）

解法林（11月兼）

（刘志辉 翟炜霞）

中国建设银行

【概况】 2012年，中国建设银行河北省分行营业部按照“一行一策”

表 38　　2012 年平安人寿河北分公司赔退付情况一览表

名称		金额（万元）				增加额（万元）	增长(%)
		2009 年	2010 年	2011 年	2012 年		
赔款		2818	491	568	557	−10	−1.8
给付	满期	21874	4776	10181	13839	3659	35.9
	年金	5552	3513	4277	4899	622	14.5
	死伤医疗	10596	2760	3305	4235	930	28.1
给付合计		38022	11048	17763	22974	5211	29.3

备注：2010 ～ 2012 年数据使用标准为河北保监局“二号统计口径”。

中国平安人寿河北分公司
总 经 理：吴越　（7 月免）
　　　　　徐敏彬（8 月任）
副总经理：赵津　（9 月免）
　　　　　耿剑　王泽根
　　　　　苏海超
　　　　　樊兆昌（12 月免）
　　　　　张树新

（范一扬）

平安财产保险

【概况】 2012 年，中国平安财产保险股份有限公司石家庄中心支公司秉承“专业经营、服务领先”的经营理念，探索推出业务新品，大力开展宣传推动，全力打造了发展新亮点。健全管理制度，规范业务操作流程，加强风险环节管控，促进依法合规经营，夯实业务发展基础。创新服务举措，加快理赔时效，提升客户感受。推进标准化、规范化建设，提高理赔服务质量。开展公益活动，践行企业公民责任。年内，公司获得“河北省服务质量优秀单位”、“河北省服务名牌”、“维护消费者合法权益承诺单位”等荣誉称号。至年底，公司实现保费收入 91571 万元，同比增长 34.6%；承保风险保额 2497 亿元，同比增长 33.7%；累计支付赔款 25327 万元，保障出险客户 5.4 余万户。

【业务发展】 抢抓重点项目、重大工程、重点行业保险业务，围绕国家重大发展政策和客户保险服务需求，创新业务新品种，积极开展营销推动，促进业务持续健康发展。年内，重点创新业务品种 3 项（《农村治安家庭财产保险条款》、《平安农村小额人身意外伤害保险条款》、《安全生产责任保险条款》），参与承保省内外多条高速公路、铁路建设工程险，统保了河北省境内大型钢铁企业的一揽子保险等业务。至年底，公司实现保费收入 91571 万元，同比增长 34.6%，承保风险保额 2497 亿元，同比增长 33.7%。其中，车险保费达到 60859 万元，同比增长 30.6%；财产险保费达到 28641 万元，同比增长 44.4%；意健险保费达到 2070 万元，同比增长 27.3%。

表 39　　2012 年平安财产保险石家庄中心支公司保费收入情况一览表

类别	保险收入（万元）		增加额（万元）	同比（%）
	2011 年	2012 年		
车险	46585.9	60859	14273.1	30.64
财产险	19839.9	28641	8801.1	44.36
意健险	1626.2	2070	443.8	27.29
合计	68052.1	91571	23518.9	34.56

【理赔服务】 升级"快、易、免"服务，提升理赔服务时效。升级后"快、易、免"服务内容包括："快"，即聚焦案件处理时间，制定"简单快赔"流程，先赔付，再修车，万元以下，从报案到赔付，3天结案，赔款到账；"易"，即对人伤案件，按照"贴心在线、省心调解、安心理赔"的标准搞好服务，对纯车损案件，上门代收理赔资料，做到足不出户、赔款到家；"免"，即为车险客户提供7×24小时百千米免费道路救援。2～3月，开展"创新快赔"大提速活动，增加客户理赔体验。4月份，开展"简单快赔"服务活动，对符合条件的客户，做到维修方案一经确立，在车辆修理过程中，赔款即可到账，无需客户垫付费用。全年通过"简单快赔"方式处理小额车损案件16261笔，占决赔案件总数的24.8%。人伤案件积极推行协议结案陪同调解服务。在客户与伤者结案前，通过查勘、复勘、未决跟踪等方式，早期介入；对事故责任、损失明确案件，与客户、伤者协商，制定人伤调解方案，促成客户与伤者快速结案，缩短人伤案件结案周期。全年陪同客户调解案件1058笔。推进标准化、规范化建设，提升理赔服务质量。4月份开始，启动"一袋式"服务，纯车损案件上门代收客户资料标准从5000元以内升级至万元以内，同时收取单证范围扩大至郊县乡镇，减少了客户递交理赔单证的路途麻烦。全年通过"一袋式"理赔案件13399笔，占到决赔案件总数的20.4%。至年底，公司共为22.6万客户提供风险保障，已决赔案65634笔，赔款金额29723万元。其中，车险已决赔案63034笔，赔款25188万元；财产险已决赔案1773笔，赔款4114万元；意健险已决赔案827笔，赔款420万元。

表40　2012年平安财产保险石家庄中心支公司赔付情况一览表

已决赔案	决赔		赔款	
	笔数（笔）	同比（%）	金额（万元）	同比（%）
车　险	63034	39.61	25188	46.07
财产险	1773	47.01	4114	1.74
意健险	827	14.04	420	14.04
合　计	65634	37.25	29722	37.25

【公益活动】 积极参与全省基层建设年活动，捐款6万元支援乡村道路建设。在"7·21"暴雨灾害中，捐款50万元支持灾区重建。定期到公司在河北省援建的"赞皇希望小学"进行日常设施维护，并与青少年基金会联合举行支教，举办了"安全进校园"活动，捐赠了安全知识作业本，普及了安全知识教育。加强环保公益宣传，开展世界无车日低碳行、低碳捐赠等活动，大力推动"低碳100"项目。

中国平安财产保险股份有限公司
石家庄中心支公司
总经理：孙烨　（女，12月免）
李全勇（12月任）

（李丹阳）

新华人寿保险

【概况】 2012年，新华人寿河北分公司按照创新发展、稳健发展的总基调，广泛开展各类培训活动，提升全员整体综合素质，夯实了业务发展基础。发布企业文化纲要，传唱《新华进行曲》，推进公司文化落地和企业文化建设。成立法律合规室和审计室，完成基本岗位设置，强化内审监督职能。规范业务流程，加强风险排查，预防和治理销售误导行为，减少和遏制了经营风险。积极参与各项公益活动，认真履行企业公民社会责任，塑造了公司的良好形象。推行投保提示制度，加大客户回访力度，创新客户服务模式，建立健全监督机制，提升了客户服务质量。开展人员培训，举办储备干部培训班2期、高级储备干部培训班1期、干部提升班1期、"每月开讲"培训班24期（每月定期组设，改善了教学环境，消除了安全隐患；年内山区教育扶贫工程开工率、竣工率、资金投入率、危房拆除率等主要指标在全省排名均位居前列。50个卫生项目纳入国家专项建设规划，包括县级医院、乡镇卫生院、县级急救中心、卫生监督所等，争取上级资金7092万元。6所老年养护楼项目纳入国家专项建设规划，争取上级资金4960万元。文化、旅游、就业、计生等社会事业共有9个项目纳入国家专项建设规划，争取上级资金3800万元。

【商贸流通项目谋划建设】 全年谋划备案商贸流通项目24个，总投资287亿元，平均单体投资12亿元。超前谋划投资过亿元项目18个（裕美国际、金指数国际广场、360°城市总部基地、北国商城扩建等），投资千万元以上项目6个（博胜广场、乐仁堂仓储综合楼、恒泰商务中心等）。加快推进“20+X”重点商贸项目42个，总投资1300亿元，其中，竣工项目15个（新源财富中心、勒泰广场商业零售、河北开元环球中心等），新开工项目3个（庞大汽车贸易园、石家庄国际贸易城、金指数国际广场），续建项目17个（怀特商务楼、滨河公园、华强广场、石家庄国际会展中心等），全年完成投资173亿元，年度计划完成率达到100%。

【重要农产品储备】 2012年，新增市级粮食储备3.5万吨、食用油2000吨、冬春蔬菜7500吨、食盐3000吨；帮助7家企业争取进口棉花配额1.23万吨；帮助3家企业争取粮食配额1.5万吨。

【外资利用】 更新省级以上经济开发区和产业聚集区信息，增强外资利用吸引力。增补省级产业聚集区信息2家（南部综合物流、正定县商贸物流）、省级工业聚集区信息10家（石家庄装备制造基地、鹿泉绿岛火炬等）、经济（技术）开发区信息13家（石家庄高新技术开发区、河北辛集经济开发区等），总面积415.88平方千米。藁城经济开发区成功申报国家级经济技术开发区。组织筹办香港、廊坊、韩国丽水、厦门等投资贸易洽谈会，签约项目27个，总投资25.70亿美元，协议外资13.83亿元。有序推进国外政府（金融组织）贷款利用项目。石家庄市第三医院总投资4771万元，利用奥地利政府贷款500万欧元引进医疗设备项目完成进口设备招标报关工作；市第四医院利用德国促进贷款引进医疗设备及部分配套设施建设项目正在办理报批手续；赵县和正定县利用亚洲银行贷款建设的小城镇子项目变更了建设内容、增加了贷款使用额度。依托国家发改委国际合作中心平台，围绕以外引外的工作思路，加大对外招商引资力度，接洽了中欧能源财团来石考察利用餐厨垃圾生产生物柴油和沼气发电技术合作项目；洽谈推进美国国际科技工业园项目和石家庄中德医院项目；英国BP公司投资50万元的100亩4000棵樱桃林项目在鹿泉市门头沟首期栽种完毕。进一步增强城市外向度和投资吸引力，招揽台湾帆宣系统科技股份有限公司、香港汇丰银行、长江基建集团、台湾建设公司来石考察；台湾中华海峡两岸原住民暨少数民族交流协会等相关企业签约无极县物联网智慧农业示范项目。全年实际利用外资8.8亿美元，同比增长8.9%，其中，实际到位1000万美元以上项目31个。

【内资利用】 4月17～18日，北京万呈公司到石家庄市进行投资考察，拟投资建设汽车贸易产业园区和医疗养生产业园区，每个项目计划投资10亿元以上。市发改委协调万呈公司和正定县招商局、元氏县发改局及有关企业进行对接，并进行实地考察，至2012年底，万呈公司正在商讨可行性研究报告。5月18～21日，在“2012中国·廊坊国际经济贸易洽谈会”上，全市签署内资项目合作协议10个，总投资71.8亿元，合同引资17.5亿元，分别涉及物流、农业、工业、新材料等行业。其中，哈尔滨电碳厂与河北海丽特种石墨制造有限公司（深泽）合资建设年产3000吨新型炭材生产线项目和宁波海硕生物科技有限公司在井陉矿区独资建设氨基酸系列产品研发、生产、销售基地2个项目参加了省签约仪式，总投资17.8亿元，合同引资17.5亿元；中国建筑股份有限公司在正定县独资建设新城大道、中国中化集团在元氏县独资建设10万吨石油库等8个项目，总投资54亿元。全年共引进市外资金695.2亿元，同比增长39%，分别高于年度计划120.2亿元和24个百分点，其中引进省外资金692.7亿元，同比增长39.8%，分别高于年度计划122.8亿元和24.8个百分点；引进省外技术706项，引进省外人才9715人，分别高于年度计划30项和467人。

（梁素敏）

财 政

【概况】 2012年，全市各级财政部门围绕加快转型升级、跨越赶超两大任务和建设幸福石家庄的总目标，积极应对宏观经济下行压力，全面落实结构性减税等一系列财税扶持政策，强力推进工业突破，加快发展现代服务业，狠抓重点项目建设，维护了良好的经济发展态势，为实现财政增收奠定了坚实基础。狠抓收入组织，多措并举保增长，依法强化征管，开展综合治税，推进生产性企业主辅分离，加强对重点税种、重点行业、重点税源的动态监控，促进了财政收入较快增长。全年全部财政收入完成573.39亿元，比上年增长17.26%。其中，公共财政预算收入272.28亿元，比上年增长23.07%。从石家庄县（市）区看，藁城市全部财政收入首次突破百亿元大关，全市有13个县（市）区财政收入增幅达17%以上。其中，无极县、正定县、赞皇县、元氏县、桥东区、栾城县、鹿泉市、赵县、深泽县等9个县（市）区增幅超过20%。全市全部财政支出464.09亿元，较上年增长15.01%。其中，一般公共服务支出48.1亿元，增长15.8%；公共安全支出28.1亿元，增长10.1%；教育支出109.3亿元，增长24.9%；科学技术支出7.5亿元，增长18.8%；文化体育与传媒支出6.7亿元，增长13.5%；社会保障和就业支出37.4亿元，增长27.6%；医疗卫生支出41.8亿元，增长5.6%；城乡社区事务支出46.7亿元，增长21.7%；农林水事务支出39.9亿元，增长20.4%；环境保护支出14.5亿元，增长33.2%。2012年，市财政局获评“河北省文明单位”，民主评议工作连续10年取得市直综合经济部门第一名。在全省财政管理综合考评中，石家庄市财政局和平山县、赵县、行唐县、辛集市、高邑县等5个县（市）财政局被省财政厅评为“优秀财政局”。

【财政收入组织】 完善税收征管办法，转换税收征管方式，实行税收综合治理，推进工业企业主辅分离，加强重点税源监控，加大收入组织力度，“实事求是、应收尽收、不搞虚收”，超额完成财政收入任务。全年全部财政收入完成573.39亿元，比上年增长17.26%。其中，公共财政预算收入272.28亿元，比上年增长23.07%。全部财政收入、公共财政预算收入增量均居全省第一。财政收入质量提高，全部财政收入占GDP总量的比重达到12.7%，较上年提高0.8个百分点，公共财政预算收入占全部财政收入的比重达到47.5%，较上年提高2.3个百分点。分县（市）区看，藁城市全部收入超过100亿元，成为河北省历史上首个过百亿元的县（市），此外，桥西区、桥东区全部收入超过50亿元，长安区、裕华区、新华区、高新区和鹿泉市等5区（市）全部收入在20亿～50亿元间。在狠抓收入组织的同时，把争取上级政策资金支持作为财政增收、化解财政困难的重要途径，2012年除正常转移支付外，市财政围绕蓝天碧水、洨河治理等重点项目，向上级争取资金29亿元，有效缓解了财政收支矛盾。

【民生事业发展支出】 全市各级财政用于民生预算支出357.9亿元，同比增长21%，占全市一般预算支出的77.1%，较上年提高1.9个百分点。教育、社保、医疗卫生等社会事业支出得到较好保障。投入山区教育扶贫资金6.1亿元，6个山区县56所规划学校全部开工，其中竣工投用48所，转移安置学生2.9万人。落实校舍安全工程资金9.2亿元，改造学校221所，新增开工面积125万平方米。落实社会保障扩面提标政策，安排财政资金6.8亿元，支持养老服务体系建设，17个县（市）城乡居民养老保险实现全覆盖。投入资金3.5亿元，首批对藁城市、鹿泉市、正定县、栾城县和井陉矿区城镇居民基本医疗保险实行市级统筹，居民医保和大额医疗费支付限额分别提高到12万元和15万元。安排资金9400万元，实现职工医疗保险门诊统筹。落实资金3300万元，在全省率先免费实施出生缺陷干预工程。补助资金680万元，免除城区基本殡葬服务费。强农惠农政策全面落实。发放粮食直补、购机补贴等奖补资金14.9亿元，促进了农业增产和农民增收。筛选农村一事一议财政奖补项目2158个，申请奖补资金2.1亿元，惠及406万农民。落实资金5000万元，支持农村公路“村村连通”工程建设。下拨水库移民扶持资金1.1亿元，确保移民生活稳定。全力打造宜居城市。落实公交运营补贴和购车资金6.8亿元，购买新能源公交车450辆，方便城乡居民出行。多渠道筹措资金23亿元,保证了36900套保障房按时开工。投入1.8亿元，专项用于肉类蔬菜流通追溯体系、农产品质量检测、放心馒头工程、菜篮子工程、便民菜市场建设和发展夜经济。

【城市建设支出】 市级财政投入19亿元，确保新客站广场按时投入使用。注入资金10亿元，支持轨道交通开工建设。调度资金9.3亿元，用于太行大街建设和新城大道启动。落实资金1.9亿元，支持新胜利大街建设。投入36.6亿元，实施洨河综合整治工程。安排燃煤锅炉拆改资金3.8亿元，拆除锅炉468台。落实专项资金2600万元，用于跨界流域水质自动监测和环境空气质量监测网建设。安排资金2亿元，支持西部山前、公路干道和铁路两侧、滹沱河沿岸绿化，累计植树造林42万亩，年末全市森林覆盖率达到32.2%。拨付专项资金2.7亿元，改善城市排水、夜景照明等市政设施。投入清扫设备购置资金3792万元，城区机械化清扫率达到80%。落实资金4.4亿元，整修和平路等主街主路22条，城市道路和市容形象显著提升。

【投融资管理】 探索政府融资新机制、新路径、新方式，积极化解政府债务。全年偿还到期债务本息151.9亿元，维护了政府信誉和全市经济社会发展大局。从源头上构建市场化融资机制，从单纯依靠银行贷款向多元融资转变。初步构建起以城投集团、地产集团、水务集团、保障房公司、裕锋公司、发投公司、国控集团为主体的融资平台框架，为实现市场化融资创造了条件。全年新增融资128.8亿元，同时，债务结构得到优化，企业债券等直接融资占比达到30%。统筹谋划偿还政府债务与城市经营，落实市本级与各区土地收益分配政策，调动各区收储土地的积极性。全年市级土地出让收入完成104.9亿元，比上年增长57.6%。

【促进经济发展】 全面落实结构性减税等支持企业发展的财税优惠政策，为企业减负18亿元以上。争取上级专项资金20亿元，支持产业振兴和经济结构战略性调整。市级财政投入资金3.9亿元，用于装备制造、循环化工、空港工业园等重点园区基础设施建设。统筹调度资金3.5亿元，用于格力电器、欣意电缆、卫星导航等重点项目建设。落实节能减排专项资金3亿元，安排企业技术创新引导资金4635万元，促进了发展方式转变。安排战略性新兴产业、航空业和文化旅游产业等发展资金2亿元，支持现代产业加快发展。完善市对非直管县（市）和井陉矿区的财政体制，下放财力超过2亿元，增强了县（市）区基本公共服务保障能力。

【财政管理改革】 预算绩效管理。开展绩效评价，重点内容包括人民群众关心和关注的保障房建设、园林绿化、道路交通等13类28亿元，并开展第三方评价试点。国库管理改革。市本级、23个县（市）区和高新区全部完成国库集中收付制度改革，市本级374个预算单位全部实行公务卡结算。探索国库资金资本化运营途径和模式，实现增值收益5.8亿元。政府采购改革。推行电子化政府采购，规范采购行为，简化流程，提高效率。2012年全市采购规模80.2亿元，节约资金7.2亿元，资金节约率为9%。财政监督改革。改革派驻监督方式，由单一的财政监察员监管向派驻财政监察组转变，严格项目资金审批，强化项目预算管理，推进廉洁评审、高效评审、科学评审，构建内部监督、专项监督、评审监督、派驻监督“四位一体”大监督格局。至年底，派驻项目和单位达到27个，评审项目资金309.9亿元，审减50亿元，审减率为16.1%。行政事业单位国有资产改革。出台《石家庄市党政机关公务用车配备使用管理办法》，下放购车审批权，推进资产管理科学化、规范化。全年国有资产收益实现1.2亿元。推进乡镇财政所标准化建设。2012年全市16个县（市）区通过省级验收；235个乡镇中有210个基层财政所完成标准化建设。

表 45

2012 年度石家庄市公共财政收支决算总表一

预算科目	调整预算数	决算数	预算科目	调整预算数	决算数
一、税收收入	2080594	2077306	一、一般公共服务	491131	481495
增值税	194435	193640	二、外交		
营业税	888312	878857	三、国防	6101	6101
企业所得税	203689	207190	四、公共安全	289727	281155
企业所得税退税			五、教育	1106929	1092790
个人所得税	81046	79527	六、科学技术	77271	75058
资源税	4238	4238	七、文化体育与传媒	73948	66635
固定资产投资方向调节税			八、社会保障和就业	384575	373861
城市维护建设税	170368	169961	九、医疗卫生	452255	418271
房产税	74990	76684	十、节能环保	157827	144789
印花税	42430	41518	十一、城乡社区事务	492990	467051
城镇土地使用税	75104	76667	十二、农林水事务	422537	398896
土地增值税	106152	109761	十三、交通运输	262968	254815
车船税	42228	40574	十四、资源勘探电力信息等事务	156578	152115
耕地占用税	75867	78305	十五、商业服务业等事务	73086	69079
契税	121525	120174	十六、金融监管等事务支出	1193	1184
烟叶税	210	210	十七、地震灾后恢复重建支出		
其他税收收入			十八、援助其他地区支出		
二、非税收入	644303	645458	十九、国土资源气象等事务	91527	76350
专项收入	108036	108550	二十、住房保障支出	130170	128005
行政事业性收费收入	210178	213278	二十一、粮油物资储备事务	13192	13003
罚没收入	120442	118344	二十二、预备费		
国有资本经营收入	60294	62418	二十三、国债还本付息支出	3195	3195
国有资源(资产)有偿使用收入	121324	119163	二十四、其他支出	201514	137082
其他收入	24029	23705			
本年收入合计	2724897	2722764	本年支出合计	4888714	4640930

表 46

2012 年度石家庄市公共财政收支决算总表二

单位：万元

预算科目	决算数	预算科目	决算数
本年收入合计	2722764	本年支出合计	4640930
返还性收入	217307	一般性转移支付	64066
增值税和消费税税收返还收入	129681	体制上解支出	52187

对人民群众关心的热点、难点和亟待解决的问题调查收集社会意见及民意动态；针对公共服务行业和部门的服务质量、服务水平开展社会评价调查。年内，市统计局利用该系统成功完成全市群众安全感与满意度调查、城市居民最关注民生问题调查、城市居民健身环境需求调查等多项调查，为市委、市政府准确把握社情民意，增强工作针对性提供了重要参考。

（杨吉乐）

【统计执法】 加强统计普法宣传，在“三上”企业全面推行统计法律事务告知制度，并在《石家庄统计月报》首页循环连载新《统计法》和《统计违法违纪行为处分规定》，增强了企业和统计人员依法履行统计义务的法律意识。加大统计执法力度，将统计执法工作贯穿到企业一套表联网直报全过程，对月报工作中越过“四条红线”的企业行为进行坚决查处。全年全市共检查单位5499个，立案42起，结案53起，警告23起，通报批评36起。

【统计创新】 独立设置文化产业统计机构，健全工作协调机制和工作方案，开展工作规范化管理试点。文化产业增加值季度核算方法在全省推广。此做法引起国家统计局的重视，国家统计局社科文司副司长专程带队到石家庄就文化产业统计工作进行考察和调研；市委常委、副市长程凯对文化产业统计服务工作作出肯定性批示。探索建立投入产出综合协调机制，增强了投入产出工作的整体协调性和配合程度，达到全省领先水平。

【“四大工程”建设】 制定宣传方案，加大宣传力度，把相关统计法律事务等宣传品送到每一个基层企业、基层单位，推动开展“企业一套表”业务知识学习。加强信息化建设，实现数据采集系统在县、乡两级顺畅运行，为农业等新增专业实施“企业一套表”改革创造有利条件。严格执行联网直报，坚持做到“不入库不出数、不代填代报、不干预企业独立报送数据、不私自修改企业数据”，从源头上控制数据的真实性。坚持“先入库、再有数”，“不入库、不出数”制度，加强基本单位名录库维护更新。年内，全市3600余家“三上”企业全部实现联网直报，直报率和验收率均达到100%；共审核认定企业813家，清理临时码使用单位3000多个，剔除关闭、破产单位2000多个，新增法人4448个，在库法人单位51238个，替换在库单位旧行业代码5.7万个。

【基层基础建设】 开展统计帮扶工程，推进薄弱县“双基”建设。在省统计局支持和帮助下，元氏县“双基”建设成效显著，成为薄弱县“帮、学、赶、超”的范例，其经验和做法被省统计局在全省推广。12月，石家庄市在元氏县召开统计“双基”建设现场会，推动全市“双基”建设大力发展。支持新华区、桥东区、井陉矿区、元氏县、正定县、鹿泉市、高邑县、栾城县等8个县（市）区开展乡级统计垂直管理改革准备，推行乡级统计改革，强化了县以下统计队伍建设，增强了统计能力。建立乡镇统计站规范化管理与考核制度，推进开展基层基础规范化先进县创建活动。年内，井陉矿区、新华区通过统计基层基础规范化先进县达标验收，至年末，全市先进县数量达到8个。

（赵进军）

审　计

【概况】 2012年，全市审计系统围绕党委、政府中心工作，以“依法审计、当好卫士、发挥免疫系统功能”为宗旨，以促进经济转型发展为出发点和落脚点，积极构建财政审计大格局，探索创新审计工作方式，强力推进信息化建设，强化审计监督职能，着力为“两个环境”建设的改善发挥积极作用。全年共完成审计项目326个，经济责任审计109人，查出违规金额36.5亿元，管理不规范金额234.76亿元，应上缴财政18.94亿元，应归还原渠道7.5亿元，应调账处理51.28亿元，核减政府投资项目工程款1.89亿元，移送纪检、司法机关或其他部门处理事项8件，移送处理8人。在河北省审计信息宣传考核评比中，获得第一名。2012年，市审计局获得审计署“全国社会保障资金审计公务员集体嘉奖”和全省社保审计先

2012 年 3 月 12 日，市审计局党组书记、局长齐惠明（右二）到辛集市和睦井乡石槽李村指导驻村帮扶工作

2012 年，市审计局获评河北省社保审计先进集体

进集体，省、市文明单位称号，并被评为石家庄市创先争优先进基层党组织、全市巾帼文明岗、依法行政工作先进单位、全市人力资源社会保障综合统计工作先进单位、全市调研先进单位。

（刘永辉）

【出台经济责任审计实施办法】 年内，石家庄市以市委常委会议和市政府常务会议形式，审议通过《石家庄市党政主要领导干部和国有企业领导人员经济责任审计实施办法》（简称《实施办法》），印发全市执行。《实施办法》明确了组织体系建设、经责机构建立、审计项目计划和审计结果运用。其中，明确要求，各级党委和政府要建立健全经济责任审计组织体系，成立由党委书记或政府行政首长任组长的经济责任审计领导小组，建立经济责任审计工作联席会议及联席会议办公室，明确职责分工，定期召开会议，研究解决问题，用好审计成果；各县（市）区要参照市经济责任审计机构的编制和级别，成立相应的经济责任审计局，审计人员编制数量要能够独立完成接受委托的经济责任审计事项；要加强审计项目计划管理，实行党委和政府主要领导干部同步审计，加大任中审计力度，要求任中审计数量占审计计划的比重不少于60%，年度经济责任审计计划的调整幅度一般不超过计划总数的三分之一；要求各相关单位运用好经济责任审计结果，作为考核、任免、奖惩领导干部的重要依据，并将审计结果运用情况反馈审计机关，经济责任审计结果归入被审计领导干部个人档案。同时，《实施办法》还建立了审计对象管理制、审计回访制和审计整改责任追究制，要求各审计机关建立被审计单位数据库，实现经济责任审计对象数据库管理，以保证被审计对象审计资料情况的连续性，及时为审计人员提供审计对象的详细信息，方便组织部门查阅审计对象经济政策执行及廉洁情况；严格执行审计程序，被审计单位原任和现任领导干部必须按规定参加经济责任审计工作会议，严格履行请假手续，保证审计效果。《实施办法》规定审计项目结束后一年内，要对被审计单位上一年度审计发现问题的整改情况进行实地回访。

（续表）

编号	服务品牌	单位名称
HBMP2012—F55	中英人寿 AVIVA-COFCO	中英人寿保险有限公司河北分公司
HBMP2012—F56	SF	河北顺丰速运有限公司
HBMP2012—F57	中国邮政速递物流	河北省邮政速递物流有限公司
HBMP2012—F59	冀中能源井陉矿业集团有限公司总医院	冀中能源井陉矿业集团有限公司总医院
HBMP2012—F65	国家电网 STATE GRID 石家庄鹿泉供电公司	鹿泉市供电局
HBMP2012—F71		河北省天然气有限责任公司
HBMP2012—F74	河北省图书馆 HEBEI LIBRARY	河北省图书馆

表 51　2012 年石家庄市获得河北省名牌产品情况一览表

序号	产品名称	注册商标	生产企业	所属地区
1	基础传动部件	CHHSSB	石家庄链轮总厂	长安区
2	吡虫啉	VEYONG	河北威远生物化工股份有限公司	长安区
3	普梳纱	翠柳	石家庄常山纺织股份有限公司	长安区
4	精梳纱	翠竹	石家庄常山纺织股份有限公司	长安区
5	种鸡	伊莎	石家庄市机械化养鸡场祖代鸡场	长安区
6	通用水泥	风达	高邑县凤城水泥有限公司	高邑县
7	玉米淀粉	高淀	石家庄华辰淀粉糖生产有限公司	高邑县
8	35kv 及以下高压交联电力电缆	高晖	华达线缆有限公司	藁城市
9	硫酸链霉素原料药	华北	华北制药华胜有限公司	藁城市
10	头孢拉定（供口服、注射用）	华北	华北制药河北华民药业有限责任公司	藁城市
11	洗衣液	威纳邦	石家庄威纳邦日化有限公司	藁城市
12	石膏机械	LVJOE	河北绿洲机械制造有限公司	藁城市
13	熟肉制品	双鸽	石家庄双鸽食品有限责任公司	晋州市
14	矿用电缆	彪隆	建业电缆集团有限公司	晋州市
15	35kv 及以下高压交联电力电缆	赢利	河北金力电缆有限公司	晋州市
16	果（蔬）汁及果（蔬）汁饮料	沃尔旺	河北沃尔旺食品饮料有限公司	晋州市
17	低压阀门	JS	石家庄光晋阀门有限公司	晋州市
18	涤纶缝纫线	金斗笠	晋州市信泰纺织有限公司	晋州市
19	毛巾	满堂红	石家庄市阳光针纺有限公司	晋州市
20	矿棉吸声板	优时星	河北阿美斯壮矿棉板业有限公司	晋州市
21	普通瓷	原火	石家庄市原火陶瓷有限责任公司	井陉县
22	苹果	井日升	井陉县金树岭果品专业合作社	井陉县

（续表）

序号	产品名称	注册商标	生产企业	所属地区
23	空气质量连续自动监测系统	SAILHERO	河北先河环保科技股份有限公司	高新区
24	金钢石圆锯片	博深	博深工具股份有限公司	高新区
25	液晶显示材料	实力克	石家庄诚志永华显示材料有限公司	高新区
26	苹果	昊源	石家庄市昊源林果场	井陉矿区
27	超细纤维清洁巾	益康	河北益康针棉织有限公司	灵寿县
28	商品猪	兆江	河北兆江养殖有限公司	灵寿县
29	通用水泥	鼎鑫	鹿泉金隅鼎鑫水泥有限公司	鹿泉市
30	硅外延片	普兴电子	河北普兴电子科技股份有限公司	鹿泉市
31	乳酸菌饮料	君乐宝	石家庄君乐宝乳业有限公司	鹿泉市
32	通用水泥	曲寨	鹿泉市曲寨水泥有限公司	鹿泉市
33	兽药	河欣	河北科星药业有限公司	鹿泉市
34	石榴	田仙红	鹿泉市北薛庄田仙红石榴基地	鹿泉市
35	中小型电机	冠生	河北电机股份有限公司	栾城县
36	兽药	奥斯丁	河北征宇制药有限公司	栾城县
37	苹果	元坊	平山县宏远实业开发公司	平山县
38	锅炉、压力容器用钢板	敬业	河北敬业中厚板有限公司	平山县
39	钢筋	敬业	河北钢铁集团敬业钢铁有限公司	平山县
40	精梳纱	鹏辉	石家庄市鹏辉纺织有限公司	深泽县
41	卫生洁具铜配件	庆明	石家庄马斯特洁具有限公司	深泽县
42	家具（软体家具）	乐万嘉	石家庄市乐万家沙发家俱有限公司	无极县
43	商品猪	立德信	石家庄立德信农牧业发展有限公司	无极县
44	架空绞线	京联	石家庄华通线缆有限公司	无极县
45	特种电缆	双伟	石家庄中德电线电缆有限公司	无极县
46	种鸡	鑫广威	石家庄广威农牧有限公司	无极县
47	45% 石硫合剂结晶、代森锰锌	双吉	河北双吉化工有限公司	辛集市
48	皮衣	天菊	河北天菊皮草有限公司	辛集市
49	皮衣	依诺莎	辛集市菁华皮草制衣有限公司	辛集市
50	皮衣	百诗成	辛集市洋帆制衣有限公司	辛集市
51	皮衣	依鹿奇	辛集市物资开发有限公司	辛集市
52	皮衣	圣翔	辛集圣翔裘革制品有限公司	辛集市
53	皮衣	dongming	河北东明实业集团有限公司	辛集市
54	皮衣	宏四海	辛集市宏四海皮革有限公司	辛集市
55	箱包	名花	河北名花皮业有限公司	辛集市
56	羽绒服	大羽	河北大羽制衣集团有限公司	辛集市
57	小麦粉	黑马	河北黑马面粉有限责任公司	辛集市

（续表）

序号	产品名称	注册商标	生产企业	所属地区
58	电流互感器	申科	河北申科电子股份有限公司	辛集市
59	高压气瓶式压力容器储运设备	安瑞科	石家庄安瑞科气体机械有限公司	新华区
60	塑料薄膜及制品	绿树	新乐华宝塑料制品有限公司	新乐市
61	胶鞋	3554	河北三五五四鞋业有限公司	行唐县
62	工业氰化钠、丙二酸二乙酯	诚信	河北诚信有限责任公司	元氏县
63	核桃	西岭	元氏县西岭核桃专业合作社	元氏县
64	枣	汇川	赞皇县华润农副产品开发有限公司	赞皇县
65	通用水泥	济河	石家庄市济河特种水泥有限公司	赞皇县
66	手工纯棉织品	原村	赞皇县原村土布专业合作社	赞皇县
67	涂料	金鱼	石家庄市油漆厂	赵县
68	小型面粉加工成套设备	苹乐	河北苹乐面粉机械集团有限公司	正定县
69	金刚石圆锯片	小蜜蜂	河北小蜜蜂工具集团有限公司	正定县
70	塑料薄膜及制品	正洋	河北正洋建材有限公司	正定县

表 52　　2012 年石家庄市获得河北省优质产品情况一览表

序号	产品名称	注册商标	生产企业	所属地区
1	架空绞线	镇	石家庄市镇州电器有限公司	正定县
2	高低压成套开关设备、高低压机箱机柜	真诺	河北真诺实业有限公司	长安区
3	邻苯二钾酸酐	白龙	石家庄白龙化工股份有限公司	长安区
4	注射用阿莫西林钠	远征	河北远征药业有限公司	长安区
5	建筑钢结构工程金属构件	金环	河北金环钢结构工程有限公司	高新区
6	聚乙烯缠绕结构壁管材 –B 型结构壁管	宝石克拉	石家庄宝石克拉大径塑管有限公司	高新区
7	氧化锌	龙力	石家庄市龙力化工有限公司	高邑县
8	一般用途单芯硬导体无护套电缆	傻实在	石家庄廉北电线电缆厂	藁城市
9	小麦粉	晨风	河北晨风面业有限公司	藁城市
10	直播卫星专用卫星电视广播地面接收天线	超维	藁城市新星卫视器材厂	藁城市
11	生物有机肥	地欣	石家庄金太阳生物有机肥有限公司	晋州市
12	农业用氯化铵	双联牌	石家庄双联化工有限责任公司	鹿泉市
13	通用硅酸盐水泥	鼎星	石家庄鼎盛水泥有限公司	鹿泉市
14	蓝光 LED 芯片	图	同辉电子科技股份有限公司	鹿泉市
15	通信电缆	佳音（图）	河北电信光缆有限公司	鹿泉市
16	有机肥料	施好（图）	河北中润生态环保有限公司	栾城县
17	活塞销	江河	石家庄市江河汽车零部件有限公司	深泽县
18	钢管杆	图	河北千山钢业工程有限公司	无极县

（续表）

序号	产品名称	注册商标	生产企业	所属地区
19	复混肥料	尔得贝	石家庄市汇丰化工有限公司	无极县
20	皮衣	美伦丹妮	辛集市恒和皮草服饰有限公司	辛集市
21	皮衣	蒂格妮凡	辛集市华信皮草有限公司	辛集市
22	皮衣	澜天使	辛集市永佳皮草有限公司	辛集市
23	中密度纤维板	BML 西姆森	河北巴迈隆木业有限公司	辛集市
24	塑料管材	三杰	石家庄三星塑料有限公司	行唐县
25	通用硅酸盐水泥	晨	河北晨光水泥有限责任公司	行唐县
26	含乳饮料	小放牛	石家庄市万佳食品有限公司	行唐县
27	仔猪、生长育肥猪配合饲料	新征	河北新征饲料有限公司	行唐县
28	瓷质砖	玻丽士	河北玻尔陶瓷有限公司	赞皇县
29	陶瓷色料	A.L.C	赞皇县高砂陶瓷材料有限公司	赞皇县
30	金相府酒	嶂石岩	河北金相府酒业有限公司	赞皇县
31	金属软管	图	石家庄巨力科技有限公司	赵县

（陈玉）

【特种设备监察】 开展特种设备“打非治违”专项行动，排查并整治重大安全隐患10起（高邑县陶瓷行业、赵县冷库用压力容器、无极县和藁城市无证液化气充装站、新华区服装加工企业、行唐县人造板企业、赞皇县食品企业用小锅炉、井陉县活性钙企业非法导热油锅炉，平山和灵寿石材企业起重机械）。开展专项检查治理活动，包括危化企业、发电企业、旅游景区、气瓶充装、食品行业等五个方面。建立电梯住宅小区管理示范点，推广物联网技术在电梯安全管理上的应用，同时，大力开展特种设备现场安全检查，保证特种设备安全运行。至年末，全市共有各类电梯18143台，特种设备注册办证率为99.97%，特种设备使用单位现场检查率为83.48%，未发生特种设备安全责任事故。2012年，市质监局被省质监局评为特种设备安全监察工作先进单位。

（陈玉　王巍　焦强）

【执法监督检查】 采集工业企业基本信息并建档，加强产品信息平台建设，奠定动态监管实施基础。监督抽查工业产品质量，对产品抽查不合格企业实施后处理，处治率达100%。加强工业产品许可证企业证后监管，组织585家获证企业开展年度自查。开展区域性产品质量提升工作，完成相应整改措施并通过达标验收。全年开展专项执法行动7项，包括“进万企、保平安”、“春苗行动”、“双打”、“质检利剑”、“清新居室”百日行动以及农资、白酒、汽车配件、化妆品、建材、加油站等，组织重点区域纤维制品专项打假活动6次，共查办质量违法案件3630余起，涉案金额4998万元，移交公安6起，捣毁黑窝点150个。

【质量兴市战略】 起草和出台《石家庄市政府质量奖管理办法》、《石家庄市深入推进质量兴省和名牌战略工作安排》、《石家庄市贯彻实施质量发展纲要，深入推进质量兴市战略2012年行动计划》、《任务书》等文件，逐步完善政府引领质量兴市战略工作机制，积极引导企业自觉运用质量奖标准进行自我评价、自我改进。年内，10项产品列入2012年新增河北省名牌评价目录，并申报省政府质量奖组织奖6家、个人奖5名，省效益型企业24家，省名牌产品74项，省优质产品29项，省服务名牌奖10家，省服务质量奖5家。经过严格审核评比，获评省质量奖组织奖1家（河北诚信有限责任公司）、省质量奖个人奖2名（石家庄君乐宝乳业有限公司总经理魏立华、神威药业有限公司董事长李振江），省质量效益型企业21家（河北飞达工具制造有限公司、河北小蜜蜂工具集团有限公司、石家庄华能电力金具有限公司、河北先河环保科技股份有限公司、东旭集团有限公司、河北名花皮业有限公司、石家庄辰泰滤纸有限公司、河北阳煤正元化工集团有限公司、鹿泉金隅鼎鑫水泥有限公司、石家庄金隅旭成混凝土有限公司、鹿泉市曲寨水泥有限公司、石家庄君乐宝乳业有限公司、益海（石家庄）粮油工业有限公司、河北味道府酒业有限责任公司、河北华辰淀粉糖有限公司、河北白沙烟草有限责任公司、河北西曼实业集团有限公司、河北博威集成电路有限公司、河北普兴电子科技股份有限公司、河北四方通信设备有限公司、石家庄诚志永华显示材料有限公司），省名牌产品70项，省优质产品31项，省服务名牌奖企业25家（含非经石家庄市质监局申报企业数），省服务质量奖企业5家（正定县供电公司、河北省图书馆、河北省石家庄市图书馆、河北省科技开发中心、河北省科技成果转化服务中心）。至年底，全市共拥有有效期内河北省名牌、优质产品276项，省质量效益型先进企业57家、省服务名牌奖企业19家（不含未经石家庄市质监局申报企业数）、省服务质量奖企业35家，总量居全省设区市首位。

【企业质量管理】 推进全省“双五百、双五十”培育工作和争创“双百优”活动，确立首批推进卓越绩效模式企业18家（石家庄常山纺织股份有限公司等），向省局推荐卓越绩效管理模式推进师40名、质量管理优秀班组19个、质量管理优秀成果20个。其中，17个质量管理优秀班组和14个质量管理优秀成果被省局命名表彰。建立企业质量信用档案，加快推进诚信体系建设。建档对象主要包括：纳入计量器具制造许可、特种设备生产单位许可、工业产品许可、食品及食品添加剂生产许可等行政许可管理的企业和强制性认证管理的生产企业。全年建立企业质量信用档案1860家。其中，287家获得强制性认证的生产企业全部完成建档工作，由质监部门对其实行ABC三级管理分类监管。至年末，全市共有1721家企业通过质量管理体系认证，企业产品质量、工程质量和服务质量显著提升。

【设立市政府质量奖】 4月份，市质监局向市政府提出《关于设立“市政府质量奖”的建议报告》，7月19日，《石家庄市政府质量奖管理办法》（以下简称《办法》）通过市政府第66次常务会议审议，并从即日起开始实施。其中规定，符合条件的单位和个人均可申报石家庄市政府质量奖。《办法》所称石家庄市政府质量奖（以下简称“市政府质量奖”）是市政府设立的最高质量荣誉奖项，分设组织奖和个人奖。组织奖授予在石家庄市行政区域内登记注册，质量管理业绩显著，产品（工程、服务等）质量水平以及自主创新能力、管理水平在国内同行业处于领先地位，对石家庄市经济社会发展做出积极贡献的单位；个人奖授予在质量领域做出突出贡献的个人。市政府质量奖每两年评选一次，每次评选组织奖和个人奖各3～5个，奖项有效期为4年，期满后可重新申报。《办法》规定，申报市政府质量奖的单位应具备下列基本条件：（一）依法在石家庄市行政区域内登记注册，具有法人资格，从事合法生产经营五年以上，遵守国家法律法规，诚信经营。（二）积极推行先进的质量管理方法，质量管理体系健全有效，工业、建设施工企业已通过管理体系认证，且建立了环境管理体系和职业健康安全管理体系并有效实施。（三）认真实施《卓越绩效评价准则》国家标准，企业经济社会效益突出。工业、建设施工企业质量管理水平和自主创新能力在国内同行业处于领先地位，近三年主要经济、技术指标和质量水平位居国内同行业及同类产品前列，服务业企业的服务质量在全市同行业处于先进水平，顾客满意度高。（四）产品（工程）在近三年各级质量监督抽查和出口商品检验中全部合格，主导产品为省级以上名牌产品。工业企业为河北省质量效益型先进企业；施工企业获一项国家级优质工程、或两次以上省级优质工程、或获六项以上市级优质工程；服务单位获两次以上省优质服务方面的表彰；（五）近三年无不良信用记录，无重大质量、安全及环境事故。申报市政府质量奖的个人应符合下列基本条件：遵纪守法，从事质量工作五年以上；有较强的质量意识和创新意识，对质量振兴事业有高度的责任感和使命感，有较高的社会知名度；具有卓有成效的质量管理理论研究、质量技术攻关成果或丰富的实践经验，为推进区域、行业、企业提高质量做出突出贡献；个人为所属单位负责人的，所属单位近三年无不良信用记录，无重大质量、安全及环境事故。《办法》明确，市政府质量奖的评审标准采用国家标准《卓越绩效评价准则》(GB/T19580）和《卓越绩效评价准则实施指南》(GB/Z19579)。“组织奖”评审主要内容为：单位的治理和社会责任履行，战略策划与实施、顾客和市场、资源和过程管理、售后服务等方面的全过程控制，注重其运作绩效、满足顾客需要和持续改进的能力，以及适应内外部环境变化的应变能力和发展潜能。“个人奖”评审主要内容为：质量理念与经营战略、质量管理体系的建立与运行作用、质量创新与质量文化、管理经验与能力、学术研究与技术成果、岗位技能与工作业绩等。《办法》指出，获奖单位在有效期内可在其产品外包装、广告上宣传，并注明获奖时间；超过有效期后，不得继续沿用市政府质量奖荣誉。获奖单位和个人有义务宣传、交流其质量工作先进经验和成果，发挥典型推动和示范作用，并且要不断追求卓越，创新实践，持续改进。石家庄市质量奖评审委员会办公室及有关部门要及时了解获奖单位的生产经营和质量管理等情况，建立对获奖单位和个人的定期巡访及动态管理制度，督促其保持荣誉，不断改进提升。

（焦莉莉　郑丽娟　王巍　陈玉）

【首届市政府质量奖授予5家企业3名个人】 8月31日，市政府授予5家企业、3名个人为首届“市政府质量奖”组织奖和个人奖。5家企业分别是华北制药股份有限公司、石家庄君乐宝乳业有限公司、河北诚信有限责任公司、博深工具股份有限公司、常山纺织股份有限公司。3名个人分别是石家庄工业泵厂有限公司苏进，河北大羽制衣集团有限公司李志锋，鹿泉鼎鑫水泥有限公司周成耀。

（焦莉莉　焦强）

【标准化建设】 加大标准实施力度，办理采用国际标准认可项目35项，无极农业标准化示范区建设扎实推进，4家省局服务标准化试点和2家“标准化良好行为企业”试点通过验收，分别是辛集皮革城有限公司（9月14日)、河北快运集团有限公司(10月16日)、中国联合网络通信有限公司赵县分公司（11月23日)、石家庄桥东天赐良缘婚纱影楼（12月28日)、石家庄科一重工有限公司(11月23日)、河北四方通信设备有限公司（12月11日)。新建省级第三批服务标准化试点4家，分别是河北嘉福物业服务有限公司、石家庄润华国际物流股份有限公司、晋州市政务服务中心、井陉县供电公司。推荐申请第四批省级服务业务标准化试点，5家单位试点项目通过审查并获得批准，分别是河北嘉福物业服务有限公司、石家庄润滑国际物流股份有限公司、井陉县供电公司、晋州市政务服务中心、石家庄桥东天赐良缘婚纱影楼。项目执行时间为2012年6月1日至2013年12月30日。全年完成国家标准、行业标准36项，制定发布省、市级地方标准30项。

（陈玉　郑丽娟）

【计量器具管理】 加强计量器具制造企业监管，提高企业质量保证能力；加强能源计量管理，推动工业计量工作。年内，3家企业通过国家测量管理体系认证，47家工业企业通过河北省计量保证能力合格确认。2012年全市继续加大对集贸市场、商场、超市、医疗卫生机构、旅游景点、餐饮业、高速公路、国道沿线加油站等场所强制检定计量器具的监管，有效打击了违法行为，保障了群众合法权益。

（陈玉）

【计量实验室建设】 推进县级计量检定机构实验室改造提升工程，下发《关于在县级计量检定机构推广使用“计量检定管理系统”（软件）的通知》，并确定元氏县、栾城县、赞皇县3家为建设达标单位。2012年全市17家县级计量检定机构安装完成计量管理软件，计量检定机构社会公用计量标准合格率达到100%。至2012年底，全市获得计量认证的实验室达到229家，其中，涉及建筑工程74家、卫生防疫24家、环境和空气质量26家、质量检验机构26家、机动车检测52家、消防工程检测10家、其他检测机构17家。

（王巍　焦强）

【风险排查整治】 协调召开全市质量安全风险排查整治调度会，建成市政府主导、县（市）区政府和市直相关部门各负其责、多方协力整治的工作模式。2012年全市整改问题隐患1904个，下发特种设备安全监察指令书1517份，查处质量违法案件361起，责令101家食品企业限期整改或停产整顿，吊销、注销企业生产许可证33个。

【行政服务】 全年制定优化发展环境工作措施12项，确定承诺内容7项。代码办公室推行预约服务、上门服务工作模式受到企业好评，并被评为石家庄市行政服务工作先进窗口单位，陆在金被评为最佳服务标兵。长安区局、辛集市局等9个县（市）区局行政服务窗口被当地评为“红旗窗口”。鹿泉市局结合当地实际，开展名优培育“点对点”式服务，并在全市“窗口单位创先争优”经验交流会上发言，被推广学习。井陉县局创新推出“诊断式”服务做法被《中国质量报》刊载，并入围2012质量之光“年度地方质监亮点”评选。

石家庄市质量技术监督局

局　　长：侯洪彬

副 局 长：曹长随　夏玉颖

吴保成　刘占

韩秀娟（女）

焦书建

纪检组长：柯旭

（陈玉）

物价监督管理

【概况】 2012年，全市各级物价部门围绕“稳中求进”的总基调，按照“振奋精神，开拓创新；内强素质，外树形象；人讲称职，事争一流”的总体要求，以建设“精神状态好、能力素质好、团结协作好、服务群众好、廉洁自律好”的“五好”班子和队伍为目标，以“能力、制度、机制、环境”四个建设为抓手，突出抓好“制度落实年”、“机制创新年”、“难点突破年”活动，扎实推进“优化发展环境、深化市场价格监管年、价格服务进万家、四个建设”四项重点工作。增强自身建设，加强价格调控，稳妥推进价格改革，着力强化价格监管，全面提升价格服务。全年查处价格违法案件216件，查处价格违法金额1200余万元，经济制裁金额459余万元。2012年，市物价局价格宣传、监测预警、价格认证工作被国家发改委评为全国先进，并获评市文明单位、依法行政先进单位和市政协提案承办先进单位。

（李剑利）

2012年2月17日，召开全市物价工作会议

【居民消费价格总水平上涨2.8%】 2012年，全市居民消费价格总水平（CPI）同比上涨2.8%，较2011年同期回落2.9个百分点，在全国36个城市中排名第14位，其中食品类、居住类和衣着类价格上涨是价格总水平走高的重要因素。从2012年各月环比看，居民消费价格总水平呈“W”型趋势。1月份消费价格环比上涨1.5%，此后开始下滑，5月份居民消费价格环比下降1.4%，为2012年的最低点。6月份在能源类和农产品，以及居住类价格带动下，逐渐上行。10月份出现短暂稳定后，一直爬升，12月份环比上涨1.9%，创下2012年最高点。构成居民消费价格调查的8大类商品价格全部上

涨，形成普涨，但涨幅差距不大。前3位是烟酒类、衣着类和食品类，比2011年同期分别上涨4.0%、3.6%和3.4%。家庭设备用品及维修服务类和居住类涨幅超过3.0%。医疗保健和个人用品类、娱乐教育文化用品及服务类分别上涨2.4%和2.1%。交通和通信类涨幅最小，为0.3%。2012年食品价格累计上涨3.4%，拉动CPI上涨1.1个百分点，贡献率为39.3%，对CPI上涨的拉动作用最为明显，成为推动价格总水平走高的主要因素。受天气影响，鲜菜价格大幅上涨。2012年鲜菜价格累计上涨16.2%，涨幅比2011年扩大21.1个百分点，拉动总指数上涨0.54个百分点。牛羊肉价格从年初涨到年尾。年末12月份比年初1月份牛羊肉每千克价格分别上涨13.25元和7.74元，累计上涨21.8%和19.1%，带动总指数上行0.30个百分点。2012年服务项目价格累计上涨2.9%，影响价格总水平上涨0.92个百分点，人力成本上升是主因。2012年学前教育、清洗、理（烫）发类价格涨幅分别为42.1%、29.8%和17.7%，位居前3位。

（吴温　高丽霞）

【价格监管】 坚持价格调控联席会议制度，促进重要农副产品生产、流通和供应。加强价格监测和分析，密切监测居民生活必需品价格变动情况，针对汛期降雨量大的特点，加强汛期居民生活必需品价格监测。自9月30日始，启动价格监测日报制度，加强对30种居民生活必需品的价格监测，确保了中秋、国庆“双节”和党十八大期间居民生活必需品价格稳定。加强对大型粮油批发市场、超市和农副产品市场的巡查，坚决打击价格欺诈、哄抬物价、囤积居奇、价格垄断等坑害消费者的价格违法行为，维护了良好的市场秩序。

2012年8月3日，举办全市物价局长座谈会议

【价费改革】 落实国家和省出台的居民阶梯电价、成品油价格改革，推进县级公立医院综合改革试点工作。审慎启动非居民供热冬季采暖期价格上浮政策，非居民供热价格较非采暖期价格上浮10%。指导县（市）区疏导水价、热价矛盾，对藁城市、深泽县、无极县、赞皇县、正定县等5个县（市）区供水价格进行适当调整，为企业减亏近1亿元。做好民用液化气调价备案工作，自4月8日起，民用液化气价格由每瓶（13千克）89元上调为99元。开展居民供热价格调整调研及准备，并向市政府上报《关于调整市区居民供热价格的意见》。积极办理城市基础设施配套费政策，为轨道交通建设提供融资政策支持。选定晋州市开展公交票价改革试点，推进县城公交票价改革。按照河北省道路客运价格与成品油价格联动机制的规定（冀价经费〔2012〕11号），督导落实客运燃油附加费浮动政策，及时调整浮动道路客运燃油附加费标准，维护了车主和乘客利益。

【价费管理】 精简行政审批事项。非行政许可审批事项由5项减为4项、前置条件由21项减为11项。加强涉企收费项目管理。编印《减轻企业负担实用手册》，全面清理涉企收费项目；推进落实“两证一书一卡”制度，规范涉企收费行为；严格收费许可证审验，落实各项涉企优惠政策，年减轻企业负担5500余万元。规范民生价费秩序。全面推行幼儿园收费公示与收费许可证审验挂钩制度，妥善解决幼儿园乱收费问题。加强物业收费管理。下发《关于市区普通住宅区物业服务收费试行分级管理有关问题的通知》，实行市区两级物价部门分级管理制度，增强了物业收费管理力度和精细度。从2013年1月1日起，等级在《石家庄市物业服务收费管理实施办法》规定的服务指导标准一级（含）以上的，在实施收费时到市物价部门备案；一级以下的，到所在区物价部门备案。加强市区道路停车管理。开展专项整治活动，打击停车乱收费行为，规范停车收费秩序；开展调查研究，挖掘停车乱收费形成的深层次原因，协助市政府出台《关于加强市区道路停车管理的意见》，并启动修订停车服务收费标准的各项工作。

【价格监督检查】 开展“深化市场价格监管年”活动，重点突出节日市场价格和商贸流通企业市场价格监督检查，对违规企业进行处罚和公开曝光。开展涉农价费、医药价格、电力价格、教育收费等专项检查。依托“12358”价格举报电话，接受群众投诉举报，并按照“价格举报工作月分析制度”的规定，对价费热点问题进行集中和多频次答复，以优质服务得到群众的称赞。全年受理价格举报咨询电话7786件，立案369件，回复和结案率均达到100%。全年查处价格违法案件216件，查处价格违法金额1200余万元，经济制裁金额459余万元，有效维护了消费者合法权益。

开展“价格服务进万家”活动

【价格服务】 推进“价格服务进万家”活动，进社区、进农户宣传价格政策，接受咨询投诉，“巩固、提高、辐射、延伸”价格服务。加强价费政策标准公示，全面改版物价局网站。在灵寿县召开现场观摩会，全面开展价格诚信建设。创建“明码标价示范街”36条，覆盖商场5597家。开展成本监审和农本调查，完成农本数据调查上报任务21项（生猪、小麦等），办理成本监审29项，办结24项，监审标的总额16.06亿元，依规核减1.86亿元。推进涉案、涉税、涉纪、车损等价格认证工作，受理价格认证1074件，标的总额1.4亿元。

（李剑利）

工商行政管理

【概况】 2012年，全市工商行政管理系统按照“监管与发展、执法与服务、维权与惠民、改革与稳定”四个有机统一要求，以推进效能建设为抓手，简化审批程序，减少审批环节，创新服务方式，优化发展环境，充分发挥职能作用，全力为转型跨越服务。制定《2012年教育培训计划》，构建“全覆盖、多形式、分层次”立体教育培训体系，以市局视频学校为基地，分层分类开展干部培训，同时积极参加省局组织的集中培训和远程培训，夯实了人才队伍基础。深入推进商标战略，增强产品竞争力，提高了综合效益。加大银企对接宣传推进力度，拓宽中小企业融资渠道，有效缓解企业融资压力。参与修订《石家庄市知名商标认定办法》、《石家庄市罚没物资管理办法》和《工商行政管理机关执法监督暂行规定》等法规政策，加强地方立法立规，推进依法行政建设。出台《关于进一步优化发展环境规范企业年检有关工作的规定》，对市场主体监管行为实行审核备案监督，促进市场主体健康发展。年内，市工商局举办党风廉政、执法办案、食品监管等培训5期，培训人员7036人次；组织229人参加省局举办的经检执法人员第一期远程培训；对27个县（市）区局和118个基层分局作风纪律情况进行明查暗访，共纠正各类违纪问题12次，下发整改通知书5份，查办违纪案件2件，给予行政警告处分2人，其中调离窗口岗位1人。全年新登记注册内资企业425户，吊销817户，吊销后注销63户，国有企业改制为公司3户，集体企业改制为公司35户，累计达到17931户，注册资本金13384189.0万元；个体工商户新增55296户，注销8803户，累计达到231960家，注册资本金达1234396.0万元；私营企业新增13656家，注销1638家，累计达81541家，注册资本金达25081275.0万元。

【市场主体监管】 将做好市场主体准入工作作为发展市场主体的首要环节，着眼规范服务和提高效能，不断完善首办责任制、限时办结制、跟踪服务制等工作机制，全力提高行政效能。下放注册登记审批权限，各县（市）区域内除股份公司和集团公司外的企业，全部由所在地的县（市）工商局登记，市区注册资本300万元以下的民营企业由所在地的区工商局登记，全年完成12000余户企业下放工作。落实民营企业“零成本注册”和小微企业减免政策，免收注册登记费3255.25万元。出台《石家庄市工商局关于着力改善发展环境的21条实施意见》、《石家庄市工商局关于放宽企业注册登记和经营条件的实施办法》、《注册大厅人员行为规范》等文件，优化市场准入环境。实行二次办理免等候和信息录入后补等特色服务举措，完善企业名称远程核准软件，开展市场主体信息分析工作，考察借鉴深圳市工商验资“e线通”的做法，提高审批规范化水平。全年新增企业总数11566户，个体工商户47988户，农民专业合作社1350户。至年末，全市各类市场主体达到333751户，注册资金总额3963.97亿元，市场主体数量、投资额实现稳步增长。

（李志英）

【实施商标战略】 以落实《实施商标战略指导规范》为抓手，开展著名商标培育和驰名商标推荐工作，向国家工商总局推荐“恩必普”等8件商标认定驰名商标；上报地理标志证明商标注册申请3件（鹿泉香椿、井陉苹果、灵寿金针菇）；帮助“敬业及图”等6件商标开展申报驰名商标准备工作。通过调查摸底，确定18家企业为争创驰名商标重点扶持企业，110家为争创著名商标重点扶持企业，40家为重点产业扶持企业。年内，经国家工商总局认定，“晋州鸭梨”注册成为地理标志证明商标，“翼辰及图”、“天菊TIANJU及图”、“創鑫及图”、“恩必普”、“名花Minghua及图”、“原火”、“神苗及图”、“地欣DIXIN”、“西曼XIMAN”9件商标成为驰名商标，其中“創鑫及图”是石家庄市农产品商标中首个驰名商标；经省工商局认定，100件商标入选河北省著名商标，创下年度认定著名商标数量新高。至2012年底，全市拥有驰名商标37件，著名商标476件，地理标志证明商标6件。

表53　2012年石家庄市新增驰名商标情况一览表

商标	类别	商标注册人／所有人	认定商品／服务	备注
鑫及图	29	河北鑫利粮油有限公司	熟芝麻、加工过的芝麻	商标管理案件 2012—4—27
天菊 TIANJU 及图	25	河北天菊皮草有限公司	皮革服装	
翼辰及图	6	河北翼辰实业集团有限公司	金属焊条、药芯焊丝	
恩必普	5	石药集团有限公司	人用药、原料药、药用化学制剂	商标管理案件 2012—12—31
名花 Minghua 及图	18	辛集市名花皮业有限公司	手提包、公文包、钱包	
原火	21	石家庄市原火陶瓷有限责任公司	白砂锅	
神苗及图	5	神威药业有限公司	化学药物制剂，人用药，中药成药	
地欣 DIXIN	1	石家庄金太阳生物有机肥有限公司	农业肥料	

（续表）

商标	类别	商标注册人／所有人	认定商品／服务	备注
西曼 XIMAN	25	河北西曼实业集团有限公司	皮衣（服装）	商标异议复审争议案件 2012—12—31

（王巍　徐晨霞　李志英）

【帮扶中小企业融资】 加大银企对接宣传推进力度，向金融机构和企业发放宣传资料13000余册，介绍了动产抵押、股权出资、股权出质、商标专用权质权登记等融资方式。配合河北银行做好“光彩信用卡”融资工作，协调邮政储蓄银行推出针对小微企业的“贴息贷款”融资业务。11月份，市工商局与邮政储蓄银行签订战略合作协议，计划未来3年为个体私营企业提供183亿元贷款，助推中小企业发展。至年末，市工商部门共帮助企业实现融资185亿元。

【内资企业登记管理】 2012年，石家庄市新登记注册的国有、集体、联营、股份合作及公司等内资企业425户，注册资本金456580.0万元，吊销817户，吊销后注销63户，国有企业改制为公司3户，集体企业改制为公司35户。注销国有、集体、联营、股份合作及公司等内资企业142户，注册资本金59022.0万元。其中，注销国有企业9户，注册资本金3183.0万元；注销集体企业27户，注册资本金2331.0万元；注销股份合作企业2户，注册资本金560.0万元；注销公司制企业104户，注册资本金52948.0万元。至年末，内资企业累计达到17931户，企业法人7697人，注册资本金13384189.0万元。其中，国有企业2330户，企业法人900人，注册资本金704511.0万元；集体企业3638户，企业法人1772人，注册资本金386213.0万元；股份合作企业626户，企业法人153人，注册资本金279691.0万元；公司4833户，企业法人4833人，注册资本金11990773.0万元；其他企业6504户，企业法人39人，注册资本金23001.0万元。

表54　2012年石家庄市内资企业基本情况表

行业分类	企业个数（个）	企业法人数（人）	注册资金（万元）
农、林、牧、渔业	315	173	81292
采矿业	49	37	36169
制造业	1808	1516	2801949
电力、燃气及水的生产和供应业	182	126	615097
建筑业	1002	407	578404
交通运输、仓储和邮政业	826	252	257286
信息传输、计算机服务和软件业	549	131	71903
批发和零售业	6495	2318	1599622
住宿和餐饮业	348	166	107734
金融业	2369	316	3717284
房地产业	1093	643	1527547
租赁和商务服务业	1555	730	1089174
广告业	15	11	1932
科学研究、技术服务和地质勘查业	652	448	654133

（续表）

行业分类	企业个数（个）	企业法人数（人）	注册资金（万元）
水利、环境和公共设施管理业	126	112	165116
居民服务和其他服务业	384	211	37005
教育	13	9	614
卫生、社会保障和社会福利业	40	13	7660
文化、体育和娱乐业	122	88	36100
其　　他	3	1	100
合　　计	17931	7697	13384189

表 55　　2008～2012 年石家庄市国有企业个数表

行业分类	2008 年	2009 年	2010 年	2011 年	2012 年
农、林、牧、渔业	71	62	49	47	46
采矿业	33	22	8	3	4
制造业	406	333	213	191	167
电力、煤气及水的生产和供应业	57	59	65	67	68
建筑业	129	116	125	125	125
交通运输、仓储及邮政业	361	333	364	356	334
信息传输、计算机服务和软件业	149	107	127	127	119
批发和零售业	1179	981	928	828	759
住宿和餐饮业	133	127	126	112	102
金融业	283	234	52	37	38
房地产业	66	63	61	64	45
租赁和商业服务业	149	128	279	280	266
广告业	27	26	32	34	6
科学研究、技术服务和地质勘查业	55	50	87	91	101
水利环境和公共设施管理业	35	37	40	39	39
居民服务和其他服务业	147	117	91	88	78
教　　育	7	8	6	5	5
卫生、社会保障和社会福利业	7	7	4	4	4
文化、体育和娱乐业	32	28	29	30	30
其　　他	32	32	—	—	—
合　　计	3358	2844	2654	2494	2330

【个体私营经济登记管理】 开展行政“效能革命”，简化审批程序，减少审批环节，提速登记注册速度，下放审批权限，规范审批行为，提高服务管理水平，营造良好投资环境，推动全市个体工商户和私营企业等非公有制经济健康发展。全年个体工商户新增55296家，注销8803家，累计达到231960家，注册资本金达1234396.0万元，从业人员563532人；私营企业新增13656家，注销1638家，累计达81541家，注册资本金达25081275.0万元，从业人员366477人，其中投资者人数171069人，较上年增加16134人，雇工人数195408人，较上年增加23355人。吊销个体工商户52048户，其中城镇30683户；吊销后注销个体工商户2户，其中城镇1户；安置下岗失业人员122人。吊销私营企业3674户，其中城镇3394户；吊销私营企业后注销322户，其中城镇301户。至年底，全市登记在册的个体工商户和私营企业达到31.35万户（个），同比减少约2.15万户（个）；从业人员约93万人，较上年减少8.4%；注册资本金2631.57亿元，较上年增长2.34%。实有私营企业集团54户；实有注册资本100万元～500万元私营企业17916户，500万元～1000万元4725户，1000万元～1亿元3031户，1亿元以上私营企业133户。从产业结构分类看，第一产业有个体私营企业4602个，占个体私营企业总数的1.47%；第二产业有个体私营企业35940个，占个体私营企业总数的11.46%；第三产业有个体私营企业272959个，占个体私营企业总数的87.07%。

表56　　2012年石家庄市个体工商业情况一览表

行业分类	户数（个）	从业人员（人）	资金数额（万元）
农、林、牧、渔业	3239	11303	68797
采矿业	110	648	3530
制造业	16489	80565	189357
电力、燃气及水的生产和供应业	25	84	146
建筑业	927	5125	9386
交通运输、仓储和邮政业	8962	14355	72580
信息传输、计算机服务和软件业	804	1652	3003
批发和零售业	169775	345032	663375
住宿和餐饮业	8610	38473	100299
金融业	4	13	89
房地产业	402	989	1375
租赁和商务服务业	1924	6390	26153
广告业	—	—	—
科学研究、技术服务和地质勘查业	1113	3139	4277
水利、环境和公共设施管理业	55	240	582
居民服务和其他服务业	18054	49057	74686
教育	19	78	818
卫生、社会保障和社会福利业	995	2889	5334
文化、体育和娱乐业	453	3500	10609
合　　计	231960	563532	1234396

表 57　　2012 年石家庄市私营企业基本情况表

行业分类	企业个数（个）	投资人数（人）	雇工数（人）	注册资金（万元）
农、林、牧、渔业	1363	2808	2074	394908
采矿业	237	544	1102	74358
制造业	12338	27867	52611	3423872
电力、煤气及水的生产和供应业	103	255	29	91828
建筑业	5711	12358	32347	2572036
交通、仓储及邮政业	1913	3846	1675	310126
信息传输、计算机服务和软件业	3283	5992	10794	493638
批发和零售业	34449	70021	56132	6260701
住宿和餐饮业	504	893	1528	99241
金融业	1236	3276	229	4146830
房地产业	5174	10716	30909	3703355
租赁和商业服务业	8725	18180	1698	1977112
广告业	71	180	16	6907
科学研究、技术服务和地勘查业	4207	9981	1038	1122253
水利、环境和公共设施管理业	340	775	217	205395
居民服务和其它服务业	1468	2631	1844	118785
教　育	49	91	361	7767
卫生、社会保障和社会福利业	103	202	466	13016
文化、体育和娱乐业	333	624	334	65101
其　他	5	9	20	953
合　计	81541	171069	195408	25081275

【知识产权保护】 以商标印制企业和白酒、葡萄酒市场为重点，集中时间、集中力量，深入开展“打击侵犯知识产权和假冒伪劣商品”专项行动，严厉打击侵权假冒违法行为。全年市工商部门共检查经营主体 51650 户次，办结知识产权保护案件 189 件。

【“红盾护农”专项行动】 以农资主产区、主销区和农资案件高发区为重点区域，以种子、化肥、农药和农膜等为重点品种，抓住宣传发动、案件查处、质量检测和长效监管四个关键环节，加大农资市场监管力度。全年抽检化肥 600 个批次，地膜、棚膜 200 个批次，留样玉米种子 1283 个批次，认定农资经营示范店 289 家，查处农资案件 346 件，为农民避免经济损失 760 万元。

【打击传销】 巩固完善工作格局，广泛发动、集中行动、协调联动，继续保持打击传销的高压态势。全年捣毁传销窝点 12 个，教育遣返传销人员 590 人次，解救被骗人员 300 人，移送公安机关案件 3 件。

（李志英）

【经营证照管理】 按照石家庄市优化发展环境和全民创业要求，落实经营者办理相关证照的优惠政策。凡依法设定的前置审批项目，对其审批条件、程序和时限进行严格规范、公示和公开，不人为设置障碍，切实为市场主体营造宽松市场准入环境。对因历史遗留原因造成无法办理证照的，积极与当地政府协调，制定符合实际的市场准入标准，方便经营者办证办照经营。5月18日至6月30日，开展查处取缔无照经营专项行动，检查经营主体4.2万户次。同时，将查处取缔无照经营工作与“亮照经营”活动相结合，并把“亮照经营”作为一项亮点工作来抓，各基层工商分局均设立“亮照经营”管理示范街，经营户亮照率达到100%。全年发现无证无照经营8396户，属工商部门查处的2743户，补办营业执照2497户，依法取缔53户；对属于前置部门查处取缔的无照无证经营户，抄告政府及有关部门2875户。

（吴温　徐晨霞　李志英）

【霸王条款专项整治】 2012年，市工商局以消费者反映较多的通信服务、房屋买卖、汽车销售与维修、房地产等行业为切入点，开展合同纠纷调解和整治利用格式条款侵害消费者合法权益工作。主动约请法律专家对收集到的78份合同进行点评分析，从中找出有问题的格式条款，根据有关法律下发《行政告知书》，要求企业限期整改。至年底，全市出动工商执法人员1360余人次，检查相关企业3100余户，发现不平等格式条款42条，督促违规企业自行改正20条，办结合同格式条款违法违规案件38件。12月27日，一封感谢信由北美洲国家巴巴多斯经中国驻该国大使馆转至市工商局，感谢在1起涉及霸王条款的跨国合同纠纷案中起到调解作用。

（王巍　徐晨霞）

【广告宣传监管】 以医疗、食品、药品、保健品、化妆品广告为重点，采取强化巡查、监测通报、告诫督导、行政处罚、发布违法广告责任追究等措施，加大对广告主、广告经营者和广告发布者违法活动的惩戒力度。集中开展虚假医疗广告专项整治行动，严厉打击医疗机构利用“内部资料”等形式发布违法广告行为。2012年全市查处广告违法案件124件，其中医疗违法广告62件。

【消费者权益保护】 加强流通领域商品质量监管，重点对玩具、纸杯、一次性筷子等商品进行质量整治。开展“百城万店无假货”创建活动，对电线电缆、瓷砖、油漆涂料、汽车配件等商品进行质量检测，共抽检110个批次。对不合格商品采取下架封存、没收违法所得、行政处罚等措施，净化了消费市场环境。加强“消费维权直通车”建设，开展“消费教育进社区、维权服务到万家”活动，推进12315“五进”工作，强化服务领域消费维权，提高消费者权益保护水平。全年受理各类信息申诉举报42028件，为消费者挽回经济损失622.6万元。

石家庄市工商行政管理局

局　　长：曹新华

副 局 长：孙桂莲（女）

　　　　　尹兵辉

纪检组长：张俊和

（李志英）

食品药品监督管理

【概况】 2012年，全市食品药品监管系统按照年初确定的“抓基层、打基础，抓制度、强监管，抓体系、建网络，抓队伍、树形象”工作要求，秉承“监管就是服务”工作理念，以“十大民生工程”和“食品药品安全隐患排查年”活动为主线，以保障全市人民饮食用药安全，提升公众健康水平为根本出发点和落脚点，坚持“食药并重，监管并举”，做到“两手抓，两手都要硬”，突出重点、破解难点、重在亮点，严厉打击违法违规行为，严密防控食品药品安全风险。启动电子监管平台建设，丰富监管手段，构建生产环节“三位一体”现场监控体系和电子科技实时监控的非现场监控体系。完善餐饮、化妆品保健品、药械各环节的安全责任、诚信建设和科学监管体系，建立约谈申诫制度和联合打假机制，促进监管工作制度化、系统化、规范化、科学化，推动全市食品医药经济持续、快速、健康发展。开展学校食堂、瘦肉精、基本药物等专项整治60余项，出动执法人员9014人次、车辆2125车次，检查各类单位3691家次、产品1.13万种，出具责令整改通知书563份，立案374起，移送司法机关3起。集中销毁假劣药品、保健食品、化

2012年3月14日，市食药监局局长米志奇参加石家庄广播电台“行风热线”直播节目

妆品、医疗器械3.55万盒（瓶、支、袋），总货值28.2万元。全市餐饮、化妆品和保健品市场秩序持续好转，药械市场环境得到深入净化，人民群众饮食用药安全得到有效保障。2012年，市食品药品监督管理局被授予“河北省食品药品监管系统先进集体”、“河北省食品药品监管系统重大活动保障先进单位”、“河北省食品药品监管系统党风廉政建设先进集体”、“河北省药物滥用监测工作优秀单位”、“石家庄市十八大维护稳定工作先进集体”、“石家庄市保护消费者权益工作先进单位”、“石家庄市社会治安综合治理工作先进集体”等荣誉称号。

【日常安全监管】 日常检查市直管餐饮服务单位513家，保健食品生产经营企业1188家，化妆品生产经营企业351家，药品生产企业51家，药品经营企业1224家，医疗器械生产经营企业1033家，省市医院、厂矿民营医院75家，日常监管覆盖率达100%。抽样检测药械、保健食品、化妆品、餐饮环节食品3851批次，监测违法药械广告1804条次、保健食品广告2768条次，收集上报药械不良反应病例（事件）4954例，发布消费警示10期，撤销企业GSP认证证书1家。对36个国家基本药物生产企业的871个品种执行国家药品标准情况逐企业逐品种进行监督检查，对重点监管基本药物配送企业增加监管频次，规范基本药物生产流通秩序，极力消除药品安全隐患。年内完成省政协第十届五次会议、第十四届中国科协年会等重大活动食品安全保障任务64次，做到“零差错，零事故”。

【民生工程建设】 餐饮服务食品安全示范店创建工作是2012年市委、市政府民生幸福十大工程二十件实事之一。年内，积极制定工程实施方案，明确示范建设标准，印发食品安全管理制度25项，完善了小餐饮常态化监管机制，推行了食品安全信息公示制度；督促小型餐饮单位建立索证索票台账制度，逐步规范了小型餐饮单位的经营行为，对达不到发证条件又拒不整改的无证饮食摊点坚决取缔，做到“整改一批、提高一批、取缔一批”。全年创建示范店54家，完成市委、市政府确定的每区10家示范店任务，并在市直管餐饮服务单位和17个县（市）及井陉矿区创建餐饮服务食品安全示范单位48个。开展“标准化示范”食堂建设，在市直管学校食堂推行视频监控，建立“标准化示范”食堂20家。结合餐饮服务试点和示范创建工作，栾城县、平山县、赵县大力实施政府零投入明厨亮灶改造工程，至年底，栾城县完成130家、平山县完成80家、赵县完成50家。

【专项整治行动】 开展学校食堂、瘦肉精、基本药物、保健食品化妆品违法使用禁用物质、高风险医疗器械、打击互联网非法收售药品等专项整治60余项，出动执法人员9014人次、车辆2125车次，检查各类单位3691家次、产品1.13万种，出具责令整改通知书563份，立案374起，移送司法机关3起。集中销毁假劣药品、保健食品、化妆品、医疗器械3.55万盒（瓶、支、袋），总货值28.2万元，有效保障了人民群众饮食用药安全。联合公安部门查办张志销售假药左炔诺孕酮片大案1件，果断处置河北人家奇芳阁酒楼、元氏县马村乡小学食物中毒事件2起。

销毁假劣过期失效药品

【安全隐患排查】 开展“食品药品安全隐患排查年”活动，采取企业自查与集中整治相结合方式，排查被监管单位1.42万家，建立隐患排查档案1.27万份，确定高风险企业187家、中风险企业487家、一般风险企业1.2万家；分类管理市管企业7946家，县管企业7891家，自管企业513家；整理出风险隐患426条，制定整改措施2826条。

【餐饮单位燃煤治理】 按照“碧水蓝天”工程部署，在市本级、市内五区和高新区成立相应的组织机构，排查餐饮单位5028家，确立治理任务719家。制定《石家庄市区餐饮单位燃煤污染治理工作实施方案》，确定3月15日前完成大部分整治任务，3月31日前完成“钉子户”整治任务，4月20日前组织检查验收，4月30日前全部完成整治任务。同时，从成员单位抽调18名人员成立6个督导小组，每周对各区燃煤治理工作进展情况进行不少于1次的督导检查。至3月31日，719家餐饮单位燃煤治理任务全部完成，比原计划提前1个月，得到省委常委、市委书记孙瑞彬的肯定。

【铬超标药胶囊事件处置】 4月15日，中央电视台新闻频道《每周质量报告》节目曝光部分药品生产企业使用铬超标胶囊生产药品问题。铬超标药胶囊事件发生后，石家庄市食品药品监管局立即成立由“一把手”牵头的工作领导机构，按照“管好出口，堵住入口”排查策略，先后7次组织召开查处工作会议，与药品生产、经营、使用单位签订责任状，并派出工作组和督导组赶赴各县（市）开展督导检查。全市23家在产胶囊剂药品生产企业全部落实“批批检”要求，确保了6月1日后全市生产经营使用的胶囊剂产品质量安全。此次活动中，市区分38个组拉网式排查药品市场企业1377家，立案调查案件2起，销毁召回（退回）铬超标胶囊剂药品440.89万粒、保健食品28.74万瓶。

【便民为企服务】 开展行政审批制度改革，依法整合行政审批事项2项，下放审批事项1项（《药品经营许可证》审批），限时办结行政审批事项578件，为民服务更加优质高效。帮扶企业开展认证和注册审批，50条药品生产线通过新版GMP认证，现场检查通过率达100%，完成878个药械品种注册（再注册）事项和前期审核。做好行政相对人培训教育工作，共培训企业负责人、质量负责人2546人次。建立政企信息交流制度，及时传达法律法规、国家政策、监督措施等信息500余条，实现了监管部门与企业良好沟通。

（牛学建　曹亚宁）

【成立食品安全专家委员会】 4月25日，市政府食品安全专家委员会成立。市政府食品安全专家委员会由来自全市农业、畜牧、医学、食品营养、食品工程、食品检测、检验检疫、法律、行政管理等方面的专家组成。该专家委员会职责包括：了解、掌握国内外食品安全领域最新动态，及时向市政府食品安全委员会及相关成员单位提供信息和工作建议；承担本市食品安全风险分析工作，评估食品安全风险分析结果，研判食品安全形势；参与研究、制定全市食品安全发展战略和规划，参与与食品安全相关的法规、规章及政策性文件的制定等；参与应急预案修订和重大食品安全事故调查处置，指导食品安全信息发布等相关工作，为预防和控制食品安全事故提供建议和技术支持；完成市政府食品安全委员会委托的其他任务。

（范玉蕾）

【食品安全监管】 至2012年末，市级食品监督抽检750组样品，合格681组，不合格样品69组，其中实物不合格8组，标签不合格61组，综合合格率为90.8%，实物质量合格率为98.93%。2012年，市工商部门全面规范《食品流通许可证》发放工作，在抓好人员培训，把握许可条件和程序前提下，将发放权限下放至基层工商分局，做到流通许可依法、合规、便民。坚持专项整治和抽样检测相结合，开展节日食品、农村食品、校园周边儿童食品、夏季暑期食品等专项整治行动，并安排部署第四次食品安全大清查行动，妥善处置“问题明胶”等食品安全重大问题和突发事件。开展“食品安全进万家、自律经营我先行”示范店创建活动，注重发挥企业自律示范作用，促进企业自律经营。加大抽检力度，2012年全市抽检乳制品、糖果、肉类及肉制品等2107个批次，快速检测各类食品14979个批次。提高食品信息录入质量，推进电子监管系统建设。至2012年末，市工商部门建立电子监管系统应用示范点87个，录入食品信息1800万条，将4452户食品经营户、28万个食品品种纳入电子监管系统，实现源头可溯、终端可控。市质监部门开展以肉制品、酒类、饮料等7类食品为重点的治理整顿，抽检、监测样品19种1723批次，实物质量合格率为96.34%。开展以食用明胶产品为重点的食品添加剂生产企业、使用企业专项检查，有效处置问题纸杯事件；开展示范企业创建活动，参加并通过省、市级食品质量安全示范企业评选验收39家(次)。推进电子追溯系统建设，13家企业实现安装应用；推进食品集中生产加工区域园区化建设，藁城市标准化卤肉制品园区开工。

（李志英　陈玉　王巍　郑丽娟）

【开展食品质量安全风险排查整治活动】 6月1日至7月31日，全市开展食品质量安全风险排查整治活动，检查企业844家，抽检434个批次产品，其中不合格样品26个批次，风险监测有问题产品1个。此次整治活动，市质监局制订了《食品质量安全风险排查整治活动方案》，整治过程中发现区域性产品园区化建设推进速度慢，产品质量难提高，产品标识不规范等问题。市质监局及时出台了提高生产许可门槛、建立质量诚信奖惩制度等多项整治措施。主要有：完善质量管理体系，落实企业第一责任人责任；严格审查企业质量管理水平和持续保持生产合格产品管理能力，限制建设规模小、管理水平低、生产条件差的企业生产加工食品；食品添加剂生产企业不得生产经营工业产品；政策支持质量诚信企业，建立质量失信黑名单，公布质量失信企业；督促停产整顿企业限期完成整顿，整改不到位依法实施吊销生产许可证措施。

（焦莉莉　郑丽娟）

【检测技术保障】 5月16日，市食品药品检验所正式取得在药品、餐饮服务环节食品、保健食品、餐饮具等六大检验领域为社会提供公证数据的资格，具备检测项目能力146项。6月11日正式投入运行。2012年市食品药品检验所完成检品检验

2012年6月11日，市食品药品检验所、市药品不良反应监测中心揭牌成立

任务2314批次，药品快速检测车出动检测人员150人次，行程7150千米，现场检查基层乡镇卫生院14个县（市）230家，共筛查药品435批次，覆盖率达到100%。

【信息公开宣传】 组建机关信息处，挂牌成立投诉举报中心，开通“12331”24小时投诉举报电话和政府信箱，受理人民群众投诉举报308件，接待咨询1555件。依法公开各类信息138条，接受新闻媒体采访报道37件，在主流媒体报道监管信息39条，保障了人民群众对政府部门工作的知情权和参与权。开展安全知识“五进”宣传活动（进乡村、进农户、进社区、进企业、进学校），接受群众用药咨询3000余人次，发放食品药品宣传资料5.8万份，根据群众意见建议制定整改措施36条。

（牛学建　曹亚宁）

国有资产监督管理

【概况】 2012年，市国有资产监督管理系统围绕“建设经济强省、和谐河北及加快实现转型升级、跨越赶超和建设幸福石家庄”的总体目标任务，在抓好班子建设和提振干部队伍精神的基础上，进一步加大国有企业改革重组力度，盘活优化国有资产，加快产业产品结构调整，推动项目建设和技术进步，突出国资监管整顿和方式创新，推进国有资产事业健康发展。年内，国资委24户监管企业主要经济指标逆势大幅增长。至年末，实现营业收入254亿元，同比增长11.6%；实现利润6.81亿元，同比增长41.95%；实现利税16.53亿元，同比增长29.62%；资产总额341.19亿元，所有者权益总额124.83亿元。2012年市国资委财务工作、基层建设年驻村帮扶等工作被评为省级先进单位；国资委机关10个处室、14名个人分别被评为省、市先进集体和先进个人；国资委党委首次被河北省委授予“先进基层党组织”称号，3个党组织、6名党员受到省委表彰；10家企业被评为市级文化建设先进单位，国资委机关和国资系统38家企业获得市级文明单位，10家企业获得省级文明单位，2家企业获得全国文明单位。

【国有资产整合】 因企制宜、一企一策，推进国有企业改革重组和资源整合，盘活资产，增强活力，促进企业做大做强。完成宝石电子集团有限责任公司、饮食集团公司、无线电九厂等21家企业的改制重组和破产工作。推进企业“两分”工作，积极解决国有企业职教幼教退休老师待遇问题；同时，根据省市关于推进厂办大集体改革工作的指导意见和要求，调查摸底了县（市）区和市属国有企业18家厂办大集体的基本情况，为下一步改制、分离打下了良好基础。

【重点项目建设】 推进项目引进和落地建设，发挥项目建设对加快产品结构调整、产业优化升级的支撑和带动作用。年内，谋划了东方热电集团有限公司与中国电力投资集团共同投资建设的北郊良村热电二期和北国人百集团有限责任公司北国商城二期改造、白龙化工股份有限公司增塑剂改扩建、宝石电子集团有限责任公司太阳能电池玻璃等11个新项目；常山纺织股份有限公司整体搬迁二期工程、北国人百集团有限责任公司邢台北国商城、白龙化工股份有限公司整体搬迁、宝石电子集团有限责任公司旭新液晶玻璃基板二期工程等续建项目开工建设；市建设投资集团有限责任公司与合作方共同投资9.8亿元的高强度预应力钢筋生产示范基地项目一期工程、投资6亿元的绿色食品产业链项目一期工程、常山纺织股份有限公司投资2亿元6万锭纺纱生产线——恒新高档柔性纱线项目、投资27亿元旭新液晶玻璃基板一期工程等项目按期竣工。全年监管企业续建和新开项目共计16项，完成投资总额37亿元，同比增长60%。

【资本运作】 改变过去单一融资模式，通过资本运作，实现企业低成本扩张和国有资本增值最大化，破解了资金瓶颈难题。开展银企对接，推进资产证券化。通过直接回购、债转股、打包转让等方式，有效处置所属债权，涉及债权678户，处置债权664笔，涉及本金20.22亿元，回收资金2.1亿元，占回购资金的64.8%，做到了收益最大化。4个投融资平台积极研发融资租赁、债券融资、贷款担保等新型业务和金融服务，拓展业务范围和辐射区域，加大对新型材料、绿色农产品等新型产业和高端技术项目的股权投资。2012年，宝德中小企业担保服务有限公司为211家中小企业提供担保236笔38.3亿元，占到全市担保总额的78%；资本运营公司通过产权划转、股权增资形式，注册资本由500万元增至6.5亿元，开展了委托贷款、短期融资、实物资产处置等业务；宝德中小企业担保服务有限公司、常山纺织股份有限公司成功发行6.3亿元公司债和2亿元集合债；建设投资集团有限责任公司发行5亿元企业债工作进入国家初审阶段；建设投资集团有限责任公司和常山纺织集团有限责任公司增加8.2亿元授信额度；新城投集团正在谋划以优质资产捆绑增信的办法，采取发行企业债或在天津交易所股权交易等方式开展大额度融资。

【国资监管】 加强国资监管配套法规制度建设，适时修订《重大事项及预警事项管理规定》，制定下发《实物资产处置管理暂行规定》等4个政策性文件，建立健全企业法律顾问制度。完善财务监督体系，将县（市）区和市属国有企业全部纳入国资系统财务快报工作体系，加强对企业资产、财务信息、经济运行的动态监测和调度。年内，先后对宝石电子集团有限责任公司、纺织机械公司等15家监管企业进行清产核资和财务专项审计；对13家企业增资扩股、国有股权转让、集团公司转让子公司股权、实物资产处置及收购非国有资产等经济行为进行严格的资产评估核准和备案。加强国有股权产权管理，完成2011年度产权登记年检工作，至年末，全市产权登记年检企业389户，实收资本总额144.39亿元。全面实施国有资本经营预算管理，确保实现国有资产保值增值和股权收益最大化，2012年实现国有资本收益3.06亿元。严格实施业绩考核、履职评价、公认度考察“三位一体”的考核评价办法，对标同行业先进，科学确定监管企业2012年度及2011—2013年任期考核指标，进一步完善薪酬管理办法，加强企业负责人薪酬管理。强化监事会监督职能，向15户国有重点企业、事业单位派驻了新一届监事会，加强了日常监督和专项检查。全年发现不规范问题71处，提出整改意见建议44条，监事会职能作用得到较好发挥。

【党风廉政建设】 推进基层党务和重要事务公开，研究制定党委公开目录44条、重要事项公开目录41条。2012年市供电公司党务公开管理经验被推荐为河北省党务公开示范点。加强廉政制度建设，细化《廉政准则》和《若干规定》执行监督办法，严格落实“52个不准”和“12种禁止”，修订了11项高风险权力运行监控目录。拓展并延伸纪检监察与监事会、财务、审计等部门定期沟通协调机制，坚决查处违纪违法案件。年内，初核案件线索7件，立案查处违纪案件5件，国资委纪委获评全市纪检监察工作实绩突出单位。

【信访维稳】 严格落实信访稳定工作“一把手”负总责全面抓，分管领导“一岗双责”具体抓，信访案件和重点企业领导包案、责任到人的工作机制，积极开展信访苗头、矛盾隐患排查梳理、解决信访问题攻坚“三大会战”等活动，确保了“十八大”和“两会、国庆”等特殊时期及重大节日期间职工队伍的稳定。全年矛盾纠纷化解率达到97%，省、市联席会议及信访部门交办的61件信访案件结案58件，结案率达到95.1%。

【安全生产】 按照“安全第一、预防为主、综合治理”的方针，大力强化企业主体责任，严格落实安全生产目标管理和安全生产领导包案制度，扎实抓好安全生产工作。以“安全生产年”活动为主线，通过安全生产月、日常检查、打非治违、隐患排查和安全教育等举措，维护了安全生产的良好局面，全系统未发生安全生产责任事故。2012年市国资委连续七年获得石家庄市“安全生产管理先进单位”称号。

（谷中伟　刘朝义）

安全生产监督管理

【概况】 2012年，全市安全生产工作围绕国家、省、市对安全生产工作的部署，以深入开展“安全生产年”活动为主线，以开展“打非治违”“百日会战”“决战六十天、迎接十八大”等重大活动为抓手，重点突出责任落实、隐患排查、专项整治、基础建设、文化建设等工作，全力实现“杜绝重特大事故、遏制较大事故、减少一般事故”的工作目标。7月26日，按照安全生产约谈制度规定，副市长刘明轩集中约谈了行唐县、赵县、井陉矿区、平山县等四个县(区)政府主要负责人，剖析各辖域上半年发生事故的原因。年内，依据《关于印发〈石家庄市安全生产监督管理局主要职责内设机构和人员编制规定〉的通知》(石政办发〔2009〕93号)，市安监局挂牌督办一般事故5起，依法组织调查处理较大事故2起，参与调查处理重大事故1起。全年督促相关事故单位内部处理40人，行政处罚相关事故单位负责人14名，党政纪处分17人，向司法机关移送17人。2012年，全市共发生各类事故1247起，同比增加376起，死亡330人(含火灾事故死亡4人)，同比增加9人，死亡人数未超过省安委会规定的警戒指标。发生一次死亡3～9人事故4起，同比减少4起，死亡19人，同比减少9人。发生死亡10人以上事故1起，同比增加1起，死亡29人，同比增加29人，重伤5人，同比增加5人。在各类事故中，工矿商贸企业共发生事故9起，同比减少17起，死亡46人，同比增加5人，死亡人数未超过省安委会规定的警戒指标。发生道路交通事故424起，同比减少15起，死亡280人，同比持平，死亡人数未超过省安委会规定的警戒指标。发生火灾事故814起，同比增加408起，死亡4人，同比增加4人。

2012年5月8日，市人大常委会副主任王中联（中）、市安监局局长尚建斌（左）到制药企业检查安全生产

【安全生产目标管理】 研究出台《关于进一步加强安全生产工作的意见》(石发〔2012〕10号)，进一步明确各级、各部门和生产经营单位的安全生产监督或管理责任。《意见》对加强全市安全生产工作的组织领导提出建设性条款，明确市、县两级安委会主任分别由市长和县（市）区长担任，安委会成员由有关部门主要负责人组成；辛集市、元氏县、井陉矿区、平山县、栾城县、藁城市、灵寿县、赞皇县、赵县、晋州市、新乐市、行唐县的安全生产工作由县（市）区长直接分管，一名政府副职领导协助分管；乡（镇)、街道办事处的安全生产工作由乡（镇）长或办事处主任直接分管。县（市）区和乡镇党委、政府主要负责人作为本行政区安全生产的第一责任人党政同责，对本行政区的安全生产工作负总责。《意见》强化安全生产分级属地管理，对央企、省属企业、市属企业及市属以下企业的监管责任进行分工，明确驻石中央企业（不含集团公司、总公司)、省属企业，其安全生产监管工作由市政府负有安全生产监管职能的部门负责，县（市）区安全生产监督管理部门协助

市安全生产监督管理部门对省属以上工矿商贸企业进行日常检查；市属企业的安全生产监督管理由市负有安全生产监管职能的相关部门和所在地县（市）区政府双重管理，日常监管主要由所在地县（市）区政府负责，对市属企业的行政处罚由县级以上（含县级）安全生产监督管理部门决定；化工基地、纺织基地、装备制造基地、生物医药基地、信息产业基地、南部工业区的安全生产监管，按照属地管理的原则由所在县（市）区负责；分布在各县（市）区的其他企业，其安全生产监管由所在地负责。实施安全生产目标管理，组织各县（市）区和16个市直部门与市政府签订《2012年安全生产目标管理责任书》。年内，市政府对各县（市）区和16个市直部门安全生产目标管理完成情况进行了半年抽查和年度考核，经综合评定，栾城县、井陉县、元氏县、正定县、灵寿县、鹿泉市、高邑县、辛集市、桥东区、裕华区、赞皇县、高新区、新乐市、无极县，市质监局、市公安局、市供销社、市交通运输局、市卫生局、市消防支队、市工信局、市粮食局、市教育局、市旅游局、市国资委、市发改委、市文广新局、市交管局、市城管委、市商务局等30个单位被考核为2012年度安全生产目标管理优秀单位（石政函〔2013〕36号）。

【安全生产许可审查】 审查通过基建矿山安全设施设计12家。验收通过竣工基建矿山安全设施5家。审批办理非煤矿山安全生产许可24家，其中，首次发证4家，延期换证15家，许可变更5家。审批办理尾矿库安全生产许可首次发证3座。审批办理危险化学品安全生产许可延期、变更73家，报省安监局注销53家。审批办理成品油经营许可延期304家。审批办理危险化学品经营许可205家。完成烟花爆竹（批发）企业经营许可延期4家。完成易制毒化学品生产、经营企业备案39家。行政许可审批事项申请材料及时上报率、按时受理率、按期办结率、审批换证率均达100%。

【小煤矿整合重组】 依据省政府批准的整合重组方案，按照“以大并小、以优并劣”原则，强力推进小煤矿关闭、整合，淘汰煤炭落后产能，同时，强化安全监管。对停产待整合煤矿，严防偷开偷采；对整合技改煤矿，严防边建设边生产；对正常生产矿井，督促企业落实煤矿领导下井带班和隐患排查治理等各项安全管理制度，及时消除各种隐患。年内，关闭小煤矿4个，整合重组小煤矿6个，淘汰落后产能22万吨，圆满完成既定目标任务。

【非煤矿山安全治理】 对露天矿山，在2011年专项治理的基础上，2012年继续开展专项治理“回头看”活动，着力解决露天矿山高陡坡、运输道路不能直达首采平台、不能规范分层开采等问题。同时，按照市政府年初确定的“全市非煤矿山总量在2011年的基础上减少3%”的目标，市安全生产监督管理部门对平山县、井陉县、井陉矿区、鹿泉市16家安全生产基础条件差、安全隐患治理难度大、破坏生态环境的小型露天采石场，提请市政府实施取缔关闭。12月底前，16家小型露天采石场的各类证照全部被依法吊销。对地下矿山，市、县两级安监局组织专家对“七防”（防透水、防中毒窒息、防冒顶片帮、防坠罐、防火灾、防采空区塌陷、防爆破事故）措施落实情况和矿山领导带班下井制度的执行情况进行专项检查，指导企业全面整治采掘、提升、通风和防排水系统存在的安全隐患。同时，全力推动地下矿山安全避险“六大系统”建设。至年底，赞皇县胡家庄选矿厂（铁矿）和平山县会口铁矿2家企业全部完成“六大系统”建设任务；赞皇县张新生铁矿和平山县鑫拓矿业有限公司下口矿区2家企业完成通信联络、监测监控、供水施救和压风自救3个系统建设任务；其他地下矿山企业均完成2个以上系统建设任务。

【尾矿库安全管理】 落实尾矿库“包库”责任制，强化各级领导的监管职责。发挥乡镇安监站及村级责任人和专家队伍作用，对尾矿库进行普遍监管和重点检查。汛期前，督促制定避险措施，防止发生溃坝、漫顶，并要求所有“头顶库”与下游村镇建立联动机制。7月27日，副市长刘明轩组织平山县、灵寿县、赞皇县、行唐县等4个县的主管县长和市、县安监局长，紧急召开汛期尾矿库安全生产工作调度会；8月1日，市安监局局长尚建斌召集平山县、赞皇县、行唐县、井陉县、灵寿县等5个县的安监局局长及主管科长，召开了全市尾矿库安全度汛紧急工作会；8月3日，市安监局行业分管负责人安全喜带领机关相关人员到灵寿县督导检查尾矿库防汛工作；8月4日，副市长刘明轩在市政府副秘书长高庆洲、市安监局局长尚建斌陪同下，实地登库对平山县北马冢第四和第五选矿厂、灵寿县中国黄金集团石湖矿业有限公司、行唐县万里选矿厂的尾矿库安全度汛及应对强降雨准备工作进行了督导检查。

【危险化学品从业单位专项整治】 制定《石家庄市危险化学品从业单位安全生产专项整治实施方案》，对105家企业进行专项整治。其中，对存在隐患的52家企业，依法责令整改；对不具备安全生产条件的53家企业，报请省安监局注销安全生产许可证。对涉及国家首批公布15种危险化工工艺的80家危险化学品生产企业，其中40家符合安全生产条件实施改造（29家完成自动化改造、11家完成部分改造），另40家不符合安全生产条件的企业责令停产整改。

【铁路桥梁安全专项整治活动】 9月30日至10月31日，按照市政府办公厅《关于开展铁路沿线环境安全专项整治活动的通知》（石政办函〔2012〕79号）要求，市安监、公安、水务、交通、环保、建设等部门和铁路办事处联合开展专项整治，重点查处车辆超载及铁路安全保护区内河道挖砂、取土等危及铁路桥梁安全行为。活动期间，市安监局分别会同市水务局、交通运输局对京广铁路跨滹沱河大桥、跨沙河大桥等跨河跨路现场区域进行了检查。

【正定国际机场净空安全治理】 1月6日，省安委办召开关于石家庄正定国际机场围界周边净空安全工作协调会，要求由市安委办牵头，在10天内清理完正定国际机场周边安全距离内对飞行安全构成威胁的471棵大树。受此任务后，市安委每天一督导，三天一调度，协调正定国际机场及正定县等单位对涉及到的两个行政村、多户村民开展说服教育工作。1月15日，大树清理任务全部完成。1月16日，大树清理任务通过验收。

【职业卫生监管职能划转】 2010年，市安监局全面贯彻落实中央机构编制委员会办公室《关于职业卫生监管部门职责分工的通知》（中央编办发〔2010〕104号）和卫生部、国家安全监管总局2010年第21号联合公告的指示精神，全力推进职业卫生监管职能从卫生部门向安监部门的划转工作。至2011年底，23个县（市）区陆续组建职业卫生监管机构，高新区因体制原因，安排2名工作人员专职监管职业卫生工作。2012年5月，市机构编制办公室批复在市安全生产监察支队组建职业卫生监察大队，批准编制8人，人员招聘工作列入年度工作计划。至年底，全市企业职业卫生监管职能全部划转到位，市、县两级职业卫生监管机制基本形成。

【试点企业职业病危害治理】 选定试点企业148家，涵盖14个行业，深入开展职业病危害治理试点工作。年内市安监局加大对试点企业的督导检查，对县（市）区试点企业抽查覆盖面实现20%的目标，对直接负责的试点企业检查覆盖面达到100%，督促企业整改隐患445条，落实整改资金1468万元，取缔关闭试点企业34家。强化制革业职业病危害治理，选定重点治理企业6家，并免费为无极县3家试点企业进行职业危害因素检测。加大对云母、石英砂加工企业的职业危害治理，督促灵寿县对225家（石粉135家、云母90家）证照齐全企业实施治理，其中170余家企业完成除尘设施设备改造（石粉加工企业110余家、云母加工企业60余家）。

【“打非治违”专项行动】 根据国务院和省政府统一部署，从4月中旬至10月底，市政府在全市集中组织开展打击非法违法生产经营建设、治理纠正违规违章行为（简称“打非治违”）专项行动。根据国务院安委会《关于进一步深化“打非治违”专项行动集中开展“回头看”活动的通知》（安委明电〔2012〕3号）要求，石家庄市将“打非治违”专项行动延长至年底。组建领导机构。建立以副市长刘明轩为组长，以市政府副秘书长高庆洲、市安监局局长尚建斌、市公安局常务副局长许振霞为副组长的领导小组。明确组织分工。煤矿行业由市安监局牵头，非煤矿山行业和尾矿库由市国土局、安监局牵头，道路和水上交通领域由市交通局、公安局牵头，建筑施工领域由市建设局牵头，危险化学品行业由市安监局牵头，烟花爆竹行业由市公安局、安监局牵头，民用爆炸物品行业由市工信局牵头，冶金行业由市安监局牵头，消防领域由市公安局牵头，水利领域由市水务局牵头，特种设备行业由市质监局牵头，职业健康领域由市安监局牵头。重点行动范围。在所有行业领域全面开展，并突出煤矿、非煤矿山和尾矿库、道路和水上交通、建筑施工、消防、危险化学品、烟花爆竹、民用爆炸物品、冶金、水利、特种设备、职业健康等高危行业和领域。8 月 1 日至 11 月 10 日，市安委会组织开展全市安全生产“百日会战”活动，主要内容包括安全生产倡议践行行动、隐患动态归零行动、执法监察利剑行动等。8 月 28 日，市安委会在石药集团维生药业有限公司举行“千家企业践行安全生产倡议签名”活动，1000 家企业参加签名，其中，市属以上企业 20 家，市区企业 360 家，县域企业 620 家。至年底，市、县、乡三级政府及有关部门共检查企业 63896 家，没收违法所得、非法生产设备 317 起，责令停产、停业、停止建设 1668 家，暂扣或吊销有关许可证、职业资格 47 个，关闭非法违法企业 842 家，行政拘留 58 人，移送追究刑事责任 20 人，处罚罚款 2013.5 万元。

【第十一个“安全生产月”活动】 6 月份，是全国第十一个安全生产月。全市各级、各部门和各单位围绕“科学发展、安全发展”这一主题，以“强化安全意识、提升安全素质、落实安全措施”为着眼点，广泛开展“贴近群众、贴近生活、贴近实际”的安全生产宣传教育活动，同时结合安全生产状况，认真搞好安全隐患排查治理、安全生产执法检查、安全生产“打非治违”、安全标准化达标创建、应急救援演练等工作，有力促进了全市安全生产形势稳定好转。活动期间，副市长刘明轩发表了电视动员讲话，主题为“科学发展，安全发展”；各级、各部门、各单位在全市主要街道、重点沿街单位、大型商场、汽车站及其他人员密集场所组织悬挂了安全生产横幅或条幅，营造了活动氛围；市安委会办公室组织市内六区及有关部门、单位和企业在西清公园开展“安全生产月”大型咨询宣传日活动，现场发放了安全常识手册、安全扑克、安全文化衫等；在市人民会堂举办了安全生产事故警示教育图片展，并在 23 个县（市）区和高新区组织了巡回展览活动；石家庄电视台在“安全生产月”期间每日定时播放《以人为本——中国启动实施安全发展战略》、《人命关天》和《黑色瞬间》系列警示片。市安委会部分成员单位组织开展了安全知识进企业、进学校、进乡村、进社区、进家庭“五进”活动。市安监部门组织企业开展了安全生产标准化达标创建活动，并以车间、班组为单位，开展上一堂事故警示教育课、举办一次安全生产教育培训考试、搞一次安全生产宣传等活动；市教育部门结合学校特点，在学生中组织开展“安全伴我在校园、我把安全带回家”活动，指导各学校开展上一堂消防安全课、举办一次逃生演练等活动；市建设部门在全市组织开展“安全生产进工地”宣传教育和燃气安全大检查活动，增强了建筑企业职工的安全生产意识，避免了天然气使用不当发生各类事故；市交通部门在车站、公路收费站、公交枢纽等人员密集场所、流动性大的场所和交通运输工具上积极开展交通运输安全生产知识宣传教育活动；市交管部门开展“关爱生命、文明出行”活动，教育公民摒弃交通陋习，抵制危险驾驶行为；市共青团组织在全市工厂、学校、社区开展创建“青年安全生产示范岗活动”；市工会组

2012 年 6 月 12 日，河北省安监局副局长刘宝玲（左二）、副市长刘明轩（左一）、市安监局局长尚建斌（右二）参观石家庄市第十一次安全生产月事故警示教育展览

织在全市职工中开展2012年“安康杯”竞赛、“十佳班组”和“十佳职工”经验推广等活动。

【专项执法特别行动】 10月1日至11月30日，全市开展“决战六十天、迎接十八大”专项执法整治特别行动，贯彻落实9月25日全省安全生产工作电视电话会议精神。特别行动以安全生产执法为手段，以煤矿、非煤矿山、尾矿库、危险化学品、烟花爆竹、冶金建材、职业健康、人员密集场所等行业领域为重点，督促相关企业开展隐患整改销号活动，确保对所有检查发现的隐患和问题年底前“动态归零”。此次专项执法整治特别行动，由省、市安监执法机构及市直有关部门联合成立执法领导小组，市安监局副局长崔同英任组长，省安监总队监察一处副处长张海印、市安监支队支队长马锁柱任副组长。省、市混编成立9个专项执法队，检查企业178家，发现问题和隐患1354项，暂扣安全生产许可证和停产整顿非煤矿山企业28家，停产整顿化工企业2家，经济处罚相关企业106家。活动期间，省、市安委办还相应开展了包市包县督导检查活动。10月8～9日，省安委办副主任、省安监局副局长刘宝玲到石家庄开展安全生产包市督导检查，并提出指导性意见。根据省安监部门要求，市安委办成立8个督导组，由市安监局领导带队，分片到县（市）区指导了基层执法检查、隐患排查和问题整改。

【“包企业、促管理、保安全”活动】 11月1～30日，根据市政府安排部署，市安监局成立7个执法组、8个保稳定督导组，会同行业专家，深入煤矿、非煤矿山（含尾矿库）、危险化学品、烟花爆竹、冶金、建材、电力等88家驻石中央企业、省属企业和市属重点企业，开展“包企业、促管理、保安全”专项执法整治活动。整个活动投入安全监管人员1320人（次），聘请安全生产专家205人（次），出动车辆240台（次），组织专家对企业安全生产工作进行“把脉会诊”，帮助企业查找重点车间、重点岗位存在问题和隐患485项，逐一为企业开出整改“处方”，确保了市属以上高危重点企业安全稳定。

【应急预案演练周活动】 根据全国、全省和全市第十一个“安全生产月”有关部署，6月13～19日，市安委办在全市组织开展应急预案演练周活动，提升各类应急救援队伍的“四个能力”（应急响应能力、应急指挥能力、应急救援能力和应急处置能力），检验各项应急预案的可行性。市县两级政府、各级政府有关部门及各生产经营单位结合行业特点，分别组织开展了各种形式的应急处置和自救互救演练活动。据不完全统计，市县两级政府及有关部门共组织各类演练200余场次，各级各类企业组织各类演练1000多场次。

【企业管理暨安全生产对标现场观摩会】 3月22日，市政府召集各县（市）区主管工业的县（市）区长、工信局长、安监局长和50家危险化学品企业民爆企业的主要负责和主管负责人，在辛集市召开企业管理暨安全生产对标现场观摩会，现场观摩体验辛集化工集团有限公司化肥分公司安全生产管理的经验做法。副市长刘明轩出席会议并作重要讲话。省工信厅副厅长段润保对辛集化肥分公司的安全生产管理情况给予高度评价。会议要求，全市工业企业特别是危化和民爆企业要以辛集化工集团化肥分公司为标杆，认真学习和借鉴先进经验，坚决按照国家和省、市的部署和要求，采取有力措施，突出重点，明确责任、狠抓落实，切实将安全生产主体责任、安全生产制度、安全隐患排查、企业安全文化建设落实好；要全面开展安全生产管理对标，重点抓好员工安全培训对标、安全管理制度对标、安全技术创新对标、安全文化氛围对标，进一步夯实安全生产基础，坚决防范和遏制各类事故尤其是重特大事故的发生，促进工业经济安全发展、科学发展。5月21日，石家庄市工业企业对标行动领导小组办公室印发《关于在全市工业企业中对标学习河北辛集化工集团化肥分公司安全生产管理工作的通知》（石对标办〔2012〕4号），组织各县（市）区政府、高新区管委会以及100家重点推进企业开展对标行动。

【安全事故应急救援演习】 7月31日，由石家庄市人民政府主办、晋州市人民政府协办的“石家庄市2012年危险化学品生产安全事故应急救援演习”在晋州市举办。晋州市安监、公安、环保、医疗卫生、信息、气象、通讯、消防等单位及危化企业100余名专业救援人员参加演习。晋州市政府市长陈慧明、副市长王彦伟，石家庄市安监局主管领导任兵、应急救援处处长，各县（市）区的安监局局长、主管副局长，晋州市安委会成员单位主要领导、各乡镇长、安监站长和危化企业负责人到场观摩演习活动。演习模拟了事故发生、企业自救，请求支援、扩大应急，政府响应、社会救援，救援结束、现场恢复等四个阶段和多个分解流程，检验了县级政府、社会救援组织和企业的应急实战能力，锻炼了各级指挥系统和应急救援队伍的协调运转及应急处置能力，达到了实地演习与观摩教学的双重目的。

【河北克尔化工有限公司爆炸事故】 河北克尔化工有限公司位于河北省石家庄市赵县工业园区生物产业园，是一家专业生产农药、医药中间体以及其他化工产品的企业，主要产品包括硫酸铵、硝酸胍、硝基胍、咪唑烷、N-甲基硝基胍、双氯西林酰氯、邻氯西林酰氯、氟氯西林酰氯等。2月28日上午9时4分左右，河北克尔化工有限公司一号车间发生爆炸。事故发生后，在企业应急处置基础上，石家庄市紧急启动危险化学品重大事故应急救援预案，安监、公安、武警、特警、消防、卫生、电力、商务、质监、环保、民政等部门和当地政府以及专业救援队伍、危化品专家迅即赶赴事故现场展开应急救援。抢险救援行动共翻倒倒塌厂房废墟1000多立方米，清运危险爆炸品700余吨，调动各种指挥车、消防车、气防车、120救护车、气象环保监测车等救援车辆百余辆，动用吊车、铲车、挖掘机、运输车及各种保障车共计90余台，累计机械台班200余个，调动安监、公安、武警、特警、消防、医疗救护、电力、商务、民政等各种救援人员1000余人次。经昼夜抢救，到救援行动结束时搜救出伤员46人、遇难人员25人，确认失踪人员4名。

【安全生产培训】 全年累计组织各类培训班331期，培训26073人。其中，主要负责人培训班30期、2517人；安全管理人员取证班14期、1541人，安全管理人员复训班25期、2726人，安全管理人员换证班5期、444人；特种作业人员新培训班45期、3452人，特种作业人员换证班208期、14830人；事故单位培训班2期、195人；其他从业人员培训班2期、368人。

【企业安全生产标准化建设】 根据《国务院关于进一步加强企业安全生产工作的通知》（国发〔2010〕23号）、《国务院关于坚持科学发展安全发展促进安全生产形势持续稳定好转的意见》（国发〔2011〕40号）、《国务院安委会关于深入开展企业安全生产标准化建设的指导意见》（安委〔2011〕4号）等文件要求，市、县安全生产监督管理部门继续推进全市工矿商贸重点行业领域的企业安全生产标准化建设，取得阶段性成效。在河北省安监局组织的工贸企业安全生产标准化典型创建活动中，组织18家工贸企业参与典型创建活动，18家工贸企业全部完成典型创建任务，完成数量居全省第一。2012年，全市实现安全生产标准化达标企业132家，其中实现二级安全生产标准化达标31家。行业分布情况：危险化学品企业65家（二级1家、三级64家）；机械、纺织、轻工、烟草、商贸等工贸企业47家（二级23家、三级24家）；非煤矿山（含尾矿库）企业16家（二级5家、三级11家）；军工企业2家（二级1家、三级1家）；煤矿企业1家（二级）；冶金企业1家（三级）。至年底，全市累计实现企业安全生产标准化达标552家，其中实现二级安全生产

2012年8月28日，市安全生产委员会在石药集团维生药业有限公司举办"千家企业践行安全生产倡议签名"活动

标准化达标97家。行业分布情况：非煤矿山(含尾矿库)企业197家(二级5家、三级11家、四级4家、五级177家);机械、纺织、轻工、烟草、商贸等工贸企业145家（二级50家、三级95家）；危险化学品企业121家（二级23家、三级98家）；建材企业67家（二级5家、三级62家）；军工企业12家（二级8家、三级4家）；冶金有色企业8家（二级4家、三级4家）；煤矿企业2家（二级）。

【创建“全国安全社区”】 2012年，市、区两级政府及相关部门贯彻落实《国务院安委会办公室关于进一步深入推进安全社区建设的通知》精神，持续推进全国安全社区创建工作，扎实创新社会管理，取得显著成绩。东华、阜康、休门、东风4个街道办事处顺利通过国家安全社区促进中心专家组评审验收，被命名为“全国安全社区”（中安健协文字〔2012〕26号）；桥东区休门街道办事处被评为“全国安全社区建设先进单位”、桥东区东风街道办事处主任赵全明被评为“全国安全社区建设先进工作者”（中安健协文字〔2012〕29号）。

【行风建设】 转变执法理念，从“普遍式执法”转移到“点穴式执法”，从“数量式执法”转移到“质量式执法”，从对一般性违法违规行为“纠正式执法”转移到对可能导致事故的非法违法行为“惩戒式执法”，从部门“立案查处式执法”转移到对外“公开曝光式执法”。尝试实行安全执法回执回访，采取定期与随机、普遍与专项、抽查与调查等多种方式，对执法监管情况进行监督回访，保证做到“七个同步到位”，即执法给予行政处罚的，教育同步到位；必须整改的，帮助同步到位；不能办理的，理由同步到位；应当说明的，政策同步到位；应当沟通的，信函同步到位；统一行动的，人员同步到位；需要劝解的，热情同步到位。清理行政审批事项，行政许可项目由8大项11小项削减合并为3大项6小项，非行政许可项目由2项削减为1项，审批环节平均消减6个环节，前置条件由67个削减到58个，审批时间最多的缩短25个工作日，最少的缩短10个工作日，行政审批时限平均由28.6个工作日压缩为18.6个工作日。

（寇军波）

国土资源管理

【概况】 2012年，全市国土资源管理系统以为加快“转型升级、跨越赶超，建设幸福石家庄”提供国土资源支撑为目标，以改善民生为出发点，以保障合理用地需求和保护耕地红线为主线，根据河北省调整用地指标分配办法，按照集中指标保重点的原则，合理编制土地利用计划分解方案。发挥规划和计划的宏观调控作用，优先保障重大产业项目、重大民生项目和重大社会事业用地的要求，促进东部产业新城、南部工业区、空港工业园、大西柏坡、正定新区、新火车站区域等重大工程和石家庄机场改扩建、西阜高速等基础设施建设。摸清闲置土地底数，加大闲置地处置力度，推动批而未供、供而未用、用而未尽土地尽快利用。深化行政审批制度改革，按照精简、效能、统一要求，规范审批程序，精简审批项目，提高办事效率。扎实开展“提效能、强服务、创一流、促发展”主题教育活动，促进全市国土资源系统干部队伍的思想观念取得新转变，工作效能取得新提升，政务服务取得新改善，全力打造“便民国土”、“服务国土”和“效率国土”形象。坚持“三个最严格”土地管理制度，积极主动服务，严格规范管理，持续提高国土资源管理水平。年内，石家庄市被评为“全国数字城市建设示范城市”，并获得国家银奖。

【矿产资源开发管理】 年内对全市204家持有有效采矿许可证的固体矿山企业2011年度的开发利用情况逐一统计、审查、上报，更新了矿产资源开发利用数据库。初审办结探矿权保留5宗，探矿权转让5宗，市级矿业权市场转让采矿权1宗。落实资源整合规划，督促县局组卷上报已审批整合方案9宗，并帮助办理了采矿权登记手续。开展矿业权设置方案审查工作，经市政府审查批准采矿权设置方案15宗。推进矿业权市场建设，争取省国土厅矿业权市场建设资金550万元；委托矿业权市场公开挂牌出让采矿权4宗，成交价款3159万元。落实采矿权有偿使用制度，收取采矿权价款5903.82万元。完成地热、矿泉水遗留问题处置，上报省国土资源厅补办采矿权延续6个，补办采矿权登记42个，全部得到批复。贯彻落实国土资源部国土资发〔2011〕55号、〔2012〕80号和省国土资源厅〔2012〕52号文件精神，召开全市矿业权区域方案编制工作动员部署大会，出台《石家庄市矿业权区域方案编制工作实施意见》，并对16个相关县（市）区调度和督导，初步确定新设采矿权150个、新设探矿权92个（含液态矿产探矿权20个）。

表58　2012年石家庄市国土资源局采矿许可证废止情况

7月18日，石家庄市国土资源局根据《矿产资源开采登记管理办法》（国务院第241号）第七条第二款的规定，以公告的形式废止以下23个超期的采矿许可证。

序号	许可证号	矿山名称	有效期起	有效期止
1	1301000530142	平山县下槐镇寺沟采矿场东段	2005—11—21	2010—11—21
2	C1301002010047120061425	平山县运达采石厂	2010—4—15	2012—2—28
3	C1301002010047130061426	河北省平山县石材有限公司	2010—4—15	2012—1—31
4	C1301002009127120045934	平山县种田村花岗岩矿	2009—12—1	2011—10—31
5	C1301002010127120096723	平山县清风石材加工厂	2010—12—23	2011—1—31
6	C1301002010127130096710	平山县盛达采石厂	2010—12—23	2011—9—30
7	C1301002010127120098510	石家庄市井陉矿区荆蒲兰采石厂	2010—12—28	2011—12—28
8	1301000810004	井陉全喜白云石厂	2008—2—21	2011—2—21
9	1301000530114	井陉县金柱滑石粉厂	2005—8—29	2010—8—29
10	1301000530124	井陉县吴家窑乡石佛滑石矿	2005—9—30	2010—9—30
11	1301000620037	井陉县青石岭全胜采石厂	2006—3—8	2011—3—8
12	1301000530080	井陉县下安村第二采石厂	2005—5—12	2009—5—12
13	1301000830002	良下砂场	2008—1—22	2009—1—22
14	1301000630012	赵县南南冯一砖厂	2006—1—23	2009—1—23
15	1301000630009	赵县南南冯二砖厂	2006—1—16	2009—1—16
16	1301000630010	赵县南南冯三砖厂	2006—1—16	2009—1—16
17	1301000630011	赵县中冯砖厂	2006—1—16	2009—1—16
18	1301000530219.	赵县野鸡铺砖厂	2005—12—31	2008—12—31
19	1301000830019	河北云焱矿业有限公司	2008—12—23	2010—7—23
20	1300000420048	元氏县黑水河德发铁矿	2004—2—5	2004—5—5
21	1300000420049	元氏县黑水河珍珠山铁矿	2004—2—5	2004—5—5
22	1301000410121	赞皇县宏发石料厂	2004—5—14	2009—5—14
23	1301000530082	行唐县要角石矿厂雪花青花岗石材矿	2005—6—1	2009—6—1

【土地收储】 2月21日和3月21日两次进行建设用地组卷报批，共向国务院报卷两批87块、8441亩，9月26日，组卷获得国务院批准。2012年河北省国土资源厅二次报卷，涉及桥东区、桥西区、新华区、裕华区、长安区、高新区、鹿泉市、栾城县等8个县（市）区，共25批、64块、8236亩，其中，项目划拨地

3603 亩，公开出让政府储备地 4629 亩；河北省国土资源厅二次报卷后，余下 123 块、11453 亩，涉及桥东区、桥西区、新华区、裕华区、长安区、高新区、鹿泉市、栾城县、藁城市等 9 个县（市）区。年内全市完成京石铁路客运专线、滹沱河防洪综合改造、西柏坡公路等 15 个重大建设项目的征地组卷审批工作；完成征地安置补偿 3011 亩，其中划拨用地项目 14 宗 1125 亩，公开出让地块 9 宗 1886 亩（含移交储备中心 2 宗 1090 亩）。全年争取建设用地计划指标 33548 亩，收储土地 2.39 万亩，完成计划任务的 101%，其中地产集团(储备中心)直接收储 7844 亩，新征土地6484 亩,高新区、正定新区、环城水系收储土地 9588 亩。至年末，全市库存土地 17687.53 亩。

【土地供应】 全年供应土地 565 宗，面积 3.69 万亩。市本级供应土地 193 宗，面积 2.03 万亩。其中，通过招标、拍卖、挂牌出让形式，出让经营性用地和工业用地 65 宗，面积 5168.87 亩，成交价款 136.35 亿元；落实各类保障性安居工程用地 2210 亩，做到了应保尽保。年内，石家庄市国土资源局被市政府评为保障性安居工程先进单位。

表 59　　2012 年石家庄市国土资源局国有建设用地使用权出让结果

编号	土地位置	土地面积（平方米）	土地用途	容积率	出让年限（年）	受让人	成交价格（万元）	成交时间
石家庄市国土资源局国有建设用地使用权公开出让结果（石国土资［2012］13 号） 石家庄市 [2011]062 号、063 号、064、066 号地块于 2012 年 2 月 7 日公开出让								
[2011] 062 号	东至市农机总公司，西至怡然雅居小区，南至东平路，北至市国土局	13861	城镇住宅	≤ 2.7	70	河北润龙房地产开发有限公司	11450	2012.2.7
[2011] 063 号	南二环以南，东二环以西	122005.92	商服 住宅	≤ 3.0	40 70	河北众美房地产开发集团有限公司	60000	2012.2.7
[2011] 064 号	民心河东，新华路南，中山路北，水产西街西	17791.9	商服 住宅	≤ 2.35	40 70	北京京铁房地产开发公司石家庄分公司	10000	2012.2.7
[2011] 066 号	北至福利院，南至槐安西路，西至时光供热公司，东至福利巷	55753.8	商服	文化用地≤ 3.5 商业用地≤ 4.5	40	石家庄鸿瑞杰生房地产开发有限公司	31100	2012.2.7
			住宅	≤ 3.5	70			
石家庄市国土资源局国有建设用地使用权公开出让结果（石国土资［2012］22 号） 石家庄市 [2012]001—003 号地块于 2012 年 2 月 21 日公开出让								
[2012] 001 号	古城东路以南，体育大街以西	87487.7	商服	≤ 3.8	40	石家庄润鑫房地产开发有限公司	37000	2012.2.21
[2012] 002 号	翟营大街以东，光华路以北，规划路以南，新奥燃气公司以西	56721.7	商服 住宅	2.85	商服 40 住宅 70	河北祈福乾悦房地产开发有限公司	39300	2012.2.21
[2012] 003 号	石德铁路以南，规划路以北	12893.1	商服 住宅	3.5	商服 40 住宅 70	河北祈福乾悦房地产开发有限公司	9000	2012.2.21
石家庄市国土资源局国有建设用地使用权公开出让结果（石国土资［2012］75 号） 石家庄市 [2012]004、005 号地块于 2012 年 4 月 16 日公开出让								

（续表）

编号	土地位置	土地面积（平方米）	土地用途	容积率	出让年限（年）	受让人	成交价格（万元）	成交时间
[2012]004号	东至中交远洲，西至消防总队，南至珠江大道，北至中交远洲、国有存量地	7289.363	工业，产业类型为电子设备制造业	0.8—2.0	50	中交远洲交通科技集团有限公司	655	2012.4.16
[2012]005号	东至天桂街、西至昆仑大街、南至规划路、北至学苑路	85540.897	住宅，配建住宅10%的保障性用房	2.85	70	河北涞泽房地产开发有限公司	22810	2012.4.16
石家庄市国土资源局国有建设用地使用权公开出让结果（石国土资［2012］81号） 石家庄市[2012]009—013号地块于2012年4月19日公开出让								
[2012]009号	谈南路以北、体育大街以西、规划路南、八十一中东	18778	商服 住宅	≤6.5 ≤3.5	40 70	石家庄和力长安房地产开发有限公司	14000	2012.4.19
[2012]010号	东至规划路、西至纺织进出口大厦、南至规划路、北至新华路	14531.2	商服	≤6.5	40	河北金指数房地产开发有限公司	27500	2012.4.19
[2012]011号	翟营大街以西、建华大街以东、丰收路以南	120702.7	商服 住宅	≤3.5	商服40 住宅70	石家庄荣泰房地产开发有限公司	103300	2012.4.19
[2012]012号	塔北路南、谈固东街西	69850.8	住宅 文体娱乐	≤3.2 ≤3.2	70 50	石家庄市魏通房地产开发有限公司	47000	2012.4.19
[2012]013号	北二环以南，谈固北大街以东	12664.2	城镇住宅	地上建筑面积：45427.9平方米	70	河北尚信房地产开发有限公司	6900	2012.4.19
石家庄市国土资源局国有建设用地使用权公开出让结果（石国土资［2012］95号） 石家庄市[2012]014—017号地块于2012年5月15日公开出让								
[2012]014号	东至石家庄以岭药业，西至珠峰大街，南至漓江道，北至珠江大道	74768.494	科教用地	0.8—2.5	50	石家庄以岭药业股份有限公司	5650	2012.5.15
[2012]015号	周通旧村改造地块1，东至国有收储地、西至国有收储地、南至闽江道、北至国有收储地	23350.619	商服 住宅	规划总用地3.015实用地3.531	商服40 住宅70	河北新东方房地产开发有限公司	11260	2012.5.15
[2012]016号	周通旧村改造地块2，东至国有收储地、西至国有收储地、南至周通集体用地、北至闽江道	出让面积18726.792 公建地4937.991	商服 住宅	规划总用地（含公建地）2.573实用地4.159	商服40 住宅70	河北新东方房地产开发有限公司	9100	2012.5.15
[2012]017号	周通旧村改造地块8，东至周通综合楼、西至河北食用菌研究所、南至珠峰花园、北至湘江道	9999.965	住宅	≤2.5	70	河北新东方房地产开发有限公司	4850	2012.5.15

（续表）

编号	土地位置	土地面积（平方米）	土地用途	容积率	出让年限（年）	受让人	成交价格（万元）	成交时间
石家庄市国土资源局国有建设用地使用权公开出让结果（石国土资［2012］102号） 石家庄市[2012]008号地块于2012年5月22日公开出让								
[2012]008号	文兴路南、红房街东。东至矿区职教中心，南至横北居委会，西至新西居委会，北至文兴路	5147	城镇住宅用地（临街商业）	＞1且≤5.0	商服40 住宅70	河北博洛林房地产开发有限公司	400	2012.5.22
石家庄市国土资源局国有建设用地使用权公开出让结果（石国土资［2012］114号） 石家庄市[2012]018、019号地块于2012年6月15日公开出让								
[2012]018号	东至国有储备地、西至国有储备地、南至大西帐集体土地、北至滹江道	23540.441	工业产业类型为输配电及控制设备制造	0.8—2.0	50	石家庄通合电子有限公司	1450	2012.6.15
[2011]019号	东至燕山大街、西至国有储备地、南至国有储备地、北至方郄路	5989.445	工业产业类型为电器机械及器材制造业	0.8—2.0	50	石家庄鹏泰置业投资有限公司	380	2012.6.15
石家庄市国土资源局国有建设用地使用权公开出让结果（石国土资［2012］126号） 石家庄市[2012]021—026号地块于2012年7月19日公开出让								
[2012]021号	东至国有储备地、西至兴安大街、南至大西帐集体土地、北至滹江道	20000.018	工业产业类型为专用设备制造业	0.8—2.0	50	河北天川建筑安装工程有限公司	1600	2012.7.19
[2012]022号	东至国有储备地、西至国有储备地、南至国有储备地、北至滹江道	4000.012	工业产业类型燃气生产和供应业	0.6—1.5	50	石家庄新奥燃气有限公司	285	2012.7.19
[2012]023号	东至黄山街、西至国有储备地、南至大西帐集体土地、北至滹江道	13333.3	工业产业类型为有色金属冶炼及压延加工业	0.8—2.0	50	石家庄高新区马尔贸易有限公司	1100	2012.7.19
[2012]024号	东至国有储备地、西至秦岭大街、南至国有储备地、北至淮河道	58750.119	工业产业类型医药制造业	0.8—2.0	50	石药集团中诚医药物流有限公司	3800	2012.7.19
[2012]025号	东至太行西街、西至耕地、南至金沙江道、北至耕地	27667.674	科教用地	0.8—2.0	50	石家庄旭苑生物科技有限公司	2010	2012.7.19

（续表）

编号	土地位置	土地面积（平方米）	土地用途	容积率	出让年限（年）	受让人	成交价格（万元）	成交时间
[2012] 026 号	东至留村集体土地、西至博士名筑、南至小岗上生活区、北至闽江道	38676.805	住宅 配建 10% 保障房	2.5	70	石家庄高新技术产业开发区留村乡留村村民委员会	10480	2012.7.19
石家庄市国土资源局国有建设用地使用权公开出让结果（石国土资 [2012] 133 号） 石家庄市 [2012]027—033 号地块于 2012 年 7 月 25 日公开出让								
[2012] 027 号	东至冀运集团股份有限公司、北至振岗路	15486.8	城镇住宅	≤ 2.5	70	河北君祥房地产开发有限公司	8300	2012.7.25
[2012] 028 号	东至西三庄大街、西至西三庄生活小区、南至车辆厂制冷设备分厂、北至蓝翼路	42457.6	商服 住宅	商服≤ 5.71 住宅≤ 3.22	商服 40 住宅 70	石家庄雍和房地产开发有限公司	27200	2012.7.25
[2012] 029 号	东至燃料公司宿舍、西至长丰小区、南至省政府文印中心、北至自强路	6302.8	城镇住宅	≤ 3.0	70	河北政拓房地产开发有限公司	5000	2012.7.25
[2012] 030 号	新石北路北、红旗大街东	7819.6	商服	≤ 5.85	40	河北乐宸房地产开发有限公司	5400	2012.7.25
[2012] 031 号	槐中路南、原尖岭社区居委会西	1891.00	商服 住宅	≤ 3.5	商服 40 住宅 70	石家庄万达广场投资有限公司	1600	2012.7.25
[2012] 032 号	古城西路以南、赵二街回迁区以西	101126.6	商服 住宅	≤ 3.2	商服 40 住宅 70	石家庄兴跃房地产开发有限公司	69900	2012.7.25
[2012] 033 号	苑东街西、工农路两侧	38074.5	住宅	≤ 2.07	70	河北东丽房地产开发有限公司	23200	2012.7.25
石家庄市国土资源局国有建设用地使用权公开出让结果（石国土资 [2012] 148 号） 石家庄市 [2012]034—041 号地块于 2012 年 8 月 24 日公开出让								
[2012] 034 号	东至青年街、西至中华大街、南至市房管局、北至鸣鹿服装公司	3039.4	商服	≤ 6.0	40	河北明华房地产开发有限公司	4200	2012.8.24
[2012] 035 号	煤机街以东、光华路以北、翟营大街以西、规划路以南	86692.2	商服 住宅 公共管理与公共服务（医卫慈善）	＜ 3.11	商服 40 住宅 70 公共管理与公共服务 50	河北祈福乾悦房地产开发有限公司	61800	2012.8.24
[2012] 036 号	中华大街西、新华路北、儿童公园东、政府西院南	29501.7	商服 住宅	≤ 5.0	商服 40 住宅 70	河北金恒基房地产开发有限公司	23200	2012.8.24
[2012] 037 号	高营街（规划路）东、恒中路（规划路）南、谈固北大街西、东垣东路（规划路）北	58169.2	商服 住宅	≤ 3.21	商服 40 住宅 70	石家庄地益嘉房地产开发有限公司	34400	2012.8.24
[2012] 038 号	建华大街以西、东岗路以南	146454.9	商服 住宅	≤ 3.25	商服 40 住宅 70	河北天海房地产开发有限公司	124800	2012.8.24

（续表）

编号	土地位置	土地面积（平方米）	土地用途	容积率	出让年限（年）	受让人	成交价格（万元）	成交时间
[2012]039号	长生街（地块西侧规划路）以东、跃进路以北、华药集团以南	2425.0	商服	地上建筑面积：≤2.4万	40	河北天元博隆房地产开发有限责任公司	4980	2012.8.24
	地下空间：地块东侧部分绿地的地下空间（地下-3米至地下-13米）	2015.0	交通运输					
[2012]040号	裕华路以北，建设大街以西	18742.5	商服住宅	5.63	商服40 住宅70	北京中天恒信房地产开发有限公司	13400	2012.8.24
[2012]041号	东二环以东，裕华路以北	6612.5	商服	≤0.8	40	石家庄石上帝业投资有限公司	3300	2012.8.24
石家庄市国土资源局国有建设用地使用权公开出让结果（石国土资［2012］169号）石家庄市[2012]042—047号地块于2012年9月19日公开出让								
[2012]042号	体育东街以东、南二环以北、塔南路以南、规划路以西	153281.2	商服	≤4.8	40	北京旭睿投资有限公司、北京美银投资有限公司	163000	2012.9.19
			住宅	≤3.0	70			
[2012]043号	槐安东路南、翟营大街西	2884.2	商服	≤5.7	40	河北中申房地产开发有限公司	6000	2012.9.19
[2012]044号	胜利北街东、阜康路南	5445.2	商服	≤6.0	40	河北冀兴房地产开发有限公司	8700	2012.9.19
[2012]045号	裕华西路以北、城角街以西	13330.8	商服住宅	4.206	商服40 住宅70	石家庄市开博房地产开发有限公司	9800	2012.9.19
[2012]046号	加油站以东、宝力小区以南、农机街以西、联盟东路以北	9403.7	商服	≤3.5	40	河北极作房地产开发有限公司	6000	2012.9.19
[2012]047号（地下空间）	滨河街以东、清水街以西、南二环路以南	93862	商服	≤2.0	40	石家庄联邦伟业房地产开发集团有限公司	3520	2012.9.19
石家庄市国土资源局国有建设用地使用权公开出让结果（石国土资［2012］173号）石家庄市[2012]048—053号地块于2012年9月27日公开出让								
[2012]048号	东至燕山大街，西至太行大街、太行西街，南至金沙江道、学苑路，北至珠江大道	902741.859	工业，建设项目为家用电力器具制造	0.8—2.0	50	格力电器（石家庄）有限公司	46040	2012.9.27
[2011]049号	东至空地、西至兴安大街、南至长江大道、北至空地	60203.675	工业，建设项目为专用设备制造	0.8—2.0	50	博深工具股份有限公司	4230	2012.9.27

（续表）

编号	土地位置	土地面积（平方米）	土地用途	容积率	出让年限（年）	受让人	成交价格（万元）	成交时间
[2012] 050 号	东至兴安大街、西至长安物资、南至长江大道、北至国有收储地	28632.77	工业，建设项目为电子设备制造	0.8—2.0	50	河北润江投资有限公司	4540	2012.9.27
[2012] 051 号	东至兴安大街、西至长安物资、南至国有收储地、北至长安区地界	28362.143	工业，建设项目为电子设备制造项目	0.8—2.0	50	河北润东投资有限公司	1850	2012.9.27
[2012] 052 号	东至绿化带、西至阿里山大街、南至空地、北至闽江道	24668.471	工业，建设项目为化学制品制造	0.8—2.0	50	河北铁园科技发展有限公司	1760	2012.9.27
[2012] 053 号	东至太行大街、西至太行西街、南至南豆村集体土地、北至金沙江道	66462.976	住宅，配建住宅的10%保障房	2.5	70	河北宝鸿洲房地产开发有限公司	17700	2012.9.27
石家庄市国土资源局国有建设用地使用权公开出让结果（石国土资［2012］222 号） 石家庄市[2012]054—061 号地块于 2012 年 12 月 28 日公开出让								
[2012] 054 号	振岗路南、振头村西	9547.6	商服 住宅	≤ 3.5 ≤ 2.2	40 70	河北茂盛房地产开发有限公司	6000	2012.12.28
[2012] 055 号	货场大街以西、仓丰路以北	63498.6	商服 住宅	≤ 4.5 ≤ 3.0	40 70	河北省国际商会	33800	2012.12.28
[2012] 056 号	中华北大街西、北二环路北	6765.2	商服	≤ 4.5	40	河北宝华房地产开发有限公司	8300	2012.12.28
[2012] 057 号	东风路北、元北路南	15625.6	商服 住宅	≤ 3.1	商服 40 住宅 70	河北华基房地产开发有限公司	16400	2012.12.28
[2012] 058 号	中山路以南、胜利南街以东、煤市街以北、正义街以西、电报局街以北、大经街以西	92507.3	商服 住宅	≤ 6.22 ≤ 3.09	40 70	石家庄中迪房地产开发有限公司	80200	2012.12.28
[2012] 060 号	体育北大街以西、石太高速南	36347.8	住宅	≤ 3.19	70	河北宇辰房地产开发有限公司	19300	2012.12.28
[2012] 061 号	体育北大街以西、石太高速南	67343.5	住宅	≤ 3.5	70	河北宇辰房地产开发有限公司	37800	2012.12.28

（张凤兰　刘清振）

【首批限价商品房项目用地拍出】 2月7日，石家庄市6块国有建设用地使用权挂牌出让，总面积约358.16亩，其中两宗土地流拍，三宗底价成交，一宗土地遭25轮竞价抢夺。此次拍出的位于民心河以东、水产西街以西、新华路以南、中山路以北的〔2011〕064号地块，成为石家庄市首批限价商品房项目用地，面积约26.69亩，该项目案名暂定为"冀铁馨苑"。按照规划信息显示，"冀铁馨苑"由5栋住宅楼组成；规划总建筑面积83298平方米；住宅面积55500平方米，约占66.63%；项目总投资2.4亿元。

（宋钧）

【旧城改造项目收尾】 2008～2012年，石家庄市土地储备中心共委托旧城改造土地一级开发项目35个。2011年完成6个项目土地出让，出让土地129亩。2012年完成6个项目土地出让，出让土地284.35亩。剩余23个项目中，1个项目移交土地交易市场，2个项目基本具备移交条件；11个项目完成拆迁补偿，正在办理清场验收、土地使用权公告收回、土地一级开发费用评审、出具规划等手续；9个项目进入拆迁收尾阶段。

【土地整治项目】 组卷报批土地整治项目，落实耕地占补平衡制度。开展新乐市、元氏县等县（市）5个土地整治（占补平衡）项目的预算编制、报告编写、图册设计工作，开发规模累计340公顷。完成深泽县、元氏县、辛集市、井陉县4个县（市）5个土地整治项目专家论证后的修改工作，其中立项3个。全年共立项土地整治项目46个，建设总规模4.05万亩，新增耕地1.62万亩。总投资6.39亿元的太行山山前农村土地整治示范项目完成招投标程序，4个县的10个项目全部开工。至年末，正在组织土地整治项目63个，计划规模3.86万亩，新增耕地2.15万亩。

【耕地保护】 将土地利用和管理工作纳入地方县级政府年度工作考核目标，明确各级政府耕地保护主体责任。成立以市政府主要负责人为组长，国土、农业、统计等部门主要负责人为成员的耕地保护领导小组，每年对各县（市）区政府耕地责任目标履行情况进行全面督查、总体考核。市政府与县（市）区政府，县（市）区政府与乡（镇）政府，市国土资源局与县（市）国土资源局层层签订耕地保护目标责任书，对不能完成耕地保护目标任务的县（市）政府和县（市）相关部门，实行一票否决。完善基本农田保护表、册、图、卡，开展永久基本农田划定工作，建立永久性保护标牌8965块。栾城县、赵县被国土资源部确定为全国基本农田示范区。组织开展各县（市）区2011年度耕地保护责任目标履行情况检查，顺利通过省政府联合检查组考核。开展土地整治，落实耕地占补平衡制度。通过自求平衡、异地购买方式，基本实现占补平衡，实现了耕地数量不减少、质量不降低目标。开展闲置地清理工作。对土地闲置的，依法征收土地闲置费或收回土地使用权，全面促进土地节约集约。11月30日，印发《石家庄市人民政府关于切实推进节约集约用地的实施意见》，提出和完善了节约集约用地八项制度及具体政策措施，规范了土地有偿使用办法，拓宽了集约利用土地渠道。公开出让地下空间，促进土地高效利用。加快矿产资源整合步伐，最大限度提高矿产资源开发规模化和集约化水平。积极开展节约集约用地模范县创建活动，推荐正定县参加年度全国节约集约模范县（市）评选。年内，藁城市被国土资源部评为"2011年度节约集约用地模范县"，并获得500亩奖励指标。《人民日报》、《石家庄日报》全面宣传和报道了藁城市节约集约用地的典型经验及做法。

【执法监察】 印发《石家庄市2011年度土地矿产卫片执法检查工作实施方案》，与纪检监察、公安、法院等部门配合，按照"六到位"要求，严厉查处各类土地违法行为。全年立案查处861宗、缴纳罚款1.28亿元、拆除建筑物3.99万平方米、复耕375.05亩；矿产卫片立案查处60起，全部办结，结案率达100%。严厉打击违法采矿行为，对群众信访举报和巡查发现的非法采矿等问题依法查处及时整治。灵寿县、平山县、井陉县、赞皇县等8个山区县开展矿业治理整顿行动，重点打击无证开采、越层越界等违法开采行为。严厉查处各类新发生的违法用地行为。至年末，全市查处违法用地823宗、5773.5亩（其中耕地4217.124亩），制止13宗，立案查处708宗，移交公安机关32宗，已受理12宗。

【测绘管理】 推进数字城市应用示

范系统建设。12月份，石家庄市数字城市项目成功通过国家测绘地理信息局验收。年内，市国土资源局与7家示范系统应用单位进行了对接和完善，启动了县市数字城市项目，并就数字城市平台利用问题与市气象局、药监局、体育局、120急救中心沟通联系，4家单位均表示愿进入数字城市建设平台，其中市气象局、药监局开始实质性工作。开展年度测绘资质注册工作。按照河北省地理信息局《关于开展2012年测绘资质年度注册工作的通知》要求，制定下发《关于开展2012年测绘资质年度注册工作的通知》，同时发挥各县（市）国土资源局、市局各分局作用，对辖区内参加年度注册单位进行100%检查。此次注册测绘单位111家，其中，88家通过年度注册，缓期注册13家，注销测绘资质10家。做好测绘资质初审工作。按照《测绘资质管理规定》和《测绘资质分级标准》要求，认真审查测绘资质申请纸质材料和网上数据，并对符合测绘资质申请条件的单位到实地进行复核，确保了测绘资质申请材料符合上报要求。全年共有9家单位通过测绘资质初审。推动管理职能到位。1月13日，河北省测绘局更名为河北省地理信息局，省机构编制委员会办公室下发《关于加强市、县（市）测绘地理信息工作机构建设的通知》，按照文件要求，市国土资源局上报了加挂地理信息局牌子的报告，获得市编制办同意。加强测绘服务保障，全年完成基础测绘修补测107平方千米。

【精简审批】 根据河北省国土资源厅印发的“2011—2015全面推进依法行政五年规划”，制定下发《石家庄市国土资源系统全面推进依法行政五年规划（2011—2015）》，对全市国土资源系统依法行政工作提出具体要求。全面梳理市国土资源局行政审批事项，在18项许可、非许可事项（许可6项、非许可12项）基础上，将许可、非许可事项减至9项（许可6项、非许可3项）；将审批环节由105个减至72个，减少环节33个；将审批资料提交事项由372项减至308项，减少前置条件64项。下发《石家庄市人民政府关于印发2012年立法工作安排意见的通知》，做好立法、规范性文件清理以及市政府涉地规范性文件修改建议工作。自6月下旬开始，经过4次调研，4次集中修改，1次专家论证，广泛征求市直各部门意见，最终形成《石家庄市测绘地理信息管理办法（送审稿）》，上报市法制办。按照《石家庄市法制办公室关于向市人大常委会申报第五个五年（2013—2017）立法规划项目的通知》精神和要求，确定2013—2017立法规划项目为《石家庄市测绘地理信息管理条例》，申报年度为2017年，立法性质为政府规章上升为地方性法规。根据石法办〔2012〕11号《石家庄市法制办公室关于做好政府规章和规范性文件清理工作的通知》精神和要求，开展规范性文件清理工作。审查规范性文件15件，最终确定拟修改1件，拟废止3件，拟保留11件。

【信访接待】 年内，全市群众到河北省国土资源厅上访130批347人次，到国土资源部上访68批215人次，在全省各地市中居前。全年市国土资源局共受理各类信访652件次，其中，来访88批93人次（集体访8批52人次）、电话485件、来信79封。与上年相比，信访总量下降7%，来访批次上升20%，人数下降29%，来信下降29%，来电下降8%。信访总体形势平稳，总量略有下降，赴省、进京访仍居高不下。全年办理省、市各级转办、交办件657件次，办结本级受理信访复查信访事项33件，办结石家庄市信访事项复查复核办公室交办复核事项92件，办结率均达100%。

（张凤兰　刘清振）

烟草专卖管理

【概况】 2012年，市烟草专卖系统全面落实“11158”发展思路，积极推进综合管控服务平台运行试点工作，大力打造具有“全面覆盖、全面联通、全面感知、全程控制和全面提升”特征的现代卷烟物流，持续开展全员营销、全员专卖、全员服务、全员规范工作，推进了烟草经济迈上新的水平。全年累计销售卷烟37.68万箱，同比增长1.64%，其中销售重点品牌30.11万箱，同比提高18.59%；单箱销售收入

18414 元，同比提高 25.3%；实现利税 14.55 亿元，同比增长 28.27%。2012 年，市烟草专卖局获授“石家庄市普法先进集体”和“石家庄市文明单位”等荣誉称号。

2012 年 8 月 31 日，冀中烟酒商行举办钻石品牌推介会活动

表 60　　2012 年石家庄市烟草专卖局（公司）主要情况统计表

类别		情况值
总体情况	地市级局（公司）名称	石家庄市局（公司）
	主要负责人／法人代表	刘庆岩／罗明海
	总资产（万元）	235744.88
	资产负债率（%）	11.77
	所属县级营销部（个）	18
	从业人员（含劳务派遣）（人）	972
业务机构	营销中心（个）	1
	物流配送中心（个）	1
	稽查支队（个）	1
	稽查大队（个）	18
烟叶生产	基础设施建设投入资金（万元）	328.04
	基础设施建设新增受益面积（万亩）	0.2
	烟叶种植（万亩）	0.54
	烟叶收购（万担）	1.57
卷烟销售	销售数量（亿支）	188.379
	销售数量较上年比（%）	1.64
	销售收入（万元）	595492.80
	零售户数量（户）	37529
	零售户毛利率（%）	10

（续表）

类别		情况值
实现税利	金额（万元）	145480.05
	较上年比（%）	28.27
实现利润	金额（万元）	85058.68
	较上年比（%）	30.11
案件查处	数量（起）	1372
	案值（万元）	4289.41

【烟叶生产管理】 烟叶种植管理。落实国家局下达的种植计划，抓好优良品种培育、集约化育苗、机械作业、精准施肥、安全用药等各个生产环节的管理，提高烟叶科学生产水平。基础设施建设。对2011年及以前年度建设项目,开展“回头看”活动，进行自查和整改。对2012年度建设项目，按照相关标准要求，严格督导落实。全年全行业投入烟叶基础设施建设方面资金328.04万元，新增受益面积0.2万亩。烟农增值服务。完善免费提供烟苗、投保雹灾险、烟用生产资料补贴、烘烤运费补贴等服务举措，开展“阳光·沁石”亲情服务，做实烟农服务联系点工作，增强服务深度和广度。首创跨行支付平台，零售客户能够自由选择开户银行和自主支付，率先在行业内实现了在线、自主、跨行、实时货款结算。此项创新性工作在9月份全国卷烟销售网络建设现场会上得到国家局局长姜成康、副局长何泽华的肯定和表扬，并召开专题电视电话会议在全行业推广。2012年，石家庄全辖烟叶种植面积0.54万亩，收购烟叶1.57万担。

【零售终端建设】 开展零售终端建设试点，针对党员零售客户，开展多种形式学习交流会、品牌培育座谈会等活动，广泛征求意见和建议，积极推进现代终端建设。健全终端联系点制度，建立零售客户联系点档案1164份，消费者联系点档案1547份。对标上海网建试点工作，推进网建转型升级。推广直营体验店、农网服务大厅、流动服务车建设，促进全员服务制度较快落实。开展网上订货，年末订货率达到78.5%。投入资金100余万为零售客户印制价格标签和货架展示牌，规范了零售点建设。召开明码实价现场会，完善自律配套制度，推行明码实价销售。成立自律小组162个，明码标价率达到95.62%。

【专卖管理】 加强“两个机制”建设，推动司法部门对涉烟违法犯罪分子实施快抓、快捕、快判，构建了“政府主导、部门协作、多方联动、齐抓共管”的综合治理格局。开展卷烟打假“群防、群控、群治”行动。落实省局“风云一号”和“风云二号”专项行动，开展“天价烟”和卷烟过度包装专项治理。全年共查处涉烟违法案件1372起，涉案金额4289.41万元，其中，查获涉案卷烟1899.22万支，案值1050.47万元，捣毁制假窝点3个，查获制假烟机7台，查获烟丝25.28吨。破获较大涉烟网络案件20起（符合国家局标准14起，含部督案件2起），涉案卷烟3929.23万支，案值3676.94万元，刑拘86人，批捕81人，判刑14人。

【品牌培育】 开展“中华”等品牌精准营销，完善“钻石”、“七匹狼”品牌培育和重点品牌考核激励机制，提高了知名品牌的业绩贡献度。探索“工、商、零、消”四体联动品牌培育模式。开展终端体验店宣传推介活动，卷烟规格达到20多个；成立消费者俱乐部，建立民营企业家等高端消费者档案410份；开展零售客户营销讲座41场、红白理事会联系活动60余场、婚庆营销活动1600余场；召开高端消费者座谈会17场、工商零共同面向消费者座谈会2场。

【执法服务】 按照省局试点要求，制定全员服务实施方案，搭建“45916”基本框架，全面推进落实全员服务。“45916”即围绕四个层次，运用五个工具，推进九大行动，践行一个理念，实现六个一流。四个层次包括领导服务员工、后台服务前台、一线服务客户、工商零共同服务消费者。五个工具包括运用“135”工作法、质量管理体系、标准化建设、绩效考核、信息系统平台。九大行动包括领导垂范之“表率”行动、亲情服务之“关爱”行动、成长服务之“育才”行动、尽职服务之“责任”行动、沟通协调之“顺畅”行动、营销服务之“提升”行动、规范监管之“净化”行动、增值服务之“沁心”行动、共同服务之“合力”行动。一个理念即“用我的真心 换您的满意”。六个一流包括专卖执法一流、终端服务一流、品牌培育一流、内部管理一流、队伍素质一流、社会形象一流。2012年，四个层次的九大行动在全市行业稳步推进，全年共有20914个零售客户、740名消费者享受到增值服务29306户次，有力提升了行业的社会形象。

【公益事业】 2012年，市烟草专卖局（公司）用于各项社会公益事业捐款27.12万元，其中博爱一日捐、员工个人捐款交付地方工会组织51400元。帮扶栾城县西营乡关家庄、小孙庄1.6万元，无极县曹家村1万元，元氏县胡泉村、高家村2万元，赵县田庄村2万元，深泽县2万元；扶助贫困零售户3.71万元；资助特殊儿童团体1万元、慰问老党员2.67万元；资助平山县西柏坡镇里村文化站建设2万元，保定市抗洪救灾2万元，井陉县康家村打井抗旱2万元。派出人员到基层挂职，支持地方建设，其中，到高新区留村乡和宋营镇挂职4人，到其他县（市）区乡镇或农村挂职34人。

石家庄市烟草专卖局（公司）

局　　长：刘庆岩
经　　理：罗明海
副 局 长：李琏柱　吴江
副 经 理：安志发
　　　　　秦洪囊（6月任）
工会主席：王义录
总会计师：付立民

（吴建辉）

科学技术

科学技术

概　述

2012年，全市科技工作以提高自主创新能力为核心，大力推动企业技术创新和产业科技创新，科技创新能力明显增强，科技成果水平大幅提升。全年争取国家、省各类科技项目286项，资金24926.94万元。其中，国家级计划项目126项，资金20250.44万元；省级计划项目160项，资金4676.5万元。实施市级科技计划项目260项，落实扶持资金10700万元。全市取得科技成果312项，其中达到国际先进水平以上45项，国内领先和先进水平267项；获得省科学技术奖28项，评出市科学技术奖82项。新增专利申请4962件，同比增长33.2%。专利授权3450件，其中发明专利授权651件。专利申请量和授权量均居全省首位。创立“石家庄市科技成果转化风险补偿资金”，加大对高新技术企业的培育力度，强化企业技术创新主体地位，培育一批有核心竞争力创新型企业，推动“石家庄制造”向“石家庄创造”转变。年内，安排补偿资金800万元，认定高新技术企业47家、市级创新型企业14家，通过市级创新型企业复审24家，石家庄中煤装备制造股份有限公司挂牌上市。至2012年底，全市拥有高新技术企业242家，国家创新型企业3家，国家创新型试点企业1家，省创新型企业5家，省创新型试点企业20家，市创新型企业38家；58家知识产权优势企业培育工程效果明显，全市12家省级以上开发区（园区）消除“零专利”企业50家，9个项目获2012年河北省知识产权优势培育工程专利奖，8家企业专利权质押融资近7200万元。

推进国家“重大新药创制”专项实施，华北制药、石药集团、神威药业、以岭药业4家企业承担国家“重大新药创制”专项15项，参与研究开发项目7项，全部通过国家验收。其中，神威药业“益气通络颗粒”获国家新药证书；“华北制药企业新药孵化基地建设项目”开发先导化合22个，取得新药临床研究批文4个，开展临床研究新药2个，获得新药证书3个，实现产业化新产品10个。一批市级重点生物医药项目通过专家验收，形成具有自主知识产权、附加值高、市场前景好的高新技术产品，推动生物医药产业快速发展。推进石家庄国家半导体照明高新技术产业化基地建设，开展半导体照明产业共性关键技术研发和示范推广，36个项目列入国家863和省科技支撑计划，带动了半导体产业发展；立德电子公司的“人民大会堂万人大礼堂及周边设施LED照明节能改造项目”、“LED在哈尔滨冰雪世界冰雪景观里的应用”两个项目获得国际半导体照明联盟（ISA）评选的全球半导体照明示范工程100佳2012年十大获奖工程。加快农业科技创新，全年通过省级审定农作物新品种19个，省级以上鉴定蔬菜品种3个，粮食丰产工程藁城示范区高产攻关田亩产达650.1千克，国家、省富民强县专项带动示范区特色产业总产值达1.9亿元；中兽药产业技术创新联盟整体加入国家中兽药产业技术创新联盟，栾城县农林高科技园区晋升为省级农业科技示范园区，金世纪林果科技开发有限公司等3家企业被认定为省级精品农业科技示范基地。

加强产业升级技术支撑平台和科技创新人才队伍建设，建立和完善科技创新优化区域创新体系，为改造传统产业和培育新兴产业提供有力的技术支撑。全年认定市级工程技术研究中心14家，省级工程技术研究中心8家。截至2012年底全市已建立各类工程技术研究中心（重点实验室）117家，其中国家级重点实验室2家，省级重点实验室1家，省级工程技术研究中心26家，市级工程技术研究中心88家；全市地域内拥有工程技术研究中心（重点实验室）177家，其中国家重点实验室2家，省部共建国家重点实验室培育基地2家，省重点实验室38家，国家工程技术研究中心1家，省工程技术研究中心46家，市工程技术研究中心88家。大力推进科技企业孵化器建设工作，全市科技企业孵化器共有7家，其中国家级科技孵化器3家，孵化器总面积达70多万平方米，在孵企业512家，毕业企业106家。石家庄市科技创新服务中心和方大科技园晋升为“国家级科技企业孵化器”。石家庄市科技中心被科技部火炬中心认定为全国首批15家孵化器从业人员培训机构之一，也是河北省唯一一家“孵化器从业人员培训机构”。2012年入驻该中心（企业孵化器）的企业达到65家；中心二期建设进展顺利，建设用地50亩，其中研发中心大楼7.2万平方米，计划2013年主体完工。公共技术服务能力不断提高。“中欧生物医药联合实验室”通过FDA认证；“石家庄快速制造工程技术中心”平台建筑面积达到2000平方米，整合仪器设备1665多万元，服务企业370多次，制作模型3000余件；“石家庄生物产业基地技术服务平台”已具备欧美通用标准检测分析、技术服务、FDA认证、国际合作等四项功能，2012年为企业提供2300项测试服务，是2011年同期的479%。石家庄市科技资源共享服务和大型仪器设备共享两个平台正式开通，服务功能进一步提升。大力推动领军人才和创新团队建设，新认定第二届科技领军人物15个、科技创新团队15个；加大院士智力引进工作力度，2012年全市新增院士工作站2家，企业与院士对接取得很好效果，有2名与石家庄市合作的院士获得河北省院士特殊贡献奖。2012年全市院士工作站达到11家，先后与41名院士开展了不同形式的合作交流，参与指导实施合作项目47个，开展院士咨询论证、学术交流活动40余次，为推动石家庄市经济社会发展提供了有力的人才和智力支撑。

加强民生领域技术研发和应用推广，加大农村科技服务力度，积极开展科普活动，大力实施科技民生工程。积极推进重点行业节能减排技术创新，围绕石家庄市“蓝天碧水”工程建设和医药、化工、建材、冶金等重点行业，实施节能减排项目14项；加强涉及民生的关键技术研发与成果转化应用。围绕疾病防治临床技术研究，组织实施指导性计划项目120多个；围绕食品安全和公共安全领域实施了“食品中重金属酶法快速检测试纸条的研制”、“面向设施蔬菜的气象灾害监测预警及调控关键技术研究”等课题。积极开展农业和农村科技服务行动。加强农村科技特派员工作，新建市级特派员创新创业基地7家，4家科技特派员创新创业基地被认定为第一批省科技特派员创新创业基地，2012年全市共有市级农业科技特派员230人，省级农业科技特派员100人；加大农民科技培训工作力度，开展“石家庄市农业科技培训行动”和“石家庄市山区农民科技大培训活动”，组织各类培训会50多班（次），培训农民约110万人次，引进推广农业适用技术180项，培育和引进农作物新品种123个。大力开展科普活动，精心组织科技活动周活动，集中出动宣传车辆100多台，展出展牌500多块，发放科普图书3000多册、宣传资料1万余份，接受群众咨询万余人次；与河北省科技厅联合举办了第三届“网络科普知识竞赛”，参加科普知识竞赛的人数达到6200余人；发挥“石家庄科普巡回宣讲服务团”作用，组织有关专家共开展了科普宣讲346场次，直接参加讲座人员达到71000多人次，专家库成员已经由2011年的270名专家志愿者扩展到321名。加强科普能力建设，市科技局通过科技计划立项对正定科技馆车载天文台、车载天象厅大力支持，取得良好效果，中央电视台科教频道《科技人生》栏目对正定科技馆进行了报道，其中车载天文台、车载天象厅成为公众关注的亮点。

科技合作交流与科技招商扎实推进，产学研结合和技术转移效果明显。成功举办“2012年度石家庄市产学研合作对接会”，全市11家企业与8家单位签订了科技合作协议，项目投资总额达2.43亿元；与辛集市政府联合举办产学研合作技术对接活动，辛集市6家企业与四川大学等单位签订了投资总额为1.2亿元的科技合作协议。配合做好“中国科协第十四届年会”和河北省“百家院所校走进河北恳谈会”活动，市政府分别与中科院遗传所农业资源中心和西北工业大学签订全面科技合作协议。组织开展全市企业技术需求征集和（天津）北方技术交易市场考察与交流活动，参加第8届环渤海技术转移联盟年会和全国技术市场座谈会，推动石家庄市技术市场发展和技术转移。2012年，全市登记技术合同1328份，技术合同成交总金额10.75亿元，比2011

年增加1.7亿元，增长18.68%，居河北省首位。技术合同以技术开发合同为主，登记合同994份，合同成交额为8.16亿元，其中技术交易额为7.85亿元，占全市技术合同的75%；技术咨询154份，成交额为0.53亿元，其中技术交易额为0.47亿元；技术转让合同90份，成交额1.81亿元，技术交易额为1.49亿元；技术服务合同90份，合同成交额为0.49亿元，技术交易额为0.21亿元。全年新注册技术合同认定登记企业60家。全市引进技术1798项，合同金额33.79亿元。开展多种形式的国际科技合作，派出赴意大利、台湾和香港科技考察和招商团组共计3批13人次，接待了来自瑞典、澳大利亚、意大利等国家的专家10余人次到石家庄市有关科研院所和企业进行了科技考察和项目洽谈；积极争取和组织实施重大国际科技合作项目，争取国家、省国际科技合作计划项目13项，资金1748万元；加快推进国家国际科技合作基地建设，中电科十三所加入国家对俄科技合作基地联盟，河北先河“环境监测仪器国际科技合作基地”被科技部新认定为国家示范型国际科技合作基地，2012年全市国家国际科技合作基地达到6家，占全省的42.86%。积极拓展科技招商的形式，依托全国性、区域性大型科技活动，开展专业招商活动。“2012年河北省（香港）投资贸易洽谈会”期间，河北实华科技有限公司与德国奥尼斯特电力系统控股有限公司达成合作意向，并与启迪科创（北京）科技发展有限公司等5家企业和政府机构达成合作初步意向；“北京科博会”期间，石家庄市接待洽谈约800人次，达成合作意向5项；“深圳高交会”期间，全市共推出总投资1548亿元的186个合作招商项目，涉及12个主导产业，北京联东投资(集团)有限公司等12家企业与石家庄市相关单位和企业签署项目投资合作意向，总投资金额约135亿元。

县区科技工作迈出新步伐。各县（市）区紧密结合本地实际，创新发展思路，创新工作举措，科技工作富有成效，形成了上下联动，共同推进科技创新的良好局面。藁城市、正定县、赵县大力实施国家粮食丰产科技工程，粮食丰产高效集成技术体系取得突破；鹿泉市、无极县富民强县工程成效显著，带动当地特色产业发展；桥东区、长安区、深泽县加快医药产业科技创新，不断增强新药创制创新能力，有效提升产业竞争力；井陉县、正定县、桥西区强化企业科技创新，深入企业进行培训辅导，大力培育高新技术企业；高新区全力创建创新型特色园区，扎实推进高端医药产业园区建设，各项工作取得新进展和新成效；高邑县、灵寿县、平山县积极搭建科技特派员科技服务平台，科技特派员创新创业基地建设迈入全省先进行列；灵寿县、赞皇县、行唐县大力开展科技人才的培养，努力提高广大农民科技意识和素质；新华区、桥东区、裕华区重视科普工作，组织内容形式丰富多彩的科普进社区活动。

（市科技局）

科学技术研究与发展计划

【概况】 2012年，石家庄市科学技术研究与发展计划（简称市科技计划）坚持“自主创新、重点跨越、支撑发展、引领未来”的科技工作方针，组织实施重大工程和重大专项，大力推动企业自主创新，不断完善科技创新体系，扎实推进国家创新型城市建设，为加快经济发展方式转变提供重要科技支撑。至2012年底，全市争取国家、省各类科技项目286项，资金24926.94万元。其中，国家级计划项目126项，资金20250.44万元；省级计划项目160项，资金4676.5万元。全年实施市科技计划项目260项，资金10700万元。7月9日，石家庄市公布2013年度科学技术研究与发展计划，首次增加了科技重大专项计划，其中科技重大专项计划是首次确定的计划，支持重点主要是围绕市委、市政府中心工作，能够促进全市产业结构调整、推进经济发展方式转变和社会发展、培育壮大新的经济增长点和产业集群有重大影响作用，有可能列入国家和省重大科技计划，可形成自主知识产权的重大科技研发。

【计划部署】 全年以突出企业科技创新主体地位为重点，加快推进产学研合作和科技资源集成，重点实施了“科技支撑计划”、“政策引导类计划”和“科技基础条件平台与创新平台建设计划”3类科技计划。科技支撑计划主要包括：创新药物、生物制药及中药现代化专项，高端装备制造业关键技术研发专项，化工循环经济关键技术研发专项，战略新兴产业关键技术研发专项，现代农业发展科技支撑专项，建材与轻纺工业新技术、新材料与新产品研发专项，环境保护与节能减排科技专项以及其他工业和农业类技术创新课题；政策引导类计划主要包括：技术转移与科技成果推广计划课题、软科学研究计划课题和国际科技合作计划课题；科技基础条件平台与创新平台建设计划重点支持石家庄科技中心建设、市级工程技术研究中心建设、医药及其他技术创新平台建设和科学技术普及能力建设类课题。

【经费安排】 年内，石家庄市本级财政安排应用技术研究与开发专项资金（简称“研发资金”）11500万元，其中，安排计划资金10700万元，科技成果转化风险补偿专项资金800万元。全年，市科技局编制下发科学技术研究与发展计划（指令计划）1批，课题268项，经费5195万元；其他类型课题8项，经费5505万元；科学技术研究与发展指导计划2批，课题234项。在268项课题中，科技支撑213项，经费4251万元；成果推广9项，经费111万元；软科学21项，经费107万元；国际科技合作5项，经费59万元；条件平台建设18项，经费346万元；其他计划2项，经费321万元。安排七大科技专项，课题205项，经费4136万元。企业安排课题204项，经费3853万元；科研院所安排课题17项，经费350万元；高等院校安排课题13项，经费31万元。产学研课题141项，经费2293.5万元。此外，在其他类型的8项课题中，条件平台建设课题1项，经费4500万元。

（市科技局）

【34个高科技项目获得省以上专项支持】 2012年，全市通过详细谋划、精心准备和积极争取，共包装四个批次56个高科技项目申报国家和省级支持专项，其中34个项目获国家及省专项支持，全年到位资金2.42亿元，比2011年提高5倍多。其中，7个项目得到国家专项支持，到位资金8400万元，在全省占比28%；27个项目得到省专项支持，到位资金1.58亿元，占全省扶持资金总量的26%，两项占比均位居全省第一。

（吴温）

【实施效果】 全年引进和吸纳大量优秀人才，课题参加人员中，享受政府津贴专家11人，省、市管专家35人；吸引市外人才159人，其中省外人才63人，省外人才中京津人才24人，培养研究生100人。获得一批创新性成果，取得新产品、新材料114个，新工艺、新装置91个，计算机软件20个，发表论文97篇，形成标准56项。获得一批自主知识产权成果：专利申请136件，其中发明专利申请49件；专利授权55件，其中发明专利授权11件。在关键技术上取得重大突破，开发和形成一批具有应用价值的技术成果：新增销售收入8.16亿元，新增利税2.02亿元，出口创汇1600.84万美元；培育农作物新品种11个，新品种推广面积120.93万亩，培育畜禽品种7个，畜禽推广数量300.6万头（只），年总收入4.32亿元。节能减排成效显著，节煤1.23万吨，节电3150万度，节水1.65万吨，减排废气50.82万立方米，减排废水0.14万吨，减排废物7.7万吨。

（市科技局）

工业科技与发展高新技术产业

【概况】 2012年，全市围绕六大基地建设，组织实施了半导体照明、电子信息及现代服务业、装备制造关键技术、化工与循环经济关键技术、纺织新技术新产品等科技专项。导航与位置通用接收机杆件技术及应用、面向工业过程的特种分离膜应用技术、高精度智能燃气表研发与应用等12个项目列入国家863和科技支撑计划，获得科技经费3288万元。TFT-LCD玻璃基板节能型生产成套装备、石家庄市数字化城市管理功能研究等22个项目列入2012年度省科技支撑计划项目，获得经费共计1090万元，比2011年增加380万元，增长53.5%。2012年下半年，科技部火炬高技术产业开发中心发布2012年国家火炬计划重点高新技术企业评选结果，石家庄市华北制药股份有限公司和河北申科电子股份有限公司入选（河北省共13家企业入选）。

（市科技局）

【拥有国家创新型企业5家】 至2012年末，全市拥有国家创新型企业3家，分别是石药集团、华药新药公司、以岭药业；国家创新型试点企业2家，分别是先河环保、中煤装备；省级创新型企业及试点企业26家；市级创新型企业38家；高新技术企业224家。2012年，全市3家企业入选省级创新型企业（河北省共11家），分别是河北实华科技有限公司、石家庄工大化工设备有限公司、华北制药股份有限公司；市科技局新认定市级创新型企业14家。

（李云萍）

【科技企业孵化器管理】 年内，市科技创新服务中心和方大科技园获批“国家级科技企业孵化器”，石家庄市为2家孵化器分别兑现奖励资金500万元。为提高孵化器管理水平，5月份，组织全市各孵化器参加省科技厅举办的2012年河北省科技企业孵化器环境与能力建设培训会议，推动孵化器由综合型向专业型、服务功能向多功能集成化服务发展。2012年，市科技创新服务中心还成功入选科技部火炬中心评选的“首批科技企业孵化器从业人员培训机构”，成为河北省唯一一家“孵化器从业人员培训机构”。

【培育扶持高新技术企业】 加强高新技术企业的培育和认定工作。采取集中培训与一对一辅导相结合的方式，加大高新技术企业培训、辅导等服务工作力度。加强考核，发挥县（市）区科技局作用。明确县（市）区高新技术企业重点培育对象及任务目标；完善申报程序，由县（市）区科技局对企业材料先行把关。通过对高新技术企业在自主创新能力建设方面的成功经验和做法进行认真梳理和总结，将41家企业的创新经验进行汇编，供企业及科技部门学习借鉴。2012年新认定高新技术企业47家，复审40家。积极推进高新技术企业上市工作。推荐河北申科电子股份有限公司等3家企业作为河北省上市后备企业，累计推荐上市后备企业达17家。2012年，石家庄中煤装备制造股份有限公司在深圳证券交易所挂牌上市，累计上市高新技术企业达11家。帮助企业争取国家火炬计划重点高新技术企业。筛选推荐的华北制药股份有限公司和河北申科电子股份有限公司，被列为2012年国家火炬计划重点高新技术企业，2012年全市累计达到7家。

【生产力促进中心建设】 稳步推进省会生产力促进联盟工作。年初组织召开了“河北省省会生产力促进联盟”第二次理事会，确定了2012年联盟重点工作。为深入做好联盟资源的整合和互动，稳步、扎实推进“联盟”建设工作，启动了“河北省省会生产力促进联盟服务资源共享机制研究”项目。提升核心服务能力，打造“品牌服务”。石家庄生产力促进中心以公共服务平台建设为突破口，服务能力和企业认知度有了大幅提升。快速制造工程技术平台被“国家快速制造工程技术中心”命名为“快速制造国家工程研究中心河北示范中心”。辛集皮革生产力促进中心、高邑建陶生产力促进中心等都根据自身优势积极培育服务于皮革、建陶、钙镁、板材等特色产业的服务品牌。

【半导体照明技术】 设立科技专项，对半导体照明企业科研项目进行连续支持，积极推进半导体照明产业基地建设。2012年组织实施了高性能低成本LED驱动芯片、大功率集成LED散热技术、组合式LED照明灯具、LED灯泡专用高效铜铝复合散热器、LED用氮化铝陶瓷基片等18项科技计划项目。凭借多年持续技术创新形成了深厚的技术积淀，石家庄市企业研发的高端芯片、功率光源、面光源、LED显示屏、矿用防爆灯、地下停车场智能灯、灯光隧道、艺术造型灯杆等一批重点产品市场占有率不断提高，成功应用于人民大会堂、北京地铁、拉萨等重要工程。11月5日，在国际半导体照明联盟（ISA）2012年成员大会上，石家庄市半导体照明企业河北立德电子有限公司的“人民大会堂万人大礼堂及周边设施LED照明节能改造项目”、“LED在哈尔滨冰雪世界冰雪景观里的应用”2个项目获得国际半导体照明联盟（ISA）评选的全球半导体照明示范工程100佳2012年十大获奖工程。全球半导体照明示范工程100佳为全球半导体照明领域的最高荣誉之一。2012

年全球半导体照明示范工程100佳前十名项目是在全世界范围内遴选，参加评选的均为国内外大型照明公司。河北立德电子有限公司是一家以半导体照明应用为主导发展方向的高新技术企业，主要从事SMD系列封装产品、集成功率LED光源产品、SMD产品的PCB模块、大型控制系统的设计与制造。河北立德电子有限公司获得2个奖项，在石家庄市半导体照明史上属于首次。组团参加“第九届中国国际半导体照明展览会暨论坛”，展示了近几年全市半导体照明领域的创新成果及基地建设取得的成绩，10余家骨干企业参展了从芯片、封装到应用等多项新技术及产品，扩大了影响。

【科技型中小企业发展】 通过开展培训、深入宣传、广泛挖掘、积极指导，全力做好科技型中小企业创新基金申报工作。年内经严格把关，认真筛选，73家科技型中小企业获得国家、省创新基金（资金）支持。其中，国家创新基金项目立项49项，经费3235万元；创业投资引导基金投资保障项目7项，经费600万元；中小企业公共技术服务机构补助资金项目8项，经费540万元。全年省创新资金项目立项25项，经费420万元。在创新基金资助下，广大科技型中小企业抓住机遇、乘势而上，积极研发产品、占领市场，企业规模及经济效益大幅提高。

【金太阳示范工程】 动员和组织企业积极申报示范项目，全年共推荐7个项目申报，其中河北鼎力新能源科技有限公司的“河北鼎力新能源科技有限公司用户侧光伏发电示范项目”列入国家2012年金太阳示范工程项目目录，成为石家庄市首个示范项目。该项目装机容量10000千瓦，按照5.5元/瓦国家财政补助标准，项目获得国家财政补贴5500万元。第二批上报“石家庄常山纺织股份有限公司10MW用户侧光伏发电示范项目”等6个项目。第二批6个项目总投资61632.72万元，总装机容量54177兆瓦。

（市科技局）

社会发展领域科技进步

【概况】 2012年，全市社会发展领域科技以提高自主创新能力为目标，大力推进新药创制、节能减排、生态与环境、人口与健康、公共安全、可持续发展等社会发展领域科技进步。华北制药、石药集团、神威药业、以岭药业4家企业承担国家“重大新药创制”专项全部通过国家验收。节能减排科技工作重点围绕“蓝天碧水”工程建设和医药、化工、建材、冶金等重点行业，安排节能减排项目14项。发挥设立指导性计划引导作用，筛选120多项医疗卫生行业创新性强、有良好研究基础、能带动学科发展、应用前景广阔的研究项目列入全市2012年指导计划。

【生物医药产业技术创新】 围绕石家庄市生物医药产业特色，谋划打造生物医药技术创新高地。开展医药领域重点技术创新课题研究，石药集团承担“吉法酯原料及软胶囊的研究开发”、“硫酸氢氯吡格雷片的研究开发”，常山生化承担“贝米肝素钠原料药的研究开发”，河北联合制药有限公司承担“注射级布洛芬原料及其注射液的制备”等课题创新。推进国家“重大新药创制”专项实施，华北制药、石药集团、神威药业、以岭药业4家企业承担国家“重大新药创制”专项15项，参与研究开发项目7项，全部通过国家验收。主要包括企业新药孵化基地建设、技术平台建设、创新药物临床前研究、创新药物临床研究、新型药物制剂及工艺技术平台建设、产学研技术创新联盟建设、中药大品种工艺优化关键技术研究等。其中，神威药业“益气通络颗粒”获国家新药证书；“华北制药企业新药孵化基地建设项目”完成开发先导化合22个，取得新药临床研究批文4个，开展临床研究新药2个，获得新药证书3个，实现产业化新产品10个。市级重点科研项目华北制药承担的“石家庄生物医药关键技术研究及免疫抑制剂系列产品开发”、“新型抗艾滋病、丙型肝炎病毒先导化合物的筛选”、“抗耐药菌新药－达托霉素的研发”完成并通过专家验收。以岭药业完成“中药连花清瘟治疗流行性感冒研究”项目获得2012年国家科技进步二等奖。“丁苯酞原料及软胶囊”、“低分子量肝素钙注射液”等一批生物医药科研成果获得市科学技术进步奖。

【节能减排技术应用】 全年节能减排科技工作重点围绕“蓝天碧水”工程建设和医药、化工、建材、冶金等重点行业，安排节能减排项目14项，主要有“省会大气环境质量现状分析及治理对策研究”、“太阳能采暖储能技术的研发”、“燃煤助燃剂研究开发”、“硅溶胶精密铸造业节能减排工艺方法研究”、“低等级粉煤灰活化生产蒸压建材关键技术研究”、“利用光能和生物质材料生产环保再生橡胶新技术”、“污水生化处理过程污泥减量技术”等。按照统一部署，市科技局组织了2012年石家庄市节能减排宣传周活动，制作展板，印发宣传册，介绍最新节能产品，推广节能减排实用技术，普及生活节能窍门，取得良好效果。

（市科技局）

【河北省钢铁行业节能减排共性技术开发与推广课题通过专家验收】 8月份，由石家庄生产力促进中心承担的国家火炬计划环境建设项目“河北省钢铁行业节能减排共性技术开发与推广”课题通过专家验收。“河北省钢铁行业节能减排共性技术开发与推广”项目于2008年列入国家火炬计划，由石家庄生产力促进中心牵头，依托廊坊市、唐山市、张家口市等地生产力促进中心，全面调研河北省钢铁行业节能减排技术，建立了共性技术研发推广服务平台，并组织联盟成员单位与大专院校和科研单位开展产学研合作，对高炉喷煤助燃技术、烧结增效技术进行研发，开展关键共性技术研究与创新，形成了高炉煤焦活性剂和SYP烧结增效剂2项科技成果，并在16家钢铁企业推广应用，降低了成本，提高了经济效益，减少了环境损害。

（李云萍）

【科技惠民工程】 鼓励和支持医疗卫生行业技术创新。针对发病率高，严重危害人民健康的常见、多发及重大疾病预防、诊断和治疗开展技术创新活动，发挥市设立指导性计划引导作用，筛选120多项创新性强、有良好研究基础、能带动学科发展、应用前景广阔的研究项目列入全市2012年指导计划。围绕食品安全、公共安全、气象灾害预测预警等与人民生活密切相关的科技问题开展技术创新，安排“食品中重金属酶法快速检测试纸条的研制”、“面向设施蔬菜的气象灾害监测预警及调控关键技术研究”、“面向基层的心电监护网络系统的建设与研究”等课题开展科技攻关。按照市政府食品安全委员会办公室《关于参加石家庄市2012年“家乐福保龙仓杯”食品安全知识竞赛的通知》和河北省人民政府食品安全委员会办公室《关于认真组织参与“五得利杯”食品安全知识有奖竞答活动的通知》精神，组织全市科技系统工作人员参加竞赛答题活动，普及食品安全科学知识，增强干部职工食品安全意识和自我保护能力。市科技局作为市减灾委员会成员单位积极参与组织“防灾减灾日”宣传活动，大力宣传科研活动支撑防灾减灾的重要作用，并结合具体情况介绍了防灾减灾的新技术、新产品、新成果。年内，市科技局获评2012年度防震减灾工作先进单位。围绕人口健康、公共安全、生态环境、防灾减灾等事关民生需求领域开展技术创新，让先进科技成果直接惠及百姓。2012年，在省科技厅大力支持下，石家庄市谋划和申报了国家2013年科技惠民项目。

（市科技局）

科技合作与交流

【概况】 2012年，全市科技合作与交流工作以提升自主创新能力为核心，以服务主导产业、骨干企业、知名品牌的发展要求为主线，突出重点，打造亮点，圆满完成各项工作任务。1月6日，组织召开石家庄市国际科技合作工作会议，安排部署2012年国际科技合作与交流重点工作，冀凯集团和中电科技集团十三所两家国际科技合作基地在会上分别介绍了开展国际科技合作的经验和做法。深入企业和科研院所，挖掘和筛选出一批国际科技合作项目。推荐中电科集团第十三所加入国家对俄科技合作基地联盟，共享全国对俄罗斯科技合作信息和渠道，拓展了与俄罗斯、乌克兰、白俄罗斯等独联体国家的合作。多次组织企业参加科技部和省科技厅举办的国际科技计划项目培训会，主动帮助和指导企业准备评审答辩材料，有效地提高了企业项目入选成功率。制定出台《石家庄市国际科技合作基地认定和管理暂行办法》。2012年，石家庄市“玉米基质生物医学材料的联合研发”等8个项目列入国家、省国际科技合作计划专项，争取资金880万元。全年安排市级国际科技合作计划项目8项，经费98万元。

【开展交流活动】 2012年，派出赴意大利、台湾和香港科技考察和招商团组共计3批13人次，接待了来自瑞典、澳大利亚、意大利等国家的专家10余人次到石家庄市有关科研院所和企业进行科技考察和项目洽谈。邀请爱尔兰、加拿大、美国等国专家指导，市科技局主导建设的中欧生物医药联合实验室，作为石家庄市国际生物医药研发与技术服务平台，顺利通过美国食品药品监督管理局（简称FDA）认证，该平台已经成为全国屈指可数的拥有获得FDA认证检测实验室的生物医药技术服务平台。石家庄市科技创新服务中心与意大利莱昂纳多技术有限公司就建设中意企业创新孵化器河北分中心签订了框架合作协议，双方共同建立河北省首家中意企业创新孵化器，为石家庄市和意方中小企业搭建技术转移、技术创新、国际合作的服务平台，实现双方在技术、人才、项目、市场等方面的国际合作。

（市科技局）

【国家国际科技合作基地增至6家】 2012年10月，科技部国际合作司认定第八批示范型国际科技合作基地，石家庄市的河北先河环保科技股份有限公司入选。至2012年末，全市国家国际科技合作基地增至6家。另5家分别是以岭药业、冀凯实业集团、华北制药集团、中电科技集团十三所和河北医科大学第四医院。科技部于2007年开始认定国家国际科技合作基地，主要通过发展“项目－人才－基地”相结合的国际科技合作模式，实现地区国际科技合作发展产生引领和示范效果，提升自主创新能力和国际竞争力。以岭药业于2007年被授予国家国际科技合作基地，这也是石家庄市的第一个国家国际科技合作基地。

【2家院士专家服务中心挂牌】 2012年9月，在第十四届中国科协年会上，河北省新设2个院士专家服务中心在石家庄市科技创新服务中心和辛集市科学技术协会挂牌。院士专家服务中心主要为企业重大项目研发、高层次人才培养、科技合作等领域提供服务平台，借助院士专家解决企业面临的技术难题，提高企业的科技研发能力，并通过进站工作服务等长效机制，实现院士专家和研究团队与企业深度对接，充分发挥高端人才在不同层面的重要作用。此外，石家庄市新建2家科技专家企业工作站也同时挂牌，分别设在石家庄宝石电子集团公司和石家庄数英仪器有限公司。

（李云萍）

【参加科技展览招商】 组织全市有关企业参加了“香港投洽会”、“北京科博会”、“深圳高交会”、“西安科博会”、“云南桥头堡建设科技入滇对接会”等科技展览和洽谈会，积极推介石家庄市一批优秀高新技术合作项目，加大科技招商力度，取得良好效果，合作项目总投资额达到141亿元。因组织有力、工作出色，石家庄市荣获河北省科技厅颁发的“第十五届中国（北京）国际科技产业博览会优秀组织奖”。

（市科技局）

民营科技管理与服务

【概况】 大力推进自主创新、民办非企科技工作。民营科技管理与服务工作政策性较强，主要是搞好宣传、培训和服务。加大科技政策宣传贯彻落实力度，采取印发宣传资料、举办政策解读培训班、编印政策汇编等形式，积极宣传落实以企业研发费税前加计扣除政策为代表的科技优惠政策，并积极与国税、地税部门沟通与协调，大力推动企业研发费用税前加计扣除政策的贯彻落实。进一步转变工作作风，耐心细致服务企业，受到好评。加强民办非企管理。研究新形势下民办非企业单位的管理措施，起草《石家庄市科技类民办非企业单位设立审查与管理办法》。对全市35家科技类民办非企业单位进行年度审验。

（市科技局）

【建成5个科技中心公共技术服务平台】 至2012年末，市科技中心公共技术服务平台达到5个。分别是：石家庄国际生物医药技术服务平台、石家庄中药现代化技术公共服务平台、石家庄市大型仪器设备共享平台、石家庄市科技创新创业支撑服务网络平台和石家庄市软件企业服务与共性技术支撑平台。其中，石家庄国际生物医药技术服务平台2012年为企业创造产值4.7亿元。石家庄国际生物医药技术服务平台建设项目于2012年8月通过课题验收，该平台中的“中欧生物医药联合实验室”通过美国FDA认证，是华北地区唯一一家获得FDA检测认可资质的实验室。2012年，石家庄国际生物医药技术服务平台服务企业36家，研发或引进医药产品项目8个，并为多家制药企业提供了欧美法规市场注册服务，帮助企业获得了FDA认证。

【3家孵化器企业获奖】 2012年9月，在中国科技创业计划大赛上，市科技创新服务中心有10家企业入围初赛，3家企业获奖。其中，河北亿生堂医用品有限公司获得二等奖、河北三环电器设备有限公司获得三等奖、石家庄市西姆克科技有限公司获得优胜奖。此次中国科技创业计划大赛由宁波市人民政府、科技部火炬高技术产业开发中心、国家科技风险开发事业中心主办，面向中国海内外科技型企业、科技创业人员（专利技术、科技成果持有者）以及进入创业实施阶段的科技项目，从创业计划书入手，举办创业理念和实践培训，并以创业计划大赛为载体，整合国内孵化器的创业资源，主在打造中国最有影响力的早期科技创业投融资技术服务平台。

（李云萍）

科学技术普及

【概况】 5月19日，由石家庄市人民政府主办，石家庄市科技局、栾城县人民政府承办的“2012年石家庄市暨栾城县科技活动周开幕式及集中宣传活动”在栾城县人民广场举行。开幕式结束后，科技、农业、教育、环保、卫生等市、县科普联席会议成员部门和正定科技馆、中科院农业资源研究中心等有关单位及栾城县7个乡、镇等单位，在栾城县人民广场进行科技下乡及科普宣传活动。科普宣传以创新型城市建设为主题，围绕普及科学技术知识、送科技到基层农村、丰富群众科学文化生活、科技促进文化创新发展等方面，开展低碳经济、环境保护、健康低碳生活方式、防病治病、减灾防灾、新品种新技术新成果展示、技术咨询、义诊等科技活动。正定科技馆展出的科普知识展牌、科普大篷车及天文观测车、车载天象厅等科普仪器设备受到参会群众欢迎。宣传活动共出展牌500多块，发放科普图书3000多册、宣传资料1万余份，出动宣传车辆100多台，接受群众咨询万余人次，广泛、深入地传播了学科技、用科技，关注科技工作、支持科技工作的创新文化。与河北省科技厅联合主办第三届“科技活动周”网络科普知识竞赛，引导群众解读《河北省科技进步条例》，了解企业研发加计扣除等科技政策，增加群众的科普知识。开展科普大篷车巡回展出活动，组织正定科技馆组成科普流动工作队，在全市开展丰富多彩的科普巡展活动。巡展活动深入机关、学校、厂矿、农村、军营，特别针对农村青少年群体开展。科普宣讲服务团深入基层服务群众，组织有关专家进社区、到农村举办346场科普宣讲活动，内容涉及健康知识、低碳生活以及小麦春管等实用技术，受益群众4.3万余人。

（市科技局）

【举办科技活动周】 5月19～25日，“2012石家庄市科技活动周”（首日在栾城县）举行。活动周主题为“携手建设创新型国家”。此次活动周期间，全市举办了河北省暨石家庄市第三届网络科普知识竞赛活动，开展了科普巡回宣讲、科普大篷车巡回展出以及“科技促进文化创新发展、普及科学技术知识、丰富群众科学文化生活、送科技到基层农村”等主题活动。

（李云萍）

【创新型城市建设】 出台《关于开展创新型城市建设评价考核工作的意见》。召开创新型县（市）区建设培训交流会，从“优化创新环境，进一步完善和落实鼓励自主创新的政策措施；培育创新主体，大力扶持民营科技企业创新发展；加强目标任务考核，调动各方面积极性，形成推动建设创新型城市工作合力”三个方面，提出了开展创新型县（市）区建设工作的具体要求。5月15～16日，建设创新型国家战略推进委员会考察组一行13人到石家庄市考察调研企业自主创新和国家创新型城市建设工作，并与石家庄市有关部门和企业进行了座谈交流。7月17～18日，石家庄市参加了科技部组织的创新型试点城市工作座谈会，交流了创新型城市建设的进展情况，总结了试点工作经验，研讨了建设创新型城市的政策措施。

【科普调查】 完成2011年度全市23个县（市）区以及21个市直部门共计427个单位的，涉及科普人员、科普场地、科普经费、科普传媒、科普活动等5个方面86项指标的科普工作统计任务。统计结果显示，2011年全市共有科普人员8519名，其中专职人员近300名；科普经费投入达2300万元；非场馆类科普场地268个，10米以上科普画廊920个，农村科普活动场地1744个；全年各类音、视频类媒体播出科普（技）节目达4231小时；开展各类科普活动1.2万余次，参与人数达470万人次以上，组织千人以上的重大科普活动近206次，举办各类培训班4257期。

（市科技局）

山区经济技术开发

【概况】 2012年，山区经济技术开发办公室（简称山区办）认真谋划山区开发工作思路，不断提高全市山区开发工作水平，立足全市山区实际，印发了《2012年全市山区开发工作要点》。主要工作任务和目标是重点在山区发展8大优势产业，抓好30个星火科技示范基地，扶强10个带动能力较强的科技型龙头企业，打造10个知名品牌产品，建设10个新农村科技示范村，培训农民20万人（次）以上。围绕山区特色产业发展、星火产业带示范基地建设、科技型龙头企业等积极谋划和争取省科技项目，提高产业基地、龙头企业建设的科技含量。2012年全市山区各县（市、区）共承担省级科技项目16项，经费105万元，组织实施市级科技项目14项，经费178万元。

【星火产业带示范基地管理】 2012年，石家庄市井陉钙镁产业、行唐奶业产业、元氏石榴产业、赞皇柴鸡产业、灵寿中药材产业、平山大西柏坡红色旅游与生态农业休闲产业和鹿泉奶业标准化生产技术集成与产业化七个产业基地被认定为河北省山区星火产业带示范基地，按照省科技厅要求，山区办积极协调基地所在县，加强示范基地管理，建立组织领导机构，制定切实有效措施，加大科技创新和科技投入力度，加快示范基地发展。截至2012年底，先后在7个示范基地实施省、市科技计划项目30多项，全年多次在基地举办各种类型的培训班、印发技术资料、推广新技术等活动，推动了基地的发展，经济效益和科技进步水平明显提升。同时，积极抓好17个市级星火产业带示范基地建设，在资金、项目等方面加大支持力度，推动基地依靠科技加快发展。

【龙头企业新产品、新技术开发】 扶持特色产业龙头企业开发新产品、新技术，进一步提高龙头企业的技术创新能力和对产业的辐射带动作用。对井陉县天山绿色食品有限公司承担的“山地阳坡资源节约经济高效型日光温室有机蔬菜生产技术”、石家庄市乾昊钙业有限公司承担的“微细造纸专用碳酸钙”、鹿泉市谷家香椿专业合作社承担的“红油椿苗木繁育及保护地栽培技术研究与示范”等多个项目进行支持，这些技术和产品的研究开发，有效地促进了基地和企业产品提档升级，带动相关产业的发展，取得显著的经济和社会效益。

（市科技局）

【2项山区科技成果获得河北省山区创业奖励】 2012年，石家庄市2项山区科技成果获得2012年度河北省山区创业奖励。2项成果分别是：鹿泉市谷家香椿专业合作社承担的“香椿高产栽培与贮藏保鲜加工技术的研究开发项目”和井陉县天山绿色食品有限公司承担的“山地阳坡资源节约经济高效型日光温室绿色蔬菜生产关键技术”。

（李云萍）

【山区新农村科技示范村建设】 按照市委、市政府两办印发的《关于加强石家庄市山区资源综合开发、加快山区经济发展的意见》中关于“十二五”期间在山区建设100个新农村科技示范村的要求，山区办有重点地选择一部分示范村，除在科技项目方面进行重点支持外，还向市财政争取新农村建设专项资金20万元，支持示范村建立科技书屋、科技橱窗、聘请专家、开展培训等，以推动示范村产业发展，提高农民的科技文化素质和科技种养水平，加快新农村建设进程。2012年重点对鹿泉市谷家峪村的错季香椿种植及脱水、速冻保鲜，北黄壁村的青鱼养殖、南朱乐村的食用菌产业、行唐县东安太庄的苹果产业等10多个村进行了支持，并结合产业发展在示范村进行多次技术培训，有力地推动了产业发展，加快了新农村建设步伐。

【农民技术培训】 为了提高山区农民科技种养水平、加快脱贫致富步伐，针对山区农民科技水平较低、阻碍科学发展的问题，山区办把加强山区农民技术培训作为2012年工作重点，认真谋划、强化措施、明确任务、狠抓落实。年初即向各县下达了全年培训任务，并签订了任务合同书。2月17日，在鹿泉市组织召开2012年全市山区农民科技大培训活动启动仪式暨奶牛养殖技术培训会议，山区各县（市、区）科技局局长、山办主任及鹿泉市有关部门、各乡镇主管科技工作的负责同志、奶牛养殖大户等200多人参加了会议。会后，山区各县（市、区）也都召开了类似启动会议，全市山区掀起了农民科技大培训活动高潮。截至年底，全市山区共培训农民20万多人（次），受到农民群众的热烈欢迎。

【苹果产业技术创新联盟成立】 上半年重点对石家庄市山区大枣、核桃、苹果、食用菌等优势特色产业进行了调研，并召开了有关大专院校、科研单位、企业、基地和管理人员参加的座谈会，确定在已经具备条件的苹果产业建立石家庄市山区苹果产业技术创新联盟。8月7日，在井陉矿区天户峪村林果场召开了石家庄市山区苹果产业技术创新联盟成立大会，表决通过《石家庄市山区苹果产业技术创新联盟章程》，选举产生了理事会、理事长、副理事长、秘书长和专家委员会主任、副主任。石家庄市山区苹果产业技术创新联盟的成立和运行，充分发挥联盟成员之间的强势联合作用，进一步推动全市山区苹果产业技术创新和优化升级，对促进石家庄市山区苹果产业的发展发挥重要的作用。联盟成立后已组织两次苹果现场观摩会和一次培训会，深得苹果种植企业和种植户的欢迎，收到较好的效果。

【科教兴山创业奖评审】 根据《石家庄市科教兴山创业奖励办法》及《石家庄市科教兴山创业奖实施细则》，8月份山区办组织进行了2012年石家庄市科教兴山创业奖的申报工作，9月21日，邀请省、市有关专家领导组成评审委员会，对报奖项目进行了评审，共评出拟授奖项目34项，其中一等奖3项、二等奖6项、三等奖25项。经积极争取，2012年全市山区创业奖奖金总额由2011年的25万元增加到50万元，一、二、三等奖奖金也分别提高到了3万元、2万元、1万元。从评审结果看，2012年的获奖项目技术水平高、经济效益显著，为推动全市经济、社会发展和生态环境建设发挥了作用。据统计34个项目累计实现经济效益21.6亿元。科教兴山创业奖的评审，进一步激励和调动了广大科技人员和山区干部群众开发建设山区的积极性。

（市科技局）

专利与知识产权保护

【概况】 2012年，全市修订了《石家庄市专利奖励办法（试行）》，梳理集成科技创新多项政策措施，对包括单位或个人申请专利、企业实施知识产权战略推进计划等创新活动，明确了奖励标准，强化了奖励操作性，确保政府对知识产权的激励和支持落到实处。全年专利资助数量和资助金额创下历史新高，共有1075项专利列入国家、省、市专利资助计划，资助资金204.3万元。其中30项专利项目列入国家PCT专利申请资助，获得资助资金119万元；584项发明专利申请和发明专利列入省专利资助计划，获得资助资金56万元；461项专利列入市专利申请资助计划，发放专利资助资金29.3万元。2012年，全市新增专利申请4962件，同比增长33.2%，专利授权量达3450件，增长38.7%，其中发明专利申请为1414件，授权651件，分别比2011年增长13.2%和12.8%。年内，市知识产权局荣获“全省综合知识产权工作先进集体”、“全省知识产权政务信息工作先进集体”、“石家庄市打击侵犯知识产权和制售假冒伪劣商品专项行动工作先进集体”称号。

【知识产权优势培育企（事）业】 对全市58家省级知识产权优势培育单位，重点在知识产权管理、培训、预警机制、维权援助、专利分析等方面进行引导扶持。从中组织筛选了25家贯标试点企业进行培训，分别与4家服务咨询机构建立了对口帮扶关系，引导各试点单位建立科学、规范、系统的知识产权管理体系。指导和帮助河北科星药业有限公司、石家庄市君乐宝乳业有限公司等7家单位成立石家庄市安全农业重点产业知识产权（专利）战略联盟，各联盟单位在自愿、平等、互利、合作的基础上，集合政府、企业、高校和科研机构等多方资源，不断提升专利竞争力，促进都市型现代农业持续健康发展。石药集团、以岭药业、冀凯集团、博深工具等一批具有核心技术知识产权的知名企业集团知识产权工作质量大幅度提升，经济效益、社会效益和知名度大幅度提高。在2012年“河北省知识产权优势培育工程专利奖”评选中，全市有9个项目获奖，石家庄市荣获优秀组织奖。其中，石家庄以岭药业股份有限公司的“一种治疗冠心病心绞痛的中药组合物及其制备方法”和石药集团欧意药业有限公司的“奥拉西坦制剂及制备方法”发明专利项目荣获一等奖。指导和帮助石家庄制药等6家省优势培育企业实施“河北省专利战略引导计划”并通过省局组织的专家评审验收，其中中国电子科技集团公司第五十四研究所的“高档晶体振荡器专利信息检索分析”等6个项目被中国知识产权研究会、河北省知识产权局分别授予“河北省专利战略优秀研究成果”一、二、三等奖。在全省2012年知识产权优势企事业培育工作考核中，石家庄市华北制药、河北科大、石药集团、博深工具等八家单位获得先进单位荣誉称号。

【专利权质押融资】 加强与全市金融机构的联系，探索建立专利权质押贷款合作机制，加大专利权质押贷款贴息、评估、担保费用资助力度，降低企业知识产权质押融资成本。制订《2012年全市专利权质押贷款工作安排意见》，通过政策引导、搭建平台、资金扶持、目标管理和强化跟踪服务等措施，不断加强与市金融办、银行、融资性担保机构、资产评估机构的沟通与合作，积极推动全市专利权质押贷款工作迈上新台阶、取得新突破。全年共组织8家企业获得金融机构专利权质押贷款，总额达到7200万元，超额完成省局下达给石家庄市的目标任务。

【专利提升行动】 进一步落实《石家庄市开发区（园区）工业企业专利提升行动实施方案》，在全市省级以上开发区继续开展“专利提升行动”。科技、商务、知识产权部门与开发区（园区）管理部门间建立工作协调机制，从知识产权服务机构、知识产权管理部门、高校、科研单位等选派知识产权特派员，为试点企业提供一站式服务。通过普及专利知识、培养专利人才、完善专利制度、制定专利战略、完善专利服务等手段，提高企业知识产权工作水平，提升知识产权创造产出能力，增强石家庄市企业核心竞争力。2012年在全市省级以上开发区（园区）消除“零专利”企业50家，有效提高企业知识产权创造产出能力。

【专利执法维权】 在全市开展知识产权执法维权护航专项行动，巩固打击侵犯知识产权与假冒伪劣商品专项行动战果，为研发创新活动护航、为诚信消费护航、为经济结构、产业结构调整护航。及时查处假冒专利行为、调处专利侵权案件，对专利侵权违法行为进行专项整治，确保石家庄市不发生大规模侵犯专利权案件发生。针对重点领域、行业、场所的重点产品实行集中拉网式全面检查，严厉查处和打击知识产权违法行为，切实加大执法检查力度。2012年全市检查70余次，出动专利行政执法人员207人次，检查商贸单位621家，检查不规范专利商品60余种，立案处理30件，其中调处专利纠纷19件，查处假冒专利9件，接受移送案件2件。在全市商品流通企业全面推进“无假冒专利示范单位”专项工作，建立健全知识产权管理体系，落实组织领导、管理机构、管理人员，全年培育不同类型“无假冒专利示范单位”商贸企业30家。

（市科技局）

【9家企业获评无假冒专利示范单位】 2012年末，全市9家商贸企业获得2012年全省“无假冒专利示范单位”。9家商贸企业分别是新乐市上帝购物中心、辛集皮革城有限公司、正定天天药房、栾城天阳超市有限公司、行唐北人电器有限公司、元氏和兴园超市、高邑中山日化商店、平山兴山商厦、神威矿区中心店。

（李云萍）

【高新区通过国家知识产权试点园区验收】 石家庄高新区是河北省唯一一家国家知识产权试点园区。2008年被国家知识产权局确定为国家知识产权试点园区以来，坚持将知识产权工作与科技创新、产业发展紧密结合，大力推进知识产权创造、运用、保护和管理工作。通过四年时间的知识产权试点工作，园区知识产权综合服务能力大幅提升，企业自主创新能力显著增强，知识产权意识不断提高，专利申请量、授权量以及商标、版权申请量均大幅度增长，知识产权的商品化和产业化取得明显成效，知识产权环境进一步优化。专利申请数量以近30%的速度逐年上升，较好地完成了《国家知识产权试点园区工作实施方案》的任务目标，试点成效显著。2012年8月，受国家知识产权局委托，省知识产权局组织验收评定专家组对石家庄高新区“国家知识产权试点园区”工作进行验收评定，专家组给予了高度评价，顺利通过验收。

（市科技局）

科学技术奖励

【概况】 2012年，全市共收到科学技术奖申请项目131项。经过评审委员会审查，最终确定奖项82项，其中科学技术特别奖2项，科学技术进步一等奖15项，科学技术进步二等奖25项，科学技术进步三等奖40项。2012年科技进步奖获奖奖项87%的成果达到国内领先水平以上，23%项目成果水平达到国际先进水平以上。特别奖获奖单位为市农林科学研究院和河北远征药业有限公司。

表61　2012年度石家庄市科学技术特别奖

序号	项目名称	完成单位	主要完成人员
1	节水冬小麦新品种石家庄8号选育与应用	石家庄市农林科学研究院	郭进考　史占良　石敬彩　蔡欣　何明琦
2	硫酸头孢喹肟注射液	河北远征药业有限公司	岳永波　杨芳　王德功　刘波　刘海亮

向首批设立的20家博士后创新实践基地授牌。其中石家庄市3家，分别是河北先河环保科技股份有限公司、河冶科技股份有限公司和河北普兴电子科技股份有限公司。设立博士后创新实践基地应具备下列条件：具有独立法人资格；拥有一支较高水平的专业技术人员队伍和较好的研究开发条件；具有较好市场前景和较高学术、技术水平的研究项目；对开展博士后工作有积极愿望，企业经营管理或运行状况良好，有很好的经济效益，能为博士后研究人员提供必要的研发经费和生活条件及其他后勤保障。建有专门的研究开发机构、承担着省级以上重大项目的企（事）业可优先设立博士后创新实践基地。

（刘毅）

【科技创新服务中心被认定为国家级科技企业孵化器】 2012年初，经科技部审核，石家庄市科技创新服务中心被认定为国家级科技企业孵化器。石家庄科技创新服务中心是由市政府投资，市科技局主管的综合性科技企业孵化器，集科研、中试、办公、会议、展览、商务、健身及生活配套等服务为一体的科技企业孵化基地和科技创新服务平台。一期工程项目占地2.38公顷,投资1.3亿元，科技研发中心大楼3.6万平方米。该中心已建成“大型仪器共享平台”“国际生物医药技术平台”、“中药现代化技术平台”等三大公共技术服务平台；投融资服务平台、人力资源服务平台、技术转移服务平台等三大创新公共服务平台；企业培训中心、科技咨询服务中心、国际合作交流中心等三大企业孵化服务中心，形成“专业孵化＋创业导师＋创业投资”的服务模式。

（焦莉莉）

【京华电子产业化一期项目】 2012年6月，由石家庄市京华电子实业有限公司投资兴建的省重点项目“LED应用产品产业化”一期项目工程正式开工。该项目总投资5.5亿元，总建筑面积10.32万平方米，其中一期投资1.7亿元，厂房建筑面积3.44万平方米。该项目以LED应用产品研发、生产、销售为主导，年产3万平方米高端LED显示屏，500万块高集成LED显示器件，300万只LED照明应用产品。

（范玉蕾）

【产学研合作对接会11家企业与科研单位签约】 6月6日，由市科技局主办的“2012年度石家庄市产学研合作对接会”举行，全市11家企业与石家庄铁道大学、河北农业大学、河北科技大学、扬州大学兽医学院、中国科学院遗传与发育生物研究所农业资源研究中心等11家科研院所、大专院校签订科技合作协议，项目投资总额达2.43亿元。

（李云萍）

【“加快辛集创新型城市建设”产学研合作对接会】 9月20日，市科技局与辛集市政府围绕“加快辛集创新型城市建设”主题，共同主办产学研合作技术对接活动。此次技术对接活动，旨在贯彻落实全国科技创新大会精神，围绕辛集市皮革、化工、钢铁机械、农产品加工及农村经济的发展，邀请有关大专院校、科研单位进行科技成果发布，组织专家深入企业考察、对接，加强企业与科研单位的技术合作，加快科技成果转化，提升企业的技术创新水平，增强企业的核心竞争力，促进辛集市经济社会发展。会上，四川大学、华北电力大学、河北科技大学、河北农业大学等单位介绍了各自的优势学科。辛集市6家企业与四川大学、华北电力大学、河北科技大学、河北经贸大学、河北省机械科学研究院、石家庄果树所等单位签订了投资总额为1.2亿元的科技合作项目。

（市科技局）

教　育

模范进高校巡回演讲”等丰富多彩的活动，高校思想政治工作针对性和实效性不断增强。“人才强教、科研强教”战略有力实施。2012年“三支队伍”建设中，全年各级各类培训教师、校长和行政干部近3万人。还启动“十大知名校长”评选活动，评选出10名“知名校长”和11名“优秀校长”。积极化解历史遗留问题，按上级统一部署启动实施原民办代课教师发放教龄补助工作，《关于妥善解决中小学代课教师问题的指导意见》经市政府同意印发实施，各县（市）、区及市直学校正按照市政府决策精神，着手制定面向代课人员招录方案。教育科研对教育事业的支撑作用进一步加强。坚持“依靠科研提高教育质量，依靠科研推进石家庄市教育的全面、协调、可持续发展，依靠科研使石家庄市教育尽快跻身于全国教育第一方阵”，教育科学研究工作逐步实现制度化、科学化和规范化。素质教育特色日益显现。青少年学生思想道德建设进一步加强，以小手拉大手、暖心行动、倡导文明语言等一系列活动为载体，引导广大青少年增进爱国情感、践行文明风尚、提高道德素养。深入开展阳光体育运动，推进学校体育“四个一”工程，通过实施“体育、艺术2+1项目”、中小学生视力健康干预工程和开展第三届心理健康日（月）等一系列活动，促进广大青少年学生身心健康成长，覆盖城乡学校的心理健康教育三级维护网络日渐完善，被教育部命名为首批“全国中小学心理健康教育示范区”。中小学生艺术教育广泛开展，开展了首届“梅花小童星”戏曲邀请赛、校园青春健身操大赛、小学生百人校园排舞比赛等活动，有效推进了中小学艺术教育深入开展。创新教育深入推进。举办了第十二届“探索者”杯科技创新大赛；教育机构重点项目建设稳步推进。中小学校舍安全工程扎实推进，至2012年底，全市校安工程累计开工面积369万平方米，开工率98%，累计竣工面积2874万平方米，竣工率76%；规划内266万平方米D级危房全部消除。优质学校建设推进顺利，完成了市二中校园整体改造一期工程，启动实施了市十五中、市二十四中、正定中学校园改造等一批优质高中新改扩建项目，石家庄市优质学校数量和规模均位居全省之首。校园规划建设水平明显提升，深入实施1000所规模中小学校园规划建设改造提升工程，累计改造提升中小学校451所，创建“管理·质量”示范校245所，学校办学条件和质量全面提升；教育督导在促进落实方面作用日益凸显，聘请县级督学460名，建立督学责任区145个，全市督学责任区覆盖面达到100%。总计19个县（市）、区顺利通过了省政府基本普及高中阶段教育、义务教育基本均衡和政府教育工作三项督导评估，完成了870所学校评估和93所素质教育示范校评估，被省政府教育督导室命名为“全省教育督导工作先进集体”；学校安全稳定工作成效显著，坚持周密部署、从严防范，全面加强应急组织、队伍、平台和能力建设，提高各类突发事件预警、防范和处置能力。经常性开展以校舍安全、食品卫生安全、传染病防控、校车安全等为重点的隐患排查，深入开展校园周边环境治理，2012年，全市教育战线没有发生重大以上安全事故。注重加强干部队伍建设，通过加强学习培训，努力打造一支“敢于担当、勇于奉献、勤于工作、善于落实”的教育队伍。严把用人关，健全选人用人机制，着力推行群众评议、竞争上岗等办法，将肯干事、能干事的干部选拔上来，全年调整机关、直属学校和事业单位干部30人次，备案审批直属学校中层干部21人次，激发了干部队伍活力。民办教育在规范中加快发展，启动实施了“星级民办学校”创建活动，加大了民办学校清理整顿力度；教育国际交流合作不断深化，成立了省内首个市级教育外事协会，先后接待了6个国外代表团造访。信息化建设取得新成就，教育城域网出口提升到万兆，覆盖学校达到2200余所。在各项工作顺利推进的同时，仍存在一些不容忽视的问题，优质教育资源比重依然偏低。如学前教育阶段，优质公办幼儿园数量少、规模小，义务教育阶段城乡、校际间差距仍较明显，普通高中整体办学优势还不突出，部分省级示范性普通高中名不副实、特色化不明显。地方高等教育办学品质需进一步提升，还缺少在国内有较大影响力的高职院校，需进一步加强内涵建设，提高知名度和吸引力。中等职业教育办学体制不活、专业设置雷同、资源统筹不够等制约全市职业教育整体办学水平。改善办学条件依然任务艰巨，总体办学水平落后于经济社会发展，落后于沿海先进地区，甚至省内兄弟城市。如相当部分农村学校图书、实验仪器设备、音体美器材以及计算机等现代教育技术设备缺乏，职业学校实训基地不完备，特殊教育基础设施建设滞后等。“三支队伍”综合素质仍需进一步提升，需要继续采取有力措施“转作风、提素质、谋发展、抓落实”。部分教育管理人员、校长面对新形势新任务，工作没思路、措施不得力。一些教师对素质教育的内涵理解不透彻，不能将实施素质教育与提高教育教学质量有机结合，生本教育理念需要进一步牢固；教育信息化水平还不能适应教育现代化需求。全市仍有800余所学校未接入城域网，50%的教学班未实现“班班通”，服务教育教学的网络信息资源开发和共享机制不完善，资源库建设急需加强，信息化办公平台还不完备，信息化建设、维护、服务和管理队伍素质还不能完全适应教育现代化需求。

发展规划。2012年全力推进校安工程实施，加强工程项目管理和技术指导，确保工程质量和程序规范。截至2012年底，全市校安工程累计开工面积369万平方米，开工率98%，累计竣工面积2874万平方米，竣工率76%。大力实施校园规划建设改造提升工程，发挥石家庄市学校规划建设专家委员会作用，完成223所项目学校规划方案的审核论证，为工程实施夯实了规划基础。举办了650余人参加的校园规划建设培训班，提升教育系统规划建设管理人员的科学规划理念和业务水平，对全市2011年完成改造任务的417所项目学校进行评估验收，认定251所达标学校。积极推进2012年改造提升的200余所项目学校工程进展，深入基层加强技术指导，确保工程顺利实施。针对居民小区配建教育设施及移交工作，起草居民住宅项目配套教育设施建设及移交办法。2012年共回复规划条件意见27个，夯实了学校建设的规划条件。加快推进市直重大项目建设工程。市二中整体改造一期工程按期竣工交付使用；市十五中整体迁建一期工程前期手续基本完成，正在办理建筑工程规划许可证；市二十四中整体改造一期工程正在办理前期手续；市职教中心教学培训楼工程正在进行基础施工。积极实施农村项目学校建设工程，确保项目建设按期、保质、有序推进。2012年，全市各级投入资金2.18亿元，新改扩建各类项目学校87所，规划建设面积16.6万平方米。竣工项目学校64所，竣工面积12.6万平方米；在建项目学校23所，在建面积4万平方米。按照国家政策和项目申报要求，组织各县（市）完成各类项目建设申报工作，其中申报2012年项目学校98所，规划建设面积20.15万平方米，规划投资2.67亿元；申报2013年项目学校53所，规划建设面积10.4万平方米，规划投资1.4亿元。2012年全市落实市级以上保障机制资金60228万元，其中公用经费43614万元，校舍维修改造长效机制资金12640万元，寄宿生生活费3974万元。全面落实各项学生资助政策，落实义务教育阶段免除教科书经费8381.48万元，惠及学生83.3万人；免除城市学生杂费4394万元，惠及学生14万人；落实中职免学费补助资金1475.3万元，惠及学生2.64万人；落实中职、普通高中和高校学生助学金1097万元，惠及学生10.85万名；落实大学生生源地信用助学贷款1414万元，资助学生2547人。全年无一名贫困家庭学生因经济困难失学。

教育督导。2012年石家庄市全面推开督学责任区制度建设工作，覆盖面达100%。全市共聘请县级督学460名，建立督学责任区145个。各县（市）、区责任督学积极开展对学校的随机性、经常性的督导，对提高学校管理水平、提高教育教学质量发挥了积极作用。围绕石家庄市教育重点工作，坚持督政与督学并重、监督与指导并重、评估与服务并重，完成省级三项督导评估规划，有8个县（市）区（市内五区、藁城市、鹿泉市、晋州市）顺利通过省政府督导评估，有6个县（市）区（赵县、元氏县、灵寿县、无极县、赞皇县、深泽县）通过省评估认定，有5个县（市）区（桥西区、藁城市、鹿泉市、栾城县、井陉县）通过国家和省义务教育基本均衡评估工作。

人事管理。2012年3月，启动“石家庄市中小学校十大知名校长”评选活动，经过宣传发动、推荐上报、初审评议、公众投票、业内测评、最终评定等六个环节，于教师节前夕评选出10名“知名校长”和11名“优秀校长”。完善教师补充机制，面向社会公开招聘新任教师。2012年全市有10个县（市）区和6个市直学校参加统一招聘，共招聘岗位420个，其中市直学校招聘47人。妥善解决代课教师问题。经过近几年对代课人员分批择优入编，市代课人员已减少到2910人，同时，加强对县（市）区此项工作指导与督促，桥东区、行唐县已组织选聘当地代课人员69名。稳妥做好原民办代课教师教龄补助发放认定工作。全市报名申请的原民办代课教师53511人，其中已满60岁的19184人。充分发挥教育人才市场职能，为代课教师、师范类毕业生进行人事代理，2012年办理档案转递949人次，调资2000余人次，申报职称608人（其中：初级252人、中级178人、高级178人）；办理应往届毕业生就业派遣手续1662人次，为石家庄幼儿师范高等专科学校和石家庄科技工程职业学院签发中专层次毕业生就业报到证731份，接收2012届师范类毕业生档案1399份，管理毕业生档案达5000份。语言文字2012年普通话测试工作有序进行，完成28443人次的普通话测试，其中公务员及社会人员3079人，教师1067人，学生24297人。完成590名省级测试员的提高培训，选送1名教师参加国家级测试员培训。在全市中小学全面推开书法教育，培训书法教师408名，380名取得合格证书。验收命名第三批规范汉字书写实验学校59所，推荐上报并获得国家级规范汉字书写教育特色学校3所（全省16所）。举办第三届规范汉字书写艺术节，参与师生8万余人，征集作品45898幅（学生40566幅，教师5332幅），获奖作品1300幅（学生1000幅，教师300幅）。完成3县（市）、区2780名公务员的普通话水平测试（辛集1793人，矿区518人，深泽469人）。

队伍建设。2012年三支队伍培训工作有序开展，在河北师范大学举行了山区小学校长培训班，在中国人民大学分别举办了中学校长和管理干部素质提升高级研修班，在北京师范大学举办了教育系统培训机构管理人员高级研修班，共培训校长242人。邀请英国、美国专家学者在石家庄幼儿师范专科学校为石家庄市300多名学前教育园长进行培训。组织21名校长、22名初中校长及教育管理人员到美国、新加坡学习。举办“教育改革与发展论坛”5期，聘请王本中、刘复兴、俞启定等专家教授举办专题讲座，参与教师12000多人。全力打造名师骨干队伍，注重学科带头人建设。年内，在北京师范大学举办教科研管理人员培训班，培训教科研人员60人；组织培训全市高中主要学科，初中数学、语文，小学数学、英语、音乐学科首席骨干教师2000多人。在正定中学、市15中、市17中、市23中创办名师讲堂，采用一课、一讲座、一点评模式，让名师走上讲台，为青年教师作示范课教学，共培训一线教师8000余人，培训效果明显。推进“四层次、九台阶”分层递进式教师业务荣誉评选管理工作，2012年全市评选市级骨干教师913名，学科名师301名，有效调动了教师钻研业务的积极性。至2012年末，全市选拔和推荐960名教师参加中小学教师省级培训项目，11887名教师参加国家培训项目，近9万名专任教师参加网络全员培训。

教育考试。全年组织各级各类考试12次，报考人数631742人。2012年全市共有80283名考生参加高考，占全省高考总人数的18%，高考录取率达到83.5%，位居全省前列。2012年全市共有79632人报名参加中考，其中市区考生21285人，各县及井陉矿区考生58347人。年内，普通高中在市区录取新生16333人（不含民办学校）；在职业学校录取中，五年制（含3+2）高职录取2745人，中专学校录取1372人。2012年，全市成人高考网上报名35482人；普通高中学业水平测试报名65125人，举办考试325955科次；考查科目考试79899科次；自学考试报名38193人；社考报名263632人。

教育科研。围绕课改中心任务，积极探索和创新，优化教研机制，提升教研能力。在原有科研制度基础上，建立和完善了管理人员视导制度、教研员听课及定点校联系制度、科研工作评价和激励制度等，规范了教育科研工作，充实和壮大了兼职教研队伍；促进学校完善校本教研队伍，聘请高校及科研院所科研人员到学校挂职科研副校长。提升教学模式。在推介“四环节”教学模式基础上，抓住课堂教学主阵地，开展形式多样、与新课程相适应的高效教学模式和学习方式研究，推出正定南楼中学、藁城九门中学、鹿泉一中、市35中等名校经验做法；围绕高效课堂开展系列教研活动，并以全市各学科特级、名师等骨干教师为基础，以示范课、研讨课为载体，以提高课堂效率为目的，组织教研活动80余次，深入不同学校听课600多节，教研工作的针对性和实效性全面增强。按照“全员培训，全员参与，全员互动”思路，以“名师讲堂”、“薄弱学校培训班”、“山区教育扶贫”、“优质课展评”活动为依托，采取请进来、走出去等形式，对全市教学管理人员、教研人员、教师等进行不同层次培训。2012 年，全市共组织各种培训活动近 200 次，受益教师达 2 万余人次；组织“名师讲堂”系列培训 36 场次，组织山区教育扶贫活动 120 多次，培训教师 5000 余人。规范教科研工作，加强各级立项课题管理。建立“石家庄市教育科学研究成果库”，对已结题课题成果归类入库，对优秀科研成果进行积极推广和宣传。2012 年全市承担“十二五”省级以上课题立项 346 次，占全省四分之一。采取培训、交流等方式，大力提高承担课题研究人员队伍素质，组织开展四个学段 33 个学科青年教师评优课活动，产生一等奖 472 名，其中推荐金马小学老师李长浩、市第二中学老师马燕等不同学段 6 个学科教师参加全国比赛，均获得全国一等奖。

电化教育。按照《石家庄市教育信息化（2011—2015 年）发展规划》要求，强力推进教育城域网在县（区）覆盖工作，下大力解决“校校通”问题。2012 年，全市新接入教育城域网学校达到 230 余所，年末教育城域网覆盖总量累计达到 2200 余所中小学，占到全市中小学总数的三分之二强。拓宽城域网出口带宽。投入 800 余万元实施网络出口拓宽改造，将原来千兆提高到万兆，确保了城域网内所有学校网络畅通。完成信息技术教学计划调整及信息技术中考监测手段改革，修订了教学计划，增加了符合信息技术最新要求的教学内容。在全市 200 多个信息技术中考考场全部增加网络监控设施，实现信息技术中考监控网络化，维护了信息技术中考工作的严肃性、公平性。加强电教队伍培训，提高中小学教师信息化素养和运用现代教学技术开展教学的能力。年内，组织 160 余名县（市）区电教管理人员参加“河北省信息技术省级骨干教师培训”，组织 100 余名网管员、电教人员参加市级培训，聘请相关专家讲授最新现代教育技术和网络管理技术，并采取送培下县方式对各县（市）区 1600 余名中小学信息技术教师进行了全员培训。开展教育信息化活动。举办中小学生电脑制作大赛、中小学生计算机表演赛、中小学教师多媒体教育软件大赛、电视展播课评选、信息技术教师教学能力竞赛、信息技术与学科整合优质课评比等，主动承办国家、省信息技术大赛。2012 年，石家庄市组织承办“河北省第三届信息技术创新大赛”获得团体总分第一名，并有 40 余名师生到北京参加“全国第十届 NOC 大赛”，在总决赛中取得佳绩，其中参加教师组活动获得一等奖 6 名、二等奖 13 名，参加学生组获得一等奖 7 名、二等奖 9 名，石家庄市获得“NOC 活动优秀承办地市”表彰。

教育装备管理。2012 年全市改扩建中小学校园网 110 多个，标准化计算机教室 116 个，新增“班班通”学校 65 所，交互式教学系统教室 3000 多间，改扩建中学标准化实验室 260 多套，小学科学实验室 205 套，新建科学探究实验室 25 套，机器人实验室 20 套。自制教具和阅读指导课评比取得优异成绩。年内，全省有 20 件作品选拔参加全国自制教具评比，石家庄市占到 11 件，并全部获奖，其中一等奖 4 件，作品参评率、获奖率均位居全省第一名；全省有 5 名教师被教育部评为“自制教具能手”，石家庄市占到 3 名；平山中学被省教育厅评为全省首个“自制教具示范基地”，市教育局获评“河北省自制教具先进集体”。在全国中小学优秀阅读指导课评比中，石家庄市选拔的 10 节课（全省共 20 节）全部获奖，其中一等奖 4 节，二等奖 3 节，三等奖 3 节，在全省排名第一，被省教育厅授予“组织工作先进集体”称号。12 月 20 ~ 21 日，河北省在正定中学召开“河北省中小学图书馆工作现场会”，省教育厅向全省推广石家庄市中小学图书馆工作经验，来自全省 260 多名代表参观了正定中学、东风西路小学、中华大街小学等 9 所中小学校图书馆。严格把关，确保新增教学仪器质量达标。2012 年，市教育部门抽查政府采购近亿元教学仪器设备的质量和适用性，查处十几个品种近千台（件）假冒伪劣产品，全部按照退换货处理，为学校挽回财产损失 300 余万元。

开展成人教育。全年组织 40 万人次参加农村实用技术培训，20 万人次参加退役士兵技能培训和在职职工岗位培训等，转移农村劳动力 8 万人。扩大农村职业教育覆盖面，健全农村三级教育网络，2012 年全市创建星级乡镇成人学校 11 所。

表 66 2012 年石家庄市预算内教育经费占财政支出比例情况统计表

县(市)区	预算内教育经费占财政支出比例			预算内教育拨款		
	2011 年 (%)	2012 年 (%)	增减(百分点)	2011 年(千元)	2012 年(千元)	增减(%)
石家庄市	20.99	21.56	0.57	7916582	9337349	17.95
长安区	53.68	53.69	0.01	415506	518627	24.82
桥东区	46.26	47.39	1.13	420277	460066	9.47
桥西区	40.08	41.94	1.86	426671	576566	35.13
新华区	46.94	44.31	−2.63	424331	464153	9.38
裕华区	43.53	43.55	0.02	349782	435769	24.58
井陉矿区	21.64	19.85	−1.79	90964	93039	2.28
高新区	15.50	15.11	−0.39	93257	109290	17.19
井陉县	23.40	26.81	3.41	212680	255931	20.34
正定县	25.88	25.17	−0.71	314913	381790	21.24
栾城县	27.57	28.44	0.87	248922	307731	23.63
行唐县	23.86	23.64	−0.22	239897	278624	16.14
灵寿县	22.95	23.03	0.08	218872	251138	14.74
高邑县	24.29	25.38	1.09	142760	180190	26.22
深泽县	17.55	18.09	0.54	116722	139154	19.22
赞皇县	16.27	15.31	−0.96	123031	152552	23.99
无极县	27.08	26.68	−0.4	266623	265881	−0.28
平山县	21.20	19.32	−1.88	365466	383257	4.87
元氏县	23.47	22.09	−1.38	236125	263842	11.74
赵　县	28.17	25.18	−2.99	342701	344779	0.61
辛集市	24.06	29.24	5.18	364090	414824	13.93
藁城市	25.17	26.11	0.94	529080	612701	15.80
晋州市	26.26	27.27	1.01	313605	384029	22.46
新乐市	24.03	25.44	1.41	245988	288800	17.40
鹿泉市	26.51	26.16	−0.35	387970	433158	11.65

表 67 2012 年石家庄市财政经常性收入增长与预算内教育拨款增长情况统计表

县(市)区	财政经常性收入			预算内教育拨款增长高于财政经常性收入增长(%)
	2011 年(千元)	2012 年(千元)	增减(%)	
石家庄市	18449050	20920480	13.40	4.55
长安区	574830	660530	14.91	9.91
桥东区	560110	590860	5.49	3.98

（续表）

县（市）区	财政经常性收入			预算内教育拨款增长高于财政经常性收入增长（%）
	2011 年（千元）	2012 年（千元）	增减（%）	
桥西区	697210	814530	16.83	18.30
新华区	531980	598680	12.54	−3.16
裕华区	612880	729000	18.95	5.63
井陉矿区	161650	161848	0.12	2.37
高新区	427700	515360	20.50	−3.31
井陉县	344170	395460	14.90	5.44
正定县	496410	569630	14.75	6.49
栾城县	330320	407390	23.33	0.30
行唐县	152260	185020	21.52	−5.38
灵寿县	125270	139560	11.41	3.33
高邑县	134930	165160	22.40	3.82
深泽县	139350	151610	8.80	10.42
赞皇县	139440	156160	11.99	12.0
无极县	196230	229420	16.91	−17.19
平山县	573080	549640	−4.09	8.96
元氏县	267750	301320	12.54	−0.80
赵 县	181220	212880	17.47	−16.86
辛集市	595240	676670	13.68	0.25
藁城市	763180	843810	10.57	5.23
晋州市	350200	411360	17.46	5.00
新乐市	266700	291130	9.16	8.24
鹿泉市	790330	933980	18.18	−6.53

表 68　2012 年石家庄市生均预算内教育事业费支出增长情况统计表

县（市）区	普通小学			普通初中			普通高中		
	2011 年（元）	2012 年（元）	增减（%）	2011 年（元）	2012 年（元）	增减（%）	2011 年（元）	2012 年（元）	增减（%）
石家庄市	4737.92	5236.84	10.53	6900.65	7978.30	15.62	5993.74	7702.15	28.50
长安区	6025.10	6068.04	0.71	10274.51	11144.46	8.47	10608.29	10650.46	0.40
桥东区	8798.00	9016.81	2.49	9952.08	10339.97	3.90	11722.95	11822.81	0.85
桥西区	4821.78	4869.59	0.99	6625.30	6894.10	4.06	7155.53	8430.45	17.82
新华区	5189.16	5351.02	3.12	8705.83	9334.86	7.23	9986.62	10458.76	4.73
裕华区	4468.67	4924.71	10.21	6686.45	8525.20	27.50	7663.86	9355.19	22.07
井陉矿区	7010.66	7153.25	2.03	7417.39	7608.27	2.57	6728.52	9350.56	38.97

（续表）

县（市）区	普通小学			普通初中			普通高中		
	2011 年（元）	2012 年（元）	增减（%）	2011 年（元）	2012 年（元）	增减（%）	2011 年（元）	2012 年（元）	增减（%）
高新区	7087.34	8306.15	17.20	10868.62	11189.16	2.95	10132.00	10891.75	7.50
井陉县	4534.76	5937.40	30.93	6752.02	7776.87	15.18	3671.80	4060.49	10.59
正定县	4604.97	5536.91	20.24	6818.71	8064.58	18.27	5927.16	6628.57	11.83
栾城县	4424.73	5244.82	18.53	7616.10	11533.91	51.44	5293.67	5325.19	0.60
行唐县	4028.33	4120.44	2.29	7121.25	7256.94	1.91	4153.65	11187.18	169.33
灵寿县	4724.27	5328.53	12.79	4969.99	5380.26	8.25	2961.32	3447.80	16.43
高邑县	6293.32	7164.09	13.84	7467.04	13419.53	79.72	3307.40	4733.31	43.11
深泽县	4141.61	4482.23	8.22	7155.90	7482.52	4.56	1785.16	1986.85	11.30
赞皇县	3226.60	3588.51	11.22	6737.35	9205.51	36.63	3914.32	8811.63	125.11
无极县	4356.35	4420.93	1.48	7764.48	8093.03	4.23	3383.12	2977.52	-11.99
平山县	5235.70	5274.32	0.74	6466.84	7204.85	11.41	9641.13	9203.52	-4.54
元氏县	3942.23	4899.09	24.27	4880.75	5213.46	6.82	3455.59	4105.22	18.80
赵　县	2613.57	3780.40	44.65	4964.97	5445.4	9.68	3137.23	3366.72	7.32
辛集市	4673.47	5253.15	12.40	5779.14	7102.94	22.91	3312.18	4211.12	27.14
藁城市	5152.38	5337.69	3.60	7949.02	10420.18	31.09	3655.25	5288.04	44.67
晋州市	3830.66	4921.43	28.47	5931.40	6509.98	9.75	3171.21	3632.67	14.55
新乐市	3825.75	4134.23	8.06	5055.50	5722.72	13.20	3117.43	3784.65	21.40
鹿泉市	6274.99	6704.69	6.85	8741.48	10355.52	18.46	6579.88	7495.90	13.92

表 69　　2012 年石家庄市生均预算内公用经费支出增长情况统计表

县（市）区	普通小学			普通初中			普通高中		
	2011 年（元）	2012 年（元）	增减（%）	2011 年（元）	2012 年（元）	增减（%）	2011 年（元）	2012 年（元）	增减（%）
石家庄市	1175.45	1341.21	14.10	1818.74	1926.25	5.91	1270.94	2175.62	71.18
长安区	592.59	682.97	15.25	1013.89	1136.97	12.14	799.96	825.13	3.15
桥东区	881.35	902.04	2.35	826.19	910.16	10.16	944.39	1064.28	12.69
桥西区	731.46	779.58	6.58	807.44	994.16	23.12	688.73	715.06	3.82
新华区	579.52	613.39	5.84	1554.29	1749.24	12.54	1852.56	1942.79	4.87
裕华区	913.85	1140.09	24.76	1309.77	1331.24	1.64	713.17	724.07	1.53
井陉矿区	750.79	829.92	10.54	911.03	963.74	5.79	143.55	145.90	1.64
高新区	2100.52	1851.62	-11.85	3229.07	2400.00	-25.68	3583.10	2858.03	-20.24
井陉县	857.78	1011.46	17.92	1017.19	1236.78	21.59	62.72	68.79	9.68
正定县	1766.54	1996.89	13.04	2105.14	2424.50	15.17	1455.50	1578.17	8.43
栾城县	921.14	982.96	6.71	2084.78	2124.06	1.88	975.82	986.37	1.08

（续表）

县（市）区	普通小学			普通初中			普通高中		
	2011 年（元）	2012 年（元）	增减（%）	2011 年（元）	2012 年（元）	增减（%）	2011 年（元）	2012 年（元）	增减（%）
行唐县	1353.75	1406.32	3.88	2017.49	2033.67	0.80	655.35	6785.62	935.42
灵寿县	1809.96	1890.65	4.46	1832.27	1847.96	0.86	223.68	325.34	45.45
高邑县	2057.23	2558.46	24.36	2465.75	2779.92	12.74	143.30	180.50	25.96
深泽县	1510.08	1557.29	3.13	2463.83	2522.96	2.40	76.33	126.13	65.24
赞皇县	1127.57	1897.28	68.26	2003.61	2394.49	19.51	1219.63	3378.98	177.05
无极县	1275.28	1385.99	8.68	4128.95	4172.38	1.05	915.85	61.02	−93.34
平山县	918.22	943.73	2.78	1537.43	1664.92	8.29	3530.48	2139.74	−39.39
元氏县	1430.05	1430.98	0.07	2075.95	2081.98	0.29	689.74	738.12	7.01
赵　县	765.29	1133.06	48.06	1817.92	1899.82	4.51	629.11	645.65	2.63
辛集市	1303.56	1662.73	27.55	1881.60	2198.99	16.87	364.69	403.96	10.77
藁城市	1195.76	1203.34	0.63	1823.73	1825.80	0.11	257.10	270.86	5.35
晋州市	1167.61	1703.05	45.86	1233.33	1435.49	16.39	213.48	230.66	8.05
新乐市	1880.30	1937.42	3.04	1788.28	1883.93	5.35	158.27	177.98	12.45
鹿泉市	1243.91	1418.01	14.00	2664.42	2930.10	9.97	1853.44	2054.03	10.82

（王素军）

基础教育

【概况】 至2012年底，全市拥有幼儿园875所，同比增加52所，在校幼儿230250人，同比增加23076人；教职工13066人，同比增加1729人，其中专任教师8518人，同比增加1085人。小学1546所，同比减少96所；在校生714159人，同比增加13494人；教职工40695人，同比增加9人；专任教师41627人，同比增加393人。中学413所，同比减少14所；初中在校生291050人，同比减少3574人，高中在校生187241人，同比减少14928人；教职式44624人，同比减少590人；初中专任教师22780人，同比减少555人，普通高中专任教师12804人，同比减少406人。

【学前教育】 全年规划新改扩建规范化幼儿园317所，至2012年底，实际新改扩建规范化幼儿园320所，增设附属幼儿园157所。农村学前教育资源逐步扩大，有效缓解了适龄儿童入园压力，学前教育资源配置日趋合理。加强幼儿园规范化管理。2012年6月，组织全市32所幼儿园进行规范化等级评定验收，12月对全市14所省级示范性幼儿园进行复查，有6所幼儿园通过省级示范性幼儿园达标验收。2012年，全市启动实施学前教育资助项目，共资助普惠性幼儿园30余所，资助贫困幼儿15万名。

【山区教育扶贫工程】 1月30日，市首届“山区教育扶贫工程”教师培训班开班典礼在河北师范大学举行，来自赞皇县、元氏县、平山县、灵寿县、井陉县、行唐县等6个山区县的120名教师开始进行为期一周的专业培训。此次参加培训的教师为6个山区县初中英语、数学学科教师，每县每学科10人。培训项目包括目标管理、时间管理、学习管理、行为管理、教育理念、创意教育、家庭教育、心理健康、兴趣培养等12个方面。至2012年底，山区教育扶贫工程市县两级投入资金24亿元（其中市本级17亿元，县级7591万元），规划建设56所学校（寄宿制初中学校6所，寄宿制中心小学50所）全部开工，投入使用48所，共将深山区居住偏僻、散落在教学点的3万余名孩子集中安置到交通方便、生活条件较好的寄宿制中小学校就读，其中11100余名贫困寄宿生享受到生活补贴和交通补贴。山区学校寄宿条件明显改善，教育教学质量提高。山区教育扶贫工程项目学校积极开展城乡结对互助活动，百所结对学校开展活动500余次。

（王素军　顾晓萍）

【义务教育均衡发展】 按照市政府“推进县域内义务教育均衡发展责任书”要求，2012年全市需实现义务教育县域内基本均衡为5个县（市），全部通过省政府义务教育基本均衡考核验收，占全省接受义务教育基本均衡评估县（市）区总数的46%，基本形成城市“一拖二联合校”、农村“学区一体化”义务教育均衡发展模式。

【保障外来务工人员子女义务教育权益】 全年各级教育行政部门共同努力，较好解决了占市区学生总数近20%、总数达6万余人的外来进城务工人员子女入学问题，保障了每一名外来进城务工人员子女在就学方面与市民子女享受同等待遇。

【高中教育】 贯彻国家课程方案，完善课程体系，推进教师教学方式和学生学习方式转变；完善考试评价制度，强化教师实施新课程能力建设。围绕新课改加强高中教育质量监管，完善学校认定和评价机制，确保了高中教育质量逐年稳步提升。推进县域优质高中建设，扩大优质高中教育资源，满足了城乡居民对优质高中教育的需求。

（王素军）

【二中举行首届“校园大学节”】 5月12日，市第二中学首届“校园大学节”举行。来自北京大学、清华大学等35所国家重点高校及河北大学、河北工业大学、河北经贸大学、河北科技大学等10所省内高校的专家、学者共聚二中校园，与二中学生进行面对面的交流。副省长龙庄伟，副市长张妹芝出席大学节活动。此次“校园大学节”的主题是：“认知自我、学会选择、规划未来”。市二中举办“校园大学节”在全国中学是首创，通过组织“大学推介、咨询服务、专家报告、高精尖技术展示、学生自我展示与推荐”等系列活动，达到了让大学了解中学，让更多中学生听到顶级专家的讲授，激发中学生奋发成才。

（李云萍）

【德育建设】 拓宽德育途径，深化德育内涵，全面推进素质教育。召开石家庄市学雷锋表彰会暨“暖心”行动启动仪式，推动学雷锋活动走向常态化。落实全国城市文明程度指数测评和未成年人思想道德建设测评工作。开展第七届青少年读书节，培养书香少年，建设书香学校。采取多种形式，推动“十八大”精神进学校、进教材、进头脑活动。举办一系列教育实践活动，加强未成年人理想信念教育，将社会主义核心价值体系融入德育全过程。加强德育科研，狠抓德育队伍建设，促进班主任专业化发展，积极举办德育工作创新案例和班主任优秀案例评选活动。拓展德育活动阵地，筹划并申报了2012年度中央专项彩票公益金支持示范性综合实践基地项目，获得中央彩票3000万资金支持。推荐李安宁、王艾华等先进典型参加2012年“感动省城十大人物”评选。

【心理健康教育】 举办班主任心理健康技能师资培训，将心理健康知识渗透到课堂教学和班级管理中。参与教育部《中小学心理健康教育指导纲要》修订工作，并将石家庄市一些做法列入“新纲要”。12月14日，在全国心理健康教育工作会上，石家庄市被教育部授予“首批全国中小学心理健康教育示范区”，位列全国十个市级示范区之首。开展5·10心理健康日（月）活动。组织全市各县（市）区400多所中小学举办心理健康教育师资培训，大力提升心理健康教师素质。年末全市建成市级心理维护中心1个、县（市）区分中心26个、学校心理维护点246个，具有劳动部颁发职业资格心理咨询师达到1350人。

【校园体育活动】 组织参加河北省中学生乒乓球、健美操比赛，石家庄市获得乒乓球团体第一名、第二名，健美操第三名、第六名。顺利完成初中毕业升学体育考试工作。2012年全市有79071名考生参加考试，满分率为33.79%，优秀率为65.47%，平均分为26.52。成功筹办2012年石家庄市中小学生田径运动会。4月25～27日，2012年石家庄市中小学生田径运动会在市第24中学举行，来自全市中小学校的36支代表队、1100多名运动员参加，共分8个组别、37个大项目，比赛内容涵盖田径所有项目。还举办了石家庄市中小学体育与健康教学评优活动、初中毕业升学体育考试，并与市体育局联合举办了中小学生篮球、武术等系列比赛，促进了学校体育工作深入开展。

（王素军）

中等职业教育

【概况】 至2012年底，全市拥有中等职业学校141所，比2011年减少22所，在校生192995人，比2011年减少53693人。教职工11568人，比2011年减少1407人，其中专任教师8332人，比2011年减少685人。石家庄市职教中心、平山县职教中心、藁城市职教中心启动国家改革发展示范学校项目学校建设，赵县职教中心与石家庄市高级技工学校成为国家中等职业教育改革发展示范学校第三批立项建设学校，加上第一批鹿泉市职教中心，年末全市开展国家中等职业教育改革发展示范性学校创建达到6所，提前完成“十二五”职业教育规划目标。职业教育园区建设完成项目立项及可行性研究报告、环境影响、交通影响等评价编制与评审，12所学校旧址土地变性手续办理完成。利用旧校址抵押贷款得到银行落实，相关手续在园区建设启动后即可办理。

（王素军）

【举办国家中职示范校建设交流研讨会】 2月15日，石家庄市“国家中职示范校建设”研讨会在市职教中心举行。与会专家重点解读了《国家中等职业教育改革发展示范学校建设计划项目管理暂行办法》，参加会议人员还就国家改革发展示范校项目建设进展、申报组织工作及建设目标展望等进行了交流研讨。2012年，全市第一批国家改革发展示范校——鹿泉市职教中心正在建设，第二批石家庄市职教中心、藁城市职教中心、平山县职教中心已经立项，第三批新乐市职教中心、晋州市职教中心、井陉县职教中心、栾城县职教中心、赵县职教中心正在申报。根据教育部、人力资源和社会保障部、财政部等三部门2010年至2013年组织实施的《国家中等职业教育改革发展示范学校建设计划》，中央财政重点支持1000所中等职业学校改革创新，每校资金约1000万元。

（顾晓萍）

【“扶贫助学爱心工程”启动】 5月19日，由中国农工民主党中央文化工作委员会和中国初级卫生保健基金会共同发起的“扶贫助学爱心工程”，在市第一职业中专学校启动。全国人大常委会原副委员长、农工党中央原主席蒋正华，省政协副主席、农工党河北省委主委段惠军，副市长张妹芝出席启动式。“扶贫助学爱心工程”主要是对市第一职业中专学校成立的市珠宝玉石学校进行支持。具体方式为：资助因贫退学的学生到该校珠宝玉石加工与营销专业免费学习3年，受捐助者若考入中国美术学院、中央美术学院、清华大学美术学院中任何一所高校，即资助大学期间所需全部学费。

（李云萍）

【技能大赛】 出台《石家庄市中职学校技能大赛机制的通知》，初步建成“校校有比赛、人人都参赛、省市搞选拔、国赛拿大奖”的技能大赛机制。11月25～27日，2012石家庄市中等职业学校学生技能大赛在市第二十中学举行，全市50多所学校选送180个代表队、700多名选手参加比赛。此次大赛由市教育局、人社局、工信局、总工会、团市委等单位共同举办。比赛期间，开展了包括计算机应用类、电工电子类、现代制造技术类、汽修类、建筑工程类、农业类、财会类等14个专业类别的28个项目比赛。此次大赛与2011年相比，比赛项目从20个增加到28个，并将河北省比赛没有开展的工业分析检验、机器人技术应用、职业英语、电子商务等纳入竞赛范围。2012 年，全市完成市级技能大赛 14 大类 28 个项目。参加全省技能大赛获得一等奖数量位居全省第一名。代表河北省参加全国中职学生技能大赛，获得一等奖 2 个、二等奖 8 个、三等奖 15 个，奖牌总数占全省 53%。22 名教师代表河北省参加“创新杯”全国中职教学设计和说课比赛，获得一等奖 11 个、二等奖 10 个，奖牌数居全省首位。

（王素军　李云萍）

【校企合作】 完善机制制度，调动企业和行业参与积极性，从内涵建设核心——课程建设入手促进学校在课程标准上与企业岗位对接，积极围绕当地产业发展调整专业设置。年内，市教育局与市企业联合会、企业家协会合作，形成校企一体规范化、制度化办学。2012 年 9 月，联合召开校企合作机制建设工作会议，聘请刘文富等 12 位企业家为第二批“职业教育特聘教授”。2012 年 10 月，市教育局与北京首都旅游集团正式签订《首都旅游集团－石家庄市教育局教企合作协议书》。2012 年石家庄市校企合作的做法被《河北日报》给予报道。

【师资队伍建设】 全年选派 15 名新任校长参加国家校长培训，21 名教师参加国家级骨干教师培训，5 名教师到国外培训。参加省级骨干教师、企业实践和班主任培训 96 名，组织市级教师培训 754 名；广泛开展教师每年 2 个月到企业实践锻炼活动，2012 年全市共选派 45 名青年教师到全国知名企业实践锻炼。组织 31 名校长分别到新加坡、法国开展职业教育培训。通过各种培训，开阔了职业学校校长和教师视野，增长了见识，改变观念，提高了队伍整体水平。

【涉农专业教学】 年内在市教育局成立涉农专业送教下乡督导组和教学指导组，指导各学校开展教学规范化、专业化、精细化管理。按照教育部、省教育厅对全日制中等职业教育的基本要求，完善教学实施计划。根据 3 年基本学制设置课程，编制教学大纲，合理设置课程结构，做到理论、实践课程比例恰当。严格教学过程，狠抓教学质量，完善学生管理办法和学生守则，强化管理，严肃考勤，完善考勤台帐，确保了每次集中上课学生出勤率达到 80% 以上。

（王素军）

高等教育

【概况】 2012 年，石家庄共有市属高校 5 所，其中本科高校 1 所（石家庄学院），高职高专院校 4 所（石家庄职业技术学院、石家庄信息工程职业学院、石家庄科技工程职业学院、石家庄幼儿师范高等专科学校），在校生 51523 人，教职工 3617 人，专任教师 2091 人，正教授 182 人，副教授 608 人。市属高校开设专业 195 个，其中国家级精品课程 2 门，省级精品课程 23 门，市级立项精品课程 20 门。招生 16381 人。年内成立石家庄市高校党建工作领导小组，理顺了高校党建机制。至 2012 年底，市属高校共有党员 3769 人，其中学生党员 1666 人；党总支 37 个；党支部 167 个。

【教学和科技合作】 开展市级精品课程建设，按照公平、公正原则，采取网上初评和会议终评方式，对市属高校上报的 35 门课程进行评审，评出精品课程 20 门。结合精品课程评选，组建了精品课程网页、举办了市属高校精品课程建设培训班暨教学经验交流研讨会，提高了市属高校精品课程建设能力和水平。加强市属高校与省外高校、科研院所合作，推动科技创新。市政府与中科院国家天文台、哈尔滨工业大学水工业技术研究中心签署全面科技合作协议，并积极参加了“百家院校（所）走进河北恳谈会”活动。

【石家庄学院】 2012 年，石家庄学院招生 4606 人，其中本科招生 2623 人，专科招生 1983 人，年末拥有全日制在校生 17300 余人。年内学院本科文理科录取最低分数分别超出控制线 18 分和 14 分，报到率达到 95.3%。生源主要来自河北、甘肃、河南、湖南、山东、山西、湖北、安徽等 8 省。毕业生初次就业率从 2011 年的 87% 提高到 93%。2012 届本科毕业生考研成绩上线率达到

59%，占本科毕业生总数的22%，录取院校包括中国社会科学院、北京大学、南京大学、南开大学、中国政法大学等院校。到2012年底，学校设有15个院系、76个本专科专业（其中本科专业47个），涵盖9个学科门类。学校拥有化学工艺、马克思主义中国化研究、中国现当代文学、人文地理学4个省级重点发展学科；拥有生物制药教育、政治法律教育2个省级本科教育创新高地；拥有生物工程、制药工程、法学、社会工作4个省级品牌特色专业，其中制药工程、生物工程2个专业被评为国家级特色专业建设点。2012年，学校初步形成面向石家庄市主导产业和和谐社会建设的“三群一链”专业格局，构建起为地方经济建设和社会发展服务、培养高素质应用型人才的专业体系。建有13类实验中心（室），其中物理基础教学实验中心、文学与传媒实验教学中心是河北省省级实验教学示范中心，教学科研仪器设备总值9200余万元。图书馆藏书103万余册，电子图书21.6万种，各类中文期刊929种，建有12个数据库资源。学校拥有2个标准田径场和1个天然草坪足球场，篮排网球场、多功能体育馆、游泳池等体育活动设施齐备，构成了完善的教学和生活体系。学校拥有一支学历层次高、教学与科研能力强、勤奋敬业、锐意创新的教师队伍，共有教职工1024人，其中具有专业技术职务教师784人；教授97人、副教授261人，占专任教师总数的45.7%；具有博士学位教师90人、硕士学位教师529人，占专任教师总数的78.8%。科研工作实现新跨越，年内组织申报各级各类课题516项，获准立项207项，其中取得国家社科基金项目3项、教育部人文社会科学研究项目2项、河北省科技厅计划项目16项、河北省社科基金项目16项、河北省教育科学规划项目25项，科研到校经费217.3万元，获专利授权76项，在省会高校中排名第二位。全年获得省社会科学优秀成果二等奖1项，三等奖3项。2012年，学校与高邑县力马建陶有限公司共同申请共建的“河北省建陶工程技术研究中心”顺利通过专家论证，被纳入河北省工程技术研究中心建设计划，并与故城县政府签订全面科技合作协议。稳步推进学分制改革。制定学分制实施方案，出台、修订一系列与学分制配套的教学管理制度。实行开放办学，探索联合培养人才新模式，与政府、企业和社会机构建立广泛联系，成立“河北服务外包学院”和“石家庄学院软件与服务外包学院”，构建了校、政、企、社会机构“四位一体”人才培养新模式，成功搭建起人才培养模式创新平台。年内，“石家庄学院以岭药业实践教育基地”获批为“河北省大学生校外实践教学基地建设项目”。育人质量提升。在2012年度全国大学生数学建模竞赛中，学校获得国家二等奖2项，省级一等奖3项、二等奖5项；在POCIB全国大学生外贸从业能力大赛中，学校获得团体一等奖，其中21人获得个人一等奖、9人获得个人二等奖；在全国第三届大学生艺术展演活动中，学校2件作品分别获全国一、三等奖；在2012年河北省大学生创业计划竞赛中，学校获得特等奖1件、二等奖2件、三等奖8件；在河北省大学生校园歌手大赛中，学校1名学生夺得冠军，1名获得优秀奖和最佳原创奖。年内，共青团石家庄学院委员会官方微博在全省学校系统团委新浪微博排名第一位。国际交流与合作成绩喜人。全年共有4大洲6个国家8所院校到校进行工作访问，签订合作协议（备忘录）8份。与韩国又松大学、马来西亚马来亚大学国际交流生项目成功实施；学校经管系与澳大利亚施福德学院合作办学事项、文传学院与澳大利亚迪肯大学共建广播电视新闻学专业事项均达成初步合作协议。12月28～30日，召开中国共产党石家庄学院第一次代表大会，全面总结了学校“升本”以来取得的成绩和经验，客观分析了学校发展形势和问题，明确提出未来5年学校发展的指导思想和重点工作，为学校发展指明了方向。

（李艺潇）

【石家庄职业技术学院】 至2012年底，石家庄职业技术学院（原石家庄大学）拥有全日制在校生12000人，成人教育本专科在籍生达到10000人。学院设有管理系、经济贸易系、信息工程系、建筑工程系、化学工程系、机电工程系、电气与电子工程系、艺术设计系、公共外语部、公共体育部、社科部、动画学院、继续教育学院、软件学院等8系3部3学院，设有6大类49个专业，其中6个专业为河北省高职高专教育示范专业，1个专业为省级教学改革试点专业。开设国家精品课程2门，省级精品课程13门，市级精品课程6门。影视动画实训基地、机电一体化实训基地被确定为中央财政支持职业教育实训基地，建筑技术实训基地被确定为河北省职业教育实训基地。拥有省级教学团队2个，国家级教学名师1人，省级教学名师1人，省市专业技术拔尖人才、专家等7人，省市优秀教师5人。选派教师出国进修，聘请多名外籍教师到校教学。重视学生就业指导，2012年学校毕业生就业率达到96.92%。办学条件充实。年末学校拥有固定资产总值近3亿元，教学仪器设备总值8000余万元；有4102个独立IP、3500多个接点有线网络以及366个无线接入点、5500多个用户无线网络，构成了覆盖全院的现代化教学平台和信息交流平台。现代化图书馆藏书丰富、信息量大，拥有先进的图书检索系统和电子阅览室。学校建有2个共6万平方米多功能教学楼和2个技能实训大楼、72个各类校内实训基地、170个校外实习基地。学院职业技能鉴定所能为在校生开展所有专业职业技能鉴定。学生生活文化体育设施比较齐全，建有大学生公寓、科技活动中心、球类馆、游泳池、高标准体育中心等。

（高霞）

特殊教育

【概况】 2012年，全市有特教学校24所，在校生1320人，比2011年增加29人；教职工381人，比2011年增加17人，其中专任教师307人，比2011年增加14人。积极督办市属高等院校开设适合残疾人教育专业，在市特殊教育学校设立附属幼儿园，在石家庄学院设立特殊教育研究机构，建立特殊教育资源中心。开展特教干部、校长培训，全员培训特教教师，全面提高特教干部和教师队伍素质。2012年9月，市特教学校教师丁丽辉获得由教育部、中国残疾人联合会、交通银行股份有限公司授予的“交通银行特教园丁奖”。

（王素军）

【出台加快特殊教育事业发展实施意见】 2012年下半年，市政府下发《关于进一步加快特殊教育事业发展的实施意见的通知》。主要内容为：全市全面实施残疾学生免费义务教育。义务教育阶段残疾学生免除所有费用，享受城市居民最低生活保障政策的学生发放生活补助费，补助标准为小学生每生每年1000元，初中生每生每年1500元。高中阶段残疾学生实行全免费教育。全日制普通高校家庭经济困难的残疾学生、中等职业学校一、二年级在校残疾学生、特殊教育学校职业中专部学生全部享受国家助学金。对中、高等院校家庭经济困难残疾学生、获得国家承认学历的高等教育自学考试专科以上毕业证书的残疾学生给予资助，资助经费从残疾人就业保障金中支付。义务教育阶段特殊教育学校生均公用经费标准不低于1万元。市财政每年安排特殊教育专项补助经费50万元，县级财政要设立特殊教育专项补助经费。各级政府安排5%～8%的残疾人就业保障金用于特殊教育。

（戴丽丽）

【设立藏诺特教奖学金】 12月2日，市残疾人联合会、市教育局、石家庄藏诺生物股份有限公司联合设立的“石家庄市藏诺特教奖学金”正式启动。“石家庄市藏诺特教奖学金”由石家庄藏诺生物股份有限公司出资10万元，在全市24所特教学校中，以学生的综合测评成绩作为评选依据，每年评选10名品学兼优的学生给予每人5000元奖励。该奖学金为期2年，于每年6月1日发放。

（王静）

【石家庄市特教学校】 石家庄市特殊教育学校为市教育局直属单位，学校集聋、盲教育为一体，其中聋教育涵盖了学前康复教育、义务教育、中等职业教育。学校占地面积11621.7平方米，建筑面积10000平方米。至2012年底，市特殊教育学校共有教学班24个，学生311人，教职工115人，其中专任教师100人。教师队伍中，研究生学历3人，本科学历85人，副高级职称20人，中级职称40人。该学校拥有无线调频语训系统、液晶投影、数字化视频展台、扫描仪等设备，教室均为多媒体教室，建有计算机教室、理化生实验室、律动教室、美容美发室、裁剪室、缝纫车间、花房等功能教室和实训教室。

（王素军）

文 化

文　化

文化新闻出版

【概况】 2012年，市文化广电新闻出版局（简称文广新局）以建设文化强市为目标，以文化惠民为宗旨，狠抓工作落实，大力宣传和展示文化建设成果，积极借助国家级平台，精心策划组织多项大型文化展演、展览活动，全面提升文化影响力。面向基层，服务群众，以文化惠民作为履职尽责的重要任务，努力保障人民群众的基本文化权益。实施精品带动战略，鼓励创作、生产，推出一批“拳头”产品和优秀人才。以构建市、县、乡、村四级公共文化服务网络为重点，重点抓好阵地建设，为文化发展提供了有力支撑。瞄准“十二五”末将文化产业打造成全市支柱产业目标，多措并举，推动文化产业大发展。下放行政许可职能，履行文化卫士职责，加强文化市场监管，全力净化社会文化风气。以迎接党的十八大胜利召开为重点，开展净化声频荧屏、规范播出秩序等专项整治行动。以大遗址、古城古镇古村落和“非遗”保护为重点，推动文化遗产保护、传承与利用工作取得新的进展。至2012年末，全市共组建艺术表演团体19个，建成艺术表演场馆16个，群众艺术馆、文化馆25个，公共图书馆25个，文化站276个。拥有有

2012年1月19日，在市区站前街开展“好书刊 进基层”文化惠民免费赠书活动

2012年4月26日，在市图书馆举行以“体验阅读快乐，放飞科学梦想”为主题2012年度燕赵少年读书系列活动启动仪式

线广播电视用户116.14万户，有线数字电视用户100.05万户；广播综合覆盖率达到99.43%，电视综合覆盖率达到99.42%。年内，动画电影《西柏坡》获得全国“五个一工程”奖；河北梆子《女人九香》入选全国优秀剧目；评剧《红叶》和歌曲《家里有我》获得河北省“五个一工程”奖。全年取缔无证经营光盘复制摊点40余个，查缴非法出版物70余万张（册），检查各类文化场所6400家（次），查处违法案件64起，依法处罚企业47家。2012年，石家庄市被文化部评为文化体制改革突出贡献地区，市文广新局、演艺集团被评为突出贡献单位。

【文化体制改革】 针对文化体制改革中出现的新情况、新问题，打破思维定式，破解突出难题，取得阶段性成果。文艺院团改革进一步深化。按照“创新体制、转换机制、面向市场、壮大实力”方针，坚持以市场为导向，以创新机制为重点，深化文艺院团改制。演艺集团积极适应新的体制，探索创新经营模式，实力、活力、竞争力明显增强，呈现良好发展势头。经营性文化单位改革稳步推进。以中央和河北省文化政策为指导，认真研究破解难题之策，特别是影乐宫改制，积极与相关部门沟通协调，争取优惠政策，统筹考虑多方利益关系，改制工作取得新的进展。公益性事业单位改革不断完善。按照中央和省市分类推进事业单位改革精神以及清理规范事业单位统一部署，促进和整合了全市文化艺术研究所和群艺馆。推进文化市场综合执法改革。完善各项规章制度，建立执法工作责任制，在正规化、标准化建设上取得突破；开展“大练兵、大比武”等活动，增强了执法人员法规意识和程序意识，执法人员办案能力得到提高。进一步转变管理职能。根据全市3个局职能整合实际，探索管理指导宏观文化建设新路子，管理职能逐步实现由办文化向管文化转变，由管微观向管宏观转变，由面向直属单位向面向全社会转变。减化行政审批事项。按照改善发展环境要求，市文广新局机关审批事项、审核事项全部下放，市文物局保留审批事项实施流程再造，审批效能全面提高。

【文化设施建设】 剧场建设取得新突破。2012年全市建成艺术表演场馆16个，群众艺术馆、文化馆25个，公共图书馆25个，文化站276个。投资4.3亿元，建筑面积5.3万平方米，集剧场、音乐厅、艺术生产于一体的霞光大剧院（演艺中心）前期工作基本完成，于11月28日奠基开工。结合城市“三年大变样”工作，实现旧城改造的丝弦剧场项目建设启动。经沟通协调，奚啸伯大剧院启动工作正在加紧准备。基层文化设施更加完善。投资8000余万元、建筑面积1.6万平方米的新华区文体中心和投资3900万元、建筑面积6700平方米的井陉矿区文体中心建成投用，在区级文体中心建设中起到引领示范作用；裕华区、长安区综合文化中心升级改造工程完工；桥东区图书馆、文化馆工程进入装修阶段；高新区图书馆主体封顶，文化馆正在内部装修；辛集市、赵县等县（市）图书馆和文化馆实施升级改造；20户以下广播电视“村村通”工程全面完成。至2012年末，全市经过近4年建设，乡镇综合文化站、农家书屋、广播电视“村村通”等均实现全覆盖目标，共新建农村文化广场189个，农村群众文艺辅导基地92个。

（王惠恩　姜小青）

新建卫星数字书屋

【新传媒产业园项目】 7月21日，由河北出版传媒集团、上海元创投资管理公司等共同投资建设的Park118新传媒产业园暨广电网络产业中心在高新区举行开工仪式。Park118新传媒产业园是河北出版传媒集团“出版产业创新工程”十五个重点项目之一，借鉴上海张江文化产业园、西安曲江文化产业园等园区运作经验，由出版、广电、传媒、创意四大板块组成，设计有创意办公、文化街区、影视制作、创意研发等板块，突出创新、创意、创业三大特色，采取产业园区运营模式，将文化产业、文化活动和文化消费融为一体，该产业园占地面积205亩，园区首期项目投资3.5亿元、建筑面积10.3万平方米的河北出版物发行中心已正式建成并投入运营。二期项目占地145亩，规划建筑面积近30万平方米，投资总额20亿元。

（刘娴）

【霞光大剧院奠基】 11月28日，市重点文化建设项目“石家庄市霞光大剧院（演艺中心）”在裕华区举行奠基仪式。霞光大戏院建成于1986年，曾是石家庄标志性建筑之一，中国京剧团等知名剧团在此演出，梅葆玖、李雪健等知名艺术家到此献艺。2003年底，根据市政规划，霞光大戏院拆迁。霞光大剧院（演艺中心）项目位于建华南大街与体育南大街之间，北临塔南路，预算投资4.3亿元，规划总用地面积45亩，实际用地面积36亩。项目主体建筑地下一层、地上四层，总建筑面积5.3万平方米，框架结构，计划

2012年11月28日，市长姜德果（中），省文化厅厅长张妹芝（左四），常务副市长王大虎（右四），副市长程凯（右三）等参加霞光大剧院奠基仪式

霞光大剧院效果图

投资3.8亿元，是全市建国后最大的文化建设项目。内设一个1200座中型剧场、一个600座多功能厅，以及戏剧艺术展厅、排练厅、教学辅导、市直文艺院团办公等附属设施。

（王欣）

【文化惠民工程】 为民办实事任务圆满完成。“彩色周末”活动，在广场、公园等公共场所演出1186场，其中慰问农民工等特殊演出102场；优秀剧目展演和送戏下乡活动，在市区演出150场，农村演出718场；公益电影放映活动，在社区放映1108场，农村放映54247场。新建农家书屋802家，451个帮扶村全部建立数字农家书屋。到2012年底，经过3年建设，全市4483个行政村均建立农家书屋规划目标。市、县两级公益场馆全部免费开放，组织举办了石图讲堂和百姓展厅等展览、讲座、培训、辅导、读书活动，服务领域更宽，内容更丰富。举办“欢乐城乡”、“盛世欢歌”、“千人大比

舞”、全民阅读等系列文化活动，有效丰富和活跃了城乡群众精神文化生活。“一月一名剧”、“石演大舞台”系列惠民活动，在市区演出近百场，深受市民欢迎；洪顺曲艺社天天有演出，成为省会夜文化知名品牌和大众娱乐休闲乐园。加强基层文化队伍建设，新建农村文化广场189个，农村群众文艺辅导基地92个，培训基层群众文艺骨干10000余人次，为提升基层文化活动质量和水平打下基础；各县（市）区利用民间文化资源，广泛开展民间艺术节、民间花会展演、原创文艺作品大赛和书法美术摄影展览等活动，形成县（区）有比赛、乡镇（街道）有汇演、村村（社区）有活动的新局面。

（王惠恩　姜小青）

群众文化活动蓬勃开展

【举办“省会第四届千人大比舞”表演赛】 2月23日，“省会第四届千人大比舞”表演赛在文化广场举行。副市长张妹芝，市政协副主席朱增海观看决赛，并为获奖代表队颁奖。本届“千人大比舞”表演赛由市委宣传部、市文广新局主办，市群艺馆承办，全市有近百个基层业余文艺团队约5000人报名参赛，24支队伍2000余人进入复赛，13个节目进入决赛，最终大型舞蹈《珠穆朗玛》、《沙吾尔登》，中型舞蹈《军中风采》、《扭春》获得金奖，辛集市代表队的《花钹舞》获得特别奖。2月23日晚，中央电视台《中国新闻》节目报道了比赛盛况。

（岳金宏）

2012年2月23日，举办省会第四届群众舞蹈千人大比舞表演赛

【欢乐城乡文化艺术节】 7月11日，由市委宣传部和市文化广电新闻出版局主办，各县（市）区委宣传部和文广新（体）局协办，市群众艺术馆和各县（市）区文化馆共同承办的“欢乐城乡”石家庄市群众文化艺术节开幕式暨大型群众文艺展演在市艺术广场隆重举行。“欢乐城乡”石家庄市群众文化艺术节，是全市“迎盛会、颂盛世——欢乐大舞台”群众文化活动的重要组成部分。“欢乐城乡”群众文化艺术节历时3个多月，演出310场，直接参演人员6200余人，参演（展）节目（作品）671件，其中新创排文艺作品152个（件），包括艺术节开幕式暨大型群众文艺展演、“激情颂党恩”全市群众美术书法摄影精品展、“舞动和谐”全市群众舞蹈大赛、“欢歌颂盛世”全市群众业余歌手大赛、“红心向党”省会戏剧曲艺小品故事大赛、省会戏曲票友（剧社）演唱会，以及闭幕式颁奖晚会七项主要活动。

【大型展演展览活动】 《女人九香》晋京展演圆满成功。精品剧目河北梆子《女人九香》获得全国“五个一工程”奖和文华奖，并晋京参加

2012 年 3 月 8 日，市美术馆成功承办全国第四届青年美展石家庄巡展

全国优秀剧目展演，展示了石家庄市的舞台艺术优秀成果，受到文化部领导高度评价。大型油画作品展广受好评。为弘扬西柏坡精神，石家庄市推出文化名人，积极展示文化品牌，在国家博物馆举办了“迎着曙光——弘扬西柏坡精神陈承齐大型油画作品展”，引起强烈反响。该展览历时半月，观展群众10万余人，受到首都各界人士广泛好评。《人民日报》、新华社、中央电视台等新闻媒体给予热情关注和跟踪报道。成功举办中国大城市专业画院作品联展。为增进与各大城市专业画院学术交流，石家庄市成功举办“笔锋·中国大城市专业画院作品联展暨第二回学术年会”。来自中国美术家协会、中国国家画院及全国15个大城市画院代表汇聚石家庄，共同促进美术创作水平，提升了石家庄市的知名度。2012年，市美术馆成功举办“《丹青光影颂太行》书画摄影展”、“朝鲜美术作品展”、“全国第四届青年美术作品石家庄巡展”等展览活动26场，约35万人参观展览。市歌舞团应邀参加中央电视台《领航中国》喜迎十八大大型专题文艺晚会和韩国丽水世博会，平山县河北梆子现代戏《白毛女》进京演出，井陉拉花代表“河北精品文化”到美国旧金山友好演出，打造出一张张靓丽的城市文化名片，取得显著的社会效益和影响。

【艺术创作】 动画电影《西柏坡》获得全国“五个一工程”奖。河北梆子《女人九香》入选全国优秀剧目。评剧《红叶》和歌曲《家里有我》获得河北省“五个一工程”奖。音

2012 年 4 月 28 日，市美术馆举行书画展览：《华严经》

2012 年 8 月 22 日，河北梆子《女人九香》进京演出

2012 年 11 月 20 日，举办全市新创剧本座谈会

乐作品《太行谣》获得全国“群星奖”。舞蹈《扭春》获得全国第三届秧歌节“最佳风采奖”。少儿舞蹈《剪纸姑娘》、《武之韵》和《快乐抖空竹》在“开放的欧洲”莫斯科国际少儿艺术节比赛中分获一等奖。戏曲《念珠情缘》等 25 件作品获得河北省“燕赵群星奖”，获奖数量位居全省第一。舞蹈《童叟俏拉花》入选《2012 中国民族民间歌舞乐盛典》，并在中央电视台播出。原创舞蹈《梅兰芬芳》、《绣灯笼》分获华北五省区舞蹈大赛少年、青年专业组金奖。在第九届河北省戏剧节上，全市6个剧目参演，取得优异成绩。市艺校崔子健获得第十六届中国少儿戏曲小梅花荟萃比赛金奖；市京剧团青年演员牛腾获得全国京剧优秀青年演员折子戏展演二等奖，牛腾、吴佳磊、范闪闪分获中央电视台第七届全国青年京剧演员电视大赛铜奖。

（王惠恩　姜小青）

2012 年 12 月 13 日，河北梆子《白毛女》获得河北省戏剧节优秀剧目、优秀编剧两项大奖

【《烟树图》获得全国首届郭澄清农村题材短篇小说奖】　2012 年下半年，“全国首届郭澄清农村题材短篇小说大奖赛”在著名作家郭澄清的故乡山东省宁津颁奖。石家庄市作家康志刚在大赛中以小说《烟树图》获奖。此次大赛由《小说选刊》、《山东文学》、《齐鲁晚报》等单位联合主办。郭澄清是新中国乡土文学的主要代表人物之一，也是继赵树理、孙犁之后又一位杰出的中国短篇小说作家。他以朴实优美的文字和清醒深刻的反思意识与经济意识，构筑了 1960 ~ 1980 年代中国农村最纯洁的乡土世界。其代表作《黑掌柜》、《大刀记》等在中国当代文学史上占有独特而重要的位置。

（张晓娟）

【3 名演员获得第七届全国青年京剧演员电视大赛铜奖】　2012 年下半年，中央电视台举行“第七届全国青年京剧演员电视大赛”，市京剧团选送的青年演员吴佳磊（小生组）、范闪闪（老旦组）、牛腾（花脸组）分别获得铜奖。中央电视台“青年京剧演员电视大赛”是全国京剧界的品牌赛事。本届大赛从 490 名报名选手中选出 172 人进入复赛，最终 100 人进入决赛。中央电视台戏曲频道现场直播了每场比赛。市京剧团演员吴佳磊、范闪闪、牛腾在比赛中分别献唱了《白门楼》、《望儿楼》、《探皇陵》。

（王欣）

【文化产业】　文化与金融、旅游业融合初见成效。探索文化产业与金融业合作新模式，成功与兴业银行签署战略合作框架协议；引进民间

2012 年 8 月，举办印刷机械器材展览会

资本进入文化产业，大力推动文化旅游业发展，扶持白鹿温泉旅游度假股份有限公司投资近亿元打造的大型音舞诗画《白鹿缘泉》，已成为石家庄市文化旅游与演艺娱乐的新品牌；成功举办伏羲文化旅游节，实现社会和经济效益双丰收。文化园区和产业基地健康发展。引导扶持产业园区和基地发展，年内金大陆文化产业集团获评石家庄市首家"国家级文化产业示范基地"，动漫产业发展基地创业孵化园入选河北省"十大文化产业聚集区"，动漫大厦入选河北省"十大文化产业项目"。节会活动成果喜人。成功举办 2012 中国·石家庄第七届国际动漫博览交易会、印刷机械器材展览会和印刷行业技能大赛，其中国际动漫博览交易会现场签约总投资额 64.9 亿元，印刷机械器材展览会签约合同订货额 1.5 亿元；开展科技宣传周活动，销售码洋 450 余万元；组织文化产品参加深圳文博会，取得喜人成绩。县域文化产业呈现良好发展态势。各县（市）区按照"一县一品"思路，积极推动县域文化产业发展。年内，辛集文化特色商品市场和皮都国际画廊建成投用，新乐市入选河北省"文化产业十强县"。

（王惠恩　姜小青）

【举办中国·石家庄第九届观赏石博览会】 3 月 18 ~ 24 日，中国·石家庄第九届观赏石博览会在省会华夏灯饰城广场举行。来自全国各地 20 余个省、市、自治区的 400 余家石商及全国赏石界 40 多名专家学者到会进行了广泛的石文化交流。市人大常委会副主任许昆峥、市政府副市长张殿奎、市政协副主席曹社会出席开幕式。本届观赏石博览会由桥东区政府和河北省收藏家协会赏石专业委员会联合主办，桥东区委宣传部、燕赵藏石网协办，桥东区观赏石协会承办。旨在以观赏石博览会为载体，弘扬赏石文化，品味幸福桥东，全力打造石家庄文化"名片"，丰富省会人民群众文化生活。本届展会参展作品达到 200 多件，是历届展出数量最多、参展规模最大、奇石档次最高、参与人数最多的一次。最终，由国内多位著名赏石专家组成的评审组，评选出硅化木《步步升高》、松花石《清白》、戈壁石《拾穗》等 30 组作品夺得金奖。

（张晓娟　暴鑫鑫）

【中国吴桥国际杂技艺术节获评中国十大品牌节庆奖】 8 月 2 ~ 3 日，在上海市举行的中国国际会展产业论坛暨第九届中国会展之星颁奖典礼上，中国吴桥国际杂技艺术节获得"第九届中国会展之星大奖暨 2011-2012 年度中国十大品牌节庆"奖。"中国会展之星"大奖是由中国会展经济研究会、中国会展联盟、全国城市会展办公室等机构以及知名专家和新闻媒体共同推选。1987 年中国吴桥国际杂技艺术节创办于省会石家庄。1997 年升格为国家级艺术节，由文化部和河北省人民政府共同主办，是中国杂技艺术领域历史最长、规模最大、规格最高、影响最广的国际赛事，是国家确认的重点培育和树立的国家级对外文化交流品牌，也是河北省唯一的国家级国际性艺术赛事和文化节庆活动。与摩纳哥蒙特卡洛国际马戏节、法国巴黎"明日"与"未来"世界马戏节并称世界三大杂技节。中国吴桥国际杂技艺术节曾先后被评为"中国最具国际影响力十大节庆活动"、"中国十大节庆"、"中国节庆市场市民喜爱十佳品牌"、"中国节庆产业金手指奖·十大品牌节庆"和"中国节庆产业金手指奖·十大文化艺术类节庆"等。2011 年

6 月被中共河北省委宣传部授予“河北省文化发展‘五个一’工程奖”。

（王惠恩　姜小青）

【举办 2012 中国·石家庄第七届国际动漫博览交易会】 9 月 29 日至 10 月 3 日，2012 中国·石家庄第七届国际动漫博览交易会（简称动博会）在石家庄举行。本届动博会由河北省委宣传部，石家庄市委、市政府，中华文化促进会，省文化厅，省广播电影电视局，省新闻出版局，省教育厅，省工业和信息化厅共同主办，以“文化融入生活，动漫传递快乐”为主题，以“面向国内外两个市场，突出动漫原创及衍生产品特色，促进交流合作，提高产业经济和社会效益，打造北方动漫之城”为目标定位。动博会主会场设在石家庄人民会堂，主展区在石家庄国际科技博览活动中心，展馆总面积 30000 平方米，是上届的 3 倍，同时设置中国动漫实训与考级中心、石家庄动漫大厦、石家庄动漫创业产业园、河北美术学院 4 个分会场；展位 180 多个，约计 1000 多个品种；8 个国家和地区以及国内 300 余家知名动漫企业、院校的 3000 余名客商参展参会。动博会期间，在市人民会堂举办了第二届全国青少年动漫作文大赛颁奖活动，评出获奖作品 451 篇，其中一等奖 16 名、二等奖 64 名、三等奖 128 名、优秀奖 243 名；在河北传媒学院举行了“动漫应用式教育与创新高峰论坛”，来自北京、江苏、山东等地的动漫专家、学者就如何培养动漫实用性人才和动漫教育的创新等问题，和现场观众进行了交流；还设置了腾讯游戏大赛、

2012 年 9 月 29 日，省委常委、市委书记孙瑞彬（前排中）出席 2012 中国·石家庄第七届国际动漫博览交易会开幕式

拍客上网大奖赛活动、儿童动漫绘画书法表演、游戏体验、高校优秀原创作品评选展示、CCTV 数字电视书画频道“燕赵书画”栏目之动漫艺术品展示及版权拍卖活动、动漫 5D 电影播放等，增强了趣味性、娱乐性。本届动博会上共有 11 个项目现场签约，总投资额达到 64.9 亿元。其中，辛集市国超新技术有限公司和香港力丰控股有限公司签署了辛集信息产业基地项目，签约额 30 亿元；河北省武术文化产业促进会和中央美院签署中国书画院建设项目，签约额 25 亿元；灵寿县政府和河北松溏湾旅游开发有限公司签署了河北中山民俗博物馆建设项目，签约额 5 亿元；河北精英影视文化传播有限公司和宁波奇迹玩具厂、广东东莞南洋礼品厂签署了《“夜萝莉”品牌动漫衍生玩具和产品合作开发》三方签约项目，签约额分别为 1000 万元和 600 万元。深度动画科技有限公司的动画片《赵云与咔哒盒子》、河北银特商贸有限公司的国际动漫衍生品展销中心、河北点点传媒有限公司的点点少儿动漫艺术创意馆和河北幻影动漫制作有限公司的动画片《少年魏征》进行了项目发布，总计投资额 8080 万元。

（王惠恩　姜小青　王欣）

【第二届全国青少年动漫作文大赛颁奖】 9 月 29 日，第二届全国青少年动漫作文大赛在市人民会堂颁奖。本次大赛由中国石家庄第七届国际动漫博览交易会组委会、中国动画学会、河北省教育学会共同主办；石家庄市动漫办公室、市教育局、市动漫协会承办，河北师范大学《语文周报》社协办。国家文化部文化产业司副司长高政，中华文化促进会副主席于广华，中国教育学会原常务副会长、创新人才教育研究会顾问、编审郭永福，中国教育学会副会长刘堂江等以及省市文化宣传部门负责人出席颁奖仪式。第二届全国青少年动漫作文大赛历时近 4 个月，经过组稿、评审、评

奖，共收到来自全国25个省市自治区的12000篇参赛作品，其中河北省石家庄市、保定市，山西省朔州市，江苏省扬州市等地参赛作品达到300篇以上，呈现出参赛作品多、覆盖面广，作品质量好，原创作品多、水平高三大特点。大赛设立小学组、初中组、高中组，评出获奖作品451篇，其中一等奖16名、二等奖64名、三等奖128名、优秀奖243名。全部获奖作品辑录在《全国第二届青少年动漫作文大赛汇编》中。

【举办动漫衍生产品设计开发高峰论坛】 9月30日，2012中国·石家庄第七届国际动漫博览交易会动漫衍生产品设计开发高峰论坛在市人民会堂举行。国内外知名动漫企业、机构和动漫界专家以及市动漫企业负责人和业界人士共200多人参加此次论坛活动。本次论坛主讲专家嘉宾有美国肯渡动漫影业公司造型大师刘大伟，澳大利亚安普科电影有限公司制片人兼导演马里奥·安德烈奇奥，西澳大利亚州政府电影融资发展局代表艾伦·林赛，台湾老夫子哈媒体股份有限公司授权总监何志焜。主讲专家围绕动漫衍生产品课题，就国内3D动漫技术、实拍中的动画构成解释，动漫衍生品设计、开发到品牌授权和分享，以及有关动漫未来的发展规划等展开演讲。

（张晓娟）

【首届河北省特色文化产品博览交易会在石家庄举行】 12月21～25日，首届河北省特色文化产品博览交易会（简称特博会）在石家庄国际科技博览活动中心举行，这是河北省首次举办的高规格、高层次、高水准的文化产品博览交易会。本届特博会由省委宣传部、省文化厅、省广电局、省旅游局、省贸促会联合主办，省文化产业协会、市委宣传部共同协办。特博会以传承、创新、融合、发展为主题，集中展示了河北省的特色文化产品，共有182家文化企业参展。石家庄市有6家特装展位和22家文化企业参展，参展数量和规模居全省首位。其中，藁城宫灯、晋州紫铜浮雕、动漫产业园等一批具有石家庄特色的文化企业盛装出展。

（王欣）

【河北长城影视动漫旅游创意园项目签约】 12月28日，河北长城影视动漫旅游创意园项目在石家庄市举行签约仪式。该项目由新长城文化创意集团有限公司投资建设，总投资50亿元，占地3100亩，选址在鹿泉市上庄镇，计划建设“三城、两园、一基地”六大功能区。“三城”包括动漫城、影视城、网游城；“两园”包括世界文化遗产博览园、龙泉寺佛文化博览园；“一基地”为文化创意旅游产业集群基地。

（张晓娟）

【文化市场管理】 “扫黄打非”工作有序开展。针对国家和河北省扫黄部门明察暗访发现问题，清理整改了西柏坡景区、火车站等重点区域，开展了光盘复制企业清查行动，取缔无证经营摊点40余个，有效净化了问题多发领域的文化环境。针对部分民营医院擅自出版发行非法出版物问题，联合公安、工商、城管等部门，对全市印刷企业开展拉网式检查，依法查缴非法出版物70余万张（册），并对违规企业和民营医院依法进行处罚，有效遏制了非法医疗广告的泛滥。专项整治行动取得明显成效。年内，全市加大对出版印刷、电子游戏、演艺娱乐、网吧等行业监管力度，组织开展了暑期网吧治理、中小学周边整治、迷你口袋书、广播电视违法违规广告等整治行动，检查各类文化场所6400家（次），查处违法案件64起，依法处罚企业47家，规范了文化市场健康发展。加强大案要案查办力度。开展行政执法与刑事司法有效衔接，查办正定县、藁城市、辛集市等大案要案6起，依法移送追诉涉嫌刑事犯罪案件1起，有效打击和震慑了违法经营行为。“小片网”治理成效明显。按照“先易后难、先简后繁、统筹兼顾”原则，对全市42个小片网进行整合，10万电视用户顺利实现联网，最大限度兼顾了各方利益，保持了社会和谐稳定。规范新闻出版行业管理，开展清理整顿专项行动，整治出版物市场，监督检查内资出版物，确保了正确舆论导向。探索网上审读，开通内资审读监管平台，强化出版物内容管理；整合出版资源，搭建内资信息共享平台，350余家内资出版物形成合力。

【文化遗产保护】 正定古城风貌恢复工程和赵州桥环境整治工程全面推进。经努力争取，中山故城考古遗址公园和台西遗址等项目列入国家文物局“十二五”发展规划。启动全市文物安防系统项目建设，完成赵州桥安防工程。开展文物安全隐患排查整治专项行动，高度重视文物保护工作。加强博物馆建设，赵县“豆腐庄血案纪念馆”建设项目主体完工。规范馆藏文物管理，完成全市馆藏文物普查统计工作。“非遗”保护取得新成果。结合“文化遗产日”，组织开展一系列“非遗”宣传活动。组织调查和摸底民间传统戏班情况，积极给予财政支持。完成2012年度“非遗”项目代表性传承人组织评审。创办“石家庄评剧”传承基地，招收学员30人。赞皇丝弦剧团恢复演出，赞皇丝弦独具风格唱腔得以传承。年内，市丝弦剧团、井陉县文化馆等6个单位被河北省公布为省级“非遗”传承示范基地。2012年全市新增国家级“非遗”传承人3名，年末全市累计拥有国家级传承人达到11名。至2012年底，全市拥有市级“非遗”项目148项，省级“非遗”项目90项，国家级“非遗”项目11项。

（王惠恩　姜小青）

【9人入选河北省第三批非物质文化遗产传承人】 6月9日，省文化厅公布第三批省级非物质文化遗产项目83位代表性传承人名单，其中，石家庄市9人入选。分别是晋州魏徵的传说的代表性传承人王贵良、石家庄丝弦代表性传承人石增辰、南花园民间戏法代表性传承人郭燕清、正定龙狮道具制作技艺代表性传承人马小增、赵县五道古火会代表性传承人杨风申、赞皇腊八船代表性传承人王增军、井陉台头邳彤祭典代表性传承人许堤、井陉云盘山人祖祭典代表性传承人刘秀宅、平山南冶脸子会代表性传承人王明亮。

（张晓娟）

【版权保护】 贯彻落实《国家知识产权战略纲要》和《版权工作十二五规划》，开展版权知识讲座、“保护版权，绿色上网”等系列宣传活动，增强全民版权保护意识。开展打击侵犯知识产权和假冒伪劣商品、网络侵权盗版、非法预装计算机软件等专项整治活动，有效遏制侵犯版权事件发生。率先在全省完成市本级党政机关正版办公软件安装使用，受到河北省政府表彰和国家检查督导组的肯定；加强县（市）区政府机关使用正版软件工作指导和检查，与县（市）区政府签订《软件正版化工作承诺书》。发挥版权代理和中介机构作用，积极为版权保护和版权产业提供服务。

【举办河北省第三届印刷行业技能比赛暨石家庄第八届印刷行业技能比赛】 6月27日至7月2日，河北省第三届印刷行业技能比赛暨石家庄第八届印刷行业技能比赛在石家庄信息工程职业学院举行。此次大赛为全国印刷行业技能大赛河北赛区比赛，本着公平、公正、公开原则，通过预赛、决赛、笔试和实际操作等形式，分职工组和学生组产生出平版印刷工、平版制版工两个工种前10名选手，从中选出前5名参加全国比赛。此届比赛，河北新华第二印刷有限公司等9家单位获得优秀组织奖，石家庄信息工程职业学院等4家单位获得特殊贡献奖。2012年，石家庄市已连续举办印刷行业职业技能大赛三届，该项大赛已成为全市印刷行业优秀人才脱颖而出的重要平台，得到印刷行业界的积极参与和广泛好评。

（王惠恩　姜小青）

2012年6月，举办第三届印刷行业技能大赛

报 纸

【概况】 2012年，石家庄日报社践行10月12日省委常委、市委书记孙瑞彬到报社调研时提出《石家庄日报》作为石家庄市委机关报，一定要牢牢把握正确的舆论导向，不断增强新闻宣传的方向性、可读性、可看性，紧紧围绕全市大局和中心工作，坚持政治家办报，大力宣传市委、市政府的重大决策部署，宣传经济社会发展取得的成就，凝聚人心，鼓舞士气，为全市发展大局提供重要舆论支持和保障，为党的十八大胜利召开营造良好舆论氛围的要求，锐意进取、创新改革，形成发展思路明确、舆论引导有力、团结奋发有为、事业产业壮大的良好局面。全年总收入和广告收入在全国报业经济普遍下滑形势下实现逆势上扬，再创新高。至2012年末，石家庄日报社拥有4报1刊2网4家分公司5家控（参）股公司，固定资产3.48亿元，员工1700人。2012年，石家庄日报社获得第二届“中国地市报报业经营十强”“全省文化体制改革先进单位”等市级以上奖励14项，并首次获得“省级文明单位”；报社班子被市委、市政府授予“好班子”称号；《石家庄日报》、《燕赵晚报》分别获得城市党报晚报品牌十强；《精品导报》连续第三次获得全国城市周报十强；石家庄新闻网获得“河北省文明网站”称号；石家庄日报社党委书记、社长、总编辑王勋涛获得“中国地市报十佳社长、总编辑”称号。

【出台“十二五”总体发展思路】 “十二五”总体发展思路是：以建设中国特色社会主义理论、“三个代表”重要思想和科学发展观为指导，深入贯彻落实中央、省市委关于新闻宣传和文化大发展大繁荣的重要精神，牢牢把握正确舆论导向，围绕中心、服务大局，为转型升级、跨越赶超、建设幸福石家庄营造舆论强势；不断深化体制机制改革，增强内在活力和市场竞争力，加快向现代化大型综合性传媒集团迈进步伐，力争到“十二五”末把石家庄报业传媒集团建成经济实力强大、社会影响广泛、产业结构合理、发展后劲强劲、牢固占据全国省会城市第一方阵的传媒集团。具体目标可以概括为“一二三四五”，即完成一个项目、做到两个确保、打造三项机制、实现四大目标、倡导五种精神。完成一个项目，即建设完成传媒大厦项目。做到两个确保，即确保舆论导向准确鲜明有力，确保各报发行量稳中有升，在省会具有绝对优势和绝对影响力。打造三项机制，即健全内部运行机制、健全薪酬分配机制、健全监督管理机制。实现四大目标：一是基本完成转型升级，非报业收入比重提高到30%以上，报业经济、新媒经济、产业经济、楼宇经济并驾齐驱，综合实力居于全国省会城市传媒业第一方阵、力争上市，基本实现三个翻番即固定资产规模、总收入、个人收入翻番，建成现代化传媒集团；二是把《石家庄日报》及系列子报子刊办成在全国省会城市传媒业具有一流水平的名报、强报；加快新媒体建设，基本构建起技术先进、覆盖广泛、功能强大的现代传播体系，各媒体综合竞争力和影响力达到省

2012年7月5日，石家庄日报社与市检察院启动共同开展预防职务犯罪活动

会城市前列水平；三是经营管理水平实现更大跨越，实现规模型向效益型转变，集团经济实力更加雄厚；四是打造一流干部职工队伍，磨砺一支政治可靠、业务精良、清正廉洁、能战能胜的坚强团队。倡导五种精神，即大力倡导满怀激情、只争朝夕的精神，改革创新、求真务实的精神，爱岗敬业、甘于奉献的精神，攻坚克难、不屈不挠的精神，事争一流、追求完美的精神。

【新闻宣传】 全面贯彻落实省委常委、市委书记孙瑞彬在报社调研时提出的切实增强新闻宣传“方向性、可读性、可看性”要求，牢牢把握正确舆论导向，坚持好喉舌的“三个标准”，增强宣传的“策划感、动作感、配合感和触动感”，进一步总结办报经验，加强新闻策划，创新报道方式，坚持“三贴近”，深化“走转改”，大力增强报社新闻宣传的亲和力、吸引力、感染力、公信力，深耕推出新闻精品，提升版面导向作用，提高质量和舆论引导水平，为助推市委、市政府中心工作提供强大舆论支持和精神支撑。“两个环境建设”、“中东西”发展战略、工业强市、文化产业、关注民生等重要报道均取得良好社会效果。同时，始终坚持以正面宣传鼓舞人、典型报道激励人、好人好事感动人，积极传播正能量。年内，《石家庄日报》报道的《轮椅上的播爱使者》、《两位好市民山西勇救落水童》及《燕赵晚报》推出的《最美女中学生》、《省城环卫工人昨集体放假过节》等报道，产生了广泛的社会影响，特别是《燕赵晚报》首席记者李青拍摄的环卫工人夫妻哈手取暖的照片，被誉为“今冬最温暖照片”。各个报道刻画了一个个爱心善心形象，弘扬了社会正气，得到了市委、市政府和社会各界的充分认可。2012 年石家庄日报社共有 51 件新闻作品获得省级以上奖项，在《人民日报》等中央媒体发稿 380 多篇，连续多年稳居全省地市报之首。

（黄珊珊）

2012 年 12 月 3 日，石家庄日报社党委书记、社长、总编辑王勋涛（前排中）和党委副书记、副总编辑刘云道（前排右一）从赞皇县柳子沟村村民代表手中接过驻村帮扶赠送锦旗

【市委书记就《跳入刺骨冰水 救起落水女童》报道作批示】 12 月 1 日，一名 3 岁女童到井陉县孙庄乡北防口村走亲戚时，不慎落入近 2 米深的水渠内，湍急的水流瞬间将女童冲出去很远。危急关头，该村 2 名不会游泳女性村民赵厉燕、王永华跳入冰冷刺骨的水中救援。赶到现场的男性村民何献忠也跳入水里，奋力将女童托出水面。在岸上众人帮助下，落水女童和跳水救人的 3 位村民都被拉上岸。12 月 12 日，省委常委、市委书记孙瑞彬就《石家庄日报》报道《跳入刺骨冰水 救起落水女童》做出批示：这种舍己救人的高尚情操是值得全市人民学习的，要派人去慰问，媒体要深度报道。

（胡雁冰　程丽娜）

【《石家庄日报》《燕赵晚报》分获城市党报晚报 10 强】 9 月 19～23 日，由中国人民大学新闻学院、复旦大学新闻学院、北京大学新闻与传播学院、中国传媒大学等中国 10 所顶级新闻学院联合主办，中国报业网和中国品牌媒体联盟联合承办的第五届中国品牌媒体高峰论坛在广西桂林市举行。此次论坛上，经专家评委会评审，《石家庄日报》获得“2011–2012 中国品牌媒体百强——城市党报品牌 10 强”，《燕赵晚报》获得“2011–2012 中国品牌媒体百强——城市晚报品牌 10 强”。

【体制改革】 在总结历年改革经验

和借鉴外地经验的基础上，对报社的运行机制、薪酬分配机制、内部监管机制实施了近10年来力度最大的一次改革，对日、晚报编辑部实施采编、广告、发行三位一体运行模式，对实体部门实行扁平化管理；实施个人收入与工作绩效与报社效益全面挂钩的薪酬分配办法，对重点创收部门和经营部门主要负责人实施年薪制；细化完善了财务、经营、纪检等多项管理规定，实施预算管理、成本核算和目标考核等方式，充分发挥新体制新机制的活力。通过改革，提高了广大员工的积极性，全社上下形成了风清气正、凝心聚力、干事创业、争做贡献的浓厚氛围，新闻宣传得到了市委、市政府和社会各界的充分认可和好评，经营创收实现了新突破，圆满完成了目标任务，全社员工奖金实现明显增长。

【优化内部环境】 8月份开始，报社内部开展了转变服务观念，改善服务态度，优化服务流程的优化发展环境活动，统一了综合管理部门是服务部门的认识，提高了服务水平和办公效率。为了使活动更有针对性，研究制定了关于开展20个"有没有"为主要内容的优化发展环境活动实施方案，狠抓内部环境优化。

【建立人才培养模式】 为深入推进"人才再造"工程，报社进一步提高授课专家档次，就提升新媒体格局下城市党报舆论引导力等切合报社实际发展方面展开培训，全社员工参加教育培训1650人次，全面提升了干部职工素质；开展"书记上党课暨中层正职培训班"，深化素质教育，加强中层干部队伍建设；在采编精英中选拔出一批首席记者和采编拔尖人才，鼓励大家钻研业务、多出精品；出台培养、留住、引进人才系列措施，明确提出让报社尖子人才的收入不低于省会同类媒体尖子人才收入的目标，通过加大资金投入、提高优秀拔尖人才薪酬待遇、建立优秀人才储备库、关心人才身体健康和家庭生活，营造了事业留人、感情留人、待遇留人的良好环境。

（黄珊珊）

广播电影电视

【概况】 2012年，全市广播电影电视工作贯彻落实省委常委、市委书记孙瑞彬提出坚持正确的政治方向、争取用3年左右时间将石家庄广播电视台建成全国省会一流强台和带好队伍用好人的指示精神，围绕市委、市政府重点工作，加强策划选题，精心采访制作，深入挖掘石家庄有全国意义的亮点新闻，在主要中央媒体的重要栏目、黄金时段宣传石家庄。至2012年底，石家庄广播电视台在中央广播电台和中央电视台发稿519篇。其中，中央电视台播发新闻稿件312条，中央电视台《新闻联播》栏目播发52条；中央人民广播电台播发207篇，中央人民广播电台《新闻与报纸摘要》、《全国新闻联播》播发70篇，发稿量位居全省各城市台第1名。石家庄市的新闻频率在中央电台新闻发稿年度总分排名位列全国省会城市台第2名。2012年，全市广播播出节目12套，电视播出节目22套；有线广播电视传输干线长度18924.53千米，拥有有线广播电视用户116.14万户，有线数字电视用户100.05万户；广播综合覆盖率达到99.43%，电视综合覆盖率达到99.42%。2012年石家庄广播电视台坚持正确舆论导向，开拓经营，创新发展，实现经营收入2.3亿元。围绕市委、市政府中心工作，宣传党的声音，反映全市战略部署和宏伟目标，开设直播"园博园开园"、"新火车站启用"及特别报道"恢复供热"等，做到关注大事和热点问题，搭建起政府和百姓间的桥梁。年内，石家庄广播电视台被河北省广电局授予"党的十八大广播电视安全播出工作先进集体"称号；石家庄广播电视台制作的纪录片《璀璨时空——石家庄历史文化影像志》获得第26届中国电视金鹰奖优秀纪录片奖。

（市委宣传部 石家庄广播电视台）

【石家庄网络广播电视台开播】 5月2日，河北省首家网络电视台——石家庄网络广播电视台（www.sjzntv.cn）正式开播。省委宣传部副部长武鸿儒、省广播电影电视局纪检组长裴亚宁，市委常委、宣传部长孙万勇等为网络电视台开播揭幕。2012年3月份，国家广电总局正式批准成立石家庄网络广播电视台，这是加入城市联合网络电视台的首批成员台，也是河北省第一家网络电视台。石家庄网络广播电视台以提供新闻、影视、生活、娱乐、社区等宽领域的图文、视频产品服务等原创性内容为主，用户可通过此台领略城市联合网络电视台每天提供的近千个原创电视栏目和数百小时的原创节目，可收听、收看 88 个频道电视节目及 7 天的时移回看，可分享全国 30 多家城市台的民生新闻、趣闻趣事、绝活达人等内容，还可以观看重大事件网络直播、重要嘉宾音视频访谈及本地化网络节目。石家庄网络广播电视台开播实现了跨终端、跨网络、跨媒体传播，给计算机、电视机、手机等多种终端用户提供了大量直播、点播信息内容，极大地满足了电视观众、网民、手机等多用户全方位互动需求。

（岳金宏）

【大型电视剧《家在南三条》开播】 6 月 10 日，石家庄市第一部自主拍摄的大型电视剧《家在南三条》在河北卫视独家首播。由市委宣传部，桥东区委、区政府，石家庄广播电视台等联合拍摄的大型电视剧《家在南三条》，共 33 集。该剧由八一电影制片厂导演李三林执导，富大龙、赵子琪、印小天、侯天来、黄梅莹、储智博、徐秀林等主演，石家庄市几百名市民参与演出。该剧是创新文艺样式和城市形象宣传的一个突破，从南三条的创业史中反映出全市改革开放波澜壮阔的社会画面和城市景象，讴歌了石家庄人民的创业精神和社会诚信。

【拍摄播出《石话实说——石家庄 100 个村庄印记》】 百集系列文化节目《石话实说—石家庄 100 个村庄印记》，着力挖掘展现石家庄 100 个具有代表性的名村古镇丰厚独特的文化基因和乡土魅力。它将为石家庄 100 个村庄留下一部不可复制的文化影像志，实现挖掘城市历史根脉，增强市民归属感、幸福感，对外传播优秀地域文化的目的。2012 年已播出 50 集。在全国城市电视台开创了此类题材的先河，并在省会市民和网络中引起强烈反响。为提升节目品质和影响力，第二季（后 50 集）节目由石家庄市委宣传部领导牵头，联合市政协、省会文明办、市档案局、市地方志办公室、市文物局、市建设局、市规划局、市旅游局等十家单位共同摄制。

（市委宣传部　石家庄广播电视台）

档案工作

【概况】 2012 年，全市档案系统按照省委、省政府提出的“一个好的精神状态，一个好的工作作风，一个好的工作业绩”和市委、市政府提出的“转型升级、跨越赶超，建设幸福石家庄”的目标要求，认真学习贯彻党的“十八大”精神，着力推进发展环境和干部队伍建设，各项工作都取得了突破性进展。《中国档案报》、《河北日报》、《石家庄日报》、《燕赵都市报》、《燕赵晚报》、石家庄电视台、石家庄电台等媒体对档案工作动态的报道达 90 余篇次。《中国档案报》头版头条以《“开国第一城”的兰台新乐章》为题专题报道石家庄市档案工作，引起全国档案界的关注。市档案局先后获得石家庄市普法先进集体和依法行政工作先进单位、保密工作先进单位、市直机关工会先进职工之家和妇工委“巾帼建功”先进集体等荣誉称号。

【政策法规】 为推动全市档案事业科学发展，经过深入调研，出台《关于进一步加强档案工作的意见》（石字〔2012〕36 号）、《石家庄市档案事业发展“十二五”规划纲要》（石政发〔2012〕23 号）。这两个文件明确了“十二五”期间石家庄市档案工作的指导方针、任务目标和具体措施，是指导全市档案事业发展的纲领性文件，为全市档案事业的发展奠定了坚实的基础。还先后制定出台《石家庄市市级以上劳动模范人物专题档案管理办法》、《石家庄市著名人物档案管理办法》、《石家庄市最低生活保障档案管理办法》、《石家庄市重大建设项目档案验收办法》、《勘界档案管理办法》、《农村和城镇居民养老保险业务档案管理办法》、《石家庄市水利档案管理办法》、《关于加快推进“村档乡代管”工作的通知》。档案工作已经延伸到全市政治、经济、文化发展的各个领域，在围绕中心、服务民生方面取得了重大进展。纲要、办法、通知等一系列政策文件的出台提升了档案工作的影响力和执行力，推动了石家庄市档案工作的开展。

【新馆建设】 市档案馆新馆建设取得突破性进展。8 月 24 日，市政府第 67 次常务会议议定新建石家庄市国家档案馆，并列入 2013 年的《政府工作报告》，力争 2013 年开工，2014 年主体建成，2015 年投入使用。10 月 25 日，市委常委、副市长程凯主持召开了市档案馆新馆项目建设调度会，就相关工作进行了专题研究，确定新馆实用土地约 16000 平方米，分两期建设，一期总建筑面积 36000 平方米，财政投资 2 亿元。已完成新馆址的勘界、放线，设计招标，落实了建设用地指标。至此，新馆建设项目启动 10 年来，终于取得了实质性进展，实现了根本性突破。全年县级档案馆建设也取得了大的发展，赵县建筑面积 1330 平方米的新馆建成并投入使用，元氏县建筑面积 5000 平方米的新馆、深泽县建筑面积 2340 平方米的新馆开工建设。

【档案安全管理】 成立档案安全管理工作领导小组，出台《关于加强档案安全保管工作的通知》，加强各部门各单位档案安全保管工作，杜绝档案安全事故发生。为保证档案信息安全，市档案局与市保密局印发《关于切实加强档案数字化和档案信息化外包管理杜绝失泄密隐患的紧急通知》，汛期组成四个检查组对县（市）区及市直机关档案安全防汛工作进行检查。申请市财政资金 70 万元改造 7 个档案库房，更新了防盗门及消防、监控设备，解决了档案库房安全管理工作中存在的隐患问题。

【机关、团体、企业、事业单位档案管理】 加强对市直 116 个机关、团体、事业单位年度档案整理归档工作的监督、指导和检查考核。其中 112 个机关、团体、事业单位按时完成年度档案整理归档工作，共形成文书档案 1236 盒 53951 件，档案整理合格率达到 98.5%。县直机关达到 90% 以上。开展机关档案目标认定工作。2012 年，市县两级共有 84 个单位获得 2A 以上档案工作目标管理认定。市社保局等一大批涉及民生的部门档案管理更加规范。印发了《企业档案工作规范》，并以企业档案工作协作组为抓手，对石家庄敬业集团、正元化肥有限公司、石家庄四药股份有限公司、新联合投资控股有限公司开展了标准培训。对石家庄中润制药有限公司的 7-ACA 产业化项目进行档案专项验收；新联合投资控股有限公司档案馆通过河北省五星档案管理单位认定，被省档案局局长冯世斌誉为“河北民企第一馆”，民企档案工作走在了全省的前列。

【农村档案管理】 2012 年，与市纪检委联合印发《关于加快推进“村档乡代管”工作的通知》，对石家庄市“村档乡代管”工作进一步提出要求，深入推进村档乡代管工作。至 2012 年底，全市 222 个乡镇、4454 个行政村中共有 206 个乡镇实现了“村档乡管”制度，占全部乡镇的 93%，基本完成了村档乡管工作。10 月 11 日，市档案局召开“村档乡管”新闻发布会，河北日报社、河北青年报社、石家庄日报社、石家庄电视台等 8 家新闻媒体到会，对石家庄市“村档乡管”工作进行了宣传报道。

【开拓档案服务新途径】 围绕全市中心工作和热点问题，对馆藏档案有关信息进行梳理，撷取珍贵史料，编辑《档案内参》供市领导参阅，以期达到“资政惠民”的目的。《档案内参》全年编辑八期，成为市领导科学决策的好帮手，了解、支持档案工作的新途径，受到了市领导的充分肯定。副市长程凯批示：“知古惜今。要进一步把档案工作做好，切实起到资政惠民的作用。”主汛来临前夕编辑的一期内参《关于 1963 年、1996 年两次特大洪灾的启示》，引起市领导的高度重视，为安全度汛提供了有益的参考。

为了扩大档案工作的影响，发挥档案在大文化建设中的作用，同市电视台、市政协文史委、市地方志等单位联合拍摄百集系列电视节目《石话实说—石家庄 100 个村庄印记》，已拍摄并播出 50 集。先后赴桥东区休门村、元氏县故城村、开发区东仰陵村、井陉县天长镇等村镇拍摄资料，作为较有影响力的评委，评选出 50 个名村镇，《中国档案报》、《中国档案》杂志、国家档案局网站等媒体相继刊登了相关信息。

【法制建设与教育培训】 按照市两办要求削减了行政审批、监管事项，规范了执法程序和行政处罚自由裁量权等。先后对市医保中心、卫生系统、公证系统、市残联、市职业病防治医院及灵寿、行唐、新乐、无极的档案工作进行了执法检查，针对有关部门档案工作中存在的问题，要求限期改正，以保证相关部门档案工作依法进行管理。积极做好普法宣传工作，12 月 4 日全国法制宣传日活动中，发放宣传资料 1000 余份，解答咨询 500 余次。举办了档案工作目标管理认定培训班，对县（市）区、市直机关、团体、市属事业单位 120 名档案员进行了业务培训。7 月 6 日，与河北大学管理学院举行了共同建立档案专业教学科研实践基地签约暨揭牌仪式。双方拟在人才培养、科技创新、学术交流、项目开发、课题申报和信息服务等方面进行业务合作。

【档案的接收与征集】 全年接收 5 个市直单位的文书档案 4411 卷，寄存破产企业文书档案 1451 卷、会计档案 4792 卷、政府公开信息 3091 份；接收了鹿泉、新乐、高邑、平山、元氏、灵寿、无极、栾城“农村新民居建设”照片 3146 张、光盘 2 张及破产企业照片 1738 张、光盘 88 张。征集了中共石家庄市委宣传部等单位联合举办的聚焦幸福石家庄、省会“摄影双十佳”评选活动五个赛题的获奖作品，并向获奖作者代表颁发了收藏证书。2012 年，共征集各种载体档案资料 1345 件，其中包括石家庄市名村镇、《井陉碑石文选》、石家庄火车站老照片、江泽民总书记视察石家庄二印、温家宝总理到赞皇考察、部分劳模的珍贵档案等；原北京城乡建设集团组织部长曹德绪、北京城乡中昊建设有限公司党委书记闫瑞泉捐赠的古籍、字画、毛主席像章等珍贵档案资料，填补了馆藏的多项空白；原市委组织部副部长姜贵增的水墨写生作品以书画的形式真实记录了平山、井陉等地濒临坍塌的古旧村落风貌，具有较高的艺术价值。

【档案开发利用】 举办了石家庄解放 65 周年“开国第一城”红色档案文献展，展览共分为解放大城市的创例、中央试验田、华北人民政府、新中国从这里走来四个部分，展出了 41 幅珍贵照片及 50 余件珍贵文书档案，这些档案资料大多是首次向社会公开展出。多家媒体进行了宣传报道，引发了社会轰动效应，群众反响强烈。筹办了“石家庄市容市貌综合整治十大工程成果档案图片展”。收集了大量资料，从中精选照片 260 幅，按工程分 10 个部分，在河北省博物馆向社会公众开放展出。与中国人民解放军 66440 部队联合举办了“喜迎党的十八大聚焦幸福石家庄”展览。向部队 2000 余名官兵展示了近年来石家庄城市建设所取得的巨大成就，激发了驻石部队的爱国主义情怀，提高了精忠报国的热情，受到了部队官兵的一致好评。石家庄市档案局（馆）现有 346 个全宗、140665 卷，81513 件文书档案；17822 册图书资料、6741 份报刊。2012 年，大力推进服务窗口建设，为社会各界提供有效服务。全年接待利用者 1954 人次，免费提供利用档案 12870 卷次，报刊资料 303 册次，照片档案 505 卷、40215 张，光盘 14 张，翻拍照片 16 张，复印档案资料 4000 张，微机打印 2000 张。

（马彦春）

文物工作

【概况】 2012 年，市文物行政管理部门一如既往抓好文物安全防范，监督、落实好各项法律、法规的实施，对各县（市）、区文物执法、文物安全加大巡查力度，督促各文物主管部门及各文物保护单位做好相关工作。加强各县（市）、区文物保护巡视员队伍建设，建立文物安全保护网络。加大文物执法力度，全年进行多起文物违法案件执法督察，并对其中的 5 起案件下发《执法督察通知》，及时制止各类文物违法事件发生。对各文物收藏单位所收藏、保管的文物藏品完残情况进行摸底，并将情况记录在案，为日后馆藏文物的修复保护提供基本资料。“文化遗产日”文物宣传走进社区、第二部公众考古著作——《穿越千年时空·探秘中山文明》的出版发行、碑刻拓片展览，为广大群众了解文物、认识考古搭建一条沟通的桥梁。考古发掘、大遗址保护规划等工作有序进行，常山郡城址、井陉古驿道遗址、东垣故城遗址、正定文庙、北翟营汉墓的考古调查、勘探工作在获取大量考古资料的同时，为其下一步的保护规划奠定坚实基础。11 月 22 日，国家故宫博物院院长单霁翔到市博物馆参观考察，察看了市博物馆正在举办的《中外火柴火花展》，并近距离考察了市博物馆的多件馆藏珍品，包括明初宫廷画家刘俊的巨幅绢本人物画《刘海蟾图》、明代书画家董其昌的《行书轴》、清代书画家刘源和林则徐的书法，以及明代的青花缠枝莲纹方薰盒、金代磁州窑瓷枕等国家一级文物。至2012 年底，石家庄市拥有全国重点文物保护单位 25 处，省文物保护单位 141 处，市、县文物保护单位 240 处，各类不可移动文物 5000 多处，各类馆藏文物 3.9 万余件，其中三级以上文物精品 1 万余件。

【考古发掘】 历时半年，由市文物部门与省文物研究所合作的考古发掘工程——正定新区郭家庄墓群抢救性考古发掘工作，于 2012 年底顺利结束。此次考古发掘工作自 4 月28 日正式开始，总发掘面积 700 余平方米，发现清理墓葬、古井等文物遗迹 33 处，出土陶器、瓷器、铁器、古钱币等各类完整或可复原文物 50 余件及文物标本 2000 余件。此次发掘出土的各类遗存时代以唐代为主，延续至明、清时期，时间较长，遗物丰富，对了解中原地区唐至宋金时期的丧葬习俗具有特别的价值；另外，出土瓷器中以井陉窑瓷器占绝大多数，为研究井陉窑和当地手工业经济的发展提供了珍贵的实物资料。

【遗址保护】 为稳步推进全市大遗址保护，做好大遗址规划工作，市文物部门组织精干的专业人员队伍，完成元氏县常山郡城址、井陉古驿道遗址全面细致的考古勘探、调查和测绘工作。常山郡城址是全国重点文物保护单位，是石家庄市第二大城址，对研究汉代文化、石家庄的历史变迁具有不可替代的历史价值，南水北调工程曾为其改线，做好城址的保护工作将惠及社会、造福后代。此次勘探不仅确定城址的范围、城门位置，还探明护城河及其他重要设施的分布情况，为制定城址的保护规划提供全面、详实的考古资料，奠定良好开端。井陉古驿道遗址是另外一处全国重点文物保护单位，历史价值极高，为做好此处文物遗存的保护和利用工作，市文物部门与河北师范大学资源与环境学院联合对古驿道进行考古调查、勘测工作，并共同编制完成遗址保护研究规划，为有效保护、开发利用此处珍贵的文化遗产、发挥其应有的社会公益性迈出坚实的一步。

【文物保护宣传】 随着社会日益发展，广大群众对文化遗产保护、利用的意识逐渐提高，为适应人们对精神文化日益多样性的需求，市文物部门加大文物保护、文化遗产利用的宣传。在第七个“文化遗产日”当天，举办文物保护进社区活动，在全市多个社区设立宣传台（点），进行文物保护及法制宣传，与群众面对面进行交流，解答来自各界群众的有关文物方面的各种问题。同时印发《文物保护法》单行本以及其他相关文物保护宣传品千余册，受到各社区群众的普遍欢迎和赞誉，使广大群众既能享受家乡文化遗产所带来的精神食粮，又增强依法保护文化遗产的意识。

【举办《石家庄碑刻拓片展》】 4 月8 日至 5 月 5 日，《石家庄碑刻拓片展》在石家庄市美术馆成功举办。此次展览由市文物局、市文物保护研究所共同举办，是有史以来市文物部门首次举办的大规模碑刻、墓志拓片展览。展览汇集全市碑刻、墓志精品及其他拓片 100 余幅，许多作品在中国金石学中占有重要地位，其中的 2 通汉代碑刻—白石神君碑、祀三公山碑被列入中国古代传世百种名碑。

（夏素颖）

【古典家具文化博物馆开馆】 4 月26 日，石家庄正定县高远古典家具文化博物馆开馆。该馆主要展示中国传统家具以及明清早期典藏家具。该博物馆展览面积约 1 万平方米左右，分为古典家具文化图片、珍贵古典家具典藏、古代门窗文化精品长廊、古典家居文化讲坛会馆、精品仿古家具以及标本展示区等六大展区。其中古典家具文化图片展示区，通过历史老照片、文献资料说明、文化历史题材等内容展示了中国明、清、民国时期的居室陈设及室内家具陈设的样式变化；珍贵古典家具典藏展示区分为精品宫廷皇家家具、明式典藏家具、清式典藏家具等 3 个展示单元，分别通过明代书房、清代厅堂、民国时期卧房三种不同空间的构造，再现各时期家居陈设特色。

（焦莉莉 吴温）

【梅花惨案纪念馆改造提升工程竣工】 10月23日（农历九月初九），总投资40余万元的“梅花惨案”纪念馆改造提升工程竣工和重新开放揭牌仪式在藁城市梅花镇举行。梅花镇位于藁城市南部18千米处，距省会石家庄40千米。1937年10月12日（农历九月初九）起，5000多名日本侵略军在镇内进行了4天3夜的大屠杀，共杀害百姓2500多人，有46户被杀绝，这是日本侵略军在石家庄地区制造的最大惨案。1995年，河北省将“梅花惨案”遗址列为爱国主义教育基地，并邀请在梅花镇抗击日军的开国上将吕正操亲笔书写“梅花惨案”纪念馆馆名。“梅花惨案”纪念馆改造升级工程由市委宣传部拨付专项资金，历时3个月改造完工。

（王更　苏卉卉）

【文物保护】 保证文物安全是文物工作的重中之重，2012年市文物行政管理部门在落实好《中华人民共和国文物保护法》和《河北省实施〈中华人民共和国文物保护法〉办法》的同时，加大对各县（市）、区文物执法、文物安全巡查力度，督促各文物主管部门及各文物保护单位做好文物法规宣传、落实和文物安全相关工作，做到文物工作有法可依、有法必依、执法必严，发现问题及时解决、整改。同时对各文物保护单位、考古发掘工地、文物收藏单位进行不定期安全检查，并加强各县（市）、区文物保护巡视员队伍建设，与相关部门协作，建立起有效的文物安全防护社会体系，使各单位安全防范不放松，不发生文物安全案件和文物违法事件，确保各类文物安全。

（夏素颖）

西柏坡纪念馆

【概况】 2012年，西柏坡纪念馆强力实施教育功能提升、参观环境提升、接待服务提升、西柏坡品牌提升、产业开发提升、研究能力提升“六大”工程，顺利完成了全年所有工作任务，实现了纪念馆的健康、和谐、有序发展，同时也为2008年提出的五年全面达标，画上了圆满的句号。全年接待社会各界观众497万人次，创纪念馆建馆以来的新高，并且在全国百强景点景区中位列第32位。开展了西柏坡精神教育实践活动。在西柏坡纪念馆的积极推动下，全省11个地市开展了为期9个月的西柏坡精神教育实践活动，各地在学校设立西柏坡班，开展争做西柏坡精神传人征文活动，命名表彰了一批“弘扬西柏坡精神”示范窗口、优秀班组等先进集体，掀起了学习、践行西柏坡精神的热潮。此外，还与社会各界共同举办了全国文化科技卫生“三下乡”慰问演出、河北省各民主党派、无党派人士“同心”活动、全国国家安全教育基地挂牌命名等重大活动20多次。提升了西柏坡的知名度和美誉度，发挥了教育基地的教育功能。为增强教育效果，西柏坡纪念馆不断完善教育内容，创新教育形式，拓展教育领域。举办西柏坡精神大讲堂，组织全国知名研究专家，为社会各界观众从不同角度、不同领域深度解读西柏坡精神的内涵，全年举办60

2012年5月10日，国家安全部、中共河北省委在西柏坡举行“西柏坡全国国家安全教育基地”命名揭牌仪式

多场，受到观众好评。为落实十八大精神，对主题陈列馆尾厅和廉政教育馆尾厅进行重新设计、制作，并调整和完善了内容。与中央文献研究室、中央档案馆共同举办了《见证—新中国从这里走来》文物展，其中，新解密文献46份，用文献的形式向观众展示了伟人在西柏坡的岁月。编排了大型舞蹈音画《新中国从这里走来》，不仅艺术水平得到大幅度提高，而且更形象地展示了中共中央在西柏坡的历史贡献。注重讲解创新，致力于在讲解中穿插快板、民谣、秧歌、情景再现等艺术形式，并在所有讲解员中普及推广，在全国引起很大反响，受到社会各界和各级领导的好评。西柏坡纪念馆改变仅仅依靠纪念馆人员单一研究模式，向课题型、社会化转变。联合中央文献研究室、军事博物馆、河北师范大学等单位，采取委托、共同攻坚等合作方式，借助社会各界的人才优势和资源优势，深入挖掘西柏坡精神和红色文化内涵。共成功立项2个国家级课题，25个省级课题，并陆续完成。与中央文献研究室、河北省委联合举办了高规格的西柏坡精神高层论坛，吸引了国内百余名专家到会，会议收到了高水平论文90多篇，丰富了研究成果。与中央文献研究室、中央档案馆共同完成200万字的《西柏坡档案》上、中、下三卷，同时出版了大型画册《见证—西柏坡纪念馆五年发展纪实》。在做好软件服务建设的同时，加快配套设施的建设，对馆区基础设施进行改善和提升。在2011年的基础上对景区环境进行了改造提升，改造了临湖码头，沿湖景观，形成了风光秀丽的沿湖风景带。由中国红十字会和解放军302医院捐资兴建的西柏坡红十字救护站落成，为患者救治和急诊转送提供“一站式”服务，使干部职工、周边村民的健康以及广大游客的旅游安全有了进一步的保障。9月26日，在全国文化体制改革工作表彰大会上，西柏坡纪念馆获得“全国文化体制改革先进单位”称号。

【西柏坡精神教育实践活动】 2月20日，由省委宣传部、省委省直工委、省委教育工委、省国资委、团省委等部门联合举办的河北省西柏坡精神教育实践活动在西柏坡纪念馆广场启动。以“两个务必”为核心的西柏坡精神，是全党、全国各族人民的宝贵精神财富；是新形势下切实加强党的建设，始终保持党的纯洁性的思想利器。纪念馆创办的西柏坡精神大讲堂是实践西柏坡精神教育实践活动的一种有效形式。它为人们提供了一个开放性的历史精神解读平台，开拓了深入宣传西柏坡宝贵精神财富的现实空间。这种以史谏实的文化传播形式，不仅有利于弘扬西柏坡精神，也有利于提升河北省的红色文化底蕴，是一件利在当代、功在千秋的实践活动形式。该活动在西柏坡纪念馆的积极推动下，全省11个地市开展了为期9个月的争做西柏坡精神传人征文活动，命名表彰了一批“弘扬西柏坡精神”示范窗口、优秀班组等先进集体，掀起了学习、践行西柏坡精神的热潮。

（王彦红）

【《西柏坡档案》出版发行】 3月16日，《西柏坡档案》完成首次印刷，正式出版发行。省委书记、省人大常委会主任张庆黎为该套丛书撰写序言。该书由中央档案馆和西柏坡纪念馆组织20多位专家历时两年共同编写，中国档案出版社出版。全书以研究原始文献为基点，收录了从1947年党中央撤离延安，到1949年离开西柏坡赴京建国近两年时间内，中共中央和中央各部委的重要讲话、电报、书信等历史文献资料865篇，约160万字，分三卷本，全面系统地反映了毛泽东等老一辈革命家在西柏坡的革命实践和活动，是第一部集中公布西柏坡重要文献最多的丛书。

（王静　崔霞）

【举办《见证——西柏坡时期历史档案文献展》】 6月19日下午，由中央档案馆、河北省委宣传部、石家庄市委宣传部、西柏坡纪念馆联合主办的《见证——西柏坡时期历史档案文献展》在西柏坡纪念馆开展。展览从馆藏的2000余件文献中精选124件，又从中央档案馆新解密的文献中精选了55件展出，旨在以中共中央在西柏坡时期的革命历史活动为脉络，通过一些典型具有重大历史意义的历史文献展现中共中央、毛泽东等老一辈无产阶级革命家的领导艺术和政治智慧，讴歌一代伟人在西柏坡创下的丰功伟绩，以文献的形式诠释那段火红的岁月。

【“弘扬西柏坡精神　加强新时期党的建设”学术研讨会】 6月19～20日，由中央文献研究室第一编研部、河

2012 年 6 月 19 ~ 20 日，“弘扬西柏坡精神 加强新时期党的建设”学术研讨会在石家庄举行

北省委宣传部主办，中国中共文献研究会毛泽东思想生平研究会、河北省社会科学院、石家庄市委宣传部、西柏坡纪念馆承办的“弘扬西柏坡精神 加强新时期党的建设”学术研讨会暨毛泽东思想生平研究会 2012 年年会在石家庄举行。研讨会上，有关专家和特邀论文作者、入选论文作者进行了交流发言。与会学者围绕西柏坡精神的形成和发展过程、科学内涵和精神实质，西柏坡精神的历史意义和当代价值、西柏坡精神与党的建设等问题进行了深入研讨和交流，一致认为，以“两个务必”为核心，敢于斗争、敢于胜利的大无畏精神；永不骄傲、永不自满的进取精神；不懈努力、艰苦奋斗的创业精神是中国共产党和中华民族宝贵的精神财富，研究和弘扬西柏坡精神既是构建社会主义核心价值体系的基础工程，也是增强党员、干部宗旨意识，提高中国共产党拒腐防变的一种能力。

【西柏坡纪念馆红十字救护站启用】 6 月 26 日上午，由解放军第 302 医院援建的西柏坡纪念馆红十字救护站落成启用。该救护站是解放军第 302 医院投资近 50 万元捐建的红十字救护站，4 月 12 日开始动工兴建，建筑面积 85 平方米，配备医护人员两名和救护车一辆，具有常用医疗设备及急救、外伤等必备药品器材，可为西柏坡周边村民和景区游客提供医疗救治和急诊转送的“一站式”服务。

【西柏坡网改版升级】 西柏坡网由省委宣传部主管，省委外宣局、西柏坡纪念馆与长城网联合主办，2009 年 5 月 26 日首次开通，2012 年 1 月 1 日，西柏坡网在原网站基础上进行改版升级。内容涵盖网上参观、西柏坡历史及精神研究、新闻资讯、纪念馆动态等 15 个栏目。为进一步提升网站的服务水平，加强宣传教育效果，河北省委宣传部组织省外宣局、长城网、西柏坡纪念馆有关负责人于 8 月 29 日在西柏坡召开网站改进提升座谈会，制定了详细的改版提升方案。会后，经多次研究论证，并与长城网加班加点，共同积极筹备。经过近一个月的紧张工作，9 月 22 日，再次改版升级后的西柏坡网全新亮相。改版后的网站共有 22 个栏目，增设了专家专栏、新闻视频、纪录西柏坡、影视经典、红色之旅、网上预约和参观感言等栏目，加大了与网民的互动力度，完善了网站的服务功能，不仅展示内容更加丰富、信息发布更加及时，并增加了主页的动态展示手段，使页面布局更为合理，形式更加美观，以网民更为喜闻乐见的形式展现西柏坡红色文化的魅力，弘扬西柏坡精神，努力使西柏坡网打造成河北红色文化宣传研究的前沿窗口和西柏坡及周边红色旅游的便捷导航标。

（王彦红）

卫生·体育

卫生·体育

卫　生

【概况】　2012年，全市共有各级各类医疗卫生机构6451个，其中省级和部队17个，市级18个，县级87个，乡镇卫生院221个，社区卫生服务中心（站）205个，门诊部35个，民营医院70个，诊所（医务室）1638个，村卫生室4087个。开放床位44896张，卫生人员73013名，其中卫生技术人员54191名，执业医师20528人，注册护士18551人，药师（士）2282人，技师（士）3065人。平均每千人口拥有卫生技术人员5.21人、医生2.45人、注册护士1.79人。全市孕产妇死亡率控制在16.05/10万，婴儿死亡率控制在5.14‰，5岁以下儿童死亡率控制在6.56‰。开展创先争优活动，建立和完善创先争优长效机制16项，做到创先争优活动常态化、长效化、经常化。推进“两个环境”建设，开展“修医德、强医能、铸医魂”活动。年内，刘琼芳被中央组织部追授为“全国创先争优优秀共产党员”，市第一医院主任医师乞国艳当选“感动省城”十大人物。组织医疗卫生职业精神大讨论，命名表彰一批刘琼芳式好医生、好护士、好干部、好职工。市第一医院构建和谐医患关系做法受到国家、省、市领导充分肯定。5月8日，全市卫生系统在人民会堂举行市第一医院获得全国五一劳动奖状暨纪念国际护士节庆祝大会。2012年，卫生部、河北省委、石家庄市委命名市卫生局党委为“创先争优先进基层党组织”，省文明委授予市卫生局“文明单位”称号；栾城县医院被推荐为“全国县级综合医院院务公开示范点”。

【农村基层医疗卫生服务】　全市在完成4041个村卫生室标准化建设基础上，所有农村县（市）区启动乡村卫生一体化管理，通过增强乡、村两级医疗卫生机构内涵建设，乡镇卫生院与村卫生室纵向连接增强，所有乡镇卫生院实行对村卫生室业务、药物统一规范管理，78%的县（市）区开始落实乡镇卫生院对村卫生室财务规范管理，提升了村卫生室的管理水平和规范程度。10月份，河北省“乡村卫生服务一体化管理示范县（市）”考核结果揭晓，石家庄有6个县（市）入选示范行列，数量位居全省各市之首。6县（市）分别是井陉县、元氏县、晋州市、藁城市、灵寿县和赵县。组织680余名市、县医院医务人员对口支援210个乡镇卫生院，诊治病人2.1万余人次。完成444名乡镇卫生院管理和技术人员以及5113名乡村医生培训任务，并专门对450名乡村医生骨干进行40天脱产培训。

【新型农村合作医疗】　全年共有602.36万农民参加新型农村合作医疗（简称新农合），参合率达到97.38%，人均筹资标准由2011年的230元提高到290元，各级补偿比例提高到河北省补偿方案基本框架最大值，最高支付限额达到8万元。2012年，全市补偿参合农民1673.57万人次，补偿金额17.43亿元。所有农村县（市）开展了门诊统筹、支付方式改革和儿童白血病等重大疾病医疗保障工作。探索大病保险，石家庄市被省医改办确定为省级大病保险试点市。顺利接受审计署新农合专项资金审计检查，得到审计部门的肯定。鹿泉市、藁城市率先在全省启动省级定点医疗机构出院即报试点。

【基层综合医改】　全市43个政府办社区卫生服务机构、221个乡镇卫生院和3155个村卫生室推行基本药物零差率销售，实行集中采购和统一配送。健全、完善基本药物制度监测评价机制，利用网上监管平台，及时掌握基本药物采购情况，实现基本药物网上采购顺利进行。基本药物制度在村卫生室初步建立，基本药物价格明显降低，群众基本用药得到较好保障。年内在总结栾城县医院试点经验基础上，增加藁城市、鹿泉市等8个县医院实行基本药物零差率销售试点。至2012年底，全市基本药物销售达到2.94亿元，患者人均日门诊和住院费用较2011年分别下降12%和20%，共为群众减轻药品费用负担5106.1万元。

【中医药工作】 2012年，市卫生局会同市财政局出台“国医堂”建设标准，在城市社区重点推进。至2012年底，全市49个社区卫生服务中心“国医堂”全部建成并通过验收。2012年“国医堂”累计接诊社区居民数较2011年增加35%，中医处方数占处方总数较2011年增加12.5%，越来越多的社区居民主动选择接受中医药服务。农村县（市）利用国债和河北省投资资金9000万元开展中医院建设，年末17个县级中医院有16个达到二级标准。2012年，全市中医院就诊人数比2011年提高23%。全年121个乡镇卫生院成立中医科，创建中医药特色示范性村卫生室1108个。投入500万元，为部分乡镇卫生院和村卫生室配备了中药柜、熏蒸床、颈腰椎牵引床、煎药机、电针仪等中医设备。重视发挥中医药在公共卫生服务中的作用。投资850万元，在市中医院成立“治未病”中心，在5个县级中医院建设“治未病”基地，在85个乡镇卫生院和社区卫生服务中心设置“治未病”门诊，研发出膏方、药茶、药枕等20余种“治未病”产品。开展健康教育、中医体质辨识和0～6岁儿童、孕产妇、老年人、高血压、Ⅱ型糖尿病患者中医健康指导等中医药服务。对5000名0～6岁儿童、2000名孕产妇、4000名老年人进行中医健康指导。至2012年末，全市90%的社区卫生服务中心和65%的乡镇卫生院能提供10项以上中医药适宜技术，73%的社区卫生服务站和64%的村卫生室能提供4项以上中医药适宜技术，中医药适宜技术使用率达到32%。为解决基层中医药队伍总量不足、整体素质偏低、技术骨干匮乏等问题，市卫生局、人社局、财政局出台《关于进一步加强基层中医药人才队伍建设的意见》，发挥政策引导作用，想方设法改善中医药人才队伍结构。市卫生局从市、县两级中医院遴选出106名指导老师，从乡镇卫生院和社区卫生服务机构选拔129名中青年中医药人员，结成师徒关系，开展传、帮、带学习。2012年，全市评选命名石家庄“乡村知名中医”78名，有830余名基层卫生技术人员参加中医药适宜技术培训，县（市）区1200名乡村医生参加中医理论和实践技能短期培训；所有社区服务中心安装使用中医“健康管理软件”；行唐县顺利通过“全国基层中医药工作先进单位”复审，长安区创建成为“全省社区中医药工作先进单位”。开展“首席中医师”进社区活动，选派84名高年资中医师到49个社区卫生服务中心工作，累计培训社区卫生服务机构人员1700人次。

【社区卫生服务】 至2012年底，全市拥有社区卫生服务机构205家，接诊患者319.2万人次，比2011年增长14.7%；总收入2.4亿元，比2011年增长26.3%。社区卫生服务机构为居民建立电子健康档案193.1万份，建档率达69.8%，管理高血压、糖尿病等慢性病人21.9万人。年内，全市大力推进新增60个政府办社区卫生服务机构建设任务，新建机构7个，采取签约购买服务形式增设机构53个。培训社区卫生服务机构管理和技术人员832名。开展“首席医师”进社区、中医中药进社区等“八进”活动，受到广大社区居民的欢迎。裕华区、桥东区开展社区“片医”试点，36个社区卫生服务机构成立“片医”团队78支，覆盖人口38万，实现了两区居民享受更加安全、有效、方便、价廉的卫生保健服务。12月3日，长安区长丰街道办事处社区卫生服务中心和裕华区裕强街道办事处社区卫生服务中心入选2012年全国示范社区卫生服务中心。至2012年末，全市有4家社区卫生服务中心成为全国示范，数量位居全省各市之首。

【医疗服务质量】 推进“三好一满意”、“医疗质量万里行”等活动，实施临床路径管理，增设11个专业健康体检质量管理和控制中心，规范诊疗服务行为，群众就医感受持续好转。狠抓人才队伍建设，面向全国公开招聘了50名博士、229名硕士和25名副高职以上高层次人才，并遴选27名中青年骨干到北京知名医院学习进修。加强重点学科建设，年内全市卫生系统获得市级以上科研奖项106项，发表SCI论文21篇，专业品牌知名度和美誉度提升。信息化建设迈出新步伐，6个市级医院完成HIS系统改造，18个县医院完成信息系统升级，5个市级医院实行“一卡通”。召开全市医疗机构规范管理工作会议，引导各级医疗机构依法执业、诚信经营。开展打击非法行医“亮剑行动”，全年监督检查各级各类医疗机构3453次，立案查处存在违法行医行为机构391个，取缔黑诊所173家。

（市卫生局）

【“就诊一卡通”启用】 11月10日，市第三医院作为首家市级综合医院试点，正式开通“就诊一卡通”系统。“就诊一卡通”系统基本使用流程是：患者首次到医院就诊，首先持本人身份证到医院信息登记窗口登记基本信息，办卡后充值，就可持卡到分诊中心或者直接到诊室就诊，由接诊医生完成挂号。就诊过程中，患者根据医生开单顺序到药房、检验室、检查科室刷卡计费，无需多次重复到收费处缴费。就诊结束后，余额不多可到收费处充值。下次就诊，不用重新挂号，可直接到分诊中心或者诊室就诊。患者也可根据需要到收费窗口办理退卡或者退费。

（王丽强）

【公共卫生服务】 落实国家基本和重大公共卫生服务项目，加强疾病预防控制工作，儿童安全教育干预工作模式在全国推广，结核病、艾滋病等防治处于全省领先水平。实施出生缺陷干预工程，免费婚检4.3万人，产前筛查7.1万人，新生儿听力筛查11.6万人，石家庄市在全国会议上作经验介绍。全力抓好职业病防治，国家职业病能力建设项目顺利实施，硬件水平和服务能力大幅提升。全年“12320”卫生热线接受群众咨询和投诉电话7.8万余次。深入开展健康教育活动，在城市和农村共举办健康教育活动2.18万场次，累计受益群众150余万人次。年内，鹿泉市和桥西区创建成为“国家慢性病综合防控示范区”，鹿泉市和辛集市创建成为“国家卫生应急示范县（市）”。

（市卫生局）

【启动新生儿出生缺陷干预工程】 3月9日起，石家庄市启动“新生儿出生缺陷干预工程”，新生儿出生缺陷防治专项资金纳入政府公共财政预算，实行免费婚前医学检查、免费孕前优生健康检查、免费产前筛查、免费新生儿疾病筛查（含听力筛查）。新生儿出生缺陷干预工程服务对象为全市城乡欲婚男女、计划怀孕夫妇、孕产妇及新生儿。凡石家庄户籍人口，在石创业、经商、务工等外来人口，凭有效证件到定点单位进行指定项目的筛查，均实行免费。具体安排为：婚前医学检查规定项目，由市级和县级妇幼保健机构承担，市妇幼保健院承担涉外婚检。孕前优生健康检查，由有资质的县级计划生育技术服务机构承担。产前筛查由市妇幼保健院和县（市）、区妇幼保健院承担，经市卫生行政部门批准的产前筛查单位负责对到本院就诊孕妇进行筛查。新生儿疾病筛查（含听力筛查），苯丙酮尿症和先天性甲状腺功能低下由市妇幼保健院承担，各助产单位负责血片采集，县（市）、区妇幼保健院负责管理和递送血片；新生儿听力筛查由市级和县级妇幼保健机构以及市卫生行政部门批准的听力筛查机构承担。2012年，《石家庄市产前筛查管理办法实施细则》等系列方案出台，规定了各医疗保健机构的工作职责，明确了出生缺陷干预工程工作流程和质量控制办法。各级妇幼保健机构认真登记筛查中发现的疾病和异常，给予医学指导和科学建议，并进行随访服务，最大限度地避免出生缺陷。各县级妇幼保健机构根据工作实际购置了四维彩超和实验室设备等，在孕期开展了以预防神经管畸形、先天性心脏病、唇腭裂为主的出生缺陷影像学筛查，成为出生缺陷干预工程的有益补充。至2012年末，全市累计免费检查36.44万人次，查出疾病和异常3000余例，检出高危人群5063人，均进行了有效干预。全市出生缺陷发生率由2011年的万分之100.3下降到2012年的万分之80.4。

【妇幼保健院妇产大楼启用】 3月27日，市妇幼保健院妇产大楼正式启用。大楼开放住院床位500张，日门诊接待量可达4000人次。新启用的市妇幼保健院门诊大楼位于石家庄市友谊北大街与新华西路交叉口西南角。大楼占地20亩，地上11层，地下1层，总建筑面积3.26万平方米，开放产科床位300张，妇科和综合床位各100张。

（王丽强）

【开展城市居民体重控制行动】 5月27日，由市疾病预防控制中心与中国健康教育中心联合主办的“城市居民体重控制健康行动”在石家庄市启动。项目用两周时间调查全市10家单位1600多人，并对调查对象进行健康指导和行为干预。调查结果显示，全市有近一半人超重或者肥胖，有逐渐年轻化的趋势。全市 15 ~ 69 岁居民超重率为 31.7%，肥胖率为 17%，超重和肥胖合计为 48.7%。城市青少年超重肥胖问题突出。全市 15 ~ 19 岁人群超重和肥胖率分别为 8.9% 和 6.5%，城市 15 ~ 19 岁人群超重、肥胖率高达 12.9% 和 17.6%。大肚子、小胖子成为全市居民的流行病。

（王丽强）

【妇幼卫生信息系统升级启用】 11 月 12 日，市妇幼卫生信息系统全新升级并正式启用。市妇幼卫生信息系统已完成两次系统升级，分别是 2009 年 4 月网络版升级和 2010 年启用计算机条码识别技术升级。此次升级在原系统基础上，细化妇女档案管理、强化孕产妇高危管理、增加机构基础档案管理，实现了孕产期高危预警提醒等功能。

（康辉）

【首例水中分娩婴儿降生】 2012 年 11 月，全市首例水中分娩婴儿在市妇产医院顺利降生。小女婴体重 3350 克，身长 50 厘米，整个分娩过程用时约 2 个小时。水中分娩是一种新型绿色分娩方式。与传统分娩方式相比，水中分娩产程较短，产妇体力消耗较小，产后恢复较快。采用水中分娩的产妇需要符合以下条件：年龄最好不超过 30 岁；各方面指征符合自然分娩要求；身体健康。身体过胖，有皮肤病和传染性疾病的孕妇不适宜采用水中分娩。水中分娩胎儿体重以不超过 3500 克为宜。

【18 家医疗机构获得艾滋病筛查资格】 2012 年，省卫生厅公布新确认资格 118 家医疗卫生单位艾滋病检测筛查实验室名单，石家庄市有 18 家医疗卫生单位艾滋病检测筛查实验室获得资格确认。分别是河北慈佑医院、辛集市中医院、辛集市第二医院、冀中能源井陉矿业集团有限公司总医院、高邑县中医院、无极县中医院、赞皇县医院、元氏县医院、元氏县中医院、石家庄肾病医院、正定县妇幼保健院、栾城县妇幼保健所、井陉县妇幼保健院、藁城市妇幼保健院、行唐县妇幼保健院、元氏县妇幼保健院、赞皇县妇幼保健院、石家庄市妇幼保健院（北院）。

【2 家医院获卫生部改革创新奖】 年内，在卫生部医疗服务监管司、健康报社共同主办的全国医院改革创新奖评选活动中，市第一医院和第四医院从全国 400 家参评医院中胜出，获得 2012 年度医院改革创新奖。全国医院改革创新奖评选始于 2010 年，2012 年是第三届，活动主题为“创新医院文化、和谐医患关系、创建平安医院”。此次评选推介活动从 2012 年 4 月启动，评委会经过充分比较和广泛征求意见，最终全国共有 91 家医院成功入围，获得年度医院改革创新奖。

【新增 3 个省级医学重点学科和 4 个重点发展学科】 2012 年，省卫生厅公布省级医学重点学科和重点发展学科名单，市卫生系统有 3 个重点学科和 4 个重点发展学科入选。其中，3 个省级医学重点学科分别是市第五医院肝病专业、市疾病预防控制中心卫生检验学、市第四医院产前诊断专业；4 个省级医学重点发展学科分别是市第四医院妇产科、市第三医院创伤急救、市第一医院烧伤整形外科、市职业病防治院职业病学。

（王丽强）

【疾控中心 10 项成果获得 2011 年度河北医学科技奖】 2012 年下半年，2011 年度河北医学科技奖评选结果揭晓，市疾控中心 10 项成果获奖。其中《石家庄地区食品化学污染状况监测研究》、《阪崎肠杆菌在市售婴幼儿食品中污染监测与分型溯源》2 项获得一等奖，《基于 GIS 的石家庄市媒介生物信息管理系统研究》、《体重指数、腰围、腰臀比预测高血压、高血脂高血糖的实用价值及其建议研究》、《涂阳肺结核病人密切接触者结核病发病情况研究》、《石家庄社区伤害干预需求评估及其干预策略研究》、《石家庄水环境中军团菌多态性分布及 DNA 指纹图谱库的构建》、《对饮食行业 HBsAg 阴性从业人员实施乙肝防治健康教育和行为干预效果研究》《蜂花粉中多种金属元素测定方法的研究》《公共场所从业人员幽门螺杆菌检测及治疗方法筛选》8 项获得二等奖。

（任永红）

【爱国卫生运动】 开展“城乡环境卫生整洁行动”等系列爱国卫生运动，晋州市、鹿泉市、藁城市、辛集市、新乐市、栾城县、正定县、井陉县、井陉矿区 9 个县（市）区进入省级卫生城市行列，栾城县通过国家卫生县城考核评估，长安区、桥西区、桥东区、鹿泉市4个县（市）区被省卫生厅授予“全民健康生活方式行动工作优秀县（区）”称号。2012年，全市创建市级卫生村99个、卫生社区31个、无烟单位26个；完成国家农村改厕项目任务1.5万座，农村卫生厕所普及率达到58.13%；鼠密度由原来的2.3%下降到0.9%；蟑螂侵害率由灭前的7.24%下降到2.23%。年内，石家庄市爱卫办获评“全国爱国卫生工作先进集体”。

（市卫生局）

体 育

【概况】 2012年，市体育事业以加快发展和体育惠民为要求，以增强群众体育活力、提升竞技体育实力、打造体育产业竞争力为思路，以更好的服务人民群众身体健康、促进人的全面发展为目的，落实国家、省、市关于体育工作的各项部署，稳步推进体育事业健康发展。年内，全市选手参加省级以上比赛获得金牌243枚，银牌179枚，铜牌137枚。全年审核一级运动员66名，审批二级运动员403名。年末全市共有等级裁判员26人；等级运动员502人，其中男运动员311人、女运动员191人。全年安装全民健身路径1394条，实施农民体育健身工程2439个，市区实现了社区健身器材全覆盖。2012年，石家庄市培训二级社会体育指导员400名，县（市）区培训三级社会体育指导员2000名。至2012年底，全市共有社会体育指导员7334人。

【竞技体育】 7月28日至8月13日，市田径运动员巩立姣、曹硕代表中国队参加了第30届伦敦夏季奥运会，巩立姣在女子铅球比赛中获铜牌1枚，为中国、为河北和石家庄市赢得了荣誉。市青少年运动员在亚洲、全国赛场取得骄人成绩，贾紫南夺得亚洲青年赛艇锦标赛女子四人双桨2000米冠军。2012年，张文静（全国少年单打冠军）、何卓佳（亚洲少年团体、单打两项冠军）、孙颖莎（全国北方赛区单打第三名）女子乒乓球苗子入选国家青年队。

（市体育局）

【参加第十四届伦敦残奥会】 在8月29日至9月10日举行的第十四届伦敦残疾人奥运会（简称残奥会）上，石家庄市5名残疾人运动员参加了田径项目15个小项比赛，获得7枚金牌、3枚银牌、2枚铜牌，并打破4项世界纪录、1项残奥会纪录，所获金牌总数位居全国参赛城市之首。市残疾人运动员李虎召成为中国田径队唯一获得3枚金牌的运动员；米娜在女子F37级铅球比赛中卫冕金牌，同时冲击铁饼金牌成功，夺得2金并两破世界纪录；黄丽莎在女子轮椅竞速T53级比赛中获得2金、1银、1铜；赵玉飞在男子T53级100米轮椅竞速比赛中获得1银、1铜；侯占彪在男子F46级铅球比赛中获得1银，并打破世界纪录。9月14日，省委常委、市委书记孙瑞彬接见了市残疾人运动员代表李虎召、黄丽莎、米娜、赵玉飞、侯占彪。李虎召为石家庄赵县大安办事处二村人，T53级优秀残疾人轮椅竞速运动员，幼时患小儿麻痹症导致下肢瘫痪。2008年北京残奥会上，李虎召赢取了T53/54级4×100米、4×400米、800米3枚金牌，并4次创造世界纪录。黄丽莎为石家庄藁城市常安镇黄家庄村人，T53级优秀残疾人轮椅竞速运动员，幼时患小儿麻痹症导致下肢瘫痪。2008年北京残奥会女子T53级百米决赛中，黄丽莎作为场上最小选手，以16秒22的成绩夺取金牌，改写了11年没有变化的世界纪录。同时获得T53级200米、T53-54级4×100米金牌，并创造世界纪录。米娜为石家庄行唐县安香乡米霍口村人，患有脑瘫，自小爱好田径运动竞技项目。2008年北京残奥会上，米娜包揽F37/38级铅球及铁饼2枚金牌，双双创下世界纪录。2010年全国残疾人田径锦标赛上，米娜囊括F37级铅球和铁饼冠军；同年在广州举行的亚洲残运会上，米娜夺得女子F37级铅球、铁饼第一名。2011年第八届全国残运会上，米娜夺得F37级铅球、铁饼第一名，其中铅球打破世界纪录。赵玉飞为石家庄藁城市贾市庄镇马邱村人，双下肢残疾。2008年英国田径公开赛上，赵玉飞获得T53级100米第一名，

200米第二名。2011年第八届全国残运会上，赵玉飞获得T53级100米第一名，200米第三名，P53-58级五项全能第四名。侯占彪为石家庄赵县沙河店镇野鸡铺村人，左上肢残疾。2010年全国田径锦标赛上，侯占彪获得男子F46级铅球第三名，铁饼第一名，标枪第八名。2011年第八届全国残疾人运动会上，侯占彪获得男子F46级铅球第一名，打破世界纪录，并获得铁饼第二名。

（王静）

【群众体育】 贯彻落实《石家庄市全民健身实施计划（2011-2015年）》，下发《石家庄市全民健身工作联席会议制度》，明确各部门职责任务，推进全民健身工作深入开展。1月1日，举行元旦长跑活动，近2万名市民热情参与，实现了健康过新年、跑起来更精彩理念。石家庄市元旦长跑活动举办42年，已成为全市辞旧迎新的标志性活动。5月20日至8月8日，举办第五届社区运动会，参赛范围由市区扩大到组团县（市），覆盖10个县（市）区近百个社区，直接参与人数10余万人次，开展活动150场。8月8日(全民健身日)，石家庄市在新华区石太公园举行社区嘉年华暨“民心河百里健身长廊”工程揭牌仪式，40个社区600名居民代表进行了社区特色健身项目展示。年内，全市20个单项体育协会举办市级比赛12项25次，协助基层办赛事30次，举办培训班10次，在全国、全省多项赛事中获得奖牌20枚。2012年，全市重点打造了“民心河百里健身长廊”工程，共在民心河沿岸公共场所安装体育健身器材23处，同时结合基层建设年活动，在451个帮扶村全部安装了健身器材。年末全市累计安装全民健身路径1394条，在公园广场安装体育设施123个，实施农民体育健身工程2439个，实现了市区内社区健身器材全覆盖。

【体育产业】 制定《石家庄市体育局夜经济建设活动方案》，明确局属体育场馆延长开放时间，并联系中体倍力、超越健身、宝力健身、平安健康家园4家知名健身俱乐部参与夜经济建设活动。成立以主管副市长为组长，体育、财政、工商、城管、公安、文化、宣传等部门主管领导为成员的市县两级体育彩票发行工作领导小组和办公室。6月中旬，首批即开型体育彩票销售网点正式入驻北国超市7家门店和天元超市30家门店。至2012年末，全市体育彩票投注站达到877个；体育彩票销售额达到4.65亿元，同比增长25.68%。

（市体育局）

石家庄年鉴 Social Life

社会生活

社会生活

人口和计划生育

【概况】 2012年，市人口和计划生育工作以破解发展难题、创新体制机制为抓手，将“促进人的全面发展、促进家庭和谐幸福”作为出发点和落脚点，创新理念、深化服务，较好完成各项工作任务。自2011年10月1日至2012年9月30日，人口计生考核年度共出生12.63万人，符合政策生育率为89%，人口出生率为12.54‰，出生人口性别比为106，圆满完成省下达的人口计生责任目标。2012年，市人口计生系统九项工作在全国、全省实现创新突破：创新建立人口计生公共决策八大统筹机制，统筹解决人口问题能力提升；创新建立计生特殊家庭关

2012年2月24日，副省长杨汭（前排中）在市长姜德果（前排右二）陪同下，到晋州市计生技术服务站调研指导人口计生工作

2012年3月8日，召开石家庄市人口和计划生育工作会议

怀扶助长效机制，福利型计生初步彰显；创新建立人口信息服务管理系统，人口计生辅助政务决策能力增强；创新建立流动人口新居民服务中心，流动人口基本公共服务均等化迈出新步伐；创新建立公共服务政府投入保障机制，免费孕前优生健康检查实现城乡全覆盖；创新建立性别比治理五大工作机制，“两非”案件查处难题得到破解；创新建立城乡人口计生宣传教育工作新模式，人口文化建设取得新成效；创新建会创优“一四三”工作格局，计划生育协会（简称计生协）作用得到发挥；创新建立政府主导公益

性婴幼儿早期发展指导中心，婴幼儿早教工作全面启动。2012年，全市共向4546名计生特殊家庭父母发放一次性救助金和生活补贴2082万元；新增计生奖励扶助对象8702人、特别扶助对象219人。全年5937名历年退休独生子女父母领到3000元一次性奖励。500户计生贫困家庭获得少生快富专项资金和扶贫资金项目帮扶。至2012年末，市、县两级“12356”阳光计生服务热线共受理咨询309件，解决问题22件，群众满意度达95%以上；全市累计成功创建8个国家级、9个省级、100个市级依法行政示范乡（镇、街道）。年内，省委、省政府授予石家庄市“2011年度完成人口和计划生育责任目标先进奖”，授予桥西区、正定县“2011年度人口和计划生育工作先进县（市、区）奖”；国家人口计生委授予石家庄市裕华区建通街道办事处、新华区北苑街道办事处、晋州市马于镇、正定县正定镇为“第一批全国人口和计划生育依法行政示范乡镇（街道）”。

【统筹解决人口问题】 坚持把统筹解决人口问题放在经济社会发展全局中谋划，把人口计生工作与经济工作同部署、同落实、同检查、同奖惩。3次召开市委常委会、政府常务会专题研究人口计生工作，解决重难点问题。出台《关于建立计划生育特殊家庭关怀扶助长效机制的意见》、《石家庄市计划生育特殊家庭关怀扶助办法》、《关于建立人口和计划生育公共决策统筹机制的意见》、《关于市人口计生领导小组更名为市统筹人口发展领导小组的通知》等指导性文件。坚持目标管理责任制，层层签订责任书，严格考核、兑现奖惩，落实“一票否决”。市委、市政府把人口计生工作列入重大事项督查范围，对出生人口性别比治理、免费孕前优生健康检查等工作实行季督查、季通报。市委、市政府主要领导、分管领导定期调度进展情况，解决难点问题。经费保障到位。全年安排人口计生事业费44026.75万元，比2011年增加30%，市本级预算内安排3227.55万元，比2011年增长82.8%；人口计生财政投入县乡达到人均40.2元，市级达到人均6.12元。统筹解决人口问题能力提升，市县两级将人口计生领导小组更名为统筹人口发展领导小组，成员单位由27个增加到41个，成员由单位副职调整为正职。将流动人口均等化服务纳入经济社会总体规划，成立领导机构，完善各项制度；建立推广流动人口（新居民）服务中心，各有关部门联合入驻为流动人口提供12个方面30余项均等化服务；在城市区流动人口聚集地建立“市场小学”和“农民工子弟学校”，在农村县建立“留守儿童家园”和“留守家庭创业发展基地”。将“石家庄市出生人口性别比治理协调指导小组”更名为“石家庄市综合治理出生人口性别比工作小组”，将性别比治理纳入市委、市政府重大事项督查范围。在省确定赵县、高邑县为性别比重点治理县基础上，确定赞皇县、元氏县、无极县为市级重点治理县，新乐市、深泽县为市级重点关注县（市）。创建“孕情跟踪倒查、单项工作预警、联合办案、督导落实、领导约谈”五大工作机制，有效破解“两非”案件查处难题。2012年，全市共查处“两非”案件137起，同比增加174%。

（侯爱朝 赵蕾 郑立春）

【成为全国预防出生缺陷项目试点】 3月9日，全市启动新生儿出生缺陷干预工程，对常住居民和流动人口提供免费婚前医学检查、免费孕前优生健康检查、免费产前筛查、免费新生儿疾病筛查（含听力筛查）。2012年，全市共为48.53万人次提供了5项免费检查服务，检出异常和高危人群近2万人。石家庄市对检出高危人群开展了有针对性的宣传教育，对异常者进行了有效干预。至2012年底，全市出生缺陷发生率已由2011年的100.3/万降低到80/万。2012年末，国务院妇女儿童工作委员会办公室确定石家庄市为全国开展预防和控制出生缺陷项目工作试点城市。

（王丽强）

【基层计生基础工作】 加强孕前管理。实行长效节育措施奖励制度，推行避孕方法知情选择，提高长效避孕节育措施落实及时率和有效率。2012年全市生育育龄夫妇落实率达到80%以上；县、乡站累计提供季普查服务140万人（次），开展宣传咨询服务417万人（次）。落实计划生育政策。落实提拔208名市管干部、1093个先进单位和310名先进个人计划生育初审制度，否决单位21个。针对党员干部计生违法行为，立案调查368件，结案351件，处分354人。推进基层建设。结合农村两委换届，及时调整基层组织，共建各级计生协组织5647个，会员99.26

万人，会员联系户86万个。按照“县管、乡聘、村用”原则，调整计生专职干部和育龄妇女小组长，推行职业化管理和“三月”制度，实行星级评定、绩效考核，举办八期“村专干”中专函授教育，招生5258人，占“村专干”总数的97%。开展“双无”创建活动。修订完善《“双无”创建活动实施方案》，建立健全监督检查、动态管理和激励机制。年初，表彰23个无政策外多胎生育乡（镇）；2012年创建无政策外多胎生育乡（镇）42个，无政策外生育村2738个，分别占总数的18.75%和63.6%。严格统计工作。实行信息通报制度，由公安、民政、卫生、人社等部门定期向人口计生部门通报个案信息，与省PIS库信息进行比对，及时补报漏统出生；实行信息交换制度，市级定期开展外县出生个案信息交流活动，县（市）区将非本县出生个案信息上报市人口计生委，出生漏报的由管理地补报；实行信息共享制度，定期将行政执法信息管理系统数据及孕前优生信息系统数据与省PIS库信息比对，逐级核实、修正，确保数据真实准确。推进群众自治和诚信计生工作。学习借鉴肃宁“四个覆盖”经验，实施基层群众自治“内外双联”机制，推广赞皇县群众自治经验，创建基层群众自治示范村（居）108个，23个县（市）区和高新区均达到诚信计生标准；创新实施“两新”组织、城镇社区、非公企业和流动人口聚居地建立计生协联合会做法，全年新建计生协954个，整建计生协757个，占到省任务数的102%。

【完善人口计生利益导向机制】 兑现奖励政策。市、县按照新标准追加经费预算，新增奖扶对象8702人，特扶对象219人。推进落实独生子女父母退休时3000元一次性奖励。全年为128603名农村和351032名城镇独生子女父母落实每月10元奖励6107.48万元，农村落实率达到100%，城镇落实率达到99.9%。年内3134名参加中考、3020名参加高考农村独生子女落实加分政策。推进民生普惠政策与人口计生政策有效衔接。按照规定，人口计生部门固定列席政府常务会，提前介入、事前参与拟出台公共政策，保证了普惠政策与计生政策有效衔接。发挥计生家庭关怀扶助中心平台效应，在新农保、新农合、新民居、享受最低生活保障等项目上，对计生特殊家庭给予更高标准的优先优惠和补贴。3月31日，石家庄市在全国人口计生利益导向工作会议上作经验介绍。建立维护家庭尊严、增加经济补贴、开展亲情关怀、提供医疗保障、实施应急帮扶“五位一体”的计划生育特殊家庭关怀扶助服务保障体系，采取市、县财政分担方式，对独生子女死亡、三级以上残疾、患重大疾病家庭的父母，按不同年龄段给予150～600元的生活补贴和养老补贴；将独生子女死亡和患重大疾病家庭一次性救助每户2万元标准提高至3万元。至10月底，全市共为4546个计生特殊家庭父母发放生活、养老补贴651万元，一次性救助金1431万元，其中市本级按照人均1元筹集计生救助公益金490万元，发放398万元，使用率达到81%。

（侯爱朝 赵蕾 郑立春）

【出台计划生育特殊家庭享受关怀扶助政策】 7月3日，市政府出台《石家庄市计划生育特殊家庭关怀扶助办法》，对扶助对象、扶助内容和标准做出具体规定。其中五类家庭列入扶助对象，即户籍在石家庄市行政区域，符合下列条件之一的家庭可享受特殊计划生育家庭关怀扶助：独生子女为1972年8月15日以后

2012年3月31日，副市长张妹芝（左一）代表石家庄市在全国人口计生利益导向工作会议上作典型发言

出生，且患有重大疾病（癌症），依法领取了《独生子女父母光荣证》的家庭；独生子女死亡，未再生育或未再收养子女的家庭；独生子女被依法鉴定为三级以上残疾的家庭；计划生育独生子女和双女家庭父母双方或者一方死亡，其子女未满18周岁的家庭；计划生育独生子女和双女家庭父母双方或者一方为三级以上残疾，其子女未满18周岁的家庭。

（王丽强）

【计生协会作用凸显】 开展关爱救助行动。开展“天使圆梦”爱心助学活动，资助了30名考上重点大学的贫困计生家庭女孩；开展“微笑列车”驶向幸福家庭公益活动，为35名唇腭裂患儿免费实施修复手术。开展项目帮扶行动。推广赞皇县“公司＋合作社＋基地＋项目户”连加模式，省政府特邀咨询孙士彬肯定此做法并要求在全省推广，并特批20万元专项资金；在高邑县投放“幸福工程”项目款20万元，开展蔬菜大棚基地化运作；赞皇县和行唐县积极争取部门支持，将少生快富专项资金和扶贫资金捆绑使用，资助计生贫困家庭500户。开展保险保障行动。将投保范围由独生子女家庭拓展为计划生育家庭，共为13.6万个计生家庭投保，其中独生子女夭亡家庭389个，军人独生子女家庭404个，年末各级政府和集体共补贴资金244万元。

【人口计生公共服务】 开展生殖健康检查免费服务“民心工程”。以农村计生家庭体检中心为载体，拓展免费检查服务项目，建立计生家庭成员健康档案。2012年，全市共有131.5万人次得到服务，查出乳腺、妇科疾病34.7万人次。开展优质服务先进单位创建活动，至2012年末，全市创建国家级6个，省级13个，其中长安区、新乐市通过国优评估验收。免费孕前优生健康检查实现城乡全覆盖。实行免费婚前医学检查、免费孕前优生健康检查、免费产前筛查和免费新生儿疾病筛查，形成长效机制；将17个农村县（市）纳入国家免费孕前优生健康检查项目试点单位，由农业人口扩大至全市城镇计划怀孕夫妻；将新生儿出生缺陷干预专项经费纳入政府公共财政预算，年内市县两级设列专项资金7000万元；投入711.4万元，建设规范实验室，配齐检验设备，成立孕前优生健康检查中心，17个农村县（市）除井陉县、灵寿县2个国债项目县外，均建成P2标准实验室。至11月17日，全市共为105262人提供优质服务，其中国家项目单位检查人数占到目标人群的80.31%。实施避孕药具“易得工程”。在工商办证大厅、民政婚姻登记处等地增设药具免费发放点；制作避孕药具免费领取服务证，推行“一证通”发放模式；在流动人口密集地安装身份证感应自取机，实现“36524全天候”便民服务；借助农村商贸物流配送服务网络，开展县乡药具站对村级药具服务对象“一对一”物流配送服务。拓展军民共建“一通三”工程。确定435个“一通三”定点服务机构，制定无工作军人家属和军人计生家庭优先优惠政策。2012年，全市“一通三”工程免费服务1.98余万人（次），免费体检1600余人（次），减免费用139.2万元。

【新型家庭人口文化建设】 开展新型家庭人口文化建设试点，成功打造桥西区卓达玫瑰园示范社区、新华区水上公园人口文化长廊、新乐市人口文化漫画墙和3D动漫宣传片、鹿泉市和无极县“幸福家庭宣讲团”等亮点工程。开展以家庭教育、家庭健康、家庭关爱、家庭发展、家庭文明、家庭文化等“六大工程”为内容的“幸福家庭”创建活动。7月份，启动首届“石家庄市家庭节”，通过幸福家庭评比、“幸福人家”采风团走进省会、“新农村新家庭公益电影千村行”、“众腾杯”幸福家庭摄影大赛等活动，营造了关注家庭发展的良好社会氛围。7月9日，政府主导建立的公益性0～3岁婴幼儿早期发展指导中心揭牌使用。2012年，河北省推进婚育新风进万家活动暨人口计生宣传工作会议在石家庄市召开。

【人口计生信息化建设】 投资30万元开发市级人口数据集中工作平台，集自主采集、办事采集和部门协同采集于一体，实现了人口基础信息应用最大化。研发的“国家免费孕前优生健康检查项目流程管理系统”得到国家人口计生委科技司司长张世琨高度评价，已在河北省试运行，并在全国推广。研发县级人口基础数据比对平台，按照“试点先行，逐步推开”原则，确定桥东区、赵县、鹿泉市为试点单位。桥东区研发“人口信息化服务管理物联网系统平台”，实现人口数据在居委会交流共享；鹿泉市研发“人口基础数据比对系统”，实现县级数据比对共享信息化；赵县完成人口信息采集流程再造，研发出数据比对软件，提升了工作效率。研发“人口计生公共服务平台”，解决办证难问题。对一胎登记、独生子女父母光荣证办理、二胎生育审批等进行流程再造，修改完善工作制度，实行群众诉求承诺制和村级代办制，实现网上申报、受理和承办群众诉求。依托全员人口数据库，研发“人口多维辅助决策支持系统”，为政府快速应对自然灾害和公共安全事件提供支持数据。

（侯爱朝　赵蕾　郑立春）

城乡居民生活

城市居民生活

【概况】 2012年，全市城镇居民人均可支配收入达到23038元，同比增长12.2%，其中工资性收入是居民家庭收入最主要来源。伴随居民家庭收入快速增长，居民生活质量提高，消费能力增强。经国家统计局石家庄调查队对市区300户居民家庭抽样调查数据显示，2012年全市城市居民人均消费支出达到13378元，同比增长6.9%。其中，人均服务性消费支出2989.44元，增长7.4%。总体看，食品消费在消费支出中占居首位，家庭设备用品及服务消费的增速最快。至2012年末，城市居民家庭每百户拥有家用汽车19辆，彩电114台，洗衣机97台，空调132台，电冰箱99台，计算机74台，移动电话177部；人均居住建筑面积29.9平方米。

【居民家庭收入构成】 城镇居民家庭总收入由工资性收入、经营净收入、财产性收入和转移性收入4部分构成。2012年，石家庄市区居民家庭人均工资性收入13424.99元，占家庭总收入比重的54.4%；人均转移性收入8568.13元，占家庭总收入比重的34.7%；人均经营净收入2368.02元，占家庭总收入比重的9.6%；人均财产性收入311.19元，占家庭总收入比重的1.3%。2012年，石家庄市区居民家庭人均可支配收入总体上保持较快增长态势，四项收入水平呈现“三升一降”格局，分别是工资性收入同比上涨11.9%、经营净收入同比上涨12.6%、转移性收入同比上涨9.9%，财产性收入同比下降6.8%。

【居民家庭收入特点】 工资性收入仍然是居民家庭收入最主要来源。2012年石家庄市区居民家庭人均工资性收入占家庭总收入比重同比增加0.4个百分点，在家庭总收入中的主导地位仍很突出。工资性收入对家庭总收入增长贡献率达到58.6%，工资性收入上涨拉动可支配收入同比增长7.0个百分点。转移性收入成为居民收入增加的重要保障。随着国家加大居民社会保障工作力度，转移性收入成为保证居民收入整体水平上升的着力点。2012年石家庄市区居民家庭人均转移性收入同比上涨9.9%，拉动可支配收入增长3.7个百分点。转移性收入对家庭总收入增长贡献率达到31.5%。经营净收入为居民家庭收入增加提供了有力支撑。受国际国内经济形势影响，城镇居民经营净收入增长难度加大。年内政府加大对实体经济政策支持和小微企业信贷支持，推动个体私营经济经营者资金面逐步好转，经营状况有所改善。2012年石家庄市区居民家庭人均经营净收入同比上涨12.6%，拉动可支配收入同比增长1.3个百分点。经营净收入对家庭总收入增长贡献率占到10.8%。

【居民增收主要因素】 机关事业单位工资改革。行政机关津补贴、学校等事业单位绩效工资改革推进，加上部分工作人员提职和正常年资调整，机关事业单位工作人员整体收入不断增长。企业养老金和离退休金再次增加。2012年政府连续第八次上调企业养老金，企业退休人员基本养老金同比提高11%左右。抽样调查数据显示，2012年石家庄市区居民家庭人均养老金或离退休金达到8402.24元，同比增长15.2%。最低工资标准上调。2011年7月1日起，石家庄市再次大幅调高最低工资标准，月最低工资标准由原来900元调整至1100元，上调幅度达到22.2%，有效地提高了工资性收入整体水平。政府加大低收入群体保障力度。2011年10月1日起，石家庄市最低生活保障标准由每人每月340元上调至400元。个税起征点大幅提高。为降低中低收入者税收负担，加大税收调节收入分配力度，2011年9月1日起，国家提高个税起征点，由原起征点2000元调整至3500元。抽样调查数据显示，2012年石家庄市区居民家庭人均缴纳所得税同比下降73.3%。个税起征点大幅提高，工薪阶层收入得到相应增加。

【居民家庭消费结构】 2012年石家庄市区居民家庭食品类支出人均4809.76元，占消费支出的36.0%，所占比重最大；其次居住类、衣着类支出为人均1642.68元、1535.49元，占消费支出比重分别为12.3%和11.4%；教育文化娱乐服务、交通和通讯人均支出为1466.83元和1331.35元，占消费支出比重分别为11.0%和10.0%；家庭设备用品及服务、医疗保健、其他商品和服务人均支出分别为1140.98元、1048.92元和402.40元，占消费支出比重分别为8.5%、7.8%和3.0%。

【居民家庭消费特点】 食品消费增势不减，对消费支出拉动作用位居首位。2012年石家庄市区居民家庭人均食品支出4809.76元，同比增长10.8%，拉动消费支出增长3.7个百分点，拉动作用居八大类之首。其中，肉蛋禽水产类支出1172.60元，同比增长9.5%；糕点、奶及奶制品支出434.40元，同比增长12.1%；糖烟酒饮料类支出510.10元、干鲜瓜果类支出469.40元，同比分别增长15.2%和18.4%。人们对就餐环境和就餐服务注重，促使在外饮食消费快速增长，2012年石家庄市区居民家庭人均在外饮食消费728.51元，同比增长14.0%。家庭设备用品及服务消费增势强劲，同比增速位居八大类之首。2012年石家庄市区居民家庭人均家庭设备用品及服务支出1140.98元，同比增长32.4%，同比增速居八大类之首，拉动消费支出增长2.2个百分点。家庭设备更新换代促进家庭耐用消费品支出快速增长，2012年石家庄市区居民家庭人均耐用消费品支出437.51元，同比增长27.5%；人均家庭日用杂品支出478.79元，同比增长28.9%。此外，家政服务社会化水平提高，为人们生活提供了方便，2012年石家庄市区居民家庭人均家政服务支出同比增长12.8%。住房条件改善带动居住消费快速上涨。2012年石家庄市区居民家庭人均居住支出1642.68元，同比增长14.1%，拉动消费支出增长1.6个百分点。随着生活水平及住房条件改善，住房装潢支出和维修用建筑材料支出大幅增加。2012年石家庄市区居民家庭人均住房装潢支出同比增长6.6倍，人均维修用建筑材料支出同比增长39.8%；规范化物业小区增加使得物业管理费用上涨，2012年石家庄市区居民家庭人均物业管理费同比上涨6.4%。消费理念的转变促使衣着消费不断增长。居民消费理念转变，衣着消费个性化、品位化和时尚化成为人们衣着消费主流。2012年石家庄市区居民家庭人均衣着支出1535.49元，同比增长10.3%，拉动消费支出增长1.1个百分点。其中，人均服装支出1029.28元，同比增长5.6%，服装支出对衣着支出贡献率最大，达到38.2%。人均鞋类支出406.94元，同比增长23.7%。文化需求升温带动教育文化娱乐服务消费稳步增长。年内居民对精神文化需求升温，文化娱乐活动快速融入百姓家庭日常生活。2012年石家庄市区居民家庭人均教育文化娱乐服务支出1466.83元，同比增长8.2%，拉动消费支出增长0.9个百分点。其中，人均参观旅游支出同比增长7.3%；培训班支出同比增长56.5%；健身活动支出同比增长近1倍；成人教育费支出同比增长达3.7倍。医疗保障制度逐步完善，居民医疗保健支出下降。2012年石家庄市区居民家庭人均医疗保健支出1048.92元，同比下降10.0%。其中，人均药品费支出536.56元，同比下降14.5%；医疗费支出276.72元，同比下降22.8%。人均药品费支出下降，促使消费支出下降0.9个百分点。

（冉红　王丽霞）

农民生活

【概况】 2012年，全市围绕农业增效、农民增收任务，加快统筹城乡发展步伐，优化创业环境，实施鼓励和支持全民创业若干政策，开展帮扶农民增收工程，推动农民收入快速增长。根据全市23个县（市）区1900个农村住户抽样调查，2012年全市农民人均纯收入达到8993元，比2011年增加1171元，同比增长15.0%。全年全市农民人均消费支出5439元，比2011年减少18元，同比下降0.3%。至2012年末，全市农村居民每百户拥有彩电124台，洗衣机92台，空调60台，电冰箱80台，家用计算机41台，移动电话204部，电动自行车81辆；人均住房居住面积40.3平方米。

【农民收入增长特点及原因】 农民工资性收入增长较快，带动农民纯收入增长。2012年全市农民工资性收入人均5625元，同比增长20.5%。农民工资性收入增长的主要原因是：劳务经济加快发展，农民务工积极性提高。2012年全市劳务经济快速发展，非农务工效益提高，农民务工积极性增强，有效促进了劳动力转移。本地就业机会增多，助推本乡地域收入增长。2012年全市农村土地流转速度加快，移民建房力度加大，设施农业稳定发展，为农民提供了更多就业动力，同时也为农村妇女、老人等提供了在家门口挣钱机会，推动本乡地域内提供其他劳务收入得到增长。调查显示，2012年全市本乡地域内提供其他劳务收入人均增收4316元，同比增长24.8%。非农产业收入增长，促进农民增收。发展农村非农产业是促进农村经济发展、增强农村经济活力、提高农民收入的有效途径。2012年全市积极实施支持农民创业增收工程若干优惠政策，促进了农村二、三产业健康发展，吸纳农村劳动力就业和带动农民增收能力全面提升。据调查，全市农民从家庭经营非农产业得到纯收入人均978元，比2011年增加124元，同比增长14.5%。非生产性收入增长成为农民增收的有效补充。2012年全市农民非生产性纯收入人均731元，同比增长22.2%。其中，财产性纯收入人均275元，同比增长22.5%，主要原因是农民理财意识增强，投资收入和出租房屋等各类财产性收入增长较快。调查显示，2012年全市农民利息、股息和红利收入人均增收18元，同比增长19.5%；租金收入人均增收16元，同比增长21.5%。转移性纯收入人均456元，同比增长21.8%，主要是落实各项强农惠农政策，提高了农民政策性收入。调查显示，2012年全市农民来自国家政策性补贴收入人均增加17元，同比增长13.1%；新型农村养老保险制度全面推行，参保缴费率和农民最低生活保障费标准提高，离退休金、养老金人均增加44元，同比增长25.9%。

【农民生活消费支出】 全年农村居民人均消费支出5439元，同比减少0.3%。其中，食品支出1809元，同比增加8.0%；衣着支出437元，同比增加8.4%；居住支出1222元，同比减少25.7%；医疗保健支出412元，同比增加14.7%；交通和通讯支出639元，同比增加3.5%；文教娱乐用品及服务支出424元，同比增加45.5%。总体看，农民生活消费在文化娱乐和居住方面增长明显，但仍保持平稳态势。

（刘利萍）

扶　贫

【概况】 6月20日，全市召开扶贫开发工作会议，贯彻落实中央和河北省扶贫开发会议精神，总结全市十年来扶贫开发工作，部署新的十年扶贫开发工作安排。年内，建立健全了扶贫开发市级领导联系点制度，明确提出市、县两级领导分包贫困乡村的具体意见。积极实施产业化扶贫，至2012年底，石家庄市共落实扶贫资金4900万元，争得各类贴息贷款1417万元，支持到户增收项目345个。

【扶贫措施】 创新机制，加强社会扶贫，2012年市直帮扶单位累计投入扶贫资金1353万元，落实帮扶项目300个。强化培训，注重提高贫困群众自我发展能力。2012年市政府投入1.5亿元用于山区教育扶贫，开工建设山区学校54所，竣工22所，完成学校建设面积28万平方米，转移安置山区学生3万余名。开展技术扶贫工作，全年组织扶贫技术培训61期，培训贫困农民9573人次。严格管理，提高扶贫资金使用效率，实现互助金试点规范运作。年末全市互助金试点村达到70个，共有4305户贫困户入社，贫困户入社率达到90%，互助资金总额达到1321万元，累计发放贷款434万元，累计借贷799人次。

（市民政局）

社会福利和社会事务

【概况】 2012年，投资1.3亿元市示范性老年公寓落成启用。建成“孤儿信息管理系统”，集中供养儿童每人每月达到1000元，散居孤儿每人每月达到600元。出台全省首家地级城市殡葬惠民政策，免除市内居民运尸、火化、冷藏基本丧葬费用，平均免除630元。至2012年底，全市登记结婚114985对，其中初婚204978人，再婚24992人；登记离婚16341对，婚姻登记合格率达到100%。2012年，全市依法办理收养登记28件，合格率达到100%。创新社会组织管理，2012年经评估审查，全市共有3A级市属社团11家、市属民非3家；2A级市属社团17家、市属民非8家；1A级市属社团24家、市属民非19家。年末全市社会组织参检1668家，参检单位合格率为90.5%。

（市民政局）

【发放福利助学金103万元】 8月17日，全市举行第十一届“福彩献真情，爱心助学子”大型公益活动资助仪式。在此次仪式上，103万元“福利助学金”发放到193名家境贫困无力支付学费的优秀高考学生和150名家境贫寒的高中学生手中，每人3000元。此次助学活动为石家庄市历年福彩助学投入最大的一次。2002年暑假，市民政局开始举办“福彩献真情、爱心助学子”大型公益活动。11年来，全市共投入434万元福彩公益金，资助贫困学子1371名。

（刘毅 芦秋婉）

【城乡救助】 建立社会救助工作通报制和居民家庭经济状况核对信息平台机制，提高了家庭收入核对准确性和科学性。2012年全市城市居民最低生活月保障标准为350元至400元；农村居民最低生活年保障标准为1850元至2150元。2012年末全市共有城市低保对象4.5万人，比2011年减少20%，累计发放保障金1.44亿，比2011年减少10%，人均补助267元，比2011年底增加11%。2012年末，全市共有农村居民享受最低生活保障人数14.7万人，比2011年减少3.3%，发放资金2.5亿元，比2011年增加1.2%，月人均补助153元，比2011年增加13.3%。全市17个涉农县（市）中，除赞皇县外，全部建成1所“多院合一”形式民政事业服务中心。2012年全市农村五保集中供养年保障标准为3600元至4000元，分散供养年保障标准为2300元至2700元。年末全市共有五保对象18549人，比2011年减少7%，累计发放供养资金5993万元，比2011年减少6%。2012年全市医疗救助标准为3000元至10000元，比例为10%～30%，实施医疗救助16.1万人次，与2011年底持平，累计救助2768.7万元，比2011年底减少17%。

（市民政局）

【救助管理站新站启用】 4月28日，市救助管理站新站暨流浪未成年人救助保护中心正式启用。市救助管理站新站位于桥西区福凯路10号，设有救助科、流浪未成年人救助保护中心、家庭暴力庇护中心和社会工作科等部门。新站设有520张床位，年均救助量10000余人次。流浪未成年救助保护中心、家庭暴力庇护中心是新址增设的部门。流浪未成年人救助保护中心设有居室、洗浴室、餐厅及室外体育器材等生活场所，还有教室、娱乐活动室、图书室、手工室、微机室等学习场所，同时配备心理疏导室、行为矫正室等救治场所。家庭暴力庇护中心为遭受家庭暴力受害者提供包括生活照料、安全保障、心理辅导、法律咨询和维权服务等。

（刘毅）

【青少年宫签约童缘项目】 7月31日，市青少年宫申报的“儿童家庭多余物质回收再利用项目”正式成为中华少年儿童慈善基金会“童缘”项目第三期项目。“儿童家庭多余物质回收再利用项目”主要是回收城市儿童家庭中闲置物品，包括衣服、书籍、玩具等，通过分类、打包后，送往贫困山区需要的家庭。该项目得到中华少年儿童慈善基金会10万元资助。

（李云萍）

【出台“职工互助一日捐”新规】 2012年下半年，《石家庄市“职工互助一日捐”活动实施细则（暂行）》出台，规范了捐款范围、对象和标准。与原《石家庄市“救助困难职工一日捐”互助活动实施细则（暂行）》（石政办发〔2011〕29号）相比，新规中的“职工互助一日捐”救助门槛降低，救助标准提高。救助门槛：根据新规，捐款职工及其未就业的配偶、未成年子女，在救助当期内，经石家庄市二级以上医院首次确诊患十种重大疾病以外的其他重大疾病的，救助门槛由住院医疗费个人自付部分5000元调整为4000元，对捐款职工的救助比例由按自付医疗费数额的50%调整为40%，捐款职工未就业的配偶、未成年子女救助比例不变。救助标准：当年考入本科的特困职工子女入学救助标准由4000元提高到5000元，考入大学专科的特困职工子女入学救助标准由3000元提高到4000元，考入高中的特困职工子女入学救助标准由500元提高到1000元。凡就读大中专的特困职工子女，每年生活救助标准由500元提高到1000元。其它助学救助标准不变。因遭遇重大意外事故导致捐款职工家庭人员、财产重大损伤、损失，影响家庭基本生活的，救助标准的起付线由1万元调整为3000元，救助标准的上限不变。根据新规，从2012年起，“职工互助一日捐”活动10月份启动，11月份开始资金募集活动。救助期限为一年并按自然年度计算，即每年1月1日至同年12月31日。

（戴丽丽）

【防灾救济】 全年石家庄市因自然灾害造成99.48万人受灾，农作物受灾面积136.17万亩，因灾造成直接经济损失5.33亿元。2012年石家庄市全额下拨中央自然灾害生活救助补助资金2736万元，市本级配套100万元购置了棉衣被，按时下拨到受灾县（市）区。各县（市）区本级共投入配套救灾资金165万元。全面开展受灾群众基本生活救助，认真抓好灾情核查，积极落实救灾资金社会化发放，将救灾资金纳入市涉农“粮食直补卡”管理，实行救灾资金“一卡通”发放制度。强化灾害应急救援管理，完善了市本级和县（市）级自然灾害救助应急预案，灾民生产生活得到较好保障。

（市民政局）

【出台自然灾害救助应急预案细则】 2012年底，市政府办公厅下发《自然灾害救助应急预案细则》。主要内容为：根据自然灾害分布等设立储备点。建立县（市）区救灾物资储备库，完善救灾物资储备库的仓储条件、设施和功能，形成全市救灾物资储备网络。自然灾害多发、易发的县（市）要根据自然灾害特点、居民人口数量和分布等情况，按照“布局合理、规模适度”原则，设立县（市）级救灾物资储备点。救助资金和工作经费纳入财政预算。市民政局统筹安排上级下拨和市级安排的自然灾害生活救助资金，专项用于帮助解决遭受重大自然灾害县（市）区受灾群众的基本生活困难。县（市）区政府应将自然灾害救助工作纳入国民经济和社会发展规划，建立健全与自然灾害救助工作需求相适应的资金、物资保障机制，将自然灾害救助资金和自然灾害救助工作经费纳入财政预算。死亡10人以上自然灾害上报民政部。县（市）区民政局对于本行政区域内造成死亡人口（含失踪人口）10人以上或房屋大量倒塌、农田大面积受灾等严重损失的自然灾害，在灾害发生后2小时内向市民政局报告，同时上报省民政厅和国家民政部。为灾后困难群众提供冬春救助。重大和特别重大灾害发生后，市财政局、民政局及时拨付上级下达的和本级的过渡性生活救助资金。自然灾害发生后的当年冬季、次年春季，受灾县（市）政府为生活困难的受灾人员提供基本生活救助。

（戴丽丽）

【双拥工作】 1月18日，组织召开军地座谈会，市四大班子领导与驻石部队领导欢聚一堂，共叙军地之情。2月27日，石家庄市再次被国家命名为全国双拥模范城，成功实现“七连冠”目标。6月8～9日，市民政局局长刘月照率慰问团到河南省确山走访慰问参加“联教2012·确山”外训驻石部队官兵，送去慰问品和慰问金。7月21～23日，受省委常委、市委书记孙瑞彬委托，市委副书记刘云峰率领石家庄市慰问团一行专程到青岛慰问海军石家庄舰官兵。6月26日至7月10日，中央电视台《和平年代》栏目组到石家庄市采访双拥模范城创建工作，并于8月14～15日播出《走进全国双拥模范城》系列节目《滹沱河畔军民雨水情》，在全国引起强烈反响。深入开展“双拥宣传活动月”活动，巩固发展新时期军政军民团结，推进了新时期军民融合式发展。

【优待抚恤】 加大优抚政策落实力度，9月份市本级财政配套217万元抚恤补助资金和100万元医疗补助资金全部拨付到位；连续8年为市内5区和开发区重点优抚对象实行冬季采暖补贴，属于集中供热的每户减免100平方米取暖费，非集中供热的每户补贴700元。做好60周岁以上农村籍退役士兵身份认定工作，在兑现生活补助基础上，根据国家和省相关规定，将部分烈士子女（含建国前错杀被平反人员子女）纳入补助范围。年末全市认定60周岁以上农村籍退役士兵39401人，部分烈士（含建国前错杀后被平反人员）子女3799人。至2012年底，全市共有抚恤、补助优抚对象81686人，其中在院集中供养568人。

【军休安置】 全年石家庄市接收安置军队退休人员563人，其中退休干部521人、退休士官42人，完成接收任务的186%。2012年全市落实军休干部"两个待遇"共下拨经费12288万元。稳妥做好第二批军休干部房改工作。建立职工退休联系制度，确保渠道畅通。提高退役士兵自谋职业一次性经济补助标准，由原来的义务兵4万元、一期复员士官4.5万元、二期复员士官5万元、转业士官6万元，调整为义务兵6万元、一期复员士官7万元、二期复员士官8万元、转业士官10万元。完善过渡期内在部队选择自主就业退役士兵自谋职业补助金管理方案，2012年全市共为1019人办理自谋职业手续，发放一次性经济补助5916万元。

【老龄工作】 成立石家庄市老年产业和养老服务机构协会，建立"养老服务信息管理系统"。落实养老服务各项优惠政策，建成80～89周岁困难老人生活补贴制度，市区"三无"老人和低保老人全部享受政府购买服务。年末全市拥有各类养老机构230所，城乡共有养老总床位3万余张，其中新增民办养老床位2076张。2012年，全市建成社区居家养老服务中心198个；建成农村互助幸福院1100个，累计达到2219个，占到行政村的50.3%。

（市民政局）

【老年公寓建成投入使用】 10月23日（九九重阳节），市老年公寓举行开业仪式，正式投入使用。市老年公寓北临太平河100米，东距体育大街200米，西面和南面规划为环保公园，北面规划为带绿化的休闲场所。市老年公寓于2010年10月28日开工建设，投入资金1.3亿元。公寓占地36亩，主体楼4栋，建筑面积3万平方米。公寓按照河北省三星级老年公寓标准设计建设，设有套间、双人间、三人间等各类房间，床位700张。配建有医院、地下车库、游泳池、各类球场、多功能活动中心、养老护理员培训用楼、餐厅、超市等场所。

（王静）

防震减灾

【概况】 2012年，市地震部门积极开展防震减灾知识宣传教育，大力增强居民防震意识和能力，扎实推进地震应急工作部署，圆满完成全年防震减灾工作目标主任务。2月6日，市政府召开防震减灾工作联席会议和全市地震局长工作会议，传达贯彻全省地震系统防震减灾工作会议精神，安排部署全年防震减灾工作，并对震情监测、中小学地震安全、地震安全社区建设、地震科普宣传教育、地震应急准备等十一项重点工作细化量化，责任落实到部门和单位。市政府防震减灾工作联席会议办公室与各县（市）区政府签定责任状，做到上下联动、责任明确。下发《石家庄市贯彻落实〈防震减灾法〉法定职能分解方案》，对法律规定的69项法定职能进行分解，将各项职能具体到部门和单位。3月9日，组织召开全市地震系统工作责任分解落实会议，要求按照市防震减灾"十二五"规划，全力围绕保障服务民生主题和保护人民生命财产安全主线，突出跨跃与赶超、统筹与重点、特色和亮点，积极融入经济社会发展服务大局，依法履行好防震减灾职能。同日，还召开了2012年全市地震系统宣传工作会议，安排部署了防震减灾宣传任务。年内，全市防震减灾工作获得河北省市（地）综合评比二等奖和防震减灾宣传工作专项评比一等奖；元氏县获得河北省县（市）综合评比一等奖，井陉矿区、裕华区分别获得河北省防震减灾宣传工作专项评比一等奖。

【震情监测】 开展业务人员分县包点结对子活动。利用年中地震趋势会商等会议开展针对性辅导，借检查、调研等机会到乡镇进行当面指导，利用电子邮件、电话等方式开展经常性交流，至2012年末，市地震系统开展各类基层指导培训活动53次。加强震情跟踪。8月7日，省委常委、市委书记孙瑞彬对落实栾城县王家庄井水位异常作出重要指示。市地震局会同栾城县委、县政府立即行动，当日到北京市请全国首席流体专家连夜赶赴现场，后经国家、省、市、县四级地震部门研究会商，采取了多项防治措施。制定《石家庄市2012年度震情跟踪工作方案》，强化短临跟踪、震后现场调查及异常落实工作。与各县（市）区地震局签定震情监视责任状，对在全省年度地震趋势会商会议上确定的灵寿县东青同井水位趋势异常和无极县极12井水位趋势异常进行跟踪。2012年，全市地震系统落实各类异常跟踪7起，召开周、月、临时、半年、年度会商55次，其中加密会商5次，做到会商意见与实际震情相符。促进地震台网建设与管理，优化改造了元氏地震台和石家庄市地震观测站。开展观测资料评比活动，采取以评代学和互相交流方式，实现基层观测人员业务能力提升，观测资料质量水平提高。年内，晋2井水位模拟观测、CK电井水氡模拟观测、新乐地磁、短波通讯等观测项目获得省级优秀奖。

【防震减灾宣传】 市地震局与市教育局联合印发关于上好防震安全第一课的通知，将防震减灾科普知识纳入了教学课程，做到每月一课，不漏一校，不漏一人。与教育、科技、宣传等部门，以专家为主组成防震减灾科普知识巡回宣讲服务团，深入机关、学校、社区举办防震减灾科普知识系列讲座，深受干部、师生、居民的欢迎。全年，共举办科普讲座30次，听课公众万余人次，普及了防震、避震、自救、互救知识，增强了公众地震安全意识，提高了公众处置地震突发灾害事件的能力。“5.12”防震减灾日，在市第四十四中学，举行了河北省创建地震安全环境防灾减灾文化宣传月活动石家庄启动仪式。石家庄市裕东小学、国际城小学、第四十四中学等中小学校，自编、自导、自演了精彩的防震避震及自救互救知识文艺节目，使同学们在寓教于乐中学到了地震科普知识。与市民政局、市气象局联合在长安区沿东社区举行了基层救灾志愿服务队应急预案演练，社区离退休干部职工、学生、保安及外来务工人员参加演练，在灾害预警预报、疏散转移服务、生活安置服务和心理疏导服务等方面锻炼了救灾志愿服务队伍。与市教育局联合在市第二十中学举办了全省中小学生防震、消防应急演练工作现场会，共有300多名师生和200多名志愿者和桥东区消防大队及桥东区卫生局医护人员参加演练，市内五区各中小学校主管安全的负责人观摩演练。参加了科技周宣传活动和市安全生产月宣传活动。与省地震局联合在鹿泉市第二实验小学，开展了以“加强学生生命教育，普及防震减灾知识”为主题的防震减灾宣传活动，进行地震应急避险演练。与市安监局联合印发关于做好易产生地震次生灾害危险源企业地震应急工作的通知，对全市易产生地震次生灾害危险源企业进行督导检查。

【地震应急】 6月5日，唐山市发生4.8级地震，有感范围波及北京市、天津市等地，引起社会广泛关注。市地震局在此次地震发生后，立即组织5次临时会商，及时开展加密观测，共跟踪监视15天，并对唐山市4.8级地震震后趋势和石家庄市震情形势进行判定，积极采取措施避免地震谣传发生，维护了全市社会稳定。开展地震应急预案修订，全面完善市地震应急预案。加强应急救援队伍建设，各县（市）区均建成一支专业地震灾害紧急救援队。年内，省军区民兵应急救援力量建设工作调研组到石家庄市调研民兵地震应急救援队伍建设，观看了市民兵地震应急救援队伍装备演练，给予肯定。

【行政许可】 依法审批，严格审查，确保重要工程、生命线工程和次生灾害源工程达到抗震设防要求，实现“应评尽评”。市投资服务中心地震窗口严格抗震设防行政审批，坚持公开透明、依法办事原则，全年共办理行政许可事项49项，办结率达到100%，满意率达到100%，被评为优秀共产党员窗口。制定市地震局行政许可管理办法，填报行政许可、非行政许可、行政监管事项削减意见表、流程再造意见表、削减前置条件意见表，精简审批程序。加强行政执法学习和培训，提高执法人员素质。开展《行政强制法》培训，规范行政复议和诉讼工作。制定《石家庄市地震局开展执法标准化建设实施方案》，依法清理各项不合规作法，严格落实执法程序、标准制定、公示公开等制度。

【重点项目建设】 全力做好市地震应急指挥系统调试和试运行工作。在河北省地震局应急中心统一安排和部署下，市地震部门安装了北京杰思图云信息技术有限公司研发的《河北省地市级地震应急指挥系统》，组织进行了调试和试运行，及时反馈了发现问题。做好活断层探测和地震危险性评价，其中野外现场施工完成，8 个专题通过验收，4 个专题完成并具备验收条件。国家地震社会服务工程石家庄市分项完成前期准备工作，确定了项目施工单位，签订了数据采集合同，并于 2012 年底完成预定数据采集任务。

（王秀辰）

县（市）区概况

县（市）区概况

长 安 区

【概况】 长安区总面积 110.24 平方千米，农作物播种面积 8515 公顷。辖 3 个镇，8 个街道办事处，65 个居委会，29 个村委会。常住人口 50.08 万人，人口自然增长率为 6.4‰。2012 年，全区完成地区生产总值 211.5 亿元，同比增长 8.4%。其中，第一产业完成增加值 2.2 亿元，下降 2.4%；第二产业完成增加值 56.3 亿元，增长 4.5%；第三产业完成增加值 153.0 亿元，增长 10.5%。规模以上工业完成增加值 23.39 亿元，比 2011 年下降 6.7%。农林牧渔业总产值 34448 万元，同比下降 2.5%。播种粮食 7235 公顷，总产量 4.42 万吨；播种小麦 3777 公顷，总产量 2.28 万吨，亩产 402 千克；播种玉米 3428 公顷，总产量 2.14 万吨，亩产 416 千克。全部财政收入 46.79 亿元，同比增长 5.1%。实现社会消费品零售总额 162.2 亿元，同比增长 19.2%；市场成交总额 179.4 亿，比上年增长 9.1%。固定资产投资 275.7 亿元，比上年增长 19.6%。农民人均纯收入 12390 元，比上年增长 21.5%。

中共区委书记：安树国
区人大常委会主任：刘卓雄
区　　长：马文刚
区政协主席：袁捷材

【重点项目】 总投资 165 亿元的 5 个省市重点项目进展顺利；庞大汽车文化博览园 15 家 4S 店开工建设，7 家 4S 店建成；总投资 716 亿元的瑞城、奥北公元、恒大御景半岛等 34 个续建项目正在加紧建设；总投资 275 亿元的红星世界湾、乐城半岛广场等 25 个新建项目顺利完成形象进度。精心谋划了 43 个前期项目，轨道交通总部、兴业银行金融服务中心等项目取得积极进展。

【产业结构】 狠抓经济结构调整，到年末三次产业结构比重为 1:29:70，第三产业比重明显提高，产业结构更加优化。以发展总部经济作为发展商贸服务业抓手，加快发展新兴服务业，壮大文化创意、娱乐休闲等业态。中国平安财产保险股份有限公司河北分公司、渤海信托、享同网络、河北保利等 8 家企业总部入驻长安区，推进了市场智能化、信息化、品牌化进程。总投资 60 亿元瑞城项目，引进台湾润泰集团大润发超市、法国迪卡浓集团迪卡侬体育用品概念商场。全年企业实施节能技改项目 8 项、总投资 4.5 亿元。全区规模以上工业企业完成总产值 154.27 亿元；实现销售 156.71 亿元；工业利润 1.39 亿元；工业利税 5.34 亿元，同比减少 26.7%。社会消费品零售总额 162.2 亿元，同比增长 19.2%；实际利用外资 3074 万美元，同比减少 61.8%。

【城区建设】 开展城区市容市貌整治活动。全年新建道路 5 条，完成 6 条街巷整修任务。城市管理部门拆除楼顶字号 264 处，拆改门店牌匾 2570 块，拆除违章建筑 1.5 万平方米，粉刷修饰建筑立面 29 万平方米。拆除分散燃煤锅炉 71 台 451 蒸吨，减少二氧化硫排放量 660 吨、烟尘 57 吨，推广使用优质低硫煤 4.9 万吨，淘汰“黄标车”1813 辆，在市区率先完成 66 家餐饮单位燃煤炉灶改烧清洁燃料工作。新增绿化面积 237 亩，创建省市级园林式生活小区 4 个，累计植树 8.2 万株，城区绿化覆盖率达到 35.5%。稳妥推进村集体经济组织改制工作，23 个村完成改制。全年列入全市城中村改造计划 18 个村，其中 13 个村正在实施改造。

【社会事业】 年内，全区免费开办创业培训班 47 期，培训 1298 人，新增就业近 1 万人，城镇登记失业率控制在 3.5% 以内；接收失业人员 2677 人，按时足额发放失业救济金 3157 万元；发放 60 岁以上享受养老金人员 1.27 万人，共发放养老金 270 万元；新建社区为老服务站 10 个，农村幸福院 5 个；累计保障低保对象 4.6 万人次，发放低保金 1402 万元；发放各类优抚金 2708 万元；新增廉租住房保障家庭 157 户，发放廉租住房补贴810万元；圆满完成3批2311套公共保障房配租工作。加大科技创新力度，申报国家专利71项，申请国家发明专利23项，引进新技术11项，转化科技成果13项，列入国家、省、市科技发展计划18项，实施区级科技发展项目15项，获得市以上科技进步奖13项。补充列编教师175名，市第13中学易址新建、铁路职专学校一期改造、市第22中学整体改造加固等3所学校工程进展顺利，完成育才、东塔口、中塔口3所小学综合用房拆建，启动北京师范大学石家庄长安实验学校建设。投资100万元改造南村镇卫生院。

（长安区档案局）

桥 东 区

【概况】 桥东区总面积43.07平方千米，农作物播种面积622公顷。辖1个镇、9个街道办事处、67个居委会。常住人口43.1万人。2012年，全区地区生产总值完成140.9亿元，比2011年增长10.6%。其中，第一产业增加值完成0.4亿元，下降10.0%；第二产业增加值完成24.4亿元，增长10.6%；第三产业增加值完成116.1亿元，增长10.7%；三次产业结构比例由2011年的0.35:17.76:81.89调整为0.30:17.30:82.4。服务业增加值占全区GDP比重达到82.4%，超过全市42个百分点。财政收入完成50.83亿元，同比增长22.16%，其中公共财政预算收入19.28亿元，同比增长7.89%；财政支出10.50亿元，同比增长7.42%。实际利用外资3213万美元，实现税收3.6亿元，累计进出口总额45959万美元，同比增长22.06%。社会消费品零售额226.1亿元，同比增长14.0%。民营经济实现增加值70.2亿元，同比增长11.1%，占全区生产总值比重为49.8%；民营经济实缴税金30.7亿元，占全区财政收入比重为60.5%。

中共区委书记：陈彦报
区人大常委会主任：张丙谦
区　　长：刘建芳
区政协主席：张云雁

【重大项目】 全年全社会固定资产投资完成286.3亿元，同比增长19.0%。其中，第二产业投资2.7亿元，同比增长258.4%；工业技改投资0.3亿元，增长19%；高新技术产业投资1.39亿元，同比增长632%。总投资亿元以上项目49个，比2011年增加2个；完成投资271.2亿元，增长20.3%。安排重点项目65个，亿元以上项目60个，占全区总投资的99.6%，其中新开工项目13个，续建项目19个。勒泰中心、乐汇城、京元大厦、华锦大厦、冀兴商城、聚和港物流园一期工程等7个项目完工或接近完工，华夏商务中心、休门AB区改造、庄西商业区等7个项目开工。

【农业农村工作】 全年粮食播种面积368公顷，总产量2220吨；播种小麦169公顷，总产量1014吨，亩产400千克；播种玉米199公顷，总产量1206吨，亩产404千克。农林牧渔业总产值6827万元，同比下降10.7%。其中，农业产值3221万元，下降0.4%；畜牧业产值250万元，下降22.5%。农林牧渔业完成增加值4133万元，同比下降10.0%。农业有效灌溉面积325公顷，机电井144眼，农用机械总动力2386千瓦，机耕面积369公顷。全区免疫高致病性禽流感6万只，免疫密度达到100%；免疫档案建档率达到100%；耳标佩戴率、免疫合格证发放率达到100%。年内，全区抽检各类农产品市场蔬菜水果样品16530个，总体农药残留合格率为99.35%；抽检肉类样品1000个，瘦肉精、莱克多巴胺合格率达100%；开展生猪出栏前盐酸克伦特罗、莱克多巴胺检测160批次，合格率达100%。

【工业和建筑业】 全年规模以上工业企业实现总产值13.02亿元。其中，国有企业2.1亿元，股份制企业9.5亿元，外商及港澳台商投资企业1.2亿元；轻工业7.5亿元，重工业5.3亿元。规模以上工业实现增加值5.79亿元，同比增长0.7%，利税总额6980万元，万元工业增加值能耗降低6.9%。年末共有资质等级以上建筑企业17家，完成建筑业总产值68.03亿元，同比减少24.06%。其中，装饰装修产值4.97亿元；竣工产值54.6亿元；实现利润1.26亿元。

【商贸服务】 全年实现社会消费品零售额226.1亿元，同比增长14.0%。在限额以上批发和零售企业（单位）商品零售额中，粮油食品饮料烟酒类增长15.8%，服装鞋帽针纺织品类增长21.4%，日用品类增长15.6%，家用电器和音像器材类下降1%，金银珠宝类增长22.9%，家具类增长35%，石油及制品类下降4%，汽车类增长1.9%。以总部经济为龙头，全力打造五大商圈。2012年新增恒大地产、天洋电器、中诺药业3个总部，全区企业总部达到43家，其中世界和国内500强企业11家，总部企业纳税占全部财政收入比重达到55.4%。楼宇经济在全市领先。年内，全区共有商务楼宇40栋，实现税收亿元楼宇7栋，千万元楼宇13栋，其中勒泰中心、乐汇城等9个楼宇项目竣工开业，新增商业面积61万平方米，总建筑面积315万平方米，入驻企业800家。成功举办“石家庄新火车站商圈经济发展高峰论坛”、“《河北酒史文化展陈列大纲》论证会”和“冀酒文化高峰论坛”。夜经济建设申请延时电费补贴232万元、综合体补贴200万元，啤酒广场补贴108万元。

【城区建设】 旧城旧村改造基本完成，桃园等3个村正在拆迁，突出推进“四精四化”和城中村环境建设。城区承载能力增强，新客站东广场征地拆迁取得阶段性成效，新胜利大街工程进展顺利，城市轨道交通拆迁项目启动实施。道路整治效果明显，主干道市政设施完好率达到100%，次干道、小街巷市政设施得到及时维修。年内，投入资金2009万元，完成和平路、107国道路出市口、槐安路、体育北大街、京广铁路两侧等重点地段市容市貌综合整治任务，提前完成“绿龙工程”。支持举办河北省首届园博园，摸底、补植沿途绿地26块。2012年，桥东区创建市级园林式单位36个、市级园林式居住小区34个、省级园林式单位19个。

【社会事业】 成立中国电子商会二维码工作组，完成7个工业技术改造项目，研制开发新产品、推广应用科技成果和实施专利项目15项。至2012年末，全区共有中小学校42所，其中小学30所，中学12所；在校学生37938人，其中小学23712人，初中9112人，普通高中1984人，职业高中3130人。义务教育阶段入学率达到100%，高中阶段毛入学率达到99.8%。幼儿园29所，在园幼儿8556人，学前三年幼儿入园率达到99%。教育教学质量提升。全年投入教育经费4.7亿元，同比增长48.9%。开展教师素质提升工程，学历达标率和任职资格达标率均达100%；高标准通过省政府教育督导评估；教学质量稳步提升，中考、高考连续五年创出好成绩；德育工作彰显特色，学校文化建设亮点频出，教育资源实现整合；校安工程全面推进，累计开工17.9万平方米，竣工12万平方米。全年举办文艺演出及活动80余场，组织开展各类体育健身活动11场，更换健身路径5条。卫生服务水平提高。成立社区卫生管理中心和汇通社区卫生服务站，采用购买服务方式增加社区卫生服务机构8所，医改阶段性任务圆满完成。年内，桥东区被河北省授予全民健康生活方式示范区。就业和社会保障水平进一步提升。全年新增城镇就业9560人，实现下岗再就业5586人，发放求职补贴88.68万元，城镇登记失业率小于4.5%。全面推行城乡居民养老保险，企业职工养老保险参保人数达到56212人，同比增长14%；发放10409名离退休职工养老金1.7亿元。加大低收入人群保障力度，共发放低保金、医疗救助临时救助金、抚恤金2220万元。

（王立峰）

桥　西　区

【概况】 桥西区总面积54.46平方千米，农作物播种面积1126公顷。辖12个街道办事处，88个居委会，15个行政村。常住人口61.18万人。2012年，桥西区围绕经济发展中心任务，深入实施“六大战略”，坚持“五大主攻方向”，着力优化发展环境，实现了产业结构升级，经济稳步增长。全区地区生产总值完成243.6亿元，同比增长10.5%，总量、增速分列市内区第一名和第二名。其中，第一产业1.1亿元，增长5.8%；第二产业30.9亿元，增长10.3%；第三产业211.6亿元，增长10.5%。农林牧渔业总产值1.94亿元，同比增长5.8%。播种粮食226公顷，总产量1373吨；播种小麦3777公顷，总产量2.28万吨，亩产402千克；播种玉米3428公顷，总产量2.14万吨，亩产416千克。全部财政收入68.53亿元，同比增长14.22%，总量居市内区第一位，其中公共财政预算收入33.24亿元，增长27.41%，总量和增速均居市内区第一名。固定资产投资290.9亿元，同比增长21.2%，总量、增速分列市内区第二名和第一名。实际利用外资5316万美元，总量位列市内区第一名，其中引进内资37.2亿元。社会消费品零售总额104.1亿元，同比增长15.6%，增速位列市内区第二名。城镇居民人均可支配收入23060元，同比增长12.5%；农民人均纯收入达到17888元，同比增长22.9%。

中共区委书记：

陶明法（12月免）

赵宏魁（12月任）

区人大常委会主任：

王来传（2月免）

赵新惠（2月任）

区　　长：周立新（女）

区政协主席：赵新惠（2月免）

张书凯（2月任）

【重大项目】 全年安排项目140个，总投资1151亿元，61个区控重点项目完成投资141亿元，超过年度计划23.4%。其中，祥云国际、高新技术企业创业辅导基地等省市重点项目稳步推进；河北省考试院数据处理中心、郁金香广场、格调春天等16个项目启动建设；钻石大厦、石家庄烟草配送生产线等14个项目如期竣工；河北公安警务中心、恒大二期、金正·海悦天地等14个续建项目部分完工，初步显现形象效果；华润万象城、留营旧村改造、金世界三期等17个前期项目正在办理手续，实现了重点项目谋划、开工、建设、竣工良性循环。推行定向招商，重点引进金融、保险知名品牌总部企业，渤海国际信托、信达财保、银联商务、大地财保等10余家企业总部相继入驻，渤海银行、中信银行正式开业运营。年末辖区总部型企业达到63家，总部企业税收占到全区财政收入68.6%。2012年，综合型能源企业中海油销售公司河北分公司落户桥西区，世界500强企业法国迪卡侬公司和德国麦德龙公司与桥西区实现对接。

【优化产业结构】 以发展现代服务业作为优化升级产业结构的战略重点，完善各项扶持政策和措施，推动现代服务业快速壮大。至2012年底，全区第三产业完成211.6亿元，同比增长10.5%，总量位居市内区首位，其中服务业占GDP比重86.9%，基本形成以现代服务业为支撑的经济发展格局。祥云国际、中银广场、金世界二期、万象天成等重点商贸项目产业聚合效应显现，中裕、自强路、新客站等一批新兴商务商贸区强势崛起。育新商业特色街建成开业，5家休闲美食广场及17家重点商贸企业延时营业，夜经济日渐繁荣。商务楼宇经济加速发展，楼宇资源信息平台初步建成，年末新增税收超千万元楼宇达到16栋。

【城区管理】 开展市容市貌综合整治和"蓝天碧水"活动。多方筹资1.5亿元，完成中华大街、槐安路等主干道和红旗大街、石铜路、西三环等出入市口景观整治提升工程，拆除违章建筑7.6万平方米，局部整饰26万平方米，清运垃圾3万立方米，累计完成整治任务十大类1019处，城区景观面貌实现明显改善。率先在全市完成"绿龙工程"拆迁任务，拆除建筑9600平方米。全力开展拆除二环路以内建筑楼顶广告、牌匾活动，拆除面积8.3万平方米。出资4000万元重点改造新客站西广场周边环境，美化新石小区整体形象，高标准设计整饰公用建筑及楼宇37栋，绿化广场，整修道路，新客站窗口形象全面提升。环境质量持续改善，创建了"省级行政办公大气污染控制示范区"，推进了"黄标车"清理工作，完成节能减排和主要污染物排放量目标任务。至2012年末，全区拆除分散燃煤锅炉131台，推广优质低硫煤7335吨。严格控制扬尘污染，加强建筑工地及渣土运输车辆管理，查处和整改违规工地14家、运输车辆159辆，清理遗撒垃圾2900立方米。全面推行道路吸尘、洒水、清扫一体化作业，实现全方位、全覆盖巡回动态保洁，道路净化水平提升。有效解决老旧小区管理服务滞后问题，实现老旧小区物业管理全覆盖。2012年，桥西区在石家庄城市管理市容综合月考评中4次获得第一名。

【基础设施建设】 年内，建成桥西区水质自动监测站，完成五支渠雨污管网改造、南二环西延污水管道和民心河二期管网建设拆迁任务，确保了洨河治理工程顺利进点施工。加强市政设施建设，投资213万元整修振岗路、华兴街、广平街等5条小街巷，投资514万元保养和翻修维明街、红旗大街、中华大街等道路，改善了居民出行环境。提升城区绿化水平，在全市率先开展绿地认养工作，新增绿化面积22.1万平方米，年末绿化覆盖率达到47.5%。实施老旧小区改造工程，综合改造雅馨苑、南简良东区、西雅小区等老旧小区32个，改造面积42万平方米。加强城中村改造项目监管，完成拆迁4.9万平方米，建成回迁楼10万平方米。完成新客站西广场核心区域地方居民拆迁任务，保障了新客站西广场如期建成投用。

【社会综合治理】 加强食品安全监管，选树创建食品安全示范单位（户）16家；引入运行“桥西区农产品网上监管办公系统”，实现后台实时监控。推进消防安全网格化管理，全年检查各类单位7014家，整改安全隐患59594处，消防安全形势持续好转。大力开展“打非治违”、“百日会战”、危爆物品清查、烟花爆竹监管等专项整治行动，实现全区安全生产重特大事故为零工作目标。加大劳动监察执法力度，全年为6423名劳动者追讨工资5086万元。全力应对西郊供热站、热电一厂设备故障大面积停暖突发事故，拨付应急资金280万元，发放空调、电暖气15300台，确保了53个小区15000户居民没有受冻。顺利完成舜地非法集资案件第一次清退返款和天津私募基金、辛集晶莹等案件集资人稳控工作，妥善化解信访积案92件。

【社会事业】 2012年，全区城镇居民保险覆盖范围逐步扩大，基本养老保险参保53922人，医疗保险参保123802人，参保总量在全市领先。实行低保审核“两级连评”机制，发放低保金1360.8万元、医疗救助金85.6万元。拓宽就业渠道，新增就业岗位10088个，城镇登记失业率控制在2.2%。红河小区保障房项目一期工程提前3个月封顶，3327户低收入家庭廉租住房资格复核全部完成。落实国家优抚政策，累计发放各类抚恤补助金1639.9万元。推进养老服务体系建设，采取政府购买服务、社会组织专业服务、开展特色服务等方式积极满足养老服务需求，形成“四位一体”养老服务信息平台，实现养老呼叫服务“一键通”全覆盖。2012年，全区有25个科研项目列入省市科技计划，新增高新技术企业3家，新形成产学研合作项目25个，年末全区科技型民营企业达到110家。投资6000余万元，组织实施市第10中学、第19中学等学校改造和校园环境提升工程，设法改善办学条件。扎实做好人口计生和公共卫生服务工作，实现人口出生率控制在8.8‰，建成河北省首个“健康主题公园”，顺利通过“国家慢性非传染性疾病综合防控示范区”考核验收。2012年，桥西区在发展社会事业方面获得8项国家级和28项省市级荣誉称号。

（翟红卫 王锋）

新 华 区

【概况】 新华区总面积92.11平方千米，农作物播种面积4908公顷。辖2个镇、2个乡、11个街道办事处，90个居委会、17个行政村。常住总人口64.96万人。辖区有少数民族39个，人口12809人。其中，回族5860人，满族5381人，蒙古族771人，其他少数民族人口797人。2012年，全区完成地区生产总值164.4亿元，同比增长10.4%。其中，第一产业1.8亿元，下降7.1%；第二产业47.9亿元，增长10.3%；第三产业114.7亿元，增长10.8%。农林牧渔业总产值2.54亿元，同比下降7.6%。播种粮食3071公顷，总产量1.93万吨；播种小麦1537公顷，总产量9452吨，亩产410千克；播种玉米1530公顷，总产量9869吨，亩产430千克。全部财政收入33.65亿元，同比增长17.03%，其中公共财政预算收入18.75亿元，增长20.64%。全社会固定资产投资完成263.1亿元，同比增长19.4%。实现社会消费品零售总额140.7亿元，同比增长14.1%。城市居民人均可支配收入23208元，同比增长13%；农村居民人均纯收入13125元，同比增长22%。城乡居民收入、人均住房面积等9项小康社会指标达到或超过省市预期，为实现全面建成小康社会目标打下了坚实基础。

中共区委书记：蒋文红
区人大常委会主任：陈小平
区　　长：韩学军
区政协主席：李明霞

【重大项目】 以规划为引领，编制完成39个重点片区控制性规划，细化内容，强化刚性约束。项目建设保持强劲势头，全年在建、续建项目78个，总投资767亿元。其中，10亿元以上项目8个；100亿元以上项目2个。重点项目进展顺利，苏宁广场、华强广场裙楼封顶，河北航空大厦主体封顶；弘石湾等总投资351.8亿元的21个项目陆续开工；北焦、田家庄完成旧村拆迁，康庄、于底、市庄城中村改造启动。楼宇经济活力初显，8栋纳税千万元以上楼宇实现税收9.57亿元，占全区税收的28.4%。工业经济稳步发展，规模以上工业实现增加值10.69亿元，单位工业增加值能耗下降6.39%。积极开展对标帮扶活动，为14家企业争取扶持资金658万元；河北三元实现恢复性增长，科一重工等重点企业的行业领先地位进一步巩固。大力发展都市农业，无公害蔬菜、高档花卉种植面积达到9600亩，占全区农业种植面积的25%；投资2000万元、占地200亩的仙客来花卉生产示范园开工建设。

【现代服务业】 全区金融证券、银行保险、信息咨询、中介服务类企业加速集聚。积极推动新华集贸中心市场向现代服务业转型，金指数广场开工建设，中环广场启动拆迁，品牌服饰、数码电子逐渐成为市场主流；大力发展电子商务，实现网络交易额6亿元；实现税收1.44亿元。通过实施片区改造和城中村改造，建成柏林商贸广场、中远商务、英华大厦等一批现代服务业项目，新增商业面积30万平米、商务面积8万平米，中华北大街、友谊北大街等重点片区现代服务业发展步入新阶段。

【城区建设】 完善城市建设管理机制，建立由区领导带队，乡镇、街道主要负责人参加的集体巡查制度，落实视频交办、现场督办、限时整改等措施，解决一批城管工作顽疾。提高装备水平，投资310万元购置执法车、清扫车33台。修订《城管工作日常考核办法》，细化工作标准，制定街道容貌、园林绿化、广告牌匾、入市口景观、城管精细化等5个方面30项综合整治标准，夯实城市管理基础。深入开展市容市貌综合整治活动，突出抓好建筑色彩、环境氛围、草木花卉、门头牌匾等管理细节，高标准完成和平路、中华北大街、石闫路、京广线总计长34千米、面积100万平方米综合整治任务，拆除楼顶广告牌338块，拆除违章建筑9800平方米，取缔全部占道市场20家。投入418万元打造水源街、红军街2条特色街道，维修主次干道21条、小街巷40条。大力开展生态环境综合整治，取缔城区西北部74家规模养殖场，实现主要污染物排放稳定达标。至2012年底，全区拆改分散燃煤锅炉151台，淘汰“黄标车”3700多辆，绿化植树5万余株。

【社会事业】 探索楼宇就业新模式，创建了省会首家大学生“楼宇就业基地”和“创业实习基地”。实现新增就业1.2万人，下岗失业人员再就业7000余人，城镇登记失业率控制在4.3%以内。城乡居民养老保险工作全面启动，企业养老保险、工伤保险参保人数不断增加。完工城中村改造回迁楼22栋、19万平方米。秀河小区保障房项目主体竣工，建成保障房2064套，发放廉租房698套。加大教育投入，完成5所学校危陋房改造，为7所学校修建塑胶操场，为6.5万名中小学生购买校方责任险，更换护眼灯具2216盏，购置图书7万多册，更换老旧课桌椅2.2万套。教育教学质量提高，中考、高考成绩稳居全市前列。投资8000万元区文体中心投入使用，全民健身场所建设走在全省前列。加快科技创新步伐，承担国家、省、市科技课题126项。稳步推进医疗卫生体制改革，新建、扩建公办社区卫生服务中心3所，签约、购买15个社区卫生服务机构公共服务；基本药物“零差率”销售单位增至22家；更新居民健康电子档案8万份；为1.5万名已婚育龄妇女免费提供生殖健康检查，建成人口主题文化园。完成社区居委会和村委会换届，新成立社区居委会13个。探索社区养老服务新模式，建成宁安街道居家养老服务中心和11家日间照料室。新建惠民果蔬店、放心馒头亭等社区便民设施。

（新华区政府办公室）

裕 华 区

【概况】 裕华区总面积60.8平方千米，农作物播种面积1899公顷。下辖2个镇、9个街道办事处，75个居委会、6个行政村。常住总人口51.60万，人口自然增长率5.44‰。2012年，全区地区生产总值完成146.9亿元，同比增长10.5%。其中，第一产业0.6亿元，下降1.2%；第二产业38.2亿元，增长10.6%；第三产业108.1亿元，增长10.5%。农林牧渔业总产值1.06亿元，同比下降1.1%。播种粮食1442公顷，总产量8858吨；播种小麦718公顷，总产量4363吨，亩产405千克；播种玉米724公顷，总产量4495吨，亩产414千克。固定资产投资完成312.2亿元，同比增长19.3%，投资总量连续九年位居全市首位。全年安排千万元以上项目103个，其中亿元以上项目83个，10亿元以上项目27个，50亿元以上项目3个。全区文化产业增加值达到17.1亿元，占全区经济总量比重达到16.1%，位居全市第一。全区商业总面积达到1100万平方米，三次产业结构调整优化为0.4:26:73.6。全年新增绿地27.39万平方米，绿化覆盖率47.8%、绿地率42.9%、人均公园绿地43平方米，位居市内五区之首。高标准完成大气污染控制示范区建设，拆除燃煤锅炉48台。整治规范广告牌匾1485块，308国道出入市口环境整治拆迁建筑580平方米，局部整饰4.2万平方米，绿化提升3.47万平方米。全部财政收入完成42.83亿元，同比增长19.43%，其中公共财政收入26.16亿元，增长16.05%。城镇居民人均可支配收入23081元，同比增长12.3%；农民人均纯收入16432元，同比增长24%。

中共区委书记：王丽君
区人大常委会主任：韩志芳
区　　长：王丽君
区政协主席：于凤玲

【重大项目】 坚持把抓投资、上项目摆在首位，全面推进项目建设，持续增强发展后劲。全年安排千万元以上项目103个，其中亿元以上项目83个，10亿元以上项目27个，50亿元以上项目3个。其中，西美五洲酒店、石家庄供电公司运行检修基地等33个新建项目顺利开工，怀特文化大厦、怀特商务楼等70个续建项目进展顺利，石家庄印钞厂新建厂房、怀特珠宝城等39个项目竣工投用。电力建设取得重大突破，列入省政府1号工程的220千伏京石武高铁石家庄牵引站供电工程和110千伏裕华变电站顺利竣工投用。

【产业结构】 优化产业结构，做大做强第三产业，制定出台《促进服务业发展的若干政策（试行）》，大力增强投资吸引力。年内安排千万元以上商贸服务业项目33个，成功引进河北钢铁交易中心、中华财险河北总部等优质项目。以“三圈三区”为核心的省会东南现代商业中心基本形成，万达商圈成为引领省会高端现代服务业发展新典范，怀特商圈营业面积增量扩容到200多万平方米，联邦商圈时尚特色愈加鲜明。裕东现代国际商务区、方北高端商务区、南部现代服务产业园区项目建设顺利推进，已成功打造为全市高端商务聚集区。以现代传媒、动漫娱乐、印刷出版等为重点的文化产业迅猛发展，动漫大厦开业运营、怀特文化大厦主体竣工、霞光大戏院奠基开工，全区文化产业增加值达到17.1亿元，占全区经济总量比重达到16.1%，位居全市第一。全区商业总面积达到1100万平方米，三次产业结构调整优化为0.4:26:73.6。

【城市建设】 深入开展城市容貌整治工作，坚持规范整治与景观提升结合，全线谋划与重点打造结合，突击治理与长效保持结合，整洁靓丽、环境优美的魅力城区进一步显现。全年新增绿地27.39万平方米，绿化覆盖率47.6%、绿地率42.3%、人均公园绿地43平方米，位居市内五区之首。高标准完成大气污染控制示范区建设，做到早行动、早落实，共拆除燃煤锅炉48台。整治规范广告牌匾1485块，308国道出入市口环境整治拆迁建筑580平方米，局部整饰4.2万平方米，绿化提升3.47万平方米。稳步推进城中村改造，落实改造规划，制定规范化制度，推动平稳有序和谐拆迁。坚持拆建结合、改造与发展原则，加快回迁楼建设，年内东王、槐底、孙村等村顺利完成拆迁任务，累计开工建设回迁楼214栋500万平方米。城市管理水平保持全市领先，在突出精细化、规范化、长效化基础上，探索完善数字化管理网络，成功创新出城管执法远程可视、小广告治理、流动摊贩规范管理等长效机制。2012年，石家庄市积极推广裕华区城市管理做法，5次在裕华区召开城市管理工作现场会。年内，裕华区在巩固提升主城区“净、绿、亮、美”水平的同时，城市管理开始向背街小巷、城中村和二环以外农村延伸。

【社会事业】 规范社区管理，强化社区服务，狠抓矛盾问题源头治理，探索形成一批特色化社会管理创新模式，其中“心理减压工程”、“社区律师会客厅”列入市重点创新项目在全市推广。开展严打整治斗争和社会街面巡逻防控工作，发挥110综合警务站作用，提高街面见警率、盘查率和抓获率，全面推进平安裕华建设。全年投入民生资金7.7亿元，占到全区公共财政支出的74%。抓住群众最关心、最直接、最迫切的民生问题，妥善解决冬季供暖等群众关注问题，全力办好老旧小区整治、社区卫生服务中心建设等12件为民办实事工作。超额完成市下达新增就业和城镇登记失业率任务，高校毕业生登记失业率连续两年保持为零，被评为全市创业服务先进单位和高校毕业生就业工作优秀单位。启动并完成城乡居民保险试点工作，城镇居民医保、职工养老、

亿元的窦王岭生态文化园初具规模，总投资50亿元的冶河生态谷由全球500强AECOM公司完成规划制作，总投资46亿元北国江南有序推进。城建项目，投资1100万元的建设南路改造全面完成，投资4600万元的金良河水景二期进入绿化美化阶段，投资6100万元的生活垃圾填埋场正在建设，投资3000万元的污水处理厂二期主体完工；陉山双星等十大标准化住宅小区竣工入住；3514厂、3502厂综合改造正式启动；投资1.7亿元的县医院迁建工程完成新病房楼主体建设；8所学校24项山区教育扶贫工程完成投资7700万元。

【产业结构】 全年工业产业投入84亿元，实施技改项目196项，开发新产品18项。培育省级高新技术企业1家、名牌产品6个、著名商标3件，"原火"陶瓷获批全国驰名商标。煤炭交易量达到4500万吨，纳税突破5亿元。钙镁年产量达到184万吨，同比增长12%。农业产业新培育农民专业合作组织20家，建成省级绿色生态观光采摘园1个，冷水鱼养殖成为国家级示范项目，金柱奶牛场被评为部级示范场，圆景苹果获全省农产品推介会金奖，农业产业化率提高1个百分点。旅游业接待游客135万人次，综合收益突破2亿元。社会消费品零售总额完成31.6亿元，同比增长14.7%。服务业总量达到53.5亿元，服务业物流企业达到94家，实现增加值22亿元。

【城乡建设】 实施"一区两路三沿四带五环和十大景观点"绿化工程，完成植树500万株，森林覆盖率达到40%，被评为全国绿化模范县。实施水保生态治理10平方千米，入选国家水土保持重点工程县。"洁净乡村"创建活动深入开展，"双三十"节能减排目标全面完成，全县二级以上优良天气达到322天，同比增长12天，被评为全省节能减排模范县。实施天然气进城入户等工程31项，筹资6500万元大修改造衡井线、元大线等道路140千米。修复渠道30千米，整理土地70公顷，新建通讯基站12座，改造线路130千米。南蒿亭移民新村建设主体完工，幸福乡村省级示范村达到5个。顺利通过卫生县城复审验收，跻身省级文明县城行列，获评河北省人居环境进步奖。

（朱凯荣）

【成为全国居民营养健康监测点】 8月13日，2012年中国居民营养与健康状况监测石家庄井陉县监测点正式启动。此次监测，井陉县共抽取6个村作为样本，每个村抽取75户共计450户家庭，总计调查约1500人。监测内容包括个人健康情况与身体活动调查，3天24小时膳食调查与家庭调味品称重，医学体检，实验室检测血红蛋白、血糖、糖耐量、血脂、维生素A和D等生化指标。

（王丽强）

【社会事业】 优化发展环境，取消行政审批事项65项、收费项目12项，顺利通过河北省依法行政示范县复审验收。义务教育均衡发展通过省政府验收，成为全省第一个通过验收的山区县。17个乡镇卫生院建起"国医堂"和标准化中医科，56个村建成中医特色卫生室，开创了全国山区县中医药事业发展新模式，获得全省乡村卫生服务一体化管理示范县。年内，井陉县人口出生率控制在12.2‰以内，新生儿出生缺陷干预工程在全市领先，免费优生服务人数在全市最多。井陉拉花作为"河北精品文化"远赴美国演出。大梁江等7个村列入全国首批古村落名录，吕家、梁家被评为

2012年12月7日，井陉拉花参加中央电视台节目表演

省级历史文化名村。建成廉租房138套、公租房350套，改造农村危房388户。成立全县创业孵化中心，年内转移农村剩余劳动力2.5万人次。城乡居民养老保险正式启动，60岁以上老人直接享受养老金，累计发放1408万元。筹建儿童福利院，成立县救助站，90岁以上老人开始享受高龄补贴。2012年，井陉县扶贫济困3.2万人，被评为河北省五保供养工作先进县。

（朱凯荣）

正　定　县

【概况】 正定县总面积 470平方千米，农作物播种面积55943公顷。辖3个镇、5个乡、2个街道办事处，34个居委会、154个行政村。常住人口47.55万人，人口自然增长率7.97‰。2012年，全县完成地区生产总值219.5亿元，同比增长9.1%。其中，第一产业28.5亿元，增长2.1%；第二产业102.4亿元，增长7.8%；第三产业88.5亿元，增长12.9%。三次产业结构比例调整为13.0:46.7:40.3，产业结构更趋合理。全社会固定资产投资156.6亿元，增长21.0%。全部财政收入实现三年翻番，达到13.09亿元，同比增长29.36%，其中公共财政预算收入完成8.10亿元，增长31.26%。城镇居民人均可支配收入13717元，同比增长9%；农民人均纯收入10996元，同比增长16.3%。2012年，正定县经济社会呈现快速发展的良好态势，获得“全国粮食生产先进县”、“中国书法之乡”、“全国农村集体‘三资’管理示范县”、“全国依法治县（区、市）创建活动先进单位”等荣誉，连续7年获授“全国最具投资潜力中小城市百强”称号。

中共县委书记：毛全球

县人大常委会主任：王秋生

县　　长：杨立中

县政协主席：徐玲（1月免）

王威（2月任）

【园区项目建设】 全年500万元以上在建项目达到168个。24个重点项目进展顺利，完成投资84.8亿元，占年度投资计划105%，其中小蜜蜂工具异地扩建等17个项目进入省、市重点建设项目盘子。7个重点前期项目有4个项目取得实质性进展。纺织服装基地常山纺织二期、常山药业肝素透明质酸钠黏多糖产业化项目主体完工；生态产业园、赵普大街等基础设施开工建设，污水处理厂完成选址，正洋建材、新泰特种油等项目开工建设；科技工业园橡一股份等4个项目竣工投产，盛华高精密零部件等项目顺利开工；木都产业园完成总体规划编制和环评工作，总投资31亿元的省重点项目曾氏门业开工建设。

【农业农村工作】 粮食生产实现九连增，总产达到33.49万吨；播种小麦2.11万公顷，总产量15.80万吨，亩产500千克；播种玉米2.0万公顷，总产量17.17万吨，亩产571千克。肉、蛋、奶产量稳定增长，分别达8.03万吨、12.76万吨和11.22万吨。农林牧渔业总产值58.82亿元，同比增长1.8%。特色高效农业发展提速，被农业部确定为全国蔬菜发展重点县。塔元庄等4个都市农业园初具规模，2个万亩、4个千亩无公害蔬菜种植基地面积扩大，产能提升，效益提高，建成一批“一村一品”示范村。农业产业化步伐加快，县级以上龙头企业达到33家，其中市级以上龙头企业18家；农民专业合作社新增124家，累计达到274家，其中市级以上示范社14家。农田水利基础建设力度加大，投资4247.5万元的万亩高标准农田、中低产田改造和农村饮水安全等十大农田水利建设工程全面完成。加强生态保护，增强生态意识，实施植树造林3100亩。深化农村集体财富积累机制，村级集体收入达到8148万元。

【工业经济】 全年规模以上工业企业达到112家，完成增加值88.64亿元，同比增长7.7%；实现利税34.14亿元；利润27.45亿元。18家规模以上工业企业实现税收倍增，特别是常山药业上缴税金比2011年净增3150万元。企业科技创新能力提升，小蜜蜂工具等6家企业被认定为高新技术企业，新泰特种油等3家企业研发中心被认定为省级企业技术中心，规模以上高新技术产业增加值同比增长25%。企业技改投入大幅增加，全年完成技改投资82.5亿元，同比增长25%。设立工业发展基金，加大优势企业和高新技术项目扶持。

【现代服务业】 推进省级现代服务产业园区和省级商贸物流产业聚集区建设，启动物流产业聚集区路网基础设施建设工程。注重新型业态发展，电商谷等一批项目正在洽谈。

瑞天购物广场、盛华国际购物中心等一批城市综合体项目正式营业，消费拉动作用不断增强。4月26～28日，成功举办第五届“正博会”，实现综合经济效益117.38亿元，并于8月2～3日获评“中国十大品牌展会”。年内，全县市场交易额完成133.4亿元，实现社会消费品零售总额83.3亿元，分别比上年增长15%和15.4%。旅游业发展成效明显，全年接待游客205.43万人次，旅游直接收入4562.54万元，分别比上年增长10.98%和11.22%，其中荣国府晋升为国家4A级旅游景区。金融服务业支撑能力增强，全县银行业金融机构新增3家，达到12家，金融机构存款余额250.3亿元，贷款余额146.6亿元，城乡居民储蓄存款余额176.4亿元，分别比上年增长13.4%、30.7%和14.5%，继续在全市位居前列。小额贷款公司发展到3家，年内新增贷款余额5319万元，累计发放贷款2.7亿元。

【招商引资】 强化“大招商、招大商”工作理念，加强与大企业、大集团沟通联系。2012年，正定县与中国建筑股份有限公司、中国太平洋建设集团有限公司、美国CAC国际集团等大企业达成战略合作意向。中国服装集团公司计划投资100亿元，在正定县建设中国·正定服装创意产业园。至2012年末，全县共签订合资合作项目15项，实际利用外资4500万美元，引进域外资金30.6亿元，外贸进出口总额完成1.52亿美元，同比增长37.55%。积极推动对外交流合作，与美国艾奥瓦州马斯卡廷市建立友好关系，签署了友好城市合作备忘录。

【城乡建设】 大力解决城市建设中存在的陈年旧账，办成一批打基础利长远、多年想办而未办成的大事要事难事，完成华安路中段回迁安置等工作。整顿规范城市建设市场，狠刹私搭乱建歪风。投资8000余万元，完成晨光路拓通等4条城市道路建设；投资929.9万元，完成33条农村公路升级改造；投资280万元，完成14个重点帮扶村道路硬化；常山公园升级改造、子龙广场二期工程规划设计方案和一批道路绿化亮化升级工程全面完成，城市绿地率、绿化覆盖率、城镇化率分别达到37.19%、43.51%和50.1%；接轨石家庄市区公交线路，通达市区公交线路由3条增加到17条。投资4000余万元，完成4个出入市口、城区容貌和农村环境综合整治工作，率先对古城区南部和7条主干道实行全天候保洁，顺利通过“省级卫生城”复审。“蓝天碧水”工程和节能减排工作有效开展，全年二级以上空气质量优良天数达到323天，周汉河出境断面化学需氧量下降到97.6mg/L，单位GDP能耗同比下降3.8%，主要污染物削减目标全面完成。

【古城保护开发】 坚持顶层设计，聘请清华大学城市规划设计研究院等知名规划设计单位，编制完成《正定古城整体格局与风貌规划设计方案》、《正定古城南部控制性详细规划》等规划方案。成立开元城市建设投资公司，寻求战略合作伙伴，与中国建筑股份有限公司达成初步合作意向。加大文物保护修缮力度，投资1116万元，实施隆兴寺、赵云庙景区升级改造等项目。古城普查工作基本完成。编制《正定古城整体格局与风貌恢复项目建议书》，隆兴寺文物保护、县文庙大成殿修缮等6个文物保护项目获国家文物局立项批复，古城墙整体保护项目获省文物局批准立项，护城河整治纳入全省中小河流治理工程。

【社会事业】 推进依法行政，规范政府决策、审批、执法行为，取消行政审批许可项目17项、非行政许可审批项目50项、初审项目26项。办理人大代表建议24件、政协委员提案77件，结案率达到100%。政府为民办6个方面25件实事基本完成。争取国家、省、市各类科技计划项目36项，支持资金1177万元；新增3家市级工程技术研究中心，开发市级以上新产品10项。投资1亿余元完成50项校安工程和31所学校环境提升工程，危旧校舍改造基本完成。龙狮道具制作技艺入选省级“非遗”项目，河北梆子新编历史剧《常山少年　赵云》获得第九届河北省戏剧节优秀演出奖。县医院病房楼扩建项目主体完工，新改扩建的147个标准化村卫生室全部投入使用，全县基层医疗机构全部实行基本药物制度和药品零差率销售。新增就业2600人，转移农村劳动力7100人，城镇登记失业率控制在3.1%以内。基本养老、医疗、工伤、失业保险得到加强，城乡居民社会养老保险参保人数达到18.8万人。新农合筹资标准和报销比例提高，参合率达到98.4%，累计补偿115.5万人次，补偿金额9945.1万元。失地农民养老保险取得新进展，机场改扩建项目2344名被征地农民落实养老保险。城乡低保、优抚优待、救灾救济和“五保”供养工作全面加强，发放最低生活保障金1309.3万元，救灾、救济和优抚资金1180.1万元。新开工保障房500套，保障性住房保有量达到3613套，111户农村危房得到翻新修缮。自主研发设计的“国家免费孕前优生健康检查流程管理系统”获得河北省推广。

（张君）

栾城县

【概况】 栾城县总面积345平方千米，农作物种植面积48470公顷。辖5个镇、3个乡，6个居委会、173个行政村。常住总人口33.99万人，人口自然增长率8.58‰。2012年，全县完成地区生产总值155.3亿元，同比增长9.6%。其中，第一产业29.5亿元，增长0.7%；第二产业88.4亿元，增长12.4%；第三产业37.5亿元，增长9.8%。农林牧渔业总产值53.67亿元，同比增长0.7%。粮食播种面积3.44万公顷，总产量27.53万吨；肉、蛋、奶分别达到5.76万吨、10.59万吨、12.58万吨。规模以上工业完成增加值63.02亿元，同比增长15.3%。全部财政收入11.25亿元，同比增长21.49%，其中公共财政预算收入5.80亿元，增长14.99%。全社金固定资产投资124.2亿元，同比增长20.2%。实现社会消费品零售总额54.4亿元，同比增长15.1%。城镇居民人均可支配收入22318元，同比增长12.5%；农民人均纯收入10619元，同比增长15.1%。年末金融机构存款余额112.5亿元，同比增长14.1%；储蓄存款75.7亿元，同比增长16.5%；金融机构贷款余额45.9亿元，同比增长18.9%。

中共县委书记：王韶华
县人大常委会主任：李雪辉
县　　长：孟胜林（9月免）
　　　　　刘玉渭（9月代）
县政协主席：曹金亮

【重点项目】 项目建设实现“竣工一批、开工一批、储备一批、谋划一批”总目标。全年谋划建设项目137项，总投资600多亿元。其中，投资10亿元以上项目7项；新开工在建项目106项，完成投资102亿元。南车、出版传媒数字印刷园、润丰物流、南方包装等重点项目开工；石煤机一期、安瑞科一期、顺邦物流、石飞一期等重点项目投产；长安育才、新华能源等项目实现属地纳税。2012年是栾城县省市重点项目开工最多、竣工最多、实现属地纳税项目最多的一年。

【农业农村工作】 粮食生产保持稳定。全县种植小麦1.77公顷，平均单产502千克，总产13.35万吨；种植玉米1.64公顷，平均单产572千克，总产14.1万吨，粮食单产位居全市第二位。发展农业设施，新增蔬菜面积206公顷，新增温室大棚705个。成功举办第十届“栾城县阳春草莓采摘节暨三苏文化旅游节”，吸引游客20万人次，带动农民增收4000多万元。农业产业化进步明显，全年投资千万元以上农产品加工项目10个，完成项目投资2.69亿元，带动农户4.5万户；创建省级龙头企业2家，市级龙头企业23家。年末全县各类农村合作经济组织达到248家，131个村成立合作社，带动农户6万户。新增土地流转面积14500亩，土地流转率累计达到16.4%。农业产业化经营率达到65%。

【工业经济】 围绕“抓技改、抓对标、抓服务”，强力推动工业经济快速发展。实施重点企业技改项目105项，年度完成投资64.3亿元。神威药业、裕华热电、杰克化工、新诺威、河北电机等重点骨干企业经营管理水平和综合竞争力持续提高，主导参与国家行业标准制定20多个，涌现10余个行业领军产品。至2012年末，全县销售收入超2000万元企业达到147家，五大主导行业企业发展达到131家。县域内两大基地围绕强基础、上水平，大力推进基础设施建设。装备制造基地完成雨污水主管网及泵站、中水、给水和天然气等4项管网建设；新建富城路；完成绿源污水处理厂二期建设；完成铜许线、许窦线等5条高压线路迁改，新建10千伏安瑞科供电线路。生物医药基地完成“四路、两网、一消防”建设，改造道路、整修路面33000平方米；铺设便道17000平方米、雨污水管线1850米，安装消防栓10个。2012年两大基地实现总产值113.4亿元。

【城乡建设】 完成宏远路、宏达路东延，育才街、兴安街北延四项工程和鑫源路、育才街、富强路等道路整修改造；完成方西线大修、衡井线至栾故线拓宽、新赵线改建、马山线大修等乡村道路改造工程；新开通201路、203路进市公交，完成308国道沿线202公交候车亭建设，方便了群众出行。启动北关、朱家庄2个城中村改造；总投资8亿元的城市综合体项目稳步推进。完成1124套保障房建设，新启动1000套保障房建设任务。改善环境质量，综合整治市容市貌，规范管理户外牌匾，环境卫生明显改观。建立健全垃圾清运长效机制，城区垃圾实现日产日清。高标准实施308国道、107国道和京港澳高速公路环境容貌综合整治工程。

【成为国家级生态示范区】 实施绿化提质工程，新建总占地面积5000亩优质绿化苗木基地，新栽植树木近百万株，新增森林覆盖率0.48%。洨河综合整治扎实推进，完成洨河4000多亩河滩地租地工作，配合完成栾城段污水导流渠挖掘工程。实施污水整治，县城污水处理厂深度改造顺利推进，装备制造基地绿源污水处理厂一期运行良好。开展大气污染防治，清理菌丝、污泥、氯化铵等违法晾晒场114家，全年二级以上天气达到326天。节能减排取得成效，万元GDP能耗累计下降3.8%，化学需氧量削减2295吨，二氧化硫排放削减4227吨，全面完成石家庄市下达减排任务。积极推进环保创建工程，栾城镇、南浪头村、北石碑村通过国家级生态镇、生态村验收，栾城县被国家环保部命名为“国家级生态示范区”。

【社会事业】 巩固基本药物制度和乡村卫生服务一体化成果，实现所有药品零差率销售。深化县医院综合改革，破除“以药养医”机制。全面建成区域卫生信息化平台，电子健康档案建档率在全市率先达到100%。完善社会保障体系，养老金社会化发放率、足额发放率连续多年保持100%；城乡低保实行“阳光低保”新机制，做到应保尽保。科研水平提高，保持了“全国科技进步先进县”称号，启动了河北省科技特派员创新创业“双百工程”。教育质量逐年提升，高考成绩在全市17个县（市）位居第二名，提前两年通过第一批省政府义务教育基本均衡县督导评估。成功举办首届春节联欢晚会等系列文体活动，举办彩色周末40多场次，开展文化下乡38场次。新开通有线数字电视村25个，新增有线电视用户3800户。南浪头村农家书屋获授“2012年全国示范农家书屋”称号。幸福乡村建设投入资金9567.7万元，完成“六村联创”村30个、单项创建村50个；净化街道873条、小巷3960条，绿化街道571条，完成村内植树14.4万株；粉刷街道592条，粉刷面积204.4万平方米；亮化街道791条。2012年，栾城县在全省“幸福乡村”建设暨农村环境综合整治现场观摩会上作典型发言。

（赵云丽）

行 唐 县

【概况】 行唐县总面积1025平方千米，农作物播种面积59952公顷。辖4个镇、11个乡，8个居委会、322个行政村。常住总人口41.12万人，人口自然增长率13.45‰。2012年，全县地区生产总值完成105.1亿元，同比增长10.3%。其中，第一产业21.5亿元，增长3.7%；第二产业59.4亿元，增长14.4%；第三产业24.2亿元，增长8.0%。农林牧渔业总产值40.47亿元，同比增长3.8%。其中，农业总产值16.04亿元，增长3.6%；畜牧业总产值22.97亿元，增长3.9%。规模以上工业增加值51.09亿元，同比增长16.8%；利税24.73亿元。粮食总产量31.62万吨，小麦亩产430千克，玉米亩产571千克；棉花总产量430吨，平均亩产43千克；油料总产量21624吨，平均亩产216千克。全部财政收入3.56亿元，同比增长10.94%，其中公共预算收入1.98亿元，增长7.74%；财政支出12.01亿元，增长17.63%。实现社会消费品零售总额42.4亿元，同比增长15.3%。全社会固定资产投资100.1亿元，同比增长17.5%。在岗职工年平均工资26771元，同比增长1.50%；城镇居民人均可支配收入19782元，同比增长11%；农民年人均纯收入4038元，同比增长1.1%。年末城乡居民储蓄存款余额70.0亿元，同比增长15.3%。

中共县委书记：
李震国（4月免）
姜阳（4月任）
县人大常委会主任：
高和福（2月免）
赵士平（2月任）
县　长：吕素维（女）

县政协主席：

赵大水（2月免）

盖义江（2月任）

【重大项目】 全年在建项目86个。其中，新开工项目70个，续建项目16个；工业项目59个，服务业项目17个，农业产业化项目10个。项目总投资150.85亿元，年度计划投资56亿元，实际完成投资57.45亿元。其中，新开工建设总投资10.8亿元的河北食品添加剂有限公司年产1600吨天然色素生产线列入省重点项目；总投资16.2亿元的河北九都物流有限公司商贸物流园、总投资12亿元的石家庄鹏海制药有限公司医用输液生产线、总投资13.5亿元的行唐县倡行煤炭物流交易中心等3个续建项目和总投资12.6亿元的河北潘什奴服装商贸有限公司潘什奴裤业产业园前期项目列入市重点项目。省、市重点项目总投资规模为65.16亿元，年度计划投资10.5亿元，实际完成投资19.14亿元，占到年度计划的182%。

【农业农村工作】 全县小麦播种面积30.25万亩，亩产430千克；玉米播种面积29.2万亩，亩产571千克；粮食总产量达到31.62万吨，创下历史新高。奶牛存栏8.93万头，猪存栏16.90万头，家禽存栏362.85万只，羊存栏5.7万只；肉、蛋、奶产量分别为3.84万吨、3.25万吨、28.88万吨，渔业产量2000吨。农民生产、生活条件得到改善，投资2000万元完成4万亩大枣生态科技示范基地建设和1.2万亩优质核桃栽植；县内所有蔬菜生产基地和非基地均纳入蔬菜农药残留检测抽检范围，其中无公害蔬菜基地蔬菜检测合格率达到100%；投资3152万元完成国家小型农田水利重点县项目，发展节水灌溉3.85万亩；完成太行山国家水土保持重点项目，治理水土流失25.5平方千米；完成米家庄、江河水库除险加固工程；投资2050万元新上变压器260台，新架10KV线路76千米；投资3684万元完成3条省道部分路段重建、44.5千米农村公路改建和白庙郜河大桥新建等工程；整合培训资源，完成6个专业3000人技能培训；发展农民专业合作社290家，辐射带动农户40%以上；投资2338万元打造首批15个环境综合整治示范村；投资5.58亿元新建二层和多层住宅79栋，入住1384户，改造民居480户，程段庄、西霍同等21个村列入省级新民居示范村；投资133万元建农村户用沼气池832个，投资37.5万元建农村沼气服务网点12个，投资396万元建1000立方米全混式大中型沼气池1个；实施“整村推进、连片开发”扶贫工程，争取社会帮扶资金1900万元，帮助8000名贫困人口增收脱贫。

【城乡建设】 围绕县城扩容升级，确立“把经济开发区纳入县城总体规划，县城跨河向南、向西发展”的建设思路，修改编制城乡总体规划，印发《郜河县城段综合开发意见》，审批通过城乡统筹规划、住房保障“十二五”规划及给排水、供热、绿地系统规划；全部完成6个乡（镇）、35个帮扶村、18个中心村、11个省级新民居示范村建设规划。集中开展严厉打击非法土地流转和非法占地、非法建设专项行动，拆除违法建筑273处4.1万平方米、围墙4300延米，恢复土地251亩；对城区8家房地产开发企业进行集中整治，城乡建设步入规范有序轨道。按时完成350套保障性住房建设任务，完善了住房分配、管理及廉租住房租赁补贴等制度，全年发放租赁补贴72818元，实现应保尽保；完成263户农村危房改造并顺利通过验收。县城基础设施建设进程加快，龙州公园一期工程竣工并对外开放，龙州大街东段排水工程建成投用，玉城大街、香港路等主干道路完成夜景装饰，栽植树木5万株，新增绿地1.3万平方米。建立城区管理长效机制，集中开展城区环境综合治理，城市管理水平明显提升。

【基层建设年活动】 县委、县政府把“基层建设年”活动作为加快富民强县步伐和解决民生问题的重要抓手，把完成农村饮水安全、村街道路硬化、安全稳定用电、通讯通邮、危房改造、垃圾清理、文体资源共享工程、“一村一品”、标准化卫生室建设、村庄规划及农村环境综合整治规划等“十件实事”作为活动核心内容，把垃圾清理、村容村貌整治和植树绿化活动作为拓展深化活动的有效载体，按照“先行试点、全面推开”的工作思路和“见人见事”的工作理念，狠抓落实。全县35个省重点帮扶村共投入资金1.07亿元，在圆满完成448个“十件实事”帮扶项目基础上，还实施了村民广场建设、便民桥修建和路灯安装等118个自选项目。330个行政村集中开展垃圾清理和村容村貌整治活动，清运垃圾17万平方米，建立生活垃圾倾倒点1155个，设立固定保洁人员1106人，粉刷墙面70万平方米，硬化道路100千米，建成“支持服务基层”、“农村垃圾处理长效管理”等长效机制18个。

【三位一体大调解】 修订城区、土地纠纷、医患纠纷和交通事故纠纷等4个专业人民调解委员会运行章程，规范工作纪律；设立独立办公场所，配备电脑、打印机、电话等设备，优化工作环境。从案件调解程序、方法、技巧及卷宗装订、规范化运作等方面培训民调主任，注重工作交流，采用多种途径，全面优化了乡（镇）和4个专业调委会86名专职调解员的法律知识水平、调解工作能力和专业技巧；把专职调解员工资纳入县大调解中心工作预算，实现“人员职业化、工作专业化、待遇工薪化”。拓展调解途径，加强督办，加大重大纠纷调处力度，推动“三位一体”大调解工作走向制度化、规范化轨道。12月21日，市政法委在行唐县召开“三位一体”大调解现场会，在全市推广按照党委政府统一领导，政法综治统一协调，人民调解为基础，司法调解为主导，行政调解为补充，大调解中心为平台，职能部门协调联动，社会各界广泛参与的“三位一体”大调解“行唐模式”。至2012年末，全县各级民调组织排查各类案件3512件，调解3407件。其中，县大调解中心督导、协调调解疑难案件282件；办理法院、公安、卫生系统等委托调解案件26件；诉前移送调解43件；调解执行和解8件；办理领导交办案件29件，有效维护了全县社会稳定。

【两个环境建设】 改善发展环境，推进“效能革命”，规范行政服务中心建设，将全县涉及项目建设的25个部门、217项行政许可及服务事项纳入中心管理，实行一个中心对外、“一站式”办结、“一条龙”服务；减少审批环节，削减审批事项64项、行政监管事项14项，审批时限缩短30%，入驻项目即办率达到85%以上；畅通项目审批绿色通道，重大项目实行特事特办、全程代办。自觉接受县人大法定监督和县政协民主监督，全年办理人大代表建议13件，政协提案15件，满意率均达100%。开展“百家企业评行（政）风”活动，组织全县企业当“考官”，测评职能部门执法行为和服务企业情况，规范了执法部门涉企行为。改善生态环境，实施“五十百千”城乡绿化工程，植树320万株，新造林3.08万亩，年末全县森林覆盖率达到35%。开展“低碳宣传周活动”、“清源净流雷霆行动”、“春季攻势环保专项行动”等系列活动，查处违法企业23家，其中停建18家，取缔3家；淘汰黄标车1003辆，削减二氧化硫821.5吨、氮氧化物74.8吨，万元GDP能耗下降6.1%，空气质量二级以上天数达到312天。严厉打击矿山河道私挖滥采，有效遏制盗采国家矿产资源现象。

【文化建设】 组织文化馆、图书馆、新华书店、电影公司等单位590人次开展送文艺、送图书、送电影下乡进村、进社区、进学校等活动，累计发放各类宣传资料500份，文艺演出134场，送图书6300多册，送春联300余幅，送电影3960场（次）。建成农村新书屋263个，组织举办乡（镇）和农家书屋管理员文艺、图书管理培训班3次，培训民间文艺人员86人次，文艺骨干38人次，图书管理人员330余人次。整理非物质文化遗产源15项，其中“行唐木雕艺术”、“行唐村名歌”、“行唐口头镇歌谣”、“行唐秧歌（杨村）”列入市级非物质文化遗产名录。县地方志办公室树立“全民修志”指导思想，协调、动员8位民营企业家捐款，完成县内流传至今且保存较为完整的清康熙十九年(1680年)、乾隆三十七年（1772年)、同治十三年（1874年）3套旧志重刊工作，成功抢救县域历史文化遗产，传承了古邑传统文化。

【社会事业】 全年用于民生支出8.99亿元，占公共财政预算支出的74.9%，是历年来民生投入最多一年。向全县人民承诺的十大民生工程和8个方面29件民生实事全部完成。山区教育“扶贫工程”扎实推进，投资3456万元的北河志和小学等8所寄宿制小学建成并投入使用，转移安置山区小学生3493名；行唐一中搬迁新建工程一期主体完工；投资2296万元完成八里庄小学、连家庄小学、东瓦仁小学等15所学校的15个“校安工程”项目。发展医疗卫生事业，县医院新建综合病房楼正式投入使用，开放床位由320张增加到430张；完成15个乡（镇）卫生院和287个卫生室建设；为农村居民建立健康档案418053份，建档率达93%；中医工作取得新成绩，各乡（镇）卫生院均设立中医科、设置中医药房，形成以县中医院为"龙头"、乡（镇）卫生院为"枢纽"、村卫生室为"网底"的三级中医药服务网络，复核通过国家中医药管理局对县中医院"二级甲等中医医院"和"全国农村中医工作先进县"验收；新农合规范运行，参合农民34.11万人，参合率达95.5%，全年补偿参合农民84.62万人次、1.02亿元。社会保险覆盖面扩大，率先完成省、市要求的农村养老保险参保指标，参保20.75万人，参保率达92.5%。完善社会救助体系，发放各类救助资金2516.6万元；投资2000万元建成全省贫困县中第一个"三院合一"民政事业服务中心；建设农村互助幸福院83所；投资12万元建成安香、南桥、独羊岗等3个乡级综合养老服务中心和南街、东街2个社区为老服务站。落实灵活就业政策，城镇新增就业2750人，农村劳动力向非农产业转移9600人。年内，行唐县被评为"河北省就业工作先进单位"。扎实推进精神文明建设，组织开展"十佳百颗星"评选活动，公开表彰"十佳村党支部书记"、"十佳公益企业"等100个先进典型，弘扬了社会正气，引领了社会风尚。实施农村饮水安全工程，投资3000万元解决了南桥、连家庄等43个村5.6万人饮水安全问题，群众的生活水平、幸福指数再度提升。

（李永 赵翠玉 杨雪玲 王欣）

灵 寿 县

【概况】 灵寿县总面积1546平方千米，农作物播种面积36287公顷。辖6个镇、9个乡，3个居委会、279个行政村。常住总人口33.62万人。2012年，全县地区生产总值完成78.8亿元，同比增长9.0%。其中，第一产业14.1亿元，增长4.0%；第二产业45.3亿元，增长10.8%；第三产业19.4亿元，增长8.5%。粮食播种面积3万公顷，总产量14.79万吨，同比减少4.02%。全部财政收入3.53亿元，同比增长6.11%，其中公共财政预算收入2.0亿元，增长26.7%；财政支出11.17亿元，同比增长15.55%。固定资产投资66.1亿元，同比增长23.5%。规模以上工业完成增加值42.78亿元，同比增长12.1%；利税17.64亿元。实现社会消费品零售总额28.9亿元，同比增长16.1%。城镇居民人均可支配收入18970元，同比增长12%；农民人均纯收入3804元，同比增长10.1%。年末城乡居民储蓄存款62.1亿元，同比增长13.7%。

中共县委书记：李彦明
县人大常委会主任：马国云
县　　长：姜阳　（4月免）
　　　　　周雪军（4月代）
县政协主席：傅连英

【重大项目】 10月份，总占地18.86平方千米的经济开发区被河北省政府批准为省级经济开发区。年末经济开发区入驻企业32家。成功举办2012′魅力灵寿（石家庄）推介会等一系列招商活动，签约项目26个，总金额88亿元，其中引进央企项目2个，总投资20亿元。引进外资1224万美元，完成年度计划的111%。总投资490.8亿元的115个重点项目做到及时跟进、定期调度，完成投资66.1亿元，占到计划投资的100.9%。其中，22个项目竣工投产，31个项目正在建设，17个项目完成前期准备，24个项目正在做前期工作，21个项目正在洽谈中。2012年，全县6个项目列入省、市重点项目，在西部五县排名第一。

【农业农村工作】 全年小麦总产量6.11万吨，同比增长3.62%，亩产327千克；玉米总产量7.67万吨，同比减少8.35%，亩产327千克。农林牧渔业实现总产值25.9亿元，同比增长4.4%。其中，农业总产值12.74亿元，畜牧业总产值11.16亿元。肉类总产量3.07万吨，同比增长6.3%；禽蛋总产量1.85万吨；水产品总产量8210吨，同比增长2.0%。奶牛、猪、羊存栏分别达到2.2万头、16.6万头、4.96万只。整合资金，重点扶持核桃、食用菌、畜牧养殖等特色产业。核桃产业被省财政厅列入整合资金支持项目，冀乐食用菌种植基地扩建项目列入全国2012年农业综合开发新型合作示范项目，种猪和奶牛养殖示范场标准化达到全国一流标准。成立河北省首家县级农民专业合作社联合社，年末各类农民专业合作经济组织达到621个，辐射带动农户4万余户，被评为全国供销合作社系统先进集体。

【城乡建设】 五岳寨、水泉溪、秋山3个国家4A级旅游景区基础设施提档升级。投资21亿元完成漫山生态旅游休闲项目前期工作，3月21日开工建设。实施“畅通主动脉、美化旅游路、满意灵寿游”旅游环境综合整治行动，提升美化县内旅游通道。全力推进家电下乡和“万村千乡市场工程”，年末全县农村超市达到198家，乡镇覆盖率达到100%，村级覆盖率达到71%。创建省级园林城市，实施县城环路绿化提升工程，县城绿化覆盖率达到40.95%。开展城区环境综合整治行动，环境卫生、经营秩序和交通状况得到明显改善。实施县城基础设施提升、松阳河胡庄段污水管网铺设以及市政设施维护工程。投资3.97亿元开展太行山前土地整治项目顺利启动。投资1.1亿元实施病险小水库除险加固、河道治理及一系列农田水利配套设施建设。争取奖补资金1310万元，在136个行政村实行“一事一议”财政奖补项目建设。抓住列入省2012年度村级公共服务运行维护机制建设试点机遇，争取资金360万元，维护升级90个行政村基础设施，农村生产生活条件明显改善。

【社会事业】 涉及教育、民生保障、道路交通等方面20件为民办实事全部完成。投入2.36亿元有力保障了教育经费、校舍安全、中小学寄宿补贴和困难生补助等资金需求。推进山区教育扶贫工程，投资1.2亿元寄宿制初中开工建设，5所山区小学改造提升工程完成。深化医药卫生体制改革，初步建成国家基本药物制度，乡镇卫生院、村卫生室全部实行基本药物零差价销售。225所卫生室标准化建设完成，灵寿县被评为“2012年省级乡村卫生服务一体化管理示范县”。县民政事业服务中心、70所农村“互助幸福院”和262套廉租房建设完成；实施改造农村危房1200户，有效改善了城乡低收入群体居住条件。提高新型农村合作医疗保险、城镇居民基本医疗保险财政补助标准和城乡低保标准，让广大群众得到更多实惠。新增城镇就业2328人，下岗失业人员再就业575人。投资766万元，新改建乡镇财政所15个，财政服务水平全面提升，被评为河北省“财政所标准化建设工作示范县”。

（周伍科）

高 邑 县

【概况】 高邑县总面积211平方千米，农作物播种面积31396公顷。辖3个镇、2个乡，9个居委会、107个行政村。常住总人口18.82万人，人口自然增长率9.99‰。2012年，全县完成地区生产总值63.0亿元，同比增长12.0%。其中，第一产业10.4亿元，增长5.0%；第二产业37.1亿元，增长16.0%；第三产业15.5亿元，增长9.1%。全社会固定资产投资43.6亿元，同比增长23.8%，其中固定资产投资42.9亿元，增长25.4%。民营经济增加值46.8亿元，同比增长14.2%。全部财政收入3.81亿元，同比增长24.43%，其中公共财政预算收入2.05亿元，增长27.33%；财政支出7.33亿元，增长20.48%。农林牧渔业总产值完成18.39亿元，同比增长4.8%。粮食总产量16.38万吨，同比增长4.47%；蔬菜总产量48.81万吨，同比增长7.51%。实现社会消费品零售总额23.3亿元，同比增长15.3%。外贸出口总额1215万美元，同比下降33%。在岗职工年平均工资25714元，同比增长14.36%；城镇居民人均可支配收入17153元，同比增长12.6%；农民人均纯收入8346元，同比增长15.9%。

中共县委书记：李锡海
县人大常委会主任：
李连平（2月免）
徐将威（2月任）
县　　长：杨国芳
县政协主席：陈金锁（2月免）
何兴旺（2月任）

【重大项目】 全年安排投资亿元以上项目67个，投资规模、增长速度创下历史最高。积极完善投资项目分包责任制，及时破解项目建设难题。力马陶瓷生产线、力龙陶瓷五线、鸿锐增塑剂、国煜电器一期、刘秀公园二期等总投资78亿元的22个项目全面竣工；文杰制衣、际华3502包装、绿洲农业、文广蔬菜等总投资56亿元的18个项目开工建设。深入实施全民招商，全年洽谈项目35个，香港森仕服装、昊华化工、昱泰门窗、亿生堂药业等21个项目达成合作意向。优化发展环境，规范行政服务中心建设，全县34个窗口单位的审批、收费项目全部入驻，建成集中办公、网上审批系统，实现“一条龙”办公、“一站式”审批。

（籍飞龙）

【河北科尔德冷藏车项目签约】 7月13日，高邑县与意大利潘德曼公司就河北科尔德冷藏车改装及冷链物流项目签约。意大利潘德曼公司始建于1967年，是一家以生产经营制冷设备、冷藏车、冰箱、制冰机、商业冷柜、灶具、绝缘保温材料为主的跨国集团公司，意大利波拉斯多克公司为潘德曼公司下属子公司，主营冷藏车业务，生产技术在欧洲领先。河北科尔德公司采用意大利潘德曼公司及波拉斯多克公司技术生产冷藏车，注册资本1亿元，产品主要用于果蔬、冷鲜肉、禽蛋、医药、鲜花的冷藏运输。该项目占地500亩，投资32亿元，分三期建设，一期投资12亿元，建设厂房10万平方米，其他附属设施3万平方米，年产5000台冷藏车。

（温婕）

【工业经济】 完善工业园区规划，加速推进工业园区重点项目建设，在扩大规模同时注重节能降耗，年内工业园区成功获批省级经济开发区。工业南路下穿京广铁路立交桥基本竣工，下穿107国道立交桥正在建设，锌业园区道路南延竣工通车，辛庄110kV电站、力马燃气双回路供电竣工投用，园区承载能力显著增强。建陶、纺织等主导产业技术、装备水平提升。福隆、力龙等22家企业实施技术改造，全县技改投入26亿元，创历史之最。组建工业经济联合会和建陶行业协会，发挥运行监测和行业指导作用，有效提升了产业整体竞争力。年内，力马公司纳税3200万元，工大公司纳税2600万元。大力淘汰落后产能，圆满完成节能减排任务目标。至2012年末，全县规模以上工业完成增加值26.10亿元，同比增长17.6%；实现利税10.54亿元，同比增长19.06%。单位生产总值能源消耗0.803吨标煤／万元，同比下降4.87%。

【城区建设】 确立“一县两城”发展定位，高标准、大手笔完成一批打基础利长远的城建重点工程。开展站前广场占地拆迁大会战，统一政策标准，落实县领导逐户分包措施，“五一”节集中突击，一举啃下广场占地“硬骨头”，实现站前广场高标准建成，京广高铁高邑西站正式投用。通过艰难谈判，成功收购凤城供水厂。太行路扩建、刘秀路绿化亮化等一批重点工程竣工。启动“国家级园林县城”创建工作，城区绿化覆盖率达到41.5%。综合整治城容城貌，主街主道达到“四净五无”。2012年，高邑县城初具大气精美宏观轮廓，突出绿洁亮美个性特色，彰显了精细便民人文关怀，步入全市一流样板县城行列。年内，石家庄市城市建设管理现场会在高邑县召开。年末高邑县顺利通过全省人居环境奖评比验收。

【农业农村工作】 粮食单产、总产实现“九连增”。2012年，高邑县播种粮食2.22万公顷，总产量16.38万吨，亩产493千克；小麦总产量7.46万吨，亩产450千克；玉米总产量8.67万吨，亩产550千克。农林牧渔业总产值18.39亿元，同比增长4.8%。落实强农惠农富农政策，发放各类补贴资金4300万元。完成1万亩中低产田改造、2万亩节水灌溉、19个村饮水安全工程，通过水利部节水型社会建设试点验收。广泛开展造林绿化活动，种植树木300万株，森林覆盖率得到大幅提升。年内，高邑县成功举办石家庄市平原县造林绿化现场会。蔬菜产业稳步发展，“高邑蔬菜”品牌效应扩大。2012年全县蔬菜播种面积7405公顷，总产量48.81万吨。编制完成《蔬菜产业中长期发展规划》，确定“三园、四区、五基地”发展格局；全面落实蔬菜奖补政策，新增蔬菜种植面积2万亩；完成众林、大市场、泽农、硕丰等蔬菜配送中心建设；成功申报“槐河”牌省级著名商标、18个无公害农产品认证和2个绿色食品认证；正式成为石家庄市四大政府机关供菜基地；常年为北国商城供应时令蔬菜，顺利实现“农超对接”。

（籍飞龙）

【种植基地项目开工】 6月21日，高邑县年产130万千克设施蔬菜种植基地项目正式开工。该项目是2012年度农业综合开发专项扶持的环京津环省会设施蔬菜项目，由河北文广农业开发有限公司承建，地点位于高邑县王同庄乡东南岩村，项目总投资1254万元。该项目计划建设日光温室48座，智能温室1座，管理房48座，道路硬化1743米；设备购置包括强制降温系统、灌溉施肥系统、加热系统、二氧化碳补气系统等。

（温婕）

【商贸服务和金融业】 全年实现社

会消费品零售总额23.3亿元，同比增长15.3%。实际利用外资800万美元。2012年高邑县蔬菜大市场获评全国“五十强”和“综合批发市场百强”。高邑建材城完成投资3.2亿元，成为华北最大的产地型建材交易市场，入驻商户132家。2012年全县补贴家电、摩托车和汽车下乡2195万元。新兴业态快速发展，永和豆浆、德克士等快餐连锁企业相继落户。探索组建全省首家县级金融服务中心，年末金融机构存款余额48.9亿元，同比增长15.8%；贷款余额21.4亿元，同比增长21.9%；城乡居民储蓄存款余额39.9亿元，同比增长16.7%。年内，县信用联社为企业投放贷款16.1亿元，有力带动了县域服务业迅猛发展。

【社会事业】 全年用于民生资金5.3亿元，创下历史之最。下大力做好为民办“十件实事”工作。城市空气质量等级二级以上天数达331天，占到全年天数的90.68%。城乡居民社会养老保险全面启动，参保率达到94%。首次为70岁以上老人发放生活补贴。首次实行基本火化费减免政策。“五院合一”工程全面竣工，建成36所农村互助幸福院，获得“全省五保供养工作先进县”称号。启动500套公租房建设，完成306户危房改造；住房公积金提取比例由7%提高到9%。

（籍飞龙）

深泽县

【概况】 深泽县总面积286平方千米，农作物播种面积35153公顷。辖3个镇、3个乡，3个居委会、125个行政村。常住总人口25.25万人，人口自然增长率6.02‰。2012年，全县完成地区生产总值76.1亿元，同比增长11.6%。其中，第一产业13.7亿元，增长7.0 %；第二产业47.4亿元，增长15.0%；第三产业15.0亿元，增长6.2 %。粮食总产量20.65万吨，同比增长6.78%。规模以上工业完成增加值36.05亿元，同比增长17.3%；利税8.48亿元，同比增长16.78%。民营经济完成增加值57.7亿元。全部财政收入3.66亿元，同比增长20.43%，其中公共财政预算收入2.44亿元，增长24.31%；财政支出7.93亿元，同比增长15.25 %。实现社会消费品零售总额 29.6亿元，同比增长14.6%。全社会固定资产投资46.2亿元，同比增长22.5%，其中固定资产投资44.8亿元，同比增长24.0%。在岗职工年平均工资25149元，同比增长8.36%；城镇居民人均可支配收入17138元，同比增长12.3%；农民人均纯收入7586元，同比增长13.7%。年末金融机构存款余额74.8亿元，同比增长13.2%；贷款余额18.0亿元，同比增长4.2%；城乡居民储蓄存款余额64.4亿元，同比增长14.7%。

中共县委书记：王德庆
县人大常委会主任：杨秋
县　　长：盛庆功
县政协主席：张庆民

【重点项目】 强化招商引资，采取领导分包、定期调度考核、及时兑现奖励等措施，实现项目建设良好发展，数量和质量明显提高。全年共有竣工、在建、在办千万元以上项目224个，总投资767.5亿元，其中亿元以上项目92个，10亿元以上项目16个，列入省市重点项目4个。盛驰汽车零部件一期、深科公司绝热材料等项目投产，华运公司石油钻井助剂、柏奇公司新头孢、佳上食品白山药露等项目正在建设。

【产业结构】 全县共有企业1053家，规模以上企业达到63家。实施技改项目38个，完成技改投资22.43亿元，同比增长32%。实施国家、省市科技项目10个，新增省名优产品、著名商标5个。三次产业结构调整为18.1:62.4:19.5。年末规模以上工业完成增加值36.05亿元，同比增长17.3%；利税8.48亿元，同比增长16.78%。粮食总产量20.65万吨，同比增长6.78%；小麦总产量9.0万吨，亩产474千克；玉米总产量11.0万吨，亩产564千克。农林牧渔业总产值25.20亿元，同比增长7.6%。投资8032万元实施农业项目24个，完成中低产田改造、高标准示范田建设1.76万亩。特色种植规模扩大，白山药、葡萄种植均达到8000亩；设施蔬菜、核桃种植均达到6000亩。加快发展现代畜牧业，肉类总产量2.29万吨，同比增长3.4%；禽蛋总产量1.78万吨；奶总产量4.24万吨；蔬菜总产量41.34万吨。实施杜社设施蔬菜、金玉奶牛扩大规模等10个产业化重点项目，年末农民专业合作社达到200个，产业化经营率达到42.3%。商贸流通业实现社会消费品零售总额29.6亿元，同比增长14.6%。万村千乡、家电下乡工程深入实施，新建改建农家店10家，引进总经销、总代理8家，知名餐饮连锁企业6家，家电下乡产品销售额达到1.63亿元，补贴金额1932万元。新增个体工商户1651户。

【城乡建设】 投资1602万元完成工业一街南延和南苑路西段建设，投资3123万元完成侯枣线建设、定深公路大修和23个村道路硬化。投资3180万元新建通信基站30个、互联网光纤化改造62个村，投资2059万元完成羊村电站增容、农网升级和14个村电力设施改造。新增供热面积30万平方米。部分小区和企业实现正常供气。总投资2.49亿元的华北国际商贸城、总投资4亿元的隆基泰和广场等重点商贸项目正在建设。一批“地标性”建筑陆续竣工，建成北方明珠、三水俪城等现代住宅小区，竣工面积30万平方米。投资850万元的地下商城顺利投用，投资1.2亿元的商贸文化中心基本竣工，投资3000万元的益佳悦向阳城主体完工。投资3736万元的综合服务楼正式开工。4月份，深泽县铁杆镇被国家发改委批准为“全国发展改革试点城镇”。

【社会事业】 改善办学条件，投资2097万元实施校安工程15个，投资1218万元新建改建幼儿园7所；顺利通过义务教育均衡验收和“普高”验收。县医院病房楼基本完工，6个乡镇卫生院整建和125个村卫生室全部建成；新农合参合率达到95%，补偿资金4128万元。新建农家书屋40个。低生育水平保持稳定，出生人口性别比趋向均衡，各项奖扶政策落实到位，发放资金162.4万元。空气质量二级以上天数达到322天。养老、医疗、工伤等五项保险覆盖面扩大，城镇职工基本养老保险达到9583人；城乡居民养老保险达到12.52万人，参保率达到97.8%。

（何志敏 刘智勤）

赞 皇 县

【概况】 赞皇县总面积1210平方千米，农作物播种面积35257公顷。辖2个镇、9个乡，8个居委会、212个行政村，1个省级经济开发区。常住总人口24.75万人，人口自然增长率10.86‰。2012年，全县完成地区生产总值77.35亿元，同比增长 11.8%。其中，第一产业13.46亿元，增长3.4%；第二产业49.58亿元，增长14.5%；第三产业14.32亿元，增长11.6%。规模以上工业完成增加值42.89亿元，同比增长15.8%；民营经济完成增加值61亿元，同比增长14.01%。粮食总产量12.71万吨，同比增长5.8%。全部财政收入4.13亿元，同比增长24.34%，其中公共财政预算收入1.93亿元，增长27.26%；财政支出10.22亿元，同比增长31.73%。固定资产投资85.3亿元，同比增长23.0%。实现社会消费品零售总额29.5亿元，同比增长15.9%。在岗职工年平均工资24210元，同比增长14.94%；城镇居民人均可支配收入17032元，同比增长11.6%；农民人均纯收入3780元，同比增长11.0%。年末金融机构存款余额50.4亿元，同比增长10.9%；贷款余额23.5亿元，同比增长12.8%；城乡居民存款余额38.0亿元，同比增长9.3%。

中共县委书记：张小国
县人大常委会主任：
武瑞国（3月免）
陈印增（3月任）
县　　长：宋存汉
县政协主席：张万银

【项目建设】 全社会固定资产投资86.3亿元，同比增长20.6%，其中固定资产投资85.3亿元，同比增长23.0%。总投资34.9亿元的工业、电力和城建3大类45个项目举行集中开工仪式。金隅三期、万特生物实现当年开工建设、当年投产收益。年内争列省重点项目1项、市重点项目5项，安排县重点项目58项，总投资184.8亿元，重点项目个数、投资总量、完成投资规模均创历史新高。至2012年末，全县争取上级资金达到6亿元，引进市外资金16亿元；实际利用外资1200万美元，是2011年的1.2倍。

【产业结构】 全县共有规模以上工业企业60个，总产值156.45亿元；实现利润16.39亿元；利税19.18亿元。三次产业结构调整为17.4:64.1:18.5。单位生产总值能源消耗吨标准煤同比下降5.52%，获评石家庄市节能降耗先进单位。实施重点工业技改项目25项，完成投资12亿元。推进国家级生态县创建工作，东高村、秦家庄村成功争创为国家级、省级生态村，赞皇县获评石家庄市环境保护工作先进县。旅游总体规划、嶂石岩景区控制性详细规划通过专家评审，嶂石岩旅游服务基地建设正式启动，百里绿色长廊、枣乡庄园及10个旅游特色村庄创建成效明显。嶂石岩景区、原村土布双双获得省级旅游品牌奖。至2012年末，全县旅游接待游客50万人次，旅游总收入3.2亿元，以旅游为龙头的第三产业增加值完成14.3亿元，同比增长11.6%，创下历史最好水平。

【农业农村工作】 全年播种粮食2.6万公顷，总产量12.71万吨；播种小麦11867公顷，总产量5.82万吨，亩产327千克；播种玉米11667公顷，总产量6.35万吨，亩产363千克。农林牧渔业总产值22.55亿元，同比增长3.8%。制定出台“农村工作28条”、“支持农民专业合作社发展”等政策措施，推动农业快速发展。年末拥有专业合作社197家，实现交易额6.5亿元，农业产业化经营率达到36.1%，原村土布、汇川优质核桃专业合作社分别获得全国“50佳”和全国“示范社”称号。全年发放粮食直补、农资综合直补等强民惠民资金5627万元。全年植树260万株，森林覆盖率增至54.39%，继续保持全市第一名。加强土地管理，顺利通过2011年度矿产土地卫星图片执法检查。实施农村安全饮水和主街道硬化工程，解决了25个村2.8万人口的安全饮水和52个村5.9万人口出门难问题。成功争取到6900万元小型农村水利项目，完成7座病险水库除险加固和1000公顷小流域治理。年内，赞皇大枣、核桃获得河北省“两金一铜”3项荣誉；赞皇县被评为河北省“十大果品特色县”和“国土绿化先进县”，并获评全国绿化模范县。

【汇川核桃专业合作社获评全国示范社】 2012年7月，赞皇县汇川优质核桃专业合作社被农业部授予“全国农民专业合作社示范社”称号。赞皇县汇川优质核桃专业合作社成立于2008年，拥有石家庄丸京干果公司、赞皇县天然农产品开发公司、赞皇县常青苗木合作社3个团体成员，195名个人会员，建有优质核桃生产基地8000亩，优质核桃品种示范园800亩，育苗基地1800亩，采穗基地600亩，早实核桃试验园100亩，富硒核桃试验园50亩。该合作社设有专业技术服务队伍150余人，对核桃品种鉴别、优质苗木繁育、高接换优、果树修剪及病虫害防治等具有丰富的实践经验。

【城乡建设】 马嶂公路拓宽改造工程完成路基建设。投资2.3亿元完成红旗大街赞皇段、东环路北延等道路建设工程，新建、改建、扩建道路120千米，是近5年建设公路里程最长一年。公租房建设、农村危房改造均超额完成石家庄市下达任务指标。

【社会事业】 全年用于民生支出7.9亿元，占全部财政支出的77.3%，同比增长38.5%。新建、扩建幼儿园13所，县特殊教育学校建成投入使用，“下山教育”扶贫成效明显。县医院综合楼和173所标准化农村卫生室全部建成并投入使用。全年转移农村劳动力5.2万人次，城镇新增就业2432人。总投资近亿元的县城集中供热一期工程竣工投用。县民政综合服务中心开工建设，建成农村互助幸福院116所。扶贫开发进程加快，投资1500万元的中央彩票公益金整村推进项目基本完成。人口和计划生育工作首次获得河北省委、省政府表彰。县政府承诺的十件利民、惠民实事全部完成。

（甄民一）

无 极 县

【概况】 无极县总面积524平方千米，农作物播种面积65240公顷。辖6个镇、5个乡，8个居委会、213个行政村。常住总人口50.82万人，人口出生率16.49‰。2012年，全县完成地区生产总值140.1亿元，同比增长12.2%。其中，第一产业23.3亿元，增长3.2%；第二产业76.1亿元，增长15.0%；第三产业40.7亿元，增长11.7%。三次产业比例调整为16.6:54.3:29.1。粮食总产量35.74万吨。全部财政收入5.55亿元，同比增长29.01%，其中公共财政预算收入2.94亿元，增长31.93%；财政支出10.28亿元，同比增长2.58%。全社会固定资产投资81.8亿元，同比增长20.9%，其中固定资产投资75.9亿元，增长22.4%。实现社会消费品零售总额80.6亿元，同比增长14.5%。城镇居民人均可支配收入18934元，同比增长11.3%；农民人均纯收入9097元，同比增长15.5%。年末金融机构存款余额111.7亿元，同比增长14.9%；贷款余额25.0亿元，同比下降5.0%；城乡居民储蓄存款余额95.6亿元，同比增长14.9%。

中共县委书记：董晓航

县人大常委会主任：

岳双群（2月免）

袁建国（2月任）

县　　长：韩清榕

县政协主席：杨成岱

【农业农村工作】 全县播种粮食4.91万公顷，总产量35.74万吨；播种小麦25667公顷，总产量18.36万吨，亩产477千克；播种玉米20317公顷，总产量16.61万吨，亩产545千克。农林牧渔业总产值44.77亿元，同比增长3.0%。落实强农惠农政策，加大农业综合开发投入和农业科技投入，推动农业产业化发展。全年拨付各类农业发展资金8045万元，发放种粮农民补贴资金8014万元。现代高效农业加快发展，建成市级以上标准化养殖示范场16个；蔬菜种植面积15.92万亩，其中设施蔬菜种植面积5.87万亩；肉、蛋、奶产量分别达到5.41万吨、7.38万吨、9.51万吨。改造中低产田6100亩，实施低压节水灌溉5万亩。发放农村一事一议项目补贴资金1313万元，涉及项目114个，获益农民29万。改善农村生产生活条件，改造农村危房150户，修建农村公路39条，新建农村水厂4座，新增农村安全饮水人口3.2万人。

【重点项目】 全年共有建设项目183个，总投资205亿元，其中投资亿元以上项目37个。年末规模以上工业企业达到98家，总产值258.3亿元；完成增加值64.81亿元，同比增长17.3%；实现利润20.43亿元、利税25.40亿元。潘成制造产业园等6个省市重点建设项目完成投资29.27亿元。正奇建材、五龙体育用品等47个投资千万元以上项目竣工投运，福瑞得皮革产业园、金达涂料等82个投资千万元以上项目正在建设。实际利用外资1375万美元，是2011年的25.4倍。

【皮革制造业】 关停分散全部水鼓鞣制企业；按照国际一流、国内领先标准组建皮革鞣制股份制企业4家，全部聚集皮革园区，实行集中治污。入园企业采用高端设计，使用清洁生产工艺，从根源上减少污染排放。延伸产业链条，签约引进投资30亿元的上海国际皮革城、投资15亿元的卡森现代皮革产业园、投资105亿元的中国皮革研究院无极院等一批顶级企业和项目，推动产业链条向精深加工、技术研发和市场高端良性轨道发展。投资1.8亿元扩能改造皮革污水处理厂和综合污水处理厂设施，处理能力由9万吨提高到13万吨，实现制革污水经治理达标排放。

【城乡建设】 实施新一轮城乡规划修编，编制完成城区绿化、环境卫生等24个专项规划。完成人民广场、花园商住等5个重点拆迁项目，拆除旧房3.8万平方米，开工建设16栋高层住宅楼，建成入住盛祥苑、迎宾佳苑等5个住宅小区。完成开放路西延、光明街南延工程，改造建设路西段排水系统，扩建裕农果品蔬菜批发市场，县农资物流配送中心建成投用。升级改造南出市口、北环绿地，延伸千山路、开放路绿化带，美化亮化定魏线，新增绿地面积4.5万平方米。大力植树造林，以滹沱河北岸、田间林网为重点，植树80万株。开展环保专项行动，推进节能减排，万元生产总值能耗、固体废弃物排放量大幅度下降，万元生产总值能耗、化学需氧量排放量、氨氮化合物排放量、二氧化硫排放量、氮氧化合物排放量等指标均完成目标任务，年末万元工业增加值用水量达到13.8吨。开展农村环境卫生综合整治，累计清运垃圾8.5万立方米，农村脏乱差问题得到初步改善。年末森林覆盖率达到14.1%；城镇化率达到28%。

【社会事业】 精简行政审批事项58项，查处一批损害发展环境典型案件。开展食品安全整治，构建县乡村三级监管网络。全年用于农业、教育、社保、医疗卫生等民生支出8.15亿元。加快发展教育事业，无极中学新校区完成设计和征地工作，实验学校初中新校区开工建设，特教学校综合楼主体完工，8所初中小学教学楼、宿舍楼如期竣工，新建、改造危险校舍4.36万平方米；实施素质教育，高中阶段教育普及通过省政府评估验收；县财政筹资912万元为全县公教人员提高津补贴标准，人均增资142元。稳步推进文化体制改革，建成投用乡镇综合文化站10个、农家书屋136个、体育活动场地35个。医疗惠民扎实推进，县医院新病房楼投入使用，4所乡镇卫生院完成改扩建，农村标准化卫生室全部建成，第一批乡村医疗设备配备到位，新农合参合率达98.3%，新农合累计补贴农民1.24亿元。全面落实企业离退休人员、城乡低保人员、优抚对象、五保供养、就业再就业等人员生活保障，启动城乡居民养老保险，覆盖人数124.38万人，参保率达到95%；泗水养老院开工建设，“三院合一”县民政事业综合服务中心基本建成；独生子女死亡家庭帮扶救助机制初步建立，46名失独父母获得生活补贴。年末城镇新增就业2455人，城镇登记失业率为0.82%。

（无极县地方志办公室）

平山县

【概况】 平山县总面积2951平方千米，农作物播种面积46494公顷。辖12个镇、11个乡，7个居委会、717个行政村。常住总人口43.95万人，人口自然增长率12.28‰。2012年，全县完成地区生产总值205.2亿元，同比增长4.1%。其中，第一产业18.1亿元，增长3.1%；第二产业142.2亿元，增长2.9%；第三产业45.0亿元，增长8.0%。三次产业结构调整为8.8:69:22.2。粮食总产量20.67万吨。规模以上工业企业完成增加值128.67亿元，同比增长2.5%；实现利税15.62亿元。全社会固定资产投资129.5亿元，同比增长20.4%，其中固定资产投资125.4亿元，增长23.3%。全部财政收入18.36亿元，同比增长0.30%，其中公共财政预算收入9.56亿元，增长15.20%；财政支出21.22亿元，同比增长12.38%。实现全社会消费品零售总额39.1亿元，同比增长16.5%。金融机构存款余额128.5亿元，同比增长14.1%；贷款余额44.1亿元，同比增长18.0%；城乡居民储蓄存款96.2亿元，同比增长14.3%。城镇居民人均可支配收入19678元，同比增长12.1%；农民人均纯收入4714元，同比增长13.1%。新增4A级景区2家，总数达到11家；全年接待游客900万人次，旅游总收入60亿元。年内，平山县获得“中国最具活力的老区生态旅游示范县”、“2012中国县域旅游之星30强”称号。

中共县委书记：王俊英
县人大常委会主任：张大平
县　　　长：赵宏魁（12月免）
　　　　　　李旭阳（12月代）
县政协主席：封明明

【重点项目】 全年续建、新开工500万元以上项目291项，总投资540亿元，实际完成投资134.7亿元。实施企业技改扩能项目12项，总投资20.4亿元。4大项目16个子项目列入省市重点项目，重点项目考核连续四年名列全市前茅。敬业钢结构、矿渣微粉，正元化肥二甲醚、双氧水，九源塑业PVC手套生产线，朔黄铁路西柏坡货站等项目建成投产；冀华铝业管材、博欧机械零件、炳岩特钢生产线等项目开工建设；工会疗养院整体改造等一批服务业项目具备开工条件。投资37亿元的南甸现代化城镇建设、投资12亿元的天桂山怀特度假村、投资8亿元的石家庄经济学院新校区、投资1.2亿元的河北银行学校建设、投资2亿元的华润集团规模养殖等项目取得实质性进展。

【农业农村工作】 全县播种粮食3.63万公顷，总产量20.67万吨；播种小麦16432公顷，总产量10.35万吨，亩产420千克；播种玉米15524公顷，总产量9.52万吨，亩产409千克。农林牧渔业总产值29.58亿元，同比增长3.2%。投入资金1400多万元，扶持51个贫困村发展特色产业项目；引进对口帮扶资金600万元，落实社会帮扶项目106个；争取移民资金3000万元，帮助移民村完成100多个基础设施项目和20个特色产业项目。食用菌、中华寿桃、有机蔬菜等特色产业规模扩大，种植蔬菜5042公顷，总产量23.22万吨，同比增长7.67%。核桃栽植面积35.9万亩，总产量1万多吨，培育核桃专业村36个、核桃加工企业10多家，成立核桃协会15家，初步形成集生产、加工、销售为一体的产业链条。

【城乡建设】 城区路网完成柏坡东路大修、建设南大街大修、县标南街改造、健康街新建；国省干线完成改造35千米，农村公路完成79个帮扶村街道硬化和136千米改建。实施南贾壁二期、中山世纪广场、中行区域等旧城改造，拆迁面积5万平方米。完成县城西入口公园、胜佛游园建设，新建公厕7个、垃圾中转站13个、标准化警务室3个。建成福美佳、柏东广场、西柏坡家具建材广场等一批大型商场，引进北人集团、国美电器、惠友超市等商业龙头，新增商业面积18万平方米。开通城区4条公交线路，实现县城主要街道公交全覆盖。新增绿化面积38万平方米，城区绿化覆盖率达到42.5%，人均公共绿地面积达到11.7平方米。开展岗黄水库周边区域清流治源工作，推进重点企业污染防治及节能减排。完成绿化面积3万余亩，森林覆盖率达到51.11%。全年空气质量二级以上天数达到330天。关停西柏坡高速公路沿线所有矿山开采企业，取缔无证水泥企业5家，拆除3米以下水泥磨机19台，栽植各类树木54.3万株，完成造林绿化面积3900亩，矿山复绿580亩。查处非法采矿重点案件5起，取缔水库非法吸铁，保障了水库水质安全。

（卢艳丽）

【王母文化园开工】 6月23日，平山县王母文化园在王母村王母阁旧址开工奠基。市委常委、常务副市长王大虎，市人大常委会副主任王中联出席开工仪式。平山县王母文化在“穆王相会”、“汉武谒堂”、“唐宗避乱”等史志中有记载，相传平山县是王母娘娘诞生地，王母娘娘居住地王母阁有2800余年历史。平山县清代知县王涤心用“风景万古总如斯，俯察仰视两奇绝。山光水色岁常新，来此谁称不敝身”形容王母阁美景。王母文化为平山县民俗文化，是平山县非物质文化遗产的重要内容。以王母阁旧址为依托规划王母文化园，面积1080余亩，总投资2800余万元。其中，一期工程主要包括王母殿、山门、后殿、东西配殿，续建工程有桃园、瑶池、牌楼、广场以及绿化。

（岳金宏）

【获得“中国最具活力的老区生态旅游示范县”称号】 6月26～27日，在上海市举行的“首届推动老区经济社会加快发展论坛暨老区旅游资源品牌推介会”上，平山县获得“中国最具活力的老区生态旅游示范县”称号。此次会议由中国老区建设促进会主办，有1389个革命老区参加评比，26个革命老区获此荣誉。

（岳金宏 张绍娟 闫鹏飞）

【社会事业】 西柏坡二中开工建设，柏坡东路小学、温塘小学等11所小学新建改建，3所标准化学校建设工程顺利完工，山区教育扶贫工程走在全市前列。投资1.8亿元的县医院新建项目主体完工；投资3600万元完成634个标准化村卫生室新建改造任务；新农合参合率达到99.03%，统筹基金使用率达到102.6%，支付群众医疗费1.24亿元。免费开展送戏、送文化、送节目下乡260场次，送电影下乡8600场次，送图书下乡9万多册；创作了党的十八大献礼剧目河北梆子现代戏《白毛女》，获得河北省第九届戏剧节一等奖，并在北京人民大会堂成功演出；有线网络数字电视整体转换完成1万多户；新建两河、三汲等乡村科技传播站5个。城镇新增就业3988人，转移农村劳动力1.55万人；城镇低保、农村五保供养覆盖范围和保障水平全市领先，城乡居民养老保险参保率达到94%；总投资4600万元的老干部活动中心完成主体工程；建成村级中心互助幸福院51所。配套建设保障房510套。人民武装和拥军优属工作扎实开展，年内平山县获得全国双拥模范县三连冠。

（卢艳丽）

元 氏 县

【概况】 元氏县总面积849平方千米，农作物播种面积63040公顷。辖6个镇、9个乡，4个居委会、208个行政村。常住总人口42.51万人。2012年，全县完成地区生产总值148.3亿元，同比增长10.5%。其中，第一产业21.5亿元，增长2.3%；第二产业82.4亿元，增长13.8%；第三产业44.4亿元，增长9.4%。粮食播种面积5.31公顷，总产量34.29万吨。同比增长0.78%。全部财政收入8.60亿元，同比增长22.84%，增速居东部九县（市）第二位，其中公共财政预算收入3.78亿元，增长15.42%；财政支出12.48亿元，同比增长19.52%。全社会固定资产投资128.2亿元，同比增长21.3%，其中固定资产投资121.9亿元，同比增长23.1%。实现社会消费品零售总额36.9亿元，同比增长15.5%。城镇居民人均可支配收入2.04万元，同比增长11.3%；农民人均纯收入8819元，同比15.2%。年末金融机构存款余额90.4亿元，同比增长19.4%；贷款余额37.2亿元，同比增长31.8%；城乡居民存款余额69.8亿元，同比增长20.4%。

中共县委书记：吴时茂
县人大常委会主任：柳国芹
县　　长：陈联记
县政协主席：史全斌（3月免）
　　　　　　吴晓云（3月任）

【重大项目】 全年实施重点项目65个，总投资242亿元，其中省市重点项目11个，总投资149亿元。省市重点项目个数、总投资、年度计划投资均位列东部9县（市）首位，被评为石家庄市重点项目建设先进县。装备制造基地宏达路、钻石街、沙河大道及槐西区滨河大道竣工通车，装备制造基地和南部工业区电力、通信线路建设及107经济带综合排污管网一期工程完成，槐东污水处理厂主体完工，年末园区基础设施投资累计达到8亿元。投资5.2亿元的钻探机械、投资3.5亿元的宏升管业等项目建成投产，投资6.2亿元的天工机械、投资4.5亿元的耐力压缩机等项目正在建设，投资26.5亿元的闽商工业园及投资25亿元的中化石油河北分销库顺利签约。2012年，元氏经济开发区申报成为省级开发区。

【农业农村工作】 农林牧渔业总产值39.46亿元，同比增长2.1%。粮食生产实现“九连增”，创下历史新高，总产量达到34.29万吨。其中，播种小麦26866公顷，总产量17.13万吨，亩产425千克；播种玉米22334公顷，总产量15.75万吨，亩产470千克。植树310万株，其中栽植核桃、石榴220万株，建成柿子、石榴2个市级科技开发示范基地。创建市级以上标准化养殖小区6个，规模化奶牛养殖小区达到21个。肉类总产量4.42万吨，同比增长2.2%；奶类总产量8.0万吨；禽蛋总产量5.18万吨；水产品总产量1095吨，同比增长6.1%。发放粮食直补、良种补贴等惠农资金1.2亿元。投资7亿元实施农业产业化项目10个，2012年元氏县时家庄村被认定为全国第二批“一村一品”示范村。国富现代农业产业园顺利通过省级验收，市“菜篮子”工程千亩示范方等项目建设全面完成，设施蔬菜种植面积达到4.2万亩。年内，元氏县被列入全国农产品初加工补助项目实施县和河北省现代农业综合开发示范区项目县。2012年，全县实施农田水利工程26项，总投资2.5亿元，数量位列石家庄市第一名，获得河北省“海河杯”竞赛一等奖，被评为全国农田水利基本建设先进单位。

【工业经济】 全年投资168亿元，组织开展工业重点技改项目40个。年末全县拥有规模以上工业企业68个，完成增加值61.86亿元，同比增长17.4%，增速位居全市第三名；实现利税29.27亿元。坚持“工业强县”战略，实施“纳税超百万元企业上台阶工程”。至2012年底，全县纳税超百万元企业达到82家，上缴税金5.9亿元，分别比2011年增加16家和1.7亿元。实施品牌战略，申报河北省名牌、优质产品7项。年内，诚信公司获得省政府质量奖和首届市政府质量奖，被评为河北省百强民营企业。

【商贸服务业】 实施“万村千乡”市场工程和“新网工程”，总投资1300万元的12家新型基层供销社全部建成投用，村级购销网点达到562个，年交易额1.3亿元，为农民增收2000万元。发展现代服务业，重型汽车城项目按期竣工，聚元商业城、山田国际装饰城等项目进展顺利。加强价格监管，获评全国价格监测工作先进单位。率先在河北省建立粮食经营电子管理档案，被评为河北省粮食流通监督检查示范单位。加快旅游开发，封龙书院复建、餐饮接待中心、汉阙门等工程主体完工，蟠龙湖环湖路全线贯通，常山郡遗址规划大纲编制工作完成，以果品采摘、休闲度假为特色的生态旅游发展加速，米莎贝尔公司获评首批市工业旅游示范点。10月17日，元氏县外商投资重点项目集中签约仪式在石家庄市人民会堂举行，总投资7800万美元的石家庄星达汽车有限公司与美国胜利扫路车制造有限公司签约建设“中美合资研发制造扫路车项目”、河北野田农用化学有限公司和印度水晶作物保护有限公司签订“野田农化股权转让项目”以及元氏县政府与意大利斯必格制冷设备有限公司签约建设“空中冷凝岛项目”3个外资项目顺利签约，实现招引央企和外资项目大突破。

【城乡建设】 启动县城总体规划修编工作，城区规划面积达到26平方千米。实施功能提升、绿化美化、宜居安居、旧城改造等工程，元氏公园正式对外开放，恒山公园加紧建设，常山路综合改造建设工程项目获得“2012年河北省人居环境范例奖”。年末市级以上园林式单位、小区达到41个，城区新增绿地面积2万平方米。元龙星级酒店正式投用，发展街南段改造及天山水榭花都等项目进展顺利，潴龙河、北沙河生态综合整治工程加快推进，行政服务中心项目启动建设，880套保障性住房全部开工，营运货车达到1.2万辆。科学划定停车位置，粉刷墙面1.5万平方米。完善基础设

元氏县小孔村新建成的文化广场

施建设，高速引线至宋曹段公路改建、装院路和107线至南因公路大修等工程竣工通车；农网改造升级工程完成10kV线路32.6千米，新建、改建变压器105台，年末全社会用电量达到15.8亿千瓦时。加快推进小城镇建设，因村镇仿古一条街初具规模，南佐镇新民居建设达到6万多平方米。新农村建设成绩显著,总投资2678万元的124个“一事一议”项目进展顺利，街道硬化、饮水安全、文体资源共享等10项民心工程全面实施，红旗村、东阳村、王家庄等10个村获评全省幸福乡村计划示范点。实施“蓝天碧水”工程，有序淘汰落后产能，关停取缔建材、硅砂等企业116家，年末超额完成各项污染物减排任务，万元生产总值能耗下降3.8%。

【社会事业】 孔村、明秀等4个村通过市科技示范村验收。防震减灾工作获评全国和河北省先进单位。启动山区教育扶贫二期工程，高中阶段教育全面普及，顺利通过省政府评估验收。实施文化兴县战略，举办“喜迎党的十八大、喜看元氏新变化”书法美术摄影展、北正石榴文化节等活动，卧牛城影视基地获评石家庄市重点文化产业项目。2012年，元氏县群众文化生活丰富，被评为全市彩色周末文化活动先进县，并在河北省老年体育先进示范县健身项目展演活动中获得优秀奖。开展文明示范村创建活动，铁屯村获得全国文明村称号，王家庄、东阳村被评为省级文明单位。计生工作获评河北省工作突出贡献单位和综合改革示范县，东阳村获评国家级计划生育群众自治示范村。中医院迁建项目进展顺利，11所乡镇卫生院改扩建项目加紧实施，205个标准化村卫生室投入使用，年末元氏县获评全国中医药发展综合改革实验县和河北省乡村卫生服务一体化管理示范县。2012年，元氏县机关事业单位人均月增资300元，企业退休职工基本养老金人均月增加182元。县老年公寓完成选址，95所农村互助幸福院投入使用。新农合最高补偿额提高到8万元，累计补偿117万人次1.07亿元。城乡居民养老保险参保22.3万人；发放低保资金2219万元。扩大就业，鼓励创业，成功承办石家庄市“春风行动”启动仪式。至2012年末，全县新增城镇就业岗位3859个，转移农村劳动力7463人，发放群众自主创业小额担保贷款2780万元，被评为石家庄市全民创业工作先进集体。成立河北省首个“被征地农民帮扶中心”和石家庄市首个“妇女就业创业指导中心”，获评河北省无障碍设施建设示范县和残疾人扶贫开发工作先进县称号。

（景胜跃 杨夕群）

赵 县

【概况】 赵县总面积714平方千米，农作物播种面积85843公顷。辖7个镇、4个乡，9个居委会、281个行政村。常住总人口57.66万人，人口自然增长率12.47‰。2012年，全县完成地区生产总值175.7亿元，同比增长10.2%。其中，第一产业32.4亿元，增长2.5%；第二产业110.9亿元，增长13.9%；第三产业32.4亿元，增长5.3%。全社会固定资产投资91.9亿元，同比增长16.0%，其中固定资产投资89.7亿元，增长22.3%。农林牧渔业总产值54.94亿元，同比增长2.6%。粮食总产量56.18万吨，同比减少0.91%。全部财政收入5.52亿元，同比增长20.77%，其中公共财政预算收入3.0亿元，增长

23.68%；财政支出14.07亿元，同比增长13.30%。在岗职工年平均工资27925元，同比增长7.37%；城镇居民人均可支配收入19918元，同比增长11.2%；农民人均纯收入9079元，同比增长14.8%。年末金融机构存款余额91.0亿元，同比增长17.4%；贷款余额42.8亿元，同比增长27.0%；城乡居民储蓄存款余额74.5亿元，同比增长16.7%。

中共县委书记：王建海
县人大常委会主任：
孟国忠（2月免）
黄云锁（2月任）
县　　长：张军卫
县政协主席：陈炜兴

【重点项目】 年末全县拥有规模以上工业企业112个，完成增加值101.01亿元，同比增长15.7%；利税37.21亿元，同比增长4.52%。2012年，全县实施规模以上工业项目100个，总投资120.9亿元，其中在建亿元以上项目22个。山姆士药业等39个项目竣工投产，纽康恩食品等43个项目正在建设，华药搬迁等重大项目正在接洽，众盛科技等8个项目列入省、市重点。园区功能日渐完善，工业园区实施水厂、天然气管网和110kV变电站升级改造等工程，完成规划八路施工、南柏舍变电站扩容和高压线路架设工程；生物产业园污水处理厂建设启动。开展行业对标行动，金怡化纤入选河北省第一批资源综合利用试点企业，兴柏、巨力获得省名牌产品称号，华泰纸业、金鱼油漆分别获评省、市对标示范企业。

【城乡建设】 编制完成城乡总体规划和一批专项规划，形成科学完善的城乡规划体系。开展“两违”专项整治，大力规范房地产市场管理秩序。完善县城设施功能，谋划实施重点城建工程36项，总投资54亿元。打通建设东路，完成府前广场改造；海尔大道、自强路东延等4条城区主干道竣工通车。加快城中村和旧城改造步伐，刘家庄和县前村改造一期工程基本完工，锦绣华城等项目正在推进。城乡面貌实现改观，以“洁城”行动为契机，开展县城环境综合整治活动，修建环卫基础设施，完成安济大道亮化改造，城区环境质量大步提升。综合整治农村环境，范庄等4个村确定为省级幸福乡村示范村。投资7600多万元完善电力基础设施，年末全县供电能力和保障水平提高。

【现代农业】 粮食生产实现九连增，再次获得全国粮食生产先进县称号。2012年，赵县播种粮食7.15万公顷，总产量56.18万吨。其中，播种小麦39386公顷，总产量29.95万吨，亩产507千克；播种玉米31878公顷，总产量26.11万吨，亩产546千克。全面推广畜牧标准化生产，新增和改建规模养殖场20家。累计发展鲜梨出口基地2.8万亩，新建精品梨园2150亩，被确定为全省果品特色县。推进种植结构调整，旭海、诚荣等7个生态园建成开放，新增设施农业4600多亩。农业综合开发工作成效显著，争取上级资金2373万元，名列全市第二位，并代表省、市接受国家验收。年末全县农民专业合作社达到456家，带动社员增收6000多万元。2012年，统万珍极等11家企业获评省、市农业产业化龙头企业。

【2个旅游景区晋升省级风景名胜区】 实施“旅游兴县”战略，成功举办第十二届梨花节和雪花梨采摘节。抓工期、抢进度，大力推进赵州桥景区扩容升级工程，高标准实施绿化美化改造，开辟景观大道和生态停车场，提前130天完成暗涵改造工程，9月1日赵州桥景区以崭新面貌重新开放。打通朝阳街、云台路，开展柏林禅寺文化景区综合整治，周边环境秩序明显改善。2012年，赵州桥景区和柏林禅寺文化景区顺利晋升为省级风景名胜区。

【社会事业】 确定为民办十件实事全部完成。至2012年底，全县用于民生支出11.5亿元，占到总支出的81.5%。深刻汲取2月28日河北克尔化工有限公司一号车间发生爆炸事故教训，落实安全生产责任制，开展各项安全整治行动。成立食品安全委员会，加强质量监管，维护食品安全秩序。创新社会管理，推进平安赵县创建活动。养老、医疗、失业、工伤、生育五大保险均超额完成年度任务，新型农村养老保险和城镇居民养老保险合并工作顺利完成，城乡低保实施动态管理，达到应保尽保；工业园区民政事业服务中心完成主体工程；城镇登记失业率控制在3.86%以内。投入4700多万元改善教育办学条件，顺利通过省政府评估验收。出生人口性别比治理取得阶段性成效，赵县经验在河北省和石家庄市推广。281所农村卫生室全部投用，新中医院正在建设。年内，赵县获评全省乡村卫生服务一体化管理示范县。

（赵县地方志办公室）

辛　集　市

【概况】 辛集市总面积1100平方千米，农作物播种面积6988公顷。辖8个镇、7个乡，17个居委会、344个行政村。常住总人口62.40万人，人口自然增长率12.47‰。2012年，辛集市完成地区生产总值341.6亿元，同比增长8.9%。其中，第一产业44.9亿元，增长0.5%；第二产业220.0亿元，增长10.8%；第三产业76.7亿元，增长8.6%。全社会固定资产投资172.7亿元，同比增长18.0%，其中固定资产投资169.0亿元，增长20.5%。拥有规模以上工业企业264个，完成增加值184.95亿元，同比增长12.8%；利税82.94亿元，同比下降2.28%，其中纳税超百万元企业达到98家。全部财政收入16.20亿元，同比增长15.06%，其中公共财政预算收入8.49亿元，增长20.34%；财政支出18.08亿元，同比增长12.73%。实现社会消费品零售总额183.0亿元，同比增长15.2%。在岗职工年平均工资29387元，同比增长9.74%；城镇居民人均可支配收入20952元，同比增长13.1%；农民人均纯收入10073元，同比增长14.62%。年末金融机构存款余额239.0亿元，同比增长14.7%；贷款余额74.0亿元，同比增长7.1%；城乡居民储蓄存款余额199.3亿元，同比增长13.5%。2012年，辛集市综合经济实力继续位居全省30强，被河北省确定为首批扩权县（市）和重点培育高品质中等城市。

中共市委书记：聂英武
市人大常委会主任：彭砚英
市　　　长：巴利凯
市政协主席：李彦峰

【皮革产业】 辛集市是国家命名“中国皮革皮衣之都”和“国家外贸转型升级专业型示范基地”。皮革业是辛集特色主导产业，始于明，盛于清，素有“辛集皮毛甲天下”之美誉。至2012年末，辛集市拥有皮革企业1356家，从业人员8万多人，其中入统规模企业139家；生产革皮4500万张，皮装600万件，皮具1.08亿件，皮鞋320万双，实现销售收入170亿元，上缴税金2.75亿元。规划启动总投资168亿元、占地5000亩辛集国际皮革城“一城十中心”项目。该项目是河北省重点项目，也是河北省旅游业“十二五”重点项目，由名品购物中心、原辅材料交易中心、品牌产品制造中心、研发设计检测中心、商务接待中心、文化旅游中心、生皮交易中心、国际物流配送中心、电子期货交易中心、国际会展中心等10部分组成，计划2015年全部建成。2012年投资12.6亿元、建筑面积36万平方米的名品购物中心二期工程建成投用，年客流量达到136万人次，实现销售额38亿元。年内，辛集国际皮革城获评全国五星级专业市场。加快皮革产品创新，新成立皮装研发设计中心投入运行，全年研发新产品300余个。推进制革业清洁生产，研制了复鞣紧缩工艺、无盐低盐浸酸、不浸酸鞣质、无铬鞣工艺、应用节水转鼓、制革废水分段交叉循环利用等6项新工艺改造方案，经申请列入国家科技支撑项目计划。至2012年末，辛集市皮革业拥有东明皮衣、東兰皮衣、依鹿奇皮衣3个“中国名牌”，东明、天菊、西曼、名花4个“中国驰名商标”和20个省级名牌及著名商标。

（辛集市委办公室）

【举办第20届中国（辛集）皮博会】 9月28～30日，第20届中国(辛集)皮革博览会（简称皮博会）在辛集市举行。28日开幕式后，还举办了“皮都国际画廊”落成庆典、国际皮革城二期竣工开业仪式。本届皮博会以“展示形象、广泛宣传、扩大影响、注重实效”为原则，以打造皮都辛集区域品牌为主线，展出了一批适应国内市场需求的新款皮装，以及皮革、皮具、皮革化料、皮衣辅料等230多个品种；举行了中国皮革服装发展形势专家讲座、辛集皮装设计大奖赛颁奖仪式、制革业清洁生产院士讲座、皮衣裘皮流行趋势发布会以及皮装模特表演等多项活动。皮博会首日，国内外客商3000余名、8个专业市场代表参与订货，河北周边省市的1万多名游客通过旅行社组团参加，200辆旅游大巴，2000余辆自驾车聚集国际皮革城。开幕式当日，皮革制品销售额突破6000万元。

（温婕）

【重点项目和园区】 2012年，辛集市实施重大项目数量、规模、质量实现历史性突破。全年实施市级重点收益性项目123个，总投资469亿元。其中，列入河北省、石家庄市重点项目6个，总投资213.7亿元；引进外地规模项目29个，总投资139亿元；实施亿元以上项目42个；竣工投产项目60个。投资168亿元的国际皮革城“一城十中心”、投资105亿元的中国昊华辛化集团搬迁技改项目成功启动，打破辛集市没有百亿元项目的历史。3月28日，辛集市举办第一批重点项目集中开工仪式，共有50个项目参加，总投资315.3亿元。坚持省级开发区河北辛集经济开发区和省级工业聚集区辛集市清洁化工园区2个省级园区作为承载重大项目、推进跨越赶超的重要载体。经济开发区火炬路、兴业大街西延至教育路竣工通车；清洁化工园区实施污水渠硬化，太行大道2840米绿化工程完成，全长3517米天山大道连接月新线完工。年内，清洁化工园区被省政府确定为循环经济示范园区。依托制革区、制衣区，谋划建设省级皮革工业园区，南智邱镇、新垒头镇、旧城镇、小辛庄乡、王口镇、中里厢乡等乡镇工业区规划进一步完善，道路、照明亮化、绿化等基础设施建设加快，园区发展势头良好，已取得突破性进展。

【城乡建设】 围绕打造全省最靓丽、最清洁、最幸福高品质中等城市，谋划实施重点城建交通项目73个，完成投资48亿元。其中，兴业街、307国道北半幅改造、金鹿公园改造等项目竣工；润泽湖公园、教育路至石黄高速公路连接线及立交桥项目启动。开展城乡容貌综合整治，完成裴辛庄、试炮营等13条乡村公路共10.6千米改建和72.6千米省干线路基标准化整修。维修改造市区东华路南段、市府街西段等11条街道路面；完成和谐路、育红街西段，平安街西段等10条小街巷改造升级工程；规划建设了北环路与教育路交叉口等10块街头公园、绿地，补植、绿化、完善了市府大街、兴华路、教育路等8条主要街路，新增市区绿地面积25万平方米；新建小游园4处、便民市场3个，便民服务亭2个；完成15座公厕、3500个果皮箱、2个垃圾中转站建设，年末城市生活垃圾无害化处理率达到100%。推进“大城管”格局建设，组建成立五支城管志愿者队伍，实现城市“绿亮美净畅”水平全面提升。至2012年底，辛集市单位生产总值能耗下降5.31%，化学需氧量、二氧化硫、氨氮、氮氧化物排放量分别削减3.51%、15.13%、4.51%、6.02%，出境断面COD浓度稳定在省控指标以内。

【农业农村工作】 全年农林牧渔业总产值83.58亿元，同比增长0.6%。播种粮食7.68万公顷，总产量56.29万吨，同比增长3.81%。其中，播种小麦41273公顷，总产量29.28万吨，亩产473千克；播种玉米32040公顷，总产量25.90万吨，亩产539千克。发展专用小麦40万亩，专用玉米35万，设施蔬菜10.1万亩，其中承担“国家粮食丰产科技工程”项目刷新河北省夏玉米高产纪录。栽植果园31万亩，其中18万亩梨园产梨26.93万吨，被评为国家级出口鲜梨质量安全示范区。年内，9个无公害蔬菜生产基地、10个无公害蔬菜产品、4家标准化养殖场通过部级认定和认证。实施精品梨果工程，发展优质果品出口基地20万亩。新增省级重点龙头企业1家（巴迈隆木业），累计达到6家；新增石家庄市级重点龙头企业4家（百旺牧业、三牛面业、惠典油脂、天鹿枸杞），累计达到23家。朋昊高档油脂、惠典油脂、精炼食用油加工等10个项目列入石家庄市农业产业化“115行动计划”。杏园果业公司等6家果品企业获评省级林果产业重点龙头企业。发展农民专业合作社634家，土地流转面积2.9万亩。年内，裕隆果品专业合作社获评省级林果产业重点专业合作组织。投资6600万元，改造中低产田5100亩，新增节水农田9.25万亩。修缮灌区渠系、整修桥闸涵等配套设施76座，清淤5500米，新挖渠道8200米。更新维修机井3660眼。落实农机补贴资金978万元，补贴各类农机具799台。投资1185.5万元，完成新增千亿斤粮食生产能力规划田间工程、粮食高产创建、基层农技推广体系改革与建设示范县等8个项目。

【创建幸福乡村】 以农村环境综合整治为突破口，实施美丽乡村、富裕乡村、畅通乡村、宜居乡村、健康乡村、平安乡村、文明乡村、民主乡村星级创建“八大工程”。清除垃圾、杂物8万余立方米，完成春季植树82万株、村庄植树36.2万株，翻修通村公路18个村，硬化村内道路112个村422条，制定完善村庄建设规划45个，新增省级新民居建设示范村9个，3.8万农户实施“五改”（改水、改厕、改厨、改能、改房）项目。投资2836万元，完成36个村饮水安全工程建设，受益人口5.84万人。83个村集体经营性收入实现增长。15所乡镇卫生院、344个村卫生室配备医疗设备，年末全市52.4万农业人口纸质健康档案建档率达到100%，电子建档率达到72%。112个村建设文化一条街，250个村文体广场、图书阅览室等文体活动场所建成投用，268个村建立文体活动队伍。2012年，辛集市新民居建设累计完成投资7.78亿元，新建多层和二层住宅46.8万平方米。其中，安新新村（西良马村、赵家庄村、西范庄村）、四合新村（王家庄村、马吕村、东位伯村）、位伯新村（东柳科村、镇头村）、后杜科村9个村列入省级新民居示范村；试炮营、旧城、新垒头、路过、南智邱、马庄、位伯、东朗月、王口、南耿庄、东大陈、大白店12个村列入省级幸福乡村示范点。

【社会事业】 全年转移农村富余劳动力15291人次，为企业招工4000余人；城镇新增就业岗位3751个，失业人员再就业761人，其中困难对象就业222人，城镇登记失业率控制在3%以内；完成职业技能培训1383人，举办创业能力培训班30期，培训符合条件创业人员812人；引进高校毕业生490人，高技能人才282人。新开工保障性住房1659套，完成投资2.55亿元，共为1487户低收入住房困难家庭发放住房租赁补贴。年末城镇职工参加基本养老保险68130人，新增2791人；参加工伤保险51876人，新增15568人；城乡居民社会养老保险参保率达到96%，发放养老保险金6736万元。至2012年底，辛集市申报省级以上科技计划项目5项，其中国家级3项、省市项目2项；开发具有自主知识产权省级新产品、新技术5项，应用转化先进科技术成果9项。2012年，辛集市一中女子篮球队再获全国高中女子篮球联赛总冠军，实现九连冠。投资1000万元，新建王口、新城、和睦井、旧城、田庄等5个乡镇中心幼儿园，年末适龄幼儿入园率达到91%，高中阶段毛入学率达到91.7%，被省教育厅命名为“普高先进市”。加大玉雕、农民画、皮贴画等特色文化产品推介力度，组建成立辛集市文化产业经济有限公司。年内，投资4.5亿元的九方文化产业园一期工程竣工开业，投资3000万元的“辛集国际皮都画廊”揭牌成立。2012年，辛集市344个村的农家书屋全部建成，被评为河北省农家书屋建设先进单位。投入590万元，加强辛集市中医院、妇幼院、市一院儿科能力建设和卫生监督体系建设；投资4375万元，完成288所村卫生室新建和56所改扩建任务；建立新农合出院即报、随诊随报机制，全年新农合医疗补贴172.65万人次，发放资金1.19亿元，年末新型农村合作医疗参合率达到98.02%。2012年，辛集市城乡居民规范化电子健康档案建档率达到81.8%；预防接种率、传染病审核及时率、基层卫生监督协管率达到100%，被评为国家级卫生应急综合示范市。

（辛集市委办公室）

藁 城 市

【概况】 藁城市总面积836平方千米，农作物播种面积6988公顷。辖13个镇、1个乡，6个居委会、236个行政村。常住总人口78.80万人，人口自然增长率7.2‰。2012年，藁城市完成地区生产总值475.3亿元，同比增长11.0%。其中，第一产业62.8亿元，增长2.2%；第二产业317.9亿元，增长14.4%；第三产业94.6亿元，增长6.5%。规模以上工业完成增加值307.62亿元，同比增长17.1%。农林牧渔业总产值113.0亿元，同比增长2.4%。全部财政收入100.47亿元，同比增长13.79%，其中公共财政预算收入14.55亿元，增长20.95%；财政支出24.43亿元，同比增长8.89%。实现社会消费品零售总额122.5亿元，同比增长15.0%。在岗职工年平均工资37727元，同比增长14.36%；城镇居民人均可支配收入突破2万元，达到22194元，同比增长12.8%；农民人均纯收入突破1万元，达到11714元，同比增长17.2%。年末金融机构存款余额196.6亿元，同比增长17.6%；贷款余额77.0亿元，同比增长6.9%；城乡居民储蓄存款余额148.8亿元，同比增长14.2%。年内，藁城市获得2012年度“中国最具投资潜力中小城市百强县”和“中国最具区域带动力中小城市百强县”称号。

中共市委书记：王普增
市人大常委会主任：高国才
市　　长：高玉柱
市政协主席：王永生

同比增长18.56%。实现社会消费品零售总额79.9亿元，同比增长16.4%。出口创汇2.94亿元。实际利用外资2910万美元，同比增长94.0%。在岗职工年平均工资29170元，同比增长12.74%；城镇居民人均可支配收入21022元，同比增长12.7%；农民人均纯收入11555元，同比增长19.4%。年末金融机构存款余额160.7亿元，同比增长14.9%；贷款余额55.8亿元，同比增长7.1%；城乡居民储蓄存款余额130.6亿元，同比增长14.2%。

中共市委书记：楚行宇

市人大常委会主任：

杨立保（2月免）

马玉社（2月任）

市　　长：陈慧明

市政协主席：

柴香稳（女，2月免）

崔贞军（2月任）

【园区项目建设】 全社会固定资产投资154.0亿元，同比增长20.4%，其中固定资产投资150.1亿元，增长23.2%。育新路等8条道路硬化及13.2千米排污管网、6000米天然气管道等园区基础设施工程完成，纺织工业园升格为副县级园区。2012年，晋州市在建亿元以上项目达到45个，同比增加20个，为历年来大项目数量最多、单体规模最大、质量最好一年。其中，与央企北新建材合作，总投资56亿元的对接项目进展顺利；总投资7.5亿元的浓缩梨汁和易拉罐项目投产，进一步拉长食品加工产业链条；总投资5.6亿元的新大东牛仔布项目竣工投产，改写了晋州传统产业没有龙头的历史。

【产业转型升级】 全年拥有规模以上工业企业207个，完成增加值101.84亿元，同比增长17.5%；实现利税56.35亿元，同比增长18.0%。出台振兴纺织业发展十三条，明确行业准入条件，设立200万元专项扶持资金。完成工业技改项目84项。牛仔服装产业基地和高标准纺织印染、建材工业园加紧谋划建设。博伦特药业6项产品填补世界空白、27项填补国内空白，并吸引冠润药业等关联项目落户，高新技术产业集聚效应显现。河北飞达工具制造有限公司、石家庄辰泰滤纸有限公司获评省质量效益型先进企业，河北沃尔旺食品饮料有限公司获评省食品质量安全示范企业；石家庄金太阳生物有机肥有限公司、河北博纳德能源科技有限公司等成为在省市具有影响力的节能减排亮点企业。"地欣"商标获批中国驰名商标，年末晋州市拥有省级以上名优产品和著名商标56件。

【特色农业】 2012年，晋州市播种粮食5.21万公顷，总产量37.15万吨，同比减少0.99%。其中，播种小麦25594公顷，总产量18.24万吨，亩产475千克；播种玉米21497公顷，总产量17.61万吨，亩产546千克。种植果园面积1.61万公顷，其中梨园面积1.21万公顷；水果总产量62.02万吨，其中鸭梨总产量32.59万吨，为石家庄最多县（市）。至2012年末，晋州市新增标准良田666.6公顷、梨果提质增效示范基地266.6公顷、无公害蔬菜基地93.3公顷，标准养殖小区5家；各类农民专业合作社达到130余家。推进现代农业发展，重点发展观光农业、生态农业、品牌农业和龙头企业，投资5.2亿元的区泰记果蔬种植加工项目26种有机蔬菜直销香港、广州、北京等地。年末晋州市拥有国家和省市级农业产业化重点龙头企业达到18家，特色农业占农业总产值比重达到50%。2012年，"晋州鸭梨"获批国家地理标志证明商标，晋州市获评"全国农业标准化示范县（市）"。

【城乡建设】 围绕城市建设上水平、出品位、生财富、惠民生，实施56项重点基础设施工程，总投资45亿元。欧景城等一批高标准住宅区初显规模，城市居住条件明显改善。建设保障性住房763套，住房公积金单位缴存比例由7%调至12%。富强路翻修、马山线新建等9条城乡主干道和43条乡村公路完工，新建改造道路90.8千米。汽车客运站加快建设，开通高标准城乡公交线路4条。新建电视塔投入使用，新世纪公园完成升级改造，城市规划展馆建成开放，形成新的城市亮点。城区集中供热一期工程完工投用，供热面积65万平方米，年节约标煤6.6万吨。关停整改污染企业170家，实施河北建投生物发电有限公司循环水余热利用工程等节能技改项目7项，全年单位GDP能耗同比下降6.13%。时代公园二期、石津渠生态走廊等30多项绿化美化项目加快推进，晋州市以全省第一名成绩获评省级卫生城市。实施幸福乡村计划，加快城市基础设施和公共服务向农村延伸，大力改善农村生产生活条件。开展加强基层建设年活动，围绕农村饮水安全、道路硬化、村民文化广场建设等投资4827万元，承诺为民办“十件实事”共296项全面完成。启动农村垃圾处理试点工作，综合整治农村环境，农村村容村貌发生显著变化。2012年，晋州市获评省级新农村建设先进县市，晋州镇列入“全国发展改革试点小城镇”。

【社会事业】 举办第七届梨花节和首届金秋采摘节，年接待游客30万人次，门票和产品采摘等收入达到1000多万元，同比增长40%。开展安全生产标准化创建和产品质量提升年活动，查处食品安全违法案件23起。全年用于民生投入10.5亿元，占财政总支出的72%。年末晋州市参加养老、医疗、失业、工伤、生育等保险人数达到41.4万，新农合参合率达到98.3%，五保集中供养率达到70%。大力做好就业再就业工作，新增城镇就业2939人，转移农村剩余劳动力1.81万人，被评为石家庄市全民创业服务先进单位。基层文明建设取得成效，周家庄乡获评“全国文明村镇”，姬建辉获评“2012年度全国优秀志愿者”。教育工作顺利通过省政府督导评估，被命名为全省普及高中阶段教育工作先进市。市医院、中医院迁建主体完工。2012年，晋州市获得“全国阳光计生行动示范单位”、“全国新型农村合作医疗工作先进集体”和“省级乡村卫生服务一体化管理示范市”称号。

（安锁然 黄学哲）

新 乐 市

【概况】 新乐市总面积625平方千米，农作物播种面积61995公顷。辖8个镇、3个乡、1个街道办事处，10个居委会、160个行政村。常住总人口50.21万人。2012年，新乐市完成地区生产总值156.1亿元，同比增长10.4%。其中，第一产业25.9亿元，增长1.9%；第二产业88.7亿元，增长14.4%；第三产业41.5亿元，增长7.0%。民营经济实现增加值119亿元，同比增长11.1%。规模以上工业完成增加值69.77亿元，同比增长17.1%。粮食总产量33.12万吨，同比减少2.01%。全部财政收入5.90亿元，同比增长15.24%，其中公共财政预算收入4.01亿元，增长28.73%；财政支出11.61亿元，同比增长11.02%。实现社会消费品零售总额73.3亿元，同比增长15.1%。实际利用外资2600万美元，是2011年的58.1倍。在岗职工年平均工资30460元，同比增长14.40%；城镇居民人均可支配收入19553元，同比增长11.48%；农民人均纯收入10059元，同比增长11.3%。年末金融机构存款余额94.7亿元，同比增长17.6%；贷款余额35.9亿元，同比增长12.1%；城乡居民储蓄存款余额79.9亿元，同比增长16.5%。

中共市委书记：杜振琪
市人大常委会主任：张鹏
市　　长：赵丽娟
市政协主席：杨运良

【项目建设】 全社会固定资产投资134.2亿元，同比增长19.3%，其中固定资产投资130.8亿元，增长22.0%。出台《项目建设考核办法》，明确乡镇和市直部门项目建设目标任务。编制《重点产业招商项目推介书》，举办第五届伏羲文化旅游节暨经贸洽谈会和“河北·新乐第二届招商引资活动周”，现场签约项目59个，总投资129.4亿元。实行市四大班子领导分包年初确定的128个重点项目，开展每月督导调度和定期观摩拉练活动，确保项目早落地、早开工、早见效。福润医药中间体、农副产品冷链物流等36个项目竣工投产，甲醇下游系列产品、一水硫酸锌、氏氏美湿巾等31个项目开工建设，完成投资40.1亿元，成为历年来新开工项目、竣工项目最多一年。推进“两区三园四基地”建设，签约金帝香港工业园、福建工业园、中商产业智慧总部和河北空港新乐特色产业园，机场路、经六路、纬七路、新赵线北延等4条道路竣工投用，园区承载功能提升。

【工业经济】 以“工业突破”为目标，以“对标行动”为抓手，积极推进优势骨干企业抓技改、扩规模、增效益。2012年，新乐市拥有规模以上工业企业132个，总产值315.08亿元，其中年销售收入2000万元以上工业企业总产值31.19亿元，同比增长21.64%；完成增加值69.77亿元，同比增长17.1%；实现利润29.75亿元，同比下降6.74%，利税38.85亿元，同比下降8.4%。规范特色产业发展，制定特色产业园区规划建设方案，实行重组整合。医药、化工、装备制造、食品加工四大主导产业带动能力增强。华宝公司、久乐公司、望峰电器等5家对标企业和久乐公司“侧面安全气囊控制单元”项目列入国家“863”计划。华宝公司塑料机械、卫星民爆公司导爆雷管等41个工业项目实施技术改造。

【农业农村工作】 农林牧渔业总产值46.79亿元,同比增长2.0%。其中,农业总产值24.61亿元,增长2.1%;林业总产值1267万元,减少29%;牧业总产值20.59亿元,增长2%;渔业总产值17万元,与2011年持平。2012年,新乐市播种粮食4.45万公顷,总产量33.12万吨,同比减少2.01%。其中,播种小麦24280公顷,总产量16.94万吨,亩产465千克;播种玉米18934公顷,总产量15.65万吨,亩产551千克。棉花总产量158吨,同比减少10.73%。发展特色农业,种植花生12万亩,总产量3.68万吨;种植蔬菜12.5万亩,总产量80.48万吨;栽种西瓜5.5万亩,总产量22.44万吨,西瓜栽种面积和总产量均为石家庄最多县(市),“新乐西瓜”获评国家地理标志产品。发放粮食直补、农资综合补贴资金5298万元。新建畜禽示范场25家,年末新乐市农业产业化龙头企业达到42家,农业产业化率达到53.1%。成功举办第一届“西瓜、甜瓜采摘节暨农产品推介会”,与北京、石家庄及市内多家大型超市、市场实现对接,促进了农业增效和农民增收。加强农村基础设施建设,14条乡村道路修建完成,发展节水灌溉4.19万亩,实施27个村、6个学校安全饮水工程,新建、改造配电变压器266台。实施中小河流治理工程,整治堤防24.3千米。

【商贸服务业】 全年实现社会消费品零售总额73.3亿元,同比增长15.1%。出口创汇5188万美元,同比增长27.3%。坚持将发展现代服务业作为调结构、促增长的重要抓手,积极构建“城内大商场、城外大物流”发展格局。改造提升传统商贸服务业,升级改造邯郸农贸市场,标准化改造农副产品批发市场和花生米市场,投资1.2亿元宜家旺金座广场竣工投用。开展“万村千乡”市场工程和“家电下乡”活动,农家店达到229家,家电下乡产品销售总额达到2.1亿元。发展现代服务业,谋划实施信誉楼商城、商贸综合体等商贸流通类项目29个,总投资319.5亿元,其中德银国际物流中心主体竣工。10月19日,新乐市在国宾大酒店举行2012年招商引资活动周投资项目发布暨签约仪式。活动周期间,新乐市谋划洽谈项目196个,总投资708.7亿元。其中,达成意向项目81个,总投资172.8亿元;签约项目30个,总投资62.6亿元。

【城乡建设】 启动《城乡总体规划2011—2030)》修编工作,编制完成《绿地系统规划》、《“十二五”住房保障规划》等专项规划。投资210万元启动规划展览馆建设。加强城市基础设施和绿亮美建设,无繁路东段、木刀沟大桥竣工通车,京港澳高速改线工程完成勘界、登记统计工作,107国道拓宽改建工程获得省发改委批复。与太平洋建设集团合作,整体翻修改造了南斜街、新兴路。创建省级园林城市,启动占地200亩东名公园建设,实施育才街、鲜虞街等街道绿化工程,补栽植被4万平方米、绿篱1.35万米。营造夜景景观,更换南环路路灯,完成东名街、新开路、新华路和育才北街亮化工程。开展环境保护、蓝天碧水2012春季攻势、绿色通道建设等专项行动,监察治理违法企业230余家,淘汰黄标车2075辆,年内新乐市空气质量二级以上天数达到320天。

【文化产业】 开展“创业功臣”、“新乐英才”、“创业英雄”、“感动新乐人物”评选等十大文化活动。电影院综合改造项目竣工投用,成功打造出一个集购物、影视为一体的商业文化广场。建成3个乡镇文化站、100家农家书屋、7个农村文艺辅导基地,举办“彩色周末”消夏文艺晚会30余场,组织“电影下乡”放映近2000场。发展文化旅游产业,举办第五届伏羲文化旅游节,成功申报伏羲台为“国家级文物保护单位”,初步形成“邯郸西瓜采摘——河北美术学院——伏羲台——正莫石雕产业园”特色旅游线路。石家庄市旅游局与河北电台文化旅游频道联合举办“寻找最美的春天——走进新乐”活动。2012年,新乐市获评“河北省文化产业十强县”。

【社会事业】 全年投入民生资金5亿多元,承诺为民办实事15件。实施校安工程落实资金4425万元。石家庄经济学院华信学院建成投用。新乐市急救中心开工建设,乡镇卫生院全部实现药品“零差率”销售,村集体卫生室全部建成投用,新乐市获评河北省标准化规范化乡镇卫生院建设示范县。实施新生儿缺陷免费干预工程，提高出生人口素质，巩固低生育水平，顺利通过省级计划生育优质服务先进县验收，其中推进人口计生工作转型升级经验作法在全国计生系统推广。开展残疾人康复、教育、扶贫解困活动，帮扶残疾人 2000 余名。开工建设保障性住房 1000 套，发放低保金 1719 万元，保障了 2 万余户、4 万余人次城乡低收入群众的基本生活。农村社会养老保险全面铺开，新农合参合率达到 96%。年内，新乐市中医院率先与行唐县、无极县、栾城县等周边县（市）合管中心联网，实现跨县住院“出院即报”。至 2012 年末，新乐市城镇新增就业 2900 余人，转移农村富余劳动力 11000 人次；发放创业贴息贷款 4906 万元，补贴利息 349 万元。

（吴静　丁然平）

鹿　泉　市

【概况】 鹿泉市总面积 603 平方千米，农作物播种面积 64926 公顷。辖 9 个镇、3 个乡，11 个居委会、208 个行政村。拥有 2 个省级开发区。常住总人口 43.97 万人，人口自然增长率 7.96‰。2012 年，鹿泉市完成地区生产总值 290.0 亿元，同比增长 5.8%。其中，第一产业 21.0 亿元，增长 2.5%；第二产业 171.8 亿元，增长 2.8%；第三产业 97.3 亿元，增长 12.1%。民营经济实现增加值 232.6 亿元，同比增长 7.1%。规模以上工业完成增加值 140.25 亿元，同比增长 0.2%。粮食总产量 21.15 万吨，同比增长 1.28%。全部财政收入 20.80 亿元，同比增长 21.26%，其中公共财政预算收入 10.91 亿元，增长 16.66%；财政支出 17.91 亿元，同比增长 14.11%。实现社会消费品零售总额 85.9 亿元，同比增长 14.9%。实际利用外资 6439 万美元，是 2011 年的 803.9 倍。在岗职工年平均工资 39614 元，同比增长 26.15%；城镇居民人均可支配收入 21598 元，同比增长 11.1%；农民人均纯收入 11245 元，同比增长 11.7%。年末金融机构存款余额 189.4 亿元，同比增长 10.7%；贷款余额 104.8 亿元，同比增长 9.2%；城乡居民储蓄存款余额 128.9 亿元，同比增长 12.1%。

中共市委书记：郝竹山
市人大常委会主任：安明法
市　　　长：周永会
市政协主席：尤拴庆

【园区项目建设】 全社会固定资产投资 210.8 亿元，同比增长 22.1%，其中固定资产投资 208.7 亿元，增长 22.9%。园区建设全面推进，绿岛火炬开发区水厂、管理孵化中心、望山路等竣工，经济开发区、西部山前生态新区承载力提升。实施招大引强，长城影视等战略投资者落户鹿泉市，雨润农产品、中汇医药包装等 14 个项目列入省市重点，美每家、绿岛物流园等 86 个前期项目进展顺利，河北融投、科林电气等 53 个项目正在建设，13 所半导体照明产业化、向阳电子等 34 个项目竣工。全年投资超千万元重点项目 173 个，亿元以上项目 126 个，百亿元以上项目 3 个，完成投资 197.7 亿元，同比增长 54.6%。编制休闲产业发展规划，恒大金碧天下、西部长青等休闲服务业项目达到 82 个；景区提档升级，乡村游有序发展，工业游开始起步，接待游客 415 万人次。光谷一期加快实施，北斗导航运营中心顺利落户，电子信息企业发展到 45 家。家家惠馒头、珠江啤酒二期等项目投产，康师傅饮品、洛杉奇食品正在建设，君乐宝乳业被评为国家级农业产业化龙头企业，获得首届石家庄市政府质量奖。中友机电、科一重工等 20 个项目加快推进，装备制造企业发展到 57 家。

【农业农村工作】 农林牧渔业总产值 35.39 亿元，同比增长 2.2%。播种粮食 3.54 万公顷，总产量 21.15 万吨，同比增长 1.28%。其中，播种小麦 16986 公顷，总产量 10.32 万吨，亩产 405 千克；播种玉米 16478 公顷，总产量 10.28 万吨，亩产 416 千克。种植蔬菜 16.8 万亩，其中设施菜种植面积 8.4 万亩，蔬菜总产量 89.26 万吨。发放农资补贴等惠农资金 1.5 亿元，完成计三渠改造等农业基础建设工程 22 项。土地规模经营主体发展到 34 家，流转率达到 13%。紫藤葡萄庄园被认定为省级农业科技示范区，年末鹿泉市现代都市农业园发展到 10 个，农民专业合作组织达到 194 个，产业化经营率提高 67%。7.8 万名农村群众饮水安全问题得到解决，放心农资超市增至 15 家。

【工业经济】 全年拥有规模以上工业企业 217 个，总产值 576.18 亿元；完成增加值 140.25 亿元，同比增长0.2%；实现利税74.85亿元，同比下降4.27%。加大企业帮扶力度，引导金融机构支持实体经济发展。启动西北部工业转型升级，引导鼎鑫、曲寨采用新技术、新工艺，新型建材业逐步趋优。工业主导产业税收占比达到67%，同比提高5.1个百分点。工业技改投入实现翻番，华柴扩建、阀一改造等64个技改项目竣工。至2012年末，鹿泉市拥有高新技术企业20家，工程技术研究中心19家，有40个项目列入石家庄市级以上科技计划，2家工业企业获评省级对标示范企业；获得省级以上品牌60个，同比增加16个；企业法人达到2733个，产值超亿元企业达到148家，大中型企业达到22家。

【城乡建设】 编制城乡总体规划和城东新区城市设计，规范建筑领域开发建设行为，确保规划刚性落实。实施总投资7.9亿元20项重点城建交通工程。市政广场、高温水入城一期、太平河景观提升、公交客运站、会管路综合市场等竣工，规划展馆、石柏公园正在建设，建成区污水处理率达到95.3%，集中供热率达到89.7%，绿化覆盖率达到42.5%。数字城管试运行，城区沿街建筑、牌匾靓化提升，连续3年在组团县（市）环境容貌考评中夺冠。鹿华热电桥、土门治超站、北落凌桥竣工，获平路、衡井线、装院路、石环北斗路连接线等通车，公路密度位居全国前列。寺家庄、铜冶、宜安镇前大街完成大修，规模小区发展到57个，城镇化率达到46%。完成石铜路、307国道等6条干线治理，新修白鹿泉乡道等农村道路36条、128千米，通村公交线路达到43条。年内，鹿泉市农村公路管理工作在组团县（市）评比中位列第一名。投入1.5亿元用于农村环境综合整治，年末90%以上村达到街道整洁、村容靓丽标准。

【生态环境保护】 实施西柏坡高速、西山等绿化工程，年末森林覆盖率达到36.46%，同比提高1.26个百分点。推进蓝天绿水工程，拆除55家企业80台3米以下水泥磨机、801座料仓，关停全部13家采石企业，淘汰水泥落后产能1085万吨、消减粉尘1200吨。拆除东方热电所有锅炉及发电机组，关闭污染企业78家。实施旋窑低氮改造等40项节能减排工程，铺设洨河污水管网13.8千米，推广低硫煤41万吨，上庄污水处理厂获评省级污水处理运营示范单位。实施环保网格化管理，监管水平全面提高。年末单位GDP能耗降低4.5%，万元工业增加值取水量降低10%；化学需氧量、氨氮、二氧化硫、氮氧化物分别下降5.12%、4.01%、5.85%和6.01%，出境断面水质稳定达标。2012年，鹿泉市建成区空气优良天数达到335天，其中一级天数63天，分别比2011年增加2天和10天；省级以上环境优美乡镇达到2个，石家庄市级生态村达到43个，被评为河北省环境保护目标管理优秀市。

【社会事业】 全年民生投入5.7亿元。实施高家大院、铁行会馆修复工程，乡村文化站（室）实现全覆盖，有线电视入村率达到50%，通过国家二级档案馆验收。上庄小学投入使用，3所中心幼儿园和上庄镇中学动工；深化素质教育，通过国家级义务教育发展基本均衡市验收。鹿泉市中医院、卫生监督所、获鹿镇卫生院和村级卫生室投入使用，5所乡镇卫生院完成升级改造，市急救中心动工，乡镇卫生院和72所村级卫生室实现药品零差率销售；新农合参合率达到98.5%；免费婚前检查和孕前优生检查；二轮免费体检率、建档率分别达到83.6%和92.1%，成为全国唯一慢性病防控和卫生应急“双示范市”。鹿泉市民政事业服务中心竣工，乡镇养老服务中心、农村幸福院实现全覆盖，新农保和城镇居民养老保险统筹合并；城乡低保、五保和医疗救助标准稳步提高，城镇登记失业率控制在1.6%。8个保障房项目进展顺利，城镇、农村居民人均住房面积分别增至34.2平方米和40.1平方米。强化灾害预警，成功组建鹿泉市气象局。创新社会管理，完善信访机制，开展危爆物品集中清查整治等专项行动，建成10个高标准警务室，通过国家级平安畅通市验收。

（李晓伟 于国慧）

人 物

人 物

全国最美警察

冯志宏 女，41岁，石家庄市公安局长安区分局建北派出所新浩城警务站主任。2007年3月，冯志宏从部队转业至长安区公安分局工作。2012年春节前一天深夜，冯志宏在警务站值班时，发现一名4年前被拐卖至河北省新乐市女孩。该女孩家在云南省中缅交界的深山区。女孩没有身份证，买不到车票，不能回家，也没有办法联系上她的家人。冯志宏就和同事一起行程8000多千米，将女孩安全送到她父母身边，并抓获拐卖女孩的犯罪嫌疑人余某和李某。2012年7月下旬，公安部与中央主要新闻媒体共同策划开展“最美警察”媒体推介活动，共推荐1134名“最美警察”候选人。根据网民投票，全国选出50名“最美警察”在北京予以表彰。10月26日，冯志宏以第20名的票数当选全国“最美警察”，在北京受到国务委员、公安部长孟建柱的接见，并荣记一等功。冯志宏参加公安工作5年，参与破获各种案件460多起，抓获违法犯罪嫌疑人94名，救助群众530余人次。2011年，冯志宏当选石家庄市“感动省城十大人物”。

第十一届中华技能大奖获得者

杨普 女，29岁，常山股份棉四分公司布机挡车工。2009年7月，杨普调往常山股份新建企业恒盛分公司织造车间工作。工作12年来，杨普靠着勤学苦练，在屡屡培养出全国及行业劳模、技术能手的全国知名纺织上市公司——常山股份再次脱颖而出。2011～2012年，杨普所在车间考核轮班指标连续月月第一，各类操作比赛屡夺团体第一。杨普创新的操作法推广后，班产提高了2200米，年创造直接经济效益近500万元，在省市各级操作技术比武中多次夺魁，成为全公司最年轻的高级技师，并先后荣膺省市技术状元、全国五一劳动奖章、全国劳动模范等众多荣誉称号。2012年12月8日，人力资源和社会保障部等十部门在北京召开第十一届高技能人才表彰大会暨全国百家城市职业培训工作推进会，会上隆重表彰了30名第十一届“中华技能大奖”获得者，常山股份纺织女工杨普榜上有名，成为全国纺织行业唯一获奖者。

中国好人

苏云龙 81岁，新乐市邯邰镇曲都村人。苏云龙的老伴患有多种疾病，常年用药，他的二儿子腿有残疾。苏云龙靠沿街摆摊卖豆腐维持生活。2012年1月13日，苏云龙收摊时，发现一个装有近四千元现金、两张银行卡和部分票据的手提包，等了半天不见失主，按票据上的联系方式寻找，也没找到，便把手提包交到派出所。失主得知讯息后赶来，看到钱款票据一张不少，十分感动，便掏出包里的钱往苏云龙手里塞。苏云龙坚决不收，说:“我要是图钱就不会把包还给你，我虽然不富裕，可不是自己挣的钱，花着不踏实，这是做人的本分”。2012年5月份，中央文明办授予苏云龙诚实守信“中国好人”称号。

张龙 23岁，石家庄市人，北海舰队某部战士。2012年3月3日，正在休假的张龙在饭店就餐时发现邻座有一个红色手提包。他左等右等，无人来寻，便打开包寻找线索，看到里面是整沓的百元钞票，于是第一时间报警。经民警查看，包内除15万元现金外，另有一部手机、多张银行卡以及各类票据等。民警正在进行登记时，一名焦女士跑进餐厅，看到包后，激动地哭了出来。接过包，失主焦女士当即拿出1万元，执意答谢张龙。张龙说：“我是一名军人，这些是我应该做的，这钱我肯定不会收的。”2012年5月份，中央文明办授予张龙诚实守信“中国好人”称号。

赵灿 女，27岁，石家庄深泽县深泽镇彭赵庄村人。2009年，24岁的深泽县姑娘赵灿受沧州市盐山县陈百万村“盲人四兄弟”照顾老母亲事迹感动，主动到离家200多千米外的陈百万村，留在那里帮助“盲人四兄弟”陪伴、照顾他们的老母亲。2011年老人去世后，赵灿对这个家庭的感情反而更深。赵灿把自己的户口从深泽县老家迁到陈百万村，成为这个特殊家庭的一分子。赵灿的事迹引起强烈的社会反响，她弘扬大爱、无私奉献的精神感动了每一个人。2012年7月份，中央文明办授予赵灿诚实守信“中国好人”称号。

吴文德 48岁，藁城市南孟镇南孟村人，患有小儿麻痹症，走路依靠拐杖，二级肢残。2011年5月1日15时10分许，20岁女孩小魏到藁城市南孟村小姨家串亲戚，途中遇到一歹徒拦截和袭击，奋力抵抗，身体多处受伤。小魏正在绝望时，听到呼喊声的吴文德挺身而出，驾驶小铲车堵住歹徒。疯狂的歹徒用尖刀向吴文德乱刺，吴文德身中数刀，因流血过多牺牲。2011年8月份，省会文明委授予吴文德石家庄市见义勇为“文明公民标兵”称号。2012年8月份，中央文明办授予吴文德见义勇为“中国好人”称号。

唐建哲 19岁，石家庄市第9中学高三学生。2012年6月高考后第二天起，他每天凌晨3点便推着三轮车在大街上帮助做清洁工的母亲清扫马路，被市民称为“新一代学生榜样”。唐建哲的父亲8年前患上精神疾病，从此养家的重担完全落在母亲身上，全家每月开销仅靠母亲扫马路、打零工收入和父亲300元最低生活费维持。为了减轻家庭负担，唐建哲从高考结束就和妈妈一起扫马路。一段时间，唐建哲和母亲清扫街道的身影，成为石家庄市柏林南路每天凌晨月光下和晨光中一个感人镜头。2012年8月份，中央文明办授予唐建哲孝老爱亲“中国好人”称号。

林步旭 38岁，浙江省温州市人，河北旭日东升商贸有限公司总经理。1991年6月，林步旭到石家庄工作，从此，他就把石家庄当作第二故乡，将纯真的爱心奉献给石家庄人，并被人们誉为“新时期雷锋精神的传承人”。林步旭处处以雷锋为榜样，努力争做新时期雷锋式的好青年，热衷于资助失学儿童、帮扶残疾人和困难家庭。几年来，林步旭资助浙江老家16名失学儿童，主动资助石家庄6名困难家庭孩子完成学业。2008年，林步旭向井陉县南障城镇支沙口村捐赠20万元援建希望小学，并命名为“雷锋希望小学”。2012年9月份，中央文明办授予林步旭助人为乐“中国好人”称号。

张三妮 女，94岁，栾城县冶河镇乏马村人。张三妮出生于一个正骨世家，自幼父亲告诫她：捏骨是一门为人行好的手艺活，要想靠它发财干脆别学。“人要行好不能有财心”是张三妮做人的信条。嫁到乏马后，村里80%的家庭都受过张三妮的帮助，她治一个好一个。张三妮的手艺好，更让人称道的是不论贫富贵贱，她从不收患者一分钱。本村的外村的，甚至外县外市外省的患者都慕名而来。75年，张三妮像上班一样为人们解除病痛，把不收钱当成一条铁打的规矩。张三妮不收钱并不是不缺钱。年轻时，她家里穷，为生计她织过布，拉过脚儿，可不管多累多苦多穷，也不管是白天还是黑夜，只要有人相求，她从来没有二话。有伤重或路途较远者，张三妮时常倒贴钱物，让人歇息观察。张三妮为患者着想，从不考虑自己90多岁高龄，遇到不能搬动的病人，她执意不让人家颠簸，自己坐车前往诊治。张三妮传承父训，以大善之心，义务为众乡亲捏骨75

载。在病逝前几天，她以94岁高龄为多人捏骨，解除病痛。张三妮的事迹经媒体报道后，感动燕赵大地。2012年6月份，省会文明办授予张三妮石家庄市"文明公民标兵"称号。2012年9月份，中央文明办授予张三妮助人为乐"中国好人"称号。

冯志宏　2012年10月份，中央文明委授予最美女警冯志宏敬业奉献"中国好人"称号。见"全国最美警察"。

任朝辉　53岁，石家庄供电公司配电检修一班班长。任朝辉从事抢修工作26年，处理故障4万多起。在工作中，他始终充满坚持、坚韧、坚守、坚强，为民服务和甘愿奉献精神。任朝辉班组共有8名抢修人员，担负着20多万用电客户的紧急故障报修处理、1200余台线路开关的倒闸操作和1100余台公用变压器的故障处理任务。夏季用电高峰时期，任朝辉班组一天处理各类故障最多达到145次。面对石家庄市交通拥堵现状，为保证快捷处理故障，任朝辉向单位申请购买了电动自行车。任朝辉干一行、爱一行，肯动脑、喜钻研，并成功研发出15项科技创新成果，做到了低压故障抢修平均完成时间控制在35分钟，实现了零投诉、零违章。2012年，任朝辉班组被授予"中央红旗班组"。作为共产党员服务队队长，任朝辉受到中共中央政治局委员、全国人大常委会副委员长、中华全国总工会主席王兆国的接见。2012年12月份，中央文明办授予任朝辉敬业奉献"中国好人"称号。

河北省三八红旗手

苏彦英　女，46岁，石家庄市妇女联合会副主席

孙朝晖　女，42岁，石家庄市第一医院副院长，眼科主任

张丽梅　女，39岁，石家庄市灵寿县县直幼儿园教研组长

张鑫　女，40岁，桥西区妇幼保健站党支部书记、站长

王羽　女，43岁，石家庄广播电视台新闻综合频道主持人、主任播音员

张延萍　女，41岁，市委农工委县域经济处处长兼市直农口妇工委主任

高素娥　女，49岁，藁城市岗上镇杜村党支部书记、村主任

李洁　女，49岁，石家庄市新华区人口计生局局长、党组书记

马骅　女，36岁，鹿泉市山尹村镇党委书记。

杜淑娟　女，48岁，赞皇县高砂陶瓷材料有限公司经理

常军英　女，45岁，主任医师，石家庄市第三医院创伤一科主任

石家庄市文明公民标兵

2012年1月份，省会文明委授予38位市民石家庄市"文明公民标兵"称号。

助人为乐（3人）

鞠萍　女，33岁，市公交公司32路车长

梁超　17岁，石家庄长安无线电专业学校学生

鲁海杰　16岁，石家庄长安无线电专业学校学生

见义勇为（4人）

徐永锋　45岁，个体商贩

常胜科　39岁，藁城市交通局公路站职工

刘占会　42岁，元氏县政府办公室干部

徐建利　46岁，高新区郄马镇北郄马村村民

拾金不昧（8人）

王洪国　40岁，石家庄宏源出租车公司司机

张彩虹　女，31岁，栾城县北十里铺村民

颜丽军　女，41岁，公交四公司二车队7路车长

赵烽　37岁，公交14路车队车长

苏俐　36岁，河北省高速公路管理局路政总队中队长

赵士斌　39岁，新华区人力资

源和社会保障局干部

张瑞锋　40岁，鹿泉市山尹村镇山南张庄村人

张鹏云　31岁，鹿泉市山尹村镇山南张庄村人

敬业奉献（3人）

曹云平　女，46岁，灵寿县地税局干部

郭恒　35岁，长安区建北街道光华小区居民

郑志鹏　36岁，正定县人民医院副院长、脑外科副主任

孝老爱亲（20人）

刘跃林　51岁，石家庄市供销社老干部处处长

胡九凤　女，54岁，新乐市大岳镇青村人

李国强　29岁，景晟工贸有限公司员工

张瑞霞　女，42岁，高邑县街道办花园社区居民

张振兵　43岁，高邑县街道办花园社区居民

郭书惠　女，52岁，高邑县高邑镇花园村民

崔建素　女，38岁，高邑县国税局职工

李春田　65岁，高邑县高邑镇东关村民调委主任、红白理事会会长

胡素月　女，43岁，高邑县王同庄乡妇联干部

张月霞　女，40岁，高邑县中韩乡北陈庄村民

李秀连　女，54岁，高邑县大营镇前庄头村人

李爱贞　女，48岁，高邑县富村镇古城村民

杨瑞鞠　女，38岁，高邑一中教师

张淑英　女，66岁，元氏县万年村村民

郭立青　女，39岁，行唐县只里乡习村村民

张拴芹　女，52岁，平山镇南西焦村村民

谷利平　女，45岁，平山县苏家庄乡张家庄村村民

王晓丽　女，23岁，平山县两河乡东洞村村民

石俊彦　女，38岁，平山县温塘镇干部

张红梅　女，28岁，平山县小觉镇东王庄村村民。

2012年4月份，省会文明委授予16位市民石家庄市“文明公民标兵”称号。

助人为乐（7人）

李艳晖　石家庄北部工业区副主任

张金魁　行唐县西霍同村人，河北远辰建设有限公司第五分公司董事长

刘昆　行唐县环保局科员

齐英栋　河北乾守电子科技有限公司董事长

甄江海　河北无极县人

窦秀明　自由职业者

邢少仑　石家庄供电公司调度所职工

爱岗敬业（4人）

冯志宏　女，中共党员，2011年“感动省城十大人物”

杜丛林　长安分局四方派出所社区民警

郭丽璇　女，行唐县财政局农税科副科长

孙咏华　女，行唐县财政局支付中心副主任

见义勇为（2人）

赵永亮　行唐县王下口村委会主任

孙全全　平山县平山镇七亩村人

拾金不昧（2人）

苏云龙　新乐市邯邰镇曲都村人

张龙　石家庄市人，北海舰队某警戒机支队战士

孝老爱亲（1人）

霍兵荣　女，井陉微水镇居民

2012年6月份，省会文明委授予50名市民石家庄市“文明公民标兵”称号。

助人为乐（10人）

赵灿　女，深泽县深泽镇彭赵庄村人

王晓辉　桥东区东三教居民

李春捷　女，桥东区阜康街道工人街居民

郭兰虎　平山县小觉镇蚕寨村村民

张三妮　女，栾城县冶河镇乏马村村民

蒲翠兰　女，长安区南翟营居委会主任

张小红　女，平山县西柏坡中学教师

王铁岭　长安区建北街道办事处居民

张红伟　桥西区联谊街居委会副主任

苏平　女，井陉县上安镇湖头村居民

热心公益（8人）

戎顺　桥东区平安小区居民
郭三　行唐县独羊岗村村民
刘志强　长安区沿东小区居民
张禄子　长安区谈西社区居民
甄双娥　女，正定县南化村妇女主任
姬建辉　晋州市晋州镇西街村村民
李志生　井陉矿区南纬路社区居民
刘金海　平山县三汲乡刘杨村村民

爱岗敬业（11人）

高燕玲　女，长安区沿东社区居委会副主任
邵天祥　正定县光荣院院长
郭素岩　女，高邑县第三中学班主任
谷会谦　高邑县民政局行政审批科科长
耿书彦　元氏县看守所所长
韩树军　平山县邮政局邮递员
焦蕾　女，新华区专职居委会干部
刘贵成　回族，正定县市政园林管理站站长
刘丽丽　女，长安区长丰街道组织委员
张玲　女，长安区康鑫雅苑社区居民
刘志强　长安区长丰街道残疾人联谊会会长

孝老爱亲（9人）

韩文芹　女，长安区沿东社区居民
张彦玲　女，行唐县只里乡贾洛营村村民
林年美　女，深泽县深泽镇郭庄村人
潘慧敏　女，长安区建北街道花园社区居民
李喜芬　女，新乐市正莫镇留祥村人
王建霞　女，新乐市承安镇新街铺村人
田俊芬　女，新乐市东长寿村人
刘芝　女，长安区南翟营村村民
张巍　深泽县南刘庄人

见义勇为（9人）

韩花梅　女，平山县下口镇蒿田小学教师
卢昌有　平山县下口镇蒿田小学教师
卢宝平　平山县下口镇蒿田小学教师
韩志远　石津灌区管理局王家井管理处曹元灌溉站站长
杜晓辉　井陉县苍岩山镇南孤台村人，在石家庄市务工
张荣杰　大名县金滩镇人，在石家庄市桥西区自强路民心河边摆摊卖菜
刘计才　井陉县微水村二街街长
翟立朝　高邑县高邑镇西南关村农民
李云和　新华区兴凯路72号市委宿舍一单元居民

拾金不昧（1人）

闫花军　平山县温塘镇个体户

自强不息（2人）

刘厦　女，晋州市后彭头村村民
谭伯淳　长安区沿东社区居民、清洁队队员。

2012年9月份，省会文明委授予33名市民石家庄市“文明公民标兵”称号。

助人为乐（5人）

李春良　32岁，藁城贾市庄镇张名甫村村民
崔建华　85岁，井陉县孙庄乡北王庄村村民
马彦合　44岁，无极县里城道乡西西侯村村民
胡彦泽　18岁，辛集市职教中心高三学生
韩永丽　女，42岁，桥东区电报局街社区居委会干部

热心公益（4人）

何会改　女，42岁，无极县无极镇西中铺村村民
张欣　39岁，元氏县交通局职工
何学伟　62岁，平山县南甸村村民
孙际兴　62岁，石家庄市运输公司职工

爱岗敬业（10人）

姚晓辉　32岁，高邑县疾病预防控制中心主任
张恒敏　42岁，高邑县恒民医院院长
张惠荣　女，48岁，灵寿县医院内科临床医生
綦记忠　43岁，高邑县富村镇南塔影村党支部书记
李爱莲　女，43岁，高邑县万城乡城照村医生
李贵廷　57岁，辛集市马庄乡敬老院院长
冯倩　女，35岁，辛集市公安局户证科民警
杨月芬　女，36岁，鹿泉市白

鹿泉乡西胡申小学教师

安树娜　女，32岁，鹿泉市大河镇曲寨学校教师

王凤素　女，41岁，鹿泉市石井乡石井小学教师

孝老爱亲（3人）

韩晓丽　女，35岁，井陉县联通公司职工

王黎娜　女，25岁，灵寿县系北洼乡东孙楼村村民

王俊雨　59岁，藁城市廉州镇居民

见义勇为（8人）

岳增田　49岁，高邑县贾村村民

马海鹏　40岁，赞皇县移动公司职工

王强　39岁，赞皇县移动公司职工

翟多良　52岁，无极县七汲镇甄家庄村村民

宋银成　65岁，藁城市九门乡前堤里村村民

赵春法　64岁，行唐县东安太庄村村民

刘金圈　55岁，行唐县东安太庄村村民

赵志敏　31岁，行唐县东安太庄村村民

自强不息（2人）

李强　25岁，新乐市人，华中师范大学音乐学院学生

郑景景　女，26岁，市藁城市廉州镇系井村人，内蒙古师范大学学生

诚实守信（1人）

刘玉侠　46岁，高邑县诚信家政帮工公司经理

2012年10月份，省会文明委授予11名市民石家庄市“文明公民标兵”称号。

热心公益（11人）

林芳　女，石家庄塑成物流公司法人

卢丽娇　女，河北时代双娇酒店管理有限公司

林远波　浙江省为华添科有限公司经理

刘慧蔚　女，石家庄外国语小学四年级一班班主任

朱美连　女，石家庄市信达商贸有限公司总经理

梁庙财　河北品尚房地产开发有限公司董事长

陈雨萍　女，新源发永德珠宝商贸有限公司总经理

沈正柱　桥东区电报局街居委会副主任

甄江海　一家人志愿者协会会员

娄志强　一家人志愿者协会会员

甄丽丽　女，华北鞋城个体商户

10月24日，省会文明委授予苏宣敏石家庄市“文明公民标兵”称号。

苏宣敏　女，长安区棉二社区居民、“最美红衣大姐”

2012年10月28日，省会文明委授予71名市民敬老助老石家庄市“文明公民标兵”称号。

长安区（8名）

王素琴　建华三社区居民

范淑恩　棉三社区居民

甄俊华　裕彤社区居民

孙士凤　焦化社区居民

常英菊　谈后社区居民

刘国文　八家庄社区居委会干部

刘孝福　翟东社区居民

闻瑞君　东安社区居委会干部

桥东区（6名）

刘红军　栗康街道社区居委会副主任

刘鸿强　阜康街道辖区个体商户

郭丽丽　市第二十中学团支书

米鑫　市公安局桥东分局刑警大队

孙宇辉　市第三中学副校长

王华　市东风西路小学副校长

裕华区（9名）

白志斌　青园小区居民

赵欣彦　育才街社区居委会主任

苑晓亚　方村一社区党支部书记

周秀珍　仓兴街社区居民

封杰　卓达社区居委会宣传员

黄慧红　金马三居委会副主任

侯秋辉　尖岭小区居民

张金兰　八五零社区居委会主任

付明　市四十中学教师

桥西区（8名）

赵琳　市第十中学团委副书记

李志萍　南小街居委会主任

尤志娟　振头街道振六社区党支部书记

王殿珠　长兴街社区居委会

狄银凤　缔景社区党总支宣传

委员

戎士慧　卓达玫瑰园物业经理

罗波　裕西街道办事处社区卫生服务中心主任

刘秀军　桥西区民政局副局长

新华区（10名）

乔荣格　宁安小区志愿者

何玲　北后社区居委会副主任

李帮助　市劳教所职员

潘军辉　新华集贸市场个体商户

张军莉　飞机公司社区居委会支部书记

张笑丽　天苑街道办事处社保所所长

王菱　五七街道经贸社区书记

谢燕贞　校园社区居委会协理员

郑子云　钟家庄社区居委会主任

李钢　赵陵铺镇鑫城社区居委会主任

深泽县（2名）

杨月琴　华油华丽综合服务处工作人员

周永杰　深泽县地税局分局长

辛集市（2名）

袁卜　辛集市供电公司天宫营供电所

刘立栓　辛集市马庄乡木店村村民

高邑县（2名）

刘丽云　高邑县疾控中心办公室主任

孙秉春　富村镇人民政府宣传员

晋州市（2名）

侯荣博　晋州市老干部局副主任科员

史立军　河北飞达工具制造有限公司员工

平山县（4名）

任利伟　平山县三汲乡中心小学教师

王云婷　平山县老干部局老干部活动中心主任

范丽华　平山县东回舍小学教师

王洋秀　平山县老龄办主任

藁城市（2名）

秦振平　藁城市实验学校年级主任

闫大雷　藁城市第八中学教导主任

元氏县（2名）

高玉喜　元氏县苏阳乡北苏阳村村民

张从贤　元氏县东张乡上张村村民

行唐县（2名）

李童淼　行唐县六一小学董事长

王瑞宾　行唐县秦城老妈大酒店总经理

新乐市（2名）

韩豆豆　新乐市长寿中学学生

张亮　新乐市彭家庄回族乡人民政府党办副主任

灵寿县（2名）

刘芹玲　灵寿县陈庄中学教师

罗书英　灵寿县小东关明德小学干部

赵县（2名）

刘春贵　赵县检察院

卜云玲　赵县老干部局科员

赞皇县（2名）

陈国辉　赞皇县供电公司党委书记

郑晓　赞皇县民政局科员

井陉矿区（2名）

李进芳　井陉矿区民政局局长

王胜亭　井陉矿区地方税务局副局长

正定县（2名）

李晓　正定县城区街道办事处解放街社区副主任

姜建英　正定常山社区居民

12月4日，省会文明委授予6人石家庄市“文明公民标兵”称号，表彰6人送还外地客商19万元巨款。

张俊霞　市公交总公司三公司职工

刘建立　市公安局站前分局民警

王国胜　市公安局站前分局民警

杨春红　市公交总公司三公司职工

郝玉柱　市公交总公司三公司职工

霍素巧　公交乘客

12月12日，省会文明委授予3名井陉县村民石家庄市“文明公民标兵”称号，表彰他们河水中救人行为。

王永华　女，40岁，井陉县孙庄乡北防口村村民

赵厉燕　女，22岁，井陉县孙庄乡北防口村村民

何献忠　44岁，井陉县孙庄乡北防口村村民

12月19日，省会文明委授予5

名赵县村民石家庄市“文明公民标兵”称号，表彰他们冰窟救人行为。

李荀圈　赵县大夫庄乡三中村村民

张青辉　赵县大夫庄乡三中村村民

王春晖　赵县大夫庄乡三中村村民

段立波　赵县大夫庄乡三中村村民

郝松强　赵县大夫庄乡三中村村民

2012 年 12 月份，省会文明委授予 51 名市民石家庄市“文明公民标兵”称号。

助人为乐（16 人）

崔建华　85 岁，井陉县孙庄乡北王庄村村民

胡彦泽　18 岁，辛集市职教中心高三学生

李春良　32 岁，藁城市贾庄镇张名甫村村民

马彦合　44 岁，无极县里城道乡西西侯村村民

何会改　女，42 岁，无极县无极镇西中铺村村民

宋雅芝　女，62 岁，长安区跃进街道石炼小区居民

王僧来　70 岁，桥西区苑东街道华柴社区居民

吴淑珍　女，53 岁，桥西区友谊街道谊北社区居民

李琦　76 岁，长安区河东街道谈一社区居民

康泽　91 岁，裕华区裕强街道卓达书香园居民

白瑞英　女，59 岁，裕华区裕华路街道青园小区居民

郭恒　36 岁，长安区建北街道光华小区居民

孙士凤　女，55 岁，长安区谈固街道焦化社区居民

王保元　75 岁，井陉矿区井矿集团土建队退休工人

高瑞花　女，44 岁，井陉矿区贾庄镇贾庄村民

刘建国　42 岁，井陉矿区旭跃集团有限公司保安

敬业奉献（7 人）

孙跃东　42 岁，桥西区国税局办税服务厅主任

闫振洲　37 岁，长安区法院民二庭副庭长

韩永丽　女，42 岁，桥东区电报局街社区居委会干部

林雪涛　33 岁，高邑县公安局城区分局局长

聂秀花　女，51 岁，长安区范西路小学教师

陈廷威　女，46 岁，新乐市教师进修学校附属中学高级教师

贾景娜　女，29 岁，正定县正定镇东柏棠小学教师

见义勇为（4 人）

岳增田　50 岁，高邑县贾村村民

张雷　26 岁，无极县东侯坊乡西马村村民

李林军　43 岁，鹿泉市获鹿镇个体商户

樊卫生　57 岁，井陉矿区凤山镇北凤山村民

孝老爱亲（19 人）

王佳雨　59 岁，藁城市城区居民

仇连群　女，42 岁，桥西区西里街道君晓社区居民

仇怀珠　77 岁，桥西区西里街道安惠社区居民

李俊荣　女，55 岁，桥西区苑东街道小谈村村民

张玉梅　女，55 岁，桥西区留营街道南郭社区居民

赵玉凤　女，40 岁，桥西区西里街道谊联社区居民

李纪学　30 岁，长安区西兆通镇西塔口村民

齐金刚　53 岁，长安区广安街道省体育馆宿舍居民

康香平　女，56 岁，裕华区海天社区居民

沈增辉　70 岁，新乐市工商局退休干部

贾秀凤　女，41 岁，井陉矿区凤山镇张家井村村民

倪荣　女，61 岁，长安区南村镇南村村民

冯印卿　60 岁，长安区南村镇南村村民

高二彦　女，43 岁，新乐市协神乡协神村民

李喜花　女，48 岁，新乐市协神乡协神村民

刘凤华　女，46 岁，新乐市实验小学教师

孙平才　61 岁，新乐市承安镇郭庄村民

祖丽英　女，43 岁，新乐市长寿街道办黄家庄村民

马玉海　54 岁，井陉矿区新世纪煤化实业集团有限公司职工

拾金不昧（5 人）

翟计良　41 岁，长安区东兆通村电工

赵增军　50 岁，尹泰出租车公司出租车司机

陈慧萍 女，45岁，正定县文物保管所职工

王国栋 32岁，正定县南楼乡人，正定县恒达出租汽车公司司机

赵伟 38岁，正定八中教师

石家庄市2010—2012年度劳动模范

职工劳动模范（399名）

张慈 女，辛集市前营乡党委书记

丁增建 辛集市总工会副主席

裴腾月 河北辛集腾跃实业有限公司董事长、总经理

孟勇 辛集市海洋皮革有限公司董事长

冯永泰 辛集皮革城有限公司副总经理

冯计英 河北辛集天玉玻璃有限责任公司工会主席

裴梦昭 河北申科电子股份有限公司研发工艺部经理

翟普 辛集市澳森钢铁有限公司烧结工段长

冀平福 河北辛集化工集团有限责任公司车间副主任

李悦 女，石家庄红日皮革有限公司车间主任

王国柱 辛集市九方物业服务有限公司职工

师朴 女，辛集市供电公司党群工作部主任

张宁 辛集市九元化工有限责任公司机修车间主任

侯建英 辛集市辛缸汽缸盖有限公司综合办公室主任

孟晓培 辛集市宏四海皮革有限公司水场车间主任

高云飞 辛集市恒瑞不锈钢制品有限公司车间主任

谢胜虎 河北东明实业集团有限公司企业技术中心主任

张永壮 辛集市第一中学常务副校长

刘俊彩 女，辛集市环境卫生管理处清扫队长

王彦龙 鹿泉市发展改革局局长

刘会平 鹿泉市公路管理站站长

周成耀 鹿泉金隅鼎鑫水泥有限公司总经理

张广 石家庄君乐宝乳业有限公司总监

张俊朋 河北奇特包装有限责任公司车间主任

肖占国 鹿泉市集中供热管理二处

王志明 鹿泉市红达汽车修理厂

史聚学 鹿泉市鑫东瑞铝业有限公司车间主任

谷青博 河北神通光电科技有限公司车间主任

胡军魁 鹿泉市曲寨水泥有限公司车间主任

牛国玲 女，河北星宇化工有限公司车间主任

张云鹏 鹿泉市供电局发展建设部

苏彦斌 石家庄科林电气股份有限公司车间主任

黄海龙 鹿泉市省级粮食储备有限公司办公室主任

张增波 河北中节能新型材料有限公司

唐仕康 女，鹿泉市环境卫生管理处

刘树旗 河北博纳德能源科技有限公司董事长

杨红丽 女，河北茂源化工有限公司副总经理

张永才 河北省晋州市第二中学教师

刘娜 女，中共晋州市马于镇委员会党委书记

王增战 晋州市纺织园区管理委员会工委书记

张晓东 晋州市彩色包装印刷有限公司车间主任

焦旭初 晋州市西斯尔纸面石膏板有限公司修理工

王志山 晋州市中医院院长

安月猛 河北丽华童装厂车间主任

刘兵 河北港泰纺织有限公司车间主任

王运志 河北鹏达食品有限公司车间主任

李会妙 女，石家庄金太阳生物有机肥有限公司技术员

邓文明 藁城市张家庄镇党委书记

李军平 中共藁城市委员会信访局局长

赵圣哲 藁城市农业局局长

贾丽珍 女，藁城市人民医院

主任护师

刘虎成　藁城市第一中学校长

席林红　女，青岛啤酒（石家庄）有限公司总经理

张冠军　河北翼辰实业有限公司车间主任

孙云英　女，河北双虎肠衣有限公司车间主任

闫振立　藁城市水处理中心技术员

刘志强　藁城市收割机械有限责任公司车工

关占勇　中国建设银行股份有限公司藁城市支行客户经理

王军强　河北吉藁化纤有限责任公司技术员

高志分　石家庄兴隆有色金属有限公司车间主任

左志强　石家庄正元塔器设备有限公司铆焊车间主任

张保利　新乐市财政局局长

刘平国　河北省新乐市实验小学校长

韩新社　河北高明电线电缆有限公司总经理

张贵波　新乐市供电公司副经理

王臭旦　新乐市住房和城乡建设局环卫处环卫工人

孟称　女，中央储备粮新乐直属库质检员

李勇　新乐市公路管理站工程科长

李书芳　女，河北华宝塑机股份有限公司操作工

牛海波　新乐市供水有限责任公司维修工

秦红　女，新乐市社会保险职工医院护理

王小素　女，河北金源化工股份有限公司生产副主任

徐玉栋　河北久强建有限公司业务员

赵计存　河北恒山建设集团有限公司工长

冯景茹　女，石家庄盛华企业集团有限公司车间主任

赵建国　河北小蜜蜂工具集团有限公司工人

吴丽伟　女，河北苹乐面粉机械集团有限公司工人

刘新忠　河北腾飞木业有限公司班组长

裴杰　河北省正定县常山陵园管理处电工

邵小莉　女，正定县环境卫生管理大队工人

白文举　河北常山生化药业股份有限公司工会主席

张秀菊　女，河北省正定县人民医院内科主任

武文清　女，正定县解放街小学教师

任冲　河北正华房地产开发有限公司总经理

丁浩　石家庄新泰特种油有限公司总经理

刘介茜　正定县盐业专营公司销售部经理

高晓辉　正定县财政局局长

栗新颖　正定县广播电视台台长

赵梦江　栾城县交通运输局局长

张敏江　栾城县民政局局长

贾建文　河北栾城中学教师

程保贵　河北味道府酒业有限公司董事长兼总经理

李振雨　女，神威药业集团有限公司销售总监

赵庆新　河北凯隆达食品有限公司班长

刘文彬　河北灵达环保能源有限责任公司运行班长

彭勇　石家庄宝丰化工有限公司技术员

温欢　女，中国联合网络通信有限公司栾城县分公司班长

李中彦　栾城环卫队环卫工

冀慧明　井陉县公安局副书记、副局长

苏吉海　井陉县环境保护局科长

刘克亮　河北鼎昊煤炭贸易有限公司董事长

李卫平　河北善建者投资有限公司副总经理

安淑珍　女，石家庄市原火陶瓷有限责任公司开发部副部长

耿军庭　河北天宁化工有限公司业务员

杨相忠　中国工商银行股份有限公司井陉支行行长

仇保良　河北华博精细化工有限公司车间主任

仇丽荣　女，井陉县晋剧团有限公司演员

李占君　井陉县大春建筑工程有限公司技术员

梁磊　高邑县供电公司副所长

李丽卿　女，高邑县交通局联运公司业务科长

赵金涛　河北力龙陶瓷有限公司生产科长

范文奇　高邑县林业局局长

任秀省　高邑县农业综合开发

办公室主任

杨瑞珍　女，石家庄市福瑞祥合燃料有限公司董事长

张进海　石家庄中吉化肥有限公司技术工

刘军辉　元氏县宏升化工有限责任公司办公室主任

王世刚　元氏县总工会副主席

高进吉　元氏县妇幼保健院

宋文长　河北万特生物化学有限公司总经理

崔文刚　赞皇金隅水泥有限公司主任工程师

王录山　河北金相府酒业有限公司车间主任

蔡占军　赞皇县人口和计划生育局局长

孙福山　河北赞皇中学校长

王瑞志　河北波尔陶瓷有限公司车间主管

李京坤　赵县赵州镇党委书记

李建伟　赵县综合职业技术教育中心常务副校长

李书勤　赵县东阳带钢有限公司总经理

李国强　石家庄市金桥淀粉有限公司总经理

朱惠红　女，石家庄巨力科技有限公司副总工程师

马各英　赵县信源纺织有限公司车间主任

李明辉　石家庄维宝莱纺织有限公司车间主任

高丽辉　女，河北佳利乳业有限公司车间主任

马军英　赵县供电公司用电监察

李伟存　赵县金利机械有限公司车间主任

高永强　深泽县地方税务局局长

顾小勇　石家庄龙泽制药有限公司总经理

张学军　河北华运鸿业化工有限公司副经理

于进国　石家庄市顺天纺织有限公司修机工

张亚朋　河北千秋节能防腐高新技术开发有限公司车间主任

韩晓莉　女，无极县农业技术推广中心职工

王军坡　无极县供电局张段固供电所所长

朱锁强　河北省无极县地税局局长

于欣然　女，中国建设银行股份有限公司无极支行营业主管

吴战波　无极县金马皮革有限公司董事长

李锋　中国银行股份有限公司无极支行客户经理

高敬贤　河北敬业集团炼钢厂技术员

卢金龙　石家庄华莹玻璃制品有限公司班组长

马彦军　石家庄三环锰硅科技有限公司维修车间主任

杨志强　石家庄柏坡正元化肥有限公司车间主任

杨文生　中国建设银行股份有限公司平山支行行长

张保明　平山县总工会党组书记、常务副主席

李七五　平山县移民办公室主任

耿秋生　平山县教育局教研室教师

李会龙　平山县交通运输局公路管理站养路工

焦晓飞　河北迈尔斯通电子材料有限公司

李同顺　行唐县供电公司运维检修部主任

李顺争　石家庄明旺乳业有限公司

赵国庆　石家庄鹏海制药有限公司董事长

李龙江　石家庄玉晶玻璃有限公司副总经理

陈树旗　行唐县财政局局长

周艳军　灵寿县供销合作联合社业务科长

刘新艳　女，灵寿县中天公路工程有限公司施工员

许文亮　灵寿县总工会职工俱乐部办公室主任

许震震　女，河北益康针棉织有限公司副总经理

傅士君　灵寿县财政局局长

周峰　石家庄三环阀门股份有限公司电工

白延敏　女，河北北方汽车商城股份有限公司职工

梁集中　河北华荣制药有限公司焊工

张玉娇　女，石家庄市桥东区城管环卫大队清扫工

丁晓华　女，石家庄市华夏企业集团公司职工

霍小雷　石家庄市群益达商贸有限公司党支部书记、董事长

苏爱晖　女，石家庄市桥东区总工会常务副主席

石文敏　女，石家庄市东风西路小学校长

陈立峰　石家庄南三条市场立峰劳保批发部

宋兵江　河北金鹏建筑劳务分包有限公司工人

谢佳　女，石家庄市公安局桥西分局裕西派出所所长

吴丽敏　女，石家庄市桥西医院院长

张焱　河北华业招标有限公司董事长

李维佳　河北天农副食果品贸易有限公司总经理

刘世永　河北振新高科产业园管理有限公司班长

卢霞　女，石家庄市桥西区红旗街道办事处新石南一社区居委会书记

赵伟刚　石家庄东星实业总公司工人

杨冬煜　河北久诚工贸有限公司销售员

王会霞　女，石家庄市桥西区环境卫生监察大队工人

于明明　石家庄市银环物资有限公司业务经理

王海涛　石家庄市顺心家私有限公司技术部主任

杜立新　河北真诺实业有限公司车间主任

蔡彦彬　石家庄中石鑫达润滑油有限公司采购主管

李桂杰　女，河北搜才人力资源有限公司招聘培训经理

董旭　河北浩森不锈钢有限公司车间主任

李贺锁　石家庄链轮总厂工长

马敬华　河北金谈固投资集团股份有限公司董事长

赵燕琴　女，石家庄市长安区职工服务中心主任

毛育民　石家庄市长安区国税局分局长

刘向东　石家庄市第八十一中学校长

孔令云　女，石家庄市长安区环境卫生大队清扫工

郭利峰　女，润石珠宝饰品有限公司外销员

段记兰　河北英华实业股份有限公司董事长

刘海涛　石家庄市华晨清洁服务有限公司机扫班班长

杨建文　石家庄市康恒商贸有限责任公司总经理

盖银书　女，石家庄市新华区教育工贸中心教辅

刘瑞波　石家庄市新华区革新综合服务站司机

姚伟　石家庄东方城市广场有限公司副总经理

柯建忠　石家庄市新华区誉宏无纺布厂车间主任

梁俊杰　石家庄市利得铝材市场管理服务中心维修工

崔利　石家庄市新华区城区建设管理局党委书记、局长

张敬东　女，石家庄市新华区审计局局长

祝宝常　石家庄市新华区革新街道办事处书记

穆春柳　女，河北东明国际家具博览有限公司技术员

李洋　上海红星美凯龙品牌管理有限公司石家庄分公司

张二华　石家庄市石栾印刷厂维修工

王东云　女，河北众美房地产开发集团有限公司

陈文杰　河北怀特集团股份有限公司车间主任

陆洪兵　南通建工集团股份有限公司石家庄分公司总经理

尹景春　河北蓝科节能科技有限公司总经理

白庆华　河北东振经贸股份有限公司党委副书记

李跃军　石家庄市裕华区人力资源和社会保障局局长

裴红霞　女，石家庄外国语学校党总支书记兼副校长

马秀恩　石家庄市裕华区城区建设管理局城管队员

许彦春　女，石家庄双联瑞尔化工有限公司车间主任

王瑞廷　石家庄新世纪煤化实业集团有限公司车间主任

张旺辰　石家庄市井陉矿区地方税务局党组书记局长

魏秀庭　石家庄市井陉矿区邮政局投递员

武晋强　石家庄高新技术产业开发区供水排水公司副总工程师

孟晓清　女，河北航天信息有限公司工会主席

姜亚平　石特阀门股份有限公司总工程师

周友平　格力电器（石家庄）股份有限公司技术员

苏士伟　博深工具股份有限公司研发部经理

庞建勇　天俱时工程科技集团有限公司党办室主任

张建东　石家庄高新技术产业开发区职工服务中心

郑志敏　石家庄市第一医院院长

乞国艳　女，石家庄市第一医院肿三科主任

靳占芳　女，石家庄市第一医

院

徐玉萍　女，石家庄市第三医院妇科主任

王立君　女，石家庄市第三医院科主任

曹琴英　女，石家庄市第四医院院长

王海宾　石家庄市第五医院结核二科主任

高丽蕙　女，石家庄市职业病防治院功能科主任

梁军　女，石家庄学院教研室主任

周庆　河北正定中学校长

米洁　女，石家庄市特殊教育学校

张惠英　女，石家庄市教育科学研究所副所长

赵玉华　女，石家庄市京剧团副团长

刘鸣义　石家庄市中医院院长

武志宏　女，北国商城股份有限公司北国商城收银员

孟庆勇　北国商城股份有限公司北国商城保卫处警卫队副队长

申稳立　石家庄市中和轩饭庄厨师长

张文荣　石家庄市军粮供应有限责任公司分公司支部书记

常淑芬　女，河北建投能源投资股份国际大厦酒店党总支副书记

李振忠　河北渝乡辣婆婆餐饮管理有限公司办公室主管

张亚欣　女，石家庄市天荟商贸有限公司售货员

苗江旭　统万珍极食品有限公司财务主管

李洪军　河北储备物资管理局一三五处物管科长

贾敬梅　女，北国商城股份有限公司电器事业部部长

耿书贵　石家庄燕春集团有限责任公司党委书记

王小朋　河北省环渤海湾经济技术集团有限公司董事局主席兼总裁

那洪彬　石家庄北人集团有限责任公司纪委书记

白岩　石家庄国大集团有限责任公司党委副书记

杨瑞刚　北国商城股份有限公司副总裁

刘玉平　女，石家庄市商务局直属单位党委副书记

殷小平　石家庄市工商行政管理局处长

卢海清　石家庄市裕华区布衣坊重庆酒楼五店厨师

王建中　石家庄常山纺织集团有限责任公司副总裁

马晓峰　石家庄常山纺织股份有限公司副总经理

程杰　女，石家庄常山纺织股份有限公司细纱挡车工

王永强　石家庄常山纺织股份有限公司棉一分公司喷气检查工

高忠瑞　石家庄常山纺织股份有限公司棉一分公司保全队长

刘宇　石家庄常山纺织股份有限公司棉二分公司车间主任

杨丽茹　女，石家庄常山纺织股份有限公司棉四分公司挡车工

敦书美　女，石家庄常山纺织股份有限公司第五分公司准备穿筘挡车工

李东波　女，石家庄常山恒新纺织有限公司党委副书记、副总经理

林永发　石家庄常山恒新纺织有限公司保全队长

崔秀艳　女，石家庄常山纺织股份有限公司车间主任

尹利　女，石家庄常山纺织集团经编实业有限公司纬编挡车工

赵树征　石家庄纺织机械有限责任公司纪委书记监事会主席

李江　石家庄阀门一厂股份有限公司生产调度员

史义民　河冶科技股份有限公司运行保障中心主任

李东晓　河北联拓汽车贸易有限公司汽车维修

王新明　河北华安投资有限责任公司总经理

王丽洁　女，河北冀中合力汽车销售维修有限公司人力资源经理

李献洲　中国人民解放军第六四一零工厂厂长

史顺平　中国电子科技集团公司第十三研究所党委副书记

王荣国　中国人民解放军第六四一一工厂总会计师

马玉玲　女，中国人民解放军第三三零二工厂女工主任

张志明　中国人民解放军第三三零二工厂劳资员

唐明利　中国人民解放军第六四一一工厂基建助理

仇满亮　际华三五零二职业装有限公司服装工程师

刘振儒　际华三五一四制革制鞋有限公司营销业务员

信江隆　石家庄双剑工具有限公司董事长

冯建中　中国工商银行股份有限公司河北省分行营业部副总经理

刘斌　中国农业银行股份有

限公司河北省分行营业部纪委书记

魏景艳　河北永新包装有限公司安委会副主任

刘振华　石家庄君乐美家具公司行政部经理

李金江　首创证券有限责任公司石家庄新华路证券营业部经理

李月敏　女，中国农业发展银行新乐市支行行长

王英　女，中国工商银行股份有限公司石家庄胜利支行行长

张建军　上海浦东发展银行股份有限公司石家庄中山东路支行行长

李锋　中国建设银行股份有限公司辛集市支行行长

杨淑萍　女，河北银行股份有限公司建华支行行长

李育朝　石家庄鑫东硕塑料有限公司吹塑班班长

李娜　女，中国民生银行股份有限公司石家庄分行营业经理

胡立肖　女，中国建设银行石家庄西大街支行行长

杨葆英　女，石家庄安瑞科气体机械有限公司总经理

张海涛　石家庄双联化工有限责任公司操作工

郭建立　河北远征药业有限公司车间主任

刘景立　石家庄白龙化工股份有限公司副总经理

张国震　石家庄四药有限公司销售部经理

刘丽　女，石家庄市油漆厂工会主席

顾玉恩　河北西柏坡发电有限责任公司纪委书记

姚振芬　女，石家庄市赵陵铺供销合作社主任

李冬辉　正定县供电公司营销工

乔贵龙　行唐县供电公司农网配电营业工

卢刚　石家庄华电供热集团有限公司主任

张振杰　石家庄市水务局主任科员

卢新君　河北华电石家庄裕华热电有限公司总经理

王新　石家庄市畜产品质量监测中心主任

吴海　河北华电石家庄热电有限公司车间主任兼支部书记

李杰义　石家庄良村热电有限公司副总经理兼总工程师

刘六十　石家庄市市政建设总公司瓦工（农民工）

何凤强　石家庄市城市管理委员会督察处处长

郝继跃　石家庄市城市管理委员会直属单位党委专职副书记

国彬　石家庄市住房开发建设集团有限责任公司

白素现　石家庄市住房开发建设集团有限责任公司农民工

杨冠军　石家庄市建筑市场管理中心副主任

车俊国　石家庄市动物园管理处饲养工

张琳　女，中建一局集团第六建筑有限公司项目商务经理

马兵　中国电子系统工程第四建设有限公司项目经理

张延青　石家庄一建建设集团有限公司衡水分公司经理

田力　石家庄建设集团有限公司项目经理

张志君　石家庄建工集团有限公司项目经理

韩延伟　石家庄三建建业集团有限公司一级建造师

吴彩虹　女，石家庄市液化气总公司站长

冯德鹏　石家庄市公共交通总公司驾驶员

王帅　石家庄市公共交通总公司修理工

李铁翔　石家庄市公共交通总公司驾驶员

姚淑敏　女，石家庄市公共交通总公司驾驶员

潘奎兴　石家庄市供水监理所所长

石永增　石家庄市桥西污水处理厂工段长

苗现国　河北中核岩土工程有限责任公司岩土技术处主任工程师

东雅莉　女，石家庄住房公积金管理中心科长

董红生　华北有色工程勘察院有限公司钻工

黎泽芝　石家庄市公路桥梁建设集团项目经理

王建勋　石家庄市公路桥梁投资开发管理中心

阎利　石家庄市三环路管理处

李江海　石家庄市西柏坡高速公路管理处项目经理

安小军　石家庄市交运出租汽车服务有限公司

赵建民　石家庄市交通勘察设计院书记

何永利　石家庄市张石高速公路筹建处副处长

高栋　石家庄市运输管理处

科长

李建中　石家庄市交通运输局处长

王建立　石家庄市公安局刑事警察支队二大队大队长

张丽平　女，石家庄市质量技术监督局机关党委专职副书记

窦红　女，石家庄市环境保护局科员

冯英录　石家庄市财政局办公室主任

吴雯霞　女，石家庄市规划展馆副馆长

狄震宇　石家庄市餐饮化保执法大队大队长

刘军　石家庄市建设投资集团有限责任公司党委书记兼董事长

钱国良　石家庄市新华书店有限责任公司行唐分公司经理

任民军　石家庄市人民会堂厨师长

胡昊　河北千山恒业律师事务所律师

胡海泉　石家庄市新华书店有限责任公司图书大厦经理

郭太林　冀中能源井矿集团正明煤业有限公司总经理

刘书钢　冀中能源井矿集团正行煤业有限公司副区长

明大伟　石家庄市联合网络通信有限公司石家庄市分公司营销总监

李军　中国移动通信集团河北有限公司鹿泉分公司经理

陈振峰　石家庄市邮政局投递员

梁玫　女，石家庄钢铁有限责任公司总经理助理技术中心主任

郑国昱　石家庄钢铁有限责任公司销售公司经理

王书岐　石家庄钢铁有限责任公司班长

魏青杰　华北制药集团有限责任公司集团、股份董事，股份副总经理

齐名　华北制药集团有限责任公司金坦公司电气仪表组组长

万里　华北制药股份有限公司制剂分厂电器仪表组组长

宋振瑞　华北制药集团有限责任公司制药总厂106车间班组长

詹晓红　女，华北制药集团有限责任公司办事处主任

任刚　华北制药集团有限责任公司副主任

李宏轩　华北制药维尔康公司制药有限公司主任工程师

王润生　晋煤金石化工投资集团有限公司工程师

齐洪祥　中国石油化工股份有限公司石家庄炼化分公司副总经理

杜巨平　中国石油化工股份有限公司石家庄炼化分公司班长

温东海　中国石油化工股份有限公司石家庄炼化分公司维护电工

李猛　中国石油化工股份有限公司第十建设有限公司电焊工

张建喜　石家庄金刚内燃机零部件集团有限公司专业厂厂长

王彦海　石家庄煤矿机械有限责任公司研究所所长

陈增智　石家庄宝石电子集团有限责任公司常务副总经理

李京葆　中石化工建设有限公司分公司经理

杜国营　石家庄强大泵业集团有限责任公司工人

丁付起　河北白沙烟草有限责任公司党委书记兼副总经理

张建林　河北白沙烟草有限责任公司技术员

赵维宗　南车石家庄车辆有限公司总经理

马会生　南车石家庄车辆有限公司冷作工

张浩　石药集团新诺威制药股份有限公司生产技术部经理

田军旗　石药集团恩必普药业有限公司临床管理部经理

杨汉煜　石药集团中奇制药技术（石家庄）有限公司总经理助理

焦增军　河北威远生物化工股份有限公司工段长

周晨　石家庄焦化集团有限责任公司作业长

马三平　石家庄印钞有限公司副班长领机

李志刚　石家庄高新技术产业开发区热电煤气公司运行值班员

殷娟　女，石家庄新奥燃气有限公司项目部经理

赵蓓蓓　女，河北省烟草公司石家庄市公司客户经理

农民劳动模范（96名）

杨乐　辛集市王口镇恒邱村

杨海　辛集市田家庄乡东张口村

赵丽　女，辛集市张古庄镇南吕村

刘同敏　女，辛集市马庄乡西谢村

马骥明　辛集市辛集镇一街党支部书记

赵仲　辛集市辛集镇安古城村村主任

王彦卜　辛集市小辛庄乡东枣营村

崔章栋　石家庄飞机工业有限责任公司

曹文山　河北恒山建设集团有限公司

梁敏　石药集团中奇制药技术（石家庄）有限公司

梁红艳　石家庄威纳邦日化有限公司

梁淑花　石家庄常山纺织股份有限公司

程丽华　河北诚信有限责任公司

董大西　河北钢铁集团石钢公司

靳伟　石家庄市环境监测中心

戴观文　河北钢铁集团石钢公司

檀宗斌　石家庄市环城公路建设指挥部办公室

魏立华　石家庄君乐宝乳业有限公司

农业（含林业、畜牧、水利、国土等，17人）

王树生　石家庄市农业技术推广中心

左秀芹　石家庄森泰园林建筑工程有限公司

左晓磊　石家庄市畜产品质量监测中心

白霄霞　石家庄市神州花卉研究所

刘杏访　辛集市林业技术推广站

闫保国　石家庄市水产技术推广站

张胜爱　藁城市农业技术推广中心

李玉平　石家庄市林业局林业技术推广站

李志斌　石家庄市农林科学研究院

李根权　石家庄市地产交易市场

李素荣　行唐县林业局

杨慧娟　石家庄市果树站

周丽梅　新乐市林业局

侯全中　新乐市农业畜牧局

赵春玲　元氏县林业局

秦翠欣　新乐市农业技术推广中心

眭书祥　石家庄市农林科学研究院

教育（17人）

于宏丽　石家庄市庄园小学

王锐　石家庄市第二中学

付世亮　河北灵寿中学

石文敏　石家庄市桥东区东风西路小学

刘春玲　石家庄学院

刘荣林　石家庄科技工程学院

李兰梅　石家庄外国语学校

杜娴静　鹿泉市实验初级中学

杨辉素　栾城县第一小学

贾丽英　石家庄学院

崔金晴　石家庄市第一中学

梁丽斌　石家庄市裕华区教育局

黄双喜　藁城市教育科学研究所

韩玉涛　河北平山中学

靳存华　石家庄市第二中学

霍丽娟　石家庄职业技术学院

檀文惠　石家庄外国语学校

卫生（23人）

王改欣　石家庄市第二医院

史万英　石家庄市中心医院

左平祥　灵寿县医院

田毓峰　辛集市第一医院

刘云　石家庄市食品药品检验所

孙梅花　石家庄市第五医院

米中波　赵县人民医院

宋铁鹰　石家庄市第一医院

张文科　晋州市中医院

李伟　石家庄市第二医院

李军生　石家庄市第五医院

李培英　石家庄市第八医院

李领娥　石家庄市中医院

杜义敏　石家庄市第八医院

谷藏言　辛集市第一医院

孟岩　石家庄市中心医院

罗亚萍　石家庄市中心医院

郭建花　石家庄市疾病预防控制中心

高杨　石家庄市第一医院

高丽蕙　石家庄市职业病防治院

常军英　石家庄市第三医院

蒋彦　石家庄市第四医院

冀绪　河北省新乐市中医医院

社科类（6人）

申玉兰　石家庄市委党校

石丽娟　石家庄市社会科学院

张新辉　石家庄市评剧院一团

商业南　石家庄广播电视台

靳灵展　石家庄市评剧院青年评剧团

薛合庸　石家庄市科技信息研究所

石家庄市十大自强模范

2012 年 5 月 13 日，石家庄市隆重表彰“十大自强模范”，并举行先进事迹报告会。

十大自强模范：

失去双腿植树 4000 余棵的退伍老兵马三小

艰难创业服务社会的石云峰

身残志坚的广告人甄洪涛

用画笔绘人生的内画大师李英涛

为救患绝症爷爷挑战生命极限的残疾人运动员宇文军霞

用坚韧点亮人生希望的盲人按摩师吴立中

边与病魔斗争边创作的诗人刘厦

身残志不残带领残疾人创业的贾振华

自学计算机的 IT 人果晓明

勇当致富带头人的尚吉平。

石家庄市十大知名校长

2012 年 3 月，市教育局、市人力资源和社会保障局、市总工会联合开展“石家庄市中小学校十大知名校长”评选活动。2012 年 9 月 4 日，石家庄市公布并表彰首届“十大知名校长”。

十大知名校长：

田运隆　石家庄市第一中学

石文敏　女，石家庄市东风西路小学

刘振国　鹿泉市职业教育中心

吴文龙　正定县南楼乡中学

邵喜珍　女，石家庄市第二中学

周庆　河北正定中学

唐建国　石家庄实验中学

强新志　石家庄外国语学校

韩爱学　鹿泉市第一中学

蔡长峰　石家庄市翟营大街小学

感动省城十大人物

2013 年 1 月 23 日，2012 年度“感动省城”十大人物颁奖典礼在市广电中心演播大厅举行，2012 年度“感动省城”十大人物现场揭晓。分别是：

“丹心仁医”乞国艳　女，46 岁，市第一医院医生。1990 年，乞国艳大学毕业不久，被诊断患上一种叫“重症肌无力 IIB 型”顽症。她用十年磨一剑的坚韧精神，反复在自己身上进行西医——中医——西医，实验——观察总结——再实验的治疗效果对比。经过 9 年求医问药和学习治疗，乞国艳博采众长，把中药、穴位注射、西医、养生之道（心理调整、气功健身）等治疗机理和方法进行系统整合，独创出一套独特的综合治疗法，并灵活运用到实践中。近 4 年，乞国艳门诊治疗超过 3000 人次。随访证实：百分之九十的患者经她治疗后，能够正常生活和工作，有的人正在按常规喝中药巩固或口服西药处于减量恢复中。不仅如此，她还给千里之外网上向她求助的病人义诊。这几年，星期天和节假日，她在网上为患者义诊有 1 万多人次，牺牲了自己大量的休息时间，却没有从病人身上攫取一分钱好处。

“远赴异国的和平天使”白求恩国际和平医院赴利比里亚维和医疗分队　2012 年 3 月 15 日，中国南航一架大型客机从首都机场载着 43 名队员飞向 15000 千米外的西非大地，这就是第 13 批中国赴利比里亚医疗维和小分队。小分队共有 8 名女队员，她们说：“请不要只把我看做一名柔弱的女性，我还有一个更为刚强的名字：共产党员。”8个月时间，医疗分队先后战胜重重困难，救治患者3109人次，手术操作115例次，开展卫生宣传教育2400人次，辅助检查3330人次，培训当地军事和民事一级医院医务人员100余人次，检修维护各类设施设备192台件，实现了医疗“零”投诉、“零”差错和百分之百的临床治愈率，以实际行动展示了白求恩传人的时代风采。联合国驻利比里亚维和部队总司令哈立德将军称赞白求恩国际和平医院赴利比里亚维和医疗分队是各国分遣队中“医疗技术最精、服务态度最好、英语水平最高”的一支分队。

“严冬救人三村民”井陉北防口村水中救人群体 井陉县孙庄乡北防口村，有一条近2米深的水渠环村流淌。2012年12月1日13点30分左右，村里3岁女孩萱萱在舅妈带领下，正和亲戚家孩子在水渠边玩耍，萱萱不慎掉入水渠中。村民王永华（女）和嫂子一边追赶被渠水冲往下游的孩子，一边大声呼救。王永华加速跑到孩子前方的石板桥上，在孩子抵达石板桥的瞬间跳入水渠。与此同时，赶到桥上的村民赵厉燕（女）也跳入水里。两名妇女冒着刺骨冰冷的河水，毫不畏惧，一心只想把孩子托出水面。因为两人都不会游泳，孩子被托出水面的同时，自己也在下沉，几秒钟后，两人体力不支，孩子再次被渠水冲走。王永华和赵厉燕在水中挣扎，被随后赶来的村民拉上河岸。上岸后，王永华继续沿着渠边追赶落水的孩子，直到村民何献忠下水托起孩子。当时，何献忠顾不上脱去外套，直接跳入水渠。何献忠虽然会游泳，但被水浸湿的棉衣异常沉重，带孩子游上岸几乎不可能。何献忠紧紧抓住孩子，顺着河水漂游。终于，水渠内一块石头让何献忠站在渠水中，他用尽全身力气，将孩子托举起来，孩子得救了！

“农民工的后盾”市农民工法律援助中心律师团队 2006年农民工欠薪和讨薪矛盾日益突出，引起社会普遍关注，在市司法局指导下，“石家庄市农民工法律援助中心”成立，开始不间断向农民工提供维权服务，并且完全免费。中心成立半个月内，就接待来电来访咨询380余件，为500余名农民工提供了法律服务，办结案件20件，追讨欠薪10余万元。截至2012年11月底，中心律师团共办结案件2216件，约每个工作日办结1.3件，确认、追回农民工工资、工伤赔偿款3521万元，避免恶性冲突200余次，为6万多名农民工提供了法律帮助。中心律师团默默无闻，不为大众所知晓，只有农民工弟兄认识和了解他们。在每个看似简单的案卷背后，都蕴含着一个一个的动人故事，包含着中心律师无数的心血。“石家庄市农民工法律援助中心”被农民工亲切地称为“农民工之家”；他们的服务承诺是“马上办、热情办、依法办”，使每一位农民工都得到良好的法律服务。

“温情法官”闫振洲 37岁，长安区法院法官。在工作中，闫振洲坚持“能调则调，当判则判，调判结合，案结事了”的原则，摸索出一套“二十四字三步走”工作方法：“规范庭审、建立信任；查明事实、分清责任；明法析理、案结事了”，确保了审理案件质量高、效率高、无上访。闫振洲主持的公开开庭，被市中级人民法院评为庭审观摩先进范例。闫振洲从事审判工作以来，把公正廉洁执法作为自己的最高追求，最大限度地减少百姓的诉累。他始终秉承“亲民、敬法”原则，审理案件质量高、效率高，无投诉、无涉案上访、无矛盾激化、无超审限，以实际行动，赢得了百姓的信服。闫振洲从2004年11月担任民事审判二庭副庭长以来，每年结案超过150件。2011年至2012年上半年，闫振洲审结民商事案件491件，位居全市民商事审判前茅，做到无投诉、无涉案上访、无矛盾激化、无超审限，取得了社会效果、法律效果的和谐统一。闫振洲因工作突出，曾4次荣立三等功，多次被市中级法院授予“人民满意的好法官”、“民商事审判办案能手”，并在市委政法委开展的“百佳标兵”选树活动中评为“十大法官标兵”。

“捐髓女孩”张珊珊 女，22岁，河北政法职业技术学院学生，三年前，张珊珊成为一名中华骨髓库志愿者。2012年3月底的一天，石家庄市红十字会造血干细胞负责人打电话告诉珊珊，她的造血干细胞和上海市儿童医院的一名白血病患者低分辨率配型成功，对方是浙江嘉兴一名12岁的小女孩，发病两年，生命垂危。就是这个“90后”女孩，在他人生命受到威胁的时候，选择瞒着家人、老师，将造血干细胞无偿捐献给了对方。小姑娘的名字，至今都不知道。珊珊说："我的血能救她的命，这就够了！""原来怕打针的珊珊，怎么就不怕捐髓？"为此，珊珊的父母纳闷了好几天。直到6月2日珊珊从学校回到家，爸爸才知道，原来珊珊不是不怕，而是觉得"再怕也得去"。"她说自己既然答应了人家，就不能反悔，人不能不讲诚信。"2012年，珊珊快毕业了，虽然同学们都已找到工作，自己却为此错过"求职黄金期"，但张珊珊一点都不后悔。她说："我是'90后'，她是'00后'，这是缘分，更是责任，年轻的我们，就该生命相'髓'！"

"最美女中学生"张莹 女，18岁，市第12中学高三学生。2012年10月19日中午，张莹到位于棉二宿舍姥姥家吃饭后返回，在乘座的55路公交车上，忽然看到后排一个座位角落里放着一个大包，包的旁边没人。她打开一看，里面有牙膏、毛巾、钱包等。面对诱惑，她不为所动，首先想到的是失主一定很着急。她在车上等待失主未果的情况下，把钱包交给车长，没有留下姓名。原来，包里装有46400元现金，这些钱是藁城市陈莉夫妇母亲到省第四医院做肺癌手术的费用，夫妇俩很着急。钱失而复得，夫妻俩感动得热泪盈眶，经过寻找，张莹这个可爱的小女孩，出现在了大家的视野。2012年，市委宣传部授予"最美女中学生"张莹石家庄市"文明公民标兵"称号，并号召全市中小学生向张莹学习。

"盲人四兄弟的'眼睛'"赵灿 "80后"女孩，石家庄市深泽县深泽镇彭赵庄村人。离开学校后，赵灿曾在当地一家印刷厂打工，日子过得无忧无虑。2009年的一天，家住深泽县的她无意中在中央电视台第七频道《生活567》栏目中，看到关于盐山县盲人四兄弟的报道。第二天，她就只身来到几百千米外的盐山县，义务照顾盲人四兄弟和他们的母亲三年多，洗衣、做饭、买菜、干农活、请医生，她什么都干。当老奶奶去世后，她面对盲人四兄弟毅然许下"我用一生做你们的眼睛"的诺言。2012年4月，赵灿在征得父母同意后，把自己的户口迁到沧州市盐山县陈百万村，还认二伯陈燕起做了干爹，以便长期照顾四兄弟。 赵灿的义举在社会上引起强烈反响，《河北日报》、《燕赵都市报》、《石家庄日报》等相继报道了赵灿的事迹。2012年7月，赵灿获评"中国好人"称号。

"古稀修路人"姚增海 78岁，栾城镇李家庄村人。1980年代，他从村里退下来以后，本应是含饴弄孙，颐养天年，可他却闲不下来，开始义务为村里修路。没有推土机，他就用耙子一点点耙平；没有水平仪，他就用自己发明的洗脸盆盛水的土办法找平……，平土、削石、挪石、填土越干越有劲儿。用了整整半个月时间修好了第一条路，从此一发不可收拾。看见哪里道不平，姚增海心里就不舒服，就想把它填平修好，就这样修完这条路，再修下一条，陆陆续续为村里铺满了5条巷道，共计长600多米，面积达2000多平方米。姚增海老人的三个儿子都在外工作，经济条件并不差，但老人却非常节俭，生活中他经常不买菜而是从集市上捡剩菜，平常也不买肉，只过年过节才买点肉。冬天取暖去外边捡煤渣，自己一个人去城里办事从来舍不得花钱吃饭……就是这样一位节俭的老人，却垫钱、出义工义务修路二十载，无怨无悔。

"轮椅上的播爱使者"姬建辉 一位重度伤残军人，高位截瘫、身患多种疾病，十个手指中只有左手大拇指有知觉，他的生活和天地似乎只能囚于一辆轮椅。但是，姬建辉不肯向命运低头，靠着超人的毅力，写出了精彩人生：作为一名残疾人运动员，他曾代表河北队参战全国运动会，也曾进入残疾人奥运会预选名单；凭着一根手指，他过上自食其力的生活；他发起并成立了晋州爱心志愿者协会，志愿者超过500人；他创办的爱心公益网站，用爱心温暖了更多的人……。2012年，省会文明委授予姬建辉石家庄市"文明公民标兵"称号。

逝世人物

陈风玉（1903～2012），陕西省蓝田县人，原中国人民志愿军临江分库主任，离休干部。1934年参加工农红军，1934年2月加入中国共产党，1978年离职休养，享受省部级待遇。因病于2012年4月22日逝世，享年109岁。

贾瞳（1919～2012），山东省禹城县人，1938年5月参加革命工作，同年加入中国共产党，1982年11月离休，享受地专级政治待遇。因病于2012年9月27日逝世，享年93岁。

陈秀山（1919～2012），河北省井陉县人，1919年11月出生，1944年12月入伍，1939年12月加入中国共产党，1982年7月离休到河北省石家庄警备区第四离职干部休养所，享受副师职待遇。因病于2012年11月5日逝世，享年93岁。

李仁杰（1921～2012），四川苍溪人，1921年11月出生，1933年11月参加工作，1937年7月入党，享受副省级医疗待遇。因病于2012年10月22日逝世，享年91岁。

乔明亭（1924～2012），河北省冀州市人，原石家庄市副食糖酒总公司离休干部，1924年11月出生，1942年2月参加革命工作，1950年7月加入中国共产党，1983年12月离休。因病于2012年1月2日逝世，享年88岁。

曹保和（1924～2012），山东省宁津县人，1944年6月参加革命工作，1946年加入中国共产党，1989年6月离休，享受副司局级医疗待遇。因病于2012年11月5日逝世，享年88岁。

韩岐（1924～2012），河北省平山县人，原石家庄铁路局党委书记、局长，1924年10月出生，1940年10月参加革命工作并加入中国共产党，1985年离休。因病于2012年1月22日去世，享年88岁。

宋世发（1925～2012），石家庄市道桥管理处原主任、离休干部，1925年1月出生，1941年10月参加革命工作并加入中国共产党，享受正县级政治生活待遇。因病于2012年11月8日逝世，享年87岁，

刘聚有（1925～2012），河北省肃宁人，原石家庄市物资回收总公司党委副书记、经理，离休干部，1944年参加革命工作，1945年加入中国共产党，1983年12月离休。因病于2012年3月6日逝世，享年87岁。

董玉国（1925～2012），原石家庄市育红学校校长、石家庄市广播电视局局长、党组书记，正县级离休干部。因病于2012年6月27日逝世，享年87岁。

王文相（1925～2012），原中共石家庄市统战部副部长，1985年离休，享受副厅级待遇。因病于2012年9月24日逝世，享年87岁。

杜玉峰（1926～2012），1926年1月出生，原石家庄市政协秘书处处长，1948年4月参加革命工作，1953年加入中国共产党，1985年5月离休，享受副处级待遇。因病于2012年9月29日去逝，享年86岁。

胡若涛（1927～2012），浙江省永康人，离休时为石家庄科协顾问（副厅级待遇），1947年12月参加工作并加入中国共产党。因病于2012年5月10日逝世，享年85岁。

梁明延（1927～2012），原中国人民解放军第三三O二工厂厂长，1927年出生，1947年参加革命工作，1948年加入中国共产党，1988年离休，享受地专级待遇。因病于2012年8月29日逝世，享年85岁。

张瑞成（1928～2012），市委离休干部、原中共石家庄市委常委、农工部长。因病于2012年5月25日逝世，享年84岁。

翟敏（1928～2012），河北省无极县人，原无极县委副书记，离休干部，1928年4月出生，1944年

参加工作并加入中国共产党，1985年离休，享受副县级待遇。因病于2012年5月16日逝世，享年84岁。

段锡林（1928～2012），原石家庄市金属材料总公司书记，1928年3月出生，1945年参加革命工作，1948年加入中国共产党，曾参加解放石家庄战役、抗美援朝等，1988年12月离休，享受副地局级待遇。因病于2012年4月20日逝世，享年84岁。

强一祥（1929～2012），天津市静海县人，原桥东区东华路办事处党委书记，离休干部，1949年参加工作并加入中国共产党，1990年离休，享受副处级政治生活待遇。因病于2012年6月11日逝世，享年83岁。

陈发善（1929～2012），辽宁省新金县人，原空军第四航空学校机务处副主任、1945年参加革命工作，1948年加入中国共产党，1977年离休。因病于2012年3月2日逝世，享年83岁。

崔兆青（1930～2012），市人防办离休干部，曾任市机械局副局长（享受正县级待遇）。因病于2012年6月29日逝世，享年82岁。

杨风海（1932～2012），河北省平山县人，1932年10月出生，原石家庄市制酒厂劳资科科长，1948年参加革命工作，1965年加入中国共产党，1992年12月离休。因病于2012年1月5日逝世，享年80岁。

胡志英（1933～2012），1952年8月参加工作，1950年加入中国共产党，石家庄市委市直工委退休干部，曾任地直工委副书记（县处级）。因病于2012年8月11日逝世，享年79岁。

王进贤（1934～2012），河北省鹿泉市人，原石家庄市贸易公司总经理，1934年5月出生，1949年参加革命工作，1958年加入中国共产党，1995年离休。因病于2012年11月5日逝世，享年78岁。

王默沨（1935～2012），笔名湜冰、白辉，1935年生于河北易县，历任石家庄动力机械厂技术员，石家庄市文联编辑、刊物副主编、副主席、专业作家，文学创作二级，1995年退休。因病于2012年9月9日逝世，享年77岁。

白起林（1939～2012），1939年3月出生于天津市，1960年4月加入中国共产党，1965年8月参加革命工作。历任中央组织部干部，河北省委党校学员，河北日报社编辑，市重工业局干部，市经委工程师，市委常委、工建交部部长，市委常委、工建交工委书记，市委常委、纪检委书记，市委副书记，市第九届人大常委会副主任、党组副书记。2001年6月退休。因病于2012年8月19日逝世，享年73岁。

王忠义（1940～2012），1940年1月出生于河北正定，1960年3月加入中国共产党，1956年10月参加革命工作。历任正定县拖拉机站机务队长，正定县农机修理厂厂长、党支部书记、革委会主任，正定县革委会生产指挥部副主任，正定县工业局党委书记、局长，正定县委常委、副书记、革委会副主任，晋县县委书记、县革委会主任、武装部第一政委，晋县县委副书记，束鹿县委副书记，辛集市委副书记兼市政协主席，辛集市委书记，石家庄地委委员、辛集市委书记，石家庄市第九届、十届人大常委会副主任、党组成员。2002年4月退休。因病于2012年11月9日逝世，享年72岁。

周志伟（1947～2012），河北省临漳县人，1947年10月23日出生，1968年参加工作，1987年调入石家庄市政府研究室，历任纪检组长、副主任（副处级）。因病于2012年9月8日逝世，享年65岁。

郑丁江（1958～2012），河北省平山县人，政协石家庄市桥东区第八届委员会主席、党组书记，1976年参加工作，1979年加入中国共产党。因病于2012年5月23日逝世，享年54岁。

石家庄年鉴 Literatures & Regulations

文献法规

石家庄市人民政府令第 179 号

《石家庄市行政执法过错责任追究实施办法》已经二〇一二年一月四日市第十二届人民政府第六十一次常务会议讨论通过，现予发布。自二〇一二年六月一日起施行。

市长：姜德果

二〇一二年四月二十八日

石家庄市行政执法过错责任追究实施办法

第一条　为规范行政执法过错责任追究行为，预防和纠正行政执法过错，保护公民、法人或其他组织的合法权益，促进依法行政，依据有关法律、法规和《河北省行政执法过错责任追究办法》的规定，结合本市实际，制定本办法。

第二条　对行政执法机关及其执法人员实行责任追究、调查、处理适用本办法。

第三条　行政执法过错责任追究应当事实清楚、证据确凿、定性准确、处理适当、程序合法、手续完备。

第四条　市、县（市）区人民政府统一领导本行政区域内的行政执法过错责任追究工作。行政执法过错责任追究工作纳入本级政府依法行政的考核。

第五条　市法制办公室负责对市人民政府所属行政执法机关和县（市）区人民政府及所属部门的行政执法过错责任追究。

县（市）区法制机构负责对本级政府行政执法部门和乡、镇、办事处的行政执法过错责任追究。

市行政执法机关负责对县（市）区行政执法机关的行政执法过错责任追究，其行政执法机关法制工作机构负责具体工作。

人社、监察等相关部门协助做好相关工作。

第六条　实施行政处罚过程中的下列行为，应当追究行政执法过错责任：

（一）没有法定行政处罚依据的；

（二）擅自改变法定行政处罚种类、幅度的；

（三）违反法定行政处罚程序的；

（四）违法委托实施行政处罚的；

（五）不按规定出具行政处罚文书和省财政厅统一印制的行政处罚收据的；

（六）未尽妥善管理责任，违法使用、损毁或者遗失被扣押财物的；

（七）对涉嫌犯罪的案件，应当依法移送司法机关处理而不移交的；

（八）对应当依法予以制止、纠正和处罚的违法行为不予依法制止、纠正和处罚的；

（九）乱罚款或实施其他处罚显失公正的；

（十）其他违法实施行政处罚行为的。

第七条　实施行政许可、行政审批过程中的下列行为，应当追究行政执法过错责任：

（一）对符合法定条件的申请不予受理的；

（二）申请人提交的申请材料不齐全、不符合法定形式时，不一次告知申请人必须补正的全部内容的；

（三）对不符合法定条件的申请人准予许可、批准或者超越法定职权做出准予许可、批准决定的；

（四）对符合法定条件的申请人不予许可、批准或者不在法定期限内做出准予许可、批准决定的；

（五）在受理、审查、决定过程

石家庄市人民政府令第180号

《石家庄市人民政府行政应诉办法》已经二〇一二年一月四日市第十二届人民政府第六十一次常务会议讨论通过，现予发布。自二〇一二年六月一日起施行。

市长：姜德果

二〇一二年四月二十八日

石家庄市人民政府行政应诉办法

第一条　为规范行政应诉工作，促进依法行政，根据《中华人民共和国行政诉讼法》，结合本市实际，制定本办法。

第二条　以石家庄市人民政府（以下简称市政府）为被告的行政应诉工作，适用本办法。

第三条　石家庄市法制办公室（以下简称市法制办）负责市政府行政应诉工作的组织、协调、指导、监督。

第四条　以市政府名义作出具体行政行为的市政府工作部门或受市政府委托的组织为行政应诉承办部门。

第五条　行政应诉承办部门的法制工作机构负责组织行政应诉工作。未设立法制工作机构的，由兼管法制工作机构或相应业务工作机构负责。

第六条　市法制办应当自接到人民法院行政应诉通知书2日内确定行政应诉承办部门，并向行政应诉承办部门出具答辩通知书，转送相关材料。涉及两个以上行政应诉承办部门的，由市法制办提出应诉主办部门、协办部门意见报市政府确定。

第七条　行政应诉承办部门应当自接到人民法院行政应诉通知书7日内完成下列工作：

（一）撰写答辩状。应当围绕被诉具体行政行为的事实认定、证据依据、程序进行答辩；诉讼请求为要求履行法定职责的，应当对其是否属于、履行法定职责答辩；

（二）按照真实、合法、关联、全面的原则收集、整理证据依据，并制作所提供的证据依据目录；

（三）拟定委托代理人，并制作委托代理人推荐函。委托代理人不得少于2名，其中须有熟悉业务并具备法律知识的行政机关工作人员1名。

第八条　行政应诉承办部门的法制机构应当对其答辩状和证据依据等予以审查、签字或加盖公章，报送市法制办。

第九条　市法制办接到行政应诉承办部门报送的本办法第八条规定的材料后，应当对答辩状进行合法性审查，必要时可以组织专家论证。

市法制办在对行政应诉承办部门报送的答辩状审查后，应当及时拟制法定代表人身份证明和授权委托书，督促行政应诉承办部门办理行政应诉相关手续。

第十条　行政应诉承办部门应当在法定期限内向人民法院提交答辩状、证据依据以及授权委托书和法定代表人身份证明书等。

第十一条　市政府可以委托代理人出庭应诉，委托代理人的代理权限为一般代理。需变更委托权限的，由行政应诉承办部门报经市政府特别授权。

第十二条　委托代理人应当准时出庭应诉，因特殊情况不能按时出庭的，应当提前告知人民法院并说明理由，并可向人民法院申请延期。

第十三条　委托代理人应当在委托权限范围内进行诉讼，并应及时告知行政应诉承办部门诉讼期间的情况和问题。

第十四条　行政诉讼期间的被诉具体行政行为需要停止执行、存在败诉风险可能造成影响的，行政应诉承办部门应当及时向市政府报告，并向市法制办备案。

第十五条　人民法院作出判决或裁定前，行政应诉承办部门发现被诉具体行政行为确有违法的，应当及时提请市政府撤销或者变更原具体行政行为。撤销或者变更具体行政行为的，应当及时书面告知人民法院和利害关系人。

第十六条　人民法院作出判决或者裁定后，行政应诉承办部门应当在收到判决或者裁定之日起 2 日内将判决或者裁定等法律文书报市法制办备案。

被诉具体行政行为被判决变更、撤销、确认违法或者责令履行等行政诉讼案件，行政应诉承办部门应当在收到判决或者裁定之日起 10 日内撰写结案报告，报送市政府并向市法制办备案。结案报告应当载明下列主要内容：

（一）行政机关与行政相对人争议的事实和理由；

（二）人民法院生效的判决或者裁定结果；

（三）相应的建议、意见和措施；

（四）其他需要说明的事项。

第十七条　被诉具体行政行为被人民法院生效判决变更、撤销、确认违法或者责令履行的，行政应诉承办部门应当对其采取的执行措施、效果及其影响提出意见和建议，向市政府报告，并向市法制办备案。

第十八条　行政应诉承办部门对所承办应诉案件应当在生效判决和裁定作出后 30 日内立卷归档。

第十九条　行政应诉承办部门在行政应诉工作中不得有下列行为：

（一）规定期限内不提交答辩的；

（二）未按人民法院要求出庭应诉的；

（三）应当按照本办法第十四、十六、十七条规定向市政府报告的事项未报告的；

（四）拒绝履行人民法院生效判决、裁定或者司法建议的；

（五）法律、法规另有规定的。

第二十条　市政府应将行政应诉承办部门的行政应诉工作纳入依法行政评议考核，年度内两次以上因本办法第十九条规定行为导致市政府败诉或造成影响的，列入年度不达标单位，并给予行政应诉承办部门通报批评，视情节对相关责任人予以追究。

第二十一条　市法制办应当定期对行政应诉案件进行统计、分析，并向市政府报告。

第二十二条　市政府行政应诉所需经费列入市政府年度财政预算，保障行政应诉部门行政应诉经费的合理使用。

第二十三条　市政府刻制“石家庄市人民政府行政应诉专用章”，由市法制办保管，用于市政府的行政应诉工作。

第二十四条　各县（市）、区人民政府和市政府各部门可以依据本办法并结合实际，制定本县（市）、区和本部门的行政应诉实施细则。

第二十五条　本办法自二〇一二年六月一日起施行。本办法实施前的相关规定与本办法相抵触的，以本办法为准。

石家庄市人民政府令第 181 号

《石家庄市消防安全责任制实施办法》已经二〇一二年十二月二十日市第十二届人民政府第七十次常务会议讨论通过，现予发布。自二〇一三年二月一日起施行。

市长：姜德果

二〇一二年十二月三十一日

石家庄市消防安全责任制实施办法

第一条　为全面落实消防安全责任制，完善社会化消防工作格局，有效保障人民群众生命财产安全，根据《中华人民共和国消防法》等有关法律、法规，结合本市实际，制定本办法。

第二条　本办法适用于本市行政区域内的机关、团体、企业、事业单位、村（居）民委员会及个体工商户和其他组织。

第三条　各级人民政府负责本行政区域内消防工作。市、县两级公安机关消防机构及公安派出所负责对本办法所适用单位的消防安全责任制落实情况进行监督检查。

第四条　各级人民政府及相关部门主要负责人是本行政区域、本部门消防安全第一责任人，对消防安全工作负领导责任；分管消防工作的负责人对消防安全工作负直接领导责任。

机关、团体、企业、事业单位、村（居）民委员会及其他组织的法定代表人或主要负责人，对本单位、本区域的消防安全工作负领导责任；分管消防工作的负责人对本单位、本区域的消防安全工作负直接领导责任。

个体工商户的经营者是其生产经营场所的消防安全责任人，对其生产经营场所的消防安全工作负直接责任。

第五条　市、县（市）、区人民政府应当履行下列消防安全职责：

（一）建立由政府分管负责人牵头、有关部门负责人参加的消防安全委员会，定期召开有关会议，督促所属部门和下级人民政府落实消防安全责任，及时研究解决消防工作中存在的重大问题；

（二）组织有关部门编制、实施城乡消防规划；

（三）将消防站建设、消防装备建设、消防安全宣传教育、消防监督管理、灭火救援和执勤训练等消防经费列入本级财政预算，逐年加大投入力度，保障地方消防经费与经济和社会发展水平相适应；

（四）建立并完善消防工作部门联合监管机制，督促有关行业主管部门加强本行业、本系统监管单位的消防管理，指导有关行政执法部门组建的消防技术服务组织开展技术服务；

（五）建立常态化火灾隐患排查整治机制，组织开展消防安全专项治理，对公安机关报告的本地区重大火灾隐患、公共消防设施不符合要求、城乡消防安全布局不合理等问题，以及报请依法作出责令停产停业行政处罚的事项，在规定时间内作出处理决定，并督促整改；

（六）加强多种形式的消防队伍建设，保障政府批准征召的消防专职队员和消防文职人员的工资、社会保险和福利待遇；

（七）将消防安全工作纳入城市社区和农村建设的内容，并确定有关部门组织实施；

（八）负责重、特大火灾扑救中部门联动、物资调配、受伤人员救治，做好善后处理工作；

（九）组织开展消防安全宣传教育，增强公民消防安全意识，对热心消防公益事业、主动扑救火灾、举报火灾隐患的单位和个人给予表彰奖励；

（十）法律、法规、规章规定的其他消防安全职责。

第六条　政府有关部门和单位应当按照各自的职责分工，履行下列消防安全职责：

（一）公安部门对本行政区域消防安全责任制落实情况进行监督和管理；

（二）发展和改革部门应将消防工作纳入国民经济和社会发展总体规划，并在项目前期管理中，严格执行国家相关政策和规定，支持消防基础设施建设；

（三）财政部门应将同级公安机关消防机构作为预算单位管理，并将地方消防经费纳入同级财政预算，及时足额划拨；

（四）安监、工商、建设、民政、教育、文化、卫生等具有行政审批职能的部门颁发有关证照时，应依法审查消防行政许可或消防备案合格材料；

（五）规划部门应将经依法批准的消防专业规划纳入城乡规划，落实和预留消防基础设施用地。在建设项目审批中应加强对消防基础设施用地的保护和控制，保证消火栓、消防水鹤等公共消防设施与其它基础设施同步审批；

（六）建设部门应将城市公共消防设施纳入年度市政基础设施建设、改造计划，合理安排市政消火栓、消防水鹤等公共消防设施的建设，加强对消防工程设计、施工、监理单位的监管，将消防工程施工质量纳入资质等级评定和诚信体系评价内容，加强民用建筑外保温材料及外墙装饰材料的消防安全监管；

（七）水务管理部门应将市政消火栓、消防水鹤等公共消防设施建设与城市供水管网新建、改造同步实施，落实对市政消火栓的安装、维护、管理职责，确保完好有效，供水管道等改造工程影响灭火救援时应事先书面通知当地公安机关消防机构；

（八）质量技术监督和工商行政管理部门负责消防产品生产、流通领域的监督管理，依法查处生产、销售假冒伪劣消防产品的违法行为；

（九）房产行政管理部门应当制定有效措施督促房屋租赁双方确定消防安全责任，监督指导物业服务企业落实管理区域内消防安全责任；

（十）城市管理部门负责监督建

筑物外立面装修、装饰和广告牌的设置，对发现妨碍灭火救援设施使用、占用防火间距、消防车通道等行为的，应当及时告知公安机关消防机构；

（十一）教育部门、学校及其他教育机构应将有关消防安全知识纳入教学内容，每半年开展一次全员应急疏散演练，中小学校应聘请兼职消防辅导员；

（十二）安全生产监督管理、司法、人力资源和社会保障部门应将消防法律、法规、规章分别纳入普法、培训和安全生产考核的内容；

（十三）广播、电视、报刊、互联网站等部门和单位应定期刊播消防公益广告，面向社会义务进行消防知识宣传教育；

（十四）通信运营企业应依法建立传递火警、火灾信息的消防通讯设施，保证火警受理专线、96119火灾隐患举报专线以及消防指挥中心与各消防站、供水、供电、供气、急救、交通管理等单位之间的调度专线畅通；

（十五）监察部门应依法对政府及其有关部门、单位的工作人员履行消防安全工作职责的情况进行行政监察。

第七条　公安机关消防机构应当履行下列消防安全职责：

（一）开展消防调查研究，分析消防安全形势，及时向本级人民政府提出改进消防安全工作的意见和建议；

（二）按照国家工程建设消防技术标准和有关规定，依法实施建设工程消防设计审核、消防验收和消防备案，以及公众聚集场所投入使用、营业前的消防安全检查；

（三）开展消防监督检查，督促整改火灾隐患，依法查处消防违法行为；

（四）对公安派出所、专职消防队、志愿消防队进行消防业务指导，对消防岗位工作人员进行教育和培训，指导有关单位做好消防工作；

（五）开展社会化消防宣传活动，开通96119火灾隐患举报专线，及时受理和查处举报、投诉的各类消防违法行为；

（六）组织指挥火灾扑救，承担以抢救人员生命为主的应急救援工作；

（七）严格执行执勤备战制度，组织专业技能训练，制定灭火作战预案并进行实地演练，提高灭火救援能力；

（八）调查火灾原因，统计火灾损失；

（九）依法应当履行的其他消防安全职责。

第八条　公安派出所应当履行下列消防安全职责：

（一）贯彻执行消防法律、法规、规章和规范性文件，指导、督促辖区单位、村（居）民委员会、居民住宅区物业服务企业、个体工商户等建立消防安全管理制度，落实消防安全责任制；

（二）督促指导村（居）民委员会制定防火公约，落实防火措施，开展创建消防安全村、社区活动；

（三）组织开展消防监督检查，督促整改火灾隐患；

（四）指导辖区单位开展消防安全“四个能力”建设；

（五）接到火灾报警或者出警指令后，立即派员赶赴火灾现场，组织扑救初起火灾，疏散相关人员，维护火灾现场秩序；

（六）协助公安机关消防机构保护火灾现场、调查火灾原因，控制火灾肇事嫌疑人；

（七）协助公安机关消防机构实施临时查封和强制执行；

（八）及时受理和查处举报、投诉的各类消防违法行为；

（九）做好重大节日和重大活动期间的消防安全工作，完成上级安排的季节性、阶段性消防工作；

（十）上级公安机关交办的其他消防工作。

第九条　乡（镇）人民政府、街道办事处应当履行下列消防安全职责：

（一）成立消防工作领导组织，确定专职或者兼职消防安全管理人员负责日常消防安全管理工作；

（二）根据县（市、区）消防专项规划，结合本地实际，制定乡（镇）消防规划或者方案，并负责组织实施；

（三）建立专职消防队或者志愿消防队，落实保障经费，积极参与火灾扑救工作；

（四）推行消防安全网格化管理，指导和帮助村（居）民委员会开展群众性消防安全工作，发展消防志愿者队伍；

（五）督促物业服务企业落实消防安全责任，组织、指导未实行物业管理的多产权建筑业主和使用人落实消防安全责任制；

（六）组织实施防火检查，及时制止和纠正随意堆放易燃可燃物品、违规用电、影响公共消防设施正常使用及堵塞消防车通道等消防违法行为；

（七）协助公安机关消防机构做好火灾扑救、现场保护、火灾调查工作。

第十条　村（居）民委员会应当履行下列消防安全职责：

（一）组织制定防火公约，明确社区消防安全管理人员，建立多种形式消防组织，每年至少组织居民开展一次灭火应急疏散演练；

（二）建立并落实对无人抚养、赡养或者监护的孤儿、老年人、残疾人和精神病人等重点人员的消防安全登记、救助制度；

（三）未委托物业服务企业对住宅区进行管理的，村（居）民委员会应当组织产权人、使用人签订防火协议，明确消防安全管理责任；

（四）将本地企业和村民住宅的消防安全布局、消防通道、消防水源建设纳入村庄建设规划，并将公共消防设施建设纳入村公共基础设施建设的范围；

（五）督促集市及民俗活动的主办者制定防火公约和灭火、疏散预案，落实消防安全措施，无主办者的，消防安全工作由所在地村民委员会负责；

（六）鼓励家庭配备消防灭火器材和避难逃生用具；

（七）本办法第九条第一项、第六项规定的职责和法律、法规、规章规定的其他消防安全工作职责。

第十一条　机关、团体、企业、事业单位、个体工商户及其他组织应当依法履行消防安全职责，保障消防经费投入，切实提高检查消除火灾隐患、组织扑救初起火灾、组织人员疏散逃生和消防宣传教育培训的“四个能力”。除履行《中华人民共和国消防法》第十六条、第十七条规定的职责外，还应当履行下列消防安全职责：

（一）建立消防安全自我评估机制，消防安全重点单位每季度、其他单位每半年自行或委托有资质的机构对本单位进行一次消防安全检查评估，评估报告报公安机关消防机构备案；

（二）建立自动建筑消防设施日常维护保养制度，每年至少进行一次全面检测，检测报告报公安机关消防机构备案；

（三）消防安全重点单位应当明确本单位消防安全管理人，自确定或变更之日起五个工作日内报公安机关消防机构备案；

（四）人员密集场所、易燃易爆单位、高层地下公共建筑和超标准、超规范建设工程等火灾高危单位应当积极参加火灾公众责任险。

第十二条　对于有两个以上产权人或使用人的建筑物，各产权人、使用人对消防车通道、涉及公共消防安全的疏散设施和其他建筑消防设施应当明确各自的管理、维护等消防管理责任，也可以委托统一管理。

实行承包、租赁或者委托经营、管理时，产权单位应当提供符合消防安全要求的建筑物，当事人在订立的合同中应当依照有关规定明确各方的消防安全责任；消防车通道、涉及公共消防安全的疏散设施和其他建筑消防设施应当由产权单位或者委托管理的单位统一管理。

承包、承租或者受委托经营、管理的单位应当遵守有关规定，在其使用、管理范围内履行消防安全职责。

第十三条　公共交通运营单位应当履行下列消防安全职责：

（一）为公共汽车、出租车等公共交通工具配备消防器材和逃生工具，设置明显标识和使用说明，保持其完好有效；

（二）加强对从业人员的消防安全培训，使其能够熟练使用消防器材和逃生工具，并在火灾等突发事件时迅速疏散乘客；

（三）向乘客宣传防火措施、消防器材使用方法和避难、逃生技能等消防安全知识。

第十四条　物业服务企业应当履行下列消防安全职责：

（一）开展消防安全巡查，保障疏散通道、安全出口、消防车通道畅通，确保共用消防设施、器材和消防安全标志完好有效，对违反消防法律法规的行为进行劝阻、制止；

（二）对建筑消防设施每年至少进行一次全面检测，检测记录存档备查；

（三）建立管理区域内共用消防设施安装、使用、维护保养档案，每半年向业主、使用人公布消防设施运行状况；

（四）需要动用专项维修资金对共用消防设施进行维修、更新和改造的，按照国家有关住宅专项维修资金管理的规定办理，每半年向业主、使用人公布专项维修资金中用于消防设施维修部分的使用情况；

（五）组织建立志愿消防队，每年至少组织一次本单位员工、业主、使用人参加的灭火和应急疏散演练；

（六）法律、法规、规章规定的其他消防安全职责。

第十五条　建设工程相关单位应履行下列消防安全职责：

（一）建设单位应依法向公安机关消防机构申请建设工程消防设计审核、消防验收或者消防备案并依法接受消防安全检查，选用符合国家资质条件的设计、施工、监理单位，选用合格的消防产品和满足防火性能要求的建筑构件、建筑材料及装修材料；

（二）设计单位应对其消防设计质量负责，提交的消防设计文件应当符合消防法规和国家工程建设消防技术标准，在设计中选用的消防产品和具有防火性能要求的建筑构件、建筑材料、装修材料必须符合国家标准或者行业标准；

（三）施工单位应对其消防施工质量负责，保证施工过程和施工质量符合国家工程建设消防技术标准和消防设计文件的要求，确定施工现场消防安全负责人，制定施工现场消防安全责任制度，加强对施工人员的消防教育培训，落实动火、用电、易燃可燃材料等消防管理制度和操作规程，保证施工现场消防通道、消防水源、消防设施和器材、消防安全标志等完好有效；

（四）监理单位应严格依照消防法律法规、国家工程建设消防技术标准、消防设计文件和建设工程承包合同实施工程监理，监督施工单位使用防火性能符合标准的消防产品和建筑构件、建筑材料、装修材料，监督电焊、气焊等火灾危险作业人员持证上岗，并遵守消防安全操作规程。

第十六条　县级以上人民政府与所属有关部门、单位，上级人民政府与下一级人民政府，县级以上人民政府有关部门与所属单位，乡镇人民政府、街道办事处与村（居）民委员会，应当按年度签订消防安全责任书。

消防安全责任书应当载明消防安全工作的主管负责人、消防工作领导组织、专职或者兼职消防安全管理机构和管理人员，以及责任范围、责任期限、目标任务、工作措施和考核、奖惩办法等事项。

机关、团体、企业、事业单位和个体工商户及其他组织内部应逐级签订消防安全责任书，明确各内设机构、各岗位的消防安全责任人和消防安全职责。

消防安全责任书应当每年签订一次，责任人变动或责任书到期后应重新签订。

第十七条　县级以上人民政府应当对本级政府部门和下级人民政府的消防安全责任制落实情况定期进行考核，并应当将消防安全工作纳入政府目标责任考核、领导干部政绩考评和社会管理综合治理的重要内容。

第十八条　对在落实消防安全责任制工作中做出显著成绩的单位和个人，县级以上人民政府及有关部门、单位应当予以表彰、奖励。对考核结果不合格的单位，予以通报批评，同时责令消防安全责任人提交书面整改方案。

第十九条　公安机关消防机构不履行本办法第七条规定的职责的，依法追究分管负责人、主要负责人的责任。公安派出所不履行本办法第八条规定的职责的，由上级公安机关予以通报批评，经批评不改正的，对其直接负责的主管人员和其他直接责任人员，由上级公安机关依法给予处分。

第二十条　相关人民政府及政府部门违反本办法第五条、第六条、第九条、第十条和第十六条第一款规定的，由公安机关提请本级人民政府按照管理权限予以通报批评，经批评不改正的，对其直接负责的主管人员和其他直接责任人员，由有关行政主管部门依法给予处分；因消防安全责任不落实，发生人员伤亡火灾事故的，依法追究本单位负责人的责任；对造成重大或者特别重大火灾事故的，依法逐级追究本单位负责人和政府分管负责人、主要负责人的责任；构成犯罪的，移送司法机关处理。

第二十一条　机关、团体、企业、事业单位违反本办法第十一条、第十二条、第十三条、第十四条、第十五条规定的，由公安机关消防机构依法给予行政处罚。

第二十二条　本办法自2013年2月1日起施行。2005年2月1日石家庄市人民政府令第139号公布实施的《石家庄市消防安全责任制实施办法》同时废止。

统计资料

表 70 人口情况

行政单位	年末总户数（户）	2012年比2011年（±%）	年末总人口（人）	2012年比2011年（±%）
全市总计	2858759	1.43	10053286	0.81
市区合计	674800	3.35	2470919	0.14
长安区	125880	2.52	437663	1.26
桥东区	96104	0.93	376358	−2.12
桥西区	139253	9.91	511897	1.01
新华区	139652	1.33	490187	0.11
裕华区	145312	2.50	558719	0.16
井陉矿区	28599	−0.18	96095	−0.23
高新区	—	—	—	—
井陉县	108575	1.38	330413	0.34
正定县	126414	0.22	481991	1.37
栾城县	88997	0.80	331534	1.23
行唐县	143116	1.55	455840	1.24
灵寿县	102290	1.14	338617	0.99
高邑县	52958	1.55	193431	0.83
深泽县	85967	5.67	258832	0.33
赞皇县	87398	2.94	266049	1.70
无极县	143655	1.99	520944	0.81
平山县	159552	3.15	490835	1.16
元氏县	99055	0.43	431344	1.12
赵　县	152414	−8.16	595698	1.25
辛集市	209726	0.93	630547	0.60
藁城市	217538	1.14	806653	1.04
晋州市	154608	0.81	547877	0.85
新乐市	134677	2.08	504377	0.91
鹿泉市	117019	1.45	397385	1.58

表 71　地区生产总值

行政单位	地区生产总值（万元）	2012 年比 2011 年（±%）	人均地区生产总值（元）	2012 年比 2011 年（±%）
全市总计	45002098	10.4	43552	9.3
市区合计	15735386	10.6	53381	8.5
长安区	2114912	8.4	—	—
桥东区	1408792	10.6	—	—
桥西区	2436226	10.5	—	—
新华区	1643986	10.4	—	—
裕华区	1468770	10.5	—	—
井陉矿区	712579	8.5	—	—
高新区	1292270	14.6	—	—
井陉县	1300798	9.1	39430	8.8
正定县	2194772	9.1	45849	7.5
栾城县	1553495	9.6	47147	8.2
行唐县	1050820	10.3	23197	9.1
灵寿县	787652	9.0	23379	8.0
高邑县	630161	12.0	32719	10.6
深泽县	760826	11.6	30878	11.1
赞皇县	773585	11.8	29325	10.1
无极县	1400964	12.2	27004	11.1
平山县	2052263	4.1	42055	3.0
元氏县	1483105	10.5	34571	9.3
赵　县	1756820	10.2	29676	9.5
辛集市	3415778	8.9	54339	8.2
藁城市	4753244	11.0	59230	9.7
晋州市	2009307	12.0	36827	10.9
新乐市	1560814	10.4	31086	9.0
鹿泉市	2900051	5.8	73549	3.5

表 72 全社会固定资产投资

行政单位	全社会固定资产投资(万元)	2012年比2011年(±%)	固定资产投资(万元)	2012年比2011年(±%)	建设项目投资(万元)	2012年比2011年(±%)
全市总计	37286458	20.02	36733348	21.35	28401223	26.91
市区合计	16155584	20.11	16155584	20.12	8592866	25.44
长安区	2756678	19.58	2756678	19.62	828790	27.70
桥东区	2863006	19.04	2863006	19.04	796394	0.23
桥西区	2909056	21.16	2909056	21.16	2157921	39.59
新华区	2630745	19.42	2630745	19.42	2045585	35.55
裕华区	3121798	19.26	3121798	19.26	1128058	9.57
井陉矿区	426655	24.32	426655	24.32	426655	24.32
高新区	1447646	23.18	1447646	23.18	1209463	23.54
井陉县	1616739	18.18	1607518	20.08	1607288	20.06
正定县	1565662	20.99	1504949	22.73	1469213	24.40
栾城县	1242447	20.16	1221569	22.13	1208350	33.79
行唐县	1001322	17.53	956414	22.23	929029	18.73
灵寿县	680579	20.67	661124	23.47	657374	29.80
高邑县	435908	23.84	428990	25.40	428990	25.40
深泽县	461678	22.46	447820	24.03	425761	31.06
赞皇县	863155	20.55	852522	22.97	838547	23.33
无极县	818212	20.86	758628	22.38	743455	23.94
平山县	1294993	20.35	1253611	23.28	1193925	33.77
元氏县	1282056	21.29	1219273	23.09	1142622	27.17
赵　县	918833	16.01	896820	22.25	892298	22.51
辛集市	1726835	18.03	1690483	20.51	1593770	27.01
藁城市	2232545	19.84	2182417	21.99	2182023	27.53
晋州市	1540043	20.41	1501439	23.24	1434218	28.97
新乐市	1341807	19.27	1307589	21.99	1196482	33.48
鹿泉市	2108060	22.06	2086598	22.89	1865012	35.56

表 73 财政收入情况

行政单位	全部财政收入（万元）	2012 年比 2011 年（±%）	公共财政预算收入（万元）	2012 年比 2011 年（±%）
全市总计	5733903	17.26	2722764	23.07
市　区	3280745	18.63	1803141	24.38
长安区	467903	5.10	251352	14.05
桥东区	508257	22.16	192762	7.89
桥西区	685345	14.22	332358	27.41
新华区	336521	17.03	187462	20.64
裕华区	428346	19.43	261565	16.05
井陉矿区	52088	3.70	21253	7.44
高新区	295294	17.57	120441	34.02
井陉县	117798	15.15	48889	9.57
正定县	130936	29.36	81036	31.26
栾城县	112516	21.49	57985	14.99
行唐县	35596	10.94	19789	7.74
灵寿县	35310	6.11	20025	26.70
高邑县	38075	24.43	20456	27.33
深泽县	36611	20.43	24421	24.31
赞皇县	41285	24.34	19257	27.26
无极县	55511	29.01	29429	31.93
平山县	183647	0.30	95602	15.20
元氏县	86021	22.84	37811	15.42
赵　县	55151	20.77	30009	23.68
辛集市	162004	15.06	84901	20.34
藁城市	1004675	13.79	145523	20.95
晋州市	90958	13.67	55344	28.91
新乐市	59028	15.24	40088	28.73
鹿泉市	208036	21.26	109058	16.66

表 74　农产品总产量

行政单位	粮食总产量（吨）	2012年比2011年（±%）	小麦总产量（吨）	2012年比2011年（±%）	玉米总产量（吨）	2012年比2011年（±%）	油料总产量（吨）	2012年比2011年（±%）	棉花总产量（吨）	2012年比2011年（±%）
全市总计	5320952	0.1	2581224	2.1	2606076	-1.9	215236	0.1	11499	-9.0
市区合计	—	—	—	—	—	—	—	—	—	—
长安区	44211	-3.5	22775	-4.4	21391	-2.5	0	-100.0	134	-1.5
桥东区	2220	-1.9	1014	-0.2	1206	-3.4	0	—	7	0
桥西区	1373	-32.8	592	-50.7	703	-7.9	0	—	0	—
新华区	19338	-6.2	9452	0.4	9869	-11.7	54	-83.3	3	-94.2
裕华区	8858	-10.0	4363	-7.3	4495	-12.6	0	—	0	—
井陉矿区	13290	-3.4	5048	3.0	8077	-7.1	113	—	0	—
高新区	35062	-12.7	17646	-10.5	17416	-14.7	0	—	0	—
井陉县	112702	-1.8	38134	1.7	64370	-5.2	6140	2.8	121	0
正定县	334882	0.8	157988	2.2	171668	-1.3	19850	0.8	239	-5.2
栾城县	275282	-0.3	133514	1.9	140969	-2.3	595	-58.5	18	-51.4
行唐县	316247	2.4	130077	8.6	166752	-0.8	22535	11.0	430	-4.9
灵寿县	147858	-4.0	61067	3.6	76673	-8.4	5180	0.2	163	-4.1
高邑县	163838	4.5	74588	-3.5	86650	12.9	4676	0.3	108	0
深泽县	206454	6.8	90027	4.0	109963	8.0	6514	-1.4	533	-12.1
赞皇县	127134	0.8	58208	6.8	63527	-3.2	15984	2.4	68	-29.2
无极县	357357	-1.5	183647	0.6	166091	-3.5	16627	1.7	242	-3.2
平山县	206651	-4.0	103522	0.2	95240	-8.1	9133	2.2	618	-3.4
元氏县	342878	0.8	171271	9.6	157455	-6.8	7622	0.0	608	-13.1
赵　县	561808	-0.9	299528	0.4	261081	-2.3	3891	0.4	53	-51.4
辛集市	562916	3.8	292832	4.6	259043	2.9	36493	2.2	7317	-8.6
藁城市	566457	-0.8	271031	0.6	288064	-2.2	9438	-18.1	405	-4.5
晋州市	371477	-1.0	182357	-3.8	176060	1.2	9655	-0.5	50	-7.4
新乐市	331195	-2.0	169353	2.7	156490	-6.5	36835	-0.2	158	-10.7
鹿泉市	211464	1.3	103190	5.4	102823	-2.5	3901	-0.1	224	-3.5

表 76　　社会消费品零售额

行政单位	社会消费品零售额（万元）	2012 年比 2011 年（±%）
全市总计	19157615	15.2
市区合计	8117742	15.1
长安区	1621992	19.2
桥东区	2261356	14.0
桥西区	1041224	15.6
新华区	1407226	14.1
裕华区	1110366	14.1
井陉矿区	94991	15.9
高新区	580587	12.2
井陉县	315765	14.7
正定县	833470	15.4
栾城县	543937	15.1
行唐县	424308	15.3
灵寿县	288869	16.1
高邑县	233453	15.3
深泽县	295666	14.6
赞皇县	294656	15.9
无极县	815506	14.5
平山县	391085	16.5
元氏县	369343	15.5
赵　县	787580	15.0
辛集市	1830306	15.2
藁城市	1225186	15.0
晋州市	799025	16.4
新乐市	732695	15.1
鹿泉市	859022	14.9

索　引

使用说明：

一、本索引包含类目、分目、主要条目和部分内文，按照首字汉语拼音字母顺序排列。

二、索引类目采用黑体字，其他采用宋体字，数字表示内容所在的页码。

E

F

G

H

J

R

S

Z

石家庄国家高新技术产业开发区

◆ 2012年8月24日，省长张庆伟到我区旭新光电调研

◆ 2012年2月14日，省委常委、市委书记孙瑞彬在格力空调总装车间观看和了解空调生产流程

◆ 2012年5月8日，省委常委、市委书记孙瑞彬到我区格力电器有限公司调研

◆ 2012年9月12日，石家庄市副市长、高新区工委书记张业在格力电器调研

◆ 2012年10月23日，省委常委、市委书记孙瑞彬到我区格力电器产业园调研

◆ 石家庄高新区标志性建筑——“八匹马”

◆ 2012年7月21日，石家庄中煤装备制造股份有限公司在深圳证券交易所挂牌上市

◆ 高新区火炬广场

◆ 高新区靓丽的街道

◆ 石家庄高新区管委会办公大楼

深　泽　县

◆ 中共深泽县委书记　王德庆

◆ 深泽县人民政府县长　张少华

深泽县下辖8个乡镇（办事处），125个行政村，26万人口，30万亩耕地，是千年古县、革命老区，也是产业新城。2012年，该县坚持奋力抓发展、着力保民生、全力促和谐，经济社会保持了持续快速发展的良好态势。全县地区生产总值完成76亿元，全社会固定资产投资完成46.2亿元，同比分别增长11.6%、22.5%。全部财政收入完成3.66亿元，同比增长20.43%，总量排位在全市提升两位。

工业经济蓬勃发展。依托石家庄国家生物（医药）产业基地深泽生物产业园和省级工业聚集区“两个平台”，构建了化工、机械制造、轻工纺织三大主导产业，其中，化工产业有以新型头孢、拉米呋定、心脑血管类等医药中间体、原料药为主导产品的医药化工，有50多年生产历史、透明皂占全国总产量的30%左右的日用化工，有全国最大的甲酸钾和甲酸钠生产线的石油化工。机械制造产业有中国驰名商标、播种机械占据全国70%以上的市场份额的农业机械产业，有年生产能力6000余万支、全国产量第5位的气门行业。轻工行业中，有获得国家专利、全国首家批量生产企业的新型保温阻燃材料产业，有世界上最先进的一次性防护手套生产线，有应用于航空航天、核工业等领域的特种石墨高新技术产业。2012年，全县竣工、在建及办理的千万元以上项目224个，其中亿元以上项目92个，10亿元以上项目16个，与中石油、中海油、中国建材等建立合作关系，实现了与央企合作“零的突破”。

城镇面貌日新月异。突出“一城一镇”重点，2012年县城重点建设了烈士陵园搬迁、新客运站综合大楼等标志性工程，以及隆基泰和广场、华北国际建材商贸城等

加速崛起的产业新城

城市综合体，旧城改造和新区开发步伐加快。铁杆镇获批“全国综合改革发展试点镇”，小城镇建设步伐加快。晋深公路拓宽升级获省批复，与正在实施的“深泽湖”、“千亩森林公园”，构建出“一路一湖一园”格局，打造成深泽的迎宾窗口。围绕创建全国绿化模范县，完成植树200万株，年度森林覆盖率净增量位居全市平原县第一。

特色农业优势显现。构建了特色果品、绿色蔬菜、奶牛养殖等主导产业，新引进建设了总投资11亿元的佳上农业产业园等一批产业化项目。依托特色农业产业，重点打造了万亩葡萄、万亩蔬菜、万亩白山药、万亩薄皮核桃“四个万亩”基地，世界零售业巨头沃尔玛在深泽建立了河北省第一家农超对接基地，该县黄冠梨、中华鳖直供沃尔玛超市。

民生事业亮点纷呈。2012年，该县80后青年赵灿获得“中国好人”、“感动省城十大人物”和“2012CCTV三农人物”等多项荣誉，“爱心深泽”品牌在省市叫响。实施了校安工程、县医院综合楼等一批重点民生项目，群众幸福指数进一步提升。国家级非物质文化遗产——深泽坠子戏得到传承和发扬光大。“中国白庄·水彩画家村”落户深泽，全力打造中国首家“水彩之乡”。

新的起点，新的征程。深泽县委、县政府将在市委、市政府的正确领导下，进一步解放思想、锐意创新，以良好的精神状态和扎实的工作作风，全力提速幸福深泽建设进程，带领全县人民早日迈入全市发展的“第二方阵”。

◆ 重点企业——石家庄龙泽制药有限公司

◆ 重点企业——河北农哈哈机械集团有限公司

◆ 重点企业——河北盛驰汽车零部件有限公司

千年古县 魅力赵州

◆ 省委常委、市委书记孙瑞彬到赵县调研，县委书记王建海陪同

◆ 赵县2012年工业项目集中签约仪式

赵县古称赵州，地处河北省中南部，位于石家庄市东南40千米处。辖11个乡镇，281个行政村，人口57万，总面积675平方千米。赵县见于文献记载已有2500多年的历史，曾经作为郡治、州治的时间长达1800多年，是河北历史文化名城，国家民政部命名的“千年古县”。县十次党代会确定了“打造国家历史文化名城、建设省会南部中等城市”的奋斗目标，明确提出要全力实施“环境立县、工业强县、农业稳县、旅游兴县”四大战略，努力把赵县建成充满活力、繁荣富裕、文明和谐的中等城市——赵州市。

坚持实施“环境立县”战略，打造跨越发展的良好平台。把优化环境作为立县之本、强县之基。一是优化软环境，提升硬实力。深化行政审批制度改革，对多个部门的行政许可和非行政许可审批事项进行清理规范。实行重大项目全程帮办、涉企收费“一费公示”等制度，开辟项目建设绿色通道。二是完善硬环境，提升承载能力。推进城镇建设三年上水平，拉开了“一城四区”发展框架。三是改善生态环境，增加环境容量。圆满完成年度主要污染物削减和节能降耗任务，成为全市唯一连续三年生态补偿金零扣缴的平原县。

坚持实施“工业强县”战略，构建跨越发展的战略支撑。赵县已形成特色鲜明的产业体系，生物医药、化工、纺织印染、食品调味品、机械零配件制造等重点产业不断发展壮大。赵县工业园区规划面积19.6平方千米，是河北省第一批省级工业聚集区。生物产业园规划面积4.8平方千米，是石家庄国家生物产业基地重点园区。2012年实施规模以上工业项目100个，总投资120.9亿元。省水利工程局PCCP管材等39个项目竣工投产，众诚炭素等43个项目正在抓紧建设，投资110亿元的华药生物技术产业基地等重大项目正在谋划办理。

坚持实施“农业稳县”战略，夯实跨越发展的基础产业。赵县是国家农业综合开发县、全国粮食生产先进县标兵，粮食常年播种面积110万亩左右，总产量近60万吨。

天下第一桥——赵州桥

梨果年产量5亿千克，特产雪花梨有2000多年栽培史，是全国经济林示范县、优质梨果生产基地县和中国雪花梨之乡。现代农业发展迅猛，旭海、诚荣等一批农业生态观光园建成开放，新增设施农业4600多亩。兴柏集团等11家企业被评为省市产业化龙头企业。全县农民专业合作社达到456家、位居全市首位。

实施“旅游兴县”战略，挖掘跨越发展的优势潜力。赵县境内名胜古迹众多，拥有国保文物5处（赵州桥、陀罗尼经幢、永通桥、大观圣作之碑、柏林寺塔），省保文物7处，旅游资源丰富，逐步形成了以“古桥名寺梨园风光”为特色的旅游业。其中赵州桥距今已有1400多年的历史，是世界上第十二处国际土木工程历史古迹。2012年赵州桥景区实施了暗涵改造、主河道清淤、生态停车场、景观大道升级改造及景区环境综合整治等工程，景区以崭新形象对外开放。

勤劳纯朴、热情好客的赵县人民，欢迎国内外客商、各界朋友前来赵州古城，观名桥、游古寺，共谋发展大计，并诚挚邀请国内外有识之士到赵县投资兴业，实现互惠双赢，共创美好未来。

◆ 赵州利民集团

◆ 河北华泰纸业有限公司

◆ 石家庄中硕科技有限公司

◆ 石家庄中兴机械制造有限公司

◆ 兴柏药业集团

◆ 赵州历史文化名城牌坊

◆ 柏林寺一角

◆ 永通桥公园大门

◆ 赵州背灯挎鼓

①县城一角　②李春大道　③青银高速引线　④府前广场　⑤森都花城

◆ 赵州雪梨

◆ 梨花节

◆ 河北省无公害优质梨果生产基地

梨

行　唐　县

◆ 中共行唐县委书记　姜　阳

◆ 行唐县人民政府县长　王彦芳

2012年，行唐县委、县政府围绕“突出项目立县，推进转型突破，实现实力跃升，建设和谐行唐”总目标和“1234”发展战略，一心一意谋发展，聚精会神搞建设，千方百计惠民生，全县经济社会保持平稳较快发展。

项目立县取得突破。全年在建项目86个，总投资规模150.85亿元，列入省、市重点项目5个。其中，有投资12亿元的鹏海制药等59个工业项目，投资16.2亿元的九都商贸物流园等17个服务项目，投资22.3亿元的团山红生态农业开发等10个农业产业化项目。君乐宝太行乳业等12个项目成功签约，法国派丽集团旗下的铃鹿复合建材项目落户行唐，成为县内引进的第二家外资企业。省政府主要领导对行唐县项目建设给予充分肯定，并奖励500亩用地指标。

园区建设成效明显。成立园区项目建设领导小组，协调解决项目建设中的具体问题。谋划玻璃产业园、国际家具园、台湾创新产业园三个“园中园”，明确产业定位和产业布局，科学摆放入驻项目。园区基础设施建设取得新进展，累计投入1.6亿元，完成园区光明路、新合街等主干道路修建和双回路电网、天然气管道铺设等工程，完成变电站、水厂、第二污水处理厂选址、征地等前期工作，园区承载能力得到加强。

产业结构不断优化。一产抓延伸，围绕红枣、乳业等特色农业引进万果红酒业，重组君乐宝太行乳业，壮大鸿鑫食品、甲壳素红枣等9家省、市级重点龙头企业。二产抓提升，引进鹏海制药、天然色素等高新企业和木源泵业、长宏阀门等先进机械制造企业，改造提升华昌、方月等机械加工企业。三产抓拓展，煤炭物流基地建设初具规模，96家煤炭经营企业入驻，九都商贸物流园一期主体竣工，积极推进团山红生态农业开发和孔雀湖生态旅游度假区开发，成功举办河北省东源杯汽车越野赛和牛王寨杏花节。

◆ 9月16日，省长张庆伟在县委书记姜阳、县长吕素维陪同下调研项目建设

城镇建设步伐加快。围绕县城扩容升级，确立“把经济开发区纳入县城总体规划，县城跨河向南、向西发展”的建设思路，修改、编制城乡总体规划，制定部河县城段综合开发意见，编制完成城乡统筹规划和6个乡（镇）、35个帮扶村、18个中心村、11个省级新民居示范村建设规划。建立城区管理长效机制，规范城乡建设秩序，集中开展严厉打击非法土地流转和非法占地、非法建设专项行动，拆除违法建筑273处4.1万平方米、围墙4300延米。县城基础设施建设进程加快，占地200亩的龙州公园竣工并向群众开放，龙州大街东段排水工程建成投用，玉城大街、香港路等主干道路完成夜景装饰，栽植树木5万株，新增绿地1.3万平方米。

◆ 8月9日，市政协主席王华清在县委书记姜阳、县长吕素维陪同下调研加强基层建设年活动

◆ 7月2日，副市长郭运兴在县委书记姜阳、县长吕素维陪同下调研水利工作

◆ 8月13日，原市人大副主任李遵英在县委书记姜阳、县长吕素维陪同下调研项目建设

◆ 6月11日，县委书记姜阳调研“三夏”麦收工作

◆ 县城建设日新月异

◆ 农村面貌不断提升

◆ 龙州公园功能完备

◆ 群众文化丰富多彩

高　邑　县

◆ 省委副书记、省长张庆伟到高邑调研

◆ 省委常委、市委书记孙瑞彬到高邑调研

◆ 市委副书记、市长王亮到高邑调研

高邑县位于石家庄最南端，县域面积230平方千米，辖3乡3镇1个办事处，107个行政村，人口20万，耕地25万亩。

历史文化悠久灿烂。春秋属晋，称鄗；战国时属中山国；公元25年，东汉光武皇帝刘秀在城南千秋台登基称帝，诏改鄗为高邑，县名沿用至今，已有近2000年的历史。境内现存中山国房子郡遗址、刘秀登基台、南星书院等历史文化遗迹。

区位优越交通便利。北距石家庄、南距邢台各50千米，历史上有“枕京师而扼南国，倚太行而控东溟”之称。京港澳高速、107国道、京广铁路、京广高铁、石邢公路纵贯南北，连接晋冀鲁三省的393省道横穿东西，是“西煤东输”的重要通道。京广高铁“高邑西站”是石家庄以南、河北省境内唯一一家县级站点，辐射周边七县260多万人口。南水北调中线干渠从县域西部穿过，并留有出水口。

工业经济发展迅猛。规划建设了凤凰山开发区、城东工业区、锌业园区三个工业园区，2012年成功申报省级经济开发区。全县形成了建陶、化工、纺织三大传统特色产业。建陶产业是石家庄十大特色产业之一、“河北省建筑陶瓷特色产业基地”、“河北省中小企业特色产业集群”，拥有企业50余家，生产线60多条，年生产能力1.8亿平方米，年销售收入47亿元，氧化锌企业27家，生产线106条，年生产能力9万吨，产品销往全国各地和东南亚、欧洲等20多个国家和地区。2009年被石家庄市列为全市50个产业集群之一。纺织产业纺纱能力50万锭，其中精梳精纺能力20万锭；织机1万多台，年产各种坯布3亿米，年销售收入20亿元。

县城建设日新月异。明确了“一县两城，带状发展”城市发展战略。主城区建成区面积7.2平方千米，居住人口5.12万人。形成了“六纵六横”的主路网格局；供水管网、自来水厂、排水管网、污水处理厂、天然气站及供气管网等设施完备；建成区绿地率达36.5%，2010年顺利通过省级园林县城评审验收，正在积极创建国家级园林县城。西部新城区以京广高铁西客站为中心，规划面积9.16平方千米，是石家庄南部工业区的生活配套服务中心，核心区域建设已正式启动。

特色农业初具规模。蔬菜产业种植面积达到10万亩，形成了3大蔬菜园区、44个蔬菜专业村，是河北省30个蔬菜强县之一，被农业部命名为“全国无公害蔬菜丰收计划项目示范县”。苗木产业大苗基地达到1.5万亩，多次获得“全省绿化造林先进县”、“全省农田林网建设先进单位”等荣誉。

社会发展和谐稳定。教育事业快速发展，高考升学率连续多年保持全市先进。卫生体制改革扎实推进，县医院是国家二级医院，满足高邑及周边群众50人医疗服务需求，新农合参合率连续达到95%以上。全面启动城乡居民社会养老保险，为70岁以上老人发放生活补贴，60岁以上老人免费体检，养老、工伤、医疗保险基本实现全覆盖；农村五保集中供养率连续四年位居全市第一，农村“幸福院”建设经验在全市推广，被评为“全国老龄工作先进单位”。维护稳定工作探索创新了“三五”机制，经验做法在全市推广，并得到原中央政治局常委、中央政法委书记周永康和多位省市领导的批示肯定。

◆ 高邑西站投入运行

◆ 建材城鸟瞰图

◆ 蔬菜产业化项目区缩影

晋 州 市

◆ 中共晋州市委书记 楚行宇

◆ 晋州市人民政府市长 陈慧明

◆ 晋州市委书记楚行宇（前左一）、市长陈慧明（前右一）陪同河北省委常委、石家庄市委书记孙瑞彬（前中）视察晋州

◆ 河北省“百人计划”创业项目启动暨海外留学人员晋州创业园揭牌仪式

◆ 纺纱车间

◆ 市区街景

◆ 群众文艺活动

◆ 小麦良种繁育基地

◆ 魏征公园

◆ 城市风貌

正　定　县

◆ 11月14日，中国共产党第十八次全国代表大会闭幕会在北京人民大会堂举行。十八大代表、县委书记、正定新区党工委书记毛全球（右二）举手表决

正定是国家历史文化名城、国家可持续发展示范区、石家庄历史文化的根基。现辖9个乡镇，1个街道办事处，174个行政村，面积468平方千米，人口47.8万。2012年，全县地区生产总值完成225亿元，增长9%；全部财政收入完成13.09亿元，其中公共财政预算收入完成8.1亿元，分别增长28.5%和30%；固定资产投资完成152.4亿元，增长24.3%；社会消费品零售总额完成83亿元，增长15%；城镇居民人均可支配收入、农民人均纯收入分别达到21128元和10972元，分别增长13%和16%。先后荣获“全国粮食生产先进县”、“中国书法之乡”、“全国农村集体‘三资’管理示范县”等荣誉称号，连续七年荣获“全国最具投资潜力中小城市百强”。

正定历史悠久。古称常山、真定、恒山、中山、东垣等，公元前770年建鲜虞国，公元前221年始设县治，公元前196年改名真定，清雍正年间为避皇帝讳始称“正定”，沿用至今。自晋代至清末的1400多年间，一直是郡、州、路、府治所，是当时中国北方重要的政治、军事、经济、文化中心之一，曾与北京、保定并称“北方三雄镇”。文物古迹众多。悠久的历史为正定留下了众多的文物古迹，现存隋、唐以来建筑38处，国保8处、省保6处、县保26处，馆藏文物7672余件，国家一、二级文物264件，国保级文物在全国县级行政区中位居第二，为国内县级城市罕见，素有“三山不见，九桥不流”、“九楼四塔八大寺，二十四座金牌坊”的美誉，被有关专家誉为“古建艺术宝库”、“佛教文化博物馆”、“大佛之城”。文化底蕴深厚。正定人杰地灵、名人辈出，先后孕育了赵佗、赵云、王士珍等历史名人。正定曾是元杂剧鼎盛时期的中心之一，“元杂剧名家”白朴、尚仲贤是当时最杰出的代表。正定临济寺作为佛教临济宗的祖庭，在佛教界和海内外地位崇高，涌现出慧净、义玄、智贤等一代佛学宗师，是佛教文化兴盛时期的“佛教重镇”。荣国府是习近平同志在正定任职期间，根据古典名著《红楼梦》严格设计和建造的一座具有明清风格的仿古建筑群，目前已成为古典影视剧的拍摄基地。正定国家乒乓球训练基地自1992年开始，担负着国家乒乓球队世界大赛前的封闭训练和中国乒协的对外交流任务，被誉为“乒乓福地”和“冠军摇篮”。区位优势明显。作为省会北大门，正定有着得天独厚的区位优势，自古就有“燕南古郡，京师屏障”之称，北距北京258千米，距天津新港350千米，境内京港澳、京昆、石黄等高速公路互通交汇，107国道、京广铁路、京石高铁纵贯南北，石家庄机场就坐落在正定，现已开通60多条国内外航线，旅客年吞吐能力达到500万人次以上，交通十分便利。

◆ 2月4日，省委书记张庆黎到我县考察调研，在塔元庄与“农村好青年”亲切交谈

◆ 3月17日上午，由河北省儒教研究会与我县首次联合主办的“河北省壬辰年春祭释奠礼”在县文庙隆重举行。省政协原副主席陈秀芳、省文化厅厅长冯韶慧、原石家庄地区行署专员程宝怀、副市长张妹芝和县领导杨立中、孙世煦、李丙义、王晓辉、孙兵战等出席释奠礼活动

◆ 5月16日，省长张庆伟到我县调研古城保护开发工作，先后到南城门、临济寺、开元寺、隆兴寺、荣国府等地实地考察，并召开座谈会。张庆伟强调，各级各部门一定要站在贯彻落实科学发展观的高度，把正定古城保护开发作为全省的重点工程，坚持高起点规划、高标准设计、高质量建设、高效能管理、高水平推动，通过古城保护开发促进文物古迹保护、弘扬传统文化、传承中华文明、拉动区域经济增长、满足人民群众文化需求。省委常委、市委书记孙瑞彬，副省长宋恩华，省政府特邀咨询孙士彬，省长助理、省政府秘书长尹亚力，市县领导姜德果、刘晓军、毛全球、杨立中、赵勇、王秋生、王威等陪同调研

◆ 4月26日上午，由河北省人民政府和中国商业联合会主办、石家庄市人民政府和省商务厅承办的2012中国．石家庄（正定）国际小商品博览会在正定小商品城广场隆重开幕。副省长龙庄伟、中国商业联合会名誉会长何济海、省政协副主席段惠军、省政府副秘书长孟祥伟、省商务厅副厅长王梅英、省商业联合会会长谭洪生和市县领导王增明、王华清、王中联、张殿奎、韩宪章、杨立中、赵勇、王秋生、王威、肖建儒等出席开幕式

◆ 6月7日，省委副书记赵勇到我县调研农村青年人才培养使用问题。赵勇实地察看了南楼乡南楼村“农村好青年”王永波的蔬菜大棚、徐晓静的花卉种植基地和王小英创办的“农家女书社”，与他们亲切交流，现场协调解决遇到的困难和问题，并召开座谈会，听取相关工作汇报。省委常委、市委书记孙瑞彬陪同调研

◆ 11月6～7日，来自大洋彼岸的美国艾奥瓦州马斯卡廷市代表团到我县进行友好访问并参观考察，县长杨立中、马斯卡廷市市长德文·霍普金斯代表双方签署了建立友好县市关系意向书。11月7日上午，代表团一行先后到正定第一中学、新城铺小学、正定第四中学三所学校和正定国际小商品市场、河北苹乐集团、惠康食品公司等企业参观访问

◆ 5月30日至6月5日，应中国人民对外友好协会邀请，美国艾奥瓦州友好代表团访问中国。在走访了上海、杭州和北京后，6月4日下午，这些来自美国农业大省、素有“美国粮仓”之称的艾奥瓦州的友好人士走进中国农村的田间地头，来到我县西平乐乡大寨村考察访问

长寿街道办事处

长寿街道办事处是全省第一个经省政府批准的县（市）辖街道办事处，是新乐市委、市政府所在地，面积49.52平方千米，辖11个行政村、10个社区居委会，常驻人口11.6万。街道党委辖31个党支部，其中机关事业党支10个，农村党支部11个，社区党支部10个，党员2918名。产业以化工、电热毯、汽车装具、商贸流通为主，农户主要从事传统种植业。交通区位优势明显，京广铁路、107国道、京港澳高速公路纵贯南北，无繁公路横穿东西，南距石家庄国际机场仅7千米，南水北调和西气东输等国家重点工程穿行而过。文化底蕴深厚，上古伏羲遗址——伏羲台位于辖区内，文化源远流长。2012年，长寿街道办事处被评为“河北省人口普查先进单位”、“人口和计划生育工作先进乡（镇）街道”、“石家庄市优秀人民调解委员会”、“石家庄市文明单位”、“新乐市城镇建设三年上水平先进单位”、“新乐市创先争优先进基层党组织”、“新乐市社会治安综合治理工作先进单位”、“新乐市服务项目建设先进单位”、“新乐市新民居建设先进单位”、“新乐市文明单位”、“优秀领导班子”等。

全年完成固定资产投资12亿元，同比增长162 %，完成规模以上工业产值80.48亿元，同比增长19.46%，农村居民人均收入达到9590元，同比增长10.00%，全年完成财政收入5944万元，同比增长17.30%，其中国税2198万元，同比增长13.47%，地税3746万元，同比增长19.68%。全年新上千万元以上项目16个，总投资41.68亿元，谋划千万元以上项目12个，总投资151.78亿元，

围绕市委、市政府重点工作，加大服务项目力度，完成了园区经六路、纬七路、机场路征地和东名公园及长寿路西延、纬十路、中名街建设前期征地工作；完成了木材市场搬迁，为市医院病房楼顺利开工建设，打下了坚实的基础。全年引进无偿资金750万元。

以民为本惠民生，社会事业稳步发展。一是社保体系不断完善。二是计生工作成绩显著。三是安全工作稳妥到位。四是文化事业蓬勃发展。积极开展了争创“文明街道”、“文明村”、“文明家庭”等精神文明创建活动。大力扶持河北唯一本科类美术院校——河北美术学院，成立征地工作小组，积极走访入户协调占地，为投资12.86亿元的东方文化创意产业基地项目提供保姆式服务。大力弘扬伏羲文化，成功举办中国·新乐第五届伏羲文化旅游节暨经贸洽谈会，创出“羲皇圣里·河北新乐”文化品牌，并发展成为河北省大西柏坡旅游线路的节点。

上古伏羲遗址——伏羲台

◆ 爱尚购物广场

◆ 河北美术学院

◆ 建设中的重点项目——页岩气压裂设备生产项目

① 建设中的重点项目——氏氏美卫生用品　② 辖区东杨家庄新民居工程

③ 辖区芦新村新民居工程　④ 辖区东杨家庄村村民办理养老保险

⑤ 居民生活丰富　⑥ 建设中的文化创意产业基地——灰姑娘城堡

井陉矿区矿市街道办事处

◆ 街道党工委书记　刘墨堂

矿市街道办事处地处井陉矿区中心，前身为矿市镇，1996年2月，撤销矿市镇，设立矿市街办事处。1999年12月，更名为矿市街街道，2002年8月，成立中共井陉矿区委矿市街道工作委员会，变更为矿市街道办事处。现辖6个社区居委会，间接管理矿务局6个社区居委会，城区居民总户数14457户，总人口41555人。街道党工委下设5个社区党总支、1个社区党支部，直管党员647名，在职党员947名。主要承担社区党建、精神文明建设，社会治安综合治理、人大、民兵武装、信访、计划生育、民政、劳动保障、居民医保、安全生产、工会、团委、妇联等工作职能。

近年来，在区委、区政府的坚强领导下，街道深入贯彻落实科学发展观，创新社会管理模式，完善服务内容，全力构建和谐平安街道。推进标准化建设，强化“一站式”服务，开通“一键通”为老服务呼叫系统，优化服务项目，自主研发建立居民信息管理库，深入推行“网格化管理”和“1+4”大工委区域化党建大格局，实现了为民服务“全覆盖、全方位、零距离、动态化”。大力开展“党建示范楼院”、“特色支部”、“党员示范户”等特色创建活动，推出“党员短信课堂”、“社区道德讲堂”、“党员特色讲堂”、“学生实践课堂”等特色服务项目，丰富了街道党建内涵，增强了街道党建工作辐射力。建立综治维稳四级网络，科学规范信访工作制度，设立“一站式”代办窗口，发放《便民联系卡》、《党群联心卡》，综治工作做到网络健全、制度完善、诉求畅通，有效化解大量矛盾纠纷，维护了社会和谐稳定。注重加强精神文明建设，相继开展了“和谐家庭”、“道德模范”、“文明楼院”“文明家庭”等道德评选活动，并将模范事迹汇编出版了《美德颂》、《唱响和谐》、《爱在家园》3本手册。积极倡导健康向上的文明风尚，不断繁荣群众业余文化生活，挖掘、培育6支娱乐队伍，先后举办书画、摄影展，春节、端午、重阳、中秋和国庆等文体活动30余次，有力推动街道群众文化事业的蓬勃发展。

街道各项工作得到各级相关部门的认可，多次荣获省市科普示范社区、市级民调工作示范点、市级先进妇联组织、市级先进基层工会、区级实绩突出单位、区级先进基层党组织等光荣称号。

◆ 团结奋进的街道党政班子

◆ 开展文明创建活动

◆ 举办“社区大家园”文艺晚会

◆ 召开道德模范表彰大会

◆ 标准化“一站式”服务大厅

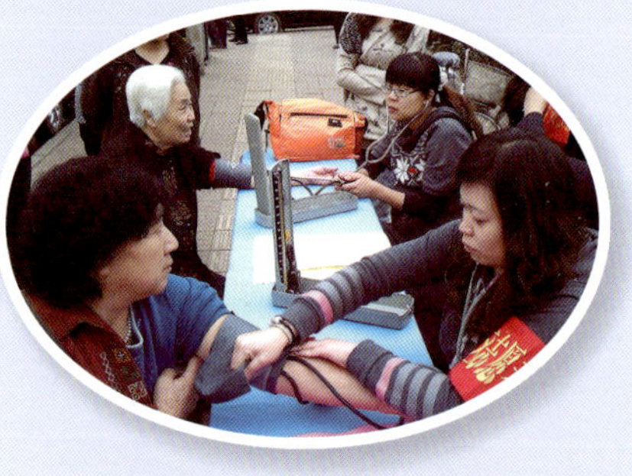

◆ 组织志愿者开展服务活动